Dicionário de segurança e defesa

Dicionário de segurança e defesa

Héctor Luis Saint-Pierre
Marina Gisela Vitelli
organizadores

impresnsaoficial
GOVERNO DO ESTADO DE SÃO PAULO

editora unesp

GOVERNO DO ESTADO DE SÃO PAULO

Fundação Editora da Unesp (FEU)
Praça da Sé, 108
01001-900 – São Paulo – SP
Tel.: (0xx11) 3242-7171
Fax: (0xx11) 3242-7172
www.editoraunesp.com.br
www.livrariaunesp.com.br
feu@editora.unesp.br

Imprensa Oficial do Estado
Rua da Mooca 1921 Mooca
03103 902 São Paulo SP Brasil
SAC 0800 0123 401
www.imprensaoficial.com.br

Dados Internacionais de Catalogação na Publicação (CIP) de acordo com ISBD
Elaborado por Odilio Hilario Moreira Junior – CRB-8/9949

D546

Dicionário de segurança e defesa / organizado por Héctor Luis Saint-Pierre, Marina Gisela Vitelli. – São Paulo: Editora Unesp, Imprensa Oficial do Estado de São Paulo, 2018.

Inclui bibliografia.
ISBN: Editora Unesp: 978-85-393-0753-1
IMESP: 978-85-401-0167-8

1. Defesa e segurança. 2. Política de defesa. 3. Segurança nacional. I. Saint-Pierre, Héctor Luis. II. Vitelli, Marina Gisela. III. Título.

2018-1189 CDD: 343.01
CDU: 355.45

O *Dicionário de segurança e defesa* é resultado do projeto "Rede Nacional de Estudos Estratégicos" financiado pelo Programa de Apoio ao Ensino e à Pesquisa Científica e Tecnológica em Assuntos Estratégicos de Interesse Nacional – Pró-Estratégia (Edital Pró-Estratégia 050/2011) criado pela Fundação Coordenação de Aperfeiçoamento de Pessoal de Nível Superior (CAPES), em parceria com a Secretaria de Assuntos Estratégicos da Presidência da República (SAE/PR). A obra também recebeu auxílio do projeto "A Inserção Brasileira em um Sistema Internacional em Transformação: Alcances e Possibilidades na Segurança Internacional e na Defesa", aprovado no marco da 3ª edição do Programa de Apoio ao Ensino e à Pesquisa Científica e Tecnológica em Defesa Nacional (Pró-Defesa), iniciativa conjunta do Ministério da Defesa e da CAPES.

CAPES
MINISTÉRIO DA DEFESA

Editora afiliada:

Asociación de Editoriales Universitarias de América Latina y el Caribe
Associação Brasileira de Editoras Universitárias

SUMÁRIO

APRESENTAÇÃO

Um dicionário específico, como o que estamos apresentando, se faz necessário no momento em que uma área epistêmica reclama um objeto também específico e quando necessita, para apreendê-lo, normatizar alguns conceitos que facilitem os debates e tornem consistente o discurso científico. A profusão de novas áreas epistêmicas – que continuam se abrindo na atualidade, passando a compor o mosaico no qual têm se transformado as ciências – teve mais ou menos a mesma gênese. Quando surge um problema socialmente relevante ele é assumido por alguma ou algumas áreas científicas e transformado em objeto de estudo. À medida que esse objeto ganha *status* acadêmico, vai congregando estudiosos em reuniões, seminários, grupos de trabalho, congressos, até que, em função do número de pesquisadores e dos trabalhos por eles produzidos, se decide formar uma associação científica que represente esses interesses. O último passo é dado quando essa associação procura o reconhecimento daquele problema, a fim de transformá-lo em objeto de estudo, categorizando-o em área científica específica, cujos pesquisadores possam avaliar a produção desse campo, identificando e decidindo sobre o que é ou não científico. Em poucas palavras e de forma essencialmente esquemática, foi o que aconteceu com os estudos de defesa e segurança, até há pouco monopólio de profissionais e funcionários dessa área, hoje assumida como específica do saber científico.

Atualmente a área de defesa e segurança congrega historiadores, cientistas sociais – cientistas políticos, antropólogos, sociólogos, internacionalistas e economistas – e filósofos que reflexionam e discutem sobre "a guerra e a paz", "defesa" e "segurança internacional". Também há militares convocados nesse esforço epistemológico, mas não em suas funções de origem – como funcionários encarregados da defesa –, e sim, enquanto estudiosos que veem a guerra e a defesa como objetos epistêmicos. Assim, ainda carente de arcabouço teórico e metodológico que estruture os diferentes aportes, essa área se nutre de uma série de áreas epistêmicas que contribuem para o seu desenvolvimento. Uma delas, talvez a primeira que deva ser destacada, é a história. O primeiro livro de história, no sentido mais próximo daquele empregado em nossos dias, foi *A Guerra do Peloponeso*, de Tucídides. Sem os estudos sérios e fundamentados fornecidos pela história não se pode avançar nos estudos de defesa nem tampouco conhecer a essência da guerra. A história aporta a matéria empírica que serve de base para todo estudo e reflexão que se pretenda científico nesse campo: a história militar, da guerra, da estratégia, das relações internacionais, das relações civis-militares. A história traz o quinhão mais denso das preocupações epistêmicas para essa área. O que se conhece, o que se compreende, o que se pretende explicar são acontecimentos, isto é, fenômenos circunstanciados geográfica e cronologicamente, o que confere ao material empírico da ciência sua característica única, original e irreproduzível. Porque o dado histórico é o ponto de partida, a história é fundamental para qualquer conhecimento no qual a temporalidade tenha lugar. E a estratégia é um deles.

Outra fonte importantíssima para essa área é, sem dúvida, a sociologia. Desde a teoria sociológica até a sociologia militar, passando pelas várias abordagens do tema do conflito em geral e das guerras em particular, essa área do conhecimento tem abonado a fertilidade das análises e a compreensão do fenômeno. A visão sociológica da estrutura militar é fundamental para compreender o objeto particular de estudo. Importantes avanços na área foram propiciados a partir dessa particular reflexão. Boa parte da teoria da burocracia de Max Weber se apoia na análise da estrutura militar. Outra contribuição ímpar da sociologia foram as profundas e fecundas reflexões de Raymond Aron, tanto as relativas à guerra quanto as dedicadas à estratégia. Seu texto *Paz e guerra entre as nações* é obrigatório nos cursos de Relações Internacionais, assim como *Pensar a guerra, Clausewitz* resulta imprescindível para quem queira se dedicar aos estudos da paz, da guerra e da estratégia.

O conhecimento oferecido pela antropologia é profícuo em ao menos dois aspectos: o da perspectiva militar, e o da compreensão do comportamento e do ethos dessa instituição – as Forças Armadas –, assim como os militares que a constituem; em outra perspectiva, ela contribui para identificar a cultura do adversário, evitando-se confrontos inúteis e inimigos desnecessários. A antropologia cultural hoje integra a análise estratégica para se conhecer como funciona uma sociedade, como ela se estrutura do ponto de vista de sua cultura, suas crenças, sua organização política e hierarquia social, seu desenvolvimento econômico, sua tecnologia, sua moral, sua vontade, sua capacidade de resistência, sua forma de guerrear e seu compromisso existencial. Esse conhecimento permite, segundo Sun Tzu, aproveitar estrategicamente as particularidades culturais de uma sociedade, em vez de combatê-las.

Da ciência política vem um dos mais caudalosos aportes para a área da defesa. Boa parte dos estudos sobre esta última refere-se às relações civis-militares e à condução política da defesa, isto é, a problemas de governabilidade. A governabilidade democrática requer o controle integral das estruturas do Estado pelo centro nervoso do governo. Dito de outro modo: o governo só pode administrar o Estado se controlar suas estruturas. Finalmente, só poderá controlar essas estruturas conhecendo-as em sua funcionalidade, conhecimento este, específico da ciência política. São também objeto dessa ciência os estudos sobre as transições de regimes políticos, dedicados a refletir, nos últimos anos, sobre a passagem de administrações autoritárias de base militar para governos considerados democráticos e que ocuparam grande parte da bibliografia dessa área nos anos 1980 e 1990.

Recentemente, as relações internacionais também começaram a trazer suas reflexões e propostas para essa área, sobretudo pelo enfoque da segurança internacional. A área de relações internacionais, que pesquisa e busca a elucidação do ambiente internacional, também é relativamente jovem. Não obstante, ela surgiu formalmente como um instrumento epistêmico para que a comunidade internacional pudesse gerenciar suas crises e evitar guerras. Na América Latina, as relações internacionais mantiveram-se omissas e, sem entender a natureza especificamente internacional da defesa, trataram essa área com preconceito, como se as questões de defesa não fossem necessariamente internacionais. Ocorreu uma separação artificial entre, por um lado, a segurança internacional (a qual, esta sim, foi considerada um tema próprio das relações internacionais) e, por outro, a defesa (entendida como problema interno ao Estado, e não internacional). Essa dicotomia privou a defesa de importantes análises que poderiam ter sido feitas a partir da reflexão internacionalista, mas, ao mesmo tempo, esvaziou a segurança internacional de elementos sem os quais sua compreensão fica comprometida, e sua explicação, estéril. Hoje essa caracterização vem sendo superada, e uma parte importante da produção bibliográfica das relações internacionais refere-se a segurança internacional e defesa.

A área que podemos chamar de estudos de defesa é composta por várias linhas de pesquisa. Entre elas, podemos lembrar a história militar e da guerra, os estudos estratégicos, a segurança internacional, a teoria da guerra e da estratégia, a filosofia da guerra e da paz, a teoria e a análise do conflito, os estudos sobre a paz e as missões de paz, as relações civis-militares, a economia da defesa, a administração da defesa, a tecnologia da defesa, a indústria de defesa, a organização militar, além de outras.

Um olhar para os estudos de defesa – ainda que ligeiro – é suficiente para constatar que eles ainda são incipientes e se encontram em fase de consolidação nas academias latino-americanas. A produção bibliográfica, resultante das pesquisas nas diferentes linhas que compõem a área dos estudos de defesa, é relativamente pequena, mas crescente. A área ainda conta com poucos pesquisadores que se dedicam exclusivamente a esses temas, fato que em parte se explica historicamente. Uma das razões reside nas reincidentes ditaduras militares que assolaram o continente latino-americano na segunda metade do século XX. Com essa irrupção na arena política, os militares também se apropriaram das reflexões estratégicas e decisões sobre a política de defesa. Assim, ocupando o lugar dos civis, tanto no âmbito das decisões sobre a defesa quanto nas condições que as abonam, os governos autoritários de base militar prejudicaram a capacidade de decisão das classes políticas sobre a defesa nacional e afastaram o tema das universidades. Essa apropriação monopólica dos assuntos ligados à defesa por parte dos militares gerou um ambiente de desconfiança entre eles e a sociedade civil e de preconceito sobre o tema no meio acadêmico. Mesmo que hoje essa situação esteja sendo lentamente revertida, ainda subsistem desconfianças e preconceitos de ambas as partes.

Deve-se reconhecer, entretanto, que os políticos latino-americanos nunca manifestaram verdadeira vocação para pensar nem para decidir sobre as questões de defesa. Essa grave omissão talvez se tenha originado pelo intenso protagonismo político dos militares desde as guerras de independência nacional, na própria gênese dos Estados latino-americanos, ou talvez pelo pacto tácito entre militares e civis pelo qual nenhum se intrometeria na seara do outro. Na realidade, esse pacto foi preservado em poucos países latino-americanos, como é o caso de México e Colômbia, mas, na maioria deles, os militares mantiveram prerrogativas constitucionais e ilhas de autonomia com relação às deliberações políticas. Paradoxalmente, foi a sucessiva e intensa intervenção política dos militares na segunda metade do século XX que propiciou, a partir das transições dos regimes burocrático-autoritários, um olhar institucional mais cuidadoso por parte dos políticos e um forte estímulo para os estudos dentro das academias civis. Só recentemente, graças ao esforço de abnegados pesquisadores que enfrentaram o duplo preconceito, tanto dos militares quanto dos colegas de academia, começa a ser reconhecido o valor epistêmico desses estudos.

A princípio, apenas um punhado de pesquisadores tratava do tema e se encontrava nas reuniões científicas realizadas na América Latina, especialmente convocados por aqueles países nos quais, depois de ter passado pelo período de transição à democracia, era preciso revisar preceitos constitucionais, refletir sobre sua projeção estratégica e reorganizar suas Forças Armadas – em poucas palavras, pensar sua defesa do ponto de vista da democracia. Nesse momento, o foco dos estudos era, por um lado, a própria ditadura, suas causas, seu impacto e suas consequências, o atropelo dos direitos humanos, as leis de anistia e reparação da verdade; por outro, os próprios processos de transição, que eram abordados do ponto de vista teórico, mas também do ponto de vista histórico. Para ambos os focos, o ator principal e objeto das reflexões eram, do ponto de vista institucional, as forças armadas e, do sociológico, os militares. Uma das primeiras questões que caracterizaram o pensamento daquela época pode se resumir na pergunta "Forças Armadas para quê?". Depois de tudo o que aconteceu, por um lado elas poderiam constituir um perigo para o processo político democrático por sua irrupção na normalidade do cenário político e, por outro, a América Latina estava passando por um período no qual não se vislumbravam conflitos interestatais nem a iminência de inimigos que justificassem esse pesado custo para o orçamento nacional. A Guerra Fria se esvaía pelo colapso da União Soviética, e a democracia se impunha, sendo aceita como valor universal. Os próprios militares também sentiam certa inquietação existencial, no que foi chamado pela antropologia da área de "crise da identidade militar".

Essa crise de identidade também alcançou o Conselho de Segurança da ONU, que, antecipando-se à crise institucional, criou uma Comissão para identificar as novas ameaças que se abatiam sobre a segurança do mundo. Essa Comissão, presidida por Olaf Palme (que deu seu nome a ela), elencou uma lista de ameaças que não apresentava nada de novo, mas que agora eram vistas como riscos nacionais e à segurança internacional. Assim, a miséria, as migrações, o tráfico de drogas, de armas e de pessoas, o terrorismo, os desastres naturais – que até bem pouco tempo eram ofuscados pelo confronto entre Leste e o Oeste – agora emergiam com renovada periculosidade para as nações.

Essa nova percepção, expressa em documento intitulado "Agenda hemisférica de segurança", foi paulatinamente imposta ao continente americano desde a Primeira Conferência de Ministros de Defesa do Hemisfério, que teve lugar em Williamsburg. O que vinha no bojo daquela agenda era a ideia de que as ameaças eram comuns a todo o continente, e seu enfrentamento, dada a estrutural debilidade institucional de alguns países, devia ser planejado a partir dos ministérios de Defesa. Aquela tendência coincidiu, por outro lado, mas não por acaso, com a aplicação do chamado "Consenso de Washington", cuja prédica insistia para que os países em desenvolvimento reduzissem seu aparato de Estado. O princípio neoliberal traduzia-se no âmbito da segurança pelo interrogante "para que manter um pesado orçamento em Forças Armadas que já não terão empregabilidade quando o problema está na segurança pública?". Esse argumento fortaleceu a ideia do emprego de forças armadas para todo serviço, também chamadas eufemisticamente "forças multipropósito". Se o problema já não era mais (segundo aquela agenda) as ameaças tradicionais, para as quais os instrumentos tradicionais do Estado se mostravam insuficientes, nada resultava mais óbvio do que deslocar as Forças Armadas nacionais para enfrentar esses "novos" desafios e deixar as questões da defesa continental nas mãos do poder hegemônico. O que estava por detrás dessa proposta era, por um lado, a busca pela policialização dos militares através da sua desprofissionalização retroalimentada pela militarização da segurança pública e, por outro, em decorrência dessa desprofissionalização dos militares, o desmonte do Estado como unidade de decisão entregando essa missão a uma força exógena.

Essa era uma fórmula para resolver o problema da identidade militar, mas resultou num incentivo para reflexionar sobre a importância da existência de forças armadas preparadas adequadamente para defender as decisões nacionais e, por outro lado, serviu para chamar a atenção para a condução política desse instrumento de Estado. Assim, depois da etapa em que os estudos sobre os temas da ditadura, governos militares e transições ocuparam a reflexão dos pesquisadores da área, o interesse se concentrou na questão da subordinação das forças armadas ao poder político legítimo, um tema que ficou conhecido como "controle civil das forças armadas". É claro que não se tratava apenas de uma preocupação meramente epistêmica, mas também de preocupação histórica, jurídica e de engenharia política: tratava-se de retirar a espoleta golpista e quebrar os recorrentes ciclos de intervenção militar no cenário político nacional. Mas pensar a defesa pareceu recomendar, num momento posterior, o bom funcionamento dessas relações civis-militares para que, desde o conhecimento específico de ambas as partes, pudesse ser pensada a defesa do nível político da grande estratégia ou da estratégia nacional, isto é, o planejamento que articule o comprometimento de toda a capacidade do país com vistas à defesa efetiva da decisão política. Nesse plano de reflexão estratégica, as Forças Armadas, não obstante serem o instrumento específico, são consideradas como mais um dos instrumentos materiais e morais para a defesa nacional em todos os seus desdobramentos.

Na medida em que acadêmicos e militares iniciaram reuniões nas quais foram se reconhecendo como interlocutores válidos, começaram a se consolidar grupos de pesquisa que refletiriam sobre a defesa e a projeção estratégica nacionais. Da ideia do controle civil sobre os militares, especificamente o tema da governabilidade, foi se passando ao tema da "condução política da defesa", que apontava para a projeção estratégica dos países no mundo. A passagem do "controle civil dos militares" à "condução política da defesa" mudou o eixo da reflexão, que passou de uma preocupação sobre os militares para se tornar uma reflexão estratégica, com eles, sobre a defesa. Todavia, a condução política da defesa não anula a preocupação sobre o controle civil, pois sem este não há possibilidade de uma plena condução política da defesa. Assim, a reflexão sobre a projeção estratégica nacional deixou de ser exclusiva dos militares e se construiu um diálogo, entre estes e os civis, fecundo para os estudos de defesa, fortalecendo e dando novo brio à comunidade epistêmica dessa área.

O diálogo entre civis e militares prosperou em projetos acadêmicos. Um destes, no Brasil, foi contemplado pelo Ministério de Educação e, então, a Secretaria de Assuntos Estratégicos foi cristalizada no Edital Pró-Estratégia. Para esse edital foi apresentado um projeto intitulado Rede Nacional de Estudos Estratégicos (ReNEE), cuja proposta era precisamente estabelecer essa rede, inicialmente nacional para, posteriormente, ser projetada para a América do Sul e, em um momento seguinte, a América Latina. Sob a coordenação geral do Grupo de Defesa e Segurança Internacional Gedes/Unesp e do Programa San Tiago Dantas, para esse projeto reuniram-se pesquisadores da Universidade de Brasília (UnB), da Universidade Federal de São Carlos (UFSCar), da Universidade Federal de Rio Grande do Sul (UFRGS), da Universidade Federal de Sergipe (UFS), da Universidade da Força Aérea (Unifa) e da Escola de Comando e Estado-Maior do Exército (Eceme).

Em sintonia com um dos objetivos específicos daquele projeto, qual seja, "desenvolver um quadro conceitual unívoco e ferramentas epistêmicas heuristicamente fecundas na área dos Estudos Estratégicos, coerente com aqueles que já tenham sido deliberados no seio do Centro de Estudos Estratégicos do Conselho de Defesa Sul-Americano (CDS)", surgiu a ideia de se elaborar o primeiro *Dicionário de segurança e defesa*. Este seria a melhor ferramenta para fornecer univocidade conceitual entre os participantes do projeto e lograr maior consistência entre os trabalhos e relatórios. Posteriormente, essa ideia foi formalmente formulada em outro projeto, dessa vez estimulado pelo Ministério da Educação e o Ministério da Defesa brasileiros, apresentado para concorrer no edital do Pró-Defesa III. Finalmente, o *Dicionário de segurança e defesa*, em decorrência da parceria nesses dois projetos, com coincidência institucional, foi assumido pelas instituições civis e militares participantes com a tarefa de elaborar, essa obra que, paulatinamente, foi crescendo em volume e alcance.

Os trabalhos de organização desta obra, que desde seu modesto início foi se mostrando cada vez mais ambiciosa, começaram em 2015, se intensificaram em 2016, continuaram em 2017 para serem concluídos no início de 2018. Em reunião das coordenações institucionais, foi elaborada uma primeira lista de verbetes que, naquele momento, considerávamos básicos e fundamentais para iluminar as discussões da nossa área. Os coordenadores levaram essa iniciativa para suas respectivas instituições, nas quais novos conceitos foram propostos para abonar a obra. Quando consideramos que o elenco era suficientemente exaustivo e que nenhum conceito central à área houvesse sido esquecido, distribuímos os verbetes que comporiam o dicionário aos responsáveis pela elaboração dos respectivos textos. A distribuição obedeceu a dois critérios: 1) a escolha das próprias instituições atendendo a ordem temporal das solicitações e 2) a *expertise* de cada instituição em relação aos conceitos/verbetes escolhidos. O número final a que chegamos depois de esgotar os discursos e eliminar redundâncias e inclusões foi de 97 verbetes, como resultado das decisões editoriais, das possibilidades de tempo e da dedicação dos autores.

Para lograr a indispensável harmonia formal na redação dos verbetes, foi discutida e elaborada uma série de critérios editoriais, como extensão máxima dos textos, sistema de citações, referências bibliográficas etc. Sobre a extensão dos verbetes, tivemos de realizar algumas correções ante as evidências dos casos. Com efeito, logo ficou claro que alguns conceitos exigiam um tratamento relativamente simples e não apresentavam uma história evolutiva nem grande discussão sobre o seu conteúdo relativamente inequívoco. Este foi o caso dos termos técnicos e dos operacionais. Todavia, outros conceitos tinham uma história de discussão e/ou uma evolução conceitual que não podiam ser ignoradas por um dicionário da qualidade pretendida. Tratava-se de conceitos complexos, sobre os quais as teorias ainda disputam entre si à procura de significado. Para esse tipo de conceitos, pareceu-nos adequado admitir a elaboração de artigos mais extensos, que permitissem recolher a exegese conceitual e o debate bibliográfico desde suas origens. Um dicionário acadêmico é diferente de um glossário, por isso definimos inicialmente e como critério epistêmico que os verbetes não poderiam se conformar em ser meramente descritivos, mas seria uma exigência científica procurar a máxima profundidade nas análises, cientes da qualidade que cabe a um dicionário pioneiro em sua área. Outra característica importante é que a maioria dos verbetes apresenta textos que procuram tencionar criticamente os conceitos a partir de diferentes perspectivas teóricas e que se referenciam nas principais discussões acadêmicas sobre o tema, tentando mostrar a natureza eminentemente histórica do conceito, especialmente nos casos conceituais e teóricos. Justamente por isso, os verbetes incluem uma indicação bibliográfica para guiar o leitor interessado que queira se aprofundar no assunto tratado.

Posteriormente, notou-se, nas citações e bibliografia de alguns dos verbetes elaborados, a referência a certos autores, tanto nacionais quanto estrangeiros, que já haviam sido parceiros de participantes do projeto em outras empreitadas ou eram colegas muito próximos, mas que não faziam parte do projeto original. Daí surgiu a ideia de se ampliar o espectro de autores dos verbetes para incluir entre eles, precisamente, aqueles eminentes autores que constituem natural referência nos trabalhos do tema tratado, fossem eles nacionais ou estrangeiros. A grande maioria dos colegas convidados aceitou participar, graciosamente e com entusiasmo, pela possibilidade de ser parte desta empreitada pioneira e provável referência na área. A alternativa de contar com autores estrangeiros, além de ampliar e multifacetar abordagens, impôs mais uma dificuldade a esta obra a tradução de textos originariamente escritos em outras línguas. Como o consenso logrado entre as instituições consorciadas no projeto ReNEE implicava que todos os textos reunidos seriam apresentados em português, a tarefa de tradução foi realizada, com dedicação, pelos alunos do Programa San Tiago Dantas, para os quais fica aqui o registro do imenso agradecimento por seu labor. Os créditos das traduções constam na referência de cada texto.

Assim resultou este *Dicionário de segurança e defesa.* Ele contém verbetes concernindo aos conceitos mais significativos empregados na área de defesa e segurança. São textos elaborados pelos mais importantes pesquisadores de cada tema, tanto nacionais quanto estrangeiros. Na escolha dos autores e na seleção dos trabalhos primou-se pela confiança acadêmica nos autores e pela premissa ética de sua busca pela objetividade científica. A única diretriz sugerida foi a de terem sempre em mente o leitor interessado nos temas da defesa nacional e da segurança. Assim, pretende-se desmitificar, em linguagem acessível, algumas palavras usualmente empregadas em periódicos de difusão de notícias, pouco atentos ainda às particularidades dos conflitos, às características cambiantes das guerras e às prioridades nacionais para a defesa. Os conceitos aqui tratados, além de esclarecer questões semânticas e históricas de seus significados, foram burilados como imprescindíveis ferramentas epistêmicas na tarefa permanente do pesquisador dessas áreas. As indicações bibliográficas foram selecionadas com acuidade, e com o único propósito de auxiliar o leitor em se aprofundar no estudo dos temas da área de defesa e segurança.

Agradecimentos | Metodologia

O contato com as instituições participantes e demais autores nacionais e estrangeiros, assim como a recepção dos textos, sua organização e revisão para posterior editoração foi concentrada na instituição líder do projeto. Assim, no Instituto de Políticas Públicas e Relações internacionais (IPPRI-Unesp) e no marco do Programa de Pós-Graduação em Relações Internacionais San Tiago Dantas foi formado o Grupo de Trabalho do Dicionário, sob a coordenação dos professores Héctor Luis Saint-Pierre (coordenador geral da ReNEE) e Marina Vitelli e conformado por pós-graduandos da área Paz, Defesa e Segurança. Sobre a base do trabalho inicial desenvolvido durante 2016, o grupo programou a revisão dos textos recebidos e organizou a designação de autores para aqueles verbetes que ainda não haviam sido designados ou que requeriam o convite a um especialista. Em cada reunião semanal foram analisados entre quatro e seis textos, dependendo da extensão e complexidade dos mesmos. O procedimento iniciava-se com uma discussão em grupo sobre cada texto, seguida do apontamento de comentários e sugestões de revisão do conteúdo. No retorno desses textos já lidos e eventualmente corrigidos pelos autores, a nova versão passava por uma segunda revisão, dessa vez de forma individual. Não foram poucos os casos em que foram necessárias de três ou mais revisões por parte dos autores e obviamente do grupo editor. Desta forma, o Dicionário cumpriu o tríplice objetivo que inspirou o projeto da Rede Nacional de Estudos Estratégicos: incrementar a interação entre os especialistas da área, capitalizar os avanços conceituais das pesquisas e contribuir para a formação de recursos humanos na área de defesa e segurança.

Sem dúvida, a dedicação dos membros do Grupo de Trabalho do Dicionário possibilitou, não apenas a alta qualidade do trabalho, mas também a bem-sucedida finalização do projeto. Fica aqui consignado nosso agradecimento à equipe de revisão e tradução dos verbetes, alunos da pós-graduação San Tiago Dantas e pesquisadores do Gedes/Unesp, especialmente aqueles que se dedicaram integralmente à tarefa de reunir e revisar os verbetes: Adriane Gomes Fernandes de Almeida, Bruce Scheidl Campos, Cristian Daniel Valdivieso Ojeda, David Succi Jr., Luan Vieira Pimentel, Matías Daniel Avelino Ferreyra

Wachholtz, Patrícia Capelini Borelli e Victor Teodoro de Souza. Agradecemos, ainda, aos alunos que realizaram a tradução de verbetes em espanhol e inglês: Beatriz Santana Vieira Santos, Bruce Sheidl Campos, David Succi Jr., Giovanna Ayres Arantes de Paiva, Helena Salim de Castro, João Vitor Tossini, Lívia Peres Milani, Ronaldo Montesano Canesin e Tamires Aparecida Ferreira Souza. Por fim, um agradecimento especial aos membros das instituições parceiras que organizaram a redação dos verbetes em suas respectivas instituições: Anselmo Otavio, Érica Winand, Humberto Lourenção e Juliano Cortinhas.

AERONÁUTICA

Carlos Eduardo Valle Rosa
Flavio Neri Hadmann Jasper

O Brasil, diferentemente de outros países no mundo ocidental, não adotou a designação de Força Aérea para estabelecer a nova força armada em correlação ao Exército e à Marinha. Esse fato está relacionado com a visão do teórico italiano Giulio Douhet, que, em sua obra *O domínio do ar*, advogava a centralização de atividades e competências em uma instituição denominada Aeronáutica. Essa instituição seria a responsável e teria a competência sobre a aviação militar e a aviação civil, uma vez que subordinadas ao Estado para a efetivação de políticas públicas de segurança nacional (Douhet, 1988).

A influência de teóricos como Douhet, bem como do que ocorria na Europa desde a I Guerra Mundial, sobre o pensamento de aviadores nacionais já se verificava desde a década de 1930, quando houve uma conferência no Clube Militar, no dia 20 de fevereiro de 1935, organizada pelo capitão Antônio Alves Cabral, o qual havia realizado um estágio na Real Força Aérea Italiana no ano anterior. Nessa conferência, intitulada "Política Aérea Brasileira", o capitão Cabral propunha, com ênfase, a criação de um "Ministério do Ar" (Lavenère-Wanderley, 1967, p.284).

Em seu texto, o capitão Cabral destacava: "Os motivos estratégicos e econômicos que levaram a Itália, a Inglaterra e França a constituir os respectivos ministérios do Ar, devem ser os mesmos para o caso do Brasil" (Lavenère-Wanderley, 1967, p.285). Nessa época, o conferencista já apontava como vantajoso fator econômico a criação de um único órgão central para tratar do desenvolvimento da aviação, ou seja, "um instrumento que conjugue, coordene e oriente todos os esforços e todas as energias num sentido único e harmônico" (ibid.).

Percebe-se, nessa afirmação, a influência das ideias de Douhet, que advogava que "O Ministério da Aeronáutica deve ter plena competência para cuidar de todos os assuntos aeronáuticos" (1988, p.113).

Lavenère-Wanderley (1967, p.287) destaca que o nome Ministério da Aeronáutica, em vez de Ministério do Ar, foi sugerido pelo capitão de corveta aviador naval Luiz Leal Netto dos Reys, em artigo publicado na revista *Asas* (janeiro de 1936), bem como em um estudo publicado no *Boletim do Clube Naval* (n.84, 4º trimestre de 1935), no qual esse militar destacou: "Quer se considere a criação de um Ministério da Aeronáutica pelo prisma militar, político, econômico, financeiro, moral ou geral, é fácil provar que a medida se coaduna, perfeitamente, às nossas necessidades e possibilidades presentes" (Lavenère-Wanderley, 1967, p.288). Portanto, a denominação se aproxima ainda mais da proposta de Douhet. Todavia, este sugeria a separação de atividades estritamente civis, como o interesse na área industrial, tecnologia, segurança das aeronaves civis e navegação, das que fossem do interesse estritamente militar e que poderiam contribuir para a segurança nacional (1988, p.120-3).

Esse aspecto, em países como os Estados Unidos e Reino Unido que, efetivamente, realizaram a separação das competências e responsabilidades sobre a aviação civil e a militar, não foi adotado pelo Brasil, que, ao criar uma secretaria de Estado, o Ministério da Aeronáutica (Maer), em 1941, por meio do Decreto-Lei n.2.961 (Brasil, 1941a), centralizou todas as atividades, tarefas e competências, seja da aviação militar, seja da aviação civil, nessa nova secretaria de Estado.

Portanto, em 1941, o Estado brasileiro integra sob a competência de um único órgão, o Maer, as tarefas, atividades, competências e os órgãos, além dos meios, do Departamento de Aviação Civil, que pertencia ao Ministério da Viação e Obras Públicas (Brasil, 1941a, art. 4º), do Ministério da Guerra (a Aviação Militar) e do Ministério da Marinha (a Aviação Naval). A fusão das aviações militares (do Exército e da Marinha) é denominada de Forças Aéreas Nacionais (Brasil, 1941a, art. 8º), um órgão que fica subordinado ao Maer.

Nesse aspecto, observa-se que o governo brasileiro, apesar de não ter separado atividades civis que não fossem do interesse da segurança nacional, como preconizava Douhet, observou os conceitos desse teórico ao integrar a aviação militar em um único órgão. Esse órgão é que seria o responsável pelas ações independentes da arma aérea.

A designação definitiva, Aeronáutica, como força armada surge no Decreto-Lei n.4.478, de 14 de julho de 1942, quando, pela primeira vez, uma norma estabelece que as "Forças Armadas Nacionais são essencialmente constituídas pelo Exército, pela Marinha e pela Aeronáutica" (Brasil, 1942, art. 1º). Até essa época, pela Constituição brasileira em vigor (Constituição dos Estados Unidos do Brasil de 1937), as Forças Armadas eram constituídas somente pelo Exército e pela Marinha (Brasil, 1937, arts. 160 e 161). Portanto, a designação de Aeronáutica para a nova força armada é definida, inicialmente, em uma norma infraconstitucional.

Em 1946, a Constituição define que as Forças Armadas, "constituídas essencialmente pelo Exército, Marinha e Aeronáutica, são instituições nacionais permanentes, organizadas com base na hierarquia e na disciplina, sob a autoridade suprema do Presidente da República e dentro dos limites da lei" (Brasil, 1946, art. 176). Portanto, essa definição de Aeronáutica como a força armada que emprega o poder aeroespacial se consolida e permanece até os dias atuais, inscrita na Constituição Federal de 1988 nos seguintes termos: "As Forças Armadas, constituídas pela Marinha, pelo Exército e pela Aeronáutica, são instituições nacionais permanentes e regulares, organizadas com base na hierarquia e na disciplina, sob a autoridade suprema do Presidente da República, e destinam-se à defesa da Pátria, à garantia dos poderes constitucionais e, por iniciativa de qualquer destes, da lei e da ordem" (Brasil, 1988, art. 142).

Para o cumprimento de sua função precípua de defesa da pátria, utiliza o componente militar do poder aeroespacial que é a Força Aérea Brasileira (FAB), ou seja, o conjunto das organizações, das instalações, dos equipamentos e do pessoal empenhados no cumprimento da missão militar (Brasil, 2001). A estrutura administrativa e organizacional que a Aeronáutica utiliza para gerir seus negócios se expressa no Comando da Aeronáutica (Comaer). O Comaer é a estrutura administrativa que sucedeu o denominado Ministério da Aeronáutica, extinto em 1999 quando da criação do Ministério da Defesa.

Poder aéreo e poder aeroespacial

Tanto o poder aéreo quanto o aeroespacial, essencialmente, refletem a capacidade que o poder militar tem em exercer influência a partir do ar, do espaço ou de ambos. Na atualidade, não há mais sentido ignorar a importância do espaço exterior, como uma continuidade do espaço aéreo, em um conceito que, quer pela tradição que evoca, no caso do poder aéreo, ou da aglutinação de termos, como no caso aeroespacial, refletirá a importância da terceira dimensão no espectro das ações militares.

Tal relevância foi percebida em 1893, durante um encontro que reuniu engenheiros militares na cidade de Chicago, quando um oficial do Exército britânico, major J. D. Fullerton, previu que uma "revolução aconteceria na guerra", e que ela seria realizada pelo ar, com a "aproximação de uma frota aérea sobre as cidades inimigas, ação suficiente para encerrar a guerra" (Mason, 1994, p.3). Herbert G. Wells, um escritor inglês famoso por suas obras de ficção, em 1907, no livro *War in the Air* (Guerra no ar), foi o primeiro a utilizar a expressão "poder aéreo", descrevendo os bombardeios a partir do ar e os combates aéreos.

No início do século XX, em especial a partir da Guerra Ítalo-turca, na Líbia, em 1911, essa expressão assume uma clareza maior. A introdução das aeronaves nas guerras, fato observado com grande intensidade na I Guerra Mundial, causou uma grande mudança na perspectiva de emprego das forças militares. Com essa *avant-première*, surge uma nova dimensão no campo de batalha e a expressão "poder aéreo" passa a ser construída a partir da contribuição de teóricos precursores, como Douhet; William L. Mitchell, norte-americano, autor de *A defesa alada*, de 1925; e Hugh M. Trenchard, de nacionalidade britânica, que deixou suas ideias em diversos artigos, documentos oficiais e em comentários, já a partir de 1914, sobre a organização do Corpo Aéreo Real.

A colaboração expressiva de Douhet à afirmação do conceito permitiu a diferenciação das características desse novo poder em relação àqueles que eram exercidos pelo Exército, o poder terrestre, e a Marinha, o poder naval. Mitchell, assim como Trenchard, defendeu enfaticamente a existência de uma força armada dedicada exclusivamente ao emprego do poder aéreo: a força aérea. No caso do britânico, o esforço foi frutífero, e em 1918 surge a primeira força aérea independente da história: a Real Força Aérea. Mitchell, que se afastou do serviço militar em decorrência da radicalização de suas opiniões em prol da independência de uma força aérea, o que inclusive o levou a uma corte marcial, popularizou a aviação nos Estados Unidos da América e deixou o legado da importância do poder aéreo como uma arma estratégica.

A expressão "poder aéreo" foi elaborada para definir a capacidade das aeronaves de fazer algo no ou pelo ar. Tanto na acepção relativa ao emprego de aeronaves em situação de normalidade, ou para os momentos de crise, ou ainda nos conflitos armados e guerras, o poder aéreo representa a capacidade que uma força tem, projetada a partir do ar, em influenciar as ações que ocorrem na própria atmosfera ou na superfície. Poder aéreo significa liberdade de movimento no ar e a possibilidade de negá-la ao oponente.

Poder aéreo, então, possui uma ligação direta com domínio, controle e superioridade no ar. O domínio do ar, na interpretação original de Douhet, permitirá a execução de todas as outras ações na guerra. O controle do ar significa possuir autoridade de comandar e controlar sistemas complexos a partir do ar.

Superioridade aérea, um conceito de cunho prático e superlativo para todos os teóricos do poder aéreo, é o instrumento principal desse poder.

Existe, porém, uma diversidade de perspectivas do conceito de poder aéreo, não unívocas, que decorrem da definição original da expressão. A evolução da definição decorre do próprio aperfeiçoamento tecnológico a que foram submetidas as aeronaves, e ao aparecimento dos engenhos espaciais. Assim é que poder aéreo assume novas dimensões, tais como a de poder aéreo e espacial, quando é capaz de exercer influência no ar e no espaço, definido como a região além da atmosfera da Terra, geralmente utilizando-se como referência a Linha Kárman – 100 km da superfície terrestre – como definidora da fronteira entre ambas.

Como poder aeroespacial, a concepção integra não somente a expressão para emprego apenas militar desse poder, mas tudo aquilo que está relacionado com o emprego de aeronaves, em sentido mais amplo: a aviação civil, a infraestrutura de aeroportos e instalações aeronáuticas e espaciais, a indústria aeroespacial, os recursos humanos utilizados nessa atividade e o potencial tecnológico de desenvolvimento de produtos aeroespaciais.

Alfred T. Mahan – cuja obra mais famosa é *A influência do poder marítimo sobre a história – 1660-1783*, lançado em 1890 – também enfrentou desafio semelhante ao tentar diferenciar poder marítimo (a visão mais abrangente e análoga ao poder aeroespacial) de poder naval (a vertente de força análoga a poder aéreo) (Almeida, 2015, p.103).

A percepção abrangente de poder foi assimilada na definição brasileira de poder aeroespacial. Douhet e Mitchell já contemplavam em seus respectivos pensamentos essa visão holística de poder aeroespacial. Poder militar aeroespacial, que designa a vertente exclusivamente militar do poder aeroespacial, foi a solução doutrinária nacional para resgatar a definição do original poder aéreo.

Outras visões sobre a definição podem ser observadas em diferentes publicações doutrinárias ou na literatura especializada sobre o tema. Walter J. Boyne (2003, p.18) conceitua poder aéreo como uma capacidade que é utilizada em operações militares, comerciais ou humanitárias. Clayton K. S. Chun (2004, p.3) entende que poder aeroespacial pode ser definido como a "exploração do ambiente sobre a superfície da Terra por veículos aeroespaciais ou dispositivos para conduzir operações em suporte aos objetivos nacionais". Richard P. Hallion (2001, p.409) propõe que poder aéreo consiste no uso dos vários veículos aéreos e forças para atingir necessidades nacionais por meio da projeção de poder militar ou com sua presença a distância. Michael Armitage (1994, p.17) afirma que poder aéreo significa utilizar o ar para atingir, defensiva ou agressivamente, os objetivos nacionais. Phillip S. Meilinger (1997) sustenta que o termo "aeroespacial", utilizado com a intenção de incluir os ativos terrestres e espaciais, tornou-se deselegante e nunca atingiu uma aceitação universal. Entende, ainda, que o conceito pode se denominar poder aeroespacial, quando for "exercido através do espaço por meio de mísseis balísticos intercontinentais ou pelo uso do espaço com emprego de satélites".

Em 2001, em Paris, a Conferência Europeia de Chefes de Força Aérea, que reuniu especialistas de vários países, chegou à seguinte definição de poder aéreo: "a habilidade de proteger e empregar forças militares no ar e no espaço, ou de uma plataforma ou míssil operando acima da superfície da Terra". Ainda nesse encontro, outra conclusão foi adicionada: "poder aéreo não é somente executado pelas forças aéreas, mas inclui também as capacidades aéreas providas por outras forças armadas (Exército, Marinha ou fuzileiros navais). Não é composto apenas por sistemas de armas, mas refere-se às pessoas que os empregam, à infraestrutura para operá-los e às peças sobressalentes vitais para seu emprego" (Gates, 2003, p.152-3).

Analisando as diferentes definições, identificamos algumas características que podem ser compiladas a seguir. A primeira delas é incorporar ao poder aéreo elementos que extrapolam o emprego de aeronaves propriamente dito. Nessa vertente, seriam incluídos na definição fatores como a infraestrutura que viabiliza a operação das aeronaves, o complexo científico e tecnológico que desenvolve aviões e armamentos e até mesmo os aviões e pilotos civis que forneceriam meios materiais e humanos para uma eventual mobilização. Assim, poder aéreo, no sentido estrito, seria apenas um elemento dessa definição.

Outra característica que pode ser observada é a extrapolação do ambiente aéreo, que passa a fluir e se integrar com o espaço cósmico ou exterior. A definição de poder aéreo (*airpower*) contida no documento doutrinário básico da Força Aérea dos Estados Unidos da América é um exemplo dessa característica: "poder aéreo é a habilidade de projetar poder militar ou influenciar por meio do controle e exploração do ar, espaço e ciberespaço [dimensão ou domínio virtual da realidade, constituído por entidades e ações puramente informacionais] para atingir objetivos estratégicos, operacionais e táticos" (EUA, 2011, p.11).

A terceira característica que observamos é a inclusão na definição da possibilidade de influenciar comportamentos e se obter determinados efeitos que não os puramente advindos de destruição ou de danos físicos ou estruturais. A Real Força Aérea, em seu documento de doutrina básica, estabelece que poder aéreo e espacial (*air and space power*) é "a habilidade de projetar poder do ar e do espaço para influenciar o comportamento de pessoas ou o curso dos eventos" (Grã-Bretanha, 2009, p.14).

Na Força Aérea Brasileira, poder aeroespacial significa "a projeção do Poder Nacional resultante da integração dos recursos de que a Nação dispõe para a utilização do espaço aéreo e do espaço exterior, quer como instrumento de ação política e militar quer como fator de desenvolvimento econômico e social, visando conquistar e manter os objetivos nacionais" (Brasil, 2012a, p.10). Apesar dessa definição abrangente, o mesmo documento estabelece que as expressões "poder aeroespacial" e "poder aéreo" são "utilizadas com o mesmo sentido" (Brasil, 2012a, p.28).

Uma definição para poder aéreo não é uma tarefa simples nem definitiva. A evolução do pensamento sobre o emprego do poder aéreo (e espacial) tem se revelado desafiador para os teóricos. Ao se referir a poder aéreo como um dos elementos integrantes de um conceito mais amplo que abranja recursos de toda ordem, faz sentido utilizar-se a palavra "aeroespacial". Porém, se a intenção for limitar a definição a uma vertente operacional (aplicação em combate ou apoio ao combate), é factível utilizar-se o termo "aéreo". A dimensão espacial, quando se refere ao espaço exterior, cujas peculiaridades de operação podem apresentar semelhanças e diferenças, em função da natureza do meio, pode ser incorporada à definição como um complemento natural e extensão da operação dos artefatos que se deslocam no ar ou no vácuo. A influência do conceito de operações baseadas em efeitos, que incorpora a questão da possibilidade de se moldar o comportamento humano, é também possível de se aglutinar à definição, já que tem sido experimentada na prática em conflitos recentes.

Uma síntese possível ao conceito de poder aéreo necessariamente deve referir-se à sua instrumentalidade para o alcance dos objetivos políticos, estratégicos, operacionais e táticos, em determinada situação de crise, conflito armado ou guerra, que pode gerar a almejada mudança de comportamento do inimigo na direção dos interesses nacionais. Junto com o poder espacial, e demais elementos constitutivos, pertence a um conceito maior que extrapola a dimensão do combate, o poder aeroespacial.

A perspectiva mais adequada é a de utilizar a expressão "poder aéreo" e não "força aérea". A denominação "poder aéreo" é mais adequada, já que ela se refere não somente às aeronaves de uma força aérea, mas a todos os integrantes do espaço de batalha que utilizam a terceira dimensão. Assim é que aeronaves das demais forças singulares, a capacidade de defesa antiaérea, os engenhos orbitais, os mísseis superfície-superfície também podem se incorporar ao conceito de poder aéreo.

Em 1917, os relatórios do general Jan Smuts (Air Power Review, 2013, p.143-9), uma iniciativa do governo britânico para analisar a situação da defesa aérea das ilhas e da própria organização das operações aéreas após os ataques alemães à Inglaterra, foi o documento mais importante da história do poder aéreo. Ele é o precursor de todas as forças aéreas independentes ao redor do mundo e a razão da denominação "poder aéreo". Tão intensa foi essa nova perspectiva despertada pelo relatório, que suscitou declarações fortes, como a de Winston Churchill, o grande líder britânico no período da II Guerra Mundial. Para ele, naquele momento, "a Marinha nos poderia fazer perder a guerra, mas o Exército do Ar poderá dar-nos a vitória. Assim, teremos de concentrar nosso esforço para conquistar o domínio do ar no mundo. Os aviões de caça constituem nossa salvação, mas somente os bombardeiros nos levarão à vitória... Por isso, o Exército do Ar deve ocupar o primeiro plano, antes da Marinha e do Exército de terra" (Bartz, 1967, p.108).

A pertinência de afirmações como esta à realidade atual pode e deve ser questionada, já que a guerra mostra-se cada vez mais como um empreendimento conjunto, no qual os esforços dos diferentes poderes se sincronizam e assumem um efeito de sinergia. Contudo, o espaço do "poder aéreo", e do "poder espacial", está definitivamente consolidado, da mesma forma que o seu conceito. Sua relevância é tão significativa que mesmo os exércitos, as marinhas, as guardas nacionais, os fuzileiros navais e as forças de segurança pública sustentam sua importância quando incorporam significativos contingentes de aeronaves em suas estruturas de combate.

A significância desse poder e dos meios que o compõem poderá ser mais bem compreendida se analisarmos as origens e a atualidade da guerra aérea.

Guerra aérea

A introdução de aeróstatos no campo de batalha e a posterior utilização de equipamentos autopropulsados mais pesados que o ar (as aeronaves) deram novo caráter à guerra, permitindo a exploração da tridimensionalidade, da capacidade de penetração no interior do território inimigo e da superação das barreiras físicas, comumente encontradas pelas forças de superfície em seus embates. Essa nova realidade caracterizou um novo cenário de guerra: a guerra aérea, sinteticamente definida como a guerra que se realiza entre as aeronaves ou entre as forças aéreas em oposição.

O emprego de balões surge, segundo Mitchell (2009, p.153), na guerra revolucionária francesa de 1792. Segundo Boyne (2003, p.380), em 1794, quando da invasão do exército francês da Bélgica, em Fleurus, o balão *Entreprenant* ascendeu a 1.300 pés (cerca de 400 m) de altura para observação do movimento das forças holandesas e austríacas. Buckley (1999, p.24) relata que Napoleão Bonaparte utilizou balões em sua expedição ao Egito. Creveld (2011, p.7-8) destaca o emprego desses equipamentos na Guerra Civil Americana (1861-1865) e na Guerra Franco-Prussiana (1870). Lavenère-Wanderley (1975, p.21-4) destaca a importância das ascensões de balões para a Batalha de Tuiuti durante a Guerra da Tríplice Aliança (1864-1870). Nessas oportunidades, o balão se elevava ora com o intuito de observação dos deslocamentos inimigos, ora para a regulação do tiro da artilharia de campanha. Em 1849, entretanto, também segundo relato de Buckley (1999, p.24), os balões foram utilizados pelos austríacos para transportar granadas que seriam lançadas quando esses dispositivos sobrevoassem a cidade de Veneza, em uma primeira tentativa de explorar as características que distinguiriam a guerra aérea.

Entretanto, os primeiros aeróstatos não possuíam dirigibilidade, deixando-os à mercê dos ventos, o que muitas vezes limitava seu emprego. Somente com o advento da capacidade de direcionar o movimento, tarefa na qual Alberto Santos Dumont foi decisivo, transformando-os em um "dirigível", surge a possibilidade de emprego que viria a contextualizar de forma mais contundente a guerra aérea.

Quase simultaneamente ao emprego do dirigível, as aeronaves debutam na Guerra Ítalo-turca, na Líbia, em 1911. Nesse conflito, os italianos utilizaram aviões para lançar bombas sobre as tropas turcas e seus aliados locais. O resultado, função das limitações dos aparelhos e dos armamentos empregados (pequenas granadas de mão de 2 kg), era muito mais de efeito moral do que propriamente físico (Creveld, 2011, p.18-21). Experiências semelhantes foram conduzidas na Guerra dos Bálcãs, de 1912 a 1913.

A primeira guerra aérea de intensidade relevante é a I Guerra Mundial. Nela, podem-se observar distintas funções desempenhadas pelas aeronaves. Aperfeiçoam-se as técnicas de observação a partir do ar, surgidas com os balões. As aeronaves empregam equipamento de fotografia para identificar concentrações de tropas, alvos, redutos de defesa e linhas de comunicação do oponente. Surgem os primeiros combates aéreos, quando as aeronaves opostas se encontram no ar. Esses duelos aéreos ficam famosos na história despontando a figura dos "ases" da aviação, verdadeiros heróis e representantes do orgulho nacional.

Essa nova dimensão da guerra é identificada por Beaufre (1998, p.37), que distingue na batalha aérea características próprias que a diferenciam das operações na superfície. Coutau-Bégaire (2010, p.493-511), autor que também destaca essa nova dimensão, vai além quando discorre sobre o "pensamento estratégico aéreo", ou seja, um *locus* da guerra aérea na tradicional e histórica discussão sobre estratégia militar.

Ainda na Guerra de 1914, sobressai a tecnologia como um fator diferenciador na guerra aérea. Equipamentos com características de voo superiores, tais como velocidade, razão de subida, manobrabilidade (capacidade de fazer curvas rápidas) e armamento, sucedem-se nas linhas de produção, robustecendo as forças aéreas. Desenvolvem-se novos tipos de aeronaves que executam missões diferenciadas: o bombardeio aéreo, o transporte logístico, a evacuação de enfermos e a interceptação aérea. Essas potencialidades permitem a edição das primeiras teorias sobre o emprego das aeronaves, que passa a se denominar poder aéreo. Esse fator é o ápice da caracterização de um novo domínio da guerra: a guerra aérea.

Os primeiros teóricos compreendiam, e ainda hoje os contemporâneos assim o fazem, formas distintas de se conceber a guerra no ar. Douhet (1988, p.83) preconizava o domínio do ar por meio de uma batalha que atingisse "o ninho e os ovos" da aviação inimiga (suas bases aéreas e fábricas de aviões), uma precondição para o bombardeio das cidades e da população inimiga, como forma de forçar os governantes adversários à capitulação. Mitchell (2009, p.9) defendia "o domínio do ar por intermédio de uma grande batalha aérea de enfrentamento" e a consequente destruição dos centros vitais da economia e da infraestrutura oponente, inviabilizando a produção dos bens essenciais para a continuação da guerra.

A II Guerra Mundial refinou as ideias dos teóricos originais e permitiu o surgimento de novas concepções de guerra aérea. Slessor (2009, p.2, 167, 213) defendia "o emprego das aeronaves contra o sistema de transporte (que ele denomina linhas de comunicação) de suprimentos do adversário, dos centros de produção para o teatro de operações", naquilo que passou a ser chamado de interdição. Tedder (1947, p.87) compreendia a guerra aérea como uma "parte integrante e cooperativa com a guerra terrestre". Desenvolveu uma teoria e, principalmente, uma prática que integrou as aeronaves à batalha na superfície naquilo que foi denominado apoio aéreo aproximado.

Da guerra de 1939 em diante, a guerra aérea tornou-se uma realidade em todos os conflitos. As aeronaves assumiram um papel de independência nos combates, mas também foram integradas às operações de superfície, seja cooperando com o Exército ou tripulando as embarcações nos navios-aeródromo. A concepção de guerra aérea passou a incorporar novas dimensões, como a do tempo (ou ritmo), expressa no ciclo de decisão (ou ciclo OODA – acrônimo de Orientar, Observar, Decidir e Agir), concebido por Boyd (Osinga, 2015, p.74).

Nele, o ritmo das decisões no espaço aéreo, desde a simples pilotagem de uma aeronave durante um combate aéreo até as macrodecisões no nível operacional, determinará o sucesso na medida em que resultará em vantagem significativa sobre o adversário.

A experiência dos conflitos durante a Guerra Fria (Coreia e Vietnã), dos Bálcãs (Sérvia e Kosovo), Oriente Médio/Ásia (guerras árabe-israelenses, Iraque e Afeganistão) trouxe teorias com a de John Warden sobre os "centros de gravidade em uma concepção sistêmica do oponente" (Warden III, 1998, p.108-9). A guerra aérea, segundo esse autor, deve ser um evento focado na "paralisia do adversário", em vez da simples destruição de capacidades militares ou infraestruturais (Warden III, 1998, p.114), como advogavam os primeiros teóricos.

Em face dessa crescente presença e importância no campo de batalha, a denominação "guerra aérea" tem ampliado seu espectro dimensional. O grande desafio atual é a dimensão do espaço exterior, que, conjugado à definição em discussão, assumiria um caráter de guerra aérea e espacial. Sobre esse tema, o espaço, ainda não existe uma teoria consistente que integre meios com características físicas distintas, apesar de sua contiguidade. Em verdade, as atuais aeronaves não têm condições de operar no espaço exterior, assim como os "satélites" (ou outros dispositivos similares) apenas transitam pelo céu até atingirem seu ambiente de operação.

Apesar dessas limitações tecnológicas, hoje não há mais como se conceber uma guerra aérea que não faça uso das potencialidades (telecomunicações, imagens, posicionamento geográfico, digitalização etc.) advindas do espaço exterior. Assim, faz sentido o entendimento contemporâneo de que a guerra no ar (e no espaço) não mais se restringe aos enfrentamentos entre aeronaves.

Da mesma forma, contribuições como as de Winnefeld e Johnson (1993, p.170-1) revelam que os ambientes (a terra, o mar, o ar e o espaço) devem favorecer guerras conjuntas, nas quais a guerra aérea não é um elemento isolado, independente, como pareceu para alguns dos teóricos pioneiros. A guerra aérea (e espacial), hoje, suporta, complementa, coopera e interage com as campanhas de superfície, seja na terra ou no mar. A prevalência de uma sobre a outra ocorre apenas episodicamente, em função do momento, do ambiente e do tipo de adversário que se enfrenta.

No Brasil, o debate sobre guerra aérea parece estar restrito às escolas militares. Apesar disso, o conceito é trabalhado de forma mais ampla, não restringindo essa definição ao espectro da batalha em si, mas a todos os tipos de situações nas quais se demande o uso de aeronaves. Assim, a nossa guerra aérea teria aplicação expandida nas calamidades, operações humanitárias ou sob mandato de organismos internacionais, complementação da atuação governamental e em casos de garantia da lei e da ordem interna. Corrobora essa visão a doutrina de operações conjuntas, que afirma ser o processo de planejamento de operações conjuntas, no qual se insere a guerra aérea (e espacial), um processo "flexível, o que possibilita empregá-lo na resolução de qualquer tipo de problema militar nos mais diversos níveis e graus de complexidade" (Brasil, 2011, p.12).

Expandindo-se a síntese do conceito de guerra aérea apresentada, adaptamos a proposição de Vego (2007, p.V-63) em uma definição mais abrangente. Portanto, hoje, ele refere-se a uma série de ações táticas (explorando opções de ataque e de defesa) inter-relacionadas, sequenciais (ou em paralelo) e sincronizadas no tempo e no espaço (teatro de operações), que utilizem forças aéreas (da própria Força Aérea ou das demais forças armadas, inclusive defesa antiaérea e meios satelitais), com o propósito específico de atingir objetivos operacionais (decorrentes dos objetivos políticos) advindos de um esquema de operação planejado e executado conjuntamente.

Os elementos componentes desse conceito remetem diretamente à ideia de uma estratégia. O surgimento da guerra aérea inexoravelmente fez surgir a necessidade de uma estratégia específica para o emprego do poder aéreo. Parte integrante de uma estratégia militar, a estratégia aérea será discutida a seguir, com a finalidade de se identificar sua especificidade e principais características.

Estratégia aérea

Estratégia aérea é a porção da estratégia militar que se destina a empregar o poder aéreo em determinada situação na qual seja requerida a expressão militar do poder nacional. Na ideia de emprego do poder aéreo estão implícitas as etapas de organização das forças no teatro de operações e a execução das ações aéreas militares até a estabilização da situação.

A estratégia aérea que ora se discute, portanto, é aquela contida na dimensão que Drew e Snow (2006, p.103) imputam ao "emprego da força". Essa distinção é necessária por dois motivos. Inicialmente para esclarecer que as demais dimensões propostas por esses autores, a do "desenvolvimento da força" e a do "desdobramento da força", não estão aqui contempladas. A primeira delas é a responsável pela produção dos artefatos a serem utilizados pelas Forças Armadas, no que tange à pesquisa e desenvolvimento tecnológico dos meios, ao planejamento estratégico de longo prazo e ao desenvolvimento de capacidades, o que normalmente está associado ao preparo de uma força armada. A segunda é a qualidade que se observa na distribuição geográfica dos meios militares desde o tempo de paz, na localização de organizações, nas questões relacionadas à ocupação e presença no território nacional, enfim ao desdobramento prévio e não ao deslocamento preparatório para uma ação militar.

A outra razão decorre do fato de que a palavra "estratégia" incorpora também significados relacionados a planejamento estratégico ou institucional, cenários prospectivos ou mesmo à demanda por documentos normativos, associados à etapa do preparo das Forças Armadas, como é o caso brasileiro da *Estratégia Nacional de Defesa* (Brasil, 2013, p.43), que associa estratégia de defesa à estratégia de desenvolvimento.

Assim é que a estratégia (aérea) militar que ora se introduz na discussão está associada aos conceitos de Carl von Clausewitz (2010, p.93), quando define estratégia como a "coordenação dos recontros [ou combates] entre si"; de Basil H. Liddell Hart (1966, p.416), como a "arte de distribuir e aplicar os meios militares de forma a atingir os objetivos da política"; ou de André Beaufre (1998, p.27), como "a arte da dialética das vontades, empregando a força para resolver seu conflito".

O espaço específico de uma estratégia aérea passou a ser identificado com maior clareza durante a I Guerra Mundial. Ele surge a partir da teorização sobre níveis da estratégia. Beaufre (1998, p.37) apresenta a "pirâmide de estratégias", composta pelos níveis da estratégia total, da estratégia geral e da estratégia militar geral. Liddell Hart, por sua vez, aponta a dependência da estratégia puramente militar a uma "grande estratégia", cujos elementos não são exclusivamente militares. A doutrina nacional brasileira, proclamada pela ESG, é um produto desse pensamento quando vincula a "estratégia nacional" ao "poder nacional", este, por sua vez, composto de "expressões", dentre elas a expressão militar do poder nacional (Brasil, 2009, p.36).

Drew e Snow aprofundam a ideia das "dimensões" da estratégia sugerindo o conceito de estratégia operacional, como aquela responsável por "conectar as expectativas nacionais [ou uma estratégia geral] sobre a estratégia militar com as questões eminentemente táticas do campo de batalha" (Drew; Snow, 2006, p.116). Como se trata do emprego da força, propriamente, a estratégia operacional se dá por meio da "orquestração" da campanha militar. Decorre, portanto, a necessidade de se integrar elementos distintos (como em uma orquestra), sinergicamente, em uma campanha militar no teatro de operações. Esses elementos a serem orquestrados são exatamente as estratégias de cada força armada (Marinha, Exército e Força Aérea). Essa dedução nos permite adentrar mais amiúde no conceito de estratégia aérea.

Beaufre, Liddell Hart e, mais recentemente, Coutau-Bégaire especificam explicitamente o papel de uma estratégia aérea no contexto de uma guerra. O primeiro (1998, p.37) destaca que "cada domínio do conflito [produz] um sistema de consequências diferentes" onde se podem observar as peculiaridades de uma estratégia naval, terrestre ou aérea. Liddell Hart, o responsável pela produção teórica sobre o emprego ar-terra na guerra mecanizada, destacou que a estratégia aérea era componente da grande estratégia (MacIsaac, 1986, p.632). Coutau-Bégaire dá um passo adiante apontando para as "dimensões da estratégia aérea". Destaca as posturas estratégicas ofensiva e defensiva, as estratégias de "destruição" e de "desgaste", o "atrito com o inimigo ou sua paralisia" e a "interdição" (Coutau-Bégaire, 2010, p.517, 516).

Estratégia aérea, então, assume um espaço específico no contexto das guerras. Evidência maior dessa afirmação pode ser contemplada a partir de uma sintética observação do pensamento teórico sobre o emprego das aeronaves em conflitos. No início do século XX, o advento da aeronave no campo de batalha despertou visões, que ainda hoje são debatidas, em pensadores que formularam as primeiras ideias sobre estratégia aérea. A compreensão desse quadro teórico nos permitirá a caracterização desse conceito.

Existem muitas correntes de pensamento que orientam o conceito e, ainda hoje, amparam as formulações de uma estratégia aérea em circunstâncias muito diferenciadas. Tais como nas guerras convencionais, em insurgências ou conflitos de baixa intensidade, nas ações humanitárias, contra o terrorismo ou em ações policiais. Gray (1999), por exemplo, sustenta que a estratégia (dentre elas aquela cuja parcela de responsabilidade recai sobre uma força aérea) também se configura em novos "ambientes": as pequenas guerras, o ciberespaço e o espaço.

Essencialmente, pode-se agrupar o pensamento sobre estratégia aérea a partir de seis correntes: o emprego psicológico, o emprego estratégico, o emprego contra as linhas de suprimento, a cooperação ar-superfície, a proposição sobre ciclo de decisão e sistemas, e a abordagem por efeitos. Elas não são excludentes entre si e, em muitos casos, concorrem de forma simultânea na aplicação do poder aéreo.

A visão de que o poder aéreo é uma arma psicológica decorre de Giulio Douhet. Para esse pensador, "do ponto de vista militar, [compensaria] esmagar a resistência moral [do inimigo], espalhando-se o terror e o pânico" (Douhet, 1988, p.166) por meio de ataques às suas cidades. Nessas ações, a população adversária "obrigaria" seus governantes a encerrar o conflito por medo da devastação que viria do ar. De formas variadas, essa vertente de estratégia foi utilizada ao longo da história e exemplos bem contundentes foram Guernica, durante a Guerra Civil Espanhola, Hiroshima e Nagasaki, na II Guerra Mundial.

Outra proposição de estratégia que pôde ser observada de forma intensa no *front* europeu da II Guerra Mundial foi aquela defendida por teóricos como Hugh Trenchard e William Mitchell. Nessa percepção, o poder aéreo deve ser utilizado contra os centros industriais do oponente, comumente denominados estruturas (ou infraestruturas) vitais para a sustentação da guerra. Na guerra de 1939 a 1945, os Aliados empreenderam consistentes ofensivas de bombardeio aéreo contra a economia alemã, atingindo indústrias de todas as categorias, centros de geração de energia e produção de combustíveis.

Ainda nessa guerra, surge outro pensamento, cujo principal teórico foi John Slessor. Ele identificava como estratégia prioritária o ataque às linhas de suprimento (também denominadas linhas de comunicação) do inimigo (Slessor, 2009, p.2, 167, 213). Nessa formulação de estratégia, os alvos seriam os sistemas de transporte, rodoviário e ferroviário, depósitos de suprimentos, concentrações de forças que teriam a função básica de apoiar as forças do inimigo na linha de contato. Por exemplo, durante a Guerra do Vietnã, os ataques norte-americanos contra as forças do Vietnã do Norte, essencialmente no período de 1965 a 1968, visavam à destruição do sistema rodoferroviário que transportava a logística de funcionamento das forças vietnamitas.

Da forma como se aglutinou ao contexto de uma campanha militar, o poder aéreo desenvolveu estreitos "laços de amizade" com as forças de superfície. Nessa vertente de emprego, da qual derivaram estratégias e táticas decisivas, os principais pensadores foram Arthur Tedder e Wolfram von Richtofen. Tedder foi o principal representante do poder aéreo responsável pelo sucesso aliado na África e no desembarque da Normandia, durante a II Guerra Mundial. A ele é creditado o sucesso da cooperação ar-superfície, representada na participação da força aérea no apoio imediato e localizado às forças amigas em contato direto com o inimigo. Richtofen é o oficial que coloca em prática e aperfeiçoa o papel da Luftwaffe na guerra-relâmpago (a *Blitzkrieg*). Nesse modo de conduzir uma campanha, o poder aéreo integrava-se plenamente à guerra de superfície, exercendo um papel sinérgico com o Exército. Quando se fala em cooperação não se pode esquecer a necessária integração ar-superfície nos domínios navais. A guerra aeronaval, no Pacífico ou nas Malvinas/Falklands, são exemplos substanciais dessa corrente de estratégia.

A Guerra do Golfo de 1991 inaugura um novo capítulo na estratégia de emprego do poder aéreo. A partir da contribuição de John Warden III, o inimigo é compreendido como um sistema, no qual se identificam elementos concêntricos de liderança, processos, infraestrutura, população e forças militares. Neles há um ou mais centros de gravidade que, atingidos, levam à paralisia do sistema e ao colapso do oponente (Fadok, 1997, p.372). Nessa nova visão de estratégia, o poder aéreo, aliando as características de ser furtivo e preciso no emprego de armamentos, é o elemento essencial de uma estratégia militar.

A construção teórica dessa estratégia complementa-se com o entendimento sugerido por John Boyd sobre o ciclo de decisão (Osinga, 2015, p.74). Em função da velocidade de atuação do poder aéreo, outra característica que se alia às anteriores, um ciclo de comando e controle das operações aéreas com ritmo intenso tornará esse poder tão mais eficaz quanto for a capacidade própria de observar, orientar, decidir e agir contra o oponente.

Ainda mais recentemente, como resultado das operações aéreas na Bósnia (1992-1995), no Kosovo (1998-1999), no Afeganistão (a partir de 2001) e no Iraque (2003), surgiu a abordagem de estratégia aérea baseada em efeitos. Nesse tipo de estratégia, o objetivo é moldar o comportamento do oponente de forma que ele reaja positivamente às demandas estipuladas como efeitos desejados. O poder aéreo, de acordo com essa perspectiva, seria capaz de obter efeitos de destruição física, abalo funcional no alvo, dano sistêmico ou impacto psicológico sobre o inimigo.

As estratégias aéreas não se esgotam nas interpretações anteriores. Estas denotam apenas linhas gerais do pensamento teórico formulado a partir da experiência histórica do poder aéreo, experiência que é curtíssima quando comparada com o histórico das operações militares terrestres e navais. Mesmo nesse curto intervalo de tempo, outras estratégias aéreas puderam ser observadas. Na Guerra Fria, as forças aéreas norte-americana e soviética (com seus respectivos parceiros na Otan e o Pacto de Varsóvia, respectivamente) constituíram-se prioritariamente para o embate nuclear, por meio de uma estratégia que recebeu o nome de "destruição mútua assegurada". Outra concepção de estratégia fortaleceu a ideia de que o poder aéreo era essencialmente uma arma de coerção, conforme advogou Pape (1996, p.55), mesmo que essa coerção fosse exercida na forma de uma estratégia de sistemática pressão contra as forças militares do inimigo.

Na verdade, o poder aéreo, hoje, contempla fatores que restringem as possibilidades de emprego de estratégias aéreas. O direito humanitário, a opinião pública e a mídia que acompanham ao vivo as operações aéreas e o concreto desgaste político de danos colaterais, principalmente quando afetam populações civis, têm se tornado fatores de grande importância no planejamento de operações militares. A natureza atual dos conflitos que eclodem na forma de insurgências, terrorismo e envolvem questões étnicas também constituem desafios para uma estratégia aérea. Esses fatores têm demandado dos estrategistas do emprego do poder aéreo posturas criativas e flexíveis, a fim de persistir na ideia que vincula o uso militar da força a objetivos políticos.

Mason (1994, p.236) destaca que o poder aéreo, por suas características, tem se tornado um "poder diferencial". Em função de suas capacidades e características, ele torna-se uma opção estratégica essencial para o emprego do poder militar em situações de guerra, conflito armado ou em crises de diferentes naturezas. A elaboração de estratégias de emprego do poder demanda uma *expertise* que somente será diferencial quando, como sustenta Gray (1999, p.19), for associada a uma "performance estratégica" que gere efetivo impacto nos resultados durante o curso dos eventos. Somente dessa forma uma estratégia permitirá o alcance dos objetivos políticos, como prescreveu Clausewitz.

Com a finalidade de melhor exemplificar uma estratégia aérea, seria conveniente a apresentação de uma postura estratégica que tem sido basilar no contexto nacional. Devido à sua postura não intervencionista e de busca da solução de conflitos pela negociação, o Brasil tem investido, historicamente, na estratégia de emprego do seu poder aéreo na defesa aérea como garantidora da soberania nacional.

Defesa aérea

A defesa aérea é a modalidade de defesa que se propõe a impedir a utilização do espaço aéreo de interesse por forças aéreas adversárias. Em uma definição mais abrangente, seria correto afirmar que a defesa aérea tem o propósito de assegurar a soberania de uma nação no uso do seu espaço aéreo. Isso implica possuir capacidade de identificar, acompanhar, orientar e, se necessário, destruir aeronaves que transitem sobre o território nacional. No caso brasileiro, conforme consta no *Livro branco de defesa nacional* (Brasil, 2012b, p.134), os "recursos de detecção, interceptação e destruição" incorporam-se à própria "missão" da Força Aérea Brasileira (FAB).

O primeiro teórico do poder aéreo que identificou claramente o papel da defesa aérea foi Claire Chennault, norte-americano, autor de *O papel da [aeronave de] defesa [e] de perseguição*, de 1935. Chun (2004, p.56-7) destaca a função de instrutor que Chennault exerceu na Escola de Tática do Corpo Aéreo do Exército norte-americano, nos anos anteriores à II Guerra Mundial. Nesse contexto, desenvolveu ideias sobre as aeronaves de interceptação, cuja velocidade era fator primordial, sobre as redes de detecção de aeronaves inimigas, sobre a importância das comunicações entre os centros de comando e as aeronaves interceptadoras e sobre a relevância do princípio da prontidão. Na atualidade, todas essas proposições básicas fundamentam a organização e o funcionamento da defesa aérea.

A defesa aérea constitui um sistema no qual se podem identificar como elementos: a defesa aérea ativa, a defesa aérea passiva, a defesa antiaérea, além dos meios de detecção e de comunicação. A defesa ativa é representada pelas aeronaves (inclusive helicópteros) que efetivamente defendem a soberania no espaço aéreo, ora agindo contra eventuais incursores, ora exercendo o que se denominam medidas de policiamento do espaço aéreo. Essas medidas permitem que o sistema exerça funções específicas. A função de identificação ocorre quando os interceptadores se aproximam de outra aeronave com o intuito de reconhecer suas características, matrícula, velocidade e direção. A função de orientação se consuma quando uma aeronave é direcionada a seguir determinado comportamento (velocidade, rumo ou pouso em determinado aeródromo). A função de neutralização (ou de destruição) se configura quando a demanda do sistema identifica a aeronave incursora como hostil.

Por sua vez, a defesa passiva é observada na proteção das instalações de interesse (inclusive das aeronaves), por meio de ocultação ou dissimulação que utilizem artifícios de camuflagem, barreiras, *bunkers* ou *shelters*, engodos e instalações subterrâneas. Já a defesa antiaérea é exercida por armas de cano (armas portáteis, metralhadoras ou canhões) ou de tubo (os mísseis superfície-ar). Em função da característica do armamento utilizado (alcance e capacidade de detecção e guiagem), a defesa antiaérea pode ser exercida em uma área geográfica ou em um ponto específico. Dunnigan (1993, p.196-8) classifica as armas antiaéreas de acordo com a dimensão da cabeça explosiva e pelo calibre. O mesmo autor considera essencial que as armas antiaéreas sejam avaliadas a partir de suas máxima e mínima altitude de efetividade, alcance, razão de tiros por segundo e capacidade de operar em situações meteorológicas adversas (Dunningan, 1993, p.203).

Os meios de detecção e de comunicação constituem o elo de interação com a defesa ativa e a antiaérea. Radares de diversos tipos, centros de comando e controle, telecomunicações, sistemas de tecnologia de informação, observadores visuais e até mesmo aeronaves em voo (aquelas com capacidade de controle e alarme em voo, usualmente equipadas com radares de vigilância aeroembarcados) compõem esse sistema complexo.

Tanto a Batalha da Inglaterra (ou da Grã-Bretanha), ocorrida entre os anos de 1940 e 1941, durante a II Guerra Mundial, quanto a ofensiva de bombardeio dos Aliados à Alemanha, entre os anos de 1943 a 1945, são exemplos clássicos de sistemas de defesa aérea em que se identificam todos os elementos citados. Bishop (2010, p.21-3, 121-3) descreve a cadeia de radares instalada pela Inglaterra, com meios de detecção e de comunicação, parte integrante de um sistema de alarme aéreo antecipado. Esse alarme viabilizava o acionamento das aeronaves Hurricane e Spitfire, do Comando de Caças (defesa aérea ativa), que interceptavam as aeronaves alemãs. Estrutura semelhante foi desenvolvida na Alemanha, por meio da linha Kammhuber e das zonas Himmelbett, que se tornariam efetivas contra as primeiras incursões noturnas de bombardeiros ingleses (Bekker, 1972, p.260-76).

Grande parte do esforço contra os incursores, especialmente na Alemanha, era empreendido pela defesa antiaérea. Zaloga (2011, p.12 e 57) destaca que, no primeiro quadrimestre de 1943, a antiaérea alemã foi responsável pela destruição de 724 dos 805 bombardeiros aliados contabilizados. Sozinha, ela era responsável por 29% das armas alemãs, por 20% do orçamento de munições e incorporava 50% do pessoal da Luftwaffe. Na Alemanha, empreendiam-se esforços consideráveis de ocultação das instalações vitais (defesa passiva) que eram objeto dos ataques dos bombardeios aliados. Beevor (2010, p.409) cita o posicionamento das aeronaves alemãs em estradas, a fim de que fossem escondidas sob as árvores, impedindo sua identificação pelas aeronaves de reconhecimento.

Na Guerra do Golfo de 1991, surgiram, na nomenclatura da defesa aérea, os conceitos de ação contra-aérea ofensiva e ação contra-aérea defensiva (derivados do inglês *offensive counter-air*, ou OCA, e *defensive counter-air*, ou DCA). A OCA é uma missão normalmente conduzida através do espaço aéreo inimigo e destinada a destruir ou neutralizar o poder aéreo inimigo perto de sua fonte de poder. A DCA é a missão normalmente conduzida sobre o território amigo em reação à iniciativa do inimigo. Luttwak (1992, p.31) considera que a OCA é a ação de ataque contra bases aéreas e suas instalações. Já a DCA é a ação das patrulhas aéreas defensivas e as interceptações.

A defesa aérea em nosso país é contemplada pelo Sistema de Defesa Aeroespacial Brasileiro (Sisdabra). De acordo com o Decreto-Lei n.1.778, de 18 de março de 1980, sua finalidade é a de "assegurar o exercício da soberania no espaço aéreo brasileiro". Ele incorpora todos os elementos de um sistema de defesa aérea tradicional. Os meios de detecção e de comunicação estão espalhados por todo o território nacional. Asseguram consciência situacional que viabiliza a coordenação do uso do espaço aéreo pelas aeronaves que sobrevoam o espaço de jurisdição brasileira – que hoje equivale a 22 milhões de quilômetros quadrados – e permitem identificação de tráfegos aéreos não autorizados a adentrar o Brasil. Além disso, a Força Aérea mantém aeronaves em alerta para executar a interceptação e cumprir as medidas de policiamento quando estas se fizerem necessárias. No Sisdabra estão incorporados os meios de defesa antiaérea não somente pertencentes à FAB, mas também aqueles sob controle da Marinha e do Exército brasileiros.

Um assunto que está em discussão é a pertinência da extensão dos sistemas de defesa aérea ao espaço exterior. Algumas iniciativas já caminharam nessa direção. Em 1983, a administração Reagan, nos Estados Unidos da América, deu início ao projeto denominado Strategic Defence Initiative (Iniciativa de Defesa Estratégica), também conhecido como projeto Star Wars, em alusão ao filme *Guerra nas estrelas*. O sistema previa o posicionamento de satélites com dispositivos capazes de interceptar e destruir mísseis balísticos intercontinentais. A defesa aérea no espaço exterior tornou-se um assunto concreto quando, em 2007, a China teria conduzido um teste de destruição de um satélite inoperante utilizando um veículo cinético, viajando em direção oposta com uma velocidade de 8 km/s, lançado da base de Xichang.

No que tange à porção "aérea" sobrejacente aos territórios nacionais, não há dúvida quanto aos direitos legais inerentes às nações. Contudo, quando se incorpora a essa área o espaço exterior, ainda persistem dúvidas quanto à legalidade das iniciativas que tentam estender a soberania das nações ao espaço exterior. Em 1962, a Assembleia Geral das Nações Unidas adotou uma resolução, que até hoje guia o tema nessa área, considerando que "o espaço exterior e os corpos celestiais são livres para a exploração de todos os Estados em bases de igualdade e de acordo com a lei internacional". O Tratado sobre os Princípios que Regem as Atividades dos Estados na Exploração e Uso do Espaço (1967), assinado em Washington, diz ainda que o "espaço exterior e os corpos celestiais não são sujeitos à apropriação nacional por meio de requisição de soberania, em função de uso, exploração ou de qualquer outro meio" (UNO, 2016, art. 2º). Portanto, sob a égide desse documento, conclui-se que o espaço exterior não deve ser considerado espaço de defesa.

Referências bibliográficas

AIR POWER REVIEW. *Development of Air Power in World War 1.* London: Centre for Air Power Studies, 2013. [Ed. esp., primavera.]

ALMEIDA, F. E. A. *Os gigantes da estratégia naval*: Alfred Thayer Mahan e Herbert William Richmond. Curitiba: Prismas, 2015.

ARMITAGE, M. History of Airpower. In: MARGIOTTA, F. D. (Ed.). *Brassey's Encyclopedia of Military History and Biography's.* Washington: Brassey's, 1994.

BARTZ, K. *A Luftwaffe na guerra.* Trad. José B. Mari. São Paulo: Flamboyant, 1967.

BEAUFRE, A. *Introdução à estratégia.* Trad. Luiz de Alencar Araripe. Rio de Janeiro: Biblioteca do Exército Editora, 1998.

BEEVOR, A. *Dia D*: a batalha pela Normandia. Trad. Maria B. de Medina. Rio de Janeiro: Record, 2010.

BEKKER, C. *The Luftwaffe War Diaries.* London: Gorgi, 1972.

BISHOP, P. *Battle of Britain.* London: Quercus, 2010.

BOYNE, W. J. *The Influence of Air Power upon History.* New York: Pelican, 2003.

BRASIL. *Constituição dos Estados Unidos do Brasil.* Promulgada em 10 de novembro de 1937. Disponível em: http://www.planalto.gov.br/ccivil_03/Constituicao/Constituicao37.htm. Acesso em: 13 jun. 2016.

______. *Constituição dos Estados Unidos do Brasil.* Promulgada em 18 de setembro de 1946. Disponível em: http://www.planalto.gov.br/ccivil_03/Constituicao/Constituicao46.htm. Acesso em: 13 jun. 2016.

______. *Constituição da República Federativa do Brasil de 1988.* Disponível em: http://www.planalto.gov.br/ccivil_03/Constituicao/Constituicao.htm. Acesso em: 13 jun. 2016.

______. Decreto-Lei n.2.961, de 20 de janeiro de 1941a. Cria o Ministério da Aeronáutica. Disponível em: www.senado.gov.br. Acesso em: 20 ago. 2009.

______. Decreto-Lei n.3.302, de 22 de maio de 1941b. Dá nova denominação às Forças Aéreas Nacionais e aos seus estabelecimentos. Disponível em: www.senado.gov.br. Acesso em: 8 mar. 2008.

______. Decreto-Lei n.3.730, de 18 de outubro de 1941c. Organiza o Ministério da Aeronáutica. Disponível em: http://www6.senado.gov.br/legislacao/ListaPublicacoes.action?id=103346. Acesso em: 27 jan. 2010.

______. Decreto-Lei n.4.478, de 14 de julho de 1942. Organiza a Força Aérea Brasileira em tempo de paz. Disponível em: www.senado.gov.br. Acesso em: 8 mar. 2008.

______. Decreto-Lei n.1.778, de 18 de março de 1980. Cria o Sistema de Defesa Aeroespacial Brasileiro – Sisdabra e dá outras providências. Brasília, 1980.

______. Ministério da Defesa. Comando da Aeronáutica. Manual do Comando da Aeronáutica (MCA) 10-4; Glossário da Aeronáutica. Portaria Emaer n.002/3SC2, de 30 de janeiro de 2001.

______. Ministério da Defesa. Escola Superior de Guerra. *Manual básico*: elementos fundamentais. v.1. Rio de Janeiro: ESG, 2009.

______. Ministério da Defesa. *Doutrina de Operações Conjuntas – MD30-M-01*. v.2. Brasília, 2011.

______. Ministério da Defesa. Força Aérea Brasileira. *Doutrina básica da Força Aérea Brasileira – DCA 1-1*. Brasília, 2012a.

______. Ministério da Defesa. *Livro branco de defesa nacional*. Brasília, 2012b.

______. Ministério da Defesa. Estratégia Nacional de Defesa. Decreto Legislativo n.373, de 25 de setembro de 2013. Brasília, 2013.

______. Ministério da Defesa. Concepção Estratégica – "Força Aérea 100" – DCA 11-45. Portaria n.94/GC3, de 27 de janeiro de 2016. Brasília, 2016.

BUCKLEY, J. *Air Power in the Age of Total War*. Bloomington: Indiana University Press, 1999.

CHUN, C. K. S. *Aerospace Power in the 21st Century*: A Basic Primer. Montgomery: Air University Press, 2004.

CLAUSEWITZ, K. von. *Da guerra*. Trad. Maria Teresa Ramos. 3.ed. São Paulo: WMF Martins Fontes, 2010.

COUTAU-BÉGAIRE, H. *Tratado de estratégia*. Trad. Reginaldo Gomes Garcia dos Reis et al. Rio de Janeiro: Escola de Guerra Naval, 2010.

CREVELD, M. V. *The Age of Air Power*. New York: PublicAffairs, 2011.

DOUHET, G. *O domínio do ar*. Trad. Escola de Aperfeiçoamento de Oficiais da Aeronáutica. Rio de Janeiro: Instituto Histórico-Cultural da Aeronáutica (Incaer), 1988.

DREW, M. D.; SNOW, D. M. *Making Twenty-First Century Strategy*: An Introduction to Modern National Security Processes and Problems. Montgomery: Air University Press, 2006.

DUNNIGAN, J. F. *How to Make War*: A Comprehensive Guide to Modern Warfare for the Post-Cold War Era. 3.ed. New York: William Morrow and Company, 1993.

ESTADOS UNIDOS DA AMÉRICA (EUA). United States Air Force. *Air Force Basic Doctrine, Organization, and Command – AFDD 1*. Washington, 2011.

FADOK, D. S. *John Boyd and John Warden*: Airpower's Quest for Strategic Paralysis. In: MEILINGER, P. S. (Ed.). *The Paths of Heaven*: The Evolution of Airpower Theory. Montgomery: Air University Press, 1997.

GATES, D. *Sky Wars*. A History of Military Aerospace Power. London: Reaction Books, 2003.

GRÃ-BRETANHA. Royal Air Force. *British Air and Space Power Doctrine – AP 3000*. 4.ed. London, 2009.

GRAY, C. S. *Modern Strategy*. Oxford: Oxford University Press, 1999.

HALLION, R. P. The Future of Airpower. In: STEPHENS, A. (Ed.) *The War in the Air*: 1914-1994. Montgomery: Air University Press, 2001.

LAVENÈRE-WANDERLEY, N. F. *História da Força Aérea Brasileira*. 2.ed. Rio de Janeiro: Editora Gráfica Brasileira, 1975.

______. *História da Força Aérea Brasileira*. Brasília: Ministério da Aeronáutica, 1967.

LIDDELL HART, B. H. *Estratégia*. Trad. Celso dos Santos Meyer. Rio de Janeiro: Biblioteca do Exército Editora, 1966. [Coleção General Benício, v.51.]

LUTTWAK, E. N. Air Power in US Military Strategy. In: SHULTZ JR., R. H.; PFALTZGRAFF JR., R. L. *The Future of Airpower in the Aftermath of the Gulf War*. Montgomery: Air University Press, 1992.

MACISAAC, D. Voices from the Central Blue: The Air Power Theorists. In: PARET, P. (Ed.). *Makers of Modern Strategy*: From Machiavelli to the Nuclear Age. Princeton: Princeton University Press, 1986.

MASON, T. *Air Power*: A Centennial Appraisal. London: Brassey's, 1994.

MEILINGER, P. S. (Ed.). *The Paths of Heaven*: The Evolution of Airpower Theory. Montgomery: Air University Press, 1997.

MITCHELL, W. *Winged Defense*: The Development and Possibilities of Modern Air Power – Economic and Military. Tuscaloosa: University of Alabama Press, 2009.

OSINGA, F. P. B. *The Enemy as a Complex Adaptive System*: John Boyd and Airpower in the Postmodern Era. In: OLSEN, J. A. (Ed.). *Airpower Reborn*: The Strategic Concepts of John Warden and John Boyd. Annapolis: Naval Institute Press, 2015.

PAPE, R. A. *Bombing to Win*: Air Power and Coercion in War. Ithaca: Cornell University Press, 1996.

SLESSOR, J. C. *Airpower and Armies*. Tuscaloosa: University of Alabama Press, 2009. [Ed. orig.: 1936.]

TEDDER, A. W. *Airpower in War*. London: Hodder and Stoughton, 1947.

UNITED NATIONS ORGANIZATION (UNO). Treaty on Principles Governing the Activities of States in the Exploration and Use of Outer Space, Including the Moon and Other Celestial Bodies. Resolution adopted by The General Assembly in 1962 (XVIII). Disponível em: http://www.unoosa.org/oosa/en/ourwork/spacelaw/principles/legal-principles.html. Acesso em: 16 jul. 2016.

VEGO, M. *Joint Operational Warfare*: Theory and Practice. Newport: Naval War College Press, 2007.

WARDEN III, J. A. Air Theory for the Twenty-First Century. In: SCHNEIDER, B. R.; GRINTER, L. E. (Eds.). *Battlefield of the Future*: 21st Century Warfare Issues. Montgomery: Air University Press, 1998.

______. *The Air Campaign*. Lincoln: toExcel Press, 2000.

WELLS, H. G. *The War in the Air*. New York: Boni and Liveright, 1907.

WINNEFELD, J. A.; JOHNSON, D. J. *Joint Air Operations*: Pursuit of Unity in Command and Control, 1942-1991. Annapolis: Naval Institute Press, 1993. [Rand Research Study.]

ZALOGA, S. J. *Operation Pointblank 1944*: Defeating the Luftwaffe. Oxford: Osprey, 2011. [Campaign, 236.]

AFRICOM

Edson Tomaz de Aquino

O United States Africa Command (USAfriCom), criado em 2007 para a defesa dos interesses de Washington dentro da África, constitui um dos nove comandos de combate unificados que são parte do Departamento de Defesa norte-americano. O Africom tem natureza geográfica e sua área de atuação é o continente africano. A única exceção é o Egito, que, por sua proximidade com o Oriente Médio e alto nível de importância estratégica, está com o Central Command (Centcom). Embora seja a África seu palco de operações, o Africom possui sua base de operações em Stuttgart, na Alemanha. A possibilidade de uma base na África ainda permanece objeto de negociação (Africom, 2017).

O Africom foi concebido para atuar no combate aos diversos grupos terroristas que migraram do Oriente Médio para a África, desde que o encalço a esses grupos se intensificou a partir de 2001. Na política externa e de defesa dos Estados Unidos, os eventos de 11 de setembro de 2001 reforçaram a tese de um novo "inimigo comum", em substituição à dicotomia Leste/Oeste que marcou o período da Guerra Fria. Os atentados ligados a Estados e grupos de identidade islâmica passaram a ser vistos pela ala conservadora da política norte-americana como ameaça aos valores ocidentais de liberdade e de democracia, dando início a uma série de intervenções dos Estados Unidos sob a égide da "Guerra ao Terror".

Em 2002, o governo de George W. Bush declarou que a África era uma "prioridade estratégica no combate ao terrorismo". De acordo com a secretária para Assuntos Africanos, Linda Thomas-Greenfield, os Estados Unidos implantaram "uma estratégia para operar de modo mais eficaz num mundo onde atores não estatais podem atuar de modo mais contundente do que muitos países". Segundo a assessora, a estratégia deslocou a África das margens para o centro da política externa dos Estados Unidos (Abegunrin, 2017).

Visando atender a essa priorização da região, em 2007 foi formulada uma proposta de um Comando Militar para a África, continente até então não coberto por estrutura militar norte-americana. O Africom foi lançado como um subcomando unificado, subordinado ao Comando dos Estados Unidos para a Europa (Eucom), em 2007, tornando-se um comando independente no ano seguinte, em Stuttgart, Alemanha. Em virtude da falta de apoio político, de praticamente todos os países africanos, em hospedar o Africom em seus territórios, a solução encontrada foi hospedar sua base em território europeu (Ploch, 2011).

A África tem adquirido grande importância geopolítica para os Estados Unidos, haja vista que o continente possui muitos problemas que podem se tornar questões globais, como a instabilidade política e o terrorismo em alguns países da região que vem provocando um imenso fluxo de refugiados que tentam chegar à Europa através do Mediterrâneo, algo que tem causado caloroso debate dentro da União Europeia. Mas vale lembrar também dos graves problemas epidêmicos, como os do vírus Ebola e do HIV, que se tornaram grandes problemas humanitários e transnacionais. A crise de Ebola que afetou os países do Golfo da Guiné ameaçou tornar-se uma epidemia mundial, em grande parte diante da precária infraestrutura de saneamento desses países. Em situações como essa, o Africom atuaria em conjunto com outros aparatos do Estado, buscando explorar o potencial cooperativo com países africanos (Fiori, 2014).

A África também é importante produtora de petróleo e de outros minerais de grande valor estratégico, além de grande mercado para a indústria de armas dos Estados Unidos (Klare, 2008). Num contexto de escassez de recursos energéticos e da crescente presença da China no continente, o Africom suscita cautela por parte dos países africanos, por ser percebido como mais um instrumento intervencionista e de dominação externa.

Em um contexto de percepção por parte de estrategistas da importância geopolítica da África nas questões de combate ao terrorismo, os Estados Unidos estabelecem programas de cooperação com os países da região em diversos temas, como educação e saúde, para o "fortalecimento da democracia no continente, haja vista o problema crônico de deficiência institucional por parte de grande parte das repúblicas africanas" (Africom, 2007).

O Africom apresentou algumas inovações ao incluir na sua estrutura, para além dos militares e civis do Departamento de Defesa, representantes de outros departamentos norte-americanos. Por exemplo, o Departamento de Estado, a United States Agency of International Development (Usaid), o Departamento do Comércio e a Guarda Costeira também estão presentes de modo integrado.

Em 2010, na África saariana, durante a Primavera Árabe, o Africom e a Otan deram apoio aos movimentos que buscavam derrubar governos ditatoriais islâmicos, muitos dos quais aliados dos Estados Unidos no período da Guerra Fria, denotando a mudança de percepção do inimigo na política norte-americana. Ou seja, as Forças Armadas dos Estados Unidos, em conjunto com outras instâncias da burocracia do governo, buscaram desenvolver capacidades de militares e civis da sociedade africana através de cooperações de natureza multissetorial.

De acordo com sua missão institucional, o Africom, através de instituições e parceiros internacionais, "desenvolve as capacidades de defesa, responde a crise e impede derrotas e ameaças transnacionais, a fim de promover os interesses nacionais dos Estados Unidos", além da "segurança regional, estabilidade e prosperidade" (Africom, 2007).

Petras e Veltmeyer (2012) destacam certo criticismo com relação ao Africom concernente ao seu caráter, que vai além do aspecto militar, e que passa a ser percebido como iniciativa "neoexpansionista", e que, segundo seus críticos, não acrescentaria muito ao desenvolvimento do continente. Pelo contrário, a tática de cooperação pode fortalecer elites locais e a consequente possibilidade de golpes e movimentos internos (Oruh, 2013). Outro ponto de desconfiança em relação ao Africom é a falta de *accountability*. Makinda (2007) ressalta que o alto-comando da Africom não prestou contas sobre a natureza de suas operações, e apenas afirmou terem natureza cooperativa. O fato de os Estados Unidos já terem atuado militarmente na África através de outros comandos suscita suspeitas de que o Africom possa esconder outros tipos de interesse. Outra fonte de descontentamento é o fato de estarem agora com um comando especializado para o continente inteiro, e, por fim, de que a tradição norte-americana de habilitar forças militares para atuarem sobre temas civis gera certo temor por parte de alguns governos do continente, haja vista o longo histórico de ditaduras militares que atravessou a África no período que se seguiu à descolonização.

Robert Moeller, general que atuou como um dos comandantes da Africom, rebate as críticas em uma entrevista à revista *Foreign Policy* (2010), em que ele afirma que "o comando não está em posição de *policy-maker*, mas sim de coordenação de práticas de cooperação". Moeller diz ainda que o Africom "está em perfeita consonância com a diplomacia norte-americana, bem como com outras partes da extensa burocracia norte-americana".

Portanto, os Estados Unidos apresentam o Africom como compromisso do país com a segurança e estabilidade política do continente, com ações que envolvem a formação de tropas africanas para manutenção da paz e assistência técnica, financeira e logística, para que sejam capazes de afastar ameaças externas, evitar ataques terroristas e proteger áreas sensíveis, tais como as instalações petrolíferas. Por outro lado, há a percepção de que o Africom é um instrumento militar de Washington, por trás da fachada de sua retórica baseada em valores, que visa à defesa de seus interesses no continente africano, diante da presença crescente de potências, como Rússia, China e Índia, para além das tradicionais presenças britânicas e da União Europeia, jogando suspeitas de que o século XXI possa representar um novo capítulo da história africana sob o jugo dos imperialismos.

Referências bibliográficas

ABEGUNRIN, O. *Nigeria, Africa and the United States*: Challanges of Governance. London: Lexington Books, 2017.

AFRICOM. Disponível em: http://www.africom.mil/. Acesso em: 25 jan. 2017.

FIORI, J. L. *História, estratégia e desenvolvimento para uma geopolítica do capitalismo*. São Paulo: Boitempo, 2014.

KLARE, M. A nova geopolítica da energia. *Carta Maior*, 22 maio 2008.

MAKINDA, S. *Why Africom Has Not Won Over Africans*. 2007. Disponível em: https://www.csis.org/analysis/why-africom-has-not-won-over-africans. Acesso em: 20 jan. 2017.

MESFIN, B. *The Establishment and Implications of the United States Africa Command*: An African Perspective. 183.ed. Pretoria, South Africa: Institute for Security Studies, 2009.

MOELLER, R. *The Truth about Africom*. 2010. Disponível em: http://foreignpolicy.com/2010/07/21/the-truth-about-africom/. Acesso em: 17 jan. 2017.

ORUH, C. *Militarising Africa*: A Guidebook. Resist Africom Working Group Global Student Teach-in. 2013. Disponível em: http://salsa.democracyinaction.org/o/1552/t/5717/signUp.jsp?key=3094. Acesso em: 17 jan. 2017.

PETRAS, J.; VELTMEYER, H. *Beyond Neoliberalism*: A World to Win. New York: Routledge, 2012.

PLOCH, L. Africa Command: US Strategic Interests and the Role of the US Military in Africa. *Congressional Research Service*, 2011. Disponível em: https://fas.org/sgp/crs/natsec/RL34003.pdf Acesso em: 10 mar. 2013.

AMEAÇA

Héctor Luis Saint-Pierre

Do ponto de vista etimológico, "ameaça" deriva da palavra latina *minacia.* Pode significar: a) palavra ou gesto intimidativo; b) promessa de castigo ou malefício; c) prenúncio ou indício de coisa desagradável ou temível, de desgraça, de doença. Em todos os casos, é algo que indica, que mostra, que anuncia ou prenuncia um dano, uma desgraça. Não é a própria desgraça ou dano, mas seu anúncio, seu indicativo, seu sinal.

Portanto, a ameaça é essencialmente diferente do que ela manifesta: não é ela que provoca o temor, mas quem o anuncia. Por isso, embora nosso inimigo possa ser o verdadeiro perigo e que possamos identificá-lo como tal, ele pode ou não, conforme as circunstâncias, nos ameaçar, ficar numa posição de ameaça, assumir uma atitude ameaçadora etc. Em todos esses casos, nosso inimigo pretende nos intimidar com a promessa ou o gesto ou a atitude ou a disposição, tanto na mesa de negociações quanto no campo de batalha, insinuando o que poderia acontecer conosco se não nos submetêssemos à sua vontade, embora ainda não tenha feito nada que nos atinja diretamente, que nos tenha agredido nem causado alguma perda. Porém, essa atitude intimidatória, em si, não constitui para nós uma agressão, um mal, um dano, uma ofensa. A ameaça só se constitui e opera na percepção daquele que é ameaçado.

A ameaça em si mesma não constitui um perigo. O perigo pode ser externo a nós; a ameaça não. A ameaça se constitui em nós, o perigo tem existência própria. Embora ela seja apenas um sinal ou percepção, ela intimida, pode provocar temor ante a possibilidade de perdermos a situação de segurança. Enquanto sinal, a ameaça representa, na nossa percepção, aquilo que nos preocupa e intimida. A ameaça é uma representação, um sinal, uma certa disposição, gesto ou manifestação percebida como o anúncio de uma situação não desejada ou de risco para a existência de quem percebe.

Enquanto sinal, a ameaça é anterior e essencialmente diferente daquilo que anuncia como ruptura da situação de tranquilidade e segurança. As cores amarela e vermelha de certos animais venenosos, por exemplo, são suficientes para advertir outros sobre o perigo, embora essas cores não tenham necessariamente relação com o veneno que torna perigoso o animal. Em realidade, enquanto o sinal se constitui ou é emitido pelo agente da ameaça, apenas para o animal ameaçado, que o percebe, ele se constitui e opera como ameça. O medo não está no animal venenoso, nem no veneno, nem sequer nas cores identificadoras do perigo, mas naquele que associa essas cores com a letalidade do que representa. A ameaça parece ser um certo tipo de relação pela qual, através de um sinal emitido, o receptor reconhece no emissor a causa eficiente de uma alteração no estado de coisas do receptor que o intranquiliza. Longe de constituir uma agressão em si mesma, é precisamente a ameaça que permite ao ameaçado tomar as medidas preventivas para se proteger da agressão que aquela anuncia, ela permite uma tomada de consciência das agressões potenciais, que podem se desatar num setor ou noutro.

Portanto, a ameaça não é estritamente um objeto que possamos analisar em si mesmo, mas uma relação que deve ser avaliada em todos os seus componentes. As cores daqueles animais que para outros representam uma ameaça, para aqueles que as ostentam constituem sua defesa, na medida em que afugentam possíveis predadores. A posse de artefatos nucleares por parte de alguns Estados pode constituir uma ameaça para os países vizinhos, porém, para eles, essas armas garantem sua segurança.

Parece-nos que o fundamento epistemológico das considerações precedentes tem, do ponto de vista político, importantes consequências para a teoria da estratégia. Não existe um fato inequivocamente "objetivo" sobre o qual elaboramos teorias estratégicas que possam convergir ou divergir. O próprio "fato" já é um produto teórico. Não vemos "algo" que posteriormente interpretamos, senão que só podemos "ver" interpretando. Assim como não há interpretação sem observação, tampouco há observação sem interpretação. Se ver é sempre ver algo, imaginar que é possível perceber uma ameaça sem estar preparado técnica e teoricamente para isso, isto é, sem esperá-la, é como pretender ganhar na loteria sem comprar o bilhete. Concordando com que a ameaça só se constitui e existe em e para uma percepção e que esta sempre está teórica e conceitualmente carregada, podemos inferir algumas considerações.

Em primeiro lugar e em relação ao aspecto teórico: devemos reconhecer a importância da discussão e elaboração de uma teoria da ameaça e, imediatamente, podemos nos perguntar se existe apenas uma teoria da ameaça universalmente válida ou se nesse âmbito também se desenvolve um embate de teorias, no qual algumas podem ser mais adequadas e eficientes para uma unidade política ou atender melhor os seus interesses do que outras. Ainda nesse sentido podemos nos perguntar: quem decide qual teoria será utilizada por cada unidade política? Em segundo lugar e em relação ao aspecto perceptivo, podemos nos perguntar: quem percebe? Se a percepção depende da natureza e particularidades (situação geopolítica, história, cultura, língua etc.) do sujeito perceptivo, podemos nos perguntar sobre a pertinência de falar em "percepções regionais". Se isto não for possível, o que significa politicamente falar de "ameaças regionais" sem considerações ideológicas? Por último: embora possamos admitir a hipótese da implementação (seja esta voluntária ou militar ou economicamente imposta) de uma única teoria da ameaça para uma região, fica em aberto a questão metodológica de se, ante o emprego dessa teoria universal pelas diferentes percepções das unidades políticas – necessariamente particulares –, podem essas unidades, ante um determinado fenômeno, perceber a mesma ameaça ou percebê-la da mesma maneira (haveria alguma possibilidade de testar a univocidade perceptiva nesse caso?). Todavia, ainda que admitamos a possibilidade da univocidade perceptiva de uma ameaça por um conjunto de unidades políticas, poder-se-á articular sobre ela uma e a mesma resposta de enfrentamento, isto é, conceber uma mesma estratégia para todas as unidades?

Normalmente, o termo "ameaça" aparece como uma preocupação estratégica relativa à função que caberia às Forças Armadas na nova correlação de forças que se seguiu à Guerra Fria. Ela surgiu ante as limitações do conceito negativo de segurança. Este definia, décadas atrás, tanto o jogo das alianças militares internacionais quanto o perfil do inimigo interno. Chegou a designar a doutrina que orientou os aparelhos repressivos latino-americanos na sua intervenção política de décadas passadas. Não obstante muito empregado nos planejamentos estratégicos, o conceito de segurança designa um estado de coisas estático e não uma atividade. A essa atividade, que em última análise é a garantia daquela, referimo-nos com maior propriedade ao termo "defesa". O costumeiro emprego do termo "segurança" no âmbito das relações internacionais ou dos estudos de defesa tampouco lhe forneceu uma definição convincente e positiva, e uma das mais usuais também o faz negativamente: "Segurança, num sentido objetivo, mede a ausência de ameaças para obter valores, e, num sentido subjetivo, mede a ausência de temor de que tais valores sejam atacados" (Wolfers, 1962, p.150).

Daí que o conceito de ameaça seja definicionalmente fundante e operativamente anterior ao de segurança. O conceito de segurança, como objetivo da atividade da defesa, é tão geral, vago e ambíguo que resulta inútil do ponto de vista prático, isto é, de nada serve se o que procuramos é um princípio orientador para uma concepção estratégica independente de definições impostas de antemão ou por terceiros. Entretanto, a ameaça é um conceito que permite uma concepção estratégica autônoma, pois ela se constitui sempre *na* e *para* uma percepção. Precisamente por isso, as ameaças são percebidas sempre e apenas por uma unidade decisória, isto é, por uma unidade política, inclusive quando esta decida operar em regime de cooperação regional para garantir a segurança dos seus cidadãos.

Consideramos que a reflexão sobre o tema das ameaças é primordial, tanto na deliberação sobre as capacidades e concepções estratégicas, quanto para balizar as decisões relativas aos sistemas de defesa, sejam nacionais ou regionais. Analiticamente podemos distinguir alguns elementos que concorrem na constituição de uma ameaça:

- *O ameaçador*, aquele que ameaça, a fonte ou o sujeito da ameaça, quem profere, ou gesticula ou apresenta os sinais da ameaça. O emissor do sinal que o receptor reconhece como sendo a causa eficiente da sua intranquilidade.
- *O sinal* (o referente) ameaçador, a ameaça propriamente dita, a constituição material do sinal interpretado que contém o prenúncio, os indicativos do que poderia suceder: as cores, a fumaça, o movimento de tropas etc.
- *O sinalizado* (o referido), o representado pelo sinal, o que a ameaça representa ou sinaliza ou significa; aquele estado de coisas que colocaria o ameaçado em posição desagradável e não desejada: o veneno, o desastre, o ataque, o enfarte, a tempestade, o atentado, o castigo, o sofrimento, a morte.
- *O receptor*, a unidade que recebe, percebe e interpreta o sinal de ameaça; aquele que sente ou pressente a possibilidade da constituição de um estado de coisas desagradáveis. Aquele que, através da decodificação do sinal, percebe quem ameaça, o emissor, como sendo potencialmente capaz de realizar o dano a que o sinal se refere. É aquele que, ante a possibilidade de ter sua tranquilidade alterada, de perder seu estado de segurança ou sua existência, se sente ameaçado, teme ou prepara sua defesa.

- *O ameaçado*, o aspecto ou elemento sobre o qual recai a ameaça. Pode ser a unidade perceptiva como um todo ou um elemento, um aspecto ou uma parte dela. A ameaça pode recair sobre o meio ambiente ou sobre os homens. Neste último caso pode recair sobre a unidade político-territorial (nação) ou sobre um grupo social (étnico, racial, religioso, econômico) ou sobre os indivíduos (humana).

Alguns conceitos aparentemente próximos de ameaça muitas vezes são confundidos com ela. Essas confusões, que no discurso coloquial podem não fazer muita diferença e talvez não necessitem ser precisados, no âmbito da política internacional e da concepção estratégica podem ser fatais. Por isso, talvez seja este o momento de tentar desfazer alguns equívocos.

Algumas vezes, o conceito de perigo é utilizado como sinônimo de ameaça, e sobre sua diferença já falamos. Basta insistir no fato de que o perigo pode espreitar procurando aproveitar a surpresa, sem ameaçar e, de fato, o pior dos perigos é aquele que não se anuncia, que surpreende, pelo qual pareceria que um fato é mais perigoso quanto menos ameaça, quanto menos se anuncia. Por outro lado, podemos nos preparar, nos resguardar do perigo, mas não podemos fazer o mesmo com a ameaça. Ela se consome na sua manifestação, em realidade, ela é apenas a percepção de uma manifestação.

Embora intimamente relacionado com o conceito de ameaça e muitas vezes tomado como sinônimo, o inimigo tampouco é uma ameaça. Na sua clássica definição do político Carl Schmitt (1984), define o inimigo como "aquele que ameaça a nossa existência". O inimigo é o promotor da ameaça, é a unidade na qual se concentra a vontade e a intenção consciente e deliberada de nos prejudicar ou aniquilar. Ele pode nos ameaçar, explicitamente ou não, mas, sabendo que nossos interesses são conflitantes, podemos pressenti-lo como uma ameaça à nossa existência.

De uso menos frequente, também o conceito de vulnerabilidade às vezes é confundido com o de ameaça. Do ponto de vista estratégico, com a palavra "vulnerabilidade" nos referimos às deficiências ou debilidades que nos colocam em desvantagem ante um eventual combate. As principais vulnerabilidades da América Latina são a miséria, o desemprego, as insuportáveis diferenças econômicas, a marginalidade social etc. Em determinadas circunstâncias, os sujeitos que sofrem essas mazelas podem ameaçar a estabilidade política, mas já não como vulnerabilidade, e sim como vetor do descontentamento social. A imbricação entre as vulnerabilidades e as ameaças reside na percepção destas. Com efeito, a consciência das vulnerabilidades aumenta a sensibilidade às ameaças.

As fontes da ameaça

Várias podem ser as fontes de ameaças, mas, dependendo de sua relação com a intencionalidade ou deliberação (isto é, a vontade, específica da humanidade), podemos incluir todas em dois grandes grupos: a natureza e os homens. Ainda que tratemos de grandes grupos que podem ser subdivididos, devemos lembrar que são divisões analíticas que muitas vezes não encontram perfeito correlato empírico e que, em muitas oportunidades, guardam entre si mútuas relações e combinações. Às vezes, os homens podem usar a natureza a seu favor (destruir uma barragem para provocar uma inundação num país inimigo vizinho) e, noutras, aquela pode transformar-se numa adversidade à vontade deste (um exemplo da tragédia grega é o vento, que, com sua ausência, obrigou Agamenon a sacrificar sua filha Ifigênia).

- Não poucas vezes a origem das ameaças reside nos desígnios da natureza. Pesquisas antropoarqueológicas recentes imputam a uma prolongada estiagem, que durante quatro anos se abateu sobre o altiplano boliviano, a mais plausível causa da desintegração da florescente cultura que habitava as margens do Lago Titicaca. Inundações, terremotos, maremotos ameaçam com seus efeitos as economias nacionais ou regionais, podendo, em casos em que a situação econômica da população constituir uma vulnerabilidade nacional, se transformar de ameaça da natureza em ameaça social à estabilidade política desse país. Uma forte e extensa geada pode prejudicar seriamente a safra de grãos e, particularmente em países em que sua economia se baseia nesse tipo de produção, constituir uma séria ameaça à economia. Epidemias podem devastar rebanhos (como a febre aftosa ou o mal da vaca louca) com ameaçadoras consequências econômicas ou afetar seriamente a população (febre amarela, malária etc.) constituindo uma ameaça à saúde pública. Por outro lado, muitas vezes a natureza ameaça diretamente as estratégias, influenciando as considerações e os resultados militares. Com efeito, nem todos os elementos que atuam sobre as relações de força dependem da vontade humana, são de índole política ou foram conscientemente orientados. Os gregos só faziam a guerra entre safras, pois, fora desse período, os soldados-cidadãos hoplitas se ocupavam das tarefas do campo para não "ameaçar" a economia da *polis*. As legiões romanas eram ativadas sazonalmente, aproveitando os períodos sem chuva que facilitavam as operações de segurança do império;

concomitantemente, também eram as chuvas que determinavam a concentração do poder no cônsul e o estabelecimento da ditadura constitucional. A tormenta, inequívoco fenômeno da natureza à qual se atribui a devastação da "Armada Invencível" do império espanhol, teve uma incidência sobre as relações de força do século XVI que mudou a configuração política do mundo. A destruição de grande parte da frota espanhola foi a condição de possibilidade da vitória da armada inglesa em Trafalgar e seu posterior domínio marítimo. O "General Inverno", que defendeu vitoriosamente o Leste Europeu do mais poderoso e revolucionário exército moderno e da mais sofisticada maquinaria bélica da II Guerra Mundial, é um exemplo suficientemente eloquente da incidência da natureza sobre os destinos da guerra. Destacamos duas ordens de ameaças da natureza: a) os desastres naturais: terremotos, inundações, fogo etc.; e b) os desastres ambientais: buraco na camada de ozônio, derrame de poluentes etc.

- Na maior parte das vezes, a fonte das ameaças, o emissor, é uma vontade consciente e deliberada a nos atingir e infligir um dano. É a fonte que ocupa a maioria das páginas escritas sobre as ameaça. São agentes, os homens, individualmente, em grupos, em associações, em classes, organizados nacionalmente, em alianças internacionais ou coalizões estatais que originam o sinal que ameaça. Podem ameaçar como concorrentes, como adversários ou como inimigos. Podem ser ameaçadores na figura do Estado, de grupos societais ou de indivíduos isolados. Podem fazê-lo através de sanções econômicas, de sabotagens, de guerras, de ataques terroristas ou meramente de ondas migratórias. Esses atores podem operar internamente às fronteiras nacionais ou externamente a elas. Embora essas ameaças possam surgir repentinamente depois de um sigiloso período de preparação em que foram acobertadas, isto é, quando a fonte de ameaça procura deliberadamente surpreender sua vítima, em geral os Estados estão alertas e mais preparados para essas contingências que para as da natureza. Outras vezes, a ameaça do inimigo pode ser deliberada, isto é, procurar conscientemente amedrontar, não para antecipar o ataque, mas tentando mostrar uma intenção que não tem ou uma força que não possui (como as fogueiras noturnas acesas pelo pequeno grupo de Fábio para induzir Aníbal a pensar que aquele contava com mais tropas do que as que de fato possuía. A natureza nos brinda inúmeros exemplos, como o da falsa coral).

O sinal que se interpreta como ameaça

Podemos perceber a fonte da ameaça na percepção do sinal que emite, deliberadamente ou não. O tremor de terra nos anuncia o possível maremoto, a coluna de fumaça o incêndio, a inquietação das cobras a iminente enchente, a poeira no horizonte o avanço da cavalaria, a movimentação de tropas a intenção ofensiva do inimigo, a diminuição da quota de produção de petróleo o aumento do seu preço etc. Sem pretender desenvolvê-lo agora, apenas indicamos que a importância do estudo do sinal da ameaça e da sua estreita vinculação com sua fonte reside em que ele permite antecipar os preparativos para anular ou diminuir os efeitos daquilo que a ameaça anuncia. A análise, organização e classificação dos sinais permitiria desenvolver uma "sensibilidade estratégica" para antecipar, debelar ou neutralizar ameaças. Essa tarefa é uma das centrais em qualquer projeto que pretenda fornecer subsídios para as decisões estratégicas na área da defesa. Da atenção que se dispense à detecção dos sinais, da ameaça propriamente dita, dependerá a capacidade de resposta estratégica.

Os alvos da ameaça

Aqueles sobre os quais recai o efeito da ameaça. A realização de uma ameaça, isto é, uma agressão, pode recair diretamente sobre uma das áreas do Estado e ainda provocar indiretamente (o que não quer dizer que não tenha sido assim deliberado) consequências sobre outros âmbitos estatais. Assim, por exemplo, uma agressão direta sobre a área da defesa pode exigir do Estado a concentração do esforço nacional para a guerra com consequências econômicas que, por sua vez, podem provocar desabastecimento dos suprimentos das necessidades básicas das pessoas gerando uma crise social que, com o desespero da população, possa desembocar na desestabilização do governo. Por outro lado, uma agressão configurada na área sanitária animal, por exemplo a hipotética introdução deliberada do vírus da aftosa no rebanho de um país agroexportador. Por outro lado, qualquer que seja o setor estatal ameaçado e independentemente do meio da agressão, toda ameaça deliberada sobre um Estado é, em última instância, uma ameaça política. Distingo em primeiro lugar entre ameaças cruciais (que recaem sobre a capacidade decisória do Estado) e *ameaças não cruciais* (que não afetam a capacidade decisória). Essa primeira distinção é importante porque as ameaças não cruciais dependem do correto funcionamento do Estado, mas as primeiras afetam justamente a capacidade de resposta do Estado.

Cruciais – As ameaças cruciais têm como alvo a unidade política (ameaça à integridade territorial e/ou à soberania do Estado-nação). A unidade política pode ser definida como monopólio legítimo interno da força que garante a univocidade jurídica dentro de um determinado território e, nesse sentido, a ela corresponde velar pela defesa da integridade territorial e a soberania interna para definir o quadro institucional e jurídico-normativo regulador das relações sociais no seu interior. Por outro lado, pode-se caracterizar como sujeito internacional, relacionando-se com outras unidades políticas, dentro do campo das relações de força e em regime de livre concorrência (cada um por si) e, nesse sentido, exercerá sua soberania internacional na medida em que consiga manter sua capacidade de se relacionar livremente (suportando as coações) com as outras unidades decisórias que compõem o mundo político.

Não cruciais – No que se refere às ameaças não cruciais, os potenciais alvos sobre os quais pode recair a ameaça incluem os grupos societais, a humanidade e o meio ambiente. No primeiro caso, o objeto de referência da ameaça pode não ser a integridade territorial ou a capacidade soberana de um Estado, mas recair sobre o direito à identidade de um determinado grupo social. A identidade ameaçada pode ser racial, étnica, sexual, cultural, religiosa, profissional etc. Um dos elementos dos conflitos nos Bálcãs vincula-se diretamente a esse tipo de alvo de ameaças, do mesmo modo que os curdos no norte do Iraque ou os católicos na Irlanda do Norte. Esse tipo de alvo parece motivar a maior parte dos conflitos que assolam o mundo contemporâneo desde que o elemento ideológico se desvaneceu como fator explanatório.

Em segundo lugar, é possível pensar também a ameaça à segurança humana, ao bem-estar humano, quando o alvo da ameaça é a sobrevivência dos seres humanos ou a qualidade da forma de vida independentemente das suas afiliações políticas, de nacionalidade, de cultura ou outras. Às vezes, a segurança dos cidadãos pode ser ameaçada sob o argumento da segurança estatal, muito embora o sentido último do Estado, o compromisso central do contrato social que funda o Leviatã, seja precisamente a segurança daqueles. Esse alvo da ameaça constitui um sério risco para a humanidade quando os governos, sob o pretexto da segurança ou de manter a integridade do Estado, apelam a expedientes que vão da censura da imprensa ao terrorismo de Estado, da excepcionalidade institucional à detenção arbitrária, à tortura e ao genocídio. Ameaças desse tipo foram empregadas na justificação da intervenção militar da Otan nos Bálcãs.

Por fim, o alvo da ameaça pode ser, deliberadamente ou não, o meio ambiente. Este pode ser ameaçado por acidentes na extração, na produção, no transporte ou armazenagem de produtos e materiais que agridem ou degradam o meio ambiente ou a biodiversidade ou por catástrofes naturais, mas também deliberadamente, despejando na atmosfera poluentes que provocam o aquecimento global. Com o cínico argumento de que afetaria a "economia" nacional, o governo dos Estados Unidos, responsável pela emissão de 25% dos poluentes que afetam o ambiente, recusou-se a assinar o acordo de Kyoto. O lugar do meio ambiente no centro das considerações das ameaças foi estimulado pelo informe da Comissão Brundtland em 1987.

Os meios da ameaça

Os meios que podem ser empregados para realizar o enunciado na ameaça podem ser vários, sejam eles originados na natureza ou nos homens. No caso da natureza, não há uma vontade causal da ameaça, são meros eventos naturais que acontecem independentemente da vontade humana, de uma intencionalidade. Embora o efeito de alguns desses fenômenos possa ser mais destrutivo que uma guerra ou desatar mais energia que muitas bombas atômicas juntas, não são grandes as possibilidades de impedir que aconteçam e muitas vezes é impossível prevê-los. Apenas é possível se preparar para atuar depois dos acontecimentos para evitar os efeitos posteriores. Diferentemente, quando há uma intencionalidade na ação, reconhecemos o homem por trás da ameaça. Do ponto de vista da ameaça humana, isto é, o tipo de ameaça em que o agente é uma vontade consciente e deliberada, muitos são os meios que podem ser empregados para a realização da ameaça, isto é, os meios de agressão. Entre eles podemos apontar: a) militares: bloqueios, zonas de exclusão, ameaça, ataque punitivo, bombardeio "preventivo", guerra "cirúrgica", guerra "limitada", guerra convencional, guerra de guerrilha, guerra nuclear etc.; b) políticos: internos – obstrução parlamentar, desestabilização política, campanhas de desprestígio, comissões de inquérito, alianças eleitorais, acordos para votação etc.; internacionais – moções internacionais, alianças internacionais, frente de votação em organismos internacionais, voto de censura etc.; c) econômicos: bloqueios, boicote, taxação aos produtos nacionais, chantagens, sanções, veto ao crédito, espionagem industrial, sabotagem comercial etc.; e d) saúde pública: epidêmicos, sanitários etc.

Há uma certa tendência a transformar todas as ameaças em questão de segurança, generalizando desse modo o conceito de segurança a quase todos os âmbitos da vida. Vários autores denunciam essa tendência que chamam securitização, mas outros estimulam essa generalização. O perigo nessa tendência à securitização das ameaças é a militarização concomitante com que normalmente as questões de segurança são resolvidas. Tomadas como questões de segurança, muitas vezes recorre-se ao vetor militar para resolver problemas que poderiam ser abordados por meio de outras políticas públicas. A facilidade e a frequência com que as jovens (e algumas já esclerosadas) democracias latino-americanas batem as portas da caserna para resolver quase todos os problemas leva ao resultado da militarização progressiva do Estado.

Normalmente as missões militares são definidas pelo comando supremo das Forças Armadas (FA) e dentro das especificações gerais das funções constitucionalmente definidas. Nem todos os países latino-americanos definem da mesma maneira as funções e o papel constitucional das suas FA. Algumas cartas constitucionais limitam sua função à proteção da soberania e fronteiras nacionais, outras contemplam o seu emprego também para controlar desordens internas, garantir a ordem constitucional, auxiliar, organizar ou comandar a defesa civil, até no combate contra o crime. Se as FA devem estar preparadas e em prontidão para enfrentar os desafios deste novo milênio, talvez não seja ocioso imaginar as ameaças que podem se constituir no destino histórico do continente.

Ameaças externas: à integridade territorial e à soberania nacional

Equivoca-se quem imagine que os problemas internacionais, de disputa fronteiriça, acabaram na América Latina. O acordo recentemente ratificado entre o Chile e o Peru não incluiu nas negociações um terceiro interessado, a Bolívia, que ainda reclama sem êxito sua saída ao Pacífico. O acordo conquistado nas negociações de paz entre o Peru e o Equador não satisfizeram a todos os setores, especialmente dentro das FA equatorianas, que sentem ter perdido na mesa de negociações o que ganharam no campo de batalha. Os problemas fronteiriços entre Colômbia e Venezuela atualmente estão se agravando pelo trânsito de grupos guerrilheiros colombianos que operam em ambos os lados da fronteira. A Venezuela também ressuscitou velhos contenciosos fronteiriços com as Guianas. Finalmente, a recente tensão entre Honduras e a Nicarágua nos lembra que a guerra internacional nas Américas ainda não pode ser descartada e que, portanto, as FA devem se manter alertas e preparadas para essas contingências ou, ao menos, como fator dissuasório.

Ameaças internas: a ordem constitucional e a paz interior

Alguns países da região vivem situações de beligerância interna pela disputa do monopólio legítimo da violência. No México e na Colômbia, as FA são empregadas nesses combates. As perspectivas de deterioração das condições econômicas de camadas sociais é bastante plausível para toda a região, sendo lícito pensar a probabilidade de que reclamações cada vez mais violentas venham a ocupar o cenário político interno em muitos países da região. Não se pode pensar que as FA assumam a defesa do *status quo* em todos os casos, mas, como no recente caso do Equador, elas poderiam se colocar do lado dos marginalizados pelos ajustes econômicos. Algumas constituições latino-americanas não contemplam o emprego das FA para sufocar esse tipo de reclamação, o que não significa que os executivos nacionais não façam uso desse dispositivo. Nos países em que suas constituições contemplam esse emprego, as FA deverão estar alertas e preparadas para essas contingências, nos outros, poderão ser empregadas para a manutenção da paz ou simplesmente se manter à margem dos acontecimentos.

Ameaças sociais: à segurança pública

A dimensão que o crime organizado assumiu, favorecido pela corrupção aparentemente imanente ao sistema democrático eleitoral, abarcando todo o corpo social, está se transformando numa epidemia para a América Latina e em muitos casos não é apenas considerada uma ameaça, e sim a maior ameaça ao continente. Porém, nem todos os países atribuem a suas FA a missão de combater o crime organizado. Alguns tipos de crimes comuns têm assumido um contorno transnacional, como o roubo e contrabando de automóveis e caminhões, de armamento, o tráfico de drogas de abuso e a lavagem de dinheiro do crime organizado. Mas isto não justifica o emprego de FA para combater esse flagelo, contra o qual são inadequadas.

Ameaças da natureza

Ultimamente, desastres naturais de dimensões catastróficas vêm assolando a América Latina como corolário de um fenômeno mundial. As mudanças climáticas radicais constituem uma séria ameaça para as economias regionais e a segurança da sua população. Terremotos, furações, inundações e grandes incêndios colocam permanentemente à prova o preparo dos Estados para enfrentar esses desastres naturais. Porém, poucos são os países que contemplam constitucionalmente como função das FA seu emprego para apoiar ou organizar a defesa civil.

Referências bibliográficas

SAINT-PIERRE, H. L. Amenaza: concepto, clasificación y processo de securitización. In: *Amenazas globales, consecuencias locales*: retos para la inteligencia estratégica actual. Quito: Universidad de las Fuerzas Armadas – Espe, 2018.

SCHMITT, C. *El concepto de lo político*. Buenos Aires: Folio, 1984.

WOLFERS, A. National Security as an Ambiguous Symbol. In: _____ (Ed.). *Discord and Collaboration*: Essays on International Politics. Baltimore: Johns Hopkins University Press, 1962.

ANARQUIA INTERNACIONAL

Juliano da Silva Cortinhas

O DEBATE SOBRE OS EFEITOS DA ANARQUIA INTERNACIONAL talvez seja o mais importante para a evolução do pensamento sobre as relações entre os Estados e, em larga medida, tem sido constantemente utilizado para justificar os investimentos militares dos países. Pode-se afirmar, com certa tranquilidade, que a preocupação com o tema se confunde com o próprio surgimento dos estudos sobre conflitos armados. Menções sobre o que hoje é denominado anarquia, ou seja, a ausência de uma autoridade com legitimidade para regular o comportamento dos Estados e demais atores que interajam no meio internacional, são encontradas em *História da Guerra do Peloponeso* (Tucídides, 2001), obra de mais de 2.400 anos, na Bíblia (Roth, 2008) e em diversos textos considerados fundantes das Relações Internacionais.

Mais recentemente, durante o período inicial da sistematização dos conceitos sobre a política internacional em torno de uma disciplina própria, vários autores (Carr, 1981; Morgenthau, 2003; Herz, 1950) passaram a examinar o conceito de modo mais aprofundado, contribuindo para a emergência da anarquia como tema central das Relações Internacionais na segunda metade do século XX. O tema ganhou tamanha relevância que se chegou a afirmar que "a anarquia é apresentada como o coração e a alma (e a maior parte do corpo) da estrutura dos sistemas internacionais" (Donnelly, 2012, p.609) ou que "a anarquia tem sido vista como a presunção fundamental sobre a política internacional" (Milner, 1991, p.67). Roth, indo além, destaca que "a teoria de Relações Internacionais afirma que a única condição antecedente para sua operabilidade é a anarquia sistêmica, definida como a ausência de uma autoridade governamental que atue sobre o nível dos Estados no sistema" (2008, p.139).

Apesar da importância da evolução histórica do conceito, o presente estudo opta por se concentrar nas análises sobre a anarquia que foram desenvolvidas a partir dos anos 1970, quando houve maior esforço de organização teórico-conceitual nas Relações Internacionais. Desde então, os principais paradigmas da disciplina têm lidado com a problemática de modo distinto e, como destaca Roth (2008, p.142), as discussões em torno da extensão dos efeitos da anarquia e a possibilidade de sua mitigação, gerenciamento ou superação se tornaram o foco das construções teóricas dessa área de estudo. Enquanto o realismo defende que os efeitos da anarquia não podem ser minimizados ou superados, o liberalismo afirma que as instituições são um meio de minimizar a incerteza inerente ao ambiente anárquico do meio internacional. Em contrapartida, os construtivistas, a partir dos anos 1990, buscam combater o determinismo excessivo dessas teorias, afirmando que a anarquia, por si própria, não traz nenhuma implicação definitiva para o comportamento dos Estados.

Com o intuito de examinar o conceito de modo mais abrangente, as próximas páginas não traduzirão necessariamente a divisão paradigmática com que a evolução do pensamento teórico em Relações Internacionais tem sido estudada. Propõe-se, alternativamente, que há três diferentes abordagens sobre a anarquia. Primeiramente, serão descritas as visões tradicionais sobre o tema, que pensam a anarquia como uma condição inerente à política internacional. Em segundo lugar, estão as visões transformacionais sobre a anarquia, que enfatizam a capacidade de os Estados alterarem a realidade em que estão inseridos e urgem pela ampliação da ontologia e da epistemologia das visões clássicas. Por fim, serão discutidas as visões críticas, que negam a anarquia como conceito central das Relações Internacionais. Apesar de todas as classificações serem passíveis de falhas, entende-se que essa divisão proporciona um melhor retrato dos debates específicos sobre a anarquia do que as comumente apresentadas.

Visões tradicionais sobre a anarquia

O primeiro autor a buscar a construção de uma teoria sobre o ambiente internacional com base em generalizações largamente positivistas foi Kenneth Waltz. Na obra *Theory of International Relations*, Waltz defende que a estrutura internacional é uma abstração que pode ser definida, entre outros fatores, pelo seu princípio ordenador (Waltz, 1979, p.80), ou seja, a anarquia. A principal consequência dessa condição é que os Estados passam a interagir de modo egoísta, o que gera a tendência iminente de confrontações. Waltz associa a anarquia, tanto entre os homens quanto entre os Estados, com a ocorrência de violência (Waltz, 1979, p.102), o que não significa que haverá guerras a todo momento, mas que a possibilidade de tais conflitos é constante, pois cada um quer fazer que seu interesse prevaleça sobre o do outro. A política internacional é traduzida como uma busca constante pela sobrevivência e, nesse processo, os países sofrem constrangimentos de outros atores mais poderosos.

Para compreender melhor como a anarquia afeta os Estados, o autor defende que a ausência de um ordenador gera uma sensação de incerteza constante, pois os países que não se adequarem totalmente às expectativas dos mais poderosos podem, a qualquer momento, sofrer sanções. Dessa incerteza, decorre uma percepção de insegurança permanente, o que significa que os Estados se encontram no chamado sistema de autoajuda (Waltz, 1979, p.118), em que são forçados a se armar ou, em último caso, a se aliar com grandes potências, prática que Waltz denomina de *bandwagoning*, para garantir sua sobrevivência. Como o aumento da segurança de um país eleva a insegurança dos demais, a consequência é o chamado dilema da segurança (Herz, 1950).

Apesar de sua relevância, o grande destaque que o realismo estrutural de Kenneth Waltz adquiriu ao longo das últimas décadas não foi suficiente para criar uma visão consensual entre os realistas sobre o tema. Um dos maiores contrapontos ao modelo foi desenvolvido por Mearsheimer (2001), que afirma que a anarquia provê grandes incentivos para a expansão. Chamada de realismo ofensivo, a tese de Mearsheimer defende que a anarquia não leva os Estados a buscarem somente sua sobrevivência, mas o aumento constante de sua margem de poder, a ponto de, se possível, adquirirem hegemonia no meio internacional. Se o país não se comportar desse modo, outro tende a fazê-lo e, consequentemente, poderá dominar o primeiro.[1] Segundo o autor, portanto, a tendência a corridas armamentistas e a elevados investimentos em defesa é ainda mais comum do que o previsto por Waltz.

Apesar da relevância do debate interno entre autores realistas, a formação do pensamento sobre a anarquia internacional e seus efeitos, ao longo das três

1 O debate entre autores realistas sobre a anarquia não se resume, é claro, às visões de Waltz e Mearsheimer. Adams (2003-2004), por exemplo, critica os dois autores dizendo que não se pode prever o comportamento dos países sem analisar sua capacidade tecnológica e sua percepção sobre como lidar com tais capacidades. Sobre o debate entre as diferentes vertentes do realismo acerca da anarquia e das formas como amenizar a tendência sistêmica ao conflito, ver Diniz (2007).

últimas décadas do século XX, foi mais decisivamente marcada pela dicotomia entre as perspectivas neorrealista e neoliberal. Para Baldwin, o debate em torno do tema é um dos seis principais pontos de divergência entre essas escolas (1993, p.3-27). Desde já, porém, é importante mencionar que ambas as argumentações são bastante limitadas, resumindo-se aos efeitos da anarquia, e não à sua existência como condição inerente ao sistema.

A sistematização da perspectiva liberal sobre a anarquia provém da interdependência complexa e do institucionalismo neoliberal. Enquanto a primeira perspectiva ganhou ênfase com o lançamento de *Power and Interdependence: World Politics in Transition*, livro de Joseph Nye e Robert Keohane, a segunda tem como marco a obra *After Hegemony: Cooperation and Discord in the World Political Economy*, de Robert Keohane (1984). Apesar da diferença de foco, as duas teses concordam com a premissa realista sobre a anarquia internacional e com algumas de suas consequências, especialmente a incerteza nas relações entre os Estados que dela decorre. Para os liberais, porém, é possível, sob certas condições, flexibilizar alguns efeitos da anarquia.

Em *Power and Interdependence*, obra cuja primeira edição foi publicada em 1977, Keohane e Nye flexibilizam a conclusão realista acerca dos efeitos da anarquia e consideram que seu modelo é oposto ao realismo (Keohane; Nye, 1989, p.23-37). Chama a atenção, porém, o fato de que os autores não criticam a visão dos realistas sobre o princípio regulador das relações internacionais, concentrando-se somente em algumas de suas consequências, como a visão dos Estados como atores centrais da política internacional, a efetividade da força como instrumento político e a hierarquia entre temas da agenda internacional. Vê-se, portanto, que a interdependência complexa não se opõe frontalmente ao realismo, pois não desconstrói uma de suas premissas mais fundamentais, revendo apenas algumas de suas relações de causalidade.

Apesar disso, a ênfase na interdependência proposta por Keohane e Nye abre espaço para um debate mais profundo acerca da anarquia e seus efeitos. Milner, alguns anos depois, propõe a combinação da anarquia com a interdependência como uma forma de produzir um entendimento mais completo da realidade internacional. A autora inicia seu exame sobre o tema por meio da discussão do próprio conceito de anarquia, afirmando que a concepção mais aceita sobre o tema remete à inexistência de um governo internacional que regule o uso da força. Para a autora, porém, mesmo essa definição é imprecisa, pois, em certas situações, a força pode ser utilizada legitimamente no meio internacional (Milner, 1991, p.72) e, além disso, há muitas outras fontes políticas para a obtenção da ordem. Ao se concentrar nessa afirmação, a autora discute que as noções principais sobre o conceito de governo ressaltam a existência de instituições e leis que mantenham a ordem, o que existe, em certa medida, no meio internacional. Por fim, Milner (1991, p.82) afirma que não se pode, *a priori*, definir a possibilidade de guerras ou os meios prioritários que certos Estados utilizarão somente pela consideração dessa variável.

Além da interdependência complexa, o denominado institucionalismo neoliberal é outra tese liberal que discute os efeitos da anarquia, apesar de ainda mantê-la como característica fundamental do ambiente internacional. Em *After Hegemony*, Keohane destaca a característica anárquica do ambiente internacional e o viés egoísta dos Estados, mas defende que, apesar dessas premissas, há a possibilidade de cooperação quando os países percebem que ela pode maximizar seus ganhos em relação a um comportamento isolacionista. À medida que os Estados iniciam um esforço de cooperação, começa a haver a redução das incertezas inerentes à anarquia e há a tendência de relações cada vez mais amistosas, o que representa a flexibilização dos efeitos da anarquia previstos pelos realistas. As instituições têm papel fundamental na aceleração desse processo, pois proporcionam regularidade aos diálogos entre países.

Axelrod e Keohane (1985) aprofundam esses argumentos, afirmando que três variáveis interferem na possibilidade de cooperação em um ambiente anárquico: o grau de convergência de interesses, a sombra do futuro (relacionada com a incerteza decorrente da anarquia) e o número de atores envolvidos em uma relação. Os autores concluem que a presença de instituições e regimes internacionais facilitam a cooperação. Mais especificamente, os regimes são observados, por autores como Krasner (1986) e Hasenclever et al. (2001), como instrumentos capazes de flexibilizar os efeitos da anarquia por criarem um ambiente de interação frequente entre os Estados e permitirem, a partir daí, a emergência de novas e mais eficientes normas.

Ainda no âmbito desse debate, David Lake (1996) é outro autor que flexibiliza a importância da anarquia e de variáveis sistêmicas para o exame das relações internacionais. Para ele, os níveis da formulação estratégica e das políticas externas também são essenciais para a compreensão das decisões dos países e, nesses casos, o ambiente é bastante hierarquizado. Há uma série de posicionamentos alternativos para os Estados, dos quais muitos não estão relacionados com a característica anárquica do sistema internacional. Para garantir sua segurança, os países, ao longo dos anos, têm estabelecido desde relações de aliança, que não possuem coordenação central, até relações imperiais, que são bastante hierarquizadas. Lake afirma, a partir daí, que a anarquia não pode ser tida como a única característica que define o ambiente internacional.

Esse argumento é aprofundado pelo mesmo autor em obra posterior, denominada *Hierarchy in International Relations*. Nela, há uma ampla revisão sobre os conceitos de autoridade e soberania e a alegação de que, em vários momentos da história mundial, o sistema internacional pode ser mais hierárquico, tendo os Estados Unidos papel muito relevante para a construção dessas relações de poder. A partir desses argumentos, o autor faz uma ampla análise sobre os Estados Unidos no mundo e sua legitimidade para atuar internacionalmente, principalmente depois da Guerra ao Terror.

O debate neo-neo sobre a anarquia evoluiu ao longo dos anos 1990 e, ao final daquela década, Helen Milner voltou a discutir o conceito e a relativizar sua importância. Na obra *Interests, Institutions, and Information: Domestic Politics and International Relations*, ela afirmou que, ao contrário do que os realistas assumem, o ambiente internacional não é plenamente anárquico e o nacional não é totalmente hierarquizado. Ambos são marcados por relações de poder que estão entre dois polos de um *continuum* denominado por ela de poliarquia (Milner, 1997, p.11). Um dos principais reflexos dessa flexibilização, para Milner, é que a política internacional deixa de ser uma luta por poder e, portanto, a preocupação principal dos formuladores de política externa dos países passa a ser com o ambiente doméstico em que a política é concebida, o que reduz a relevância de análises sistêmicas (Milner, 1997, p.234).

Como se observa, apesar das divergências entre realistas e liberais sobre os efeitos da anarquia, o horizonte dessa discussão foi bastante limitado, havendo a prevalência de um excessivo determinismo em ambos os modelos. Mesmo após o auge da dicotomia, os realistas, em grande medida, continuaram fiéis às premissas do realismo estrutural (Waltz, 2000). Os liberais, em sua maioria, também não alcançaram o nível de profundidade de modelos mais contemporâneos sobre o tema. Muitos deles, porém, influenciaram o processo de formulação de modelos transformacionais (menos deterministas), como os que serão abordador a seguir.

Visões transformacionais sobre a anarquia

As visões transformacionais sobre a anarquia buscam complementar o debate tradicional sobre o conceito a partir de duas críticas principais. A primeira, e mais relevante, refere-se à ontologia dessas teses, que não examinam adequadamente o papel dos agentes e sua capacidade de alterar a configuração do ambiente internacional. Decorre dessa uma segunda crítica, de cunho epistemológico: a simplificação excessiva dos modelos tradicionais os impede de captar todas as fontes de constrangimento que o ambiente estratégico impõe sobre os Estados. Com o intuito de minimizar esses problemas e ampliar a ontologia das teses tradicionais, as visões transformacionais propõem a utilização do realismo científico (Barkin, 2003; Dessler, 1989), que minimiza a importância do formalismo na construção das teorias, concentrando-se preponderantemente no desenvolvimento de explicações que possibilitem maior grau de aproximação com a realidade (Chernoff, 2002, p.192).

Ao afirmarem que os Estados não apenas são constrangidos por variáveis sistêmicas, mas também moldam a estrutura e afetam seu funcionamento, tais autores defendem que a realidade social é fruto de um processo de mão dupla, denominado de coconstituição[2] (Wight, 2006; Dessler, 1989; Wendt, 1999). Por meio dessa abertura, o realismo científico procura minimizar o determinismo presente na maioria dos modelos que examinam as configurações do sistema.

Essa ampliação ontológica decorre da percepção de que nem sempre os Estados que estão submetidos aos constrangimentos sistêmicos respondem do mesmo modo e, por isso, é importante questionar quais são os meios que a anarquia lhes deixa disponíveis. Isso tem uma consequência epistemológica, pois os analistas que estudam o ambiente estratégico em que os países interagem passam a ter de considerar três fontes de constrangimento no meio internacional: a anarquia, as regras não intencionais e as regras intencionalmente concebidas pelos países. Os modelos transformacionais, desse modo, não deixam de considerar a importância da anarquia, mas constroem uma visão bastante diferente das teses tradicionais. Os neorrealistas somente percebiam a importância da anarquia e das regras não intencionais que emergem dela. Os neoliberais, apesar de enfatizarem a relevância das instituições, regras e regimes, percebem-nos como padrões fixos que constrangem o comportamento dos Estados e não como fruto de intrincadas interações entre os países, que constantemente moldam o ambiente em que estão inseridos. Mesmo os liberais, portanto, dão um caráter excessivamente determinista à realidade internacional.

Além de ser resultado das interações entre os Estados, a estrutura também passa a ser concebida como um de seus meios de ação, já que propicia diferentes ferramentas que os países podem utilizar para maximizar ganhos. Em diversas circunstâncias, por exemplo, as regras servem para garantir direitos e

2 Mais especificamente, Wight (2006, p.293) menciona como os Estados são responsáveis pela própria criação da condição anárquica do sistema internacional, ao mesmo tempo que também são afetados por ela.

impor obrigações a outros agentes, o que acaba por redefinir o próprio sistema. A diferença entre as visões tradicionais e transformacionais, desse modo, não são suas considerações sobre a existência de regras, mas o exame de sua capacidade de alterar a realidade.[3] As regras, tanto quanto a anarquia, são instrumentos que definem o funcionamento do ambiente internacional (Onuf, 1994).

A partir da perspectiva aberta pelo realismo científico, os autores de Relações Internacionais passaram a se concentrar em duas questões específicas relacionadas com a ampliação da ontologia tradicional. Primeiramente, como podem ser definidos os padrões de percepção e conduta dos Estados no ambiente anárquico, já que tais padrões são passíveis de alteração. Em segundo lugar, como as regras intencionais, originárias das interações entre os países, podem afetar seus comportamentos. Nota-se que ambas as perguntas têm como sua primeira consequência a redução da preponderância da anarquia sobre outros conceitos na explicação das relações entre os países.

Entre as vertentes teóricas que se debruçaram sobre a primeira questão, destaca-se o construtivismo de Alexander Wendt, que, após ter feito diversas considerações sobre a importância dos agentes na formatação do ambiente internacional em que estão inseridos (Wendt, 1987), discutiu profundamente o conceito de anarquia no artigo "Anarchy is What States Make of It: The Social Construction of Power Politics", publicado em 1992. No texto, Wendt defende que as ações dos Estados são influenciadas por estruturas, mas também por processos de interação e aprendizagem que acrescentam um viés ideacional que faltava aos modelos tradicionais. A partir dessa premissa, Wendt conclui que não se podem determinar quais serão os efeitos da anarquia sobre os países, pois eles podem percebê-la de diferentes formas e, portanto, respondem aos seus constrangimentos de maneiras muito distintas. Se hoje os Estados vivem em um ambiente de autoajuda, isso se deve, principalmente, aos processos de interação a que estão submetidos, não a uma característica estrutural e imutável do sistema. Não há, de acordo com o autor, lógica da anarquia que esteja desconectada das práticas e relações que criam estruturas de identidade. Por isso, pode-se afirmar que a "anarquia é o que os Estados fazem dela" (Wendt, 1992, p.394-5).

Ao longo dos anos 1990, Wendt desenvolveu seus argumentos e, em 1999, lançou sua principal obra, intitulada *Social Theory of International Relations*

3 Para uma análise mais específica sobre esse ponto, verificar March e Olsen (1998, p.946), que explicam como o processo de desenvolvimento de instituições internacionais altera o comportamento e percepções dos Estados.

(Wendt, 1999). Entre seus argumentos mais relevantes, destacam-se dois: a) a reafirmação da necessidade de combinar variáveis materialistas com ideacionais, formando o que Wendt denomina de *rump materialism*, conceito fundamentado no realismo científico (Wendt, 1999, p.96) que pode ser traduzido como "materialismo residual" (Riche, 2015, p.32); b) a proposição de três tipos ideais, que denominou de culturas da anarquia (Wendt, 1999, p.246-312), para esclarecer suas concepções acerca do comportamento dos Estados no ambiente internacional.

A cultura hobbesiana trata das interações que ocorrem quando um Estado se percebe como inimigo de outro; a cultura lockiana surge quando um Estado percebe o outro como rival, o que fomenta a possibilidade de conflito de interesses entre eles e, portanto, há a necessidade da presença de instituições internacionais para regular seus comportamentos e garantir que tais divergências não sejam maximizadas; por fim, a cultura kantiana aparece quando os Estados se percebem como amigos e interagem pacificamente.

Outro autor que buscou aprofundar o exame sobre o ambiente estratégico de interação dos países foi Robert Powell (1994). Para ele, toda a atenção que foi dada à anarquia pelas teorias de Relações Internacionais ao longo da Guerra Fria levou a uma grande lacuna explicativa, pois o que o neorrealismo e o neoliberalismo defendiam ser consequências da anarquia, em verdade, eram resultado de outras presunções implícitas e desarticuladas dessas teorias. O autor afirma, a partir daí, que a relação causal entre a anarquia e as pressões a que os atores estão submetidos não se dá de modo direto (Powell, 1994, p.330). Powell entende que, em grande medida, os neorrealistas e neoliberais não percebem a relevância de outras características do ambiente estratégico porque buscam um nível de generalização excessivo em suas modelações teóricas, o que os impede de observar variáveis como a tecnologia militar ou variações nas percepções dos Estados, que são tidas como dadas.

Jack Donnelly (2012) também analisou o ambiente estratégico em que os países interagem, afirmando que há três tipos de sistemas anárquicos operando concomitantemente no meio internacional: os sistemas de grandes potências, o estado de natureza hobbesiano e o sistema de bando (forrageadores). O sistema de bandos demonstra que existem condições necessárias para que os homens se engajem em um estado de natureza hobbesiano, o que não ocorre naturalmente.

Além de ampliar o foco dos debates sobre a inter-relação entre os Estados e o ambiente estratégico em que estão inseridos, a inserção do realismo científico nas Relações Internacionais também propiciou o aprofundamento do debate acerca das regras intencionais que afetam o comportamento dos países, outro tema que também vem contribuindo para minimizar a relevância da anarquia internacional.

Diversos temas que estão relacionados com a existência e a eficácia das regras intencionais dizem respeito à necessidade ou não de sanções para que tais institutos funcionem adequadamente. Enquanto Dessler (1989) e Bull (1993), entre outros, entendem que as sanções são relevantes, Onuf (1994) e Abbott e Snidal (2000) entendem que as regras alteram o comportamento dos Estados mesmo quando não são embasadas na expectativa de punições. Para Dessler, as regras embasadas em sanções criam seguidores e patrocinadores, e ambos tenderão a apoiá-las. Bull destaca que as regras com poder para constranger os Estados podem levar à criação de uma sociedade internacional em que existam comportamentos esperados, valores e interesses comuns entre os países. Onuf (1994, p.18), por outro lado, defende que mesmo que um Estado decida não seguir uma regra, ele está modificando-a pelo seu enfraquecimento, o que contribuirá para a criação de uma nova regra para substituir a anterior. Abbott e Snidal (2000) corroboram a noção de que vários comportamentos podem reforçar a relevância das regras internacionais e, indo além, defendem que mesmo as chamadas "regras suaves"[4] contribuem para alterar as características do meio internacional, flexibilizando a anarquia.

Apesar da relevância que dão à necessidade de considerar o ambiente estratégico de interação entre os Estados, as variáveis agenciais que explicam como os países reagem aos constrangimentos internacionais e a importância das regras e instituições, é consenso entre as vertentes transformacionais que a anarquia continua tendo grande relevância. Não há, para essas visões, a superação da anarquia, mas somente a ampliação das variáveis que afetam o comportamento dos Estados, o que flexibiliza as relações causais apontadas pelos modelos tradicionais (March; Olsen, 1998, p.944; Bull, 1993; Barkin, 2003, p.337).

Apesar dessa concessão às teorias tradicionais, duas foram as principais contribuições das visões transformacionais sobre a anarquia ao longo das últimas décadas. Além de terem ampliado a ontologia e a epistemologia tradicional, possibilitando a emergência de análises mais complexas da realidade internacional, também forçaram os realistas e liberais a produzirem modelos mais adequados à observação das relações entre os países. No âmbito do realismo, por exemplo, o chamado realismo neoclássico (Lobell et al., 2009; Taliaferro,

4 Os autores denominam de "regras suaves" (*soft laws*) aquelas que não são precisas, não delegam autoridade e não obrigam os Estados a se comportarem de modo determinado.

2000-2001) passou a ampliar as teses realistas tradicionais e a desenvolver argumentos mais complexos, procurando combinar variáveis materiais e ideacionais. Entre os constrangimentos que os países sofrem a partir da condição anárquica do sistema internacional e as respostas (políticas externas) construídas pelos Estados, o realismo neoclássico incluiu variáveis intervenientes como a percepção do Estado em relação ao papel que ocupa no meio internacional, a capacidade de os governantes mobilizarem suas instituições político-militares, o grau de autonomia dos atores sociais e grupos de interesse em relação aos tomadores de decisão e o nível de coesão social das elites.

De uma forma ou de outra, apesar da emergência de teses transformacionais baseadas no realismo científico e das consequências que essa maior abertura ontológica trouxe à produção teórica em Relações Internacionais, nenhuma das teses tradicionais ou mesmo transformacionais foi capaz de construir argumentos que vislumbrem a superação total da anarquia como condição inerente ao meio internacional, o que coube às visões críticas acerca do tema.

Visões críticas sobre a anarquia

A percepção de que há cada vez mais fenômenos internacionais que não são capturados pela lógica da anarquia leva à necessidade de contínuo aprimoramento dos debates na área de Relações Internacionais. Por isso, distintos modelos vêm buscando meios de reposicionar o debate e, consequentemente, a própria disciplina, alterando suas questões e conceitos fundamentais e identificando a possibilidade de superação ainda mais definitiva da anarquia como objeto central de análise.

Para tais visões, a anarquia nunca foi uma característica representativa de como ocorrem os fenômenos internacionais. Indo além, afirmam que o sistema internacional é uma constante construção social e, muitas vezes, não é possível compreender como as mudanças profundas que acontecem nesse âmbito se originam e evoluem, principalmente se as análises forem embasadas em um número limitado de conceitos que reificam relações de poder e dominação, o que somente contribui para a solidificação de padrões de conduta que beneficiam os mais fortes. Muitas dessas abordagens são classificadas como pós-modernistas, pós-estruturalistas ou pós-colonialistas e, diferentemente das visões anteriores, vão além da tentativa de ampliar o debate epistemológico da disciplina, pois partem de uma releitura sobre a própria natureza das relações internacionais.

Tais concepções entendem que, ao mesmo tempo que a utilização de um conceito unificador trouxe coerência para os debates teóricos em Relações Internacionais, o foco excessivo na condição anárquica do sistema internacional adiou a maturação de debates sobre como as relações de dominação que se desenvolvem no ambiente doméstico dos países (hierarquizado) são reproduzidas no sistema internacional, que, portanto, não é anárquico. Em última instância, ambos os ambientes são construídos "à imagem e semelhança" dos agentes mais fortes, o que provoca a marginalização de diversas agendas. Entre as principais questões que, de acordo com os defensores dessa visão, foram historicamente discriminadas pelas Relações Internacionais, podem-se citar o processo de construção de valores que levem a novas formas de relacionamento no meio internacional, os direitos humanos, as questões de gênero, classe e raça, as relações entre Estados e grupos sociais das mais diversas formatações, o debate sobre meio ambiente e o papel dos indivíduos nas relações internacionais, entre outros.

A pouca ênfase a esses temas foi bastante prejudicial ao desenvolvimento da disciplina, pois são assuntos essenciais para aprimorar as condições de inserção internacional de países periféricos e, por isso, sua exclusão trouxe elevado grau de miopia aos debates sobre a realidade internacional (Barnett; Sikkink, 2008, p.78). Enquanto o discurso preponderante indicava que as relações entre os países estavam concentradas no debate sobre defesa nacional e segurança internacional, temas que se apresentam como muito mais relevantes para a maior parte da população mundial ficaram totalmente à margem das Relações Internacionais.

Com o intuito de minimizar esse déficit, alguns autores que decidiram não se afastar completamente das visões tradicionais passaram a construir seus argumentos a partir da teleologia, com o objetivo de identificar qual seria a configuração mais estável de relação entre os países, pois esta seria aquela para a qual a história estaria progredindo. Outros, por sua parte, privilegiaram o estudo sobre os principais temas que foram relegados pelas teorias tradicionais e questionaram as razões pelas quais certos Estados e analistas procuraram solidificar tal discriminação.

Um dos exemplos mais interessantes de construção de uma teoria teleológica sobre a anarquia foi concebido por Wendt (2003). Com base em seus estudos anteriores, o autor acredita que as interações entre os países e demais agentes das relações internacionais levarão à criação de culturas cada vez mais pacíficas, o que acarretará, inevitavelmente, a total superação da anarquia. Wendt identifica cinco diferentes tipos de lógica por meio das quais a política internacional pode ser organizada, sendo o Estado Mundial a mais estável delas, pois propiciará a transferência da soberania dos membros da comunidade para o nível global. Apesar de perceber a possibilidade de retrocessos e a dificuldade inerente ao processo de evolução cultural da política internacional, Wendt acredita que os agentes que atuam internacionalmente terão condições de chegar à construção dessa lógica e que, uma vez formada, ela tenderá a ser mantida.

Quanto aos modelos que buscaram superar a centralidade do conceito de anarquia por meio da crítica a agendas e conceitos tradicionais das Relações Internacionais, o pós-colonialismo parece se destacar. Chowdhry e Nair (2004, p.1-32) fazem uma ampla análise de como várias escolas de pensamento discutem a anarquia e seus efeitos. Para as autoras, o foco no conceito levou as Relações Internacionais a assumirem um viés amplamente eurocêntrico, que reproduz estruturas de poder bastante hierarquizadas. O estudo das relações internacionais, por isso, precisa ser situado histórica, política, econômica e socialmente para que as verdadeiras motivações para a elaboração de determinados conceitos sejam compreendidas. As dicotomias entre o externo e o interno reificam o Estado como ator central e a anarquia sistêmica, que estão longe de serem máximas permanentes. Por partirem de premissas bastante limitadas, os modelos tradicionais prejudicaram a evolução das Relações Internacionais e deixaram muitos indivíduos à margem dos debates sobre o tema. Em especial, as autoras buscam compreender como os debates sobre questões raciais, de classe e de gênero foram afetados pelo excessivo determinismo das Relações Internacionais.

Richard Ashley (1988) também estabeleceu críticas profundas ao modo pelo qual a teoria de Relações Internacionais trata o conceito de anarquia, propondo uma visão pós-estruturalista da disciplina.[5] O autor critica a visão da anarquia como "verdade fundamental" da política internacional e a consequente premissa de que inexiste ordem nesse ambiente. Com isso, também defende que o conceito é um instrumento de poder utilizado pelos países mais poderosos para construir um discurso de dominação, a partir da perspectiva de que os Estados precisam desenvolver grandes aparatos de poder e defesa ou, alternativamente, associar-se de modo definitivo aos mais poderosos. O autor afirma que nenhuma condição das relações internacionais pode ser tida como definitiva e que a elevação, por meio de uma "prática heroica", do conceito de anarquia à condição de centralidade na produção teórica de Relações Internacionais gera

5 Sobre as características que identificam os pós-estruturalistas, ver Jatobá (2013, p.104).

duas noções bastante problemáticas: primeiramente, a pressuposição incorreta de que a ausência de um ordenador para o sistema internacional gere automaticamente a ausência de ordem, pois ela pode surgir por diversos outros meios; em segundo lugar, a dicotomia excessivamente limitada entre anarquia e soberania, pois o ambiente internacional não é desprovido de ordem e há uma crise profunda de representação no âmbito doméstico dos Estados.

A repetição constante das noções de soberania e anarquia exclui do debate das Relações Internacionais uma discussão sobre suas premissas mais fundamentais, o que vem prejudicando, ao longo dos anos, a capacidade evolutiva da disciplina. Ashley, então, alerta para a motivação política e arbitrária que levou à reificação desses conceitos. A partir disso, o autor propõe uma releitura da teoria de Relações Internacionais sobre os problemas de anarquia e ordem, pois há diferentes formas de estabilização do meio internacional sem um ordenador (Ashley, 1988, p.229).

Como se observa, tanto as visões críticas que indicam que a anarquia pode ser superada como conceito que embasa a inserção internacional dos países quanto as que defendem que o conceito de anarquia foi criado com um propósito específico contribuem para a superação plena da anarquia como conceito central das Relações Internacionais. A crença de que a ausência de ordem leva os Estados a adotar comportamentos específicos tem um peso político bastante relevante, mas que pode ser minimizado.

O debate sobre a anarquia vem definindo a evolução da disciplina de Relações Internacionais, a ponto de todas as suas escolas de pensamento terem se manifestado sobre o tema. Apesar de recentemente terem emergido diversas visões que defendem que a anarquia não pode ser tida como condição fixa e não deve mais ser vista como conceito fundamental, deve-se mencionar que a lógica hobbesiana da anarquia (Wendt, 1999) pode ter perdido relevância, mas ainda continua bastante presente. Por isso, e como diversos episódios vêm demonstrando, os Estados continuam necessitando de capacidades de defesa para garantir sua sobrevivência no meio internacional. Apesar de a ordem poder ser obtida de diversas formas, na ausência de uma autoridade supranacional a vontade do mais forte pode ser imposta ao mais fraco, que pouco pode fazer. A evidente diminuição da relevância do conceito não significa que, ao menos no curto prazo, os países estejam se aproximando da construção de mecanismos que garantam a paz e a harmonia de forma definitiva. Esse é um processo que ainda está em curso e que pode sofrer retrocessos. Como não é possível afirmar que essa é uma tendência irrevogável, porém, a consequência natural é que os países precisarão continuar investindo na construção de seus aparatos militares, mas não poderão deixar de lado outros instrumentos de inserção internacional que lhes deem condições de participar ativamente da formulação das agendas internacionais, capacidades que já foram chamadas de poder brando (Nye, 2004) ou poder estrutural (Strange, 1999) por autores que captaram essa lógica há algum tempo.

Referências bibliográficas

ABBOTT, K. W.; SNIDAL, D. Hard and Soft Law in International Governance. *International Organization*, v.54, n.3, p.421-56, 2000.

ADAMS, K. R. Attack and Conquer? International Anarchy and the Offense-Deterrence Balance. *International Security*, v.28, n.3, p.45-83, 2003-2004.

ASHLEY, R. K. Untying the Sovereign State: A Double Reading of the Anarchy Problematique. *Millenium – Journal of International Studies*, v.17, n.2, p.227-62, 1988.

AXELROD, R.; KEOHANE, R. O. Achieving Cooperation under Anarchy: Strategies and Institutions. *World Politics*, v.38, n.1, p.226-54, 1985.

BALDWIN, D. A. (Ed.). *Neorealism, Neoliberalism*: The Contemporary Debate. New York: Columbia University Press, 1993.

BARKIN, S. Realist Constructivism. *International Studies Review*, v.5, n.3, p.325-42, 2003.

BARNETT, M.; SIKKINK, K. From International Relations to Global Society. In: REUS-SMIT, C.; SNIDAL, D. *The Oxford Handbook of International Relations*. New York: Oxford University Press, 2008. p.62-83.

BULL, H. *The Anarchical Society*: A Study of Order in World Politics. 2.ed. New York: Columbia University Press, 1993.

CARLSNAES, W. The Agency-Structure Problem in Foreign Policy Analysis. *International Studies Quarterly*, v.36, n.3, p.245-70, 1992.

CARR, E. H. *Vinte anos de crise 1919-1939*: uma introdução ao estudo das relações internacionais. Brasília: Editora UnB; Ipri, 1981.

CHERNOFF, F. Scientific Realism as a Meta-Theory of International Politics. *International Studies Quarterly*, v.46, n.2, p.189-207, 1992.

CHOWDHRY, G.; NAIR, S. *Power, Postcolonialism and International Relations*: Reading Race, Gender and Class. New York: Routledge, 2004.

DESSLER, D. What's at Stake in the Agent-Structure Debate? *International Organization*, v.43, n.3, p.441-73, 1989.

DINIZ, E. *Política internacional*: guia de estudos das abordagens realistas e da balança de poder. Belo Horizonte: PUC Minas, 2007.

DONNELLY, J. The Elements of the Structures of International Systems. *International Organization*, v.66, n.4, p.609-43, 2012.

GRIECO, J. Anarchy and the Limits of Cooperation: A Realist Critique of the Newest Liberal Institutionalism. *International Organization*, v.42, n.3, p.485-507, 1988.

HASENCLEVER, A.; MAYER, P.; RITTBERGER, V. *Theories of International Regimes*. 4.ed. Cambridge: Cambridge University Press, 2001.

HERZ, J. Idealist Internationalism and the Security Dilemma. *World Politics*, v.2, n.2, p.157-80, 1950.

JATOBÁ, D. *Teoria das Relações Internacionais*. São Paulo: Saraiva, 2013.

KEOHANE, R. O. *After Hegemony*: Cooperation and Discord in the World Political Economy. Princeton, NJ: Princeton University Press, 1984.

______; NYE, J. S. *Power and Interdependence*: World Politics in Transition. 2.ed. Estados Unidos: Scott Foresman & Co., 1989.

KRASNER, S. D. (Org.). *International Regimes*. 4.ed. Ithaca: Cornell University Press, 1986.

LAKE, D. A. Anarchy, Hierarchy, and the Variety of International Relations. *International Organization*, v.50, n.1, p.1-33, 1996.

______. *Hierarchy in International Relations*. Ithaca: Cornell University Press, 2009.

LOBELL, S. E.; RIPSMAN, N. M.; TALIAFERRO, J. W. *Neoclassical Realism, the State, and Foreign Policy*. New York: Cambridge University Press, 2009.

MARCH, J. G.; OLSEN, J. P. The Institutional Dynamics of International Political Orders. *International Organization*, v.52, n.4, p.943-69, 1998.

MEARSHEIMER, J. J. *The Tragedy of Great Power Politics*. New York: W. W. Norton, 2001.

MILNER, H. V. The Assumption of Anarchy in International Relations Theory: A Critique. *Review of International Studies*, v.17, n.1, p.67-85, 1991.

______. *Interests, Institutions, and Information*: Domestic Politics and International Relations. Princeton, NJ: Princeton University Press, 1997.

MORGENTHAU, H. J. *A política entre as nações*. Brasília: Editora UnB; Ipri, 2003.

NYE, J. S. *Soft Power*: The Means to Success in World Politics. New York: Public Affairs, 2004.

ONUF, N. The Constitution of International Society. *European Journal of International Law*, v.5, n.1, p.1-19, 1994.

POWELL, R. Anarchy in International Relations Theory: The Neorealist-Neoliberal Debate. *International Organization*, v.48, n.2, p.313-44, 1994.

RICHE, F. E. Notas sobre a teoria social da política internacional de Alexander Wendt. *Século XXI*, v.6, n.1, p. 25-51, 2015.

ROTH, A. I. Balancing and the Bible: A Pre-Thucydidean View of Threat. *Security Studies*, n.17, p.138-63, 2008.

SNYDER, J. *Myths of Empire*: Domestic Politics and International Ambition. Ithaca: Cornell University Press, 1991.

STRANGE, S. *States and Markets*. 2.ed. Estados Unidos: Continuum, 1999.

TALIAFERRO, J. W. Security Seeking under Anarchy: Defensive Realism Revisited. *International Security*, v.25, n.3, p.128-61, 2000-2001.

TUCÍDIDES. *História da Guerra do Peloponeso*. 4.ed. Brasília; São Paulo: Editora UnB; Imprensa Oficial do Estado, 2001.

WALTZ, K. N. *Theory of International Politics*. New York: Random House, 1979.

______. Structural Realism after the Cold War. *International Security*, v.25, n.1, p.5-41, 2000.

WENDT, A. The Agent-Structure Problem in International Relations Theory. *International Organization*, v.41, n.3, p.335-70, 1987.

______. *Social Theory of International Politics*. New York: Cambridge University Press, 1999.

______. Why a World State is Inevitable. *European Journal of International Relations*, v.9, n.4, p.491-542, 2003.

WIGHT, C. *Agents, Structures and International Relations*: Politics as Ontology. New York: Cambridge University Press, 2006.

ARMAMENTO

Jonathan de Araujo de Assis
Diego Lopes da Silva
José Augusto Zague

O ARMAMENTO, *grosso modo*, define-se pelo seu fim; como instrumento da violência. É bem verdade, contudo, que a violência não depende do armamento para sua manifestação. Em sua forma estrutural, a violência prescinde do armamento, uma vez que sua materialização resulta da ação de componentes indiretos, como instituições e normas sociais, por exemplo (Galtung, 1969). Entretanto, a violência, quando direta, fia-se ao armamento para otimizar-se, de modo que o armamento é o instrumento tecnológico utilizado para a maximização da capacidade de empreendimento da violência. Se restrito a esses termos, o armamento é avaliado pelos efeitos que exerce na eficiência e eficácia da intenção violenta

Em larga medida, as modalidades de emprego e organização da violência modificaram-se ao longo da história em resposta às modificações técnicas dos armamentos. Fossem espadas ou lanças, os combatentes que as empunhavam executavam funções relativamente similares no campo de batalha. No entanto, o industrialismo emergente desde meados do século XVIII trouxe consigo a produção de armamentos mais complexos. Após a terceira década do século XIX, pela primeira vez, os instrumentos da guerra estavam integrados em sistemas (Van Creveld, 1991, p.153).

Os avanços na fabricação dos armamentos também contribuíram, ainda que parcialmente, à construção do Estado moderno e ao estabelecimento do monopólio legítimo da coerção que lhe condiz. À medida que o armamento se tornava mais custoso, dada a intensificação do fator capital em sua produção, sua aquisição por indivíduos ordinários restringia-se. Dessa forma, o Estado, cujas finanças permitiam a compra de armamentos avançados de capital-intensivo, competia com larga vantagem contra eventuais grupos insurgentes. Como Charles Tilly (1990, p.144) nos aponta, todos os membros da nobreza no século XIII possuíam espadas; entretanto, nenhum indivíduo possuiu um porta-aviões no século XX.

O desenvolvimento técnico do armamento passou a exigir dos efetivos militares altos níveis de especialização, uma vez que a operação desses instrumentos passou a demandar a coordenação de diversas atividades simultâneas. Seu desenvolvimento requereu uma reformulação na organização social do combate. A profissionalização dos efetivos militares, epitomada pelo modelo prussiano, é uma resposta a esses avanços. Precipuamente, a vantagem garantida ao Exército prussiano em sua origem deveu-se à adaptação célere de suas formas aos predicados aduzidos pelos novos tempos: o crescimento do urbanismo, a gradativa industrialização e o progresso da tecnologia. Não por outro motivo, Van Creveld (1991, p.137) afirmara que a organização militar, conquanto tenha contravindo às vicissitudes da política e da economia, é em última instância determinada pelo estágio tecnológico vigente.

Ainda que seja possível identificar seus primórdios na segunda metade do século XIX, uma concepção mais madura sobre sistemas de armas emerge nas primeiras décadas do século XX – impulsionada pela competição naval entre Inglaterra e Alemanha –, sendo aperfeiçoada posteriormente pela Força Aérea estadunidense na década de 1950 (Kaldor, 1986, p.8). O conceito de sistemas de armas possui caráter tridimensional: desde uma observação rasa, define-se pela sua materialidade pura e simples, isto é, por plataforma (aeronave, lançador de míssil etc.) e munição (míssil, ogiva, projétil), em conjunção com os meios de comunicação e comando; em um segundo nível de aproximação, o sistema de armas representa o corpo de conhecimento técnico necessário ao seu desenvolvimento, produção e operação. Nesse sentido, indica o estágio de desenvolvimento tecnológico alcançado pela sociedade que o desenvolve (Kaldor, 1977, p.121). Por fim, em sua terceira dimensão, é a expressão da organização social necessária à sua produção e utilização. O conceito, ademais de uma classificação de material militar, é também uma classificação de pessoas, implicando a existência de corporações que inventem, construam, utilizem e reparem tais sistemas de armas (Kaldor, 1986, p.8).

Até aqui discutimos o armamento em seu valor de uso: como instrumento da violência direta. Sem embargo, com vistas a compreender sua totalidade, é preciso tomá-lo também como um produto econômico, haja vista que o armamento é uma mercadoria. Se insistirmos nessa leitura, confrontar-nos-emos com uma consequência inescapável: por ser um instrumento de capital-intensivo, a produção de armamentos será restrita àqueles países onde o capital, se não em abundância, encontra-se ao menos em níveis modestos. Decorre disto, portanto, que apenas um número restrito de países conseguirá produzir armamentos em quantidade e qualidade suficiente para atender às demandas de suas Forças Armadas nacionais.

Na década de 1970, observou-se um processo de difusão das capacidades de produção de armamentos, de modo que o número de fornecedores dessa mercadoria expandiu-se significativamente. Além disso, as importações de armamentos também aumentaram sobremaneira. Para Gilpin (1981, p.181), o processo de transferência tecnológica de sociedades avançadas para sociedades menos avançadas é um dos vetores mais importantes na redistribuição de poder no sistema internacional. Segundo dados organizados por Klare (1987, p.1259), entre os anos de 1970 e 1985, o nível das importações de armamentos realizadas por países do Terceiro Mundo apresentou crescimento, ainda que com pequenas variações ao longo do período. No entanto, a tendência do período foi marcada mais pela sua natureza qualitativa do que pelo aspecto quantitativo; isto é, os tipos de armamentos que foram importados por esses países. Como apontam Suchman e Eyre (1992, p.138), armamentos convencionais de alta sofisticação tecnológica proliferaram para além das economias industriais centrais, o que sugeriria uma dissociação entre a modernização militar e o desenvolvimento econômico.

Do ponto de vista dos interesses econômicos, os elementos técnico-científicos envolvidos no desenvolvimento e na produção de armamentos são recorrentemente percebidos como potenciais geradores de benefícios para a atividade industrial civil, particularmente pelo denominado processo de *spin-off*. Do ponto de vista histórico, o período que melhor representou os benefícios do *spin-off* foi o imediato pós-II Guerra Mundial, em que o financiamento estatal a pesquisas no âmbito militar resultou em ganhos para a indústria civil. Autores como Hartley (2007, p.9) endossam esse argumento, mas as reflexões propostas por Dagnino (2010, p.9-10) questionam a ideia do impacto econômico positivo produzido pelo *spin-off*. A esse respeito, parece haver um consenso na literatura especializada de que, na incidência tecnológica entre o setor industrial civil e o militar, o *spin-in* do setor civil para o militar é atualmente mais frequente que o *spin-off* (Saint-Pierre; Zague, 2017, p.303).

Se tomado como uma mercadoria, o armamento também será passível dos mesmos efeitos fetichistas aos quais todas as outras mercadorias igualmente se sujeitam. Ao menos este é o argumento dos autores que trataram do tema desde o prisma marxista. Nessa vertente, destacamos Robin Luckham (1984a, 1984b) e sua proposição de interpretar o armamento a partir do conceito de fetichismo. A Luckham (1984b, p.5), a acumulação do capital militar, bem como a industrialização da guerra e a apropriação da ciência em prol do progresso técnico nos instrumentos da violência organizada, implica o fetichismo do sistema de armas como mecanismo da relação entre os Estados. Nesse quadro, é construída e difundida uma equivalência entre os distintos conceitos de segurança, defesa e armamento, na qual este último é assumido como um fator imprescindível para o exercício da defesa, que, por sua vez, garantiria a segurança do Estado. No limite, o encadeamento de tais elementos orienta a percepção de que a segurança só pode ser garantida por meio da superioridade militar, que, de acordo com a lógica do fetichismo, expressa-se pela superioridade tecnológica dos armamentos (Luckham, 1984b, p.7; Harvey, 2003, p.9).

O foco no armamento enquanto "fetiche tecnológico" produziu uma distorção na compreensão do conflito e no papel importante que a estratégia desempenha no seu desenlace. Desde a década de 1980, desenvolveu-se o conceito de revolução em assuntos militares (RAM), cujo principal objetivo é compreender as transformações no meio militar advindas da aplicação de novas tecnologias nos armamentos (Gonçalves, 2015, p.12). No pós-Guerra Fria, o conceito de RAM passou a ter importância ao revisitar o tema do impacto da tecnologia na guerra (Buzan; Hansen, 2012, p.263). A Guerra do Golfo em 1991 contribuiu para a criação da falsa premissa de que o emprego de armamentos de alta tecnologia pelos Estados Unidos e seus aliados geraria uma vantagem que não poderia ser superada pelos adversários que lutavam de forma convencional (Gonçalves, 2015, p.12).

Não obstante, é necessário apontar que a concepção de fetiche atribuída aos armamentos por Luckham difere daquela originalmente atribuída às mercadorias por Marx (2013 [1867], p.147). A este último, o "feitiço" da mercadoria decorre do fato de ela suportar trabalho abstrato – este é o aspecto que lhe permite ser intercambiável e guardar relações de relativa equivalência com todas as outras mercadorias. Por sua vez, Luckham (1984b) atribui o fetiche dos armamentos ao compartilhamento de uma determinada cultura que interpreta tais petrechos como símbolos de superioridade militar e garantidores da segurança. Atentemo-nos, portanto, que para Luckham o fetiche do armamento não é tributário do trabalho socialmente necessário nele contido; ou seja, conquanto utilize o mesmo termo, a acepção de fetiche utilizada por Luckham difere daquela originalmente proposta por Marx.

Luckham (1984b, p.30) afirma que o armamento é uma representação intersubjetiva da hegemonia global das grandes potências. De tal sorte, não é de todo equivocado afirmar que a conotação de fetichismo atribuída pelo autor ao armamento aproxima-se mais das interpretações construtivistas que daquelas advindas do materialismo histórico tradicional. Aos autores associados ao construtivismo e ao pós-positivismo, o armamento carrega consigo um significado e um objetivo construídos socialmente que não podem ser compreendidos de forma alheia ao contexto social mais amplo no qual se inserem (Eyre; Suchman, 1996; Kaldor; Eide, 1979; Kaldor, 1986; Kinsella, 2013; O'Connell, 1983; Suchman; Eyre, 1992; Wendt; Barnett, 1993).

A produção e a aquisição de armamentos, tidas usualmente como processos objetivos e racionais, respondem também a elementos intersubjetivos, valorados pelas relações simbólicas entre os petrechos. Nesse sentido, o argumento fundamental assumido por essa perspectiva é que a tecnologia não consiste em um objeto neutro, mas sim um elemento que, por sua própria existência, pressupõe relações sociais constitutivas (Feenberg, 2002, p.14-5; Novaes; Dagnino, 2004, p.193; Herrera, 2003, p.572).

A partir do reconhecimento coletivo sobre seu significado, os armamentos constituem um tipo de objeto imbuído de valor social que extrapola as concepções tradicionais de uso e troca. Ou seja, além de variarem em termos de capacidade tecnológica, os armamentos variam em termos de integração institucional ou "peso simbólico" que, quando considerados no quadro de um espaço de ação social, distinguem os agentes sociais detentores daquela tecnologia (Eyre; Suchman, 1996; Suchman; Eyre, 1992, p.150).

A estrutura intersubjetiva que oferece significado e legitimidade a determinadas modalidades de organização da violência manifesta-se no ambiente internacional como a "ordem militar global" (Kaldor, 1986; Kinsella, 2013; Wendt; Barnett, 1993). A aquisição de armamentos de capital intensivo é prática fundamental dessa ordem, uma vez que seu valor simbólico está associado a formas políticas tidas como mais avançadas ou civilizadas. Sobre o pano de fundo histórico dos processos de colonização, os países periféricos emularam as formas de organização da violência encontradas nos países centrais.

Nesse processo de socialização, incorporaram o profissionalismo militar e o "tecnologismo", que, segundo Luckham (1984b, p.12-3), significa a crença difundida de que para todo problema humano há uma solução pela tecnologia. A evolução do profissionalismo militar no Terceiro Mundo pode ser observada, sobretudo, a partir da instituição de exércitos no modelo europeu durante o período colonial. No entanto, com o fim da colonização, o contínuo treinamento das forças armadas do Terceiro Mundo em países compreendidos como centrais permanece um mecanismo de socialização e difusão de interesses políticos e militares das potências (Wendt; Barnett, 1993, p.338).

Portanto, a manutenção de forças armadas modernas que dispõem de armamentos de alta intensidade tecnológica é também produto da crença de que representam o emblema do Estado moderno (Kinsella, 2013, p.108; Wendt; Barnett, 1993, p.337). Na mesma medida, esse tipo de armamento é assumido como invariavelmente superior do ponto de vista militar em virtude da eficiência e eficácia que representa em termos do empreendimento da violência. Dessa forma, organiza-se a relação simbiótica entre o profissionalismo e o "tecnologismo": enquanto o primeiro constitui as organizações militares do Terceiro Mundo de acordo com os valores militares e padrões de consumo das potências ocidentais, o "tecnologismo" atribui certos valores simbólicos aos armamentos modernos que reforçam o profissionalismo (Wendt; Barnett, 1993, p.340).

Sob essa leitura, tanto as organizações militares quanto os armamentos podem ser compreendidos como elementos que cumprem funções similares àquelas das bandeiras e equipes olímpicas: parte do que os Estados creem necessário para legitimar-se como Estados modernos (Sagan, 1996, p.74). Para além de seu valor de uso e troca, as tecnologias militares de maior sofisticação transmutam-se em fator de *status* e modernidade na ordem militar global. Nesse quadro, em particular por causa do conjunto de valores simbólicos atribuídos aos armamentos modernos, as aquisições bélicas são adotadas como prática essencial da provisão de segurança.

Assim, ao contrário do que sugerem as leituras tradicionais sobre o armamento, que tendem a enfocar as qualidades técnicas que exercem efeitos sobre a eficiência e a eficácia do empreendimento da violência, um corpo complexo da literatura discute como esses armamentos não apenas incidem sobre elementos de ordem econômica, social e política, mas também são afetados e constituídos por esses meios. Nesses termos, a tecnologia militar não pode ser reduzida às suas funções instrumentais, isto é, enquanto produto da técnica e objeto sujeito ao constante progresso tecnológico. O sistema de armas não paira como um elemento exógeno, mas como um nó elementar na teia de interações que articulam as questões de defesa, segurança e as relações internacionais de um modo amplo.

Referências bibliográficas

BUZAN, B.; HANSEN, L. *A evolução dos estudos de segurança internacional*. Trad. Flavio Lira. São Paulo: Editora Unesp, 2012.

DAGNINO, R. *A indústria de defesa no governo Lula*. São Paulo: Expressão Popular, 2010.

EYRE, D.; SUCHMAN, M. Status, Norms, and the Proliferation of Conventional Weapons: An Institutional Theory Approach. In: KATZENSTEIN, P. J. (Org.). *The Culture of National Security*: Norms and Identity in World Politics. New York: Columbia University Press, 1996.

FEENBERG, A. *Transforming Technology*. New York: Oxford University Press, 2002.

GALTUNG, J. Violence, Peace and Peace Research. *Journal of Peace Research*, v.6, n.3, p.167-91, 1969.

GILPIN, R. *War and Change in World Politics*. Cambridge: Cambridge University Press, 1981.

GONÇALVES, L. J. C. *A revolução em assuntos militares no contexto da Guerra de Secessão Americana (1861-1865)*. Franca, 2015. 203f. Tese (Doutorado em História) – Faculdade de Ciências Humanas e Sociais, Universidade Estadual Paulista.

HARTLEY, K. Defence Economics: Achievements and Challenges. *The Economics of Peace and Security Journal*, Bristol, v.2, n.1, p.45-50, 2007. Disponível em: http://www.google.com.br/url?sa=t&rct=j&q=defence+economics+achievements+and+-challenges+1&source=web&cd=2&ved=0CEIQFjAB&url=http%3A%2F%2F-ww. Acesso em: 5 abr. 2017.

HARVEY, D. The Fetish of Technology: Causes and Consequences. *Macalester International*, v.13, p.3-30, verão 2003.

HERRERA, G. Technology and International Systems. *Millennium – Journal of International Studies*, v.32, n.3, p.559-93, 2003.

KALDOR, M. *El arsenal barroco*. Madrid: Siglo XXI de España, 1986.

______. The Significance of Military Technology. *Bulletin of Peace Proposals*, v.8, n.2, p.12A1-123, 1977.

______; EIDE, A. *The World Military Order*: The Impact of Military Technology on the Third World. London: The Macmillan Press, 1979.

KINSELLA, D. The Global Arms Trade and the Diffusion of Militarism. In: STAVRIANAKIS, A.; SELBY, J. (Orgs.). *Militarism and International Relations*: Political Economy, Security, Theory. New York: Routledge, 2013.

KLARE, M. The Arms Trade: Changing Patterns in the 1980s. *Third World Quarterly*, v.17, n.5, p.1257-81, 1987.

LUCKHAM, R. Armament Culture. *Alternatives*, v.X, p.1-44, Summer 1984a.

______. Of Arms and Culture. *Current Research on Peace and Violence*, v.7, n.1, p.1-64, 1984b.

MARX, K. *O capital*: crítica da economia política. Livro I: O processo de produção do capital. São Paulo: Boitempo, 2013.

NOVAES, H.; DAGNINO, R. O fetiche da tecnologia. *Org & Demo*, v.5, n.2, p.189-209, 2004.

O'CONNELL, R. Putting Weapons in Perspective. *Armed Forces and Society*, v.9, n.3, p.441-54, 1983.

SAGAN, S. Why Do States Build Nuclear Weapons? Three Models in Search of a Bomb. *International Security*, v.21, n.3, p.54-86, 1996.

SAINT-PIERRE, H. L.; ZAGUE, J. A. A indústria de defesa e a autonomia estratégica: a posição do Brasil e a cooperação em defesa na América do Sul. *Revista da Escola de Guerra Naval*, Rio de Janeiro, v.23, n.2, p.297-327, maio-ago. 2017.

SUCHMAN, M.; EYRE, D. Military Procurement as Rational Myth: Notes on the Social Construction of Weapons Proliferation. *Sociological Forum*, v.7, n.1, p.137-61, 1992.

TILLY, C. *Coercion, Capital, and European States, AD 990-1990*. Oxford: Basil Blackwell, 1990.

VAN CREVELD, M. *Technology and War*: From 2000 B.C. to the Present. New York: The Free Press, 1991.

WENDT, A.; BARNETT, M. Dependent State Formation and Third World Militarization. *Review of International Studies*, v.19, n.4, p.321-47, 1993.

AUTONOMIA ESTRATÉGICA

Alcides Costa Vaz

A expressão "autonomia estratégica" possui conotações próximas, porém diferenciadas, em documentos oficiais e na literatura da Ciência Política (Lyndley, 1986), o que se estende aos campos da segurança e da defesa. Como orientação de política externa e em sentido mais geral, está associada à postura independente de um país no tocante a questões que dizem respeito aos seus interesses estratégicos primordiais (Bajpai, 2016). Faz remissão ao exercício da liberdade nos domínios da formulação, implementação e tomada de decisões por parte de um Estado relativamente ao ambiente internacional, sendo, nesse sentido, expressão de independência diante de atores externos.

A faculdade de um país deliberar e implementar livremente políticas relativas a seus desígnios externos, em particular aqueles afetos e instrumentalizados por seus aparatos de segurança e de defesa, adquire sentido estratégico primariamente em razão do alto valor atribuído a um conjunto de interesses e objetivos perseguidos internacionalmente e cuja consecução é tida como condição indispensável para a realização de outros interesses e objetivos nacionais. Nessa mesma acepção, o valor estratégico de que se reveste a autonomia deriva também de sua perspectiva relacional, na medida em que esta é exercida dentro de um amplo leque de opções de comportamentos no plano internacional. Vincula-se, assim, à capacidade que almeja ou de que efetivamente usufrui um país, nesse mesmo plano, de se alinhar, de se comprometer, de dissentir, de se afastar e, no limite, de confrontar seus homólogos e demais referentes externos, segundo o que melhor convenha à promoção dos interesses e objetivos nacionais.

Esse leque de opções comportamentais é importante para a compreensão também da diversidade de expressões que a autonomia estratégica pode assumir em perspectiva relacional. Sua persecução no plano da política externa comporta diferentes abordagens, como a diversificação de relacionamentos, aproximações seletivas, o estabelecimento de alianças e parcerias estratégicas e, em outro sentido, o distanciamento e, no limite, o rompimento de relações. Disso decorre que a autonomia estratégica também pode comparecer como vetor da política externa em sua inteireza, assim como pode caracterizar e ser perseguida por meio de diferentes dimensões dessa política, inclusive no plano estritamente bilateral.

Ainda em sentido conceitual, a autonomia estratégica, agora contemplada nos campos da segurança e da defesa, remete à busca, por um Estado, da condição de autarcia ou autossuficiência quanto à dotação de recursos materiais, humanos e de capacidades tecnológicas, de modo a torná-lo apto a responder eficazmente, mediante a dissuasão ou o efetivo emprego da força, a ameaças e agressões contra si perpetradas. Dessa acepção, sobressai também uma dimensão teleológica e normativa atribuída à independência, esta assentada no poder nacional e na disposição do emprego desse poder para salvaguardar a soberania, assegurar a integridade da população, de seu território e dos recursos nele existentes. Destaca-se também, nessa acepção, um sentido instrumental associado à centralidade que adquire o desenvolvimento de capacidades industriais e tecnológicas, em bases nacionais, como condição indispensável para o resguardo da segurança e da defesa do Estado.

A autonomia estratégica nos planos da segurança internacional e da defesa pressupõe a existência de um substrato suficiente de recursos de poder para converter-se em aspiração factível ou se consolidar e se sustentar como condição usufruída. Contudo, a existência desse substrato de recursos de poder não implica necessariamente que as políticas de segurança e de defesa de um país assumam a autonomia estratégica como vetor explícito de orientação. São os casos, por exemplo, dos Estados Unidos, da Federação Russa, do Reino Unido e da China, cujos documentos oficiais de defesa não fazem alusão explícita à autonomia estratégica, ainda que todos estejam aptos a fazê-lo, por disporem de recursos de poder diferenciados internacionalmente e alimentados por vigorosos complexos industriais militares, sendo assim capazes de dar sustentação às suas respectivas capacidades militares e aos seus desígnios estratégicos (The White House, 2015; Russian Federation, 2015; United Kingdom Office of the Cabinet, 2015; People's Republic of China, 2012).

Um caso singular dentre as grandes potências no tocante ao escopo conceitual da autonomia estratégica é o da União Europeia, que a assume em sua estratégia global de política externa e de segurança como vetor necessário para a promoção internacional de seus interesses, princípios e valores e para sua capacidade de fomentar a paz e a segurança em seu próprio espaço e externamente (European Union, 2016). Para isso, elege como prioridade o fortalecimento de suas ações nos campos da defesa, segurança cibernética, contraterrorismo, energia e comunicações (European Union, 2016, p.4 e 19), mas ressalvando que seus interesses de segurança em geral são mais bem atendidos em um sistema internacional baseado em regras e no multilateralismo. Ao mesmo tempo, concebe a autonomia estratégica também como relevante para seu engajamento em iniciativas conduzidas no marco de mecanismos de segurança e de defesa coletiva como a Organização das Nações Unidas (ONU) e a Organização do Tratado do Atlântico Norte (Otan), respectivamente. As políticas e iniciativas comunitárias de segurança e de defesa devem, nesse sentido, estar a serviço da capacidade da União Europeia de atuar autonomamente e para, ao mesmo tempo, embasar sua capacidade de cooperar com a Otan e com os Estados Unidos no marco da parceria transatlântica (European Union, 2016, p.20).

De ambas as acepções apresentadas decorrem três dimensões fundamentais que a autonomia estratégica encerra no plano conceitual: a) a dimensão política, que envolve a capacidade de resguardo da soberania e a liberdade de ação e decisão no plano internacional, em proveito da segurança e da defesa do Estado; b) a dimensão industrial e tecnológica, que se refere ao domínio de conhecimentos aplicados para o desenvolvimento, em bases nacionais, dos recursos necessários à promoção da segurança e da defesa, pressupondo a existência de uma indústria nacional de defesa moderna e competitiva; e c) a dimensão operacional, associada à capacidade do Estado de planejar, gerir e empregar oportuna e eficazmente recursos materiais e tecnológicos em proveito de seus interesses e objetivos de segurança e de defesa, incluindo-se aqui o planejamento e emprego da força militar quando requerido.

Países que assumem a autonomia estratégica como orientação ou desígnio de suas respectivas políticas de segurança e de defesa empreendem-na nessas dimensões conjuntamente ou priorizam esforços em uma delas. A França, por exemplo, abraça, em seus documentos de defesa, acepção ampla de autonomia estratégica em três níveis simultaneamente, os quais designa como político, operacional e técnico-científico. Porém, a França não restringe a autonomia estratégica à esfera exclusivamente nacional, e contempla sua consecução conjuntamente com seus parceiros da União Europeia (France, 2013, p.21). Já para países como a Suécia e a Alemanha, assim como outros que detêm importantes parques industriais voltados para produtos de segurança e de defesa, a noção de autonomia estratégica, embora não explicitada nos enunciados oficiais de defesa de cada um dos países mencionados, está associada à sustentação e à competitividade de seus respectivos complexos industriais de defesa tanto em razão da importância destes para o provimento de suas capacidades tecnológicas e militares como em razão das externalidades que geram para o conjunto de suas economias (Arteaga et al., 2016, p.32).

Já no caso de países tidos como potências regionais, a exemplo de Índia, Brasil e Irã, a autonomia estratégica nos planos da segurança e da defesa comparece associada a orientação de política externa de corte nacionalista, de recusa a alinhamentos automáticos e de assertividade na promoção de interesses nacionais e, de modo particular, aqueles de segurança e defesa, privilegiando o desenvolvimento de capacidades científico-tecnológicas que lhes permitam ampliar sua margem de independência em seus respectivos entornos e em relação às grandes potências (Brasil, 2012). Para esses países, a dimensão relacional, com foco primordial nas grandes potências, permanece como ponto fulcral para a definição do escopo da autonomia estratégica e nesse objetivo se conjugam os sentidos de independência e de construção de capacidades.

O caso brasileiro é exemplificativo dessa conjugação. A partir do final da II Guerra Mundial, o relacionamento brasileiro com as grandes potências ocidentais e particularmente com os Estados Unidos foi marcado por um padrão de alternância de fases de aproximação e de distanciamento que respondia, por sua vez, às formas com que o substrato nacionalista da política externa reagia e se ajustava às injunções próprias da Guerra Fria (Cervo; Bueno, 1982), em um primeiro momento, e às indefinições quanto ao delineamento da ordem internacional e da estrutura de poder no período pós-Guerra Fria (Fonseca Jr., 1998). O sentido de independência, plasmado desde o primórdio da vida republicana do país, consolidou-se como vetor de orientação da política externa brasileira no início dos anos 1960 e encontrou expressão nas políticas de segurança do país nas duas décadas seguintes quando, já dispondo de moderno e diversificado parque industrial, o país passou a investir no desenvolvimento da indústria bélica nacional e no acesso e domínio de tecnologias nos campos nuclear e aeroespacial. Esse esforço decorria de um diagnóstico crítico sobre a concentração do poder internacional e do caráter assimétrico das relações internacionais (Amado, 1982). O reconhecimento de uma ordem hegemônica profundamente assimétrica instava o país a procurar ampliar gradualmente sua margem de autonomia em relação aos principais centros de poder em seu espaço imediato mediante o aumento de recursos de poder e de uma ativa participação nos fóruns multilaterais, nos quais se travava o debate sobre temas afetos à ordem internacional. Esse diagnóstico e o sentido prescritivo quanto à inserção internacional brasileira no contexto da Guerra Fria foram recolhidos por Hélio Jaguaribe (Jaguaribe, 1986) em sua reflexão sobre autonomia periférica e hegemonia cêntrica. O discurso diplomático, por sua vez, recolheu e expressou as diferentes modulações da inserção internacional e do relacionamento do Brasil com as grandes potências no contexto da passagem para o período pós-Guerra Fria nas expressões cunhadas por Gelson Fonseca Júnior: "autonomia pelo distanciamento", "autonomia pela participação" e "autonomia pela integração" (Fonseca Jr., 1998; Vigevani, 2007).

A Estratégia Nacional de Defesa, em sua primeira versão de 2008, evitou o emprego da expressão "autonomia estratégica" pela remissão que ela sugeria à orientação imprimida às iniciativas brasileiras nos campo da segurança e da defesa durante o regime militar (1964-1985), mas consagrou, dentre seus princípios, a independência nacional "efetivada pela mobilização de recursos físicos, econômicos e humanos, para o investimento no potencial produtivo do país", e a ser alcançada "pela capacitação tecnológica autônoma, inclusive nos estratégicos setores espacial, cibernético e nuclear"; o mesmo documento ressaltava ser dependente "quem não tem o domínio das tecnologias sensíveis, tanto para a defesa, como para o desenvolvimento" (Brasil, 2008, item 4). A Estratégia Nacional de Defesa se apresentava como "o vínculo entre o conceito e a política de independência nacional, de um lado, e as Forças Armadas para resguardar essa independência, de outro" (idem). Esse princípio foi reafirmado em sua atualização realizada em 2012. Já em edição mais recente, de 2016, a Estratégia Nacional de Defesa reduz acentuadamente a ênfase na autonomia, que passa a estar circunscrita ao objetivo de promover a autonomia produtiva e tecnológica na área de defesa, para o que se propugna o fortalecimento da área de ciência e tecnologia de defesa e a sustentabilidade da cadeia produtiva da base industrial de defesa (Brasil, 2016, p.41).

No contexto sul-americano, a Argentina também acalentou, em diferentes momentos, a autonomia estratégica, tanto como vetor de orientação de sua política externa como também em sua concepção de defesa (Russel; Tokatlian, 2001). Fez isso, entretanto, de forma descontinuada, em razão de injunções políticas domésticas, o que levou à alternância de governos de corte mais nacionalista e outros mais voltados ao alinhamento com os Estados Unidos enquanto potência hegemônica (Escudé, 1992). No entanto, a derrota na Guerra das Malvinas minou fortemente a influência do segmento da defesa na política externa do país, ficando a própria defesa relegada a um plano bastante secundário nas prioridades nacionais desde então.

Dois aspectos muito presentes no panorama da segurança internacional e nos contextos nacionais em que se forjam os elementos conceituais e normativos das políticas de segurança e de defesa parecem interpelar ontologicamente a autonomia estratégica e sua própria factibilidade nesses planos. Em primeiro lugar, o imperativo da cooperação no plano internacional em face do reconhecimento da natureza mutante, do alcance transnacional e do caráter cada vez mais difuso das ameaças à segurança nos planos internacional e domésticos, ameaças estas cada vez menos suscetíveis a respostas individuais por parte dos Estados. Em princípio e por definição, a cooperação internacional e a própria lógica das alianças e dos mecanismos coletivos de segurança e de defesa implicam a aceitação de margens de dependência para com os recursos e capacidades de terceiros. Isso, em tese, iria contra o sentido de independência subjacente ao escopo da autonomia estratégica voltado para o domínio da política externa e mesmo quando aplicado apenas aos planos da segurança e da defesa. No entanto, essa contradição é suplantável por uma lógica argumentativa que considera o fortalecimento de capacidades autônomas dentro do sistema internacional como condizente, e mesmo necessário, para um mais efetivo engajamento em mecanismos coletivos de segurança e de defesa.

Em segundo lugar, estão as limitações de ordem econômica, uma vez serem reconhecidamente elevados os custos envolvidos no desenvolvimento de capacidades materiais, tecnológicas, institucionais, de infraestrutura e de formação de recursos humanos para dar sustentação a concepções de segurança e de defesa que estejam primordialmente amparadas em quaisquer das acepções ou dimensões da autonomia estratégica antes apresentadas. Emerge aqui a relação entre desígnios estratégicos de corte autonomista e a capacidade econômica dos Estados para lhes dar sustentação. Como demonstrado por Paul Kennedy ao estudar os processos de ascensão e declínio de hegemonias (Kennedy, 1989), quando há desequilíbrio entre os compromissos estratégicos decorrentes da condição e da práxis hegemônica, de um lado, e, de outro, a capacidade econômica de sustentá-los, instala-se um processo de declínio hegemônico. Raciocínio análogo é aplicável à persecução da autonomia estratégica como objetivo político e também à tentativa de sustentá-la enquanto condição usufruída por um país nos planos da segurança e da defesa. Sobretudo quando se considera o elevado montante de investimentos em pesquisa e desenvolvimento e os custos envolvidos na implantação e operação em bases sustentadas de complexos industriais e de produtos de defesa, os quais requerem economias de escala dificilmente atendidas exclusivamente pela demanda nacional. Afora isso, há que se considerar os constrangimentos orçamentários à capacidade de investimento e de demanda governamental como determinantes das perspectivas de sustentação econômica das indústrias de defesa.

Por essa razão, projetos de autonomia estratégica, independentemente de seu maior ou menor escopo, em geral possuem, como contrapartida, no que diz respeito à sua viabilidade econômica, esforços de prospecção e aproveitamento de oportunidades mercadológicas no plano internacional. Esse é um aspecto particularmente sensível para países cujos projetos de desenvolvimento de capacidades de defesa estejam em estágios iniciais e cujos orçamentos de defesa e capacidade de contratação sejam limitados e, como de resto, em toda parte, sujeitos a cortes em face de contextos econômicos adversos. Em outras palavras, de modo geral, a viabilidade dos desígnios nacionais associados direta ou indiretamente à busca da autonomia estratégica nos planos da segurança e da defesa resulta fortemente atrelada às perspectivas da indústria de defesa e vice-versa.

A resposta a esse dilema se dá, frequentemente, para além da dimensão nacional, por meio da internacionalização dos complexos industriais de defesa, seja pela via da cooperação regional em defesa entabulada com vistas a promover eficiência alocativa e ampliar oportunidades de mercado, seja por meio de parcerias econômicas e tecnológicas e do aproveitamento de oportunidades de mercado no plano global. Por essa razão, a União Europeia classifica como essencial a existência de uma indústria de defesa europeia sustentável, inovadora e competitiva para a provisão de recursos militares de ponta e para sua própria autonomia estratégica (European Union, 2016, p.45). A Suécia, por sua vez, privatizou sua indústria de defesa, tornando-a aberta a parcerias internacionais para se manter competitiva em mercados de exportação e assim mitigar os efeitos da redução dos gastos de defesa e, portanto, da demanda nacional.

Na América do Sul, países como Brasil e Argentina, que lograram desenvolver capacidades tecnológicas e produtivas em alguns nichos no campo da defesa, têm recorrido a parcerias internacionais e entabularam iniciativas mais pontuais regionalmente para preservá-las. Estas foram conduzidas no âmbito da Unasul, cujo Conselho de Defesa fez incluir em seus planos de trabalho temas afetos à indústria e tecnologias de defesa como um de seus quatro eixos estruturantes.

No tocante ao Brasil, o fortalecimento da base industrial de defesa comparece como objetivo central nas três últimas versões de sua Política Nacional de Defesa e da Estratégia Nacional de Defesa, vinculado à almejada autonomia tecnológica em defesa. Contudo, em sua versão mais recente (2016), a Política Nacional de Defesa propugna que a falta de regularidade nas aquisições governamentais de produtos de defesa e da insuficiente dotação de recursos orçamentários para tal fim é fator de desestímulo aos investimentos, o que, por sua vez, deve contribuir para um quadro de estancamento da produção industrial voltada para a defesa e, concomitantemente, para a manutenção do quadro de dependência tecnológica para com supridores externos, contrariando, assim, o objetivo de promoção da autonomia estratégica nesse âmbito (Brasil, 2016, p.7).

Em face disso e diferentemente da opção de explorar oportunidades de internacionalização produtiva e de mercados, a PND assevera que "o porte da economia nacional poderá permitir melhores condições de cooperação com nações mais avançadas no campo tecnológico, ou mesmo o aproveitamento de projetos de desenvolvimento nacional ligados à área de defesa, de modo a mitigar as eventuais insuficiência e obsolescência de equipamentos das Forças Armadas" (Brasil, 2016). Estabelece-se, pois, uma tensão entre a proposição normativa de endosso da autonomia produtiva e tecnológica na área de defesa como objetivo estratégico e o prognóstico de que as condições econômicas e orçamentárias do país não permitirão a consecução desse objetivo em um horizonte de vinte anos, deixando como opção a cooperação com nações tecnologicamente mais avançadas para apenas mitigar a insuficiência e obsolescência de equipamentos das Forças Armadas. Em termos pragmáticos, tal opção implica a suspensão ou, no extremo, a renúncia à autonomia estratégica no campo da defesa naquele horizonte de tempo.

Referências bibliográficas

AMADO, R. (Org.). *Araújo Castro*. Brasília: Editora UnB, 1982.

ARTEAGA, F. et al. *Appropriate Level of European Strategic Autonomy*. French Institute for International and Strategic Affairs. Armament Industry Research Group, Report, nov. 2016.

BAJPAI, A. *What Is Meant by Strategic Autonomy with Respect to India's Foreign Policy*. 2016. Disponível em: https://www.quora.com/What-is-meant-by-Strategic-Autonomy-with-respect-to-Indias-foreign-Policy. Acesso em: 23 jun. 2017.

BRASIL. Ministério da Defesa. Estratégia de Defesa Nacional. 2008. Disponível em: http://www.defesa.gov.br/arquivos/estado_e_defesa/END-PND_Optimized.pdf. Acesso em: 13 abr. 2017.

______. Ministério da Defesa. *Política de Defesa e Estratégia de Defesa Nacional*. 2016. Versão sob apreciação do Congresso Nacional. Disponível em: http://www.defesa.gov.br/arquivos/2017/mes03/pnd_end.pdf. Acesso em: 13 abr. 2017.

CERVO, A.; BUENO, C. *História da política exterior do Brasil.* 2.ed. Brasília: Editora UnB, 2002.

ESCUDÉ, C. *Realismo periférico*: fundamentos para la nueva política exterior argentina. Buenos Aires: Planeta, 1992.

EUROPEAN UNION. *Shared Vision, Common Action*: A Stronger Europe: A Global Strategy for the European Union's Foreign and Security Policy. Brussels: European Commission, 2016.

FONSECA JR., G. *A legitimidade e outras questões internacionais*. São Paulo: Paz e Terra, 1998.

FRANCE. *White Paper on Defence and National Security*. Paris, 2013.

JAGUARIBE, H. Autonomia periférica e hegemonia cêntrica. In: *O novo cenário internacional*: conjunto de estudos. Rio de Janeiro: Guanabara, 1986.

KENNEDY, P. *Ascensão e queda das grandes potências*. Rio de Janeiro: Campus, 1989.

LINDLEY, R. *Autonomy*. London: Humanities Press, 1986.

PEOPLE'S REPUBLIC OF CHINA. Ministry of National Defense. Defense Policy. 2012. Disponível em: http://eng.mod.gov.cn/Database/DefensePolicy/index.htm. Acesso em: 11 jun. 2017.

RUSSEL, R.; TOKATLIAN, J. G. De la autonomía antagónica a la autonomía relacional: una mirada teórica desde el Cono Sur. *Post/Data*, Buenos Aires, n.7, p.71-92, maio 2001.

RUSSIAN FEDERATION. *Russian Federation National Security Strategy*. 2015. Disponível em: http://www.ieee.es/Galerias/fichero/OtrasPublicaciones/Internacional/2016/Russian-National-Security-Strategy-31Dec2015.pdf. Acesso em: 20 jun. 2017.

THE WHITE HOUSE. *National Security Strategy of the United States of America*. 2015. Disponível em: http://nssarchive.us/wp-content/uploads/2015/02/2015.pdf. Acesso em: 12 jun. 2017.

UNITED KINGDOM OFFICE OF THE CABINET. *National Security Strategy and Strategic Defence and Security*: Review 2015. Disponível em: https://assets.publishing.service.gov.uk/government/uploads/system/uploads/attachment_data/file/478933/52309_Cm_9161_NSS_SD_Review_web_only.pdf.

VIGEVANI, T. A política externa de Lula da Silva: a estratégia da autonomia pela diversificação. *Contexto int.*, Rio de Janeiro, v.29, n.2, jun.-dez. 2007.

BALANÇA DE PODER

Anselmo Otavio

No âmbito das relações internacionais, balança ou equilíbrio de poder pode ser compreendido como um cenário onde a distribuição de poder restringe a preponderância absoluta de um Estado em relação a outros. Historicamente, um episódio que simbolizou a consubstanciação da balança de poder corresponde ao período entre o Congresso de Viena de 1815 e o início da II Guerra Mundial, período mais comumente conhecido como *Pax Britannica*. Embora marcada por pontos como a industrialização, a difusão do liberalismo econômico e o uso da Royal Navy como instrumento de política externa inglesa, a *Pax Britannica* também foi caracterizada pela criação de iniciativas que, além de romperem com os impactos gerados pela Revolução Francesa no continente europeu, foram importantes na manutenção do sistema criado com a Paz de Westphalia (Modelski; Thompson, 1988; Frieden, 2006). Uma primeira iniciativa foi a Santa Aliança – conformada por Prússia, Áustria e Rússia – que era voltada à proteção dos países europeus de revoluções que ameaçassem a legitimidade dos governos dinásticos. Uma segunda refere-se ao Concerto Europeu, coalizão de Estados direcionada ao debate de assuntos em comum e a resposta a demandas que ganhavam importância no sistema internacional (Hobsbawm, 2001).

Levando em consideração o período anteriormente descrito, Kissinger, em uma de suas obras mais recente, *World Order*, de 2014, considera que o equilíbrio de poder pode ser compreendido de duas maneiras: como fato e como sistema. Enquanto fato, a balança de poder reflete o não estado de guerra permanente. Como sistema, a balança de poder relaciona-se à Paz de Westphalia de 1648, quando foi criado o sistema interestatal europeu e o equilíbrio de poder passa a ser um dos objetivos de política externa. Nesse sentido, pode-se indicar que a *Pax Britannica* exemplifica um dos episódios que melhor representou a balança de poder como sistema. Primeiramente, porque havia um Estado preponderante (Inglaterra), cujo interesse pelo equilíbrio de poder somava-se ao de outros Estados favoráveis à manutenção do *status quo* (Santa Aliança). Em segundo lugar, e não menos importante, porque Londres havia incentivado a criação do Concerto Europeu, que, ao longo de sua existência, foi importante na resolução de desafios que poderiam ocasionar transtornos ao sistema de Estados europeu. Reflexo de sua eficácia pode ser encontrado na Guerra de Independência da Grécia (1821-1832), conflito marcado pela busca dos gregos em romper com o domínio do Império Otomano. Nesse caso, países como França, Inglaterra e Rússia enviaram armadas que, ao combater os navios otomanos, foram fundamentais para a independência da Grécia (Dakin, 1973; Brewer, 2001).

Embora tenha sido trabalhado em *World Order*, o conceito de balança ou equilíbrio de poder é antigo, remetendo a trabalhos desenvolvidos por autores como Martin Wight (2002 [1946]), Hans J. Morgenthau (2003 [1948]), Hedley Bull (2002 [1977]) e Kenneth Waltz (2002 [1979]). Cronologicamente, os trabalhos de Wight e Bull encontram-se distantes em torno de trinta anos. Entretanto, é possível afirmar que as perspectivas acerca de equilíbrio ou balança de poder se assemelham. Primeiramente, porque tais autores pertencem à Escola Inglesa de Relações Internacionais. E, segundo, porque ambos relacionam balança de poder com o conceito de sociedade internacional, que, *grosso modo*, pode ser compreendido como um conjunto de regras e valores comuns aceitos por um grupo de Estados (Sarfati, 2005; Nogueira; Messari, 2005; Castro, 2012).

Inicialmente, a interação com a sociedade internacional pode ser encontrada no livro *Power Politics*, de 1946, de Wight, no qual "equilíbrio" ou "balança de poder" é considerado como uma expressão enganosa, uma vez que há vários sentidos que podem ser enquadrados nesse conceito. Diante dessa afirmativa, é possível encontrarmos três considerações realizadas por Wight que podem ser destacadas. A primeira refere-se ao equilíbrio de poder como uma tendência dos Estados em criarem meios cujo objetivo é conter a tentativa de uma potência dominante de assumir o controle da sociedade internacional. Em outras palavras, mesmo havendo uma grande potência aliada a Estados-vassalos (fracos) e Estados-chacais (aqueles que possuem interesses em determinadas regiões), a tendência é, como resposta, haver a criação de uma contra-aliança que impossibilitará o controle da sociedade internacional.

Já as outras duas considerações dizem respeito ao caráter cíclico e à principal função da balança de poder. Referente à primeira, Wight destaca a existência de um equilíbrio múltiplo (composto por três ou mais grandes potências como polos na sociedade internacional) que, ao ser rompido, acaba levando tais atores a formarem alianças opostas (equilíbrio simples). Já acerca da função, Wight considera que o equilíbrio de poder caminha lado a lado com a sobrevivência do Estado, visto que, diante da possibilidade de domínio universal por uma grande potência, o equilíbrio de poder acaba se transformando na principal política dos Estados, pois sua existência não apenas impede tal dominação, como também garante a preservação dos Estados na sociedade internacional.

Enquanto Wight indicava a existência do equilíbrio simples e do múltiplo, em *The Anarchical Society*, de 1977, obra de Hedley Bull, é possível encontrar outros tipos de balanças de poder. Pode existir, por exemplo, o equilíbrio simples, quando há igualdade de poder entre duas grandes potências. Também pode existir o equilíbrio complexo, composto por três ou mais potências em que, mesmo existindo grandes hiatos de poder entre elas, garantem o equilíbrio, visto que a formação de alianças entre uns Estados afasta a possibilidade de uma grande potência se tornar suprema na sociedade internacional. Além desses, também pode existir o equilíbrio fortuito, cuja existência ocorre sem esforço dos Estados. Diferentemente deste, o equilíbrio arquitetado, que, conforme o nome indica, é resultado de políticas desenvolvidas por alguns Estados. Paralelamente, e não menos importantes que esses, o equilíbrio geral, quando não há apenas uma grande potência no cenário internacional, e o equilíbrio local, este de caráter regional, merecem maior atenção. Nesse caso, além de impossibilitar a formação de um império universal (geral) e garantir que Estados menores não serão dominados por potências locais (regional), tais balanças foram importantes para o funcionamento de instituições como a diplomacia e o direito internacional, ambos importantes na sociedade internacional.

Diferentemente da relação entre equilíbrio de poder e sociedade internacional encontrada em Wight e Bull, Morgenthau e Waltz pautaram suas respectivas percepções sobre balança de poder relacionando o conceito a três das principais premissas da teoria realista das relações internacionais. A primeira refere-se à centralidade no Estado, este considerado o principal ator nas relações internacionais. Logo, equilíbrio de poder equivale a dizer balança de poder entre Estados. A segunda diz respeito à anarquia nas relações internacionais, isto é, quando não existe um ator, nesse caso, um Estado cuja supremacia seja capaz de impor limites a outros Estados. Já a terceira premissa refere-se à importância do poder na interação entre os atores, uma vez que os Estados buscaram conquistar, manter ou demonstrar poder como forma de garantir sua existência. Nesse sentido, como o conceito de poder tende a ser diferenciado quando comparado ao dos autores antes indicados, a tendência é encontrarmos distintas conceituações de equilíbrio de poder (Nogueira; Messari, 2005).

Um primeiro autor a ser destacado é Hans J. Morgenthau e sua obra *Politics Among Nations: The Struggle for Power and Peace*, de 1948, livro que contribuiu com diversos conceitos e premissas que dão base à teoria realista. De modo geral, poder para Morgenthau equivale a uma relação de controle de um grupo sobre o outro. Nesse sentido, se no âmbito interno o poder simboliza o controle de um indivíduo sobre o outro, ou de uma autoridade pública sobre a população (poder político), no âmbito internacional, essa relação entre dominante e dominado reflete a disputa entre aqueles que são favoráveis e os que são contrários à manutenção do *status quo*. É diante de um cenário internacional anárquico, marcado pela disputa entre os defensores e os contrários ao *status quo*, que o equilíbrio de poder tende a se configurar (Morgenthau, 2003).

Além de ser o resultado da disputa anteriormente indicada, é possível encontrarmos, na perspectiva de Morgenthau (2003), duas outras características do equilíbrio de poder. A primeira refere-se à função que a balança de poder possui para os Estados envolvidos, no caso, garantir a não supremacia de um Estado sobre os outros. Logo, romper com a possibilidade de um Estado ser dominado por outro. Já a segunda característica diz respeito aos diversos métodos que podem garantir maior durabilidade à estabilidade forjada por tal equilíbrio. Nesse caso, um primeiro método pode ser encontrado na formação de alianças que, embora sejam de caráter *ad hoc*, possibilitam o impedimento de um Estado se tornar superior aos outros. Paralelamente a e, de certo modo, complementar a esse primeiro, pode ser encontrado o aumento do poderio bélico dos Estados que buscam o equilíbrio. Historicamente, um episódio que simboliza esse segundo método foi a corrida armamentista vigente durante a Guerra Fria.

Junto aos métodos anteriores, outros dois que se destacam se referem à compensação territorial e à existência de um "balanceador" ou "mantenedor" que, seja se aliando a um lado, seja se aliando a outro, buscará utilizar de seus meios para garantir a continuidade do equilíbrio (Morgenthau, 2003). Em linhas gerais, tais métodos podem ser encontrados durante a *Pax Britannica*. Por um lado, havia a Inglaterra (balanceador), que criou meios que garantiram a continuidade da estabilidade surgida após o Congresso de Viena. Por outro, houve a tendência de corresponder à demanda de alguns países europeus, conforme visto na Conferência de Berlim de 1885, quando o continente africano foi dividido entre os principais Estados europeus do século XIX.

Diferindo em alguns pontos da perspectiva de Morgenthau, outro autor cuja obra se destaca pela contribuição acerca de equilíbrio ou balança de poder é Kenneth Waltz. Além de encontrarmos a balança de poder como uma teoria das Relações Internacionais eminentemente política, em seu livro *Theory of International Politics*, de 1979, é possível destacarmos que equilíbrio de poder caminha lado a lado com quatro características. A primeira, e, de certo modo, uma das principais contribuições de Waltz para a teoria realista, refere-se à existência de um sistema internacional marcado pela anarquia e composto tanto por uma estrutura quanto pela interação entre as unidades que a compõe. A segunda diz respeito ao Estado, que, semelhantemente a Morgenthau, é considerado o principal ator no cenário internacional. A terceira é a autoajuda, qualidade vista como necessária à sobrevivência dos Estados no sistema internacional. Já a última característica, não menos relevante que as anteriores, refere-se ao próprio papel do poder, considerado importante para a principal finalidade do Estado, no caso, sua sobrevivência (Waltz, 2002).

Ao destacar a sobrevivência como fim último, Waltz deixa claro que o poder, embora importante, deve ser buscado de forma racional, uma vez que sua incessante maximização, em vez de garantir a segurança, pode levar o Estado a ser alvo de guerras preventivas. Nesse sentido, diante desse sistema internacional anárquico, no qual a autoajuda e a escolha racional em acumular poder são preponderantes, a balança de poder acaba não sendo uma escolha, mas sim um resultado. Em outras palavras, embora sempre haja Estados favoráveis e contrários a sua existência, a balança de poder pode ser compreendida como uma indução do sistema, que não propõe o acúmulo de poder, visto que, se esta fosse a finalidade, a tendência dos Estados fracos seria aproximar-se do Estado forte (*bandwagoning*), mas sim o equilíbrio, no qual os Estados fracos buscam criar meios, por exemplo alianças, como forma de se contrapor, não apenas à tentativa de supremacia de um Estado forte, mas também das possíveis ameaças que podem surgir com a ascensão deste (Waltz, 2002).

Em síntese, ainda que existam pontos de discordância entre os autores utilizados para a compreensão de balança de poder, é possível realizarmos duas considerações acerca desse conceito. A primeira é o equilíbrio de poder como necessário à sobrevivência do Estado e, nesse caso, tanto Estados maiores quanto os menores encontram nessa iniciativa um importante instrumento de afastamento do sistema ou da sociedade internacional, da dominação geral orquestrada por um determinado Estado. Logo, é compreensível por que o equilíbrio de poder se transforma em um dos objetivos de política externa. Já a segunda, e não menos importante que a anterior, refere-se à dissociação entre equilíbrio e paz, uma vez que, embora sua existência possa garantir paz, em verdade, sua continuidade, em muitos casos, leva os Estados à guerra.

Referências bibliográficas

BREWER, D. *The Greek War of Independence*: The Struggle for Freedom from Ottoman Oppression and the Birth of the Modern Greek Nation. New York: Overlook Press, 2001.

BULL, H. *A sociedade anárquica*: um estudo da ordem política internacional. Brasília: Editora UnB, 2002.

CASTRO, T. *Teoria das Relações Internacionais*. Brasília: Funag, 2012.

DAKIN, D. *The Greek Struggle for Independence*: 1821-1833. California: University of California Press, 1973.

DINIZ, E. *Política internacional*: Guia de estudos das abordagens realistas e da balança de poder. Belo Horizonte: Editora da PUC Minas, 2007.

FRIEDEN, J. *Capitalismo global*. Rio de Janeiro: Zahar, 2006.

HOBSBAWM, E. *A era das revoluções*: 1789-1848. Rio de Janeiro: Paz e Terra, 2001.

KISSINGER, H. *World Order*. New York: Penguin Books, 2014.

MEARSHEIMER, J. J. *The Tragedy of Great Power Politics*. New York: W. Norton, 2001.

MEDEIROS FILHO, O. *Entre a cooperação e a dissuasão*: políticas de defesa e percepções militares na América do Sul. São Paulo, 2010. 240f. Tese (Doutorado) – Departamento de Ciência Política, Faculdade de Filosofia, Letras e Ciências Humanas, Universidade de São Paulo.

MODELSKI, G.; THOMPSON, W. R. *Seapower in Global Politics*: 1494-1993. Seattle: University of Washington Press, 1988.

MORGENTHAU, H. J. *Política entre as nações*. Brasília: Editora UnB, 2003.

NOGUEIRA, J. P.; MESSARI, N. N. *Teoria das Relações Internacionais*: correntes e debates. Rio de Janeiro: Elsevier, 2005.

SARFATI, G. *Teoria das Relações Internacionais*. São Paulo: Saraiva, 2005.

WALTZ, K. N. *Teoria das Relações Internacionais*. Lisboa: Gradiva, 2002.

WIGHT, M. *A política do poder*. Brasília: Editora UnB, 2002.

BASE INDUSTRIAL DE DEFESA

Ariela Diniz Cordeiro Leske

O CONCEITO DE BASE INDUSTRIAL DE DEFESA (BID) não possui uma definição única ou mesmo unânime, sendo geralmente adotados conceitos relativamente amplos que tendem a variar entre os pesquisadores e os métodos de pesquisa de cada estudo (Dunne, 1995; Sandler; Hartley, 1999). De forma geral, consideram-se empresas de defesa aquelas que possuem capacidades e competências para lidar com produtos bélicos. Nesse sentido, Dunne (1995) considera que a BID é composta por empresas que fornecem equipamentos militares e aqueles relacionados com a defesa nacional para o Ministério da Defesa (MD).

No Brasil, a Estratégia Nacional de Defesa (END, 2012) considera a BID o conjunto de empresas públicas e privadas "que realizem ou conduzam pesquisa, projeto, desenvolvimento, industrialização, produção, reparo, conservação, revisão, conversão, modernização ou manutenção de produtos de defesa (Prode) no país". Observa-se que esse conceito inclui não apenas a indústria, mas todo o sistema relacionado à defesa, como prestadoras de serviços e os centros de pesquisa e universidades. Da forma como é definida pela END, a BID se mostra um conceito muito abstrato, mais próximo do conceito de complexo industrial de defesa (CID). Conforme Dunne (1995), o CID é composto por agentes públicos e privados que, além da indústria privada, inclui instituições governamentais e de políticas públicas, centros de pesquisa e universidades, prestadores de serviço, cuja coalizão de interesses tende a influenciar a BID.

A Agência Brasileira de Desenvolvimento Industrial (ABDI) (Ferreira; Sarti, 2010) entende que a BID é formada pelas empresas que compõem a lista de compras do MD, segundo a qual, a BID seria composta pela gama de firmas que provê produtos para as forças armadas. Essa definição, de certa forma, converge com a proposta de Dunne (1995), porém inclui também empresas fornecedoras de bens genéricos (bens de consumo civil), não apenas as empresas ligadas a linha bélica. Ao adotarem conceito semelhante ao da ABDI, Schmidt et al. (2012) observaram não só que as empresas de produtos industriais de defesa correspondiam a menos de 30% dos fornecedores, mas também que, até 2010, as mesmas empresas que forneciam produtos de defesa para o MD obtinham maior receita com a venda para outros órgãos. Como resultado, tem-se que as empresas que fornecem ao MD possuem maior atuação no mercado civil. Consequentemente, nem todas as empresas que fornecem ao MD serão necessariamente exclusivas da indústria de defesa, fato que remete à proposta de Dunne (1995).

Sendo assim, é prudente considerar que empresas de defesa, além de possuirem capacidades e competências para lidar com produtos bélicos, podem ter a capacidade de também de atuar no mercado civil. Essa perspectiva pode ser confirmada em consulta aos dados de 2013 do Stockholm International Peace Research Institute (Sipri), os quais mostram que, entre as cem maiores empresas atuando na área de defesa, o faturamento médio relativo à venda de armas e equipamento bélico fica em torno de 60% do faturamento total. No caso da brasileira Embraer, que surgiu do projeto militar da Força Aérea, por exemplo, esse percentual não supera os 15%.

Dadas essas peculiaridades, fica claro que não é tão simples conceituar, limitar ou mesmo analisar a indústria de defesa. Cabe a cada pesquisador definir o que entende como BID e qual conceito será adotado em cada pesquisa. A delimitação pode ser realizada através do percentual do faturamento da empresa que provém da área de defesa e da área comercial, ou do percentual de utilização da capacidade instalada para fins militares, entre outros fatores. Só assim será possível ter uma dimensão aproximada da capacidade industrial de defesa de cada país.

A indústria de defesa em perspectiva

Com o fim da Guerra Fria, o contexto da indústria de defesa se modificou significativamente. Os cortes orçamentários observados na maioria dos países resultaram em uma reestruturação da indústria, com fechamento e fusão de muitas empresas. As remanescentes deveriam ser mais eficientes e competitivas para ter condições de competir no mercado mundial (Golde; Tishler, 2004; Adams, 2001). Assim, a indústria de defesa tem se tornado cada vez mais concentrada, com poucas empresas atuando no mercado mundial, o que por sua vez também influencia as compras e as políticas públicas para essa indústria (Levine et al., 1998; Smith, 1995; Golde; Tishler, 2004; James, 2009; Ikegami, 2013). Esse contexto, de menores gastos e mercado mais restrito, tanto em termos de oferta quanto de demanda, implicou uma tendência de atuação dual – civil e militar – das empresas, em um processo de conversão, segundo Markusen e Brzoska (2000). Atender a ambos os mercados passou a ser uma necessidade para que as empresas pudessem diversificar sua produção e reduzir a dependência das compras governamentais para sua sobrevivência (Neuman, 2006; Weidenbaum, 2003).

Muitos tendem a considerar o mercado de defesa como monopsônico, no qual o Estado é o principal, se não o único, comprador, o que demanda deste um orçamento elevado e contínuo. Nesse contexto, o governo poderia influenciar o tamanho da indústria, a sua estrutura e diversidade através dos incentivos à entrada e à saída, podendo também definir os preços e as taxas de lucros, eficiência e nível tecnológico das empresas. Contudo, após o período da Guerra Fria, a pressão na maioria dos países visando à redução dos orçamentos de defesa teve como efeito a menor participação do Estado, a reestruturação das empresas e também a busca por novos mercados, através de maior inserção internacional (Dunne, 1995; Brzoska, 2004).

Monopsônico ou não, o mercado para os produtos de defesa costuma possuir barreiras à entrada, em razão dos sofisticados requisitos impostos, que se acrescem à escala limitada, tendo em vista que não costumam ser produtos de prateleira, como fatos que se refletem em preços muito elevados. A isso se somam ainda as restrições relacionadas à comercialização, seja por questões técnicas ou políticas. As questões técnicas referem-se ao cerceamento tecnológico em decorrência de fatores econômicos (segredo industrial) ou político (interesses de defesa nacional). As questões políticas estão relacionadas à proibição pelo governo da venda de produtos militares a determinados países, em função dos objetivos da política externa e/ou de segurança nacional (Hartley; Sandler, 1995).

Para Krause (1992), a indústria de defesa requer adequada infraestrutura, oferta de mão de obra qualificada, cadeia produtiva tecnologicamente apta, boa inserção externa e, em muitos casos, apoio e proteção do Estado. Para Brauer (2002), a produção de pequenas armas, por exemplo, requer menor infraestrutura industrial e de recursos humanos, sendo por isso um caminho comum para as empresas de países em desenvolvimento.

Nesse sentido, Brauer (1991, 2002) identificou que muitos países desenvolvidos produziam armamentos em quantidade aquém do seu potencial econômico, dado que possuem parque industrial diversificado e moderno, recursos humanos qualificados e tecnologias de ponta, porém acabam direcionando sua produção para o setor civil. Por outro lado, aqueles considerados em desenvolvimento eram limitados pela sua infraestrutura econômica e produtiva, ou seja, tinham dificuldades de ampliar ou melhorar a produção, devido às limitações do seu parque industrial. Assim, observou-se que, quanto mais um país cresce, adquire capacidade industrial e qualificação dos recursos humanos, maior a possibilidade de ele ser um produtor de armamentos, podendo, em algum momento, produzir abaixo do que sua capacidade permitiria, como no caso de alguns países desenvolvidos.

Yesilyurt et al. (2013) analisam empiricamente a produção de armas através de um estudo de caso de armas e munição (não inclui todos sistemas e segmentos militares) em quinze países. A produção de armas (PA) foi analisada em função dos gastos militares (GM), PIB *per capita*, exportação (EX) e importação (IM) de armas. Seus resultados apontam que elevações nas exportações e importações têm efeitos menos que proporcionais sobre a produção (o aumento de 1% nas exportações e importações resulta em uma elevação de produção de apenas 0,56% e 0,54%, respectivamente). Já os gastos militares possuem efeito positivo sobre a produção (para 1% GM tem-se uma elevação de 1,27% em PA). A elevação de 1% do PIB *per capita* eleva em até 7,87% a produção. Isso indica que, nos países analisados por Yesilyurt et al. (2013), é o crescimento econômico que mais interfere na produção de armas. Os autores acreditam que esse resultado deriva da indústria e dos recursos e tecnologias disponíveis na indústria civil. Além disso, a indústria requer altos níveis de investimentos que são possíveis apenas quando se tem um PIB elevado, conforme mencionado por Krause (1992) e Brauer (2002).

Com objetivo semelhante, Kinsella (1999) analisa os determinantes da produção de armas nos países denominados por ele como do "terceiro mundo", particularmente naqueles mais participativos, como Brasil, Argentina, Chile, Egito, Índia, Indonésia, Israel, Paquistão, Singapura, África do Sul e Taiwan; no período de 1968 a 1990. Foram analisados os seguintes fatores: dinâmica da segurança regional, forças domésticas (fatores econômicos e políticos), difusão tecnológica e cultural militar. Para o autor, a capacidade de produzir armas depende da capacitação industrial nacional, reforçada pela possibilidade de exportação. Instituições governamentais próximas, como as Forças Armadas, que podem interferir nos gastos militares, também interferem na capacidade de produção. Por fim, o envolvimento ou a proximidade de conflitos regionais tem significativa influência na produção de armas.

Concentrando sua análise na comparação entre Estados Unidos e um conjunto de países europeus, Blume e Tishler (2001) quantificaram a relação entre necessidades de segurança e estrutura do mercado de defesa. Esses autores defendem que a consolidação da indústria de defesa, ocorrida na década de 1990, resultou não só em um menor número de empresas fornecedoras, como também em altos níveis de preços. Os preços elevados limitariam as vendas, reduzindo assim o acesso dos países mais pobres ao mercado bélico. Com menos países em condições de comprar novos produtos militares, haveria menor pressão sobre os governos dos países produtores, o que culminaria em menor custo de aquisição para esses países, pois os fornecedores teriam um número limitado de possíveis compradores.

Na percepção de Martín e Tishler (2004), o processo de consolidação da indústria de defesa estaria correlacionado à redução do custo líquido de defesa e do lucro líquido das empresas. Diante dessa consolidação, o menor grupo de empresas tenta atuar na elevação dos preços mundiais através de aportes tecnológicos, mantendo essa situação como significativa barreira à entrada de países menos desenvolvidos também como fornecedores.

Segundo alguns autores, a globalização também tem alterado a estrutura da indústria de defesa. Para Hayward (2001), a indústria de defesa tem se tornado cada vez mais corporativa e diluída em colaboração internacional, assim como sua cadeia de fornecedores. O caso da União Europeia estudado por Britz (2010), por exemplo, indica que, apesar de ainda não haver um consenso, o modelo direcionado pelo mercado adotado pelo Reino Unido tem sido mais seguido do que o modelo direcionado pelo Estado adotado pela França. No modelo inglês, a indústria e o comércio de defesa seriam tratados politicamente e direcionados economicamente nos mesmos moldes da indústria e do comércio civil de livre concorrência, inclusive em detrimento do favoritismo nacional.

Ikegami (2013) vê a internacionalização das empresas como uma questão de sobrevivência e por isso questiona se ainda é possível acreditar em uma indústria nacional. O impacto da internacionalização da indústria de defesa é analisado por Devore (2015) a partir do caso de Israel e Suécia. O autor observa que a internacionalização impõe, entre outras coisas, a liberalização dos mercados, o que pode prejudicar as economias mais frágeis. Em Estados liberais, como Israel, os governos respondem à internacionalização liberalizando o mercado. Em Estados de mercado coordenados, como a Suécia, o governo coopera com grupos empresariais para abrir seletivamente as indústrias ao capital estrangeiro e posicioná-las para competir globalmente. Ambas as soluções apresentam vantagens e desvantagens comparativas cada vez mais distintas.

Em suma, os estudos citados apontam para alguns fatores interessantes sobre a indústria de defesa. As indústrias localizadas em países desenvolvidos acabam se beneficiando não só dos maiores níveis de gastos, mas também da infraestrutura industrial disponível. A reorganização industrial observada mundialmente após a década de 1990 reduziu o número de empresas atuando nessa indústria e impôs alguns reajustes nos custos, implicando também redução dos custos de aquisição. Por outro lado, o maior acesso às tecnologias de ponta e políticas protecionistas garante às poucas empresas a manutenção do oligopólio e limita o acesso daquelas sediadas em países menos desenvolvidos.[1]

O mercado militar ou de defesa

Os produtos militares correspondem aos bens e serviços para fins bélicos. Assim como a indústria, esses produtos não se encaixam em um setor econômico específico, abarcando diversos setores, como a indústria de transformação, de veículos espaciais, produtos químicos, veículos automotivos, equipamentos de transporte, as armas e munições. Devido à capacidade desses produtos de se converterem em meios de violência, há um maior grau de controle estatal e regulamentação que outros tipos de produção (Sköns; Dunne, 2008).

A diversificação da produção pelas empresas reduz parcialmente a dependência das compras governamentais, mas reforça a necessidade de as empresas serem competitivas tecnologicamente. De um lado, as empresas que atuam no ramo de defesa devem atender aos requisitos quanto à qualidade, ao nível tecnológico e às especificidades da demanda do consumidor de produtos de defesa, as Forças Armadas. De outro, as tecnologias devem ter aplicações duais, para que as empresas consigam ser competitivas no setor civil. Cabe considerar também que o foco sobre as demandas tecnológicas geralmente se sobressai em relação à preocupação com a redução dos custos produtivos, principalmente quando o Estado é um dos grandes compradores. Com isso, as empresas podem se tornar menos competitivas no mercado comercial. Dessa forma, é preciso ter cautela ao adotar o discurso de que é obrigação do Estado manter a indústria de defesa. Esta, assim como as demais indústrias dos diversos setores econômicos, deve ser competitiva, mantendo o processo inovativo como parte constante

1 Ver também Flamm (2000).

das suas rotinas internas, além de buscar formas de produção que possibilitem menores custos (Ruttan, 2006).

Nesse contexto, a indústria de defesa apresenta um *trade-off*. Por um lado, a pressão pela necessidade de estar mais bem aparelhada do que as das nações rivais (ou potenciais rivais) faz das Forças Armadas um demandante de produtos tecnologicamente avançados. Por outro, um mercado consolidado com poucas empresas ofertantes reduz a pressão por redução dos custos, o que, segundo Anton e Yao (1990), tende a aumentar os gastos com compras de produtos de defesa, além de possibilitar maior corrupção no processo de aquisição, reduzindo assim a eficiência das compras militares.

Com o fim de expandir o mercado consumidor, além da atuação no mercado nacional, as empresas de defesa buscam exportar seus produtos e, para algumas, a exportação é uma condição necessária para sua sobrevivência. Na percepção de Chen et al. (2016), assim como testado por Willardson (2013), a exportação de armas pode ser utilizada como um instrumento de política externa, dada a influência de alguns países nesse mercado. Sislin (2004) sugere que a influência das armas depende das sanções, do regime político dos países receptores (os democráticos ficam mais suscetíveis), da hegemonia do país exportador.

Conforme já mencionado, a indústria de defesa é extremamente concentrada em poucos grandes produtores, em sua maioria, de países desenvolvidos. Os países em desenvolvimento têm sido os maiores importadores, o que pode ter alguma consequência negativa para sua balança comercial e em termos de dependência externa (Chen et al., 2016). Mesmo sem conflitos, os países em desenvolvimento se sentem pressionados a participar da corrida armamentista, fomentando a demanda no mercado externo e, assim, a influência dos países desenvolvidos.

Gerner (1983) analisou o comércio de armas considerando seis atributos: volume das transferências, o comércio privado *versus* governamental, ofertantes nacionais, receptores das transferências, propósito das transferências, e as condições políticas, sociais e econômicas do período. Sua análise também foi dividida em seis períodos, a partir do período anterior à I Guerra Mundial. Segundo sua percepção, o comércio de armas só esteve atrelado à política externa a partir da II Guerra Mundial, período no qual tem início o comércio com os "países do terceiro mundo". Adicionalmente, Gerner (1983) reconhece que a importação de armas pode ser uma possibilidade de adquirir tecnologias ainda inexistentes no país, principalmente, através de aquisição de máquinas e equipamentos.

Em relação aos fatores que determinam a demanda, o estudo de Levine et al. (1998) identificou que 42% das variações na demanda por importações eram influenciadas negativamente pelos preços e pelo crescimento econômico – quanto maiores os preços e o crescimento, menor a demanda –, e positivamente pelos gastos militares. Em estudo similar, Smith e Tasiran (2005) identificaram o mesmo comportamento para as variáveis: preços e gastos militares. Porém, não foi possível observar qualquer influência da renda. Smith e Tasiran (2010) voltam a estimar a elasticidade de demanda de importações em relação aos gastos militares e ao produto, constatando que maiores níveis dessas variáveis estimulam maiores importações. Utilizando variáveis semelhantes, Yacovlev (2007) estimou a relação entre gastos militares, comércio bélico e crescimento a partir do modelo de crescimento econômico de Barro e Solow. Os resultados encontrados indicam que maiores gastos militares e maior exportação de armas reduzem o crescimento econômico. Contudo, esse efeito negativo dos gastos militares seria menos intenso quando as exportações superam as importações. Se os países que são exportadores líquidos são aqueles mais desenvolvidos (conforme sugerido por Chen et al., 2016), o maior efeito negativo do aumento nos gastos militares incidiria sobre os países em desenvolvimento.

Na análise de Brzoska (2004), o comércio de armas mudou sua estrutura após a Guerra Fria, os países menos desenvolvidos se endividaram menos na década de 1990 do que na década de 1980, optando pela compra de armas já usadas ou pequenas. Ainda segundo o referido autor, esse também é um indício de que esse mercado se tornou mais comercial,[2] já que cada país precisa pagar pelos produtos adquiridos, com cada vez menos subsídio à compra pelos países desenvolvidos.[3]

Em 2016, foi publicado no Brasil o Mapeamento da Base Industrial de Defesa. O mapeamento foi dividido em oito segmentos e foram analisados fatores como produção, recursos humanos e inovação. Em relação ao comércio internacional, foi observado que: a) na maioria dos segmentos, os produtos exportados possuem média e alta intensidade tecnológica, o que indica serem produtos de maior valor agregado;[4] b) os Estados Unidos aparecem como principal país de

2 Essa não parece ser uma visão unânime. Kinsella (2003), por exemplo, ainda via o comércio e a transferência de armas mais como rede de relacionamento do que como um mercado, atribuindo a esse comércio características ainda muito específicas.

3 Os países menos desenvolvidos, chamados por alguns de países do terceiro mundo, têm tido atenção em diversos estudos como fornecedores e demandantes (principalmente nesta categoria). Junger Brauer, por exemplo, retoma o tema em diversos momentos (2002; 2005).

4 No caso do segmento aeronáutico, 98% das exportações possuem média ou alta intensidade tecnológica.

origem das importações de diversos setores; c) a maioria das empresas menciona dificuldades em acessar o mercado internacional, entre outras coisas, devido à produção dos grandes países produtores; d) em contraposição, o número de empresas que utilizam instrumentos públicos de apoio à exportação é relativamente baixo (Ipea, 2016). Desde a aprovação da Lei n.12.598, em 2012, as empresas nacionais consideradas estratégicas têm tido alguns incentivos fiscais, com o intuito de reduzir seus custos com importação de insumos produtivos. Embora muitas empresas ainda reclamem que as medidas são restritas,[5] dados sobre as empresas de armas e munições, por exemplo, indicam que instrumentos de apoio à exportação são os mais utilizados (Leske, 2016).

A inovação na área da defesa

A inovação tecnológica pode ser considerada como a busca, descoberta, experimentação, desenvolvimento, imitação e adoção de novos produtos, processos e novas formas organizacionais, que correspondem a processos que geralmente estão envoltos em grande incerteza, já que seu resultado técnico não pode ser conhecido *ex-ante* (Dosi, 2006). A inovação é vista por diversos autores como o motor da economia, resultado desse processo complexo e dinâmico, enraizado nas interações entre as instituições, caracterizado como um processo evolucionário e sistêmico (Schumpeter, 1985; Nelson; Winter, 2005; Dosi, 2006; Freeman; Soete, 2008). Essa complexidade deriva da sua composição, que parte de um emaranhado de relações que envolvem pesquisa, tecnologia, produção, comercialização, *feedbacks*, aprendizado, conhecimento (tácito e implícito) e da participação do Estado através de políticas públicas, que podem ocorrer simultânea ou paralelamente, reforçando e propagando as ações e reações privadas, fazendo deste um processo dinâmico.

Na área militar, a inovação tem feito parte do processo de evolução dos conflitos e das próprias Forças Armadas. No período que vai da II Guerra Mundial até o final da Guerra Fria, o investimento em P&D para fins militares tornou-se uma das principais estratégias dos Estados Unidos e da antiga União Soviética. Segundo Gansler (2011), essa estratégia parte da ideia de que a construção de grandes armas teria um custo elevado, logo, os investimentos deveriam ser

5 Alegam também terem dificuldade em conseguir financiamento em bancos comerciais, tendo em vista a natureza das suas atividades (Leske, 2015).

direcionados para o aperfeiçoamento tecnológico, garantindo a vanguarda ao país com maior êxito. Assim, no referido período, foi possível observar altos níveis de investimentos em P&D para projetos com fins militares nesses países. O foco na busca tecnológica tem como objetivo evitar "surpresas" que comprometam a segurança internacional, o que torna o desempenho na área científica e tecnológica fundamental (Saunders et al., 1995).

A definição do que é especificamente P&D militar pode variar de acordo com as especificidades de cada estudo. Para o Sipri, a P&D militar seria apenas aquela desenvolvida em laboratórios e centros de pesquisa militares. Para Molas-Gallart (1999) e Hagelin (2004), a P&D militar é identificada pela sua finalidade, que seriam as atividades de desenvolvimento tecnológico para uso militar e para fins de defesa nacional, não se restringindo apenas aos centros de pesquisa militares.

Adicionalmente, se por um lado as mudanças na natureza da guerra podem resultar do emprego de novas tecnologias, por outro, novas tecnologias também podem gerar mudanças na doutrina, nos conceitos operacionais e organizacionais militares, inclusive alterando o caráter e a conduta das operações militares (Longo, 2007, 2009; Turner, 2000). Nesse sentido, por exemplo, Dombrowski e Gholz (2006) notam que, mesmo em casos nos quais as tecnologias disponíveis eram semelhantes, o diferencial na escolha foram as práticas e doutrinas utilizadas. Tal fato revela a importância de manter a interação eficiente entre doutrina e inovação tecnológica.

A demanda militar já foi apontada como uma importante fonte de inovação, pois os militares são vistos como compradores exigentes e a necessidade de vencer conflitos aumenta a pressão para busca de inovações radicais (Freeman; Soete, 2008). Porém, para Melman (1974), a adequação às demandas específicas, à gestão da burocracia e das exigências militares impunha elevados custos, às vezes até três vezes maiores do que em outros setores da economia. Para Molas-Gallart (2008), esse fato gera uma fragilidade do processo inovador na área, pois essas especificidades fariam o desenvolvimento focar apenas no produto final, sem que questões de custos e competitividade fossem consideradas, de forma que o processo acabou se tornando ineficiente, o que chamou de *gold platin* (folheado a ouro). Esse processo se distancia da indústria civil, que busca não só novos produtos, mas também processos mais eficientes, que permitam a redução dos custos. Nesse sentido, Sempere (2015) acrescenta que a inovação em defesa, além das questões militares, tem sido condicionada por fatores políticos e burocráticos, enquanto a inovação na área civil é pautada pelo mercado, em um processo que teria se mostrado mais dinâmico.

Transbordamentos tecnológicos

Investimentos em pesquisas e desenvolvimento científico e tecnológico são de vital importância para o desenvolvimento econômico dos países. Em relação à inovação em defesa, os efeitos sobre a economia foram observados de forma mais significativa a partir da II Guerra Mundial (Bellais, 2013). Os projetos tecnológicos desenvolvidos no período vão além da bomba atômica, englobam setores como o de microeletrônica (semicondutores), aeronáutico, a energia nuclear, a informática, entre outros (Ruttan, 2006; Dosi, 2006; Mowery; Langlois, 1996). Os projetos foram desenvolvidos por empresas privadas, em parcerias com laboratórios e centros de pesquisa militares, subsidiados por financiamento público a fundo perdido, com significativa alocação de recursos humanos qualificados, sob as diretrizes das necessidades das Forças Armadas (Freeman; Soete, 2008; Dosi, 2006). Tais projetos influenciaram o surgimento de novos paradigmas tecnológicos e seus impactos no âmbito civil foram chamados de "transbordamentos", ou *spin-off*, já que eram desenvolvidos para fins militares, mas sua utilização teve desdobramentos em diversos setores econômicos (civis). Esses transbordamentos geraram significativo debate em relação aos aspectos positivos, quanto ao aproveitamento, e negativos, considerando-se os gastos.

Não costuma ser fácil reconhecer como os gastos militares fortalecem a capacidade de inovação das empresas, de forma direta através de investimentos em P&D, ou indiretamente pelas exigências tecnológicas embutidas nas suas demandas às empresas. No caso dos semicondutores, por exemplo, aparentemente, a demanda militar (projetos e compras às empresas e laboratórios privados) teve maior impacto sobre a capacidade tecnológica das empresas do que os gastos militares em P&D (Dosi, 2006). Ao mesmo tempo que incentivou a inovação, a demanda da defesa norte-americana era suprida por empresas domésticas, o que acabou funcionando como propulsor da inovação e uma barreira à entrada de empresas estrangeiras. Independentemente se o investimento foi direto ou indireto, o fato é que, como consequência desse impacto positivo, os investimentos nos projetos tecnológicos militares passaram a ser vistos com grande potencial de "transbordamento" para a indústria comercial.

Esse processo foi particularmente intenso até meados da década de 1970, mas, como mencionado anteriormente, a dinâmica da inovação na área de defesa acaba limitando a inserção contínua de inovações radicais. Essa fragilidade acabou concedendo maior vantagem à indústria civil. De acordo com diversos autores (Dosi, 2006; Ruttan, 2006; Gansler, 2011; Molas-Gallart, 2008), os principais aprimoramentos (inovações incrementais), em particular aqueles que garantiriam o grande avanço tecnológico a partir da década de 1960, como no caso da internet, dos semicondutores e das demais tecnologias de informação, foram desenvolvidos pela indústria civil. Essas inovações incrementais teriam garantido a essa indústria a liderança nas inovações radicais e, assim, a vanguarda tecnológica. Com isso, passa a vigorar o efeito *spin-in*, no qual a indústria de defesa passa a se beneficiar mais das inovações geradas pelo setor civil do que propriamente promover avanços tecnológicos (Dunne; Braddon, 2008).

Inovação em defesa no Brasil

Fonseca (2000) buscou analisar as evidências de *spin-off* no Brasil, indicando vários projetos nos quais se observa o transbordamento tecnológico. O autor reconhece que grande parte das tecnologias que possibilitaram tais *spin-offs* surgiram a partir de um processo baseado em engenharia reversa, além da busca por melhor capacitação produtiva da indústria, definindo o perfil de empresas seguidoras[6] desde a década de 1970 e meados da década de 1980. Durante esse período, a proximidade de empresas civis com aquelas de caráter militar preponderante, além daquelas com produção dual, teria possibilitado benefícios significativos em relação aos transbordamentos, como no caso da Avibrás e outras menos conhecidas (Fonseca, 2000). Ainda de acordo com Fonseca, as empresas que tiveram origem no mercado civil, mas passaram a produzir produtos de defesa, se mostram mais dinâmicas, atendendo bem a ambos os mercados, civil e militar.

Por outro lado, Dagnino (2008, 2010) tem contestado a viabilidade do *spin-off* no Brasil, devido ao baixo nível dos indicadores de inovação, por exemplo o baixo número de patentes registradas por empresas brasileiras, comparado ao de outros países. Além do baixo investimento em P&D, o autor considera que o esforço para buscar inovações das empresas ainda se concentra no âmbito interno e, na maioria das vezes, com maior ênfase na compra de máquinas e equipamentos. Essas características reduziriam a capacidade das empresas nacionais de absorverem as novas tecnologias ou mesmo se empenhar em um esforço conjunto para o seu desenvolvimento e aplicação.

Segundo levantamento realizado por Leske (2016), foi identificado um significativo número de empresas inovadoras em produto e processo, chegando

6 Empresas seguidoras são consideradas aquelas que conseguem promover inovações nos produtos da empresa a partir do processo de engenharia reversa, porém não conseguem lançar tecnologias radicais (Freeman; Soete, 2008).

a 80% da amostra consultada. Segundo dados da Pintec de 2011, o percentual nacional foi de 13,5%. Contudo, as empresas selecionadas mostraram desempenho exportador abaixo da média nacional, o que por sua vez indica uma baixa competitividade. Como fragilidade, é possível apontar o baixo índice de parcerias entre empresas e Forças Armadas nas suas rotinas e ainda mais baixas as interações com instituições de ensino (IEs) e institutos de ciência e tecnologia (ICTs).

Quanto ao apoio público, mais de 90% das empresas respondentes disseram não ter recebido apoio para exportação ou incentivos fiscais para inovação, o que indica necessidade de adequar melhor os instrumentos de política direcionados às empresas, as quais mencionaram ter dificuldades em obter apoio público. Por outro lado, o financiamento público para inovação se mostrou relevante para boa parte das empresas, destacando a importância de programas de apoio. As empresas consultadas indicaram adotar uma postura de seguidoras, o que contribui para que suas inovações sejam incrementais e não radicais. Assim, há um potencial inovador, mas é necessário intensificá-lo, seja através das interações e parcerias com outras empresas, institutos de pesquisa e/ou via apoio público com incentivos e financiamentos. Os fatores listados correspondem àqueles considerados os pilares do sistema de inovação: a importância da parceria entre empresa-universidade-governo, a busca constante por inovações como parte da rotina das empresas e o apoio público (Freeman; Soete, 2008; Lundvall, 1992; Nelson 1993).

Referências bibliográficas

ADAMS, G. Fortress America in a Changing Transatlantic Defence Market. In: SCHMITT, B. (Ed.). *Between Cooperation and Competition*: The Transatlantic Defence Market. Paris: Institute for Security Studies of Western European Union, 2001. p.3-50. [Chaillot Papers.]

ANTON, J.; YAO, D. Measuring the Effectiveness of Competition in Defense Procurement: A Survey of the Empirical Literature. *Journal of Policy Analysis and Management*, v.9, n.1, p.60-79, 1990.

BELLAIS, R. Technology and the Defense Industry: Real Threats, Bad Habits, or New (Market) Opportunities? *Journal of Innovation Economics & Management*, n.12, 2013.

BLUME, A.; TISHLER, A. Security Needs and Performance of the Defense Industry. Tel Aviv, 2001. *Working Paper*, 1/2001 – Israel Institute of Business Research, Faculty of Management, Tel Aviv University.

BRAUER, J. Arms Production in Developing Nations: The Relation to Industrial Structure, Industrial Diversification, and Human Capital Formation. *Defence Economics*, v.2, n.2, p.165-75, 1991.

______. The Arms Industry in Developing Nations. In: ______; DUNNE, J. P. (Eds.). *Arming the South*: The Economics of Military Expenditure, Arms Production an Arms Trade in Development Countries. London: Palgrave Macmillan, 2002. p.101-28.

______; DUNNE, J. *Arming the South*: The Economics of Military Expenditure, Arms Production an Arms Trade in Development Countries. London: Palgrave Macmillan, 2002.

______; ______. *Arms Trade Offsets and Development*. Carecon, 2005.

BRITZ, M. The Role of Marketization in the Europeanization of Defense Industry Policy. *Bulletin of Science Technology Society*, v.30, n.3, p.176-84, 2010.

BRZOSKA, M. The Economics of Arms Imports After the End of the Cold War. *Defence and Peace Economics*, v.15, n.2, p.111-24, 2004.

CHEN, X. et al. Network-Based Study on the Relationship Between Arms Exports and Foreign Policies. *Physica A*, v.444, p.194-204, 2016.

DAGNINO, R. Em que a Economia de Defesa pode ajudar nas decisões sobre a revitalização da Indústria de Defesa brasileira? *OIKOS*, Rio de Janeiro, ano VII, n.9, 2008.

______. *A Indústria de Defesa no Governo Lula*. São Paulo: Expressão Popular, 2010.

DEVORE, M. R. Defying Convergence: Globalisation and Varieties of Defence-Industrial Capitalism. *New Political Economy*, v.20, n.4, p.569-93, 2015.

DOMBROWSKI, P.; GHOLZ, E. *Buying Military Transformation*: Technological Innovation and the Defense Industry. New York: Columbia University Press, 2006.

______; ______. Identifying Disruptive Innovation: Innovation Theory and the Defense Industry. *Innovations*, MIT Press, v.4, n.2, 2009.

DOSI, G. *Mudança técnica e transformação industrial*: a teoria e uma aplicação à indústria dos semicondutores. Campinas: Editora da Unicamp, 2006. [Coleção Clássicos da Inovação.] [Ed. orig.: 1984.]

DUNNE, J. P. The Defense Industrial Base. In: HARTLEY, K.; SANDLER, T. (Eds.). *Handbook of Defense Economics*. v.1. Amsterdam: Elsevier, 1995.

______; BRADDON, D. *Economic Impact of Military R&D*. Brussels: Flemish Peace Institute, 2008.

FERREIRA, M. J. B.; SARTI, F. *Diagnóstico*: base industrial de defesa brasileira. Agência Brasileira de Desenvolvimento Industrial. Campinas: ABDI, Neit-IE-Unicamp, 2011. 54p.

FLAMM, K. The US Defense Industry After the Cold War: Economic Pressures and Security Dilemmas. In: REPPY, J. (Ed.). The Place of the Defense Industry in National Systems of Innovation. *Occasional Paper*, Ithaca: Cornell University Peace Studies Program, n.25, 2000.

FONSECA, J. W. F. O desenvolvimento da indústria bélica no Brasil e seu processo de *spin-off*. *Revista de Economia Política*, v.20, n.3, 2000.

FREEMAN, C.; SOETE, L. *A economia da inovação industrial*. Campinas: Editora da Unicamp, 2008. [Coleção Clássicos da Inovação.] [Ed. orig.: 1974.]

GANSLER, J. S. *Democracy's Arsenal*: Creating a Twenty-First-Century Defense Industry. Massachusetts: MIT Press, 2011.

GARCIA-ALONSO, M. C. Price Competition in a Model of Arms Trade. *Defence and Peace Economics*, v.10, p.273-303, 1999.

GERNER, D. J. Arms Transfers to the Third Word: Research or Patterns, Causes and Effects. *International Interactions*, v.10, n.1, p.5-37, 1983.

GOLDE, S.; TISHLER, A. Security Needs, Arms Exports, and the Structure of the Defense Industry: Determining the Security Level of Countries. *Journal of Conflict Resolution*, v.48, n.5, p.672-98, out. 2004.

HAGELIN, B. Science and Technology Based Military Innovation: The United States and Europe. *SIPRI Yearbook 2004*: Armaments, Disarmament and International Security, Oxford University Press, p.285-304, 2004.

HARTLEY, K.; SANDLER, T. (Eds.). *Handbook of Defense Economics*. v.1. Amsterdam: Elsevier, 1995.

HAYWARD, K. The Globalisation of Defence Industries. *Survival: Global Politics and Strategy*, v.43, n.2, 2001.

IKEGAMI, M. The End of a "National" Defence Industry? Impacts of Globalization on the Swedish Defence Industry. *Scandinavian Journal of History*, v.38, n.4, p.436-57, 2013.

INSTITUTO DE PESQUISA ECONÔMICA APLICADA (Ipea). (Org.). *Mapeamento da Base Indústria de Defesa*. v.1. 1.ed. São Paulo: Câmara Brasileira do Livro, 2016. p.1-737.

JAMES, A. D. Reevaluating the Role of Military Research in Innovation Systems: Introduction to the Symposium. *Journal of Technology Transfer*, v.34, n.5, p.449-54, 2009.

KINSELLA, D. Arms Production in the Third Word: An Analysis of Opportunity and Willingness. *International Interactions*, v.26, n.3, p.253-86, 1999.

______. *Changing Structure of the Arms Trade*: A Social Network Analysis. Philadelphia: American Political Science Association, 2003.

KRAUSE, K. *Arms and the State*: Patterns of Military Production and Trade. Cambridge: Cambridge University Press, 1992.

LESKE, A. D. C. Interação, inovação e incentivos na indústria de defesa brasileira. *Política Hoje*, UFPE, v.24, p.27-50, 2015.

______. Interação, inovação e incentivos na indústria de defesa brasileira. *Política Hoje*, UFPE, v.24, p.33-55, 2015.

______. Armas e munições leves e pesadas e explosivos. In: INSTITUTO DE PESQUISA ECONÔMICA APLICADA (Ipea). (Org.). *Mapeamento da Base Indústria de Defesa*. v.1. 1.ed. São Paulo: Câmara Brasileira do Livro, 2016. p.1-737.

LEVINE, P.; MOUZAKIS, F.; SMITH, R. Prices and Quantities in the Arms Trade. *Defence and Peace Economics*, v.9, n.3, p.223-36, 1998.

LONGO, W. P. Tecnologia militar: conceituação, importância e cerceamento. *Tensões Mundiais*, Fortaleza, v.3, n.5, jul.-dez. 2007.

______. Impactos do desenvolvimento científico e tecnológico na Defesa Nacional. *Política, Ciência & Tecnologia e Defesa Nacional*, Rio de Janeiro, Coleção UNIFA, p.27-63, 2009.

LUNDVALL, B.-Å. (ed.). *National Systems of Innovation*: towards a theory of innovation and interactive learning. London: Pinter.1992.

MARKUSEN, A.; BRZOSKA, M. The Regional Role in Post-Cold War Military Industrial Conversion. *International Regional Science Review*, v.23, n.1, p.3-24, 2000.

MARTÍN, B.; TISHLER, A. The Structure of the Defense Industry and the Security Needs of the Country: A Differentiated Products Model. *Defence and Peace Economics*, v.15, n.5, 2004.

MELMAN, S. *The Permanent War Economy*. American Capitalism in Decline, New York: Simon and Schuster, 1974.

MOLAS-GALLART, J. Measuring Defense R&D: A Note on Problems and Shortcomings. *Scientometrics*, v.45, n.1, p.3-16, 1999.

______. El vínculo entre innovación militar y civil: hacia un nuevo marco de relación. *RBOR Ciencia, Pensamiento y Cultura*, ano 2, v.CLXXXIV, p.73-87, 2008.

MOWERY, D. C.; LANGLOIS, R. N. Spinning Off or Spinning On (?). *Research Policy*, n.25, p.947-66, 1996.

NELSON, R. *National Innovation Systems a Comparative Analysis*. New York: Oxford University Press, 1993.

______; WINTER, S. *Uma teoria evolucionária da mudança econômica*. Campinas: Editora da Unicamp, 2005. [Ed. orig.: 1982.]

NEUMAN, S. G. Defense Industries and Global Dependency. *Orbis*, v.50, n.3, p.429-51, 2006.

RUTTAN, V. W. *Is War Necessary for Economic Growth?* Military Procurement and Technology Development. 1.ed. Oxford: Oxford University Press, 2006.

SANDLER, T.; HARTLEY, K. *The Political Economy of NATO*. Cambridge: Cambridge University Press, 1999.

SAUNDERS, K.; AUGENSTEIN, B. W.; BRACKEN, P.; KRUMEL, G.; BIRKLER, J.; CHIESA, J.; CRAIN, C. M.; HEPPE, R. R.; HOGLUND, R. E.;

NICHIPORUK, B. Priority-Setting and Strategic Sourcing. In: *The Naval Research, Development, and Technology Infrastructure*. Santa Monica: RAND, 1995.

SCHMIDT, F. H.; DE ASSIS, L. R. S. A dinâmica recente do setor de defesa do Brasil: análise das características e do envolvimento das firmas contratadas. *Texto para discussão*, n.1878. Rio de Janeiro: Instituto de Pesquisa Econômica, 2013.

______. A dinâmica recente do setor de defesa no Brasil: notas sobre o comportamento da demanda e o perfil das firmas contratadas. *RADAR: Tecnologia, Produção e Comércio Exterior*, v.19, 2015.

SCHUMPETER, J. *A teoria do desenvolvimento econômico*. São Paulo: Nova Cultural, 1985. [Os Economistas.] [Ed. orig.: 1911.]

SEMPERE, C. M. A Survey of Performance Issues in Defence Innovation. *Defence and Peace Economics*, v.28, n.3, p.319-43, 2015.

SISLIN, J. Arms as Influence: The Determinants of Successful Influence. *Journal of Conflict Resolution*, v.38, n.4, p.665-89, 2004.

SKÖNS, E.; DUNNE, J. P. Economics of Arms Production. *Encyclopedia of Violence, Peace & Conflict*, Sipri, p.112-24, 2008.

SMITH, R. The demand for military expenditure. *Handbook of Defense Economic*. Volume 1, 1995, Pages 69-87.

______; TASIRAN, A. The Demand for Arms Imports. *Journal of Peace Research*, v.42, n.2, 2005.

______; ______. Random Coefficients Models of Arms Imports. *Economic Modelling*, v.27, n.6, p.1522-8, 2010.

TATTAR, M. Inspiration *versus* Perspiration: Innovation and Adaptation in War. *NEPSA*, v.3, n.2, 2009.

TURNER, A. The Impact of RMA on Peacekeeping. THIRD ANNUAL GRADUATE STUDENTS SYMPOSIUM, Conference of Defense Associations Institute, 2000.

WEIDENBAUM, M. The Changing Structure of the US Defense Industry. *Orbis*, v.47, p.693-703, 2003.

WILLARDSON, S. L. *Under the Influence of Arms*: The Foreign Policy Causes and Consequences of Arms Transfer. Estados Unidos, 2013. Tese (Doutorado) – University of Iowa. Disponível em: http://ir.uiowa.edu/etd/2660/.

YACOVLEV, P. Arms Trade, Military Spending, and Economic Growth. *Defence and Peace Economics*, v.18, n.4, 2007.

YESILYURT, F. et al. The Determinants of Arms Production. *Defence and Peace Economics*, 2013.

C4ISR

Erik Herejk Ribeiro

A SIGLA C4ISR, cunhada pelo Departamento de Defesa dos Estados Unidos, vem de sua definição em inglês: *command, control, communications, computers, intelligence, surveillance and reconnaissance* (comando, controle, comunicações, computadores, inteligência, vigilância e reconhecimento). A sigla deriva de comando e controle (C2), que diz respeito ao gerenciamento das unidades durante o combate e a tomada de decisão. O processo de digitalização trouxe consigo a reformulação da ideia de C2 para uma sigla mais abrangente, que inclua novas capacidades informacionais. Portanto, a ideia associada ao C4ISR é de consciência de situação, no sentido de que novas tecnologias habilitam o aperfeiçoamento dos estágios de comando e controle da guerra.

O C4ISR, diferentemente das siglas antecessoras, traz a inovação de ser um sistema de sistemas, aproximando diferentes armas, agências, serviços, plataformas, estruturas e agentes em arquiteturas integradas (Dod, 2007). Em geral, há três formas de impacto dos novos sistemas de C4ISR sobre a condução da guerra: a) inteligência, vigilância e reconhecimento (ISR) – produção e difusão da consciência de situação para habilitar o gerenciamento de batalha em tempo real; b) satélites de posicionamento – orientação para navegação de unidades militares (carros de combate, navios, aeronaves) e guiagem de precisão para munições inteligentes (com dispositivos digitais embarcados); c) satélites de comunicação – permitem na prática o comando e controle e a distribuição de dados no sistema por meio das redes componentes.

Historicamente, a literatura de guerra e as Forças Armadas utilizam o conceito de comando e controle (C2) para designar a esfera da guerra que diz respeito ao processo de tomada de decisão. No Brasil, segundo a Doutrina para o Sistema Militar de Comando e Controle (MD, 2015), o conceito C2 envolve a cadeia de comando em seus três componentes: autoridade (exercício do comando), processo decisório (baseado na doutrina vigente) e estrutura (pessoal, instalações, equipamentos e tecnologias).

A necessidade de evolução do conceito desde a sua origem (comando e controle) é recente, decorrendo principalmente de avanços na tecnologia da informação e de novas formas de fazer a guerra, geralmente caracterizadas pelo conceito de revolução em assuntos militares. A ampliação do C2 para C4ISR está associada à noção de que novas tecnologias empregadas pelos Estados Unidos a partir da Guerra do Golfo (1991) provocam uma resposta das demais forças armadas em forma de reestruturação organizacional.

Nesse sentido, os teóricos da guerra centrada em redes (*network-centric warfare*) apontam que as novas tecnologias de comunicação e informação devem atuar para acelerar os ciclos de comando e controle das Forças Armadas. Assim, é possível obter superioridade em consciência de situação sobre o inimigo e atuar de forma mais rápida e precisa no espaço de batalha. Dentre as sugestões dos autores, destacam-se a descentralização e flexibilidade do processo decisório e o aumento da interoperabilidade entre diferentes armas (Alberts; Garstka; Stein, 2000).

Cabe destacar que a guerra centrada em redes opera nos domínios físico (posição geográfica, meios de força utilizados), informacional e cognitivo (percepção e capacidade mental dos agentes). Portanto, conforme ressalta a Doutrina para o Sistema Militar de Comando e Controle (MD, 2015, p.44), a ampliação do poder de combate depende essencialmente do fator humano (domínio cognitivo). Ou seja, qualquer mudança no padrão operacional das Forças Armadas deve levar em consideração se há pessoal qualificado e estruturas organizacionais adequadas para suas novas funções em redes. Também cabe relevar os riscos em negligenciar a necessidade de um comando hierarquicamente superior que processe e coordene o fluxo contínuo de informações nos terminais da rede. Pode-se incorrer no risco de diminuir a consciência de situação ao sobrecarregar unidades com responsabilidades que excedem a capacidade de processamento cognitivo humano.

Desse modo, a inovação do conceito C4ISR deve ser observada por sua representatividade na condução da guerra, trazendo novas tecnologias da informação e da comunicação à esfera militar. É necessário que essas novidades sejam absorvidas no processo de modernização de Forças Armadas por meio da entrada na era espacial (produção e lançamento de satélites) e das inovações organizacionais, desde que avaliado o contexto humano e as estruturas vigentes nas instituições afetadas.

Referências bibliográficas

ALBERTS, D. S.; GARSTKA, J. J.; STEIN, F. P. *Network Centric Warfare*: Developing and Leveraging Information Superiority. 2.ed. Washington, DC: Department of Defense, C4ISR Cooperative Research Program, 2000. Disponível em: http://www.dodccrp.org/files/Alberts_NCW.pdf. Acesso em: 26 jul. 2016.

CEPIK, M.; MACHADO, F. O comando do espaço na grande estratégia chinesa: implicações para a ordem internacional contemporânea. *Carta Internacional*, v.6, n.2, p.112-31, jul.-dez. 2011.

DEPARTMENT OF DEFENSE (DOD). *DoD Architecture Framework Version 1.5*. v.I: Definitions and Guidelines. Washington, DC, 2007. Disponível em: http://dodcio.defense.gov/Portals/0/Documents/DODAF/DoDAF_Volume_I.pdf. Acesso em: 26 jul. 2016.

MINISTÉRIO DA DEFESA (MD). *Doutrina para o Sistema Militar de Comando e Controle*. MD31-M-03. Ministério da Defesa; Estado-Maior Conjunto das Forças Armadas. Brasília, 2015. Disponível em: http://www.defesa.gov.br/arquivos/legislacao/emcfa/publicacoes/comando_controle/md31_m_03_dout_sismc_3_ed_2015.pdf. Acesso em: 26 jul. 2016.

CENTER FOR HEMISPHERIC DEFENSE STUDIES (CHDS)[1]

Margaret Daly Hayes

O CHDS – HOJE BATIZADO COMO William J. Perry Center for Hemispheric Defense Studies – é o centro de segurança regional para a América Latina do Departamento de Defesa dos Estados Unidos. Esses centros regionais surgiram como parte dos arranjos de pós-Guerra Fria. O primeiro deles foi o George C. Marshall Center em Garmisch, Alemanha, estabelecido em 1993 com o objetivo de incorporar os novos países do Leste Europeu à Parceria pela Paz e à comunidade democrática. O Asia-Pacific Center foi lançado em 1995 para estimular a colaboração entre os países dessa vasta região. O Center for Hemispheric Defense Studies (CHDS) foi estabelecido em 1997 quando os países da América Latina retornavam aos governos democráticos e começavam a consolidar serviços militares sob um Ministério da Defesa, assim como se engajavam em projetos de *peacebuilding*. Um Africa Center foi lançado em 1998 e o programa Near-East South Asia em 2000. A ideia de um CHDS do secretário da Defesa William J. Perry ganhou força posteriormente à I Conferência Ministerial de Defesa das Américas, realizada na cidade de Williamsburg, Virgínia, em 1995, que ocorreu após a I Cúpula das Américas em Miami do ano anterior. Os Princípios de Williamsburg, estabelecidos na conferência, abordavam profundamente questões como a liderança civil e a subordinação militar aos governos democráticos, a resolução pacífica de disputas e a colaboração entre os países da região. Durante o encontro, muitos participantes apontaram para

1 Tradução de João Vitor Tossini.

a necessidade de educar os civis sobre as forças militares e a gestão das instituições de defesa.

Essas questões foram discutidas novamente na II Conferência Ministerial de Defesa das Américas, realizada no ano seguinte em Bariloche, Argentina, tendo o secretário da Defesa William Perry anunciado o estabelecimento de um Centro Interamericano para Estudos de Defesa em Washington na National Defense University (NDU). Apesar do interesse dos países latino-americanos na ideia, eles não estavam dispostos a financiar o programa. Alguns países levantaram questões sobre o conflito do projeto com o Colégio Interamericano de Defesa, baseado em Washington, e a mudança do nome para CHDS. Os apoiadores da ideia nos Estados Unidos incluíam universidades em Miami, para onde o Comando Sul dos Estados Unidos foi realocado em 1997, e a American University em Washington, a qual havia realizado seminários pioneiros sobre as relações civis-militares para a Agência dos Estados Unidos para o Desenvolvimento Internacional (Usaid) e para o Colégio Interamericano de Defesa, que desejavam sediar o programa. O coronel John "Jay" Cope, especialista em América Latina no Instituto para Estudos Estratégicos Nacionais (INSS) da NDU, argumentara persistentemente que o programa deveria ser sediado em Washington, onde democracia e controle democrático poderiam ser vistos em ação, sendo a NDU a anfitriã ideal, tendo que desfrutar tanto de prestígio nas forças militares da região como nas comunidades civis. Esse argumento prevaleceu e a criação do programa foi incluída no ano fiscal de 1997. O coronel Cope havia guiado a nascente organização para a sua abertura. Uma conferência ocorreu na NDU em junho de 1997 visando discutir as ideias em potencial para o currículo e o Centro foi formalmente lançado na National Defense University em setembro de 1997. A missão do centro – presente na diretriz 3200.13 do Departamento da Defesa – era "desenvolver e apresentar programas acadêmicos adaptados para as necessidades dos países da América Latina e do Caribe, para que esses programas estimulem tanto o pensamento civil como o militar sobre política de defesa e relações civis-militares, e proporcionem o entendimento da elaboração das decisões em defesa e da gestão de recursos em uma sociedade democrática" (United States, 1997).

O programa ainda era uma *tabula rasa* quando a primeira diretora, dra. Margaret Daly Hayes, aderiu a ele. Professores, todos com carreira militar e experiência sobre a América Latina, foram recrutados em uma grande variedade de instituições, incluindo escolas militares e o Departamento de Defesa dos Estados Unidos. Um bibliotecário com domínio da língua espanhola foi contratado para se tornar parte do quadro de funcionários da biblioteca da NDU. Em uma das oficinas organizadas pela NDU, um representante do Escritório de Combate Internacional da Marinha dos EUA observou que estudantes argentinos no Colégio de Guerra Naval poderiam estar interessados em passar mais um ano em uma instituição norte-americana. Esse convite foi feito e uma ligação positiva começou, ressaltando a relação colaborativa que o CHDS esperava que fosse estabelecida com a região. Muitos temas – apoio político para as Forças Armadas após anos de governos ditatoriais, a condição precária de muitas dessas forças regionais e suas habilidades expedicionárias, em suporte aos projetos globais de manutenção da paz, os altos custos de manter operacionais equipamentos envelhecidos e obsoletos, a tradição do Legislativo de não se envolver em questões militares, o desafio de criar lideranças civis capazes e um hábil quadro de funcionários nos novos ministérios da Defesa – foram todos considerados para o primeiro curso.

A versão final do primeiro curso consistia em três módulos – uma ampla visão sobre a organização e administração da defesa; um detalhado componente de gestão de recursos que analisaria orçamentos, aquisições e manutenção, e, finalmente, uma semana sobre análise e avaliação de resultados que poderiam abordar relações com os meios de comunicação e responsabilidades legislativas. O conteúdo era formado, em grande parte, pelo que o novo diretor, e membro da faculdade, Denis Caffrey, havia observado em pesquisas recentes, conduzidas pela Marinha e pela Força Aérea dos Estados Unidos, sobre desafios que confrontavam as instituições de defesa na região e suas crescentes lideranças civis. Os problemas não eram questões sobre o controle civil ou "estratégias de segurança nacional", mas sim sobre como gerir uma organização complexa em um mundo em mudança com compromissos em igual transformação.

O curso seria intitulado Planejamento de Defesa e Gestão de Recursos (DPRM) e focaria a estruturação do setor de defesa, o planejamento de orçamentos para as Forças Armadas, as questões de vigilância e comunicação multinacional e de interagências. Com o passar do tempo, uma simulação sobre o setor de defesa, uma *tabula rasa*, seria desenvolvida para prover a exposição aos exercícios práticos dos conceitos mencionados. A primeira classe era composta por quarenta convidados, em sua grande parte da América do Sul, sendo 75% civis e 25% militares. A relação 75-25 foi estabelecida visando expor aos numerosos programas oferecidos às Forças Armadas os novos líderes civis e funcionários dos ministérios de Defesa e do braço legislativo governamental que não possuíam acesso aos programas. Em adição, era tido como relevante que os civis pudessem trabalhar com membros de suas Forças Armadas.

A importância desse ponto foi sublinhada quando um dos estudantes observou com entusiasmo que "nunca havia conversado com um militar!".

Os funcionários consideraram receber quarenta estudantes, mas logo perceberam que os arquitetos do espaço designado não tinham preparado uma sala de aula com capacidade para todos os alunos, e também não havia auditório. Foram necessários ajustes rápidos e a primeira aula começou em 7 de março de 1998, no auditório do Old Coast Guard Building. O curso de DPRM se tornou, com os anos, o núcleo de ofertas para o CHDS e temas essenciais continuam no atual curso de Estratégia e Política de Defesa. Diferentes versões colocariam foco em questões pertinentes à América Central e ao Caribe, assim como à América do Sul.

O segundo curso, Planejamento de Defesa e Orçamento, foi elaborado para focar mais especificamente o delineamento e execução de orçamentos, objetivando apoiar o Ministério da Defesa e as forças militares. Esse curso se basearia em uma literatura acadêmica robusta em defesa e economia, encorajando os participantes a "pensar economicamente" sobre defesa e segurança, e focando os "três Es" da área – economia, eficiência e eficácia – ou como pensar sobre os modos mais eficientes de utilização de recursos escassos de maneira a obter os melhores resultados com eles, construindo um orçamento transparente, centrado no planejamento, no controle e na análise de resultados efetivos. Ao longo do tempo, o curso passou a incluir economistas e especialistas em orçamentos como convidados para palestras. Isto incluiu o prof. Charles Anderton, do Holy Cross College de Massachusetts, então diretor do *Defense and Peace Economics Journal*, a profesora Patrice Franco, do Colby College, o professor Guillermo Pattillo, da Universidade de Santiago, Chile, que posteriormente comporia o corpo de funcionários do ministro das Finanças chileno, e o professor Humberto Petrei, da Universidade de Córdoba, Argentina, e autor do livro *Presupuesto y control: Pautas de reforma para America Latina*. Esses visitantes tornaram-se participantes regulares no curso de Economia da Defesa e Orçamento.

Gradualmente, o centro desenvolveu programas de atividades adicionais, incluindo um jornal, intitulado *Security and Defense Studies Review*, no qual a faculdade e os alunos poderiam desenvolver artigos sobre tópicos de interesse para a região. A primeira publicação ocorreu em 2001.[2] Seminários regionais e um seminário para diplomatas e adidos da região foram gradativamente adicionados ao programa. Os seminários seniores focariam em oficiais do governo

2 Os números da revista estão disponíveis em: http://chds.dodlive.mil/elearning/publications/sdsr/.

e em questões políticas e de gestão. Cada curso pretendia promover a troca de informações sobre problemas e desenvolvimentos no campo da segurança. A série de conferências, Redes, lançada em 2003, objetivava trazer as questões de defesa e segurança a uma maior audiência, que incluiria alunos do CHDS, assim como estudantes e profissionais de várias universidades e escolas militares da região, criando um ambiente que encorajaria contatos entre os alunos do CHDS com as comunidades acadêmicas estabelecidas. A sigla Redes descreve as intenções da atividade – criar e manter uma rede de profissionais, estudiosos e pesquisadores focados em gestão efetiva e eficiente da segurança e da defesa, e trocar informações sobre questões emergentes e em oportunidades de colaboração. Um resultado prévio esperado dessa rede era a inclusão de material relacionado à gestão da defesa nos currículos das universidades.

Desde o início, o CHDS destacava a importância do desenvolvimento de uma rede de ex-alunos, alunos e associados em cada país participante. Essa rede permitiria ao CHDS continuar em contato com antigos participantes enquanto os associados encorajariam a continuidade de troca de informações dentro dos países e com seus vizinhos. Gradativamente, essa rede patrocinaria e organizaria conferências na região.

Os ataques de 11 de setembro de 2001 nos Estados Unidos tiveram um profundo impacto no programa realizado pelo CHDS. Os funcionários presentes no prédio da Old Coast Guard viram a explosão do ataque ao Pentágono, na outra margem do Rio Potomac, e ficaram alarmados com a possibilidade de um atentado ao Capitólio, não muito distante da NDU. Após os ataques, houve o crescimento da demanda pela inclusão de matérias sobre contraterrorismo no currículo. Dados os eventos recentes – o atentado contra a Amia na Argentina, as insurgências no Peru e na Colômbia, e a crescente ameaça de gangues e do crime organizado no Brasil, América Central e México –, a questão seria válida para a região. O CHDS recebeu fundos adicionais para um curso sobre terrorismo e contraterrorismo e iniciou o desenvolvimento de materiais de suporte ao tema. Conforme esses conceitos amadureciam, o centro começou um projeto para desenvolver uma base de conhecimento mais detalhada e empírica, mapeando atividades de apoio e relacionadas ao terrorismo em diferentes países e sub-regiões do hemisfério. O crime organizado internacional e o tráfico de drogas também entrariam no foco do CHDS. Identificar a natureza dessas atividades na região e seu alcance em questões específicas forneceria as bases para promover uma rede de interagências mais coordenada contra todos os tipos de atividades terroristas no hemisfério ocidental. A análise de capacidades, forças e fraquezas das instituições responsáveis ajudaria a identificar oportunidades de maior coordenação e cooperação no combate à ameaça terrorista.

No outono de 2003, o CHDS lançou iniciativas que refletiam a mudança no cenário de segurança na região e no mundo. O primeiro seminário regional ocorreu no Paraguai. Na semana de 20-24 de outubro do mesmo ano, a associação de alunos e ex-alunos do CHDS organizou um seminário internacional sobre Interagências e Cooperação Internacional na Guerra contra o Terrorismo e Crimes Relacionados. Aproximadamente duzentos participantes, mais membros das agências executivas, das Forças Armadas e do Legislativo estavam presentes durante os cinco dias de seminário, no qual os participantes ouviram especialistas em terrorismo, participaram de discussões em grupo, elaboraram um conjunto de atividades que as agências governamentais poderiam atender para melhorar a participação do Paraguai na guerra ao terror. O presidente paraguaio declarou o evento como de "interesse nacional", possibilitando que funcionários do governo participassem dos seminários durante o período de trabalho. Dentre os que participaram estavam os ministros e os vice-ministros do Interior e da Defesa, diretores de diferentes áreas do Ministério das Relações Exteriores, o líder e membros do Comitê de Defesa no Congresso, membros da Suprema Corte, o diretor da Alfândega, o diretor para contraterrorismo, o diretor contra lavagem de dinheiro e representantes dos ministros do Interior, da Agricultura, da Economia e da Presidência.

As conclusões da conferência incluíam: a) a necessidade de enfatizar a cooperação internacional, b) incluir máfias, crime organizado e atividades criminais relacionadas na definição de terrorismo, c) adaptar o sistema legal para acomodar a mais ampla definição e a normas internacionais e d) construir um efetivo sistema de inteligência. Além disso, houve o reconhecimento das forças e fraquezas das agências públicas, e como combater essas fraquezas, e de que o terrorismo coloca-se como um novo cenário de conflito para o qual o Estado deve estar preparado.

Uma subsequente conferência regional ocorreu na Bolívia, focando o Ministério da Defesa e a integração do quadro de funcionários civis no planejamento e administração do setor de defesa. Gradualmente, mais programas regionais foram criados para reunir alunos, oficiais de governo e estudiosos.

Crescimento contínuo

Com as fundações estabelecidas, o programa do CHDS cresceu e se expandiu durante a década seguinte. Um novo diretor, o dr. Richard Downie, coronel do Exército dos Estados Unidos e o então comandante do Western Hemisphere Institute for Security Cooperation (Whinsec), foi indicado como diretor do CHDS em 2004. No ano de 2008, o centro se mudou para um novo prédio no recém-inaugurado Lincoln Hall no câmpus da NDU. Por volta da época de completar uma década, mais de 13 mil pessoas haviam participado do programa e mais 2,5 mil haviam completado os cursos iniciais de três semanas. O número e a variedade dos cursos e temas cresciam. O quadro de funcionários da faculdade aumentava. Os orçamentos cresciam, e, em 2009, eram quase o dobro dos valores iniciais. O quadro de professores também se expandiu; eram oito nos anos iniciais, e, em 2012, somavam dezoito. Quase metade desses professores eram da América Latina. Muitos do quadro original continuaram no programa, promovendo continuidade nas questões estudadas e nos contatos com o crescente e vasto número de ex-alunos da região. A oferta de cursos cresceu, visando cobrir tópicos como a Interagência de Coordenação em Combate ao Terrorismo, Segurança e Defesa Interna, Segurança Cibernética, Crime Organizado Transnacional, dentre outros. Videoconferências e palestras de convidados passaram a ser oferecidas aos ex-alunos e ao público em geral.

Em 2009, o Departamento da Defesa lançou a Defense Institution Reform Initiative (Diri), um programa que focaria mais especificamente governança, política e procedimentos do Ministério da Defesa. Enquanto a gestão do programa Diri residia no Center for Civil Military Relations (CCMR) no Naval Post-Graduate School, na Califórnia, o assunto era um tradicional componente do currículo do CHDS. O coordenador para programas da América Latina, o coronel Mark Wilkins, que havia servido como adido de Defesa em vários países latino-americanos, convidou o professor da CHDS Salvador Raza para colaborar com o programa desenvolvido pelo Diri, especialmente na bem-sucedida colaboração com a Guatemala, em que os estudos levaram à reestruturação do Ministério da Defesa e à publicação de uma política de segurança nacional. Os ex-alunos do CHDS detiveram importante peso nessas questões, com a ex-aluna Lic Silvia de Leon, a coordenadora da Secretaria Técnica do Conselho de Segurança Nacional, apresentando uma revisão da Política Nacional de Segurança ao presidente em 14 de julho de 2017.

Em 2 de abril de 2013, o centro celebrou uma cerimônia especial honrando os esforços do ex-secretário da Defesa William J. Perry em Williamsburg que levaram à criação do centro. Desde então, o centro seria nomeado William J. Perry Center for Hemipsheric Defense Studies, ou simplesmente Perry Center.

Restrições fiscais

O relatório de 2010 anunciava as ambições de expansão do CHDS durante o ano fiscal de 2011, incluindo um aumento do número de professores e dos cursos oferecidos. Porém, tal expansão ficou comprometida com a aprovação do Ato de Controle Orçamentário de 2011. O ato era uma resposta ao crescente gasto do governo federal acompanhado de queda nas arrecadações, queda esta que resultava, em parte, da recessão de 2009-2010. O Congresso estabeleceu limites de gastos por um período de dez anos, até 2021, com tetos de gastos separados para a Defesa e demais partes do orçamento. O início dessas limitações foram postergadas para o ano fiscal de 2013. Assim, eles representavam uma redução de 1 trilhão de dólares ao longo de dez anos. Militares e gastos em conflitos foram isentos desses limites, colocando maior pressão em outras áreas do orçamento do Departamento de Defesa, incluindo os centros regionais.

O número de funcionários, especialmente do setor administrativo, foi reduzido, mas o ensino também sofreu redução, totalizando apenas dez professores no quadro de funcionários no fim de 2014. Progressivamente, os cursos baseados em Washington foram reduzidos em duração e em número de atividades. Videoconferências e outras formas *on-line* de diálogo permitiram que o contato com alunos, ex-alunos e associados fosse mantido.

O relatório de conferência de autorização de defesa do ano fiscal de 2013 (H. R. Conf. Report, n.112-705) ordenou o General Accounting Office (GAO) a conduzir um estudo sobre os centros regionais. O relatório foi muito positivo sobre as atividades realizadas pelos centros, mas observou que o Departamento de Defesa não havia desenvolvido ou implementado um processo para supervisionar ou avaliar os progressos dos centros em alcançar as prioridades do Departamento (United States Government Accountability Office, 2013). Em resposta, o subsecretário de Defesa para Operações de Parceria e Estabilidade requisitou um relatório da Rand Corporation que examinasse as missões, objetivos e contribuições dos centros regionais ao Departamento de Defesa e os modos de avaliação dos programas e de seus resultados utilizados por esses centros. O relatório concluiu que os programas dos centros eram "uma forma inovadora, de baixo custo, com abordagem discreta para implementar prioridades de defesa" (Rand, 2014, p.xvii). Eles ajudariam a construir uma capacidade de parcerias, construindo relações, criando oportunidades únicas de engajamento e promovendo o diálogo regional, reduzindo tensões. Ademais, servem como depósito de conhecimentos especializados. Contudo, a Rand conclui, os centros precisam aprimorar as medidas de seus impactos visando demonstrar seu sucesso, identificar áreas do programa que necessitam de melhorias, justificar seus pedidos de orçamento e sugerir caminhos para a melhor alocação de recursos (ibid., p.xix-xx).

O CHDS disponibiliza informações sobre a atividade dos alunos para demonstrar o impacto do programa. Isso inclui os cursos em que estão participando, as publicações dos graduados, as participações em seminários regionais e nacionais, a promoção do programa nas instituições de segurança nos países desses alunos e eventual adoção de políticas. Isso tudo pode ser usado para demonstrar a utilidade e o impacto do programa. Assim como uma graduada, empregada no Ministério da Defesa de seu país, observou anos atrás: "Não foi antes de três ou quatro de nós completarmos o curso do CHDS que fomos capazes de implementar mudanças de políticas". Após vinte anos de atividade, os graduados do CHDS formam uma verdadeira e crescente "comunidade de defesa e segurança" em muitos dos países do hemisfério.

O terceiro diretor, Mark S. Wilkins, se aposentou em junho de 2017 e, até a elaboração deste texto, o CHDS espera a indicação de um novo diretor. O programa continua forte, mas com um quadro de professores e cursos consideravelmente reduzido. As ofertas originais incluem os cursos de Estratégia e Política de Defesa e de Defesa e Segurança Caribenha, ambos com duas semanas de duração. Cursos especializados sobre o Combate ao Crime Organizado Transnacional e Redes Ilícitas e sobre as Implicações Estratégicas dos Direitos Humanos e do Estado de Direito, também com duas semanas de duração, e o curso de uma semana de Política Cibernética. O Seminário de Segurança e Defesa de Washington para diplomatas e adidos também continua. Seminários regionais são elaborados em parte como continuidade dos ensinamentos e como forma de expandir a rede da crescente comunidade de Defesa e Segurança. O ano de 2017 também é o do vigésimo aniversário dos programas do Perry Center. Quase 7 mil pessoas passaram pelos cursos baseados em Washington. Muitos acabaram por desempenhar importantes papéis em defesa e segurança e compartilham as carinhosas lembranças das experiências adquiridas durante o programa.

Referências bibliográficas

UNITED STATES GOVERNMENT ACCOUNTABILITY OFFICE (GAO). Building Partner Capacity: Actions Needed to Strengthen DoD Efforts to Assess the Performance of the Regional Centers for Security Studies. GAO-13-606, jun. 2013. Disponível em: https://ww.gao.gov/assets/660/655653.pdf.

UNITED STATES OF AMERICA. Department of Defense. Directive n.3200.13, 3 set. 1997. Disponível em: https://biotech.law.lsu.edu/blaw/dodd/corres/pdf/d320013_090397/d320013p.pdf.

______. Department of Defense. National Defense University. Disponível em: http://chds.dodlive.mil/elearning/publications/sdsr/.

RAND CORPORATION. Evaluating the Impact of the Department of Defense Regional Centers for Security Studies. Washington, DC, 2014.

COLÉGIO INTERAMERICANO DE DEFESA

Sabrina Evangelista Medeiros

A HISTÓRIA DO COLÉGIO INTERAMERICANO DE DEFESA está ligada à Guerra Fria, quando os esforços em torno de uma comunidade hemisférica entre as Américas foram voltados para o combate às influências de caráter comunista no continente. As primeiras instalações do colégio foram cedidas pelo secretário de Estado dos Estados Unidos à época, David Dean Rusk (1961-1969), ainda na presidência de John F. Kennedy, no Fort Leslie J. McNair. Inaugurado em 9 de outubro de 1962, o Colégio Interamericano de Defesa foi a primeira escola de formação militar de altos estudos internacional e com foco em defesa. Alinhada aos objetivos em torno da constituição de uma comunidade hemisférica gravitando na órbita dos Estados Unidos, o colégio inaugurou uma era de colaboração intensa entre setores expressivos da defesa, incluindo o de inteligência.

O Colégio Interamericano de Defesa teve a sua evolução institucional conjugada à da Junta Interamericana de Defesa (JID), ou, em inglês, Interamerican Defense Board (IADB), criada vinte anos antes, em 1942. Advogando o título de organização regional em matéria de defesa mais antiga do mundo, a JID teve como base o caráter consultivo de sua organização, contudo, seu estatuto foi renovado em 2006 de modo a atender às novas perspectivas que se constituíam desde o fim do sistema bipolar e a inauguração do sistema multipolar (Fernandes, 2001, p.96).

Embora a conjuntura de preponderância da economia dos Estados Unidos não tenha sido modificada desde o fim da Guerra Fria, é notável que outros atores ganharam um papel mais relevante no Colégio Interamericano de Defesa nos últimos anos. Além disso, o aparecimento progressivo de instituições de cooperação multiestatais também provocou mudanças expressivas quanto ao propósito da Junta e, consequentemente, do CID, que foram criados em um contexto específico de alinhamento de parceiros.

Como uma escola diplomática, o CID – ou IADC, acrônimo de Inter-American Defense College – jamais deixou de ser vinculado à JID, não obstante esta estivesse formalmente vinculada à OEA a partir de 2006, com relativa autonomia. Na continuidade de suas tarefas de caráter recomendatório e de assessoria, a JID concentrou os seus esforços durante as primeiras décadas do século XXI em atividades de cooperação interamericana que foram voltadas tanto para ações de ordem operacional, por exemplo, aos projetos de desminagem na Colômbia e no Peru, quanto de efeito estratégico.

A junta governativa da União Panamericana gerou os primeiros passos para a instalação da JID por meio de uma comissão especial que reuniu embaixadores do Brasil, do Panamá e da Venezuela. Não foi modificado substancialmente o objetivo constituído, qual seja, o de estreitamento das relações entre as instituições militares de países do hemisfério ocidental. Contudo, o valor das ações cooperativas para a formação e capacitação das Forças Armadas do hemisfério se estendeu ao projeto de defesa coletiva, que foi tanto a força quanto o motivo da fragilização do projeto depois da Guerra das Malvinas e da interferência externa no continente americano pelas forças britânicas sem que houvesse mobilização da JID e de seus integrantes em função do Tratado Interamericano de Assistência Recíproca (Tiar), que assim o previa (Dent; Wilson, 2013).

Em alinhamento com esse enfoque merece destaque a atuação brasileira por meio de sua representativa delegação e, sobretudo, pelo cargo de diretor do secretariado da JID – cargo eletivo de oficiais-generais – desde 2011, com o apontamento do general Juarez Aparecido de Paula Cunha (2011-2013), seguido do vice-almirante Bento Costa Lima Leite Albuquerque Junior (2013-2015), e do brigadeiro-do-ar Mauricio Ribeiro Gonçalves (2015-2017). Na direção do almirante Bento, a JID deu um passo significativo em sua atuação consultiva, tendo conduzido reuniões e trabalhos de apoio à confecção, pelos representantes do Haiti, do Livro Branco de Defesa do país, que, não tendo Forças Armadas desde a invasão dos Estados Unidos em 1994 (com redução progressiva até atingir o total do efetivo), conta com uma numericamente expressiva Polícia Nacional, cujo número de representantes que foram discentes do colégio aumentou significativamente a partir de 2013.

Sendo os custos de participação na JID altos para muitos dos países das Américas, e tendo os Estados Unidos retirado progressivamente nos anos posteriores à reforma da JID a ajuda financeira direta à instituição, o número de representantes ainda é limitado, sobretudo quanto à representação das 28 delegações participantes. Isso não acontece no CID, que ainda conta com expressiva contribuição dos Estados Unidos e da OEA para alunos de países sem recursos para o estabelecimento e manutenção de representantes pelo período de um ano.

A estrutura do CID, cuja hierarquia começa com o diretor, seguido pelo vice-diretor e do chefe de estudos, conta com três oficiais-generais de nível duas estrelas, com cargos eletivos por país-membro. Por ser um colégio interamericano, portanto, de *status* internacional, dentro de uma base militar americana – que sedia, inclusive, a National Defense University (NDU), vinculada ao Pentágono –, o colégio recebe normalmente a indicação dos Estados Unidos sem concorrência para a sua direção, de cujo apoio institucional e financeiro o CID ainda necessita, dado que a verba destinada anualmente pela OEA não tem sido suficiente para a sua manutenção. A participação brasileira na direção tem acontecido pela posição de vice-diretor, um cargo de caráter administrativo importante quando dos pleitos à JID e às demais delegações.

A colaboração com a NDU e demais instituições de ensino da estrutura de defesa dos Estados Unidos acontece de forma importante, porém é menos determinante hoje do que antes. A National Defense University foi responsável entre 1998 e 2013 (McPherson, 2013), por exemplo, por algumas semanas do currículo total, o que não aconteceu depois de 2013. Isso porque, além da autonomia curricular e do corpo docente, o CID conta com uma estrutura de assessores, que são ex-alunos no seu segundo ou terceiro ano de representação, formando estruturas de pessoal qualificado para assessoria, facilitação de alunos, coordenação acadêmica e demais funções administrativas. Por outro lado, o número de praças estrangeiros ainda é reduzido na estrutura do colégio, principalmente se comparado às demais missões, como as comissões de compra e representações de outra natureza.

O CID oferece os dados do impacto em relação aos seus egressos até 2015. Entre eles, há três presidentes da República (incluindo Michelle Bachelet, do Chile, que também foi ministra de Defesa), 31 ministros de Estado, 11 cargos de alto nível, 775 oficiais-generais. O Brasil no CID corresponde aos alunos indicados, um de cada força armada e um civil vinculado ao Ministério da Defesa prioritariamente, embora o Brasil seja convidado a ocupar mais vagas quando há disponibilidade e, em algumas ocasiões, as tenha ocupado, como no caso da turma 52, de 2013. Foi em 2013 que a primeira vaga de *faculty* foi ocupada por um membro em missão oficial do Brasil.

Das primeiras décadas

A primeira turma do colégio foi formada por quinze países que contribuíram com o total de 29 discentes, cuja formatura foi em março de 1963. Até 2017, compunham o histórico do CID 57 turmas de formados, nomeadas sempre pelo número respectivo.

Desde o momento de sua fundação, o CID representou para determinados países do sistema a primeira oportunidade de exposição aos assuntos de defesa em altos estudos militares (*staff and command course*). Este era o caso, por exemplo, da República Dominicana, cuja formação de militares de alta patente, segundo Bosch (2007), era a primeira tentativa de tornar a formação dos oficiais estrangeiros similar à do War College ou da Escola de Defesa da Otan. Naquela ocasião se exigia que os alunos tivessem feito o equivalente ao *staff college*, o que não representava a exigência de graduação reconhecida, contudo. Segundo ainda Bosch, o curso do CID diferia do curso da Escola Superior de Guerra do Brasil porque não tinha como foco a segurança nacional, e também diferia de modelos como o da Escola Peruana, voltado ao desenvolvimento e ao planejamento econômico.

Embora o curso do CID estivesse voltado desde o início para os temas do sistema interamericano, não havia – nos anos que se seguiram à sua criação – uniformidade curricular, já que os temas eram eleitos de acordo com os convidados disponíveis, alinhados aos preceitos curriculares das escolas nas quais se espelhou. Contudo, o modelo de ensino era menos ligado à formação do oficial do que a uma estratégia de aproximação de pares pelas Américas, de modo a criar laços permanentes entre os sistemas de defesa nos continentes. Com o apoio do governo dos Estados Unidos às ditaduras nas Américas sobretudo entre os anos 1960 e 1970, o CID acaba por ser também um terreno de alinhamento entre militares nas Américas, sobretudo levando-se em conta que a maioria absoluta dos sistemas não contava com ministérios de Defesa e civis em cargos de grande expressão nos respectivos sistemas de defesa.

Na análise do domínio militar na República Dominicana, Brian Bosch (2007) alega que o CID serviu também de lugar de exílio para oficiais cujo comportamento não fosse o desejável, fundamentalmente depois da queda do governo eleito do professor Juan Bosch (1963), que representava a esquerda. O que se seguiu à instalação do governo de Bosch, com a invasão da República Dominicana pelos fuzileiros navais norte-americanos, foi a adesão de pequenas tropas da OEA, incluindo as do Brasil (além do comando por um general brasileiro), até a ascensão do governo Joaquín Balaguer, que governou por doze anos, caracterizando um período de pressão anticomunista e violações de direitos humanos. Bosch oferece uma lista de ex-alunos do CID da República Dominicana "exilados políticos do governo" entre os anos 1964 e 1967; porém, apesar do alinhamento de Balaguer com os Estados Unidos, houve um período importante de ausência de indicações ou a indicação de um aluno por turma, fosse pela limitação de recursos ou pela descrença na formação do colégio (Bosch, 2007).

O CID também serviu como premiação a oficiais de destaque em seus países, já que o período nos Estados Unidos representava ganhos profissionais e materiais, pela diferença de cotação e pelo acesso aos bens de um país desenvolvido e de alta capacidade de consumo. No estudo sobre as elites mexicanas, Camp (2002) registra que dezesseis oficiais foram formados pelo CID entre 1952 e 1975, embora isso não resulte em uma detectável influência dos Estados Unidos e dessa formação sobre as relações civis-militares no México. Naquela altura, o curso era baseado em palestras e discussões em grupo guiadas por assessores ex-alunos ou especialmente destinados à função, com um trabalho final monográfico, à luz do que acontecia nos cursos correlatos. Camp (2002) aponta ainda que o currículo tinha um importante conteúdo voltado às questões de ordem social como saúde, nutrição, educação, comunicação – com observação dos elementos que constituíam notadamente a possibilidade de insurgência popular.

Já na ocasião, o CID parecia ser o investimento mais bem-sucedido da JID (Leonard et al., 2012). Embora a política externa do Brasil durante a ditadura ganhasse mais independência em relação aos Estados Unidos a partir do período do general Costa e Silva (Leonard et al., 2012), o país continuou a estar presente de acordo com o previsto em termos de assessores e alunos enviados ao colégio, cuja equiparação de diplomas acontecia no âmbito das três forças armadas e da ESG.

É relevante ressaltar que muitas vezes o CID foi confundido com a Escola das Américas (US Army School of the Americas) e sua sucessora (Western Hemisphere Institute for Security Cooperation), responsável pela formação de militares que foram acusados de grandes violações aos direitos humanos em seus países, notadamente, pelos métodos de tortura interrogatória. Como uma escola de estrutura formal internacional, o colégio ficou marcado pela sua fundação e atividades ainda em meio à Guerra Fria, contudo com relevante capacidade de renovação, dado que o conteúdo era de ordem estratégica (McPherson, 2013).

Os anos pós-reforma da JID: de 2006 aos dias de hoje

Dentro desse quadro, o CID voltou-se progressivamente para os assuntos de defesa e de segurança. Embora esse embate no âmbito da JID girasse em torno de comissões na OEA de mesmo escopo, com cooperação ainda limitada entre a autonomia da JID e a resistência na OEA entre comissões como o Comitê de Segurança Hemisférica, não parece ter havido dúvida substantiva sobre a manutenção do colégio. Perry (que nomeou o antigo instituto de estudos hemisféricos da NDU) e Primorac (1994) defenderam que, apesar de os projetos de defesa se diferenciarem entre as Américas, a cooperação entre pares tornava o custo da formação menor e mais eficiente a busca de soluções entre parceiros.

A reestruturação do CID aconteceu junto à da JID em 2006, com base na Assembleia Geral Extraordinária da OEA em Washington, DC. A partir de bem-sucedidas missões de desminagem coordenadas pela JID, a instituição passa formalmente à estrutura da OEA em março de 2006, com o CID ainda sob sua coordenação (McPherson, 2013). Contudo, a modernização institucional pela qual passou o colégio acontecerá anos depois, na altura de 2013, quando a renovação das instalações e a formação de um corpo docente de doutores marcaram o início do processo de caracterização do CID como uma instituição definitivamente acadêmica. A visão estratégica do CID incluiria, a partir de então, o reconhecimento acadêmico no âmbito do hemisfério e do resto do mundo como uma de suas metas públicas.

A proposta do projeto de acreditação do curso do CID como mestrado e junto a um dos sistemas dos Estados Unidos revigorou o *status* do colégio, que não somente representaria uma escola diplomática, posto que a acreditação garantiria reconhecimento acadêmico à instituição. O projeto de transformação do CID em uma instituição acadêmico-diplomática começou com o almirante Jeffrey Lemmons, que levou a cabo as necessidades primordiais para o início do processo, procurando garantir que o colégio tivesse em seus quadros maior representatividade dos países do sistema interamericano.

Ainda que a missão de preparar militares das Forças Armadas, policiais nacionais e funcionários civis dos ministérios de Defesa e correlatos pelas Américas seja a sua primordial função, o CID concentrava o compromisso de estabelecer um projeto maior do que a cooperação e o aumento da confiança entre países do hemisfério, já que a crença nos mecanismos de defesa coletiva estava desgastada no continente. O interesse de participar do curso continuava ativo entre a maior parte dos países das Américas, apesar da redução progressiva entre países de lideranças políticas bolivarianas ou mais autonomistas, com um forte apelo de antiamericanismo em sua política externa. Este foi o caso da Venezuela, da Bolívia, do Equador depois de 2013.

O modelo que se sobrepôs ao anterior foi possível por meio do estabelecimento de uma série de parcerias estratégicas com instituições de ensino de defesa pelo continente americano, assim como universidades. Dentre as instituições de ensino de defesa tradicionais, estão a Escola Superior de Guerra do Brasil, a Escola Politécnica do Exército do Equador (até 2013), o Centro de Estudos Superiores Navais do México, o Centro de Altos Estudos Nacionais do Peru e a Academia de Defesa Canadense. Em paralelo e seguindo um modelo clássico de aproximação civil, no qual as instituições externas ficam a cargo de palestras ou cursos de curta duração, foram estabelecidos compromissos também com a American University e outros acordos de cooperação com instituições de ensino de outros países, como a Universidade de Brasília, a Universidade Federal do Rio de Janeiro por meio do Instituto COPPEAD e a Universidade Francisco Marroquin da Guatemala.

A reforma curricular que se seguiu foi proposta com auxílio de professores da School of International Affairs da American University que foram incorporados ao *Faculty* do CID. Essa reforma colocou em curso sete disciplinas principais: Lógica Estratégica, Relações Internacionais e Sistema Interamericano, Desafios da Segurança Multidimensional nas Américas, Economia Política da Defesa e Segurança, Análise e Resolução de Conflitos e Planejamento Estratégico – entre os eixos defesa e segurança. Disciplinas eletivas também são oferecidas por professores contratados por hora (*adjunct*) ou por professores em missão oficial, como a vaga destinada ao Departamento de Estado, e dos países do sistema, como o Brasil. Relações Civis-Militares e Economia e Desenvolvimento são exemplo de eletivas oferecidas nesse atual currículo. Somam-se a elas módulos curtos, como o ainda oferecido pelas Forças Armadas do Canadá sobre Operações de Paz e um dos primeiros módulos e ambientação, sobre relações interculturais (American University).

A partir dessas disciplinas e de um número importante de créditos distribuídos entre seminários sobre o sistema interamericano, direitos humanos e emergências complexas, o aluno poderá optar por fazer, no início do ano letivo, o curso de Defesa e Segurança Hemisférica ou o mestrado em Defesa e Segurança Hemisférica, tendo a obrigação de finalizar o curso com uma prova oral cuja banca é formada por três professores do *Faculty*. O total de horas contabilizadas no novo curso foi de 1.058, entre aulas e demais atividades, como as visitas de estudo.

As visitas de estudo sempre tiveram um valor diplomático grande e, desde a reforma, ganham contornos acadêmicos, de modo que as representações institucionais vêm sendo equilibradas com a presença, nas localidades visitadas, de acadêmicos do tema e região em questão. As visitas fora de Washington, DC, são: a Nova York e, no caminho, uma visita à Academia de West Point; a Colorado Springs, sede do Comando Norte (USNorthCom); e a Miami, sede do Comando Sul (USSouthCom), em colaboração com representantes de vários países das Américas em ações de segurança (inclusive, das Forças Armadas e da Polícia Federal do Brasil); e uma grande visita itinerante a três países em média da América Central ou do Sul. Têm estado no calendário de visitas o Brasil, Uruguai, Paraguai, Chile, México, Guatemala, Honduras, República Dominicana e Panamá.

Dentre os países que mais enviaram alunos ao CID, o Brasil figura entre os quatro primeiros – com 224 alunos –, depois dos Estados Unidos (505), da Venezuela (313) e da Colômbia (276). O Brasil antecede nessa lista o Equador (161), Chile (154), Peru (154), Argentina (136), México (135), Guatemala (106), República Dominicana (93), El Salvador (71), Uruguai (69), Paraguai (58), Bolívia (34), Honduras (31), Canadá (26), Nicarágua (23), Haiti (14), Panamá (10), Costa Rica (6), Guiana (5), Espanha (1), China (1) e Barbados (1).

Esses números revelam as transições políticas pelas quais passou o sistema interamericano. Apesar de há anos não participar do CID, a Venezuela ainda é o segundo país na lista de contribuintes em número de alunos, embora o seu afastamento político date do início do governo de Hugo Chavez (1999-2013). Em 2013, o Equador enviou os últimos alunos depois de iniciar o seu processo de retirada do sistema interamericano, assim como estiveram ausentes do colégio alunos argentinos durante os anos de governo de Nestor (2003-2007) e Cristina Kirchner (2007-2011; 2011-2015).

O número de civis tem aumentado expressivamente nos últimos anos, segundo Alan McPherson (2013), desde 1998. Isso vai ao encontro da criação de uma arquitetura voltada cada vez mais ao controle civil e estabelecimento de ministérios de Defesa. O corpo de ex-alunos, ou *alumni*, tem a presidência de um recente egresso, e ainda conta com a Fundação do Colégio Interamericano de Defesa, que trabalha com um conselho que tem por objetivo colaborar com o CID angariando fundos para as suas atividades e pessoal de apoio. O colégio participa ainda da Conferência de Diretores de Colégios Iberoamericanos, cuja XVII reunião foi sediada na Escola Superior de Guerra (ESG) em outubro de 2015.

Referências bibliográficas

BOSCH, B. J. *Balaguer and the Dominican Military*: Presidential Control of the Factional Officer Corps in the 1960s and 1970s. Jefferson: McFarland, 2007.

BUCHANAN, P. G. US Defense Policy for the Western Hemisphere: New Wine in Old Bottles, Old Wine in New Bottles, or Something Completely Different? *Journal of Interamerican Studies and World Affairs*, v.38, n.1, p.1-31, 1996.

CAMP, R. A. *Mexico's Mandarins*: Crafting a Power Elite for the Twenty-First Century. Los Angeles: University of California Press, 2002.

COPE, J. Reforming the Inter-American Defense Board. STRATEGIC FORUM 258. Washington, DC: Institute for National Strategic Studies; National Defense University, ago. 2010.

DENT, D. W.; WILSON, L. C. *Historical Dictionary of Inter-American Organizations*. Lanham: Scarecrow, 2013.

FERNANDES, A. J. O Brasil e o sistema mundial de poderes. *Revista Brasileira de Política Internacional*, v.44, n.1, p.94-111, 2001.

HORMATS, R. D. Making Regionalism Safe. *Foreign Affairs*, p.97-108, 1994.

LEONARD, T. et al. *Encyclopedia of US-Latin American Relations*. Washington, DC: CQ Press, 2012.

MCPHERSON, A. *Encyclopedia of US Military Interventions in Latin America*. Santa Bárbara: ABC-Clio, 2013.

PERRY, W.; PRIMORAC, M. The Inter-American Security Agenda. *Journal of Interamerican Studies and World Affairs*, v.36, n.3, p.111-27, 1994. Disponível em: www.jstor.org/stable/166529.

RAPP, M. A. *Ford Foundation Project on Procurement of Library Materials in Spanish and Portuguese for the Inter-American Defense College*: Interim Report, December 1962-January 1963. Washington, DC: Inter-American Defense College, 1963.

COMANDO SUL

Matheus Augusto Soares
Raphael Camargo Lima

O COMANDO SUL É RESPONSÁVEL por todas as atividades de segurança do Departamento de Defesa dos Estados Unidos que dizem respeito aos Estados-nação na América do Sul, América Central e no Mar do Caribe – exceto o México, a Guiana Francesa, as possessões e os territórios norte-americanos –, perfazendo uma área de aproximadamente 16 milhões de milhas quadradas. Tem como função elaborar planos militares operacionais e de contingência, garantir a segurança de recursos considerados estratégicos pelo país na região – como o Canal do Panamá –, prover assistência cívico-militar, realizar exercícios conjuntos em sua área de responsabilidade e executar operações de combate ao narcotráfico. Também apoia ações conjuntas entre o Departamento de Defesa e as agências governamentais estadunidenses, como a Drug Enforcement Administration (DEA), a National Security Agency (NSA) e a Defense Intelligence Agency (DIA).

Localizado em Doral, cidade do estado da Flórida, é comandado por um oficial-general de quatro estrelas e coordena os meios disponíveis, que incluem o Exército, a Marinha, a Força Aérea, o Corpo de Fuzileiros Navais e a Guarda Costeira. Seus principais componentes operacionais são a XII Força Aérea (AFSouth), o Exército Sul (ARSouth), o Corpo de Fuzileiros Navais – Sul (USMarForSouth), a IV Frota (USNavSo/FOURTHFLT), o Comando de Operações Especiais – Sul (SOCSOUTH), a Força Tarefa Conjunta Bravo (JTF-Bravo), a Joint Task Force Guantanamo (JTF-Guantanamo) e a Força Tarefa Interagências Sul (JIATF). Está sob responsabilidade do comando, ainda, o Centro William J. Perry para Estudos Hemisféricos de Defesa. Os EUA mantêm, pelo menos, dezessete estações de radar e diversas *forward operating location* (FOL) em países localizados na área de responsabilidade do Ussouthcom.

A história do Comando Sul remonta ao Comando de Defesa do Caribe (CaribCom). Criado no fim da II Guerra Mundial, durante a administração Franklin Delano Roosevelt, voltava-se à proteção da região do Canal do Panamá. A partir de dezembro de 1946, durante a presidência de Harry Truman, foi criado o Plano de Comandos Unificados (UCP) que viria a afetar o CaribCom. O UCP instituiu sete comandos unificados e divididos a partir de suas respectivas missões e áreas de responsabilidade. Iniciado com um direcionamento centralizado, o UCP foi gerido pelo Departamento de Defesa dos Estados Unidos (Cole et al., 2003). Nesse contexto, também foi aprovado o Ato de Segurança Nacional de 1947, regulamentando as Forças Aéreas dos EUA, a Agência Central de Inteligência (CIA), o escritório do secretário de Defesa e o Unified Combatant Command (UCC) System. Esse ato não somente reafirmou a presença americana ao redor do mundo, como também possibilitou que os Joint Chiefs of Staff (JCS) – os comandos conjuntos, compostos por autoridades do Exército, Aeronáutica, Marinha e pelo comandante-chefe, que devem atuar como os principais assessores militares do presidente e do secretário de Defesa (USA, 1947) – preparassem planos estratégicos militares e instituíssem os comandos unificados em áreas estratégicas (USA, 1947). Após essas duas importantes reformas, a partir de 1947, o novo Comando de Defesa do Caribe tinha sua área de atuação estendida para toda a América do Sul e Central, até que, em 1963, fosse oficialmente designado United States Southern Command (USSouthCom).

Um segundo momento importante para a criação do Comando Sul ocorreu com o Ato de Reorganização do Departamento de Defesa de 1958 (uma emenda ao ato de 1947) assinado por Eisenhower, que fortaleceu a UCP e fomentou uma maior interconectividade entre o Exército, a Aeronáutica e a Marinha (USA, 1958). A nova emenda estruturou a hierarquia em operações militares, conferindo poder ao presidente para agir em conjunto com o secretário de Defesa e com o JCS para o funcionamento das missões dos comandos (Cocom's). "Dessa maneira, a cadeia de comando seria executada do presidente ao secretário de Defesa e, então, aos comandos unificados" (Cole et al., 2003, p.26). Nos dias atuais, existem nove comandos subordinados ao presidente e ao secretário de Defesa, dos quais seis são comandos geográficos – US Africa Command (USAfriCom), US Central Command (USCentCom), US European Command (USEuCom), US Northern Command (USNorthCom), US Pacific Command (USPaCom), US Southern Command

(USSouthCom) – e outros três são comandos funcionais – US Special Operations Command (USSoCom), US Strategic Command (USStratCom), US Transportation Command (USTransCom).

Em seus anos iniciais, as ações do Comando Sul concentravam-se, sobretudo, em ações cívico-humanitárias, de apoio logístico e de contrainsurgência. A despeito de um breve momento de grande relevância durante a Crise dos Mísseis de 1962, ao longo dos anos 1960 e 1970, o Comando Sul tinha atividades mais localizadas, como suporte aos governos aliados envolvidos em conflitos considerados de baixa intensidade, apoio humanitário para países de região palco de desastres naturais, e assistência técnico-militar às forças militares dos países alinhados ao bloco ocidental (USNavSo, 2017).

Ainda que, do ponto de vista da defesa e da ótica estritamente militar, o território coberto pelo Comando Sul pudesse não ter a mesma importância de outras regiões, pelo prisma da segurança, o fato de desde o governo de Ronald Reagan os Estados Unidos terem definido as drogas como um problema de segurança nacional ampliou o papel da área (Rodrigues, 2002). Como consequência, o país entendeu que o ataque a esse problema deveria ser *in loco*, desarticulando a produção nas principais fontes: Bolívia, Colômbia e Peru e, por sua vez, posicionando o Comando Sul como peça central na política de segurança internacional norte-americana. O ponto de inflexão para esse papel e a política de combate ao narcotráfico norte-americana foi durante a operação Just Cause, realizada no Panamá em 1989, que tinha por objetivo a captura de Manuel Antonio Noriega Moreno, presidente do país. Posteriormente, o USSouthCom também teria importante papel na concepção e na execução do Plano Colômbia para combater o problema das "narcoguerrilhas" da região durante o governo do presidente Andrés Pastrana (1998-2002).

Tal direcionamento apenas seria alterado com a reativação da US Fourth Fleet, IV Frota, em 2008, com base na cidade de Mayport, no estado da Flórida. A IV Frota, principal componente naval operacional do Comando Sul, foi desativada ainda nos anos 1950. Segundo a Marinha dos Estados Unidos, a IV Frota foi dissolvida para que suas funções fossem transferidas para a II Frota. Todavia, ainda que não anunciado, tal posicionamento pode ser um indicativo de redução da importância relativa do Atlântico Sul para a defesa e a estratégia militar do país durante a Guerra Fria em detrimento de outros teatros de operação.

A reativação da IV Frota indica uma mudança na preocupação estratégico-militar dos Estados Unidos com a região do USSouthCom e provocou reações na América do Sul e na África por chocar-se com projetos de desmilitarização e desnuclearização do Atlântico Sul, tais como a Zona de Paz e Cooperação do Atlântico Sul (Zopacas) e o acordo de Pelindaba. Com efeito, de forma geral os países do entorno sul-atlântico interpretaram sua reativação como uma tentativa de militarizar uma área pacífica, associando a ação a uma ameaça às reservas petrolíferas no mar (Fonseca, 2011). Porém, essa posição não é consensual. Há quem aponte que essa visão mais suspeitosa da iniciativa estadunidense não tem sido tão clara no meio militar brasileiro. Oliveira (2015), por exemplo, indica que as Forças Armadas brasileiras entendem que a reativação da IV Frota, após 58 anos, vincula-se antes a uma estratégia mais ampla de constituição de uma rede militar de vigilância do que a tensões regionais.

Segundo o Departamento de Defesa, o objetivo principal da IV Frota é reforçar a cooperação e a parceria entre os EUA e os países da região. Dentre as principais missões da frota destacam-se o apoio a operações de paz, ações humanitárias, exercícios navais regulares e auxílio às operações de combate às drogas. Como parte da política implementada pelo Comando Sul para os países latino-americanos, assessores militares estadunidenses encontram-se presentes em diversos países. Na Colômbia, por exemplo, esses assessores treinam os componentes da Brigada Ribeirinha da Armada colombiana, na base de Puerto Lequízamo, no Rio Putumayo. Em Mocoa, o treinamento dos fuzileiros navais colombianos baseia-se nas técnicas de combate de pequenas unidades. Na base de Larandia, militares do Exército colombiano recebem treinamento para o combate à narcoguerrilha.

Nesse contexto, outra atuação importante e recente do Comando Sul ocorreu em resposta ao terremoto no Haiti, em janeiro de 2010, quando iniciou a operação Unified Response, a maior missão de assistência humanitária a desastres naturais já realizada pelo comando. O porta-aviões *USS Carl Vinson* (CVN 70), o cruzador *USS Bunker Hill* (CG52) e o navio hidroceanográfico *USNS Henson* (T-AGS 63) estão entre os primeiros vetores da US Navy a chegarem à região. Por fim, cabe destacar que o Comando Sul também presta apoio técnico aos países da região por meio de uma parceria com o US Army Corps of Engineers (Usace) – South Atlantic Division (SAD), Divisão do Atlântico Sul do Corpo de Engenharia do Exército dos Estados Unidos. Por exemplo, a Companhia de Desenvolvimento dos Vales do São Francisco e do Parnaíba (Codevasf), órgão do governo federal subordinado ao Ministério da Integração Nacional, contratou, com a anuência das Forças Armadas brasileiras, o Usace com o intuito de estudar alternativas que tornem navegável o Rio São Francisco.

Referências bibliográficas

COLE, H. et al. *The History of the Unified Command Plan*: 1946-1999. Washington: Joint History Office, 2003.

FEICKERT, A. *The Unified Command Plan and Combatant Commands*: Background and Issues for Congress. Washington: Congressional Research Service, 2013.

FONSECA, C. O Brasil e a segurança do Atlântico Sul. *Nação e Defesa*, Lisboa, n.128, 5.série, p.77-91, 2011.

OLIVEIRA, J. C. C. N. A. de. *A segurança do Atlântico Sul na perspectiva histórica das relações Brasil-Estados Unidos*: convergências ou divergências de interesses? Curitiba: Editora CRV, 2015.

RODRIGUES, T. A infindável guerra americana: Brasil, EUA e o narcotráfico no continente. *São Paulo em Perspectiva*, São Paulo, v.16, n.2, abr.-jun. 2002.

UNITED STATES OF AMERICA (USA). National Security Act of 1947. Washington: Public Law 253, 80th Congress; Chapter 343, 1st Session; S. 758, 1947.

______. Department of Defense Reorganization Act of 1958. Washington: Public Law 85-599, 1958.

US NAVAL FORCES SOUTHERN COMMAND (USNavSo). US Naval Forces Southern Command US 4th Fleet. US Navy website, 2017. Disponível em: http://www.public.navy.mil/COMUSNAVSO-C4F/Pages/History.aspx. Acesso em: 14 set. 2017.

COMPLEXO REGIONAL DE SEGURANÇA

Matías Ferreyra
Samuel Alves Soares

A IDEIA CENTRAL DO CONCEITO DE COMPLEXO REGIONAL DE SEGURANÇA, formulado por Barry Buzan e Ole Wæver (2003), dois expoentes da Escola de Copenhague, é que partes substanciais das questões de segurança, no sistema internacional, manifestam-se em *clusters* regionais. Esses *clusters* são duradouros e distintos dos processos de securitização e dessecuritização em nível global.

A definição conceitual de complexo regional de segurança sofreu certa alteração com o decorrer do tempo. A definição original, formulada por Barry Buzan (1983), refere-se a "um grupo de Estados cujas preocupações principais de segurança se vinculam tão estreitamente que suas seguranças nacionais não podem realisticamente ser razoavelmente consideradas separadas umas das outras". Em obra posterior, (1998, p.201), os autores formularam a definição de complexo regional de segurança para desviar o enfoque centrado no Estado e no âmbito político-militar, incluindo a possibilidade de diferentes atores e vários setores de segurança: "um conjunto de unidades cujos maiores processos de securitização, dessecuritização, ou ambos, estão tão interconectados que seus problemas de segurança não podem ser razoavelmente analisados ou resolvidos em separado". Na obra *Regions and Powers* (2003), Buzan e Wæver remarcam que essa formulação mais complexa não modifica a ideia central ou as principais propriedades do conceito.

A perspectiva regionalista da segurança

Em Relações Internacionais, a leitura da segurança na perspectiva das regiões emerge com força a partir dos processos de descolonização no período da Guerra Fria. A descolonização, entre 1945 e 1989, substituiu um mundo de impérios e relações políticas desiguais por outro baseado em Estados nacionais, com igualdade soberana formal, completando a reconstrução do sistema político global na forma europeia (westfaliana) de Estados territoriais. Dezenas de novos Estados foram criados, o que permitiu que a dinâmica regional de segurança começasse a operar entre esses novos atores independentes na maior parte da África, do Oriente Médio e do Sul e Sudeste da Ásia (Buzan; Wæver, 2003, p.16). Porém, a rivalidade bipolar dos Estados Unidos e da União Soviética subordinou a maior parte da Europa e do nordeste da Ásia, e penetrou fortemente na maioria das regiões recém-liberadas. Como afirmam Buzan e Wæver (2003, p.16), "a Guerra Fria ajudou a formação de vários complexos regionais no Oriente Médio, na África e na Ásia, mas também foi o mecanismo que organizou e promoveu uma intervenção na operação desses novos CRS".

Nesse período, o estudo das regiões e dos regionalismos se desenvolveu como uma abordagem alternativa às análises globalistas e neorrealistas, que focalizam as variáveis sistêmicas para compreender processos de segurança internacional, e à perspectiva estatista, a qual compreende a ação estatal como fator predominante da segurança (Hurrel, 1998). O interesse por compreender realidades específicas e como estas se relacionam com as correntes geopolíticas globais, especialmente em temas de segurança, levou à consideração da função que desempenham as regiões como área geográfica natural, com sua relativa autonomia, suas dinâmicas próprias e seus arranjos econômicos, políticos e socioculturais comuns. Esse primeiro esforço de análise procurou adaptar as teorias das Relações Internacionais então existentes à esfera regional. Já nas perspectivas regionalistas que emergiriam nos anos 1990, entre as quais se insere a proposta teórica de Buzan e Wæver, o empenho se dá principalmente com vistas a desenvolver uma teoria das regiões.

Buzan e Wæver exploram a ideia de que, no período da Guerra Fria, o nível de segurança regional se converteu em uma esfera mais autônoma e mais proeminente na política internacional, e que o fim da Guerra Fria acelerou esse processo. Essa ideia decorre do fim da bipolaridade. "Sem rivalidades de superpotências se introduzindo de forma obsessiva em todas as regiões, os poderes locais têm mais margem de manobra" (Buzan; Wæver, 2003, p.17). Durante uma década após o fim da Guerra Fria, tanto a superpotência restante como as demais grandes potências (China, União Europeia, Japão, Rússia) tiveram menos incentivos para intervir em assuntos de segurança fora de suas regiões. A autonomia relativa da segurança regional constitui um padrão de relações de segurança internacional diferente da estrutura rígida da bipolaridade das superpotências que definiu a Guerra Fria. Na visão de Buzan e Wæver (2003, p.10), esse padrão não é captado adequadamente pelas categorias de "unipolar" ou "multipolar" e tampouco pela ideia de "globalização". Portanto, a perspectiva regionalista se afasta das perspectivas neorrealistas e globalistas na forma de conceber a mudança na estrutura da nova ordem internacional.

A interpretação neorrealista da estrutura posterior à Guerra Fria supõe que tem havido uma mudança de poder estrutural em nível global (o fim da bipolaridade) e sua preocupação é identificar a natureza dessa mudança para inferir as consequências na segurança. Mas não questiona a primazia do nível global, o que faz que a procura de mudança se limite a uma estreita gama de opções dentro desse nível global: unipolaridade ou multipolaridade (Buzan; Wæver, 2003, p.11). O neorrealismo carece de um enfoque teórico regional e ainda carece de uma compreensão construtivista da segurança como sustentada pelo projeto regionalista de Buzan e Wæver. Um aspecto fundamental para a Escola de Copenhague é que "não é possível inferir mecanicamente o que podemos considerar uma ameaça à segurança e o que não é" (Buzan; Wæver, 2003, p.86). A securitização/dessecuritização é um elemento variável e dependente das práticas e dinâmicas específicas de um conjunto de atores. O que para alguns será uma ameaça, possivelmente para outros não o será ou terá condições, significados e respostas diferentes. Nesse sentido, Buzan e Wæver assumem um enfoque construtivista, destacando a importância das percepções e suas possíveis mudanças, o poder relativo e as relações mútuas de amizade, inimizade ou rivalidade dos atores envolvidos em um cenário internacional (Buzan; Wæver, 2003). Enfim, remete à consideração de que ameaças e vulnerabilidades apresentam um conteúdo nitidamente intersubjetivo.

Por sua vez, as perspectivas globalistas, em suas versões mais leves, desconsideram a centralidade do Estado na nova ordem mundial e destacam muitos atores e sistemas não estatais enraizados principalmente nas abordagens culturais, transnacionais e de economia política da globalização. Talvez o seu tema de orientação mais claro seja a desterritorialização da política mundial (Buzan e Wæver têm como referência autores como Held et al., 1999; Woods, 2000; Scholte, 2000). "Nas suas versões mais fortes (seja marxista ou liberal), a desterritorialização varre tudo diante dela, levando o Estado e o sistema estatal para fora do centro da política mundial" (Buzan; Wæver, 2003, p.11). Esse enfoque se posiciona no extremo oposto da perspectiva desses autores, os quais acreditam na contínua proeminência da territorialidade no campo da segurança, em suas formas estatais, nacionais, movimentos insurgentes ou regiões.

Contudo, a perspectiva regionalista contém elementos tanto do globalismo como do neorrealismo. Tanto neorrealistas como regionalistas têm suas raízes na territorialidade e na segurança. Os CRS aparecem como um complemento à perspectiva neorrealista na estrutura do sistema, no sentido de proporcionar um quarto nível (regional) da estrutura. Para Buzan e Wæver (2003, p.16), o neorrealismo proporciona a melhor referência para diferenciar os níveis globais e regionais das constelações de segurança. Também ambas as perspectivas compartilham uma visão racionalista e restringida da segurança, concentrando-se principalmente nas ameaças definidas como existenciais para a sobrevivência dos atores no campo político-militar.

Em relação aos globalistas, um setor mais moderado dentro dessa corrente está interessado em analisar as interações entre territorialidade e desterritorialização. O efeito da territorialização das interações de segurança é mais forte e evidente nos setores militar, político, social e ambiental. Mas o efeito dessa adjacência é muito menos consistente no setor econômico (Buzan; Wæver, 2003, p.46). Outra forma de anulação do território poderia resultar do aumento nos níveis de poder absoluto de forma que mais atores ignorem as restrições da territorialidade e da distância. Pode se dizer que ambos os processos estão acontecendo e esses argumentos são uma parte da posição globalista: "Todos os Estados do sistema estão em certa medida enredados em uma rede global de interdependência de segurança, mas, devido a que a insegurança muitas vezes se associa com a proximidade, essa interdependência não é uniforme. A anarquia, mais o efeito da distância, mais a diversidade geográfica, produzem um padrão de conglomerados de base regional, onde a interdependência de segurança é marcadamente mais intensa entre os Estados dentro de tais complexos do que entre os atores dentro do complexo e aqueles que estão fora dele" (Buzan; Wæver, 2003, p.4).

A teoria dos complexos regionais de segurança

O fato de o enfoque regionalista ter um nível distinto de análise localizado entre o global e o local é o que dá à teoria dos complexos regionais de segurança (TCRS) seu poder analítico (Buzan; Wæver, 2003, p.43). A TCRS distingue a interação do nível do sistema com os poderes globais, cujas capacidades permitem transcender a distância, e a interação do nível do subsistema de poderes menores cujo principal ambiente de segurança é sua região local.

A ideia central nessa teoria é que, uma vez que a maioria das ameaças viaja mais facilmente em distâncias curtas do que longas, a interdependência de segurança normalmente estará padronizada em *clusters* baseados em regiões: os complexos regionais. Essa premissa está fortemente mediada pelo poder das unidades envolvidas: "As superpotências, por exemplo, têm interesses tão amplos e capacidades tão grandes que podem conduzir suas rivalidades pelo planeta todo, transcendendo em grande medida a lógica da geografia e da adjacência nas relações de segurança. No outro extremo de poder estão os Estados cujas capacidades menores limitam em grande medida seus interesses e atividades de segurança a seus vizinhos mais próximos" (Buzan; Wæver, 2003, p.48).

Portanto, um grande poder tende a anular o imperativo regional e o poder menor tende a reforçá-lo. Tais vinculações regional/global não significam que os complexos regionais sejam sobrepostos por definição. Buzan e Wæver defendem que eles são mutuamente excludentes, pois os CRS são mapeados e distinguidos um do outro por graus relativos de conexão de segurança e indiferença. Conceitos tais como "penetração" ou "sobreposição" entre grandes potências e poderes menores são importantes para a teoria, justamente porque explicariam eventuais anomalias ou dificuldades para distinguir a exclusão mútua dos complexos regionais (Buzan; Wæver, 2003, p.49). O que liga o padrão abrangente de distribuição de poder entre os poderes globais à dinâmica regional dos CRS é o mecanismo de penetração (Buzan; Wæver, 2003, p.46). A "penetração" ocorre quando os poderes externos formam alinhamentos de segurança com Estados dentro de um CRS. Uma rivalidade regional local, como o exemplo apresentados pelos autores, entre a Índia e o Paquistão, oferece oportunidades ou demandas para que as grandes potências penetrem na região. A lógica da balança de poder funciona de modo a encorajar os rivais locais a avocar ajuda externa e, por esse mecanismo, os padrões locais de rivalidade se tornam vinculados aos globais.

A "sobreposição "ocorre quando interesses de uma grande potência transcendem a mera 'penetração' e passam a dominar a região tão pesadamente que o padrão local de relações de segurança virtualmente deixa de operar" (Buzan; Wæver, 2003, p.61).

Ainda que exista um processo de maior "penetração" ou "sobreposição", a estrutura do CRS é de natureza anárquica e sua característica básica é definida por dois tipos principais de relações: distribuição de poder (polaridade) e suas consequentes relações de poder; padrões de amizade, rivalidade e inimizade (polarização) (Buzan; Wæver, 2003, p.49). A ideia de que o poder opera em uma escala regional é bem conhecida a partir do conceito de equilíbrio de poder regional, em que potências que não estão diretamente ligadas entre si ainda participam da mesma rede de relações. Assim, os CRS, como o sistema internacional do qual são subestruturas, podem ser analisados em termos de polaridade, desde o modelo unipolar, bipolar e tripolar, até multipolar, do que resulta a necessidade de distinguir os poderes regionais dos níveis globais.

O segundo componente – padrões de amizade, rivalidade e inimizade – é atribuído a uma realidade histórica derivada de uma estrutura socialmente construída. Não é suficiente identificar a distribuição do poder material para prever os padrões de conflito e rivalidade (Buzan; Wæver, 2003, p.49). Os pressupostos construtivistas de Alexander Wendt, nesse sentido, fornecem uma visão particularmente útil para analisar complexos regionais. A ideia de Wendt das estruturas sociais da anarquia (hobbesiana, lockiana, kantiana) é baseada em "que tipo de papéis – inimigo, rival, amigo – dominam o sistema"; e quão profundamente esses papéis estão internalizados nas identidades e interesses dos Estados (Wendt, 2014, p.315). Todas essas ideias funcionam tanto no nível regional como no global. A observação de que não há correlação necessária entre o tipo de estrutura social e o grau de internalização é uma visão particularmente útil para analisar os CRS (Buzan; Wæver, 2003, p.49).

A função mais bem estabelecida para a TCRS é como uma estrutura analítica, organizando estudos empíricos de segurança regional. A teoria especifica o que procurar em quatro níveis de análise e como buscar a inter-relação entre eles (Buzan, Wæver, 2003, p.51). Os quatro níveis são: a) o sistema internacional: em referência às relações no âmbito global ou ao sentido de porosidade das regiões, como aponta Katzenstein (2005); b) os subsistemas: no sentido das relações de interdependência entre algumas unidades, que podem ser regionais, como a União Europeia, ou não, como é o caso da Opep; c) as unidades ou atores: os quais possuem a suficiente coerência e independência para serem diferenciados dos outros, como Estados ou nações; d) subunidades: são grupos dentro da unidade que têm influenciado o rumo das decisões da unidade.

A TCRS afirma que o nível regional sempre será operativo e, às vezes, dominante. Argumenta-se que os quatro níveis mencionados constituem uma constelação de segurança e estão simultaneamente em jogo. Certas circunstâncias poderiam fazer oscilar as probabilidades de uma forma ou outra de equilíbrio entre eles, o que é determinado na observação empírica de casos (Buzan; Wæver, 2003, p.52). Os fatores domésticos poderiam dominar algumas constelações de segurança, os regionais em outros e os globais ainda em outros. O nível regional pode dominar ou não, mas sempre estará presente de forma significativa. Dessa maneira, a teoria oferece a possibilidade de relacionar sistematicamente o estudo das condições internas, as relações entre as unidades da região, as relações entre regiões e a interação da dinâmica regional com poderes de atuação global. A teoria também fornece uma lógica estrutural, principalmente sob a hipótese de que os padrões regionais de conflito moldam as linhas de intervenção de potências de nível global (Buzan; Wæver, 2003, p.52).

A TCRS também permite a concepção de *subcomplexos* como um "meio nível" dentro do regional. Subcomplexos têm a mesma definição de CRS, mas com a diferença de que estão firmemente incorporados dentro de um CRS maior. Os subcomplexos representam padrões distintivos de interdependência de segurança que, no entanto, são incorporados em um padrão mais amplo que define o CRS como um todo. O exemplo mais claro é no Oriente Médio, onde subcomplexos distintos podem ser observados no Levante (Egito, Israel, Jordânia, Líbano, Síria) e no Golfo (Irã, Iraque, CCG) (Buzan; Wæver, 2003, p.51). Para o caso da América do Sul, o subcomplexo andino e o do cone sul.

Como os CRS são subestruturas regionais duráveis, eles têm estruturas internas e limites externos que podem ser usados para monitorar elementos de continuidade e mudança e distinguir mudanças significativas de eventos menos importantes (Buzan; Wæver, 2003, p.53). A estrutura essencial de um CRS incorpora quatro variáveis: a) fronteira, que diferencia o CRS de seus vizinhos; b) estrutura anárquica, o que significa que o CRS deve ser composto por duas ou mais unidades autônomas; c) polaridade, que abrange a distribuição do poder entre as unidades; e d) construção social, que abrange os padrões de amizade, rivalidade e inimizade entre as unidades. Qualquer mudança significativa em algum desses componentes poderia alterar a dinâmica e o tipo de CRS. A questão está em avaliar se tais mudanças enfraquecem a estrutura, são indiferentes ou a reforçam (Buzan; Wæver, 2003, p.53). Existem quatro formas de avaliar a influência das alterações na dinâmica de um CRS: a) manutenção do *status quo*: a estrutura do complexo permanece intacta; b) transformação interna: a estrutura essencial se modifica pelas forças internas do complexo; c) transformação externa: há uma modificação na distribuição do poder ou nos padrões de amizade, rivalidade ou inimizade por adição ou subtração de um Estado ao subsistema; d) sobreposição ou *overlay*: imposição de potências externas sobre o complexo, restringindo sua dinâmica (Buzan; Wæver, 2003, p.53).

Tipos de complexos regionais

Considerando esses parâmetros de estrutura e evolução, é possível identificar diferentes tipos de CRS. O primeiro passo é estabelecer uma distinção entre CRS-*padrão* e CRS *centrado* (Buzan; Wæver, 2003, p.53). Um CRS-padrão é de origem westfaliana, formada por dois ou mais poderes e uma agenda de segurança predominantemente político-militar. A polaridade do complexo está completamente definida pelos poderes regionais e pode variar de unipolar a multipolar, definindo os termos de penetração dos poderes globais. Nesse caso, a unipolaridade significa que a região contém apenas uma potência regional, mas o CRS não está "centrado", porque a dinâmica de segurança regional não está dominada por uma potência no seu centro. Tampouco contém um poder de nível global e, portanto, em tais regiões (atualmente África, Oriente Médio, América do Sul e Ásia meridional) podem se estabelecer claras distinções entre as dinâmicas regionais e as dinâmicas externas. Quanto a amizade e inimizade, os CRS-padrão podem ser formações de rivalidades, equilíbrio, alianças e/ou amizades (Buzan; Wæver, 2003, p.54).

Os CRS centrados podem assumir três (potencialmente quatro) formas principais. As duas primeiras formas são casos especiais em que um CRS é unipolar, mas o poder em questão é uma grande potência (por exemplo, a Rússia na CEI); ou uma superpotência (por exemplo, os Estados Unidos na América do Norte), em vez de apenas um poder regional. Nesses dois casos, o poder de nível global domina a região (unipolaridade) sem que outros poderes tenham peso suficiente para definir outro polo regional. O ator principal é impulsionado muito mais pelo global que pela dinâmica de segurança regional. Durante a Guerra Fria, por exemplo, eram as preocupações globais dos Estados Unidos e da União Soviética que motivaram suas imposições de segurança aos seus respectivos vizinhos menores. Pelo fato de o ator principal ser orientado globalmente, as dinâmicas de segurança da região em questão podem estar extremamente distorcidas. Mas, uma vez que todos os outros atores da região têm suas preocupações ligadas entre si, existe ainda uma clara formação regional de segurança densamente urdida (Buzan; Wæver, 2003, p.55).

A terceira forma de CRS centrado envolve uma região integrada por instituições e não por um único poder. A UE fornece um exemplo singular, no qual a centralidade não vem de uma única potência, mas da edificação de instituições coletivas de Estados, "ficando a meio caminho entre ser uma região sob a forma de uma comunidade de segurança altamente desenvolvida ou ser um grande poder por direito próprio no nível global" (Buzan; Wæver, 2003, p.57).

Uma comunidade desse tipo é marcada por processos de dessecuritização, o que Wendt (1992) denomina estrutura social kantiana, na qual os atores deixam de se tratar como deflagradores de ameaças e começam a se comportar como amigos. Eles ainda podem concorrer e se sentir desafiados algumas vezes, mas isso é tratado como problemas políticos, econômicos e sociais comuns, não como questões de segurança, ou seja, ameaças à sobrevivência dos seus membros (Buzan; Wæver, 2003). Para os autores, a UE poderia ser entendida como um CRS na forma de uma comunidade de segurança (CS), mas apresentam algumas advertências.

A definição clássica de Deutsch de uma CS afirma que os atores não podem imaginar uma guerra entre si (Deutsch, 1957). Isso significaria uma forma de dessecuritização completa da CS. Porém, tanto atualmente como nas décadas anteriores, entre as elites políticas, tal processo baseava-se no argumento generalizado de que era necessário integrar para evitar os riscos das guerras do passado. Assim, a integração e a cooperação europeias tiveram uma trajetória histórica altamente securitizada, baseada no risco de o passado da Europa tornar-se também o seu futuro. O Cone Sul, na América do Sul, estaria perto de criar uma CS baseada em securitizar principalmente uma ameaça econômica externa, e dessa derivação adviria a pacificação regional. Para a Escola de Copenhague, a forma mais relevante de CS conteria securitização ativa e regional, só que não seria de um Estado temendo outro, mas da dessecuritização coletiva do desenvolvimento geral da região. Portanto, a CS seria uma forma possível, ainda que incomum, para um CRS. Não é um processo que vai além do *status* do CRS (Buzan; Wæver, 2003, p.57).

O que liga os três tipos de CRS centrado é a ideia de que a dinâmica de segurança de uma região é dominada por um centro localizado dentro dela. Uma questão é quão dominante é o centro (ou seja, o grau de assimetria de poder), mas igualmente da forma de hegemonia (Buzan; Wæver, 2003, p.58).

Buzan e Wæver também lidam com os complexos que não se encaixam em nenhuma categoria, mas que se vinculam com elas. Esses casos resultam da existência de uma série de potências de nível global dispersas por todo o sistema, que criam duas possibilidades de CRS centrados: *complexos regionais de grandes potências* e *supercomplexos* (Buzan; Wæver, 2003, p.58). No CRS de grandes potências, a polaridade de uma região está definida por mais de um poder de nível global em seu interior. É o caso atual do leste da Ásia, em que Japão e China formam o núcleo de um grande poder bipolar de um CRS. Esses tipos de CRS devem ser tratados de forma diferente dos CRS comuns por duas razões. Em primeiro lugar, sua dinâmica afeta diretamente os cálculos de equilíbrio em nível global em um formato que não caberia esperar de um CRS-padrão. Segundo, dado que se envolvem grandes potências, há a expectativa de um maior transbordamento nas regiões adjacentes, ou seja, uma maior intensidade da interação inter-regional (Buzan; Wæver, 2003, p.58).

Mas quando o efeito de transbordamento é tão intenso, pode unir, o que de outro modo seriam CRS separados, em "supercomplexos", com uma ou mais grandes potências em seu núcleo. Em tal caso, a constelação de segurança se torna mais elaborada (Buzan; Wæver, 2003, p.60). Em lugar de ter apenas três níveis principais (domésticos, regionais e globais), pode-se agregar um quarto nível, o super-regional, substituindo a normalmente inter-regionalidade mais fraca. Em um supercomplexo, o nível inter-regional é forte e consistente, como tem sido entre o nordeste e o sul da Ásia. Não tão forte para anular a dinâmica regional no CRS penetrado, mas o suficiente para exercer transformações externas sobre ele (Buzan; Wæver, 2003, p.61).

Até aqui foram apresentadas as condições que permitem a criação de um CRS. Mas também cabe a possibilidade de que o nível regional de segurança não funcione e os atores no nível local gerem seus próprios padrões de interdependência de segurança. Há dois conjuntos de condições nos quais os CRS não podem ser formados. Por uma parte, a "superposição", quando uma grande potência transcende a mera penetração e domina uma região tão fortemente que o padrão local de relações de segurança praticamente deixa de operar (Buzan; Wæver, 2003, p.61). Um exemplo contundente é a colonização europeia da África, da Ásia e da América, ou a situação da Europa durante a Guerra Fria, superposta pela rivalidade das superpotências. Por último, quando uma região é "não estruturada", isto é, quando as unidades têm uma capacidade tão baixa que seu poder não se projeta além de seus próprios limites, ou onde o isolamento geográfico dificulta a interação (por exemplo, ilhas separadas pelos oceanos) (Buzan; Wæver, 2003, p.61).

Complexos regionais e comunidade de segurança

Cabe ainda apresentar as diferenças básicas entre os conceitos de CRS e comunidade de segurança (CS), cujos pressupostos respondem a correntes teóricas e ontológicas diferentes. Com respeito ao CRS, os mecanismos de segurança derivados se sustentam nas noções materialista e racionalista, próximas à teoria neorrealista, a partir da qual anarquia é entendida como um componente estrutural do sistema internacional, que explica a concorrência entre diferentes centros de poder que exibem capacidades militar, econômica e cultural relativa e diferenciada. Em contraste, os estudos dos elementos da CS se sustentam comumente em preceitos ontológicos ideacionais, isto é, em estruturas socialmente construídas, em que o poder e a guerra podem ser dirimidos por meio da construção da identidade coletiva e da confiança recíproca, eliminando os efeitos nocivos da anarquia. Portanto, é possível lograr a "mudança pacífica" através de políticas de autocontrole ou de abstenção do uso da força (Adler; Barnett, 1998).

Na segunda metade de 1950, Deutsch (1957, p.5) definiu uma CS como um grupo de pessoas que têm se "integrado". Por integração entende-se o fato de se ter alcançado, no seio de um território, um "sentido de comunidade", de instituições e práticas suficientemente fortes e difusas para segurar, sobre um "longo período", que as esperanças de "mudança social" no interior de uma população sejam respeitadas. Mas o aporte específico de Deutsch à reflexão nas Relações Internacionais está na noção de "comunidade plural de segurança", segundo a qual "a paz pode ser alcançada graças às esperanças pacíficas recíprocas e o sentimento de comunidade criado consecutivamente à multiplicação das comunicações" (Adler; Barnett, 1998, p.7). Logo Adler e Barnett aprofundaram o conceito de CS, definindo-o como um novo espaço no qual os Estados "deixam de se preocupar com ameaças militares oriundas de outros membros da comunidade para privilegiar os problemas de segurança que giram sobre temáticas econômicas, meio ambiente e bem-estar social" (Adler; Barnett, 1998, p.4). Tais elementos constitutivos das comunidades identificam-se com as categorias construtivistas de Wendt (1992), levando em conta elementos que constroem socialmente os atores. Adler e Barnett enfatizam que a segurança é tanto uma condição como uma qualidade para as comunidades que se formam para os desafios de construção de um conjunto de relações pacíficas. Wendt (1992), por sua vez, ponderou que, na lógica kantiana da construção da anarquia, os Estados podem formar "comunidades plurais de segurança".

Nos termos originais de Deutsch, uma "comunidade de segurança é um grupo que se tornou integrado, sendo a integração definida como um senso de comunidade, acompanhada por instituições ou práticas formais ou informais, suficientemente fortes e generalizadas para assegurar a mudança pacífica entre membros de um grupo, com certeza 'razoável' durante um 'longo período de tempo'" (Deutsch apud Acharya, 2001, p.16). O ponto nodal da comunidade de segurança é que, ainda que "alguns países parceiros em potencial [em uma comunidade de segurança] encontrem-se em lados opostos em algum conflito internacional maior, eles se comportam de modo a manter hostilidades mútuas reais e danos em um mínimo, ou então se recusam a lutar entre si" (Deutsch apud Acharya, 2001, p.16).

Reside nesse ponto a diferença essencial entre um complexo regional de segurança e uma comunidade de segurança. Ainda que o primeiro demande a proximidade geográfica e valores que orientem as ações – que podem vigorar desde um gradiente cooperativo até um conflitivo –, o conceito de comunidade de segurança advoga a exclusividade de redução ao mínimo do conflito ou mesmo a sua inexistência. Em uma escala valorativa, as comunidades de segurança admitem apenas uma margem estreita de conflito, enquanto nos complexos regionais esse espaço é bastante alargado.

Decorre dessa distinção o risco de uma conceituação heuristicamente improdutiva ao se comparar CRS e CS, na medida em que, no caso de comunidades de segurança, a certeza ou, mais propriamente, a baixa probabilidade de que não haja conflito físico entre os Estados e sim que as disputas sejam resolvidas por outros meios pode vir a ser uma situação existente em um complexo regional de segurança; todavia, como demarcação conceitual, vigem no caso dos CRS os imperativos geográficos, ou, ainda, pode-se considerar a existência de *institucionalização* da proximidade geográfica (Väyrynen, 1984), produzida por meios, mútua interação e organizações comuns. A contiguidade fronteiriça é vinculação obrigatória, remetendo, portanto, a uma ontologia relacional da segurança.

Por outro lado, o que pode produzir certa referência de aproximação entre comunidades de segurança e complexos regionais de segurança é a essência estruturante da definição amigo-inimigo (Balzacq, 2007).

Embora as duas doutrinas expostas (CRS e CS) expressem concepções securitárias diferentes, Adler e Barnett (1998) assinalam que, devido à multiplicidade de ordens internacionais existentes de maneira simultânea, encontramos uma espécie de superposição na qual se encontram diferentes formações, entre elas os CRS e as CS. Isto é, não se podem analisar os CRS e as CS de forma separada, devendo-se considerar as dinâmicas e as práticas que cada uma desenvolve e extrair as particularidades que se sobrepõem em uma estrutura ou região dada, tendo em conta duas instituições fundamentais no estudo das relações internacionais: o equilíbrio de poder e a guerra (Adler; Barnett, 1998). Por outra parte, Buzan e Wæver, como assinalado anteriormente, entendem que uma CS é uma forma possível, senão incomum, de securitização regional para um CRS.

Críticas à TCRS

A TCRS apresenta alguns elementos problemáticos que merecem ser mencionados. A crítica pós-colonial apontaria para a falta de uma análise que pondere a evolução e contexto histórico do surgimento dos Estados modernos (Demurtas, 2014, p.49); por exemplo, como as práticas coloniais europeias, nas regiões do Sul global, poderiam ter afetado a evolução das capacidades e limitações contemporâneas dos poderes locais. Na perspectiva da teoria crítica, a TCRS estaria levando ao silêncio algumas das perspectivas inovadoras dos estudos sobre segurança, como o feminismo e o discurso dos países outrora conhecidos como "terceiro mundo" (Demurtas, 2014, p.49). Esse fator localiza a TCRS entre os enfoques tradicionalistas dos estudos de segurança, ao priorizar os assuntos de segurança político-militar. Outro problema suscitado pela teoria dos CRS, deslocando a análise para a União Europeia, é a perpetuação dos esquematismos de divisão geográfica, política e identitária entre os Estados que estão dentro do sistema ("Nós") e os que ficam fora (os "Outros"). Essa divisão representaria um obstáculo para a criação de novas formas de comunidade política, mais inclusivas, de acordo com critérios mais elevados de emancipação humana. A TCRS seria como um código de conduta que fomenta comportamentos normalizados pelo medo e a percepção do "outro" como ameaça.

Por outra parte, Buzan e Wæver defendem que há complexos mais heterogêneos e outros mais monolíticos, o que leva a incorporar um subnível de análise, denominado subcomplexo regional. Esse conceito pode estar indicando certa inconsistência na teoria, uma vez que seus critérios variam de região para região e acabam por não ser bem explicitados (Pergher, 2011). O tratamento da África, por exemplo, como um CRS, apresenta debilidades caso se procure uma leitura integradora em uma região altamente diversificada. Na proposta de Buzan e Wæver (2003, p.231) fica estabelecida a existência de até cinco estruturas de segurança operando no contexto africano. Embora os autores claramente reconheçam esse critério, dão "preferência a uma visão inclusiva do continente" (Buzan; Wæver, 2003, p.232). Por outra parte, conceber a América do Sul como um CRS integrado também apresenta dificuldades. Os autores da Escola de Copenhague assinalam que "as sub-regiões dentro da América do Sul são muito distintas e a análise as mostrará crescentemente diferenciadas, o que poderia motivar a que se trate o Cone Sul e o Norte Andino como CRS separados, mas as preocupações de segurança para toda a América do Sul ainda estão demasiado conectadas para concebê-las em separado" (Buzan; Weaver; 2003, p.264). Por sua parte, o Oriente

Médio tampouco constituiria um CRS homogêneo, senão que estaria conformado por três subcomplexos regionais (Buzan; Wæver, 2003). Assim, existe uma dispersão dos critérios na definição do que é um subcomplexo regional, podendo ser definido tanto pelas capacidades dos países que os compõem ou em relação às percepções de ameaças ou à agenda de segurança daquela sub-região, o que abre a possibilidade de subjetivações a partir dessa maleabilidade teórica (Pergher, 2011).

No caso da América do Sul, como foi assinalado, Buzan e Wæver distinguem duas dinâmicas de segurança para a região: uma referente aos países do Cone Sul (na qual ganha destaque a relação entre Argentina e Brasil) e a outra concernente aos países do Norte Andino (cujo principal fator agregador é a dinâmica das drogas). A variedade de temas concernentes à segurança, contudo, acaba produzindo certas inconsistências quanto às causas fundadoras dos subcomplexos (Pergher, 2011). Enquanto a sub-região do Cone Sul se forma pela integração econômica e social, representada pelo Mercosul, o subcomplexo do Norte Andino parte tanto de uma caracterização geográfica (os Andes) quanto da percepção de ameaças (especialmente aquelas vinculadas à dinâmica das drogas).

Importa considerar, como em qualquer outro conceito, que as postulações de Buzan e Wæver não são monolíticas. Situadas em uma perspectiva realista, em sentido amplo, os complexos regionais de segurança repousam na existência de uma interdependência em segurança, podendo ser positiva ou negativa (Balzacq, 2007), e é profunda e durável, ainda que não permanente. De outra parte, de uma perspectiva construtivista, não há uma configuração externa dada *a priori*, mas sim uma *situação* de segurança. Se, para a primeira perspectiva, o Estado e seu setor político-militar emergem como as peças centrais do complexo de segurança, na segunda, os setores de segurança e a natureza dos objetos ameaçados podem ser consideravelmente variados. Na postulação de Balzacq (2007), os CRS são bem mais heterogêneos do que homogêneos. Em uma concepção, um monismo apreende a segurança de forma setorizada e com agentes definidos; em outra, a lógica da segurança pode integrar vários tipos de atores interagindo em diversos setores que não exclusivamente militares. O monismo reduz e simplifica a complexidade social a um ator e a um setor. Os seus desdobramentos ultrapassam a mera questão definicional para estabelecer parâmetros de ação usualmente centrados na concepção de uso preferencial da força a fim de dirimir conflitos.

O que fornece a dinâmica de um complexo de segurança é a intensidade das relações de amizade ou inimizade entre os atores. A centralidade desse tipo de relação entre atores para a definição de um complexo de segurança encobre, por outro lado, problematizações de elevada monta. A díade amigo-inimigo faculta algumas possibilidades de interação entre atores, mas não as esgota; tampouco considerar a díade meramente como um gradiente aponta para a necessidade de ultrapassagem de outro monismo focado na demarcação da amizade e da inimizade. As interações sociais, ou, no caso específico de externalidades entre atores, como aquelas demarcadas por serem transfronteiriças, são bem mais complexas e exigem que se verifiquem não apenas as relações endógenas aos CRS, mas também como tais complexos se relacionam com outras regiões, e que se tenha em mente o emaranhado de atores e setores envolvidos em uma região e nas relações entre as regiões. As concepções essencialmente racionalistas levam a considerar que os complexos são pouco complexos, o que fragiliza os conceitos e suas aplicações analíticas.

O conceito de CRS apresenta alguns elementos problemáticos. Ainda assim, aceitando certas limitações, pode-se reconhecer que o arcabouço teórico apresentado tem sido um forte disparador para o aprofundamento do debate, da reflexão teórica e das análises empíricas em relação às implicações de segurança no nível regional, ao que se pode ou não esperar na condição de adjacência e às vinculações com outras regiões, em um mapeamento qualitativo multirregional da segurança.

Referências bibliográficas

ACHARYA, A. *Constructing a Security Community on Southeast Asia*: Asean and the Problem of Regional Order. London; New York: Routledge, 2001.

ADLER, E.; BARNETT; M. *Security Communities*. Cambridge: Cambridge University Press, 1998.

BALZACQ, T. La Politique européenne de voisinage, un complexe de sécurité à géométrie variable. *Culture et Conflits*, 2007.

BUZAN, B. *People, States and Fear*: The National Security Problem in International Relations. Brighton: Wheatsheaf Books, 1983.

______. The Asia-Pacific: What Sort of Region in What Sort of World? In: MCGREW, A.; BROOK, C. (Eds.). *Asia-Pacific in the New World Order*. London: Routledge, 1998. p.68-87.

______; WÆVER, O. *Regions and Powers*: The Structure of International Security. New York: Cambridge University Press, 2003.

______; WÆVER, O. *Liberalism and Security*: The Contradictions of the Liberal Leviathan. Copenhagen: *COPRI* Working Paper 23, 1998.

DEMURTAS, A. *El complejo europeo de seguridad regional entre 2001 y 2011 en relación a las amenazas del terrorismo islamista y de las armas de destrucción masiva*. Barcelona: Universitat Autònoma de Barcelona, 2014.

DEUTSCH, K. *Political Community and the North Atlantic Area: International Organization in the Light of Historical Experience*. Princeton: Princeton University Press, 1957.

FRASSON-QUENOZ, F.; AYALA, R. Complejo regional de seguridad (CRS) y comunidad de seguridad (CS): algunas consideraciones teóricas. In: FRASSON-QUENOZ, F. *Seguridad internacional y ordenamentos regionales*: del complejo regional a la comunidade de seguridade: Europa, África, América del Sur y América del Norte. Bogotá: Universidad Externado de Colombia, 2014.

HELD, D. et al. *Global Transformation*: Politics, Economics and Culture. Cambridge: Polity Press, 1999.

HURREL, A. Security in Latin America. *International Affairs*, v.74, n.3, 1998.

KATZENSTEIN, P. J. *A World of Regions*: Asia and Europe in the American Imperium. Ithaca; London: Cornell University Press, 2005.

PERGHER, N. O complexo regional de segurança da América do Sul: um estudo de Barry Buzan e Ole Wæver. *Revista Perspectivas*. ISSN: 2525-5258. Porto Alegre, 2014.

SCHOLTE, J. *Globalization*: A Critical Introduction. Basingstoke: Macmillan, 2000.

VÄYRYNEN, R. Regional Conflict Formation: An Intractable Problem of International Relations. *Journal of Peace Research*, v.21, n.4, 1984.

WENDT, A. Anarchy Is What States Make of It: The Social Construction of Power Politics. *International Organization*, v.46, n.2, 1992.

WENDT, A. *Teoria social da Política Internacional*. Rio de Janeiro: Editora PUC-Rio; Apicuri, 2014.

WOODS, N. The Political Economy of Globalization. In: WOODS, N. (Ed.). *The Political Economy of Globalization*. Basingstoke: Macmillan, 2000.

COMUNIDADE DE SEGURANÇA[1]

Marina Gisela Vitelli

Em termos gerais, as comunidades de segurança são grupos de países que se comprometem a não utilizar a violência para resolver os conflitos que possam surgir entre eles. O conceito deu lugar a uma profusa bibliografia na área da cooperação regional em defesa, em particular nas regiões euro-atlântica e sul-americana. Trata-se de um conceito que conseguiu relevância a partir do livro *Political Community and the North Atlantic Area*, editado por Karl Deutsch em 1957. Ele foi retomado na década de 1990, em particular com a obra editada em 1998 por Emanuel Adler e Michael Barnett, intitulada *Security Communities*.

Pensado como "uma contribuição ao estudo das possíveis formas pelas quais os homens podem um dia abolir a guerra", o livro de Deutsch propunha uma maneira alternativa de entender a segurança internacional à que, já nesse momento histórico, constituía a visão hegemônica baseada na dissuasão nuclear entre as superpotências. De acordo com Deutsch, a inovação que representou a bomba atômica para a segurança global tornou ainda mais atraente a busca por uma maneira distinta de garantir a estabilidade internacional, em particular a constituição de comunidades de segurança: grupos de povos que se integraram a ponto de compartilhar expectativas confiáveis de que os problemas comuns serão resolvidos por meios pacíficos. Tal integração pode até chegar a levar os membros a se fundir em uma unidade política – o caso das comunidades amalgamadas – ou

1 Tradução de Tamires Aparecida Ferreira Souza.

simplesmente manter sua configuração individual, ao mesmo tempo que concordam em abordar, de maneira conjunta, certas decisões que envolvam questões de segurança – o caso das pluralísticas.

Por sua parte, Emanuel Adler e Michael Barnett reuniram no livro *Security Communities* os esforços que, durante aproximadamente quatro anos, um grupo de pesquisadores realizou para repensar o conceito que Deutsch cunhou durante a década de 1950. Tal como apontado pelos autores, essa revisão se relacionava com o que estava ocorrendo tanto nas relações internacionais como disciplina quanto realidade mundial. Na primeira dimensão, o conceito de comunidade de segurança se vinculava à agenda de investigação do construtivismo, teoria que, no começo dos anos 1990, experimentou seu momento de ebulição. Seu enfoque sociológico a tornava uma forte candidata para ser a teoria que fundamentaria a possibilidade de que existiria uma "comunidade" entre os principais atores das relações internacionais e que esse elemento serviria como fundamento de outra maneira de pensar a segurança internacional, diferente do equilíbrio de poder. Foi em relação a essa proposta que o livro *Security Communities* se transformou em um marco do debate realismo-construtivismo, inclusive para além da temática da segurança internacional.

Essa perspectiva também se desenvolveu em diálogo com os questionamentos que o fim da Guerra Fria representava para o realismo: como era possível que um conflito, que parecia irredutível, tivesse terminado de maneira pacífica, e inclusive sem que o vencedor abusasse de sua posição vitoriosa (Herman, 1996). Nesse contexto, fazia sentido recuperar o legado de Deutsch, que se atreveu a pensar para além dos pressupostos tradicionais das Relações Internacionais durante os anos mais críticos da Guerra Fria. Entre outros fenômenos, a consolidação de acordos relacionados à segurança euro-atlântica, que incluíam países do ex-bloco soviético, fazia certos acadêmicos valorizar a análise dessa cooperação com sinais de paz estável.

Nesse sentido, os autores dialogam criticamente com o neorrealismo – e, em menor medida, com o neoliberalismo – ao afirmar que "existe comunidade nas relações internacionais" e que, às vezes, esse elemento comunitário é fundamental para garantir a mudança pacífica. Como fundamentação, desenvolvem com maior precisão o conceito de comunidade de segurança e alguns casos que servem para pensar sobre a ferramenta conceitual. Desde o início, esclarecem que, entre as duas formas de comunidade de segurança que Deutsch apresentou – as amalgamadas e as pluralísticas –, seu interesse somente residiria na última, aquela que não implica a fusão de unidades soberanas em outra entidade política, como pode ser o caso dos Estados Unidos.

A abordagem geral do livro é que, por diversas razões – chamadas de "condições precipitantes" –, um grupo de Estados decide organizar suas relações mútuas de forma pacífica, e a dinâmica positiva entre variáveis estruturais – o poder e as ideias – e os processos de interação entre os distintos atores estatais e a sociedade civil geram confiança e identificação mútua, fonte de mudança pacífica. Esta última é compreendida como a geração de expectativas mútuas de que o uso da força não é uma opção para a resolução dos conflitos. Em outras palavras, por mudança pacífica deve-se entender que os membros da comunidade não têm a expectativa nem se preparam para um eventual uso da violência organizada para resolver seus conflitos (Adler; Barnett, 1998, p.34). Ao mesmo tempo, entendem que "existem proibições normativas – sejam tácitas ou formais – contra a resolução das disputas por meios militares" (Adler; Barnett, 1998, p.35).

Em seguida, esclarecem que uma aliança formal ou uma relação estratégica organizada não é requisito para a existência de uma comunidade de segurança. De igual maneira, o fato de que os Estados podem formar uma comunidade não quer dizer que passem a ter exatamente os mesmos interesses e que a competição entre eles se anule em todas as dimensões. O relevante é que, ainda que exista lugar para a rivalidade e outras interações próprias de atores com interesses opostos, os Estados alcançaram um nível de relacionamento no qual já não temem o uso da violência como uma estratégia de vinculação com os demais e de resolução de conflitos de interesses que possam surgir.

Os autores propõem estudar as comunidades de segurança a partir de um esquema analítico organizado em três níveis: a) as condições precipitantes; b) as variáveis processuais (transações, organizações e aprendizagem social) e as estruturais (o poder e o conhecimento); e c) a confiança mútua e a identidade coletiva. A interação positiva e a dinâmica entre as variáveis processuais e as estruturais fornecem um suporte para o desenvolvimento da confiança e a formação da identidade coletiva, a qual, por sua vez, conduz a expectativas confiáveis de mudança pacífica. Quanto mais frequente a interação entre os membros, maiores serão as chances de que os participantes transformem suas experiências coletivas em níveis de compatibilidade mais substantivos. Em alguns casos, essas interações se dão no interior de instituições ou facilitadas por estas, tanto formais como informais. Contudo, enquanto na obra de Deutsch existe um maior interesse pelas interações na esfera das sociedades integradas, Adler e Barnett manifestam que seu foco está na maneira com que interagem os decisores de diversos níveis, assim como a elite intelectual, política e econômica. Já quanto às variáveis estruturais, o poder se refere ao fato de que alguns Estados, sem serem coercitivos, funcionam como "núcleos de força" do processo de integração. Por sua vez, o conhecimento implica "estruturas cognitivas que facilitam as práticas associadas ao desenvolvimento da confiança e da identidade mútua" e a resolução pacífica de conflitos.

Embora nesse livro os editores e os colaboradores se concentrem nas comunidades de segurança pluralísticas, como fruto das reflexões, os autores criaram uma nova classificação no interior destas últimas. Seguindo Adler e Barnett, se observarmos variáveis como "a profundidade da confiança, a natureza e o grau de institucionalização de seu sistema de governança e a medida em que (os Estados) residem em uma anarquia formal ou estão a ponto de transformá-la" (Adler; Barnett, 1998, p.30), é possível distinguir dois extremos de um contínuo para estudar comunidades de segurança. Esses "tipos ideais" são, por um lado, as *loosely-coupled SC* – as que obtêm "pontuações" menores nos valores dessas variáveis – e, por outro, as *tightly-coupled SC*, representando aquelas com os valores mais altos. As primeiras reúnem requisitos básicos que fazem que seus membros "não esperem atividades belicosas por parte de outros membros e, em consequência, pratiquem consistentemente a autorrestrição" (Adler; Barnett, 1998, p.30). O valor agregado das segundas reside em duas características: a) trata-se de grupos de países que formaram "uma sociedade de 'ajuda mútua' na qual constroem arranjos de sistemas coletivos"; e b) conseguiram construir instituições comuns nos níveis nacional, internacional e supranacional. Evidentemente, isso não implica a criação de uma nova unidade política – que a transformaria em amalgamada –, mas sim um sistema caracterizado pelo que os autores chamam de pós-soberania.

Da mesma forma, os autores apresentam um modelo heurístico de três fases de desenvolvimento da comunidade de segurança: nascente, ascendente e madura e seus indicadores correspondentes (Adler; Barnett, 1998, p.17). Na exposição dos autores, a fase nascente se caracteriza por ser o momento no qual – por diversas razões, também chamadas condições precipitantes – os Estados buscam coordenar suas ações através de mecanismos cooperativos, tanto na dimensão política como na econômica ou de segurança. Adler e Barnett prestam especial atenção a esta última, já que as organizações de segurança representam o princípio de que a segurança é interdependente e estão em melhores condições para estabelecer medidas de criação de confiança, aspectos centrais do conceito de segurança cooperativa. Não obstante, cabe notar que a coordenação das ações dessa fase (e das outras) vai além da cooperação em temas militares ou de políticas de defesa, e se refere a questões de concertação política e, inclusive, de integração econômico-comercial.

É na segunda fase que se vê melhor a relevância da cooperação em defesa, em especial quando os autores se referem a "redes crescentemente densas; novas instituições e organizações que refletem tanto uma coordenação e cooperação militar mais forte e/ou menor temor em relação ao outro como uma ameaça; estruturas cognitivas que promovem 'ver' e atuar em conjunto [...]. As interações também se multiplicam e as relações se tornam mais densas, em especial quando se baseiam em entendimentos comuns, particularmente em uma crença de que os Estados têm melhores chances de progredir materialmente e de estar mais seguros na medida em que toda a região alcance isso em conjunto" (Adler; Barnett, 1998, p.53-4).

Finalmente, a fase madura é a consolidação da confiança e da identidade coletiva, momento em que um limite foi ultrapassado, mostrando a guerra como improvável. Sem fornecer maiores detalhes sobre essa fase, os autores retomam a distinção entre as comunidades de segurança *loosely-coupled* e as *tightly-coupled*, distinguindo-as em função dos indicadores que as caracterizam. Nas primeiras, denominadas também como "caso minimalista", existe um sistema de governança informal e uma identificação positiva entre os membros em torno de um certo "modo de vida", que fará que os membros resolvam seus conflitos por meio da negociação e do autocontrole (Adler; Barnett, 1998, p.55). Os indicadores são multilateralismo, fronteiras sem fortificação – isto é, o controle fronteiriço não está orientado para impedir invasões militares por parte dos vizinhos –, modificações do planejamento militar na direção de eliminar hipóteses de conflito com membros da comunidade e presença de discursos e linguagem comunitária.

Em comparação, uma comunidade de segurança *tightly-coupled* se caracteriza por ter dado um passo maior em termos de ajuda mútua como hábito, decisão coletiva sobre utilizar a força somente contra ameaças externas e, em determinadas ocasiões, coordenar a resposta militar de forma integrada. Aos indicadores anteriores, esse tipo de comunidade de segurança acrescenta esforços coordenados para enfrentar problemas de segurança que provenham do interior ou do exterior da comunidade, alto grau de integração militar, livre mobilidade de pessoas, internacionalização da autoridade e um "governo multiperspectiva", ou seja, a coexistência harmônica de níveis de governo nacional, transnacional e supranacional (Adler; Barnett, 1998, p.56-7).

A partir do que foi dito até aqui, deve-se notar que, enquanto as fases expressam o grau de consolidação dos elementos coletivos – a confiança e a identificação mútua –, os tipos de comunidade se referem ao tanto que o grupo de países põe em funcionamento instituições ou normas mais ou menos vinculantes, com maior ou menor nível de cessão de soberania. Assim, tanto as *loosely-coupled* como as *tightly-coupled* podem passar pelas fases enunciadas pelos autores. O que diferencia os dois tipos é a presença no segundo de arranjos institucionais mais densos em matéria de normatividade. Após a seção conceitual, o livro inclui capítulos escritos por outros autores, aplicando os conceitos e suposições formulados na primeira parte a casos em diferentes regiões, incluindo a Europa ocidental, a OSCE, o Conselho de Cooperação do Golfo, o Sudeste Asiático, a Austrália, a América do Sul, os Estados Unidos, o México e o Canadá.

Alguns anos depois, Alex Bellamy publicou o livro *Security Communities and their Neighbours*, no qual pergunta sobre o efeito que as comunidades de segurança têm sobre os Estados não membros que se encontram em seu entorno. Pontualmente, propõe testar a observação normativa que os formuladores do conceito fizeram a respeito de que o mundo seria um lugar mais pacífico se as regiões se organizassem como comunidades de segurança. Diante dessa suposição, Bellamy levanta o questionamento sobre em que medida a afirmação anterior não entra em contradição com o fato de que as democracias industrializadas estão envolvidas em um número significativo de ações bélicas no pós-Guerra Fria. Em suas palavras: "Será que a proliferação de comunidades de segurança fomenta as relações transnacionais integrativas entre os membros e os não membros ou, em contraposição, cria fortalezas regionais que se preparam para o tipo de conflito civilizacional previsto por Samuel Huntington?"[2] (2004, p.50). O estudo empírico foi feito sobre quatro "relações comunitárias" contemporâneas: a comunidade de segurança da Europa ocidental, a Associação de Nações do Sudeste Asiático (Asean), o Conselho de Cooperação do Golfo (CCG) e o Tratado de Livre Comércio da América do Norte (Nafta). Como hipótese de trabalho, propõe três tipos de efeitos das comunidades de segurança: estas podem se transformar em uma "fortaleza regional", em uma "comunidade ambivalente" ou em uma "comunidade integracionista".

A América do Sul tem sido uma região particularmente interessante como caso de estudo sobre comunidades de segurança. Vários autores recorreram a esse enfoque para analisar a cooperação sul-americana em temas de defesa, em particular no que se refere ao Conselho de Defesa Sul-Americano

2 No original: "*does the proliferation of security communities foster integrative transnational relations between insiders and outsiders or create regional fortresses preparing for the kind of civilisational conflict envisaged by Samuel Huntington?*".

(CDS). Entre eles, podemos identificar um grupo que percebe elementos relevantes dessas comunidades nas relações de segurança da região (Flemes; Nolte; Wehner, 2011; Ramalho da Rocha, 2015, 2016; Riquelme Rivera, 2013) e outro mais cético a respeito da existência na atualidade ou em curto prazo de uma comunidade de segurança entre os países sul-americanos (Flemes; Radseck, 2009; Medeiros Filho, 2014; Saint-Pierre; Silva, 2014; Menezes Teixeira Júnior, 2015;). Alguns, inclusive, se perguntaram sobre a relação entre essa expressão e as possibilidades reais de que o CDS crie – tal como diz em seu estatuto – uma identidade regional de defesa (Medeiros Filho, 2013; Leite, 2015). Em outro trabalho discutimos criticamente a tentativa de vincular estreitamente esses conceitos, já que a noção de identidade regional de defesa utilizada pelo CDS difere do elemento identitário indicado pela bibliografia aqui resenhada para analisar as comunidades de segurança. Como resultado disso, com o propósito de avaliar de maneira mais precisa se a região reúne as características de uma comunidade de segurança, propusemos pensar em termos complementares o conceito de comunidades estratégicas (Vitelli, 2016).

Referências bibliográficas

ADLER, E.; BARNETT, M. *Security Communities*. Cambridge: Cambridge University Press, 1998.

BELLAMY, A. *Security Communities and their Neighbours*: Regional Fortresses or Global Integrators? New York: Palgrave Macmillan, 2004.

FLEMES, D.; NOLTE, D.; WEHNER L. Una comunidad de seguridad regional en formación: La Unasur y su Consejo de Defensa. *Revista de Estudios Internacionales*, v.44, n.170, p.105-27, 2011.

______; RADSECK, M. *Creating Multilevel Security Governance in South America*. Hamburg: GIGA Institute, 2009. [Working paper, 117.]

FUCCILLE, A. Apontamentos para se pensar a segurança na América do Sul do século 21. In: CHAVES, D.; WINAND, E. C. A.; PINHEIRO, L. (Eds.). *Perspectivas e debates em segurança, defesa e relações internacionais*. Macapá: Editora da Unifap, 2015. p.19-30.

HERMAN, R. Identity, Norms, and National Security: The Soviet Foreign Policy Revolution and the End of the Cold War. In: *The Culture of National Security. Norms and Identity in World Politics*. New York: Columbia University Press, 1996.

LEITE, L. A. B. A América do Sul como comunidade de segurança: região autônoma e construção de identidade. *Brazilian Journal of International Relations*, v.4, n.1, p.92-110, 2015.

MEDEIROS FILHO, O. Em busca de uma identidade regional de defesa: considerações sobre a estratégia de dissuasão extrarregional sul-americana. *Revista Brasileira de Estudos Estratégicos*, v.1, n.3, p.49-70, 2013.

______. Breve panorama de segurança na América do Sul. In: NASSER, R. M.; MORAES, R. F. de (Orgs.). *O Brasil e a segurança em seu entorno estratégico*. Brasília: Ipea, 2014. p.21-42.

MENEZES TEIXEIRA JÚNIOR, A. W. Contribuições do Conselho de Defesa Sul-Americano para a cooperação militar. *Revista Política Hoje*, v.24, n.1, p.57-70, 2015.

RAMALHO DA ROCHA, A. J. Sudamérica en camino de formar una comunidad en seguridad: perspectivas de cooperación regional en defensa desde la visión brasileña. In: *Fortalecimiento de la cooperación en seguridad entre Bolivia, Brasil, Chile, Colombia, Ecuador y Perú*: hacia una comunidad en seguridad. Lima: Idei-PUCP, 2015. p.31-53.

______. Tres pasos para avanzar en la construcción de una comunidad en seguridad en Suramérica. In: CANCELADO, H. et al. (Orgs.). *El proceso de construcción de una comunidad en seguridad entre Bolivia, Brasil, Chile, Colombia, Ecuador y Perú*: Red de Política de Seguridad. Lima: Idei-PUCP, 2016. p.101-30.

RIQUELME RIVERA, J. La relación entre integración y seguridad en el Mercosur y sus proyecciones hacia Sudamérica. *Revista de Relaciones Internacionales, Estrategia y Seguridad*, v.8, n.1, p.279-308, 2013.

SAINT-PIERRE, H. L.; SILVA, D. L. da. Percepções de segurança regional no âmbito da Unasul: O Conselho de Defesa Sul-Americano. In: AYERBE, L. F. (Ed.). *Territorialidades e entrecruzamentos geopolíticos na América Latina*. São Paulo: Cultura Acadêmica, 2014. p.220-43.

VITELLI, M. G. Comunidad e identidad en la cooperación regional en defensa: entendimientos en conflicto sobre pensamiento estratégico en el Consejo de Defensa Sudamericano. *Revista da Escola de Guerra Naval*, v.22, n.2, p.233-60, 2016.

CONFERÊNCIAS DE MINISTROS DE DEFESA DAS AMÉRICAS (CMDA)

Laura Meneghim Donadelli
Matheus de Oliveira Pereira

As Conferências de Ministros de Defesa das Américas (CMDA) foram constituídas como um fórum de debate, de nível ministerial, sobre questões de defesa no continente americano. As conferências ocorrem desde 1995 e, a partir de 1998, são realizadas com periodicidade bienal, contando com a presença dos 34 titulares dos Ministérios da Defesa do continente. A OEA, por meio da Junta Interamericana de Defesa, foi designada pelos participantes das CDMA como instância em cujo âmbito se realizam as conferências, sendo também responsável por preservar sua memória institucional e continuidade.

A primeira conferência foi realizada no ano de 1995 em Williamsburg, nos Estados Unidos. Na pauta estavam a preocupação quanto ao crime organizado transnacional e o terrorismo, e as discussões sobre as Medidas de Fortalecimento da Confiança e da Segurança, cooperação em defesa, operações de paz e as relações civis-militares (OEA, 1995). Ao longo dos anos, as CMDA se constituíram como um importante espaço de projeção da agenda de segurança estadunidense no continente americano. Nas últimas duas décadas, o núcleo dessa agenda esteve na busca por promover a estabilidade regional de modo a evitar crises que afetassem os interesses de segurança dos Estados Unidos. É nesse quadro que temas como o combate às drogas ilegais, ao crime transnacional e ao terrorismo ganharam relevância nas posições dos Estados Unidos nas CMDA, sob as rubricas de "novas ameaças" e do "império da lei". Trata-se de uma agenda vinculada à promoção da democracia liberal de mercado, indo ao encontro das reformas.

A II CMDA ocorreu na cidade de Bariloche em 1996 e nela ressaltou-se a necessidade de aprofundar a cooperação interamericana para a manutenção da paz e o fortalecimento da chamada "segurança hemisférica". A declaração final da conferência seguinte, em 1998, teve como foco a importância em se manter o intercâmbio entre autoridades em defesa e segurança dos vários países, o seu compromisso com a resolução pacífica de controvérsias, sua condenação a todas as formas de terrorismo e a necessidade do fortalecimento das instituições de segurança, entre outros. A declaração final da IV CMDA, ocorrida em Manaus, em 2000, estabeleceu que a democracia e suas instituições são elementos essenciais para a segurança hemisférica, considerou as novas ameaças à segurança dos Estados e ressaltou a importância da cooperação em segurança entre os países apesar das diferenças sub-regionais, que, apesar de não constituírem barreira, devem ser consideradas e respeitadas. Pontuou ainda que era necessário definir os conceitos de segurança e defesa para facilitar o seu entendimento doutrinário nas instâncias continentais.

A partir dos anos 2000, a articulação de consensos nas CMDA foi se tornando progressivamente mais custosa. De fato, há que se notar que essa conjuntura é marcada pela ascensão ao poder de governos que haviam se constituído como alternativas políticas em seus países a partir de críticas ao modelo neoliberal, de farta dispersão pela América Latina nos anos 1990. No bojo dessa crítica – que raramente adquiriu a forma de confrontação total e explícita – estava o predomínio dos Estados Unidos como definidores da agenda de segurança regional. Sobre isto, Hirst (2013, p.166) argumenta que havia sentimentos coletivos de insatisfação e preocupação por parte das lideranças políticas do continente em relação à política preventiva unilateral impulsionada pelos Estados Unidos, que teria dado azo a certo "antiamericanismo" na região.

Soma-se a essa tendência, não por acaso, a criação da Unasul como foro regional alternativo. Naquela instância, em dezembro de 2008 foi criado o Conselho de Defesa Sul-Americano como foro de diálogo e concertação em temas de defesa entre os doze países da América do Sul, o primeiro organismo do gênero na região a não contar com a presença dos Estados Unidos. Segundo Tibiletti (2014, p.30), podem ser observadas mudanças nas culturas estratégicas na região, exemplificadas na crescente articulação dos ministérios de Defesa para o desenvolvimento de atividades de cooperação, incluindo a articulação de posições em Conferências de Ministros das Américas. Também sobre esse tema, Saint-Pierre (2011, p.418) afirma que a região foi assumindo uma identidade de interesses e valores estratégicos e se diferenciando no seu posicionamento dos demais países das Américas nas sucessivas edições das CMDA.

Nesse sentido, vale recordar que a V CMDA foi realizada em Santiago, no Chile, em 2002, e sua declaração final atenta para as "novas ameaças" e desafios globais, de características multidimensionais e transnacionais, pontuando que para enfrentá-los é preciso consolidar os governos democráticos constitucionais e suas instituições. Ressaltaram também a importância da subordinação das Forças Armadas ao comando político e o rechaço a toda forma de terrorismo, reafirmando o princípio da solidariedade hemisférica. Hirst (2013, p.169) afirma que a preocupação estadunidense em relação ao terrorismo, expressada durante a V CMDA, se cristalizou em uma agenda para a região que compreendia, entre outros, a cooperação entre marinhas e guardas-costeiras para reforçar a defesa naval da região e o controle de "áreas não governadas", consideradas, pelos Estados Unidos, como espaços propensos à atividade terrorista. Na prática, a retomada da atenção dos Estados Unidos para a América Latina deu-se, por exemplo, com o reforço do Comando Sul, na emblemática reativação da IV Frota e em conjunto com o aumento da presença militar na região, o que se tornou um "fator inquietante" para os governantes sul-americanos, que já haviam evidenciado sua preocupação com relação ao Plano Colômbia, em 2000 (Hirst, 2013, p.170).

Mais adiante, a Conferência de 2004, realizada em Quito, pontuou em sua declaração final que os Estados-membros afirmaram que a segurança constitui uma condição multidimensional do desenvolvimento e do progresso das nações americanas e que as condições da segurança humana melhoram com o respeito à dignidade, aos direitos humanos e às liberdades fundamentais dos indivíduos, bem como com a promoção do desenvolvimento econômico e social, com a educação e a luta contra a pobreza, as enfermidades e a fome. É a partir dessa conferência que passa a ser utilizado o adjetivo "multidimensional" para qualificar a segurança no continente. Dando continuidade à proposta da agenda multidimensional, na VII CMDA, celebrada em 2006 em Manágua, os participantes afirmaram sua vontade de fortalecer a Comissão de Segurança Hemisférica da OEA e a importância da adoção e do cumprimento das Medidas de Fomento da Confiança e da Segurança. Dentre as novas ameaças a serem condenadas energicamente pelos países, destacaram o terrorismo, o crime organizado transnacional, a corrupção, o tráfico de pessoas, a lavagem de dinheiro e outros delitos.

Na Declaração de Banff, resultante da VIII CMDA de 2008, pontuou-se que as novas ameaças afetam o usufruto e o exercício dos direitos humanos e constituem uma grave ameaça à paz e à segurança internacionais, e que os Estados devem enfrentá-las de maneira cooperativa, decisiva e abrangente. No documento final dessa reunião, foi definido que se criaria um grupo de trabalho para avaliar as modalidades de cooperação entre as CMDA e a OEA, por meio da Junta Interamericana de Defesa (JID). A Conferência de 2010, realizada em Santa Cruz de la Sierra, trouxe em sua declaração final a importância da cooperação na defesa e na segurança na região; a importância em se iniciar um debate acerca dos conceitos de defesa e segurança para delimitar os âmbitos destas; e a necessidade de reconheceram-se os esforços do Conselho de Defesa Sul-Americano da Unasul em medidas de confiança e segurança, especialmente para gerar uma metodologia sul-americana de medição e informação dos gastos em defesa.

Durante a X CMDA, os Estados-membros firmaram que a CMDA deve considerar os temas prioritários das agendas regionais que forem de interesse para os setores de defesa com uma visão integral e no âmbito da cooperação e complementaridade, levando em conta a importância do caráter multidimensional da segurança para alguns Estados. Também dentro dessa agenda, a XI Conferência, realizada em Arequipa, determinou o fortalecimento da luta contra o narcotráfico e o crime organizado transnacional, com respeito ao direito internacional e às soberanias nacionais.

Até o presente momento, a última CMDA realizada ocorreu em 2016 na cidade de Porto de Espanha, em Trinidad e Tobago. Na ocasião, declarou-se que o continente enfrenta desafios e ameaças diversos e complexos, de alcance transnacional, que exigem uma abordagem multidimensional com respeito à soberania dos países. Para o enfrentamento de tais ameaças, declararam que é fundamental a evolução do papel das Forças Armadas e das instituições de defesa no continente, levando em conta a coordenação interinstitucional e intergovernamental. Nesse sentido, as delegações se comprometeram a fortalecer a cooperação entre os membros da CMDA para enfrentar as ameaças multidimensionais pontuadas na Declaração sobre Segurança nas Américas, de 2003.

Como pudemos observar com a síntese das declarações finais, a existência de um incipiente ativismo local em direção à maior autonomia no campo estratégico não autoriza considerar que houve uma vacância dos Estados Unidos ou uma retração definitiva de sua posição no quadro da segurança e da defesa do continente. Apesar de constatado enfraquecimento da agenda multidimensional da segurança no continente nos últimos anos, ela esteve presente não apenas nas CMDA, mas também nas Cúpulas das Américas e nas diversas atividades da OEA e da JID.

É a partir desse cenário que, na América do Sul, a evolução recente do CDS põe em tela um conjunto de limites das mais diversas ordens ao adensamento de arquiteturas locais de defesa, ainda que adstritas à concertação política. Segundo Medeiros (2017), a sobreposição de iniciativas de defesa, a ideia de desmilitarização das fronteiras, a inclusão de temas de segurança no âmbito do conselho e as relações dos países da América do Sul com atores extrarregionais são fatores que enfraquecem a construção de uma arquitetura regional de defesa alternativa à hemisférica. A esse respeito, cabe observar como as recentes mudanças de governo em diversos países da região sinalizam, em um primeiro momento, para a retomada de posturas mais aderentes às agendas estadunidenses no campo da segurança, expressadas anteriormente nas CMDA, o que articula um obstáculo decisivo para a conformação de uma estrutura regional autônoma de defesa.

Referências bibliográficas

ABDUL-HAK, A. P. N. *O Conselho de Defesa Sul-Americano*: objetivos e interesses do Brasil (CDS). Brasília: Funag, 2013.

AYERBE, L. F. (Org.). *De Clinton a Obama*: políticas dos Estados Unidos para a América Latina. São Paulo: Editora Unesp, 2009.

DONADELLI, L. M. *Segurança na América do Sul*: uma abordagem histórico-conceitual. São Paulo, 2016. Dissertação (Mestrado em Relações Internacionais) – Programa de Pós-Graduação em Relações Internacionais, Unesp; Unicamp; PUC-SP.

HIRST, M. *Understanding Brazil-United States Relations*: Contemporary History, Current Complexities and Prospects for the 21st Century. Brasília: Funag, 2013.

MEDEIROS, O. A South American Defence Structure: Problems and Prospects. *Contexto Internacional*, Rio de Janeiro, v.39, n.3, 2017.

ORGANIZACIÓN DE LOS ESTADOS AMERICANOS (OEA). Princípios de Williamsburg. 1995.

______. Asamblea General. Resolución 2446 (XXXIX-O/09): Apoyo a la Conferencia de Ministros de Defensa de las Américas para almacenar su Memoria Institucional. 2009.

SAINT-PIERRE, H. L. "Defesa" ou "segurança"?: reflexões em torno de conceitos e ideologias. *Contexto Int.*, Rio de Janeiro, v.33, n.2, p.407-33, dez. 2011.

TIBILETTI, L. Identidades estratégicas en los países de Unasur y su impacto en la búsqueda de una identidad de defensa suramericana. *Revista Brasileira de Estudos Defesa*, ano 1, n.1, p.13-37, jul.-dez. 2014.

CONSELHO DE DEFESA SUL-AMERICANO (CDS)

Antonio Jorge Ramalho da Rocha

Em 16 de dezembro de 2008, os países-membros da Unasul criaram o Conselho de Defesa Sul-Americano (CDS/Unasul). Sua missão é coordenar a implementação de políticas de defesa em quatro campos prioritários: 1) cooperação militar; 2) ações humanitárias e operações de paz; 3) indústria e tecnologia de defesa; e 4) formação e capacitação. Para cumprir essa missão, o CDS/Unasul decidiu agir com base em planos de trabalho anuais estruturados em torno desses quatro eixos. Além disso, fixou cinco objetivos principais: a) consolidar uma zona de paz sul-americana; b) construir uma visão comum em matéria de defesa; c) articular posições regionais em foros multilaterais sobre defesa; d) promover a cooperação regional no âmbito da defesa; e e) apoiar ações de desminagem, prevenção, mitigação e assistência a vítimas de desastres naturais.

Eis a missão e os objetivos institucionais do CDS/Unasul. Sua constituição e seu significado, contudo, são mais complexos: encerram processos políticos de longo prazo e visam estabelecer parte das condições necessárias – mas não suficientes – para promover a integração regional na América do Sul. No longo prazo, o CDS/Unasul objetiva instaurar um processo de construção de confiança: estruturam-se redes de relacionamento entre civis e militares dos doze países que, gradualmente, estabelecerão vínculos de relacionamento mútuo, empregarão conceitos comuns, desenvolverão vocabulário específico, ensejarão uma identidade comum no campo da defesa.

Trata-se, pois, de uma ação setorial, que visa a objetivos relativamente intangíveis (mas não menos importantes) do que os estudos, recomendações e decisões produzidos no âmbito do CDS/Unasul.

Constituição e significado

A instalação do CDS/Unasul partiu de dois pressupostos fundamentais: a interdependência das economias e sociedades se aprofundará no âmbito regional e, isoladamente, nenhum dos países da América do Sul tem condições de garantir sua própria segurança. A partir desse diagnóstico, pragmaticamente, os países-membros da Unasul decidiram aproximar-se uns dos outros e ampliar sua cooperação mútua. No campo da defesa, esse movimento reclama prudência, perseverança e visão de longo prazo. A própria adoção de uma perspectiva temporal estendida constitui, observe-se, uma inovação nos processos de integração regional na América do Sul.

Em outras palavras, o CDS/Unasul engendra inovações políticas nesta parte do mundo, tanto em sua essência quanto na dinâmica de seu funcionamento. Em sua essência, por três razões principais: 1) discute abertamente, desde a sua criação, assuntos que dizem respeito aos mais elevados interesses estratégicos dos Estados-membros, reconhecendo desafios, riscos e ameaças comuns aos países sul-americanos; 2) engendra complexos processos de aproximação política e de construção de confiança, ao promover o diálogo, a concertação e a cooperação em matéria de defesa, e ao incentivar os países-membros a examinar seus interesses comuns em um ambiente internacional turbulento e instável; e 3) por isso mesmo, estabelece a oportunidade de consolidar a identidade política da América do Sul como um polo de estabilidade em um mundo multipolar marcado por baixos níveis de governabilidade global.

Articuladas, as iniciativas do CDS/Unasul contribuem para gestar uma identidade política complementar à identidade geográfica já consolidada na região. Ao estabelecer entendimentos comuns em áreas sensíveis, o conselho facilita o progresso da integração no campo econômico, em particular a da infraestrutura. Em cada capital se reconhece que as dinâmicas produtivas, inclusive as informais e criminosas, bem como os fluxos sociais, extrapolam as fronteiras nacionais.

Essas dinâmicas engendram processos carentes de regulação específica. Alguns deles estimulam a progressiva aproximação entre os Estados da região. Outros, em especial os que envolvem crimes transfronteiriços, encerram desafios impossíveis de serem enfrentados sem cooperação. Nos dois casos, resta claro que a eficácia e a efetividade da proteção dos territórios, das populações e dos modos de vida dos povos sul-americanos reclamam diálogo, cooperação e concertação política de seus governos.

Em outras palavras, a integração regional está em curso. Seu ritmo e seus protagonistas é que precisam ser definidos com clareza. Bem conduzida, contribuirá para ampliar as sinergias entre as economias e sociedades sul--americanas, gerando um círculo virtuoso que favoreça aprofundar ainda mais o diálogo e a cooperação regional. Deixada a si mesma, tenderá a ser dominada por atividades informais e/ou criminosas, com drásticas consequências para a estabilidade e para a segurança regional.

Eis por que os países sul-americanos criaram a Unasul e, nela, o CDS. Desde a reunião de Brasília, em 2000, teve início uma agenda regional conjunta, positiva, orientada para identificar e promover interesses convergentes. O ponto de partida é a necessidade de constituir um arcabouço institucional que permita aos Estados controlar, ou, pelo menos, conduzir, um processo de integração regional cujo aprofundamento é inexorável e cada vez mais célere. O adensamento das relações socioeconômicas em âmbito regional resulta, em larga medida, do aprofundamento da interdependência global. Novas cadeias de valor estruturaram-se nas últimas décadas, fortalecendo a integração dos espaços regionais.

A iniciativa traz à linha de conta observações sobre cenários de integração regional em outras partes do mundo. Na Europa, construíram-se instituições que coordenam dimensões dessa interdependência, não sem gerar importantes instabilidades no próprio continente – e alhures. Outras regiões estabeleceram regras de jogo comuns para o comércio, como é o caso da América do Norte, ou para a produção, no Leste Asiático. Ambos os processos podem sofrer reversão, em decorrência seja de decisões políticas, seja da substituição de ciclos produtivos que reestruturem as cadeias de valor.

No caso da América do Sul, a despeito do entusiasmo retórico de alguns governos, o consenso prevalente atém-se a promover o diálogo, a concertação política e a cooperação internacional visando construir uma identidade regional em matéria de defesa. A ênfase recai na construção das condições necessárias à integração regional. Por essa razão, o tratado constitutivo da Unasul apresenta imprecisões e ambiguidades comuns em acordos redigidos para gerar consensos políticos. Submetidos a pressões específicas, tendo de atender a interesses muito diferentes uns dos outros, os governos usualmente só conseguem conciliar seus interesses em nível e em termos mais abstratos.

Assim, acordou-se construir uma "união de nações", não uma integração de Estados nacionais. Seus atos e decisões concretas contrariam manchetes de jornais e narrativas oficiais entusiasmadas. Registram processos modestos, progressos lentos, ambições sensatas. Trata-se de uma construção institucional de longo prazo. Vislumbra-se a integração no horizonte, como uma possibilidade factível, a depender do êxito na construção de confiança, na identificação de interesses convergentes, na progressiva consolidação de uma identidade comum em várias dimensões da vida social dos países sul-americanos. Entre elas, sobressai a da defesa.

O diagnóstico inicial é sóbrio, embora carregado de esperanças. Sublinha-se a necessidade de institucionalizar mecanismos para sustentar um diálogo cada vez mais franco e construtivo. Identificam-se, no adensamento das relações socioeconômicas, implicações (acaso graves) para o campo da segurança e da defesa. O diálogo já encetado ensejou a prudência de alinhar percepções e iniciativas políticas nesses campos, visando amparar e conduzir, na maior medida possível, os aspectos positivos dessa aproximação entre os povos da América do Sul.

Nem todos os países estão convencidos de que se produzirá essa integração no longo prazo. Há consenso, contudo, com respeito à necessidade de maior aproximação com vistas a intercambiar informações, a identificar desafios comuns, a unir esforços para enfrentá-los de modo mais eficaz, efetivo e eficiente. Nesse contexto, os países-membros fixaram os princípios de flexibilidade e gradualismo como diretrizes para sua aproximação.

Ao revisarem suas interações históricas, souberam reconhecer e valorizar hábitos de diálogo político e solução pacífica de controvérsias. Aproveitaram a histórica paz interestatal que marca a região como um precedente positivo para ampliar e consolidar os elevados níveis de confiança mútua estabelecidos nos últimos dois séculos.[1] O processo impõe-se, pois, como uma opção pragmática, cuja evolução dependerá dos resultados alcançados nas primeiras etapas.

Bem conduzido, contribuirá para robustecer a condição da América do Sul como uma zona de paz e cooperação. Adequadamente institucionalizado, favorecerá a criação de sinergias e a redução de custos na provisão de bens públicos em âmbito regional. Pautado pela abertura ao diálogo e pela transparência nas decisões políticas, consolidará os altos níveis de confiança prevalentes na região e impulsionará iniciativas voltadas para robustecer suas respectivas capacidades de defesa.

1 Martínez e Tibiletti tomam nota da observação de Kacowicz, que considera essa tradição como uma "anomalia positiva" na América do Sul, e a atribuem a basicamente quatro fatores: a) o *status* periférico da região; b) a coabitação com a potência hegemônica; c) a geração e uso majoritário de mecanismos de solução pacífica de conflitos; e d) a prioridade permanente dos desafios do desenvolvimento sobre os temas de segurança (Martínez; Tibiletti, 2015, p.5-6).

O CDS/Unasul já logrou implantar parcialmente essa dinâmica. Suas decisões apresentam inovações relevantes, que, embora não se relacionem diretamente, se reforçam mutuamente. A primeira inovação consiste em empregar uma abordagem de gestão estruturada em planos de trabalho anuais, com metas e prazos claramente estabelecidos. Constituíram-se marcadores que permitem registrar os progressos realizados ou os fracassos em avançar em um fluxo de trabalho transparente.

Ao utilizarem planos de ação anuais, os ministérios de Defesa dão cadência a seu diálogo, ampliando as possibilidades de êxito em sua cooperação. Valem-se dos aspectos positivos de burocracias estruturadas e permanentes para produzir resultados concretos, que servem inclusive de parâmetro para outros conselhos da Unasul.

Ao reunir-se ordinariamente, com periodicidade anual, os ministros discutem a agenda regional de segurança e prestam contas, uns aos outros, dos compromissos assumidos mutuamente. Estabelecem, ademais, novas iniciativas para o período seguinte. Por si só, essa dinâmica contribui para redefinir a relação entre civis e militares nessas burocracias, nos âmbitos nacional e regional. Internamente, impõe-se a necessidade de diálogo entre civis e militares: juntos, eles precisam melhor compreender os limites de sua atuação e as demandas dos países vizinhos.

No plano regional, emergem práticas cooperativas tendentes a construir confiança mútua, uma vez que os servidores dos doze países dialogam continuamente e, para alcançar os objetivos fixados pelas autoridades, precisam uns dos outros. Uma vez que as decisões se tomam por consenso, mas devem enquadrar-se em um marco estruturado, sofistica-se o diálogo, orientando-se a atenção dos atores políticos para a construção de um futuro compartilhado, pelo qual todos serão responsáveis.

Assim, as interações internas redefinem-se continuamente, impondo uma nova agenda no campo da defesa. Como resultado, mesmo nos casos em que as feridas resultantes de processos autoritários do passado ainda não cicatrizaram completamente, civis e militares passam a compartilhar metas e responsabilidades comuns, imprimindo novo significado ao seu relacionamento. Em outras palavras, o próprio processo de diálogo e concertação internacional contribui para superar dilemas internos aos países-membros.

Combinadas, essas inovações permitem ao CDS/Unasul constituir-se em um espaço de diálogo franco, um foro conducente a instrumentalizar a progressiva construção de confiança no âmbito regional. O resultado contrasta com o que se observa nos arranjos políticos tradicionalmente desenvolvidos para promover a integração regional, que soem ser cautelosos com relação a temas considerados sensíveis, como os de defesa e segurança. O caso europeu é ilustrativo dessa condição, como se verá a seguir.[2]

A Unasul e a União Europeia: distintos processos de integração regional

No que concerne a processos de integração regional, a Unasul também inova. Como é sabido, o que há de mais avançado nesse aspecto é a Europa. Lá, apostou-se em que políticas públicas no campo socioeconômico produziriam uma união "cada vez mais estreita" entre os países envolvidos. Apostava-se no "transbordamento" de sinergias para setores contíguos. Ganhos de escala estimulariam difundir o processo integracionista até alcançar o campo da segurança e defesa. Por serem mais sensíveis, avaliava-se que discutir esses assuntos no início do processo de integração poderia comprometer o esforço de aproximação e mesmo o diálogo político.

Semelhante apreciação era compreensível. Afinal, por um lado, partia-se de uma longa história de conflitos sanguinários, que atingira seu ápice na II Guerra Mundial. Por outro lado, presumia-se tacitamente que, em caso de necessidade, a Aliança Atlântica materializada na Otan garantiria a segurança dos países europeus, a maioria dos quais integrava simultaneamente as comunidades europeias e a aliança atlântica. Esse arranjo permitiu à Europa aprofundar o processo de integração, aperfeiçoando continuamente a governança regional sem enfrentar os problemas militares mais sensíveis para os Estados nacionais.

Para se ter uma ideia, o cargo de alto representante para a Política Externa e de Segurança Comum só vingou em 1999, na esteira dos acordos de Maastricht. A Europa precisou de quatro décadas para começar a abordar esses temas de modo mais consequente, já que se buscava torná-la consensual. Chegou-se a um consenso idealista, contudo, especialmente no que dizia respeito à Federação Russa.

2 A Europa explicitou sua preocupação com segurança ao criar a Comunidade Europeia do Carvão e do Aço, em 1951, e ao negociar a criação da Comunidade Europeia de Defesa, em 1952 (que previa estabelecer um Exército europeu), a ser complementada por uma comunidade política. A objeção da Assembleia Nacional francesa a ratificar os tratados fez, contudo, que se repensasse o modelo, ensejando o que em 1957 veio a ser o Tratado de Roma. Ao amparo desse tratado, nasceram a Comunidade Econômica Europeia e a Comunidade Europeia de Energia Atômica (Euratom).

Essa visão demandaria anos para expressar-se em uma estratégia de segurança e defesa comum. De fato, apenas em 2003 se publicou o primeiro documento comunitário ambicioso sobre o assunto. Finalmente, a Europa falava de suas prioridades em defesa com uma só voz. Era uma voz débil. Sua autonomia para afirmar posições e assumir riscos na esfera internacional era muito limitada. A verdade é que a segunda Guerra do Iraque, ao dividir os principais atores europeus, impôs ao projeto de união a necessidade de optar entre o fortalecimento do cargo e sua insignificância.

A Europa escolheu avançar, ampliando funções e responsabilidades do alto representante, permitindo-lhe mobilizar os governos nacionais em torno de objetivos comuns. Os acontecimentos na Geórgia, na Ossétia do Sul e na Ucrânia contribuíram para evidenciar o acerto da decisão.

Deste lado do Atlântico, os chefes de Estado sul-americanos observaram a experiência europeia. Aprenderam com seus erros e acertos. As dificuldades enfrentadas pelos europeus para estabelecer uma política externa e de defesa comum aconselhavam a trabalhar nisso desde o início do processo, a fim de evitar crises institucionais no porvir. Em contraste com a Europa, a tradição de paz na América do Sul favorecia institucionalizar esforços nessa direção. Além disso, o processo estava em seus primórdios, aberto a sugestões mais ousadas, em um período em que os governos sul-americanos dialogavam com grande fluidez.

Com efeito, na América do Sul havia menos rancores; prevaleciam registros de convivência pacífica. As elites locais compartilhavam memórias semelhantes de um passado colonial difícil e traumático. Essas elites não haviam travado guerras entre si para consolidar seus respectivos processos de construção nacional; a oposição viera, tradicionalmente, das grandes potências extrarregionais – inicialmente, da própria Europa.

O espaço para cooperar sempre estivera aberto; faltava a percepção do interesse comum, que agora se procurava conhecer melhor. Alguns desses interesses, como o combate à delinquência internacional organizada, claramente só poderiam ser alcançados mediante esforços cooperativos. Outros não necessariamente demandariam isso. O diálogo sobre defesa e segurança carecia, para prosperar, de estrutura e promoção sistemática.

Nesse contexto, criou-se o Conselho de Defesa Sul-Americano. O propósito era prover a região de uma instância de consulta que facilitasse o diálogo, a cooperação e a coordenação de ações conjuntas no campo da defesa. Em harmonia com as disposições do Tratado Constitutivo da Unasul, não se fala em gerar imediatamente a integração regional, mas em fortalecer o diálogo político entre os Estados-membros, promovendo o desenvolvimento social e humano dos povos da América do Sul. O horizonte é de longo prazo. O objetivo é contribuir gradualmente para a construção de uma identidade regional em matéria de defesa.

Tratava-se de estabelecer um mecanismo permanente de construção de confiança mútua que facilitasse a consecução dos objetivos mais amplos da Unasul, como a integração das infraestruturas (particularmente nos setores de energia e transportes), a proteção dos ecossistemas e da biodiversidade, a redução das desigualdades sociais e a promoção do desenvolvimento integral dos povos da região. Em linha com o desenho mais amplo da Unasul, tratava-se de engendrar dinâmicas positivas em que houvesse condições e interesse em avançar na direção de adensar as relações entre as economias e as sociedades sul-americanas.

Na visão dos países-membros, não cabia esperar que se aprofundassem os processos socioeconômicos para dar início ao diálogo estratégico. Já havia confiança suficiente para avançar nesse domínio. Previa-se, ademais, que avanços nessa seara estabeleceriam parâmetros positivos a serem utilizados em outros setores, contribuindo indiretamente para acelerar o processo de integração regional. As implicações dessa decisão para o futuro da Unasul só poderão ser avaliadas em aproximadamente uma geração. Seu significado histórico, contudo, já pode ser vislumbrado. É disso que tratará a próxima seção.

Significado histórico, linhas de ação e perspectivas do CDS/Unasul

Ao longo dos últimos dois séculos, os países da América do Sul construíram uma cultura de solução pacífica de controvérsias. Entretanto, essa cultura firmou-se no hábito das elites regionais de se relacionarem mais com suas antigas metrópoles e com os Estados Unidos – mais recentemente, com a China – do que umas com as outras. A evolução de seu desenvolvimento dependente fez que as relações intrarregionais se mantivessem relativamente superficiais.

Houve também obstáculos geográficos. Os Andes e a Amazônia nunca contribuíram para os fluxos de bens, serviços e pessoas na América do Sul. Atritos entre pessoas e comunidades políticas associam-se, em geral, ao contato. Nesta região, o contato era escasso. Faz sentido pensar que isso tenha favorecido a construção dessa cultura de paz interestatal. Não é casual que o primeiro encontro entre presidentes com uma agenda exclusivamente regional tenha ocorrido apenas no ano 2000.

Já então, os países sul-americanos haviam ampliado suas trocas econômicas. Migrações restritas ao âmbito regional superavam, na proporção de 2 para 1, as que ocorriam para outras regiões. Pouco a pouco, a América do Sul aprendia a necessidade de aperfeiçoar o diálogo intrarregional, visando enfrentar, de maneira coordenada, problemas comuns. Gradualmente, suas economias e sociedades ampliaram sua interdependência, adensando as interações mútuas. A necessidade de institucionalizar a condução política dos destinos da América do Sul emergiu como diagnóstico óbvio.

Tendo como farol o intercâmbio de informações, a cooperação internacional e a construção de confiança, avançou-se em um processo aberto, cujo fim não está previamente fixado e cuja evolução dependerá das alternativas disponíveis a cada país. Os doze países reconheceram compartilhar um espaço socioeconômico difícil de administrar. Seus governos terão melhores condições de se desincumbir de suas responsabilidades valendo-se do diálogo mútuo, da troca de experiências e da cooperação do que isoladamente.

Isso não implica, contudo, aprofundar a integração a ponto de avançar na direção da supranacionalidade. Tampouco implica descartar essa possibilidade já no início do processo. Trata-se de promover o conhecimento mútuo entre as sociedades, partindo-se do pressuposto de que todos terão muito o que ganhar nesse processo, que inevitavelmente concorrerá para fortalecer a posição da América do Sul no ambiente internacional, beneficiando cada um dos países da região.

Afinal, conhecimentos e informações compartilham-se, não se dividem. São ativos que enriquecem quem os recebe sem diminuir os acervos de quem os oferta. Não por acaso, os países da Unasul aparelharam o CDS com um centro de estudos e com uma escola. Ao centro, cabe refletir sobre desafios, avançar em propostas que facilitem a aproximação entre os doze países de modo sistemático. À escola, levar essas propostas aos operadores políticos, processando suas críticas e sugestões, delas se valendo para educar os servidores, recolher suas críticas e propor novas aproximações.

Ao dialogarem abertamente, mestres e discípulos suscitam questionamentos inesperados, aperfeiçoando, ambos, sua capacidade analítica. Ao cabo, todos saem mais ricos dessas trocas, desde que nelas se engajem sem preconceitos. Eis o espírito que anima a criação do Centro de Estudos Estratégicos de Defesa (Ceed) e da Escola Sul-Americana de Defesa (Esude): abertura ao diálogo, construção de confiança mútua e ampliação da transparência no campo da defesa, com o fito de contribuir para fortalecer a cultura de paz e cooperação na América do Sul.

A Esude também contribui para adensar as trocas entre as escolas de altos estudos da região, funcionando como o núcleo de uma rede de intercâmbio de análises e experiências entre os ministérios de Defesa dos países da região. Isso lhes permitirá ampliar os recursos à sua disposição sem interferir na autonomia decisória de cada uma das escolas; permite-lhes, ainda, multiplicar os ativos regionais à disposição do ensino e da pesquisa sem elevar orçamentos, por meio de repositórios institucionais que facilitam a cada país compartilhar com os demais aquilo de que já dispõem.

Em outras palavras, a ampliação dos intercâmbios permite aos ministérios de Defesa tornar coletivos recursos outrora utilizados apenas em âmbitos mais restritos, no máximo em ações de cooperação bilateral. Isso lhes permite fazer mais e formar melhor seus recursos humanos sem abrir mão da soberania nacional que lhes cabe proteger.

À proporção que se estabeleçam relações de confiança entre civis e militares responsáveis pela defesa nacional dos países da Unasul, eles identificarão interesses comuns diante dos desafios no campo da segurança regional. Isso tomará tempo, mas permitirá à América do Sul consolidar os fundamentos da cultura de defesa prevalecente na região – a saber, uma cultura de paz e cooperação que leva à solução diplomática de controvérsias.

O fortalecimento da cooperação regional nesse campo atende, assim, a interesses de Estado. A gradual construção de confiança faz que as paixões políticas e diferenças ideológicas ora acelerem, ora retardem tais processos; mas seu rumo está definido de maneira razoavelmente consolidada. Há consenso, ademais, em que essa capacidade de mobilizar as energias do presente em favor de objetivos de longo prazo interessa à região como um todo.

Historicamente, obstáculos geográficos marcaram as relações entre os países da América do Sul mais fortemente do que conflitos por territórios, o que contribuiu para uma coexistência relativamente harmônica desde a sua independência. Além disso, o padrão de inserção dos Estados americanos na economia internacional favoreceu o estabelecimento de relações preferenciais com as potências mais avançadas em termos econômicos e tecnológicos.

Atualmente, percebe-se a oportunidade de facilitar as trocas intrarregionais com infraestrutura mais moderna e de robustecer o poder de barganha diante de terceiros países pela construção de consensos que permitam estabelecer posições comuns em foros multilaterais mais amplos. Em outras palavras, os últimos vinte anos testemunharam o progressivo fortalecimento da percepção da oportunidade de conferir significado político a uma noção geográfica, reconfigurando a identidade de uma região que, desde as grandes navegações, foi mais objeto do que sujeito de seu próprio destino.

Nesse contexto, estabelecer a Unasul significou prover a região de um instrumento a serviço dos países da América do Sul para mudar essa dinâmica, mediante o aprofundamento da cooperação no plano regional. No campo da defesa, isso vem favorecendo dissuadir ameaças extrarregionais e contribuir para a paz mundial.

Em parte, isso explica por que o CDS/Unasul decidiu agir por meio de planos de ação. Cabe-lhe elaborar e implementar políticas que contribuam para construir uma visão comum no campo da defesa, articulando posições regionais comuns nos foros multilaterais e promovendo iniciativas de cooperação nas seguintes áreas: políticas de defesa, cooperação militar e participação em operações de paz, tecnologia e indústria de defesa e formação e capacitação de recursos humanos.

A cada área corresponde um eixo dos planos de ação que, desde 2009, se sucedem como instrumentos de estímulo e aferição das realizações políticas levadas a efeito pelos ministérios de Defesa em seus esforços de fomento ao diálogo e à cooperação política. Estruturam-se, assim, linhas de ação claras, sempre que possível complementares, favorecendo a convergência de ações.

Ademais, o CDS/Unasul insere no debate sobre integração regional temas de defesa e segurança. Ao discutir questões sensíveis desde o início do processo, consolida uma relação mais aberta entre os Estados sul-americanos, em seu esforço de aproximação. Por constituir um fórum para o diálogo, fortalece, na região, uma cultura de defesa voltada para a solução pacífica de controvérsias. O conselho funciona, portanto, como um instrumento de construção de confiança; suas unidades, o Ceed e a Esude, produzem informações relevantes para o processo decisório de cada Estado nacional, inclusive aquelas que dizem respeito a questões regionais.

Entre suas prioridades, sobressai a necessidade de compreender os desafios comuns enfrentados pelos países sul-americanos, a fim de coordenar posições e dissuadir potenciais ameaças futuras. Em um mundo que se torna cada vez mais populoso, carente de água, alimentos e energia, a proteção de recursos naturais da América do Sul adquire dimensão geopolítica relevante. Com 6% da população mundial, a região detém 28% da água doce e 40% da biodiversidade do mundo. Até 2020, responderá por mais de 30% da produção agrícola mundial. A proteção dos recursos naturais da região emerge como tema de interesse comum.[3]

Embora essa dimensão povoe o imaginário de estrategistas na região, não se vislumbram conflitos armados em torno desses recursos no médio prazo. A prioridade do CDS/Unasur recai, pois, na construção de confiança, na

3 Ver Ceed, 2015 (1).

concertação política e em iniciativas de cooperação com escopo bem definido. Além do diálogo contínuo entre os ministérios da Defesa e institutos nacionais, o conselho vale-se do Ceed e da Esude para produzir e difundir informações de interesse da defesa regional, bem como para sistematizar o diálogo entre servidores dos doze países em torno de interesses comuns. Sua tarefa consiste em instrumentalizar processos de construção de confiança mútua, colocando em contato hoje os homens e mulheres que, no futuro, terão a responsabilidade de decidir sobre o setor de defesa na região.

Parte-se do alto grau de confiança mútua entre as Forças Armadas da região para fomentar iniciativas de cooperação militar, um dos eixos que estruturam os planos de ação do CDS/Unasul. Potencializa-se o que já funciona, ao mesmo tempo que se abrem outras frentes: políticas de defesa, ações humanitárias e operações de paz e formação e capacitação.

Buscam-se, assim, dois tipos de resultados. De um lado, há produtos concretos, estudos e análises que subsidiam processos decisórios. Um exemplo evidente materializa-se periodicamente no Registro Sul-Americano de Gastos Agregados de Defesa, importantes para ampliar a transparência nesse setor. Outro, mais disperso no tempo e menos conhecido do grande público, ensejou longo debate sobre conceitos de segurança e defesa. Esse debate levou os países a criar um grupo de trabalho que prescreveu a adequada atribuição de responsabilidades a agências burocráticas voltadas a incentivar a cooperação nos campos da justiça e da defesa, a promover a segurança cidadã e a articular ações de combate à delinquência internacional organizada.

Como resultado, no âmbito interno de cada país se fomentou a troca de informações entre agências burocráticas responsáveis por proteger indivíduos, de um lado, e entre as agências constituídas para proteger as comunidades políticas, de outro. Criou-se um novo conselho setorial da Unasul, cujas responsabilidades não se confundem com as do Conselho de Defesa, o Conselho Sul-Americano em Matéria de Segurança Cidadã, Justiça e Coordenação de Ações contra a Delinquência Organizada Transnacional.

Dividem-se as responsabilidades, mas não se incentivam competições. Cabe ao Conselho de Delegados e à Secretaria-Geral da Unasul harmonizar as iniciativas desses conselhos entre si e com o Conselho sobre o Problema Mundial das Drogas. Essas instâncias permanentes são também responsáveis por ampliar as sinergias com os demais conselhos setoriais cujas ações podem contribuir para construir ambiente menos propício à perpetuação da violência na América do Sul e por intensificar a complementaridade das iniciativas da Unasul com a de outras iniciativas de integração regional, como o Mercosul e a Comunidade Andina de Nações.

Em outras palavras, é importante entender o funcionamento do CDS/Unasul em sua interação com os demais conselhos setoriais, intermediada pelos conselhos políticos da Unasul: o de chefes de Estado, o de chanceleres e o de delegados. Mais especificamente, trata-se, pois, de construir confiança, mediante o aprofundamento do conhecimento mútuo e o gradual desenvolvimento de protocolos comuns para o emprego de força, além de desenvolver uma identidade de defesa sul-americana.

Nesse contexto, a Esude e o Ceed somam esforços para instrumentalizar as ações do CDS/Unasul. O centro funciona como uma espécie de *think tank*, que produz reflexões sobre temas de interesse para os ministérios da Defesa; a escola veicula essa produção aos institutos nacionais e aos ministérios de Defesa, fornecendo-lhes argumentos e agendas destinadas a subsidiar os operadores políticos civis e militares de estratégias que favoreçam aprofundar o processo de integração da América do Sul no campo da defesa.

Sediado em Buenos Aires, o Ceed possui uma estrutura administrativa que conta com um diretor, um vice-diretor e seis funcionários administrativos. Além disso, cada um dos doze países tem o direito de enviar até dois delegados, em caráter permanente, para contribuir com a produção do centro. Sua produção é majoritariamente ostensiva e pode ser encontrada em sua página na internet.

A Esude, por sua vez, funciona com corpo de funcionários reduzido: possui um diretor, um *webmaster* e um auxiliar administrativo, apoiando-se na estrutura da secretaria-geral da Unasul, onde está sediada. Possui dois conselhos: o Superior e o Acadêmico. O Conselho Superior é composto pelos vice-ministros de Defesa. Sua função é definir as estratégias de longo prazo da escola, aprovar seus planos de ação e eleger seu diretor. O Conselho Acadêmico ocupa-se do cotidiano da escola, em articulação com seu diretor. Propõe e aprova os conteúdos dos cursos, conduz a seleção de pesquisadores associados, seleciona os participantes dos cursos ofertados pela escola, assiste o diretor nas tarefas estabelecidas pelo Conselho Superior.

Cabe ao Conselho Acadêmico intermediar a relação entre a escola e a rede de doze institutos nacionais, um em cada país-membro, que materializa a oferta acadêmica da escola. Instrutores, materiais didáticos e cursos situam-se fisicamente nas instalações dos doze institutos nacionais, articulados em torno da Esude. Ao fazê-lo, o próprio conselho se constitui em espaço de diálogo e disseminação do conhecimento no domínio da defesa, contribuindo para construir uma identidade comum de defesa na América do Sul e para afirmar essa região como uma zona de paz e cooperação.

Os recursos da Esude são, pois, variáveis, corolários das capacidades disponíveis nas instituições nacionais e das intenções dos ministérios de Defesa relativas ao aprofundamento do diálogo e da cooperação regional no campo da defesa. A ideia é simples. Ao compartilharem recursos, as escolas de defesa da região discutem ideias, constroem visões comuns. Os princípios de gradualidade e flexibilidade pautam o modo como a Esude articula uma rede de instituições de ensino dedicada a formar os civis e militares responsáveis pela defesa nacional de seus respectivos países.

Mais que isso, trata-se de colocar em contato, hoje, os homens e mulheres que responderão por essas áreas no porvir. Quando tiverem o poder de decidir sobre as prioridades que os países sul-americanos devem ter nesse campo, dentro de dez ou quinze anos, esses civis e militares já terão se conhecido nos bancos escolares e poderão dialogar com mais confiança sobre os interesses de seus respectivos países. Nesse ínterim, cada escola poderá compartilhar recursos didáticos com as demais, multiplicando, de forma exponencial, o estoque de recursos humanos e materiais à disposição dos ministérios de Defesa da América do Sul.

O papel da Esude é animar essa rede, entusiasmar seus integrantes, funcionar como uma espécie de repositório de ativos comuns que sirvam, simultaneamente, a cada um dos países e ao processo de construção de confiança entre eles. Nessas condições, a escola contribui para coordenar a cooperação em âmbito regional e se apresenta como um óbvio interlocutor em debates com atores oriundos de outras regiões.

Ao prover a rede de um repositório de recursos úteis à oferta de cursos sobre defesa e segurança, a Esude firma-se, ela própria, como um instrumento de construção de confiança. Ao promover debates e consensos sobre riscos, ameaças e vulnerabilidades comuns, fomenta a construção de uma identidade sul-americana em matéria de defesa. Em suas atividades cotidianas, promove a compreensão adequada da natureza, funções, objetivos e atividades da Unasul e do CDS.

A instalação do CDS/Unasul partiu de duas premissas: o aprofundamento progressivo da interdependência socioeconômica no âmbito regional e a constatação de que nenhum dos países da América do Sul tem condições de garantir sua própria segurança isoladamente. Os países-membros atribuíram ao CDS/Unasul a missão de promover o diálogo e a cooperação regional no campo da defesa, favorecendo a concertação política e fomentando o desenvolvimento de uma identidade comum nesse campo.

O próprio estabelecimento de um conselho setorial com o objetivo de discutir temas estratégicos para os Estados-membros desde o início do processo de integração constituiu uma inovação da Unasul. O fato de o CDS/Unasul haver decidido empregar planos de ação anuais com objetivos mensuráveis no marco de uma visão de longo prazo vem facilitando assegurar a sustentabilidade de suas iniciativas e o êxito de suas realizações através do tempo.

Seu *modus operandi* produziu resultados palpáveis, como a criação do Ceed e da Esude, bem como implicações relevantes para áreas conexas no âmbito da integração regional, a exemplo da criação do Conselho Sul-Americano em Matéria de Segurança Cidadã, Justiça e Coordenação de Ações contra a Delinquência Organizada Transnacional. Seus resultados imediatos se materializam na produção de conhecimento de interesse da defesa e no contínuo aperfeiçoamento dos civis e militares que conduzem as políticas de defesa dos países da região.

Ao examinarem juntos os interesses comuns de seus países no campo da defesa, esses servidores passam a conhecer-se melhor, construindo confiança mútua. Quando os alunos e pesquisadores de hoje assumirem posições de grande responsabilidade em seus respectivos países, terão melhores condições de aprofundar, no que lhes pareça conveniente, a integração regional no campo da defesa.

Referências bibliográficas

ALDA MEJÍA, S.; GOMEZ RICAUTE, V. *El concepto y las relaciones multilaterales de seguridad y defensa en el contexto de la Unasur*. Quito: Instituto Universitário General Gutierrez Mellado; Ministério da Defesa do Equador, 2012. Disponível em: http://iugm.es/uploads/tx_iugm/UNASUR.pdf.

BATTAGLINO, J. The Coexistence of Peace and Conflict in South America: Toward a New Conceptualization of Types of Peace. *Revista Brasileira de Política Internacional*, v.55, n.2. Disponível em: http://www.scielo.br/scielo.php?script=sci_arttext&pid=S0034-73292012000200008.

CEED/CDS-UNASUL: *Institucionalidad de la defensa en Suramérica*. Buenos Aires: Ceed, 2015. Disponível em: http://www.ceedcds.org.ar/Espanol/09-Downloads/INST-DEF-ESP.pdf.

______ (1). *Estudio prospectivo*: Suramérica 2025. 1.parte. Buenos Aires: Ceed, 2015. Disponível em: http://www.ceedcds.org.ar/Espanol/09-Downloads/RRNN-2025-NOV-2015-WEB.pdf.

MARTÍNEZ, P.; TIBILETTI, L. La cooperación en defensa en la Unasur: logros, debilidades y desafíos. *Serie Documentos de Trabajo*, Escuela de Defensa Nacional, n.30, 29 jun. 2015.

NAMIHAS, S. *Fortalecimiento de la cooperación en seguridad entre Bolivia, Brasil, Chile, Colombia, Ecuador y Perú*: hacia una comunidad en seguridad. Lima: Idei; PUC & KAS, 2015. p.11-30.

SANAHUJA, J. A.; VERDES-MONTENEGRO ESCÁNEZ, F. Seguridad y defensa en Suramérica: regionalismo, cooperación y autonomía en el marco de Unasur. *Anuario de Integración*, v.10, p.487-530, 2014. Disponível em: http://www.cries.org/wp-content/uploads/2014/11/Anuario-2014-1.pdf.

SÁNCHEZ CABARCAS, F. *Unasur*: poder y acción en Suramérica en el siglo XXI. Barcelona, 2015. Tesis (Doctorado en Relaciones Internacionales e Integración Europea) – Departamento de Derecho Público y Ciencias Históricojurídicas, Universitat Autònoma de Barcelona.

UNIÃO DE NAÇÕES SUL-AMERICANAS (Unasur). Tratado Constitutivo de la Unión de Naciones Suramericanas. 2008. Disponível em: http://www.unasursg.org/images/descargas/DOCUMENTOS%20CONSTITUTIVOS%20DE%20UNASUR/Tratado-UNASUR-solo.pdf. Acesso em: 2 mar. 2016.

VITELLI, M. América del Sur: de la seguridad cooperativa a la cooperación disuasoria. *Foro Internacional*, Mexico, v.56, n.3, jul.-set. 2016. Disponível em: http://www.scielo.org.mx/scielo.php?script=sci_arttext&pid=S0185-013X2016000300724.

CONSELHO DE SEGURANÇA DAS NAÇÕES UNIDAS

Guilherme Paiva Stamm Thudium
Anselmo Otavio

Criado em 1946 como um dos seis principais órgãos da ONU, o Conselho de Segurança possui como principal objetivo a manutenção da paz e da segurança internacional. De modo geral, desde a criação da Liga das Nações após a I Guerra Mundial já havia a preocupação com tal finalidade. Segundo Patriota (2010), o reflexo disso pode ser encontrado no artigo 10 do pacto formulador daquela organização, no qual é indicado que cada Estado deverá se comprometer a respeitar e preservar a integridade territorial de outro Estado. No entanto, foi com o advento da ONU e, principalmente, do Conselho de Segurança que se buscou criar mecanismos que efetivamente realizassem tal intento.

Ao longo destes mais de setenta anos de existência, três características passaram a se destacar no Conselho de Segurança das Nações Unidas. A primeira diz respeito à estrutura desse conselho, compreendida pela diferenciação entre seus membros participantes, bem como pelos órgãos subsidiários que foram sendo criados e geridos por ele. Referente à composição, uma primeira diferenciação entre os membros encontra-se relacionada àqueles possuidores de assentos permanentes – Estados Unidos da América, Rússia, China, França e Reino Unido – e àqueles de assento eletivo. Nesse segundo caso, há dez assentos eletivos divididos entre África e Ásia (5), América Latina e Caribe (2), Europa ocidental (2) e Europa oriental (1), cujo mandato do país escolhido para um desses assentos, através de sessão da Assembleia Geral, é de dois anos.

Já com relação ao campo de ação do órgão, os quinze membros do Conselho de Segurança também se envolvem com órgãos subsidiários voltados à manutenção da paz e da segurança em nível global. Nesse âmbito, destacam-se o Comitê contra o Terrorismo, criado em 2001 e voltado à adoção, por parte dos países-membros da ONU, de medidas relativas ao combate ao terrorismo; o Comitê 1540, cujo principal objetivo é a implementação da Resolução n.1540 de combate à proliferação de armas nucleares, biológicas e químicas; e o Comitê de Estado-Maior, cuja principal função é o desenvolvimento de planos direcionados à criação de um sistema de regulação de armamentos. Em síntese, tais comitês podem ser interpretados como os meios para a realização da principal especificidade do Conselho de Segurança, qual seja, o poder de promulgar decisões, por meio da formulação de resoluções, que deverão ser adotadas por todos os Estados-membros da ONU. Trata-se, portanto, do único entre os seis órgãos com poder decisório sobre todos os membros da organização, que devem aceitar e cumprir as suas decisões, como preconizam os artigos 24 e 25 da Carta da ONU.

A segunda característica, por sua vez, é tida como a mais importante diferenciação, pois diz respeito ao poder de veto restrito apenas aos cinco membros de assento permanente. Antes mesmo da criação do conselho, discussões entre o presidente norte-americano Franklin Roosevelt, o primeiro-ministro da Inglaterra Winston Churchill e o líder da União Soviética, Joseph Stálin, marcaram o debate sobre quais países deveriam ou não ter assento permanente e poder de veto. Por um lado, Churchill considerava importante a inclusão da França, porém desconsiderava a entrada da China como membro permanente. Já os Estados Unidos defendiam a entrada do Brasil como membro permanente, enquanto o Reino Unido e a União Soviética eram contrários (Arraes, 2005; Patriota, 2010). Foi durante a Conferência de Ialta de 1945 que as delegações de Estados Unidos, União Soviética e Reino Unido chegaram a um acordo com relação à entrada da República da China e da França, definindo, assim, a composição final do Conselho de Segurança. Naquela ocasião, também ficou decidido que os cinco membros permanentes teriam poder de veto sobre as resoluções propostas ao conselho, porém não poderiam impedir o debate sobre elas.

Ainda que salvaguardada a possibilidade de novas inclusões, a estrutura do conselho permanente estabelecida em Ialta só foi modificada uma vez, em 1971, quando a República da China (Taiwan) foi substituída pela República Popular da China em meio aos realinhamentos políticos da Guerra Fria. Já no pós-Guerra Fria, são várias as oportunidades e iniciativas que suscitaram a necessidade de atualização do Conselho de Segurança, como quando do aniversário de 50 anos do órgão, em 1995, ou após os atentados de 11 de setembro de

2001 nos Estados Unidos (Arraes, 2005). Desde o documento final da Cúpula Mundial sobre Sociedade da Informação realizada pela ONU em Túnis, no ano de 2005, líderes internacionais se comprometeram com a necessidade de reforma do Conselho de Segurança para melhor refletir as novas realidades geopolíticas do século XXI (CMSI, 2005). Uma década depois, no entanto, já na celebração do aniversário de 70 anos da assinatura da carta de fundação das Nações Unidas, em 2015, as propostas de reforma ainda não haviam sido traduzidas em resultados concretos.

Um dos principais catalisadores dos projetos de reforma do Conselho de Segurança da ONU no século XXI é a emergência tanto econômica como político-estratégica de novos protagonistas no cenário internacional (MRE, 2009). Algumas das chamadas potências emergentes nesse sentido, como Brasil, Índia e África do Sul – três países que compõem o Fórum Ibas e o Brics, bloco político-diplomático do qual China e Rússia, dois membros com assento permanente, também fazem parte –, compartilham o ideal comum de que o órgão necessita de reformulações que reflitam o peso axiomático desses países na nova geopolítica mundial (MRE, 2011). As reivindicações por reformas do Conselho de Segurança, contudo, não estão limitadas somente às pretensões dos países em desenvolvimento, evidenciado por articulações como o G4, fórum de cooperação Norte-Sul composto por Alemanha, Brasil, Índia e Japão que também advoga por uma ampliação no número de assentos permanentes do conselho (MRE, 2013). As propostas por reforma do Conselho de Segurança da ONU estão inseridas em um contexto de busca por alternativas que tem como intuito fortalecer as instituições e mecanismos de governança global na medida em que estes passam por um processo de déficit democrático e de legitimidade, diante de um quadro recente de decisões unilaterais que desconsideraram normas e princípios estabelecidos por esses órgãos, como foi o caso da invasão estadunidense ao Iraque em 2003, que ocorreu sem a aprovação do Conselho de Segurança.

Por fim, o Conselho de Segurança também possui mecanismos práticos utilizados para garantir a sua principal finalidade, qual seja, manter a paz e a segurança internacional. Assim, quando determinada a existência de uma ameaça para a paz ou de uma situação que possa vir a se transformar em conflito internacional, o órgão está regulamentado para tomar certas iniciativas, tais como: recomendar métodos de diálogo entre os países; solicitar aos países que apliquem sanções econômicas e demais medidas com vistas a impedir ou deter alguma agressão; enviar, após aprovação do secretário-geral, funcionários voltados à mediação do conflito; e, destacadamente, determinar a criação, continuação e encerramento de operações de paz (ONU-Br, 2017), as quais se tornaram cada vez mais complexas diante da emergência de novos desafios e ameaças no pós-Guerra Fria.

Referências bibliográficas

ARRAES, V. O Brasil e o Conselho de Segurança da Organização das Nações Unidas: dos anos 90 a 2002. *Revista Brasileira de Política Internacional*, Brasília, n.48, v.2, p.1-17, 2005.

CÚPULA MUNDIAL SOBRE A SOCIEDADE DA INFORMAÇÃO (CMSI). *Declaração de Princípios e Plano de Ação*. Túnis, 2005.

MINISTÉRIO DAS RELAÇÕES EXTERIORES (MRE). Reforma da ONU. Brasília: Funag, 2009.

______. III Cúpula dos Brics: Declaração e Plano de Ação de Sanya. 14 abr. 2011.

______. Reunião Ministerial do G4 (Brasil, Alemanha, Índia e Japão) à margem da 68ª Assembleia Geral das Nações Unidas. Comunicado Conjunto. 26 set. 2013.

ORGANIZAÇÃO DAS NAÇÕES UNIDAS (ONU). Carta das Nações Unidas. San Francisco, 1945.

_____ (ONU-Br). Nações Unidas no Brasil. Disponível em: https://nacoesunidas.org/. Acesso em: 7 jul. 2017.

PATRIOTA, A. *O Conselho de Segurança após a Guerra do Golfo*. Brasília: Funag, 2010.

CONSTRUÇÃO DA PAZ (*PEACEBUILDING*)[1]

Artur Andrade da Silva Machado

Concebido pelo norueguês Johan Galtung (1976), figura seminal na institucionalização dos estudos de paz, o conceito de construção da paz (*peacebuilding*) evoca uma analogia com a atividade de construção civil, para discutir meios e métodos para se alcançar a paz sustentável. A característica que singulariza a construção da paz em meio a outros instrumentos associados a processos de paz é, portanto, a preocupação com a sustentabilidade de seus resultados, ou seja, com uma superação das causas estruturais de dinâmicas de conflito, conjugada à promoção de condições edificantes de uma paz resiliente no médio e longo prazos. Nesse sentido, uma definição ampla para construção da paz deve incluir toda a vasta gama de esforços, de nível nacional ou comunitário, de diversos tipos de atores (externos e domésticos; de organismos internacionais, governos e sociedade civil) para identificar e superar os gatilhos (*triggers*), os fatores motivadores (*drivers*) e, principalmente, as causas profundas (*root causes*) de dinâmicas de violência, em curso ou no plano potencial, e instituir um ciclo autossustentável de paz e desenvolvimento.

A popularização do conceito de construção da paz ocorreu mais de quinze anos após sua formulação, devido a sua incorporação ao jargão político-diplomático da ONU, a partir do relatório *Uma agenda para a paz*, de 1992. Buscando estabelecer uma tipologia temporal de operações de paz e outros instrumentos de resolução de conflitos, o relatório

1 As visões desenvolvidas nesse texto são pessoais e não necessariamente coincidem com aquelas do Ministério das Relações Exteriores.

lançou a expressão "construção da paz no contexto pós-conflito" ("*post-conflict peacebuilding*"), pareando-a com conceitos como diplomacia preventiva, manutenção da paz e imposição da paz, os quais seriam iniciados antes ou durante o conflito. Ao mencionar o "contexto pós-conflito", o conceito de 1992 estabeleceu uma decalagem entre o entendimento da construção da paz fora e dentro do âmbito onusiano, a qual perdurou até muito recentemente. Em 2016, contudo, foram adotadas resoluções gêmeas da Assembleia Geral das Nações Unidas (AGNU) e do Conselho de Segurança das Nações Unidas (CSNU) reconhecendo a importância de que os esforços de construção da paz sejam adotados crescentemente no contexto de pré-conflito.

Além disso, a tradução do conceito de agenda para a paz para línguas latinas foi responsável por uma duplicação terminológica que deve ser abordada já nesta introdução. Assim como na tradução para o francês e o espanhol, autores de referência no tratamento da construção da paz em língua portuguesa, como Fontoura (1999) e Neves (2009), ao traduzirem o conceito de agenda para a paz, divulgaram a variante "consolidação da paz" como uma versão sintética para a tradução de *post-conflict peacebuilding*. Alinhado com a metáfora original de Galtung (1976), bem como com recente processo de revisão conceitual dos esforços de paz desenvolvidos na ONU, o presente verbete prefere a expressão "construção da paz", de sentido mais amplo, como a tradução mais apropriada para *peacebuilding*, deixando a expressão "consolidação da paz", de sentido mais restrito, para os esforços vinculados ao contexto pós-conflito.

Vínculos conceituais entre construção da paz, paz positiva e paz sustentável

Parte primordial dos esforços de construção da paz, a conceituação da paz é uma tarefa complexa, devido à proliferação de definições e significados para o termo. Uma meta-análise com vasta base de dados de artigos em inglês que, entre 2000 e 2011, levaram "paz" (*peace*) no título indicou que o termo se vê replicado em mais de quarenta conceitos distintos. Segundo esse estudo, entre os critérios para a diferenciação dos múltiplos conceitos ligados à paz destacam-se: o nível de aplicação (paz interpessoal, comunitária, doméstica, internacional, global), a causalidade ou modo de sustentação (paz por coerção, por mediação política, por composição democrática, por incentivo econômico), o nível e tipo de violência (paz negativa ou paz positiva), e a sustentabilidade (paz frágil, instável ou durável) (Brauch et al., 2016, p.150).

Ao apresentar o conceito de construção da paz, Galtung (1976) discutiu muitos desses critérios de diferenciação de forma associada. Em sua visão, em contraste com dois outros métodos de promoção da paz (*peacekeeping* e *peacemaking*), a construção da paz visaria a resultados estruturais e duráveis, daí sua vinculação ao conceito de paz sustentável. Por sua vez, a sustentabilidade da paz seria um atributo do que o autor concebeu como paz positiva, já no editorial da primeira edição do *Journal of Peace Research* (Galtung, 1964). Mais ambiciosa que a paz negativa (entendida como ausência de violência em larga escala), a paz positiva caracteriza-se pela superação da possibilidade de conflito em dada sociedade, o que demandaria o combate às causas estruturais da violência. Com base nessa distinção, Galtung apresentou a paz positiva como um extremo weberiano, concebido a partir de um ideal de sociedade: um ambiente no qual haveria forte integração social, livre de tensões graves entre subgrupos e propício para o bem-estar e o desenvolvimento dos indivíduos. Em sua visão, esse tipo de paz teria também caráter preventivo contra a eclosão e reincidência de violência, de modo que, uma vez obtida, a paz positiva demonstraria boa capacidade de autossustentação (resiliência).

Ao trabalhar na elaboração do conceito de Galtung, outros autores sublinharam a robustez do tipo de paz que possuiria o atributo da sustentabilidade. Reintroduzindo o conceito de paz sustentável no contexto pós-Guerra Fria, Peck (1998) associou-a com a promoção da segurança humana, conceito que já abrangeria visão multissetorial das medidas necessárias para a criação de ambiente de paz. Mais recentemente, Coleman (2012) propôs que a paz sustentável se evidenciaria em um ambiente no qual a probabilidade de recorrência de conflitos e violência para a resolução de disputas não entraria no cálculo político ou nas expectativas de nenhum dos atores sociais, ao passo que a probabilidade de usar a cooperação e o diálogo para promover a justiça social e o bem-estar é tão alta que ela governa a organização da vida social. Após compilar aportes de entrevistas com acadêmicos e profissionais envolvidos com processos de paz, o Earth Institute, da Universidade Columbia (ACCC, 2015), sugeriu que, em uma definição de trabalho, a paz sustentável poderia ser vista como um conjunto de dinâmicas voltadas à criação de ambiente de paz e harmonia, no qual haveria alta probabilidade de padrões construtivos de interação entre todos os atores presentes em uma sociedade.

À luz da discussão conceitual da paz positiva, a construção da paz, dada sua orientação para o longo prazo, não se limita a negar ou obstruir a ocorrência do conflito (paz negativa), buscando promover uma visão mais ambiciosa dos esforços de paz. A obtenção da durabilidade da paz dependeria, para além da superação das dinâmicas profundas de violência, também do fomento a padrões de interação sociocultural positiva com igual capacidade para se estabelecer no nível estrutural da sociedade. Seguindo a metáfora da construção civil, esses fatores são comumente chamados de fundamentos ou "fundações da paz" (*foundations of peace*). Muitos autores (Gilman, 1983; Peck, 1998; Keating; Knight, 2004) aventuraram-se a prescrever fatores para se obter uma paz duradoura. Em geral, as fundações podem ser classificadas como políticas, econômicas ou sociais.

As fundações políticas são normalmente associadas à promoção de estruturas de governança legítimas e não coercitivas, capazes de garantir a ordem social, o primado do direito (*rule of law*) e a desautorização de métodos violentos de solução de disputas, frequentemente por meio do estabelecimento de instituições democráticas, da promoção da participação política e da proteção de direitos humanos políticos. Envolvem também o apoio ao processo político e o fortalecimento das capacidades nacionais, para que o governo local se torne capaz de prestar serviços básicos para a população.

As fundações econômicas, baseadas na inter-relação entre paz e desenvolvimento, geralmente prescrevem a promoção de direitos humanos econômicos, como o acesso à educação e ao sistema de saúde, bem como o apoio ao desenvolvimento de atividades econômicas que tornem o recurso ao uso da força menos atrativo, em termos relativos, para os atores sociais.

As fundações sociais, por sua vez, costumam ser associadas à promoção da harmonia e da justiça social e à redução de tensões entre subgrupos de dada sociedade por meio, por exemplo, de ações relacionadas à equidade (como a promoção da igualdade de gênero e proteção, inclusão política e empoderamento de minorias, entre outras).

A emergência dos conceitos de consolidação da paz, paz liberal e estabilização

Em contraste com o caráter abrangente e ambicioso do conceito de construção da paz no campo acadêmico, a popularização da expressão na década de 1990 conferiu-lhe algumas restrições de sentido. De um lado, ao ser incorporado ao jargão político-diplomático da ONU para a gestão de conflitos, o conceito de construção da paz foi adaptado para a variante "consolidação da paz", restrita ao período pós-conflito. De outro lado, a influência da teoria da paz liberal em grande parte dos esforços de paz após o fim da Guerra Fria fez que a "fundação política" da construção da paz ganhasse proeminência sobre as fundações econômicas e sociais, em termos tanto conceituais como práticos.

O documento onusiano *Uma agenda para a paz* é a principal referência para os esforços de paz da ONU na década de 1990, contexto em que, diante da então recente superação da Guerra Fria, a organização passou a desempenhar papel protagônico na promoção da paz mundial. Buscando estabelecer uma tipologia temporal a partir da terminologia de Galtung (1976), *Uma agenda para a paz* lançou o conceito de consolidação da paz (*post-conflict peacebuilding*), para agrupar as ações adotadas após a assinatura de um acordo de paz, com o objetivo de evitar que as partes envolvidas viessem a reincidir em conflito.

Outra consequência da popularização do conceito de consolidação da paz no contexto do pós-Guerra Fria foi sua suscetibilidade à influência do "paradigma da construção da paz liberal", caracterizado por fomentar, prioritariamente, as fundações políticas da paz. Embora haja diferentes nuances que variam de autor para autor, a teoria da paz liberal preconiza a existência de correlação causal entre democracias de mercado e a ausência de conflito. Devido a uma extraordinária influência dessa teoria durante as décadas de 1990 e 2000, autores como Hazen (2007), Newman et al. (2009) e Roberts (2011), entre outros, sustentam que a paz liberal figura como a principal base conceitual e ideológica da maior parte dos esforços de construção da paz por parte da comunidade internacional.

De fato, seguindo as receitas da paz liberal, e baseados também no desenvolvimento, a partir do fim da Guerra Fria, do conceito de Estado frágil ou falido (*fragile or failled state*) para explicar a ascendência de casos de conflitos internos, a maior parte dos esforços de construção da paz desde então esteve concentrada no apoio à formação de instituições e capacidades estatais (*statebuilding*) como forma de evitar a reincidência em conflito. Dessa feita, promovem ações como: a) o apoio à formação de arranjos políticos inclusivos num período de transição política após o fim do conflito; b) o apoio à realização de eleições democráticas, como forma de pôr fim ao período de transição e instituir uma nova "ordem política" vista como legítima; e c) o fortalecimento das instituições e das capacidades estatais, com vistas a permitir que as novas instituições de governança (sejam as transitórias, sejam aquelas após a realização de eleições) possam, paulatinamente, assumir a responsabilidade pela garantia da segurança e do primado do direito, bem como pela prestação de serviços públicos prioritários. Na visão de autores como Barnett et al. (2007), as ações de *statebuilding* constituiriam uma segunda dimensão da construção da paz, que, "após a estabilização", seria desenvolvida antes do apoio ao desenvolvimento socioeconômico da comunidade pós-conflito.

Sem previsão em *Uma agenda para a paz*, o conceito de estabilização, incorporado mais recentemente ao jargão de processos de paz, é também um desdobramento da preocupação da ONU com a consolidação da paz. A estabilização posiciona-se na transição entre o conflito em curso e a paz tênue, enquanto ainda há nível elevado de violência residual. Associada a capacidades militares robustas, é muitas vezes vista como necessária para a obtenção de uma paz negativa. Abarca, ademais, as ações mais imediatas de pacificação após a assinatura de acordo de paz, a fim de estabelecer as condições de segurança necessárias para que ações mais estruturais de construção da paz possam ser desenvolvidas. Sobreposta à tipologia de 1992, a estabilização pode ser vista como uma etapa de transição entre *peacekeeping* e *peacebuilding*; como uma primeira dimensão da consolidação da paz (Barnett et al., 2007), ou ainda como etapa sobreposta entre *late peacekeeping* e *early peacebuilding* (Muggah, 2014, p.58).

No âmbito onusiano, não há critério definido para empregar o conceito. As três missões de paz que, atualmente, levam estabilização no nome – Minustah (Haiti), Monusco (República Democrática do Congo) e Minusma (Mali) – desenvolvem diversas ações classificadas como de construção da paz, muitas das quais contribuem para o objetivo de alcançar a paz positiva. O conceito de estabilização, contudo, normalmente se traduz em atividades mais ligadas à negação do conflito, as quais podem ser classificadas em três campos principais: a) desmobilização, desarmamento e reintegração (DDR, de *disarmament, demobilization and reintegration*); b) reforma do setor de segurança (SSR, de *security sector reform*); e c) apoio ao estabelecimento de condições básicas de segurança, inclusive por meio de ações de desminagem e da promoção do primado do direito (*rule of law*). Essas atividades, que são objeto de documentos específicos da ONU, também costumam aparecer em relatórios do secretário-geral sobre a construção da paz no contexto de imediato pós-conflito (ver, por exemplo, A/63/881-S/2009/304, 2009 e A/69/399-S/2014/694, 2014).

A análise do paradigma de consolidação da paz que emergiu na ONU na década de 1990 permite interpretar que a prioridade daquela época era a obtenção de uma paz negativa (cessação da violência de larga escala), alcançada, normalmente, sob a responsabilidade do CSNU, mediante o desdobramento de pessoal militar no cenário de operações, conjugado a processo de mediação política e outras medidas possivelmente coercitivas voltadas a obter o fim de hostilidades em curso. No contexto pós-conflito, os esforços de consolidação da paz mais prementes seriam aqueles associados à função de estabilização e *statebuilding*. De outro lado, as ações de construção de uma paz positiva seriam desenvolvidas de forma descentralizada, via de regra por pessoal civil, muitas vezes subordinados a agências nacionais de cooperação e organismos não governamentais sem vínculo direto com a ONU, com recursos financeiros próprios e relativamente reduzidos.

O surgimento da Arquitetura de Construção da Paz da ONU

Nos anos 2000, o engajamento da comunidade internacional em esforços de paz já havia se tornado algo bastante corriqueiro. Sobre o pano de fundo dos conceitos lançados no início da década de 1990, foram-se acumulando anos de prática, que tiveram o efeito de flexibilizar as categorias de *Uma agenda para a paz*. Observava-se, então, um importante robustecimento das operações de manutenção da paz, que passavam, crescentemente, a acumular funções típicas de categorias conceituais às quais não pertenciam originalmente. As ações típicas da construção da paz, voltadas a promoção de fundações econômicas e sociais da paz, eram já desenvolvidas em todas as fases do ciclo de conflito, de forma descentralizada, por número crescente e variado de atores (organismos regionais, burocracias nacionais, agências nacionais de cooperação, organizações não governamentais, entre outros).

Entre muitos outros atores envolvidos com a construção da paz, manteve-se presente a associação original entre paz sustentável e paz positiva. Era crescente, portanto, a percepção de que as fundações políticas, econômicas e sociais da paz deveriam ser abordadas de forma interligada, dado que seus objetivos se reforçariam mutuamente. Segundo essa análise, o poder duro (*hard power*) e as ações militares não seriam suficientes para se alcançar uma paz sustentável, fazendo-se imperativo fazer uso de ações capazes de promover o desenvolvimento e a proteção dos direitos humanos (Keating; Knight, 2004).

Paralelamente, a partir dos anos 2000, a associação entre construção da paz, paz positiva e paz sustentável, prevista na conceituação acadêmica, passou a ser objeto de relatórios da ONU. Pioneiro nesse processo, o *Relatório Brahimi* (A/55/305-S/2000/809), de 2000, por exemplo, definiu a construção da paz como o conjunto de atividades voltadas a reunir as fundações da paz e a propiciar ferramentas para construir, sobre aquelas fundações, "algo que seja mais do que a simples ausência de guerra". Ademais, tornou-se deveras comum ver a dicotomia paz negativa-paz positiva associada a conceitos consagrados pelo relatório *In Larger Freedom* (A/59/2005), do então secretário-geral Kofi Annan. Esse relatório, escrito em preparação para a cúpula da ONU de 2005, apresentou diversos esforços desenvolvidos em torno dos chamados Três Pilares da

ONU (paz e segurança, desenvolvimento e direitos humanos), como um grande ideal de promoção do que seriam três tipos de liberdade: a) liberdade do medo (*freedom from fear*), na qual se recomendava uma renovação do compromisso com a manutenção da segurança internacional e com a prevenção de conflitos, bem como a criação da Peacebuilding Comission (PBC); b) liberdade da necessidade (*freedom from want*), na qual estavam listados objetivos da promoção do desenvolvimento sustentável em nível global; e c) liberdade para viver em dignidade (*freedom to live in dignity*), na qual se conclamava os Estados para que reforçassem o primado do direito e a proteção dos direitos humanos. Nesse contexto, é fácil identificar as convergências, de um lado, entre paz negativa e liberdade do medo; e, de outro, entre paz positiva e as liberdades da necessidade e para viver em dignidade.

À medida que ganhava força, em meados dos anos 2000, a percepção de que os Três Pilares da ONU se reforçam uns aos outros, também ficava evidente a necessidade de revisão da arquitetura de paz da ONU. Não obstante sua vocação institucional, o CSNU, devido a sua orientação para as crises mais prementes do momento e para as grandes ameaças à segurança internacional, concentra sua atenção no curto prazo e não conta com a capacidade para coordenar a miríade de ações de promoção das condições estruturantes da paz. De outro lado, os objetivos mais ligados às fundações econômicas e sociais da paz eram discutidos prioritariamente por outros órgãos da ONU, como o Conselho Econômico e Social, o Conselho de Direitos Humanos e o Programa das Nações Unidas para o Desenvolvimento. Nesse contexto, a proposta de instituir, no seio das Nações Unidas, estrutura responsável pela formulação de estratégia e coordenação de esforços de construção da paz foi incorporada ao documento final da reunião de cúpula da ONU de 2005 (A/RES/60/1, *World Summit Outcome Document*). A ideia, então, consistia em que a nova estrutura buscasse criar sinergias entre os esforços de construção da paz de múltiplos atores, não apenas vinculados ao sistema ONU, mas também aqueles mantidos pelos Estados-membros em suas capacidades nacionais e ligados a organismos não governamentais.

Foi, assim, estabelecida a Arquitetura de Construção da Paz da ONU, composta por três estruturas: a Comissão de Construção da Paz (Peacebuilding Commission – PBC), o Fundo de Construção da Paz (Peacebuilding Fund – PBF) e o Escritório de Apoio à Construção da Paz (Peacebuilding Support Office – PSO). A PBC constitui um órgão intergovernamental de aconselhamento do CSNU e da AGNU. Suas decisões são adotadas por consenso entre os seus 31 membros. O PBF, com múltiplos doadores voluntários, busca catalisar o financiamento de ações de construção da paz, com vistas a assegurar fluxo contínuo de recursos financeiros, com aportes rápidos e flexíveis. O PSO constitui órgão de assessoramento da PBC, também encarregado de administrar o PBF e apoiar os esforços do secretário-geral na coordenação da estratégia de construção da paz no âmbito da ONU.

Outro ponto conceitual questionado nesse processo foi a restrição da construção da paz ao "contexto pós-conflito". Fora da ONU, essa restrição jamais foi assumida como automática. Expoentes da discussão de processos de paz no plano acadêmico, autores como Keating e Knight (2004), Sandole (2010) e Bellamy (2011), por exemplo, defenderam, em momentos distintos, a ampliação do que poderia ser chamado de "construção da paz no contexto de pré-conflito" (*preconflict peacebuilding*). Na definição da Organização da Cooperação e Desenvolvimento Econômico (OCDE, 2008, p.15 e glossário anexo), para citar um exemplo de organismo internacional, a construção da paz inclui ampla gama de atividades, adotadas antes, durante ou após a eclosão do conflito, com o compromisso de prevenir e mitigar causas estruturais e gatilhos da violência e promover a paz sustentável.

Com o fito de atualizar a tipologia de 1992, diversos documentos onusianos que abordaram a construção da paz no plano conceitual deixaram de lado a restrição ao contexto de pós-conflito. Bom exemplo disso, o relatório intitulado *A More Secure World* (A/59/565), de 2004, considerou que o limite temporal não deveria ser entendido como condição intrínseca ao conceito de construção da paz, mas sim como consequência de capacidades limitadas para que as Nações Unidas e mesmo outros organismos internacionais pudessem apoiar esforços nacionais de construção da paz em contextos anteriores à eclosão de conflitos ou durante seu desenrolar. Esse relatório, primeiro documento da ONU a idealizar a criação de uma estrutura voltada para a construção da paz no seio da organização, recomendou, ainda, que o novo órgão ficasse encarregado de evitar o colapso de Estados e o recurso a guerras e de apoiar a transição da guerra para a paz. Ademais, na esteira da criação, em 2006, da PBC, o Comitê de Políticas subordinado ao secretário-geral (Policy Committee), encarregado de formular uma base conceitual para a construção da paz, definiu-a como um conjunto de medidas destinadas a reduzir o risco de caída ou recaída em conflito (*lapse or relapse into conflict*), por meio do fortalecimento das capacidades nacionais para a gestão de conflitos, bem como a lançar as bases para a paz e o desenvolvimento sustentáveis (SG, 2007).

Não obstante essas brechas conceituais, em função de suas capacidades relativamente modestas, a PBC tem concentrado sua atuação, pelo menos durante os dez primeiros anos de existência (2006-2016), no suporte a Estados caracterizados pelo contexto de pós-conflito. Atualmente, a PBC apoia a consolidação da paz nos seguintes países: Burundi, Guiné, Guiné-Bissau, Libéria, República Centro-Africana e Serra Leoa. A maioria desses países foi incluída na agenda da PBC por recomendação do CSNU, após avaliação de que, em alguma medida, uma situação de paz negativa havia sido obtida.

Um paradigma pós-liberal da construção da paz

Lançador de importantes debates acadêmicos sobre a construção da paz na presente década, Richmond (2011) sustenta que uma avaliação crítica da efetividade dos esforços de paz até o momento aponta para a necessidade de adotarmos um paradigma pós-liberal da construção da paz. Apesar de o paradigma da paz liberal permanecer, ainda hoje, como principal fundamentação dos esforços de construção da paz, desde o fim da década passada, tem crescido o número de estudos que colocam em questão sua efetividade na prevenção da eclosão e da recaída em conflito. Embora seja relativamente consensual que o apoio externo contribua para as chances de se alcançar uma paz durável, a taxa de sucesso de esforços de construção da paz varia entre 31% e 85%, ao passo que as estimativas de reincidência em conflito variam entre 20% e 56%, a depender da fonte do estudo (Autesserre, 2014, p.22).

Mesmo entre autores consagrados (ver, por exemplo, Mac Ginty, 2011; Richmond, 2011), é reconhecido que, para além do problema da efetividade, o paradigma da construção da paz liberal muitas vezes dá ensejo a choques entre valores ocidentais e práticas e hábitos da cultura local, os quais podem resultar na intensificação das tensões entre atores do nível local e agentes externos. Autesserre (2014) sugere que grande parte desses choques se deve à influência hegemônica de interventores estrangeiros na elaboração de análises, narrativas e ações de construção da paz, deixando pouco espaço para que atores nacionais e locais avaliem e apresentem demandas próprias para sua organização social. Barnett et al. (2007) considera que, ao seguir receitas preconcebidas sobre ambientes de paz e ordem social, a concepção dos esforços de construção da paz muitas vezes seria mais influenciada pela cartilha de ações já desenvolvidas por atores externos (*supply-driven*) do que por necessidades específicas da comunidade recém-saída do conflito (*demand-driven*).

Expoentes da corrente antropologista dos estudos de paz, autores como Kalyvas (2006), Roberts (2011) e Autesserre (2010) argumentam que a carência de efetividade dos esforços de construção da paz se deve ao enfoque *top-down*, que se preocupa, desproporcional e prioritariamente, com o nível macroinstitucional (construção de instituições estatais e realização de eleições), mas negligencia as dinâmicas locais de violência no dia a dia, as quais seriam mais estruturais. Segundo essa visão, a construção da paz alcançaria resultados mais efetivos e duráveis se seguisse um enfoque *bottom-up*, privilegiando as ações *grassroots*, com maior espaço para conhecimentos produzidos localmente e para a agência local. De outro lado, mesmo autores que enfatizam a importância dos tradicionais esforços de *statebuilding* não descartam a possibilidade de que a efetividade da construção da paz poderia ser ampliada, a partir de maiores preocupações com os aspectos econômico-sociais (Held, 2004) ou ainda de ações com foco no nível local (Öjendala; Oub, 2015).

Replicando alguns pontos abordados na discussão acadêmica acerca da efetividade da construção da paz e de suas melhores práticas, a ONU tem-se dedicado a reflexões sobre questões como a interação com atores locais e a coordenação de agentes externos envolvidos com a construção da paz. Como resultado, o PSO publica, periodicamente, documento que reúne boas práticas em construção da paz (PSO, 2010). Dentre as práticas listadas, vale mencionar, em primeiro lugar, o princípio da apropriação nacional (*national ownership*), que cita a obtenção da paz sustentável como uma responsabilidade primária da sociedade nacional. Segundo esse princípio, os atores dos níveis nacional e local devem deter grande influência na definição das prioridades e na condução dos processos de construção da paz.

Igualmente citados pela ONU, outras duas práticas são dignas de nota. Em primeiro lugar, vale mencionar o conceito de desenvolvimento de capacidades nacionais (*national capacity*), o qual preconiza que, para fomentar a autonomia da sociedade local, os esforços de construção de capacidades nacionais devem ser prioritários em todo o processo de construção da paz, sobretudo na definição de estratégias de entrada e de saída de atores externos. Por fim, também é tida como fundamental a definição de uma estratégia comum (*common strategy*), elaborada em respeito ao princípio da apropriação nacional, com o objetivo de coordenar as ações da gama diversificada de atores envolvidos com a construção da paz, sem que seja necessário privar o processo de inclusividade e efetividade.

Aggiornamento *da construção da paz no contexto onusiano*

Mais recentemente, entre 2015 e 2016, teve lugar processo amplo de revisão da Arquitetura de Construção da Paz da ONU, que poderá trazer modificações profundas para o campo nos próximos anos. Amplamente apoiado e discutido por grupos da sociedade civil envolvidos com construção da paz (ver, por exemplo: AFP, 2012; e Hearn et al., 2014), o processo de revisão apoiou-se em considerações levantadas pelo *Relatório Rosenthal* (A/69/968-S/2015/490) e culminou na adoção, em abril de 2016, de resoluções idênticas da AGNU e do CSNU (A/RES/70/262-S/RES/2282).

No plano institucional, esse processo resultou no compromisso com o fortalecimento da PBC, por meio da autorização para a revisão de suas regras de procedimento, bem como da atualização de seu mandato, de forma a capacitá-la a apoiar a identificação dos países onde há risco de eclosão ou recaída em conflito. Caso seja efetivada, essa inovação fortalecerá a PBC em seu papel de consultora do Conselho de Segurança na promoção da paz e da segurança. Discutiu-se, ademais, a importância de ampliar a capacidade financeira do PBF, embora não se tenha obtido consenso acerca da viabilidade de atualizar o método de composição dos recursos do fundo.

Os principais resultados, contudo, revelam-se nas inovações conceituais. Durante essa última revisão, houve consenso quanto à necessidade de livrar, definitivamente, o conceito de construção da paz do confinamento ao contexto de pós-conflito. Dessa forma, as resoluções que resultaram do processo (A/RES/70/262-S/RES/2282) estabeleceram, em linguagem inequívoca, que a construção da paz abarca as seguintes atividades: combater causas e prevenir a eclosão de conflitos (prevenção no sentido clássico); prevenir a escalada, a deterioração e a prorrogação de enfrentamentos (*peace-keeping* clássico); e evitar a reincidência em conflito (*post-conflict peacebuilding* clássico).

Mencionada em documentos anteriores – por exemplo, no relatório *An Agenda for Development* (A/48/935) –, a existência de uma "inter-relação entre paz, desenvolvimento e direitos humanos" também foi incorporada ao último *aggiornamento* conceitual da construção da paz no âmbito da ONU. As resoluções resultantes do processo (A/RES/70/262-S/RES/2282) incorporaram, de forma original, uma conceituação para aquilo que chamaram de sustentação da paz (*sustaining peace*), concebida como um processo inclusivo envolvendo ampla gama de atores comprometidos com a construção de uma visão comum de dada sociedade e garantindo que as necessidades básicas de todos os segmentos da população sejam levadas em consideração, o que envolve uma miríade de ações, perpassando todos os Três Pilares da ONU, destinadas a prevenir o desencadeamento, a escalada, a continuação e a reincidência de conflitos, bem como a equacionar causas profundas da violência, a apoiar partes em conflito a interromper hostilidades e a possibilitar a reconciliação nacional.

Como resultado do recente processo de revisão da Arquitetura de Construção da Paz, a convergência entre as definições acadêmica e onusiana da construção da paz foi concluída. A atualização nos arcabouços institucional e conceitual no âmbito da ONU, principal instância de coordenação dos esforços de promoção da paz mundial, abre novas perspectivas para os esforços de construção da paz, que, em princípio, passam a ser desenvolvidos sem o peso da restrição ao contexto de pós-conflito e com o compromisso de fomentar, de forma associada, todas as três fundações da paz.

Referências bibliográficas

ADVANCED CONSORTIUM ON COOPERATION, CONFLICT AND COMPLEXITY (ACCC). *Realizing Sustainable Peace*. New York: Columbia University, 2015. Disponível em: http://ac4.ei.columbia.edu/files/2014/12/Expert-survey-on--peace-sustainability-Report.pdf. Acesso em: 6 dez. 2016.

ALIANCE FOR PEACEBUILDING (AFP). *Peacebuilding 2.0*: Maping the Boundaries of an Expanding Field. Washington, DC, 2012. Disponível em: http://www.allianceforpeacebuilding.org. Acesso em: 6 dez. 2016.

AUTESSERRE, S. *The Trouble with the Congo*: Local Violence and the Failure of International Peacebuilding. New York: Cambridge University Press, 2010.

______. *Peaceland*: Conflict Resolution and the Everyday Politics of International Intervention. Cambridge: Cambridge University Press, 2014.

BARNETT, M. et al. Peacebuilding: What Is in a Name? *Global Governance*, n.13, p.35-58, 2007.

BELLAMY, A. *Global Politics and the Responsibility to Protect*: From Words to Deeds. New York: Routledge, 2011.

BRAUCH, H. G. et al. (Eds.). *Handbook on Sustainability Transition and Sustainable Peace*. Suíça: Springer, 2016.

COLEMAN, P. The Missing Piece in Sustainable Peace. New York: General Earth Institute, Columbia University, 6 nov. 2012. Disponível em: http://blogs.ei.columbia.edu/2012/11/06/the-missing-piece-in-sustainable-peace/. Acesso em: 6 dez. 2016.

CONING, C. Understanding Peacebuilding as Essentially Local. *Stability: International Journal of Security and Development*, v.2, n.1, 2013.

FONTOURA, P. R. C. T. *O Brasil e as operações de manutenção da paz das Nações Unidas*. Brasília: Funag, 1999. Disponível em http://funag.gov.br/. Acesso em: 6 dez. 2016.

GALTUNG, J. An Editorial. *Journal of Peace Research*, v.1, n.1, p.1-4, 1964.

______. Three Approaches to Peace: Peacekeeping, Peacemaking, Peace-Building. In: *Peace, War and Defense*: Essays in Peace Research. v.II. Copenhagen: Christian Ejlers, 1976.

GILMAN, R. Sustainable Peace: Putting the Pieces Together. *The Foundations of Peace*, Context Institute, outono 1983.

HAZEN, J. M. Can Peacekeepers Be Peacebuilders? *International Peacekeeping*, v.14, n.3, p.323-38, 2007.

HEARN, S.; BUJONES, A. K.; KUGEL, A. *The United Nations "Peacebuilding Architecture"*: Past, Present and Future. New York: Center for International Cooperation, 2014.

HELD, D. *Global Covenant*. Cambridge: Polity, 2004.

KALYVAS, S. *The Logic of Violence in Civil War*. New York: Cambridge University Press, 2006.

KEATING, T.; KNIGHT, A. (Eds.). *Building Sustainable Peace*. Canada: United Nations University Press, 2004.

MAC GINTY, R. *International Peacebuilding and Local Resistance*. London: Palgrave Macmillan, 2011.

______; RICHMOND, O. P. The Local Turn in Peace Building: A Critical Agenda for Peace. *Third World Quarterly*, v.34, n.5, p.763-83, 2013.

MUGGAH, R. Reflections on United Nations-Led Stabilization: Late Peacekeeping, Early Peacebuilding or Something Else. In: _____ (Ed.). *Stabilization Operations, Security and Development*: States of Fragility. New York: Routledge, 2014.

NEVES, G. M. S. *Comissão das Nações Unidas para Consolidação da Paz*: perspectiva brasileira. Brasília: Funag, 2009.

NEWMAN, E.; PARIS, R.; RICHMOND, O. P. (Eds.). *New Perspectives on the Liberal Peace*. Tokyo: UNU Press, 2009.

ÖJENDALA, J.; OUB, S. The "Local Turn" Saving Liberal Peacebuilding? Unpacking Virtual Peace in Cambodia. *Third World Quarterly*, v.36, n.5, p.929-49, 2015.

ORGANIZAÇÃO DA COOPERAÇÃO E DESENVOLVIMENTO ECONÔMICO (OCDE). *Guidance on Evaluating Conflict Prevention and Peacebuilding Activities*. Paris, 2008. Disponível em: https://www.oecd.org/dac/evaluation/dcdndep/39774573.pdf. Acesso em: 6 dez. 2016.

PECK, C. *Sustainable Peace*: The Role of the UN and Regional Organizations in Preventing Conflicts. Boston: Rowman & Littlefield, 1998.

RICHMOND, O. *A Post-Liberal Peace*. London: Routledge, 2011.

ROBERTS, D. *Liberal Peacebuilding and Global Governance*: Beyond the Netropolis. Abingdon: Routledge, 2011.

SANDOLE, D. *Peacebuilding*. Cambridge: Polity, 2010.

Documentos da ONU

A/47/277-S/24111, *An Agenda for Peace*. United Nations, 17 jun. 1992.

A/48/935, *An Agenda for Development*. Report of the Secretary-General, 6 maio 1994.

A/55/305-S/2000/809, *Report of the Panel on United Nations Peace Operations*, 21 ago. 2000.

A/59/565, *A More Secure World*: Our Shared Responsibility. Report of the Secretary-General's High-Level Panel on Threats, Challenges and Change, 2 dez. 2004.

A/59/2005, *In Larger Freedom: Towards Development, Security and Human Rights for All*. Report of the Secretary-General, 21 mar. 2005.

A/63/881-S/2009/304, *Report of the Secretary-General on Peacebuilding in the Immediate Aftermath of Conflict*, 11 jun. 2009.

A/69/399-S/2014/694, *Report of the Secretary-General on Peacebuilding in the Aftermath of Conflict*, 23 set. 2014.

A/69/968-S/2015/490, *Challenge of Sustaining Peace*. Report of the Advisory Group of Experts on the Review of the Peacebuilding Architecture, 29 jun. 2016.

A/RES/60/1, *World Summit Outcome Document*, 24 out. 2005.

A/RES/70/262-S/RES/2282, *Resoluções idênticas da AGNU e do CSNU sobre a Arquitetura de Construção da Paz*, 27 abr. 2016.

PEACEBUILDING SUPPORT OFFICE (PSO). *Peacebuilding*: An Orientation, set. 2010. Disponível em: http://www.un.org/en/peacebuilding/pbso. Acesso em: 6 dez. 2016.

SECRETARY-GENERAL (SG). *Decision*: Conceptual Basis for Peacebuilding for the UN System. Secretary-General's Policy Committee, 22 maio 2007.

COOPERAÇÃO DISSUASÓRIA

Marina Gisela Vitelli

Trata-se de um conceito enunciado por um conjunto de líderes políticos da América do Sul envolvidos na criação do Conselho de Defesa da Unasul, por volta de 2011, para expressar a ideia de que os países da região deveriam cooperar entre si para dissuadir ameaças externas que tivessem como hipótese a disputa da soberania sobre os recursos naturais que ultrapassam as fronteiras dos países sul-americanos, particularmente protagonizadas por uma potência extrarregional. Dessa maneira, o conceito de cooperação dissuasória apresenta dois elementos-chave. Por um lado, a eventualidade de que a região enfrente uma atitude hostil que proviria de um país poderoso – ou aliança de países – de fora da região e, por outro, que essa atitude implicaria uma ameaça à soberania e à integridade territorial sobre recursos naturais estratégicos.

Pensar em uma estratégia de dissuasão comum leva à indagação sobre a quem se tentaria dissuadir. Não obstante, os documentos e discursos aos quais aqui nos referimos não mencionam um país de modo concreto ou uma aliança em particular. Essa ambiguidade pode ser atribuída tanto a certa cautela política quanto à falta de consenso sobre essa questão (Vitelli, 2016) e, inclusive, ao fato de que a linguagem das hipóteses de conflito tem sido deslegitimada e substituída pela de planejamento baseado em capacidades. Levando em consideração essa mudança, é compreensível que, em vez de ameaças a conjurar "com nome e sobrenome", se fale de bens a proteger. Isto é, espera-se que um esquema de cooperação regional em defesa que adota uma estratégia dissuasória tenha, ao menos, alguma ideia do que procura defender. Assim, ainda que vários líderes da região se mostrassem preocupados com a possibilidade de conflitos graves com países poderosos, em vez de nomear algum em particular, as reflexões se centraram na designação de um objeto de segurança específico: os recursos naturais.

Entre os principais enunciadores desse conceito, destacamos o ex-chanceler e ex-ministro da Defesa brasileiro Celso Amorim e o ex-diretor do Centro de Estudos Estratégicos do CDS (Ceed), Alfredo Forti. Medeiros Filho (2013) realizou um interessante trabalho de levantamento de discursos dos últimos ministros da Defesa brasileiros e presidentes da região que expressaram a ideia da cooperação dissuasória. Destarte, Amorim declarou, em 2011, que, "ao propormos uma comunidade de segurança 'para dentro', não podemos deixar de trabalhar com a possibilidade de um cenário externo de fragmentação e emprego unilateral da força por terceiros Estados" (Medeiros Filho, 2013, p.58). Nessa passagem, Amorim fazia referência a ideias que mencionava reiteradamente quando costumava descrever o atual cenário internacional, no qual as assimetrias de poder reforçam o recurso a políticas unilaterais por parte dos países poderosos, incluindo o uso da força, tanto de maneira explícita quanto velada. Em outras oportunidades, como bem cita Medeiros Filho, Amorim fez referência a uma dissuasão desenvolvida de maneira compartilhada entre os sul-americanos.

Provavelmente, a formulação mais articulada do conceito seja aquela atribuída a Forti. Entre outros textos, o documento apresentado pelo então diretor do Ceed durante a Conferência sobre Recursos Naturais de junho de 2014 condensou ideias que já havia esboçado em outras oportunidades sobre a vinculação entre os recursos naturais e o conceito de cooperação dissuasória como potencial norteador da cooperação sul-americana em defesa. Depois de apresentar dados que fundamentam o diagnóstico sobre a continuidade da pressão global sobre a exploração de recursos naturais, propõe o seguinte raciocínio: a escassez muito provavelmente trará disputa entre Estados com maiores necessidades do que capacidade de acesso a recursos, implicando um sério risco para aqueles que os possuem em quantidade suficiente. Em poucas palavras, segundo Forti, em termos estratégicos, a abundância é a outra face da escassez e do desejo das potências extrarregionais. Consequentemente, em um cenário de pressão sobre os recursos, aqueles países que os detêm em abundância, longe de estarem alheios às disputas, serão provavelmente o cenário desses conflitos. Em outras palavras, de acordo com Forti, "quando um recurso natural é escasso para um ator, se constitui em estratégico para o detentor" (Ceed, 2015, p.14).

O ex-diretor do Ceed entende que os países da região ainda não reagiram, diante de tal cenário, no sentido de pensar uma estratégia regional que garanta "o controle, acesso e usufruto endógeno das [riquezas], condição de desenvolvimento sustentável de nossas nações e nossa população" (Forti, 2014, p.7), algo que considera de extrema importância. Lembrando que um dos objetivos do CDS é a construção gradual de uma visão comum sobre as tarefas da defesa e a conformação de uma identidade sul-americana nesse âmbito, Forti relacionou os recursos naturais ao conceito de interesse regional. Apesar de a estrutura normativa e organizacional do CDS colocar ênfase na conservação pelos Estados da capacidade soberana de determinar suas políticas de defesa e que qualquer tipo de coordenação será gradual, o organismo teria pouco sentido se os países não tentassem identificar questões em comum, tais como conceitos de defesa e segurança, entendimentos sobre riscos e ameaças e bens a defender de maneira conjunta, ainda que isso não signifique construir uma força armada regional. De fato, as atividades descritas na parte anterior podem ser analisadas como a construção dos recursos naturais como objetos de segurança sobre os quais os Estados devem pensar estratégias comuns.

Segundo o que apontava Forti, não são pensados somente em termos regionais porque possuem a mesma relevância para todos os Estados, mas também em virtude de sua natureza e distribuição: o fato de que a água, a biodiversidade, os minerais e hidrocarbonetos não respeitam fronteiras leva a entender que os recursos estratégicos se caracterizam por sua "regionalidade", independentemente da vontade dos governos de pôr em prática políticas cooperativas para garantir o usufruto dos mesmos. Em seguida, Forti reconhece que tal objetivo não depende exclusivamente das capacidades e estratégias militares com as quais os Estados contam para defender o acesso e a utilização dos recursos, sendo em primeira instância muito mais relevante outro tipo de políticas, como a econômica, a ambiental, a diplomática e a industrial. Isto é, a proteção dos recursos naturais possui uma dimensão de integralidade no marco da qual a defesa representa uma última instância, que "só 'entraria em jogo' quando fosse violada a integridade territorial dos nossos países [...] ou se *coloque* em jogo a plena autonomia para dispor concreta e livremente dos mesmos". Em seguida, Forti relaciona esse conceito de integralidade com "as eventuais tentativas de 'alienação' de riquezas segundo a natureza específica de cada um dos riscos e ameaças concretas" (2014, p.17).

A vinculação entre os recursos naturais e a missão externa das Forças Armadas da região aparece quando Forti apresenta o conceito estratégico que deveria ser construído na América do Sul, o já mencionado esquema de cooperação dissuasória, compreendendo que no interior da região os países devem fortalecer a cooperação, ou seja, aquelas iniciativas associadas ao modelo de segurança cooperativa, como a construção de confiança mútua e a coordenação de algumas políticas que não impliquem altos graus de integração. Essa cooperação seria crucial, não somente para evitar conflitos armados entre os Estados-membros, mas também para impedir o surgimento de fissuras políticas que poderiam ser aproveitadas por potências extrarregionais. É nessa dimensão externa à região que entra o elemento dissuasório: "a categoria referente à dissuasão 'para fora' implica que nossas capacidades regionais em matéria militar e de defesa devem concentrar-se e fundir-se em uma só quando se está tratando de proteger o interesse regional que representam os recursos naturais sul-americanos diante de eventual ação de terceiros Estados" (Forti, 2014, p.18).

Forti esclarece que, em consonância com a tradição pacífica da região, trata-se de uma estratégia defensiva que não contempla estratégias de projeção de poder. Limita-se, pelo contrário, a um conjunto de ações que transmitam ao restante dos Estados que as intenções de "ferir a integridade territorial de um Estado particular do subcontinente – nesse caso, os ativos naturais que a conformam – constitui uma ação dirigida à América do Sul em seu conjunto", replicando a noção de segurança coletiva. A respeito da implementação efetiva da dissuasão para fora, Forti propõe a criação da Força Militar Sul-Americana, cuja missão seria proteger os "fatores comuns do interesse regional sul-americano", de acordo com critérios exclusivamente definidos de forma consensual pelas autoridades políticas nacionais. Consequentemente, "a hipótese de emprego primária limitar-se-ia a repelir toda ameaça estatal extrarregional que atente contra a integridade territorial da nossa região e de seus ativos comuns. Da mesma forma, entre suas funções principais se encontraria a vigilância e o controle de espaços territoriais comuns perimetrais da região, entendido isso sob o conceito de uso e negação dos mesmos" (Forti, 2014, p.20).

Cabe notar até aqui o seguinte: pensa-se que a dimensão da defesa da proteção dos recursos naturais estratégicos atuaria por ocasião da ação de um ator estatal, deixando de fora outros tipos de atores como grandes empresas transnacionais ou grupos estatais operando no interior de um ou mais Estados, ao estilo das comunidades indígenas. Não é tão claro, no entanto, que a ação a conjurar deva ser de caráter militar, ou seja, envolvendo as Forças Armadas regulares de um país ou aliança de países, seguindo a conceptualização da política de defesa argentina. No entanto, embora seja positivo que se ensaie uma hipótese de emprego das Forças Armadas preponderantemente voltadas para a defesa externa, podem destacar-se dois elementos de tensão. Em primeiro lugar, levantamos a preocupação em torno dos conflitos bilaterais que poderiam surgir entre os Estados que compartilham determinados recursos, disputas que poderiam associar-se a controvérsias existentes que talvez fossem reavivadas com essas concorrências sobre recursos naturais. Em particular, esses conflitos poderiam escalar se fossem associados às divergências existentes entre Estados que delegam amplas atribuições a empresas privadas que exploram seus recursos estratégicos e aqueles com uma visão mais estatista, uma incompatibilidade de políticas que poderia gerar crises militarizadas. Em segundo lugar, existem contradições entre uma visão que transforma os recursos naturais em objeto de segurança diante de potenciais ameaças militares externas paralelamente com políticas frágeis de controle sobre a exploração desses recursos, como evidenciam dois casos de desastres ambientais ocorridos em 2015: o derramamento de cianeto na localidade argentina de Jáchal, onde opera a empresa canadense de mineração Barrick Gold, e o rompimento da represa de Mariana, no estado brasileiro de Minas Gerais, devido às atividades da companhia brasileira Vale e a britânica BHP Billiton.

Referências bibliográficas

CENTRO DE ESTUDIOS ESTRATÉGICOS DE DEFENSA (Ceed). *Estudio prospectivo sudamerica 2025*. Primera Parte, t.I. Buenos Aires: Ceed, 2015.

FORTI, A. *La defensa y los recursos naturales en suramérica*: aportes para una estrategia regional. Ceed, 2014. Disponível em: http://ceed.unasursg.org/Espanol/09-Downloads/Biblioteca/DEF-RRNN.pdf.

MEDEIROS FILHO, O. Em busca de uma identidade regional de defesa: considerações sobre a estratégia de dissuasão extrarregional sul-americana. *Revista Brasileira de Estudos Estratégicos*, v.1, n.3, p.49-70, 2013.

VITELLI, M. G. Comunidad e identidad en la cooperación regional en defensa: entendimientos en conflicto sobre pensamiento estratégico en el Consejo de Defensa Sudamericano. *Revista da Escola de Guerra Naval*, v.22, n.2, p.233-60, 2016.

CRIME ORGANIZADO[1]

Marcelo Fabián Sain

Definição fenomenológica

O CRIME ORGANIZADO CONSTITUI UM FENÔMENO substancialmente complexo, diversificado e multifacetado. Por isso, não existe uma concepção hegemônica e única de crime organizado. Como ocorre com outros termos nas ciências sociais, a noção de criminalidade organizada é vaga e difusa (Tokatlian, 2000).

Isso implica uma *definição fenomenológica* do crime organizado que permita identificar suas regularidades e características fundamentais.

Em um sentido convencional e minimalista, o *crime organizado* constitui um *empreendimento econômico* protagonizado por um *grupo criminoso* composto por várias pessoas que se organizam e funcionam de forma *estruturada* durante *certo tempo* e que atuam de maneira conjunta com o propósito de cometer um ou mais *delitos graves*, sempre em função de obter, direta ou indiretamente, um benefício econômico ou outro benefício de ordem material (UNODC, 2014).

Entendido dessa forma, o crime organizado é definido segundo o ator (*grupo criminoso organizado*) que o pratica e segundo o tipo de atividade que desenvolve (*atividade criminosa*) e as metas que possui (*obtenção de garantia econômica ou material*). Trata-se de uma definição fenomenológica que resulta necessária em função da variedade de formas que o assunto adquire. Ainda assim, há um amplo consenso sobre os grupos que praticam o crime organizado e as atividades

1 Tradução de Giovanna Ayres Arantes de Paiva.

que desempenham, o que possibilita uma abordagem descritiva desses aspectos (Abadinsky, 2010).

Nesse sentido, colocando ênfase na *dimensão organizacional* do fenômeno, os atributos práticos que determinam que um grupo criminoso inscreva suas atividades no crime organizado e, portanto, se diferencie dos grupos delinquentes convencionais ou comuns são os seguintes: não possuir metas políticas, ser hierárquico, possuir membros limitados ou exclusivos, constituir uma subcultura única, perpetuar-se – permanecer no tempo –, exibir uma disposição para usar a violência ilegal, ser monopolista – evitar a competição – e reger-se por regras e regulamentos explícitos entre seus membros (Abadinsky, 2010). Os dois principais objetivos do grupo criminoso são obter dinheiro e poder.[2]

No âmbito acadêmico, apesar da diversidade de definições que proliferam, existe um relativo consenso de que o crime organizado possui algumas características específicas: hierarquia organizada contínua, lucro racional por meio do crime, uso da força ou ameaça de maneira não predominante, corrupção para manter imunidade, demanda pública de serviços, monopólio sobre um mercado particular, membros restringidos, não ideológico, especialização, código secreto, planejamento extensivo. Por isso, de um ponto de vista funcional, o crime organizado é uma empresa criminosa contínua que funciona de maneira racional para beneficiar-se de atividades ilícitas que são frequentemente objetos de uma grande demanda pública e sua existência contínua mantém-se através do uso da força, das ameaças, do controle monopólico e/ou da corrupção dos funcionários públicos (Albanese, 2007).

Os *tipos específicos de atos ilegais* que habitualmente resultam no crime organizado permitem construir uma *tipologia* deste. Nesse sentido, esse autor identifica três tipos de condutas ilegais usualmente praticadas pelo crime organizado em meio à enorme diversidade de suas manifestações específicas. Primeiramente, a *provisão ilícita de serviços*, por meio da qual se procura satisfazer a demanda pública por dinheiro, sexo e jogos de azar que não são oferecidos legalmente. Isso se realiza mediante um conjunto de delitos específicos que geralmente implica a usura, a prostituição e os jogos de azar ilegais. Em segundo lugar, a *provisão ilícita de bens*, que inclui o fornecimento de produtos específicos, exigidos pela população, que são ilegais ou não podem ser obtidos por meios legais. Isso envolve basicamente a venda e distribuição de drogas ilegais, assim

2 Para uma análise detalhada dos estudos sobre o crime organizado, ver Von Lampe (2009) e Kleemans (2014). Para uma abordagem do desenvolvimento conceitual da denominação "crime organizado", ver Flores Pérez (2009).

como bens roubados ou obtidos de forma ilegal, tais como automóveis e peças de automóveis, armas, equipamentos de música, celulares, *software*, entre outros. E, em terceiro lugar, a *infiltração em negócios legítimos* mediante a extorsão do trabalho por meio do uso de força ou ameaça para obter dinheiro a fim de assegurar postos de trabalho ou a paz trabalhista, assim como o uso da coerção para intimidar proprietários legítimos a vender seus negócios a outras pessoas. Enquanto a provisão ilegal de serviços ou bens implica um conjunto de atividades consensuais entre as partes e o uso da violência não é inerente, a infiltração em negócios legítimos, ao contrário, envolve atividades não consensuais entre as partes e, em geral, implica ameaças, violência e extorsões. Ambas as modalidades tipológicas geram um prejuízo econômico de fato (Albanese, 2007).

O crime organizado refere-se primordialmente a delinquentes profissionais que atuam de uma maneira específica. Primeiro, operam durante um determinado período, ou seja, não desenvolvem trabalhos e ações pontuais e logo os interrompem. Segundo, possuem uma estrutura identificável e uma liderança que pode ser diversificada, mas que se compõe com base em uma hierarquia e uma divisão do trabalho. Essa hierarquia pode estar centralizada, contar com uma estrutura piramidal, de forma semelhante a organizações empresariais ou do setor público, ou pode operar em redes conectadas de maneira difusa. Também podem atuar mais ou menos por conta própria e estabelecer relações de cooperação ou acordos de "não agressão" com outros grupos. Terceiro, suas intenções fundamentais objetivam gerar benefícios econômicos ou materiais por meio das atividades ilegais. Em quarto lugar, utilizam-se da violência e da corrupção para se proteger das autoridades estatais ou de outros grupos criminosos rivais, bem como para controlar e disciplinar seus próprios numerários e membros quando necessário (Bailey; Godson, 2000).

Logo, o crime organizado constitui um sistema de relações, com hierarquia e associações temporais; com o objetivo não só de depredar, mas também de produzir e fornecer bens e serviços nos mercados ilegais; com alguma capacidade de uso da violência contra aqueles que questionam suas atividades, sejam grupos criminosos ou o Estado; e atuam durante um certo tempo, geralmente a longo prazo (Garzón Vergara, 2008).

Em primeiro lugar, o crime organizado configura um sistema de relações clientelistas baseado no acordo ou na obrigação e, por isso, não constitui uma organização burocrática, sendo estruturado em uma base formada por facções que interagem continuamente, dando origem a associações temporárias ou duradouras (Garzón Vergara, 2008).

Em segundo lugar, os grupos do crime organizado depredam, porém também fornecem bens e serviços ilegais a um determinado mercado. E o fazem tentando monopolizar todas as atividades ilegais, tanto as predatórias como aquelas que geram um valor agregado (Garzón Vergara, 2008).

Terceiro, o crime organizado detém uma significativa capacidade de coação e uso da violência contra grupos criminosos rivais ou contra o Estado, entretanto a violência não constitui uma ação fundamental ou predominante, mas sim instrumental, dos grupos criminosos. Por essa razão, a capacidade de uso da violência ou a intimidação como forma de enfrentamento ou dissuasão constitui uma característica das organizações criminosas para enfrentar adversários internos e externos que dificultem suas atividades delitivas. Essa característica também é utilizada contra os organismos estatais – polícia, justiça, governo – que desafiem os negócios ilegais (Garzón Vergara, 2008).

Da mesma forma, concomitantemente com a utilização da violência, o crime organizado também faz uso do suborno com o intuito de corromper funcionários públicos de alto nível e dos vários ramos – judicial, político, policial, legislativo – necessários para conseguir e garantir proteção e imunidade (Garzón Vergara, 2008).

E, em quarto lugar, o crime organizado caracteriza-se por ter longevidade organizacional, ou seja, uma permanência no tempo enquanto empreendimento criminoso, que irá depender de sua capacidade de estabelecer certas normas e regulamentos e de articular relações com o mundo econômico legal (Garzón Vergara, 2008).

Outro aspecto fundamental e constitutivo do crime organizado é a sua vinculação com o Estado. Tal como indica Carlos Flores Pérez (2009), o crime organizado tem o propósito de obter ganhos econômicos mediante o desenvolvimento de diversas atividades ilícitas apoiadas, em última análise e não de maneira predominante, pelo uso da violência, mas que constitui também um sistema de relações sociopolíticas duradouras assentadas em uma trama de redes clientelistas de cooperação entre delinquentes profissionais e funcionários públicos. Nessas relações clientelistas, o patrão e o cliente podem ser indistintamente funcionários ou criminosos, dependendo das condições sociopolíticas que prevalecem no cenário dessas relações (Flores Pérez, 2009).

Nesse contexto, além da complexidade do fenômeno e da pluralidade de abordagens existentes, para esse analista, uma série de elementos fundamentais pode ser identificada no crime organizado. Primeiramente, constitui um fenômeno próprio do *capitalismo*, dentro do qual se forma e se expande. Independentemente do grau e do nível de desenvolvimento econômico de um país, o crime organizado prospera, expande-se e consolida-se no capitalismo, para além do tipo de regime político – democrático ou autoritário – e de sua localização periférica ou central no sistema internacional (Tokatlian, 2000).

Segundo, o crime organizado configura um fenômeno essencialmente *dinâmico*, isto é, mutável, fluido no que concerne ao seu espaço, temporalidade, objeto e relações. Consequentemente, o crime organizado não se circunscreve em um único espaço físico, de um grupo nacional e de um número reduzido e limitado de produtos ilícitos sob o controle de uma dada organização, mas se configura em uma forma empresarial delitiva que, em sua evolução histórica, mostrou-se ativa e diversa. E está em mudança permanente, o que se observa no desenvolvimento da variedade de bens e serviços proibidos e criminalizados que são oferecidos e disponibilizados nos mercados; na diversidade de grupos criminosos que os gerenciam; na mobilidade espacial e temporal desses recursos e das pessoas que os comercializam; na variedade de públicos que solicitam e consomem esses bens; na multiplicidade de redes legais e ilegais, legítimas e ilegítimas, que se nutrem da criminalidade organizada. Ademais, está adquirindo dimensões globais, transnacionais, multiformes e pluriprodutivas (Tokatlian, 2000).

Terceiro, o crime organizado desenvolve-se em um *contexto situacional – social, cultural e político – que habilita* o empreendimento, isto é, que favorece sua emergência, permanência e expansão. E nesse contexto habilitante também se encontra o próprio Estado, que, por omissão ou ação, facilita ou beneficia aquele surgimento, persistência e/ou implantação. O crime organizado inscreve-se em uma matriz complexa e dinâmica na qual a sociedade é, ao mesmo tempo, vítima de suas ações violentas e beneficiária dos bens que ele oferece e dos serviços que presta, e também surge e se expande em um entorno no qual o Estado se encontra, parcial ou totalmente, tácita ou expressamente, em conivência com a referida criminalidade, permitindo efetivamente que sua capacidade operacional se desenvolva sem controle nem regulação (Tokatlian, 2000).

Quarto, o crime organizado tende a estabelecer uma estreita e intensa *articulação com o Estado*, seja para o seu funcionamento ou para a sua expansão. E, relacionando-se a isso, o crime organizado tende a buscar e alcançar o acúmulo de poder político e econômico (Tokatlian, 2000).

Quinto, o crime organizado combina distintos níveis de *coerção e consenso* em suas ações diárias através do uso da violência e do suborno em diferentes níveis e medidas. A violência e a ameaça do uso da força, bem como o suborno e a corrupção, são ações fundamentais do crime organizado, mas sua estratégia fundamental não consiste na propagação do medo na busca pela aceitação e reconhecimento por diferentes segmentos da população, evidenciando o interesse do crime em se projetar como um ator social com legitimidade social (Tokatlian, 2000).

Sexto, o crime organizado *não adquire configurações organizacionais rígidas*, mas sim dinâmicas e flexíveis, nas quais diferentes tipos de associações são combinadas, algumas estratégicas e outras táticas, porém sempre maleáveis. Com efeito, o crime organizado forma coalizões, associações e vínculos de diversos tipos, que, no entanto, geralmente não constituem organizações burocráticas, corporativas, cartelizadas ou conglomeradas. Pelo contrário, combinam laços familiares, regionais, étnicos e nacionais, juntamente com vários grupos e alianças (Tokatlian, 2000).

Sétimo, o crime organizado centra-se essencialmente na reprodução do contexto social e político no qual opera e no qual conseguiu emergir, perdurar e/ou se expandir, adquirindo um caráter mais conservador. Portanto, possui uma tendência a unir-se ao *status quo* e à preservação da ordem estabelecida. Ou seja, longe de buscar uma transformação estrutural, o crime organizado procura a reprodução da situação sociopolítica vigente (Tokatlian, 2000).

Dessa forma, o crime organizado é um fenômeno particularmente diferente do *crime comum*, bem como dos chamados *crimes de colarinho branco.*

O que diferencia o crime organizado da criminalidade comum protagonizada por conjuntos de criminosos ou por criminosos não profissionais ou ocasionais é justamente a estruturação com certa *permanência temporal* de um *grupo ou grupo criminoso* que possui determinado nível de *estruturação operacional e logística*, e cujas atividades ilícitas visam à *geração de algum tipo de lucro ou rendimento econômico ou material* através da *provisão ilegal de bens e serviços* no âmbito de uma *atividade econômica nova e independente.*

Enquanto o crime organizado produz e distribui novos bens e serviços no âmbito econômico, o crime comum redistribui os rendimentos já existentes, configurando uma atividade predatória. Uma gangue que rouba bancos, uma que assalta pedestres e um grupo de ladrões de carros são diferentes de uma rede que lida com negócios como a prostituição, o jogo ou o narcotráfico, por exemplo (Garzón Vergara, 2008).

Por sua vez, o *crime corporativo ou crime de colarinho branco* perpetrado durante uma negociação econômica pode ser considerado parte do crime organizado, entretanto existem diferenças substantivas entre um e outro. Os crimes organizacionais ocorrem no decurso de um negócio legítimo ou como um desvio de um negócio legítimo, já o crime organizado ocorre como uma atividade criminosa que é a continuidade de um empreendimento criminoso que existe para beneficiar-se principalmente de tal atividade (Albanese, 2007).

Grupo ou associação criminosa

A ação do crime organizado é realizada por *grupos ou associações criminosas*. Enquanto o crime comum envolve condutas espontâneas ou formas de planejamento muito limitadas, o crime organizado requer organização para ser efetivo e bem-sucedido a longo prazo. Portanto, a natureza contínua da atividade do crime organizado e a organização necessária para realizá-lo demandam uma *organização criminosa*.

A Convenção das Nações Unidas contra o Crime Organizado Transnacional de 2000 define um grupo criminoso organizado como um grupo estruturado de três ou mais pessoas que existe por um certo período e atua em conjunto com o objetivo de cometer um ou mais delitos graves ou tipificados nessa convenção com o intuito de obter, direta ou indiretamente, um benefício econômico ou outro benefício de natureza material.

De acordo com seus diferentes tipos de organização, podemos distinguir três modelos de crime organizado: o *modelo hierárquico*, organizado em torno de uma estrutura hierárquica; o *modelo local-étnico*, que é estruturado com base em conexões locais, étnicas ou culturais; e o *modelo empresarial*, que enfatiza a natureza econômica do crime organizado (Albanese, 2007).

No *modelo hierárquico* de crime organizado, o comando é exercido através de uma estrutura piramidal e centralista em que as atividades ilegais são conduzidas através da aprovação dos superiores e das políticas dos grupos. Suas atividades ilícitas são protegidas pela influência da hierarquia. Portanto, a organização através da qual as atividades criminosas são realizadas tem as seguintes características: possui uma estrutura (a "família") com níveis hierárquicos de autoridade que vão desde o chefe até os soldados; os chefes supervisionam as atividades dos membros da família, isto é, do grupo; e a comissão de chefes administra relacionamentos e disputas entre membros da família (Albanese, 2007).

Esse tipo de organização criminosa esteve intimamente ligada aos diferentes grupos da "máfia" italiana nos Estados Unidos da América.

O *modelo local-étnico* de crime organizado, em vez de uma organização hierárquica, é estruturado com base em laços culturais e étnicos que unem o grupo. A estrutura desse tipo de organização criminosa é de natureza local, sem conexões com organizações criminosas nacionais, e seus membros controlam suas próprias atividades ilegais, da mesma forma que cooptam parceiros de acordo com seus desejos ou necessidades (Albanese, 2007).

Finalmente, o *modelo empresarial* do crime organizado emergiu a partir da crise dos modelos anteriores e em um contexto marcado pelo surgimento do crime organizado como um *negócio econômico*. O modelo empresarial de crime organizado centra-se em como as questões econômicas, em vez de questões hierárquicas ou étnicas, são a base da formação e do sucesso dos grupos do crime organizado. Portanto, além da etnia ou da hierarquia, o modelo empresarial coloca aspectos econômicos como a principal causa do comportamento criminoso organizado. Esse modelo considera o crime organizado como o produto das forças do mercado, semelhante àquelas que causam o surgimento ou extinção de negócios legítimos no setor legal da economia (Albanese, 2007).

No modelo empresarial, a estrutura dos grupos criminosos tem as seguintes características: o crime organizado e as empresas legítimas compreendem atividades similares às das empresas, mas com propósitos diferentes; ações violentas visam aumentar os benefícios; e raramente as atividades são organizadas centralmente devido à natureza dos mercados e às atividades envolvidas. Em suma, tanto o modelo hierárquico como o modelo étnico-local se concentram em como os *grupos de crime organizado são organizados*, enquanto o modelo empresarial se concentra em como as *atividades de crime organizado são organizadas* (Albanese, 2007).

Mesmo assim, nenhum desses modelos exclui os outros na sua eventual configuração, porém, na verdade, eles constituem empreendimentos substancialmente diferentes.

Um dos aspectos fundamentais dos grupos criminosos organizados é que eles configuram *empreendimentos com fins lucrativos* que têm a peculiaridade de serem *ilegais* e, portanto, tendem a ser desmontados por instituições de persecução penal – polícias e justiça penal – quando estes não possuem relações de conivência e proteção com aqueles grupos.

A propósito, as organizações de crime organizado são mais do que empresas ilegais com fins lucrativos, já que, muitas vezes, têm a ver tanto com parentesco, filiação e *status* quanto com lucro. Ainda assim, a dimensão empresarial é, sem dúvida, uma das características mais importantes do crime organizado (Williams, 2005).

Em geral, o crime organizado implica uma importante *dispersão espacial* – em alguns casos, de *alcance transnacional* e, em outros, de alcance *nacional*, *sub-regional* ou *local* – e, em um grau significativo, de *complexidade organizacional*, dada pela divisão funcional, profissionalização e coordenação operacional entre os diferentes grupos e subgrupos componentes da organização ou relacionados a ela, conferindo uma relativa especificidade sociocriminal. Isso ocorre particularmente nos casos em que as atividades criminosas giram em torno da gestão de mercados ilegais – por exemplo, de drogas, de carros roubados, de pessoas etc. –, uma vez que a estruturação desses empreendimentos afeta a condição de operação e formação de *redes clandestinas* responsáveis pela produção, tráfico, armazenamento, distribuição e comercialização dos produtos ou mercadorias em questão ou de algumas dessas etapas do negócio ilegal. Os atores envolvidos nessas tramas articulam suas atividades na ilegalidade, tentando desenvolver o empreendimento econômico através da evasão, influência ou controle das ações dos órgãos de segurança do Estado,[3] para o que a configuração de redes é mais adequada do que grupos criminosos com lideranças centralizadas e organizações rígidas.

Nesse sentido, os grupos criminosos formados com base em uma organização hierárquica, dotados de um núcleo central de comando, uma divisão interna de funções ou que persistem ao longo do tempo constituem uma forma tradicional de associação criminal pouco comum nas modalidades atuais de organização criminosa complexa. Atualmente, há uma enorme diversidade de grupos criminosos que têm uma estrutura fluida ou rígida, de dimensão menor ou maior, com caráter informal ou formal, embora prevaleçam os grupos organizados com base em redes que constituem um tipo específico de relações discretas que se ligam a um conjunto de indivíduos, objetos ou eventos que podem ser definidos como atores ou nós da rede (Becucci; Massari, 2003).

Além disso, a configuração *em rede* dos *grupos criminosos organizados* favorece a cooperação entre eles e, portanto, o desenvolvimento e/ou a expansão dos negócios criminosos que eles gerenciam. As redes criminosas são muito atrativas para o crime organizado, uma vez que são altamente flexíveis, adaptáveis e muito resistentes, facilitando a cooperação entre empresas criminosas, visto que são extremamente dinâmicas e podem ser expandidas ou contraídas quando convém, desenvolvendo contatos e cooperação mútua quando surgir a necessidade ou a oportunidade. Isso ocorre porque as redes estão menos preocupadas com a identidade da organização do que com as estruturas mais formalizadas e, consequentemente, a cooperação com entidades similares pode ocorrer sem qualquer inibição sempre que haja boas razões para seguir adiante. Nesse contexto, os vínculos cooperativos podem ser particularmente importantes nas tentativas de entrar em novos mercados ou ampliar o alcance geográfico das próprias operações, uma vez que esses vínculos também ajudam a compartilhar ou reduzir os riscos, especialmente quando uma organização criminosa tem padrões de corrupção estabelecidos que oferecem alto grau de

3 Para uma análise mais profunda sobre esse aspecto, ver Krauthausen e Sarmiento (1993).

imunidade e ajudam a proteger suas operações da proibição ou dissolução por parte das agências de aplicação da lei. Além disso, outro motivo para a cooperação é o desejo de cooptar adversários reais ou potenciais com a justificativa de que é melhor trabalhar juntos do que competir de forma mutuamente destrutiva (Williams, 2005).

No mundo criminoso, existem diferentes níveis e modalidades de *cooperação* entre grupos criminosos, todavia, em geral, são desenvolvidos dois tipos de acordo de cooperação: *as alianças táticas* e *as estratégicas*. Como observa Williams (2005), em uma aliança tática, duas ou mais organizações criminosas se reúnem por um período relativamente curto para satisfazer necessidades específicas, porém sem qualquer expectativa, pelo menos inicialmente, de cooperação a longo prazo. Em contrapartida, as alianças estratégicas envolvem uma cooperação sistemática e extensiva com alto grau de regularidade e previsibilidade, e uma certa expectativa de que a cooperação continue no futuro.

Recentemente, na América Latina, observou-se um processo de *fragmentação criminal*, impulsionado pela tendência à diversificação criminal – a qual abordaremos mais adiante – e um esforço para evitar a perseguição estatal, o que impôs muitas e profundas mudanças nas formas pelas quais grupos ilícitos são organizados. Em particular, grandes cartéis com rígidas estruturas hierárquicas já não faziam muito sentido econômico e estavam mais expostos ao risco.

Assim, a transformação e a diáspora do crime organizado não só reconfiguraram as matrizes organizacionais dos grupos criminosos, mas também a própria constituição dos negócios criminosos.

Transformação e diáspora do crime organizado

Ao longo das últimas décadas, a estrutura funcional e orgânica do crime organizado (particularmente na América Latina) foi transformado.

Desde a década de 1980, o *narcotráfico* emergiu como a manifestação mais desenvolvida do crime organizado na região,[4] mas, desde então, houve um notável processo de *diversificação criminal*. A primeira manifestação disso foi dada pela expansão do portfólio de investimentos dos grupos criminosos organizados. Em matéria de ilícitos, embora o tráfico de drogas seja o mais prevalente

4 Para um quadro da situação da produção, tráfico e consumo de drogas ilegais no mundo e na América Latina, ver UNODC (2016).

e atualmente esteja gerando maiores lucros, ele não é o único, somando-se a ele o tráfico de armas, pessoas, incluindo tráfico infantil para exploração sexual e trabalho forçado, contrabando, comércio de mercadorias falsificadas, precursores químicos, incluindo gasolina e recursos naturais – animais, madeiras, minerais e pedras preciosas (Villaveces Izquierdo, 2013).

De fato, o *tráfico de pessoas* para a exploração da prostituição ou exploração sexual, os trabalhos ou serviços forçados, a escravidão ou a servidão, ou o tráfico de órgãos, apresentaram uma significativa expansão nas últimas décadas e atualmente estão entre as formas mais difundidas de crime organizado na região.[5] O mesmo aconteceu com o *tráfico ilícito de armas de fogo*, bem como com outras manifestações locais da delinquência complexa que são replicadas em quase todos os países latino-americanos, tais como as diversas formas de *contrabando*, *roubos de mercadorias em trânsito ou de veículos*, *roubo de animais em grande escala* etc.[6]

Por sua vez, a diversificação do crime organizado na região também significou a expansão dos empreendimentos criminosos no âmbito lícito através de um conjunto de investimentos na economia legal. Na verdade, os grupos criminosos da região foram além dos investimentos em terras e fazendas e acabaram investindo também em agroindústria, turismo, serviços, logística e transporte, segurança, empresas de importação e exportação e outros. E, com sua intervenção nesses negócios, os grupos criminosos aprenderam a lavar ativos em setores com boa inserção nacional e internacional que geraram não só uma crescente demanda de bens ilícitos, mas também uma maior fluidez do comércio global. Tudo isso tem sido encorajado pelo atual contexto econômico e comercial: menos regulamentos, maior volume de bens comercializados e uma enorme diversificação e expansão de rotas que facilitam uma maior interconectividade entre os pontos de produção e distribuição (Villaveces Izquierdo, 2013).

Atualmente, o crime organizado, nesse contexto de globalização e desregulamentação, não só foi transformado e diversificado, mas também se expandiu e

5 Para abordar o tráfico de pessoas no mundo e na América Latina, ver UNODC (2014).

6 A maior parte dessas diferentes atividades do crime organizado foi desenvolvida com a proteção ou concomitantemente com o principal negócio criminoso na região: o narcotráfico. Em grande medida, o narcotráfico gerou e promoveu um conjunto de crimes associados, como o tráfico de armas, a lavagem de dinheiro e o comércio ilegal de precursores químicos. Mas também foi decisivo para a expansão das outras atividades relacionadas a esses empreendimentos. Dessa forma, a ligação entre essas manifestações específicas e o tráfico de drogas é direta ou indireta, e seu desenvolvimento recente parece estar relacionado à transformação do empreendimento do narcotráfico. Para mais informações sobre isso, ver Serrano e Toro (2005).

se reconfigurou espacialmente. Focando sua análise na América Latina, Garzón Vergara (2013) afirmou que esse fenômeno caracteriza uma verdadeira *diáspora criminal*. A propagação da criminalidade organizada transnacional é um fato impulsionado pelo tráfico de drogas e pela economia ilegal, e isso constitui o desafio mais significativo para a segurança na região (Garzón Vergara, 2013).

As facções criminosas expandiram suas atividades para além de suas regiões ou países de origem, buscando novas áreas de negócios que apresentem demanda por serviços e produtos ilegais, criando novas rotas de tráfico, lavando seus recursos e, concomitantemente, o crime organizado acaba levando a violência e a corrupção a novas dimensões e territórios. Na última década, as rotas mudaram, as organizações criminosas foram transformadas e os produtos ilegais se diversificaram e, apesar dos esforços feitos pelos governos, as economias ilegais tornaram-se cada vez mais lucrativas e estão se expandindo (Garzón Vergara, 2013).

As ações e respostas dos governos, em particular as que se baseiam no uso da violência, não apenas não conseguiram controlar a expansão do crime como a impulsionaram para novos territórios e levaram à fragmentação das estruturas criminosas, sem que isso tenha se traduzido necessariamente em uma diminuição dos fluxos e recursos gerados pelas várias economias ilegais (Garzón Vergara, 2013).

Esse conjunto de transformações no crime organizado e em seus empreendimentos tem sido favorecido pela *fragilidade institucional e política* do contexto no qual as organizações criminosas operam. Uma condição necessária para a expansão dessas organizações é a corrupção dentro das instituições do Estado, uma vez que é impossível que um grupo criminoso se estabeleça e prolifere em um determinado território sem ter uma rede de proteção que garanta a impunidade de suas ações. Os processos de expansão criminal exigem proteção ou regulação estatal – alfândega e migração, polícia, membros do sistema judicial, além de autoridades políticas (Villaveces Izquierdo, 2013).

Também são importantes as relações clientelistas e corruptas no crescimento de grupos e redes criminosas. A expansão criminal também é determinada por padrões históricos de relações clientelistas e de corrupção desenvolvidos nos governos e partidos políticos, bem como pela precariedade e ineficiência da justiça. Nesse contexto, o suborno, a cooptação, a extorsão, a intimidação e a violência, assim como estratégias mais sutis de inserção econômica e articulação política e sua enorme capacidade de identificar oportunidades de negócios legais e ilegais, garantem a alta capacidade de adaptação e flexibilidade dos grupos criminosos (Villaveces Izquierdo, 2013).

Assim, as condições políticas e institucionais dos cenários nos quais o crime organizado se desenvolve constituem aspectos fundamentais para entender esse fenômeno (Villaveces Izquierdo, 2013).

Crime organizado, Estado e democracia

A relação com o Estado constitui um aspecto fundamental do fenômeno do crime organizado.

Um dos riscos mais significativos para a democracia é a colaboração do mundo político com os grupos criminosos, o que constitui um verdadeiro *nexo político-criminal* (Godson, 2003). Isso é uma ameaça, porque viola o estado de direito, os direitos humanos e o desenvolvimento econômico em muitas partes do mundo. Apesar disso, o nexo político-criminal encontra-se encoberto tanto pelos próprios atores políticos e criminosos como pelos estudiosos dessas questões, que interpretam que o mundo criminoso se desenvolve fora das estruturas políticas formais (Godson, 2003).

No crime organizado, os criminosos estão inseguros, pois tanto suas vidas quanto seu bem-estar e o conjunto de negócios que administram estão em risco por causa das ações do Estado ou de outros grupos rivais. Por essa razão, os grupos criminosos precisam de proteção, impunidade, segurança e assistência a fim de desenvolver suas atividades e isso é alcançado pela proteção negociada com as estruturas de poder formais, que podem proteger contra a aplicação da lei e também podem fornecer certa proteção contra criminosos rivais, dentro e fora de sua própria organização. Além disso, por meio do nexo político-criminal, os grupos criminosos podem obter informações da polícia, da inteligência e dos militares para ajudar a neutralizar seus oponentes (Godson, 2003).

O nexo político-criminal também traz benefícios para governos e elites políticas, uma vez que esses atores, em sua relação com o mundo criminoso, obtêm dinheiro para uso pessoal ou político e também adquirem serviços para negócios corruptos ou para a lavagem de dinheiro. Assim, a proposta de "dinheiro ou bala" é uma ameaça recorrente de grupos criminosos, mas, se os líderes políticos colaboram com criminosos em um estágio inicial de sua carreira, terão que enfrentar custos políticos, econômicos ou sociais. Da mesma forma, os criminosos são capazes de fornecer outros serviços e favores, como dar informações sobre rivais no país e no exterior, prejudicando ou mesmo eliminando rivais políticos ou obtendo votos em determinadas regiões (Godson, 2003).

A *complexidade* e *durabilidade* do empreendimento e da organização criminosa conferem ao crime organizado uma característica fenomenológica fundamental: a necessidade de *proteção político-institucional*. O vínculo entre o crime organizado e o Estado ou, mais precisamente, entre crime organizado e governos, é um aspecto fundamental para explicar o desenvolvimento e a estruturação de empreendimentos criminosos complexos. Por isso, a noção de permanência característica do crime organizado traz a necessidade de analisar a existência de vínculos de proteção da autoridade política com as atividades criminosas e com os grupos criminosos como elemento indispensável para o desenvolvimento de empreendimentos criminosos de referência, independentemente do grau em que essa proteção ocorre. Em geral, nenhuma organização criminosa pode conseguir sua consolidação como empreendimento criminoso organizado sem contar, até certo ponto, com o apoio de membros da autoridade estatal, que lhe permitem ter capacidade de organização, expansão de seus negócios, impunidade e proteção (Flores Pérez, 2009).

Portanto, não há possibilidade de expansão e consolidação do crime organizado sem algum tipo de proteção ou amparo estatal, o que se observa quando o empreendimento criminoso adquire maior complexidade e diversificação funcional e territorial. Quanto mais poderosa é a organização criminosa, isto é, quanto mais ampla é a dimensão das suas atividades e quanto mais extenso é o território onde realiza essas atividades, mais depende do nexo com as autoridades políticas. Só pode abdicar dessa proteção quando o Estado perde completamente o controle sobre a área territorial onde o crime opera (Flores Pérez, 2009).

Por sinal, a relação entre crime organizado e Estado é *instrumental*. O objetivo fundamental do crime organizado é a geração de lucros econômicos e, com base nisso, o vínculo cooperativo com o Estado é imprescindível. O crime organizado não tem interesse em enfrentar o Estado, porque não persegue um objetivo político, mas sim um objetivo econômico. Apenas excepcionalmente enfrenta o Estado (Flores Pérez, 2009).

Por essa razão, o estabelecimento e a expansão de grupos e redes criminosos em nossa região só é possível graças ao aprofundamento da cumplicidade das estruturas políticas e institucionais. No entanto, a incidência do crime organizado nas instituições políticas dos Estados é mais complexa e significativa do que apenas a coerção ou a corrupção. Também implica a *construção do poder político e social* em regiões e setores-chave dos países latino-americanos, principalmente na *periferia*, configurando-se como um intermediário entre as localidades isoladas e empobrecidas da região e os mercados lucrativos globais, desestabilizando as estruturas institucionais, econômicas, sociais e culturais (Villaveces Izquierdo, 2013).

Do ponto de vista do crime organizado, não se trata apenas do confronto com o Estado, mas da cooperação e do acordo com ele. Embora os grupos criminosos tenham adquirido a capacidade de enfrentar instituições do Estado pela violência e pela intimidação, também desenvolveram relações mais orgânicas e sutis (Villaveces Izquierdo, 2013).

E essas relações não consistem apenas em financiamento ilícito de campanhas políticas, mas sim na criação de negócios legais e projetos de investimento junto com organizações criminosas ou com alguns de seus empreendimentos legais, em esquemas de lavagem de dinheiro e no estabelecimento de novos partidos e movimentos políticos, quando for o caso. Isso constitui uma espécie de *criminalização da política* que não se limita apenas a Estados deficientes, mas é um fenômeno duradouro que também afeta democracias já estabelecidas. É por isso que, além da desestabilização ou controle da política, os grupos criminosos contribuíram para o redesenho das instituições do Estado, seja por causa das necessidades deste último de conter os efeitos dos primeiros ou por causa dos efeitos de coerção ou cooptação ou pela criminalização da política. Em qualquer caso, a relação orgânica entre o poder político e os grupos criminosos compromete o estado de direito, através da intimidação, coação ou cooptação de juízes e procuradores, policiais e dirigentes e funcionários políticos (Villaveces Izquierdo, 2013).

Desse modo, o poder desestabilizador que as redes ilícitas exercem sobre as democracias constitui uma realidade que não se restringe, como foi dito, aos laços de corrupção ou intimidação, mas afeta as relações orgânicas entre grupos criminosos e estruturas de poder político locais, regionais e, às vezes, até nacionais, colocando em risco a viabilidade das democracias do continente (Villaveces Izquierdo, 2013).

Essas redes entre o crime organizado e o Estado não resultam na cooptação deste, tampouco conduzem à criação de Estados paralelos. Pelo contrário, implicam a transformação do Estado em um dispositivo político-institucional *híbrido*. Ou seja, longe de cooptar o Estado ou gerar estruturas de poder paralelas, há uma hibridez do Estado em que os interesses clientelistas, pessoais, políticos e criminosos se combinam, e onde todos usam essa arquitetura institucional composta por burocracias, institutos, instituições e organizações específicas (Villaveces Izquierdo, 2013).

Essa *hibridização* depende da densidade e da configuração do sistema político e institucional, mais precisamente da extensão, complexidade e antiguidade das relações entre os grupos criminosos e as estruturas do poder político e econômico; da capacidade de resiliência dos partidos políticos; da comercialização da política; e do poder da alavancagem do crime sobre a política, o que se contrapõe à noção trivial de que o crime organizado apenas pretende cooptar o Estado, independentemente da estruturação do sistema político.

Referências bibliográficas

ABADINSKY, H. *Organized Crime*. Belmont: Wadsworth, 2010.

ALBANESE, J. *Organized Crime in Our Times*. Newark: Anderson Publishing, 2007.

BAILEY, J.; GODSON, R. Introduction. In: ______; ______. (Eds.). *Organized Crime and Democratic Governability*: México and the US-Mexican Borderlands. Pittsburgh: University of Pittsburgh Press, 2000.

BECUCCI, S.; MASSARI, M. *Globalizzazione e criminalità*. Roma: Laterza, 2003.

FLORES PÉREZ, C. A. *El Estado en crisis*: crimen organizado y política. Desafíos para la consolidación democrática. México, DF: Ciesas, 2009.

GARZÓN VERGARA, J. C. *Mafia & Co.*: la red criminal en México, Brasil y Colombia. Bogotá: Planeta Colombiana, 2008.

______. La diáspora criminal: la difusión transnacional del crimen organizado y cómo contener su expansión. In: ______; OLSON, E. (Eds.). *La diáspora criminal*: la difusión transnacional del crimen organizado y cómo contener su expansión. Washington: Woodrow Wilson International Center for Scholars, 2013.

GODSON, R. The Political-Criminal Nexus and Global Security. In: *Menace to Society*: Political-Criminal Collaboration Around the World. New Brunswick: Transaction, 2003.

KLEEMANS, E. Theoretical Perspectives on Organized Crime. In: PAOLI, L. *The Oxford Handbook of Organized Crime*. New York: Oxford University Press, 2014.

KRAUTHAUSEN, C.; SARMIENTO, L. F. *Cocaína & Co.*: un mercado ilegal por dentro. Bogotá: Tercer Mundo, 1993.

NACIONES UNIDAS. *Convención de las Naciones Unidas contra la Delincuencia Organizada Transnacional*. Palermo, 2000.

OFICINA DE LAS NACIONES UNIDAS CONTRA LA DROGA Y EL DELITO. *Convención de las Naciones Unidas contra la Delincuencia Organizada Transnacional y sus Protocolos*. New York: Naciones Unidas, 2004.

SERRANO, M.; TORO, M. C. Del narcotráfico al crimen transnacional organizado en América Latina. In: BERDAL, M.; SERRANO, M. (Orgs.). *Crimen transnacional organizado y seguridad internacional*: cambio y continuidad. México: Fondo de Cultura Económica, 2005.

TOKATLIAN, J. G. Anotaciones en torno al crimen organizado: una aproximación conceptual a partir de la experiencia colombiana. In: *Globalización, narcotráfico y violencia*: siete ensayos sobre Colombia. Buenos Aires: Norma, 2000.

UNITED NATIONS OFFICE ON DRUGS AND CRIME (UNODC). *Global Report on Trafficking in Persons*. New York: United Nations Publication, 2014.

______. *2016 World Drug Reports*. New York: United Nations Publication, 2016.

VILLAVECES IZQUIERDO, S. Redes criminales y ejercicio de la política en América Latina: una mirada tentativa. In: NIÑO GUARNIZO, C. (Ed.). *Anuario 2013 de la seguridad regional en América Latina y el Caribe*. Bogotá: Friedrich Ebert Stiftung en Colombia, 2013.

VON LAMPE, K. The Study of Organised Crime: An Assessment of the State of Affairs. In: INGVALDSEN, K.; LUNDGREN SORLI, V. (Eds.). *Organised Crime*: Norms, Markets, Regulation and Research. Bergen: Fagbokforlaget, 2009.

WILLIAMS, P. Cooperación entre organizaciones criminales. In: BERDAL, M.; SERRANO, M. (Orgs.). *Crimen trasnacional organizado y seguridad internacional*: cambio y continuidad. México: Fondo de Cultura Económica, 2005.

CULTURA ESTRATÉGICA

Adriana Aparecida Marques

A EXPRESSÃO "CULTURA ESTRATÉGICA" foi cunhada por Jack Snyder em 1977, em um relatório de pesquisa encomendado pela Rand Corporation. Nesse documento, a cultura estratégica foi utilizada para definir um conjunto de atitudes e crenças que guiam e circunscrevem o pensamento sobre questões estratégicas, influenciam a maneira como essas questões são formuladas e articulam o vocabulário e os parâmetros perceptuais do debate estratégico (Snyder, 1977, p.9).

Se todos os autores que trabalham com o conceito de cultura estratégica reconhecem o relatório de Jack Snyder como a matriz do debate acerca da influência da cultura sobre o pensamento estratégico, a concordância para por aí. O conceito de cultura estratégica não somente é contestado, tal qual o de segurança, como também é, em boa medida, incompreendido e utilizado de maneira bastante elástica para auxiliar na compreensão de especificidades nacionais e regionais no campo da segurança e da defesa. A falta de consenso em relação a uma definição mínima do que seja cultura estratégica é ao mesmo tempo a sua maior virtude e a sua maior fragilidade, pois a discussão em torno da capacidade explicativa da cultura, no que tange aos fenômenos políticos, tanto impulsiona o debate teórico entre diferentes escolas de pensamento nas ciências sociais e particularmente na disciplina Relações Internacionais, na qual essa prática é constitutiva, como limita a operacionalidade do conceito de cultura estratégica.

Concebido durante a Guerra Fria com o objetivo de oferecer uma contextualização que permitisse compreender melhor as atitudes, crenças e padrões de comportamento dos soviéticos em relação à estratégia nuclear, o conceito de cultura estratégica dialogava criticamente com as teorias a-históricas inspiradas em fórmulas matemáticas da primeira geração de pesquisadores ligados aos estudos estratégicos nos Estados Unidos. Adeptos de técnicas quantitativas, os estrategistas nucleares estadunidenses, acadêmicos com alguma vinculação com o mundo militar em sua grande maioria, criaram modelos teóricos baseados em jogos que, em tese, seriam capazes de predizer o comportamento dos soviéticos em matéria de segurança militar. No relatório produzido para a Rand Corporation, Jack Snyder escreveu uma seção metodológica na qual contrapunha o "homem racional genérico" da teoria dos jogos, que orientava então a formulação da estratégia nuclear estadunidense, e o "homem soviético", que precisava ser mais bem compreendido a fim de se evitar um confronto nuclear.

Nesse sentido, o debate entre os quantitativistas e os adeptos da cultura estratégica se inscreve em uma discussão mais ampla entre a primeira e a segunda onda dos estudos estratégicos ou dos estudos de segurança nos termos de Stephen Walt. Se a primeira onda de estudos de segurança, que surgiu na década de 1950, privilegiava os modelos teóricos a-históricos e os métodos quantitativos, a segunda onda, que teve início na segunda metade da década de 1970, recuperou o uso da história e investiu na realização de estudos de caso focados e estruturados baseados em eventos históricos (Walt, 1991).

A oposição aos estudos a-históricos de base quantitativista era a principal marca dos primeiros estudos sobre pensamento estratégico-militar que utilizavam a cultura como categoria analítica e aproximava um conjunto bastante heterogêneo de pesquisadores. Mas este era um dos únicos pontos em comum dessa pequena comunidade de analistas. A partir da década de 1980, as diferentes filiações teóricas e opções metodológicas dos autores que trabalhavam com o conceito de cultura estratégica foram ficando cada vez mais evidentes até que, em 1995, Alastair I. Johnston publicou um artigo na prestigiosa revista *International Security* no qual detalhou as principais diferenças existentes nos estudos que analisavam o pensamento estratégico-militar a partir de uma perspectiva cultural utilizando a metáfora das "três gerações" para categorizá-los de acordo com a proposta conceitual e metodológica adotada por seus autores.

A primeira geração de estudos sobre cultura estratégica, segundo Johnston, dedicou-se primordialmente a explicar por que diferentes comunidades nacionais abordavam os assuntos estratégico-militares de maneiras diferentes. Afastando-se das premissas da teoria dos jogos, que considerava os tomadores de decisões estadunidenses e soviéticos atores racionais cujo comportamento seria previsível e poderia ser calculado, os primeiros estudos sobre cultura estratégica focavam o pensamento dos governos soviético e estadunidense a respeito da estratégia nuclear e lançavam luz sobre as diferenças substantivas nos "estilos nacionais" das duas potências, que lidavam com os temas estratégico-militares a partir de registros culturais bastante diversos. De maneira geral, os autores categorizados nessa geração atribuíam as diferenças no comportamento estratégico-militar dos países a variações na interação entre fatores como experiências históricas arraigadas, cultura política e geografia (Gray, 1981).

Em relação a essa geração de estudos sobre cultura estratégica, deve-se ter em conta que os autores aqui categorizados se afastaram das premissas da teoria dos jogos, mas não das noções de racionalidade na política. Logo, os estudos de cultura estratégica produzidos por essa comunidade seriam compatíveis com noções de racionalidade limitada (a cultura estratégica simplificaria a realidade), com processos racionais (a cultura estratégica determinaria a posição relativa das estratégias preferidas pelos tomadores de decisões e restringiria o número de opções estratégicas a serem consideradas) e com a racionalidade adaptativa (escolhas históricas, precedentes, analogias e metáforas seriam evocados para orientar as decisões) (Johnston, 1995a).

Outro alvo dos autores que trabalhavam com o conceito de cultura estratégica era o neorrealismo de Kenneth Waltz, não as premissas realistas em um sentido mais amplo. A obra de Colin Gray, o mais conhecido representante dessa geração, por exemplo, em nada colide com as premissas do realismo clássico. Sua apaixonada defesa do legado de Von Clausewitz para os estudos estratégicos colocaram-no no polo oposto de autores culturalistas como John Keegan e, mais recentemente, aproximaram-no do realismo neoclássico.

Na visão de Johnston, a segunda geração de estudos sobre cultura estratégica avançou teoricamente em relação a sua predecessora ao mostrar a disjunção entre a cultura estratégica, ou discurso simbólico nas palavras de vários autores dessa geração, e o comportamento político. Esses estudos partem da premissa de que há uma enorme diferença entre a política declaratória, ou seja, o que os líderes políticos pensam ou dizem que estão fazendo, e os verdadeiros motivos pelos quais esses atores adotam determinadas posturas. Portanto, a cultura estratégica seria um instrumento dos grupos políticos hegemônicos, uma vez que o discurso oficial dos formuladores de política militar camuflaria os verdadeiros motivos pelos quais esse discurso é produzido, qual seja, defender os interesses particulares desse grupo (Johnston, 1995a).

Robin Luckham, no seminal *Of Arms and Culture*, escrito em 1984, pontifica que o fetichismo dos armamentos cria uma ideologia que justifica a hegemonia dos intelectuais de defesa, dos formuladores de política militar, dos fabricantes de armamentos e todos os que aceitam uma associação direta entre as ameaças construídas, a cultura de armamentos e o provimento da segurança. Já Bradley Klein inicia sua crítica aos estudos estratégicos questionando a separação entre a realidade externa e o nosso conhecimento da realidade, separação esta que está na base dos estudos sobre cultura estratégica produzidos pela geração que o precedeu e estará presente na obra de Johnston que dará o tom da geração de estudos que o sucederá. Para Klein, a cultura estratégica representa uma rede de interpretação política na qual as práticas estratégicas ganham sentido (Klein, 1988). A relação entre estrutura e agência, tão cara aos construtivistas, tem um papel central na discussão proposta pelo autor e levou à recuperação de suas ideias por uma nova geração de construtivistas críticos ou pós-construtivistas que tem trabalhado na redefinição do conceito de cultura estratégica a partir de uma perspectiva pós-positivista e emancipatória (Lock, 2010).

Seja do ponto de vista teórico ou metodológico, a chamada segunda geração de estudos sobre cultura estratégica difere substancialmente tanto de sua predecessora quanto de sua sucessora. Em primeiro lugar, os autores da segunda geração refutam o realismo de todas as matizes e incorporam as contribuições de teóricos pós-estruturalistas como Michel Foucault, Rob B. J. Walker e Richard Ashley, marxistas heterodoxos como Antonio Gramsci e pós-marxistas como Robert Cox. Do ponto de vista metodológico, essa geração não tem a pretensão de que seus estudos de casos possibilitem generalizações, e tampouco utilizam essa técnica com o propósito de testar teorias tal qual a geração que os sucederá. A análise de discurso é a técnica preferida por esses analistas, mais recentemente, o *process tracing* também vem sendo utilizado pelos pós-construtivistas.

A terceira geração de estudos sobre cultura estratégica, na qual Johnston se inclui, busca um maior rigor metodológico e se identifica estreitamente com o construtivismo convencional. Em sua maioria, os autores da terceira geração se esforçam para elaborar um conceito de cultura estratégica que possa ser testado através de uma metodologia positivista. Johnston, inspirado no conceito de cultura do antropólogo Clifford Gertz, define cultura estratégica como um conjunto de símbolos que atua para estabelecer preferências estratégicas profundas e duradouras e formular conceitos acerca do papel e da eficácia do uso da força militar nos assuntos interestatais. Nessa perspectiva, a cultura é vista como uma variável independente e o comportamento político como uma variável dependente (Johnston, 1995b).

Unidos pelo desejo de contestar o *mainstream* das Relações Internacionais, utilizando seus próprios métodos e técnicas de pesquisa positivistas e tensionando o debate teórico, a comunidade de analistas da terceira geração de estudos sobre cultura estratégica é bastante eclética. Elizabeth Kier, por exemplo, enquadrada por Johnston como membro dessa comunidade, afirmou categoricamente que o foco da sua pesquisa era a cultura organizacional no contexto militar e não a cultura estratégica. Entre as técnicas de pesquisa utilizadas por essa geração de estudiosos destacam-se a análise de conteúdo, especialmente através do mapa cognitivo e da análise de símbolos, e o *process tracing*.

A antologia *The Culture of National Security* é uma importante referência no que diz respeito ao estado da arte do construtivismo convencional na década de 1990 e sua heterogeneidade. Alexander Wendt, Jeffrey Legro, Elizabeth Kier, Alastair Johnston, entre outros, sob a coordenação de Peter Katzenstein, apresentavam reflexões teóricas e um conjunto robusto de pesquisas empíricas na área de segurança internacional que testavam a variável cultural contra as teorias realistas, institucionalistas e organizativistas em diferentes contextos históricos e regionais. Ao "derrotar" as principais correntes teóricas das Relações Internacionais com seus próprios métodos e técnicas de pesquisa, os construtivistas convencionais alcançaram, em pouco mais de uma década, o lugar de interlocutores preferenciais do *mainstream* e influenciaram a revisão de algumas premissas do neorrealismo no que tange ao papel da cultura em assuntos estratégico-militares.

Em 1998, Michael Desch publicou um artigo na *International Security*, epicentro do debate entre construtivistas e realistas, no qual postulava, sem grande animação, que as ideias poderiam quando muito ter uma capacidade explicativa complementar aos fatores materiais e que as teorias culturalistas não seriam capazes de rivalizar e muito menos suplantar o realismo. Em 2004, o livro *Neo-Realism versus Strategic Culture: a debate*, editado por John Glenn, Darryl Howlett e Stuart Poore, já avançava no diálogo entre as duas correntes e buscava identificar os pontos que poderiam aproximar realistas e culturalistas que trabalhavam com temas estratégico-militares. Em 2009, John Glenn deu mais um passo nesse sentido propondo que uma discussão entre os realistas neoclássicos e os construtivistas convencionais poderia ser útil para os dois lados, gerando uma interseção teórica entre as duas correntes. Além da ênfase na categoria de poder, que seria uma marca dos novos estudos construtivistas, a utilização do *process tracing* como ferramenta de pesquisa também os aproximaria dos realistas neoclássicos e permitiria o estreitamento do diálogo entre as duas correntes no campo metodológico.

O livro *Transforming Military Power since the Cold War*, publicado por Theo Farrell, Sten Rynning e Terry Terriff em 2013, é o exemplo mais elucidativo da colaboração entre construtivistas e realistas neoclássicos. Os três autores traçam os processos de transformação das Forças Armadas britânicas, francesas e estadunidenses de 1991 a 2012 considerando a interação entre interesses e ideias para cada um dos casos estudados.

O reconhecimento do construtivismo convencional pelo *mainstream* das Relações Internacionais não teve reflexo apenas no campo da ciência política. Os historiadores militares, que participavam ativamente da comunidade de estudos estratégicos, também viram no reavivamento do culturalismo uma possibilidade de afirmar alguns pontos. Lawrence Sondhaus publicou o livro *Strategic Culture and Ways of War* em 2006, no qual mostrava as características em comum da bibliografia sobre cultura estratégica e os trabalhos sobre *national ways of war*, um conceito elaborado por Basil B. Liddell Hart na década de 1930 para compreender as preferências estratégicas britânicas.

Mas nem toda a comunidade de culturalistas assimilou com tranquilidade a hegemonia dos construtivistas convencionais. Colin Gray, que nunca rompeu com o realismo, viu-se identificado nas críticas de Alastair Johnston aos teóricos da primeira geração de estudos sobre cultura estratégica no plano acadêmico e político. Para Johnston, a visão essencialista de cultura presente no conceito de "estilos estratégicos" de Gray e a falta de rigor metodológico na construção de seu modelo teórico reforçariam estereótipos e levariam a uma percepção equivocada do Outro asiático, assim como haviam levado a uma percepção equivocada dos soviéticos durante a Guerra Fria. Johnston prossegue argumentando que os estereótipos criados a partir de um constructo mal elaborado dificultariam o avanço da cooperação multilateral entre os Estados Unidos e os países do Leste Asiático em matérias relacionadas ao controle de armamentos.

Gray, que é um proeminente membro da comunidade atlanticista e assessorou tanto o governo britânico quanto o de Ronald Reagan na época da Guerra Fria em matérias relacionadas ao controle de armamentos, acusou o golpe e respondeu a Johnston em um artigo no qual apontou algumas fragilidades do conceito de cultura estratégica proposto pelo autor. Gray critica, entre outros aspectos, a decisão de Johnston de isolar a cultura como uma variável independente a fim de tornar sua teoria falseável. Segundo Gray, a cultura estratégica deve ser entendida como um contexto que dá sentido a variáveis objetivas e a-históricas como tecnologia, polaridade ou capacidade material, logo não é possível separar a macroestrutura (cultura estratégica) da ação dos agentes (tomadores de decisões) (Gray, 1999).

O debate acirrado entre os dois principais representantes do culturalismo nos estudos de segurança internacional impulsionou uma nova onda de reflexões sobre o conceito de cultura estratégica. Alguns autores, dentro do próprio campo do construtivismo, ecoaram as críticas de Gray a Johnston. Neumann e Heikka afirmam que a metáfora das três gerações criada por Johnston acabou por voltar-se contra o seu próprio criador, já que é raro um neto herdar todas as virtudes dos seus antepassados e nenhum dos seus defeitos. Para os autores, o principal "defeito" herdado por Johnston da primeira geração foi a decisão de utilizar uma metodologia positivista quando os antropólogos e sociólogos há tempos encaram a cultura como fenômeno constitutivo e não uma variável independente que pode ser isolada (Neumann; Heikka, 2005, p.9).

Até Jack Snyder, que havia se retirado do debate sobre cultura estratégica por um longo período, retornou ao tema para se contrapor ao que chamou de análises que exageravam no peso atribuído à autonomia das ideias e da cultura na configuração do comportamento estratégico em ambientes anárquicos. Para demonstrar sua hipótese, Snyder recorreu à literatura produzida pela antropologia sobre conflitos armados. Analisando uma série de estudos etnográficos sobre guerras e conflitualidade em sociedades sem Estado, o autor constatou que a cultura como variável independente não seria capaz de explicar os conflitos armados por ele selecionados. A fim de superar essa fragilidade, Snyder defende uma análise que leve em conta a interação entre as variáveis materiais, institucionais e culturais (Snyder, 2003).

Um aspecto que é pouco explorado na literatura que discute estratégia e cultura mas precisa ser ressaltado neste espaço é o etnocentrismo dos estudos estratégicos. O "homem racional genérico" da teoria dos jogos e o *Homo Strategicus* de Ken Booth (2014) foram concebidos nas principais universidades dos Estados Unidos, bem como as críticas a esses estereótipos, ou seja, todos os termos do debate sobre cultura estratégica foram estabelecidos pela academia estadunidense. Na última década, estudiosos de diversas regiões vêm tentando superar essa limitação através da condução de pesquisas comparativas que contem com a participação de analistas nativos dos regiões estudadas. Curiosamente, nas Américas, essa iniciativa não partiu da academia, e sim do Pentágono.

Na última década, o Comando Sul financiou uma pesquisa da Universidade Internacional da Flórida sobre a aplicabilidade do conceito de cultura estratégica desenvolvido por Jack Snyder para o estudo do comportamento estratégico na América Latina e no Caribe. Foram convidados acadêmicos e funcionários governamentais de todo o hemisfério para discutir quais seriam os principais traços da cultura estratégica de cada um dos países estudados pelo projeto, doze no total: Argentina, Brasil, Bolívia, Chile, Colômbia, Cuba, Haiti, Honduras, Panamá, Peru, República Dominicana e Venezuela. Cientes das críticas que receberiam por se tratar de um projeto financiado principalmente pelo

Comando Sul, Brian Fonseca e Eduardo Gamarra buscaram se cercar de colaboradores com grande prestígio acadêmico, como o próprio Snyder e Jeffrey Lantis, que conduziu um projeto de pesquisa similar na Ásia, e mais recentemente decidiram publicar os resultados da pesquisa em um livro, de forma a garantir a transparência e a qualidade acadêmica do esforço empreendido. *Culture and National Security in the Americas* foi publicado em 2017 e é um experimento em vários sentidos.

Primeiramente por seu histórico conturbado, que os organizadores acharam por bem relatar no prefácio. Em segundo lugar, pelas opções metodológicas e teóricas que foram feitas na obra. Sem dúvida, o desenho da pesquisa empreendida por Fonseca e Gamarra é bem mais sofisticado que o do relatório de Snyder financiado pela Rand Corporation. Os autores que colaboraram com o volume receberam um roteiro com as perguntas que deveriam ser respondidas sobre cada país e trabalharam com base nessa proposta. No que diz respeito ao conceito de cultura estratégica que orienta os capítulos do livro, fica evidente que os autores se apoiaram na proposta de Jeffrey Lantis, que alguns citam textualmente, e evitaram apresentar seus próprios pressupostos teóricos. Enfim, trata-se de um livro sobre a América Latina e o Caribe produzido com teoria e metodologia fornecida pelos "gringos".

Em um registro sul-americano menos controlado temos os estudos de Marcela Donadio, Samuel Alves Soares e Germán Soprano. A criação do Conselho de Defesa Sul-Americano é o mote a partir do qual Marcela Donadio discute as possibilidades de cooperação em matéria de segurança e defesa na América do Sul. Conforme a autora, a cultura estratégica pode ser entendida a partir das relações construídas entre as experiências de emprego da força no ambiente internacional, legitimando interesses e definindo sócios e adversários. O processo de desativação de hipóteses de conflitos limítrofes e a criação de espaços de concertação e confiança na sub-região são vistos como pontos positivos por Donadio, ainda que as diferentes visões estratégicas dos principais países sul-americanos persistam e coloquem alguns entraves ao aprofundamento de algumas medidas multilaterais (Donadio, 2011).

O processo de cooperação e construção de medidas de confiança mútua entre a Argentina e o Brasil a partir da redemocratização são analisados por Samuel Alves Soares e Germán Soprano à luz de uma perspectiva cultural. Inspirados no conceito de Merand e Vandemoortele, os autores definem cultura estratégica como um conjunto de representações sociais que dominam as elites políticas e intelectuais no que se refere à política externa, à política de segurança de um país, ao lugar que esse país ocupa ou deve ocupar no cenário internacional e como os outros países o veem e propõem dois tipos de cultura estratégica. No caso de países cuja relação pauta-se pela rivalidade, concorrência ou até mesmo pela amizade, tem-se uma cultura estratégica *recíproca*, na medida em que tal cultura se erige na perspectiva direta da relação que estabelecem entre si. Se, contudo, as representações deixam de orientar-se pela visão direta do Outro, isto é, se em suas relações externas dois ou mais países já não se ocupam em estabelecer sua ação tendo o Outro como referente central, chega-se a um patamar em que a cultura estratégica passa a ser *conjunta*. Os autores argumentam que, nos casos da Argentina e do Brasil, a cultura estratégica recíproca exibe sinais claros de esgotamento, sem que se observe a sua substituição por uma cultura estratégica conjunta, isto porque os mecanismos identitários dos dois países são distintos e pouco convergentes (Soares; Soprano, 2014, p.196-7).

Por fim, acho importante registrar o conceito de cultura estratégica com o qual trabalho. Em um capítulo de livro publicado em 2009, adotei a proposta conceitual de Neumann e Heikka, que leva em conta as interações entre o contexto internacional e a dinâmica doméstica, definida pelos atores políticos e suas práticas. Objetivando compreender o pensamento das Forças Armadas brasileiras sobre a Amazônia e a escolha das estratégias militares para defender a região, afastei-me do conceito de cultura de Geertz, influenciada pelo debate entre Johnston e Gray, e inspirei-me em outro antropólogo, Marshall Sahlins (1990), para o qual uma questão, independentemente de sua natureza, só adquire sentido para um grupo social na medida em que esse grupo faça uma "reavaliação funcional das categorias" a partir das quais pensará sobre essa questão. Sem ter a pretensão de explicar o comportamento estratégico dos militares brasileiros, concluí que a identificação da Amazônia como prioridade estratégica das Forças Armadas não se deve apenas a uma reconfiguração dos interesses estatais em matéria de segurança. A importância atribuída à região amazônica pelos militares resulta de uma intrincada relação entre interesses e elementos simbólicos.

Os estudos produzidos por acadêmicos sul-americanos em geral e brasileiros em particular à luz do conceito de cultura estratégica são escassos, recentes e padecem das mesmas limitações verificadas na bibliografia internacional. Mas esta não é uma má notícia. O debate em torno dos aspectos culturais do pensamento estratégico-militar, ao contrário do que ocorre em outras áreas do conhecimento, nutre-se da diversidade e do dissenso. Se não é possível o estabelecimento de um conceito estável de cultura estratégica, também não é possível a imposição de uma visão a partir da qual esse conceito deva ser estudado.

Referências bibliográficas

BOOTH, K. *Strategy and Ethnocentrism*. New York: Routlegde, 2014.

DESCH, M. Culture Clash: Assessing the Importance of Ideas in Security Studies. *International Security*, v.23, n.1, p.141-70, 1998.

DONADIO, M. Visões estratégicas da América do Sul. In: OLIVEIRA, M. A. G. de. (Org.). *Comparando a defesa sul-americana*. Recife: Editora da UFPE, 2011.

FARRELL, T.; RYNNING, S.; TERRIFF, T. *Transforming Military Power since the Cold War*: Britain, France, and the United States, 1991-2012. Cambridge: Cambridge University Press, 2013.

FONSECA, B.; GAMARRA, E. *Culture and National Security in the Americas*. Lanham, MD: Lexington, 2017.

GLEEN, J. Realism *versus* Strategic Culture: Competition and Collaboration? *International Studies Review*, v.11, n.3, p.523-51, 2009.

______; HOWLETT, D.; POORE, S. *Neo-Realism* versus *Strategic Culture*: A Debate. Farnham: Ashgate, 2004.

GRAY, C. National Styles in Strategy: The American Example. *International Security*, v.6, n.2, p.21-47, 1981.

______. Strategic Culture as Context: The First Generation of Theory Strikes Back. *Review of International Studies*, v.25, n.1, p.49-69, 1999.

JOHNSTON, A. I. Thinking about Strategic Culture. *International Security*, v.19, n.4, p.32-64, 1995a.

______. *Cultural Realism*: Strategic Culture and Grand Strategy in Chinese History. Princeton: Princeton University Press, 1995b.

KATZENSTEIN, P. J. (Ed.). *The Culture of National Security*. Norms and Identity in World Politics. New York: Columbia University Press, 1996.

KLEIN, B. S. Hegemony and Strategic Culture: American Power Projection and Alliance Defence Politics. *Review of International Studies*, v.14, p.133-48, 1988.

LOCK, E. Refining Strategic Culture: Return of the Second Generation. *Review of International Studies*, v.36, n.1, p.685-708, 2010.

LUCKHAM, R. Of Arms and Culture. *Current Research on Peace and Violence*, v.7, n.1, p.1-64, 1984.

MARQUES, A. A. Segurança estatal, cultura estratégica e doutrina militar. In: D'ARAÚJO, M. C. S.; SOARES, S. A.; SVARTMAN, E. (Orgs.). *Defesa, segurança internacional e Forças Armadas*: textos selecionados do II Encontro da Abed. Campinas: Mercado das Letras, 2009.

NEUMANN, I. B.; HEIKKA, H. Grand Strategy, Strategic Culture, Practice: The Social Roots of Nordic Defence. *Cooperation and Conflict: Journal of the Nordic International Studies Association*, v.10, n.1, p.5-23, 2005.

SAHLINS, M. D. *Ilhas de história*. Rio de Janeiro: Jorge Zahar, 1990.

SNYDER, J. L. *The Soviet Strategic Culture*: Implications for Limited Nuclear Operations. Santa Monica: Rand, 1977.

______. Anarchy and Culture: Insights from the Antropology of War. *International Organization*, v.56, n.1, p.7-45, 2003.

SOARES, S. A.; SOPRANO, G. Políticas de defesa de Argentina e Brasil no começo do século XXI: entre a confiança mútua e as culturas estratégicas em dissonância. In: PASSOS, R. D. F. dos; VIEIRA, N. R.; SIMONETTI, M. C. L. (Orgs.). *Relações internacionais contemporâneas*: novos protagonistas e novas conjunturas. São Paulo: Cultura Acadêmica, 2014.

SONDHAUS, L. *Strategic Culture and Ways of War*. New York: Routlegde, 2006.

WALT, S. M. The Renaissance of Security Studies. *International Security Quarterly*, v.35, n.2, p.211-39, 1991.

DEFESA[1]

Ernesto Justo López

Ataque e defesa são as duas caras de marte. O relato da Guerra de Troia, belamente compilado na obra *Ilíada*, demonstra isso com clareza. Foram os aqueus que avançaram sobre o solo troiano; eles foram os agressores e carregaram o peso da ofensiva. Pelo contrário, Príamo e seu povo viram-se na necessidade de defender seu território e população. Porém, em diversas ocasiões, no marco de uma estratégia geral defensiva, recorreram ao ataque e, portanto, houve circunstâncias nas quais aos gregos não restou alternativa além da defesa.

Carl von Clausewitz, em seu clássico *Da guerra*, discutiu essa problemática e argumentou que "a atividade da guerra se verifica de duas maneiras: ataque e defesa, muito distintas e de valor desigual" (Clausewitz, 1968, p.44). As duas formas contrapõem-se, com algum grau de polaridade. Contudo, as possibilidades e os recursos de uma e de outra não são exatamente contrários. Em sua perspectiva, a defesa é mais forte que o ataque. Entre outras vantagens, decorre de maior controle sobre o território, uma conexão mais próxima com a população e menores exigências na gestão do tempo. Porém, a ofensiva é imprescindível para impor a vontade ao adversário, o que, no limite, se consegue com "o aniquilamento dos meios de combate do inimigo" (Clausewitz, 1968, p.60). Remete à articulação entre guerra e política, uma das principais contribuições de Clausewitz. Em sua visão, "a guerra é a simples continuação da política por outros meios" (Clausewitz, 1968, p.51). Anteriormente a essa formulação, o autor postulou

1 Tradução de Lívia Peres Milani.

que "a guerra é um ato de força para implicar o oponente ao cumprimento de nossa vontade" (Clausewitz, 1968, p.28). Impor-se a esse adversário e anular sua vontade implica alcançar uma vitória militar que está a serviço de uma finalidade política: nada é possível sem a decisão de empreender uma ofensiva. Assim, como bem apontaram García Caneiro e Vidarte, a política torna a guerra um instrumento e lhe confere racionalidade, desprendendo-a das antigas concepções que a pensavam como inerente à natureza humana (García Caneiro; Vidarte, 2002, p.96-7).

Clausewitz viveu entre 1780 e 1830, época na qual a guerra alcançou uma importância maior como instrumento de política: sua vinculação ao Estado foi direta, a partir do desenvolvimento da doutrina do Estado-potência e da noção associada de razão de Estado (Pistone, 1982, p.1382). No desenvolvimento de tais concepções sobressaem autores como Hegel, Ranke, Treitschke e Meinecke (Gori, 1981, p.766). Em suas conclusões sobre a guerra, destaca-se o próprio Clausewitz e, mais tarde, o marechal Colmar Van der Golz, com sua obra *A nação em armas*, publicada em 1833, e o general Friedrich Ludendorff, com seu texto *A guerra total* (*Der Totale Krieg*).

Em termos gerais, pode-se afirmar que a referida concepção tem como núcleo conceitual básico a ideia de que o Estado, independentemente de seu tamanho ou regime político, "possui uma tendência orgânica a buscar o contínuo incremento e consolidação de seu poder, em última análise, em detrimento de qualquer outra finalidade" (Pistone, 1982, p.1383). O Estado é situado em um plano superior à sua própria população e guarda – convém antecipar – uma relação especial com o território. Ademais, deve estar alerta para aumentar sua própria força diante de outros Estados e para diminuir, quando possível, o poder destes. Para tanto, pode apelar à guerra e às alianças com outras nações, assim como a uma variedade de combinações entre essas duas opções. Precisamente nesse ponto possui destaque a noção de razão de Estado, tanto como apoio às orientações estratégicas e às decisões políticas adotadas, quanto como provedora de legitimidade às ações empreendidas, incluindo a guerra. É necessário esclarecer que as guerras se justificavam anteriormente pela noção de *bellum justum* (guerra justa), cujas condições sinteticamente expostas por São Tomás eram: a) deveria haver uma declaração de guerra efetuada por uma autoridade legítima; b) deveria existir uma causa justa para seu início e c) o beligerante deveria ter uma intenção correta (Gori, 1981, p.776). As noções de Estado-potência e razão de Estado não colidem necessariamente com a de guerra justa. Mostram-se simplesmente como atualizações e especificações mais cruas daquela antiga maneira de ver e justificar a guerra.

Convém retornar agora à relação entre Estado e territorialidade mencionada anteriormente. Ela torna-se claramente visível na noção de Estado oferecida por Max Weber, a qual provavelmente é a mais aceita no mundo acadêmico contemporâneo. Inicia estabelecendo que se deve descartar qualquer definição fundada sobre o que o Estado faz, pois "não existe tarefa alguma que uma associação política [leia-se Estado, E.L.] não tenha tomado alguma vez em suas mãos" (Weber, 1964, t.II, p.1056). Assim, descarta a conhecida proposição que se sustenta nas funções básicas do Estado, como a educação, a saúde, a justiça e a segurança. Apoia-se, então, sobre um meio específico, que "lhe é próprio, a coação física". Então propõe: "o Estado é aquela comunidade humana que no interior de um determinado território – o conceito de território é essencial à definição – reclama para si o monopólio da coação física legítima" (Weber, 1964, t II, p.1056).

O vínculo entre Estado e territorialidade está, portanto, explicitamente indicado por Weber. Nesse caso, a quais assuntos se refere o exercício da coação física legítima? Isso não está explicitado no texto weberiano, porém pode-se inferir que se refere à segurança pública e aos assuntos bélicos (ou de defesa), pois se trata de duas problemáticas diretamente relacionadas ao monopólio da violência legítima. No primeiro caso, trata-se da salvaguarda da ordem interior em sociedades que se constituem como o suporte das associações políticas que sustentam o Estado. Já no segundo caso, trata-se da custódia da população e do território de um Estado, ou de seu alargamento. Seus instrumentos são primordialmente as Forças Armadas e as instituições destinadas a sua condução política e profissional, as leis e normativas que definem seu modo de ação e as doutrinas específicas que orientam seu comportamento em tempos de paz e em tempos de guerra.

Guerras anticoloniais

As guerras anticoloniais são de uma natureza específica, pois implicam a intenção de estabelecer uma ruptura com a metrópole contra a qual se combate, e se concluem com a separação de uma colônia em relação a uma estrutura político-estatal preexistente (a potência colonial dominante), ou com o fracasso desse empreendimento. Seria inadequado enquadrar os conflitos bélicos desencadeados, por exemplo, pela insurgência *criolla* na América Latina, nos termos da lógica dos Estados-potência ou de sua relativa razão de Estado. Trata-se de rupturas dentro de um mesmo Estado ou sistema estatal, que procuram a formação de um novo Estado – e na maioria dos casos conduzem a ele. Por serem incipientes, pode-se inclusive afirmar que se trata inicialmente de protoestados, que imediatamente desenvolvem forças militares próprias com o objetivo de fazer a guerra contra a potência colonial e/ou defender-se de suas contraofensivas. Tais conflitos armados, desde o início, demandam a reparação de uma situação de injustiça, o que os aproxima do conceito de *bellum justum*. Decorrido algum tempo em tais processos, torna-se claro que se trata de engajamentos que reclamarão e procurarão soberania própria e que, logo após estabilizar seus desenvolvimentos e formalizar sua declarações de independência, se estabelecerão como novos Estados-nações.

Guerras entre países latino-americanos e entre estes e terceiros

Sem pretensão de esgotar os casos, pode-se iniciar mencionando que, em 1821, logo após a proclamação do Império Mexicano liderado por Agustín Iturbide, desencadeou-se uma caótica situação, em razão dos levantamentos armados centro-americanos pró-independência que rechaçaram a anexação ao novo regime instaurado pelo recém-imperador. A ascensão de Iturbide foi fugaz; caiu em 1823.

Entre 1825 e 1828, desenrolou-se uma guerra entre Argentina e Brasil por disputas territoriais na Banda Oriental (atual Uruguai). Entre 1828 e 1829, houve a guerra entre a Gran Colômbia e o Peru, um antecedente remoto da Guerra do Cenepa, travada por Equador e Peru em 1995. Entre 1864 e 1870, desenrolou-se a Guerra do Paraguai (ou da Tríplice Aliança), e, entre 1879 e 1883, a Guerra do Pacífico. Já no século XX, pode-se mencionar a guerra entre Colômbia e Peru (1932-1933), a Guerra do Chaco, entre Bolívia e Paraguai (1932-1935), e a guerra peru-equatoriana de 1941 no Cenepa, reiterada em 1995.

No que se refere aos enfrentamentos bélicos entre países latino-americanos e terceiros, em primeiro lugar cabe mencionar a ocupação das Ilhas Malvinas pela Grã-Bretanha em 1833, após uma expedição militar que as conquistou pela força. Essa ação armada e a consequente anexação britânica são antecedentes distantes da guerra de 1982 e do ainda presente conflito/diferendo entre Argentina e Reino Unido. Entre 1846 e 1848, produziu-se a guerra entre Estados Unidos e México, que culminou com a apropriação de importante parcela do território mexicano, incorporada ao domínio norte-americano. Em 1864, com a anuência do imperador Napoleão III, o arquiduque Maximiliano da Áustria desembarcou no México, apoiado por força militar francesa. No dia 10 de abril daquele ano, foi proclamado imperador. Porém, foi derrotado pela resistência mexicana e fuzilado em 1867. Entre 1909 e 1933, ocorreram reiteradas intervenções dos Estados Unidos na Nicarágua. Em 1915, houve uma invasão norte-americana ao Haiti, que no início praticamente não encontrou oposição. Prolongou-se até 1934 e, com o decorrer do tempo, suscitou uma resistência popular protagonizada pelos autodenominados "cacos".

A partir dos – incompletos – acontecimentos históricos que se acaba de examinar e que se preferiu não estender para além da década de 1940, aos quais é necessário agregar a I Guerra Mundial, originaram-se as abordagens e concepções sobre a questão da guerra e da defesa na região.

Defesa e guerra na América Latina

Como era entendida a defesa (ou a defesa nacional) nos países latino-americanos entre a década de 1930 e o final dos anos 1940? Por um lado, vinculava-se diretamente à proteção do território, da população estabelecida, de suas autoridades e instituições estatais. Por outro, deveria atender às modalidades específicas que a guerra estava tomando. O desenvolvimento da aviação, o avanço dos sistemas de transporte terrestre e a modernização do armamento pesado, em particular da artilharia, "diminuíram" a distância entre as frentes de batalha e as retaguardas. Ninguém se encontrava seguro, protegido pela distância. A guerra caminhava para sua totalização, o que se tornou patente com a II Guerra Mundial. Como resultado, o preparo para a guerra, o desenvolvimento e o sustento de uma adequada capacidade bélica dependiam de um amplo esforço nacional. Em 1944, durante uma conferência oferecida na Universidade Nacional de La Plata, o então ministro da Guerra argentino, coronel Juan Domingo Perón – que pouco mais tarde, em 1946, ascenderia a general e se converteria em presidente –, formulava a questão da seguinte maneira: "Um país em luta pode ser representado por um arco com sua correspondente flecha... Suas Forças Armadas representam a pedra ou o metal que constitui a ponta da flecha, porém o seu restante, a corda e o arco, são a nação toda, até a mínima expressão de sua energia e de seu poderio" (Perón, 1982, p.35).

Recordando o aforismo de Napoleão, "o dinheiro faz a guerra", Perón argumentava que "o financiamento da guerra apenas pode ser proveniente de cuidadosas previsões formuladas no período de paz, ajustadas às mais variadas circunstâncias que podem suceder" (Perón, 1982, p.50). Tornado integral, o esforço bélico envolvia um amplo espectro de precauções, que incluíam as reservas, a manutenção e ampliação das vias de transporte, o apoio ao desenvolvimento industrial, a manutenção de mecanismos comerciais, o abastecimento de armas e materiais críticos, entre outros importantes assuntos. A manutenção de uma capacidade bélica demandava planejamento, instrução adequada dos soldados, educação e treinamento do quadro de suboficiais e formação estrita e de qualidade dos oficiais. Além disso, eram imprescindíveis as manobras e exercícios no terreno, o fornecimento adequado de sistemas de armas e o planejamento substancial no nível do Estado-maior. Era necessário fazer previsões sobre a guerra, portanto deveriam elaborar-se cenários de situação geopolítica e hipóteses de guerra, pois, nesses planos, a capacidade de antecipação orientava tanto o sentido do esforço integral como a preparação para a guerra. Naqueles tempos, a previsão de confrontos bélicos tinha um alcance exclusivamente sub-regional, era circunscrita aos países vizinhos ou muito próximos. Não havia previsões de guerra com as grandes potências: as experiências históricas regionais, algumas das quais resenhadas anteriormente, mostraram que as assimetrias desaconselhavam o conflito com aquelas.

Da guerra à defesa

Houve uma transição que conduziu da guerra à defesa nas instituições estatais que se dedicam ao bélico, e cabe examiná-la para destacar as variáveis peso, significado e consistência em termos conceituais e de legitimidade. Houve um extenso período no qual predominou a noção de guerra como denominação dos organismos que a regiam. Em um segundo momento, houve sua substituição pela concepção de defesa.

Na França, o rei Henrique III, em seu último ano de reinado, 1589, criou duas secretarias de Estado: a de Relações Exteriores e a de Defesa. Em 1791, esta última foi convertida em Ministério da Guerra, o que perdurou até 1942. Entre esse ano e 1944, o governo de Vichy – durante a ocupação alemã – agregou em um único ministério as pastas de Relações Exteriores, Defesa e Interior. Com o final da II Guerra, em 1944, se constituiu um Ministério de Defesa Nacional, o qual, em 1974, teve sua designação simplificada para Ministério da Defesa, que permanece.

Na Inglaterra, o Almirantado teve precedência, constituído em 1628 em conformidade com a natureza insular e com a importância atribuída às atividades marítimas. O primeiro lorde atuava por vezes como conselheiro de guerra do rei. De 1709 a 1801, essa posição passou a denominar-se primeiro lorde do Almirantado da Grã-Bretanha; a partir desse último ano, passou a chamar-se primeiro lorde do Almirantado do Reino Unido. Em 1964, a instituição incorporou-se ao recém-criado Ministério da Defesa. Em 1854, havia sido criada a Secretaria para o Departamento de Guerra (cujo ator central era o Exército) e, em 1919, a Secretaria de Estado do Ar. Ambos os institutos, já com os nomes de Secretaria de Guerra e Secretaria para a Força Aérea Real, também se incorporaram ao mencionado Ministério da Defesa em 1964.

Na Alemanha, houve um Ministério da Defesa durante a República de Weimar (1919-1933). Durante o regime nazista (1933-1944), ele foi substituído pelo Ministério da Guerra. Após a participação alemã na II Guerra Mundial, em 1955 foi constituído o Ministério da Defesa na então Alemanha Federal. Atualmente, após a reunificação, o Ministério da Defesa continua a existir.

Nos Estados Unidos, os processos foram mais simples. Em 1789, foi criado o Departamento da Guerra, substituído em 1947 pelo Departamento de Defesa.

Em todos os casos considerados, entre o fim da II Guerra Mundial e 1964, foram suprimidos os ministérios da Guerra e substituídos por ministérios da Defesa.

No que se refere à América Latina, a situação é intrincada e heterogênea e, portanto, difícil de sintetizar, ainda que o resultado seja semelhante ao constatado nos casos examinados há pouco. De forma tentativa, pode-se mencionar que, durante o século XIX, em vários países latino-americanos foram criadas secretarias com *status* ministerial, ou ministérios propriamente ditos, da Guerra e da Marinha (que tratavam os dois assuntos de forma conjunta). Em outros casos, as duas pastas foram separadas, como ocorreu na Argentina, no Chile, na Colômbia e no México. Nos anos 1930, a uniformidade começou a desaparecer, pois começaram a aparecer os ministérios da Defesa. Chile e Bolívia os inauguraram, respectivamente, em 1932 e 1933. Equador e Uruguai o fizeram em 1935, México em 1937, Paraguai em 1943, Venezuela em 1946 e a Argentina em 1949 (embora com uma denominação diferente à de "Ministério da Defesa"). De forma mais tardia, a Colômbia o constituiu em 1965, Peru em 1987 e o Brasil em 1999. Algumas dessas instituições foram desativadas e reativadas e outras foram, por períodos, mantidas enquanto suas funções eram reduzidas, em alguns casos, até níveis simbólicos.

Esses fatos colocam em destaque que no século XX, na América Latina desde os anos 1930 e na Europa e nos Estados Unidos após a II Guerra, houve uma tendência de substituição dos ministérios da Guerra pelos de Defesa. É provável que a opção antecipada pelos ministérios de Defesa no caso latino-americano se associe à dimensão média ou pequena dos Estados que iniciaram esse trajeto: considerando o que se vem conceituando sobre ataque e defesa, tais países tenderiam a apoiar-se na última. Os de envergadura um pouco maior (Venezuela, Argentina e, um pouco mais tarde, Colômbia) o fizeram após a II Guerra, como França e Estados Unidos (e, um pouco mais tarde, Alemanha Federal e Reino Unido). Aproximando-nos da segunda década do século XXI, é evidente que se consolidou em âmbito global a substituição dos ministérios de Guerra pelos de Defesa. Atualmente, em toda a América, nos principais países da Europa ocidental, no Japão, na Rússia, na China e na Índia existem ministérios da Defesa.

Como explicar essa mudança? É evidente que há circunstâncias e determinantes particulares que pesaram sobre as decisões tomadas em cada caso. O universo a considerar nesse plano é tão amplo que nos escapa às possibilidades nesse texto. Todavia, há considerações gerais – vigentes para todos os países, grandes, médios ou pequenos – que valem ser consideradas e que são abordadas a seguir.

A crítica à guerra, os acordos de Genebra e a posição das Nações Unidas

A crítica às duas guerras mundiais do século XX foi ganhando espaço ao longo do tempo. A magnitude da cifra de mortos, feridos, desaparecidos, deslocados etc. causada pelos dois conflitos é atemorizante. Há diversas estatísticas sobre mortos e feridos cujos números revelam o horror. As cifras mais conservadoras apontam a morte de 8 milhões de soldados e 10 milhões de civis – em ambos os casos em números aproximados – para a I Guerra Mundial. No que se refere à II Guerra Mundial, são registrados 20 milhões para a primeira categoria e 30 milhões para a segunda. Não é demais, inclusive, recordar que durante essa última se produziram os holocaustos de Hiroshima e Nagasaki. A literatura, o cinema, os ensaios, os trabalhos históricos, tornaram predominante uma visão crítica sobre os dois conflitos. Assim, passou-se da inicial narrativa literária e artística e dos trabalhos acadêmicos que favoreciam o desenvolvimento de uma épica heroica para uma percepção amarga e crítica, que se tornou dominante, daquelas guerras.

As definições presentes na Carta das Nações Unidas, redigida em 1945, somadas às provenientes das Convenções de Genebra, são um marco na transição da guerra para a defesa. O Preâmbulo da Carta é taxativo em sua condenação à guerra. Inicia-se da seguinte forma: “NÓS, OS POVOS DAS NAÇÕES

UNIDAS, RESOLVIDOS [...] a preservar as gerações vindouras do flagelo da guerra, que por duas vezes, no espaço da nossa vida, trouxe sofrimentos indizíveis à humanidade [...] [a] unir as nossas forças para manter a paz e a segurança internacionais, e a garantir, pela aceitação de princípios e a instituição dos métodos, que a força armada não será usada a não ser no interesse comum".

O texto é claríssimo em termos de princípios e intenções, o que também se reflete em artigos do tratado. O terceiro princípio enumerado no artigo 2 estabelece que "todos os membros deverão resolver suas controvérsias internacionais por meios pacíficos, de modo que não sejam ameaçadas a paz, a segurança e a justiça internacionais". O parágrafo seguinte determina que "todos os membros deverão evitar em suas relações internacionais a ameaça ou o uso da força contra a integridade territorial ou a independência política de qualquer Estado" (Nações Unidas, [s.d.]). Outros artigos não são tão consistentes. Especialmente aqueles que fazem referência à conformação do Conselho de Segurança geram assimetrias e beneficiam os países mais poderosos, sobretudo ao reservar desde o início de sua atividade assentos permanentes a cinco deles: Estados Unidos, Rússia, Reino Unido, França e China. Alguns já eram potências nucleares no momento de aprovação da Carta, outros se tornaram logo depois. Contudo, os seus comportamentos não foram coerentes com o que se comprometeram ao firmar a Carta, tal como demonstram as guerras da Coreia e do Vietnã, entre outras. Porém, isso não anula a existência de uma pressão destinada a condenar a guerra.

As Convenções Internacionais de Genebra foram, no mesmo sentido, condenatórios da guerra. Buscaram proteger as pessoas dos flagelos da guerra em situações específicas. Destinam-se a velar pela proteção de civis em tempos de guerra, assim como pelo tratamento devido aos prisioneiros de guerra, aos feridos, enfermos e náufragos pertencentes a Forças Armadas (Convênios de Genebra, 2009).

Como indicado por esse percurso histórico, a noção de guerra foi perdendo legitimidade e terreno e tornou-se bastante desacreditada. Ao mesmo tempo, por precaução e também por bom senso, os países passaram a privilegiar, a partir do final da II Guerra, o termo "defesa" em relação a "guerra" para denominar as instituições condutoras dos assuntos referentes ao bélico.

O desvio da defesa, a introdução da Doutrina de Segurança Nacional (DSN) e a promoção do Estado autoritário/terrorista na América Latina

Desde meados dos anos 1950, instalou-se o contexto de Guerra Fria no plano global. O cenário era resultante do enfrentamento entre os Estados Unidos e a então União Soviética, ambos com seus respectivos sistemas de alianças tradicionais: a Otan (criada em 1949) e o Pacto de Varsóvia (criado em 1955). Com o final da II Guerra Mundial, iniciou-se um rápido processo de polarização que colocou os antigos parceiros no conflito contra a Alemanha e seus aliados em lados opostos. O primeiro episódio da rivalidade teve lugar precisamente pela ambição de ambos em controlar o território germânico.

Em 1948, a revolução vermelha triunfou na China, o que ampliou o mundo comunista. E, em 1949, a União Soviética testou sua primeira bomba atômica, reduzindo decisivamente a brecha que a separava dos Estados Unidos em relação ao armamento nuclear. Em 1951, teve início a Guerra da Coreia, durante a qual ocorreu a polêmica entre o general Mac Arthur e o presidente Truman. O primeiro, defensor de um conceito de guerra total, era partidário de estender a contenda até a China, que apoiava as ações bélicas dos norte-coreanos. Truman possuía uma outra perspectiva. Temia que um conflito aberto e amplo com a China desembocasse em uma terceira guerra mundial. Em função disso, desenvolveu uma estratégia destinada a evitar um enfrentamento entre as grandes potências, útil e apta para ser utilizada em um contexto no qual a paz mundial podia ficar pendente por um fio. Definiu, então, os critérios de "guerra limitada" e "resposta flexível" como orientadores das ações a seguir diante das novas realidades. E destituiu Mac Arthur do cargo de comandante geral dos efetivos americanos na Ásia.

"Guerra limitada" significava que os Estados Unidos buscariam evitar as guerras totais, ou um conflito aberto com a União Soviética, e se esforçariam para circunscrever os conflitos militares a cenários específicos e limitados. Por sua vez, "resposta flexível" referia-se a um eventual uso gradual, escalonado e muito prudente do armamento nuclear, caso o seu emprego fosse inevitável (Hamon, 1969).

Em tácita correspondência à preocupação de Truman, a União Soviética inclinou-se também por uma opção que evitasse o conflito entre as potências nucleares. Esta ficou explicitamente formulada em 1955, quando o XX Congresso do Partido Comunista da União Soviética definiu como eixos programáticos centrais a "coexistência pacífica" e a "derrota econômica do imperialismo".

Dessa forma, ficou delineada a lógica que os americanos denominaram MAD – *mutual assured destruction* ou destruição mútua assegurada – com uma inteligente referência em seu acrônimo à loucura que significaria uma guerra entre potências nucleares. Esta, ao esvaziar a noção de vitória, pois os dois beligerantes poderiam manter capacidades contundentes de respostas ainda depois de um primeiro ataque nuclear, obrigou a desenvolver um equilíbrio que, com o tempo, levou à assinatura de tratados entre as duas superpotências, tanto de controle do armamento nuclear como dos correspondentes vetores portadores (mísseis).

O mundo nuclear, originado da II Guerra Mundial, com seu empate nuclear e a impossibilidade de qualquer um dos dois polos alcançar uma vitória militar, por causa da perspectiva de mútua destruição, deslocou o eixo para novas formas de enfrentamento. As duas superpotências buscaram obter vantagens por outros meios, que podem ser caracterizados como indiretos. Tudo que servia para debilitar a posição relativa de uma delas seria aproveitado pela outra. O essencial era prejudicar o rival e aumentar o poder próprio sem enfrentamento bélico direto e sem a utilização de armamento nuclear. Em outras palavras, uma lógica de Estados-potência desenvolvida em um outro contexto.

Essa redefinição global da disputa e do conflito, como não poderia deixar de acontecer, repercutiu na América Latina. A problemática da defesa associada a uma agressão militar de origem externa foi perdendo vigência, embora não tenha desaparecido por completo. A política externa dos Estados Unidos, com base na tática da cenoura e do porrete, influenciando onde possível os dirigentes políticos que eram simpáticos a suas inovações, assim como o estamento militar, buscando a aquiescência dos dirigentes e, onde não fosse possível, golpes de Estado, foi abrindo caminho para uma nova concepção regional. A questão da segurança regional, como soma das seguranças internas de cada país, tornou-se prioritária. A existência de hipóteses de conflito entre os vizinhos passou ao segundo plano e a *segurança interior* tornou-se fundamental. Essa mudança foi anunciada na X Conferência Interamericana realizada em Caracas, em março de 1954. Na ocasião, o então secretário de Estado, John Foster Dulles, logrou a aprovação de uma resolução segundo a qual "o domínio ou o controle das situações políticas de qualquer Estado americano pelo movimento comunista internacional [...] constitui uma ameaça para a soberania e independência política dos Estados americanos". De forma geral, a partir de então, foi abrindo-se o caminho para o privilégio da segurança interior e o controle da subversão interna, em detrimento da defesa nacional clássica. Controle da subversão interna significava, basicamente, domínio em cada país da "fronteira interior", ideológica; desestabilização e despejo de governos contestatórios que obstaculizassem o início de uma concepção de segurança hemisférica; e, mais à frente, combate à insurgência guerrilheira.

Com o triunfo da Revolução Cubana (1959), a mencionada concepção de Dulles se materializou. Após o fracasso da invasão à Praia Gyron (1961), da opção cubana pelo socialismo e do advento da chamada Crise dos Mísseis (ambos em 1962), todos os ingredientes do drama entraram em cena. Avançou-se na construção de um esquema continental de segurança, que implicava uma divisão do trabalho. Os Estados Unidos (e a Otan) deviam ocupar-se de manter a balança de poder com o mundo comunista, tanto no plano convencional quanto no nuclear e, além disso, estar atentos e intervir em situações de conflitos abertos em áreas periféricas, como foi o caso da Guerra do Vietnã, na qual os Estados Unidos se envolveram de forma direta em 1964. No caso específico latino-americano, do ponto de vista militar, a intervenção estadunidense era o último recurso. Esperava-se que, antes de chegar a essa instância, as Forças Armadas locais atuassem na tarefa de controlar o inimigo interior e a "subversão" que eventualmente se incubassem no interior das sociedades e dos sistemas políticos da região.

A mudança que se desenvolveu nas missões das Forças Armadas motivou uma transformação de doutrina nas instituições militares. A tradicional Doutrina de Defesa Nacional (DDN) foi relegada – embora não suprimida – e elaborou-se a Doutrina de Segurança Nacional (DSN) em sua substituição, que veio a reunir problemáticas supostamente novas e a oferecer enquadramento conceitual às novas missões. Na América Latina, esse processo teve início de forma orgânica a partir de um *corpus* doutrinário já elaborado e do trabalho sistemático de instrutores estrangeiros sobre os oficiais nos institutos de formação; na Argentina, em 1957, com a participação direta de oficiais franceses que haviam participado e elaborado as experiências na Indochina e na Argélia (López, 1987). Depreende-se, assim, que o processo inicial de mutação doutrinária, de defesa nacional à segurança nacional, teve influência francesa. Posteriormente à Revolução Cubana, a Escola das Américas, que funcionava no Panamá sob o comando dos Estados Unidos desde 1946, incorporou o trabalho prático iniciado pelos franceses. E o desenvolveu *ad nauseam*.

A DSN, com seus desenvolvimentos orgânicos e funcionais, teve amplos desdobramentos na América Latina. Propiciou a substituição da democracia por Estados autoritários ou totalitários e o compromisso das instituições militares com o abuso, a perseguição de cidadãos, o massacre sem misericórdia dos povos autóctones (como foi o caso na Guatemala), a repressão violenta, a tortura, o roubo de bebês, a desaparição de pessoas, a delação por intimidação ou coação física, entre outros comportamentos hediondos.

O incremento recorrente dessa doutrina e suas consequências refletem-se na instalação, especialmente no Cone Sul, dos regimes de terrorismo de Estado.

Sob a influência de tais acontecimentos, a antiga tríade Estado/território/defesa foi fortemente afetada. Observe-se que:

a) O território, essencial à mencionada definição weberiana de Estado, continuou a ser o espaço reclamado como seu por cada Estado, porém passou a também ser considerado no marco de uma unidade maior: o continente.
b) A defesa do território nacional propriamente dita foi minimizada ou negligenciada em benefício da "defesa" continental (ou hemisférica, como se prefere denominar nos Estados Unidos).
c) O movimento próprio da defesa mudou inclusive de substância: já não se tratava de defender um Estado da ameaça externa de outro Estado, expresso em capacidades e operações militares; ao contrário, o que se deveria "defender" era a fronteira ideológica interna, assim como evitar a "subversão"; nesse contexto, cada indivíduo dos países latino-americanos tornou-se suspeito.
d) Na maior parte dos casos latino-americanos, os propulsores de tais mudanças foram os próprios militares, seja pela via de golpes de Estado ou pela influência sobre governos civis.
e) O Estado de tradição weberiana foi desfigurado pelo uso e abuso da DSN. Por outro lado, os militares adquiriram importante margem de autonomia e a conservaram após a recuperação e/ou retorno à democracia.

A recuperação da democracia e da defesa

A recuperação da democracia na região ganhou força no final dos anos 1970, com a ascensão de Jaime Roldós como presidente do Equador em 1979, e de Fernando Belaunde Terry em 1980, no Peru. O primeiro caso de recuperação da democracia das garras do terrorismo de Estado foi na Argentina, com o triunfo de Alfonsín nas eleições gerais de 1983. Assim, seja pelo fortalecimento dos regimes democráticos em funcionamento – que de toda forma também tiveram que lidar com a autonomia militar e com a DSN – ou pela substituição de governos autoritários ou totalitários por governos civis, a recuperação da democracia passou por lidar, de uma forma ou de outra, com as questões críticas enumeradas anteriormente. O desmonte do poder discricionário e do autoritarismo imperantes nas ações estatais, a reversão da autonomização castrense e da capacidade de influência dos militares sobre diversos aspectos das decisões estatais, a busca de justiça em relação aos abusos e aberrações herdados dos regimes militares ditatoriais, foram alguns dos temas prioritários da agenda de recuperação e/ou fortalecimento da democracia. Também foi necessário impor limites à vigência da DSN nas instituições castrenses, quando não a erradicá-las, uma vez que constituíam o suporte ideológico dos regimes anteriores. A recomposição da tríade Estado/território/defesa foi uma necessidade demandada pela recuperação democrática não apenas nos países que saíam de ditaduras militares, mas também naqueles que não haviam passado por essas experiências extremas, porém haviam incorporado a DSN e propunham-se uma melhora de seus regimes democráticos. Essa recomposição não foi fácil ou veloz e, em mais de um caso, ainda não está concluída. Cabe observar que a dissolução da União Soviética favoreceu significativamente as mudanças indicadas, ao retirar de cena o principal líder do mundo comunista, o que deu lugar ao fim da bipolaridade e da Guerra Fria. Os Estados Unidos ficaram sem rival e a América Latina sem a possibilidade de que no interior de seus próprios países se ocultasse "o inimigo subversivo".

De uma forma ou de outra, a depender do caso nacional, a América Latina foi encontrando-se de volta com os Estados clássicos e com a necessidade não só de rearticular a tríade tradicional (Estado/território/defesa), mas também de atualizá-la. Retomou-se, assim, a doutrina clássica de defesa com diversos graus de *aggiornamento*. O surgimento de associações estratégicas significativas – como a formada entre Brasil e Argentina a partir de 1985, através das articulações dos então presidentes Raul Alfonsin e José Sarney –, o rápido avanço do desmonte das rivalidades existentes por razões fronteiriças, o crescimento positivo das medidas de confiança mútua que levou, mais tarde, aos conceitos de segurança cooperativa e segurança multidimensional são alguns dos fatos que marcam um caminho em direção ao desaparecimento das hipóteses de conflito entre países vizinhos em mais de um caso. Portanto, em direção à incorporação de novidades no interior da tríade clássica na América do Sul.

O exercício da defesa retornou à territorialidade propriamente dita, ainda que em regiões tão significativas como o Cone Sul as hipóteses de guerra cruzada tenham sido abandonadas. Os ministérios de Defesa cresceram e consolidaram-se e a autonomia castrense que se arrastava diminuiu – em alguns casos até desapareceu – pela via do crescimento das instituições democráticas e, de forma intimamente associada, do estabelecimento e da consolidação do controle civil (ou governo civil) sobre as instituições militares. Outra novidade significativa foi a explicitação – certamente bastante difundida regionalmente – de que o exercício da defesa se destina a conter agressões de origem externa, o que implicitamente significava a negação do exercício da ofensiva. Em outras palavras, surgia a ideia de que a capacidade bélica deve ser aplicada para repelir agressões militares e não as produzir.

Um pouco posteriormente, apareceram novas realidades que apontavam para a questão da integração regional ou sub-regional, que abriram e/ou abrem possibilidades inéditas de incidência sobre o campo da defesa – entre outras –, além de impactar a temática da territorialidade.

Há que mencionar primeiramente o Mercado Comum do Sul (Mercosul), estabelecido em 1991 por Argentina, Brasil, Paraguai e Uruguai, aos quais se agregaram posteriormente a Venezuela e a Bolívia (esta, em processo de adesão). Como seu nome indica – mercado comum –, é basicamente uma zona de livre-comércio para os Estados-membros, na qual rege um acordo aduaneiro comum para importações. Porém, contempla a possibilidade de avançar em um processo de integração sub-regional. Foi um importante marco na redefinição das relações entre Brasil e Argentina. E também um fundamento significativo da aliança estratégica estabelecida pelos dois países que proporcionou o aumento da cooperação no campo da defesa.

Ainda mais claras são as definições apresentadas pela União de Nações Sul-Americanas (Unasul), constituída em 2008. O Preâmbulo de seu Tratado Constitutivo é bastante enfático com relação à constituição de um espaço regional integrado nos aspectos político, econômico, social, cultural, ambiental, energético e em sua infraestrutura. Além disso, seu terceiro artigo estabelece como objetivos da Unasul: consolidar a América do Sul como zona de paz; constituir uma identidade sul-americana em matéria de defesa, levando em conta as características sub-regionais e nacionais, com o propósito de contribuir para o fortalecimento da unidade da América Latina e o Caribe; e gerar consensos para fortalecer a cooperação regional em matéria de defesa. A Unasul também constituiu um Conselho de Defesa Sul-Americano, do qual fazem parte um Centro de Estudos Estratégicos de Defesa e uma Escola Sul-Americana de Defesa.

Essas novas realidades vinculadas às tendências associativas geradas pelo mundo globalizado tornam a questão da defesa mais complexa. Porém não a partir da exigência de modificar um ponto de partida (ou de vista) – como ocorreu com a DSN –, mas de abri-la aos novos desafios colocados por essa tendência à associação.

Uma última iniciativa em curso não pode ser isolada: a Aliança do Pacífico, integrada por Chile, Colômbia, México e Peru, constituída em 2011. Seus documentos estabelecem, tal como a Unasul, uma vocação para a integração. A opção por um regionalismo aberto é claramente definida e, consequentemente, o bloco defende a promoção de acordos de livre-comércio e impõe, nesse sentido, a exigência de que os Estados que quiserem incorporar-se à Aliança devem firmar acordos desse tipo com todos os países que já são membros. Desde o princípio, os países fundadores cumprem com esse requisito. Por outra parte, esse acordo não coloca nenhuma delimitação geográfica. Qualquer país do mundo que satisfaça as exigências dos acordos de livre-comércio estaria em condições de se incorporar à Aliança. Essa amplitude dificulta, em princípio, que uma territorialidade aberta a tantas possibilidades possa conectar-se aos temas de defesa. Supondo-se que os quatro membros atuais constituam uma aliança defensiva, poderia ocorrer que a Indonésia, por exemplo, solicitasse sua adesão ao Tratado e fosse incorporada. Nesse caso, seria muito difícil que pudesse incorporar-se a essa associação defensiva, pois seria complicado articular os interesses defensivos dos cinco. E assim por diante. Porém há outro problema mais sério e talvez mais próximo. O México integra o Tratado de Livre-Comércio da América do Norte, com Estados Unidos e Canadá. Tanto seus laços econômicos, comerciais e financeiros com tais países como sua proximidade geográfica com eles, especialmente com os Estados Unidos, colocam-no de fato em uma posição especial, única na América Latina. Aquele país fica sob o guarda-chuva do Comando do Norte dos EUA, encarregado precisamente da defesa da América do Norte, e do escudo de proteção nuclear dessa região. Haveria sentido associar-se ou tentar desenvolver outros esquemas de defesa? Cabe perguntar o que motivaria uma opção desse tipo, e também se tal alternativa poderia ser desenvolvida.

A irrupção da demanda por participação das Forças Armadas em segurança pública

A partir da já distante declaração de *War on Drugs* (Guerra às drogas) que fez o então presidente dos Estados Unidos, Ronald Reagan, em fevereiro de 1982, ratificada em abril de 1986 por sua Diretiva de Segurança Nacional n.221, a qual definia as drogas como ameaça letal à segurança nacional, tornou-se crescente a pressão sobre as Forças Armadas latino-americanas para que se comprometessem com a problemática da segurança pública, especificamente com o combate ao narcotráfico. A partir de 1990, o Comando Sul daquele país, sob o comando do general George Joulwan até 1993, passou a transmitir a tarefa ao sul. Ao fim e ao cabo, a vinculação desse comando com os exércitos da região vinha de algum tempo: atuava desde décadas como articulador das relações entre os exércitos da região e as orientações políticas que emanavam de Washington para a América Latina. Teve especial importância no período inicial do desenvolvimento da DSN, promovendo a orientação a missões de segurança interna entre as Forças Armadas latino-americanas em geral, como se discorreu anteriormente.

A nova convocatória de Reagan, porém, relacionava-se a outro fenômeno: a luta contra as atividades das redes de narcotraficantes, que estavam em fase de expansão. Nessa oportunidade esperava-se que as instituições militares se dedicassem a enfrentar esse tipo de delinquência. Na fase de vigência da DSN, o solicitado era que os militares se voltassem para dentro de suas respectivas fronteiras estatais. Em concreto, ao inimigo interior (ideológico, guerrilheiro, estatal-contestatário); nessa primeira fase, a virada era orientada à *segurança interior*. Na mais recente, a que começa com Reagan, em contraste, os militares deviam/devem orientar-se pelo combate a uma forma específica de delito e, portanto, deviam/devem vincular-se com *a segurança pública*. Essa diferença merece ser ressaltada.

Na América Latina, é amplamente reconhecido que a perseguição de nacionais por parte de militares sob o amparo da DSN, seja sob ditaduras ou governos civis que não se privaram de recorrer aos militares, teve como resultado uma ampla violação dos direitos humanos e, em vários países da área, um grande número de desaparecidos e de assassinados fora da legalidade, para mencionar apenas alguns de seus efeitos. Nesse caso, a questão da defesa entendida em termos clássicos foi negligenciada e o exercício do controle da segurança interior foi preponderante. Houve então uma forma específica de associar defesa e segurança interior que acabou resultando em uma completa e condenável anomalia.

A demanda por participação das Forças Armadas em *segurança pública*, por sua vez, conduz a uma notória incongruência, pois convoca os militares a ocupar simultaneamente as duas tarefas: defesa e segurança (pública). Portanto, devem ser soldados e policiais ao mesmo tempo.

É conveniente apontar que o fato de que ambas as instituições (militares e policiais) usem armas não as assemelha, assim como não há semelhanças entre os policiais (que usam armas) e os delinquentes (que também as usam). As forças militares convivem com a letalidade e preparam-se fundamentalmente para um uso extremo da violência em caso de guerra. Por sua vez, as forças policiais estão designadas para outros propósitos. Sua missão é prevenir, investigar e reprimir as diversas formas de delinquência e criminalidade, nos marcos dos ornamentos jurídicos existentes. A utilização da coerção legitimamente habilitada a elas deve ocorrer com base nos critérios de gradualidade, adequação equilibrada de meios e fins, preservação da vida e da integridade física, tanto de terceiros eventualmente afetados quanto daqueles que são o objeto de seu trabalho. Devem ter, portanto, uma aproximação contida, moderada e gradual do uso da força. E, na maioria dos casos latino-americanos, devem atuar (ou ao menos deveriam) sob a direção de juízes e ou de procuradores na órbita do Poder Judicial, disposição que não se aplica aos militares.

Por outro lado, com base na lógica weberiana, esses dois tipos ideais que se acaba de descrever – forças militares e forças policiais – não ocorrem em estado puro na realidade; o que se encontra, geralmente, é uma mistura das duas opções em proporções diversas. De fato, em todos os países sul-americanos há situações que motivam a aceitação da participação de militares em segurança pública. Em geral, estão associadas ao incremento das capacidades operativas das organizações criminosas, tanto no plano dos transportes e comunicação como no relativo ao aumento de seu poder de fogo (reconhecido há tempos no caso das organizações ligadas ao narcotráfico). O trânsito de carregamentos de estupefacientes a partir de voos clandestinos, por via marítima ou fluvial, induz à utilização da Aeronáutica para o controle do espaço aéreo e da Marinha para o controle marítimo ou fluvial. O uso atualmente difundido de fuzis de assalto – e, em ocasiões, o uso de sistemas de armas mais complexos e/ou potentes – por parte dos grupos criminosos convoca, assim, a fortalecer o treinamento e armamento das forças policiais ou substituí-las por forças militares.

Assim, com base na evidência da capacidade operativa de uma criminalidade que se tornou complexa e internacional, postula-se a necessidade de abordar o problema *militarizarando as polícias* ou *policializando as forças militares*. A militarização policial ocorre através da criação de grupos especiais, treinados de forma mais intensa e dotados de maior poder de fogo e de autoproteção. Sem perder de vista os critérios de gradualidade e de adequação dos meios aos fins, coloca-se esses segmentos em condições de atuação com maior capacidade de fogo e autodefesa. Contemporaneamente, existem forças especiais em praticamente todas as polícias sul-americanas, porém com desenvolvimentos limitados.

A *policialização* das Forças Armadas, que é a opção mais seguida na região, é menos problemática do ponto de vista da Aeronáutica e Marinha. A

Aeronáutica dos vários países está preparada, há muito, para exercer controle jurisdicional sobre o espaço aéreo e, portanto, para conter e dissuadir as infrações que possam ocorrer: controlar aeronaves não identificadas que por acaso atravessem o espaço aéreo nacional (voos de linhas aéreas comerciais, aviões de fumigação que não informaram plano de voo etc.) ou voos clandestinos deliberados, como os dos aviões monomotores transportando substâncias ilícitas. Em alguns casos – o último foi o argentino –, aprovou-se legislação que autoriza o procedimento de derrubada de aeronaves que recusem pousar no aeroporto mais próximo. Trata-se de procedimento extremo e perigoso, ao qual felizmente se recorreu poucas vezes na região até o momento. A Marinha da maioria dos países, por sua vez, possui como tarefa, também há significativo tempo, o controle jurisdicional do mar ou das vias fluviais. Supostamente – não se pode assumir nada nesse terreno – está preparada para lidar tanto com pescadores marítimos intrusos ou contrabandistas fluviais, assim como com narcotraficantes que operem nos rios ou no mar. Em alguns casos, foi formalizada uma especialidade, como no Uruguai, onde existe uma Prefectura Nacional Naval, semelhante a uma guarda costeira, dependente da Marinha. Contudo, a situação não é a mesma no caso do Exército. Com exceção do período que regeu a DSN, que conduziu a um condenável exercício da segurança interior nos termos examinados anteriormente, em geral as forças terrestres não desempenharam funções relativas à segurança pública ou as exerceram apenas de forma complementar. Carecem, portanto, de experiência, de formação, de normativa, de memória institucional e inclusive de sensibilidade para enfrentar essa questão. Ainda mais considerando que se propõe, nessa ocasião, centralmente, ainda que não exclusivamente, convocá-las para combater uma forma específica de delito: o narcotráfico e as atividades associadas. E que o compromisso esperado delas é operativo e não apenas complementar ou de apoio.

Em alguns países da América do Sul, optou-se por criar forças intermediárias de segurança, autônomas em relação às Forças Armadas, similares às guardas costeiras fluviais ou marítimas, ou às gendarmarias para operações no espaço terrestre. Esse tipo de forças substitui a *policialização* das Forças Armadas nos âmbitos fluvial/naval e também terrestre e evita a duplicidade de tarefas e a coexistência de segmentos com preparação diferente na Marinha e no Exército. Exemplo disso são o Corpo de Carabineros do Chile e a Gendarmería Nacional e a Prefectura Naval, na Argentina.

Foi exposto anteriormente que a lógica militar – orientada há décadas em função da defesa – e a obtenção de segurança são completamente diferentes.

A não diferenciação entre defesa e segurança pública implica não compreender de maneira cabal que se trata de funções com objetivos diferentes e que empregam formas de ação distintas. Confundi-las tende a gerar graves confusões de sentido e perigosas consequências. Com relação à primeira afirmação, o mais frequente é não reconhecer a mencionada diferenciação entre soldados e policiais. Com relação à segunda, merecem destacar-se os amplos e graves efeitos contaminantes e corruptivos que resultaram da aplicação das Forças Armadas na "guerra contra as drogas" no México, assim como a profunda transformação de uma parcela dos *kabiles* guatemaltecos (como são denominadas as forças especiais do Exército da Guatemala) que foram incorporados como força de choque em um dos mais importantes quartéis de drogas mexicanos, para terminarem convertidos, eles próprios, em outro quartel: *Los Zetas*. Portanto, convém esclarecer que, no que se relaciona às forças terrestres, a *policialização* teve consequências muito negativas em vários casos significativos, uma vez que o compromisso tomado pelas instituições militares no combate ao narcotráfico as deixou expostas a influências deletérias.

Referências bibliográficas

CLAUSEWITZ, C. von. *De la guerra*. t.I. Buenos Aires: Círculo Militar, 1968.

CONVÊNIOS DE GENEBRA. Ed. comemor. Guatemala: Ministerio de Relaciones Exteriores de Guatemala, 2009.

DUHALDE, E. *El estado terrorista argentino*. Buenos Aires: Eudeba, 1999.

GARCÍA CANEIRO, J.; VIDARTE, F. J. *Guerra y filosofía*: concepciones de la guerra en la historia del pensamento. Valencia: Tirant lo Blanch, 2002.

GORI, U. Guerra. In: BOBBIO, N.; MATTEUCCI, N. *Diccionario de política*. t.I. México: Siglo XXI, 1981.

HAMON, L. *Estrategia contra la guerra*. Madrid: Guadarrama, 1969.

LÓPEZ, E. *Seguridad nacional y sedición militar*. Buenos Aires: Legasa, 1987.

NAÇÕES UNIDAS. *Carta das Nações Unidas*, ONU. versão digital. [s.d.] Disponível em: https://nacoesunidas.org/carta/. Acesso em: 9 maio 2018.

PERÓN, J. D. Significado de la defensa nacional desde el punto de vista militar. In: *Perón y las Fuerzas Armadas*. Buenos Aires: Peña Lillo, 1982.

PISTONE, S. Razón de Estado. In: BOBBIO, N.; MATTEUCCI N. *Diccionario de política*. t.II. México: Siglo XXI, 1982.

WEBER, Max. Economía y sociedad. Ciudad de México: Fondo de Cultura Económica, 1964. Tomo II.

DESLOCADOS INTERNOS

Flávia de Ávila
Êmille Laís de Oliveira Matos
Hermano de Oliveira Santos

Conceitos e definições

Deslocados internos são pessoas ou grupos de pessoas forçadas a se moverem dentro do território do Estado onde vivem, com o qual mantêm vínculo de nacionalidade ou não. São obrigados a deixar seu domicílio para fugir de atos ou fatos que inviabilizam sua permanência, mas não chegam a ultrapassar as fronteiras nacionais. As categorias, abarcadas entre os casos de migração forçada, enfrentam restrições significativas em sua capacidade de exercer direitos e permanecer em sua comunidade de origem em razão da presença de ameaça existencial. Portanto, são obrigados a buscar acesso a direitos ou garantia a exercício de direitos fora do seu local de procedência.

Caso o deslocamento forçoso ocorra dentro de um mesmo território nacional, está-se diante de deslocados internos; de um território nacional para outro, a figura jurídica correspondente normalmente é a de refugiado e/ou asilado. São empenhados esforços no sentido de lhes atribuir proteções legais ou por ser categoria assemelhada aos refugiados ou por se constituir em uma categoria própria. Para Slim (2015, p.18), ao contrário do que estipulam os estudos das teorias críticas de Relações Internacionais, o objetivo de se explicitar as categorias de proteções legais específicas não é criar uma hierarquia de vítimas, mas conhecer as diferentes vulnerabilidades e necessidades das pessoas em conflitos armados e desastres naturais.

Entre os migrantes forçados estão catalogados os refugiados e/ou asilados, exilados e deslocados. Também podem ser incluídas as vítimas de tráfico de pessoas. Desse modo, para a caracterização dos deslocados internos é necessário que o deslocamento seja forçoso e não voluntário.

A preocupação internacional a respeito dos deslocados internos cresceu ao longo das últimas décadas entre os atores humanitários, que trabalharam na determinação de conceitos e definições, bem como na condução dos trabalhos operacionais. Contudo, a ação desses organismos é passível de críticas. O pressuposto da soberania estatal é o que determina as ações e limita as atuações de organismos internacionais, principalmente em razão da influência realista nessa temática. Em razão da soberania, cabe aos Estados a responsabilidade precípua de proteger e assistir pessoas que se encontrem na situação de deslocados internos. Para o direito internacional, esse paradoxo pode ser expresso pela antinomia entre a liberdade de ir e vir, por um lado, que é considerada como parte da autodeterminação pessoal, e o direito e o dever do Estado de controlar no âmbito do seu território os grandes deslocamentos populacionais (Cavarzere, 2001, p.11).

Apesar de não ser tão evidente quanto o movimento dos refugiados, que envolve o cruzamento de fronteiras por indivíduos ou grupos de indivíduos, a dinâmica dos deslocados internos os coloca diretamente como assunto de política global. É possível se verificar essa premissa pela expansão do conceito de refugiados ocorrida a partir dos anos 1960, ampliado para incorporar pessoas em situações diversas que precisassem de proteção e assistência não abarcadas pelo determinado na Convenção dos Refugiados de 1951. Desde os anos 1970, os estudos de direito internacional que tangenciavam o assunto dos deslocados internos se dirigiam especialmente aos aspectos arbitrários do deslocamento forçado, tais como expulsão em massa ou transferência de populações. Dentre as iniciativas existentes, os trabalhos capitaneados pelo Banco Mundial eram focados quase exclusivamente no reassentamento de pessoas em razão de projetos de desenvolvimento, como a construção de barragens ou o desbravamento de terras para a agricultura intensiva. No âmbito da Organização Internacional do Trabalho, as discussões exploravam o direito das populações indígenas, que continuamente eram deslocadas de suas terras por diversos interesses. Mas tais esforços eram localizados, dependendo da especialidade de cada organismo internacional (Morel; Stavropoulou; Durieux, 2012), não configurando regime internacional próprio ou um tema de governança global.

A preocupação internacional com os deslocados internos como categoria determinada só se tornou evidente a partir dos anos 1990, quando esforços foram empreendidos para definir a identificação e a proteção desses indivíduos ou grupos de pessoas. Essa expansão ocorreu principalmente no âmbito regional, em razão dos movimentos migratórios ocorridos na África nos anos 1960 e na América Central nos anos 1980. Situações que se equiparassem à de refugiados, como a dos deslocamentos internos, foram responsáveis pelo aumento das atribuições do Alto Comissariado das Nações Unidas para Refugiados (Acnur) principalmente a partir dos anos 1990.

Situações e classificações

Após o *tsunami* ocorrido no Oceano Índico em 2004, há cada vez mais o emprego de recursos e estratégias para se entender as necessidades de pessoas deslocadas por causa de desastres naturais e da mudança no clima. Kälin (2010, p.84-6) identifica maneiras pelas quais esses fenômenos têm o potencial de causar direta ou indiretamente o deslocamento e a migração de populações humanas. Dentre elas, as mudanças climáticas e a degradação ambiental. Segundo o Escritório das Nações Unidas para a Redução do Risco de Desastres (2016), os fenômenos naturais extremos, associados às mudanças climáticas e a fatores de risco para desastres, foram a principal causa dos deslocamentos internos em 2015. Nesse mesmo ano, cerca de 19,2 milhões de pessoas se deslocaram em virtude desses fenômenos naturais e, desse número, 70% são de deslocados internos.

Outra causa que merece destaque como atuante para deslocamentos internos são os conflitos civis. Apesar de os deslocados internos serem parte da população civil de seu país, mantendo os mesmos direitos que os demais cidadãos, a situação de extrema vulnerabilidade e suas necessidades especiais os diferencia (Oliveira, 2003, p.75). Costumam ser duplamente vulneráveis: tanto pelo deslocamento e pela condição de desenraizados, quanto por normalmente não possuírem direitos específicos reconhecidos e garantidos formalmente, por estarem entre a ordem protetiva nacional, no tocante aos direitos de cidadania (civis, políticos e sociais), e internacional, em relação aos direitos humanos.

Vários diplomas constitucionais possuem dispositivos específicos para os deslocados, internalizando essas preocupações no âmbito dos direitos fundamentais dos Estados, como são os casos da Constituição da República Árabe do Egito, de 2014, que proíbe toda forma de migração forçada em seu art. 63, o da Constituição do Iraque de 2005, que estabelece em seu art. 44 que nenhum iraquiano deve ser exilado, deslocado ou privado de voltar à sua terra natal, e o da Constituição da República do Equador, de 2008. Esta determina, por intermédio do art. 42, que todo deslocado deve ter o direito de receber proteção e ajuda humanitária emergenciais das autoridades, sendo-lhes assegurado o acesso a comida, abrigo, moradia, medicamentos e serviços médicos. No mesmo artigo ainda se reconhece que crianças, adolescentes, mulheres grávidas e mães com filhos e filhas menores de idade, bem como pessoas com deficiências, devem receber assistência humanitária preferencial e especializada. Também estipula que todas as pessoas e grupos deslocados devem ter o direito de voltar ao seu local de origem voluntariamente, com segurança e dignidade. Todavia, a previsão constitucional para tais situações, apesar de ser significativa, pode não trazer efetiva garantia à segurança humana de indivíduos e grupos que se encontrem deslocados ou sob ameaça e que precisem fugir de sua moradia. No caso do Iraque, por exemplo, a crise que ocorreu na região entre 2006 e 2008 foi responsável pelo deslocamento de 2,8 milhões de pessoas, segundo dados obtidos pelo Internal Displacement Monitoring Centre (IDMC), em 2010. Em 2016, entretanto, o relatório *Global Trends* do Acnur mostrou aumento considerável do número de deslocados internos iraquianos, que chegou a 4,4 milhões de pessoas em 2015, o que sinaliza crise sem precedentes em relação à segurança humana.

No Brasil, certas situações exemplificam o deslocamento forçoso de pessoas ou grupos de pessoas de sua localidade de origem para outras. Uma delas, por alegadas razões econômicas, decorre da construção de grandes usinas hidrelétricas em faixas de terra que são inundadas, implicando a submersão de cidades inteiras e compelindo seus moradores a se deslocar, provocando o desenraizamento de suas referências (Souza, 2011). Uma segunda, por vezes resultado de mal disfarçadas razões culturais, decorre das chamadas "revitalizações" de centros históricos, a exemplo do que ocorreu no Centro Histórico de Salvador na década de 1990, em que moradores que lhe conferiam identidade cultural foram deslocados para a periferia da cidade e no lugar onde viviam restaram apenas bens culturais materiais para serem apreciados como atrações turísticas. Outra ainda, por questionáveis razões políticas, decorre da construção de estádios de futebol, de arenas esportivas e de equipamentos urbanos a eles associados em razão dos megaeventos ocorridos no Brasil, como o Pan-Americano do Rio em 2007, Copa das Confederações em 2013, Copa do Mundo em 2014 e Olimpíadas do Rio em 2016 (Fernandes, 2014).

Os regimes internacionais de proteção

No que diz respeito ao direito humanitário, este possui dispositivos que garantem a proteção de deslocados internos em conflitos armados. A proibição de ataques à população civil e seus bens engloba o impedimento do deslocamento forçado, especificada no art. 49 da IV Convenção de Genebra de 1949, que outorga proteção aos civis, e no art. 17 de seu Segundo Protocolo Adicional, de 1977, sobre conflitos não internacionais. Em relação ao direito penal internacional, no Estatuto de Roma, de 1998, está previsto como crime de guerra, de acordo com o art. 8º, parágrafo 2º, alínea e, inciso VIII, ordenar o deslocamento da população civil por razões relacionadas ao conflito, a não ser que a segurança dos civis envolvidos esteja em risco ou razões militares imperativas se façam presentes.

No âmbito do direito das organizações internacionais, a ONU adotou os Princípios Orientadores Relativos aos Deslocados Internos, da Organização das Nações Unidas, que lista trinta princípios para nortear o modo como devem ser tratados os deslocados internos, ressaltando a observância e a não violação dos direitos dessas pessoas. Orchard (2015, p.301-2) enfatiza que, quando os deslocados passaram a ser estudados para fins de regulamentação internacional, dois grupos se opuseram a fornecer-lhes direitos próprios. Um grupo de países considerou essa exigência uma interferência de Estados mais poderosos em assuntos dos demais. Defensores do direito dos refugiados, por sua vez, temiam que a proteção aos deslocados internos inviabilizasse o refúgio aos que dele necessitassem por, de certa forma, tirarem dos Estados a responsabilidade sobre sua acolhida.

Conforme destaca Orchard (2010), a vulnerabilidade dos deslocados internos é extrema, pois o Estado pode ser incapaz de fornecer proteção ou, em determinadas situações, deslocar deliberadamente sua população. A falta de proteção estatal significa que os deslocados frequentemente se encontram em conjunturas mais precárias do que os refugiados e outras vítimas civis de conflitos, privados de seus direitos e acesso a alimentos e abrigo. Devido à urgência em se fornecer forma alternativa de proteção jurídica no âmbito internacional, Francis Deng introduziu o conjunto de princípios orientadores em 1998. Estes se constituem em guia descritivo, sem caráter normativo, ou seja, *soft law*. Desse modo, não confere estatuto jurídico de direitos específicos como no caso dos refugiados (ONU, 2010, p.8). Visam garantir os direitos de igualdade e liberdade aos deslocados internos no âmbito do direito internacional e também doméstico, com a finalidade de que a essas pessoas sejam afiançados, pelas autoridades competentes, os direitos humanos internacionais e a proteção humanitária. Ademais, esses princípios devem ser aplicados de maneira igualitária, sem qualquer tipo de discriminação, seja ela de cor, raça, religião, origem nacional, gênero, condição social, preferência política, entre outros.

Os trinta princípios são divididos em cinco seções. A primeira seção trata dos princípios gerais ligados às concepções de liberdade, igualdade e não discriminação acima descritas. A segunda seção, por conseguinte, trata da proteção da deslocação e estabelece que autoridades locais e internacionais devem prevenir e impedir que pessoas sejam conduzidas ao deslocamento de maneira arbitrária. Todas as alternativas e recursos antes disponíveis devem ter sido esgotados. Caso isto não seja possível, devem ser tomadas medidas que minimizem danos, principalmente quando se tratar de grupos ainda mais vulneráveis, como crianças, mulheres e idosos. A terceira seção dispõe acerca da proteção durante a deslocação, resguardando todos os direitos humanos fundamentais dos deslocados, entre eles vida, liberdade, educação e segurança. A quarta ocupa-se dos princípios que se referem à assistência humanitária, que deverá ser prestada pelas autoridades nacionais em conformidade com os princípios da humanidade e da imparcialidade. A quinta trata do regresso, reinstalação e reintegração daqueles que se deslocaram internamente. A orientação é que as autoridades competentes forneçam meios facilitadores de reintegração dos deslocados com a participação dessas pessoas na tomada de decisões para reinstalação e reintegração, sem qualquer tipo de discriminação (ONU, 2010). Apesar do caráter não vinculativo, os princípios foram amplamente reconhecidos no seio das Nações Unidas. Em nível nacional, 25 Estados introduziram leis ou políticas sobre deslocamento interno nos últimos vinte anos. Dessas leis e políticas, dezessete citam explicitamente os princípios orientadores, e sete adotam sua definição de deslocamento interno (Orchard, 2014).

Contudo, Betts (2009, p.56) aponta os desafios existentes na proteção internacional dos deslocados internos por princípios que, apesar de afirmarem a responsabilidade precípua do Estado em assegurar a proteção de seus cidadãos, significam uma quebra da soberania. Para Castles (2003) e Duffield (2001), o contexto da criação dos princípios seria derivada da preocupação dos países do Norte em relação ao controle migracional dos países do Sul, a fim de conter as hordas de pessoas em direção às suas fronteiras. Nesse sentido, o regime internacional dos deslocados internos reafirmaria a soberania, mas em termos seletivos. Krasner (1999), por sua vez, sugere que a maleabilidade de como a soberania é tratada indica que sua violabilidade serve a interesses dos Estados mais poderosos, que, historicamente, atuam em áreas que consideram estratégicas, o que inclui a contenção de deslocamentos de pessoas. Essa abordagem, baseada na escola inglesa, evidencia a tensão entre ordem e justiça. E o sistema normativo se baseia em tal tensão para que um tipo particular de ordem global seja desenvolvida e legitimada (Betts, 2009, p.57).

É importante salientar que os Princípios Orientadores Relativos aos Deslocados Internos influenciaram diretamente o direito regional africano. O Protocolo de 2006 sobre Proteção e Assistência a Pessoas Internamente Deslocadas, adotado pelos onze Estados-membros da Conferência Internacional sobre a Região dos Grandes Lagos, obriga esses Estados a aceitar os princípios e incorporá-los no direito interno. A Convenção da União Africana para a Proteção e Assistência das Pessoas Internamente Deslocadas na África (Convenção de Kampala), que entrou em vigor internacionalmente em 2012, reproduz deliberadamente a estrutura normativa introduzida pelos princípios orientadores. Este é o primeiro tratado internacional para proteção e assistência de pessoas deslocadas internamente e impõe aos Estados signatários a obrigação de proteger e assistir os que foram forçados a se deslocar em virtude de desastres naturais e ações que dependem da ação humana, como conflitos armados e projetos de desenvolvimento. Os desafios relacionados à convenção dizem respeito não só ao cumprimento de suas obrigações pelos Estados, mas também sua observância por grupos não estatais.

A mesma resolução que mudou o sistema humanitário da ONU também aumentou as competências do Acnur para tratar da temática. Assim, Orchard (2015, p.304-5) identifica os dilemas enfrentados pela agência para conciliar sua atuação com deslocados internos e seu trabalho com refugiados. A situação na Bósnia refletiu essa situação problemática. No conflito, o Acnur promoveu assistência humanitária não só a refugiados, mas também a deslocados internos e a outros civis bósnios, o que significou o emprego de mais de 40% de seu orçamento. Em 1993, em razão dessa crise de deslocados na antiga Iugoslávia, a alta comissária das Nações Unidas para Refugiados, Sadako Ogata, proferiu discurso na Comissão de Direitos Humanos da ONU mencionando o "direito de permanecer" como parte integrante dos direitos humanos. Assim, no entender de Ogata (1993), a concessão de refúgio não seria substituto adequado aos que quisessem permanecer em seu país de origem e receberem apoio dos governos de seus próprios Estados, o que causa impacto nas discussões sobre deslocados internos. Assim, a generosidade dos Estados não substituiria a perda de sua terra pátria ou aliviaria a dor do exílio. Orchard (2015, p.303-4), contudo, aponta os problemas da ideia de "direito de permanecer", o que inclui a impossibilidade de escolha daquele que procura refúgio e as ambiguidades conceituais que essa noção poderia produzir. O conceito de refúgio serviria mais aos interesses dos Estados receptores do que aos dos refugiados. E, apesar das tentativas de se combinar assistência e proteção de pessoas que se encontrem em estado de vulnerabilidade, como os deslocados internos, seguidamente a assistência é priorizada em relação à proteção. Em vez de se alegar descumprimento de direitos humanos e vir a sofrer retaliações no campo por grupos que impediriam o fornecimento de comida ou de mantimentos, prefere-se adotar formas de ação que viabilizem o trabalho emergencial. Assim, para Orchard (2015, p.304), a atuação do Acnur teria sido politizada, desviando-se do propósito original para abarcar tarefas mais especializadas em relação aos refugiados.

No âmbito do desenvolvimento teórico sobre deslocados internos, as contribuições de Deng (1993), primeiramente, e depois de Cohen e Deng (1998) foram determinantes para a adoção de um modelo colaborativo de ação de atores internacionais diante do problema. Dentre esses atores, se destaca a organização não governamental Conselho Norueguês para Refugiados, que atua com projetos direcionados à classificação e ao monitoramento desses indivíduos desde 1998. Naquele mesmo ano, a pedido da Comissão de Direitos Humanos da ONU, os lapsos teórico-normativos sobre a temática foram estudados, o que resultou nos Princípios Orientadores Relativos aos Deslocados Internos (Guiding Principles on Internal Displacement), reafirmados no World Summit de 2005. Tais princípios, apesar de não serem vinculantes aos Estados, se tornaram base para o desenvolvimento de padrões em nível nacional ou regional, notadamente na União Africana, apesar de a responsabilidade em relação a pessoas que se encontrem na situação de deslocados internos ser primariamente do Estado. Críticas ao modelo colaborativo de inter-relação entre os atores internacionais seguido no âmbito da ONU desde 1999, principalmente após os trabalhos de Deng (1993) e da adoção dos Princípios Orientadores, foram endereçadas por Orchard (2015, p.306), que afirma ser a atuação da organização internacional dependente mais de personalidades ou convicções pessoais dos que atuam no campo do que de visões institucionais ou agenda sistematizada. As respostas da ONU têm, de maneira geral, fracassado sistematicamente.

No âmbito do Conselho de Segurança da ONU, por exemplo, Weerasinghe e Ferris (2011, p.5-6) apuraram que desde 1999, quando a primeira resolução a tratar da proteção de civis em conflitos foi adotada, até 2010, pelo menos 142 das 747 resoluções faziam referência ao deslocamento forçado, e apenas uma a cada cinco mencionava o deslocamento interno. Destas, mais de cem continham de maneira implícita aspecto ligado a soluções duradouras para a situação de deslocamento interno: retorno, integração local e reassentamento em outro lugar, mas a maior parte delas se referia ao retorno. Grandes incoerências foram produzidas de acordo com o que se considerava ser deslocação para situações específicas nas resoluções do Conselho de Segurança. Para Weerasinghe e Ferris (2011, p.6), a atuação inconsistente do Conselho de Segurança acerca do sofrimento humano causado pelo deslocamento de pessoas é perda de valiosa oportunidade de enfrentamento de problema que causa grande instabilidade internacional.

Teorias e análises

Segundo Vainer (2001), duas são as teorias que explicam os fenômenos migratórios do ponto de vista sociológico. Uma liberal, pela qual o deslocamento é voluntário, para procurar melhores condições de vida, mormente por razões econômicas. Outra, estrutural, para a qual o fator predominante para o deslocamento de pessoas seria a violência, que se manifesta tanto física quanto psiquicamente, inclusive em função de pressões econômicas. No caso dos deslocamentos forçosos, a violência, seja física ou psíquica, ou a ameaça de sua ocorrência está indelevelmente presente como elemento essencial de sua conceituação, pois pessoas ou grupos de pessoas são compelidos a migrar porque faltam ou lhes são retirados meios de sobrevivência, ou ainda porque sua permanência envolve riscos à sua incolumidade física e/ou psíquica.

A análise neomarxista de Márques Covarrúbias (2012) considera migração forçada, conforme foi conceituada pelos organismos internacionais, a mobilidade humana ocasionada por anomalias ou conflitos alheios à dinâmica da acumulação de capital. Este é o caso de conflitos políticos, étnicos, religiosos ou comunitários, assim como a violência gerada por guerras, guerrilhas e narcotráfico, e a necessidade de deslocamento por catástrofes naturais, ciclones, *tsunamis*, inundações, secas etc.

Um aspecto que conecta ações humanitárias e os deslocados internos são os campos que abrigam os que fogem de seus locais de origem, existentes desde a década de 1970. Tais campos, estudados por teorias como a biopolítica, se constituiriam em solução transitória e de emergência. Contudo, à medida que as práticas internacionais para refúgio e deslocamento interno se direcionaram para um sistema de exclusão, os campos tornaram-se progressivamente securitizados. O estado de emergência permanente no âmbito da soberania fez que as agências internacionais atuassem no gerenciamento do caos, o que resulta no aumento e na perenidade dos campos de deslocados forçados como regime de exceção que se torna a regra no âmbito dos Estados (Duffield, 2015, p.29).

Referências bibliográficas

AGÊNCIA DAS NAÇÕES UNIDAS PARA OS REFUGIADOS. *Global Trends 2015*. Genebra: Acnur, 2016.

BANCO MUNDIAL. *Resettlement and Development*: The Bankwide Review of Projects Involving Involuntary Resettlement 1986-1993. Washington: Banco Mundial, 1994.

BETTS, A. *Forced Migration and Global Politics*. Oxford: Wiley-Blackwell, 2009.

_____; LOESCHER, G. Refugees in International Relations. In: _____; _____ (Eds.). *Refugees in International Relations*. Oxford: Oxford University Press, 2009. p.1-28.

BUZAN, B. et al. *Security*. A New Framework for Analysis. Boulder: Lynne Reinner, 1998.

CASTLES, S. The International Politics of Forced Migration. *Development*, v.46, p.11-20, 2003.

CAVARZERE, T. T. *Direito Internacional da Pessoa Humana*: a circulação internacional de pessoas. 2.ed. Rio de Janeiro: Renovar, 2001.

COHEN, R.; DENG, F. M. *Masses in Flight*: The Global Crisis of Internal Displacement. Washington: Brookings Institution, 1998.

COVARRÚBIAS, M. *Diccionario crítico de migración y desarrollo*. México, DF: Universidad Autónoma de Zacatecas, 2012.

DENG, F. *Comprehensive Study on the Human Rights Issues Related to Internally Displaced Persons*. Geneva: United Nations, 1993.

DUFFIELD, M. *Global Governance and the New Wars*: The merging of development and security. London: Zed Books, 2001.

_____. From Protection to Disaster Resilience. In: MAC GINTY, R.; PETERSON, J. H. (Eds.). *The Routledge Companion to Humanitarian Action*. London: Routledge, 2015. p.26-37.

ESCRITÓRIO DAS NAÇÕES UNIDAS PARA A REDUÇÃO DO RISCO DE DESASTRES (UNISDR). *Disasters Are Fuelling Displacement and Migration*. 2016. Disponível em: https://www.unisdr.org/archive/50313. Acesso em: 28 out. 2016.

FERNANDES, K. M. *Deslocados internos e direito à moradia no contexto dos megaeventos esportivos no Brasil*: direitos humanos relativizados pela colonialidade do poder. São Leopoldo, RS, 2014. Dissertação (Mestrado de Direito) – Unisinos. Disponível em: http://www.repositorio.jesuita.org.br/bitstream/handle/UNISINOS/4134/05.pdf?sequence=1&isAllowed=y. Acesso em: 19 jul. 2016.

INTERNAL DISPLACEMENT MONITORING CENTRE (IDMC). *Iraq*: Little New Displacement but Around 2.8 Million Iraqis Remain Internally Displaced – A Profile of the Internal Displacement Situation. 4 mar. 2010. Geneva: Norwegian Refugee Council. Disponível em: http://www.internal-displacement.org/assets/library/Middle-East/Iraq/pdf/Iraq-March-2010.pdf. Acesso em: 28 out. 2016.

KÄLIN, W. Conceptualising Climate-Induced Displacement. In: McADAM, J. (Ed.). *Climate Change and Displacement*: Multidisciplinary Perspectives. New York: Oxford University Press, 2010. p.81-104.

KRASNER, S. D. *Sovereignty*: Organized Hypocrisy. Princeton: Princeton University Press, 1999.

KRAUSE, K.; WILLIAMS, M. C. (Eds.). *Critical Security Studies*: Concepts and Cases. London: Routledge, 1997.

MOREL, M.; STAVROPOULOU, M.; DURIEUX, J. F. The History and Status of the Right not To Be Displaced. *Forced Migration Review*, n. 41, p.5-6, dez. 2012.

MORGENTHAU, H. *Politics Among Nations*: The Struggle for Power and Peace. New York: Alfred A. Knopf, 1948.

MORRIS, N. Refugees: Facing Crisis in the 1990s – A Personal View from within UNHCR. *International Journal of Refugee Law*, n.2, p.492-9, 1990.

OGATA, S. *Statement to the Forty-Ninth Session of the Commission on Human Rights*. Geneva: United Nations, 1993.

OLIVEIRA, E. C. *A proteção jurídica internacional dos deslocados internos*. Brasília: Instituto Rio Branco, 2003. Disponível em: http://www.corteidh.or.cr/tablas/r26330.pdf. Acesso em:17 jul. 2016.

ORCHARD, P. The Perils of Humanitarianism: Refugee and IDP Protection in Situations of Regime-Induced Displacement. *Refugee Survey Quarterly*, n.29, p.38-60, 2010.

______. Implementing a Global Internally Displaced Persons Protection Regime. In: BETTS, A.; ORCHARD, P. (Eds.). *Implementation in World Politics*: How Norms Change Practice. Oxford: Oxford University Press, 2014. p.105-23.

______. Refugees and Internally Displaced Persons. In: MAC GINTY, R.; PETERSON, J. H. (Eds.). *The Routledge Companion to Humanitarian Action*. London: Routledge, 2015. p.298-311.

ORGANIZAÇÃO DAS NAÇÕES UNIDAS (ONU). Alto Comissariado das Nações Unidas para os Refugiados. Comissão de Direitos Humanos. Report of the Representative of the Secretary-General, Francis Deng, submitted pursuant to Resolution 1997/39 (The Guiding Principles on Internal Displacement), doc. E/CN.4/1998/53/Add.2. *Direito Internacional dos Refugiados*: programa de ensino.

1998. Disponível em: http://www.justica.gov.br/central-de-conteudo/estrangeiros/2011direitorefugiados_ensino.pdf. Acesso em: 19 jul. 2016.

_____. Alto Comissariado das Nações Unidas para os Refugiados. Grupo de Trabalho do Grupo Setorial Global de Proteção. *Manual para la protección de los desplazados internos*. 2010. Disponível em: http://www.refworld.org/cgi-bin/texis/vtx/rwmain/opendocpdf.pdf?reldoc=y&docid=515419462. Acesso em: 18 jul. 2016.

_____. Alto Comissariado das Nações Unidas para os Refugiados. *Global Trends*: Forced Displacement in 2015. 2016. Disponível em: http://www.unhcr.org/576408cd7. Acesso em: 19 jul. 2016.

PHUONG, C. *The International Protection of Internally Displaced Persons*. Cambridge: Cambridge University Press, 2004.

RIDDERBOS, K. The Kampala Convention and Obligations of Armed Groups Katinka. *Forced Migration Review*, n.37, p.36-7, 2011.

SCHOFIELD, H. Humanitarian Impact of Climate Change. In: MAC GINTY, R.; PETERSON, J. H. (Eds.). *The Routledge Companion to Humanitarian Action*. London: Routledge, 2015. p.360-72.

SLIM, H. Globalizing the Ethics or Humanitarian Action. In: MAC GINTY, R.; PETERSON, J. H. (Eds.). *The Routledge Companion to Humanitarian Action*. London: Routledge, 2015. p.13-25.

SOUZA, J. C. de. *Os deslocados internos por empreendimentos hidroelétricos no Brasil*: uma análise dos aspectos psicossociais, econômicos e legais. Santos, 2011. Dissertação (Mestrado de Direito) – Universidade Católica de Santos. Disponível em: http://biblioteca.unisantos.br:8181/bitstream/tede/76/1/carlos%20jose%20da%20cunha.pdf. Acesso em: 20 jul. 2016.

UNITED NATIONS OFFICE FOR THE COORDINATION OF HUMANITARIAN AFFAIRS (Unocha). *No Refuge*: The Challenge of Internal Displacement. Geneva: United Nations, 2003.

VAINER, C. B. Deslocados, reassentados, clandestinos, exilados, refugiados, indocumentados... as novas categorias de uma sociologia dos deslocamentos compulsórios e das restrições migratórias. In: CASTRO, M. G. (Coord.). *Migrações internacionais*: contribuições para políticas. Brasília: CNPD, 2001.

WÆVER, O. Societal Security: The Concept. In: _____ et al. *Identity, Migration and the New Security Agenda in Europe*. New York: St. Martin's Press, 1993. p.17-40.

WEERASINGHE, S.; FERRIS, E. *Security Council, Internal Displacement and Protection*: Recommendations for Strengthening Action through Resolutions. London: The Brookings Institution, 2011.

WHEELER, N. J. *Saving Strangers*: Humanitarian Intervention in International Society. Oxford: Oxford University Press, 2000.

DILEMA DE SEGURANÇA

Nilton César Fernandes Cardoso

Uma das bases da teoria neorrealista é a ideia de que, para sobreviver, os Estados devem maximizar seu poder devido à incerteza e às pressões de um sistema internacional anárquico. Ao buscarem maior segurança para si, através do aumento de poder militar e de poder latente, entendido como riqueza e tamanho da população, os Estados geram uma sensação de insegurança em outros Estados, que repetem o mesmo processo também em busca de maior segurança, o que frequentemente resulta em uma corrida armamentista (Booth; Wheeler, 2008; Herz, 1950; Schweller, 1996). Essa situação de soma zero é conhecida como dilema de segurança.

Embora a ideia de dilema de segurança já apareça na *História da Guerra de Peloponeso*, de Tucídides, foi somente na década de 1950, com o trabalho seminal de John Herz, *Idealist Internationalism and the Security Dilemma*, que o conceito apareceu pela primeira vez na literatura de segurança internacional e das Relações Internacionais. A ideia central defendida por Herz (1950) é a concepção estrutural, segundo a qual os Estados dependem somente de si para garantir a sua segurança e sobrevivência (o que o autor denomina um ambiente de autoajuda). Para Herz, a incerteza e a ansiedade em relação à ação dos outros é um fator relevante para o estabelecimento do dilema. Nesse sentido, o dilema de segurança resulta em uma condição permanente de tensão e conflitos de poder entre os Estados.

No final da década de 1970, com a publicação do trabalho de Robert Jervis (1978), *Cooperation under the Security Dilema*, teve início um esforço importante para aprimorar o conceito, transferindo o foco da pesquisa para os elementos não intencionais e para a interdependência das relações de segurança (Glaser, 1997). Nos anos 2000, Ken Booth e Nick J. Wheeler (2007), em sua obra *The Security Dilemma: Fear, Cooperation and Trust in World Politics*, chamou a atenção para o significado ontológico do dilema de segurança, o qual, segundo os autores, chega ao cerne da teoria e prática da política internacional.

As diferentes variantes da teoria neorrealista têm sua própria interpretação do dilema de segurança. Para os realistas defensivos, o sistema internacional não é sempre um ambiente propício à expansão de poder, pois, quanto mais poderoso um Estado se torna, maior a chance de balanceamento por seus competidores. Taliaferro (2000) aponta que modificadores estruturais, como balanço ataque-defesa, proximidade geográfica, pressões econômicas internacionais e acesso a matérias-primas, também influenciam o dilema entre determinados Estados. Dessa forma, é possível, ocasionalmente, mitigar o dilema, especialmente porque há desincentivos para o expansionismo, tais como uma eventual vantagem da defesa sobre o ataque, o alto custo da confrontação e o risco de derrota. Do mesmo modo, Robert Jervis (1978) argumenta que, mesmo contendo riscos, a cooperação é possível justamente devido à imprevisibilidade do dilema de segurança. O medo de escalada militar seria um facilitador da barganha diplomática entre os Estados.

Buscando explicar o dilema de haver cooperação em um sistema internacional anárquico, de unidades autointeressadas, Jervis (1978) utiliza a teoria dos jogos para demonstrar como o dilema de segurança pode ser mitigado. Para o autor, os cálculos subjetivos, feitos pelos tomadores de decisão, sobre os custos e benefícios da cooperação podem ser manipulados e, para favorecer a cooperação, o melhor cenário é aquele em que os custos de ser explorado e possíveis ganhos em explorar o outro Estado são relativamente baixos, e os benefícios da cooperação e os custos de uma guerra são altos (Jervis, 1978; Glaser, 1997). Considerando um mundo em que as armas nucleares estão presentes, Jervis (1978) demonstra que o dilema de segurança ocorre em virtude da incapacidade de distinção entre o que seriam armas para fins defensivos e armas para fins ofensivos. Para o autor, no entanto, mesmo em um ambiente onde impera o dilema de segurança é possível obter cooperação entre os Estados (Jervis, 1978; Glaser, 1997).

Para os realistas ofensivos, por outro lado, há sempre incentivos para um Estado adquirir o máximo de poder possível e, sob certas circunstâncias, buscar a hegemonia. O argumento principal encontrado em John J. Mearsheimer (2001) é que os Estados extremamente poderosos têm maior chance de sobrevivência. Mearsheimer apoia-se na afirmativa de que os Estados que iniciam guerras são, em geral, os que saem vitoriosos com mais frequência. O autor não concorda, por exemplo, que o balanceamento sempre ocorrerá ou será efetivo contra um Estado poderoso. Na sua opinião, os comportamentos de *bandwagoning* (balanceamento) e *buck-passing* (transferência de custos) são bastante recorrentes quando países defrontam-se com adversários muito mais poderosos. Nesses parâmetros, o dilema de segurança nunca será superado por causa da incerteza sobre as intenções alheias.

Referências bibliográficas

BOOTH, K.; WHEELER, N. J. *The Security Dilemma*: Fear, Cooperation and Trust in World Politics. New York: Palgrave Macmillan, 2008.

GLASER, C. L. The Security Dilemma Revisited. *World Politics*, v.50, n.1, p.171-201, 1997.

HERZ, J. Idealist Internationalism and the Security Dilemma. *World Politics*, n.2, p.157-80, 1950.

JERVIS, R. Cooperation under the Security Dilemma. *World Politics*, v.30, n.2, p.167-214, 1978.

MEARSHEIMER, J. J. *The Tragedy of Great Power Politics*. New York: Norton, 2001.

TALIAFERRO, J. Security Seeking under Anarchy: Defensive Realism Revisited. *International Security*, v.25, n.3, p.128-61, 2000.

SCHWELLER, R. Neo-Realisms Status Quo Bias: What Security Dilemma? *Security Studies*, v.5 n.3, 1996.

DIPLOMACIA

Érica Cristina Alexandre Winand
Jorge Matheus Oliveira Rodrigues

Wight (1985) define a diplomacia como "o sistema e a arte de comunicação dos Estados". Analogamente a Bull (2002), que concebe a diplomacia como amortecedora de atritos e construtora da imagem do Estado, Aron (2002) atribui a ela a habilidade de defender os interesses nacionais sem causar colisões. Cético quanto ao alcance da paz mundial, Morgenthau (2003) defendeu, durante o ápice da Guerra Fria, que seria possível e necessário que fossem geradas precondições para a paz ou que se estabelecesse uma "paz por acomodações", processo, todavia, dependente do instrumento diplomático, elemento, portanto, de consolidação do poder nacional e da estabilidade internacional, ao mesmo tempo. Bull (2002) assinala três sentidos do termo "diplomacia": um de abrangência mais ampla diria respeito à gestão das relações entre Estados; o segundo, orientado pelo *Oxford Dictionary*, se relaciona à condução da gestão das relações internacionais por diplomatas profissionais; o terceiro se refere ao método particularmente sutil e perspicaz, ou ainda, "diplomático" inerente àqueles profissionais, aplicado no relacionamento com outro Estado, definição, porém, questionada por Bull: "os diplomatas podem não ser inteligentes e não ter tato, e nem por isso deixam de ser diplomatas". Kissinger utiliza o termo "diplomacia" para definir uma linha ou perfil gerais de projeção externa do Estado em determinados contextos. Seu famoso livro *Diplomacy* (1994) discute estratégias e linhas de ação de diferentes governos dos Estados Unidos para com diferentes partes do mundo, antes e depois da Guerra Fria. A exemplo disso, Kissinger afirma: "Quando o pensamento americano de política externa e as tradições europeias de diplomacia se encontraram na Conferência de Paris de 1919, as diferenças entre suas experiências históricas se tornaram drasticamente evidentes". De acordo com o autor, os *peacemakers* americanos acreditavam que a Grande Guerra era resultado dos conflitos intratáveis originados por falhas europeias e que, por exemplo, para Woodrow Wilson, a Europa não deveria orientar suas ações nas dinâmicas de balança de poder, mas considerar a autodeterminação étnica; e, por fim, não deveria depender apenas de uma aliança militar, mas se ancorar em um sistema de segurança coletiva; sua diplomacia não deveria ser conduzida secretamente, mas ser marcada por negociações abertas. Ou seja, o que Kissinger denomina diplomacia europeia parece envolver um espectro de atividades que inclui aspectos estratégicos e táticos que perfilam uma linha de atuação geral do Estado para com sua política internacional. Daí depreende-se a existência de uma miríade de vias interpretativas à Diplomacia. Uma delas corresponde à visão sistêmica, que entende por Diplomacia a Política Internacional em si. Há ainda quem compreenda a Diplomacia como sendo, na verdade, um instrumento de Política Internacional. Além disso, existem definições que tomarão por princípio a Diplomacia como instituição, em detrimento da Diplomacia como atividade.

A diplomacia como instituição das relações internacionais

Merle (1981) afirma que a diplomacia é dotada de capacidade para representar a vontade do Estado, detendo o poder exclusivo de iniciativa, uma vez que pertença ao Poder Executivo, o qual, de acordo com Seintenfus (2004), por delegação da Presidência ou do chefe de Estado, detém personalidade jurídica para declarar guerra e paz, e assinar atos internacionais. Para Watson (2004), como instituição, a diplomacia decorre do Estado moderno, mais especificamente, da Paz de Westfália, que pôs, em definitivo, sob regência central do Estado, o monopólio legítimo da violência e o direito exclusivo de se relacionar com outras unidades políticas, originando um sistema internacional de soberanos que teriam, ademais, exclusividade no estabelecimento de embaixadas. Segundo Nigro Jr. (2006), entretanto, Maquiavel já vislumbrara na Renascença italiana as origens das premissas das modernas relações internacionais e da moderna diplomacia. Os fundamentos da soberania já se encontravam discutidos em *O príncipe*, assim como o entendimento de que o relacionamento entre soberanos era fundamental para a prosperidade do Estado. Se em *O príncipe* Maquiavel advertia quanto à necessidade de o Estado contar com corpo diplomático profissional, em *A arte da guerra*, o florentino aconselhava quanto ao imperativo de consolidação de forças armadas profissionais e permanentes. Maquiavel reconhecia, ademais, que a diplomacia conquistaria a representatividade do Estado no sistema anárquico e a legitimidade para o uso da força, sob o imperativo da *razão de Estado* (Nigro Jr., 2006, p.195). Dali, portanto, emanaria a inspiração para a criação de instituições permanentes para a diplomacia e para a defesa que deveriam garantir o desenvolvimento e a segurança da Itália. Callières (2001) e Holsti (2004) associam a diplomacia clássica ao protótipo de sua atual configuração, além de constatarem que as demandas pelo desenvolvimento da diplomacia fixam bases no temor dos prejuízos a serem gerados pela falha das negociações internacionais, o que levou os monarcas a reservarem à atividade um caráter nobre, além de passarem a planejá-la normativa e burocraticamente, tendo como principal inspiração o sistema de guerra. Embora Rangel (1988) considere que desde o Império Bizantino seja possível encontrar organizações governamentais voltadas ao trato diplomático, conforme Birridge (2002), a organização diplomática, tal como hoje a concebemos, teve início na França quando, em 1626, o cardeal Richelieu criou o primeiro Ministério das Relações Exteriores, centralizando em uma única instituição a execução e coordenação das atividades diplomáticas (Birridge, 2002). Os ministérios das Relações Exteriores – e seus congêneres – se fortaleceram como demandas advindas dos conflitos que marcam a transição do sistema de equilíbrio europeu à *pax americana*. Assim como o sistema de equilíbrio europeu contextualizou a atribuição de maior regularidade e organização à atividade diplomática, o esfacelamento daquele sistema e a necessidade decorrente de reconstrução da ordem internacional também ocasionaram maior rigidez institucional à mesma, tratando-se, portanto, de dois marcos históricos de fulcral importância ao desenvolvimento institucional da diplomacia.

Sem embargo, não passa sem questionamentos a premissa de que a atividade diplomática deva ser centralizada por uma única instituição. Atividades diplomáticas desenvolvidas por entidades subnacionais ou não centrais são denominadas, de modo genérico, de *paradiplomacia*. Admitindo a existência de controvérsias acerca do surgimento do conceito, Aprigio (2017) sugere que seus criadores tenham sido os teóricos Ivo Duchacek (1984) e Soldatos (1990), utilizando-se, porém, do termo "microdiplomacia" (Duchacek, 1984). A ação daquele novo nível de ação diplomática ganhou relevância na literatura acadêmica de matriz liberal, defensora do enfraquecimento do Estado-nação e do fortalecimento dos novos atores das Relações Internacionais no pós-Guerra Fria. Também angariou espaço nos debates acerca da cooperação descentralizada em uma sociedade internacional globalizada e interdependente, e, ademais, encontra-se presente nas discussões sobre governança global e redefinição da ordem mundial, não a partir da geopolítica de Estados, mas de cidades (Aprigio, 2017).

Atividades normalmente relacionadas à *paradiplomacia* dizem respeito a: captação de recursos e obtenção de financiamentos, cooperação técnica, promoção comercial e econômica, participação na resolução de conflitos – atividade comumente realizada por entidades subnacionais de países desenvolvidos –, *city marketing* ou criação da "marca cidade" com o objetivo de internacionalizar o governo subnacional em questão, entre outras (Salomón, 2011). Abundantes são os exemplos de atividades *paradiplomáticas*, o que aponta para a crescente institucionalização da atividade, com "regras mais ou menos reconhecidas e instituições mais ou menos consolidadas" (Salomón, 2011).

O Pacto Global de Cidades das Nações Unidas (PPGC), por exemplo, incentiva o protagonismo de cidades em temas globais de desenvolvimento e sustentabilidade, uma vez que ele torna o debate menos refém dos egoísmos estatais, além de favorecer a construção do consenso. A rede Mercocidades e o estabelecimento de cidades-irmãs agregam-se enquanto exemplos de atividades *paradiplomáticas*.

Por um lado, como pondera Seitenfus (2004), a negociação subnacional dota a ação internacional de maior legitimidade, uma vez que se relaciona à busca por consenso político, o qual é, geralmente, dificultado pelas ações altamente centralizadas e não menos raro aos Estados que comportem múltiplas identidades e interesses, como exemplificado por Lecours (2008) a partir dos casos do Quebec, de Flandes, da Catalunha e do País Basco. Por outro lado, imprescindível é atentar à possibilidade de a federalização da política externa ou a transferência de poderes a atores municipais ou estaduais tornar o processo de tomada de decisões mais "pesado e complexo". No mesmo sentido da avaliação anterior, o autor denuncia o equívoco subjacente ao termo *paradiplomacia*, por sugerir atividades paralelas ou concorrentes à central, motivo pelo qual defende o uso de *diplomacia infraestatal*, delimitando que esta evoque uma "complementaridade funcional" em relação à diplomacia central, blindando-a, de tal modo, contra inconsistências e fraturas. Contudo, é necessário ponderar que situações de conflitos étnicos e outras que envolvam relações entre atores não estatais, ou entre atores estatais, podem se beneficiar da *paradiplomacia*, enquanto instrumento de consenso quanto às matérias solucionadas posteriormente entre Estados.

Ainda quanto à centralidade da ação diplomática, destaca-se que mesmo no âmbito do Poder Executivo, como aponta Birridge (2002), uma grande variedade de ministérios e demais agências estatais, em virtude das crescentes facilidades oferecidas pelos avanços tecnológicos, passaram a estabelecer contato direto com seus pares institucionais externos (ministérios ou agências da mesma pasta) buscando afirmar seus objetivos – tornando-se, em parte, concorrentes às funções dos ministérios das Relações Exteriores, como apontado pelo autor. Assim, é factível afirmar que, na atualidade, tais instituições agem primordialmente na coordenação das ações de política externa, em direto contato com os diversos organismos estatais possivelmente interessados na condução de determinado tópico (Hocking, 1999 apud Birridge, 2002), não sendo, entretanto, negligenciáveis as funções tradicionais dos ministérios das Relações Exteriores, a exemplo da coordenação do corpo diplomático nacional alocado no estrangeiro ou, ainda, de ocupar-se das relações com os corpos diplomáticos alocados em território nacional (Birridge, 2002).

O Itamaraty

No que diz respeito ao caso brasileiro, o primeiro corpo diplomático do país surge já no período imperial (Moura, 2007 apud Winand, 2016). Por sua vez, o fortalecimento da estrutura ministerial do país – comumente conhecida por Itamaraty – tem sua origem "na própria história da formação do Estado nacional", sendo que "já nas primeiras décadas do século XX" a instituição gozava "de uma estrutura racional e burocratizada no sentido weberiano" (Mello, 2000 apud Oliveira, 2005). Fruto de tal estrutura organizacional, o Itamaraty frequentemente se faz monolítico na condução da política externa brasileira, com alto grau de controle e autonomia, sendo, por isso, dotado de características que o assemelham às instituições militares (Winand, 2016; Mello, 2000 apud Oliveira, 2005). Para Mello, "com padrões regulares de carreira, controle sobre o recrutamento, o sistema de treinamento e a avaliação profissional, o Itamaraty viabilizou a manutenção de um alto grau de coesão corporativa e um *esprit de corps* bem desenvolvido entre seus membros" (Mello, 2000 apud Oliveira, 2005). Moura, por sua vez, ao tratar das dinâmicas de socialização existentes no Itamaraty, afirma que "não é a instituição que é total, mas o tipo de adesão que ela requer de seus membros, que implica a incorporação de um *ethos* que pode ser estendido para todas as áreas da vida do indivíduo que passa a se identificar publicamente como um 'diplomata' brasileiro" (Moura, 2007 apud Winand, 2016). Ao caso brasileiro, a confusão entre política externa e diplomacia é baseada na distorção funcional ocasionada pela autonomia que a instituição adquiriu para a execução de suas atribuições (Mello, 2000 apud Oliveira, 2005), o que, por sua vez, deve ser entendido como um caso muito particular.

Atividade diplomática, sua natureza e seus atores

É salutar que se ressalve que, ao se diferenciar diplomacia como atividade, discutindo sua natureza, ou como instituição, há distintas ponderações e demarcações cronológicas a serem postas em tela. De acordo com Ostellino (2004), o termo "diplomacia" teria sido utilizado pela primeira vez em 1796 por Edmund Burke, que o relacionou à atividade de comunicação externa de unidades políticas, o que diverge de Rangel (1988), segundo o qual diplomacia era o "corpo ou coleção de papéis governamentais originais", tendo aparecido no vocabulário inglês por volta de 1645, sendo reiterado sob congênere concepção em 1693 e 1726, com a publicação do *Codex Júris Gentíum Diplomatícus* e do *Corps Universel Diplomatique du Droit des Gens*, respectivamente. O fato é que o termo "diplomacia" deriva do grego *diplôum* (diploma) que significava "a folha enrolada usada antigamente para leis e editais públicos, e que passou a ser, depois, sinônimo de licença e privilégio concedidos às pessoas". Assim, entende-se que a prática diplomática abarcava naquele contexto tanto a parte de preparação, arquivo e memória dos documentos que seriam utilizados pelos nobres mensageiros – chamados diplomatas, porque portadores dos diplomas – como a prática de representação do soberano no estrangeiro, bastante antiga. Tucídides, em *História da Guerra do Peloponeso*, indicou que os gregos, no século V a.C. já faziam uso de relações diplomáticas, encarregando como mensageiros indivíduos de caráter inviolável e de grande habilidade oratória. Rangel ilustra os aspectos político e negocial, além de institucional, que já caracterizavam as práticas diplomáticas ancestrais ao mencionar o tratado de paz assinado por Ramsés II, em 1280 a.C, "pelo qual se assegurava ao Egito e aos hititas, uma aliança defensiva e ofensiva e mesmo a extradição dos refugiados políticos" (Rangel, 1988). Nigro Jr. (2006) acrescenta que remontaria a 2300 a.C. um tratado de paz entre o rei de Ebla – atual Síria – e o rei da Assíria, conforme narrado pelo livro bíblico do Gênesis, o que nos faz aceitar a afirmação de que a diplomacia "é tão antiga quanto os próprios povos" (Redslob, 1923 apud Rangel, 1988). Para além da comunicação com o estrangeiro, a atividade diplomática também abarcava a intenção de moldar a memória histórica da nação a ser introjetada – construindo, portanto, uma identidade nacional – por meio do cuidado com o teor e o conteúdo dos documentos, bem como do registro, da classificação e do arquivo deles. Assim, a cuidadosa preparação dos diplomas não guardava apenas os objetivos de conduzir mensagens alhures, mas buscava registrar os fatos históricos – como a instituição de tratados de paz e alianças, ou o fim de hostilidades, a partir da memória nacional que se pretendia forjar (Ostellino, 2004). Ao passo que a história atribuía à diplomacia cada vez mais rígida sistematização normativa, burocrática e profissional, foi se definindo mais nitidamente a natureza da atividade, a qual se refere hoje ao método particular de regulamentação, manutenção e condução através de negociações (ibid.). Assim, "a arte ou o ofício diplomáticos" estão relacionados menos ao conteúdo que ao procedimento, uma vez que a "política exterior agrega os interesses, os valores e as pretendidas regras", ou seja, aprovisiona o conteúdo da diplomacia "desde uma perspectiva interna, quer seja nacional, regional, quer seja universal" (Cervo, 2008). Em outras palavras, diplomacia não é sinônimo de política exterior, mas constitui um de seus principais instrumentos. A diferença básica reside no fato de a diplomacia ser responsável por executar no âmbito de sua burocracia especializada as ações decididas pelas mais altas esferas estatais, as quais, por sua vez, definem uma política exterior. Por isso, Duroselle (2000) classifica os diplomatas como agentes táticos, em detrimento dos governantes e seus representantes diretos, considerados por ele agentes estratégicos. Ao defender que a diplomacia é apenas uma parte da política exterior, McGlinghey (2017) contrasta que "a interação de um Estado com outro é considerada um ato de política exterior". Tal ato, por sua vez, toma lugar, tipicamente, na interação via pessoal diplomático, sem cuja interação as ações estatais ficam limitadas, ou seja, trata-se de atividade central às relações internacionais do Estado. Todavia, ação diplomática isolada não pode representar a totalidade da política exterior pelo fato de esta espelhar os interesses nacionais, que são constituídos por uma extensa rede de fatores. Por outro lado, Aron (2002) defende que o objetivo último de toda sociedade é a paz – ou a supressão das rivalidades entre os Estados –, e que se pode alcançar a paz por três meios, ou pela combinação deles: pelo equilíbrio de poder, pela hegemonia ou pelo império. As três modalidades, todavia, ocorrem pela imposição das capacidades de um Estado a outro (ou de um grupo de Estados a outro), não excluindo, portanto, a violência em seu sentido mais amplo. Daí deriva a dialética da guerra e da paz proposta pelo autor e a consequente ideia de que diplomacia e estratégia devem se complementar. Assim, o todo da política externa é constituído por seu flanco armado, ou seja, a defesa, que também é composta e gerida por instituições e atores estratégicos – ou decisores – e táticos – ou executores. Enfim, a diplomacia não resume as atividades de política externa, mas é uma das faces essenciais da moeda. Morgenthau (2003) tampouco restringe a política externa à diplomacia, já que afirma que o não cumprimento das tarefas da última pode "prejudicar o êxito" da primeira. Todavia, quando fala das funções diplomáticas, o faz em amplo sentido, afirmando que elas abarcam todo o escopo da política externa. Resumidamente, seriam elas: "determinar seus objetivos à luz do poder disponível", "avaliar os objetivos das outras nações" e o poder disponível para o alcance destes, avaliar a compatibilidade entre os diferentes objetivos internacionais, e "empregar os meios apropriados para a concretização dos seus objetivos". Contudo, diferentemente de Duroselle, Morgenthau considera os diplomatas, de modo geral, como agentes táticos e estratégicos simultaneamente, ao afirmar que "sobre os ombros dos diplomatas recai o ônus de desempenhar pelo menos uma das quatro tarefas" sintetizadas. A mesma sobreposição aparece em Bull (2002), quando afirma que a diplomacia "inclui tanto a formulação como a execução da política externa de um Estado". A despeito dessas discordâncias, a "essência da diplomacia nunca desapareceu", como afirmam Cooper, Heine e Ramesh (2013). De acordo com os autores, ainda que admitidas as complexidades do século XXI, a diplomacia continua enfatizada, para além da intrínseca utilização de meios pacíficos, pela ação interestatal. Algumas apropriações do termo "diplomacia" são usadas academicamente, a exemplo da *diplomacia presidencial*, que ocorreria quando o presidente se encarrega não apenas da formulação, mas da execução diplomática da política externa, acumulando funções estratégicas e táticas simultaneamente. Ou simplesmente executa o que é formulado pela cúpula diplomática. Se o diplomata encarna a "Pátria" quando representa seu país no exterior, levando com ele a imagem da nação, a presença do presidente da República significaria a própria pátria manifesta. Danese (1999) apresenta diferentes possibilidades de interpretação da expressão "diplomacia presidencial", assim como fornece exemplos de diferentes modalidades de ocorrência da prática diplomática presidencial, classificando-a sob tipologias e eixos de construção distintos que não serão trabalhados aqui.

Diplomacia de defesa e diplomacia militar

Ao expor sua conceituação de política externa, Raymond Aron (2002) aponta para a centralidade de dois atores específicos na condução dessa atividade estatal, a saber, o diplomata e o soldado. Seriam os responsáveis por excelência da política externa, tendo por incumbência fazer valer os interesses nacionais no cenário internacional. Tal conceituação, em última análise, baliza a condução da política externa em dois campos que, não raro, sofrem de uma separação superficial: a diplomacia e a defesa. Nas palavras de García-Saúco (2016), "poucas atividades humanas no âmbito exterior têm estado tão intrinsecamente vinculadas e entrelaçadas, no nível conceitual e em termos operativos, quanto a diplomacia e a defesa". Entretanto, não é incomum a compreensão de que tais atividades representam não uma sinergia – voltada à consecução dos objetivos da política externa –, mas campos completamente distintos da política – o que é representado, ao menos no caso brasileiro, pela incongruente relação entre o Itamaraty e as Forças Armadas (Winand, 2016). Ainda conforme García-Saúco (2016), "a correlação existente entre o diplomata e o soldado, em sua forma mais generalizada, não foi sempre ou necessariamente compreendida desde uma perspectiva integradora". Em parte, o estranhamento existente entre as duas esferas deve-se ao fato de que os militares são tradicionalmente associados ao uso da força na consecução dos objetivos nacionais, enquanto a diplomacia esteve pautada pelo uso do diálogo e da negociação (Muthanna, 2011). Não bastassem os apontamentos teóricos desenvolvidos, conformam-se conceito e prática de diplomacia de defesa enquanto prova da existente – e, insistimos, necessária – integração entre as duas áreas estruturantes da política externa. Justamente por amalgamar duas áreas consideradas dicotômicas, o conceito de diplomacia de defesa permanece ainda obscuro, sem uma definição consensual (Silva, 2015). É comum que, além de diplomacia de defesa, utilize-se também o conceito de diplomacia militar para designar práticas mais ou menos similares e que, como mencionado, implicam a instrumentalização da defesa em atividades normalmente atreladas à diplomacia. Silva (2015) aconselha que as expressões não sejam utilizadas indistintamente. Ainda que ao final da Guerra Fria tornara-se usual a utilização da expressão "diplomacia de defesa", em detrimento de "diplomacia militar", não apenas se pode afirmar que a última não desapareceu da literatura, como os dois espectros de atividades continuarão coexistindo. Muthanna (2011) defende que a utilização aleatória das expressões não porta um problema em si. Porém, como esclarece Silva, é importante considerarmos a amplitude que o conceito de diplomacia de defesa assume. Enquanto por diplomacia militar entende-se o uso das forças militares em atividades internacionais dialógicas e cooperativas, a diplomacia de defesa envolve todo o aparato relativo à estrutura organizacional da defesa, aí incluído o Ministério da Defesa e seu corpo de funcionários civis (Silva, 2015). Assim, a diplomacia de defesa não se resume a questões técnico-militares ou específicas das Forças Armadas, tratando também de temas político-estratégicos. Tendo em vista, porém, que os militares não são os agentes, por excelência, da diplomacia, caberia questionar se a expressão "diplomacia militar" é adequada para denominar atividades particulares às Forças Armadas, independentes e, muitas vezes, alheias aos organismos diplomáticos. Assim, é importante se destacar que aquelas atividades não são diplomáticas em sua "natureza", mas tão somente em seu "efeito". Intercâmbios de alunos militares, reuniões bilaterais militares e exercícios conjuntos são exemplos de atividades desenvolvidas pela diplomacia militar, sendo caracterizadas pelo efeito de apaziguamento das desconfianças entre os agentes bilaterais e as entidades políticas. Um exemplo clássico de como atividades como aquelas geraram entendimento mútuo entre os atores militares do Brasil e da Argentina, em meio a um histórico de contrastes e rivalidades, dá-se pelo fato de esses países registrarem movimentos militares entre suas forças navais (Operações Fraterno, Araex, Atlasul), terrestres (Operações Cruzeiro do Sul, Laço Forte, Duende e Saci) e aéreas (Operações Prata, Cruzex) desde a década de 1970, conforme elenca Moraes (2010) antes de firmarem importantes arranjos institucionais. Devido ao alto grau de autonomia das operações arroladas em relação às agências estatais centrais, Moraes defende que se trata de "relações transgovernamentais", conceito criado por Keohane e Nye (1974) para designar relações entre órgãos equivalentes, não submetidas ao controle das respectivas chancelarias. Entretanto, o caso em tela mostra que ditas relações transgovernamentais podem evoluir para outras de caráter intergovernamental.

É provável que a relação entre os militares do Brasil e da Argentina tenha sofrido importante distensão e adquirido significativa confiança mútua ao longo daquele histórico de operações conjuntas que se intensificou na década de 1990 e nos anos 2000. E que posteriormente influenciaram indiretamente as ações diplomáticas, uma vez que os militares também são agentes, ainda que táticos, da política externa. Assim, as relações evoluíram para os chamados mecanismos 2 + 2, os quais já abrangiam mais do que aspectos técnicos, ou seja, envolviam elementos de concertação política, a exemplo do Mecanismo de Itaipava (Winand, 2016). Talvez se vislumbre naquele caso uma tentativa de aproximação, ainda que não de modo pleno, entre defesa e diplomacia, ou quiçá um ensaio de diplomacia de defesa, uma vez que o conceito diz respeito à consecução dos objetivos de política externa, fomentando um ambiente livre de conflitos na medida em que engaja os envolvidos em dinâmicas cooperativas e de construção de confiança mútua, reforçando, por conseguinte, as relações interestatais (Silva, 2015; Muthanna, 2011; García-Saúco, 2015). Os instrumentos de tal prática são variados, incluindo, mas não se restringindo, à cooperação internacional em matéria de defesa (Silva, 2015). Dentre tais atividades, podem-se citar: diálogo entre representantes ministeriais e membros das Forças Armadas – bilateral ou multilateralmente; participação de militares de um país em cursos de formação de um país amigo; assinatura de tratados e acordos voltados à defesa; treinamento para participação conjunta em missões de paz; treinamento e operações conjuntas; concertação para padronização de documentos que visem a uma maior transparência, por exemplo, dos gastos militares – a exemplo dos Livros Brancos de Defesa; desenvolvimento conjunto de material bélico etc. (Silva, 2015; Muthanna, 2011; Saint-Pierre; Palacios Jr., 2014). Estados Unidos, Reino Unido e França possuem presença ativa no cenário mundial no tocante à prática da diplomacia de defesa, podendo ser considerados líderes na área (Muthanna, 2011). Uma das explicações para o registro de um mais destacado histórico de atuação da diplomacia militar em detrimento da diplomacia de defesa no Brasil se encontra no fato de que o Brasil só passou a contar com Ministério da Defesa em 1999, o que fez que os militares fossem os interlocutores da defesa em diferentes cúpulas e conferências até então, como nas Conferências de Ministros de Defesa das Américas, que tiveram início em 1995. Por outro lado, isso nos convida a relativizar a definição de diplomacia de defesa, já que naquele caso toda a estrutura de defesa se confundia com as instituições militares e seus agentes. Por fim, deve se ponderar que, independentemente de se tratar de ações de diplomacia militar ou diplomacia de defesa e também independentemente do resultado apaziguador daquelas ações, é a ação convergente das burocracias militar e diplomática, sob efetivo controle político e democrático, que deve dar por integrada a política externa como uma política pública.

Diplomacia multilateral

Morgenthau (2003) aborda o método diplomático parlamentar como característico do período posterior à I Guerra Mundial, quando políticos e estadistas se afastam do método tradicional e passam a se relacionar no âmbito de parlamentos internacionais, a exemplo da Liga das Nações. Entretanto, o método parlamentar passou a ser mais efetivo depois da criação das Nações Unidas, quando foi possível submeter qualquer matéria à votação na Assembleia Geral, sob a regra de dois terços que se define, segundo o autor, não pela decisão de um problema que divide os membros, mas "pelo alinhamento de uma maioria de dois terços necessária para vencer o outro lado". O mesmo método que põe nações em diálogo e votações por decisões em política internacional é chamado por Bull (2002) de diplomacia multilateral, que, segundo ele, "pode assumir a forma de conferências de mais de dois Estados, ou de conferências permanentes, ou seja, organizações internacionais", embora ressalte que "em boa parte a importância das conferências e organizações internacionais reside não na diplomacia multilateral mas nas oportunidades abertas para a diplomacia bilateral", ou seja, aquela que ocorre entre duas unidades políticas e que tem como objetivo alcançar os interesses nacionais e a busca por estabilidade. O concerto entre soberanos no âmbito do Conselho de Segurança da ONU seria um exemplo de exercício da diplomacia multilateral, conforme chamada por Bull. Todavia, para John Ruggie (1993), o sentido de multilateral não se resume às instituições internacionais. Segundo aquele autor, três ou mais Estados coordenados entre si, em princípios generalizados de conduta como modo de organizar soluções de convívio, caracterizam o multilateralismo, o que não apenas prescinde as organizações internacionais, como já fora constatado no sistema internacional antes da criação dessas organizações. Fonseca Jr. (2014) observa que ações multilaterais na área de segurança tendem a ser menos efetivas porque não envolvem reciprocidade, nem no sentido de demandas imediatas, nem no sentido de ganhos concretos. Também porque, segundo o autor, o sistema internacional contemporâneo é caracterizado por uma dispersão de interesses estratégicos que gera "ambiguidades na ação multilateral". Em tese se coopera pela paz, mas o compromisso com a paz muitas vezes é mais interessante pelos ganhos estratégicos, o que faz da diplomacia multilateral mais um instrumento de legitimação da diplomacia tradicional.

Referências bibliográficas

APRIGIO, A. *Paradiplomacia e interdependência*: as cidades como atores internacionais. Brasil: Gramma, 2017.

ARON, R. *Paz e guerra entre as nações*. Trad. Sérgio Bath. 1.ed. Brasília; São Paulo: Editora UnB; Ipri; Imprensa Oficial do Estado, 2002.

BEAUFRE, A. *Introdução à estratégia*. Rio de Janeiro: Biblioteca do Exército, 1998.

BIRRIDGE, G. R. *Diplomacy*: Theory and Practice. 2.ed. New York: Palgrave, 2002.

BULL, Hedley. *A sociedade anárquica*. Um estudo da ordem na política internacional. Tradução de Sérgio Bath. São Paulo: Imprensa Oficial do Estado; Brasília: IPRI, 2002.

CALLIÈRES, F. de. *Como negociar com príncipes*: os princípios clássicos da diplomacia e da negociação. Rio de Janeiro: Campus, 2001.

CERVO, A. L. *Inserção internacional*: formação dos conceitos brasileiros. São Paulo: Saraiva, 2008.

CLAUSEWITZ, C. von. *Da guerra*. 3.ed. 2.tir. São Paulo: WMF Martins Fontes, 2014.

COOPER, A.; HEINE, J.; RAMESH, T. *The Oxford Handbook of Modern Diplomacy*. Oxford: Oxford University Press, 2013.

DANESE, S. *Diplomacia presidencial*. Rio de Janeiro: Top Books, 1999.

DUCHACEK, I. The International Dimensions of Subnational Self-Government. *The Journal of Federalism*, v.14, n.4, p.5-31, jan. 1984.

DUROSELLE, J. B. *Todo império perecerá*: teoria das Relações Internacionais. Trad. Ane Lize Spaltemberg. Brasília; São Paulo: Editora UnB; Imprensa Oficial do Estado, 2000.

FONSECA JR., G. *Apontamentos para o estudo da diplomacia multilateral do Brasil*: momentos fundadores e temas políticos nas Nações Unidas. Porto Alegre, 2014. Tese (Doutorado) – Universidade Federal do Rio Grande do Sul.

GARCÍA-SAÚCO, A. N. La defensa en la acción exterior del Estado. Trad. nossa. In: CESEDEN. *Diplomacia de defensa*: la defensa en la acción exterior del Estado. Documento de Trabajo 01/2016. Plan Anual de Investigación 2015. Madrid: Instituto Español de Estudios Estratégicos, 2016.

HOLSTI, K. J. *Taming the Sovereigns*: Institutional Change in International Politics. Cambridge: Cambridge University Press, 2004.

KEOHANE, R.; NYE, J. Transgovernmental Relations and International Organizations. *World Politics*, v.27, n.1, p.39-62, out. 1974.

KISSINGER, H. *Diplomacy*. New York: Simon & Shuster, 1994.

LECOURS, A. *Political Issues of Paradiplomacy*: Lessons from the Developed World. Discussion Papers. The Hague: Netherlands Institute of International Relations "Clingedael", 2008.

MCGLINGHEY, S. Diplomacy. In: ______ (Ed.). *International Relations*. Bristol: E-International Relations Foundation, 2017.

MERLE, M. *Sociologia das relações internacionais*. Trad. Ivonne Jean. Brasília: Editora UnB, 1981.

MORAES, R. F. de. *A cooperação Brasil-Argentina na área militar*: da autonomia das Forças Armadas às relações estratégicas (1978-2009). Porto Alegre, 2010. Dissertação (Mestrado) – Universidade Federal do Rio Grande do Sul.

MORGENTHAU, H. *A política entre as nações*. Brasília; São Paulo: Editora UnB, Ipri; Imprensa Oficial, 2003.

MUTHANNA, K. Military Diplomacy. *Journal of Defence Studies*, v.5, n.1, 2011.

NIGRO JR., L. J. Theory and Pratice of Modern Diplomacy: Origins and Development to 1914. In: BARTHOLOMEES, B. J. (Ed.). *US Army War College Guide to National Security Policy and Strategy*. 2.ed. Carlisle, PA: [s.n.], 2006.

OLIVEIRA, H. A. de. *Política externa brasileira*. São Paulo: Saraiva, 2005.

OSTELLINO, P. Diplomacia. In: BOBBIO, N.; MATEUCCI, N.; PASQUINO, G. *Dicionário de política*. Brasília; São Paulo: Editora UnB; Imprensa Oficial do Estado, 2004. p.348-9.

RANGEL, V. M. A Embaixada Permanente e as origens da diplomacia. *Revista da Faculdade de Direito*, USP, v.83, p.87-95, 1988. Disponível em: <http://www.revistas.usp.br/rfdusp/article/viewFile/67114/69724>.

RUGGIE, John G. *Multilateralism Matters*. New York: Columbia University Press, 1993.

SAINT-PIERRE, H. L.; PALACIOS JR., A. M. As medidas de confiança no Conselho de Defesa Sul-Americano: análise dos gastos em defesa (2009-2012). *Revista Brasileira de Política Internacional*, v.57, n.11, 2014.

SALOMÓN, M. A dimensão subnacional da política externa brasileira: determinantes, conteúdos e perspectivas. In: PINHEIRO, L.; MILANI, C. (Orgs.). *Política externa brasileira*: as práticas da política e a política das práticas. Rio de Janeiro: FGV, 2011.

SEITENFUS, R. *Relações Internacionais*. São Paulo: Manole, 2004.

SILVA, A. R. de A. A diplomacia de defesa na política internacional. *Revista da Escola de Guerra Naval*, Rio de Janeiro, v.21, n.2, 2015.

SOLDATOS, P. An Explanatory Framework for the Study of Federated States as Foreign-Policy Actors. In: MICHELMANN, H.; SOLDATOS, P. (Eds.). *Federalism and International Relations*: The Role of Subnational Units. Oxford: Clarendon, 1990.

WATSON, A. *A evolução da sociedade internacional*: uma análise histórica comparativa. Brasília: Editora UnB, 2004.

WIGHT, Martin. *A política do poder*. Tradução de Carlos Sérgio Duarte. Brasília: UNB, 1985.

WINAND, E. C. A. *Diplomacia e defesa na gestão Fernando Henrique Cardoso (1995-2002)*: história e conjuntura na análise das relações com a Argentina. São Paulo: Editora Unesp, 2016.

DISSUASÃO

Anselmo Otavio
Gustavo Henrique Feddersen

Dissuasão pode ser considerada como um meio de convencimento quando um elemento busca induzir ou moldar o comportamento de outros como forma de garantir que determinadas escolhas não sejam efetivadas. Nos âmbitos das Relações Internacionais e dos Estudos Estratégicos, diversos autores buscaram analisar esse conceito, expondo que tal convencimento caminha ao lado da subjetividade, de elementos psicológicos, da coerção e da cooperação entre os atores envolvidos. Um primeiro exemplo pode ser encontrado em Bernard Brodie, no livro *Strategy in the Missile Age*, de 1959, no qual o autor não apenas destaca o caráter político-diplomático e militar da dissuasão como também indica a dúvida como um dos principais elementos dissuasórios (Brodie, 1959; Scholz, 2015). Considerando que o dissuasor busca na incerteza de um possível contra-ataque o melhor instrumento para impedir o ataque de um agressor, Brodie (1959) destaca que essa capacidade de retaliação não necessariamente precisa ser a capacidade de vencer a guerra, mas sim de representar perigo à segurança do agressor (Brodie, 1959).

Além de Brodie (1959), outro autor que buscou compreender a dissuasão foi Raymond Aron, em *Paz e guerra entre as nações*, de 1962. Em sua perspectiva, a interação causa e efeito, isto é, ataque e contra-ataque, é também marcada pela incerteza, fator que leva o dissuadido à inação. Na perspectiva de Aron (2002), o sucesso da dissuasão encontra-se atrelado a três fatores mutáveis, que, por conseguinte, acabam tornando a dissuasão uma estratégia dinâmica. Os dois primeiros fatores são o psicológico, ou seja, a capacidade do dissuasor em gerar temor no dissuadido; e o técnico, quando o dissuasor volta-se ao desenvolvimento de armamentos. Já o terceiro, e não menos importante que os anteriores, refere-se ao político, relacionado às possíveis vantagens e desvantagens a que o dissuasor estaria exposto caso reagisse ou não às hostilidades advindas do dissuadido.

De modo geral, o dinamismo da dissuasão, notadamente relacionado a fatores técnicos, pode ser encontrado na divisão dessa estratégia entre convencional e nuclear. Nesse caso, a dissuasão convencional existe quando o Estado dissuasor busca convencer, via desenvolvimento de capacidade militar, outro Estado ou Estados a não atacarem seu território. Em certa medida, espera-se que, através do desenvolvimento dessa capacidade, o dissuasor possua condições de uma retaliação tão intensa (*2nd strike*) que faz que o agressor desconsidere a possibilidade em realizar um primeiro ataque (*1st strike*).

Já a dissuasão nuclear relaciona-se à posse e desenvolvimento de dispositivos nucleares e de vetores, tais como submarinos, bombardeiros, plataformas de lançamento, dentre outros. Nessa categoria, o temor de o *2nd strike* ser tão danoso faz que um Estado ou conjunto de Estados adversários não realizem o *1st strike*. De modo semelhante à dissuasão convencional, a nuclear traz como objetivo diminuir a possibilidade de ataques via criação da dúvida, da incerteza no oponente ou nos oponentes sobre o quão danoso seria o *2nd strike*.

Discutindo essa ramificação, Aron (2002) destaca que uma das principais características que separam a dissuasão convencional da nuclear é a possibilidade de cidades e populações inteiras serem dizimadas, logo, a chamada *counterforce strategy*, cujo objetivo é destruir os dispositivos termonucleares do Estado adversário, ou então a *countercities strategy*, ataque a cidades consideradas relevantes, tornam-se táticas relevantes na interação *1st* e *2nd strike*. Além de Aron, outro autor que destacou tais táticas em sua análise sobre dissuasão foi André Beaufre em *Introduction a la Stratégie*, de 1963. Embora indicando que a posse de armas nucleares poderia representar perigo caso a dissuasão não funcionasse, Beaufre (2004) considerava que o êxito da dissuasão encontrava-se atrelado à posse por parte do dissuasor de um grande poder de destruição, este pautado em meios como a posse de grandes radares, satélites, aviões, foguetes de propulsão sólida, dentre outros (Beaufre, 2004).

Cronologicamente, as obras de Brodie (1959), Aron (2002; primeira edição em 1962) e Beaufre (2004; primeira edição em 1963) correspondem às décadas iniciais da Guerra Fria, quando a disputa entre Estados Unidos e União Soviética foi marcada, dentre outras características, pelo aumento e aperfeiçoamento de armamentos atômicos. Entretanto, mesmo no cenário pós-Guerra Fria, o que se vê é o contínuo trabalho de autores como Colin Gray (1999), Lawrence

Freedman (2004, 2009), Richard Ned Lebow e Janice Gross Stein (2006), que, em linhas gerais, voltam-se à compreensão dessa estratégia.

Em *The Second Nuclear Age*, de 1999, por exemplo, Gray destaca o caráter relacional da dissuasão, uma vez que, mesmo o dissuasor possuindo arsenal nuclear, a dissuasão somente existe se o dissuadido aceitar mudar seu comportamento em relação ao dissuasor. Nesse sentido, ao discutir a dissuasão nuclear, Gray (1999) destaca o risco da proliferação horizontal de armas nucleares, uma vez que, se o dissuadido pode ou não acatar a dissuasão, quanto maior o número de Estados com armas nucleares, maior as chances de haver confrontos com o uso desse artefatos.

Além de compreender a dissuasão como uma estratégia coercitiva, quando o dissuasor, ao demonstrar seu poderio, induz o dissuadido a acreditar que um ataque seria imprudente, Freedman, em obras intituladas *Deterren*ce (2004) e "Framing Strategic Deterrence: Old Certainties, New Ambiguities" (2009), considera que o sucesso da dissuasão segue caminho diametralmente oposto à relação entre causa e efeito, uma vez que, para haver êxito, a interação dissuasor e dissuadido deve ser marcada pela inatividade. Nesse sentido, Freedman (2009) destaca a existência de dois tipos de dissuasão, a *deterrence lite* e a *deterrence plus*.

Em linhas gerais, a *deterrence lite* é encontrada nas relações cotidianas dos indivíduos, quando os cidadãos, ao saberem das possíveis consequências de seus atos, buscam não realizar determinadas atitudes. Se o implícito é a principal característica da *deterrence lite*, o caráter explícito é a principal marca da *deterrence plus*, visto que o dissuasor deixa claro o quão devastador pode ser seu *2nd strike*, logo, tal ameaça o distancia de possíveis ações hostis. Nesse caso, a *deterrence plus* é a essência tanto da dissuasão convencional como da nuclear, pois, em ambas, existe a necessidade de convencer o agressor das consequências que ele terá caso realize o *1st strike* (Freedman, 2009).

Embora encontradas em outros autores, duas considerações realizadas sobre as dissuasões convencional e nuclear também foram destacadas em Freedman. A primeira refere-se à existência da chamada dissuasão estendida ou prolongada, quando o dissuasor busca romper com hostilidades direcionadas não apenas a si, mas também a seus aliados. Já a segunda, e relacionada especificamente à dissuasão nuclear, diz respeito à destruição mútua assegurada (*mutual assured destruction* – MAD), quando, *grosso modo*, a intensidade dos *strikes* levaria à destruição por completo dos atores envolvidos (Freedman, 2009).

A possibilidade do MAD pode ser encontrada em um dos principais eventos ocorridos durante a Guerra Fria, a Crise dos Mísseis de 1962, quando Cuba, após receber mísseis nucleares da URSS, foi alvo de bloqueio marítimo realizado pelos EUA. Conforme é comumente conhecido, Washington e Moscou acabaram por entrar em acordo, pelo qual foi garantida a não invasão norte-americana a Cuba e a retirada dos armamentos nucleares soviéticos que estavam instalados nesse país; no entanto, antes desse desfecho, o que se viu foi a administração Kennedy considerar que o envio dessas armas era o prenúncio de uma guerra nuclear.

Divergindo dos autores anteriormente indicados, Richard Ned Lebow e Janice Gross Stein, em *Beyond Deterrence*, de 2006, consideram a dissuasão como uma estratégia falha para o gerenciamento de conflitos, e sua aplicabilidade encontra-se reduzida a um número limitado de casos. Aliás, ao analisarem o episódio anteriormente indicado, Lebow e Stein (2006) consideram que a instalação de mísseis em Cuba não necessariamente era voltada à dissuasão prolongada, mas sim era o resultado de uma ampla coalizão soviética, que tinha como objetivo apresentar um contraponto à visão norte-americana de que a URSS tendia, em um futuro próximo, à inferioridade bélica.

De modo geral, é possível indicar que a fragilidade apontada pelos autores acerca da dissuasão reside em dois fatores. O primeiro diz respeito à crítica à crença de que o dissuadido é movido pela oportunidade de alcançar seus objetivos; em verdade, Lebow e Stein (2006) consideram que a dissuasão é uma teoria da necessidade, visto que o dissuadido, diante de um cenário interno marcado pela vulnerabilidade e por necessidades políticas, tende a agir, mesmo estando em posição desfavorável perante o dissuasor. Paralelamente à necessidade, o segundo fator que põe em evidência a funcionalidade da dissuasão encontra-se relacionado ao componente psicológico dos *policy makers*, fator que leva estes a acreditarem na realização de seus objetivos e, mesmo diante da ameaça de um intenso contra-ataque, a desafiarem o dissuasor.

As críticas apresentadas por Lebow e Stein (2006), somadas às transformações ocorridas no cenário internacional pós-Guerra Fria, destacadamente a proliferação de ameaças não estatais, são fatores que poderiam levar a questionamentos acerca da eficácia da dissuasão. Um episódio que corroboraria tal afirmativa encontra-se atrelado aos Estados Unidos, país que, mesmo possuindo capacidades dissuasórias convencional e nuclear, foi alvo de ataques terroristas. No entanto, é possível indicar que a dissuasão não apenas se mantém relevante nos dias atuais, como vem sendo aprimorada.

Reflexo disso pode ser encontrado na chamada cooperação dissuasória, que, *grosso modo*, é caracterizada pela cooperação de países cujo objetivo principal é romper com possíveis ameaças externas. Além disso, outro exemplo relacionado à dissuasão diz respeito à utilização de meios menos custosos, mas que, potencialmente, resguardam os países de possíveis hostilidades. Nesse caso, vale destacar a adoção da A2/AD, sigla que, traduzida, significa antiacesso (*anti-access*, AA ou A2) e negação de área (*area-denial,* AD). Esse conceito compreende um conjunto de meios militares assimétricos, mais baratos e preferidos por potências ascendentes, que potencialmente seriam utilizados para confrontar a capacidade de projeção de forças estadunidenses, o A2/AD é uma resposta assimétrica, pois, em vez de se usar capacidades similares às do atacante (o porta-aviões, por exemplo), utilizam-se meios menos dispendiosos para evitar a derrota, em vez de garantir uma vitória absoluta. Os países que atualmente mais investem nessas tecnologias são China, Irã e Rússia.

Capacidades antiacesso compreendem aquelas que impedem o acesso do adversário ao teatro de operações, consistindo basicamente de mísseis balísticos antinavios, armamentos antissatélites (Asat), submarinos nucleares ou com propulsão independente de ar (AIP), aviação antinavio de longo alcance e minas navais. As capacidades de negação de área, por sua vez, objetivam negar a liberdade de ação dentro do teatro de operações, e são constituídas por mísseis cruzadores antinavios, minas inteligentes, mísseis antiaéreos baseados em terra (SAMs), munições de ataque direto conjunto (JDAM), mísseis balísticos de teatro e artilharia costeira. Pelo fato de essas capacidades possuírem sistemas táticos bastante similares, eventualmente intercambiáveis, criou-se o conceito do A2/AD para referenciá-las em conjunto.

O conceito foi inicialmente formulado pelo Centro de Avaliações Estratégicas e Orçamentárias (Center for Strategic and Budgetary Assessments – CSBA) dos Estados Unidos (Krepinevich et al., 2003). Ganhou bastante repercussão e incentivou o advento da Batalha AeroNaval (*AirSea Battle*). Por representar uma resposta defensiva de custo eficiente, esse conjunto de capacidades compreende uma alternativa importante para países continentais menos desenvolvidos, como o Brasil, que necessitam proteger o seu território e seus recursos naturais marinhos de potências externas (Katsanos, 2014).

Referências bibliográficas

ARON, R. *Paz e guerra entre as nações*. Brasília: Editora UnB, 2002. [Ed. orig.: 1962.]

BEAUFRE, A. *Introdução à estratégia*. Lisboa: Silabo, 2004. [Ed. orig.: 1963.]

BRODIE, B. *Strategy in the Missile Age*. Santa Monica: Rand Corporation, 1959.

FREEDMAN, L. *Deterrence*. Cambridge: Polity Press, 2004.

______. Framing Strategic Deterrence: Old Certainties, New Ambiguities. *The RUSI Journal*, London, v.154, n.4, p.46-50, ago. 2009.

GRAY, C. *The Second Nuclear Age*. London: Lynne Rienner, 1999.

KATSANOS, A. Países continentais e estratégias de A2/AD. *Revista da Força Aérea*, Rio de Janeiro, n.86, p.14, fev. 2014.

KREPINEVICH, A.; WATTS, B.; WORK, R. Meeting the Anti-Access and Area--Denial Challenge. *Center for Strategic and Budgetary Assessments*. Washington, DC: CSBA, 2003. Disponível em: http://www.csbaonline.org/wp-content/uploads/2011/03/2003.05.20-Anti-Access-Area-Denial-A2-AD.pdf.

LEBOW, R. N.; STEIN, J. G. Beyond Deterrence. In: LEBOW, R. N. *Coercion, Cooperation, and Ethics in International Relations*. New York: Routledge Taylor & Francis Group, 2009. p.121-85.

SCHOLZ, F. *Implicações da dissuasão nuclear como capacidade de poder*: o caso indiano. Porto Alegre, 2015. 169f. Dissertação (Mestrado do Programa de Pós-Graduação em Estudos Estratégicos Internacionais) – Universidade Federal do Rio Grande do Sul.

DOUTRINA DE SEGURANÇA NACIONAL[1]

José Manuel Ugarte

Símbolo paradigmático da guerra fria nos países latino-americanos, a doutrina de segurança nacional, como a chamaram seus criadores e cultores – ou doutrina de segurança continental e fronteiras ideológicas como nos permitimos denominá-la para refletir melhor suas características –, teve seu pleno surgimento na América Latina durante a década de 1960 e muito especialmente a partir do golpe de Estado protagonizado no Brasil pelo marechal Humberto de Alencar Castelo Branco, em 31 de março de 1964. Não obstante, suas origens são anteriores. Remontam à viagem realizada em 1948 ao então recém-criado National War College dos Estados Unidos por parte de um grupo de oficiais brasileiros encabeçados pelo general Salvador César Obino, chefe do Estado-Maior Geral, após a experiência da Força Expedicionária Brasileira na II Guerra Mundial, lutando com os Aliados contra o Eixo nazifascista.

A profunda impressão causada aos visitantes pelo instituto estadunidense parece ter constituído um motor fundamental para a criação, pela Lei n.785 de 20 de agosto de 1949, da Escola Superior de Guerra (ESG) como "instituto de altos estudos, subordinado ao chefe do Estado-Maior das Forças Armadas e destinado a desenvolver e consolidar os conhecimentos necessários para o exercício das funções de direção e para o planejamento da segurança nacional".

Apesar de terem sido positivamente impressionados pela instituição norte-americana, os oficiais brasileiros desenharam a ESG e a

1 Tradução de Tamires Aparecida Ferreira Souza.

versão local da doutrina de segurança nacional extrapolando a temática da defesa, e incluindo reflexões sobre os problemas políticos e econômicos de seu país.

Dessa maneira, apesar da sua denominação, a ESG não se ocupava principal e fundamentalmente do estudo da guerra, embora também oferecesse cursos sobre temas militares. Ocupava-se do Brasil como um todo, quer dizer, da política geral do país, em um instituto que reunia oficiais militares e civis de diversas origens, sob a condução militar. Se isso foi uma decisão própria dos que visitaram o National War College e de seus camaradas de armas brasileiros, como sustentam testemunhos provenientes desse setor, ou se foi sugerida ou proposta pelos donos da casa estadunidenses, como propõem observadores alheios ao Brasil, é questão sujeita a discussão.

As bases doutrinárias da ESG constituíram, na realidade, uma versão *latino-americanizada* dos estudos conduzidos pela instituição estadunidense? Milita em apoio a essa suposição a circunstância de o estímulo às Forças Armadas latino-americanas para a assunção de funções alheias à defesa ter constituído um aspecto constante da política estadunidense para a América Latina. Diversos autores sustentaram essa tese. Por exemplo, Comblin (1978, p.14) afirmou, a respeito da doutrina de segurança nacional, que era incontestável sua procedência estadunidense, apontando que havia sido nos Estados Unidos que os oficiais dos exércitos aliados desse país a haviam aprendido. Destacou que o conjunto de cursos fornecidos nas escolas militares norte-americanas estava impregnado de elementos de tal doutrina, embora sua elaboração e as investigações permanentes de que era objeto fosse obra de civis, que as transmitiam aos militares. Apontou que era surpreendente constatar a presença de tal doutrina nas atitudes externas e internas dos responsáveis políticos estadunidenses.

Comblin também argumentou que, embora não fosse possível fingir que era necessário explicar a totalidade da evolução política das ditaduras latino-americanas da época através dessa doutrina, ela se encontrava nos cursos das escolas militares que foram fundadas para aperfeiçoá-la e que se consagraram inteiramente a essa tarefa, como o National War College e o Industrial College of the Armed Forces em Washington, a Escola Superior de Guerra no Brasil e a Academia de Segurança Nacional no Chile (Comblin, 1978, p.21).

Por sua parte, Cavalla Rojas (1980, p.73) sustenta que o desenvolvimento e a difusão dessa doutrina alcançou seu grau máximo depois da fundação do National War College dos Estados Unidos (1946), que é contemporânea à definição oficial norte-americana de segurança continental, entendida como a manutenção, por ação comum, da segurança de todos os membros da associação de nações americanas e que passa a ser um dos principais elementos do discurso sobre segurança e defesa nacional (Rojas, 1980, p.73). Apontou, assim, que esses conceitos deram embasamento ideológico à construção do Sistema Interamericano de Defesa (ibidem).

Em qualquer caso, podemos nos perguntar por qual razão um grupo de altos oficiais militares, liderando militares e civis, consideraram adequado encarar, por si mesmos, a solução dos problemas do país. A resposta pode estar na percepção dos protagonistas, surgida da experiência da Força Expedicionária Brasileira, de se encontrarem em uma posição única para analisar a problemática brasileira.

Frequentemente, a doutrina de segurança nacional foi confundida com as doutrinas de contrainsurgência francesa e sua derivação estadunidense – às quais iremos nos referir –, ambas plena e amplamente aplicadas na América Latina. Durante a Guerra Fria, as doutrinas de contrainsurgência foram instrumentos de aplicação da doutrina de segurança nacional no plano militar, um dos quatro grandes âmbitos – político, econômico, psicossocial e militar – em que ela dividia a ação governamental. Não obstante, a doutrina de segurança nacional não se limitou ao âmbito indicado à contrainsurgência, e também procurou construir poder militar convencional. Nesse sentido, ainda durante a Guerra Fria, as Forças Armadas latino-americanas procuraram assegurar também capacidades para a defesa de seus países.

Por essa razão, a doutrina de segurança nacional não constituiu uma doutrina militar para a prevenção e repressão de levantamentos armados como as doutrinas de contrainsurgência, sendo sua finalidade a realização de um governo com direção ou ampla participação militar, no qual as preocupações de segurança, entendidas na época como a luta total e permanente em todos os âmbitos da sociedade contra o inimigo marxista, foram um fator determinante, constituindo, no caso brasileiro, a superação do subdesenvolvimento econômico e tecnológico uma questão significativa.

Tal doutrina se estendeu com uniformidade a toda a América Latina e, por sua influência, os conceitos de defesa e segurança latino-americanos começaram a possuir peculiaridades chamativas, quando comparados com os vigentes em outras regiões do mundo e, particularmente, com os que regiam as democracias industrializadas ocidentais.

Essa doutrina se caracterizou, em primeiro lugar, pela utilização do conceito de segurança nacional, conferindo-lhe uma significativa amplitude, equivalente à dos conceitos tradicionais de defesa nacional e de segurança interior, assim como à maior parte da política exterior e interior do país em que se aplicava. Nesse sentido, ao definir o conceito de defesa nacional como o conjunto de medidas destinadas à conquista da segurança nacional, atribuía-se idêntica amplitude a ambos os conceitos, deixando, em definitivo, os amplos aspectos abarcados pela segurança nacional compreendidos dentro da competência relativa à defesa nacional, própria das Forças Armadas.

Por tal razão, o conceito de defesa nacional – tradicionalmente representativo do planejamento, formação, preparação, equipamento e emprego do instrumento militar, daqueles aspectos não militares da política de defesa, como a mobilização industrial e de pessoal, a defesa civil para o caso de guerra, e de aspectos de política exterior vinculados à política de alianças, à condução e resolução de crises, e ao conflito – passava a abarcar também a segurança interior e os aspectos fundamentais da política exterior e interior, incluindo o desenvolvimento, oferecendo bases para a intervenção militar nos mais diversos âmbitos.

Da mesma maneira, a política do país em que essa doutrina se aplicava era reduzida ao binômio representado pela segurança nacional e o desenvolvimento, conceitos reciprocamente vinculados e inter-relacionados, no qual o desenvolvimento tinha por função contribuir para alcançar a segurança nacional.

Como se entendia durante a Guerra Fria que a ameaça fundamental era representada pela penetração política e ideológica do movimento comunista internacional, a função fundamental do desenvolvimento era assegurar adequado padrão de vida que dificultasse a captação dos integrantes das classes populares pela ideologia marxista. Tal objetivo não foi alcançado na América Latina durante a época aludida, provavelmente pelo predomínio que na prática se atribuía à segurança sobre o desenvolvimento na equação antes indicada.

A inclusão do desenvolvimento como fundamento da *segurança* tinha por consequência ampliar a competência militar quase para a totalidade das atividades econômicas. Um de seus mais destacados expositores, Amaral Gurgel, referindo-se ao documento que determinou o nascimento da ESG do Brasil, indicou que "seus autores partiram da afirmação primária de que o desenvolvimento geral do país é o caminho da Segurança Nacional, alcançando esse desenvolvimento os setores demográficos, econômicos e financeiros. O primeiro, relacionado ao número, físico, cultural e moral; o segundo, à produção, distribuição e consumo; o terceiro, ao mercado interno e externo de moedas. Em razão deste reconhecimento, os órgãos responsáveis da segurança da nação têm o dever de velar pelo desenvolvimento potencial geral desta; do que se deduz o direito de intervenção das Forças Armadas, pelos órgãos adequados, no aproveitamento das potencialidades brasileiras" (Gurgel, 1975, p.31).

Desse modo, tanto no Brasil como na maioria dos países latino-americanos, a partir dessa doutrina, se entendeu – e, em muitos, se continua entendendo – que as questões relativas ao desenvolvimento do país estavam dentro das incumbências das Forças Armadas.

Por outro lado, tratando-se de uma doutrina de origem e inspiração militar – em que pese civis terem participado também em seu desenvolvimento –, pode-se perceber nela uma significativa influência da *geopolítica*, da qual militares brasileiros, em primeiro lugar, mas também chilenos, peruanos, argentinos e equatorianos, foram destacados cultores. O cultivo majoritariamente militar, característico da América Latina, de uma ciência como a geopolítica, própria da política geral do Estado e não do âmbito estritamente militar, e sua ampla aplicação à doutrina de segurança nacional, evidencia um dos aspectos essenciais dessa doutrina: servir de base teórica e ideológica para o exercício do governo por parte das Forças Armadas, diretamente ou através de um governo civil no qual as decisões fundamentais foram adotadas pelas Forças Armadas, empregando, para isso, os órgãos de elaboração de políticas e de planejamento sob direção militar constituídos para o amparo dessas doutrinas.

Assim, cabe indicar que, além dos já referidos conceitos de segurança nacional e de desenvolvimento, foram adotados os conceitos de poder nacional e de objetivos nacionais, permanentes ou atuais, ou bem objetivos nacionais e objetivos políticos.

A aludida doutrina não compreendia somente, nem fundamentalmente, o âmbito militar, senão que incluía, além deste, os âmbitos político, econômico e psicossocial, nos quais se resumia a potencialidade e as atividades de toda a nação para alcançar seus objetivos, superando as oposições e antagonismos que pudessem se apresentar. À semelhança das doutrinas de contrainsurgência, outra de suas características foi a de unificar praticamente os conceitos de defesa nacional e de segurança interior, colocando a segunda sob a égide da primeira, quer dizer, sob controle militar.

A lógica que guiava essa unificação era a de conflito total e permanente com o inimigo marxista, e a de supor que, excluída a confrontação armada aberta nos países centrais pela recíproca dissuasão nuclear, o conflito entre os blocos ideológicos se resolvia no interior dos países dependentes em vias de desenvolvimento e nas mentes de seus habitantes.

Por consequência, enquanto o papel das Forças Armadas dos países centrais consistia em dissuadir o bloco oriental e em preparar a resposta armada a uma eventual agressão por parte daquele bloco, o papel de suas similares dos países periféricos consistia em lutar contra a infiltração marxista em todos os âmbitos de suas respectivas sociedades, assegurar a lealdade de seus governos à causa ocidental e sua participação eficaz na luta ideológica em questão, e garantir a segurança interna do país, particularmente contra eventuais atividades guerrilheiras ou insurgentes.

Por essas razões, a segurança interna, durante a vigência das aludidas doutrinas, constituía uma responsabilidade militar e não política ou policial, embora, em muitos casos, a execução das atividades incluídas na segurança interna estivesse nas mãos das instituições policiais e forças de segurança, mas sob a direção política e ideológica das Forças Armadas.

Em consequência, na América Latina, durante a Guerra Fria, as Forças Armadas exerceram a missão permanente de natureza política de luta contra o movimento comunista internacional, de preservação da ordem interna e de luta contra movimentos insurrecionais ou guerrilheiros, dando prioridade à luta ideológica contra o comunismo. Para o cumprimento dessas missões, eram empregadas tanto a doutrina de segurança nacional como as doutrinas de contrainsurgência. A primeira estabelecia as bases para o governo militar que se entendia imprescindível para lutar contra a ideologia comunista; as outras determinavam as mudanças em doutrina, planejamento, adestramento, equipamento, emprego e organização das Forças Armadas e de segurança requeridas para transformá-las em forças contrainsurgentes.

Certamente que, para isso, as concepções totalizadoras da segurança nacional e particularmente a confusão entre defesa nacional e segurança interior, assim como a participação e direção militar nos aspectos mais diversos da política nacional próprios da Doutrina da Segurança Nacional, constituíam auxiliares inestimáveis.

Retornando a Amaral Gurgel, tal autor indicava que a doutrina de segurança nacional estava atenta às ameaças da guerra contemporânea e que, no panorama internacional da época, predominava a simultaneidade da ameaça nuclear e da guerra revolucionária, fazendo ressurgir a presença destacada das guerras limitadas. Indicava também que, acentuando os problemas internos, principalmente dos países subdesenvolvidos, surgiam agravadas as manifestações de guerra revolucionária como instrumento de estratégia comunista, levando consigo mais intranquilidade e insegurança ao jogo de interesses da política internacional.

Afirmava também que os países comunistas, em sua ânsia de expansão e domínio do mundo, mas evitando uma confrontação direta, punham em vigência os princípios de uma estratégia na qual a arma psicológica era utilizada, explorando as vulnerabilidades das sociedades democráticas, sub-reptícia e clandestinamente, por meio da qual procuravam debilitá-las e induzi-las a se submeter ao seu regime político (Gurgel, 1975, p.140).

Amaral Gurgel destacava que a segurança interna se integrava ao marco da segurança nacional, tendo como campo de ação os antagonismos e pressões que se manifestavam no âmbito interno. Indicou que não importava considerar as origens dos antagonismos e pressões, interna, externa ou externa-interna; nem sua natureza política, econômica, psicossocial ou militar; nem as variadas formas com que se apresentavam: violência, subversão, corrupção, tráfico de influência, infiltração ideológica, domínio econômico, desagregação social ou quebra da soberania. Portanto, sempre que quaisquer antagonismos e pressões produzissem efeito direto dentro das fronteiras nacionais, a tarefa de superá-los, neutralizá-los ou reduzi-los estaria compreendida no complexo de ações planejadas e executadas definido como segurança interna (Gurgel, 1975, p.142). Cabe destacar a amplitude do conceito de segurança interna, que, como indicamos, era parte do conceito de segurança nacional.

Sobre essas bases ideológicas, e por aplicação das doutrinas de contrainsurgência que constituíam sua lógica derivacional, as Forças Armadas eram desenhadas, conformadas, adestradas, equipadas e empregadas primariamente para a contrainsurgência, coincidindo, nesse aspecto, com as doutrinas citadas anteriormente, respondendo, para isso, sua doutrina e planejamento, elaborando hipóteses de guerra contrarrevolucionária ou contrassubversiva. Isto sem deixar, como apontamos, de procurar desenvolver também poder militar convencional.

Sob a dependência ou controle operacional das Forças Armadas, as instituições policiais e forças de segurança adquiriram progressivamente hábitos e modos de atuação castrenses, debilitando sua aptidão para o cumprimento de sua função específica. Por isso, nos países latino-americanos – se bem que em graus diversos –, durante o contexto do conflito Leste-Oeste, a segurança interior passou a ter um acentuado caráter bélico.

Enquanto estruturas criadas ao amparo da doutrina de segurança nacional, cabe apontar, em primeiro lugar, a criação dos Conselhos de Segurança Nacional, dependentes diretamente do presidente da nação, integrados pelos ministros de Estado e pelos chefes militares máximos, e por um organismo de inteligência civil – não integrante da estrutura das Força Armadas –, mas sob condução militar, com atribuições amplas e indeterminadas que abarcavam os mais diversos aspectos do fazer nacional, e com competências de coordenação da atividade de inteligência civil e militar. Tais Conselhos de Segurança Nacional estavam encarregados da fixação dos objetivos nacionais ou objetivos nacionais permanentes, dos objetivos políticos ou objetivos atuais, e do desenho da política de segurança nacional, com a amplitude antes descrita.

Um órgão-chave desses conselhos era sua secretaria, sob condução militar, da qual dependia habitualmente o organismo de inteligência civil, em que se projetavam as medidas a adotar pelo conselho respectivo, e que continha diversos organismos nos quais se planificava a política de segurança.

Também em matéria de inteligência, constituía consequência indireta da doutrina de segurança nacional e das doutrinas de contrainsurgência aplicadas como sua derivação, a dedicação prioritária dos organismos de inteligência militares à segurança interior e, em geral, a aspectos políticos e sociais. Como consequência de ambos os tipos de doutrina, encomendava-se aos organismos de inteligência o estudo, dentro da própria sociedade – onde se supunha que o inimigo se escondia –, dos fatores ou componentes político, econômico, sindical, estudantil, religioso etc., procurando-se conhecer o que acontecia em toda a sociedade.

Uma característica importante tanto da doutrina de segurança nacional como das doutrinas de contrainsurgência antes indicadas foi a inexistência ou desaparição, nos países latino-americanos, de uma estrutura no campo de segurança interior e da polícia. Nos países em que ambos os tipos de doutrina foram aplicados, as questões de segurança interior passaram a ser resolvidas nos ministérios de Defesa, ministérios militares ou comandos-chefes das Forças Armadas segundo o caso, com critérios próprios ao âmbito da defesa. Disso derivou a dependência das instituições policiais e forças de segurança pública em relação aos ministérios de Defesa ou comandos-chefes das Forças Armadas, colocando-as, além disso, sob o comando de oficiais militares; circunstâncias que encontravam fundamentação doutrinária no conceito de defesa muito amplo que caracterizou a doutrina de segurança nacional.

Em definitivo, a doutrina de segurança nacional surgida no Brasil, na ESG, a partir da criação de tal instituto, se expandiu com surpreendente similaridade pela América Latina, no contexto do conflito Leste-Oeste. Que isso sucedera pelo inquestionável prestígio que a ESG adquiria no âmbito militar latino-americano, ou porque sua verdadeira origem estava na potência hemisférica – como, segundo vimos, se sustentou – ou bem por uma combinação de ambos os fatores, é aspecto sobre o qual consideramos não haver prova conclusiva, embora nos inclinemos pela terceira hipótese, dado que não parece simples explicar, sem tal influência, a simultaneidade e similitude de sua aplicação na América Latina.

Contribuições fundamentais brasileiras à doutrina de segurança nacional

Entre os pensadores brasileiros que realizaram contribuições fundamentais à doutrina de segurança nacional cabe mencionar o general Aurelio de Lyra Tavares, que integrou a FEB e, posteriormente, participou do comando da ESG. Em uma obra de suma importância para compreender as origens da referida doutrina (Tavares, 1976, p.288-9), indicou Lyra Tavares que, com a experiência da última guerra, surgiram os conceitos de segurança nacional, poder nacional e objetivos nacionais, permanentes ou atuais, que transcendiam o campo especificamente militar, em um contexto mais amplo no qual ele foi inserido, ao mesmo tempo como fator e como função, na inter-relação dos outros campos que compunham e afirmavam a capacidade da nação para traçar, com autonomia, seus destinos e realizá-los, no quadro nacional e internacional, através de políticas adequadas e apesar das pressões que pudessem perturbá-los ou comprometê-los. Como pode se advertir, aqui não se trata da ação militar, mas de estabelecer os destinos da nação e as políticas que permitiriam alcançá-los em todos os campos de atividades do país.

A concepção organicista de Estado, característica da geopolítica, refletiu-se plenamente nas concepções de Lyra Tavares. Por exemplo, o autor afirmou que a comunidade nacional constituía um corpo vivo – sujeito a ser destruído em sua unidade espiritual, em sua coesão, em sua capacidade de ação e reação, em sua força de realização, em seus propósitos, em sua autonomia de pensamento e de viver, em sua soberania e liberdade de traçar e realizar seus próprios destinos – no quadro da comunhão internacional, apesar dos interesses diferentes, ou contrários, de outros povos (Tavares, 1976, p.292-3). Em relação ao conceito de poder nacional, característico da doutrina em análise, e a sua conexão com a concepção organicista de Estado, Lyra Tavares apontou que a nação, como organismo vivo, era antes uma comunidade nacional que um território, base geográfica do Estado, em que ela se organizava politicamente.

Destacou que, portanto, cabia considerar a moral nacional, a consciência nacional e a coesão nacional como forças que mantinham a nação e impulsionavam a economia nacional, como fatores espirituais e materiais intrínsecos, determinantes do poder nacional. Referiu também que, esquematicamente, o organismo estatal se constituía de quatro sistemas característicos e interdependentes que poderiam ser semelhantes aos sistemas fundamentais do ser humano: o sistema político, que é como o sistema nervoso, tendo como centro o governo, que atua como uma espécie de cérebro; o econômico, que representa o papel correspondente ao sistema circulatório; o psicossocial, que atua como um sistema sensorial e, finalmente, o militar, comparável ao sistema muscular do organismo humano. Como se pode perceber, a totalidade da ação nacional foi reduzida a esses quatro sistemas característicos e interdependentes: político, econômico, psicossocial e militar, na visão esquemática e totalizadora que caracteriza essa doutrina.

Ressalto que não estamos falando aqui sobre conceber e planejar uma ação militar, nem uma guerra – mesmo quando, nesse caso, consideremos todos os fatores mencionados antes; estamos nos referindo a conceber e planificar, de modo permanente, a ação de toda a sociedade para a conquista de seus objetivos nacionais, superando todos os antagonismos – no caso e na época, fundamentalmente a atuação do movimento comunista internacional –, mas também outros fatores, como as limitações econômicas e tecnológicas próprias do grau insuficiente de desenvolvimento relativo ou, do ponto de vista militar, as incertezas e a desordem próprias do sistema democrático e da existência de uma oposição política.

Certamente não se tratava somente da ação militar e, por essa razão, Lyra Tavares destacou que não era no campo militar, nem principalmente nele, que as nações deveriam estabelecer as bases de sua segurança, já que esta se encontrava, na conjuntura internacional da época, mais na sua coesão interna, na sua vitalidade econômica e na sua estabilidade política.

Lyra Tavares argumentou que tais conceitos ganharam maior significado a partir de 1945, em virtude do advento da guerra atômica e do conflito ideológico no quadro internacional, que tornaram menos provável o recurso à guerra convencional em larga escala como uma continuação da política por meios violentos. Afirmou que, como consequência, a guerra subversiva ganhou predomínio como um processo mais encoberto e sutil e, portanto, mais lento, para dominar uma nação, atuando dentro dela para a catequese ideológica, a formação de líderes e de bases no interior do país, a infiltração nos governos, a degradação dos costumes, dos valores espirituais e o enfraquecimento das energias cívicas.

Fica eloquentemente exposto o ponto de partida dessas concepções: o conflito Leste-Oeste e sua suposta consequência para os países periféricos, a guerra subversiva. Aqui, a doutrina da Segurança Nacional se relaciona com suas primas-irmãs – as doutrinas de contrainsurgência –, sem confundir-se com elas, como parte das receitas prescritas para os países latino-americanos diante do conflito entre capitalismo e comunismo: governo militar, seja este total ou em seus elementos fundamentais, e contrainsurgência, na oportunidade denominada guerra revolucionária.

Outro dos expositores dessa doutrina, o já mencionado Amaral Gurgel, concordou que as circunstâncias que deram origem à doutrina da Segurança

Nacional foram a participação dos militares brasileiros na FEB e a posterior viagem de oficiais superiores[2] ao National War College, o deslumbramento pelo desenvolvimento econômico e cultural dos Estados Unidos, a verificação do subdesenvolvimento da própria pátria, o propósito de mudar tal situação e de desenvolver as vastas potencialidades do Brasil (Gurgel, 1975, p.27 e 30).

Referindo-se ao planejamento, Amaral Gurgel apontou que constituía o único método de conduzir com eficiência a política de uma nação, o único caminho para a libertação do empirismo e do regime de improvisações custosas e, muitas vezes, desonestas, o meio seguro de coordenar vontades e empregar esforços na consecução de elevados propósitos comuns.[3]

Em outra ordem de ideias, cabe destacar que os objetivos nacionais permanentes surgiram, conforme Amaral Gurgel, "da análise da evolução do processo histórico" (Gurgel, 1975, p.72). Por sua determinação no Brasil, nos momentos em que a doutrina da Segurança Nacional constituía uma doutrina oficial, a Emenda Constitucional n.1, de 17 de outubro de 1969, atribuiu ao Conselho de Segurança Nacional a competência para estabelecer os objetivos nacionais permanentes e as bases para a política nacional.

Amaral Gurgel chegava, em definitivo, ao conceito de segurança nacional após analisar as novas formas que atribuía à problemática da guerra, assim como as diversas expressões que adjudicava ao poder nacional. Ressaltava, em tal sentido, que o problema da guerra e, consequentemente, da proteção das nações adquiriu novas dimensões, em virtude das formas modernas de agressão, particularmente em virtude da influência da ideologia comunista (Gurgel, 1975, p.136).

Destacava que a segurança nacional era função de um poder nacional harmoniosamente fortalecido em suas quatro expressões: por uma expressão política caracterizada por legislação adequada e por instituições dinâmicas; por uma expressão psicossocial que reflete uma população de elevados valores culturais, com suas necessidades básicas atendidas e, consequentemente, com capacidade

2 Reveladora é a citação que efetuou Amaral Gurgel do general Osvaldo Cordeiro da Farias, um dos atores principais naquele processo: "O impacto da FEB (Força Expedicionária Brasileira) foi tal que voltamos ao Brasil buscando modelos de governo que funcionassem: ordem, planejamento, finanças racionais. Não encontramos esse modelo no Brasil naquela etapa, mas decidimos buscar meios para encontrar o caminho em longo prazo. A ESG (Escola Superior de Guerra) brotou da experiência da FEB" (Osvaldo Cordeiro da Farias, "1922-1972: A longa marcha", em *Visão*, v.41, n.XIII, São Paulo, 1972, p.21, apud Gurgel, 1975, p.30).

3 Gurgel, 1975, p.36, citando Golbery do Couto e Silva, *Planejamento da segurança nacional*, C-31-55, reedição de C-83-54, conferência realizada na ESG, 1955.

de atuar em termos de opinião pública; e, finalmente, por uma expressão militar cimentada em uma população quantitativa e qualitativamente significativa, apoiada em uma sólida organização política e em uma economia firme e desenvolvida. Argumentou que, nessa configuração da segurança nacional, seu cimento era a segurança individual e sua finalidade proporcionar a conquista e a manutenção de objetivos nacionais no desejo de possibilitar, a cada um e a todos, o bem comum (Gurgel, 1975, p.137-8). Consequentemente, apresentava o conceito de segurança nacional como "a garantia proporcionada pelo Estado para a conquista e/ou a manutenção dos objetivos nacionais, apesar de antagonismos ou pressões" (Gurgel, 1975, p.138).

Em relação ao planejamento, outro aspecto fundamental dessas concepções, afirmava um dos principais expoentes da doutrina da segurança nacional, o general Golbery do Couto e Silva, que se tratava de "um imperativo de autodeterminação do povo" (Silva, 1981, p.312).

Cabe advertir que não se tratava aqui do planejamento meramente econômico. Esse pensamento contemplava a elaboração de um conceito estratégico nacional destinado a orientar a estratégia da nação com vista a alcançar ou salvaguardar os objetivos nacionais e a preparação e adaptação do poder nacional como instrumento de ação estratégica, através do fortalecimento do potencial nacional e sua transformação oportuna em poder efetivo. Através desse conceito, buscava-se determinar tanto os objetivos nacionais permanentes como os objetivos nacionais atuais ou conjunturais; efetuar a avaliação estratégica da conjuntura, através dos fatores políticos, econômicos, psicossociais e militares; determinar a política e as estratégias nacionais destinadas a empregar o poder nacional para enfrentar e superar os óbices, antagonismos e pressões que impedem a realização dos objetivos nacionais aludidos. Em suma, planificar, com critérios e técnicas castrenses, quase a totalidade da política do país.

Em conclusão, definia-se a doutrina de segurança nacional como "o conjunto de conceitos básicos, princípios gerais, processos e normas de comportamento que permitem orientar os estudos, a formulação e o desenvolvimento da política de segurança nacional".[4] A política nacional era, conforme a doutrina que nos ocupa, "a arte de estabelecer os objetivos nacionais, mediante a interpretação dos interesses e aspirações nacionais, e de orientar a conquista ou a preservação daqueles objetivos" (Gurgel, 1975, p.77). Quanto aos referidos objetivos nacionais, eles eram definidos como "os interesses e aspirações mais

4 Definição da Escola Superior de Guerra do Brasil apud Gurgel (1975, p.62).

relevantes da comunidade nacional" (Gurgel, 1975, p.70). Quando tais objetivos compreendiam "interesses e aspirações vitais que, por isso mesmo, subsistem durante grandes períodos de tempo" (ibidem), eram caracterizados como objetivos nacionais permanentes. Não obstante, quando a capacidade do poder nacional não permitia que se alcançassem os objetivos nacionais permanentes, surgiam os objetivos nacionais atuais, intermediários e que podiam ser alcançados mediante a aplicação do poder nacional de que se dispunha.

Mais que uma doutrina de segurança nacional ou de defesa, as concepções que nos ocupam aparecem, em definitivo, como uma concepção castrense de governo, que, partindo de um centro imaginário, se assume em conflito permanente com antagonismos e pressões tanto internos como externos, aos quais deve vencer pela aplicação do poder nacional, para alcançar a ansiada meta.

A versão argentina da doutrina de segurança nacional

Tal como indicamos, a doutrina de segurança nacional se expandiu desde o Brasil para toda a América Latina durante a década de 1960, tendo na Argentina uma de suas mais importantes aplicações. Nesse país, o intérprete fundamental foi o general de divisão Osiris Guillermo Villegas, autor intelectual do primeiro corpo normativo que refletiu essas ideias na Argentina: o Decreto-Lei n.16.970/1966, conhecido como Lei de Defesa Nacional.

Villegas, como seus predecessores brasileiros, outorgou ao conceito de segurança nacional um alcance que, conjuntamente com o desenvolvimento com o qual se encontrava relacionado, permitiu identificá-lo praticamente com a política geral do país. Assim como a revolução de 1964 permitiu aos pensadores brasileiros pôr suas teorias em prática, a chamada Revolução Argentina de 28 de junho de 1966 permitiu aos teóricos argentinos da segurança nacional aplicar seus pensamentos.

O mencionado decreto-lei refletiu plenamente o pensamento de Villegas, por um lado, na sua definição de segurança nacional plasmada no art. 2º: "a situação na qual os interesses vitais da nação são cobertos de interferências e distúrbios substanciais", e, por outro, no art. 4º, que continha o conceito de defesa nacional, entendido como "o conjunto de medidas que o Estado adota para alcançar a segurança nacional". Como pode se ver, a significativa amplitude do conceito de segurança nacional se adicionou à circunstância de atribuir idêntica amplitude ao conceito de defesa nacional, com o efeito de estender a competência militar aos mais variados aspectos.

Comentando a primeira definição, Villegas (1969, p.125) afirmava que "apresentada assim a segurança nacional, é possível observar que na mesma adquirem importância fundamental" três aspectos principais, que são: a) os interesses vitais da nação; b) as interferências e distúrbios substanciais; e c) a situação ambiental conformada. Por outro lado, referindo-se aos interesses vitais da nação, Villegas entendia-os como a promoção da exploração dos recursos naturais, o desenvolvimento das indústrias básicas e a construção de infraestrutura eficiente, no esforço conjunto do setor público com o setor privado, que deve encontrar neles os incentivos necessários para desenvolver sua iniciativa e impulsionar sua capacidade criativa. Apontava, ainda, que tais interesses eram importantes para a segurança do Estado, porque derivava deles o crescimento do potencial nos diferentes fatores que incidiam no bem-estar econômico e na tranquilidade social (Villegas, 1969, p.127).

Villegas (1969, p.128) também afirmou que o interesse nacional estava ligado ao estilo nacional, como concepção do homem, da organização social e do Estado, e à doutrina para formular e resolver os problemas da dinâmica externa e interna da nação. Destacava, por outro lado, que, para estabelecer e executar os objetivos, políticas e estratégias correspondentes de forma harmônica e coerente, se estabeleceram o Plano Geral e o Plano Nacional de Desenvolvimento e Segurança.

Do conceito já mencionado de interesses vitais, Villegas derivava o projeto nacional. Isso consistia, em seu critério, em definir a futura Argentina e seus interesses vitais, analisando o passado e extraindo e reelaborando, caso necessário, os elementos úteis do projeto já desgastado e efetuando um prognóstico do mundo futuro, contemplando as aspirações da sociedade e as possibilidades internas e externas de concretizar o novo projeto nacional.

Como se pode notar, os interesses vitais que Villegas propunha defender estavam longe de se limitar aos clássicos – soberania, independência, integridade territorial e capacidade de autodeterminação – que todo Estado procura defender. Aqui também encontramos a infraestrutura, a economia do país, seu desenvolvimento e até mesmo o estilo de vida nacional. Em relação às interferências e distúrbios substanciais suscetíveis de pôr em perigo a segurança nacional, Villegas afirmava que eram aqueles que, criados e explorados por interesses não nacionais, de dentro ou de fora das fronteiras argentinas, atuando de forma aberta ou sub-repticiamente, dificultavam, paralisavam ou modificavam para seu benefício a concretização dos objetivos nacionais argentinos.

Como exemplo, destacava que constituíam interferências e distúrbios substanciais, a existência de grandes espaços vazios, a distribuição irregular da população, a escassa exploração dos setores básicos (mineração, siderurgia, petroquímica, química pesada) e a carência de infraestrutura adequada (energia, estradas, meios de telecomunicação, transportes) para o atual grau de desenvolvimento e sua evolução. Em relação à infraestrutura, argumentou que, ao estudar o processo de sua adequação, tendo em vista o futuro país, diante de uma economia distorcida e ineficiente, descobriram-se pontos vulneráveis à agressão econômica, capazes de gerar tensões sociais e internacionais e servir de veículo a correntes ideológicas extremistas. Afirmou, por outro lado, que a subversão comunista, com um pé na América e apoiada por recursos econômicos substanciais, poderia tirar proveito dos baixos padrões de vida para aumentar sua esfera de ação em novos países através da propaganda, da infiltração nas mais diversas instituições (políticas, culturais, sindicais, universitárias, vizinhas) e as guerrilhas, que percorreram as fronteiras argentinas (Villegas, 1969, p.129-30).

O mencionado precedentemente mostra a amplitude do conceito de interferências e distúrbios substanciais. Longe de tratar-se de eventos militares – como uma agressão armada externa – ou mesmo de segurança interna ou policiais, encontramo-nos com questões próprias da política geral do país, que passava a constituir objeto de uma lei de defesa nacional. Também cabe notar que essas preocupações dos órgãos de defesa nacional pela infraestrutura e pela economia do país decorriam do fato de que se considerava a possibilidade permanente de penetração ideológica ou de surgimento de desordens promovidas pelo inimigo comunista.

Finalmente, Villegas (1969, p.130) caracterizava a situação ambiental como um conjunto de fatores (entre eles, a estagnação, as tensões sociais e sindicais etc.) que, mais ou menos inter-relacionados entre si, poderiam definir, em sua totalidade ou parcialmente, interferências para a realização dos propósitos buscados.

Em relação ao desenvolvimento, Villegas ressaltou que se convertia em condição indispensável para a segurança, porque ele proporcionava os fatores com que se efetuava a proteção dos interesses vitais da nação (Villegas, 1969, p.132). Tratava-se, em suma, de neutralizar as tensões sociais que poderiam ameaçar a ordem estabelecida e facilitar a ação subversiva. O desenvolvimento, em suma, era considerado em função da segurança, que constituía o objetivo fundamental a se alcançar.

Cabe indicar que, a fim de estabelecer as políticas e estratégias em matéria de segurança, o Decreto-Lei n.16.970/1966 contemplou a criação do Sistema Nacional de Planejamento e Ação para a Segurança, que devia "coordenar suas atividades com o Sistema Nacional de Planejamento e Ação para o

Desenvolvimento, a fim de buscar a realização conjunta de objetivos de desenvolvimento e segurança".

As restantes finalidades previstas por lei para o Sistema Nacional de Planejamento e Ação para a Segurança eram as de estabelecer políticas e estratégias diretamente vinculadas à segurança nacional; formular planos nacionais de longo e médio prazo, a coordenação de sua execução e a avaliação e controle dos esforços nacionais para a segurança; fornecer diretrizes para a programação de curto prazo e para a elaboração de orçamentos, programas e projetos correspondentes; fornecer as diretivas a que devem ajustar-se todos os setores da comunidade nacional no relativo à ação para a segurança; proporcionar a orientação para a participação da atividade privada na conquista da segurança nacional; e estabelecer a forma em que os benefícios derivados da conquista dos objetivos de segurança impulsionarão a projeção internacional da nação.

Em suma, tanto Villegas como a Lei n.16.970 possuíam um conceito de segurança nacional que propunha preservar não apenas os valores tradicionais representados pela soberania e integridade territorial do país, mas também seu desenvolvimento econômico, social e cultural, incluindo a exploração de seus recursos naturais e o crescimento das indústrias básicas, e até mesmo o estilo nacional. Convém indicar que Villegas destacava como uma ameaça direta e fundamental à segurança nacional a subversão comunista – que agia pela agressão indireta mesmo em paz, propondo um estado de conflito permanente – e indicava, como finalidade fundamental da política de segurança, proporcionar a segurança da República contra todas as formas de agressão.

Quanto às ameaças suscetíveis de pôr em risco a segurança, elas incluíam desde fatores de tipo geográfico e sociológico – espaços vazios, distribuição irregular da população, ou econômicos, como o escasso desenvolvimento industrial – até a agressão indireta do bloco oriental, incluindo a possibilidade de guerra convencional, isto é, todos os tipos de aspectos políticos, econômicos e militares externos e internos.

A respeito da natureza das medidas a serem empregadas para preservar a situação de segurança, convém notar que elas são de natureza muito diversificada, coordenadas e conduzidas através do planejamento nacional. Tratava-se, como se pode ver, de uma concepção que, integrando o desenvolvimento como um aspecto imprescindível para a segurança, concluía assimilando a esta a política geral. Através do binômio segurança-desenvolvimento, e de ambos os mecanismos de planejamento que confluíam em uma mesma vertente, os Planos Nacionais de Desenvolvimento e Segurança, se instituía um verdadeiro mecanismo burocrático de exercício do governo através do planejamento. Nessas concepções, o desenvolvimento, mais que um fim, constituía um meio para a conquista da segurança: supunha-se que, obtido um nível adequado de desenvolvimento e assegurado através dele o bem-estar econômico e social da população, esta não constituiria mais campo propício para a subversão comunista.

Outras versões latino-americanas da doutrina de segurança nacional: Peru e Chile

Examinando concepções sobre segurança nacional de outros países, cabe recordar no Peru o pensamento do general de divisão Edgardo Mercado Jarrín, expoente nesse país das concepções de segurança nacional. O alcance que atribuiu a esse conceito não diferiu essencialmente do expressado por autores brasileiros e argentinos. Não obstante, assim como naqueles podem notar-se o conflito Leste-Oeste e a consequente necessidade de superar a agressão comunista indireta como pano de fundo e explicação final dos desenvolvimentos doutrinais, em Mercado Jarrín a preocupação fundamental era o desenvolvimento econômico e social do Peru – se bem que sob uma direção e conceitos castrenses.

Portanto, na variante peruana de segurança nacional, o conflito Norte-Sul, posicionado pelos autores brasileiros como menos importante do que o conflito Leste-Oeste, passou a constituir o aspecto mais proeminente. Pode-se notar um certo tom revisionista da doutrina de segurança nacional tradicional e a consideração que esta fazia do conflito Leste-Oeste como o desafio fundamental a superar. Em relação aos conceitos centrais de Mercado Jarrín, podemos afirmar que ele expressou, em relação ao interesse nacional, que, sendo este a expressão do que os Estados procuram alcançar e proteger, varia fundamentalmente com cada Estado, dependendo da identificação que este faz de suas aspirações e valores, encontrando expressão geral, em muitos casos, nas respectivas constituições.

Ressaltou, não obstante, a coincidência de todas as sociedades politicamente organizadas na crença de que o interesse prioritário era a própria sobrevivência, princípio que afirmou ter sido coletado pelo direito internacional. Destacou que essa sobrevivência era entendida de modo diferente de acordo com o grau de desenvolvimento que cada sociedade tinha alcançado. Dessa forma, uma sociedade altamente desenvolvida entendia sua sobrevivência como a manutenção de seu *status* e sua segurança se dirigia a ela. Afirmou que, por outro lado, para uma sociedade pobre, o interesse nacional deveria consistir em alcançar um nível mínimo de desenvolvimento para a sua população e que, enquanto não o alcançasse, sua segurança seria incerta (Jarrín, 1979, p.343).

Em termos de objetivos nacionais, Mercado Jarrín questionou sua formulação em termos abstratos ou meros desejos, propondo que deveriam consistir em ações conscientemente orientadas para propósitos definidos e alcançáveis (Jarrín, 1979, p.346). A esse respeito, ressalta, com relação ao Peru, que nesse país o tema que mais tinha preocupado políticos, sociólogos, economistas e a população em geral, fora o desenvolvimento integral, embora essa preocupação ainda não tivesse sido cabalmente compreendida em alguns setores. Destacou que tal dimensão de desenvolvimento, concebida pelas Forças Armadas e pelos setores progressistas, implicava a transformação das estruturas econômicas, políticas e sociais.

Outros conceitos, por outro lado, não diferiam muito dos expostos por outros teorizadores de segurança nacional. Assim, observou que o potencial nacional representava, para a realização e preservação dos objetivos nacionais, a fonte de que dispunha o Estado para alcançar e manter esses objetivos. Argumentou que essa fonte estava representada por todas as forças materiais e espirituais com que um Estado contava para alcançar seus objetivos nacionais, compreendendo fatores humanos, econômicos, físicos e políticos. Quanto à política nacional, era definida como "a ação do Estado para alcançar seus fins através da realização de seus objetivos nacionais".

Indicava, por outro lado, destacando a clássica dualidade segurança-desenvolvimento própria dessas doutrinas, que a política nacional não era outra coisa que a ação do Estado para alcançar e manter os objetivos nacionais; podendo-se admitir que a política nacional compreendia, por um lado, uma política geral de bem-estar, dirigida a alcançar os objetivos nacionais imediatos nesse âmbito, cujas medidas se concretizavam em diferentes reformas estruturais e ações político-administrativas em todos os setores da vida nacional, e que na maioria dos países, e no governo no Peru, se denominava política de desenvolvimento. Por outro lado, implicava uma política de segurança integral, que buscava alcançar os objetivos nacionais de segurança que permitiriam garantir a busca da solução de problemas socioeconômicos, neutralizando as pressões dominantes tanto no campo externo como no interno e cujas medidas tinham íntima relação com as anteriores, ao mesmo tempo que garantia a integridade territorial e a soberania e a independência da nação (Jarrín, 1979, p.371).

Destacando a acentuada consideração dada ao conflito Norte-Sul, que diferenciava a segurança nacional peruana de suas similares na América Latina, indicava que um meio eficaz de aumentar a segurança das nações seria alcançar uma relação mais justa entre as sociedades desenvolvidas e as sociedades em desenvolvimento, bem como fortalecer os procedimentos para a solução pacífica das disputas.

Como os autores citados anteriormente, Mercado Jarrín observou que, na sua busca para atingir os objetivos nacionais, o Estado tropeçaria em fatores adversos de toda ordem, aos quais, seguindo a terminologia brasileira, denominou de "pressões dominantes", destacando que elas se manifestavam tanto no campo interno como no externo. A superação dessas pressões obrigava a distinguir entre as que poderiam ser superadas pacificamente por ações no campo político e diplomático e as que requeriam para a sua superação a guerra.

Mercado Jarrín, igual aos outros teóricos da doutrina de segurança nacional latino-americana, enfatizou o valor do planejamento em matéria de segurança, bem como a necessidade de que esse planejamento seja devidamente coordenado com o que eles também propõem para o desenvolvimento.

No caso chileno, um dos expositores das versões clássicas da doutrina de segurança nacional foi o general Alejandro Medina Lois. Durante sua atuação como diretor da Escola Militar escreveu: "a sobrevivência constitui a finalidade primária do Estado e impõe dois objetivos fundamentais: desenvolvimento e segurança. Ambos são determinantes e condicionam o processo evolutivo da nação que, como um organismo vivo e eternamente em mudança, pode crescer, melhorar, estagnar ou decair" (Lois, 1979, p.305). Assim, o autor levantou dois dos princípios fundamentais da doutrina: a inquebrável dualidade desenvolvimento-segurança e a concepção organicista de Estado.

Medina Lois também destacou que, diante do temor de uma guerra nuclear generalizada, o suicídio coletivo da humanidade, surgiam novas formas de conflito, fundamentalmente de caráter ideológico, que se expressavam em medidas políticas, econômicas, diplomáticas, combinando-as para se enfrentar e alcançar a situação desejada, ou se comprometer em guerras de objetivo limitado, sem ter que arriscar tudo ou sacrificar parte das pretensões para evitar o holocausto nuclear generalizado (Lois, 1979, p.306).

Encontramos aqui a noção de conflito permanente e que abarca todos os setores da sociedade, fundamentalmente de caráter ideológico. Nesse autor, o conflito Leste-Oeste constitui o desafio fundamental. Medina Lois também apontou que "a ação de demolição da subversão, inspirada na realização do objetivo de poder em forma interna, embora geralmente com inspiração e apoio externo, se torna um flagelo de todo governo constituído, precisamente por seu conteúdo ideológico e ação anarquista". Nesse sentido, argumentou que, na conquista das mentes dos homens, a guerra psicológica estendia suas redes em todos os momentos, buscando influir sobre grupos de interesse e fazendo uso de todos os meios de comunicação social possíveis (Lois, 1979, p.306-7).

Em suma, Medina Lois definiu a segurança nacional como a capacidade do Estado de garantir sua sobrevivência, mantendo sua soberania e independência material e espiritual, preservando sua forma de vida e possibilitando o alcance de seus objetivos fundamentais (Lois, 1979, p.307). Mais uma vez, podemos perceber a amplitude dessa noção, coincidindo virtualmente em sua extensão com a política geral do Estado.

Reflexos da doutrina de segurança nacional no presente

Apesar do que foi exposto, há na América Latina quem negue a existência, mesmo no passado, da doutrina de segurança nacional. Outros afirmam que, embora existisse durante a Guerra Fria, teria terminado com o fim desta. Uma série de medidas tomadas nos países analisados aqui parece indicar que essa doutrina teria ficado no passado. Entre essas medidas, cabe mencionar a sanção, na Argentina, da Lei n.23.554 da Defesa Nacional e do seu memorável debate parlamentar, no qual se realizou uma análise aprofundada e posterior rejeição dessa doutrina, fortalecendo as funções e a autoridade do presidente da nação e do ministro da Defesa. Também se destaca a sanção no Brasil da Constituição de 1988, que pôs fim a uma inclusão histórica na Magna Carta do conceito de segurança nacional, que estava em constituições anteriores, substituindo-o pelos de defesa nacional e segurança pública. No caso chileno, as sucessivas reformas da Constituição desse país, que passaram a dependência de *Carabineros* e de Investigações em relação ao Ministério da Defesa para o ministério encarregado da segurança pública, ao mesmo tempo que modificaram a composição e o funcionamento do Conselho da Segurança Nacional, bem como a sanção da Lei Orgânica do Ministério da Defesa Nacional, que fortaleceu a autoridade do presidente da nação e do ministro da Defesa sobre as Forças Armadas. Mais recentemente, em 2009, o Equador adotou esse caminho ao revogar a Lei de Segurança Nacional e substituí-la pela Lei de Segurança Pública e do Estado (2009). Por sua parte, o Paraguai sancionou a Lei n.1337/1997 de Defesa Nacional e Segurança Interna, de características similares às argentinas.

Apesar dessas medidas positivas, nem tudo foi avanço. Assim como a Otan sobreviveu a sua função fundamental, de enfrentar a URSS e seus aliados do Pacto de Varsóvia, acreditamos que alguns aspectos da doutrina em questão sobreviveram à Guerra Fria, substancialmente pelas mesmas razões.

Embora hoje – felizmente – não seja possível encontrar na América Latina um corpo normativo em que a doutrina de segurança nacional se mostre com tanta pureza e amplitude como no Decreto-Lei n.16.970/1966 argentino ou na Lei n.275 de Segurança Nacional equatoriana, subsistem e inclusive foram adotados em diversos países latino-americanos aspectos claramente identificados com a doutrina. Destaco que a análise seguinte não implica a avaliação política ou ética das medidas que todo país soberano está facultado a tomar. No entanto, consideramos importante ter consciência da persistência dessas concepções, o que implica a possibilidade de que persistam, também, seus já analisados efeitos.

No caso do Brasil, a reintegração em 2016 do Gabinete de Segurança Institucional, com forte presença militar e amplas atribuições na área de inteligência, junto com a designação da cooperação em desenvolvimento nacional como atribuição subsidiária geral das Forças Armadas, constituem elementos próprios da doutrina analisada aqui.

Outras medidas que vão no mesmo sentido são a disposição de atuar de maneira preventiva ou repressiva na faixa de fronteira terrestre, no mar e nas águas interiores, contra delitos transfronteiriços e ambientais, bem como a decisão da Marinha de orientar e controlar a marinha mercante no que se refere à defesa nacional, exercer a função de polícia de segurança da navegação e cooperar com a repressão de delitos em seu âmbito de atuação. Faculdades análogas foram atribuídas à Aeronáutica em matéria de aviação civil, segurança da navegação aérea, infraestrutura aeronáutica, aeroportuária e aeroespacial, e cooperar na repressão dos delitos nos âmbitos do espaço aéreo, bem como em ações de controle do espaço aéreo, contra tráfego aéreo ilícito, entre outros aspectos (art. 17 A e 18).

Outro exemplo de interesse é o dos Estados Unidos do México, em que a Lei de Segurança Nacional de 2005 constitui um caso típico de confusão quase perfeita de funções de defesa nacional, de segurança interior e de aspectos da política geral do Estado. Por outro lado, naquele país, as Forças Armadas exercem, com caráter permanente, funções de segurança interior, desempenhando um papel fundamental na luta contra o narcotráfico.

Uma questão mais sutil relacionada à persistência de aspectos da doutrina aludida surge do Regulamento para a Coordenação de Ações Executivas em Segurança Nacional mexicana de 2006.

De acordo com o artigo 5, o secretário executivo e o secretário técnico, no exercício de suas funções, devem atender aos temas de segurança nacional com uma visão estratégica, integral, ampla, de longo alcance e com base nas seguintes vertentes: a) políticas públicas em matéria de segurança nacional, e

b) inteligência estratégica. Ambas as vertentes devem estar dirigidas a salvaguardar os interesses da segurança nacional, devendo orientar a proposta de objetivos, estratégias e linhas de ação do Plano Nacional de Desenvolvimento, na condução da matéria de segurança nacional, e do programa que, na devida oportunidade, seja submetido à consideração do Conselho de Segurança Nacional. Encontramos aqui a dualidade *segurança-desenvolvimento* – em função da segurança – característica da doutrina em análise.

A tentação da segurança que tudo abarca e da formulação da política nacional a partir do âmbito da segurança constitui uma antiga característica latino-americana, com maior ou menor grau de influência estrangeira. É muito frequente que nos âmbitos de segurança – militares ou não – se pense que os restantes âmbitos da sociedade são ineptos para exercer a função governamental e, às vezes até com sincero patriotismo, se considere possível e adequado transladar a ordem e a disciplina, próprias de tais âmbitos, para o resto da sociedade. Essas tentativas, no entanto, não resultaram frutíferas. Por outro lado, as experiências latino-americanas da Guerra Fria em matéria de segurança onicompreensiva e amplas funções castrenses conspiraram contra a eficácia do controle constitucional das Forças Armadas e contra a estabilidade e eficácia dos governos eleitos. Algumas noções dessas experiências sobrevivem na região.

Referências bibliográficas

COMBLIN, J. *A ideología da seguranca nacional*: o poder militar na América Latina. Rio de Janeiro: Civilização Brasileira, 1978.

GURGEL, J. A. A. *Segurança e democracia*: uma reflexão política sobre a doutrina da Escola Superior de Guerra. Rio de Janeiro: Biblioteca do Exército Editora; José Olimpio, 1975.

JARRÍN, E. M. La política de seguridad integral. In: ROJAS, A. C. (Ed.). *Geopolítica y seguridad nacional en América.* México: Universidad Nacional Autónoma de México, 1979.

LOIS, A. M. La Doctrina de Seguridad Nacional. In: ROJAS, A. C. *Geopolítica y seguridad nacional en América.* México: Universidad Nacional Autónoma de México, 1979.

ROJAS, A. C. *Estados Unidos-América Latina, Fuerzas Armadas y defensa nacional.* Sinaloa: Universidad Autónoma de Sinaloa, 1980.

SILVA, G. do C. e. *Planejamento estratégico.* Brasília: Editora Universidade de Brasília, 1981. [Cadernos da Universidade de Brasília.]

TAVARES, A. de L. *O Brasil de minha geração*. Rio de Janeiro: Biblioteca do Exército Editora, 1976.

VILLEGAS, O. G. *Políticas y estrategias para el desarrollo y la seguridad nacional*: enfoques y temas. Buenos Aires: Círculo Militar, 1969.

ECONOMIA DE DEFESA

Ariela Diniz Cordeiro Leske

A ECONOMIA DE DEFESA PODE SER ENTENDIDA como o raciocínio e aplicação de métodos econômicos para estudar a defesa e os aspectos econômicos relacionados a essa área. Contudo, a economia de defesa não chega a ser uma disciplina permanente ou mesmo eletiva dos cursos de economia, em que pese ser uma área com aspectos e impactos econômicos não insignificantes. Há tempos tem ocorrido algum debate à margem dos estudos econômicos, com maior intensidade a partir da II Guerra Mundial, e ele se mantém mesmo após o fim da Guerra Fria, com a realização de estudos sobre gastos militares, alianças, práticas de aquisição, base industrial de defesa e políticas industriais e inovativas na área.

De acordo com Hartley e Sandler (1995), como uma subárea da economia, a economia de defesa difere de outros campos, em termos de agentes (por exemplo, os ramos das Forças Armadas), sua base arranjos institucionais (por exemplo, os contratos e as alianças), e suas questões pertinentes. Assim, é essencial analisar como se estabelecem as relações a partir das instituições, as políticas, os contratos, os processos requeridos, a organização para aquisição de armas, entre outros aspectos.

Segundo Hartley (2007), em virtude da dinâmica relacionada à defesa, a forma como o tema é abordado tende a ser influenciada pelo contexto político e socioeconômico dos países, de forma que, consequentemente, também tende a variar ao longo dos anos. Nesse sentido, durante a Guerra Fria, a economia da defesa foi definida como o estudo econômico da defesa, do desarmamento, da conversão e da paz. Já a partir do pós-Guerra Fria, a economia da guerra e da paz passou a ter maior foco. Para Hartley (2007), as definições atuais tendem a incluir também o estudo de guerras e conflitos convencionais e não convencionais, como as guerras civis e o terrorismo. Assim, tem-se aqui por objetivo apresentar alguns dos elementos que compõem o estudo da economia de defesa.

Adam Smith é apontado como um dos pioneiros dos estudos econômicos e também é possível apontá-lo como um dos pioneiros nos estudos da economia de defesa. Em sua obra seminal *A riqueza das nações*, Smith (2006) dedica o Capítulo 1 do Livro Quinto ao estudo dos gastos do Estado, sendo a primeira parte dedicada aos gastos militares. Nesse capítulo, o autor aborda a necessidade de o Estado atuar como provedor da defesa nacional, cabendo à população residente o seu financiamento. Assim como em outros setores da economia, Smith acredita que a arte da guerra requer especialização como uma forma de torná-la mais eficiente, devendo assim ter-se a carreira de soldado, o qual iria para a guerra, enquanto a população continuaria trabalhando. Essa especialização acabou dando maior vantagem às sociedades mais ricas, já que, quanto maior o investimento na preparação dos exércitos, maiores as possibilidades de sucesso nos confrontos.[1]

Das conclusões de Smith é possível destacar algumas características econômicas a serem analisadas na área de defesa: o papel do Estado como provedor, a alocação de recursos públicos, o treinamento de recursos humanos, a relação entre estrutura econômica, recursos militares e sucesso bélico. No entanto, estes são apenas alguns temas inerentes à economia de defesa, como pode se observar, por exemplo, nos dois volumes do *Handbook of Defense Economics*, que mostram uma série de temas dessa área discutidos por diversos autores (Hartley; Sandler, 1995; Sandler; Hartley, 2007). Entre os principais temas debatidos é possível citar os gastos militares, os efeitos econômicos dos conflitos, das sanções e do terrorismo, a base industrial, comércio de armas, corridas armamentistas, aquisições e recursos humanos.

Não se pretende esgotar aqui todos esses tópicos e se manterá o foco apenas sobre os gastos militares, pondo em perspectiva o debate relacionado à sua alocação, e os impactos econômicos relacionados.

1 Na sua análise, Smith relata como a evolução de uma sociedade impacta as necessidades em defesa, pois, ao sair do campo para as cidades, ao trocar a agricultura pela manufatura, a população adquire hábitos mais sedentários. Assim, ao contrário do que acontecia antes, os homens não estavam mais acostumados com trabalhos de intenso esforço físico, fato que deixava a população mais rústica em melhores condições de enfrentar uma guerra. Assim, Smith acredita que a revolução provocada pela introdução da manufatura e especialização do trabalho levaram a um novo equilíbrio das forças durante as guerras. Para uma análise mais detalhada, ver Matos (2015).

Os gastos militares

O volume de recursos destinados ao financiamento das atividades militares tem sido tratado como um dos principais indicadores da importância da área para determinado país. Dessa forma, os gastos militares costumam ser utilizados para fins de comparações internacionais como indicadores da força militar. O Stockholm International Peace Research Institute (Sipri) é a base de dados mais citada correntemente pela maioria dos estudos da área, pelo fato de ser uma base de acesso livre, por converter as séries para dólar e por adotar um método uniforme para a coleta de dados nos diferentes países, o que facilita a comparação. Além desse instituto, também são disponibilizados dados pelo *Military Balance* e pelo IHS Jane's. Contudo, é sempre preciso fazer algumas ressalvas. Segundo Brzoska (1995), o nível e a composição dos gastos militares são frequentemente tratados como segredos de Estado. Mesmo em Estados com sistemas políticos e parlamentares abertos, existe quantidade considerável de informações que não são de livre acesso ao público. O próprio Sipri faz um índice que mostra o nível de facilidade de acesso às informações disponibilizadas pelos países, no qual os Estados Unidos, por exemplo, aparecem entre aqueles com baixo índice de transparência (Sipri, 2013).

Como são determinados esses gastos? O volume empregado na área de defesa parece variar de acordo com uma diversidade de fatores, que podem ir além do envolvimento em conflitos armados. Em sua análise, Albalate et al. (2012), por exemplo, buscaram identificar os fatores institucionais que determinariam os gastos militares através de um modelo de regressão linear. Entre os indicadores adotados estão: a forma de governo, o tipo de regime, as regras eleitorais e a concentração dos partidos parlamentares. Os resultados mostraram que as democracias presidenciais gastam mais com defesa do que os sistemas parlamentares, porém a interação com a norma eleitoral majoritária reduz esses gastos. De forma geral, os autores sugerem que, em contraste com as previsões teóricas, as instituições não têm o mesmo impacto sobre o fornecimento de todos os bens públicos, em particular sobre a defesa.

De acordo com Hartley e Sandler (1995, p.46), os gastos militares também podem ser positivamente influenciados pela renda do país, pelos preços dos produtos de defesa e pelos gastos de um Estado vizinho, de forma que aumentos em qualquer um desses fatores tendem a elevar os gastos militares. Assim, elevações nos preços dos produtos de defesa, dado o nível de compras, elevariam o gasto necessário. O aumento da renda do país teria impacto positivo em virtude da maior disponibilidade de recursos e de uma possível percepção de necessidade de segurança, o que tornaria a população e os governos mais propensos a investir na área. Já o aumento dos gastos dos países vizinhos pode levar a uma corrida armamentista, pois, ao se armar, um país pode acabar criando alguma incerteza sobre suas intenções, gerando insegurança nos países vizinhos, conforme analisou Angell (2002) em relação ao período anterior à I Guerra Mundial, por exemplo.

Para Battaglino (2013), o nível dos gastos militares depende dos gastos de demanda (gastos desejáveis) e da viabilidade dos gastos. Enquanto o primeiro depende da avaliação estratégica da demanda, o segundo depende da disponibilidade de recursos econômicos e do nível de interesse político. Assim, mesmo que haja recursos econômicos disponíveis, o nível de empenho dependerá ainda do empenho político.

Na percepção de Heye (2005), a influência política sobre o orçamento de defesa é constante e, por isso, supõe que os gastos militares irão refletir tanto as pressões da estrutura do sistema internacional como as pressões da estrutura doméstica dos Estados. Ao analisar os dados para 61 países, o autor observou que, conforme um país se torna mais democrático, menores tendem a ser seus gastos na área militar, fato também identificado por Goldsmith (2003). Esse efeito negativo também é observado em relação às relações civis-militares, de forma que avanços nessas relações podem induzir à redução dos gastos.

De forma geral, no pós-Guerra Fria têm sido observadas significativas pressões para a redução dos gastos militares, principalmente pela corrente neoliberal, que propunha, inclusive, que os valores não ultrapassassem 2% do PIB. De fato, a partir da década de 1990, os orçamentos de defesa de diversos países foram reduzidos, principalmente nos Estados Unidos, Inglaterra e França (Yang et al., 2015). Entre as principais razões para a redução desses gastos podem ser citadas: a pressão política em âmbito global, revisão das prioridades de segurança nacional, crises fiscais/econômicas, restrições orçamentárias e o impacto em políticas de bem-estar social (*trade-off* entre armas e saúde, por exemplo).

Hitch e McKean (1960) discutiram a necessidade de se compreender os problemas econômicos relacionados à defesa, como a alocação eficiente do orçamento e as funções do governo e dos agentes privados. Quanto ao orçamento, os autores observaram que as decisões sobre a alocação envolvem resolver os *trade-offs* entre quais produtos ou missões devem ser priorizados, qual capacidade militar e de mobilidade deve ser suficiente, entre outros fatores. Os agentes privados surgem como fornecedores que são produtores ou intermediários, enquanto o governo, juntamente com as Forças Armadas, define o nível de demanda, tipos de contratos e prioridades estratégicas de emprego. Os fatores econômicos e as decisões possuem uma relação de interdependência e impactam diretamente nos custos, consequentemente, também sobre o quanto pode ser direcionado para cada projeto ou missão. Assim, a preocupação de Hitch e McKean (1960) centrou-se sobre a gestão eficiente dos recursos, com análise do planejamento orçamentário e da relação custo-benefício.

Para lidar com os novos cenários, a partir da década de 1990, muitos países buscaram formas de conferir mais eficiência aos investimentos militares. Segundo Navarro-Galera et al. (2013), o modelo Life Cicle Costing tem sido internacionalmente adotado para melhorar essa eficiência. Na sua análise, observaram que não há relação entre o volume de gastos e a busca por eficiência, de forma que gastar mais pode não ser sinônimo de gastar bem. Os autores identificaram ainda que os países que passaram por maiores cortes orçamentários mostram-se mais adeptos de mecanismos de eficiência.

As alianças entre os países aliados, como a Otan, também são defendidas como uma forma de se compartilhar custos e, assim, reduzi-los individualmente. Contudo, alguns aspectos enfraquecem a eficiência desse tipo de aliança, uma vez que nem sempre a divisão é igualitária e países ricos tendem a gastar mais, enquanto outros podem ir apenas como "caronas". Com isso, é possível que os gastos fiquem em nível abaixo do ótimo (Dunne, 1995). Adicionalmente, os aliados também precisam lidar com as especificidades operacionais e culturais de cada país, o que, por sua vez, requer que projetos tenham que ser adaptados, e isso também pode acarretar aumento de custos.

Da perspectiva aqui abordada e sem exaurir as possíveis fontes, identificaram-se alguns fatores que influenciam os níveis de gastos e alguns indicadores da busca de eficiência na sua alocação. Entretanto, as questões relacionadas aos gastos militares perpassam ainda a forma como esses gastos impactam a economia, ou como podem ser utilizados na busca por maior poder econômico e político.

A defesa e os efeitos econômicos

Já em 1912, Angell discutia a proposição de que a guerra pode aumentar a riqueza de um país. No período que antecede a I Guerra Mundial, ele observou com atenção o desenrolar da corrida armamentista. Muitos dos seus contemporâneos defendiam o aumento do fortalecimento bélico por parte da Inglaterra como forma de deter um possível expansionismo econômico alemão, já que o sucesso comercial inglês, à época, era creditado ao seu poder marítimo.

Angell (2002), porém, discordava desses argumentos. Para o referido autor, não seria possível acabar com o comércio do país sem acabar com sua população, dado que esta continuaria trabalhando e consumindo. Além disso, o estreitamento das relações financeiras poderia implicar choques sistêmicos sobre a economia de toda a Europa, com clara alusão à fragilidade financeira, já perceptível naquele período. De forma semelhante, Keynes (1919) defende que a imposição de condições punitivas poderia limitar a prosperidade da Europa e, por isso, os países vencedores não deveriam deixar a Alemanha tão vulnerável. Assim, enquanto Angell criticava a possível eclosão da guerra para obter benefícios econômicos, Keynes, no pós-guerra, reforçava o quanto poderia ser prejudicial para a Europa infligir duras penas à Alemanha, o que de fato se mostrou como um efeito perverso, tendo em vista a retomada desse país de forma bastante ressentida.

Contudo, em que pese a busca de soluções pacifistas baseadas nos possíveis impactos econômicos negativos por esses autores, na análise sobre a hegemonia mundial, Arrighi (1996, 2008) acredita que as guerras têm marcado a luta pelo poder de forma que os investimentos em defesa teriam como fim garantir aos países líderes sua contínua ascendência sobre os demais. Na percepção da teoria dos ciclos do sistema-mundo, a hegemonia seria marcada pelo acúmulo de poder econômico, político e militar. Para Fiori, "foi a necessidade de financiamento das guerras que esteve na origem da convergência entre o poder e a riqueza", assim como na raiz do surgimento dos Estados-nações (Fiori, 2004, p.34).

Essas percepções tendem a ser mais próximas dos estudos de economia política. Nos estudos da economia de defesa, de forma geral, tem sido mais comum a análise dos efeitos econômicos dos gastos militares; os autores desses estudos costumam ser divididos entre aqueles que acreditam que esses gastos estimulam a economia, a partir do efeito multiplicador positivo, e aqueles que entendem que o tipo de efeito depende das circunstâncias, logo, não seriam necessariamente positivos.

Aqueles que adotam o chamado keynesianismo militar acreditam que os gastos militares podem ser significativos. As externalidades positivas advindas dos gastos com defesa estão, em geral, relacionadas à formação de capital humano, capacitação industrial, transbordamentos tecnológicos e segurança, fatores que reforçariam o crescimento econômico através do efeito multiplicador keynesiano sobre a demanda agregada (Macnair et al., 1995; Dunne; Nikolaidou, 2001; Yildirim et al., 2011; Cypher, 2015; Sempere, 2015). Tais gastos seriam particularmente úteis para a economia quando verificado elevado nível de desemprego, uma vez que maior demanda agregada pode elevar a produção e o emprego.

Nesse sentido, Kollias et al. (2004), por exemplo, analisaram quinze países da União Europeia e identificaram evidência de que o crescimento econômico teria influenciado no aumento das despesas militares e não o contrário. Assim, o aumento dos gastos seria viabilizado pelo crescimento econômico e uma maior demanda da população por segurança, em função da maior disponibilidade de renda nacional. Pieroni et al. (2008) encontraram evidências de impactos positivos e significativos dos gastos de defesa nos Estados Unidos e no Reino Unido, no entanto, com baixa elasticidade.

Ao analisar os efeitos econômicos dos gastos de defesa no crescimento em oitenta países, Heo (1998) observou que os resultados variam entre os países e que, para a maioria dos casos analisados, a situação indicava que cortes nesses gastos seriam até desejáveis. Assim, haveria um *trade-off* entre os investimentos produtivos, ou despesas com saúde e educação, e os gastos de defesa, pois, dada a existência de restrições orçamentárias, aumentos nos gastos em uma área tendem a reduzir os gastos nas demais áreas.

Ainda no âmbito do arcabouço keynesiano, os estudos sobre os efeitos econômicos dos gastos militares passaram a incluir também os estudos em relação às missões de paz e às ações e precauções relacionadas ao terrorismo. Em relação à manutenção da paz, Welfens (1989) indica que esta pode ser analisada através de ferramentas econômicas, adotando algumas categorias como as políticas de recursos humanos, de compras governamentais, de P&D militar e do comércio de armas, do lado da oferta. Porém, segundo o autor, em que pesem os diversos indícios obtidos, a análise econômica do *peacekeeping* foi negligenciada pelos economistas. Para Carnahan et al. (2006), as missões de paz podem contribuir também com o desenvolvimento econômico e, assim, através de um ciclo virtuoso, quanto maior esse desenvolvimento, menos tempo deverá durar a missão. As operações criam alguma demanda de mão de obra local, tendem a atrair novos investidores e abrem novas rotas de fornecimento; do ponto de vista setorial, habitação e serviços são os setores mais beneficiados. Porém os autores estimaram que, a cada dólar gasto pelas missões, a economia se expande em 1,5%, índice considerado relativamente baixo.

Por outro lado, é preciso considerar também os efeitos colaterais, tais como o impacto inflacionário (elevação do nível salarial e dos aluguéis) e a insustentabilidade de certos negócios após a saída das missões (Carnahan et al., 2006; Ammitzbøll; Tychsen, 2010). O impacto econômico pode ser superestimado, pois muitos dos recursos não são consumidos no mesmo local e os estrangeiros tendem a poupar ou enviar seus rendimentos para seu país de origem. Adicionalmente, os locais costumam ser empregados temporariamente e em nível abaixo da sua qualificação, o que pode atrofiar a economia (Ammitzbøll; Tychsen, 2010).

Em relação ao terrorismo, o fator econômico pode estar relacionado aos aumentos orçamentários necessários para lidar com as novas ameaças e na forma como a ocorrência dos ataques afeta a economia.

Bruck (2007) analisou esses efeitos sobre o comércio internacional baseado em uma investigação do fluxo do comércio bilateral entre mais de duzentos países, no período de 1960 a 1993. Para o autor, o terrorismo é um obstáculo para o comércio internacional por causa da insegurança decorrente dos atos de extrema violência, o que afeta diretamente o turismo, hábitos de compras, transportes públicos e, principalmente, reduz a perspectiva de investimentos. Além disso, a destruição de bens privados pode afetar indústrias e suas cadeias produtivas. Em consequência, muitos custos se elevam, como os fretes e a segurança privada, por exemplo. Ainda conforme resultados encontrados, Bruck (2007) afirma que as ações terroristas tendem a reduzir o volume de comércio em cerca de 4%. Em relação aos aspectos financeiros, Barber (2011) estima que a economia do terror movimenta algo em torno de 1,5 trilhão de dólares por ano. Qualquer grupo terrorista precisa de financiamento para manter sua infraestrutura e as suas fontes de recursos derivam de atividades tanto lícitas quanto ilícitas, principalmente do crime organizado (Barber, 2011).

Assim, por fim, observa-se que os efeitos econômicos relacionados aos gastos militares têm sido observados de diversas perspectivas, ainda que não haja consenso sobre o tema. Esses estudos podem ser muito úteis para identificar formas de alocar eficientemente os recursos ou mesmo para elaborar políticas econômicas que englobem a defesa nacional no âmbito de ações macro e microeconômicas, como bem fez Keynes durante a II Guerra Mundial.[2]

2 Keynes (1940) observou que, para implantar seu plano de financiamento para a II Guerra Mundial, era preciso planejar não apenas o impacto financeiro, mas também a forma que essa alocação atuaria sobre a economia, principalmente sobre o consumo das famílias e sobre os preços dos produtos. Assim, suas recomendações tentaram estimular a economia e controlar o consumo no momento de maior esforço de guerra, com mínimo impacto possível sobre a inflação. Sendo visto como relativamente bem-sucedido, Keynes reconheceu que a pressão gerada pela guerra em território nacional cria circunstâncias em que os gastos militares acabam tendo externalidades significativas sobre o crescimento da economia.

Referências bibliográficas

ALBALATE, D.; BEL, G.; ELIAS, G. Institutional Determinants of Military Spending. *Journal of Comparative Economics*, v.40, p.279-90, 2012.

AMMITZBØLL, K.; TYCHSEN, M. D. The Unintended Economic Consequences of Complex Peace Operation on Host Societies. In: FEICHTINGER, W.; GAUSTER, M. *Economic Impacts of Crisis Response Operations*: An Underestimated Factor in External Engagement. Institut für Friedenssicherung und Konflikt Management, Viena, 2010.

ANGELL, N. *A grande ilusão*. São Paulo; Brasília: Imprensa Oficial do Estado; Editora UnB, 2002.

ARRIGHI, G. *O longo século XX*. Rio de Janeiro; São Paulo: Contraponto; Editora Unesp, 1996.

______. *Adam Smith em Pequim*: origens e fundamentos do século XXI. São Paulo: Boitempo, 2008.

ASSEERY, A. A. Evidence from Time Series on Militarizing the Economy: The Case of Iraq. *Applied Economics*, v.28, n.10, p.1257-61, 1996.

BARBER, S. The New Economy of Terror: The Financing of Islamist Terrorism. *Global Security Studies*, v.2, n.1, inverno 2011.

BATTAGLINO, J. M. The Determinants of Arms Spending in South America. *Journal of Politics in Latin America*, v.5, n.2, p.71-103, 2013.

BRUCK, T. *The Economic Analysis of Terrorism*. New York: Routledge, 2007.

______; CROOT, O. The Economic Impact of Violent Conflict. *Defence and Peace Economics*, v.24, n.6, p.497-501, 2013.

BRZOSKA, M. World Military Expenditures. In: HARTLEY, K.; SANDLER, T. (Eds.). *Handbook of Defense Economics*. v.1. Amsterdam: North-Holland, 1995. p.399-429.

CARNAHAN, M.; DURCH, W.; GILMORE, S. *Economic Impact of Peacekeeping*. Final Report. New York: Peace Dividend Trust for the Peacekeeping Best Practices Section, UN Department of Peacekeeping Operations, 2006.

CARUSO, R. et al. The Economic Impact of Peacekeeping. Evidence from South Sudan. *Defence and Peace Economics*, 2016.

COLLIER, P. Economic Causes of Civil Conflict and their Implications for Policy. *Oxford Economic Papers*, v.51, n.1, p.168-83, 1999.

CYPHER, M. J. The Origins and Evolution of Military Keynesianism in the United States. *Journal of Post Keynesian Economics*, v.38, n.3, p.449-76, 2015.

DUNNE, J. P. The Defense Industrial Base. In: HARTLEY, K.; SANDLER, T. (Eds.). *Handbook of Defense Economics*. v.1. Amsterdam: North-Holland, 1995. p.399-429.

______; NIKOLAIDOU, E. Military Spending and Economic Growth: A Demand and Supply Model For Greece, 1960-1996. *Defence and Peace Economics Special Issue*, v.12, n.1, p.47-67, 2001.

______; ______; SMITH, R. Military Spending, Investment and Economic Growth in Small Industrializing Economies. *The South African Journal of Economics*, v.70, n.5, p.1-27, 2002.

______; VOUGAS, D. Military Spending and Economic Growth in South Africa. *Journal of Conflict Resolution*, v.43, n.4, p.521-37, 1999.

FIORI, J. L. *O poder americano*. Petrópolis: Vozes, 2004.

FLORES, T. E.; NOORRUDDIN, I. Financing the Peace: Evaluating World Bank Post-Conflict Assistance Programs. *The Review of International Organizations*, v.4, p.1-27, 2009.

GOLDSMITH, B. Democracy and the Defense Burden: Do Democracies Spend Less on the Military? ANUAL MEETING OF THE AMERICAN POLITICAL SCIENCE ASSOCIATION. Philadelphia, 2003.

HARTLEY, K. Defense Economics: Achievements and Challenges. *Economics of Peace and Security Journal*, v.2, n.1, p.45-50, 2007.

______. *The Economics of Defence Policy*: A New Perspective. London: Routledge, 2012.

______; SANDLER, T. (Eds.). *Handbook of Defense Economics*. v.1. Amsterdam: North-Holland, 1995. p.399-429.

HEO, U. The Relationship between Defense Spending and Economic Growth in the United States. *Political Research Quarterly*, v.63, n.4, p.760-70, 2010.

______. Modeling the Defense-Growth Relationship around the Globe. *Journal of Conflict Resolution*, n.42, p.637-57, 1998.

HEYE, T. *Os determinantes políticos dos gastos militares no pós-Guerra Fria*. Tese (Doutorado) – Instituto Universitário de Pesquisas do Rio de Janeiro (Iuperj), 2005.

HITCH, C. J.; MCKEAN, R. N. *The Economics of Defense in the Nuclear Age*. Santa Monica: Rand Corporation, 1960.

KEYNES, J. M. *How to Pay of the War*: A Radical Plan for Chancellor of the Exchequer. New York: Harcourt, 1940.

______. *Como financiar a guerra*: um plano radical para o Ministério da Fazenda. Ministério da Marinha do Brasil, 1970.

______. The Economic Consequences of Peace. In: MOGGRIDGE, D. (Ed.). *The Collected Writings of John Maynard Keynes*, v.2. London: Macmillan and Saint Martin's Press, 1919.

KOLLIAS, C.; MANOLAS, G.; PALEOLOGOU, S-M. Defence Expenditure and Economic Growth in the European Union: A Causality Analysis. *Journal of Policy Modeling*, v.26, n.5, p.553-69, 2004.

MACNAIR, E.; MURDOCH, C.; SANDLER, T. Growth and Defense: Pooled Estimates for the Nato Alliance 1951-1988. *Southern Economic Journal*, v.6, n.1, p.846-60, 1995.

MATOS, P. O. Implicações econômicas na guerra e no poder militar. *Tensões Mundiais*, v.11, n.20, p.28, 2015.

NAVARRO-GALERA, A. et al. Factors Influencing the Modernization of Military--Investment Economic Appraisal Systems. *Defence and Peace Economics*, v.25, n.6, p.577-604, 2013.

PIERONI, L.; D'AGOSTINO, A. G.; LORUSSO, M. Can We Declare Military Keynesianism Dead? *Journal of Policy Modeling*, n.30, p.675-91, 2008.

RICHARDSON, L. F. *Arms and Insecurity*: A Mathematical Study of the Causes and Origins of War. Pittsburgh, PA: Homewood, 1960.

SANDLER, T.; HARTLEY, K. (Eds.). *Handbook of Defense Economics*: Defense in a Globalized World. Amsterdam: Elsevier, 2007.

SEMPERE, C. M. A Survey of Performance Issues in Defence Innovation. *Defence and Peace Economics*, v.28, n.3, p.319-43, 2015.

SMITH, A. *Inquérito sobre a natureza e as causas da riqueza das nações*. 4.ed. Trad. Luís Cristóvão de Aguiar. Coimbra: Fundação Calouste Gulbenkian, 2006. v.II.

STOCKHOLM INTERNATIONAL PEACE RESEARCH INSTITUTE (Sipri). *Armaments, Disarmaments and International Security*. Oxford: Oxford University Press, 2013.

WELFENS, J. J. P. The Economics of Military and Peacekeeping: An Emerging Field. *Jahrbuch für Sozialwissenschaft*, v.40, n.3, p.358-85, 1989.

YANG, H. et al. Arms or Butter: The Economic Effect of an Increase in Military Expenditure. *Journal of Policy Modeling*, v.37, n.4, p.596-615, 2015.

YILDIRIM, J.; OCAL, N.; KESKIN, H. Military Expenditures, Economic Growth and Spatial Spillovers: A Global Perspective. INTERNATIONAL CONFERENCE ON APPLIED ECONOMICS, Turkey, 2011.

EMPRESAS MILITARES E DE SEGURANÇA PRIVADA

Cauê Rodrigues Pimentel
Tomaz Oliveira Paoliello

Empresas militares e de segurança privada (EMSPs ou PMSC – acrônimo do nome em inglês, *private military and security companies*) são companhias de capital privado que atuam, direta ou indiretamente, em atividades relacionadas ao uso da força coercitiva. Essas empresas oferecem serviços de segurança armada, transporte, alimentação, treinamento militar, manutenção e operação de sistemas de armas, instalações prisionais, bases militares, funções de inteligência, consultoria estratégica e outras atividades correlatas ao uso da força. As EMSPs atuam, destarte, em áreas e funções que foram historicamente consideradas como atribuições fundamentais do Estado moderno.

A produção acadêmica sobre as EMSPs é bastante recente. A própria designação EMSP não é unânime, já que uma série de denominações e siglas são utilizadas para se referir às empresas ou aos indivíduos contratados para prestar serviços que seriam da competência militar. O leitor poderá se deparar com diferentes nomenclaturas, como *private military companies*, *private military firms*, *private security companies* ou *private military and security companies*, além de termos como *contractor*, *military contractor*, *private contractor*, entre outros. A designação EMSP tem se tornado padrão para esse tipo de ator, usada tanto por agências governamentais, os principais clientes das EMSPs, quanto pela academia e pela sociedade civil. Essa denominação tem a capacidade de indicar um tipo de ator específico, ao mesmo tempo que permite englobar uma série de diferentes empresas e funções dentro dessa terminologia.

O surgimento das EMSPs está relacionado a dinâmicas estruturais e conjunturais que emergem sobretudo no pós-Guerra Fria.

As estruturais estão relacionadas às mutações do Estado na contemporaneidade e às transformações nos campos de batalha que caracterizam os conflitos modernos. Já as conjunturais estão relacionadas a fatores de oferta e demanda que influem na formação de um "mercado da força" (Avant, 2005).

Entre os fatores estruturais destacam-se, em primeiro lugar, a proliferação de conflitos irregulares, ou das chamadas "novas guerras", marcadas pela intensa participação de atores não governamentais e não estatais. Entre esses atores poderíamos incluir tanto as chamadas novas ameaças – como o terrorismo e o narcotráfico – quanto as próprias EMSPs, fato que demonstra a miríade de interesses públicos e privados, estatais e não estatais, políticos e econômicos, que atuam nesses cenários de violência armada. Em segundo lugar, destaca-se a transformação qualitativa do Estado sob o impacto da lógica neoliberal, a partir dos anos 1980-1990, em um contexto de supremacia dos mercados que privilegia a suposta eficiência da iniciativa privada em substituição às custosas e burocráticas instituições estatais, inclusive as instituições militares.

No que se refere aos fatores conjunturais, há consenso na bibliografia sobre como a tendência global de desmobilização dos exércitos regulares após o fim da Guerra Fria favoreceu a expansão das EMSPs, já que facilitou o recrutamento de profissionais com habilidades técnicas relacionadas à atividade militar. Ademais, muitos ex-militares e ex-funcionários públicos, inclusive políticos, figuram como proprietários e conselheiros das EMSPs, o que evidencia as portas giratórias entre os setores público e privado. Paralelamente, a ampla desmobilização pós-Guerra Fria também liberou, no mercado internacional, equipamentos e armamento de alta tecnologia que foram, em parte, absorvidos pelas EMSPs por baixos valores. A demanda por EMSPs atingiu um patamar inédito no pós-11 de Setembro, particularmente após o anúncio da Guerra ao Terror e das operações norte-americanas no Afeganistão e no Iraque. O enorme crescimento nas verbas para serviços militares criou uma explosão na quantidade de EMSPs, o que, consequentemente, expandiu vigorosamente receitas do setor e conferiu repercussão internacional a essas empresas. Durante as guerras do Afeganistão e do Iraque, o Departamento de Defesa dos EUA contou, em média, com aproximadamente um contratado privado para cada soldado regular (Singer, 2008).

Com a disseminação de EMSPs nos anos 2000, surgiu a necessidade de sistematizar e classificar a ampla gama de funções exercidas por essas empresas. Muitas obras de referência se dedicam, em maior ou menor medida, à tarefa de clarificar a variada taxonomia das EMSPs. A classificação mais consagrada, formulada originalmente por Peter Singer (2008), estabelece três tipos de

EMSPs, de acordo com o grau de proximidade dessas empresas com a frente de combate. Em primeiro nível estão as provedoras militares (*military provider firm*), empresas que atuam no ambiente tático e nos cenários de combate; via de regra, os empregados dessas empresas encontram-se diretamente envolvidos nas atividades de combate, atuando como soldados, pilotos, forças especiais ou líderes de equipes táticas. Em segundo nível estão as consultorias militares (*military consultant firm*), companhias que atuam no treinamento e aconselhamento das forças da parte contratante; essas empresas não se envolvem diretamente no combate e não enfrentam o adversário, mas estão intimamente ligadas à forma de atuação das forças de combate para a qual trabalham, uma vez que estão vinculadas a aspectos estratégicos do uso da força. Uma das atividades mais comuns dessas consultorias refere-se à formação, ao treinamento e à reestruturação das Forças Armadas da parte contratante, função na qual as EMSPs acabam exercendo influência estratégica, visto que impactam sobre o adestramento das forças de segurança. Por fim, Singer identifica as empresas de apoio militar (*military support firm*), companhias que atuam na área de logística, transporte, inteligência, apoio técnico e suprimentos, ou seja, funções de suporte aos esforços militares; para a bibliografia, mesmo essas empresas podem ter impacto estratégico, já que, muitas vezes, os esforços de uma missão seriam comprometidos sem a presença dessas atividades auxiliares. É importante mencionar que, muitas vezes, uma mesma empresa cumpre, simultaneamente, diversas dessas funções.

Um debate central nas discussões acerca das EMSPs refere-se à questão do mercenarismo. Conceitualmente, as EMSPs se diferenciam do mercenarismo, prática condenada internacionalmente pela Convenção de Genebra. Além da questão legal, o termo "mercenário" também envolve conotação pejorativa e uma decorrente condenação de caráter moral. Para Peter Singer (2008) e Sarah Percy (2007), as EMSPs não se confundem com o mercenarismo, uma vez que são companhias comerciais cuja forma organizacional é fundamentalmente diferente tanto dos aventureiros individuais, em busca de lucro e glória, quanto dos mercenários que recorrem ao mercenarismo como forma de sobrevivência em cenários de conflito e miséria. As EMSPs são hierarquicamente organizadas como negócios legalmente registrados que competem, via de regra, em mercados de livre concorrência de alcance global, visando ao lucro. Por serem empresas legalmente constituídas, as EMSPs usufruem de redes de financiamento internacional semelhantes àquelas que irrigam outros setores econômicos. Essas características diferenciam as EMSPs não só daqueles mercenários que agem na obscuridade, contra a lei, mas também daquelas companhias monopolistas dos séculos XVII e XVIII, as quais criavam suas próprias leis e regras, atuando como entidades paraestatais corresponsáveis pela exploração colonial (Singer, 2008, p.45-6; Percy, 2007). Conclui-se, portanto, que as EMSPs são, a despeito de sua controversa imagem e atividade, atores com ampla presença internacional e que operam não em concorrência, mas em conjunto com forças estatais, intergovernamentais (como a ONU e a Otan), ou mesmo organizações não governamentais que atuam em cenários de risco. De fato, muitos dos contratos obtidos por essas companhias são realizados com governos de países desenvolvidos, onde essas empresas estão intrinsecamente ligadas ao processo de *outsourcing* e terceirização de funções militares, o que demonstra a simbiose entre o processo de privatização da força e as forças militares convencionais.

No cenário atual, há uma acirrada discussão relativa ao controle e à regulação dessas empresas em âmbito transnacional. Esse debate tem se manifestado tanto na esfera interestatal quanto na opinião pública entre jornalistas, ativistas e pesquisadores. Se, por um lado, há uma confluência de interesses entre EMSPs e o Estado, por outro, há uma tensão crescente quanto à ausência de regulação e *accountability* sobre as funções militares privatizadas. Nas atuais circunstâncias, a atuação desregulada das EMSPs enfraquece a transparência democrática sobre o uso da força e fragiliza a proteção das obrigações do direito humanitário em zonas de conflito. Por ser um fenômeno relativamente recente, a regulação das atividades das EMSPs ainda carece de tratamento adequado por parte do direito internacional e das legislações nacionais. A falta de regras claras sobre a atuação desses agentes, ou mesmo sobre seu *status* jurídico em campo de combate, permite que essas companhias atuem em zonas cinzentas da lei. Se, por um lado, a permanência dessas empresas em "vazios jurídicos" constitui uma ameaça em termos do controle democrático sobre o uso da força, por outro, ela pode ser um ativo importante para os seus clientes que desejem obter, no mercado privado, habilidades semilegais ou ilegais que, do contrário, estariam indisponíveis.

Além de sua capacidade de operar internacionalmente sem grande visibilidade para as autoridades públicas e para a lei, as EMSPs podem exercer influência relevante sobre os processos de planejamento e de implementação de políticas de segurança e de inteligência. Desse modo, essas empresas são capazes de manipular práticas e discursos sobre segurança, exercendo considerável interferência sobre a definição de ameaças e prioridades de segurança nacional. As EMSPs podem ser interpretadas como um desdobramento do complexo industrial-militar, sobretudo anglo-saxão. Tradicionalmente interessado no fornecimento de armas, equipamentos e tecnologia, esse conjunto de atores privados se rearticula para também oferecer serviços, configurando-se como um complexo industrial-militar terceirizado. Nesse sentido, as EMSPs aparecem como um nó importante nas articulações de poder para a compreensão das dinâmicas políticas doméstica e internacional. Ainda que a decisão formal sobre o uso da força continue sendo uma prerrogativa soberana e exclusiva do Estado, o uso dessa autoridade é cada vez mais sensível à atuação desses agentes, em especial em cenários de conflitos armados ou de alto risco estratégico. Desse modo, a crescente presença das EMSPs nos conflitos contemporâneos sobrepõe interesses privados aos interesses públicos, suscitando novos dilemas sobre o uso da força na seara da segurança internacional.

Referências bibliográficas

ABRAHAMSEN, R.; WILLIAMS, M. *Security Beyond the State*: Private Security in International Politics. Cambridge: Cambridge University Press, 2011.

AVANT, D. *The Market for Force*: The Consequences of Privatizing Security. Cambridge: Cambridge University Press, 2005.

NASSER, R.; PAOLIELLO, T. Uma nova forma de se fazer a guerra? Atuação das empresas militares de segurança privada contra o terrorismo no Iraque. *Revista de Sociologia e Política*, v.23, n.53, p.27-46, mar. 2015.

PERCY, S. *Mercenaries*: The History of a Norm in International Relations. Oxford: Oxford University Press, 2007.

PIMENTEL, C. Entre o livre-mercado e o compromisso multilateral: opções de regulação internacional sobre empresas militares e de segurança privada. *Brazilian Journal of International Relations*, v.4, n.2, p.273-99, 2015.

ROSÉN, F. Commercial Security: Conditions of Growth. *Security Dialogue*, v.39, p.77-97, 2008.

SINGER, P. *Corporate Warriors*: The Rise of the Privatized Military Industry. New York: Cornell University Press, 2008.

ENTORNO ESTRATÉGICO

Edson Tomaz de Aquino

O USO DA EXPRESSÃO "ENTORNO ESTRATÉGICO" (*strategic encirclement*) é encontrado em documentos oficiais produzidos na Índia, China e Rússia, no início do século XXI, ao referir-se à região em que estão inseridos e onde projetam seus interesses.

O interesse do Brasil pela cooperação Sul-Sul, a abertura de embaixadas na África e na Ásia nos governos Lula da Silva e Dilma Rousseff e as cimeiras regulares entre os "emergentes" através do Ibas (Índia, Brasil e África do Sul) e Brics (Brasil, Rússia, Índia, China e África do Sul) podem ter influenciado na incorporação da expressão aos documentos oficiais da política externa e da defesa do país. O termo "vizinhança", referente ao espaço sul-americano, passa a ser substituído por "entorno estratégico" à medida que se amplia a região de interesse do país.

Nas palavras de José Luis Fiori, a expressão "entorno estratégico" surge na política externa brasileira como um conceito "novo e revolucionário", referindo-se à "região onde o Brasil quer irradiar – preferencialmente – sua influência e sua liderança diplomática, econômica e militar, o que inclui a América do Sul, a África Subsaariana, a Antártida e a Bacia do Atlântico Sul" (Fiori, 2013). Para ele, a projeção da influência e poder de uma sociedade para fora de suas fronteiras nacionais coloca como objetivo fundamental a mudança de sua posição dentro da hierarquia de poder e distribuição da riqueza internacional. Ao longo da história, a mudança foi alcançada por sociedades que se mobilizaram e atuaram de forma unificada para enfrentar e superar seus momentos de dificuldade e suas situações de inferioridade, mantendo seu objetivo estratégico por longos períodos de tempo, independentemente das mudanças internas de governo.

O conceito surge pela primeira vez em documentos oficiais brasileiros na Política de Defesa Nacional (PDN), promulgada em 2005, no governo Lula, e desde então seu uso passa a ser recorrente em substituição ao termo "vizinhança". Sugere a ampliação do espaço circunvizinho, incluindo não apenas Estados fronteiriços, mas também áreas não contíguas, separadas por oceano, como a África.

De acordo com o documento, "o subcontinente da América do Sul é o ambiente regional no qual o Brasil se insere. Buscando aprofundar seus laços de cooperação, o país visualiza um entorno estratégico que extrapola a massa do subcontinente e incluiu a projeção pela fronteira do Atlântico Sul e os países lindeiros da África" (Brasil, 2005).

Em 2012, com a reformulação da PND observa-se a inclusão da Antártica no entorno estratégico brasileiro. Para o documento "a América do Sul é o ambiente regional no qual o Brasil se insere. Buscando aprofundar seus laços de cooperação, o país visualiza um entorno estratégico que extrapola a região sul-americana e inclui o Atlântico Sul e os países lindeiros da África, assim como a Antártica" (Brasil, 2012, p.21). Para Fiori (2013), "nesses documentos [a Política Nacional de Defesa e a Estratégia Nacional de Defesa], o governo brasileiro propõe uma nova política externa que integre plenamente suas ações diplomáticas, com suas políticas de defesa e desenvolvimento econômico".

A ampliação do espaço que tem interesse estratégico ao Brasil, na sua circunvizinhança, reflete o peso maior que o país adquiriu, no início do século XXI, em virtude de seu poder político, econômico e militar. A política externa brasileira deu sinais claros de autonomia, elevando a capacidade de defesa de seus interesses. Para Fiori (2013), depois de um longo período de alinhamento quase automático do país às "grandes potências ocidentais", o Brasil se propôs a "aumentar sua autonomia internacional, contando com a liderança política de um presidente que transcendeu as dimensões do seu país e projetou internacionalmente sua imagem e sua influência carismática".

Nesse sentido, pode-se afirmar que o conceito de entorno estratégico é reflexo e símbolo das iniciativas brasileiras de inserção no cenário internacional vindo, portanto, a coroar a percepção brasileira de que, dado seu poderio político e econômico, deve ocupar mais espaço nas dinâmicas internacionais (Soares de Lima; Hirst, 2009).

O conceito também ganha densidade ao surgir acompanhado pela ideia de estabilidade, não apenas no nível doméstico, mas também regional. Isso decorre da crescente integração dos espaços e da construção de cadeias produtivas que aumentam o grau de vulnerabilidade e de interdependência, mesmo que assimétrica. A PND de 2012 afirma que "a segurança de um país é afetada pelo grau de estabilidade da região onde ele está inserido. Assim, é desejável que ocorram o consenso, a harmonia política e a convergência de ações entre os países vizinhos para reduzir os delitos transnacionais e alcançar melhores condições de desenvolvimento econômico e social, tornando a região mais coesa e mais forte" (Brasil, 2012, p.22).

Dessa forma, o entorno estratégico pode ser compreendido a partir da justaposição de diversos esquemas multilaterais, de geometria variável, que envolvem temas desde a integração econômica até aqueles mais voltados para as identidades culturais. No caso específico do Brasil, simboliza, ademais, a ampliação do que é percebido como sua área de atuação direta dados os sistemas relacionais ali estabelecidos.

Na América do Sul, a redemocratização dos anos 1980 desloca o foco de atenção para a Amazônia, particularmente afetada pela guerrilha do narcotráfico. Em 2002 entra em operação o Sistema de Vigilância da Amazônia (Sivam), que envolve a integração dos radares, sistemas de comunicação, satélites, entre outros. O objetivo brasileiro é a plena ocupação econômica da Bacia Amazônica, a integração da Bacia do Prata e a construção de um acesso múltiplo e contínuo à Bacia Econômica do Pacífico, com a construção de um sistema integrado de transporte, comunicação e defesa do território sul-americano, além do aprofundamento da integração política e econômica do Mercosul. A criação da Unasul, em 2008, aponta para a ampliação da agenda da integração regional, até então centrada na liberalização comercial.

A descoberta de grandes reservas de petróleo no chamado Pré-Sal acentua a preocupação com a proteção da área oceânica. Isto se deve ao fato de a "Amazônia Azul", nome em referência à Amazônia verde pela similaridade de tamanho entre elas, ser uma região rica em recursos naturais, e, além do petróleo, possuir também ouro, estanho, cobre e diamante, sendo esses apenas exemplos das variedades minerais da região. Nesse sentido, desde 2015 encontra-se em fase licitatória o Sistema de Gerenciamento da Amazônia Azul (SisGAAz), que, a exemplo do Sivam, deve integrar sistemas de monitoramento do espaço marítimo. No entanto, as limitações tecnológicas e orçamentárias para a adequação das forças aos objetivos em defesa e segurança reforçam iniciativas cooperativas como a Zona de Paz e Cooperação do Atlântico Sul (Zopacas) e o ativo papel desempenhado pelo Brasil na criação de um santuário de baleias no Atlântico Sul.

Desde a década de 1980, o Brasil tem estado presente na Antártica através de missões científicas e de uma base que acolhe pesquisadores no continente gelado. O Programa Antártico Brasileiro (Proantar) coordena as pesquisas e o apoio operacional. Além das implicações para o clima e para o ecossistema marinho, o país busca participar das discussões sobre o futuro do continente.

Com a África, o Brasil prioriza sua aproximação diplomática, econômica e militar com África do Sul, Angola, Nigéria e Namíbia, além de alguns países da Comunidade da Língua Portuguesa, como Moçambique, Guiné-Bissau e Cabo Verde. Desde 2006, a Cúpula América do Sul-África (ASA), de iniciativa brasileira, é um fórum multilateral birregional de concertação política. Através do fórum Ibas e do Brics, a presença do país se estende também para a orla do Índico, buscando ampliar suas áreas de convergência e ação comum com algumas "potências emergentes", como China, Índia e Rússia.

A publicação do Instituto de Pesquisa Econômica Aplicada intitulada *O Brasil e a segurança no seu entorno estratégico: América do Sul e Atlântico Sul* (Nasser; Moraes, 2014) é importante contribuição para reflexão. Além das dinâmicas securitárias da América do Sul, o livro explora também os interesses brasileiros no espaço sul-atlântico e de como o país pode cooperar para a manutenção de sua estabilidade.

Referências bibliográficas

BRASIL. Presidência da República. Política Nacional de Defesa. Ministério da Defesa, 30 jun. 2005.

______. Presidência da República. Política Nacional de Defesa. Ministério da Defesa, 17 jun. 2012.

FIORI, J. L. O Brasil e seu "entorno estratégico" na primeira década do século XXI. *Carta Maior*, 24 maio 2013.

NASSER, R. M.; MORAES, R. F. de (Orgs.). *O Brasil e a segurança no seu entorno estratégico*. Brasília: Ipea, 2014.

SOARES DE LIMA, M. R.; HIRST, M. Brasil como país intermediário e poder regional. In: HURRELL, A. et al. *Os Brics e a ordem global*. Rio de Janeiro: FGV, 2009.

ESCOLA DAS AMÉRICAS

Lívia Peres Milani

A Escola das Américas (US Army School of the Americas) foi uma instituição de ensino e treinamento militar fundada em 1946 e reformulada em 1963 e em 2001. Nesse ano, a escola passou por reforma institucional e seu nome foi alterado para o atual: Instituto do Hemisfério Ocidental para a Cooperação em Segurança (ou Western Hemisphere Institute for Security Cooperation – Whinsec). Essa foi a terceira vez que o instituto foi renomeado, pois, quando criado em 1946, havia sido denominado Escola Latino-Americana Terrestre (Latin America Ground School) (Pineo, 2014). O organismo é vinculado ao Departamento de Defesa e à Secretaria do Exército dos Estados Unidos e inicialmente localizava-se no Canal do Panamá, tendo sido transferido para Fort Bennig, no estado da Geórgia, em dezembro de 1984. A atuação do instituto é questionada em razão de sua alegada influência sobre os militares latino-americanos e, consequentemente, sobre a repressão perpetrada pelos regimes autoritários da segunda metade do século XX.

A Escola das Américas treinou mais de 60 mil militares latino-americanos, especialmente em técnicas de guerra assimétrica e contrainsurgência. Passaram pelo instituto relevantes nomes das ditaduras militares latino-americanas, entre eles, os ditadores Jorge Rafael Videla Redondo, Roberto Viola e Leopoldo Galtieri, da Argentina; Hugo Banzer Suárez, da Bolívia; Guillermo Rodriguez, do Equador, e Manuel Noriega, do Panamá (SOA Watch, 2017a).

A escola insere-se no contexto dos programas de assistência militar dos Estados Unidos para a América Latina, que compreendem oferta de crédito, transferências de material e treinamento a militares

(Rouquié, 1984; Fitch, 1979). Importante ressaltar que a notória instituição é apenas uma das diversas escolas militares estadunidenses que recebem latino-americanos. Há também centros vinculados à Organização dos Estados Americanos (OEA), a exemplo do Colégio Interamericano de Defesa (Inter-American Defense College – IADC).

Como já mencionado, a escola foi criada no contexto da Guerra Fria e reformulada em 1963, pouco depois da Revolução Cubana, evento que intensificou as preocupações estratégicas dos Estados Unidos em relação à América Latina. Especialmente a partir de então, seu objetivo principal era formar e influenciar os militares latino-americanos para o combate da principal ameaça percebida pelos EUA naquele momento: o comunismo (Rouquié, 1984; Martins Filho, 2005). Assim, a referida instituição tinha como foco principal a guerra contrarrevolucionária e a constituição dos militares latino-americanos como forças de ordem interna, que contribuiriam para a defesa do mundo livre ao conter a ameaça revolucionária (Rouquié, 1984, p.165).

A literatura coincide em apontar que a Escola das Américas teve influência sobre a América Latina e os rumos políticos da região a partir dos anos 1960. Gill (2004), em estudo específico sobre a instituição, entende a Escola das Américas como mecanismo da hegemonia dos Estados Unidos sobre a América Latina. A autora argumenta que a instituição transformou os militares da região em apêndices das forças estadunidenses, ampliando a influência política da potência.

Rouquié (1984) e Martins Filho (2005) apontam o treinamento militar como parte importante da influência exercida pelos Estados Unidos sobre a região. Rouquié ressalta que a escola tinha como propósito a difusão da luta contrarrevolucionária, buscando não apenas influenciar os militares latino-americanos, mas também neutralizar os governos nacionalistas e reformistas. Os EUA tendiam a aumentar a assistência em contextos de governos politicamente desfavoráveis, como ocorreu durante as gestões de Salvador Allende, no Chile, e de João Goulart, no Brasil, sendo que vários militares implicados no golpe a este último haviam sido treinados nos EUA (Rouquié, 1984, p.167, 174).

Contudo, esses autores focam também os limites da doutrinação e apontam a questão de transferência de armamento como parte importante do processo. Martins Filho (2005) pondera que as relações entre os militares do continente americano foram marcadas por tensões, seja pela demanda de equipamento com mais tecnologia agregada ou pela incorporação do tema dos direitos humanos à agenda de política exterior da potência durante a presidência de

Jimmy Carter. Rouquié (1984) aponta que a influência dos centros de treinamento tem como contrapartida a aceitação por parte da América Latina e a existência de certa demanda das instituições da região por um maior engajamento com os Estados Unidos. O autor também destaca a existência de uma divisão do trabalho militar na concepção de Washington, na qual os Estados Unidos são responsáveis pela defesa continental e os países do Sul pela garantia da segurança interna.

Fitch (1979), por sua vez, argumenta que o papel principal do treinamento e da ajuda militar concedida pelos Estados Unidos à região não se refere à doutrinação, mas à profissionalização. Na visão desse autor, os cursos oferecidos pela escola eram muito limitados temporalmente para influenciar ideologicamente os militares, que muitas vezes já chegavam à instituição com concepções antirrevolucionárias. Contudo, ao ampliar a capacidade técnica e de gestão das Forças Armadas, o treinamento contribuía para ampliar o poder político interno dos militares e os tornava mais confiantes em sua capacidade de governo e em sua superioridade sobre os civis.

O pós-Guerra Fria

A existência da Escola das Américas e sua contribuição com as ditaduras latino-americanas passaram a ser intensamente questionadas nos Estados Unidos especialmente após o fim da Guerra Fria, quando ocorreu uma campanha pelo fechamento do instituto. O movimento tem como protagonista uma instituição independente, denominada SOA Watch, o Observatório da Escola. O seu objetivo principal é o fechamento da escola e o método adotado é o protesto não violento. Essa organização não governamental foi fundada em 1990, após uma chacina a seis padres jesuítas, uma empregada doméstica e sua filha, conduzida por graduados na escola, em El Salvador (SOA Watch, 2018).

Em 1994, um documentário intitulado *School of the Americas Assassins* (Escola dos assassinos das Américas, em tradução livre) foi produzido nos Estados Unidos como forma de denunciar a escola e seu envolvimento com a repressão (Richter, 1994). O filme deu maior visibilidade à questão e foi amplamente disseminado e reconhecido, tendo sido indicado ao prêmio da Academia de Artes e Ciências Cinematográficas dos Estados Unidos, o Oscar, na categoria de Melhor Documentário de Curta-Metragem. Dois anos mais tarde, em 1996, a pressão popular levou à desclassificação dos manuais utilizados pela escola durante a Guerra Fria, que confirmaram o foco do instituto na contrainsurgência e no anticomunismo, além do ensino de práticas de interrogatório violentas e meios de tortura (Pineo, 2014).

Em um contexto de crescente criticismo, a Escola das Américas passou por reformulação em 2001, quando teve seu nome modificado para Whinsec. A missão do instituto reformulado é prover "treinamento e educação profissional no contexto dos princípios democráticos estabelecidos pela Carta da OEA" a militares, civis e policiais provenientes das Américas (USA, 2007). Em segunda medida, o instituto busca promover interdependência regional e cooperação pan-americana, reforçando as relações entre os militares e agência de segurança.

A modificação institucional veio acompanhada da busca de maior controle por parte do Legislativo. A autorização do Congresso que modificou o instituto previa a formação de uma junta de visitantes que deveria comparecer anualmente à escola e submeter relatórios ao Congresso (SOA Watch, 2017b). Contudo, para o SOA Watch, esses mecanismos de controle são relativamente precários, uma vez que o Departamento de Defesa retém importante controle sobre a seleção da maior parte dos integrantes e os relatórios apenas relatam o que ocorre na escola, sem maior criticidade. A mudança também instituiu a necessidade de que o centro promovesse obrigatoriamente cursos de oito horas sobre direitos humanos para todos os que passam pelo instituto. Para a referida organização não governamental, contudo, a carga horária de direitos humanos é insuficiente, especialmente quando comparada às horas de treinamento militar (SOA Watch, 2017b).

Atualmente, o instituto treina não apenas militares, mas também policiais e agentes de segurança pública. Entre os temas do currículo estão: desenvolvimento de liderança, administração de recursos, planejamento para resposta a desastres naturais, contranarcóticos e manutenção da paz. Cabe ressaltar que o corpo docente da escola é integrado também por profissionais provenientes da Agência Antinarcóticos dos Estados Unidos (Drug Enforcement Administration – DEA). Para o Exército dos Estados Unidos, a instituição contribui para o engajamento da América Latina e para conter o terrorismo e o tráfico de drogas, que, na visão daquela força armada, são ameaças "reais e crescentes" (USA, 2007).

Os temas destacados pelo currículo do instituto mostram que a "divisão do trabalho militar" não foi superada no pós-Guerra Fria, continuando presente a concepção das Forças Armadas latino-americanos como agências para a manutenção da ordem interna. A principal diferença refere-se à mudança desencadeada pelo fim da disputa bipolar, sendo que atualmente o crime organizado transnacional, o terrorismo e as possíveis conexões entre eles são considerados ameaças principais à potência provenientes da América Latina. Não há uma superação, portanto, da noção de que o inimigo é interno, no contexto regional, e de que seu combate caberia especialmente às forças locais.

Nesse quadro, a mudança de denominação da Escola das Américas não colocou um fim ao resiliente criticismo em relação ao instituto. Em 2007, o Congresso dos Estados Unidos votou um projeto de lei que extinguiria a escola se fosse aprovado. O projeto foi derrotado por uma margem de seis votos e o Whinsec continuou a funcionar. Os legisladores do Partido Republicano votaram majoritariamente contra o fechamento enquanto os do Partido Democrata eram mais favoráveis à sua extinção (Coha, 2007). No mesmo período e no marco de um "giro à esquerda" na América Latina, diversos governos buscaram afastar-se da escola e deixaram de enviar militares. A Venezuela parou de enviar alunos em 2005; a Argentina e o Uruguai, em 2006, e a Bolívia em 2008. A Costa Rica, que não possui um Exército, deixou de enviar policiais ao instituto em 2007.

Referências bibliográficas

COUNCIL ON HEMISPHERIC AFFAIRS (Coha). Whinsec Remains Open: Congress Narrowly Fails to Halt Funding the Former School of the Americas. 2007. Disponível em: http://www.coha.org/whinsec-remains-open-congress-narrowly-fails-to-halt-funding-the-former-school-of-the-americas/. Acesso em: 28 set. 2017.

FITCH, J. S. The Political Impact of US Military Aid to Latin America. *Armed Forces & Society*, v.5, n.3, p.360-86, 16 abr. 1979.

GILL, L. *The School of the Americas*: Military Training and Political Violence in the Americas. Durham: Duke University Press, 2004.

MARTINS FILHO, J. R. As políticas militares dos EUA para a América Latina (1947-1989). *Teoria e Pesquisa*, v.1, n.46, p.105-39, 2005.

PINEO, R. Debating the School of the Americas – Coha. 2014. Disponível em: http://www.coha.org/debating-the-school-of-the-americas/. Acesso em: 28 set. 2017.

RICHTER, R. *School of the Americas Assassins*. United States of America, 1994. [Document.]

ROUQUIÉ, A. *O Estado Militar na América Latina*. São Paulo: Alfa Omega, 1984.

SCHOOL OF AMERICAS WATCH (SOA Watch). Notorious Graduates | SOA Watch: Close the School of the Americas. Disponível em: http://www.soaw.org/about-the-soawhinsec/soawhinsec-grads/notorious-grads. Acesso em: 28 set. 2017a.

______. What is the SOA? | SOA Watch: Close the School of the Americas. Disponível em: http://www.soaw.org/about-the-soawhinsec/what-is-the-soawhinsec. Acesso em: 28 set. 2017b.

______. About SOA Watch. Disponível em: <http://www.soaw.org/about-us>. Acesso em: 27 jul. 2018.

UNITED STATES ARMY (USA). 2007 US Army Posture Statement: Western Hemisphere Institute for Security Cooperation. 2007. Disponível em: https://www.army.mil/aps/07/infopapers/151.html. Acesso em: 28 set. 2017.

ESPIONAGEM

Mariana Fonseca Lima

Espionagem é a prática ou ação para a obtenção de informações secretas de competidores, rivais ou inimigos, sem autorização destes, com objetivo militar, político ou econômico. A definição clássica do termo restringia-se a um Estado, ou a seus agentes, que espionavam inimigos potenciais ou reais, primeiramente para finalidades militares e para garantia de segurança nacional. Com o passar do tempo, a espionagem passou a abranger também ações de entes privados, como as empresas, que se caracterizam pela espionagem industrial. Mais recentemente, desenvolveu-se o conceito de ciberespionagem, ou espionagem cibernética, que faz uso não autorizado de meios de comunicação, notadamente a internet, para realizar espionagem. A ciberespionagem envolve tanto Estados quanto organizações e entes privados.

A espionagem, por envolver a coleta de informação negada ou secreta, é considerada clandestina. Ainda que pese seu caráter ilegal, a prática continua sendo utilizada como método de coleta de informação da atividade de inteligência, da qual se diferencia. A atividade de inteligência é mais ampla do que a espionagem e mais restrita do que o provimento de informações em geral sobre quaisquer temas relevantes para a decisão governamental (Cepik, 2003). A inteligência envolve etapas de coleta, processamento, avaliação, integração, análise e interpretação da informação disponível (secreta ou ostensiva) para a tomada de decisão sobre determinados temas.

Dentro desse ciclo da inteligência, a espionagem é um método de coleta, ou de obtenção, direta de informações sensíveis sob a tutela de pessoas ou de outros meios. Historicamente, essa obtenção de informação era realizada por agentes secretos ou espiões, porém, com os avanços tecnológicos, passou a ser obtida por sinais, imagens de satélites ou pela internet. A rigor, a finalidade da espionagem é sempre a mesma: obter ou coletar informação sensível ou classificada. O que diferencia as subcategorias são as técnicas utilizadas para alcançar a finalidade genérica.

A espionagem pode ser ainda considerada instrumento de atuação externa dos Estados. Os instrumentos pacíficos de política externa distinguem-se entre os meios recíprocos ou plurilaterais e os meios unilaterais (Magalhães, 1982). A espionagem seria, segundo esse entendimento, um dos quatro instrumentos unilaterais de política externa, além da propaganda, da intervenção econômica e da intervenção política. A relação da espionagem com a política externa, mas especialmente com a atividade diplomática, surge com a origem e a institucionalização desta última, no período renascentista. É durante a Guerra Fria, no entanto, que essa associação ganha maior relevo.

Compreendendo o conceito a partir de seu histórico

A espionagem é tida como uma das atividades profissionais mais antigas, remontando à necessidade de se observar para obter conhecimento, o que se confunde com a própria história da humanidade. Há registros, entre os sumérios e egípcios (por volta de 3.000 a.C.), de relatórios de movimentação de tropas inimigas, número de soldados e tipos de armas.

É com a clássica obra *A arte da guerra*, de Sun Tzu, escrita em 500 a.C., que a espionagem é explorada como um instrumento importante para tempos de paz e essencial para a guerra (Tzu, 2006). Sun Tzu destaca o papel dos diferentes tipos de espiões para o conhecimento avançado dos planos do inimigo, das dificuldades do terreno, das movimentações e do estado de espírito das tropas. O que garantiria ao comandante das tropas o ataque, a vitória e a conquista de forma diferenciada seria a previsão que adviria do conhecimento das disposições do inimigo. Esse conhecimento seria conseguido por meio de outros homens a partir da informação privilegiada obtida pela espionagem. Assim, segundo Sun Tzu, um exército sem agentes secretos seria o mesmo que um homem cego e surdo.

Na região que abriga atualmente a Índia e o Paquistão, nos anos 300 a.C., o professor, filósofo, economista, jurista e conselheiro real durante o Império Máuria, Chanakya (ou Kauṭilya), escreveu o tratado *Arthashastra* sobre a arte de governar, envolvendo a política, a economia e a estratégia militar. O Capítulo

XXI do tratado aborda exclusivamente a atividade de espionagem e sua institucionalidade como instrumento útil ao rei.

A espionagem foi um componente essencial da Inquisição, período no qual a Igreja Católica apoiou-se em uma vasta rede de informantes para encontrar e denunciar suspeitos de heresia e dissidentes políticos. Em 1566, o papa Pio V criou o primeiro serviço de espionagem papal, com o objetivo de enfrentar o protestantismo representado pela rainha Elizabeth I, da Inglaterra. Em resposta, a corte real inglesa desenvolveu o que pode ser considerado como a primeira rede de espionagem estruturada.

Na Renascença, à medida que as nações e as cidades-estados se tornaram mais ricas e ganharam mais poder, a espionagem desfrutou de um recrudescimento. A competição pelo domínio sobre o comércio e a exploração do Novo Mundo mudou o clima político da Europa e forçou os regimes a adotar medidas cada vez mais hábeis de proteção dos interesses políticos, militares e econômicos. Esse processo foi reforçado pelos clássicos textos de Nicolau Maquiavel, os quais defendiam que os governantes deveriam empregar a tradição da espionagem, engajando-se em dissimulações e espionagem para garantir a proteção de seu poder e interesses.

Segundo Herman (1996), o sistema diplomático que se institucionalizou na Europa nos séculos XVI e XVII ocorreu, em grande medida, em resposta à necessidade de informação do Estado-nação. Nesse período, ainda não havia distinção entre informação ostensiva e secreta, sendo quaisquer tipos de informação de propriedade dos governos. O próprio corpo diplomático fazia pouca distinção entre os métodos abertos ou encobertos, utilizando agentes secretos vinculados às embaixadas ou o próprio embaixador como um espião licenciado.

Na Inglaterra, no final do século XVIII, houve a divisão das funções do secretário de Estado que se consolidariam nas linhas da inteligência interna (Home Office) e externa (Foreign Office). Segundo Cepik (2003), a própria inteligência externa (coleta de informações no exterior) dividiu-se em duas atividades separadas: a de espionagem e a de criptologia. Para o autor, os serviços de inteligência exterior seriam os responsáveis tanto pela espionagem quanto pela coleta de informações ostensivas fora do território nacional. Essa correlação entre a diplomacia e a inteligência externa, especificamente a espionagem, levou Michael Herman a afirmar que nunca houve a separação completa entre a legítima diplomacia e a coleta de informação secreta. Por outro lado, Cepik afirma que, a despeito das raízes na diplomacia secreta, houve uma descontinuidade histórico-organizacional entre as primeiras redes modernas de agentes tais quais as da Inglaterra do período elisabetano e os atuais serviços de inteligência exterior (constituídos e desenvolvidos a partir do século XX).

Na Era dos Impérios (1875-1914), a industrialização, a expansão econômica e territorial, a diversificação de filosofias e de regimes políticos e a imigração transformaram as comunidades de inteligência do mundo e os mecanismos de espionagem, como as invenções da câmera fotográfica e do telégrafo.

No século XX, as duas grandes guerras mundiais ocuparam parte central na história da espionagem, mas foi a Guerra Fria que transformou profundamente a atividade. No marco dos eventos que caracterizaram a I Guerra Mundial, muitos países desenvolveram e ampliaram seus programas de espionagem, por causa, em grande medida, do complexo sistema político do período, marcado pelas alianças secretas. Após entrarem na guerra, os Estados Unidos promulgaram o *Espionage Act*, de 1917, que objetivava proibir a interferência nas operações militares ou no recrutamento, impedir a insubordinação nas Forças Armadas e o apoio aos inimigos dos Estados Unidos durante a guerra. Na II Guerra Mundial, a espionagem voltou-se, sobretudo, às estratégias e às operações militares, com destaque para o uso de criptografias e códigos, entre eles a máquina eletromecânica de criptografia alemã, Enigma.

Na Guerra Fria intensificou-se atividade de espionagem, devido à polarização entre os Estados Unidos e a União Soviética e seus respectivos aliados. Algumas características marcaram esse período, em particular a espionagem de informações relacionadas com as armas nucleares, a expansão e a profissionalização das agências de inteligência, o aumento do uso de satélites e de computadores para coletar e processar informações. O imaginário popular sobre espionagem remete a esse período, quando houve, de fato, um extensivo uso desse mecanismo de coleta de informação, ainda que ele não tenha sido o único e, talvez, nem o principal.

Com o fim da Guerra Fria, o foco da espionagem mudou. As agências de inteligência continuaram usando essa atividade para coletar informações tanto de países aliados quanto de países rivais. Como o terrorismo ganha centralidade na agenda internacional a partir dos atentados de Onze de Setembro aos Estados Unidos, o foco da espionagem passou a se concentrar em alvos e organizações terroristas. De maneira geral, alvos políticos e governos passaram para um segundo plano.

Ciberespionagem

Nesse contexto de pós-Guerra Fria, a revolução tecnológica fez que os sistemas de Sigint ganhassem ampla e complexa dimensão no âmbito da inteligência. Com o desenvolvimento e uso da interconexão das redes de dispositivos digitais, especialmente da internet, surge uma nova modalidade de espionagem: a cibernética.

A ciberespionagem é, assim, o acesso não autorizado a computadores e servidores com a finalidade de se testar a configuração e os sistemas de defesa de um determinado computador, ou ganhar acesso a informações sigilosas (Möckly, 2012).

Na esteira do desenvolvimento do ciberespaço, foi revelada a espionagem mundial realizada pelo Programa Echelon, em 1999. Operado pela aliança conhecida como Cinco Olhos (Five Eyes) – Estados Unidos, Canadá, Austrália, Nova Zelândia e Reino Unido –, o programa monitora comunicações em todo o mundo. Em 2013, foi revelado pelo ex-agente da NSA (National Security Agency), Edward Snowden, que os Estados Unidos possuíam o programa de vigilância Prism cujo objetivo era coletar comunicações da rede oriundas de grandes companhias de internet sediadas nos Estados Unidos. Entre as denúncias de Snowden, o governo e empresas do Brasil estariam entre os alvos da espionagem norte-americana.

Espionagem no direito internacional e na legislação nacional

A espionagem e os agentes dessa atividade são frequentemente colocados diante de dilemas éticos e de um vácuo jurídico, do ponto de vista do direito internacional, uma vez que não exista mecanismo formal que dê respaldo ou condene a atividade de espionagem. Segundo Radsan (2007), a espionagem não é nem legal nem ilegal, sob o ponto de vista do direito internacional; a atividade subexiste entre as placas tectônicas do sistema legal, conforme a metáfora do autor. Condeixa (2015) argumenta que há consenso, entre os autores que se dedicam à matéria, de que a espionagem seria lícita no contexto dos conflitos armados, quando exercida por militares fardados que tivessem objetivos militares, ou seja, a espionagem militar.

A Convenção de Genebra de 1949 sobre a Proteção das Pessoas Civis em Tempo de Guerra resguarda os prisioneiros de guerra da pena de morte, mas uma das exceções a essa imputabilidade é a prática de espionagem (art. 68).

O art. 46 do Protocolo Adicional I às Convenções de Genebra, de 1977, trata a espionagem como uma contravenção mesmo se exercida por membros das Forças Armadas (quando este não estiver fardado) de uma parte do conflito. Assim, mesmo durante a guerra, a espionagem que não seja estritamente militar não é respaldada pela norma internacional.

Fora do contexto de guerra, a avaliação da licitude da espionagem torna-se ainda mais complexa e controversa. Não há tratados internacionais sobre a matéria e tampouco se conhecem precedentes judiciais da Corte Internacional de Justiça das Nações Unidas, responsável pelo julgamento de Estados. Dentre os crimes previstos pelo Tribunal Penal Internacional não consta o de espionagem, não havendo, portanto, a possibilidade de punição de alguém por tal prática. A maior controvérsia reside na discussão sobre se o Estado para o qual trabalha o espião viola o direito internacional, o que levaria a três interpretações: a de ilicitude, a de licitude e a de casuísmo. A ilicitude da espionagem diante do direito internacional derivaria de duas proibições acordadas em tratados internacionais: a proibição de ingerência arbitrária na vida íntima dos indivíduos e a proibição de violação da integridade territorial e de ingerência política em outro Estado. A corrente que defende a licitude afirma que, ainda que um espião tenha sido julgado e condenado por leis nacionais, o país para o qual trabalhasse não poderia ser responsabilizado. A corrente casuística não trata da ilicitude da espionagem propriamente, mas sim das condições em que determinado ato de espionagem se dá (Condeixa, 2015).

A Convenção de Viena sobre Relações Diplomáticas, de 1961, que poderia regulamentar ou prever atos de espionagem, não faz qualquer referência à atividade. Os oficiais de inteligência que estejam atuando nas missões diplomáticas no exterior têm, por essa razão, imunidade diplomática. No entanto, caso esses oficiais sejam descobertos realizando espionagem, serão considerados *personae non gratae* e deverão retirar-se o quanto antes do país estrangeiro. Sem a cobertura da imunidade diplomática, caso um agente seja descoberto realizando espionagem, ele será capturado e julgado de acordo com as leis do país no qual se encontrava exercendo a atividade.

Embora a espionagem tenha feito e continue fazendo parte das relações político-econômicas e das ações militares no mundo, normalmente o termo é empregado com um sentido de ameaça e como atividade realizada por país ou empresa alheios. Nenhum país reconhece que pratica espionagem, porém a maioria dos países categoriza a prática como ilegal em suas legislações domésticas. No Brasil, a espionagem é considerada crime pela Lei n.7.170, de 14 de dezembro de 1983, conhecida como Lei de Segurança Nacional. Além disso, é descrita pela Política Nacional de Inteligência de 2016 como uma das fontes de ameaças que podem pôr em perigo a integridade da sociedade e do Estado e a segurança nacional do Brasil.

Referências bibliográficas

BRASIL. Lei n.7.170, de 14 de dezembro de 1983.

______. Política Nacional de Inteligência. Decreto n.8.793, de 29 de junho de 2016.

CEPIK, M. *Espionagem e democracia*: agilidade e transparência como dilemas na institucionalização de serviços de inteligência. Rio de Janeiro: Fundação Getúlio Vargas, 2003.

CONDEIXA, F. de M. S. P. Espionagem e direito. *Revista Brasileira de Inteligência*, Brasília: Abin, n.10, 2015.

CONVENÇÃO. Convenção de Genebra (IV). Relativa à Proteção das Pessoas Civis em Tempo de Guerra, 12 ago. 1949.

______. Convenção de Viena sobre Relações Diplomáticas, 18 abr. 1961.

FRATTINI, E. *A Santa Aliança*: cinco séculos de espionagem no Vaticano. São Paulo: Boitempo, 2009.

GEORGE, R. Z.; BRUCE, J. B. (Eds.). *Analyzing Intelligence*: Origins, Obstacles and Innovations. Washington: Georgetown University Press, 2008.

GILL, P.; MARRIN, S.; PHYTHIAN, M. *Intelligence Theory*: Key Questions and Debates. New York: Routledge, 2009.

HERMAN, M. *Intelligence Power in Peace and War*. Cambridge: Cambridge University Press, 1996.

JOHNSON, L. K. (Ed.). *Handbook of Intelligence Studies*. New York; London: Routledge, 2009.

LERNER, A. W. Espionage and Intelligence, Early Historical Foundations. In: LERNER, L.; LERNER, B. W. *Encyclopedia of Espionage, Intelligence, and Security*. New York: Thomson Gale, 2004.

MAGALHÃES, J. C. de. *A diplomacia pura*. Lisboa: Associação Portuguesa para o Estudo das Relações Internacionais, 1982.

MÖCKLY, D. Strategic Trends 2012: Key Developments in Global Affairs. Zurich: Center for Security Studies (CSS), 2012. Disponível em: http://www.css.ethz.ch/publications/pdfs/Strategic-Trends-2012.pdf.

OLIVEIRA, M. C. de. *A democratização tardia da inteligência na Argentina e no Brasil*. Brasília, 2010. Dissertação (Mestrado) – Instituto de Relações Internacionais, Universidade de Brasília.

PROTOCOLO. Protocolo I adicional às convenções de Genebra relativo à proteção das vítimas dos conflitos armados internacionais, 12 ago. 1949.

RADSAN, J. The Unresolved Equation of Espionage and International Law. *Michigan Journal of International Law*, v.28, p.595, 2007.
TZU, S. *A arte da guerra*. Porto Alegre: L&PM, 2006.
WARK, W. K. *Espionage, Past, Present, Future?* London: Frank Cass, 1994.

ESTADO DE EXCEÇÃO E ESTADO DE SÍTIO

Flávia de Ávila
Allan Wesley Moura dos Santos
Valquíria Nathali Cavalcante Falcão

Considerações iniciais

Contemporaneamente, o estado de exceção, bem como o estado de sítio (considerado o paralelismo com a lei marcial, derivada do direito consuetudinário, ou com neologismos assemelhados, o estado de emergência ou o estado de suspensão de direitos), se apresentam como categorias de extrema relevância, por descreverem paradoxo central da política moderna, em que a lei pode ser suspensa com o propósito de preservar o Estado e o seu ordenamento jurídico. Desse modo, o direito e a violência podem se tornar indistinguíveis durante esse período. O estado de sítio se apresenta como um mecanismo legal para circunstâncias de excepcionalidade política e defesa do Estado. Apesar de sua origem estar ligada à mobilização de forças internas para a defesa externa em uma guerra, sua aplicação foi progressivamente se distanciando de sua ideia embrionária, principalmente a partir do Estado napoleônico francês. No estado de sítio, o direito é preservado em razão da manutenção e do reconhecimento da legitimidade do poder, ainda que diante da suspensão das liberdades individuais tuteladas pela Constituição, no tempo de vigência desse fenômeno jurídico (Agamben, 2004, p.15-7). Essa tensão é reconhecida pelo direito vigente, que passa a tutelar uma existência autônoma da potência, na distinção aristotélica entre o *dýnamis* e a *enérgeia* (Agamben, 2002, p.51). O estado de exceção, por sua vez, descreve situação de excepcionalidade em que se suspende a vigência de direitos e garantias constitucionais de um Estado, incluindo normas que protegem liberdades individuais, visando à manutenção e à proteção do próprio Estado. Nessa conjuntura, são ampliados os poderes governamentais principalmente no âmbito das atribuições do Executivo para promulgação de decretos com força de lei, com a suspensão da ordem jurídica vigente. Há um vazio do direito e o público confunde-se com o privado no âmbito da esfera social (Agamben, 2004; Arendt, 1989). A lei, portanto, não reflete as normas compartilhadas pela sociedade, mas a vontade e a autoridade de quem pode assegurar a ordem que determinou o estado de exceção, em primeiro plano (Nyers, 2009, p.122). Dentre várias abordagens, a exceção admitida como regra no âmbito das soberanias estatais, descrita por Agamben (2004), e a expansão da securitização da vida política, apontada por Muller (2009), trazem sob essas categorias luzes importantes para as relações internacionais e a segurança internacional.

Conceitos e definições

Utilizada num sentido ora espacial, ora político, ora jurídico, a expressão "estado de sítio" pode, como no caso da primeira referência, retratar uma circunstância de cerco, isto é, de delimitação de praça de guerra por ato de inimigo, restringindo as opções de fuga e de entrada de suprimentos, a fim de se alcançar a rendição. No tocante à perspectiva política, trata-se de instrumento transitório e excepcional do governo, disponível para conter levantes internos ou externos que exponham e constituam perigo à ordem, impondo à sociedade, por consequência e conforme o caso concreto, medidas que podem variar da coerção oriunda do exercício do poder de polícia à total suspensão de garantias constitucionais (Ferreira Filho, 1964, p.71). Nesse contexto, o instituto retrata uma autodefesa do Estado, independentemente da natureza da causa, se econômica, social, militar ou mesmo advinda de fenômenos naturais, como os desastres meteorológicos, bastando haver situação caracterizada como de emergência. Sob tal enfoque, possui similitude com a ditadura em relação ao objetivo de se conservar a ordem, mas se distanciando como medida de um poder constituinte transformador da ordem constitucional. No aspecto jurídico, refere-se a um instrumento constitucional de suspensão das liberdades e garantias, instaurado a partir de legalidade extraordinária, por determinado tempo e em certa área, assegurando dessa forma atuação célere do Estado, por meio do Executivo, que passa a gozar de mais atribuições e reforço dos poderes que o constituíram como tal, para fins de preservar ou restaurar a ordem prevista. O estado de sítio, originado na Grécia antiga, assume papel no mundo moderno especialmente após a sua instituição por uma lei francesa de 1791, que determinou providências específicas em razão de uma cidade sitiada pelo inimigo. Diante de uma situação similar, sua aplicação é medida jurídico-política facultada ao governante que retrata medidas legais de coação e restrição de direitos entendidas como necessárias ao combate de crises consideradas como extraordinárias, sem que para tanto se possa exceder a limites estabelecidos na norma. Conforme o Estado e o sistema jurídico em que é decretada a excepcionalidade, é possível distinguir modelos que se assemelham ou que guardam identidade com o estado de sítio, como: a) o sistema francês do *état de siège*; b) o processo anglo-americano da lei marcial e dos poderes extraordinários; c) o modelo alemão dos poderes ditatoriais; e d) a previsão italiana do *stato di assedio* (Ferreira, 1971, p.85). No entanto, independentemente da nacionalidade, a expressão técnico-jurídico "estado de sítio" cede por neologismo espaço à generalidade da expressão "estado de exceção", que não se limita a circunstância de guerra ou revolta, mas alcança em significação as designações de estados de emergência ou estados de suspensão de direitos, independentemente da causa, se militar ou econômica.

O estado de exceção trata de ocorrência excepcional não descrita na ordem jurídica vigente (Schmitt, 2006) em que caberá ao governante determinar qual o âmbito da normalidade e o que se encontra fora dele. O referido conceito é aplicado a situações extremas, tendo como uma característica essencial a abolição provisória da distinção entre poderes Legislativo, Executivo e Judiciário. Desse modo, a suspensão da aplicação da lei deve ser decidida sobre o fundamento de anormalidade. Portanto, para Schmitt (2006), a soberania seria exercida por aquele (pessoa ou instituição) que determinasse o estado de anormalidade de um dado sistema político que pudesse provocar a suspensão total da lei. Em relação ao exercício do poder, Schmitt diferencia ditadura comissária e soberana, sendo a comissária justificada por medida excepcional limitada no tempo, que atua para resguardar o ordenamento jurídico. Se a ditadura se perpetuar no tempo, determinará um estado de coisas em que será possível nova ordem constitucional. Bobbio (1997), por sua vez, identifica a primeira situação com o exercício do poder por ditadores romanos e o último caso com a tirania. Nenhuma norma legal, na visão de Schmitt (2006), pode governar em caso de extrema emergência ou de absoluta exceção. Nessa situação, medidas eficazes para cessar a emergência precisariam ser tomadas independentemente da aplicação da lei, por vias administrativas e judiciais regularmente constituídas, visto que as regulares levariam a resultados aleatórios e imprevisíveis. Prevalece, pois, a esfera política ante a suspensão do ordenamento jurídico.

Somente com a cessação da situação excepcional a determinação da suspensão da ordem jurídica vigente é revogada.

A terminologia "estado de exceção", comum na doutrina alemã (*Ausnahmezustand*, mas também *Notstand*, estado de necessidade), é estranha às doutrinas italiana e francesa, que utilizam "decretos de urgência" e "estado de sítio" (político ou fictício, *état de siège fictif*), conforme dantes enfatizado. E, na tradição anglo-saxônica, prevalecem, porém, as expressões *martial law* e *emergency powers* (Agamben, 2004, p.15). Schmitt relaciona o estado de exceção nas obras *A ditadura* (2003) e *Teologia política* (2006), em que propõe a articulação da excepcionalidade com a ordem jurídica, já que essa situação não se confunde com caos ou com anarquia, em razão da preservação da ordem jurídica. Para Schmitt (2006), esse é o singular momento em que se revela com maior clareza a essência da autoridade do Estado: quando se propugna a separação entre a realidade e a norma, ou seja, quando a decisão pela exceção é tomada pelo poder soberano do Estado, que assim suspende o direito, a autoridade estatal demonstra que, para criar o direito, não é preciso ter direito (Schmitt, 2006). Essa noção de afastamento do direito, que pressupõe a reunião de todos os poderes no Executivo e a sobreposição do público ao privado, também fora trazida por Hannah Arendt (1989), para quem o estado de exceção se concretiza na figura dos governos totalitários, responsáveis pelo isolamento dos homens e pelo aniquilamento de suas capacidades políticas, bem como pela destruição de suas vidas privadas. Em todos os casos verificados de estado de exceção, uma característica básica configura-se com a suspensão de algum direito fundamental, o que pode se verificar no caso da *military order* norte-americana, que desatendeu os artigos 10 e 11 da Declaração Universal dos Direitos Humanos, por meio da qual todo homem que receber uma acusação criminal tem direito a ser julgado de forma justa, por audiência pública e um tribunal independente e imparcial, bem como de ser considerado inocente até que tenha sido julgado com todas as garantias à sua defesa (Nyers, 2009, p.121-2).

Ordenamento jurídico brasileiro

No direito constitucional brasileiro vigente, o estado de exceção pode ser determinado para a preservação do Estado e não só para a defesa de um regime político, de uma particular ideologia ou de um grupo de poder (Silva, 2005). Assim, somente poderá ser determinado quando houver necessidade do Estado, devendo atender à temporariedade da situação excepcional; se essas duas condições não forem preenchidas, o estado de exceção torna-se uma ditadura. Bercovici (2008) enfatiza o uso do estado de exceção como fórmula constitucionalmente determinada para a preservação da soberania, pois, para o autor, não haveria poderes mais próximos ao poder constituinte que os poderes de exceção. O estado de exceção estaria, portanto, constitucionalizado, expresso de tal maneira no diploma constitucional que permitiria seu controle e sua limitação. O bem a ser tutelado pelo estado de exceção seria a própria ordem constitucional. A Constituição da República Federativa do Brasil de 1988 traz a possibilidade de decretação da excepcionalidade por meio das formas de "estado de defesa" e "estado de sítio" descritas nos arts. 136 e 137, respectivamente. Sobre o estado de defesa, a Constituição expõe que o presidente da República pode, ouvidos o Conselho da República e o Conselho de Defesa Nacional, decretá-lo para preservar ou prontamente restabelecer, em locais restritos e determinados, a ordem pública ou a paz social ameaçadas por grave e iminente instabilidade institucional ou atingidas por calamidades de grandes proporções na natureza (Brasil, 1988). A violação à ordem pública e à paz social suficiente para que seja estabelecido o estado de defesa deve estar ocorrendo de forma descontrolada e sua decretação obedece aos limites determinados pelo legislador constituinte nos incisos do art. 136. Dentre esses requisitos, o prazo de duração, período de tempo em que se visa restabelecer a ordem pública e a paz social que se apresentarem em situação excepcional e momentaneamente ameaçadas. Há de se fazer ressalva em relação ao estado de defesa, pois este poderá ser decretado unicamente pelo presidente da República, posto que os conselhos consultivos não são vinculados a essa determinação. Contudo, sua decretação deve ser feita dentro dos liames da lei e não ao arbítrio do chefe do Executivo.

No estado de sítio, por sua vez, trazido pelo art. 137, o presidente da República pode decretá-lo quando ouvidos o Conselho da República e o Conselho de Defesa Nacional, solicitando ao Congresso Nacional autorização para casos de comoção grave de repercussão nacional ou ocorrência de fatos que comprovem a ineficácia de medida tomada durante o estado de defesa; bem como na declaração de estado de guerra ou resposta a agressão armada estrangeira (Brasil, 1988). Essa forma de aplicação do estado de exceção dentro do Estado brasileiro é direcionada para situações mais graves que aquelas previstas para o estado de defesa. Em razão disso, ocorre a necessidade de o presidente da República ser autorizado pela maioria absoluta dos membros da Câmara dos Deputados e do Senado Federal para sua decretação. O estado de sítio pode ser classificado como *simples* ou *comum* (Silva, 2004, p.747) na forma do que preconiza o art. 137, inciso I da Constituição Federal, ou *qualificado*, como na hipótese do inciso II do supracitado artigo. Independentemente da classificação, uma vez cessado o estado de sítio cessam também os seus efeitos, sendo possível a aferição pelo Judiciário dos aspectos formais das medidas adotadas durante a excepcionalidade. Nessa toada, entende o Supremo Tribunal Federal que, sendo o ato praticado durante o estado de sítio de natureza eminentemente política, não caberá ao Judiciário a apreciação dos motivos, o que não enseja a inobservância de condutas que suprimam por completo as liberdades públicas.

Desenvolvimento histórico

Em relação ao estado de sítio, na Grécia Antiga, o instituto da *aesymnetia*, ou *tirano eletivo*, referia-se ao magistrado que assumia mando discricionário nos momentos mais graves da cidade grega, sendo escolhido para um fim determinado e por um tempo necessário à consolidação da ordem social e da paz pública. Em Roma, a *ditadura seditions sedandae*, como referência comparativa ao estado de sítio, não gozava de uma temporalidade preestabelecida, mas previa a impossibilidade de se opor às decisões do ditador e a faculdade de se suprimir as instituições jurídicas do direito público romano. No entanto, os excessos decorrentes da *ditadura* romana acarretaram o abandono do permissivo legal até que as bases do instituto foram retomadas e readequadas ao regime capitalista, pautadas nas premissas motivadoras das revoluções burguesas, que derrubaram o absolutismo e enalteceram a relação contratual dos indivíduos em sociedade. Criado o Estado moderno, esse novo instituto foi facultado aos dirigentes estatais e, mesmo utilizado em caráter excepcional, impunha medidas provisórias de suspensão de direitos em nome de uma função pacificadora e com o argumento de defesa da liberdade do cidadão contra atos de si próprio.

Sob tal contexto, comum aos Estados de tradição jurídica do *civil law*, o estado de sítio remonta ao século XVIII, tendo por marco histórico o decreto de 8 de julho de 1791 da Assembleia Constituinte francesa, o qual previa como característica do estado de paz (*état de paix*) aquele em que as autoridades militares e civis agiriam nos limites de sua esfera de atuação. Por outro lado, apresentava como contraponto o estado de guerra (*état de guerre*), no qual as autoridades civis se tornavam subservientes às determinações das autoridades militares, sendo ainda possível um estado intermediário denominado *état de siège*, no qual o exercício das funções de ordem e política internas, eminentemente civil, passariam temporariamente à atribuição militar, além da suspensão de garantias constitucionais (Agamben, 2004, p.16).

No âmbito do estado de direito, o estado de sítio, como instrumento de manutenção da ordem como concebida pela burguesia, passa a apresentar contornos de ato de governo e estratégia política, pois sua utilização foi ampliada para não abranger somente as circunstâncias de guerra, mas instrumentalizada para a contenção de movimentos internos que resguardam uma motivação extraordinária.

O surgimento do estado de exceção é atribuído à expressão "estado de sítio fictício ou político", tendo sido previsto pelo decreto napoleônico de dezembro de 1811, que determinava a possibilidade de um estado de sítio poder ser declarado pelo imperador. Mas suas origens remontam ao decreto de 8 de julho de 1791 expedido pela Assembleia Constituinte Francesa, o qual autorizou que, em casos de excepcionalidade, a autoridade militar tivesse prevalência sobre a civil. Em situações de normalidade, tanto civis quanto militares agiam em sua própria esfera (*état de paix, état de guerre*), exceto quando todas as funções da qual a autoridade civil era imbuída tinham de passar para a exclusiva responsabilidade do comando militar, em razão da ordem e políticas internas (*état de siège*). Esse decreto se referia apenas a determinados locais, sendo eles praças-fortes e portos militares. Com a lei de 19 frutidor do ano V, o Diretório assimilou as praças-fortes e municípios do interior e, com a lei do 18 frutidor, pôde-se declarar uma cidade em estado de sítio (Agamben, 2004, p.16). Aos poucos, com o Diretório de 1797 e com o decreto napoleônico de 1811, o instituto se emancipa da aplicação estrita aos casos de guerra para ser utilizado em quaisquer casos de desordem, assimilando a possibilidade de suspensão dos direitos. A motivação revolucionária, embalada pela aversão ao poder absoluto e pelos ideais metajurídicos da liberdade e igualdade, não foi suficiente para impedir o nascimento conjunto da regra e da exceção (Nascimento, 2012, p.147-8).

O direito, as relações internacionais e a segurança internacional

Carl Schmitt tem papel preponderante para o entendimento do estado de sítio e do estado de exceção e sua importância no âmbito das relações internacionais é reconhecida por trabalhar, conforme enfatizado por Pereira e Nasser (2012, p.62-3), os paradoxos entre liberalismo e democracia, política e ética e política externa e internacional em relação aos critérios de legitimidade do Estado. Os antagonismos e as polarizações existenciais entre "amigo" e "inimigo" constituem, para Schmitt (2006), sua concepção ontológico-existencial de política. Pereira e Nasser (2012) descrevem as influências mútuas e discussões havidas entre Hans Morgenthau e Carl Schmitt sobre o conceito de político, que convergem principalmente na crítica ao liberalismo e na negação de um pacifismo jurídico. Contudo, a centralidade dos Estados em relação ao exercício do poder e da guerra e a desconsideração do jurídico como esfera autônoma na tomada de decisões não têm em Schmitt a mesma equivalência que possuem para o realismo ou o neorrealismo. Para Schmitt, tais fatores se apresentam como forças polarizadoras que tensionam a política de maneira a responder a intensidades diferentes. Portanto, "a política internacional aparece assim como um espaço que estabelece as condições para a interação das unidades territorialmente estabelecidas em uma ordem anárquica" (Pereira; Nasser, 2012, p. 70). Nesse sentido, para Schmitt, o Estado está inserido em mundo assemelhado a um *pluriversum*, pertencente à complexa rede composta de unidades políticas que se relacionam de forma recíproca, sendo a guerra pressuposto real e natural das relações internacionais, na qual é possível ao Estado o descarte de vidas em prol da sua própria manutenção. Coube, portanto, ao Estado predispor-se a aplacar, preliminarmente, as consequências anárquicas e desagregadoras dos conflitos religiosos dos séculos XVI e XVII, a fim de, num espaço circunscrito, reduzir a multiplicidade de ordens e decisões com caráter público e alternância de legítimos. Assim, estabeleceria a neutralização política no interior das fronteiras, ao passo que se sedimentava a concepção de laicidade, bem como as amarras do contrato social. Os mecanismos da excepcionalidade exigiam, portanto, além de um Estado presente e fortalecido, que fosse delimitado espacialmente, tal como no estado de sítio ou no estado de exceção. Entretanto, considerando os novos limites territoriais das nações, especialmente das europeias, era primordial reorganizar a forma de Estado moderno não apenas no aspecto físico de suas superfícies no antigo continente (*rayas*), mas no que tange à parcela da nova ordenação mundial associada, aquela ainda considerada periférica, que fora objeto de disputas por se tratar de terras e mares recém-descobertos (*amity lines*) e que compunham o *Nomos da Terra*. Perante essa concepção do mundo, Schmitt atesta, a partir da formatação dos Estados modernos, que o direito se presta a servir como tecnicidade desatada da realidade, fechada em sua própria lógica instrumental, sem compreender e enquadrar a existência concreta da nova sociedade mundial, tornando-se incapaz de efetiva governança racional da realidade. A decisão política fundamenta a existência de uma situação de exceção, decretada por quem tem efetiva autoridade. Para Schmitt, somente nesses momentos é possível se verificar em quem se centra o poder soberano do Estado. O Estado moderno desenhado por Schmitt, no qual são a disposição e a autoridade do legítimo soberano que determinam a exceção, se decide sobre a suspensão de preceitos e garantias constitucionais a partir de um nada normativo e colocando-se tanto fora da ordem jurídica quanto dentro dela, considerando-se legítimo na prática do ato e arguindo para tanto a autoconservação do Estado como um interesse coletivo de preservação do próprio indivíduo.

O entendimento de estado de exceção de Schmitt tem contraposições que consideram existir uma sociedade cosmopolita com inspiração kantiana, baseada nos direitos humanos, a exemplo de Bobbio (1988, 1992, 1997). Para Bobbio, o estado de exceção se confundia com a ditadura da Antiguidade clássica romana, para a qual o tirano era interino em suas funções em razão de circunstâncias extraordinárias, como guerra ou rebelião. Seus poderes se justificavam ante o estado de necessidade, suspendendo as garantias ordinárias dos cidadãos em prol de exercer legitimamente poderes constitucionalmente estabelecidos, limitados no tempo. Portanto o estado de exceção, segundo Bobbio (1997), deve ser entendido como situação excepcional e temporária em que o Estado, visando resguardar-se, suspende as normas legais vigentes até que cesse o motivo ensejador da excepcionalidade. Em um estado constitucional, a exceção a uma democracia é sempre o silêncio, pois a regra permanece no âmbito público (Bobbio, 1997). Tal segredo seria abonado em face de medidas relacionadas à segurança pública. Desse modo, em razão de o caráter público ser a regra e o segredo ser a exceção, as medidas de exceção só seriam justificadas se limitadas no tempo, como as que podiam ser tomadas pelo ditador romano. Esse entendimento sobre o estado de exceção corrobora a visão da democracia cosmopolita de Bobbio (1996), sendo este um projeto para qual o controle jurídico dos agentes é a possibilidade última de resolução de possíveis conflitos entre alianças feitas por instituições governamentais e metagovernamentais (Archibugi, 2004).

De acordo com Chandler (2003), as teorias críticas cosmopolitas e pós-estruturalistas das relações internacionais se utilizam de Schmitt para, por meio da crítica ou da apropriação, reafirmar seus postulados. Mas Chandler (2003) constata que esse uso é superficial, pois o foco no seu trabalho se dá em relação a suas conclusões sobre a política, mas não sobre o nível fundamental de sua geopolítica e dos limites do direito internacional e de suas relações com o poder soberano. No caso dos cosmopolitas, a exemplo de Devetak (2007), o entendimento é a defesa do cosmopolitismo crítico contra teóricos que sugerem ser o cosmopolitismo liberal um defensor do intervencionismo militar estadunidense. Alguns cosmopolitas críticos são sensíveis aos problemas decorrentes pelo desejo de se fundar um "novo *nomos*" com base no universalismo do indivíduo fundamentado em direitos num contexto em que não existe um quadro político constituído para dar conteúdo a esses direitos. Dado esse problema de direitos fundamentais, eles estão conscientes de que Schmitt apresenta uma crítica poderosa, mas também são atraídos pela possibilidade de criticar Schmitt (lido como o teórico antinormativo extremo com inclinações nazistas) para fundamentar sua posição.

Os pós-estruturalistas, como Jabri (2007), costumam usar Schmitt descritivamente, para enfatizar as práticas liberais de hegemonia que são inevitavelmente desumanizadoras e opressivas, utilizadas tanto no nível do Estado quanto na arena global. Extensões e, mais frequentemente, o enfraquecimento dos acordos legais internacionais são vistos, portanto, como atos soberanos de decidir sobre a exceção e de normalizar o seu poder. Mas, para Chandler (2003), o uso desmedido da palavra "exceção" a torna outra palavra para o poder.

Nesse sentido, Agamben (2004) exibe o estado de exceção como uma condição aparentemente excepcional pela qual o poder soberano (que, diferentemente de Bobbio, não significa poder tirano) determina quem está dentro e fora da condição de exceção, residindo nesse ponto o paradoxo da soberania. Desse modo, na política moderna, sob o contexto da biopolítica, o poder soberano se manifesta por intermédio da lei que se encontra permanentemente sob condições de excepcionalidade, cada vez mais confundida com a regra, ao determinar o controle sobre a vida como fórmula de exercício de poder. A ideia proposta por Agamben de estado de exceção como forma permanente de poder é corroborada por acontecimentos múltiplos ocorridos no mundo contemporâneo, exemplificados por medidas aprovadas em países como Estados Unidos, Tailândia, Somália, Bangladesh, Paquistão, Timor Leste, Bolívia, Honduras, Filipinas e Ilhas Fiji (Nascimento, 2012, p.143-5). Considerando ser a excepcionalidade uma decisão de violência do Soberano, não está nem dentro nem fora da ordem jurídica, mas sim num estado de indeterminação entre estes, mediante o qual o que se exclui do domínio da lei paralelamente inclui-se nele. A excepcionalidade representa tanto a suspensão da norma quanto sua própria abolição. O estado de exceção de Agamben, portanto, não se define nem como uma situação de fato nem como de direito, estabelece-se num limiar de indiferença, numa lacuna residente entre o *nomos* e a *phýsis*, entre o *ser* e o *dever-ser*, cabendo ao soberano preenchê-la para resguardar a norma e sua aplicação ao caso concreto (Agamben, 2004, p.25). Com efeito, a atribuição de identificar quando e a quem a lei será aplicada pertence ao soberano, conforme a situação do caso concreto, operando o estado de exceção como condição para efetivação da lei. Logo, o estado de exceção de Agamben (2004), para que seja imposto, não deve estar condicionado à declaração formal de um estado de sítio, com condicionantes e hipóteses a limitar seu alcance. Na excepcionalidade proposta, o medo torna-se elemento de uma técnica de governo para expansão dos poderes executivos, com intervenção na economia, bastando a possibilidade ou suspeita da ocorrência de um *tumultus* ou mesmo o convencimento do soberano de que é preciso salvaguardar a ordem jurídica ou o estilo de vida ocidental para que se imponha a suspensão das liberdades. O estado de exceção agambeniano estaria ligado ao estado de sítio apenas pela genealogia da tradição democrática, como medida excepcional, mas diverso na efetivação, seja por força de sua indeterminação na descrição das hipóteses para decretação, seja por retratar uma técnica de governo. Para Agamben (2004), o estado de sítio se revela inadequado ao tentar definir a estrutura de excepcionalidade proposta pelo soberano do Estado ocidental, com características que particularizam o fenômeno e impõem qualificativos políticos ou fictícios próprios, não se restringindo a um conceito-limite baseado apenas num direito de guerra. Ainda em distinção ao estado de sítio, este sedimentado no *status necessitatis*, o estado de exceção agambeniano não se enquadra na teoria da necessidade e não se apresenta como um estado de direito. Trata-se de uma nova técnica de governo que, pautada numa pretensa necessidade, objetiva a manutenção da excepcionalidade, torna a exceção uma normalidade e a democracia um item em processo de liquidação. De acordo com Biswas e Nair (2010, p.26), a partir das margens e periferias das relações internacionais, os vários "estados de exceção" formados pelas interseções da lógica da soberania com uma longa e violenta história colonial e o funcionamento do capitalismo global evidenciam-se as limitações de uma política de poder soberano que se reduz repetidamente às exigências de uma ordem de exclusão. Desse modo, a palavra "exceção" deixa efetivamente de ser aplicada a casos de excepcionalidade para se tornar uma palavra de poder.

A crescente securitização da vida política contemporânea é utilizada por Muller (2009, p.80-1) para descrever as consequências dos eventos de 11 de setembro de 2001, evocado com regularidade para justificar o aumento das narrativas sobre a segurança interna e a internacional e a implementação de tecnologias biométricas para o controle da vida comum. Essas providências ajudam a fomentar uma cultura governamental que serve para reforçar o estado de exceção como norma, conforme atesta Shapiro (2004), e possuem a mediação amigo/inimigo de Schmitt como legado. Velasco Arias (2013) entende que a lógica de exceção descrita por Agamben é possível pelo intermédio do dispositivo de segurança humana. Tal como no nível nacional, esse conceito implica a identificação de riscos e a gestão de contingências com o artifício da proteção humana no âmbito internacional. Desse modo, saúde e bem-estar, por exemplo, se constituem em motivos que autorizariam intervenções internacionais. Haveria, portanto, uma mudança de paradigma, da segurança para a insegurança humana como justificativa para ações internacionais.

Arantes deriva sua análise para fatores econômicos. Para ele (Arantes, 2002, p.51-60), o atual estado do mundo é o estado de sítio. Tal assertiva pauta-se na substituição da ditadura política pela econômica, esta oriunda da supremacia de ideias como a autorregulação e a soberania do mercado, haja vista ser a razão deste a do próprio Estado moderno. Nesse contexto, o estado de sítio é um mecanismo de excepcionalidade econômica que se tornou regra, sendo destacado o retorno às ideias de Carl Schmitt, na qual o soberano decide e conduz o estado de exceção, mas que para Arantes se materializa nas nações periféricas, como uma realidade concreta de convivência entre o decisionismo de emergência para salvar mercados com o funcionamento dos poderes constitucionais, estes conduzidos para adaptar o direito interno às necessidades do capital financeiro, cujo maior objetivo é reduzir as interferências da soberania popular (Arantes, 2002, p.53 e 58-60). Comum a esse pensamento são as proposições apresentadas por Manoel Gonçalves Ferreira Filho ao tratar o "estado de sítio econômico" como providências emergenciais de recuperação e saneamento da economia perante a deflagração de uma crise no sistema financeiro de um estado de direito (Ferreira Filho, 1964, p.149).

Referências bibliográficas

AGAMBEN, G. *Homo sacer*: o poder soberano e a vida nua. I. Belo Horizonte: Editora UFMG, 2002.

______. *Estado de exceção*. São Paulo: Boitempo, 2004.

ARANTES, P. Estado de sítio. In: LOUREIRO, I.; LEITE, J. C.; CEVASCO, M. E. (Orgs.). *O espírito de Porto Alegre*. Rio de Janeiro: Paz e Terra, 2002.

ARCHIBUGI, D. Cosmopolitan Democracy and its Critics: A Review. *European Journal of International Relations*, v.10, n.3, p.437-73, 2004.

ARENDT, H. *Origens do totalitarismo*. Trad. Roberto Raposo. São Paulo: Companhia das Letras, 1989.

BERCOVICI, G. *Soberania e Constituição:* para uma crítica do constitucionalismo. São Paulo: Quartier Latin, 2008.

BISWAS, S.; NAIR, S. Introduction. In: ______; ______ (Eds.). *International Relations and States of Exception*: Margins, Peripheries, and Excluded Bodies. New York: Routledge, 2010. p.1-47.

BOBBIO, N. *O futuro da democracia*: uma defesa das regras do jogo. Rio de Janeiro: Paz e Terra, 1986.

______. *Liberalismo e democracia*. São Paulo: Brasiliense, 1988.

______. *A era dos direitos*. Rio de Janeiro: Campus, 1992.

______. Democracia y sistema internacional. In: *Norberto Bobbio*: El filósofo y la política. México: Fondo de Cultura Económica, 1996.

______. *As teorias das formas de governo*. 9.ed. Brasília: Editora UnB, 1997.

______; MATTEUCCI, N.; PASQUINO, G. *Dicionário de política*. Trad. Carmen C. Varriale et al. 11.ed. Brasília: Editora UnB, 1998.

BRASIL. Constituição Federal. 1988. Disponível em: http://www.planalto.gov.br/ccivil_03/Constituicao/Constituicao.htm. Acesso em: 21 jul. 2016.

CHANDLER, D. New Rights for old? Cosmopolitan citizenship and he critique of state sovereignty. *Political Studies*. v. 51. n. 2, 2003, p. 332-49.

DEVETAK, R. Between Kant and Pufendorf: Humanitarian Intervention, Statist Anti-Cosmopolitanism and Critical International Theory. *Review of International Studies*, v.33, p.151-74, 2007.

FERREIRA FILHO, M. G. *O estado de sítio*. São Paulo, 1964. Tese (Livre-Docência de Direito Constitucional) – Faculdade de Direito de São Paulo, Universidade de São Paulo.

______. *Estado de direito e Constituição*. 2.ed. São Paulo: Saraiva, 1999.

FERREIRA, P. *Princípios gerais do direito constitucional moderno*. t.II. 5.ed. São Paulo: Revista dos Tribunais, 1971.

JABRI, V. *War and the Transformation of Global Politics*. London: Palgrave, 2007.

MULLER, B. (Dis)qualified Bodies. In: NYERS, P. *Securitizations of Citizenship*. London: Routledge, 2009. p.77-93.

NASCIMENTO, D. A. *Do fim da experiência ao fim do jurídico*: percurso de Giorgio Agamben. São Paulo: LiberArs, 2012.

NYERS, P. The Accidental Citizen. In: *Securitizations of Citizenship*. London: Routledge, 2009. p.118-37.

ORGANIZAÇÃO DAS NAÇÕES UNIDAS (ONU). *Declaração Universal dos Direitos Humanos*. 1948. Disponível em: http://www.dudh.org.br/wp-content/uploads/2014/12/dudh.pdf. Acesso em: 21 jul. 2016.

PEREIRA, P. J. R.; NASSER, R. M. Carl Schmitt, um pensador heterodoxo das RI. In: LIMA, M. C. et al. *Teóricos das Relações Internacionais*. São Paulo: Hucitec; Capes, 2012. p.62-89.

SCHMITT, C. *El concepto de lo político: Teoría del partisano*. Buenos Aires: Folios, 1984.

______. *La dictadura*: desde los comienzos del pensamiento moderno de la soberanía hasta la lucha de clases proletária. Madrid: Alianza, 2003.

______. *Teologia política*. Belo Horizonte: Del Rey, 2006.

SHAPIRO, M. *Methods and Nations*: Cultural Governance and the Indigenous Subject. New York: Routledge, 2004.

SILVA, J. A. *Curso de Direito Constitucional positivo*. 23.ed. rev. e atual. São Paulo: Malheiros, 2004.

______. *Curso de Direito Constitucional*. 25.ed. rev. e atual. nos termos da Reforma Constitucional, Emenda Constitucional n.48, de 10 de agosto de 2005. São Paulo: Malheiros, 2005.

STAFFEN, M. R. *A atuação do Poder Judiciário na vigência do estado de* sítio. Disponível em: http://www.egov.ufsc.br/portal/sites/default/files/anexos/16090-16091-1-PB.pdf. Acesso em: 23 jul. 2016.

VELASCO ARIAS, G. *The Normalisation of Exception in the Biopolitical Security Dispositif.* Unesco, 2013.

VENEZUELA. Decreto n.2.323, de 13 de maio de 2016. Decreto de estado de excepción y emergencia económica. *Gaceta Oficial de La República Bolivariana de Venezuela*, Caracas, 8 maio 2016. Disponível em: http://prodavinci.com/2016/05/16/actualidad/lea-el-decreto-de-estado-de-excepcion-y-de-la-emergencia-economica-publicado-en-gaceta-oficial-monitorprodavinci-2/. Acesso em: 21 jul. 2016.

VILLA, R. D.; TOSTES, A. P. B. Democracia cosmopolita *versus* política internacional. *Lua Nova*, n.66, p.69-107, 2006.

ESTADO FALIDO

Nilton César Fernandes Cardoso

Com o final da guerra fria e, consequentemente, o colapso da URSS em 1991, a adoção de termos como Estado falido, colapsado e fraco, tornou-se recorrente na literatura das Relações Internacionais e da Ciência Política. Embora as discussões sobre a falência do Estado tenham surgido no início da década de 1980, com o trabalho seminal de Jackson e Rosberg (1982), Why Africa's Weak States Persist: The Empirical and the Juridical in Statehood, e se fortaleceram ao longo da década de 1990 no âmbito das discussões sobre as intervenções humanitárias, foi a partir dos atentados terroristas de 11 de setembro de 2001 nos EUA que o tema passou a ser analisado dentro do contexto da segurança internacional. Ou seja, os Estados falidos, colapsados e fracos passaram a ser identificados como ameaças à paz e à segurança internacionais (Rotberg, 2003).

De acordo com Rotberg (2003), Estados fracos incluem Estados naturalmente fracos (detentores de constrangimentos geográficos, físicos ou econômicos estruturais), Estados temporariamente fracos (que passam por crises, antagonismos internos, calamidades, ataques externos) e aqueles que apresentam uma mistura das duas realidades. Estados falidos, por sua vez, são caracterizados pelo predomínio de tensões internas, de conflitos enraizados e da existência de grupos armados, insurgências e levantes civis. É, portanto, a violência que identifica o Estado falido: uma violência persistente, direcionada contra um regime e que visa autonomia política e distribuição de poder. Nesse caso, o poder estatal está limitado à capital ou a regiões mais ligadas ao poder central, e a falência estatal pode ser medida pelo tanto de sua extensão geográfica que é controlada pelo governo oficial.

Adicionalmente, as populações se ligam a gangues e senhores da guerra para sua proteção, expressando solidariedade comunal e étnica (Castellano, 2010).

Por fim, Estados colapsados são versões extremas de Estados falidos. Nesse caso, há ausência de estruturas que garantam a segurança e existe um completo vácuo de autoridade. Atores subestatais e senhores da guerra ascendem e ganham controle de regiões e sub-regiões inteiras dentro do Estado; além de construir seu aparato de segurança, mercados, mecanismos comerciais e relações político-econômicas externas. Bens políticos são obtidos por meios irregulares e privados e há a prevalência da desordem (Rotberg, 2003).

O aumento das discussões acerca do tema teve efeitos multiplicadores nas variações do conceito, seja no que diz respeito às suas causas e soluções possíveis, seja no âmbito dos indicadores que poderiam representar a falência estatal. Contudo, Monteiro (2006), ao discutir a temática, defende que uma unidade básica foi mantida entre as teorias. No que concerne aos indicadores para a falência do Estado, prevalece a percepção comum de que alguns Estados reconhecidos internacionalmente (estaticidade jurídica ou soberania negativa) não detêm condições empíricas que os caracterizariam como Estados de fato (estaticidade empírica ou soberania positiva) (Jackson; Rosberg, 1982; Monteiro, 2006). Isto é, há consenso de que "Estado fracassado é aquele cuja existência normativa não corresponde a uma existência empírica (ao menos não plena) [...]. Alguns Estados não são Estados" (Monteiro, 2006, p.32).

No entanto, não existe na literatura um consenso sobre as funções do Estado cuja ausência ou ineficiência indicam a falência estatal. Para Jackson (1998), Estados falidos são aqueles que não conseguem prover domesticamente condições civis mínimas, como paz, ordem e segurança. A percepção de Rotberg (2003) é mais ampla. Para ele, um Estado falido é aquele que não consegue manter a ordem política interna e a ordem pública; oferecer segurança às suas populações; controlar fronteiras e todo o território; manter o funcionamento de sistemas legislativos e judiciários independentes; e prover educação, serviços de saúde, oportunidades econômicas, infraestrutura e vigilância ambiental. Por fim, a Fund For Peace (FFP) possui uma percepção ainda mais abrangente. A partir do conceito de segurança humana, produz anualmente (desde 2005) o Índice dos Estados Falidos num universo de 178 países, baseado em doze indicadores amplos: pressões demográficas, movimentos massivos de refugiados e deslocados internos, perseguições de grupos internos, êxodo de recursos humanos, desenvolvimento econômico desigual, declínio econômico acentuado, criminalização do Estado, deterioração dos serviços públicos, violação dos direitos humanos, autonomia do aparato de segurança, ascensão de elites divididas e intervenção de atores.

Referências bibliográficas

CASTELLANO, I. da S. Guerra irregular e Estado falido: esclarecendo conceitos para o caso da República Democrática do Congo. SEMINÁRIO NACIONAL SOCIOLOGIA E POLÍTICA DA UFPR, II, 2010, Curitiba.

JACKSON, R. H. *Quasi-States*: Sovereignty, International Relations and the Third World. Cambridge: Cambridge University Press, 1990.

______. *Surrogate Sovereignty?* Great Power Responsibility and "Failed States". Vancouver: Institute of International Relations; The University of British Columbia, nov. 1998. [Working Paper, n.25.]

______; ROSBERG, C. G. Why Africa's Weak States Persist: The Empirical and the Juridical in Statehood. *World Politics*, v.35, n.1, p.1-24, out. 1982.

MONTEIRO, L. N. *O conceito de Estado fracassado nas Relações Internacionais*: origens, definições e implicações teóricas. São Paulo, 2006. Dissertação (Mestrado em Relações Internacionais) – Programa de Pós-Graduação em Relações Internacionais Unesp/Unicamp/PUC-SP, Instituto San Tiago Dantas.

ROTBERG, R. I. Failure States, Colapsed States, Weak States: Causes and Indicators. In: _____ (Ed.). *State Failure and State Weakness in a Time of Terror*. Washington: Brookings, 2003.

ESTRATÉGIA

Hector Luis Saint-Pierre

Ao longo da história da polemologia foram propostas várias definições para o termo "estratégia", que, na verdade, deriva etimologicamente da palavra grega *estrategos* (στρατεγοσ), que significa general, comandante, condutor de tropas. Entre as muitas definições de "estratégia", algumas das mais famosas são, por exemplo, a clássica do general prussiano Carl von Clausewitz, que ainda jovem, mas já como professor da escola de oficiais, criticou em artigo a definição positivista francesa que definia o ambiente tático como aquele que se encontrava dentro do alcance do tiro de um canhão e o estratégico as manobras executadas além desse perímetro. Mais tarde, Clausewitz (1996) dirá que, "em princípio, a estratégia é apenas um meio para a vitória – para o sucesso tático; em última análise, o objetivo é estabelecer os objetivos que devem levar diretamente à paz". Mais contemporaneamente, Mao Tsé-Tung (1967, p.88) tentará novamente uma definição do ponto de vista positivista: "A tarefa da estratégia como ciência é estudar as leis da direção das operações militares que influenciam a situação da guerra como um todo". Finalmente, mais recentemente e tendo em conta que a guerra é o confronto armado de vontades antagônicas, o general francês André Beaufre, que considera que a estratégia é uma disciplina importante por ser o meio específico da ação na política internacional (onde não há um monopólio de força nem uma univocidade normativa que permita certa previsibilidade do comportamento dos atores, mas, pelo contrário, reina um ambiente relativamente anárquico), afirma que "a estratégia é a arte da dialética das vontades enfrentadas que utilizam a força como meio para resolver o conflito".

Hoje, o conceito escorregou semanticamente para abraçar uma infinidade de áreas alheias ao conflito e ao emprego da força letal. Apenas se recorre a nosso conceito para indicar uma certa planificação racional da ação tendente a alcançar qualquer objetivo desejado por aquela área. Acostumamo-nos a ouvir conceitos tão vagos e ambíguos como "estratégia de mercado", "estratégia financeira", "estratégia existencial" e até "estratégia sexual", assim como se publicam títulos que fariam o criador da arte da estratégia se retorcer no túmulo, como "Sun Tzu para administradores". Em todos esses casos, por estratégia se entende apenas uma planificação, um projeto mais ou menos articulado que ajuste racionalmente meios para alcançar fins propostos de antemão, uma preparação consciente e deliberada com vistas a um fim definido. Com efeito, encontramos parte disso também no conceito estrito de estratégia: estratégia implica de fato uma planificação, há um premeditado ajuste de meios para alcançar fins predeterminados, exercita-se uma preparação para atingir um futuro desejado, mas não apenas isso. De fato, o que distingue e ajusta o limite do conceito estrito de estratégia, a especificidade que fornece sua determinação, é o emprego, a iminência ou a ameaça do uso da força. No limite conceitual da estratégia, o emprego da força está necessariamente envolvido; o pano de fundo sobre o qual se deliberam e planificam as ações estratégicas é a violência letal. Portanto, na reflexão estratégica está sempre incluído o risco do uso da força (como emprego ou ameaça direta) e, portanto, da morte. Podemos dizer então que a estratégia é a planificação da ação futura, da adequação racional dos meios que permitam alcançar fins desejados, sabendo que para isso haverá que enfrentar outra vontade oposta à realização desses fins, a qual também se planifica e se prepara para evitar que eles sejam realizados; que as duas vontades estão decididas a empregar toda a violência ao seu alcance pelo seu objetivo; e ambas são conscientes de que a possibilidade da morte é um dado espreitando a falha da planificação. Os estudos estratégicos, por sua vez, são aqueles que analisam os fatores que facilitam, atrasam ou impedem o uso da força em face do confronto das vontades. É precisamente a força (por seu uso ou por sua ameaça) que dá o significado específico a esse campo de análise e distingue-o de outros domínios de análise nas relações internacionais. É o risco de vida que reveste de dramaticidade o limite conceitual desse tipo de reflexão sobre a ação.

Dentro do exercício teórico da reflexão estratégica é possível distinguir três níveis de análise em que não só pode se realizar a forma analítica, mas também três áreas em que é possível propor ações específicas. São os níveis político, estratégico e tático. O entendimento vulgar imagina-os como sendo cada um deles o meio adequado para a realização da outra. Dessa forma, pensou-se erroneamente que as táticas são o meio de que se serve a estratégia e esta é o meio para a realização da política. Na verdade, esses níveis envolvem esferas de decisão e operação muito diferentes e, assim, articuladas.

No nível político são tomadas as decisões fundamentais e mais gerais que guiarão todas as outras decisões e ações da guerra. Aqui reside o comando geral da planificação e da ação. É nele que os objetivos ou objetivos gerais são definidos, as alianças são estabelecidas, se decide soberanamente, como diria C. Schmitt, sobre as constelações de amigos e inimigos, e o fim da ação e o tipo de paz pretendido são determinados. Nesse nível, as gramáticas diplomáticas e estratégicas são afinadas e ajustadas aos fins definidos para os quais a guerra está destinada. Mas também é aqui que os meios que serão empregados são controlados, julgando a relevância ética dos procedimentos (armas nucleares e tortura não podem ser definidas apenas por considerações técnicas). A política é que determina a conduta completa da guerra para alcançar a paz desejada.

No nível estratégico é definido o comportamento geral na guerra. A estratégia define as atitudes e o planejamento total das operações. Trata das decisões que se referem à aplicação dos meios necessários e adequados para alcançar aqueles fins determinados no nível da decisão política. O objetivo da decisão estratégica é realizar com êxito os meios que permitam a aplicação da vontade manifestada no nível político. No nível estratégico, o tempo, o espaço e a intensidade da força são considerados como um todo: não se pensa sobre a força necessária para ser usada em determinado combate, mas em toda a força que estará disponível e em seu potencial; não é a duração de uma batalha determinada que interessa, e sim se a guerra em sua totalidade, por exemplo, buscará uma decisão rápida ou se se pretende conduzir uma guerra prolongada; aqui também é decidido se é possível entregar territórios em troca de alguma vantagem estratégica ou se eles devem ser defendidos a qualquer custo; nesse nível, o tempo, os meios morais e materiais e a maneira como o objetivo será feito são decididos, mas todos eles são considerados em termos absolutos e não relativos. O tempo, por exemplo, não será uma semana, um ano, mas uma guerra prolongada ou uma guerra-relâmpago etc. Os meios para serem usados não em termos do número de tanques ou munições, mas se serão totais ou limitados, se convencionais, nucleares, assimétricos etc.

Por fim, no nível tático é definida a atitude na batalha. Nesse nível, trata-se das decisões sobre a aplicação concreta dos meios táticos para alcançar os objetivos atribuídos pela decisão estratégica. O uso concreto desses meios (já quantificados) nas manobras e combates objetiva o sucesso da operação que permitirá a realização das definições estratégicas que tornarão viáveis as condições para a aplicação da vontade política ao inimigo. A força, o tempo e o espaço são considerados como quantidades adequadas às contingências do combate, a quantidade de força (batalhão, companhia, pelotão etc.), suas características (artilharia, aérea, motorizada etc.); a atitude (ofensiva, defensiva); a forma (movimento do envolvimento, posição central, linhas interiores etc.); a duração do combate etc., são alguns dos fatores decididos nesse nível.

Modelos teóricos da estratégia

Existem vários modelos teóricos possíveis pelos quais a estratégia pode ser classificada. Os mais aceitos e básicos são a estratégia direta ou clássica, a estratégia indireta e a estratégia nuclear ou da dissuasão.

Estratégia militar clássica ou estratégia direta: depois de um longo período em que, por causa da desconfiança dos soldados mercenários ou das regras da nobreza, as guerras eram de movimento, de cerco, de abordagens em que se evitava o combate, o surgimento dos soldados-cidadãos produzidos pela Revolução Francesa, associado à ideia de Pátria, deu ao general francês Napoleão Bonaparte os ingredientes necessários para tentar encontrar a decisão da guerra pelo combate direto. Quem teorizou essa revolução estratégica foi Carl von Clausewitz, que, como oficial prussiano e professor da Academia de Guerra, teve que enfrentar o avanço das poderosas forças napoleônicas e refletir profundamente sobre isso. O que Clausewitz caracterizou como a estratégia da guerra moderna foi: a) a concentração da força para entregar o golpe decisivo; b) a maior concentração de força deve ser aplicada contra o ponto mais forte do inimigo (a ação do forte contra o forte); c) a orientação da força concentrada golpeia no centro gravitacional da força adversária, procurando quebrar sua estabilidade; d) a busca pela decisão da batalha no teatro principal.

No caso da estratégia indireta, a reflexão principal é comumente atribuída ao coronel inglês Liddell Hart, que, analisando o alto número de mortes da I Guerra Mundial, lançou a culpa da tragédia sobre os ensinamentos de Clausewitz. O esforço concentrado para decidir pela batalha no palco principal contra o centro gravitacional do inimigo foi brutalmente freado pelo desenvolvimento das trincheiras e da tecnologia da metralha. No entanto, os princípios gerais da estratégia indireta já podem ser encontrados, entre outros textos, nos ensinamentos de Sun Tzu na sua famosa *Arte da guerra*, que foram aplicados e explicitados por Mao Tsé-Tung e universalizados por Ernesto Che Guevara. De qualquer forma, deve se reconhecer que talvez nenhum tenha desenvolvido a teoria como Hart. O general Beaufre também a desenvolverá de maneira muito clara e precisa, mas citando Hart. Para este, a concentração da própria força em um ponto de ataque facilita a defesa do inimigo porque o força a se concentrar defensivamente no ponto de ataque aumentando sua estabilidade estratégica. Por isso, Liddel Hart estipula alguns princípios para o desenho dessa estratégia: a) dispersão do adversário pela abordagem indireta; a diversão do ataque deve forçar o inimigo a abrir suas tropas para cobrir os flancos e antecipar os ataques, e, com isso, pode desequilibrar sua estrutura estratégica; b) o ataque deve buscar a surpresa através de ações imprevistas, criando em cada movimento a disjuntiva na mente do comandante inimigo; c) a ação principal deve ser realizada na parte mais fraca do aparelho do inimigo, de modo a garantir a vitória, ainda que pequena, mas que permita elevar o moral da própria tropa e desmoralizar a do inimigo (a ação do forte contra o fraco); d) evitar o confronto no cenário principal, que deverá cair pelo enfraquecimento da estrutura do dispositivo geral pela desestabilização; portanto, procurar a decisão nos teatros secundários.

Um outro modelo importante é o da estratégia atômica ou estratégia de dissuasão. Talvez o pensamento mais profundo e a exposição mais clara sobre essa estratégia pertençam ao general André Beaufre, possivelmente interessado em justificar a autonomia nuclear francesa no auge da bipolaridade de forças mundiais. Beaufre argumentou que a bipolaridade nuclear não garantiu a autonomia política da Europa, embora ela fosse o primeiro e principal cenário de uma possível conflagração entre as potências nucleares. Para ele, a bipolaridade não era mais estável do que a multipolaridade de gatilhos nucleares, uma hipótese que felizmente não foi testada. Os sinais da estratégia de dissuasão nuclear são trocados e o que é positivo na estratégia convencional é negativo na dissuasão e vice-versa. As principais características da estratégia da dissuasão são: a) destruição preventiva, em que os primeiros alvos dos ataques nucleares são os silos onde os mísseis inimigos possivelmente se encontrem, para impedir que eles sejam utilizados; b) interceptação, criando um guarda-chuva de mísseis que pode interceptar e destruir os mísseis nucleares inimigos antes de chegarem ao seu destino; c) proteção física, tanto para o armamento nuclear de maneira a permitir seu uso, apesar do ataque inimigo, quanto do comando da nação para continuar a dirigir as operações; d) talvez a principal característica seja a ameaça de pesadas represálias pelo ataque, cujo risco influencie o cálculo dos custos e benefícios estratégicos do inimigo retirando deste a intenção de atacar.

Estratégia e grande estratégia

Dentro do conceito estrito da estratégia, é possível distinguir, dependendo do nível de decisão e operações, isto é, segundo visem ao planejamento no espaço da decisão ou no espaço da ação, a estratégia da grande estratégia. Esse nível de deliberação também é chamado por diferentes autores de estratégia nacional, alta estratégia, estratégia política. Esse nível de reflexão estratégica envolve todas as estruturas do Estado, não apenas o Ministério da Defesa, mas também a articulação estratégica de toda a estrutura ministerial que organiza logística e produtivamente o país visando enfrentar o desafio que paira sobre a nação. Como o elemento que define o âmbito da política do Estado é a decisão e a defesa desta é a preservação do seu fundamento, isto é, a liberdade da decisão, podemos definir esse nível de pensamento estratégico como a dialética das vontades para prevalecer no domínio da decisão, tendo como horizonte do exercício a possibilidade, em última instância, do uso da força física ou da ameaça desse uso. No exercício operacional da formulação estratégica nesse nível, todos os recursos estatais são considerados meios adequados para o exercício da prevalência da vontade. Entre esses meios, obviamente, estão as Forças Armadas, que, apesar de serem os meios específicos da defesa, não são os únicos nem, em determinadas situações, os mais apropriados.

Destaca-se igualmente a estratégia operacional, também chamada de estratégia em sentido estrito. Consiste na reflexão sobre o planejamento do uso específico da força física para defender e garantir a liberdade da decisão. Essa estratégia objetiva ganhar e dominar o espaço de ação onde a decisão se torna efetiva; portanto, o espaço geográfico e o estratégico fazem parte de sua meta. Levando em consideração as características desse nível de reflexão estratégica, propomos defini-lo como a dialética das vontades para prevalecer no domínio do espaço de ação, através do uso de todas as habilidades, incluindo, em última instância, o exercício da força física (por seu uso ou a ameaça disso), dominar o espaço (o físico – terrestre, marítimo e aeroespacial – e o virtual ou cibernético) onde se realizem os objetivos que sirvam como meios adequados para os fins decididos politicamente.

Referências bibliográficas

BEAUFRE, André: *Introducción a la estratégia*. Buenos Aires: Struhart & Cia, 1982.

______. *Dissuasión y estratégia*. Buenos Aires: Pleamar, 1980.

CLAUSEWITZ, Carl: *Da guerra*. São Paulo: Martins Fontes, 1996.

GUEVARA, Ernesto "Che". *Obras completas*. Buenos Aires: Legasa, 1996.

HART, Liddell. *As grandes guerras da história*. São Paulo: Ibrasa, 1982.

MAO TSE-TUNG. *Selección de escritos militares*. Pequim: Ediciones em Lenguas Extranjeras, 1967.

SCHMITT, Carl. *El concepto de lo político*. Buenos Aires: Folios, 1984.

ESTRATÉGIA NACIONAL DE DEFESA

Patrícia Capelini Borelli

A Estratégia Nacional de Defesa (END) é um dos principais documentos brasileiros voltados para a área da defesa nacional. Em geral, o documento é responsável por estabelecer as diretrizes que colocariam em prática a política de defesa e, nesse sentido, busca articular o campo da defesa com os demais setores do país. Assim, enquanto a Política Nacional de Defesa delineia os objetivos mais gerais para a defesa nacional, a END assume uma função mais prática – um plano de ação –, que busca justamente associar os meios necessários aos objetivos estabelecidos pela política. A proposta da END é também diferente de um *Livro branco de defesa nacional*. Enquanto o primeiro documento é voltado majoritariamente para o âmbito doméstico – tentando articular os diferentes setores da sociedade brasileira à área da defesa –, o *Livro branco* tem o objetivo de ser um instrumento de fomento de confiança em relação aos demais países – voltado, portanto, para o âmbito externo – ao apresentar e esclarecer tanto os objetivos e as orientações da política de defesa nacional, como informações sobre os meios militares com que o país conta para executá-los.

A proposta de se criar um documento desse tipo, no entanto, não é uma inovação brasileira. Os Estados Unidos, por exemplo, contam com uma Estratégia de Defesa Nacional (National Defense Strategy – NDS), elaborada pelo secretário de Defesa. Esse documento, no entanto, é parte de uma estrutura maior, que corresponde ao sistema nacional de segurança do governo, sendo a Estratégia de Segurança Nacional (National Security Strategy – NSS) o principal documento norteador. A NSS é formulada e assinada pelo próprio presidente em exercício e direcionada ao Congresso Nacional. O documento passou a ser exigido a partir do Goldwater-Nichols Act de 1986, que reestruturou o Departamento de Defesa estadunidense. A exigência inicial era que uma NSS fosse publicada anualmente – como ocorreu entre 1987 e 2000, com exceção dos anos 1989 e 1992. No entanto, tanto a administração de George W. Bush (2001-2008) como a de Barack Obama (2009-2015) publicaram apenas duas versões cada, durante os oito anos em que estiveram à frente do governo (respectivamente, em 2002 e 2006; e em 2010 e 2015). Idealmente, a NSS é um relatório geral que sintetiza os interesses, objetivos e missões do governo; as políticas e os compromissos internacionais, assim como os recursos e esforços necessários para alcançá-los; e deve apresentar uma avaliação dos riscos envolvidos nesse processo (Dale, 2013, p.3-5).

A *National Defense Strategy*, por sua vez, tem como finalidade estabelecer os objetivos e articular os meios de que o Departamento de Defesa dispõe para auxiliar na execução da NSS. A NDS deve ser formulada a partir dos relatórios de *Revisão Quadrienal da Defesa* (*Quadrennial Defense Review*) exigidos por lei. Os relatórios são elaborados no primeiro ano de cada administração presidencial, em processo interno no Departamento de Defesa que estabelece as políticas, abordagens e a organização necessária para delinear a NDS. É válido notar que não existe uma descrição legal do conteúdo que deve compor esse documento. No entanto, ele deve sempre ser consistente com a versão mais recente da NSS. É importante observar que o processo de publicação da NDS tem ocorrido de modo diferente na prática. Apenas em 1997 e 2001 os relatórios incluíram a apresentação de uma NDS, sendo que, em 2005 e 2008, o Departamento de Defesa formulou um documento independente também intitulado *National Defense Strategy* e, em 2012, foi publicado o *Defense Strategic Guidance* (Dale, 2013, p.6-7). Ainda que o objetivo não seja fazer uma comparação entre os dois documentos, é válido notar que a END apresenta uma proposta diferente do documento estadunidense, sobretudo pelo fato de que o Brasil não possui uma "Estratégia de Segurança" para nortear o documento de defesa.

A primeira versão da Estratégia Nacional de Defesa foi publicada em 2008, aprovada pelo Decreto Presidencial n.6.703, durante o segundo mandato do presidente Luiz Inácio Lula da Silva (Brasil, 2008). Até então, o país contava com poucos documentos – no nível político – para a área da defesa: a Política de Defesa Nacional, de 1996, e a sua revisão e reformulação como Política Nacional de Defesa (PND), em 2005. A END foi formulada com o objetivo claro de modernizar a estrutura nacional de defesa a partir dos chamados "eixos estruturantes": a reorganização das Forças Armadas, a reestruturação da indústria brasileira de materiais de defesa, e a manutenção do serviço militar obrigatório.

A elaboração da END foi oficializada pelo presidente Lula ainda em 2007, quando foi criado o Comitê Ministerial de Formulação da Estratégia Nacional de Defesa. O comitê foi presidido por Nelson Jobim, então ministro de Estado da Defesa, e coordenado por Roberto Mangabeira Unger, chefe da Secretaria de Assuntos Estratégicos, contando também com a presença de outros ministros de Estado – da Fazenda, do Planejamento, Orçamento e Gestão, e Ciência e Tecnologia –, além dos comandantes da Marinha, do Exército e da Aeronáutica. O decreto também previa a possibilidade de o ministro da Defesa convidar especialistas ou representantes de outras entidades – públicas ou privadas – para prestar assessoria sobre temas específicos (Brasil, 2007; Ministério da Defesa, 2007).

Considerando o contexto em que foi pensado e formulado, o documento pode ser interpretado como uma agenda de reformas para o setor da defesa, que há muito tempo não recebia investimento ou incentivos para atualização. A demanda por reaparelhamento e modernização dos meios já era um pedido antigo por parte das Forças Armadas, mas tomou proporções maiores entre 2006 e 2007, quando – a partir de uma crise no setor de aviação civil – eclodiu uma no interior das Forças Armadas. Em linhas gerais, a crise no setor aéreo explicitou as dificuldades que estavam sendo enfrentadas pelos militares – como a insatisfação salarial e extensas jornadas de trabalho –, mas principalmente o despreparo dos representantes políticos para lidar com questões relacionadas às Forças Armadas. Não obstante, junto da solução para a crise na aviação civil, a reestruturação da defesa foi inserida como pauta na agenda política (Oliveira, 2009, p.71; Martins Filho, 2010, p.291; Borelli, 2016, p.89-93).

A END resulta desse esforço, ao formalizar e reforçar a necessidade de reaparelhamento e modernização das Forças Armadas, em um contexto em que o Brasil assumia uma posição de maior protagonismo no cenário internacional. A revitalização da indústria de defesa seria, portanto, um fator-chave para esse objetivo, além de contribuir também para a redução da dependência de importações, sobretudo em relação a materiais sensíveis. Para tanto, foram estabelecidos três eixos estruturantes.

O primeiro – a reorganização das Forças Armadas – trata das diretrizes estratégicas para cada uma das forças, orientando o modo como devem desempenhar suas funções constitucionais e expondo suas atribuições a partir da análise de diferentes hipóteses de emprego. São abordados os pontos de relação entre elas, a fim de ampliar a coordenação entre o Exército, a Marinha e a Aeronáutica. Os grandes projetos das Forças Armadas – como o submarino a propulsão nuclear da Marinha, o sistema de monitoramento do Exército e a renovação dos caças da Força Aérea – são reforçados pelo documento, ainda dentro desse primeiro eixo, e relacionados com os três setores considerados como estratégicos para a defesa nacional: o espacial, o cibernético e o nuclear. Nesse sentido, são também apresentadas orientações para o desenvolvimento desses três setores.

O segundo eixo – a reestruturação da indústria de material de defesa – visa atender à demanda das Forças Armadas em suas funções e atribuições por meio do incentivo à pesquisa e ao desenvolvimento tecnológico autônomo, com o objetivo de "fomentar o desenvolvimento de um complexo militar-universitário-empresarial" (Brasil, 2008, p.37). O vínculo entre defesa e desenvolvimento nacional é bastante enfatizado ao longo do documento, partindo principalmente da ideia de modernizar as Forças Armadas pelo incentivo à inovação, ao investimento produtivo e à autonomia tecnológica. A END ressalta a necessidade de subsídios à indústria nacional e à formação de recursos humanos na área de ciência e tecnologia, estabelece quais devem ser os critérios para o comércio com outros países, e a necessidade de direcionar esforços para implementar uma política centralizada de compras de produtos de defesa e uma política tecnológica integrada entre as três forças. Os esforços nessa direção são justificados pela possibilidade de a tecnologia desenvolvida ser de uso dual, ou seja, utilizada tanto em meio militar como civil. O documento, no entanto, oferece poucos detalhes sobre como ocorrerá grande parte dos processos indicados – por exemplo, o transbordamento de tecnologia militar para o setor civil – ou como os projetos serão encaixados dentro do orçamento para a defesa.

O terceiro eixo – a política de composição dos efetivos das Forças Armadas – reforça a permanência do serviço militar obrigatório como meio para garantir que a composição das forças represente a nação. Ademais, é proposta a criação de um serviço civil, complementar ao serviço militar, para os jovens não incorporados a esse último. A formação de civis especializados em assuntos de defesa é colocada no documento como um "interesse estratégico do Estado" (Brasil, 2008, p.39). Sendo assim, fica previsto o apoio do governo federal para fomentar programas e cursos sobre o tema nas universidades, sendo também, nesse sentido, reforçado o papel da ESG.

A partir do diagnóstico da situação da defesa e apresentados os objetivos a serem alcançados, na terceira parte da END são especificadas as "medidas de transição" que "levar[ão] o Brasil, de onde está para onde deve ir, na organização de sua defesa" (Brasil, 2008, p.42). São destacados pontos positivos da situação da defesa nacional e os principais desafios enfrentados no campo da defesa para justificar os objetivos do documento. A partir daí, são definidas "ações estratégicas" de médio e longo prazo que orientam a implementação da

END, separadas por área: Forças Armadas, ciência e tecnologia, inteligência de defesa, ensino, entre outras.

Na discussão sobre as hipóteses de emprego, é afirmado no documento que "os ambientes apontados na Estratégia Nacional de Defesa não permitem vislumbrar ameaças militares concretas e definidas" (Brasil, 2008, p.47). Sendo assim, as Forças Armadas devem ser orientadas para cumprir as mais variadas missões, considerando as situações de: monitoramento e controle do espaço aéreo, das fronteiras terrestres, do território e das águas jurisdicionais brasileiras em circunstâncias de paz; a ameaça de penetração nas fronteiras terrestres ou abordagem nas águas jurisdicionais brasileiras; a ameaça de forças militares muito superiores na região amazônica; as providências internas ligadas à defesa nacional decorrentes de guerra em outra região do mundo, ultrapassando os limites de uma guerra regional controlada, com emprego efetivo ou potencial de armamento nuclear; a participação do Brasil em operações de paz e humanitárias; a participação em operações internas de garantia da lei e da ordem (GLO); ameaça de conflito armado no Atlântico Sul (Brasil, 2008). Por fim, ficam estabelecidos na END os prazos para elaboração ou atualização de documentos, assim como as instituições que devem ser envolvidas nesse processo.

Em 2010, pela Lei Complementar n.136, ficou estabelecida a atualização do documento – junto com a Política Nacional de Defesa e ao *Livro branco de defesa nacional* (incluído posteriormente) – a cada quatro anos. A segunda versão foi, então, publicada em 2012, com poucas alterações em relação ao texto de 2008 (Brasil, 2012). Porém, algumas observações sobre ambas as versões valem ser levantadas.

Na carta de apresentação da primeira versão do documento, escrita pelos ministros Jobim e Mangabeira Unger, é enfatizado que a iniciativa é inédita no país, no sentido de estabelecer um planejamento de longo prazo para o setor e de inserir o debate sobre defesa na agenda nacional. É notável, nesse sentido, que os documentos oficiais anteriores – como a Política de Defesa Nacional de 1996 e a Política Nacional de Defesa de 2005 – não são considerados ou retomados pela END (tanto na versão de 2008, como na atualização em 2012, apesar de o governo federal ter disponibilizado uma publicação *on-line* contendo esses dois documentos atualizados nesse mesmo ano).

A falta de continuidade entre os documentos traz algumas fragilidades. Uma delas é a ausência, na END, de definição de conceitos importantes – como defesa e segurança –, que são definidos pela PND. Do mesmo modo, ainda que sejam estabelecidas as hipóteses de emprego das Forças Armadas, o documento é frágil por não definir quais as possíveis ameaças para o país e também não são especificadas as diretrizes que pautarão as relações internacionais do Brasil com cada uma das regiões. A ausência de definições contribui para interpretação da END como um documento de caráter genérico, mesmo após a atualização de 2012. A não definição do que se entende por ameaças, em particular, assume um aspecto problemático quando consideramos que a END apresenta orientações para a atuação das Forças Armadas em operações de GLO, já que o emprego de militares em operações de segurança pública não corresponde necessariamente a uma questão de defesa nacional, que deveria ser o foco desse documento.

Em linhas gerais, a END apresenta uma proposta de política para o setor militar, mas vai além ao articular a política de defesa com política econômica e de desenvolvimento. Nesse sentido, é pertinente a interpretação de que o documento se aproximaria mais da concepção de uma "grande estratégia" – em sentido semelhante ao proposto por Liddel Hart (1982) – ou de uma estratégia de segurança nacional, do que de uma política para a área da defesa (Saint-Pierre, 2010, p.9; Rocha, 2011, p.11).

No entanto, ainda que o documento represente um avanço em diagnosticar e definir as intenções para o setor de defesa em consonância com os demais setores produtivos da sociedade, é bastante questionada a possibilidade de sua execução, principalmente quando contrastado com a realidade do país e a capacidade de investimento do Estado brasileiro. Não são poucas, portanto, as interpretações de que a END representa uma proposta bastante ambiciosa e com dificuldades reais de implementação (D'Araújo, 2010, p.57; Lima, 2015, p.202; Peron, 2011, p.14; Rocha, 2011, p.11).

A intenção de ampliar o envolvimento da sociedade brasileira no debate e na formulação da defesa nacional, expressa nas páginas iniciais do documento, é outro ponto frágil quando contrastada com o próprio processo de formulação e atualização da END. Ainda que o decreto de 6 de setembro de 2007 incentivasse a possibilidade de consulta a especialistas e estudiosos da área, foi consideravelmente reduzida a participação da população e de membros da comunidade acadêmica da área de defesa nesse processo (Saint-Pierre, 2010, p.8). Do mesmo modo, no parecer da comissão diretora responsável por aprovar a atualização de 2012 no Congresso Nacional consta a observação de que o Poder Legislativo não foi convidado pelo Poder Executivo para participar da produção tanto da END como da Política Nacional de Defesa e do *Livro branco* (Brasil, 2013). A soma desses aspectos nos permite interpretar a END como um documento estritamente militar, já que exprime os interesses e objetivos das Forças Armadas – o resgate de projetos estratégicos antigos, como o submarino nuclear e a renovação dos caças evidencia isso –, perdendo de vista o seu objetivo político de como envolver a sociedade na orientação da defesa do país.

Uma nova atualização do documento era prevista para o ano de 2016 e em setembro foi lançada a minuta da nova versão da END, ainda sob apreciação do Congresso Nacional (Brasil, 2017). As mudanças mais formais são nítidas: um número reduzido de páginas e estrutura modificada. A nova versão da END é estruturada a partir dos "objetivos nacionais de defesa" (definidos pela versão de 2016 da PND, que também está sob apreciação do Congresso) e se propõe a estabelecer "estratégias de defesa" e, no âmbito dessas estratégias, "ações estratégicas de defesa" para alcançar tais objetivos. Nesse sentido, apresenta um ponto positivo, já que não somente passa a reconhecer, como estabelece um diálogo direto com a PND.

É possível dizer que, por ter sido formulada em um contexto de crise política, econômica e institucional, a proposta de atualização da END parece menos ambiciosa – principalmente em termos de política externa – e perde seu caráter de ser uma agenda de reformas para o setor. O documento é agora definido menos pelo objetivo de modernizar a estrutura de defesa nacional do que como "o vínculo entre o posicionamento do país nas questões de defesa e as ações necessárias para efetivamente dotar o Estado da capacidade para preservar seus valores fundamentais" (Brasil, 2016, p.16). Apesar de mais enxuta, a nova END ainda apresenta uma grande lista de prioridades, o que colabora não somente para um caráter impreciso e vago do documento, como acaba reforçando a dificuldade de organização de um orçamento para suprir todas as demandas.

As "ações estratégicas de defesa" são igualmente vagas e não definem com maiores detalhes como poderão ser de fato implementadas, sobretudo considerando o cenário adverso apresentado pela PND. Outro fator que chama atenção é o fato de ter sido amplamente utilizado – tanto na END como na PND – o glossário das Forças Armadas para definir conceitos como "poder nacional" e "segurança" (Brasil, 2016, p.17-8). Isso pode ser interpretado, inclusive, como um retorno do pensamento e influência da ESG sobre o setor da defesa, em detrimento do pensamento civil-acadêmico. É também notável, nesse sentido, que as críticas e revisões das versões anteriores realizadas no meio acadêmico pouco foram consideradas pelos formuladores desses documentos. Esses aspectos – somados, novamente, à baixa participação de outros setores da sociedade durante o processo de atualização – reforçam a interpretação de que o documento continua estritamente voltado para os interesses e objetivos militares, carecendo de condução política. É válido ressaltar, no entanto, que as minutas foram disponibilizadas para uma consulta pública *on-line*[1] e aguarda apreciação do Congresso para sua aprovação.

Nota-se que a nova versão da END busca se diferenciar das versões anteriores. Isso se reflete, por exemplo, nos objetivos menos ambiciosos e menos afirmativos, que derivam também da mudança na condução da política externa como um todo. É interessante, inclusive, que a América do Norte e a Europa são consideradas como áreas de interesse na versão de 2016, sendo que essas regiões nem são citadas nas versões antecedentes. Ao mesmo tempo, foi consideravelmente reduzido o espaço dedicado aos países menos desenvolvidos, os quais tinham maior centralidade na versão de 2012.

As mudanças na END deixam evidente que a política de defesa, assim como as políticas para qualquer outro setor, é uma política pública e está sujeita aos interesses e objetivos dos mais diversos grupos e atores políticos envolvidos no setor. É nesse sentido que Alsina Júnior (2009) defende que um dos motivos da dificuldade em se pensar política de defesa no país é devido ao elevado grau de *turn-over* entre um governo e outro. A essa dificuldade, soma-se o fato de que é desinteressante, em termos eleitorais, para os parlamentares acompanharem mais de perto esse tipo de política pública – mais complexa e de baixo apelo popular –, o que colabora para reduzir a possibilidade de algum grau de continuidade – ou, pelo menos, coerência – na política de defesa na troca de governos.

Não obstante, isso abre espaço para uma autonomia maior dos militares para rever e reformular documentos, como a END. Sendo assim, é importante que a consulta seja amplamente divulgada e que conte com a participação ativa da sociedade, principalmente os membros da comunidade acadêmica da área de defesa. Do mesmo modo, é imprescindível que esse retorno seja de fato levado em consideração e que as observações sejam incorporadas pelos formuladores e revisores nos documentos. Reafirmamos, entretanto, que o desejável é que essa participação da sociedade seja incentivada e se dê ao longo do processo de reformulação do documento, e não apenas uma consulta ao texto final.

Se aprovada no Congresso Nacional do modo como foi apresentada a versão preliminar, a brusca mudança da atual END em relação às versões anteriores expõe o quão frágil é – ainda – o pensamento e condução da política de defesa no Brasil, sobretudo em momentos de troca de governo. Conforme afirmado por

1 A consulta foi disponibilizada entre os dias 22 de maio e 17 de julho de 2017, por meio do *website* Participa.br (Brasil, 2017).

Proença Júnior e Diniz (1998, p.37), como qualquer política pública, a política de defesa tem caráter provisório e temporário, e seus objetivos tendem a oscilar conforme o grau de diferença entre os grupos e suas respectivas posições de força no cenário político nacional. Por isso é importante – e imperativo – que, como política pública, a política de defesa esteja sob a constante observação e direção popular (Borelli, 2016, p.51; Rudzit; Casarões, 2015). Entretanto, ainda de acordo com os autores, algum grau de continuidade é necessário. O campo das relações internacionais – para o qual a política de defesa é direcionada – por si só apresenta um horizonte temporal dilatado, sendo que o tempo e o custo para a organização, manutenção, controle e atualização das Forças Armadas demandam investimentos de médio e longo prazos e exigem, de algum modo, maior continuidade das decisões relativas a essa área (Proença Júnior; Diniz, 1998, p.48). No limite, essas mudanças podem ser interpretadas mais um reflexo da ausência – e reforçam a necessidade – de um projeto de país que oriente e se desdobre em políticas para os mais variados setores, inclusive o da defesa nacional.

Referências bibliográficas

ALSINA JR., J. P. S. *Política externa e poder militar no Brasil*: universos paralelos. Rio de Janeiro: Editora FGV, 2009.

BORELLI, P. C. *Sobre poder dizer não*: uma análise das inflexões na política de defesa no governo Lula da Silva. Niterói, 2016. Dissertação (Mestrado) – Instituto de Estudos Estratégicos, Universidade Federal Fluminense.

BRASIL. Consulta pública: documentos estratégicos de defesa. *Website* Participa.br. Publicado em 4 de maio de 2017. Disponível em: http://www.participa.br/estrategia-nacional-de-defesa-end/documentos-estrategicos-de-defesa. Acesso em: 20 maio 2017.

______. Decreto de 6 de setembro de 2007. Institui o Comitê Ministerial de Formulação da Estratégia Nacional de Defesa. Presidência da República. Brasília, 2007. Disponível em: http://www.planalto.gov.br/ccivil_03/_Ato2007-2010/2007/Dnn/Dnn11341.htm. Acesso em: 12 jul. 2016.

______. Decreto n.6.703, de 18 de dezembro de 2008. Aprova a Estratégia Nacional de Defesa, e dá outras providências. Presidência da República. Brasília, 2008. Disponível em: http://www.planalto.gov.br/ccivil_03/_ato2007-2010/2008/Decreto/D6703.htm. Acesso em: 12 jul. 2016.

______. Lei Complementar n.136, de 25 de agosto de 2010. Casa Civil. Brasília, 2010. Disponível em: http://www.planalto.gov.br/ccivil_03/leis/lcp/lcp136.htm. Acesso em: 25 maio 2016.

BRASIL. *Livro branco de defesa nacional.* Brasília: Ministério da Defesa, 2012. Disponível em: http://www.defesa.gov.br/arquivos/estado_e_defesa/livro_branco/livro-branco.pdf. Acesso em: 31 maio 2017.

______. Parecer n.141 de 2013. Sobre a redação final do Projeto de Decreto Legislativo n.576 de 2012. Brasília: Congresso Nacional; Comissão Diretora, 20 mar. 2013.

______. *Política Nacional de Defesa e Estratégia Nacional de Defesa.* Brasília: Ministério da Defesa, dez. 2012. Disponível em: http://www.defesa.gov.br/arquivos/estado_e_defesa/END-PND_Optimized.pdf. Acesso em: 31 maio 2017.

DALE, C. *National Security Strategy*: Mandates, Execution to Dates, and Issues for Congress. Reports for Congress. Congressional Research Service, 6 ago. 2013. Disponível em: https://fas.org/sgp/crs/natsec/R43174.pdf. Acesso em: 8 jun. 2017.

D'ARAÚJO, M. C. *Militares, democracia e desenvolvimento*: Brasil e América do Sul. Rio de Janeiro: Editora FGV, 2010.

HART, B. H. L. *As grandes guerras da história.* São Paulo: Ibrasa, 1982.

LIMA, R. C. *A articulação entre política externa e política de defesa no Brasil*: uma grande estratégia inconclusa. São Paulo, 2015. Dissertação (Mestrado) – Programa San Tiago Dantas.

MARTINS FILHO, J. R. Tensões militares no governo Lula (2003-2009): a pré-história do acordo com a França. *Revista Brasileira de Ciência Política*, v.4, p.283-306, 2010.

MINISTÉRIO DA DEFESA. Ministério inicia debates com indústria e com Forças para elaborar Estratégia Nacional de Defesa. Assessoria de Comunicação. Publicado em 26 set. 2007. Disponível em: http://www.defesa.gov.br/index.php/noticias/2137-26-09-2007-defesa-ministerio-inicia-debates-com-industria-e-com-forcas-para-elaborar-estrategia-nacional-de-defesa. Acesso em: 14 jul. 2016.

OLIVEIRA, E. R. A Estratégia Nacional de Defesa e a reorganização e transformação das Forças Armadas. *Interesse Nacional*, p.71-83, 2009.

PERON, A. E. dos R. *O programa FX-2 da FAB*: um estudo acerca da possibilidade de ocorrência dos eventos visados. Campinas, 2011. Dissertação (Mestrado) – Instituto de Geociências, Universidade Estadual de Campinas.

PROENÇA JR., D.; DINIZ, E. *Política de defesa no Brasil*: uma análise crítica. Brasília: Editora UnB, 1998.

ROCHA, A. J. R. *Militares e política no Brasil.* Brasília: Ipea, 2011.

RUDZIT, G.; CASARÕES, G. Política de defesa é uma política de governo. *Revista Brasileira de Estudos de Defesa*, v.2, n.1, p.33-52, 2015.

SAINT-PIERRE, H. L. A defesa na política externa: dos fundamentos a uma análise do caso brasileiro. *Análise de Conjuntura OPSA*, n.8, ago. 2010.

FORÇAS INTERMEDIÁRIAS[1]

Sonia Alda Mejías

As forças intermediárias são, com as Forças Armadas e a polícia, forças de segurança cuja peculiaridade é ser polícia com estatuto militar e, portanto, ter uma dupla natureza, civil e militar. Existem em diferentes países da Europa, sendo exemplos a Guardia Civil, na Espanha, a Gendarmerie Nationale, na França, a Koninklujke Marechausse, nos Países Baixos, os Carabinieri, na Itália, a Guarda Nacional Republicana, em Portugal, e a Jandarmeria Română, na Romênia. Todos esses corpos, por sua vez, constituem uma força policial multinacional, a Força de Gendarmería Europeia (Eurogendfor ou EGF, por suas siglas em inglês), orientada à participação em missões de paz. Na América Latina se encontram os Carabineros no Chile, ou a Gendarmería Nacional na Argentina, assim como a Guardia Nacional Bolivariana na Venezuela. No Norte da África estão a Gendarmeria Real do Marrocos, a Gendarmeria da Argélia e a Guarda Nacional da Tunísia. Também existem forças intermediárias no Oriente Médio, como a Jandarma turca, as Forças Darack da Jordânia e a Força de Segurança Interna do Catar. Como se pode comprovar, esses corpos de polícia existem em diferentes partes do mundo, tanto em países desenvolvidos como em vias de desenvolvimento. A exceção que cabe mencionar é a do mundo anglo-saxão e nórdico, onde essas forças não se instauraram.

As primeiras polícias dessa natureza surgiram no século XIX e a primeira delas foi a Gendarmeria francesa, que se converteu em referência para a criação das novas forças que se criaram em diferentes

1 Tradução de Ronaldo M. Canesin.

países. A partir disso, alguns autores chamam essas forças de gendármicas, se bem que não haja acordo na denominação dessas forças. Os termos vão desde *constabulary forces* até paramilitares e sua caracterização também varia de acordo com os autores (Scobell; Hammit, 1998; Andrade, 1985; Bayley, 1985). Correndo o risco de proporcionar uma definição demasiado simples, mas com a intenção de não agregar confusão, essas forças serão entendidas como polícias com estatuto militar e serão denominadas de forças intermediárias, de acordo com a dupla natureza salientada e com o caráter híbrido que apresentam ao integrar características militares e policiais (Alda, 2015, 2016a, 2016b).

Dessa característica comum se derivam outras, que são coerentes com a dupla natureza salientada. Sendo corpos de polícia, são reguladas internamente e organizadas mediante um estatuto e disciplina militares. Derivada dessa mesma natureza, geralmente possuem uma dupla dependência ministerial, Interior e Defesa. Entretanto, de acordo com a tendência geral de desmilitarização experimentada, a dependência dos ministérios de Defesa é menor do que dos do Interior. Como parte desse processo, salvo exceções, essas forças intermediárias deixaram de ser integradas às Forças Armadas nas regiões mencionadas. Por último, cabe assinalar que sua dupla natureza as torna adequadas para enfrentar as novas ameaças.

Não obstante, essa caracterização não deve fazer supor que essas forças sejam monolíticas ou homogêneas (De Weger, 2009). Há marcadas diferenças de grau e intensidade no processo de desmilitarização, no tipo de missões e em suas capacidades.

Estatuto militar

A dupla natureza dessas polícias (civil e militar) é uma característica fundamental que lhes outorga um caráter "híbrido", peculiaridade que as converte em adequadas para cobrir o vácuo de segurança existente entre as forças militares e as policiais (Andersen, [s.d.]). Sua atuação em realidades tão diferentes, como revelada pelos lugares onde foram implantadas, demonstra a versatilidades desses corpos e sua adaptabilidade a realidades muito diferentes. São países com problemas distintos de segurança em natureza e intensidade. Além da experiência acumulada em seu respectivo âmbito nacional, conhecem as situações de alto nível de violência, ainda que seus países não padeçam delas, já que, nas missões de paz, se especializaram em atender situações de *security gap* (Bruggeman, 2011, p.51-67), identificadas como crises de grande instabilidade e risco, que se situam entre o momento em que acabaram as hostilidades e as Forças Armadas se retiraram, até a estabilização, quando corpos de polícia comum já podem intervir.

Essa versatilidade é dada por sua dupla natureza civil-militar, o que lhe outorga vantagens importantes em determinadas situações de insegurança, como expõe a Eurogenford, que considera que possuem uma rápida capacidade de deslocamento, particularmente adequada na primeira fase de uma operação de gestão de crises. Assim, por sua configuração, como forças robustas, por suas habilidades militares e equipe, podem atuar em entornos desestabilizados realizando tarefas policiais desde o começo de uma crise. Outra vantagem é que podem atuar sob uma cadeia de mando civil ou militar, diferentemente da polícia civil convencional, na qual a sinergia de esforço se encontra limitada, já que não pode atuar sob uma cadeia de mando militar.

Apesar das vantagens da versatilidade que proporciona a esses corpos seu caráter policial e militar, este último não deixou de criar uma controvérsia importante, entre outros motivos, por temor à militarização da segurança interna. Desse ponto, se com o recurso a esse tipo de corporação se ganhasse em operacionalidade diante da criminalidade, o principal argumento utilizado por setores críticos às forças intermediárias, o problema da militarização ocasionada por seu estatuto militar, ficaria inválido. Diante dessa suposição, há autores que, mais do que inconvenientes, encontram vantagens na existência do estatuto militar, já que isso não significa necessariamente que essas forças policiais estejam militarizadas.

Se contemplarmos a disciplina como o traço mais militar dessa polícia, caberia considerar quais são as contribuições fundamentais que a justificam. De acordo com todos aqueles que defendem a manutenção da natureza militar do corpo, a disciplina é um mecanismo de controle interno de seus membros de grande utilidade e que não afeta o serviço prestado ao cidadão e redunda positivamente no cumprimento das missões encomendadas e na coesão corporativa. Nesse sentido, a disciplina e os valores, como a entrega e a dedicação incondicional, formam parte de uma cultura corporativa que opera necessariamente a favor de uma maior eficácia no serviço e no profissionalismo do corpo.

Outra das críticas habituais é até que ponto a existência de uma cadeia de comando e a disciplina não dificultam os trabalhos de investigação criminal. No entanto, se considerarmos que a cadeia de comando e a disciplina se aplicam não apenas interna, mas também externamente a outras autoridades, longe de ser um obstáculo, pode ser um valor adicional. Assim, quando as forças intermediárias atuam como polícia judicial, como é o caso da Guardia Civil, a cadeia de comando e a disciplina se aplicam também às autoridades judiciais. De maneira que, em uma investigação, a máxima autoridade será o juiz ou o fiscal e, durante o processo de investigação, serão atendidas unicamente suas instruções, que, por outra parte, serão cumpridas com a diligência que a disciplina obriga. Desse modo, longe de dificultar a investigação, a hierarquia e a disciplina contribuem, também nesse âmbito, ao desempenho eficiente e eficaz dessa tarefa. Um aspecto particularmente relevante para combater novas ameaças, como o crime organizado e/ou o terrorismo, delitos diante dos quais a investigação criminal é fundamental.

Portanto, em relação à ideia de que "uma estrutura de comando e doutrina militar" (mais que doutrina, seria disciplina) leva consigo a militarização da segurança interna e é incompatível com a democracia e o respeito aos direitos humanos (Salles Kobilanski, 2012, p.14; Skinner, 2003), cabe assinalar que tal disciplina é, de fato, um aspecto regulatório exclusivamente interno e, portanto, não afeta os cidadãos nem as tarefas policiais desempenhadas por essas forças. Que a polícia adote uma estrutura interna militar ou civil não é determinante para que seja ou não uma polícia repressiva e desrespeitosa aos direitos humanos. O determinante é que uma ou outra se submeta às exigências e parâmetros de uma polícia democrática (Hazenberg, 2001, p.179). Caberia inclusive assinalar que, de acordo com o prestígio e o apoio da população geralmente demonstrado a esses corpos policiais, pareceria que, de fato, tal disciplina militar influi positivamente no trabalho desempenhado por essas polícias para proteger os direitos cidadãos. Em parte, isto poderia explicar por que a Guardia Civil, há anos, costuma ser um corpo policial muito valorizado pela população. Igualmente, os carabineiros chilenos e os gendarmes argentinos também gozam do reconhecimento dos cidadãos e têm mais prestígio que outros corpos policiais.

O estatuto militar em si não significa a militarização desses corpos policiais de maneira mecânica. O que determina esse risco são a particular dependência e a configuração orgânica que essas corporações apresentam em relação ao poder militar. Um problema de que não necessariamente está eximida a polícia civil, durante os séculos XIX e XX, da maioria dos países desenvolvidos e em desenvolvimento. No caso das forças intermediárias, mediante o processo de desmilitarização experimentado nos últimos anos, esse risco manteve-se bloqueado. Esse processo foi baseado em torná-las independentes das Forças Armadas e dos ministérios da Defesa, como estiveram em sua origem, e dependentes da esfera civil, mediante os ministérios do Interior.

Se considerarmos as diferentes acepções de militarização, até há pouco tempo muitas polícias civis, não somente as intermediárias, se poderiam considerar como militarizadas, já que têm sido ou são dependentes de um Ministério da Defesa e formaram parte das Forças Armadas, contando também com uma direção militar. No entanto, se considerarmos esses elementos como critérios de militarização (Zuñiga, 2012, p.72), o certo é que há polícias com *status* militar que não respondem a esses critérios, já que foram "desmilitarizadas".

Para a Guardia Civil, por exemplo, sua dupla natureza significa que suas atuações correspondem à de uma polícia civil, ainda que tenha uma organização interna particular, de caráter militar. Em outras palavras, não há incompatibilidade em ser um corpo policial integral, de acordo com as características das polícias de um Estado democrático e de direito e ter uma estrutura interna militar em relação a hierarquia, disciplina e organização (Guardia Civil de España, [2017]).

O processo de desmilitarização das forças intermediárias e sua contribuição à desmilitarização da segurança interna

Na Europa e na América Latina têm se realizado diferentes reformas que garantiram a desmilitarização dessas forças de segurança, sem renunciar ao estatuto militar. Não bastasse isso, o recurso a essas forças evitou o recurso às Forças Armadas no âmbito da segurança interna.

As ações para desmilitarizar as polícias intermediárias têm sido várias, embora com diferentes intensidades em cada caso. O processo de "desmilitarização" que, em maior ou menor grau, essas polícias experimentaram pode ser considerado generalizado, ao menos na Europa e na América Latina, embora em graus diferentes (Lutterbeck, 2013). Assim, no caso da Gendarmeria francesa, atualmente a direção operacional depende do Ministério do Interior, continuando, no entanto, formalmente, sendo parte das Forças Armadas francesas. Um exemplo maior de militarização é o dos Carabinieri, que, como no caso francês, também fazem parte das Forças Armadas, embora seu nível de dependência do Ministério da Defesa seja maior e suas funções militares também. Encontram-se sob a direção de um militar e seus membros são recrutados do Exército. O caso da Guardia Civil é diferente; nela, o processo de desmilitarização é bem mais marcado. Ainda que se mantenha essa dupla dependência, tanto do Ministério da Defesa quanto do Interior, a dependência em relação ao primeiro é praticamente residual, na medida em que sua missão militar é muito reduzida. Suas missões são principalmente policiais e sua dependência funcional é em relação ao Ministério do Interior. Essa desmilitarização não é somente perceptível em suas escassas missões militares, senão também em sua independência das Forças Armadas, já que não fazem parte das mesmas e sua direção é exercida por um diretor geral, um civil, pertencente ao Ministério do Interior. Seu caráter militar mantém-se limitado a um estatuto que organiza e regula internamente a corporação mediante uma hierarquia e disciplina militares (Lutterbeck, 2004, p.39-51; Bingöl, 2011, p.186-7).

Se compararmos o processo de desmilitarização das forças intermediárias na América Latina com a Europa, o primeiro é mais pronunciado. Nem a Gendarmeria argentina, nem os Carabineros chilenos (Maldonado, 1990) são parte integrante de suas Forças Armadas, como no caso espanhol, e tampouco respondem ao Ministério da Defesa, nem na Argentina, nem no Chile (Villegas, 2015). Não obstante, não se pode deixar de mencionar um exemplo radicalmente oposto, que também ocorre na mesma região. Ao contrário das forças intermediárias citadas, a Guardia Nacional Bolivariana é um corpo policial fortemente militarizado, que depende do Ministério da Defesa e faz parte das Forças Armadas.

Portanto, os exemplos existentes evidenciam que se pode fazer uma perfeita associação entre a existência dessas forças híbridas e o marco democrático. Essas corporações podem estar sustentadas na lei, em mecanismos de controle e em altos padrões em matéria de investigação e direitos humanos. O estatuto militar, portanto, não deve ser entendido como uma contradição ao trabalho policial, senão como um complemento (De Miguel, 2013).

Há que agregar um valor adicional de considerável importância que não se pode esquecer. Precisamente o recurso a esse tipo de polícia impede que sejam os militares a se encarregar da segurança interna. De maneira que, longe de militarizar, contribuem com o processo contrário, a desmilitarização. De fato, este é um dos argumentos institucionais utilizado pela Guardia Civil, que considera que, por seu caráter militar, "permite ao governo uma atuação intermediária em resposta a situações em que os corpos civis pudessem se ver ultrapassados, evitando o recurso às Forças Armadas" (Guardia Civil de España, [2017]). A manutenção dessa separação, quando a segurança pública interna se encontre seriamente comprometida, é um argumento suficientemente importante para justificar a existência de uma força intermediária (Cosidó, 2000, p.122-3; Moloeznik, 2010).

Esse aspecto pode ser de particular interesse na América Latina, posto que, na atualidade, as Forças Armadas se encontram desempenhando tarefas policiais e envolvidas no âmbito da segurança interna. Os altos índices de insegurança levaram os governos a designar tarefas policiais aos militares no México,

América Central, região andina e Brasil (Alda, 2013), não sendo o caso do Chile e da Argentina. Essa exceção não é casual; o marco legal dos dois países proíbe o desempenho de missões relacionadas com a segurança interna, e, sem dúvida, o trabalho dessas forças intermediárias contribui para evitar uma mudança nesse sentido (Perez, 2009).

As forças intermediárias diante das novas ameaças

A configuração e as características de uma força intermediária as convertem em um instrumento potencialmente privilegiado para fazer frente às ameaças emergentes que surgem no novo cenário de insegurança, como o crime organizado e o terrorismo. A isso é preciso acrescentar que essas mesmas capacidades a convertem em uma pedra angular para construir um necessário novo marco de cooperação entre Forças Armadas e forças de segurança (Cosidó, 2000, p.213; Lopez, 1999, p.18).

Em regimes democráticos é imprescindível contar com diferentes forças de segurança, de acordo com os diferentes níveis de força a enfrentar existentes. Em um percurso de intensidade, a força máxima seria enfrentada pelas Forças Armadas, à mínima se oporia a polícia. De acordo com as características e dimensão das chamadas novas ameaças, não parece que essas forças de segurança se adequem ao novo cenário. No caso, por exemplo, do crime organizado, na América Latina, as redes criminais, dedicadas a tráficos ilícitos, não são exércitos, nem insurgências armadas, as quais seriam enfrentadas pelas Forças Armadas, ainda que tenham equipamentos militares. Por essa razão também ultrapassam, e muito, o potencial e o poder que a polícia é capaz de enfrentar. Não são, definitivamente, combatentes, senão delinquentes que superam as capacidades da polícia, se bem que o peso e o poderio militar tampouco são adequados, sobretudo quando esse potencial pode causar grandes danos colaterais entre a população civil, uma das principais afetadas por essa violência criminosa. Entre um extremo e outro se encontram diferentes escalas de violência que podem ser combatidas pelas chamadas forças intermediárias, de acordo com a versatilidade que lhe é característica. Dessa forma, viriam a preencher o chamado vácuo de segurança (*security gap*), pois são polícias capazes de investigar complexas redes de criminosos e, caso necessário, enfrentar os delinquentes dotados de poderoso equipamento, graças a sua configuração como força robusta.

Por esse motivo, tais forças parecem adequadas para essas ameaças, chamadas também de intermediárias, as quais cobrem todo um espectro de violência que os criminosos utilizam para compensar os recursos superiores dos Estados (Hovens; Van Elk, 2011). Sua versatilidade proporciona a capacidade de calibrar os diferentes níveis de força e adaptar-se a esse ambiente, utilizando uma força proporcional e uma estratégia adequada (Friesendorf, 2012, p.12-6).

Essa versatilidade é evidente ao comprovar o amplo espectro de funções policiais desses corpos, que vão desde as tradicionais tarefas preventivas até as de polícia judicial, com capacidade para levar a cabo investigações muito complexas, através de unidades especializadas na luta contra o crime organizado, por exemplo. Na verdade, ainda que haja variações entre os países, desenvolveram uma ampla gama de especializações, como a luta contra o tráfico, a proteção ambiental, o combate ao terrorismo, a polícia científica, a inteligência, o serviço marítimo, a defesa da ordem pública, das fronteiras etc. (Cosidó, 2000, p.41). Mas, além de tudo, sua missão principal consiste em garantir a convivência dos cidadãos e a proteção de seus direitos, a ordem e a segurança interna de acordo com os parâmetros de uma polícia democrática, enquadrada em políticas preventivas; por isso, "o cumprimento dessa missão principal implica cinco tipos básicos de atuação: prevenção, vigilância, informação, investigação e, por último, intervenção" (Cosidó, 2000, p.137).

Considerando o conjunto de características enunciadas, o modelo de polícia com estatuto militar, em princípio, poderia resolver tanto preocupações relacionadas com a garantia de dispor de polícias organizadas dentro do marco democrático, como com o desafio de perseguir, por suas particulares características operativas, essas ameaças de caráter intermediário.

A prova da adequação dessas forças é a atribuição a elas de tais missões e o aumento de membros e de recursos. Os dados não somente revelam a expansão e o crescimento das forças intermediárias existentes em 30% entre 1980 e 2010, senão também a contração da contratação de pessoal das Forças Armadas, de maneira generalizada, em 40% para o mesmo período. Não somente isto: essas polícias cresceram mais que as polícias civis (Lutterbeck, 2013, p.12-3).

Não obstante, apresentou-se a capacidade potencial que têm essas forças ante os novos desafios de segurança, graças a sua dupla natureza. No entanto, isso não é suficiente para convertê-las em forças de segurança, é preciso desenvolver capacidades particulares, mediante a formação e o equipamento necessário. E, nesse sentido, também há importantes diferenças entre as várias forças intermediárias.

Para enfrentar essas ameaças é preciso o desenvolvimento de um potente aparato de inteligência e investigação criminal, com alto grau de especialização, como fez a Guardia Civil, ao contrário da Gendarmeria francesa ou os

Carabinieri italianos, os quais não se desenvolveram nesse âmbito na mesma medida. Essa tarefa é desenvolvida, em boa parte, pela Guardia Civil, na qualidade de polícia judicial genérica ou específica. Em decorrência disso, também é preciso contemplar a necessária dependência funcional dessas polícias intermediárias de juízes e fiscais. No caso latino-americano, os *carabineros* chilenos estariam realizando um esforço para potencializar essa faceta e a Gendarmeria argentina tem reconhecido e desenvolvido esse aspecto de investigação criminal. A Gendarmeria viu crescer seus recursos para enfrentar o crime organizado nos últimos anos; no entanto, a falta de formação e treinamento para enfrentar o narcotráfico, por exemplo, é um de seus principais desafios atuais (Battaglino, 2016). Em suma, na Europa ocidental e na América Latina, as forças intermediárias tenderiam a consolidar-se como as mais adequadas para enfrentar, por sua dupla natureza, os desafios de segurança que surgiram a partir do final da Guerra Fria, tanto é assim que, desde então, aumentaram suas missões, assim como o número de membros e equipamentos dessas forças.

Às características particulares e às capacidades potenciais assinaladas dessas polícias ante as novas ameaças é preciso agregar sua compatibilidade com o estado de direito e o respeito aos direitos cidadãos. Seu estatuto militar não necessariamente é um obstáculo para isto. O processo de desmilitarização aplicado nessas polícias, de modo mais ou menos generalizado, tem assegurado tal compatibilidade.

As seguintes características traçariam o modelo ideal de uma força intermediária atual, preparada para combater novas ameaças e enquadradas dentro de um regime democrático. Cabe insistir que, certamente, nem todas as forças existentes cumprem na totalidade estes requisitos: a existência de uma estrutura, hierarquia e estatuto próprio e autônomo, à margem das Forças Armadas; a vinculação com a esfera civil, mediante a dependência de um Ministério de Interior ou Justiça; e, também uma academia própria, onde se graduem seus oficiais, cuja formação e treinamento estejam adaptados à complexidade das novas ameaças. Todas essas características tornariam possível configurar uma polícia com estatuto militar democrática e profissional que contribuiria para a desarticulação das redes de crime organizado ou de terrorismo, sem ser necessária a militarização da segurança interna que não tem proporcionado resultados positivos na perseguição a esse tipo de ameaça.

Desde o ponto de vista operativo, não se pode esquecer a importância de desenvolver, no seio dessas polícias, um potente aparato de investigação criminal. Para enfrentar o crime organizado e/ou o terrorismo internacional, não somente são necessárias forças robustas, como é o caso, mas também que estejam formadas e dotadas de capacitação e meios suficientes para levar a cabo complexas investigações. Nesse sentido, separar em dois corpos policiais diferentes a função de ordem pública e da investigação limita necessariamente a eficácia da perseguição ao crime organizado.

De fato, como foi comprovado, ainda que o mais característico seja seu estatuto militar, esse aspecto não tem por que afetar a cidadania, nem seus direitos. Muito ao contrário, é um valor agregado, já que contribui para a eficácia, eficiência e profissionalismo dessas forças e, por isso, redunda na proteção dos cidadãos e de seus direitos. Em suma, não há contradição nem incompatibilidade entre polícias com estatuto militar e um marco democrático, desde que se adotem todas os cuidados legais e institucionais necessários para evitar a "militarização" de tais polícias.

Referências bibliográficas

ALDA, S. La participación militar en el combate de la violencia criminal. In: IGLESIAS, E. (Coord.). *Los desafíos de la seguridad en Iberoamérica*. Madrid: Instituto Español de Estudios Estratégicos; Instituto Universitario General Gutiérrez Mellado, 2013. p.199-235. [Série Cuadernos de Estrategia, 158.] Disponível em: http://www.ieee.es/Galerias/fichero/cuadernos/CE_158_DesafiosSeguridadIberoamerica.pdf.

______. Ventajas de las fuerzas intermedias para el escenario de inseguridad en América Latina y las limitaciones de la Gendarmería mexicana. In: HARVEY, H.; SOTO, A. (Eds.). *Orden, violencia y paz internacional*: el rol de los ejércitos latinoamericanos en el siglo XXI. Santiago de Chile: Centro de Estudios Estratégicos de la Academia de Guerra, 2015.

______. Qué modelo de fuerzas son necesarias para el actual escenario de inseguridad? Una propuesta para el Perú. *Revista Tematica del Centro de Altos Estudios (CAEN)*, n.2, 2016a.

______. Las posibilidades de transformación de las fuerzas de seguridad en Colombia, tras el postconflicto. *Revista del Instituto Español de Estudios Estratégicos*, jun. 2016b.

ANDERSEN, E. *A Roadmap for Beating Latin America's Transnational Criminal Organizations*. NDU Press. [s.d.] Disponível em: http://www.dtic.mil/dtic/tr/fulltext/u2/a546704.pdf.

ANDRADE, J. *World Police & Paramilitary Forces*. New York: Stockton, 1985.

BATTAGLINO, J. Fuerzas intermedias y lucha contra el tráfico de drogas: el caso de la Gendarmería en Argentina. *Urvio*, n.18, p.76-89, jun. 2016.

BAYLEY, D. *Patterns of Policing*: A Comparative International Analysis. New Brunswick, NJ: Rutgers University Press, 1985.

BINGÖL, M. The Need for Gendarmeries in the Years Ahead. In: HOVENS, J. L.; VAN ELK, G. A. G. (Eds.). *Gendarmeries and the Security Challenges of the 21st Century.* Den Haag: Koninklijke Marechaussee, 2011. p.183-94.

BRUGGEMAN, W. Gendarmeries and the Security Challenges in the 21st Century. In: HOVENS, J. L.; VAN ELK, G. A. G. (Eds.). *Gendarmeries and the Security Challenges of the 21st Century.* Den Haag: Koninklijke Marechaussee, 2011. p.51-68.

COSIDÓ, I. *La Guardia Civil más allá del año 2000.* Madrid: Fundación para el Análisis y los Estudios Sociales, 2000. Disponível em: http://www.fundacionfaes.org/record_file/filename/172/00276-00.pdf.

DE MIGUEL, C. Los cuerpos policiales de naturaleza militar. *Revista Atenea*, n.36, 2013.

DE WEGER, M. *The Potencial of the European Gerdarmerie Force.* Netherlands: Institute of International Relations Clingendael, 2009.

FRIESENDORF, C. *International Intervention and the Use of the Force*: Military and Police Roles. Geneva: Geneva Centre for the Democratic Control of Armed Forces, 2012. Disponível em: http://www.dcaf.ch/Publications/International-Intervention-and-the-Use-of-Force-Military-and-Police-Roles.

GUARDIA CIVIL DE ESPAÑA. Institucional. [2017.] Disponível em http://www.guardiacivil.es/es/institucional/idcorporativa/naturalezami/index.html.

HAZENBERG, A. Target Areas of Police Reform. In: KADAR, A. (Ed.). *Police in Transition*: Essays on the Police Forces in Transition Countries. New York: Central European University Press, 2001. p.178-83.

HOVENS, H.; VAN ELK, G. (Eds.). *Gendarmeries and the Security Challenges of the 21st Century.* Den Haag: Koninklijke Marechaussee, 2011.

LOPEZ, S. Bases para el establecimiento de un nuevo modelo policial. *Cuadernos de la Guardia Civil*, v.21, p.9-19, 1999.

LUTTERBECK, D. Between Police and Military: The New Security Agenda and the Rise of Gendarmeries. *Cooperation and Conflict*, n.39, p.45-68, mar. 2004.

______. *The Paradox of Gendarmeries*: Between Expansion, Demilitarization and Dissolution. Geneva: Geneva Centre for the Democratic Control of Armed Forces, 2013. Disponível em: https://www.files.ethz.ch/isn/173448/SSR_8_EN.pdf.

MALDONADO, C. Los Carabineros de Chile: historia de una policía militarizada. *Ibero-Americana. Nordic Journal of Latin American Studies*, v.XX, n.3, p.3-31, 1990.

MOLOEZNIK, M. *Manual de sistemas comparados de policía.* Centro Universitario de Ciencias Sociales y Humanidades. México: Universidad de Guadalajara, 2010.

PEREZ, O. El crimen y el apoyo a los golpes militares en América Latina: perspectivas desde el barómetro de las Américas. *Perspectivas desde el Barómetro de las Américas: 2009*, n.32. Disponível em: http://www.vanderbilt.edu/lapop/insights/I0832es.pdf.

SALLES KOBILANSKI, F. ¿Militarización sin militares? Los gendarmes en las calles argentinas durante los gobiernos kirchneristas (2003-2012). *Urvio*, n.12, p.13-24, 2012.

SCOBELL, A.; HAMMIT, B. Goons, Gunmen, and Gendarmerie: Towards a Reconceptualisation of Paramilitary Formations. *Journal of Political and Military Sociology*, v.26, n.2, p.213-32, 1998.

SKINNER, S. Death in Genoa: The G8 Summit Shooting and the Right to Life. *European Journal of Crime, Criminal Law and Criminal Justice*, v.11, p.233-25, 2003.

VILLEGAS, M. Policías con estatuto militar: una respuesta a la seguridad pública en la región. In: MEJÍAS, S. A.; SOUSA, S. de (Eds.). *La multidimensionalidad de la seguridad nacional*: retos y desafíos de la región para su implementación. Sedena: Instituto Universitario Gutiérrez Mellado, 2015. p.389-422. Disponível em: http://iugm.es/wp-content/uploads/2016/06/2015-1325_Interiores_SIN_MARCAS.pdf.

ZUÑIGA, L. Los desafíos institucionales de la colaboración policial militar: el Triangulo Norte. *Revista Latinoamericana de Seguridad Ciudadana*, n.12, Ecuador, dec. 2012. Disponível em: http://revistas.flacsoandes.edu.ec/urvio/article/view/83-96.

FORWARD OPERATING SITE (FOS)

Thiago Diniz Magno Pinto

Forward operating location (FOL) ou *forward operating site* (FOS), conforme definido no relatório *Strengthening US Global Defense Posture*, de 2004, são instalações militares expedicionárias com efetivo rotativo e de menor porte, em relação às *main operating bases* (MOB). Essas instalações destinam-se principalmente ao combate a ameaças tradicionais, às chamadas "novas ameaças", a missões de busca e salvamento e a adestramentos bilaterais ou regionais conjuntos. Segundo especificações do Comando Sul dos Estados Unidos (USSouthCom), cada FOL deve ser capaz de operar diuturnamente, com as instalações de controle aéreo apropriadas, uma pista de pouso de 8 mil pés de comprimento, com capacidade para receber aeronaves de pequeno, médio ou grande porte e prover serviços necessários para o seu reabastecimento e manutenção, sendo, dessa forma, um instrumento fundamental na estratégia norte-americana de combate ao tráfico ilícito de entorpecentes e em ações de contraterrorismo.

Os Estados Unidos contam com diversas FOLs subordinadas ao Ussouthcom na América Latina. Na região do Caribe, uma posição foi instalada no Aeroporto Internacional Rainha Beatrix, em Aruba, e outra no Aeroporto Internacional Hato, em Curaçao, ambas nas Antilhas Holandesas. Os estadunidenses, no entanto, consideram essas duas instalações como constituintes da mesma FOL. Em Curaçao, os Estados Unidos mantêm um efetivo entre 200 e 230 militares e as instalações necessárias para operação de aeronaves de grande porte, como os Lockheed P-3 Orion, da Marinha. Em Honduras, a base aérea Coronel Soto Cano, localizada em Palmerola, no departamento de Comayagua, também permite operações com aeronaves de grande porte e contempla um efetivo de até 600 militares.

Os Estados Unidos mantiveram também, entre 1999 e 2009, uma importante FOL na base aérea de Manta, no Equador. No entanto, em 2009, o então presidente do país, Rafael Correa, não autorizou a renovação da concessão que permitia aos estadunidenses o uso da referida base aérea, por considerar que essa unidade não representava nenhum benefício a seu país e, além disso, por presumir que a base estaria sendo utilizada não apenas para a detecção e interdições relacionadas ao tráfico ilícito de entorpecentes, mas para apoiar operações de contrainsurgência na Colômbia.

Não obstante o Departamento de Defesa dos Estados Unidos tenha procurado, inicialmente, estabelecer FOLs na América Latina, existem várias em outras regiões geográficas. Os EUA mantêm unidades no Reino Unido, na Bulgária, na Romênia, em Singapura, na Tunísia, em Marrocos e em Djibuti. A base de Fairford, da Força Aérea Real (RAF), por exemplo, foi fundamental para o suporte logístico das operações aéreas norte-americana nas duas campanhas do Golfo, ao possibilitar o pleno emprego dos bombardeiros estratégicos B-52H Stratofortress e B-2A Spirit.

Referências bibliográficas

AMOUZEGAR, M. A. et al. *Evaluation of Options for Overseas Combat Support Basing*. Santa Monica: Rand Corporation, 2006.

EDWARDS, S. *The US Forward Operating Location in Manta*: The Ecuadorian Perspective. 30 mar. 2007.

UNITED STATES. Report of Commission on Overseas Military Facility Structure of the United States. Washington, DC, ago. 2005.

US DEPARTMENT OF DEFENSE. Strengthening US Global Defense Posture Report to Congress. Washington, DC, set. 2004.

______. Functions of the Department of Defense and its Major Components. Washington, DC, Department of Defense Directive 5100.01, 21 dez. 2010. Disponível em: http://www.dtic.mil/whs/directives/corres/pdf/510001p.pdf. Acesso em: 20 jun. 2016.

GARANTIA DA LEI E DA ORDEM (GLO)

David Paulo Succi Junior

A GARANTIA DA LEI E DA ORDEM (GLO) constitui um dispositivo jurídico brasileiro com base no qual as Forças Armadas – instrumento de política externa – são mobilizadas no interior das fronteiras nacionais com o objetivo de salvaguardar, através do emprego da força, o cumprimento das leis e a manutenção da ordem, atividade convencionalmente atribuída às forças de segurança pública. A garantia da lei e da ordem constitui, juntamente com a defesa da nação e a proteção dos poderes constitucionais, função atribuída às Forças Armadas brasileiras na quase totalidade das constituições nacionais, não tendo sido alterada nem mesmo no documento de 1988, que sucedeu o regime militar (1964-1985) (Mathias; Guzzi, 2010).

Após a transição do regime autoritário para a democracia, a partir dos anos 2000 observa-se um esforço mais constante e intenso de legitimação jurídica das operações dessa natureza. Em 1999, a Lei Complementar n.97 (LC 97/1999) delimitou as normas para organização, preparo e emprego das Forças Armadas, estabelecendo as condições para a utilização do instrumento militar em operações de GLO. A norma estabelece que o emprego das Forças Armadas compete ao presidente da República, seja por iniciativa do mesmo ou em resposta a pedidos encaminhados por algum dos poderes constitucionais. Dispõe que a atuação militar nesse tipo de operação deve ocorrer quando os instrumentos destinados à segurança pública, definidos pelo art. 144 da Constituição Federal – polícias Federal, Rodoviária Federal, Ferroviária Federal, civis, militares e corpos de bombeiros militares –, forem considerados esgotados. A LC 97/1999 foi alterada em duas ocasiões: em 2004, pela Lei Complementar n.117 (LC 117/2004), e em 2010, pela Lei Complementar n.136 (LC 136/2010).

A primeira buscou precisar o que se entende por esgotamento dos mecanismos de segurança pública. Definiu que os mesmos são considerados esgotados quando o chefe do Executivo federal ou estadual reconhecer formalmente sua indisponibilidade, inexistência ou insuficiência para o cumprimento de suas funções – preservar a ordem pública, a incolumidade das pessoas e do patrimônio. A lei estabeleceu ainda que as operações GLO devem ocorrer de modo episódico, com área e tempo de atuação limitados e previamente definidos. Por fim, determinou que, durante o emprego das Forças Armadas para a garantia da lei e da ordem, o controle operacional dos órgãos de segurança pública é transferido para a autoridade responsável pela ação.

A Lei Complementar n.136, por sua vez, incluiu no conjunto de atividades militares, como atribuição subsidiária, ações preventivas e repressivas contra crimes transfronteiriços e ambientais. Além da faixa de fronteira terrestre, está prevista a atuação no mar e em águas interiores, a qual pode ser desenvolvida exclusivamente pela instituição castrense ou em coordenação com outros órgãos. Nessa modalidade de atuação, os militares devem desenvolver ações de patrulhamento, revista de pessoas, veículos, embarcações e aeronaves, além de prisões. Ademais, a norma delega às Forças Armadas o dever de salvaguardar a segurança de autoridades nacionais e estrangeiras durante missões oficiais.

Em consonância com a Lei Complementar n.136, em junho de 2011, o Plano Estratégico de Fronteiras, instituído pelo Decreto n.7.496, determinou a coordenação entre forças de segurança pública e Forças Armadas no combate a delitos transfronteiriços, atribuindo poder de polícia aos militares que atuam em faixas de fronteira. Em novembro de 2016, foi substituído pelo Decreto n.8.903, em que se estabeleceu o Programa de Proteção Integrada das Fronteiras. Não houve, porém, alterações em relação às atribuições dos meios castrenses. Nesse âmbito, deve-se indicar que, apesar de o *Livro branco de defesa nacional*, de 2012, apresentar as operações em faixa de fronteira em que as Forças Armadas contam com poder de polícia como um exemplo de GLO, o documento do Ministério da Defesa, de 2013, intitulado *Garantia da lei e da ordem*, que estabeleceu orientações para o planejamento e atuação das Forças Armadas nas operações GLO, classificou a atuação nas fronteiras como atividade subsidiária, em consonância com a LC 136/2010. Desse modo, ainda que envolva o emprego das Forças Armadas em segurança pública, o combate ao crime organizado transnacional em faixas de fronteira, e o desenvolvimento de ações como as operações Ágata, não é regido pela lógica jurídica da GLO, não devendo obedecer, portanto, às restrições previstas para esta. Legitimam-se as ações pelo espaço em que as mesmas ocorrerem – os limites territoriais do Estado são vistos como área de atuação militar – e não pela natureza policial das atividades que estão sendo desenvolvidas nesse espaço.

A alocação do instrumento castrense para atividades de segurança pública em áreas urbanas no Brasil relaciona-se a um amplo leque de problemáticas como: combate ao crime organizado, segurança de grandes eventos, segurança de autoridades, auxílio ao processo eleitoral. O caráter episódico e excepcional que se atribui ao emprego da força militar no interior das fronteiras brasileiras pode ser questionado através de ao menos dois elementos: a constante preparação para tais operações e a frequência com que as mesmas são desenvolvidas.

Em relação ao primeiro elemento, destaca-se a criação, em 2005, através da Portaria n.62 do Exército, do Centro de Instrução de Operações de Garantia da Lei e da Ordem, subordinado à 11ª Brigada de Infantaria Leve, situada na cidade de Campinas, no estado de São Paulo. O centro tem como função capacitar recursos humanos e produzir doutrina específica para a atuação em GLO. Nesse âmbito, pode-se indicar o já citado documento do Ministério da Defesa, publicado em 2013 e revisado em 2014, segundo o qual a GLO abarca tanto as situações previsíveis, em que o planejamento deliberado é possível, quanto as imprevisíveis, como crises repentinas, o que tem implicações para a inteligência militar. Uma vez que se espera das Forças Armadas o contínuo preparo para situações e conflitos que podem vir a ameaçar a ordem pública, faz-se necessário, por parte delas, o constante acompanhamento dos possíveis elementos desestabilizadores, ou seja, pressupõe-se a constante atividade de inteligência militar voltada para o interior do território. Nesse sentido, o documento prevê que a inteligência deve anteceder o início da operação de GLO, "sendo desenvolvida, desde a fase preventiva, com acompanhamento das potenciais ações de perturbações da ordem" (Brasil, 2014, p.26). Por outro lado, concomitantemente ao esforço de legitimação jurídica das atividades em questão, há um emprego sistemático das Forças Armadas em atividades de segurança pública que, tanto do ponto de vista quantitativo quanto qualitativo, coloca em questão o caráter excepcional das operações de GLO. Entre 2007 e 2017 foram realizadas 67 operações dessa natureza em dezessete estados brasileiros, tendo consumido 1.300 dias de atividades das Forças Armadas (Exército..., 2017). Do ponto de vista qualitativo, entre outros exemplos, pode-se questionar o esgotamento das forças de segurança para realizar a segurança das provas do Exame Nacional do Ensino Médio (Observatório Cone Sul de Defesa e Forças Armadas, 2009; Observatório Sul-Americano de Defesa e Forças Armadas, 2010, 2013) e para realizar varreduras em presídios (Benites, 2017).

As críticas às possíveis consequências das missões de GLO são aquelas relativas ao emprego das Forças Armadas em segurança pública, uma vez que esse dispositivo jurídico representa a institucionalização dessa atividade interna dos meios militares. As externalidades negativas frequentemente indicadas são: desprofissionalização do instrumento castrense, que, ao atuar majoritariamente no âmbito doméstico, poderia negligenciar sua missão precípua de defesa externa; uso excessivo da força contra a população civil, resultando em violações dos direitos humanos; além de escamotear problemas estruturais mais profundos (Saint-Pierre, 2015).

Por fim, do ponto de vista conceitual, enquanto a ideia de garantir a lei em relação àqueles que a transgridem apresenta-se de modo bastante claro, garantir a ordem constituiu uma ideia pouco nítida, deixando em aberto algumas questões. Não fica definido a que esfera – social, econômica, política ou jurídica – refere-se a ordem a ser salvaguardada sob as prerrogativas da GLO. Por outro lado, não resulta claro o conteúdo dessa ordem a ser mantida, quais elementos, cuja presença deve ser defendida pela força de letalidade do Estado, são considerados normais. Tal indefinição possibilita ações controversas, como o caso em que o então capitão do Exército Willian Pina Botelho infiltrou-se em um grupo de manifestantes contrários ao governo, fornecendo informações à Polícia Militar de São Paulo, cujo resultado foi a prisão dos militantes, posteriormente considerada ilegal. Na ocasião, o comandante-geral do Exército, general Eduardo da Costa Villas Bôas, afirmou que a interação da instituição castrense com a Secretaria de Segurança Pública de São Paulo estava respaldada pelo dispositivo de garantia da lei e da ordem (Rossi, 2016). Nesse sentido, a falta de uma definição clara gera desconfianças vinculadas não apenas às consequências da atuação interna em si, como mudanças no desenho da instituição militar ou o modo como a mesma lida com um espaço urbano, mas à possibilidade de se caracterizar determinados grupos políticos como perturbadores da ordem, o que significa não apenas a criminalização desses movimentos, mas também o estabelecimento da ideia de um inimigo interno, lógica esta que recende ao período autoritário.

Referências bibliográficas

BENITES, A. Pressionado, governo Temer libera militares para atuar dentro de cadeias. *El País*, jan. 2017. Disponível em: http://brasil.elpais.com/brasil/2017/01/17/politica/1484683671_141719.html. Acesso em: 12 maio 2017.

BRASIL. Decreto n.7.496, de junho de 2011. Institui Plano Estratégico de Fronteiras. Disponível em: http://www.planalto.gov.br/ccivil_03/_ato2011-2014/2011/decreto/d7496.htm. Acesso em: 26 abr. 2017.

______. Decreto n.8.903, de novembro de 2016. Institui o Programa de Proteção Integrada de Fronteiras e organiza a atuação de unidades da administração pública federal para sua execução. Disponível em: http://www.planalto.gov.br/ccivil_03/_Ato2015-2018/2016/Decreto/D8903.htm#art9. Acesso em: 26 abr. 2017.

______. Lei Complementar n.97, de junho de 1999. Dispõe sobre as normas gerais para a organização, preparo e o emprego das Forças Armadas. Disponível em: http://www.planalto.gov.br/ccivil_03/leis/LCP/Lcp97.htm. Acesso em: 26 abr. 2017.

______. Lei Complementar n.117, de setembro de 2004. Altera a Lei Complementar n.97, de 9 de junho de 1999, que dispõe sobre as normas gerais para a organização, o preparo e o emprego das Forças Armadas, para estabelecer novas atribuições subsidiárias. Disponível em: http://www.planalto.gov.br/ccivil_03/leis/LCP/Lcp117.htm. Acesso em: 26 abr. 2017.

______. Lei Complementar n.136, de agosto de 2010. Altera a Lei Complementar n.97, de 9 de junho de 1999, que "dispõe sobre as normas gerais para a organização, o preparo e o emprego das Forças Armadas", para criar o Estado-Maior Conjunto das Forças Armadas e disciplinar as atribuições do Ministro de Estado da Defesa. Disponível em: http://www.planalto.gov.br/ccivil_03/leis/lcp/lcp136.htm. Acesso em: 26 abr. 2017.

______. *Livro branco de defesa nacional*. 2012. Disponível em: http://www.defesa.gov.br/arquivos/2012/mes07/lbdn.pdf. Acesso em: 14 jul. 2017.

______. Ministério da Defesa. *Garantia da lei e da ordem*. 2013. Disponível em: http://www.defesa.gov.br/arquivos/File/doutrinamilitar/listadepublicacoesEMD/md33_m_10_glo_1_ed2013.pdf. Acesso em: 21 abr. 2017.

______. Ministério da Defesa. *Garantia da lei e da ordem*. 2014. Disponível em: https://edisciplinas.usp.br/pluginfile.php/483786/mod_resource/content/1/Portaria%20MD_2%20Ed_%20Garantia%20da%20Lei%20e%20da%20Ordem_Jan%202014.pdf. Acesso em: 21 abr. 2017.

EXÉRCITO inicia ação no Rio; em dez anos, tropa teve de ir às ruas em 1/3 dos dias. *O Estado de S. Paulo*, Metrópole, 15 fev. 2017.

MATHIAS, S. K.; GUZZI, A. C. Autonomia na lei: as Forças Armadas nas constituições nacionais. *Revista Brasileira de Ciências Sociais*, v.25, n.73, p.41-57, 2010.

OBSERVATÓRIO CONE SUL DE DEFESA E FORÇAS ARMADAS. *Informe Brasil*, n.357, nov. 2009. Disponível em: http://unesp.br/gedes/produtos/101/observatorio-sudamericano-de-defensa-y-fuerzas-armadas. Acesso em: 21 abr. 2017.

OBSERVATÓRIO SUL-AMERICANO DE DEFESA E FORÇAS ARMADAS. *Informe Brasil*, n.400, out. 2010. Disponível em: http://unesp.br/gedes/produtos/101/observatorio-sudamericano-de-defensa-y-fuerzas-armadas. Acesso em: 21 abr. 2017.

______. *Informe Brasil*, n.49, out. 2013. Disponível em: http://unesp.br/gedes/produtos/101/observatorio-sudamericano-de-defensa-y-fuerzas-armadas. Acesso em: 21 abr. 2017.

ROSSI, M. Exército diz ter atuado com governo Alckmin para ação em manifestação. *El País*, out. 2016. Disponível em: http://brasil.elpais.com/brasil/2016/10/18/politica/1476824785_318926.html. Acesso em: 15 maio 2017.

SAINT-PIERRE, H. L. Breve reflexión sobre el empleo de las Fuerzas Armadas. *Voces en el Fénix*, v.48, 2015.

GÊNERO NAS FORÇAS ARMADAS

Renata Avelar Giannini
Suzeley Kalil Mathias

Gênero e Forças Armadas são conceitos que remetem a identidades socialmente construídas, individual e coletivamente. Se, por um lado, gênero refere-se ao papel socialmente construído e atribuído a homens, mulheres, meninos e meninas em nossa sociedade, ser militar remete a uma série de atributos, valores, códigos e comportamentos com implicações no próprio conceito de gênero no âmbito das Forças Armadas. A proposta aqui é também tratar das mulheres nas Forças Armadas. Utilizar o termo "mulher" em vez de gênero implica assumir que as expressões não são neutras, que estão carregadas de sentidos analíticos e políticos (Scott, 1996, p.271).

Como qualquer categoria das ciências sociais, o conceito de gênero evoluiu segundo os paradigmas e as vertentes teóricas que o adotaram na análise de fenômenos sociais. O seu maior desenvolvimento deu-se na segunda metade do século XX, paralelamente ao crescimento do movimento feminista tanto no campo teórico quanto no de luta política. Da mesma forma que não existe uma única teoria feminista, cada uma de suas vertentes adotou uma categoria de gênero. De modo geral, pode-se dizer que as teorias mais recentes e radicais sugerem uma superposição entre sexo e gênero que tomam ambos como construções socioculturais dos papéis sociais entre homens e mulheres, segundo proposta de Judith Butler (2003), em contraposição às concepções feministas mais tradicionais, para as quais sexo seria um atributo biológico, enquanto gênero uma construção social. Nesta segunda década do século XXI, todas as teorias aceitam que os seres humanos têm três classes de atributos: sexo, gênero e orientação sexual. Estes contribuem, inclusive, para a desnaturalização desses conceitos socialmente construídos e para a diferenciação entre o *homo sapiens* e os outros animais.

Essas novas classificações buscam distanciar-se de uma definição de normalidade relativa à reprodução da espécie e ao cuidado das novas gerações. Nesse sentido, o sexo relaciona-se aos atributos biológicos e diz respeito à forma como chegamos ao mundo, indicado por nosso mapa cromossômico e nossos órgãos genitais e resultando em fêmea, intersexual (o que antigamente se chamava de hermafrodita) e macho. Por ser mais próximo da "aparência", sexo é mais fácil de ser atribuído.

Além do sexo, ter-se-ia a identidade de gênero, que representaria as construções socioculturais relativas aos papéis esperados pela sociedade para representantes de cada sexo. A identidade de gênero diz respeito ainda à forma pela qual cada indivíduo humano se sente confortável ou confrontado nos papéis dele exigidos na sociedade (Piscitelli, 2002). Aqui a variação é maior e cabe a reflexão de Simone de Beauvoir de que "ninguém nasce mulher, torna-se mulher" (1980b, p.9), ou seja, desde a tenra idade, vão-se construindo comportamentos chamados "naturais" a cada sexo que descrevem também as relações de poder – nas quais o homem é o sujeito e a mulher é o objeto, na constituição de identidade ocidental (Scott, 1996, p.274). Na classificação contemporânea, o elemento que distingue uma variada gama de identidades e a forma como a própria pessoa se assume está além dos polos mulher-homem, e incluem pessoas transgênero, gênero fluido, *generoqueer* etc. Nesse sentido, as *drag queens* seriam um exemplo de identidade de gênero (Senkevics, 2012; Passos, 2012). Em todos esses casos, a identidade também se pauta pelas disputas de poder entre os gêneros, influenciadas inclusive por aspectos culturais, sociais, raciais, econômicos, entre outros.

A orientação sexual, por sua vez, refere-se a como um sujeito se sente atraído por outro sujeito do ponto de vista afetivo (Senkevics, 2012; Simões, 2016). Da mesma forma como se reconhecem diversas identidades de gênero, também se reconhece um conjunto de orientações sexuais, muito mais amplas do que as diferenças entre heterossexuais (atração pelo sexo "oposto") ou como homossexuais (atração pelo mesmo sexo). Há bissexuais (atração pelo mesmo sexo e pelo sexo "oposto"), assexuais (que não sentem atração sexual) e pan-sexuais (sentem atração sexual independentemente do sexo ou gênero) (Senkevics, 2012).

À categoria gênero relacionamos outra, a de Forças Armadas, que também diz respeito a uma categoria construída a partir da imputação de papéis sociais a indivíduos de uma dada organização. É verdade que, ao falar em Forças Armadas, estamos nos referindo a uma instituição que pode ser analisada de diferentes perspectivas. Partindo de Erving Goffman (1987), da mesma forma que mulher não é um dado natural, mas uma identidade construída, o militar (os membros das Forças Armadas) também constituem uma identidade construída.

Como uma instituição total, o militar é, de certa forma, separado do restante da sociedade, e vive em um sistema de relações, regras e comportamentos distintos dos demais indivíduos da sociedade. Segundo Goffman, essa ruptura ocorre a partir de três atividades: a) todos os aspectos da vida do militar são realizados em um mesmo local e sob uma única autoridade; b) as atividades diárias são realizadas em grupo sob um mesmo conjunto de regras de tratamento; c) a ordem dessas atividades e o tempo necessário para realizá-las são rigorosamente predeterminados por um conjunto de regras e pessoas. Todas essas atividades e membros da instituição militar fazem parte de um plano racional para atingir os objetivos oficiais da instituição (1987, p.18).

Para o militar são impostos, portanto, comportamentos que deverão desconstruir sua identidade original e colocar em seu lugar uma nova identidade. O comportamento institucional é aquele relacionado com o que se chama função militar e plasma-se em leis e regulamentos. Já o comportamento esperado, mais informal e fluido, é determinado pela sociedade em que esse militar se insere. Os adjetivos que definem o militar nas sociedades ocidentais são, em certa medida, os mesmos que definem os homens, o ser masculino: viril, corajoso, audacioso etc. Por analogia, se a atividade militar por excelência é a guerra, então as mulheres estão dela excluídas, como também da atividade que a gera: a política e a diplomacia (Scott, 1996, p.272).

O objetivo aqui é, pois, apontar como se faz o ingresso da mulher nas Forças Armadas, considerando na análise aquela zona de intersecção entre as categorias mulher e militar. Ao fazer isso, adotamos uma perspectiva de gênero na análise das Forças Armadas. Segundo o modelo analítico de Carolyn Hannan (2001, p.1), devem-se primeiro identificar as relações entre o gênero e as áreas de atuação, e como estas influenciam as atividades a serem desempenhadas. Para tanto, deve-se definir se as responsabilidades, acesso e possibilidades de liderança para homens e mulheres são diferentes, bem como identificar o impacto que ações levadas a cabo pela instituição têm para cada um desses dois grupos identitários.

Há certo consenso em apontar na origem da divisão do trabalho, resultante da passagem do nomadismo para o sedentarismo, a construção dos papéis de gênero e a opressão da mulher. Tanto Beauvoir (1980a) como Zerzan (2010) argumentam que foi também a partir dessa passagem, em conjunto com a escassez de alimentos, que surgiu a guerra, desde sempre identificada como atividade (trabalho) de homens e da qual as mulheres devem ser excluídas.

Como a guerra é "naturalmente" masculina, o papel reservado às mulheres no conflito é o de vítima. Quando a mulher "ousa" rejeitar esse papel, assumindo o protagonismo guerreiro, ela assume uma feição menos feminina, andrógina ou mutilada, como são exemplos as guerreiras de Lesbos ou a deusa Atena (Mathias, 2009, p.18). Por analogia, também o homem, se assume o papel de vítima, ou apresenta um comportamento cauteloso no conflito, é chamado de "maricas", afeminado, pois toma para si papéis "naturalmente" femininos ou não guerreiros.

Apesar dessa descrição, as mulheres sempre participaram de guerras, inclusive como combatentes. Nas guerras anteriores à modernização napoleônica, a responsabilidade pela logística era das mulheres (Lynn, 2006, p.202-5) e mesmo depois, como descrevem historiadores da guerra contra o Paraguai (1864-1870), se não a totalidade, boa parte do apoio logístico era fornecido por mãos femininas (Pascal, 2012). A profissionalização das Forças Armadas redundou em transformar toda a atividade castrense em exclusividade masculina, restringindo-se a presença feminina em atividades administrativas e de saúde ou em momentos excepcionais, como nas guerras mundiais e nos conflitos guerrilheiros, assumindo o combate, mas sempre de forma fortuita, excluindo-se o comando.

De certa forma, a divisão de trabalho que ainda persiste nas Forças Armadas tem origem na divisão de trabalho tradicional construída historicamente na sociedade. Diferentemente desta, no entanto, os avanços para uma inclusão efetiva de mulheres ocorreu, ainda que de forma limitada.

Nos momentos de maior necessidade de mão de obra, como nas I (1914-1918) e II (1939-1945) Guerras Mundiais, o conflito funcionou, paradoxalmente, como um veículo de libertação feminina, pois delas era exigido deixar o lar e se dedicar à produção para a guerra ou ainda fazer parte do corpo de soldados, inclusive como combatentes (Carreiras, 2006, p.8). É verdade que, findo o conflito, os governos buscavam restringir novamente o papel da mulher à esfera privada. No entanto, como mostra o próprio desenvolvimento do feminismo, criou-se, a partir de meados do século XX, uma tendência para a promoção de maior igualdade de gênero.

Enquanto fórum global de debates para a promoção da paz, a Organização das Nações Unidas tardou a incorporar a questão de gênero no âmbito da segurança internacional. Apesar da menção à igualdade de gênero já em sua Carta Constitutiva (1948) e das conferências sobre a mulher, foi apenas com a edição da Resolução n.1.325/2000 de seu Conselho de Segurança que se adotou uma postura proativa em relação ao papel da promoção da igualdade de gênero para a paz sustentável. As demais iniciativas da ONU contribuíram ao longo dos anos para consolidar os diversos direitos sociais, políticos e econômicos das mulheres. A exemplo da Conferência Internacional sobre a Mulher realizada na Cidade do México em 1975, na qual se reconheceram os direitos da mulher como direitos humanos; a Convenção para a Eliminação da Discriminação Contra a Mulher (1979), que resultou na adoção pela Assembleia Geral de documento sob o mesmo nome e até hoje considerado o principal instrumento jurídico de proteção aos direitos femininos; a II Conferência Internacional sobre a Mulher (Copenhague, 1980) e a III Conferência Internacional sobre a Mulher (Nairóbi, 1985), que reconheceram as desigualdades econômicas como o principal obstáculo ao exercício da igualdade de gênero; e a IV Conferência Internacional sobre a Mulher (Pequim, 1995), cujo principal resultado foi o estímulo aos países no sentido de adotarem planos de ação de empoderamento das mulheres, especialmente no campo da resolução de conflitos e construção da paz (Izzo, 2009, p.200).

Ao longo dos três lustros posteriores à Resolução CS-ONU n.1.325/2000, o CS-ONU continuou enfatizando a necessidade de vencer a violência de gênero, especialmente em conflitos armados e em processos de reconstrução nacional, buscando erradicar a violência sexual como arma de guerra; instando os países a adotarem medidas de empoderamento feminino, mormente aumentando o número de mulheres em postos de decisão e em processos de paz. As iniciativas nessa direção, indicativas da constituição de uma agenda "Mulheres, Paz e Segurança", foram plasmadas nas seguidas resoluções: 1.820/2008; 1.888/2009; 1.960/2010; 2.106/2013; 2.122/2013; 2.242/2015.

Parte fundamental da agenda "Mulheres, Paz e Segurança" é o papel desempenhado por mulheres uniformizadas em contextos instáveis, de conflito ou reconstrução da paz. Não somente a sua presença, senão também sobre o papel por elas exercido, que posições ocupam e quais os desafios que enfrentam para ascender na carreira, são considerados como relevantes para a igualdade e a construção da paz duradoura. Observa-se, todavia, que a limitada presença de mulheres no terreno é reflexo da sua participação nas Forças Armadas no âmbito nacional, em especial as funções que podem exercer (Mathias; Rebelo, 2013).

Uma das principais necessidades das Nações Unidas em operações de paz diz respeito à participação de mulheres no âmbito operacional, o que exige treinamento específico nas armas de combate, armas estas que muitos exércitos nacionais vetam às mulheres. Existem diversas interpretações sobre o impacto delas na linha de frente para as Forças Armadas. Esse debate é ainda carregado de estereótipos, em especial sobre a capacidade das mulheres de atuar em um ambiente visto majoritariamente como "masculino". Aceita-se amplamente que as mulheres têm um papel a desempenhar no combate, ainda que somente em áreas como logística e administração; funções que reforçam estereótipos tradicionais de gênero e excluem as mulheres do principal caminho para o poder e a ascensão – pois, como se sabe, é nas armas combatentes que se escolhem os futuros comandantes.

Como forma de avançar no equilíbrio de gênero no âmbito das Nações Unidas, recomendou-se, desde 2005, a construção de Planos Nacionais de Ação (PNAs). Esses planos são ferramentas eficazes para estabelecer os objetivos nacionais e os passos necessários para implementação da agenda "Mulheres, Paz e Segurança". Os PNAs variam segundo o escopo, formato e objetivos específicos e são adaptados ao contexto nacional de cada país (Giannini, 2016). O objetivo geral, no entanto, é o mesmo: promover a participação de mulheres em ações relacionadas à paz e à segurança internacionais, o fim da violência baseada em gênero e a construção de mecanismos para o exercício pleno da igualdade de gênero. Segundo dados do Itamaraty, sessenta países já haviam publicado seus planos de ação em junho de 2016, incluindo o Brasil – que criou comissão com a finalidade de elaborá-lo em outubro de 2015 (Gianinni et al., 2015).

A despeito dos esforços da ONU e dos avanços percebidos, Kang Kyung-wha, secretária-geral para Assuntos Humanitários da organização, reconhece que, "apesar da Resolução n.1.325 e das que a seguiram, elas [as mulheres] continuam sendo excluídas rotineiramente dos processos de decisão nas respostas humanitárias, bem como das iniciativas de negociação e construção de paz" (Happel, 2015).

Tomando-se como forma de mensuração o acesso das mulheres às Forças Armadas, é possível verificar que a promoção da igualdade de gênero é um processo de larga data, bastante entrecortado e ainda longe de permitir o pleno acesso feminino (a igualdade) a armas de combate e aos postos de comando. Também é possível verificar que as medidas adotadas pela ONU, em especial a Resolução n.1.325/2000 incidiram positivamente nesse processo.

As guerras estão, de fato, entre os principais incentivos para a participação de mulheres em armas combatentes. A Rússia foi pioneira na incorporação feminina às Forças Armadas profissionais, criando um batalhão com cerca de trezentas mulheres em 1917. Combatentes na I Guerra Mundial, permaneceram engajadas, sem restrições de armas ou quadros. No entanto, não se verificou a participação contínua de mulheres nas Forças Armadas russas. Observa-se que há ainda regulamentações contrárias à sua entrada em algumas armas. Dados de 2002 apontavam que apenas 10% dos soldados russos eram mulheres (http://pipss.revues.org/448).

A maior força armada do mundo, a dos EUA, com um contingente de 1,2 milhão de soldados, demorou a reconhecer a função militar das mulheres. Exemplo paradigmático ocorreu com o Serviço Feminino da Força Aérea (Wasp, na sigla em inglês), que atuou na II Guerra Mundial. Os direitos militares dessas mulheres, incluindo as 38 que morreram em combate, foi reconhecido apenas em 1977 (Mathias, 2009, p.18). As mulheres foram incorporadas em 1948; comandaram operação aérea em 2011 – Operação Odyssey Dawn, na Líbia, sob comando da brigadeira Margaret H. Woodward –, mas apenas em 2013 conquistaram o direito pleno às unidades de combate (Kulkarni, 2015). Considerando a totalidade das Forças Armadas, o corpo feminino representa 14% das forças estadunidenses (Almeida, 2015, p.10).

Outro país que é importante mencionar é o Paquistão, por ser a única nação muçulmana que permite às militares ascenderem aos mais altos postos, sendo também exemplo de como o processo de igualdade de gênero não é linear. As mulheres foram incorporadas em 1948, como auxiliares do corpo médico, passando às armas combatentes em 1995 exclusivamente no Exército e paulatinamente, já nos anos 2000, na Força Aérea. Permanece proibido o acesso feminino aos corpos combatentes da Marinha e, em 2012, perderam o direito de ascender ao posto de piloto de aviões de caça, regra revogada em 2015 (Kulkarni, 2015). Ponto positivo, entretanto, é que, segundo o *ranking* do *Global Firepower*, o Paquistão ocupava a 13ª posição entre 126 países analisados no que se refere à presença feminina nas Forças Armadas.

Outro exemplo que merece ser mencionado é o do Nepal. Esse pequeno e instável país da Ásia possui um exército de formação maoísta, o Exército Popular de Libertação (PLA, na sigla em inglês), no qual a participação feminina, segundo dados de 2006, ultrapassa 30%, chegando a 40% nas armas combatentes (Horning, 2006). O PLA é, assim, a força armada que mais se aproxima da igualdade de gênero, o que não implica, necessariamente, que em outros campos essa igualdade seja replicada, ou mesmo descreva as condições de trabalho dos membros não homens no interior da força.

Não são somente os países em guerra que têm mulheres em posição de combate. Há diversos países, inclusive da América Latina, que permitem às mulheres o acesso a quaisquer atividades que queiram exercer nas Forças Armadas. O primeiro país a regulamentar a entrada de mulheres em posição de combate foi a Noruega, no qual não há quaisquer restrições para mulheres. Em 2016, o país estendeu a conscrição obrigatória também às mulheres. O número de mulheres nas Forças Armadas norueguesas, no entanto, permanece ainda reduzido e não ultrapassa os 9%.

Outros países que permitem o acesso total de mulheres às Forças Armadas são Suécia e Canadá (desde 1989), além de Alemanha, Dinamarca, Espanha, França, Polônia, Portugal e Romênia, na Europa, e Austrália e Nova Zelândia, na Oceania. Entre os países em desenvolvimento, destacam-se a África do Sul e diversos países latino-americanos que, além de permitirem a plena participação de mulheres em suas Forças Armadas, também as têm em uma proporção relativamente alta. Na África do Sul, mulheres chegam a representar 25% do efetivo, enquanto, na América Latina, os países com maior proporção de mulheres são Chile (17,5%), Uruguai (16,9%) e Argentina (16,3%), segundo dados oficiais dos respectivos governos nacionais.

Na América Latina, o processo de incorporação de mulheres às Forças Armadas na região é heterogêneo e ocorreu em três momentos principais (Donadio; Mazzotta, 2009). Primeiramente, para suprir os contingentes de tropas que atuaram no período de independência e outras guerras de que participaram esses países até meados do século XX. As funções desempenhadas nesse momento eram, em sua maioria, administrativas e de saúde, e não tiveram sua entrada nas Forças Armadas necessariamente regulamentada.

O segundo momento foi conhecido a partir da necessidade de revalorização das Forças Armadas, com os processos de (re)democratização no final do século XX. As mulheres foram, então, autorizadas a ingressar nos chamados corpos profissionais (ou quadros, o que não permitiria acesso a cargos de comando, ainda que lhes permitisse acesso aos mais altos postos da carreira), ou seja, foram incorporadas à carreira militar depois de obter uma profissão na vida civil. Em alguns casos, como no Brasil, mulheres são autorizadas a ingressar em escolas de formação militar ligadas a serviços, administração, saúde e engenharia, o que favorece a ascensão na carreira (Mathias; Adão, 2003).

A terceira fase, já no século XXI, caracteriza-se pela entrada de mulheres nas chamadas escolas matrizes de formação e, em alguns casos, inclusive em armas de combate, podendo, pois, assumir postos na linha de frente e chegar ao comando das forças (Donadio; Mazzotta, 2009). Até 2016, um em cada três países da América Latina já permitiu às mulheres o acesso a todas as especialidades disponíveis. Isso não significa, entretanto, que haja igualdade. Ao contrário, conversas informais com os responsáveis pela abertura da Academia Militar das Agulhas Negras (Aman), do Exército brasileiro, informam que a educação informal castrense direciona as escolhas femininas para o que tradicionalmente é delas esperado – atribuindo ao gênero seu papel tradicional e fixo. Provavelmente o mesmo acontece em outras latitudes.

Os avanços na região no que tange à incorporação de mulheres nas Forças Armadas relacionam-se diretamente, em alguns casos, à influência da agenda sobre mulheres, paz e segurança e à elaboração de planos nacionais de ação. Os casos da Argentina e do Chile são os mais evidentes. O Chile adotou seu primeiro PNA em 2009 e desde então vem levando a cabo uma série de reformas no interior de suas forças, permitindo o ingresso paulatino de mulheres a todas as especialidades e armas. Em 2015, esse país lançou o seu segundo plano de ação e se destaca na região como pioneiro e apoiador de iniciativas no âmbito dessa agenda.

A Argentina, apesar de o lançamento de seu PNA ter ocorrido somente em 2015, já desde 2008 lançou um Plano Nacional de Defesa no qual se delineou como um dos objetivos o de promover a igualdade de gênero no âmbito das Forças Armadas. Outro país da região que lançou seu PNA foi o Paraguai. Brasil, El Salvador e Guatemala estão em processo de construção de seus planos. Apesar de não possuir um PNA, o Uruguai se destaca em termos de participação de mulheres em suas Forças Armadas e em operações de paz.

Referências bibliográficas

ALMEIDA, V. H. A. Mulheres nas Forças Armadas brasileiras: situação atual e perspectivas futuras. *Estudo – Consultoria Legislativa*. Brasília: Câmara dos Deputados, maio 2015. Disponível em: http://www2.camara.leg.br/documentos-e-pesquisa/publicacoes/estnottec/areas-da-conle/tema21/2015_291_estudo-sobre-mulheres-nas-forcas-armadas-vitor-hugo. Acesso em: 14 dez. 2016.

BEAUVOIR, S. *O segundo sexo*: fatos e mitos. v.1. Rio de Janeiro: Nova Fronteira, 1980a.

______. *O segundo sexo*: a experiência vivida. v.2. Rio de Janeiro: Nova Fronteira,1980b.

BUTLER, J. P. *Problemas de gênero*: feminismo e subversão da identidade. Rio de Janeiro: Civilização Brasileira, 2003.

CARREIRAS, H. *Gender and the Military*: Women in the Armed Forces of Western Democracies. London: Taylor & Francis, 2006.

DONADIO, M. *Resolución del Consejo de Seguridad y Planes Nacionales de Acción en América Latina*. Relatório entregue ao Instituto Igarapé com vistas a oferecer insumos sobre as lições aprendidas na América Latina, 2006.

______; MAZZOTTA, C. *Women in the Armed and Police Forces in Latin America*: Resolution 1325 and Peace Operations in Latin America. Buenos Aires: Resdal, 2009. [digit.]

GIANNINI, R. Construindo planos nacionais de ação eficazes: uma coletânea de boas práticas. *Artigo Estratégico*, Instituto Igarapé, n.19, 2016.

_____ et al. Brasil promove a igualdade de gênero como caminho para a paz. *Estadão Noite*, 29 out. 2015.

GOFFMAN, E. *Manicômios, prisões e conventos*. São Paulo: Perspectiva, 1987.

HANNAN, C. *Gender Mainstreaming in the Field of Disarmament*. Apresentação da coordenadora do UN Fellowship Programe on Disarmament. New York: ONU, 30 out. 2001.

HAPPEL, N. Agenda de mulheres, paz e segurança. *IPS Notícias*, 3 ago. 2015. Disponível em: http://www.ipsnoticias.net/portuguese/2015/08/ultimas-noticias/agenda-de-mulheres-paz-e-seguranca/. Acesso em: 14 dez. 2016.

HORNING, N. Maoist Army in Writing: Interview With Comrade Commissar, 4 jul. 2006. Disponível em: https://blog.com.np/2006/07/04/maoist-army-in-writing-interview-with-comrade-commissar/#more-1060. Acesso em: 14 dez. 2016.

IZZO, R. C. Igualdade de gênero: um caminho para a paz. In: MATHIAS, S. K. (Org.). *Sob o signo de Atena*: gênero na diplomacia e nas Forças Armadas. São Paulo: Editora Unesp, 2009. p.191-204.

KULKARNI, P. Women in Combat Roles in Armed Forces: The Global Experience. *The Indian Express*, 25 dez. 2015. Disponível em: http://indianexpress.com/article/explained/women-in-combat-roles-in-armed-forces-the-global-experience/. Acesso em: 14 dez. 2016.

LYNN, J. A. Nations in Arms, 1763-1815. In: PARKER, G. (Ed.). *The Cambridge History of Warfare*. New York: Cambridge University Press, 2006. p.189-216.

MATHIAS, S. K. Gênero, defesa e paz no Cone Sul. In: _____ (Org.). *Sob o signo de Atena*: gênero na diplomacia e nas Forças Armadas. São Paulo: Editora Unesp, 2009. p.17-50.

_____; ADÃO, M. C. O. Mulheres e vida militar. *Cadernos Adenauer*, São Paulo, v.3, p.145-65, 2003.

_____; REBELO, T. As mulheres e soldados femininos nas operações de paz: perspectiva de gênero no Brasil e no Cone Sul. In: MEI, E.; SAINT-PIERRE, H. L. (Orgs.). *Paz e guerra*: defesa e segurança entre as nações. São Paulo: Editora Unesp, 2013. p.271-307.

PASCAL, M. A. M. As mulheres e a Guerra do Paraguai. *Revista Eletrônica Ética e Cidadania*, Instituto Presbiteriano Mackenzie, p.144-53, 2012. Disponível em: http://www.mackenzie.com.br/fileadmin/Graduacao/EST/Publicacoes_-_artigos/pascal_11.0.pdf. Acesso em: 13 dez. 2016.

PASSOS, L. Sexo e biopoder: sobre as identidades sexuais como invenções. 2012. Disponível em: https://ensaiosdegenero.wordpress.com/2012/09/07/sexo-e-biopoder-sobre-as-identidades-sexuais-como-invencoes/. Acesso em: 10 dez. 2016.

PISCITELLI, A. Re-criando a (categoria) mulher? In: ALGRANTI, L. (Org.). A prática feminista e o conceito de gênero. *Textos Didáticos*, IFCH-Unicamp, n.48, p.7-42, nov. 2002.

SCOTT, J. El género: una categoría útil para el análisis histórico. In: LAMAS, M. (Ed.). *El género*: la construcción cultural de la diferencia sexual. México: Pueg, 1996. p.265-302. Disponível em: http://www.herramienta.com.ar/cuerpos-y-sexualidades/el-genero-una-categoria-util-para-el-analisis-historico. Acesso em: 10 nov. 2016.

SENKEVICS, A. Sexo é natural; gênero é cultural? Um diálogo entre Joan Scott e Judith Butler. 2012. Disponível em: https://ensaiosdegenero.wordpress.com/tag/conceito/. Acesso em: 12 dez. 2016.

SIMÕES, J. A. O Brasil é um paraíso sexual – para quem? *Cadernos Pagu*, n.47, 2016. Disponível em: http://dx.doi.org/10.1590/18094449201600470015. Acesso em: 12 dez. 2016.

TILLY, L. A. Gênero, história das mulheres e história social. *Cadernos Pagu*, n.3, p.29-62, 1994.

ZERZAN, J. Patriarcado, civilização e as origens do gênero. *Revista Gênero e Direito*, João Pessoa: Universidade Federal da Paraíba, v.1, n.2, 2010. Disponível em: http://periodicos.ufpb.br/ojs/index.php/ged/article/view/9702. Acesso em: 12 nov. 16.

GEOESTRATÉGIA

Thiago Diniz Magno Pinto

O ESTUDO DA GEOESTRATÉGIA VOLTA-SE À ANÁLISE da dimensão espacial da estratégia e pode, portanto, ser definida como o estudo de fatores estratégicos em função das variáveis e das constantes geográficas, ou seja, geoestratégia é a análise das relações entre os problemas estratégicos e os fatores geográficos, em escala regional ou mundial, procurando deduzir a influência dos fatos geopolíticos nas situações estratégicas e na consecução dos respectivos objetivos (Sousa, 2008). Geopolítica e geoestratégia, conforme postula Pierre Célérier (1969), são ciências distintas, mas profundamente relacionadas, constituindo, dessa forma, um "díptico homogêneo" que indicaria, tanto em uma perspectiva militar quanto política, um mesmo instrumento analítico para a compreensão de questões estratégicas inter-relacionadas entre si pela geografia.

Zbigniew Brzezinski (1997) sintetizou a ideia de geoestratégia como sendo a "gestão estratégica dos interesses geopolíticos". Meira Mattos (2011), por sua vez, afirma que geoestratégia seria "a estratégia aplicada às áreas privilegiadas pela geopolítica", ao passo que Octavio Tosta (1984) relaciona a ideia de geoestratégia à formulação das diretrizes de segurança nacional de um país, fundamentadas, sobretudo, na influência de variáveis geográficas. As análises geoestratégicas, dessa forma, procuram avaliar a relação entre estratégia e geografia.

A origem do termo "geopolítica" remonta à obra do general piemontês Giacomo Durando, *Della nazionalità italiana: saggio politico-militare*, publicada na Suíça no contexto do *Risorgimento*. Segundo Durando (1846), "a situação ou posição geográfica determina, de forma inalterável, o caráter geoestratégico de um país". A moderna concepção do termo "geopolítica", no entanto, ganhou evidência somente após os anos 1940, sobretudo por meio das obras de autores como o almirante francês Raoul Castex, do coronel polonês Emanuel Moravec e dos pensadores norte-americanos George B. Cressey e Nycholas Spykman.

Ainda que o antagonismo entre a estratégia da continentalidade *versus* a da maritimidade seja apresentada, por muitos autores, como parte das teorias da geopolítica, o assunto é mais bem apresentado em uma perspectiva geoestratégica. Pensadores como Alfred Mahan, Halford Mackinder, Karl Haushofer, Nicolas Spykman e George Kennan abordam profundamente esse aspecto. Mackinder ressaltou a importância do poder terrestre e do controle da região eurasiana. Para o geógrafo britânico, o *Heartland*, no centro da Eurásia, seria uma das principais regiões geoestratégicas do planeta e sua posse seria condição *sine qua non* para a hegemonia mundial.

Mahan, por outro lado, propôs uma abordagem inovadora sobre aspectos relacionados ao poder marítimo de seu país, que deveria se integrar às mais diversas atividades. O almirante norte-americano ainda indicou a necessidade de uma interligação marítima entre o Atlântico e o Pacífico, perspectiva que influenciou, de forma determinante, a construção do Canal do Panamá.

Spykman inclui o hemisfério ocidental como importante zona de influência dos Estados Unidos para garantir a defesa de seu território e preservar a supremacia mundial. Ele percebia a integração política, econômica e militar do continente americano como a saída para contrabalançar o acúmulo de poder resultado da união de parte da Eurásia. Dessa forma, a perspectiva Spykman propunha cercar a URSS para conter a sua expansão. De acordo com Dugin (2014), um dos principais idealizadores do neoeurasianismo, a doutrina de contenção dos Estados Unidos tinha como principal objetivo levar ao estrangulamento da URSS em seu entorno regional geoestratégico. Para se contrapor à estratégia americana, o almirante soviético Sergey Georgiyevich Gorshkov, rompendo com a forte tradição continental de seu país, propunha que a URSS também adotasse uma estratégia navalista de âmbito global.

A política externa norte-americana, que foi, ao longo dos últimos dois séculos, marcadamente intervencionista em relação à América Latina, teve expressiva influência de suas perspectivas geoestratégicas. Aos países colocados sob sua esfera de influência, dessa forma, caberia definir uma geopolítica que internalizasse as estratégias militares americanas através do binômio segurança e desenvolvimento (Penha, 2011). A geoestratégia norte-americana nessa região foi evidenciada pela assinatura do Tiar. Segundo Cervo (2007), dessa forma, Washington teria instrumentalizado sua área de influência na região, "possibilitando o passo inicial do sistema norte-americano de alianças do pós-guerra para contenção do comunismo" (Cervo, 2007, p.79). A geoestratégia dos Estados Unidos na Eurásia, por outro lado, estaria, de acordo com Brzezinski (1997), relacionada à gestão determinante de Estados geoestrategicamente dinâmicos e o manejo cauteloso de Estados geopoliticamente catalíticos.

No Brasil, Francisco Adolfo de Varnhagen (1816-1878), segundo Sérgio Eduardo Moreira Lima, teve o mérito de pensar o país de uma perspectiva geopolítica e geoestratégica. Para ele, a ação diplomática deveria orientar-se nessa direção, como instrumento na realização de propósitos que levariam ao ideal de grandeza nacional. Trata-se de expressão eloquente do significado da visão geopolítica e geoestratégica de Varnhagen a partir da proposta de mudança da capital e da missão pioneira ao Planalto Central.

Varnhagen desenvolveu, conforme explica Wehling (2016), o tema da nova capital no "Memorial orgânico", de 1849-1850, e na versão parcial deste publicada no *Guanabara* de 1851, e retorna a ele em outra publicação, de 1877, intitulada "A questão da capital: marítima ou interior?", que coincide com sua ida ao Planalto Central já em más condições de saúde. O ideário geopolítico nacional do século XX, segundo Moreira Lima (2016), partilhava, em grande medida, das mesmas preocupações de Varnhagen, conferindo, dessa forma, ênfase à segurança nacional e ao desenvolvimento econômico, com base em uma atuação estatal voltada ao território e à população.

Mário Travassos, marechal do Exército brasileiro, aplicou pioneiramente, nos anos 1930, a lógica mackinderiana de *Heartland* aos seus estudos, com o propósito de avaliar a relevância geoestratégica dos altiplanos bolivianos para a segurança nacional. O pensamento do marechal, segundo Albuquerque (2015), influenciou profundamente as obras de Golbery do Couto e Silva e de Carlos de Meira Mattos, os quais enfatizavam a importância das regiões da Bacia do Prata e da Bacia Amazônica, tal como definido na obra seminal de Travassos, *Projeção continental do Brasil*, publicada em 1935. De acordo com Meira Mattos, essa obra teria sido uma das mais discutidas pelos países que compõem o arco fronteiriço nacional (Martins, 2011, p.41). A concepção geoestratégica proposta por Golbery também se relacionava ao planejamento territorial, o qual deveria ser voltado à integração nacional em um cenário geopolítico conflitivo, no qual as questões clássicas de segurança eram evidenciadas pela lógica bipolar da Guerra Fria.

Referências bibliográficas

ALBUQUERQUE, E. S. de. 80 anos da obra *Projeção continental do Brasil*, de Mário Travassos. *Revista do Departamento de Geografia*, São Paulo, v.29, p.59-78, jun. 2015. ISSN 2236-2878. Disponível em: http://www.revistas.usp.br/rdg/article/view/102081/100500. Acesso em: 4 set. 2016.

BRZEZINSKI, Z. *Game Plan*: A Geostrategic Framework for the Conduct of the US-Soviet Contest. Boston: Atlantic Monthly Press, 1986.

______. *The Grand Chessboard*: American Primacy and its Geostrategic Imperatives. New York: Basic Books, 1997.

CÉLÉRIER, P. *Géopolitique et géostratégie*. Paris: PUF, 1969.

CERVO, A. L. *Relações internacionais da América Latina*: velhos e novos paradigmas. São Paulo: Saraiva, 2007.

DUGIN, A. *A Geopolítica da Rússia contemporânea*. São Paulo: Versila, 2014.

DURANDO, G. *Della nazionalità italiana*: saggio politico-militare. Parigi: Presso A. France, 1846.

GONÇALVES, H. L. M. B. L. *O eurasianismo*: sua influência na política externa russa pós-soviética e reflexos para a política de defesa do Brasil. 2014.

MARTINS, M. A. F. *Mário Travassos e Carlos Badia Malagrida*: dois modelos geopolíticos sobre a América do Sul. São Paulo, 2011. Dissertação (Mestrado) – Programa de Pós-Graduação Integração da América Latina, Universidade de São Paulo.

MEIRA MATTOS, C. Brasil: geopolítica e destino. In: *Geopolítica*. v.1. Rio de Janeiro: Biblioteca do Exército; FGV Editora, 2011a.

______. Estratégias militares dominantes: soluções para uma estratégia militar brasileira. In: *Geopolítica*. v.2. Rio de Janeiro: Biblioteca do Exército; FGV Editora, 2011b.

______. Brasil: geopolítica e modernidade. In: *Geopolítica*. v.3. Rio de Janeiro: Biblioteca do Exército; FGV Editora, 2011c.

MOREIRA LIMA, S. E. (Org.). *Varnhagen (1816-1878)*: diplomacia e pensamento estratégico. Brasília: Funag, 2016.

PENHA, E. A. *Relações Brasil-África e geopolítica do Atlântico Sul*. Salvador: Edufba, 2011.

SOUSA, F. de. *Dicionário de Relações Internacionais*. 2.ed. rev. e aum. Porto: Afrontamento, 2008.

TOSTA, O. *Teorias geopolíticas*. Rio de Janeiro: Biblioteca do Exército, 1984. [Coleção General Benício, v.225.]

TRAVASSOS, M. *Projeção continental do Brasil*. 2.ed. São Paulo: Nacional, 1935.

WEHLING, A. Integridade e integração nacional: duas ideias-força de Varnhagen. In: MOREIRA LIMA, S. E. (Org.). *Varnhagen (1816-1878)*: diplomacia e pensamento estratégico. Brasília: Funag, 2016.

GEOPOLÍTICA

Wanderley Messias da Costa

O RENASCIMENTO DA GEOPOLÍTICA CLÁSSICA enquanto inspiradora de estratégias nacionais, rivalidades e conflitos envolvendo, sobretudo, as grandes potências com impactos em praticamente todas as regiões e povos do mundo é um dos aspectos destacáveis da transição em curso em direção a uma nova ordem nas relações internacionais.

A política internacional tem sido examinada atualmente pelas perspectivas de uma miríade de antigas, novas e novíssimas disciplinas, abordagens e mesmo pontos de vista, disponíveis em inumeráveis publicações acadêmicas de especialistas e da mídia em geral. A geopolítica é um dos mais antigos desses campos de estudos e claramente ela não é área de pesquisa que desperta grande interesse da comunidade que se dedica a esses temas, sobretudo no que diz respeito ao meio acadêmico institucionalizado, tendência observável inclusive na geografia, o berço da geografia política e da geopolítica.

Daí nossa disposição de contribuir aqui para realçar o modo particular da geopolítica de examinar a política internacional, mediante seu particular viés conceitual e analítico que procura iluminar uma ou mais das suas faces – nesse caso, as relações entre o território e o poder – do nosso poliédrico e sempre complexo objeto de estudo que por vezes não são sobrelevadas pelos estudiosos da área.

A geopolítica é uma notável área do saber que floresceu da intersecção da geografia com a história, a ciência política, a estratégia e a segurança e defesa nacional, e sua longa e tumultuada trajetória tem sido, a seu modo, a expressão de importantes transformações do Estado moderno e das relações internacionais.

Sua ascensão deu-se, sobretudo, no período de consolidação do capitalismo industrial e da forte expansão dos impérios coloniais. Ilustram-nas as concepções teóricas clássicas em seu nascedouro e que se difundiram pelo mundo desde a chamada Escola Alemã, que surgiu no último quartel do século XIX, cuja inspiração foi fortemente impregnada pela ideia de um Estado dotado de racionalidade política e técnica. Ao mesmo tempo, com suficientes reservas de poder que lhe permitissem atuar, nas esferas *político-territoriais*, como uma superestrutura política nacional, centralizadora e primordialmente responsável pelas imprescindíveis tarefas de prover a defesa da soberania e de promover a coesão territorial.

O exame das ideias e das práticas dos geopolíticos enquanto intelectuais, *policy makers* ou dirigentes governamentais que de forma independente ou engajada – nas instituições de pesquisa e nos aparelhos dos Estados – dedicaram-se a ela, revela-nos a natureza e a influência desse campo de reflexão e de ação política na condução dos negócios territoriais internos e externos dos Estados e nas relações de poder entre eles nas diversas ordens mundiais desde, pelo menos, o Tratado de Westfália de 1648.

Demonizando os riscos, ameaças e tentativas de fragmentação, ao mesmo tempo que reifica a escala, valores, identidade e aspirações nacionais e suas projeções externas de poder (incluindo as de natureza especificamente territoriais), a concepção geopolítica clássica de Estado tem resistido ao tempo. Nós a denominamos Estado *ratzeliano*, aquele que paira de forma absoluta e imperial sobre os indivíduos, os grupos e a sociedade em geral, dissolvendo nesse domínio onipotente sua diversidade sociocultural e política, segmentos sociais, organizações e seus interesses particulares e espacialmente localizados, os projetos e conflitos entre eles, bem como as disputas que se processam entre autonomias políticas historicamente construídas e os sucessivos governos centrais.

Essa concepção realista clássica marcou profundamente as teorias sobre as relações que se estabelecem entre política e território ao longo do século XX, fomentando o surgimento de escolas e instituições civis e militares abrangendo mais de três dezenas de países, desenvolvidos e periféricos e com regimes democráticos e autoritários. Adequadamente ajustada ao pragmatismo político dos Estados, ela foi levada às últimas consequências nesses países, já que estes obtinham a legitimação política mediante a sua sempre presumida maior eficiência diante das ameaças à integridade territorial e aos superiores interesses soberanos nacionais.

Contavam para isso com o relativo distanciamento, o beneplácito ou a expectativa geralmente passiva das sociedades nacionais em relação a essas questões; a população, de modo geral, tendia a atribuir ao poder central o virtual monopólio sobre a política externa, além de se envolver pouco com os problemas político-territoriais *rotineiros* dos seus respectivos Estados-nações, salvo quando abalada pelas situações-limite dos conflitos potenciais ou das guerras.

Inversamente ao que supõem muitos dos seus críticos do meio acadêmico, esse tipo de concepção (e de exercício de poder político) *tradicional* dos Estados modernos, apesar da sua derrocada moral devido à sua explícita e turbulenta aplicação ao nazismo alemão e às diversas modalidades de fascismo nos países periféricos nas décadas seguintes, tem-se mostrado capaz de perenizar-se em diversas modalidades de arranjos institucionais dentro e fora da órbita estatal.

Esse modo de operar as políticas de Estado ainda está muito presente, por exemplo, nas estratégicas posições de serviços de inteligência, planejamento nacional e comando de aparatos civis e militares com matrizes culturais, ideológicas e políticas variadas. Daí porque é comum que procurem escoimar ou dissimular o seu conteúdo originalmente centralizador e autoritário e prefirem, no mais das vezes, destacar sua natureza puramente instrumental, isto é, enquanto um aparato técnico, em condições de ser operado com eficácia nos assuntos especificamente territoriais no âmbito das políticas públicas em geral.

Território, tecnologia e balanço do poder

O que há de comum entre Rússia, Canadá, China, Estados Unidos da América, Brasil, Austrália e Índia? Eles formam o grupo dos *países-baleias*, aqueles que possuem as maiores extensões territoriais do mundo. Nesta segunda década do século XXI, são desse grupo as duas maiores economias (EUA e China), as duas superpotências militares (EUA e Rússia) e uma terceira em ascensão (China), três que estão entre as dez maiores economias (Índia, Brasil e Canadá) e dois muito próximos disso (Austrália e Rússia).

Reconheça-se que os atributos de país-baleia *per si* não são condição para seu desenvolvimento e ascensão à posição de grande potência econômica, militar (ou ambas), conforme demonstram as trajetórias de Inglaterra, Alemanha, França e Japão. Além disso, e em atenção ao que enfatizou F. Ratzel, o fundamental é a coesão interna do Estado-nação e do território em particular. Sob esse aspecto crucial e em determinadas circunstâncias, a grande extensão territorial pode, ao contrário, carrear ao país severo desafio a ser enfrentado. Na história das nações, essa particularidade da geografia do Estado impõe políticas territoriais e respectivos programas e projetos direcionados para a ocupação das regiões remotas, a alocação de investimentos em complexas e dispendiosas infraestruturas de circulação, energéticas e de comunicação e em aparatos militares de vigilância e controle das fronteiras, entre outros.

Afinal, a Rússia ainda hoje padece da fraca ocupação das imensas extensões da Sibéria e das estepes do Extremo Oriente na direção do Ártico, da China e do Pacífico, e isso apesar dos inúmeros programas da ex-URSS voltados para essas regiões. A China, por seu turno, está firmemente empenhada em superar suas gritantes disparidades regionais investindo pesadamente na alocação de infraestruturas voltadas para a integração e a modernização das suas regiões remotas, sobretudo aquelas situadas nos desertos e nas estepes em direção à Mongólia, à Rússia e à Ásia Central. No caso do Brasil, o país tem dispendido energia nesse aspecto do seu desenvolvimento, desde os anos 1960, especialmente no que se refere à Amazônia (mais da metade do território nacional), mediante políticas territoriais inspiradas em estratégia focada, ao mesmo tempo, em objetivos de ocupação, proteção, integração e desenvolvimento.

Essa dupla face do poder do território e seus recursos na evolução histórica dos Estados-nações – potencialidades e desafios – reafirma nossa posição nesse debate de que, no mundo contemporâneo, ele mantém-se como valor universal para os povos de todo o mundo em todas as circunstâncias geográficas e históricas. Essa sua natureza primordial decorre antes de tudo do fato de que, de um lado, ele permanece essencial enquanto suporte material do Estado e da nação, e, de outro, pelas dimensões imateriais que lhe são intrínsecas e o revalorizam, sendo uma endógena no plano da cultura (identidade e valores nacionais) e outra no plano político-estratégico, isto é, o poder e sua projeção internacional. Em outros termos, é essa natureza particular e eminentemente *estratégica* do território que o faz imprescindível para o progresso das nações na paz e a defesa da sua soberania na guerra.

Dada essa complexidade inerente ao tema, é recomendável, no pequeno grupo dos que o examinam no campo da geopolítica, como de resto deveria ser nas demais áreas das ciências sociais, evitar dicotomias incontornáveis e relações de mútua destruição entre antigas e novas teorias sobre o significado dos territórios e dos recursos naturais no acelerado processo de mudanças e nas novas configurações internas dos Estados nacionais e da ordem mundial.

Primeiro, porque os territórios, com sua dimensão, configuração, posição, características físico-naturais e principalmente recursos naturais, constituem em qualquer circunstância histórica um valioso atributo para os Estados nacionais. No período atual da economia mundial em acelerada globalização, está ocorrendo uma revalorização estratégica de todos os recursos naturais, impulsionada pelo notável alargamento dos mercados e o consequente aumento da demanda. Além disso, essa tendência tem sido reforçada nas duas últimas décadas porque a China, com suas formidáveis taxas anuais de crescimento, tornou-se a segunda potência e a maior importadora de *commodities* do mundo, com destaque para o minério de ferro e o petróleo.

Atuam também vetores de outra natureza que são determinantes para o atual dinamismo do mercado internacional em torno desses ativos que integram o conteúdo dos territórios. Os empreendimentos de setores fundamentais como petróleo e gás e minerais metálicos e não metálicos, bem como a indústria de bens de produção e a agricultura moderna podem contar, pela primeira vez na história, com as vantagens de toda ordem propiciadas pelas redes mundiais de fluxos (de informações, bens, pessoas e capitais) em todas as escalas. Têm a seu favor ainda os formidáveis avanços da ciência e da tecnologia que viabilizam a descoberta, o inventário e a exploração das reservas de matérias-primas e de produtos primários em geral, incorporando novas regiões produtoras ao circuito mundial de produção.

É esse novo ambiente tecnológico e econômico internacional que tem permitido, aos Estados nacionais e aos empreendedores privados dos países que dispõem de grandes reservas de recursos naturais em seus territórios soberanos, a oportunidade de alargar e intensificar como nunca as atividades de prospecção e de exploração voltadas para seu abastecimento interno e, sobretudo, para o comércio exterior.

Segundo, porque os territórios desde sempre possuem a característica de *contêineres* que proveem abrigo e proteção à nação e ao Estado diante de potenciais ou reais ameaças externas, especialmente nas conjunturas de tensão internacional e de conflitos armados e, sob esse aspecto, é inescapável remeter aos célebres eventos das três invasões seguidas pelas heroicas resistências sofridas pela Rússia. Nesse sentido, isto é, do ponto de vista clássico da geopolítica, o seleto grupo dos países-baleias possui uma incontrastável vantagem estratégica não apenas pela sua *massa territorial* em si, mas também pela sua particular *configuração geopolítica*. Ela expressa essa potência no que A. Mahan conceituou de *poder marítimo* (caso dos EUA) e H. Mackinder de *poder terrestre* (Rússia) ou, ainda, *anfíbia* pela combinação de ambos (China, Brasil e Índia).

Terceiro, porque os territórios e seus atributos físico-naturais, ao lado daqueles construídos pelas sociedades ao longo da história, constituem patrimônio nacional geral que expressa vantagem estratégica potencial para os projetos de futuro das nações. Em outros termos, eles formam uma *reserva territorial* (terras agricultáveis, petróleo e gás, minerais em geral, mares, rios e lagos, florestas e flora em geral, biodiversidade, aquíferos e portos naturais) que por contingências de natureza econômica e tecnológica, ou por manifesta política do Estado nacional, pode ou não ser plenamente aproveitada em determinadas circunstâncias históricas. Essa decisão pode estar assentada no objetivo deliberado de pressionar eventuais contendores como faz a Rússia ao utilizar suas reservas e redes de fornecimento de gás natural aos europeus, ou no de poupar recursos naturais próprios, a exemplo da tradicional política dos EUA com relação às suas reservas de petróleo. Assim também tem atuado o Brasil, quando procura utilizar seus estoques de terras agricultáveis e reservas minerais nas negociações internacionais de comércio envolvendo o mercado mundial de *commodities*, bem como suas imensas reservas florestais e de água doce como ativo estratégico em fóruns multilaterais nas negociações em torno dos grandes temas da agenda ambiental global.

De uma perspectiva estritamente geopolítico-militar e da segurança e defesa nacional, entretanto, a detenção e/ou domínio de reservas e da capacidade tecnológica e industrial de exploração e produção de petróleo constituem a mais estratégica dentre todas as vantagens propiciadas pela posse e uso de recursos naturais. E isso há pelo menos um século, desde a I Guerra Mundial, especialmente a II Guerra Mundial e em todos os demais conflitos armados de menor proporção. Desde então, a balança do poder militar definido pelo jogo entre *forças e fragilidades* dos reais ou potenciais contendores tem sido fortemente influenciada pela capacidade de dominar o circuito completo de produção, refino e distribuição de petróleo e de seus derivados. É por isso que grandes ou médias e antigas ou novas potências do mundo tornaram-se produtoras, criaram suas empresas privadas ou estatais e organizaram-se para liderar as explorações em seus territórios e em regiões e países com reservas abundantes e hoje controlam parte relevante da produção mundial.

Em um exercício de cenário mais abrangente sobre o significado geopolítico dos territórios neste mundo do século XXI ou da nova ordem mundial, podem-se avaliar a disponibilidade de recursos naturais e as respectivas capacidades tecnológicas e industriais dos países para explorá-los e agregar-lhes valor, tomando-os como fatores estratégicos no complexo mosaico de *potencialidades e vulnerabilidades* que configuram as evoluções da balança de poder ou a *geometria do poder* no interior do grupo das grandes e médias potências.

Desse ponto de vista, é indiscutível a primazia dos EUA, posto que é baixíssimo seu nível de vulnerabilidade graças às suas *virtualidades territoriais*, como a configuração de *ilha-continente*, reservas abundantes e elevada capacidade de produção envolvendo todos os recursos naturais estratégicos, incluindo o petróleo (é o maior produtor ao lado da Rússia em 2017). Ademais, dispõe de grandes extensões de terras agricultáveis e de avançado padrão tecnológico no setor e, ao lado do Brasil, é líder mundial na produção de grãos. Sua posição de única superpotência econômica e militar do mundo não está assentada exclusivamente nesses atributos do seu território e recursos, como sabemos. Na sua evolução desde a independência, entretanto, ressalta o amálgama formado pela configuração territorial e geopolítica, a base material e, especialmente, os formidáveis avanços que alcançou em ciência e tecnologia (são suas oito das dez melhores universidades do mundo) e em pesquisa e desenvolvimento que é realizada especialmente no âmbito das empresas privadas. Essa é a força que impulsiona o progresso material do país, irrigando sua abrangente estrutura produtiva com ganhos crescentes de produtividade e competitividade, sobretudo na agricultura de grande escala, nos serviços sofisticados e na indústria de ponta, aí incluído seu poderoso complexo industrial-militar. Em síntese, superpotência de projeção global que atua de fato como império na atual ordem mundial, fazendo uso de forma combinada da diplomacia, da atuação das grandes empresas multinacionais e do complexo financeiro e, com frequência, do poder de dissuasão ou da guerra valendo-se do seu incontrastável poder militar (quase a metade dos gastos militares mundiais).

A Rússia é grande potência militar e conta com formidáveis reservas de recursos naturais estratégicos e elevada capacidade de produção nessa área, em especial o gás e o petróleo, dos quais o país é o maior produtor e grande exportador mundial. Comparativamente ao seu rival ocidental, tem acentuada vulnerabilidade decorrente da baixa disponibilidade de terras agricultáveis e graves deficiências tecnológicas na produção agrícola e, como característica geral, padece de limitações decorrentes de uma economia pouco diversificada, pois não dispõe de estrutura industrial de bens duráveis e não duráveis ou de serviços sofisticados e é altamente dependente da produção e exportação de gás e petróleo.

Apesar desses fatores limitadores do seu progresso material, é preciso atentar para os notáveis avanços do país nos últimos quinze anos, que se expressam na modernização da estrutura produtiva como um todo. Essa recuperação conta, sobretudo, com os elevados padrões de educação da sua população e a tradicional capacidade de pesquisa e inovação tecnológica, de produção e de exportação do seu pujante complexo industrial-militar. Como resultado desses avanços, o país também tem sido capaz de retomar a força e as características típicas de grande potência em sua projeção externa e, nesse aspecto particular, frise-se que essa sua revigorada ação internacional não está limitada ao seu tradicional entorno regional estratégico, tendo mostrado fôlego para a ampliação desse horizonte.

A China é grande potência econômica, o maior produtor e exportador de produtos industriais do mundo e hoje em processo de acelerada elevação da sua capacidade militar. Além disso, dispõe de formidáveis recursos financeiros que lhe permitem investir pesadamente em praticamente todos os setores da economia mundial, abrangendo mais de uma centena de países em todos os continentes. Mas suas vulnerabilidades são proporcionais à potência na economia. Ainda que disponha de reservas e produção de recursos naturais como minérios, petróleo e gás (o sexto maior produtor em 2017), estes são notoriamente insuficientes para suprir sua elevada demanda decorrente das altas taxas anuais de crescimento.

Daí porque o país é atualmente o maior importador mundial de petróleo e de minério de ferro, além de diversas outras *commodities*, com destaque para os produtos agropecuários em geral. Registre-se, a propósito, que os esforços atuais do país no abastecimento de petróleo envolve estratégia em pelo menos três frentes principais, como os acordos bilaterais com os países produtores da Ásia Central e com a Rússia visando ao fornecimento contínuo mediante a implantação de gigantescos *pipelines*, os pesados investimentos em prospecção e exploração em países da África Subsaariana, e a atual ofensiva visando ampliar a produção *offshore* no Mar da China em áreas que reivindica como pertencentes à sua ZEE e que tem gerado um quadro de fricções com os países vizinhos do seu entorno regional, como o Japão, Vietnã, Tailândia, Malásia e Brunei.

O Brasil é potência média e dispõe de grandes reservas territoriais e de recursos naturais estratégicos, com destaque para os minérios de todo tipo, redes hidrográficas, portos naturais e, mais recentemente, petróleo e gás natural. Como foi dito, dispõe também da maior extensão de terras agricultáveis e de disponibilidade de água doce em forma líquida (superficial e de aquíferos) do planeta. Além de ser o maior exportador mundial de minério de ferro, o país possui grande e diversificado parque industrial siderúrgico e metalúrgico e capacidade instalada para atuar em toda a cadeia produtiva desses segmentos. E é nos setores econômicos mais diretamente relacionados à exploração dessa base primordial de riqueza material que o país apresenta seus melhores níveis de desempenho, macrotendência que foi pioneiramente apontada no excelente estudo sobre a competitividade da indústria brasileira de iniciativa do Ministério da Ciência e Tecnologia em 1993.

Destaque-se que essa liderança internacional tem sido obtida justamente naqueles setores em que o país soube promover a exploração dessas riquezas mediante enorme esforço concentrado em ciência e tecnologia e em pesquisa e desenvolvimento. São as suas destacadas conquistas em biotecnologia tropical que alavancaram e hoje sustentam os elevados padrões de produtividade nesses segmentos e eles se devem, sobretudo, ao desempenho durante pelo menos quatro décadas com os bons resultados obtidos em extensa rede nacional de instituições de pesquisas liderada pela Embrapa.

Graças a essa estratégia, o país dispõe hoje da mais avançada agricultura tropical do mundo e é o segundo maior produtor e exportador de grãos, o primeiro de carnes e o maior produtor de etanol de cana-de-açúcar para uso automotivo. Como será visto mais de perto em seguida, também tem sido graças aos pesados investimentos da Petrobrás em pesquisa e desenvolvimento nas três últimas décadas, especialmente nas tecnologias de exploração em águas profundas da plataforma continental, que o país tem conquistado posição de destaque na prospecção e exploração de petróleo e gás, estando praticamente toda ela concentrada nos campos de produção *offshore* e especialmente, nos últimos anos, nas imensas reservas do *pré-sal*.

Ocorre, porém, que justamente essa característica essencial do seu desenvolvimento, que o qualifica como o único país-baleia e potência média em que o progresso material se encontra hoje fortemente ancorado no controle e uso do território e sua base de recursos naturais, é a que embute também seu mais importante *front* de riscos e ameaças. Daí porque sua principal vulnerabilidade encontra-se, acima de tudo, na área da defesa nacional, decorrente da baixa capacidade operacional das Forças Armadas que se deve, sobretudo, à insuficiência de recursos e à obsolescência do equipamento militar. São carências que comprometem a defesa da soberania do país como um todo e especialmente em regiões estratégicas, como as fronteiras terrestres, a Amazônia e o Atlântico Sul, conforme enfatizado na Estratégia Nacional de Defesa.

Outra vulnerabilidade do país, de natureza diversa, mas relevante e conectada à primeira, é o acelerado processo de desindustrialização nas três últimas décadas, em que a participação da indústria no PIB passou de 25% em 1990 para 14% em 2016, fenômeno mais acentuado na indústria de transformação (10% do PIB) e nesta, no setor de bens de capital (máquinas e equipamentos). Esse é um sintoma de grave retrocesso, já que o país é afetado no *hard core* das forças produtivas que impulsionam seu progresso como um todo, comprometendo a inovação tecnológica, a agregação de valor aos produtos, a competitividade nos segmentos mais avançados da economia, com o consequente rebaixamento dos ganhos no comércio internacional. No limite, traz consigo a ameaça da *maldição dos recursos naturais* pela excessiva dependência nacional das *commodities*. Além do mais, a persistente tendência de declínio industrial tem implicação político-estratégica pelo seu potencial de riscos para a defesa nacional, pois a indústria nacional competitiva é imprescindível para alcançar e manter a autonomia estratégica no vital setor de pesquisa e desenvolvimento e de produção do complexo industrial-militar.

Nova configuração do poder mundial

A restauração da Rússia como grande potência com projeção regional e mundial e os rumos dominantes da sua estratégia de poder e de influência na política internacional, como o formidável reaparelhamento das Forças Armadas, a recente reaproximação com a China, a calculada movimentação que visa contrastar a hegemonia dos EUA/Otan e a ousada e ostensiva intervenção política e militar na crise da Ucrânia, são processos e eventos emblemáticos das aceleradas mudanças do mundo deste início do século XXI e que nos inspiram a examiná-los pondo em relevo as concepções da antiga e sempre renovada geopolítica.

Neles se expressam elementos e padrões de comportamento característicos das antigas, emergentes ou restauradas grandes potências quando protagonistas de disputas em torno dos seus valores e interesses nacionais assentados nos seus respectivos territórios e áreas de domínio, controle ou influência. Expressam, ao mesmo tempo, a complexidade das eras de transição de uma ordem mundial para outra e, nesse caso, da bipolaridade para a multipolaridade ou polaridades ainda indefinidas. Trata-se de eventos envolvendo fricções, tensões, crises e conflitos impulsionados pela competição de largo espectro por hegemonia e pelos movimentos por afirmação política, emancipação, autonomia e soberania de Estados, nações, nacionalidades e comunidades políticas em países, territórios, fronteiras, regiões e províncias, que têm se desenvolvido em praticamente todas as escalas e fímbrias do espaço político mundial.

Na transição em curso para uma nova ordem mundial, a emergência de novos polos de poder e o notável engajamento da comunidade internacional em torno da paz e a cooperação tem moldado um ambiente internacional que favoreceu o otimismo dos liberais e construtivistas da teoria das Relações Internacionais do início dos anos 1990 – ou do imediato pós-Guerra Fria –, como Francis Fukuyama e James Rosenau. Daí o crescimento da condenação e do repúdio à modalidade de política fundada na pura disputa pelo poder que caracterizou período remoto da história e que estaria, segundo eles, em declínio e em vias de ser superado por novos valores e meios de resolução de conflitos. Tratar-se-ia, portanto, de esforço coletivo na construção de arranjos institucionais e de mecanismos que assegurassem o relacionamento entre os Estados pautado pelo multilateralismo e por um conjunto previamente acordado de normas consuetudinárias e, cada vez mais, formalmente jurídicas, inscritas no direito internacional.

No contrafluxo dessa corrente em prol da paz e da cooperação, entretanto, os eventos de setembro de 2001 e especialmente aqueles desta segunda década do século XXI, com a ampliação e o agravamento dos conflitos em todas as escalas são um claro sintoma da tendência geral de deterioração do ambiente político internacional que tem sido marcado cada vez mais pela incerteza, a insegurança e os riscos globais. A rigor, os antecedentes dessa deterioração encontram-se no imediato pós-Guerra Fria com a invasão do Iraque pela coalizão militar organizada sob os auspícios da ONU e liderada pelos EUA.

Seguiram-se diversos eventos, como a crise dos Bálcãs no contexto do desmantelamento da Iugoslávia, com enfrentamentos armados entre grupos nacionais da Sérvia, Croácia, Bósnia-Herzegovina e Kosovo e a posterior intervenção militar dos EUA/Otan, além dos diversos conflitos no Chifre da África e na África Subsaariana, incluindo práticas de genocídio como os de Ruanda e Burundi. Também os primeiros sinais do profundo antagonismo envolvendo as potências ocidentais (e especialmente os EUA) e o movimento islâmico radical com seus inúmeros episódios de violência, tais como os atentados terroristas ao World Trade Center em Nova York (1993) e às embaixadas norte-americanas do Quênia e do Iêmen (1998).

Contudo, ocorre que, nos processos de transição de um período histórico para outro, o novo tende a manifestar-se enredado ao velho, isto é, as típicas modalidades de conflitos e violência da ordem global, como os atentados terroristas e a atuação das milícias (a *guerra irracional* de que fala John Keegan) têm convivido ou partilhado a arena da política e da guerra com os eventos característicos da antiga ordem e os seus *clássicos* antagonismos e rivalidades entre Estados-nações e, particularmente, as grandes potências em suas disputas por influência e poder travadas nas escalas dos países, das regiões e do mundo.

Em suma, a predominância de concepção e estratégia que têm raízes na geografia, isto é, nos territórios e suas fronteiras, regiões e lugares e, principalmente, suas populações, infraestruturas, redes de circulação, recursos naturais e outras virtualidades do tipo que integram e podem contribuir para fortalecer o poder do Estado expresso no âmbito interno e na sua projeção externa.

Tudo indica, portanto, que a particularidade histórica do atual quadro político mundial é o choque e, por vezes, o amálgama entre essas duas tendências dominantes que atuam ora nas bordas, ora no centro da espessa trama na qual se movimenta a política entre as nações e demais atores da cena internacional.

De um lado, a abrangente globalização, que vai muito além da economia e que se desenvolve junto (ou imbricada) à tendência de descentralização do poder político – um sistema cada vez mais *policêntrico* – e ao revigoramento do direito internacional e das instituições multilaterais em prol da solução pacífica para os conflitos.

De outro, e esta é a perspectiva aqui enfatizada desde o início, a recorrência de um padrão clássico e bastante familiar aos geopolíticos e realistas da teoria das Relações Internacionais que têm se mantido firmes na concepção geral de que a política internacional move-se essencialmente pela atuação dos Estados nacionais e, sobretudo, das grandes potências, na defesa dos seus interesses e no aumento das suas reservas de poder, um padrão geral que explicita um sistema político em permanente busca pelo *equilíbrio de poder*.

É nesse quadro de jogo de espelhos entre o velho e o novo que se inscreve o processo em curso da restauração da posição de grande potência da Rússia. No esforço de recuperação do tempo (e do espaço) perdido, sua política estratégica atual de natureza essencialmente geopolítica impulsiona movimentos na direção de dois objetivos principais. Na frente ocidental, contrastar e conter duramente a coligação EUA/Otan em suas políticas de expansão/contenção em direção ao leste e, no limite, manter ou reconquistar para a sua órbita de influência direta a Ucrânia, as três ex-Repúblicas Soviéticas do Báltico (Lituânia, Letônia e Estônia), a Moldávia, parte do Cáucaso (Geórgia e Armênia) e o Ártico com suas cobiçadas jazidas de petróleo e gás e as novas rotas interoceânicas.

Na sua projeção para o leste, esse ativismo russo se expressa, sobretudo, por um acentuado esforço de aproximação com a China, país com o qual tem história marcada pela alternância entre períodos de cooperação (como o fundamental apoio russo à Revolução Chinesa entre 1946 e 1949) e rivalidades, nesse caso envolvendo graves disputas fronteiriças nos anos 1960. Esse longo ciclo de relações envolveu diversos tratados (o primeiro é de 1689) e na sua etapa atual, claramente tendendo à convergência entre os dois países, consolidou-se com o acordo de demarcação de fronteiras de 1991, que estabeleceu a partilha dos territórios em contenda, e com o Tratado de 2004, que estabeleceu as fronteiras comuns, a sua desmilitarização e os direitos de circulação e comércio.

Na sua estratégia na frente ocidental, a Rússia projeta manter ou retomar sua presença combinando diplomacia, dissuasão e ação militar em suas antigas áreas de influência, isto é, a Europa oriental e o Báltico e, ao sul, o Cáucaso, no qual utilizou a força militar com a invasão da Geórgia em 2008, seguida da incorporação *de facto* das suas províncias da Ossétia do Sul e Abkházia. Dentre esses movimentos recentes, entretanto, o que melhor ilustra a determinação do país de seguir o caminho traçado para retomar sua posição de grande potência – e o que mais tem despertado a atenção da comunidade internacional – é a sua sistemática ingerência na política interna da Ucrânia e, nesse caso, em explícita confrontação com o Ocidente, a cooptação e o apoio militar aos insurgentes de ascendência russa das províncias orientais do país e, finalmente, a integração (do seu ponto de vista) ou a anexação (do ponto de vista ocidental) da Crimeia, em março de 2014.

Entretanto, é preciso considerar que, além da retomada da proeminência da Rússia, o olhar sobre a geopolítica do século XXI deve deter-se no exame da rápida ascensão à posição de grande potência da China, país que tem a segunda maior economia, é o líder das exportações do mundo e nos últimos anos tem intensificado seu ativismo diplomático na escala global. Além do mais, é notória sua disposição para arranjos de cooperação comercial e econômica em geral e preferencialmente no seu entorno regional, que tem se ampliado rapidamente com o comércio, os investimentos diretos e a influência política em mais de uma dezena de países da África e da América Latina nos últimos anos.

Na Ásia de Sudeste e na Ásia-Pacífico, essa ofensiva tem assumido natureza mais claramente político-estratégica ou geopolítica de tipo clássico, isto é, a face agressiva de grande potência que recorre à dissuasão militar ou ao uso da força, se necessário, na defesa do que considera seus legítimos interesses nacionais.

Essa modalidade de expressão de poder da grande potência é observável tanto nos seus antigos contenciosos, como são os casos do Tibete (sua colônia de fato) e Taiwan (país a que ainda denomina "Província Rebelde"), como nas suas mais recentes reivindicações territoriais no espaço marítimo, a exemplo das disputas que mantém com o vizinho Japão em torno das Ilhas Senkaku e com o Vietnã, Filipinas, Malásia, Taiwan e Brunei tendo como alvo o Arquipélago de Spratly no Mar da China Meridional, no contexto da complexa definição das respectivas zonas econômicas exclusivas e os decorrentes direitos de exploração das comprovadas jazidas de petróleo e gás da região.

Observando esse quadro, ainda que apenas em seus traços mais relevantes, tudo indica que é do outro lado do mundo e no imenso Bloco Euroasiático que será disputada a grande contenda genuinamente geopolítica de escala global nas próximas décadas. Na frente oriental desse bloco, a China será capaz de romper o cerco (o "colar de pérolas") que expressa plenamente a vigência do poder marítimo que lhe é imposto pelos EUA e seus aliados ocidentais e asiáticos? Na frente ocidental, a Rússia será capaz, com suas antigas e renovadas reservas de poder, capaz de romper as linhas da poderosa contenção que lhe é imposta pela ação coordenada dos Estados Unidos e seus aliados europeus agrupados na Otan?

O quadro na escala do mundo sugere, também, que, nessa reconfiguração geopolítica em curso, o processo de maior expressão e com poder de influência nas próximas décadas são os vigorosos movimentos de aproximação entre a Rússia e a China, que tem se processado primeiro pela criação de um ambiente propício à convivência pacífica para em seguida desdobrar-se em direção a uma aliança abrangente ou mais propriamente estratégica das duas grandes potências. Como visto, solucionados seus antigos contenciosos no início dos anos 1990, o processo de aproximação avançou em abrangência e profundidade com a criação da Organização para a Cooperação de Xangai em 2013 (integrada pela China, Rússia, Cazaquistão, Quirguistão, Tadjiquistão e Uzbequistão), um mecanismo de concertação de conteúdo marcadamente econômico, mas que também abrange compromissos de natureza político-estratégica e especificamente militar.

Esse ativismo marcado pelas relações de cooperação entre os dois países na atualidade também se expressa na celebração de novos arranjos comerciais bilaterais, sendo o mais vistoso deles o recentemente firmado Acordo Energético envolvendo o fornecimento à China de 38 bilhões de metros cúbicos de gás por ano ao longo de trinta anos.

Caso venha a consolidar-se a formidável – e poucos anos atrás improvável – aliança entre as duas grandes potências euroasiáticas, que, além de países-baleias, contam com vantagens comparativas e competitivas derivadas dos seus territórios, recursos naturais, populações, infraestrutura, poder econômico e força militar, o mundo assistirá pela primeira vez à formação de um imenso e poderoso Bloco Eurasiano capaz de confrontar, nos anos que seguem, o até então incontrastável poder político e militar da aliança liderada pelos EUA, formado pela Otan (no Ocidente) e ancorado nos acordos bilaterais de segurança com seus mais tradicionais aliados da Ásia e do Pacífico, casos do Japão, Coreia do Sul, Singapura e Austrália.

Em suma, é a vigência da antiga e agora revigorada rivalidade entre o *poder terrestre* e o *poder marítimo* neste início do século XXI, cuja natureza é sistêmica e de larga escala e está moldando a nova ordem mundial, na qual a repartição do poder político e militar entre as grandes potências a configura cada vez mais como *Tripolar*.

O atual debate teórico em geopolítica

A reemergência atual da geopolítica clássica também se deve ao ativismo intelectual de teóricos e *policy-makers* importantes como o russo Alexandr Dugin, que retoma, sobretudo, as célebres teorias de Halford Mackinder sobre o *Heartland* e seu papel na configuração do poder mundial. Reposicionando para o primeiro plano de análise as primordiais relações entre território, poder e projeção dos Estados nacionais na política mundial e enfatizando a importância da posição estratégica russa pelo seu controle do coração da Eurásia – o *poder terrestre* –, Dugin tornou-se o mais influente pensador russo no campo das teorias e das estratégias que têm inspirado a trajetória de ascensão, retomada ou reerguimento do país à condição de grande potência, especialmente nos últimos dez anos.

Nesse sentido, como apontado anteriormente, os movimentos de natureza essencialmente geopolítica do país no âmbito do seu entorno regional estratégico nos últimos anos, tais como sua atuação nos conflitos da Chechênia em 2000, a invasão da Geórgia em 2007 e, sobretudo, a crise com a Ucrânia e a anexação da Crimeia em 2014, são ilustrativos do amálgama entre essa concepção de geopolítica que está centrada, essencialmente, na coesão territorial e nacional e na força militar e as estratégias de retomada de poder e influência externa de grande potência.

O notável reingresso da Rússia e a acelerada ascensão da China à condição de grandes potências mundiais são eventos que também serviram de inspiração para Robert Kaplan, conhecido geopolítico norte-americano, publicar seu livro (um *best-seller*) alertando para a importância da retomada da *geografia* (que ele confunde com a geopolítica) para a compreensão da política mundial dos nossos dias, um estudo abrangente e instigante, ainda que em algumas passagens o autor tenda a reduzir a geografia e a geopolítica à cartografia e às configurações e posições dos continentes, regiões e países do mundo.

Ainda nesse esforço de revalorização da geopolítica, atenção especial deve ser dada ao que tem sido produzido por Yves Lacoste e seu grupo – sobretudo Béatrice Giblin –, que há quarenta anos mantêm ativa a revista *Hérodote – Revue de Géographie et de Géopolitique*, o mais antigo e prestigiado periódico de geopolítica do mundo, atualmente vinculado ao Instituto Francês de Geopolítica da Universidade Paris VIII. Como analisado no nosso estudo de 1992, a geopolítica de Lacoste e seu grupo é um campo de conhecimento derivado diretamente da geografia e particularmente da geografia política. Nesse sentido, seus temas, objetos de estudo e abordagens expressam sempre a perspectiva do geógrafo sobre os eventos relacionados a toda sorte de relações políticas (especialmente as conflituosas) envolvendo estruturas políticas, grupos sociais e seus territórios, em todas as escalas, isto é, interessa-lhe examinar tanto as relações de poder internas aos Estados-nações – regionais e locais –, como aquelas propriamente internacionais. Conforme assinalado no início, para essa modalidade de abordagem em geopolítica, as relações internacionais não têm interesse *per si*, senão enquanto um espaço político mundial configurado por Estados-nações, territórios, fronteiras, regiões, estruturas, formas, fluxos de todo tipo e, sobretudo, um campo de forças permanentemente tensionado por rivalidades, disputas e conflitos de toda ordem.

Na sua edição n.146-7 de 2012, *Hérodote* traz um alentado dossiê que dessa vez não é dedicado a um tema ou região do mundo, mas à trajetória e aos caminhos teóricos atuais da própria geopolítica (*La géopolitique, des géopolitiques*), no qual publicamos (em parceria com Hervé Théry) um texto sobre a evolução da geopolítica brasileira. Em seu artigo, Giblin destaca a importância da abordagem das escalas regionais e locais, valorizando os esforços em torno do estudo de questões pungentes do nosso tempo, como as identidades e as territorialidades, os movimentos autonomistas e separatistas e o nacionalismo em geral. Em seu texto, Lacoste chama a atenção justamente para a necessidade de repor com clareza a íntima conexão da geopolítica com a geografia, e que cabe aos estudiosos da área explicitar e aprofundar em seus estudos a abordagem teórico-metodológica e os instrumentos de análise que são próprios da geografia humana, regional e física, incluindo a valorização da cartografia. Reitera ainda sua percepção de que, apesar do crescente prestígio entre os especialistas das Relações Internacionais e à mídia em geral, os geógrafos da academia tradicional da França (e não apenas os de lá) ainda hoje mantêm acentuado distanciamento da geopolítica.

Referências bibliográficas

AGNEW, J. *Geopolitics*: Revisioning World Politics. NewYork: Routledge, 2003.

COSTA, W. M. *Geografia política e geopolítica*: discursos sobre o território e o poder. São Paulo: Hucitec; Edusp, 1992.

______. O reerguimento da Rússia, os EUA/Otan e a crise da Ucrânia: a geopolítica da nova ordem mundial. *Revista Confins*, São Paulo, n.25, p.2-22, 2015.

______; THÉRY, H. *Quatre-vingts ans de géopolitique au Brésil*: de la géographie militaire à une pensée stratégique nationale. *Revue Hérodote*, Paris, n.146-7, p.253-76, 2012.

DUGIN, A. *The Fourth Political Theory*. London: Arktos Media, 2012.

______. *Eurasia Mission*: An Introduction to Neo-Eurasianism. London: Arktos Media, 2014.

KAPLAN, R. *The Revenge of Geography*: What the Maps Tells Us About Coming Conflicts and the Battle Against Fate. New York: Randon House, 2013.

KISSINGER, H. *Sobre a China*. Rio de Janeiro: Objetiva, 2011.

______. *Ordem mundial*. Rio de Janeiro: Objetiva, 2014.

LACOSTE, Y. La Géographie, la géopolitique et le raisonnement géographique. *Revue Hérodote*, Paris, n.146-7, p.14-44, 2012.

GOLPE DE ESTADO

Paulo Fagundes Visentini

A EXPRESSÃO "GOLPE DE ESTADO" teve sua origem na obra *Considérations politiques sur le coup d'État*, de Gabriel Naudé (1639), em que fazia referência a um ato promovido pelo próprio soberano para reforçar seu poder. Ou seja, em suas origens, o golpe de Estado seria oriundo do próprio Estado, violando regras ou estruturas institucionais, através de ação de surpresa. O golpe que Luís Bonaparte, então presidente durante a II República Francesa, desferiu em 1851, proclamando-se imperador da França, constitui um exemplo clássico.

Portanto, são mudanças feitas a partir da violação legal do Estado (ou de sua Constituição), que pode consistir tanto numa ação palaciana[1] ou num ato de violência,[2] por parte de um ou mais atores que detêm o poder político governamental. O planejamento do golpe de Estado busca evitar as reações das forças ou grupos que perdem com a mudança operada. Ele pode, assim, ser deflagrado pelo soberano, pelo chefe de governo ou por um grupo da própria burocracia estatal. Edward Luttwak considera que o golpe de Estado consiste na infiltração dentro de um setor limitado, mas crítico, do aparelho estatal e na utilização dela para privar o governo do controle dos demais setores.

Já Curzio Malaparte (1974), no seu clássico *Técnica do golpe de Estado*, considera inútil o ataque aos edifícios governamentais. Como Trotsky, argumenta que um pequeno grupo de técnicos bem treinados deve controlar os centros de poder tecnológico estatal, como

1 Como exemplo, a proclamação do Estado Novo pelo próprio presidente Getúlio Vargas em 1937.

2 Como exemplo, o golpe militar de 1964 no Brasil.

as centrais elétricas, entroncamentos rodoferroviários e de telecomunicações, por exemplo. Mas, na segunda metade do século XX, especialmente nos anos 1970, os golpes de Estado conheceram notável expansão, sobretudo com os golpes militares (ou *pronunciamentos*) na América Latina, África, Oriente Médio e Ásia. As Forças Armadas e a polícia constituem um setor-chave do Estado.

Assim, o golpe de Estado moderno consiste numa ação em que os militares se apoderam do poder político por uma operação de surpresa, evitando a violência desnecessária. Mas é importante diferenciar o golpe de Estado de uma insurreição ou revolução. O golpe de Estado promove apenas uma mudança superficial, que imporá uma nova legalidade que necessita de reconhecimento internacional posterior. Apenas o ordenamento jurídico é afetado, geralmente com o objetivo de conservar o *statu quo* socioeconômico, reforçando o Estado e seu aparato de coerção e eliminando os partidos políticos. Portanto, é uma ação violenta que resulta na conquista de um dos poderes estatais, usurpando as atribuições dos demais.

Já a revolução instaura um novo ordenamento político e social em seus desdobramentos. Locke e Montesquieu, dentro da visão liberal, falam na divisão dos poderes. Na verdade, trata-se apenas da distribuição das atribuições do Estado (que controla a população e o território), que engloba o Executivo, o Legislativo e o Judiciário. Na América Latina, a indivisibilidade do poder é mais visível, inclusive englobando as Forças Armadas, e os golpes de Estado geralmente são conservadores. Se uma ação golpista consiste apenas num golpe de Estado ou numa revolução é algo que só se percebe posteriormente. Muitos golpes de Estado, todavia, constituem o prenúncio de uma revolução, como no México em 1910, na Bolívia em 1952 ou no Peru em 1968. Entre o fim da II Guerra Mundial e 1960, a América Latina conheceu 41 golpes militares.

Na África e no Oriente Médio, eles também foram numerosos e frequentes a partir dos anos 1960, mas muitos resultaram em revoluções. O caso mais notável é o da Etiópia em 1974, que acabou desembocando num regime socialista de orientação marxista. Foi também o caso do Afeganistão em 1978. As insurreições geralmente fracassam sem um golpe de Estado e, no Terceiro Mundo, muitas conduziram a regimes revolucionários, em que o golpe foi apenas parte de um processo mais amplo. Atualmente, as "revoluções coloridas" (como na Primavera Árabe) passaram a constituir uma nova geração de golpe de Estado, geralmente com apoio internacional.

Referências bibliográficas

BOBBIO, N. *Dicionário de política*. Brasília: Editora UnB, 1986.
DICIONÁRIO DE CIÊNCIAS SOCIAIS. Rio de Janeiro: Fundação Getúlio Vargas, 1986.
LUTTWAK, E. *Coup d'État*: A Practical Handbook. Cambridge, MS: Harvard University Press, 1968.
MALAPARTE, C. *Tecnica del golpe de Estado*. Buenos Aires: Papeles Políticos, 1974.
NAUDÉ, G. *Considérations politiques sur les coups-d'État*. Paris: Le Promeneur, 1639.

GRANDE ESTRATÉGIA

Erik Herejk Ribeiro

O CONCEITO DE GRANDE ESTRATÉGIA recebeu diferentes definições por autores clássicos e contemporâneos. Inicialmente, pode-se convencionar que a expressão envolve a conjunção e coordenação de variáveis sociais, econômicas e políticas com os cálculos de poder militar em determinado país, na sua relação com o mundo exterior. A geografia, a experiência histórica e a cultura também são pontos a serem considerados.

Na sua concepção clássica da primeira metade do século XX, a grande estratégia é a conjunção e coordenação dos recursos nacionais para os objetivos políticos da guerra. Liddell Hart (1991) define o papel da grande estratégia como o instrumento maior de política de um Estado. A função desse nível considerado superior à estratégia, seria calcular e desenvolver os recursos humanos e econômicos de uma sociedade para sustentar as Forças Armadas. Seria cultivar recursos morais para manter o espírito voluntarioso de uma população. Acima de tudo, a grande estratégia deveria atuar como reguladora dos diversos instrumentos à disposição de um Estado, por exemplo: pressões diplomáticas, comerciais, financeiras e éticas. Também seria necessária a regulação da distribuição de poder entre os principais setores da economia nacional (indústria e serviços).

Assim, seu objetivo inicial seria mobilizar a sociedade para sustentar e multiplicar o poder político-militar de um país em tempos de guerra e também em tempos de paz. Ademais, estava presente a noção básica de que deveria haver sincronia entre os meios limitados de um país e seus objetivos políticos essenciais (Brands, 2014, p.2-3). Porter (2013, p.5) apresenta a outra face do conceito ao afirmar que seu objetivo é moldar o ambiente externo para proteger as instituições, a integridade territorial e o modo de vida de um país. Em suma, é um exercício para assegurar a longevidade da soberania, seja pela mobilização interna, seja pela influência externa.

O planejamento de uma grande estratégia, realizado em alto nível decisório, deve reunir meios e fins que garantam a sobrevivência e a prosperidade do país. Sua formulação e implementação é frequentemente vinculada a grandes estadistas no comando de grandes países, ou impérios, ao longo da história. Esse conceito, portanto, vai muito além do planejamento de guerra em si, embora suas considerações devam necessariamente se relacionar com a preparação para a guerra. Em última instância, o objetivo da grande estratégia deve ser tornar o recurso à guerra desnecessário ou fornecer as condições para vencê-la, caso esta seja a alternativa política considerada em determinado momento (Earle, 1943).

Uma característica marcante da grande estratégia é a atuação além das contingências e demandas cotidianas. O conceito requer profunda compreensão do passado e do presente, mas sua utilização é essencial para atingir objetivos de longo prazo. Durante o processo, não se presume inteira racionalidade ou consciência dos fatos, ou a infalibilidade do caminho escolhido. A execução e formulação da grande estratégia requer constante adaptação a novas realidades e ajuste de objetivos e expectativas. Como a realidade mundial é de recursos limitados, mesmo as grandes potências não têm capacidade suficiente para obter todas as vantagens do sistema e enfrentar todas as ameaças. Portanto, tal exercício de longo prazo naturalmente envolve a priorização de interesses considerados vitais e ameaças latentes (Brands, 2014, p.4-5).

Nas décadas recentes, devido à própria complexidade da política internacional, o uso do conceito se tornou mais difuso. A falta de consenso na literatura explica por que existem diversas interpretações dele. Krishnappa (2012, p.115-9) elenca uma série de utilizações de grande estratégia com diferentes significados: um plano de longo prazo das elites governamentais, uma visão dos líderes nacionais sobre o papel do país no sistema internacional, um processo de formulação de política externa, a adoção de um paradigma teórico, uma cultura estratégica, a harmonização de meios e fins, ou um padrão de comportamento histórico.

Brands (2014, p.3-4) elabora a sua percepção de grande estratégia como uma arquitetura intelectual, um conjunto coerente e propositivo de ideias que guia as ações de um país de modo a cumprir seus objetivos na interação com o mundo. Quando formulada adequadamente, a grande estratégia se torna um arcabouço conceitual, uma lógica de atuação, representando um complexo esquema de interesses, ameaças, recursos e políticas. O autor também esclarece que a grande estratégia não pode ser confundida com política externa, que é apenas um dos instrumentos empregados a serviço dos interesses do Estado, mas não seu propósito central. Além disso, ele aponta que não é necessário (nem desejável) haver a formalização da grande estratégia por parte de um Estado. O critério para sua formulação não é um documento detalhando todas as suas nuances, interesses e pontos de partida e chegada, mas sim a existência de um conjunto coerente de pensamento e ação em favor de objetivos de longo prazo.

Williamson Murray (2011) chama a atenção para alguns fatores essenciais à formulação de uma grande estratégia. A posição geográfica de um país é o fator mais básico a ser considerado, visto que sua relação com a territorialidade não é passível de mudanças profundas, a não ser em caso de conquista de novos territórios. O ambiente estratégico e as imediações regionais estão inclusos nesse cálculo. Em segundo lugar, importa a forma de governo, seu processo decisório e sua relação com a própria sociedade. Murray também menciona a importância das lideranças (os estadistas) e das alianças militares feitas por um país.

O conceito de grande estratégia é criticado por aqueles que enxergam a predominância de idiossincrasias e ações instintivas no exercício do poder estatal, em vez de planejamento cuidadoso. Segundo Hal Brands (2014, p.14-5), o ex-presidente estadunidense Bill Clinton é um exemplo, pois acreditava que a "coerência estratégica" de líderes como Roosevelt e Truman era algo imposto pela literatura *ex post* e não uma formulação dos estadistas.

Em suas conclusões, Brands (2014, p.194-206) elenca uma série de argumentos para defender e avançar sobre o papel da grande estratégia para os Estados Unidos: 1) não há uma boa alternativa que substitua a grande estratégia; 2) é preciso estabelecer princípios básicos baseados na escolha de interesses vitais; 3) deve-se investir e apostar em planejamento; 4) grande estratégia é um processo, não um diagrama ou doutrina; 5) deve haver equilíbrio e sinergia entre a implementação diária e o objetivo final; 6) a democracia deve ser abraçada, de modo que os participantes-chave da política interna sejam incluídos no processo e não se tornem obstáculos a serem ultrapassados; 7) a burocracia não é inimiga da política, a centralização excessiva provoca falta de coesão e obstrução por aqueles deixados de fora do processo; 8) grande estratégia é um exercício contínuo em olhar a visão para o futuro e as lições do passado; 9) o poder é multidimensional e finito; 10) as expectativas devem ser sempre realistas. Em suma, existe uma tensão entre o planejável e o imprevisível, mas é papel do próprio processo mediar as duas instâncias e reduzir incertezas. Do contrário, haverá maior risco de falhas ou descontinuidades.

Krishnappa (2012, p.119-20) procura avançar na mesma direção, trazendo ainda os contrapontos negativos. Ele observa que a grande estratégia é necessária para dar direção aos esforços do país, embora escolhas equivocadas de percurso representem um risco real. Ao mesmo tempo que o processo pode coordenar esforços nacionais, também pode produzir prematuramente uma diminuição da pluralidade de alternativas e visões. Enquanto incentiva a consistência, continua sendo apenas uma representação da realidade complexa. Por fim, a grande estratégia pode trazer uma definição de identidade e um consenso nacional, mas também há a possibilidade de fragmentação devido ao risco de simplificação do pensamento interno.

No Brasil, as contribuições ao conceito de grande estratégia têm sido trabalhadas principalmente pelo diplomata João Paulo Soares Alsina Júnior e pelo ex-ministro das Relações Exteriores e da Defesa Celso Luiz Nunes Amorim.

Em sua tese, Alsina Jr. (2014) percorre o mesmo caminho que parte dos autores supracitados, empenhando-se em explicar por que a grande estratégia é preferível a um vácuo de direcionamento político. O autor, embora reconheça a dificuldade em gerir um conceito de tamanha complexidade e vastidão de dimensões, não sucumbe à ideia de que ele seja inviável ou inexequível *a priori*. Alsina Jr. (2014, p.44-55) avança sua discussão teórica em quatro questões: 1) O foco dos "grande-estrategistas" na dimensão de segurança é justificado? 2) Grande estratégia é um privilégio das grandes potências apenas? 3) Grande estratégia é racionalização *ex post* por intelectuais ou decisão consciente das lideranças políticas? 4) Lideranças políticas ainda são capazes de influenciar seu ambiente estratégico?

Alsina Jr. propõe quebrar com os dogmas anglo-saxões de que a grande estratégia deve colocar apenas a dimensão militar no centro da análise. Ele propõe como exemplo a agenda da União Europeia, conhecida como Política Externa e de Segurança Comum, e de diversos países periféricos, pois ambos apresentam o desenvolvimento também como uma questão estratégica central. Além disso, a nenhum país é vedada a oportunidade de planejar em longo prazo as questões nacionais. A diferença entre a grande estratégia de grandes potências para a de potências médias ou menores é a quantidade e extensão dos instrumentos disponíveis e a influência relativa do país no sistema internacional. Obviamente, as nações de maior estatura terão maior autonomia estratégica para decidir seus rumos, em contraste com as demais.

Para responder às questões sobre o papel das elites e lideranças políticas, Alsina Jr. procura uma via intermediária: a grande estratégia é resultado de ações deliberadas dos agentes, mas que dificilmente são compatíveis. Sendo assim, o processo é sujeito a flutuações devido à alternância de poder, a visões distintas e a choques externos. O papel individual das lideranças é fundamental para a tomada de decisão e exerce papel importante, podendo influenciar positiva ou negativamente.

Em consonância com a tese histórica e teórica de Alsina Jr., Celso Amorim avança na direção da proposição contemporânea de bases para o estabelecimento de uma grande estratégia do Brasil. Amorim afirma serem complementares o interesse nacional brasileiro e a sua contribuição para a paz mundial. Ou seja, os objetivos nacionais estariam diretamente vinculados à estatura e ao padrão de atuação internacional desejado pelo Brasil. Para o autor, não há como o Brasil superar seus próprios problemas sociais e econômicos sem eliminar obstáculos externos à sua ascensão. Isto envolve manter a estabilidade do sistema internacional, evitando guerras centrais e reforçando o multilateralismo por meio de instituições como a ONU (Amorim et al., 2016, p.305-9).

A segunda proposição de Celso Amorim é que a política externa e a política de defesa do Brasil devem estar sempre alinhadas na promoção do interesse nacional. O autor confere bastante importância à dissuasão, que define como a capacidade em desencorajar agressões à soberania brasileira por terceiros. Com uma capacidade dissuasória crível, o Brasil retomaria o legado do barão do Rio Branco, que valorizava o equilíbrio de poder e a dissuasão como elementos cruciais para a inserção internacional brasileira. O sistema ONU, com todas as suas imperfeições, foi capaz de evitar guerras centrais até o momento, mas o esquema de segurança coletiva é frequentemente burlado, especialmente pelos países mais poderosos. Diante de um novo quadro de crise internacional e de instabilidade, o Brasil deve reforçar sua defesa para promover a transição à multipolaridade e estar preparado para eventuais ameaças.

Da mesma forma, a diplomacia de Rio Branco, calcada também na força militar, foi capaz de resolver todos os contenciosos de fronteira e possibilitar a construção progressiva da paz na América do Sul, semeando as bases para a construção contemporânea do Mercosul e da Unasul. Por fim, Amorim confere grande importância ao Atlântico Sul, envolvendo o continente africano no entorno estratégico brasileiro. O objetivo do Brasil deveria ser, em longo prazo, produzir um "cinturão de boa vontade", assumindo as responsabilidades de um país com a sua estatura para evitar a abertura para a eventual entrada de forças hostis num ambiente próspero e pacífico (Amorim et al., 2016, p.308-12).

A proposição do ex-ministro ecoa as preocupações levantadas pelo próprio Alsina Jr. (2009), que escreveu uma obra criticando a falta de coordenação entre a política externa e de defesa, chamando os dois setores de "universos paralelos".

Amorim e Alsina Jr. concordam ao afirmarem que diplomacia e defesa são duas faces de uma mesma moeda, que a barganha diplomática deve ser lastreada por poder militar dissuasório. Ou seja, o poder brando (*soft power*) é indissociável da existência habilitadora de poder duro (*hard power*). Desse modo, essa abordagem pode ser considerada a principal contribuição propositiva dos dois autores para o avanço de uma grande estratégia do Brasil contemporâneo.

Referências bibliográficas

ALSINA JR., J. P. *Política externa e poder militar no Brasil*: universos paralelos. Rio de Janeiro: Editora FGV, 2009.

______. *A esfinge e o tridente*: Rio-Branco, grande estratégia e o Programa de Reaparelhamento Naval (1904-1910) na Primeira República. Brasília, 2014. 432f. Tese – Universidade de Brasília. Disponível em: http://repositorio.unb.br/bitstream/10482/17266/3/2014_JoaoPauloSoaresAlsinaJunior.pdf. Acesso em: 28 jul. 2016.

AMORIM, C. L. N. et al. (Eds.). *A grande estratégia do Brasil*: discursos, artigos e entrevistas da gestão no Ministério da Defesa (2011-2014). Brasília: Funag; Editora Unesp, 2016.

BRANDS, H. *What Good Is Grand Strategy?* Power and Purpose in American Statecraft from Harry S. Truman to George W. Bush. Ithaca: Cornell University Press, 2014.

EARLE, E. M. *Makers of Modern Strategy*: Military Thought from Machiavelli to Hitler. Princeton: Princeton University Press, 1943.

KRISHNAPPA, V. The Problem of Grand Strategy. *Journal of Defence Studies*, v.6, n.3, p.113-28, 2012.

LIDELL HART, B. H. *Strategy*. New York: Penguin, 1991.

MURRAY, W. Thoughts on Grand Strategy. In: ______; SINNREICH, R.; LACEY, J. *The Shaping of Grand Strategy*: Policy, Diplomacy and War. New York: Cambridge University Press, 2011.

PORTER, P. *Sharing Power?* Prospects for a US Concert-Balance Strategy. Carlisle: US War College Press, 2013.

GUERRA

Eduardo Mei

Introdução

Guerra é o confronto violento entre grupos politicamente organizados. Na medida em que envolve vontades que estabelecem entre si relações conflitivas ou consensuais, competitivas ou cooperativas, a guerra é um fenômeno intrinsecamente político e, como todo fenômeno histórico-social, a sua compreensão está sujeita à perspectiva do observador. Contudo, devido a um vício positivista ainda renitente, uma tendência hipostasiante pode dissimular-se nas linhas dos verbetes. Por coação ou conformismo, essa tendência taxativa predomina mesmo perante o caráter polissêmico de alguns fenômenos, como é o caso da "guerra". Conforme registrou Norberto Bobbio, diz-se a guerra de muitas maneiras, podendo considerar-se que ela é a antítese da paz (não-paz), em sentido estrito, ou também que ambas são situações extremas que comportam uma infinita variedade de casos intermediários, tais como armistício, trégua, guerra fria (Bobbio, 1989). Além disso, a palavra "guerra" é corriqueiramente associada a um sem-número de outras, como nas expressões "guerra econômica", "guerra dos sexos", "guerra de preços". A guerra é relativa à perspectiva do observador: punição divina, luta pela liberdade, carnificina, missão, o momento oportuno para a conquista da glória ou a ocasião do lucro para os oportunistas. Recomenda-se, portanto, não descurar das várias acepções em que a guerra é considerada e, em particular, dos sentidos descritivo, normativo, prescritivo, axiológico e mesmo estético. Não obstante, para elidir o vício mencionado, não basta indicar a polissemia contida no verbete. Faz-se necessário registrar o caráter histórico-social não apenas da guerra, mas também das nossas considerações a seu respeito, sejam elas positivas ou negativas.

Destarte, não deve causar surpresa que a valorização ou glorificação do fenômeno bélico seja mais frequente do que o irenismo. Nem que os antigos gregos associassem a guerra ao cosmos e, por extensão, ao belo, "exprimindo a ordem bem organizada, com valores militares e políticos" (Chantraine, 1968, p.571). Ou que, na mitologia escandinava, os guerreiros busquem a morte gloriosa em combate para viver guerreando eternamente em Valhala. Ao que parece, a valorização da paz é diretamente proporcional à capacidade do homem de ferir, matar e trucidar. A cultura da paz dissemina-se, pois, na era da carnificina industrial. Encontra, entretanto, poderosos oponentes: a tendência acumulativa do capital e os lucros da guerra. Desesperante então é o vislumbre de que seja o nosso fado encontrar na vítima fatal o mais tenaz defensor da paz. Alternativamente, perante a amplíssima pluralidade de perspectivas histórico-sociais e o caráter contingente da guerra e da paz, esperamos eludir o fardo relativista desse registro pela adoção de uma perspectiva cosmopolita, na acepção kantiana do termo.

A filosofia e a guerra

Durante milênios, os homens inscreveram a guerra no ciclo de geração e corrupção, na roda da fortuna e na ascensão e queda das cidades e Estados. Sendo ela assunto público, a paz era relegada ao âmbito privado e o guerreiro era coroado com a virtude da coragem. Coube ao Iluminismo conceber a paz como coroamento do progresso. A conquista da América levou a Europa ao "centro" do mundo, pondo fim ao seu milenar sentimento de inferioridade em relação ao Oriente. O seu espólio propicia o enriquecimento material; os metais preciosos catapultam o comércio; este favorece a burguesia e o avanço da técnica e das ciências. Os iluministas tomam o "progresso" como estandarte. A Paz de Westfália encerra a carnificina disseminada pelas guerras religiosas, iniciando na Europa um período de guerras limitadas que perdurará até a Revolução Francesa. Avança a tolerância (Duroselle, 1998); o poder absoluto é questionado e limitado. Novos direitos são defendidos e conquistados. Há um nítido, "embora lento", avanço institucional. Nesse contexto, não admira que Rousseau considere a guerra interestatal inevitável e, desde que regulada e limitada, longe de ser uma calamidade, julgue-a até benéfica (Fonseca Jr., 2003, p.xii-xv); nem cause assombro que Immanuel Kant faça da guerra o motor do progresso. Para o filósofo de Königsberg, a guerra é um mal necessário. Sem a discórdia e a guerra, "todos os talentos permaneceriam eternamente escondidos", estaríamos condenados ao ócio, a "uma vida pastoril arcádica na qual mal proporcionaríamos à nossa existência um valor maior do que às ovelhas que apascentamos" (Kant, 1784). São os conflitos bélicos que, paulatinamente, impelem os vários Estados a saírem do estado de natureza e a constituírem um direito internacional; uma espécie de Estado civil internacional. A paz duradoura (a expressão "paz perpétua" é deliberadamente irônica) é o logro de uma federação de "repúblicas": Estados não despóticos, fundados "na liberdade dos seus membros considerados como homens", "sobre a dependência de todos em relação à lei" e "sobre a igualdade de todos considerados como cidadãos" (Philonenko, 1976, p.46).

Também Hegel, em seus *Princípios da filosofia do direito*, considera positivamente a guerra, atribuindo-lhe "uma significação superior" e relacionando-a à "saúde moral dos povos". A guerra protege os povos "do mesmo modo que os ventos protegem o mar contra a podridão [*Fäulnis*]" (Hegel, 1821, §324). A guerra exerce um papel modernizador das instituições da velha Prússia. Conforme registra Jean Hyppolite, Hegel considerava positivamente a revolução, a ditadura de Robespierre e a obra de Napoleão. Hegel recebeu de Bonaparte "o sentimento do Estado moderno", que em sua mente logo substituiria na Prússia o Estado aristocrático de outrora (Hyppolite, 1946, p.447). Destarte, inspirado em Rousseau, Hegel considera que a guerra permite ao indivíduo negar-se enquanto indivíduo e superar-se a si mesmo e que os Estados estão entre si em um estado de natureza e não em um estado de direito. Ele refuta, portanto, o cosmopolitismo kantiano e a "paz perpétua" (mesmo enquanto "ideia reguladora da razão" e tarefa a se realizar "em longínquas gerações"), atribuindo à guerra um *status* moralmente superior: "Mesmo como situação não jurídica, de violência e de contingência, subsiste na guerra uma relação no fato de os Estados se reconhecerem mutuamente como tais. Nessa relação, eles valem um para o outro como existindo em si e para si, ainda que, mesmo durante o conflito, a guerra deva ser considerada como passageira. Ela implica, portanto, essa característica, conforme ao direito internacional, que mesmo na guerra a possibilidade da paz é considerada" (Hegel, 1821, §338). Todavia, façamos justiça a Kant. O filósofo de Königsberg não via na paz uma situação de concórdia e estagnação. Kant postulava como fins da razão, tanto no âmbito doméstico quanto no internacional, a máxima liberdade sob leis. Os conflitos não seriam dirimidos, mas resolvidos pacificamente (Kant, 1784). Ademais, a posteridade reverenciou Kant. A guerra total, a arte de matar e destruir em escala industrial, o aumento da letalidade dos armamentos e as armas teleguiadas, reduzem a pó o heroísmo celebrado por Rousseau e Hegel. Cultivar a paz torna-se um imperativo moral.

Definições jurídicas da guerra

O ceticismo acompanha como uma sombra a regulamentação da guerra pelo direito internacional. Clausewitz, por exemplo, observa que o uso da violência é acompanhado de "algumas restrições autoimpostas, tais como o direito internacional e costumeiro, porém tão imperceptíveis que nem vale a pena mencionar" (Clausewitz, 1832, I, 1, §2). O *jus bellum* remonta ao *jus fetiale* romano. Atribui-se a Túlio Hostílio a regulamentação da conduta dos sacerdotes feciais, cuja incumbência era transmitir as queixas dos romanos aos povos vizinhos e ouvir as queixas destes contra eles. Desde a Antiguidade romana, a "guerra justa" envolvia a reparação a um dano e tendia a ser reivindicada como legítima defesa. Não obstante, consoante registra René-Marie Rampelberg, "os romanos recorriam sistematicamente [à legítima defesa] sob a república, e, na medida do possível, sob o império: defesa do território, dos aliados, dos deuses; tudo lhes parecia legítimo" (Rampelberg, 1986, p.69). Lançando uma ponte ao futuro, Marco Túlio Cícero definiu a guerra como um combate que se esvai pela força. Contudo, Grotius, em sua glosa, considera que a guerra não é uma ação, mas um estado, definindo-a como o estado daqueles que combatem pela força ("*status per vim certantium, qua tales sunt*") (Grotius, I, I, §1). Ademais, "ao lado da guerra pública, [Grotius] reconhecia outras formas de guerra, notadamente a guerra privada feita por simples particulares" (Haggenmacher, 1986, p.109). Essa definição do eminente jurista holandês certamente contemplava a guerra de independência dos Países Baixos contra o jugo habsburgo. Guerra entre desiguais na qual a "justa causa" pendia para apenas um lado, o daqueles cujo direito fora violado (nesse caso, o direito "natural" das gentes dos Países Baixos pelo soberano habsburgo). Todavia, segundo aponta Haggenmacher, caberia à outra definição grociana de guerra prevalecer no período que se inicia com a Paz de Westfália. Trata-se da guerra pública formal (*bellum publicum solemne*), isto é, envolvendo entes igualmente soberanos. Essa é uma contenda entre iguais, na qual os envolvidos compartilham o direito de fazer a guerra (*jus ad bellum*). Nesse caso, a condição para que o conflito bélico seja considerado justo é a declaração (formal) de guerra, decorrente de uma decisão pública por parte de um soberano e dirigida a outro soberano. O conflito bélico inicia-se com a declaração de guerra e encerra-se com o tratado de paz.

Da perspectiva do *jus gentium* europeu, a guerra pública solene é uma contenda entre Estados europeus, pois estes consideravam apenas a si mesmos soberanos e iguais. Tal perspectiva eurocêntrica apresenta-se em uma versão radical na doutrina de Carl Schmitt, como o ápice e abismo que se insinua no desalento com que ele – ombreado com Oswald Spengler – constata o ocaso do "Nomos da Terra". Segundo Schmitt, o sistema internacional europeu é substituído, nos escombros da II Guerra Mundial, não por "um 'sistema' de relações entre Estados", mas por uma caótica "justaposição espacial e mentalmente desordenada de mais de cinquenta Estados heterogêneos", pretensamente soberanos, porém incapazes de "circunscrever em comum as guerras" (1950, p.207). Essa peculiar perspectiva leva o jurista alemão a proclamar que "todos os especialistas lamentam a babilônica confusão linguística de nosso tempo, a crueza das lutas ideológicas, a deterioração e envenenamento dos termos mais comuns usados publicamente hoje" (1950, p.2). Para Schmitt, a "racionalização" da guerra intraeuropeia é um ganho inesperado da conquista do Novo Mundo. Destarte, ao que parece, Schmitt considera a Europa uma vítima do seu próprio êxito: "A ordem eurocêntica do direito das gentes que prevaleceu até hoje desmorona. Com ela declina o antigo Nomos da Terra. Ele resultou da fabulosa e inesperada descoberta do Novo Mundo, um evento histórico irrepetível" (1950, p.2).

No calor da II Guerra Mundial, o docente de direito internacional estadunidense Quincy Wright publica *A Study of War* (Wright, 1942), obra que viria a se tornar referência nos assuntos militares. Wright define a guerra como "a condição jurídica cuja igualdade permite que dois ou mais grupos hostis perpetrem um conflito pela força armada" (Wright, 1942, I, p.8). Segundo o autor, a guerra é uma situação legal que envolve um "alto grau de igualdade jurídica, de hostilidade e de violência nas relações de grupos humanos organizados" (Wright, 1942, I, p.13). A controvérsia orbita a vaga noção de "igualdade jurídica". Note-se que essa definição não se refere explicitamente à soberania enquanto condição jurídica dos beligerantes. Wright pondera que a causa das guerras talvez não esteja na existência de muitos Estados soberanos, mas no fato de que muitos querem sê-lo (Wright, 1942, II, p.896). Intrinsecamente polêmica, a soberania é disputada nas armas e no campo jurídico. A definição jurídica de soberania é sobretudo um recurso dos Estados militarmente fortes para excluir do direito internacional grupos militarmente frágeis. Além disso, ao considerar que a guerra envolve um "alto grau de igualdade jurídica",

Wright não contempla a definição grociana de "guerras entre desiguais". Não obstante, ao enumerarem as inúmeras "guerras da civilização moderna", o autor e sua equipe incluem as guerras "internacionais, civis, coloniais e imperiais" (Wright, 1942, I, p.636).

O direito internacional é o campo de batalha de interesses conflitantes. Nessa contenda, há poucos anos, o jurista israelense Yoran Dinstein definiu a guerra como "a interação hostil entre dois ou mais Estados". Segundo o autor, a guerra envolve um aspecto técnico e outro material. O aspecto técnico relaciona-se ao "*status* formal produzido por uma declaração de guerra". O aspecto material envolve o uso extensivo da força armada "por pelo menos uma das partes do conflito" (Dinstein, 2004, p.21). Essa definição, convenientemente, não contempla o conflito entre Israel e Palestina, pois os EUA – aliado histórico de Israel – bloqueiam a consolidação do Estado Palestino no Conselho de Segurança da ONU. Os colonos israelenses em território palestino são um dos obstáculos a essa consolidação. Coerentemente, Dinstein considera que "o direito internacional reconhece e regula a aplicação da ocupação beligerante", e também que a ocupação beligerante da Palestina é amparada pela Resolução n.1.483 do Conselho de Segurança da ONU (2003), que também deu amparo legal à ocupação do Iraque pelas forças da coalizão liderada pelos EUA (Dinstein, 2009, p.2). Em suma, enquanto a violência exerce a primazia no campo político, no âmbito jurídico, persiste a disputa entre as duas definições grocianas de guerra e a definição jurídica da guerra segue sujeita às conveniências políticas.

A quantificação das guerras

Os estudiosos não se furtaram a contar as guerras. Quincy Wright e sua equipe enumeram cerca de 278 guerras entre 1500 e 1940 (Wright, 1942, I, p.638). Pitirim Sorokin, por sua vez, compila em seu estudo "967 guerras importantes (não batalhas)", registrando, todavia, as dificuldades factuais e metodológicas que a quantificação de guerras envolve (1957, p.535 ss.). Recentemente, G. C. Kohn define a guerra como "um conflito armado aberto conduzido entre nações ou Estados (guerra internacional) ou entre partidos, facções ou pessoas no mesmo estado (guerra civil)" (2007, p.IX) e enumera 1.850 guerras desde 2000 a.C., admitindo, entretanto, que sua compilação não é exaustiva e envolve "uma certa subjetividade na escolha do que incluir e do que excluir" (p.IX). Em 1963, o cientista político Joel David Singer criou o projeto Correlates of War (COW) com o objetivo de coletar dados históricos acerca de conflitos entre Estados. Singer e Melvin Small identificaram 67 guerras interestatais, 51 guerras extrassistêmicas (coloniais e imperiais) no período de 1816-1980 e 150 guerras civis no período 1816-1988. Os autores adotaram dois critérios: mínimo de 1.000 vítimas fatais e forças organizadas "capazes de combater (Forças Armadas) de ambos os lados" (Sarkees, [s.d.]). A classificação de Singer e Small foi publicada originalmente em 1972 em *The Wages of War 1816-1965: A Statistical Handbook*, que descreveu os dois tipos de guerras internacionais, interestatais e extrassistêmicas (coloniais e imperiais). Em 1982, os autores atualizaram os dados e incluíram as guerras civis em *Resort to Arms: International and Civil War, 1816-1980*. Em 1994, o COW Project atualizou sua tipologia de guerras e suas regras de codificação. A nova tipologia considera nove tipos de guerra distribuídos em quatro categorias (guerras interestatais, guerras extraestatais, guerras intraestatais e guerras não estatais); entre os tipos de guerra, os autores incluem guerras civis e guerras intercomunais (Sarkees, 2010). O *website* do COW Project (www.correlatesofwar.org) atualiza os dados periodicamente e divulga artigos sobre o assunto.

Conforme observa Angelo Panebianco, embora os estudos quantitativos não expliquem as guerras nem as suas causas, têm o inegável mérito de apresentar "um elaborado e preciosíssimo material empírico" (Panebianco, 1994). O mesmo ocorre com outros dados quantitativos (econômicos, orçamentários, demográficos, letalidade de armamentos): embora úteis para a compreensão do conflito bélico, devem ser inseridos em uma reflexão qualitativa. O sociólogo francês Gasthon Bouthoul, por exemplo, não considerava que a superpopulação levava à guerra, internacional ou civil, mas acreditava que as guerras do século XX cumpriram a função de diminuir a pressão demográfica (Aron, 1962, p.311 ss.). Que as guerras tenham contribuído para uma elevada mortandade no século XX não há dúvida. Entretanto, nesses termos, o impacto das conquistas da medicina são muito mais relevantes em termos populacionais do que as guerras. De qualquer modo, não se pode estimar a relevância dos conflitos bélicos pelo número de vítimas fatais que ela produz. A hecatombe, por si só, pode não produzir efeitos sensíveis nas relações sociais ou internacionais. Nesse sentido, após registrar que Sorokin combina vários critérios quantitativos do fenômeno belicoso ("o tamanho dos exércitos, o número das vítimas, a duração das operações, a proporção dos combatentes como parte da população total"), Aron observa que, embora aceitáveis, tais critérios "não permitem medir o custo social e a importância histórica das guerras", pois "o número dos mortos é menos importante do que a relação entre esse número e a população total, e sua capacidade de recuperação" (Aron, 1962, p.423).

As causas da guerra

As diferentes definições da guerra e os diversos escopos teóricos levam a inúmeras divergências na identificação das suas causas. Ademais, não obstante seu caráter inextricavelmente singular, teorias generalistas, em sua maioria sob os impactos e traumas do presente, pretendem explicar todos os conflitos bélicos, servindo usualmente não à sua compreensão nem muito menos à paz, mas à própria guerra. As teorias biológicas, etológicas, econômicas, geopolíticas e demográficas padecem dos vícios das teorias monocausais e não nos aprofundaremos nelas (cf. Aron, 1962; Panebianco, 1994). As demais teorias da guerra divergem segundo expliquem-na relacionando-a a causas "externas" ou "internas" aos Estados (mas muitas vezes a distinção entre o "interno" e o "externo" altera-se no decorrer do conflito).

No *front* das causas "externas", a hegemonia anglo-saxônica nas Relações Internacionais sobrevalorizou e difundiu teorias interestatais na explicação da guerra. Tais teorias atribuem as suas causas ora a um desequilíbrio nas relações de força internacionais ora a um declínio da potência hegemônica e o correlato desafio de uma potência ascendente. Essas teorias derivaram na teoria da balança de poder (*balance of power*), segundo a qual o sistema internacional apresenta um caráter bipolar (duas potências) ou multipolar (pequeno número de potências) e o conflito bélico decorre de um desequilíbrio nas relações de força entre as grandes potências. A guerra deflagraria quando a balança pendesse favoravelmente a uma potência, a qual buscaria impor a hegemonia, levando as demais potências a formar uma coalizão para enfrentá-la.

Porém, algumas teorias prescindem da noção de equilíbrio de forças e consideram que a paz decorre da preponderância de uma potência hegemônica. A guerra é provocada pelo declínio da potência hegemônica ou pela ascensão de uma potência desafiante. Tais teorias distinguem as guerras hegemônicas dos conflitos secundários que não afetam o equilíbrio geral. Tanto as teorias do equilíbrio quanto as da hegemonia atribuem muita importância ao chamado "dilema da segurança", quando a busca de segurança por parte de qualquer uma das potências representa uma ameaça para as demais, elevando a insegurança do sistema internacional.

Essas teorias apresentam quatro problemas: a) ao atribuírem as causas da guerra a fatores externos e incontroláveis, eximem os soberanos e chefes militares de responsabilidade e imputabilidade; b) desconsideram outros fatores que podem ser relevantes para a explicação de cada conflito bélico em sua singularidade; c) reificam uma hierarquia internacional injusta e consideram desprezíveis e não merecedores de nenhum respeito a maioria dos povos e Estados; e d) seus resultados "científicos" coincidem com os interesses das grandes potências.

Segundo Marx, a violência é a parteira da história, isto é, de toda velha sociedade que está prenha de uma nova (Marx, 1867). Nas sociedades divididas em classes sociais, a produção e distribuição do excedente econômico envolvem interesses contraditórios e a luta de classes é o motor da história. A guerra é uma manifestação aguda dessa disputa e terra, escravos, mercados, petróleo são o seu butim. No modo de produção feudal, em que a posse da terra representa o maior trunfo na luta pela produção e distribuição de riquezas, os conflitos bélicos assumem a forma de controle pela terra e pelos servos a ela adstritos. Com o declínio do feudalismo, a guerra servirá à acumulação de capital, ora por meio da conquista, da pilhagem, da caça de escravos e da conquista de mercados, ora por meio do "sistema da dívida pública", os impostos sendo um tributo à violência (Marx, 1867).

Embora Marx condenasse a guerra como uma maldição infligida aos povos pelos seus governantes, Engels e Lenin consideram que ela pode ser a arma da burguesia contra o *ancien régime* e a nobreza reacionária europeia. Assim, a derrota do czar Nicolau I, "policial da Europa", libertaria a Rússia e abriria o caminho dos europeus para o progresso (Kiernan, 1991, p.577). Lenin considerou diversas causas na origem da I Guerra Mundial: a concorrência dos capitais monopolistas por mercados, as disputas dinásticas, a corrida armamentista e o desejo de distrair e dividir o proletariado. Rosa Luxemburg, por sua vez, considera que o militarismo (e a guerra) é um meio primordial de realização do lucro e de acumulação do capital. Por meio das demandas militares, o Estado liberta o capital das oscilações subjetivas do consumo pessoal e promove o consumo ampliado, uma capacidade de expansão quase ilimitada, que cresce de maneira ininterrupta graças à contribuição do Parlamento e da imprensa, do nacionalismo e do chauvinismo burgueses (1913). Contudo, o propósito de transformar a I Guerra Mundial de deflagração internacional em guerra revolucionária fracassou. Posteriormente, comunistas e socialistas veriam a guerra imperialista ou colonial como a oportunidade para as guerras de independência de caráter socialista.

As teorias sistêmicas consideram que a sociedade internacional não se restringe apenas às relações interestatais, mas envolve também fatores econômicos, culturais e técnicos. Tais teorias descrevem ciclos de longa duração, ora privilegiando o fator político-militar, como George Modelski, ora o fator econômico, como Immanuel Wallerstein. As guerras, em ambos os casos, decorrem das rupturas dos ciclos de longa duração. Porém, as teorias sistêmicas apresentam divergências quanto à periodização dos ciclos e apresentam-se pouco aptas para explicar os conflitos bélicos não globais. Entre as causas "internas", os mais variados fatores são evocados para explicar as guerras: disputas pelo poder político (entre grupos da mesma classe social), disputas religiosas, disputas econômicas pela distribuição das riquezas ou pelo controle de recursos. Entretanto, explicações genéricas acerca da "dinâmica interna dos países" são de pouca valia para explicar as guerras singulares (Panebianco, 1994).

Guerra: fenômeno histórico-social

A guerra é um produto da atividade humana, um fenômeno histórico-social. Não se trata apenas de circunscrever o fenômeno "bélico" no amplíssimo conjunto de fenômenos que constituem a experiência humana. Ao frisar o caráter histórico-social da guerra, delimitamos o campo de pesquisa no qual é imprescindível compreendê-la. De uma perspectiva jurídica, ela inicia-se com a declaração de guerra e encerra-se com o tratado de paz. De uma perspectiva militar, ela é antecipada pela preparação das Forças Armadas para o conflito bélico e sucedida pelos impactos deste na corporação. Contudo, a sua compreensão envolve a vida em sociedade nos seus mais variados aspectos (políticos, econômicos, técnico-científicos, jurídicos, religiosos, étnicos e culturais), reclamando o conjunto das ciências histórico-sociais e transcendendo as chamadas ciências militares. Por isso, no estudo da guerra, as ciências militares devem subordinar-se metodologicamente às ciências histórico-sociais.

Sendo um fenômeno histórico-social, a guerra não pode ser reduzida nem a um fenômeno "natural" nem a um distúrbio "psicológico", embora envolva elementos psíquicos e instintivos. Consoante nota Aron, "na espécie humana, as manifestações de agressividade são inseparáveis da vida coletiva" (1962, p.439). Porém, ele acrescenta que "não há prova fisiológica de que haja uma incitação espontânea à luta, originada no próprio organismo do indivíduo" (1962, p.441). Por sua vez, Sorokin considera que, estando qualquer sistema de relações sociais intra ou intergrupais sujeito à mudança, esta pode ocorrer ordenadamente ou por meio da sua ruptura e a guerra é "a mais aguda explosão de violência na ruptura do sistema de relações intergrupais" (1957, p.534-5). Portanto, para Sorokin, a guerra é o distúrbio violento entre grupos sociais, podendo envolver "famílias, organizações empresariais, gangues criminosas, associações religiosas, sindicatos, aldeias, instituições educacionais, partidos políticos e outros grupos sociais". No entanto, Sorokin limita o seu estudo aos conflitos que julga mais importantes historicamente: as guerras inter e intraestatais (1957, p.535). Não obstante, de acordo com Panebianco, a referência de Sorokin "à ruptura do equilíbrio interestatal serve mais para identificar uma possível causa da guerra do que para definir o fenômeno enquanto tal" (Panebianco, 1994).

Gaston Bouthoul considera que a guerra é "a luta armada entre grupos organizados". Essa definição tem o mérito de ser simples e suficientemente ampla para contemplar as mais variadas manifestações de violência bélica. Na medida em que a organização para a guerra envolve comando e obediência ou consenso, podemos defini-la como um conflito violento entre grupos politicamente organizados. Nesse sentido, embora seja exclusiva da espécie humana – e falamos de guerras entre outros animais ou mesmo em guerras microbiológicas apenas por analogia –, é um equívoco considerar que a guerra é intrínseca à nossa espécie. O *homo sapiens* surgiu há, no mínimo, 200 mil anos. A guerra, entretanto, é um fenômeno recentíssimo, não sendo anterior à revolução neolítica e remontando, portanto, a 6 mil anos. Contudo, embora a curiosidade quanto à belicosidade ou placidez dos nossos ancestrais seja legítima, conforme observa Aron, qualquer que seja a resposta que nossa ciência possa oferecer-lhe, ela "não seria muito instrutiva para nós, contemporâneos das guerras totais do século XX" (Aron, 1962, p.448).

Como todo fenômeno histórico, a guerra insere-se em uma cadeia de causas e efeitos cujo início e fim são indiscerníveis – e é apenas no afã de compreendê-la que balizas artificiais são colocadas. Enquanto fenômeno social, ela relaciona-se a um amplo conjunto de fatores sociais cuja relevância varia historicamente. Portanto, não é possível determinar, *a priori* e para todas as guerras, a importância do fator econômico, técnico, religioso, cultural ou mesmo militar para o desenrolar dos acontecimentos. A ponderação de tais fatores envolve, inevitavelmente, um cálculo de probabilidades aplicado a circunstâncias específicas, singulares e irrepetíveis (Aron, 1962, p.57). De igual modo, não é possível determinar *a priori* as suas consequências. Não raro, os efeitos imprevistos são mais relevantes do que os fins visados.

Clausewitz e a guerra

A teoria da guerra do general prussiano Carl von Clausewitz é, incontestavelmente, a mais influente e atual desde a publicação de sua obra máxima, *Da guerra*, em 1832. Essa influência deve-se tanto aos seus inegáveis méritos quanto ao caráter inacabado e controverso do texto. Apenas o primeiro capítulo do Livro I alcançou uma forma acabada e, mesmo assim, suscitou inúmeros mal-entendidos. Lamentavelmente, a eloquência dos parágrafos iniciais, combinada à violência trágica da nossa era, em muito afeta a leitura e compreensão da obra do general prussiano, e talvez nunca mais essa mácula se evanesça de seus umbrais. De fato, há duas definições de guerra na obra de Clausewitz: a definição de guerra absoluta caracterizada pelas "sutilezas dos ardis lógicos" (I, 1, §2-5) e a definição aplicável às guerras reais, segundo a qual cada guerra é um evento singular, original (Clausewitz, 1832, I, 1, §6 ss.). Nesses quatro parágrafos dedicados à guerra absoluta (I, 1, §2-5), Clausewitz define a guerra como um duelo na mais ampla escala na qual cada duelista visa impor a sua vontade ao inimigo (§2). Em decorrência do fim visado – isto é, a imposição da vontade –, o desarmamento do inimigo impõe-se como objetivo militar. Da lógica da guerra absoluta, de maneira irrefreável, deduzem-se três interações ou ações recíprocas, nas quais cada duelista impõe sua lei ao outro: o máximo uso da violência, o desarmamento do inimigo para torná-lo indefeso, e a máxima mobilização da força. Cada interação recíproca leva a um extremo. Os duelistas comportam-se como titãs incansáveis, capazes de ações e reações contínuas.

A lógica delirante da guerra absoluta [*logischen Träumerei*] (Clausewitz, 1832, I, 1, §6) leva à estratégia de aniquilamento, à "imposição da vontade ao inimigo" e à paz imposta; conduz ao que Raymond Aron denominou "inversão da fórmula" – na qual é a política que é a continuação da guerra por outros meios – e precipita-se, enfim, no delírio belicista (Aron, 1976, p.169-77). Cabe salientar que a palavra "política" nem é mencionada nesses parágrafos iniciais dedicados à guerra absoluta: o objetivo militar (desarmar o inimigo) subordina e evanesce o fim visado (imposição da vontade) (Clausewitz, 1832, I, 1, §2). Todavia, as guerras reais jamais se apresentam como duelos, mesmo se ampliados ao extremo. Os beligerantes jamais constituem unanimidades. Exército, governo e sociedade civil são eivados por conflitos e interesses contraditórios. Ademais, mesmo o exército mais adestrado é incapaz de agir como se fosse um autômato. Enfim, nas guerras reais, "sempre" há terceiros interessados. Por conseguinte, a política e a diplomacia estão continuamente presentes. A guerra decorre de uma situação política e é provocada por uma motivação política (I, 1, §23). Clausewitz é categórico ao afirmar que "a guerra é a continuação da política com a adição de outros meios", insistindo que ela não cessa as relações políticas entre povos e entre governos (VIII, 6B). De mais a mais, na medida em que a motivação política influencia o empenho no conflito, Clausewitz considera que há guerras que subsistem apenas como mera ameaça e subsídio à negociação política. No mundo real, a lógica da política subordina a gramática da guerra (VIII, 6B).

Segundo Clausewitz, no estudo e na condução das guerras do mundo real, convém ponderar os múltiplos e multiformes elementos emaranhados, cujo cálculo algébrico seria digno de intimidar Isaac Newton (VIII, 3B). Os elementos principais são: os fins ou motivações políticas dos interessados, o caráter dos governos e das nações envolvidas, as relações políticas que todos os implicados mantêm entre si, os recursos humanos e materiais disponíveis e mobilizáveis, a organização dos aparelhos militares dos países envolvidos, e os possíveis efeitos políticos da guerra. A estratégia requer ainda o estudo do espaço em que as operações presumivelmente deverão ocorrer, a maneira pela qual esse espaço é apropriado pelos atores, os efeitos políticos e militares da duração do conflito bélico e as condições climáticas nas quais as batalhas transcorrerão. O cálculo deve envolver também o acaso (I, 1, §20) e a fricção, isto é, "os inúmeros e imprevisíveis incidentes de pequena importância" (I, 7). A incerteza, o imprevisível e a hesitação fazem da guerra um jogo de probabilidades cuja ponderação afasta a ascensão aos extremos e deve levar à cautela e moderação das ações.

Em decorrência da complexidade das guerras reais, a sua definição trinitária complementa a fórmula segundo a qual ela é a continuação das relações políticas com a adição de outros meios. As guerras reais são, pois, "não apenas um verdadeiro camaleão que muda suas características em cada caso concreto", mas "uma estranha trindade que envolve razão, inteligência e paixão" – então relacionadas respectivamente por Clausewitz "sobretudo" ao soberano e seu governo, ao exército e seu comandante, e ao povo. Considerando que as relações entre Estado e governo, forças militares e povo são historicamente cambiantes, as guerras reais se manifestam em uma infinidade de variantes. Conforme observou Raymond Aron, todas as guerras reais comportam diferentes proporções de razão, inteligência e paixão e aproximam-se ou distanciam-se da guerra absoluta conforme a influência da política, "legislador supremo" e "único capaz de moderar a violência", mas também "de multiplicá-la pela grandeza da aposta" (1976, p.457).

Destarte, ao atingir interesses vitais dos países em conflito, tais como a forma do Estado, o tipo de regime ou o sistema econômico, o conflito bélico pode aproximar-se da sua expressão absoluta (sem nunca atingi-la). É o caso da guerra total, que se apresenta como a virtual mobilização de todos os recursos humanos e materiais de ao menos um dos países envolvidos. Não obstante, podemos considerar que, havendo no mundo real Estados ou associações políticas com objetivos políticos negativos (isto é, de mera manutenção do *status quo*), a guerra, além de jamais ser um duelo, não é necessariamente "um ato de violência para obrigar o inimigo a cumprir a nossa vontade" (Clausewitz, 1832, I, 1, §2). De fato, a guerra pode ser, ao menos para uma das partes envolvidas, o uso da força militar para impedir a imposição por forças adversas da vontade alheia, o que não impede que esses fins políticos negativos envolvam, em circunstâncias específicas, estratégia e táticas ofensivas. Nesse caso, forças armadas poderiam ser definidas constitucionalmente como "forças defensivas".

Guerra e política

Na época de Clausewitz, a política padecia das vicissitudes do *ancien régime* e o mundo germânico aguardaria ainda meio século até o nascimento de ciências histórico-sociais com pretensões científicas. As relações entre a política e a guerra sofrerão profundas modificações no decorrer do século XIX, mormente o aumento da atuação política dos trabalhadores e das massas urbanas, o declínio dos exércitos mercenários e a consolidação das forças armadas públicas. Ao considerar a guerra como continuação das relações políticas, deve-se ter em conta não apenas as motivações do soberano e as relações interestatais ou a política que emanam dos governos, mas as relações políticas em geral. A política é o jogo das vontades. As diversas vontades estabelecem – e os entes coletivos constituem – relações consensuais ou conflitivas, cooperativas ou competitivas. Conforme notou Max Weber, devido à infinidade de fins visados pelas associações políticas, inclusive o Estado, é impossível defini-las pelos fins visados (1922, p.44 e 1056). Daí decorre a sua definição ideal-típica pelo "meio específico" que lhe é próprio: a coação física. Havendo conflito, a política geralmente envolve violência (velada ou explícita) e, portanto, a disputa do exercício da coação física e relações de dominação e obediência. Destarte, segundo Weber, a formação do "Estado racional moderno" decorreu da disputa pelo monopólio da coação física legítima (isto é, considerada legítima pelos que obedecem) e consumou-se com a desapropriação de outros atores (nobres guerreiros, clãs, Igreja, cidades-Estados, empresários e mercenários) dos instrumentos necessários ao exercício dessa coação, isto é, de soldados e armas.

Todavia, a definição pelo seu meio específico não descarta a consideração dos fins da política e ignorá-los ou omiti-los leva à elevação do meio ao *status* de fim. A coação física deixa de ser meio específico e passa a ser o fim da política e do Estado – e, para que não seja embotada pelo desuso, a violência explícita substitui a sua mera ameaça. Se a política implica uma infinidade de fins e, corriqueiramente, eleva seu meio específico ao *status* de fim, sua manifestação violenta assume também uma infinita variedade. Por conseguinte, a guerra é uma manifestação violenta dos conflitos políticos pelo uso "legítimo" da coação física para a consecução dos mais variados fins. Nessa perspectiva, a distinção entre a violência bélica e a criminosa é subjetiva, pois depende não da própria violência, mas da legitimidade que se lhe atribui. De fato, de acordo com o que registra Charles Tilly, "a guerra cria Estados. Do mesmo modo, banditismo, pirataria, rivalidade criminal, policiamento e condução da guerra constituem uma continuidade" (1985, p.170). Inapelavelmente, a disputa pela violência leva ao inquérito acerca do valor e da legitimidade dos fins visados. A "civilização ocidental" avançou colocando limites na violência estatal em um grupo restrito de países e exportando sua selvageria para o restante do mundo. Hoje mais do que nunca vemos os reflexos desse processo e a violência refluindo principalmente para a Europa ocidental.

Na medida em que a guerra é a continuação da política com a adição de meios violentos, nela, o empenho e a violência são proporcionais não aos fins e interesses em jogo, mas ao valor atribuído a tais fins e interesses. As guerras assumem, portanto, uma ampla diversidade e sua compreensão requer um profundo conhecimento das relações políticas das quais elas emergem. Em países nem republicanos, nem democráticos, essa compreensão geralmente é obstada aos militares, que exercem o mais das vezes o inglório papel de guarda pretoriana (Machiavelli, 1517, I, 10). Embora conflitos econômicos, culturais, ideológicos, étnicos, territoriais possam ser o seu estopim, a guerra é um fenômeno eminentemente político. Inicia-se e encerra-se em situações políticas e são estritamente políticas as circunstâncias que permitem aos militares assumirem o leme do conflito. A política implica meios (o diálogo e a violência ou ameaça da violência) em vista de fins indeterminados. Porém, quem e com qual legitimidade escolhe os fins e delibera os meios apropriados? Essa questão encerra três problemas: a) o fundamento da legitimidade e os limites do poder político; b) a crise da representação política nos Estados que se autodenominam "democráticos"; c) o declínio dos Estados e a exorbitância política das corporações transnacionais. Sub-repticiamente, a escolha dos fins, a deliberação dos meios e o exercício da violência são usurpados pelas corporações transnacionais e subtraídos do âmbito das decisões públicas. Paralelamente, no futuro próximo, mantendo a tendência predominante desde 2001, as guerras serão a resposta ou reação costumeira a diversos fatores de conflito: a crescente desigualdade social, a diáspora provocada pelos conflitos bélicos, o colapso ambiental, a escassez de recursos essenciais (particularmente a água), e o descarte de massas humanas redundantes.

A guerra é um camaleão

A guerra é não apenas um camaleão, mas um camaleão que jamais se banha no mesmo rio. O caráter singular das guerras reais, combinado ao afã de compreendê-las, gerou uma ampla classificação das mesmas. Algumas dessas classificações são amplamente aceitas e unívocas, mas outras são ambíguas e equívocas, havendo mais de uma denominação para o mesmo fenômeno e fenômenos distintos sob a mesma denominação. Com o recente declínio da guerra interestatal, a maior polêmica envolve os conflitos bélicos não contemplados por ela: guerra não convencional, guerra irregular, guerra de quarta geração (4GW), guerra pós-moderna, guerra degenerada, guerra assimétrica, guerra antiterrorista etc. Embora possam ser úteis para entender guerras singulares, em geral essas definições traem dois problemas: a) definem a guerra por seus aspectos táticos; b) desconsideram o caráter político da guerra, criminalizando os combatentes e justificando medidas não amparadas pelo direito internacional (muito menos por limites que possam ser considerados minimamente civilizados ou aceitáveis eticamente). Não por acaso, a teoria e a arte da guerra irregular são orientadas para o combate ao "terror". O uso discricionário das palavras "terrorismo" e "terrorista" pelas potências ocidentais dissimula a ausência de consenso acerca da definição de ambas. Convenientemente, métodos da guerra irregular, notadamente as táticas de contrainsurgência, uma vez aperfeiçoados, são utilizados não mais apenas contra "terroristas", mas para a consecução de outros fins, mormente a derrubada de governos antipáticos aos interesses da potência hegemônica.

O uso unilateral da definição de guerra é patente no caso da chamada "guerra de quarta geração" (4GW, na sigla em inglês). Um dos responsáveis pela difusão da denominação, William S. Lind (membro do conservador Free Congress Foundation, atual American Opportunity), considera que o Islã, a "invasão de imigrantes" e o multiculturalismo são ameaças à "América" e observa que, "na guerra de quarta geração, o Estado perdeu o monopólio da guerra" em um mundo de culturas, e não Estados, em conflito. Já a definição de guerra assimétrica, em geral, refere-se à assimetria de meios militares. É o caso da definição constante no *Glossário das Forças Armadas* brasileiras: "Conflito caracterizado pelo emprego de meios não convencionais contra o oponente, normalmente pela parte que se encontra muito inferiorizada em meios de combate" (MD, 2007, p.123). Na medida em que o decisivo na guerra nem sempre, e cada vez mais raramente, é o fator militar, a definição é pouco útil. Todavia, se considerarmos os vários fatores envolvidos no conflito, nenhuma guerra será simétrica. Enfim, no caso da guerra assimétrica, como no precedente, a definição não toca no essencial do fenômeno bélico: o seu caráter político.

No último milênio, a guerra assumiu várias formas: guerras religiosas, guerras feudais, guerras interestatais, guerras de conquista, guerras de extermínio, guerras coloniais, guerras de independência nacional, guerras revolucionárias, guerras civis. No período recente, as guerras interestatais estão em declínio. A letalidade das armas aumentou assombrosamente desde a Revolução Industrial. Paralelamente à arte de matar, aumentou o flagelo da população civil. Todavia, mesmo quando a guerra arde remotamente, jamais a violência esteve tão presente: nas TVs, no cinema, na internet. A "guerra" inicia-se e perdura nos meios de comunicação em massa. Muito antes dos ataques em Nova York e Paris, fomos convidados a nos compadecer com a dor que dilacerava o "Ocidente". Sordidamente, procuram convencer-nos de que a situação requer medidas extremas. Entretanto, na "guerra ao terror", combate-se um inimigo difuso na população civil. Sob o pretexto de combater o "terrorista", dizimam-se civis, trucidam-se indistintamente mulheres, crianças, idosos. Mutilam-se povos e exterminam-se culturas. Diante de ataques teleguiados que vitimam milhares de civis sob o pretexto de eliminar "terroristas", cabe perguntar se testemunhamos uma guerra ou um genocídio.

Hoje como outrora, devemos indagar: na política e na guerra, que fins justificam quais meios? A política e a guerra visam à servidão humana ou à sua emancipação. Perante a brutal desigualdade econômica que hoje testemunhamos, talvez a guerra revolucionária ainda deva ser "o conflito no qual as classes exploradas procuram por meio da luta armada o desequilíbrio das relações de força para estabelecer uma relação de igualdade que acabe com as classes sociais" (Saint-Pierre, 2000, p.28). Todavia, na era do colapso ambiental global, quando a acumulação do capital representa uma ameaça à humanidade, nosso futuro depende não apenas da reinvenção das relações entre os homens, mas também da revolução das relações do homem com o planeta e a natureza.

Referências bibliográficas

ARON, R. *Penser la guerre, Clausewitz*. I: L'Âge européen. Paris: Gallimard, 1976.

______. *Paz e guerra entre as nações*. Brasília; São Paulo: Editora UnB; Instituto de Pesquisa de Relações Internacionais; Imprensa Oficial do Estado, 2002. [Ed. orig.: 1962.]

BOBBIO, N. Pace. Concetti, problemi e ideali. In: *Enciclopedia del novecento*. v.VIII. Roma: Istituto delle Enciclopedia Italiane, 1989. p.812-24. Disponível em: http://www.treccani.it/enciclopedia/pace_%28Enciclopedia-del-Novecento%29/. Acesso em: jul. 2017. [Ed. bras.: Paz. In: *O filósofo e a política*: antologia. Rio de Janeiro: Contraponto, 2003.]

CHANTRAINE, P. *Dictionnaire etymologique de la langue grecque*: histoire des mots. Paris: Klincksieck, 1968.

CLAUSEWITZ, C. von. *On War*. Princeton: Princeton University Press, 1989. [Ed. orig.: 1832.]

DINSTEIN, Y. *Guerra, agressão, legítima defesa*. Barueri: Manole, 2004.

______. *The International Law of Belligerent Occupation*. Cambridge: Cambridge University Press, 2009.

DUROSELLE, J.-B. *Europe*: une histoire de ses peuples. Paris: Hachette Littérature, 1998.

FONSECA JR., G. Prefácio. In: ROUSSEAU, J.-J. *Rousseau e as relações internacionais*. São Paulo: Imprensa Oficial do Estado, 2003.

GROTIUS, Hugo (1625). *Le droit de la guerre et de la paix*. (Quadrige) Paris: PUF, 2005.

HAGGENMACHER, P. Mutations du concept de guerre juste de Grotius à Kant. In: *La Guerre*. Caen: Centre de Publications de l'Université de Caen, 1986. [Cahiers de Philosophie Politique et Juridique, n.10.]

HEGEL, G. W. F. *Grundlinien der Philosophie des Rechts*. §324, 1821.

______. *Princípios da filosofia do direito*. Trad. Orlando Vitorino. São Paulo: Martins Fontes, 1997.

HYPPOLITE, J. *Genèse et structure de la Phenomenologie de l'esprit de Hegel*. Paris: Aubier; Éditions Montaigne, 1946. [Ed. bras.: *Gênese e estrutura da Fenomenalogia do espírito*. São Paulo: Discurso, 2003.]

KANT, Immanuel (1784). *Idéia de uma história universal de um ponto de vista cosmopolita*. Ed. bilíngue. Trad. Ricardo Ribeiro Terra. São Paulo: Brasiliense, 1986.

KIERNAN, V. G. War. In: *A Dictionary of Marxist Thought*. 2.ed. Oxford: Blackwell, 1991.

KOHN, G. C. *Dictionary of Wars*. 3.ed. New York: Facts On File, 2007.

LIND, W. S. Understanding Fourth Generation War. Antiwar.com. 15 jan. 2004. Disponível em: http://www.antiwar.com/lind/?articleid=1702. Acesso em: set. 2017.

LUXEMBURG, R. *A acumulação do capital*. São Paulo: Nova Cultural, 1985. [Ed. orig.: 1913.]

MACHIAVELLI, N. *Discorsi sopra la prima deca di Tito Livio.* In: *Tutte le Opere* (a cura di Mario Martelli). Firenze: Sansoni, 1971. [Ed. orig.: 1517.]

MARX, K. *O capital.* v.I. 2.ed. São Paulo: Boitempo, 2017. [Ed. orig.: 1867.]

MINISTÉRIO DA DEFESA (MD). *Glossário das Forças Armadas.* MD35-G-01. Brasil: Ministério da Defesa, 2007. Disponível em: http://www.defesa.gov.br/arquivos/File/legislacao/emcfa/publicacoes/md35_g_01_glossario_fa_4aed2007.pdf. Acesso em: set. 2017.

MODELSKI, G. *Long Cycles in World Politics.* London: Palgrave Macmillan, 1987.

PANEBIANCO, A. Guerra (Política). Roma: Enciclopedia delle Scienze Sociali, 1994. Disponível em: http://www.treccani.it/enciclopedia/guerra_%28Enciclopedia-delle-scienze-sociali%29/. Acesso em: jul. 2017.

PHILONENKO, A. *Essais sur la philosophie de la guerre.* Paris: Libraire Philosophique J. Vrin, 1976.

RAMPELBERG, R.-M. Rome et le droit de la guerre. In: *La Guerre.* Caen: Centre de Publications de l'Université de Caen, 1986. [Cahiers de Philosophie Politique et Juridique n.10.]

SAINT-PIERRE, H. L. *A política armada*: fundamentos da guerra revolucionária. São Paulo: Editora Unesp, 2000.

SARKEES, M. R. *Resort to War*: A Data Guide to Inter-State, Extra-State, Intra-State, and Non-State Wars, 1816-2007. Washington: CQ Press, 2010.

______. *The COW Typology of War*: Defining and Categorizing Wars (Version 4 of the Data). The Correlates of War Project. [s.d.] Disponível em: http://www.correlatesofwar.org/data-sets/COW-war/the-cow-typology-of-war-defining-and-categorizing-wars/at_download/file. Acesso em: jul. 2017.

SCHMITT, C. Vorwort. In: *Der Nomos der Erde im Völkerrecht des Jus Publicum Europaeum.* Berlin: Duncker & Humblot, 1974. [Ed. orig.: 1950.]

______. *Le Nomos de la terre.* Paris: PUF, 2001. [Ed. orig.: 1950.] [Ed. bras.: *O Nomos da Terra.* Rio de Janeiro: Editora PUC Rio, 2014.]

SOROKIN, P. *Social & Cultural Dynamics.* Boston: Porter Sargent Publisher, 1970. [Ed. orig.: 1957.]

TILLY, C. War Making and State Making as Organized Crime. In: EVANS, P. et al. (Eds.). *Bringing the State Back.* Cambridge: Cambridge University Press, 1985.

WEBER, M. L'Objectivité de la connaissance dans les sciences et la politique sociales. In: *Essais sur la théorie de la science.* Trad. para o francês de Julien Freund. Paris: Plon, 1965. [Colléction Agora.] [Ed. orig.: 1904.]

______. *Economía y sociedad.* México: Fondo de Cultura Económico, 2002. [Ed. orig.:1922.]

WRIGHT, Q. *A Study of War.* v.I e II. 5.ed. Chicago: University of Chicago Press, 1951. [Ed. orig.: 1942.]

GUERRA E DIREITO

Érika Rigotti Furtado

Aos meandros políticos, de uma maneira geral, entrelaçam-se as estruturas sociais construídas a partir da sociedade humana organizada. Essas estruturas apoiam-se em determinado padrão de convivência, estabelecido com fulcro na necessidade de harmonizar a presença de interesses individuais e coletivos de natureza diversa. O conflito, por conseguinte, independentemente de seu fundamento, permeia o convívio humano, e a maneira de solucioná-lo é alcançada por meio dos mecanismos de organização política da sociedade. Tal engrenagem, entretanto, demanda ferramentas diversas nos âmbitos nacional e internacional, pois, enquanto a autoridade interna de um Estado se legitima por força de seu ordenamento jurídico, o binômio conflito de interesse/solução, na ordem internacional, não se desvanece unicamente pela interferência do direito. Isto porque o cenário internacional é anárquico, malgrado a presença de organismos internacionais voltados ao gerenciamento de interesses em prol da ordem. Consoante Bull (2002, p.13), a ideia de ordem nas relações entre os Estados pauta-se na intenção de afastamento do caos absoluto, de modo a serem mantidos interesses primários, como a soberania e a segurança, representada, entre outros princípios, pelo cumprimento dos acordos celebrados (*pacta sunt servanda*). Pensar juridicamente a guerra, em consequência, é pensar nos limites traçados pelo direito, cuja finalidade é justamente evitar a anarquia completa e a barbárie na convivência social, seja entre indivíduos, seja entre Estados.

A presença do direito nas relações internacionais, especialmente no que concerne à guerra, é fruto do gradativo desenvolvimento do direito internacional, definido por Albuquerque Melo (1997, p.36) como "o conjunto de normas que regula as relações externas dos atores que compõem a sociedade internacional". Essa regulação, no entanto, não decorre dos mesmos princípios que regem o direito interno dos Estados, pois, inexistindo uma autoridade supraestatal, ou, ainda, o partilhamento do poder entre Executivo, Legislativo e Judiciário, os Estados soberanos e, assim, formalmente iguais, somente se obrigam na medida de suas respectivas vontades. A tal constatação soma-se o direcionamento das relações internacionais preconizado pelas correntes de pensamento realista e idealista, cujos contornos envolvem a relação entre guerra e direito.

O realismo possui suas raízes no pensamento de Maquiavel (2008, p.108), conforme o qual devem ser afastadas das preocupações políticas os dilemas de ordem moral, pois, "na conduta dos homens, especialmente dos príncipes, contra a qual não há recurso, os fins justificam os meios". Dessa maneira, no intuito da conquista e da manutenção do poder, os meios adotados pelo príncipe afigurar-se-iam inteiramente válidos. A guerra, conforme o panorama maquiavélico, seria um fenômeno apartado da moral, pautado, primordialmente, pela realidade dos fatos. O realismo clássico, seguindo o caminho desenhado por Maquiavel, encontrou seu principal expoente no século XX na figura de Morgenthau (2003, p.60), que define a política internacional como política de poder. O estudo histórico da realidade internacional levou o realismo clássico a ser repensado, por meio da corrente neorrealista, cuja estrutura teórica "elege a política, não o poder, como seu conceito-chave, tanto ao nível da política doméstica como da política internacional" (Dougherty; Pfaltzgraff Jr., 2003, p.103). No mesmo intuito de renovação do pensamento, o realismo neoclássico procura explicar as estratégias adotadas pelos Estados nas relações internacionais sopesando as questões em torno das políticas interna e externa na correspondente tomada de decisão (Dougherty; Pfaltzgraff Jr., 2003, p.113). Segundo o panorama realista, portanto, a opção pela guerra encontraria justificativas plausíveis, uma vez postos na balança do poder e, assim, do prestígio político, as perdas e ganhos, internos e externos, dela decorrentes.

A realidade, como norte para a análise política, é contraposta pelas correntes idealistas (ou utópicas) cuja crença afasta-se da prerrogativa do poder como fundamento da política internacional, acreditando na possibilidade de um equilíbrio pacífico dos interesses, valendo-se, entre outros recursos, do direito. As raízes do pensamento utópico encontram-se nos séculos XVIII e XIX, vinculadas às correntes liberais, que transplantaram do elemento divino para o Estado o condão de estabelecer os padrões da moralidade (Carr, 2001, p.33-4). O idealismo fomentou a criação da Liga das Nações, preconizada pelo presidente norte-americano Woodrow Wilson, pautada no pacifismo jurídico vigente no período entre as duas grandes guerras (Carr, 2001, p.34-5). No entanto, o fortalecimento do idealismo liberal, de uma comunhão de Estados democráticos, conforme alentado no ensaio *À paz perpétua*, de Immanuel Kant (2011, p.24), para quem "todos os homens que podem influenciar-se reciprocamente têm de pertencer a alguma constituição", somente encontrou uma estrutura estável com a criação da ONU, em 1945.

Ao lado do sistema das Nações Unidas, de natureza global, surgiram os sistemas regionais de proteção humana, construídos com base nos parâmetros normativos traçados pelo primeiro. Esses sistemas procuram estabelecer, por meio de convenções, um âmbito protetivo caracterizado pelas peculiaridades regionais (Piovesan, 2013, p.326). Presentemente, encontram-se em funcionamento o sistema europeu, inaugurado pela Convenção Europeia de Direitos Humanos de 1950, o sistema americano, fundado pela Convenção Americana de Direitos Humanos de 1969, também denominada Pacto de São José da Costa Rica, e o sistema africano, criado a partir da Carta Africana dos Direitos Humanos e dos Povos, de 1981. A Liga Árabe, implantada em 1945, passou a adotar, em 1994, a Carta Árabe dos Direitos Humanos, e o mundo asiático promove a proteção regional dos direitos humanos por meio da Carta Asiática dos Direitos Humanos, forjada por meio de declarações firmadas por organizações não governamentais. O idealismo, por conseguinte, acredita em valores universais, como a liberdade e a igualdade, bem como no poder do direito como elemento capaz de harmonizar o convívio entre os Estados.

Não obstante, o dilema entre guerra e direito, sendo ambos fenômenos humanos relacionados à alteridade, perdura, assim como entre o realismo e o idealismo, uma vez que insiste aquele em se apresentar como a melhor maneira de solucionar um conflito de interesses, enquanto este procura impor, por meio de normas e princípios, mecanismos aptos a suavizar a anarquia internacional. A feição jurídica da guerra representa, pois, a gradativa transformação de ideais próprios da moral em normas jurídicas, de modo a buscar conferir-lhes a coercibilidade indispensável. Nesse sentido, o direito internacional passou a considerar os tratados como sua principal fonte, embora mantida a relevância do direito costumeiro (Albuquerque Melo, 1997, p.171).

Os tratados internacionais, como acordos celebrados entre dois ou mais sujeitos de direito internacional, destinados a produzir efeitos jurídicos (Seitenfus, 2016, p.34), são regidos pela Convenção de Viena sobre o Direito dos Tratados, de 1969, revista em 1986, no intuito de incluir entre esses sujeitos as organizações internacionais, não mencionadas no texto original. Dessa forma, a validade de um tratado, terminologia genérica que abarca tanto o instrumento quanto o conteúdo, por isso podendo ser identificado, entre outros termos, como convenção, protocolo ou declaração, serão considerados válidos desde que firmados entre Estados, entre Estados e organizações internacionais, ou entre organizações internacionais, devendo seguir, no caso dos Estados, o rito de internalização estabelecido conforme suas respectivas disposições constitucionais. Em todo caso, os Estados não podem, com a finalidade de descumprir os termos acordados, invocar disposições de seu direito interno, consoante o disposto no art. 27 da Convenção de Viena sobre o Direito dos Tratados.

De maneira geral, dada a estrutura da ordem jurídica internacional, a execução dos tratados se escora na boa-fé das partes, em respeito ao princípio do *pacta sunt servanda*, para alguns considerado como decorrência da moral e para outros tido como uma regra de natureza consuetudinária (Seitenfus, 2016, p.45). Para E. H. Carr, o princípio em questão não é de ordem moral, mas sim uma regra de direito internacional, cuja aplicação não pode ser explicada, em todos os casos, a partir de preceitos éticos, posto reconhecer que o elemento político "é inerente a todo tratado" (Carr, 2001, p.247). De qualquer modo, a opção entre cumprir os termos avençados (*pacta sunt servanda*) ou arrostá-los, sob a alegação de existirem posteriores modificações impactantes, capazes de alterar o fundamento inicial do acordo (*rebus sic satantibus*), consubstancia uma fragilidade própria do direito internacional, vinculada ao cenário de natureza anárquica. É que a visão política nem sempre se coaduna com a concepção jurídica, e a paz fundada na norma, decorrente do próprio conhecimento das causas da guerra (Aron, 2002, p.850), em consequência, demanda apoio político nos diálogos internacionais para se contrapor à vontade estatal.

Regras internacionais, portanto, especialmente as direcionadas ao emprego da força militar, por possuírem grande apelo político, escapam à estabilidade preconizada pelo direito, ressaltando o embate entre o realismo e o idealismo nas relações internacionais. Exemplo desse desacerto são as ineficazes medidas aplicadas pela Otan, na década de 1990, relativamente ao reestabelecimento da paz na antiga Iugoslávia, atribuídas à total falta de vontade política (Byers, 2007, p.36). Do mesmo modo, a política estadunidense antiterrorista, adotada após os ataques de 11 de setembro de 2001, pelo então presidente George W. Bush, e apoiada numa concepção reacionária de soberania, foi responsável por promover graves violações ao direito humanitário, como os abusos contra prisioneiros em Abu Ghraib e Guantánamo (Byers, 2007, p.193). A própria aceitação do Tribunal Penal Internacional (TPI) como corte permanente, com competência meramente complementar, relaciona-se com esse contexto, pois, assim, foram mantidas as prerrogativas jurisdicionais dos Estados (Lima; Costa Brina, 2006, p.91).

Importante destacar, no entanto, que, às normas relativas à proteção humana, o direito internacional, na atualidade, atribui natureza *jus cogens*, ou norma de caráter peremptório, sendo vedada, por isso, a modificação do conteúdo por elas traçado, por meio de avença entre os Estados. Essa conclusão possui fincas no art. 53 da Convenção de Viena alhures mencionada, cujas disposições consideram nulo o tratado conflitante com norma imperativa de direito internacional geral, assim reconhecida pelo conjunto dos Estados (Finkelstein, 2013, p.192). Tome-se como exemplo o crime de guerra, elencado no art. 5º do Estatuto de Roma, que instituiu o Tribunal Penal Internacional, cuja tipificação é universal, mesmo para os Estados não signatários do estatuto. Nesses casos, à natureza *jus cogens* do direito violado soma-se o princípio da jurisdição universal, que imputa aos Estados o dever de estruturar mecanismos de proteção contra graves violações aos direitos humanos como medida de política internacional (Jankov, 2009, p.112). Em tese, portanto, a proteção ao ser humano é um valor internacional, cuja aplicabilidade independe do interesse ou não do Estado em se obrigar, muito embora dependa da vontade estatal no tocante à efetividade da apuração e da punição dos infratores.

Direito à guerra

Essa gradual elevação da proteção humana a valor universal relaciona-se com a passagem do direito de ir à guerra (*jus ad bellum*), de legal para ilegal, temperada pela crescente regulamentação do direito na guerra (*jus in bello*), numa tentativa de humanizar as características destrutivas do fenômeno. Essa tendência à manutenção da ordem, apesar da anarquia do cenário internacional, atrela-se à necessidade de justificar a prática da guerra ao longo da história, apoiada ora no direito natural, ora no positivismo jurídico, fazendo oscilar a ideia de justiça ou não do apelo à força. Por conseguinte, é relevante descrever a evolução das correntes de pensamento a esse respeito, a partir do ideal da guerra justa, construído sob os auspícios do cristianismo, com fincas no direito natural.

A sociedade medieval, sobretudo nos séculos XI, XII e XIII, teria realizado "o tipo de sociedade descrito com muito brilho por Santo Agostinho, na *Cidade de Deus*" (Cicco, 2012, p.89). A Cidade de Deus representava a superioridade da Igreja Católica, pois nela residiam os valores supremos do cristianismo, eticamente superiores às práticas mundanas presentes na Cidade dos Homens.

Como corolário, as leis divinas, representadas pelos Dez Mandamentos, ocupavam um lugar hierarquicamente superior às leis positivas. Justas, portanto, seriam todas as guerras que buscassem repudiar qualquer ofensa aos mandamentos cristãos, daí afirmando Dinstein (2004, p.90) ter revivido Santo Agostinho a "doutrina do *Bellum justum* como dogma moral", tendo anunciado "o princípio fundamental de que toda guerra era um fenômeno lamentável, mas que os erros provocados pelas mãos do adversário impunham a 'necessidade' de se promover a guerra justa".

São Tomás de Aquino dá novas características à teoria agostiniana, afirmando que a justiça de uma guerra deve ainda ser medida conforme seja ela conduzida por uma autoridade competente e tenha uma justa causa para sua ocorrência, devendo esta caracterizar-se pela intenção de promover o bem e evitar o mal. A guerra justa no período medieval é fortemente influenciada pelo direito natural teológico, não distinguindo entre direito e justiça. Por conseguinte, a validade de uma lei era medida pela sua justiça, pela sua fundamentação na ética cristã, sendo lícito, bem como justo, recorrer à força ao se buscar evitar um mal maior.

A era moderna substitui o fundamento da justiça, retirando-o da vontade divina para assentá-lo na razão humana. Nesse período, as guerras religiosas, a formação dos Estados nacionais e a secularização do conhecimento retiram da Igreja Católica a prerrogativa da primazia para resolver as questões internacionais, e a justiça ou não do recurso à guerra passa a ser medida pela razão do Estado. A guerra, a exemplo da doutrina de Grócio, considerado um dos pais do direito internacional, passa a ser pensada sob a perspectiva do direito dos povos ou das gentes, apoiado num jusnaturalismo que acreditava existirem valores de caráter universal. Afirma Grócio (2004, p.101) que "entre os princípios naturais primitivos não há um sequer que seja contrário à guerra", apontando, dessa maneira, o instinto de sobrevivência, inerente aos seres vivos, como justificativa bastante para a guerra.

A respeito desse período, salienta Dinstein (2004, p.90) que os internacionalistas dos séculos XVI e XVII, todos juristas e filósofos de origem europeia, procuraram estabelecer uma coerência entre as normas dos Estados e o sistema jurídico internacional, valendo-se, para tanto, do modelo derivado da doutrina religiosa, consoante o qual apenas as guerras justas deveriam ser permitidas, relacionando, a partir dessa premissa, uma lista de causas justas. A guerra hispânica contra os índios na América, por exemplo, foi justificada por Francisco de Victória sob a alegação de que aos indígenas também se aplicava o direito das gentes, e que a presença indígena no território americano conquistado pela Espanha violava os direitos fundamentais espanhóis de livre circulação, além de impedir o livre comércio e as práticas católicas (Dinstein, 2004, p.90).

No século XIX e no início do século XX modifica-se a maneira então vigente de vislumbrar o direito à guerra, pois ganha destaque o positivismo jurídico. Para essa corrente de pensamento valem as normas postas, independente de juízos de valor em torno da moralidade ou da eticidade. Sendo o direito legitimamente instituído pela autoridade estatal, representa aquilo que a sociedade entende como justo. Assim, deixa-se de questionar quanto à justiça ou não de uma guerra, bastando o assentimento em torno da sua legalidade em face do direito internacional. Para Kelsen, expoente do positivismo jurídico, a guerra funcionaria como uma sanção imposta àquele responsável por violar as normas do direito internacional (Dinstein, 2004, p.93). Por isso, considera Bobbio (2003, p.83) que, quanto às causas de uma guerra, a regulamentação positiva não teria alcance, podendo tratar apenas da conduta durante a guerra, pois os limites postos aos Estados seriam apenas de ordem moral. Com o abandono da teoria da guerra justa e o reconhecimento da legalidade da guerra, os conceitos de soberania e autodeterminação passaram a existir, paradoxalmente, com a possibilidade de destruição de qualquer Estado, daí a abundância de tratados bilaterais no século XIX e início do século XX.

A insegurança internacional nesse contexto ensejou a elaboração dos primeiros tratados multilaterais visando à limitação do recurso à força, muito embora não negassem a legalidade deste. As Convenções de Haia de 1899 e 1907 tiveram como propósito a ideia de paz assinalando a primazia, nas disputas internacionais, das soluções pacíficas, antes de se apelar para a guerra (Dinstein, 2004, p.111). Regulamentaram, ainda, determinadas práticas de guerra, vedando, por exemplo, a utilização de gás asfixiante. Entretanto, o pálido pacifismo desse período foi insuficiente para conter a I Guerra Mundial, contribuindo, para tanto, a permanência do reconhecimento da legalidade do recurso à força como um retrato do realismo e da anarquia internacional, comentando Aron (2002, p.853) a esse respeito que, ao conservarem os Estados o direito à utilização da força como medida de justiça, a paz tornou-se um bem distante, somente alcançável caso o mundo houvesse se transformado em sua própria essência.

A Liga das Nações surge, pois, em 1919, instalada pelo Tratado de Versalhes, com o intuito de resgatar valores jusnaturalistas, representados pelos direitos fundamentais talhados pelo liberalismo e pelos princípios democráticos, bem como de evitar a tragédia de uma nova guerra mundial. O art. 10 da Convenção preconizava a necessidade de "respeitar a integridade territorial e a independência política existente de todos os membros da Liga contra a agressão externa" (Dinstein, 2004, p.112). Ademais, inaugurou a ideia de segurança coletiva, pois, segundo o art. 11, a guerra ou ameaça de guerra contra qualquer membro da Liga seria considerada como ofensa a todos os demais. Desse modo, pretendia-se afastar a guerra de agressão como prolongamento da política externa dos Estados, pois se acreditava no poder dissuasório da união dos Estados-membros. Entretanto, a Liga das Nações "não aboliu o direito dos Estados de recorrer à guerra" (Dinstein, 2004, p.114) e, embora tenha detalhado proibições específicas, deixou diversas lacunas, afirmando Dinstein (2004, p.114) encontrar-se a maior delas no art. 15, no qual foi mantida a liberdade de ação das partes nos casos em que o conselho não se manifestasse de forma unânime, ou a maioria da Assembleia, desconsiderando os votos dos contendores, não fosse alcançada.

Ainda no período entreguerras, em 1928, o Pacto Kellogg-Briand procurou suprir as lacunas relativas ao uso da força nas relações internacionais. Dessa forma, condenou "o recurso à guerra para a solução de controvérsias internacionais" (Dinstein, 2004, p.115) obrigando os signatários a renunciar à guerra como instrumento de política nacional em suas relações externas, devendo a solução dos conflitos ser pautada por meios pacíficos. O pacifismo jurídico desse período, porém, não prosperou, máxime por ter deixado fora do alcance do pacto a guerra de legítima defesa, a guerra como instrumento da política internacional, assim como a guerra fora do âmbito das relações recíprocas das partes contratantes (Dinstein, 2004, p.118-20). Em consequência, eclodiu a II Guerra Mundial, símbolo da prevalência da política internacional baseada no poder sobre o direito.

Nos dizeres de Aron (2002, p.855), "é incontestável que o espírito do Pacto da Sociedade das Nações, e mais ainda o do Pacto Briand-Kellog, foi inovador, comparado com o direito costumeiro tradicional", no entanto, somente em 1945, com a instituição da ONU, é que o recurso à força é proscrito do direito internacional. Dessa maneira, a essência do *jus ad bellum* passa a residir no art. 2º da Carta da ONU, que compele todos os membros a evitarem a ameaça e o uso da força nas suas relações internacionais (Dinstein, 2004, p.120-1). Assim como nos tratados anteriores, a carta determina que os conflitos entre os seus membros devem ser solucionados por meios pacíficos, de modo a se preservar a paz e a segurança internacionais que, quando ameaçadas, ensejam o acionamento dos mecanismos da segurança coletiva (art. 39 ss.). Finalmente, não sendo a ONU um superestado, a soberania dos seus membros é preservada, permitindo-se, por isso, a legítima defesa (art. 51), circunscrevendo-a, porém, a limites rígidos.

Segundo Byers (2007, p.74), a legítima defesa na Carta da ONU, "além do critério da 'necessidade e da proporcionalidade' do direito consuetudinário internacional", adota como critérios a existência de um ataque armado contra o Estado que pretende se defender, a comunicação ao Conselho de Segurança dos atos de legítima defesa e a obrigatoriedade de suspensão do direito de reagir quando o conselho passa a atuar. Na atualidade, portanto, o direito de uso da força pelos Estados encontra-se limitado pelo sistema da ONU, cujo Conselho de Segurança detém o poder de julgar as pretensões bélicas dos seus membros.

Embora a Carta da ONU não defina quem vem a ser o agressor, reserva ao Conselho de Segurança a competência para reconhecer ou não o ato de agressão, estabelecendo, a partir desse parecer, as medidas necessárias ao restabelecimento da paz e da segurança internacionais (Accioly, 1976, p.264). O Conselho de Segurança é composto por cinco membros permanentes – Estados Unidos, Grã-Bretanha, China, França e Rússia – e outros dez nomeados entre os demais Estados-membros para um período de dois anos. Somente os membros permanentes têm o poder de veto. Caso a resolução proposta não seja vetada, serão necessários nove votos para a aprovação, ou seja, além dos membros permanentes, mais quatro dentre os que não são permanentes. Em contrapartida, o veto de qualquer membro permanente do conselho à pretensão em julgamento a torna inviável, não possuindo o mesmo efeito a ausência ou a abstenção por partes desses membros (Byers, 2007, p.29).

A proteção da pessoa nos conflitos

A Carta da ONU possui lastro nos ideais de proteção humana que ganharam força após a II Guerra Mundial. Soma-se à vedação do uso da força, na atualidade, conforme comentado anteriormente, a tipificação de delitos que ferem valores humanos considerados universais e, por isso, pertencentes ao rol das normas de natureza *jus cogens*, estruturados a partir do Estatuto de Roma, instrumento instituidor do Tribunal Penal Internacional. Este é um tribunal permanente, independente relativamente ao Conselho de Segurança da ONU, e inspirado no Tribunal de Nuremberg; por isso, julga indivíduos, não Estados. Possui competência complementar para o julgamento dos crimes de genocídio, contra a humanidade, de guerra e de agressão, devendo atuar sempre que o Estado responsável pela apuração não possa ou não queira dar prosseguimento ao caso.

Direito e guerra, portanto, são realidades vinculadas, mas, apesar do aperfeiçoamento do aparato jurídico em torno da utilização da violência bélica na atualidade, não se alcançou, ainda, uma fórmula jurídica perfeita capaz de superar, em definitivo, as diferenças nas relações internacionais, pois nunca se criou uma teoria de direito internacional que se demonstrasse suficiente para regular as relações internacionais (Aron, 2002, p.866).

O sistema da ONU, inspirado no idealismo kantiano de paz perpétua, não eliminou a guerra como fenômeno humano, cabendo, por isso, a observação de Waltz (2004, p.25-6), de uma ótica neorrealista, ao estudar o homem, o Estado e a guerra, no sentido de que as prescrições variam, mas todas têm em comum a ideia de que, para se conquistar um mundo mais pacífico, os homens têm de ser transformados em sua perspectiva moral e intelectual ou em seu comportamento psicossocial. Por isso, malgrado o sistema implantado a partir da ONU, a presença insistente da guerra concede ao *jus in bello*, ou direito na guerra, especial relevância.

Esse direito se consubstancia nas normas integrantes do direito humanitário, ramo do direito internacional dos direitos humanos que trata da proteção humana no âmbito de um conflito armado. Thomas Buergenthal, apud Piovesan (2013, p.182), define-o como "o componente de direitos humanos da lei da guerra". Complementando a citada ideia, afirma Albuquerque Melo (1997, p.1) que o direito humanitário, assim como o direito internacional dos direitos humanos, tem na proteção da pessoa humana o seu objetivo fundamental, malgrado as especificidades de suas regras. As leis da guerra, portanto, passaram gradualmente a se preocupar não apenas com a condução do conflito, mas também com a proteção do ser humano ao longo das operações bélicas, figurando presentemente o caráter humanitário, no tocante à segurança coletiva, como uma inarredável dimensão (M. Torrelli apud Albuquerque Melo, 1997, p.125). Essa tendência, conforme observa Amaral Júnior (2012, p.13), busca fortalecer o elemento normativo como alicerce da ordem global.

A estruturação normativa dos direitos do homem, numa escala internacional, ganha especial atenção no século XVII com a obra *O direito da paz e da guerra*, de Hugo Grócio, cujas raízes, conforme salientado alhures, encontram-se na doutrina do direito natural então corrente, definido de maneira célebre pelo autor (2004, p.79) como o direito que "nos é ditado pela reta razão que nos leva a conhecer uma ação, dependendo se é ou não conforme à natureza racional, é afetada por deformidade moral ou por necessidade moral e que, em decorrência, Deus, o autor da natureza, a proíbe ou a ordena". Contrapõe-se, pois, ao direito positivo, que é posto pela autoridade, dividida por Grócio

(2004, p.88) em: poder civil, "o que está à frente do Estado"; o poder familiar, que "compreende as ordens de um pai, aquelas de um mestre e outras similares"; e o mais amplo, que é o decorrente do *jus gentium*, "aquele que recebeu sua força obrigatória da vontade de todas as nações ou de um grande número delas". Grócio desenvolve seu pensamento em uma perspectiva neoestoicista, de modo a identificar o direito natural de Aristóteles, ou o ideal de justiça na *polis*, com o *ius civile*, alcançando a construção do conceito de direito natural por meio do racionalismo (Cicco, 2012, p.161). A partir da racionalidade atribuída ao direito natural, procura explicar a existência de um ordenamento, acima do sistema nacional e positivo, com validade universal.

Gradualmente, com o fortalecimento dos Estados nacionais, o direito natural cede espaço ao positivismo jurídico, movimento de grande importância na consolidação do resguardo do ser humano, posto que o reconhecimento e a proteção dos direitos do homem encontram-se na base das constituições democráticas modernas (Bobbio, 1992, p.1). Nesse sentido, salienta Nilo Odalia (2003, p.161), ter nascido da vontade de construir uma sociedade de abundância o pensamento filosófico do século XVIII, pautado no ideal da igualdade. Inobstante, os direitos do homem não são um dado, mas obra de uma busca constante, visto que a mera positivação não lhes assegura a efetividade. Daí a historicidade ser reconhecida como uma característica indissociável dos direitos humanos, pois, malgrado o caráter fundamental desses direitos, eles são gerados pela história, impulsionados pelas lutas em prol de novas liberdades contra os poderes instituídos, aparecendo gradualmente no meio social (Bobbio, 1992, p.5).

Desse modo, a criação da ONU em 1945 e a Declaração Universal dos Direitos Humanos de 1948, reafirmada pela Convenção de Viena sobre Direitos Humanos, de 1993, num mundo livre do neocolonialismo (Alves, 2013, p.47), representam marcos de indelével importância para o direito humanitário, pois enfatizam os processos de internacionalização e de universalização dos direitos relacionados à proteção humana.

No entanto, cabe salientar que a ideia da proteção humana em tempos de guerra surge, em termos formais, em 1864, com a criação do Comitê Internacional da Cruz Vermelha, inspirado na experiência de Henry Dunant diante dos horrores da Batalha de Solferino (1859), combate este de extrema relevância durante a II Guerra de Independência Italiana, muito antes, portanto, de todo o aparato jurídico estabelecido a partir da criação da ONU. A I Convenção de Genebra, de 1864, inaugurou a institucionalização das normas de proteção humanitária, convencionando regras para a melhoria da sorte dos integrantes dos exércitos, quando feridos ou doentes e, portanto, fora de combate. Essa proteção foi estendida em 1906, por meio da II Convenção de Genebra, aos integrantes das forças navais e, em 1929, a III Convenção de Genebra estipulou as regras de proteção para os prisioneiros de guerra. No entanto, conforme destaca Albuquerque Melo (1997, p.137-8), a consolidação do direito humanitário ocorre com as quatro Convenções de Genebra de 1949, que versam respectivamente sobre a melhoria da sorte dos feridos e enfermos dos exércitos em campanha, a melhoria da sorte dos feridos, enfermos e náufragos das forças no mar, o tratamento dos prisioneiros de guerra e a proteção dos civis em tempo de guerra.

O fim da II Guerra Mundial inaugura não apenas uma nova fase quanto à proteção humanitária, mas marca o início do fenômeno da bipolarização mundial, dele decorrendo a Guerra Fria e o reconhecimento dos Estados Unidos da América e da antiga União das Repúblicas Socialistas Soviéticas como os atores centrais no cenário internacional. Some-se a esses fatores os processos de descolonização da África e da Ásia, que desencadearam diversos conflitos objetivando a libertação nacional.

Por conseguinte, os conflitos tradicionais, tais como tratados nas Convenções de Genebra de 1949, passaram a figurar como uma ocorrência rara no pós-guerra, daí surgindo a necessidade de adequação normativa desses instrumentos à nova realidade. Assim, os Protocolos de 1977 somaram-se às Convenções de 1949, tratando o Protocolo I da proteção das vítimas dos conflitos armados de caráter internacional e o Protocolo II da proteção das vítimas dos conflitos armados não internacionais. Na prática, conforme Albuquerque Melo (1997, p.138), a primeira grande consequência dos protocolos foi a extinção da distinção ainda vigente entre o denominado Direito de Haia e o Direito de Genebra, pois o Protocolo I passou a regulamentar a guerrilha, seus meios e modos de combate, antes tratados no Direito de Haia; e a segunda foi a regulamentação dos conflitos armados não internacionais, abarcando as lutas contra a dominação colonial, as lutas contra a ocupação estrangeira e as lutas contra regimes racistas, sempre com fundamento no direito à livre determinação dos povos, e os conflitos ocorridos no interior de um Estado, envolvendo suas forças armadas e forças armadas dissidentes ou grupos armados organizados, dirigidos por um comando responsável.

Vale esclarecer que o Direito de Haia (1899 e 1907) referido pelo autor era representado pelo conjunto de regras a serem observadas na condução das operações militares, contrapondo-se ao Direito de Genebra, relativo à proteção dos indivíduos durante um conflito armado. As Convenções de 1949, portanto, unificam a legislação a respeito da proteção do ser humano durante os conflitos armados, contribuindo para a solidificação de um ramo do direito internacional com princípios e regras próprios, muito embora encontre nos princípios da inviolabilidade da vida e da integridade física do não combatente, da não discriminação e da segurança, que visa coibir as penas coletivas e as represálias, valores comuns aos adotados pelo direito internacional dos direitos humanos (Pictet apud Albuquerque Melo, 1997, p.138).

Em contrapartida, são princípios específicos desse ramo do direito internacional público: a humanidade, que veda, principalmente, a utilização da força de maneira desnecessária; a limitação, relativa às escolhas dos meios e métodos à disposição dos beligerantes; a honestidade; a proteção da população civil; a proteção das vítimas de guerra; a proteção dos bens de caráter civil; e o princípio da necessidade militar, cuja observância exige a dosagem entre os efetivos ganhos militares e os danos colaterais decorrentes da manobra que se pretende realizar. Ademais, conforme já destacado, as normas do direito humanitário possuem natureza de *jus cogens*, aplicando-se universalmente, ainda que uma das partes em conflito não reconheça a validade das convenções. A natureza imperativa das normas *jus cogens* restringe o modelo voluntarista-positivista relacionado à soberania estatal, pois dita a prevalência, nesses casos, do valor da norma, elevado a uma condição de superioridade pela comunidade internacional (Finkelstein, 2013, p.189).

A respeito dos princípios norteadores do direito humanitário, cabe destacar, ainda, a análise promovida por Walzer (2003, p.218) em torno da questão da utilidade e da proporcionalidade das operações bélicas. Segundo o autor, no âmbito de um conflito armado, o que se veda de maneira inafastável é a provocação de um mal excessivo, propondo dois critérios de aferição do excesso. O primeiro deles é o da própria vitória, comumente denominado de necessidade militar. O segundo liga-se à noção de proporcionalidade, pela qual se verifica se o dano praticado na operação bélica, dano este não vinculado apenas àquele causado diretamente aos indivíduos, mas aos interesses permanentes da humanidade, possa ser dosado em face da vitória obtida.

As normas inerentes aos conflitos armados, sejam eles internacionais ou não internacionais, por conseguinte, ao obedecerem a esses princípios, vedam qualquer tipo de violência gratuita e sem propósito. Fundamental, ainda, no âmbito do direito humanitário, é a distinção entre combatentes e não combatentes, dado que aqueles são os indivíduos envolvidos diretamente no combate, como os integrantes das Forças Armadas regulares de um Estado, enquanto estes são os que não integram as forças em luta, mas participam do contexto do conflito, como é o caso dos correspondentes de guerra, dos médicos e enfermeiros da Cruz Vermelha, que prestam ajuda humanitária. Ambos, combatentes e não combatentes, são objeto de proteção por parte do direito humanitário, embora essa proteção opere de modo diverso num e noutro caso.

Ressalta Walzer (2003, p.230), quanto aos soldados inseridos no combate, que os direitos por eles supostamente defendidos se perdem no contexto da luta, emergindo, em contrapartida, os direitos de guerra, assim considerando-os combatentes e potenciais prisioneiros, sujeitos à probabilidade da morte pelas mãos do inimigo. Se ferido, o soldado deixa a condição de combatente, sendo este, aliás, um dos propósitos da proteção estabelecida nas Convenções de Genebra. Se feito prisioneiro, ficará em poder da potência inimiga, mas não dos indivíduos ou da tropa que o tenha capturado (Albuquerque Melo, 1997, p.272), devendo ser libertado e repatriado tão logo cessem as hostilidades. Finalmente, conforme o art. 51 do Protocolo Adicional I, é vedado de maneira expressa alvejar diretamente os civis, sendo este um dos pilares do direito humanitário (Byers, 2007, p.144), pois a população civil é destituída de qualquer aparato de defesa.

Inobstante, a implicação da população civil no âmbito de um conflito é um dos graves problemas contemporâneos, tendo o terrorismo se tornado a corriqueira forma de abalar o moral de um Estado, em nome de determinadas ideologias. Na atualidade, o terrorismo tem se focado cada vez mais no assassinato aleatório de pessoas inocentes como principal método. Ao terrorismo, portanto, pouco importa o aparato jurídico construído ao longo do desenvolvimento do direito humanitário, pois desrespeita todos os limites morais ou legais envolvidos nesse contexto (Walzer, 2003, p.335-7).

Os direitos humanos e a guerra

Assim, considerando a complexidade dos conflitos na atualidade, a relação guerra e direito se estabelece, ainda, com o direito internacional dos direitos humanos, muito embora instituído para a convivência entre os Estados travada em períodos pacíficos e não para o estado de exceção, representado pela guerra. Isto porque a exortação à solução pacífica dos conflitos preconizada pela ONU por vezes esbarra em obstáculos políticos e os conflitos contemporâneos não seguem o padrão tradicional, apresentando-se as partes em confronto de maneira difusa. Desta feita, uma vez desconsideradas as normas do direito humanitário, ou não se configurando o conflito nos termos traçados pelas Convenções de Genebra, sempre restará como valor universal a proteção humana, proporcionada pelas normas integrantes do direito internacional dos direitos humanos.

Os direitos humanos, por conseguinte, são aqueles destinados a promover a proteção do ser humano em escala universal, independente da raça, da religião, da nacionalidade, do sexo ou de qualquer outra questão de ordem subjetiva. São direitos atribuíveis indiscriminadamente a todos os seres humanos, uma vez que fundamentados na natureza humana por todos os indivíduos ostentada, sendo por isso invioláveis e universais. A proteção a eles deferida é promovida por meio do sistema global, representado pelas Nações Unidas, bem como pelos sistemas regionais, como é o caso da OEA, cabendo ao indivíduo optar pelo sistema mais favorável de proteção, conforme a violação perpetrada (Piovesan, 2013, p.330).

Diferem, portanto, dos direitos ditos fundamentais, na medida em que estes representam os direitos do homem institucionalizados numa ordem jurídica concreta (Canotilho, 1998, p.391). Desse modo, a fundamentação jurídica para a defesa dos direitos humanos encontra-se na legislação pertinente à ordem jurídica internacional, enquanto a proteção dos direitos fundamentais escora-se nos ordenamentos jurídicos de cada Estado. Não obstante a distinção ora apontada, a dignidade da pessoa humana é o valor fundamental a ser resguardado em qualquer das esferas de atuação dos direitos do homem (Piovesan, 2013, p.182-3).

Os direitos humanos foram construídos por meio de um processo de cunho histórico, encontrando fundamentos diversos ao longo do tempo, daí refutando Bobbio (1992, p.19) a ideia segundo a qual existiriam direitos fundamentais por natureza, pois aquilo que é relevante em determinada época e em determinada civilização pode não o ser em outras circunstâncias. Inolvidável, contudo, que se tenham desenvolvido sob o mesmo pano de fundo do *jus ad bellum* e do *jus in bello*, daí suas semelhantes raízes histórico-jurídicas.

No pensamento clássico, o fundamento de certos direitos, como a liberdade, vinculada à construção filosófica do ideal de justiça política, atrelava-se à ideia de direito natural, tradução do que era bom pela própria natureza, em oposição ao direito positivo, posto pela vontade do governante. Assim, as normas de direito natural sobrepunham-se às normas positivas, pois, ao representarem aquilo que seria justo por natureza e não por convenção, apresentavam-se como valores de cunho universal e imutável (Aristóteles, 2011, p.113).

Com o surgimento do cristianismo, a dignidade como valor, e assim a construção ética dos direitos atribuíveis aos homens, nasce do fato de terem sido estes criados à imagem e semelhança de Deus (Castilho, 2015, p.245). A partir dos séculos XVII e XVIII, a dignidade humana e os direitos a serem considerados fundamentais ganham novos contornos, pois a secularização do conhecimento desatrela da ética cristã a noção de justiça, de modo que, para ser detentor de direitos, com fundamento na dignidade do homem, não mais se dependia da condição de ser cristão, mas apenas de ser humano (Castilho, 2015, p.246).

Destaca Bobbio (1999, p.42) que o jusnaturalismo no período antes mencionado privilegiava a ideia da passagem do estado de natureza para o estado civil, por meio do contrato social, sendo corrente a noção de que o Estado não dominava por inteiro o direito natural, logo, os homens mantinham intactos certos direitos. É justamente desse raciocínio que se concebem os liames entre o papel do Estado e os direitos dos indivíduos, estruturando-se os direitos de natureza civil ao lado dos direitos políticos (Canotilho, 1998, p.392).

O passo seguinte ao reconhecimento desses direitos como inerentes à natureza do homem e preexistentes à instituição do Estado, segundo as ideias liberais do século XVIII, é a positivação, o que se promove por meio do movimento constitucionalista. O termo "constitucionalismo" foi utilizado pela primeira vez por Sieyés (2001), no período da Revolução Francesa, ao questionar acerca dos meios eleitorais aptos a viabilizar a transferência das prerrogativas dos estados privilegiados (a nobreza e o clero) para o terceiro estado. Salienta Bonavides (2004, p.170) que a resposta alcançada por Sieyés ensejou o constitucionalismo da democracia liberal e representativa. Dessa forma, as constituições passaram a consubstanciar o instrumento político-jurídico apto a assegurar os ideais da liberdade e da igualdade, por isso mesmo ressaltando Hunt (2009, p.19) que a significação dos direitos humanos não se encontra de forma suficiente nem no caráter natural, nem na igualdade, tampouco na universalidade. Segundo ele, a relevância dos direitos humanos somente aparece de maneira vibrante quando ganham conteúdo político. Portanto, deixam de ser os direitos humanos decorrentes de um estado de natureza para se tornarem direitos humanos em uma sociedade.

Dessa forma, a oposição ao poder absoluto dos monarcas, posta em marcha com a Revolução Francesa, em 1789, traduz em norma jurídica de valor constitucional a liberdade, a segurança e a propriedade, assim como os direitos de natureza política, devendo o Estado abster-se de qualquer intervenção restritiva a esses direitos, cabendo-lhe, em contrapartida, assegurar o pleno exercício destes. Na mesma direção seguiu o movimento de independência norte-americano ao adotar os ideais liberais como fundamento constitucional. Nesse sentido, lembra Karnal (2003, p.141), a importância do pensamento lockiano na disseminação do liberalismo político nas treze colônias, fomentando a busca pela liberdade, valor este já arraigado à tradição religiosa puritana.

As declarações de direito desse período inverteram, portanto, a antiga noção de que os direitos dos indivíduos eram benesses concedidas pela vontade do detentor do poder, mesmo porque o poder estatal passou a ser explicado com fundamento nos princípios da soberania popular. Por tal razão, assevera Bobbio (1992, p.101) acerca da hodierna inseparabilidade entre os conceitos de democracia e de direitos do homem, pois, em se eliminando a ideia do individualismo inviável se torna, por conseguinte, a explicação democrática conforme a qual a cada indivíduo cabe uma parcela da soberania.

O caminhar da história trouxe novas perspectivas para os direitos humanos, visto que a igualdade, formalizada nas declarações, transforma-se em reivindicações sociais, no início do século XX. Porém, a gênese dessas reivindicações encontra-se no século XIX, com a consolidação do poder da burguesia, que impeliu uma reforma de natureza econômica, trazendo o mercado para o centro da vida social. Nesse processo, segundo Konder (2003, p.175-6), os valores passaram, assim como as mercadorias, a ser quantificados, emergindo o dinheiro como um novo deus. Ocorre, pois, uma dicotomização dos direitos, colocando-se de um lado os direitos civis e políticos e, de outro, os direitos sociais, econômicos e culturais.

Somente com a Declaração dos Direitos Humanos de 1948 essa divisão deixa de existir, observando Piovesan (2013, p.212-3) que, "caminhando o discurso liberal da cidadania com o discurso social, a declaração passa a elencar tanto direitos civis e políticos (arts. 3º a 21) como direitos sociais, econômicos e culturais (arts. 22 a 28)". A transformação desses preceitos, entretanto, não seguiu um caminho de pura tranquilidade, máxime considerando a desconstrução dos direitos humanos em face da barbárie das duas grandes guerras mundiais. Analisando esse aspecto da história dos direitos humanos, segundo a perspectiva de Hannah Arendt, comenta Lafer (1988, p.80) que o fio da tradição ocidental foi se esgarçando no correr da Idade Moderna, mas a ruptura entre o passado e o futuro é devida ao totalitarismo, "enquanto forma de governo e dominação baseada no terror e na ideologia".

Com o fim da II Guerra Mundial, a perplexidade diante da ruptura em questão ensejou a criação da ONU, cuja carta constitutiva finalmente impõe a obrigatoriedade da solução pacífica dos conflitos entre Estados, bem como a Declaração Universal dos Direitos Humanos, iniciando-se uma nova era, na qual os ideais da universalização e da internacionalização dos direitos humanos se fazem presentes. Cabe lembrar que a Declaração de 1948 não é um tratado internacional, tendo sido adotada pela Assembleia Geral das Nações Unidas sob a forma de resolução, sendo reconhecida como a interpretação autorizada da expressão "direitos humanos" contida na Carta da ONU. A pretensão da declaração é, justamente, no sentido de universalizar os direitos humanos, iniciando uma terceira e última fase na qual, segundo Bobbio (1992, p.30), afirmam-se os direitos humanos de maneira universal, ao englobar todos os seres humanos independente da respectiva nacionalidade, assim como positiva, não bastando mais a mera declaração com o reconhecimento idealizado dos direitos, afirmando-se a exigência quanto à efetiva proteção destes.

Tal pretensão, filiada ao ideal kantiano da paz perpétua, cujo cosmopolitismo reconhece que "a infração do direito em um lugar da Terra é sentido em todos" (Kant, 2011, p.41), encontra resistência dos adeptos do movimento do relativismo cultural. Para estes, inexistem alicerces suficientes para sustentar regras éticas ou morais com valor universal, atribuindo ao imperialismo cultural do mundo ocidental o fundamento único dessa pretensão (Piovesan, 2013, p.224). Inobstante, para os adeptos do universalismo, as alegações da corrente oposta têm por finalidade tão somente a tentativa de justificar atos graves de violação aos direitos humanos (Piovesan, 2013, p.224). Em 1993, a Declaração de Viena, no escopo de dar uma resposta aos dilemas entre as duas correntes em oposição, afirma que todos os direitos humanos são universais, indivisíveis, interdependentes e inter-relacionados. Ademais, assenta que a comunidade internacional deve tratar os direitos humanos de maneira global, cabendo aos Estados, independente das suas escolhas políticas e de suas raízes culturais, proteger os direitos humanos (Piovesan, 2013, p.225).

Isto posto, o direito internacional dos direitos humanos, o direito humanitário, bem como o sistema preconizado pela ONU, ao proscrever o recurso à força, representam a materialização da proposta idealista de manutenção da paz e da harmonia internacionais por meio do direito. Entretanto, esse intuito jamais se realizou em plenitude ao longo da História. A paz, comenta Aron (2002, p.863), em certo sentido, "é um postulado legal", pois fundamenta a unidade de todo sistema jurídico, cujo equilíbrio assenta-se na possibilidade de rechaçar as injustiças por meio da atuação de uma autoridade competente. No entanto, continua o autor, ausente tal autoridade, o sistema não se sustenta escorreitamente. Daí a contínua tensão no cenário internacional, a despeito da ONU, dos sistemas regionais, ou do TPI, visto que, ao lado da estrutura normativa internacional, sobrevivem as diversas soberanias. Por conseguinte, a paz vige em meio à anarquia, restando o sobressalto típico do estado de natureza descrito por Hobbes (1979, p.75), no qual as incertezas mantêm a todos em permanente vigília, por não se subsumir a guerra tão somente à batalha, mas igualmente à constante possibilidade de sua ocorrência.

Referências bibliográficas

ACCIOLY, H. *Manual de Direito Internacional Público.* 11.ed. São Paulo: Saraiva, 1976.

ALBUQUERQUE MELO, C. D. *Direitos humanos e conflitos armados.* Rio de Janeiro: Renovar, 1997.

ALVES, J. A. L. *Os direitos humanos na pós-modernidade.* São Paulo: Perspectiva, 2013.

AMARAL JÚNIOR, Alberto. *Curso de Direito Internacional Público.* 3.ed. São Paulo: Atlas, 2012.

ARISTÓTELES. *Ética a Nicômaco.* 5.ed. Trad. Torrieri Guimarães. São Paulo: Martin Claret, 2011.

ARON, R. *Paz e guerra entre nações.* Trad. Sérgio Bath. Brasília: Editora UnB, 2002. [Clássicos Ipri.]

BOBBIO, N. *A era dos direitos.* Trad. Carlos Nelson Coutinho. Rio de Janeiro: Campus, 1992.

______. *O positivismo jurídico*: lições de filosofia do direito. Trad. Márcio Pugliesi. São Paulo: Ícone, 1999.

______. *O problema da guerra e as vias da paz.* Trad. Álvaro Lorencini. São Paulo: Editora Unesp, 2003.

BONAVIDES, P. *Curso de Direito Constitucional.* 14.ed. São Paulo: Malheiros, 2004.

BULL, H. *A sociedade anárquica.* Trad. Sérgio Bath. Brasília: Editora UnB, 2002. [Clássicos Ipri.]

BYERS, M. *A lei da guerra*: direito internacional e conflito armado. Trad. Clóvis Marques. Rio de Janeiro: Record, 2007.

CANOTILHO, J. J. G. *Direito constitucional e teoria da Constituição.* 5.ed. Coimbra: Almedina, 1998.

CARR, E. H. *Vinte anos de crise 1919-1939.* 2.ed. Trad. Luiz Alberto Figueiredo Machado. Brasília: Editora UnB, 2001. [Clássicos Ipri.]

CASTILHO, R. *Direitos humanos.* 3.ed. São Paulo: Saraiva, 2015.

CICCO, C. de. *História do pensamento jurídico e da filosofia do direito.* 6.ed. São Paulo: Saraiva, 2012.

DINSTEIN, Y. *Guerra, agressão e legítima defesa.* Trad. Mauro Raposo de Melo. 3.ed. Barueri: Manole, 2004.

DOUGHERTY, J. E.; PFALTZGRAFF JR., R. L. *Relações Internacionais*: as teorias em confronto. Trad. Marcos Faria Ferreira et al. Lisboa: Gradiva, 2003.

FINKELSTEIN, C. *Hierarquia das normas no direito internacional*: *jus cogens* e metaconstitucionalismo. São Paulo: Saraiva, 2013.

GROTIUS, H. *O direito da guerra e da paz*. v.I. Trad. Ciro Mioranza. Ijuí: Editora Unijui, 2004. [Clássicos do Direito Internacional.]

HOBBES, T. *Leviatã ou matéria, forma e poder de um estado eclesiástico e civil*. 2.ed. Trad. João Paulo Monteiro e Maria Beatriz Nizza da Silva. São Paulo: Abril, 1979. [Os Pensadores.]

HUNT, L. *A invenção dos direitos humanos*: uma história. Trad. Rosaura Eichenberg. São Paulo: Companhia das Letras, 2009.

JANKOV, F. F. F. *Direito Internacional Penal*: mecanismos de implementação do Tribunal Penal Internacional. São Paulo: Saraiva, 2009.

KANT, I. *À paz perpétua*. Trad. Marco Zingano. Porto Alegre: L&PM, 2011.

KARNAL, L. Estados Unidos, liberdade e cidadania. In: PINSKY, J.; PINSKY, C. B. (Orgs.). *História da cidadania*. São Paulo: Contexto, 2003.

KONDER, L. Ideias que romperam fronteiras. In: PINSKY, J.; PINSKY, C. B. (Orgs.). *História da cidadania*. São Paulo: Contexto, 2003.

LAFER, C. *A reconstrução dos direitos humanos*: um diálogo com o pensamento de Hannah Arendt. São Paulo: Companhia das Letras, 1988.

LIMA, R. M. de; COSTA BRINA, M. M. da. *O Tribunal Penal Internacional*. Belo Horizonte: Del Rey, 2006. [Para Entender.]

LUMIA, G. *Elementos de teoria e ideologia do direito*. Trad. Denise Agostinetti. São Paulo: Martins Fontes, 2003.

MAQUIAVEL, N. *O príncipe*. 3.ed. Trad. Ciro Mioranza. São Paulo: Escala, 2008.

MORGENTHAU, H. J. *A política entre as nações*. Trad. Oswaldo Biato. Brasília: Editora UnB, 2003. [Clássicos Ipri.]

ODALIA, Nilo. A liberdade como meta coletiva. In: PINSKY, J.; PINSKY, C. B. (Orgs.). *História da cidadania*. São Paulo: Contexto, 2003.

PIOVESAN, F. *Direitos humanos e o direito constitucional internacional*. São Paulo: Saraiva, 2013.

REALE, M. *Lições preliminares de direito*. 27.ed. São Paulo: Saraiva, 2009.

RESEK, F. *Direito Internacional Público*. 13.ed. São Paulo: Saraiva, 2011.

SEITENFUS, R. *Direito Internacional Público*. 5.ed. Porto Alegre: Livraria do Advogado, 2016.

SIEYÉS, E. J. *A constituinte burguesa*: que é o terceiro estado? Trad. Norma Azeredo. Rio de Janeiro: Liber Juris, 2001.

WALTZ, K. N. *O homem, o Estado e a guerra*: uma análise teórica. Trad. Adail Ubirajara Sobral. São Paulo: Martins Fontes, 2004.

WALZER, M. *Guerras justas e injustas*: uma argumentação moral com exemplos históricos. Trad. Waldéa Barcellos. São Paulo: Martins Fontes, 2003.

Tratados internacionais relacionados

ASSEMBLEIA GERAL DAS NAÇÕES UNIDAS. *Declaração Universal dos Direitos Humanos*, 10 dez. 1948. Disponível em: http://unesdoc.unesco.org/images/0013/001394/139423por.pdf. Acesso em: 7 jul. 2015.

GENEBRA. *Convenções de Genebra de 1949*. Suíça, 12 out. 1949. Disponível em: http://www.cicr.org/por/war-and-law/treaties-customary-law/genevaconventions/. Acesso em: 9 abr. 2015.

______. *Protocolo Adicional I*. Suíça, 8 jun. 1977. Disponível em: http://www.cicr.org/por/war-and-law/treaties-customary-law/geneva-conventions/. Acesso em: 9 abr. 2015.

______. *Protocolo Adicional II*. Suíça, 8 jun. 1977. Disponível em: http://www.cicr.org/por/war-and-law/treaties-customary-law/geneva-conventions/. Acesso em: 9 abr. 2015.

ROMA. *Estatuto de Roma do Tribunal Penal Internacional*. Roma, 17 jul. 1998. Disponível em: http://www.icrc.org/pt/content/estatuto-de-roma-do-tribunal-penal-internacional-1998. Acesso em: 29 jul. 2015.

SÃO FRANCISCO. *Carta das Nações Unidas*. São Francisco, 26 jun. 1945. Disponível em: http://unicrio.org.br/img/CartadaONU_VersoInternet.pdf. Acesso em: 13 jun. 2015.

VIENA. *Convenção de Viena sobre o Direito dos Tratados entre Estados e Organizações Internacionais ou entre Organizações Internacionais*. Viena, 21 mar. 1986. [1969.] Disponível em: http://www.cedin.com.br. Acesso em: 9 abr. 2015.

GUERRA PREVENTIVA

Alberto Montoya Correa Palacios Junior

As guerras preventivas são aquelas nas quais as ações militares são iniciadas sob a justificativa de prevenção contra ameaças futuras, mas que ainda não são presentes ou iminentes no futuro próximo e imediato. Nas últimas décadas, o resgate da "estratégia da preempção" na Estratégia de Segurança Nacional dos Estados Unidos em 2002, durante a administração de George W. Bush, reacendeu o tema das guerras preventivas no contexto de sua "guerra ao terror". Sobretudo a guerra do Iraque em 2003, propugnada por George W. Bush sob o pretexto de impedir que o regime de Saddam Hussein concluísse no futuro os seus supostos programas de armas de destruição em massa (ADM) para atacar os EUA e os seus aliados, foi apontada como "guerra preventiva". Os efeitos geopolíticos dessa guerra para a estabilidade na região foram deletérios. No contexto sul-americano, o bombardeio das Forças Armadas colombianas contra um acampamento das Farc em território equatoriano, em março de 2008, foi à época censurado e condenado pelos governos do Brasil, Argentina e Chile como o uso preventivo da força em detrimento da soberania do Equador e da estabilidade da paz na sub-região.

O tema das guerras preventivas é clássico na literatura da História da Guerra e das Relações Internacionais. Um caso dos mais célebres foi aquele narrado por Tucídides em sua *História da Guerra do Peloponeso*. De acordo com o historiador e militar ateniense, após as Guerras Médicas, duas alianças entre as cidades gregas se destacaram: a Liga do Peloponeso, com Esparta, e a Confederação de Delos, com Atenas. Durante algum tempo, houve um equilíbrio de poderes entre as duas alianças. Mas os atenienses começaram a expandir o domínio de sua armada impondo pesados tributos e confiscando as esquadras de outras cidades, com exceção de Lesbos e Quios. O crescimento da talassocracia ateniense, quer dizer, do seu domínio sobre os mares, foi percebida como ameaça crescente sobretudo pela cidade de Corinto. Esta última era exuberante devido ao comércio marítimo que realizava, além de ser importante aliada de Esparta na Liga do Peloponeso. Imaginando que o crescente poderio marítimo viesse a culminar no futuro em tal magnitude de poder ateniense que fosse irresistível, indefensável e irreversível pela Liga do Peloponeso, os coríntios conclamaram seus aliados e os exortaram a mover uma guerra preventiva contra Atenas. A guerra durou cerca de 27 anos, entre 431 a.C. até 404 a.C. Tucídides viveu e narrou os primeiros 21 anos dessas guerras. Ao final, Atenas foi derrotada pela Liga do Peloponeso e Esparta vencedora.

Do ponto de vista teórico e doutrinário, há diferentes correntes de análise sobre as guerras preventivas. De maneira geral, podemos destacar três tradições principais sobre o tema: a) a doutrina da *guerra justa*; b) o direito internacional; e c) o realismo político.

Os adeptos da doutrina da guerra justa versam sobre a validade moral das justificativas que estadistas e analistas apresentam para as guerras preventivas. Um pesquisador de referência nessa abordagem é Michael Walzer e sua pesquisa desenvolvida em *Guerras justas e injustas*. O autor resgatou os princípios da tradição escolástica espanhola de Francisco de Vitória para orientar sua interpretação sobre esse problema. Walzer condenou as guerras preventivas por entendê-las como "crimes de agressão" contra a paz. Para ele, as guerras preventivas não encontram respaldo moral, pois somente as guerras defensivas e que visam à restituição por um dano sofrido é que podem ser legítimas. Como no caso de uma guerra preventiva a agressão ainda não ocorreu e a ameaça ainda não se concretizou, resulta que esta seja uma forma de agressão e não uma forma de legítima defesa. Por essa razão, muitos adeptos dessa corrente condenam as guerras preventivas como ilegítimas desde o ponto de vista moral (2003, 2004).

De outra parte, a corrente do direito internacional enfatiza as questões de legalidade das guerras preventivas. No campo do direito, podemos divisar dois momentos principais sobre as guerras preventivas: um contexto clássico com os juristas da tradição do *jusnaturalismo*; outro contexto mais contemporâneo, com o direito internacional positivo consagrado pela carta das Nações Unidas e pelo princípio da segurança coletiva. Pela via da abordagem da segurança coletiva pós-Liga das Nações e da ONU, em linhas gerais, há três interpretações diferentes que orientam os pesquisadores do tema: a) as guerras preventivas são totalmente ilegais, pois não encontram amparo nos dispositivos de segurança coletiva que restringem a guerra como defesa contra agressões, portanto, se não há agressão não pode haver guerra de defesa amparada legalmente; b) as guerras preventivas são legais apenas quando aprovadas pelo Conselho de Segurança da ONU, designando esse conselho qual a parte, coalização ou missão composta por membros das Nações Unidas será responsável por impor as condições de cumprimento das resoluções; c) as guerras preventivas são permitidas unilateral ou multilateralmente, a legalidade dessas guerras é defendida sob a alegação de que a Carta das Nações Unidas preserva o direito à legítima defesa individual ou coletiva de seus membros contra as agressões. Aqui, o problema reside na caracterização do que constitui uma agressão, pois aquela carta não tipifica os atos de agressão e as medidas de segurança coletiva correspondentes. Quiçá por esse motivo, a Assembleia Geral elaborou uma recomendação ao Conselho de Segurança sobre a caracterização da agressão por intermédio da Resolução n.3.314 de 1974. Contudo, como as resoluções da Assembleia Geral são apenas de caráter recomendatório ao Conselho de Segurança, a observância do conselho às recomendações varia de acordo com os contextos geopolíticos, sobretudo pelos interesses e ações dos integrantes permanentes do Conselho de Segurança.

Por fim, os adeptos do realismo político e dos estudos estratégicos privilegiam o "cálculo" da *utilidade diplomático-estratégica* das guerras preventivas. Entretanto, os realistas não negam a importância da legitimidade e da legalidade das guerras, mas acreditam que, por ser a ação política julgada não apenas em relação aos seus objetivos e meios empregados, mas em especial aos seus resultados e significados, a opção de iniciar uma guerra preventiva deverá visar aos resultados esperados. O pensamento realista enfatiza o princípio da autoajuda em um sistema internacional caracterizado pela anarquia, no qual as "leis" e tratados nem sempre são observados e respeitados por todos. Uma política de razão de Estado consequente não poderia sacrificar a segurança e a defesa do Estado por uma recusa cabal à guerra preventiva. Por essa razão, os realistas consideram que uma guerra preventiva não pode ser enquadrada como uma agressão decorrente de uma política ofensiva, ela é antes uma política defensiva cuja estratégia adotada é ofensiva (Palacios, 2011, 2013).

Preempção, prevenção e precaução

É recorrente em notícias na imprensa e mesmo análises acadêmicas o emprego indiscriminado de ataque ou guerra preemptiva e preventiva. Embora compartilhem semelhanças, ambos os conceitos apresentam certas peculiaridades que deveriam ser observadas antes de seu emprego indiscriminado para rotular eventos e acontecimentos geopolíticos. Essa confusão já foi denunciada por Michael Walzer, que buscou diferenciá-los. Para ele, o fundamento da autodefesa preemptiva é que, na realidade moral da guerra, existem casos em que se reconhece que a agressão não foi iniciada através de disparos ou de invasão lindeira. O problema em reconhecer esses casos é que os governos sempre tendem a mentir a respeito de quem atacou antes, para evitar a acusação de agressão. De qualquer forma, o *bellum justum* admite uma margem de ação para a autodefesa, que é reconhecida também pelo paradigma legalista, como a "fórmula da preempção", que Walzer importa do secretário de Estado americano Daniel Webster.

Em 1842, Webster, atuando no caso *Caroline*, discernia que o uso preemptivo da força nas relações internacionais não podia ser condenado moralmente ou legalmente, pois a preempção advinha da necessidade instantânea do Estado de se defender contra um ataque iminente, momento em que as decisões políticas estejam reduzidas a atacar ou sofrer um ataque. Nessas circunstâncias, uma entidade política pode iniciar o uso da força sem que isso represente uma violação do direito internacional.

O critério de distinção entre a preempção, considerada legítima, e a prevenção, ilegítima, é temporal, isto é, baseia-se na iminência de a vítima sofrer o ataque. Na preempção existe um "perigo real e imediato", enquanto na prevenção o perigo supostamente se manifestará numa situação futura indesejável. Como na analogia interna uma vítima em potencial não precisa ser atacada para poder se defender, o mesmo ocorre entre os Estados, que, percebendo as ameaças se concretizarem, podem optar por atacar antes de serem atacados, sem que isso seja julgado injusto.

Adicionalmente à "fórmula da preempção" de Webster, Walzer alega que, no *bellum justum*, o procedimento precisa ser um pouco mais permissivo no uso preventivo da força, devendo-se levar em conta não apenas a iminência do ataque, mas inclusive sua magnitude e a probabilidade de se materializar, bem como os efeitos psicológicos que a ameaça gera na vítima em potencial. A alternativa é proposta como uma condição intermediária entre a preempção e a prevenção (ambos os conceitos retêm os significados atribuídos por Webster), que é chamada de precaução; de acordo com o autor, "a linha entre a iniciativa de ataque legítima e ilegítima não será traçada no ponto da ameaça iminente, mas no ponto da ameaça suficiente" (Walzer, 2003, p.136).

A ideia geral é que a precaução seja julgada em função de três pontos principais: "uma intenção manifesta de ferir, um grau de preparação ativa que torne essa intenção um perigo positivo e uma situação geral em que esperar, ou tomar qualquer outra atitude que não seja a de lutar, aumentará enormemente os riscos" (Walzer, 2003, p.136). Ainda de acordo com o autor, a diferença entre prevenção, preempção e precaução é que a guerra preventiva contemplaria o "passado e o futuro, o ato reflexo de Webster, o momento imediato, ao passo que a ideia de estar sob a ameaça concentra a atenção no que seria melhor chamar simplesmente de *presente*". Infelizmente, admite que não tem como estipular uma faixa temporal unívoca, pois trata-se antes de um período em que ainda se podem fazer escolhas e no qual é possível sentir a coação (Walzer, 2003, p.137).

Na tentativa de ilustrar a precaução, Walzer recorreu ao caso da Guerra dos Seis Dias. Em seu entendimento moral, as circunstâncias que agravaram a crise entre Israel e Egito, e culminaram no ataque israelense em 5 de junho de 1967, não configuravam um perigo tão real e imediato para Israel, a ponto de esse ataque inicial ser julgado como um caso de preempção. Entretanto, como Israel estava realmente sendo ameaçado pela mobilização das tropas de seus vizinhos ao redor do seu "exterior próximo", em especial com a ameaça de bloqueio do Canal de Suez, e porque Nasser já havia manifestado em seus discursos a intenção de colocar Israel em perigo, pôde Israel atacar antecipada e justamente o Egito, sem que se tratasse de caso de preempção ou de prevenção. O medo e a insegurança de Israel, por serem oriundos das ações de seus vizinhos, são entendidos como um "medo justificado" moralmente, ou seja, a ameaça que o Egito representava para Israel, mesmo não configurando um caso de preempção, cumpria os morais da precaução de Walzer, quais sejam: a "agressão pode ser detectada não só na ausência de um ataque ou invasão militar, mas também na (provável) ausência de qualquer intenção imediata de lançar um ataque ou invasão desse tipo" (2003, p.142).

Finalmente, afirma que a guerra preventiva é completamente injusta, mas salienta que os adeptos do *bellum justum* devem se esforçar em reconhecer os casos em que existam ameaças com as quais "nenhuma nação pode conviver". Tais casos justificam as medidas de precaução como no caso israelense. Sendo essa fórmula mais permissiva que o paradigma legalista, o julgamento moral deve ter suas restrições baseadas na especificidade das diferentes ameaças e conflitos (2003, p.144).

Ainda que Walzer tenha contribuído para o discernimento entre preempção e prevenção, seus críticos o acusam de haver obnubilado em seguida a distinção conceitual ao introduzir a obtusa noção de precaução. Com efeito, os exemplos fornecidos pelo autor para sustentar essa tipologia são escassos, quase exclusivos da situação israelense mencionada. Por essa razão, diversos adeptos das correntes do direito internacional e do realismo político se afastaram da abordagem do *bellum justum* de Walzer para discernir as especificidades entre preempção e prevenção.

Por fim, as três correntes abordadas não esgotam o tema, mas servem de chave de entrada para mapear as guerras preventivas nas relações internacionais. Outrossim, não se pode ignorar que, mesmo dentro de cada uma dessas correntes, surgiram debates e contraposições acerca do uso preventivo da força. Ao que parece, esse tema clássico do dilema de segurança é ainda vigoroso e não foi solucionado em sua plenitude.

Referências bibliográficas

PALACIOS JR., A. M. C. *As teorias das guerras preventivas e as relações internacionais.* São Paulo: Editora Unesp, 2011.

______. Três abordagens teóricas das guerras preventivas: legitimidade, legalidade e utilidade. In: SAINT-PIERRE, H.; MEI, E. (Org.). *Paz e guerra*: defesa e segurança entre as nações. São Paulo: Editora Unesp, 2013.

TUCÍDIDES. *História da Guerra do Peloponeso.* Brasília: Editora UnB, 2001.

WALZER, M. *Guerras justas e injustas*: uma argumentação moral com exemplos históricos. São Paulo: Martins Fontes, 2003.

______. *Arguing About War.* New York: Yale University Press, 2004.

GUERRA PRIMITIVA

Alberto Montoya Correa Palacios Junior

É a expressão empregada em referência ao fenômeno da guerra realizada por sociedades cujas morfogêneses e morfologias políticas são do tipo não estatal. Tribos e clãs de indígenas ameríndios, africanos e aborígenes da Oceania são sociedades retratadas na literatura clássica da Antropologia, Sociologia, História da Guerra e das Relações Internacionais como aquelas que praticariam esse tipo de guerra. A conotação é a de que essas sociedades são primitivas, toscas, selvagens por não apresentarem uma evolução desde as formas sociais mais básicas e simples, como família extensa, clãs e tribos, em relação às sociedades consideradas mais complexas e diversificadas, como ilustra a organização estatal. Ainda que a denominação tenha sido empregada com elevada frequência nos estudos clássicos, hoje caiu em desuso após severas críticas de que seu emprego denota preconceitos etnocêntricos inapropriados para cientistas sociais, historiadores, militares e diplomatas.

O tema é célebre e seu tratamento apresentou problemas para diferentes gerações de pesquisadores, tais como Carl von Clausewitz (2003), ao contrastar a guerra dos selvagens com a dos civilizados; Friedrich Engels (1984), em sua pesquisa amparada em Lewis Henry Morgan sobre as origens da família, da propriedade privada e do Estado; Émile Durkheim (2010) e Marcel Mauss (2008), ao esquadrinharem e debaterem os tipos de solidariedade mecânica e orgânica; Bronislaw Malinowski, a respeito do conceito de guerra na Antropologia (1975); Evans-Pritchard e Meyer Fortes (1950), ao retomarem a tipologia das sociedades segmentares e não segmentares e sua identificação na África; Raymond Aron (2002), com o problema da guerra arcaica e da guerra moderna, entre outros.

O ponto central dos críticos é que, por vezes, esse exercício classificatório é estéril e até mesmo contraproducente cientificamente. Porque se esteia na crença infundada de que diferentes sociedades e suas práticas guerreiras poderiam e deveriam ser submetidas a uma mesma racionalidade política e social, não raro tomando como ponto de referência o quadro de desenvolvimento das sociedades europeias. Essa é uma postura que impede os pesquisadores de acessarem os mecanismos, funções e estruturas próprias assumidas pelas guerras das sociedades que não se organizam estatalmente.

Apresentados em linhas gerais os motivos de condenação e desuso dessa terminologia nas pesquisas contemporâneas, podem-se debater agora, ainda que com cautela, as principais características desses fenômenos guerreiros seguindo as contribuições etnográficas e etnológicas de alguns pesquisadores basilares desse tema.

Possivelmente, uma das obras de maior importância sobre o tema seja *Primitive Warfare: Its Practice and Concepts* [Guerra primitiva: sua prática e conceitos], publicada em 1949 pelo pesquisador norte-americano Harry Holbert Turney-High, cuja tese central é a de que a chamada *guerra primitiva* não é factualmente uma manifestação da *guerra genuína*. Esse parecer está baseado na crença do autor de que as sociedades primitivas realizam um tipo de violência armada ritualizada que não apresenta as características mínimas necessárias para identificação do domínio de técnicas propriamente militares, máxime nos casos da tática e da estratégia. As sociedades primitivas estariam abaixo daquilo que Turney-High classificou como *horizonte militar da guerra*. Mas quais seriam as características militares, táticas e estratégicas que ele tinha em mente ao pensar o conceito de *horizonte militar*? Para ele, as manifestações de violência armada societária precisariam apresentar as seguintes características mínimas para serem enquadradas como manifestação da *guerra genuína*, por exemplo: 1) a ofensiva; 2) emprego combinado de todas as forças; 3) concerto de esforços; 4) concentração da força em um ponto crítico; 5) integridade das unidades táticas; 6) fogo (disparo) e movimento; 7) simplicidade do plano; 8) surpresa; 9) segurança; 10) utilização do terreno; 11) formações corretas; 12) inteligência; 13) mobilidade; 14) exploração da vitória (Turney-High, 1949, p. 26-7).

Ainda que não se possam esclarecer aqui todas as características enumeradas, é necessário enfatizar que, segundo Turney-High, embora as sociedades primitivas observem e pratiquem alguns desses princípios isoladamente e em algumas ocasiões, sua opinião é a de que não os realizam de maneira metódica, sistemática e integrada. A pedra de toque para a distinção entre ambos os "tipos" de guerra (primitivas e genuínas) seria a análise do 11º princípio: *as formações corretas*. Traduzindo em termos simples, a organização militar elementar para um *exército* seria manobrar as formações de *colunas* e *linhas*, pois ambas demandam disciplina e um corpo de oficiais que exerçam liderança e comando, algo raramente observado em povos não civilizados e primitivos. Apesar de a *coluna* não ser uma disposição propriamente dita para a batalha, é uma forma pela qual os exércitos se movem para a apresentação aos inimigos. Depois da batalha, a coluna precisaria ser restaurada tanto pelos vitoriosos em perseguição aos inimigos quanto pelos derrotados que almejam se evadir do teatro de operações com o mínimo de segurança (Turney-High, 1949, p. 26-8).

A demarcação entre a guerra primitiva e a genuína se assenta no advento da *tática* e de seus *princípios*: a *tática* da guerra genuína pressupõe uma evolução e complexidade das formas de organização sociopolítica que permitam as *batalhas* se desdobrarem em *campanhas*. Sem a *tática*, inexistiriam as *batalhas* e *campanhas* da genuína guerra, antes teríamos os *raids*, ou incursões, que estariam mais próximos às ações de banditismo e invasão de propriedade, como expressaria o termo *burglary* em inglês, importado do francês, e utilizado por Turney-High para classificar esse tipo de combate armado. Sintetizando, haveria cinco requisitos para a manifestação da guerra genuína: 1) operações táticas; 2) comando e controle definidos, sem os quais não existiria um *exército*, mas tão somente uma turba envolta em uma briga sanguinária; 3) habilidade para conduzir uma campanha visando à redução da resistência do inimigo caso a primeira batalha falhe; condição esta acima dos requisitos necessários para a realização de *raids* bem-sucedidos por primitivos; 4) o motivo de guerra deve ter alguma clareza – a guerra deve ter um motivo grupal em vez de motivações individuais ou baseadas apenas sobre o parentesco. A genuína guerra está num plano acima dos interesses da parentela; ela é um mecanismo político, propriamente assim chamado; 5) uma cadeia de suprimentos adequada para as campanhas estendidas (Turney-High, 1949, p.30).

Pouquíssimos primitivos cumpririam o conjunto interligado e sistemático desses requisitos, em razão de não possuírem *soldados* disciplinados em sentido estrito, apenas *lutadores* (*fighters*) que, a despeito da crueza de seus enfrentamentos, não realizam a genuína guerra. Em suma, a materialização do *horizonte militar* é representada por um corpo de *oficiais militares* responsáveis pela condução e execução *tática* das guerras dos Estados, motivados por objetivos (geo)políticos como a expansão *territorial*. Nessa linha, as motivações políticas nas guerras emergiriam apenas com os Estados ou Protoestados territoriais; as demais motivações presentes nas guerras primitivas têm relação com canalizações e transbordamentos de tensões interpessoais e grupais (Turney--High, 1949, p.141, 152 e 161).

Sobre as motivações econômicas para a guerra primitiva, não teriam as mesmas importância e frequência daquelas das guerras civilizadas. Nas últimas, as motivações econômicas são bastante recorrentes, quer sejam declaradas ou ocultas pela retórica política, de sorte que raramente as motivações materiais operariam como causa de guerra para povos pré-metalúrgicos. Para os últimos, o próprio tédio da vida cotidiana seria quebrado e superado apenas por ocasiões como a caça e a guerra, atividades lúdicas ou de lazer, promovendo essas atividades elementos na vida social para muito além de cálculos baseados em racionalidade econômica ou de segurança social (Turney-High, 1949, p.168-9).

Restam ainda os *valores militares* e *atitudes militares* da guerra primitiva. Os valores são resumidos por aquilo que os guerreiros valorizam obter na guerra. O valor é entendido como uma *característica* ou *prática* representada por um *objeto* com *significado*, podendo ser um *objeto* de natureza psicológica ou material, mas que possui, por isso, uma *utilidade social*, ou seja, está imbuído de *poder* para satisfazer uma vontade ou necessidade humana num contexto social. Enquanto conceito cultural, o valor é traduzido em objetos ou práticas com diferentes significados sociais (Turney-High, 1949, p.187). Por fim, a guerra primitiva não evolui para a guerra genuína enquanto a sociedade civil não dispuser de disciplina para organizar uma forma de governo eficaz, não gerar a divisão social do trabalho e criar exércitos com oficialato para manejo eficaz das *atitudes militares* na guerra (Turney-High, 1949, p.253). Vale dizer, enquanto essa forma de organização social complexa não ocorrer, essas guerras remanescerão primitivas e abaixo do *horizonte militar*. Esse parecer de Turney-High foi endossado por William N. Fenton, do Bureau of American Ethnology, de Washington, DC (1950, p.246-7), pela American Anthropological Association, em 1967, John Keegan (2006, p.128), Martin van Creveld (2004, p.10) e outros.

Uma questão delicada em relação à guerra primitiva é sua aplicação a contextos históricos e pré-históricos diferentes. De um lado, o uso do conceito é empregado em referência à violência armada organizada de sociedades situadas até o período classificado como Neolítico, ou seja, antes do advento das armas de metal. De outro, é aplicado para sociedades contemporâneas que possuem uma simplória cultura material e política, principalmente se não chegaram a desenvolver organizações políticas estatais ou a dominar técnicas autóctones de metalurgia e construção de armas de fogo, estando restritas aos armamentos de arremesso e projéteis como machadinhas, fundas, lanças, arcos e flechas, zarabatanas; armas de concussão, como tacapes, marretas, porretes; de corte, como espadas, machados; ou de perfuração, como lanças e espetos feitos de pedra, ossos, madeira e/ou obsidiana (Holmes, 2006; Parker, 2009). No primeiro caso, as sociedades, hoje desaparecidas, e suas guerras primitivas seriam aquelas pesquisadas sobretudo por arqueólogos e historiadores da guerra. No segundo, seriam estudadas por antropólogos em pesquisas de campo pelas quais geralmente produzem suas etnografias e etnologias.

Nesse ponto, cumpre destacar que Raymond Aron, em *Paz e guerra entre as nações* (2002), distinguiu essas duas modalidades de guerra, separadas sobretudo diacronicamente. É importante notar que Aron não empregou as denominações sociedades ou guerras primitivas, porém chamou-as de *arcaicas*. Apesar da diferença terminológica, o conteúdo de sua definição de arcaico equivale quase completamente àquilo que os demais pesquisadores chamam de *primitivo*. Sobre a pertinência de se pesquisar essas modalidades de guerra para o campo das relações internacionais contemporâneas, Aron foi um cético. Argumentou que os estudos arqueológicos pouco ofereceriam para elucidar problemas da paz e da guerra numa era termonuclear pelo motivo de que a guerra moderna e industrial não descende em linha direta daquelas praticadas pelos homens das cavernas, já que não haveria indícios de empregos de táticas e estratégias propriamente militares até o advento da Idade do Bronze. No tocante às chamadas sociedades arcaicas contemporâneas, aquelas com baixa segmentação política e simplória cultura material, Aron também não acreditava que seu estudo pudesse elucidar questões da paz e da guerra para as sociedades modernas e industriais porque nessas sociedades, por ele apontadas como já moribundas no século XX, inexistiram as esferas da vida social que pudessem ser distinguidas em público e privado, política externa e política doméstica, paz e guerra. Para além dessa entremistura de esferas da vida social que as distinguiriam das sociedades modernas, as sociedades arcaicas praticariam formas de violência organizada de maneira bastante ritualística e que as assemelhariam quase a atividades lúdicas ou jogos. Resumidamente, o estudo da guerra arcaica de sociedades pré-históricas ou contemporâneas não seria do interesse dos militares, diplomatas e demais pesquisadores das guerras modernas por ser um fenômeno de natureza distinta. Assim, é perceptível a adesão de Aron às ideias propugnadas por Turney-High de *horizonte militar* e *guerra genuína*.

Como visto, é delicada a questão de se considerar como análogas ou equivalentes as guerras primitivas e arcaicas das sociedades pré-históricas e contemporâneas. É notório que pesquisadores como Napoleon Chagnon (2014), John Keegan (2006), Martin van Creveld (2004), Jared Diamond (2006, 2012) e Lawrence Keeley (2011) utilizam exemplos de guerras de sociedades contemporâneas, como a dos ianomâmis na fronteira entre Brasil e Venezuela, para ilustrarem como seriam as guerras na pré-história. O ponto de crítica é o de que esses pesquisadores partem da premissa de que as sociedades como a dos ianomâmis estariam quase congeladas no tempo e representariam uma espécie de *fóssil social*, representantes da humanidade do Neolítico. Essa interpretação é questionada por antropólogos que alegam que essas sociedades foram bastante influenciadas direta e indiretamente pelas guerras e pelos contatos com as sociedades modernas, a despeito da aparente simplicidade de sua cultura material e política. Quer dizer, ainda que sociedades como a dos ianomâmis tenham mantido contato mais constante com a sociedade moderna do entorno apenas nas últimas cinco ou seis décadas, na realidade os efeitos deletérios de epidemias, a introdução de utensílios de metal e os deslocamentos geográficos de outras sociedades indígenas no seu exterior próximo introduziram mudanças socioculturais importantes nesses grupos já em um período anterior aos contatos diretos e constantes. Os ajustamentos que precisaram realizar mesmo nos casos de contato indireto com a sociedade moderna, dizem os antropólogos, não nos permitem inferir que as suas modalidades de guerra se assemelhem àquelas praticadas à época do Neolítico. Portanto, considerar essas sociedades indígenas da atualidade como se fossem fósseis sociais da pré-história é uma manobra arriscada e que tende a comprometer a acuidade diacrônica das pesquisas. Não obstante, nessa dicotomia entre sociedades "primitivas" pré-históricas e atuais, é crescente a colaboração entre arqueólogos e antropólogos (Gallois, 2016).

Agora, para oferecermos algumas críticas sociológicas e etnológicas específicas às interpretações de Turney-High e daqueles que o seguiram no tema da guerra primitiva, evocaremos o funcionalismo de Florestan Fernandes e a arqueologia da violência de Pierre Clastres.

Florestan Fernandes (2006) se deparou com os problemas da guerra primitiva e moderna ao iniciar suas pesquisas que culminariam em sua tese de doutoramento, *A função social da guerra na sociedade tupinambá*. Logo no início, se impôs o problema do estatuto da guerra e se tal conceito seria apropriado para classificar as modalidades de violência armada intertribal daqueles indígenas brasileiros. Habitantes das costas brasileiras nos séculos XVI e XVII, esses povos ficaram célebres como aguerridos naqueles relatos dos cronistas europeus quinhentistas e seiscentistas. Fernandes, após considerar com cautela as restritivas tipologias de guerra, como oferecidas por Malinowski e Turney-High, optou por descartá-las por entender que o fenômeno da guerra não se exaure e tampouco pode ser definido apenas em referência à manifestação militar do fenômeno. Para entender a guerra é preciso estudar o papel e a função social que ela cumpre nas demais esferas da vida social e que não se restringem aos aspectos militares, incluindo a política, economia, religião, ética e fatores psicossociais. Outrossim, a classificação de um *horizonte militar*, tal como propugnado por Turney-High, embora ofereça ferramentas metodológicas didáticas para a observação e análise das táticas e estratégias da guerra, não pode ser aplicado universalmente com o mesmo rendimento científico naquelas sociedades diferentes das estatais e protoestatais. Se examinadas em seu próprio contexto cultural, Fernandes defende que as sociedades ditas primitivas praticam formas genuínas de guerra e apresentam uma complexidade social que coloca em xeque a noção de que teriam organização social tosca, simplória ou primitiva.

Apesar de a sociologia funcionalista de Florestan Fernandes ter ultrapassado as limitações da abordagem de Turney-High, as guerras das sociedades "primitivas" seguiram destituídas de positividade porque continuaram a ser definidas e caracterizadas a partir de algo que lhes faltava, a saber, a organização estatal. Foi com Pierre Clastres que o exame dessas sociedades e guerras foi libertado do rótulo de guerras e sociedades meramente não estatais. Para ele, seguir classificando as sociedades indígenas por aquilo que elas não manifestam organizacional e politicamente impede que se percebam a genuína razão de ser e a função sociopolítica dessas guerras.

Em linhas gerais, Clastres (2013, 2014) identificou na cosmopolítica tupi-guarani uma disposição estrutural de inibição das forças estatais. As sociedades primitivas, por meio de suas mitologias e *pensamento selvagem* – no sentido de Lévi-Strauss (1989) –, puderam desenvolver uma filosofia nativa projetada para ser *contra o Estado*. Isto é, essas sociedades intuíram que uma organização política estratificada como nas organizações estatais é a ameaça máxima ao seu estilo de vida e liberdades, por isso se opõem ativamente à sedimentação do poder e da autoridade, quer seja numa classe social ou nas pessoas dos líderes. Ao examinar as chefias indígenas, Clastres observou que raramente os chefes emitem ordens aos demais; ao revés, quando tentam fazê-lo angariam a má vontade dos demais na sua parentela e a dos aliados e, por vezes, acabam abandonados pelos seus. Segundo sua interpretação, isso acontece porque essas sociedades são bastante igualitárias e sentem uma aversão à concentração de poder que poderia liquidar essa igualdade.

Em relação à guerra, ela é a atividade – política – que por excelência serve ao grupo para mostrar-se como uno e indiviso diante dos inimigos e, ao mesmo tempo, propicia as oportunidades para os jovens passarem pelos ritos de iniciação à vida adulta na condição de guerreiros. Essa passagem para a vida adulta guerreira não é definitiva e estática, pelo que a guerra continua a propiciar as oportunidades para os adultos e guerreiros já iniciados adquirirem maior renome e prestígio, conseguindo, por essa via, tornarem-se únicos e diferenciados naquelas condições sociais bastante igualitárias. A guerra é a atividade pela qual a sociedade primitiva – agora no sentido de primeva, como algo genuíno – se mantém livre e inibe a concentração do poder numa classe ou casta, principalmente militar, dissociada do restante da sociedade, já que a condição de ser adulto é a de ser guerreiro. Por isso, o etnólogo considerou que mais do que não estatais, essas sociedades e suas modalidades de guerra são *contraestatais*.

Referências bibliográficas

ARON, R. *Paz e guerra entre as nações*. Brasília: Editora UnB; Ipri, 2002.

CHAGNON, N. *Nobres selvagens*: minha vida entre duas tribos perigosas, os ianomâmis e os antropólogos. São Paulo: Três Estrelas, 2014.

CLASTRES, P. *A sociedade contra o Estado*: pesquisas de antropologia política. São Paulo: Cosac & Naify, 2013. [*e-book*.]

______. *Arqueologia da violência*: pesquisas de antropologia política. 3.ed. São Paulo: Cosac & Naify, 2014.

CLAUSEWITZ, C. von. *Da guerra*. 2.ed. 2.tir. São Paulo: Martins Fontes, 2003.

CREVELD, M. van. *Ascensão e declínio do Estado*. São Paulo: Martins Fontes, 2004.

DIAMOND, J. *Armas, germes e aço*: os destinos das sociedades humanas. 8.ed. Rio de Janeiro: Record, 2006.

______. *The World Until Yesterday*: What Can We Learn from Traditional Societies? New York: Viking-Penguin Books, 2012.

DURKHEIM, É. *Da divisão do trabalho social*. 4.ed. São Paulo: Martins Fontes, 2010.

ENGELS, F. *A origem da família, da propriedade privada e do Estado*: trabalho relacionado com as investigações de L. H. Morgan. 9.ed. Rio de Janeiro: Civilização Brasileira, 1984.

EVANS-PRITCHARD, E. E.; FORTES, M. *African Political Systems*. London: Oxford University Press, 1950.

FENTON, W. N. Review – Primitive Warfare: Its Practice and Concepts. Harry Holbert Turney-High. *American Anthropologist*, v.52, 1950. Article first published on-line: 28 out. 2009 | DOI:10.1525/aa.1950.52.2.02a00110.

FERNANDES, F. *A função social da guerra na sociedade tupinambá*. Pref. Roque de Barros Laraia. 3.ed. São Paulo: Globo, 2006.

GALLOIS, D. T. Algumas aproximações entre etnologia, história e arqueologia. *Teoria e Sociedade*, Belo Horizonte, v.24, n.2, jul.-dez. 2016.

HOLMES, R. *A Visual History of Arms and Armour*. London: Dorling Kindersley (DK); Royal Armouries Museum, 2006.

KEEGAN, J. *Uma história da guerra*. São Paulo: Companhia de Bolso, 2006.

KEELEY, L. H. *A guerra antes da civilização*: o mito do bom selvagem. São Paulo: É Realizações, 2011.

LÉVI-STRAUSS, C. *O pensamento selvagem*. Campinas: Papirus, 1989.

MALINOWSKI, B. *Uma teoria científica da cultura*. 3.ed. Rio de Janeiro: Zahar, 1975.

MAUSS, M. Ensaio sobre a dádiva. In: *Sociologia e antropologia*. 3.reimpr. São Paulo: Cosac & Naify, 2008.

PARKER, G. *The Cambridge Ilustrated History of Warfare*. Cambridge: Cambridge University Press, 2009.

TURNEY-HIGH, H. H. *Primitive Warfare*: Its Practice and Concepts. Columbia: South Carolina Press, 1949.

HISTÓRIA DA GUERRA

Francisco Carlos Teixeira da Silva

Definição

CONFLITO, CHOQUE, LUTA E/OU EMBATE ARMADO por meios militares e/ou outros, direto ou indireto, entre Estados – no caso, conflitos interestatais; ou entre um Estado e uma organização não estatal dotada de meios ofensivos letais, considerado então interestatal; ou ainda de tipo interestatal, com intervenção de terceiros estrangeiros, envolvendo um ou mais Estados; ou ainda com a participação de uma organização não estatal dotada de meios ofensivos e, por vezes, entre organizações não estatais dotadas de meios ofensivos letais apoiadas por Estados de forma direta ou indireta (Liang; Xiangsui, 2006).

Como podemos ver no esforço de síntese acima, a ser detalhado em seguida, o conceito de guerra – por muito tempo restrito a um ato de beligerância entre dois ou mais Estados-nações dotados dos atributos clássicos de soberania, expandiu-se largamente nas últimas décadas. Especialmente após o fim da Guerra Fria, entre 1989 e 1991, o caráter polissêmico/polimórfico da palavra "guerra" tornar-se-ia fluido e difícil de caracterizar (Silva, 2015a). Mesmo organismos multilaterais voltados para a garantia e manutenção da paz, como a ONU ou a União Africana, terão grande dificuldade em caracterizar uma "situação de guerra" ou "ameaça à paz" – em conflitos inter e intraestatais e especialmente com organizações não estatais armadas. Isso sem falar em situações novas e complexas, como na atuação das Forças Armadas de países como México, Colômbia ou Brasil no combate ao narcotráfico no interior de suas fronteiras. Em seu limite, as novas formas de guerra apresentar-se-ão como "guerra sem guerra", como uma modalidade de combate que se vale de recursos não bélicos – da ordem do econômico, do midiático, do cibernético – para desestabilizar, mudar ou mesmo constituir governos em outros Estados-nações, paralisando e inibindo as caracterizações clássicas de guerra emanadas do direito internacional. A própria nomenclatura das guerras, e seu campo semântico, se estenderá, envolvendo não só o próprio vocábulo "guerra" e sua sinonímia – conflito, embate, confronto, conflagração –, como ainda sua extensão – guerras às drogas, ao crime, à pornografia, à fome –, além de modalidades variadas – Guerra Fria, guerra cibernética, guerra assimétrica etc. André Corvisier, numa obra clássica, fará uma extensa análise dos percursos variados do vocábulo e da sua validade e aplicabilidade estendida nos nossos dias (Corvisier, 1995, p.12 ss.). De certa forma, a modernidade da guerra – para alguns, sua pós-modernidade – representa um retorno a Thomas Hobbes (1588-1679) e à condição de "estado de natureza" em nossos dias, em que "a guerra não aparece apenas nas batalhas e nos confrontos militares [e sim toda] uma época no curso da qual a vontade de utilizar a força [como meio de resolução de conflitos] é evidente, pode ser também denominado de guerra". Ou seja, o "estado de natureza", nas relações internacionais, nunca claramente resolvido por arranjos entre os Estados-nações, caracteriza um "estado permanente de guerra", exatamente o contrário do arranjo contratual que garantiria a paz civil interna (Hobbes, 1988, p.77 ss.). No entanto, Gaston Bouthoul, em prol do "classicismo", fará uma advertência, nem sempre aceita com unanimidade, de que, não havendo vítimas derivadas dos embates, não se trataria verdadeiramente de guerra, e estaríamos em verdade em face de uma metáfora ou paráfrase, com notório conteúdo idealista e moralizante (Bouthoul, 1969, p.34). Eis aqui, como veremos, um debate que perpassará todo o estudo da guerra.

As origens clássicas

A natureza e as formas da guerra são questões multimilenárias. Muito possivelmente foi a guerra, ou ao menos suas consequências, que geraram algumas das mais antigas representações e narrativas da humanidade, incluindo suas primeiras formas artísticas (Bahn; Vertut, 1997, p.37 ss.). Em princípio, as narrativas bélicas emergiram como tradições orais, e aos poucos foram se constituindo como nossos primeiros testemunhos escritos: a *Epopeia de Gilgámesh*, datando possivelmente do segundo milênio a.C., na antiga Suméria; o Pentateuco, composto por volta de 950 a.C.; a *Ilíada*, cuja forma literária surge por volta do século VIII a.C. ou o *Mahabharata* – um texto ciclópico de 74 mil versos em sânscrito, com origens no período védico (1500-600 a.C.), e registro escrito desde o século III a.C. – são imensas narrativas épicas. Em todas essas narrativas, a guerra desempenha um papel central: tragédias que representam e exaltam valores e vícios do caráter humano e trazem, em comum, narrativas de guerras fundadoras da civilização e de seus heróis e semideuses taumaturgos.

As narrativas bélicas e o entendimento das suas razões foram, assim, um elemento original e permanente das primeiras representações humanas. Em suas origens, a guerra assumiu uma natureza sobrenatural mergulhada no sangue e na punição e representada por deuses vingativos e ambíguos – pois poderiam também ser deuses criadores e transformadores – em suas relações com o homem. Entender as razões da guerra é, assim, uma constante ao longo da história. Ao mesmo tempo, a busca da paz também é um objetivo que mobilizou os primeiros nomes que ao longo da história ficaram registrados como "heróis" civilizadores, deuses e deusas fecundadores da civilização, que ensinaram a plantar, a curar e a escrever – como no caso de Shiva/Indra, com suas origens neolíticas, um deus destruidor-transformador, benevolente, sem o qual o equilíbrio do Universo estaria em perigo.[1] Ou seja, numa concepção bastante antiga, a destruição/transformação representada na Trimurti, a trindade hinduísta, ao lado de Brahma e Vishnu, como um deus necessário e mesmo imprescindível ao equilíbrio, explicita a dificuldade de separar a destruição da transformação. Shiva/Indra não é, mesmo sendo o "destruidor", uma entidade do mal: é um deus necessário e transformador, que preside a mudança de estado do corpo e da alma, destruindo a ignorância humana (Sivaraman, 2001, p.131). Ou seja, mesmo centrando sua explicação no sobrenatural, nem sempre o fenômeno da guerra, como na tradição que seria fundada pelo Pentateuco – o "deus dos Exércitos" de Josué é o mesmo deus da abundância – no Ocidente, era negativa e punitiva.

Nos grandes monumentos em Tebas e Karnak, ou Hatussas no Império dos Hititas, as primeiras narrativas conhecidas das relações internacionais são sobre guerras. Seus registros são estelas, relevos e inscrições em templos e pórticos antigos descrevendo vitórias de reis, heróis e semideuses contra inimigos, humanos ou sobrenaturais, que ameaçavam a paz civil. Muitos dos primeiros reis-heróis, como Gilgámesh, Teseu ou Josué são condutores de homens, generais

1 Ver: http://www.sanskrit-lexicon.uni-koeln.de/cgi-bin/monier/serveimg.pl?file=/scans/MWScan/MWScanjpg/mw1074-zilpasarvasvasaMgraha.jpgm. Acesso em: 10 out. 2017.

vitoriosos que conquistam territórios, matam inimigos ou demônios em favor de seus povos ou reinos, muitas vezes em guerras beirando o que hoje denominaríamos de genocídio. Em tais narrativas, em geral sangrentas e de extermínio, os povos são conduzidos por seus generais iluminados por um "deus dos exércitos", um deus específico e sem piedade, a um lugar onde a convivência não tem lugar: "Porém, das cidades destas nações, que o Senhor, teu Deus, te dá em herança, nenhuma coisa que tem fôlego deixarás com vida. Antes, destruí-las-ás totalmente: aos heteus, e aos amorreus, e aos cananeus, e aos fereseus, e aos heveus, e aos jebuseus, como te ordenou o Senhor, teu Deus" (Deuteronômio 20,16.17).

A primeira narrativa completa, de ambos os lados, de uma guerra a ser plenamente descrita foi a guerra entre egípcios e hititas, culminando na Batalha de Kadesh, em 1274 a.C. Devido ao seu resultado impreciso e à exaustão de ambas as partes, no ano seguinte celebrou-se um "Tratado de Paz" – o primeiro texto escrito de que temos testemunho na história das relações internacionais –, compondo assim um ciclo completo de paz-guerra-paz, e que é seguido por uma vasta correspondência diplomática encontrada na biblioteca real de Hattusas, a capital hitita, hoje Anatólia, na Turquia, inaugurando uma prática ininterrupta até os nossos dias (Ralby, 2013, p.52-3).[2]

A Antiguidade Clássica, ocidental, foi marcada profundamente pela guerra constante e dura. Em tais tempos veremos emergir valores marciais e uma ética guerreira, por exemplo em Esparta e Roma, que marcariam *a fortiori* a ideia de uma positividade guerreira e dignidade viril da guerra, quase sempre dentro de quadro de referências claramente estoicista. O esforço bélico, a educação dita "espartana", com histórias que deveriam ser edificantes e que serviam de educação para os jovens – como ainda se entende em grande parte das academias militares nesta parte do mundo –, incluindo o sacrifício individual em nome da pátria – a *polis* ou a *res publica* – e, mesmo, da tropa ou dos companheiros – como no mítico episódio dos "trezentos de Esparta" ou em Tebas e seus "batalhões sagrados" –, terão então um papel central na formação da ideia de guerra, da sua ética e de seus valores para o mundo ocidental (Ludwig, 2002).

2 O texto do "Tratado de Paz" entre o Hatti e o Egito faraônico está no Museu de Arqueologia de Istambul, na Turquia, escrito em cuneiforme, sobre tabletes de argila, a forma diplomática "internacional" da época, e explicita um amplo sistema de trocas diplomáticas existentes, incluindo correios e embaixadas. Não se trata do primeiro tratado do tipo, houve anteriores assinados também pelos hititas, mas esse é o primeiro de que se possui um documento original.

Seria Cícero (106-43 a.C.), contudo, em *De officiis*, escrito em 44 a.C., que desenvolveria a argumentação sobre os serviços devidos ao Estado pelo cidadão-soldado e as decorrentes virtudes cívicas a que os cidadãos – ou seja, aqueles que eram considerados ao abrigo pleno do direito da *polis* – estavam obrigados a conformar-se para manter a *honra*. Com a invenção da imprensa por Gutemberg, por volta de 1430, a obra de Cícero tornar-se-ia uma das obras mais lidas na Europa e parte fundamental da educação, de tipo renascentista, dos jovens aristocratas infundindo "virtudes" romanas na formação dos jovens (Newton, 2016).

Da mesma forma, as façanhas heroicas dos atenienses, espartanos, tebanos, cartagineses e, claro, romanos foram imortalizadas por nomes como Homero, Heródoto, Tucídides, Xenofonte, Tito Lívio, Tácito e Júlio César, ecoando fortemente no Renascimento – agora no livro impresso –, em especial na obra de William Shakespeare (1564-1616), e depois nos poetas racionalistas e iluministas, e influenciando as noções sobre "república" e "honra" nas revoluções de 1776 na América e de 1789 na França, quando guerra e revolução se confundiriam em suas "virtudes" (Chartier, 1994).

Para além de uma ética e de valores, bélicos e cívicos – eternizados pela literatura –, a presença obsedante da guerra na Antiguidade gerou também sua primeira, e seminal, tentativa de interpretação e análise dos conflitos como um fenômeno humano, laico e capaz de ser entendido para além da ira dos deuses, castigo e soberba dos homens. Coube a Tucídides (460-400 a.C.) a primeira e sistemática avaliação da guerra como fenômeno social passível de análise direta. Para o autor, a guerra entre as confederações de cidades-estados de Delos, liderada por Atenas, e do Peloponeso, encabeçada por Esparta, entre 431 e 404 a.C., possuía causas materiais, compreensíveis e descritíveis e seu desenvolvimento poderia ser analisado conforme as capacidades dos contendores, afastando as análises míticas baseadas nas lutas e intrigas divinas. A análise "realista" de Tucídides – o que o leva a ser considerado o patrono da mais antiga e resiliente corrente interpretativa em Relações Internacionais – sobre a subjetividade da percepção do risco de perigo e a presença de ameaça por parte de um poder político permitiu que Graham Allison, nos nossos dias, cunhasse a expressão "armadilha de Tucídides", modernizando a teoria sobre a inevitabilidade da guerra como consequência do movimento de ascensão e queda das grandes potências (Allison, 2015). Retomaríamos aqui a advertência de Hobbes, ele mesmo profundamente ancorado em Tucídides, de "que a essência da guerra se mostra não somente numa batalha verdadeira, como também numa época em que a eventualidade da guerra domina as preocupações ou a paz é incerta" (Hobbes, 1998, p.79), ou seja, numa situação de "guerra contida" ou "guerra fria", na qual a percepção de "risco" ou "ameaça", por natureza subjetiva, domina a visão do outro. Assim, qualquer movimento percebido por uma potência como uma ameaça ou risco de perda de sua posição levaria a um ato preventivo, ou preemptivo, visando restabelecer o equilíbrio ameaçado. Exatamente, como bem antes Gaston Bouthoul e Paul Kennedy já haviam advertido, a busca do equilíbrio (ou sua manutenção) seria a própria fonte da guerra (Bouthoul, 1969, p.103; Kennedy, 1989).

Assim, o realismo de Tucídides, baseado na observação direta do conflito, em fontes factuais – bem ao contrário de Heródoto –, e sua busca de imparcialidade, fundaria um forte realismo narrativista e um método de pesquisa voltado para o uso de fontes primárias, orais ou escritas, que, por sua vez, alicerçaria um forte pessimismo no campo das Relações Internacionais, descrente da capacidade de negociação e regulação dos conflitos interestatais em evitar um conflito em face do movimento de emergência de grandes potências.

A tradução de Tucídides para o latim, em 1629, por Thomas Hobbes, permitindo sua ampla circulação nos meios acadêmicos europeus, dará ao autor e à obra uma longa vida na tradição filosófica e política anglo-saxã, e não será estranha a emergência de várias formas do realismo anglo-saxão contemporâneo.

Da mesma forma, a Antiguidade conheceu a irrupção de fortes movimentos pacifistas, nos quais a condenação à guerra esteve presente e fez-se mesmo massiva. O Buda (563-483 a.C. aproximadamente) e o budismo, com seus valores e cuidados de preservação de todas as formas de vida, sua reinterpretação das hierarquias sociais, valorizaram a paz e os princípios de solidariedade e comunhão, numa sociedade claramente dominada por uma elite de guerreiros, à qual ele mesmo renunciou. O mesmo se deu com o cristianismo, um movimento pacifista em suas origens, numa sociedade que impunha e valorizava princípios de honra e o papel dos militares ligados ao serviço do Estado. Muito possivelmente a peça mais perturbadora, para toda a forma de Estado, até os nossos dias, é o Sermão da Montanha, na sua radical rejeição às hierarquias, à riqueza e ao poder (Buswell Jr.; Lopez, 2002, p.923).

A presença oriental

No Oriente, a experiência bélica apresentaria alguma similitude com a situação de conflito e enfrentamento das diversas *poleis* na Grécia Antiga. Durante a Época das Primaveras e Outonos, entre 722 a.C. e 481 a.C. na China, com a extrema fragmentação do território, seguida da formação dos chamados Sete Reinos Combatentes entre cerca de 475 a.C. e 221 a.C., até a unificação imperial com Shi Huang, houve um estado de guerra permanente no mundo chinês (Sawyer, 2007, p.101-10). A persistência da guerra, com grandes operações militares consumindo parcelas significativas dos recursos disponíveis, devastações e mortes em massa, proporcionou a oportunidade de uma reflexão profunda sobre a guerra, as estratégias militares e seu planejamento. Tratava-se de pensar a guerra e seu impacto sobre a sociedade e a melhor, e menos penosa, forma de conduzi-la, conforme os princípios e valores então dominantes na sociedade chinesa, profundamente marcada, então, pelo taoísmo.

O conjunto de tais reflexões são o conjunto de obras reunidas nos "Sete Clássicos Militares", dos quais se destaca a obra *A arte da guerra*, atribuída a Sun Tzu (544 a.C.-496 a.C. – conforme as melhores análises para as datas estabelecidas e usando a grafia corrente). A partir de uma linguagem inspirada no taoísmo, com belas metáforas, muitas vezes não exatamente compreendidas por um leitor ocidental não familiarizado com a filosofia oriental, Sun Tzu desenvolve um pensamento original sobre a guerra e, muito especialmente, sobre estratégia. Não raramente, o texto mostra-se muito mais um pensamento estratégico, de aplicação geral, incluindo a diplomacia e a política (e daí seu sucesso atual no Ocidente) do que exatamente um "tratado" sobre a guerra. Qin Shi Huang (260 a.C.-210 a.C.), o primeiro imperador responsável pela unificação da China, considerava o texto imprescindível para o bom governo e fez Sun Tzu ser um autor obrigatório nos "exames" de acesso ao serviço público (Franke; Trauzettel, 1979). Por volta do ano de 760, o livro foi introduzido no Japão, tendo forte impacto na formação de samurais e do xogunato, tornando-se um guia de governo para o poderoso Oda Nobunaga (1534-1582). Mao Tsé-Tung considerava sua leitura, ao lado de Lenin e Clausewitz, fundamental para a construção do pensamento revolucionário e boa parte da teoria maoista sobre a guerra popular (e suas metáforas) são devedoras da leitura de Sun Tzu, em especial as manobras de "engano", "velocidade" e "bater na parte mais fraca da muralha" para alcançar o melhor resultado com o menor esforço. Da mesma forma, Ho Chi Minh e Vo Nguyen Giap, os arquitetos teóricos e estrategistas da vitória vietnamita sobre os Estados Unidos na Guerra do Vietnã (1965-1975), eram leitores ávidos de Sun Tzu e basearam suas estratégias de recusa da batalha decisiva e de cerco/desgaste do inimigo no teórico da Antiguidade chinesa. Até mesmo na Guerra do Golfo, o comando norte-americano incluiu o texto no "Commandant's Reading List" como leitura essencial para compreensão da guerra moderna (McNeilly, 2001, p.5 e 7).

O mais importante, contudo, para a atualidade do pensamento de Sun Tzu residirá no *aggiornamento* de seu pensamento depois de 1991 feito na Guerra do Iraque ou do Golfo (e Guerra de Kosovo de 1998-1999), quando os Estados Unidos exercem pela primeira vez, e de forma plena, seu poder. Após a derrocada da União Soviética e o fim da Guerra Fria, emergem da política norte-americana duas premissas básicas: de um lado, a recusa em aceitar a soberania das demais nações como limite às suas ações e imposição da política de mudança de regimes (Afeganistão, Iraque, Líbia, Síria) e, de outro lado, o uso, para tanto, de uma ampla e poderosa panóplia militar-tecnológica baseada em novos recursos informacionais, capaz de assegurar os objetivo americanos com o menor número de mortes possíveis, evitando a chamada "Síndrome do Vietnã". A obra dos coronéis chineses Quiao Liang e Wang Xiangsui, após detalhada observação da Guerra do Iraque, em 1991, surge exatamente nessa confluência de elementos de compreensão de uma moderna guerra altamente tecnológica entre grandes potências, temerosas dos efeitos da destruição nuclear – claramente assegurada, porém indesejada – e a busca de estratégias alternativas que possam assegurar danos e incapacitação ao inimigo com o menor índice possível de destruição mútua. Assim, as lições de Sun Tzu mais uma vez voltam ao proscênio e entendemos, dessa forma, a insistência do seu ensino e debate nas academias militares (Keegan, 2005, p.127 ss.).

A guerra como castigo de Deus

Durante a Idade Média, uma elite de barões e cavaleiros, na ausência de outros meios ou de maiores facilidades, conforme uma longa tradição trinitária de uma sociedade formada por guerreiros, sacerdotes e trabalhadores, saqueava constante e mutuamente campos e vilarejos causando pânico, mortes e perdas constantes nas populações vizinhas (Rivière, 1979, p.89). Chegava-se a um ponto tal que, nas orações dominicais da Alta Idade Média, a "guerra" era, ao lado da peste e da fome – da qual não era estranha em sua origem –, motivo constante de pedido de intercessão: "Vor Pest, Hunger und Krieg bewahre uns, oh! Herr", "Guardai-nos, oh, Senhor, da peste, da fome e da guerra", era um final comum de cada oração...[3] Assim, a Igreja papal buscou, com sucesso

3 Regesta Imperii (1991). Disponível em: http://opac.regesta-imperii.de/lang_en/anzeige.php?aufsatz=Waldweiler+-+die+Geschichte+eines+Hochwalddorfes%3A+%22Vor+Pest%2C+Hunger+und+Krieg+bewahre+uns%2C+o+Herr...%22.&pk=555912.

apenas relativo, estabelecer períodos de interdição de guerras através das "Tréguas de Deus" ou "Paz de Deus", além dos dias e festas "santos" e de "guarda", quando as atividades bélicas eram proibidas e seus violadores punidos com severos interditos religiosos. O que, nem sempre, surtiu os efeitos esperados. Mas sempre se conseguia mitigar a situação dos grupos sociais subalternos, em especial nos momentos das atividades de colheita e plantio (Silva, 1979, p.11 ss.). Procurando evitar a guerra, os grandes "doutores da Igreja" trataram a guerra do ponto de vista teológico. Foi assim com Santo Tomás de Aquino, em sua *Suma teológica*: aceita a existência de uma "guerra justa", abrindo uma disputa jurídica (na época, teológico-jurídica) de longo fôlego, que ainda hoje é travada, sob a forma de "guerra de autodefesa", de direito de resistência ou na sua forma mais sofisticada, e ainda assim discutível, do chamado instituto do "RtoP", como estabelecido pela ONU depois de 2005.[4] Para Tomás de Aquino eram, então, necessários três requisitos básicos para uma "guerra justa": a) a legitimidade do "príncipe" que conduz a guerra; b) a natureza justa da causa; c) a intenção reta e justa daqueles que conduzem a guerra. Considerados esses fatores, a guerra, mesmo sendo um ato violento, se justificava e poderia ser conduzida por um cristão – concepção que terá impacto desde Hugo Grotius até Norberto Bobbio (Godim, 1994; Migon, 2012).

De qualquer forma, em 1095, o papa Urbano II, cansado das lutas internas e destruição na Europa, convoca a Primeira Cruzada, desviando contra os árabes – sob pretexto de libertação de Jerusalém e da "Terra Santa" – o élan guerreiro da elite feudal europeia, inaugurando um longo, e trágico, período de lutas entre o Ocidente e o mundo muçulmano e cujas feridas estão abertas até os nossos dias. A elaboração de um contraconceito de "guerra justa" por parte dos muçulmanos, como e quando poderia ser utilizada, já em curso desde o século VIII, tem sofrido, desde então, inúmeras mutações, para ressurgir sob a forma difusa e contraditória da *Jihad*.

A guerra, a bem da verdade, tem uma presença constante no Corão, tal como vimos acontecer na Torá ou Pentateuco, além de outras grandes narrativas religiosas, como o *Mahabharata*. A guerra justificada no Corão é sempre

4 O instituto da "responsabilidade de proteger", ou o chamado "RtoP", foi estabelecido pela reunião cimeira da Nações Unidas de 2005 sobre os direitos humanos e estabelece a obrigação de todos os países-membros de defender e prevenir crimes contra a humanidade e dá ao Conselho das Nações Unidas a tarefa de fazer relatórios anuais globais e relatórios específicos, *ad hoc*, sobre a situação dos direitos humanos no mundo e discutir casos específicos que venham a constituir ameaças de genocídio. Ver: Nações Unidas. Global Centre for Responsability to Protect. Disponível em: http://www.globalr2p.org/about_r2p. Acesso em: 10 out. 2017.

descrita pelo vocábulo *Harb* (e algumas vezes a *Qitâl*). Trata-se de uma guerra defensiva, de proteção, portanto "justa" e de garantia de vidas, bens e animais, uma reação ao ataque inimigo. Não se aproxima, nesses termos, das tremendas guerras conduzidas pelos cruzados na ocupação da Terra Prometida. Devemos distinguir entre *Harb/Qitâl*, os dois vocábulos mais comuns no Corão para designar guerra e a questão da *Jihad*. Visamos, assim, evitar as incompreensões, sejam elas marcadas pelas lentes do "orientalismo", seja por sua instrumentalização por versões salafitas – tradicionalismo fundamentalista – do próprio Islã atual (Said, 1978). Mais exatamente, *Qitâl* e *Harb*, este de uso mais extenso e comum, aparecem no Corão como entendemos hoje guerra, significam conflito e luta entre povos, nações e grupos. Com tal significado surge repetidamente no Corão. Em vários *hadith* – a fonte da tradição posterior ao Profeta – e mesmo na correspondência do Profeta, após a unificação da Arábia, o termo *Harb* aparece nas relações com mandatários vizinhos. *Harb*, fazer a guerra ou a paz, assinar tratados e manter uma coexistência entre Estados de religiões diferentes (então, Pérsia, Bizâncio) é frequente em tal correspondência (Silva; Schurster, [s.d.], p.55 ss.). Coube ao sábio Abu Hanifa (699-767) a organização de um corpo doutrinário para a compreensão das relações exteriores no mundo muçulmano. Concebeu um mundo "islamocêntrico", onde o califado "rasúl Allah", "enviado por Deus", seria o centro do mundo e a mais perfeita representação da justiça e do direito. Esse centro seria denominado o *Dar al-Islam*, a casa do Islã, ou mais comumente o *Dar al-Salam*, a casa da paz. Aí vicejariam as virtudes do Islã, em especial a submissão ao monoteísmo, *al-Tawhind*, e local de residência da paz. Fora do domínio do Islã, um espaço intermediário, logo após a fronteira do *Dar al-Salam*, não habitado majoritariamente por muçulmanos, mas por outros monoteístas com quem se poderia chegar a um acordo – tratado ou trégua –, passa ser denominado de *Dar al-Suhl*, a palavra árabe designada para acordo, tratado, assinado com outra parte. O *Dar al-Suhl* é um país estrangeiro que aceitou a sujeição ao poder califal – e mais tarde ao Império Otomano – sem uma conversão massiva ao Islã. Aceita as regras do Islã como suserano e paga um tributo ao califa/sultão. Assim, esse *Dar* estrangeiro, sujeito e não muçulmano – mas pacífico para o fiel e onde ele pode exercer sua religião e costumes pacificamente e recebe dos infiéis um tributo, passa a ser conhecido também como *Dar al-'Ahd*, a casa da trégua ou, ainda, como *Dar al-Hudna*, a casa da tranquilidade, onde o fiel não sofre ameaças ou restrições no exercício de sua fé. Assim, a *Dar al-Suhl* (ou *al-'Ahd* ou *al-Hudna*) é um território intermediário entre o *Dar al-Salam* e o exterior verdadeiramente hostil, domínio do infiel, onde a guerra é possível, e em decorrência chamado de *Dar al-Harb*, a casa da guerra.

Assim, a geopolítica de Abu Hanifa, amplamente disseminada no mundo árabo-muçulmano e hoje frequentemente citada, emerge como uma configuração de três círculos concêntricos partindo do *Dar al-Salam*, a zona intermediária do *Dar al-Suhl* (ou *al-'Ahd* ou *al-Hudna*) e, então, os países inimigos, o *Dar al-Harb*. Por definição, desde Abu Hanifa, os *Dar al-Harb* são as terras habitadas pelos *kuffr*, infiéis. Contudo, a definição de um espaço de *Harb* se dá não em razão da aceitação, ou não, da Revelação – da fé muçulmana –, mas muito especialmente pelas perseguições e maus-tratos que os fiéis sofreriam no domínio dos infiéis. Alguns teólogos-juristas muçulmanos atuais, depois da experiência do imperialismo e dos diversos *Nakbah* – os impactos catastróficos sofridos pelo mundo árabe em contato com o Ocidente no século XX (1919, 1948 e 2015-2016) –, procuram, nos nossos dias, atualizar a geopolítica de Abu Hanifa (Antonius, 1938; Sfeir-Khaiat, 2005).

É nesse contexto histórico e doutrinário que devemos inscrever a noção de *Jihad*. Esta não é um sinônimo de *Harb* e *Qitâl*, e guarda um sentido teológico-existencial muito mais complexo e superior ao uso comum de *Harb*, compreendida como luta ou guerra. A categoria *Jihad* ocorre 33 vezes no Corão e com sentidos diferenciados. Em sua origem, *Jihad* aparece como a admoestação de Deus, Allah, aos seus seguidores para que se esforcem, perseverem e suportem as privações que a religião lhes impõe. Assim, na sua forma clássica – "al-jihad fi sabil Allah", ou "perseverem no caminho de Deus" –, é uma recomendação salvacionista, de estímulo e otimismo na fé monoteísta. Trata-se de um esforço pessoal, de uma luta do indivíduo contra seus vícios e costumes antigos e deve ser um esforço cotidiano. Em várias passagens do Corão, de forma repetitiva, Deus expressa sua decepção com suas criaturas, que considera "preguiçosas", "soberbas", "querelantes" e "invejosas", só estando a salvação reservada para poucos. Daí a exigência de *Jihad* como um grande esforço do indivíduo contra seus próprios vícios; esta seria a chamada, pelo Profeta, de "a Grande *Jihad*". O fiel, convertido, pio e submisso aos mandamentos de Deus seria o *Mujahid* (plural arábico: *mujahidin*) (Ghamid, 2002). Só muito especialmente, e assim mesmo nas Suratas de Meca, aquelas ligadas ao período de lutas do Profeta, a palavra *Jihad* corresponderá à ideia de luta física e de guerra, e sua extensão à conversão pela espada é uma interpretação moderna e imprecisa.

Guerra e modernidade

A existência de diversas "repúblicas", cidades-estados e principados na Península Itálica durante o Renascimento, de certa forma emulando as condições da Grécia Clássica, permitiu a emergência de um estado permanente de guerra. Mercenários, cercos, máquinas de guerra tinham uma presença marcante no cenário italiano, onde surgiram alguns dos melhores engenheiros de fortes e muralhas dos tempos modernos. O interesse pela literatura antiga, pelos filósofos gregos e latinos, típico do Renascimento, lançará também uma nova vaga de interesse teórico sobre a guerra. O mais importante exemplo será a obra *Dell'arte della guerra*, de 1519-1520, de Nicolau Maquiavel (1469-1527), na qual se concebe um princípio básico para o Ocidente e que seria plenamente assumido a partir dos Tratados de Westfália: uma cidade livre é uma cidade armada. Sem nenhuma dúvida, as leituras da Antiguidade Clássica, de Tucídides, Júlio César e Tito Lívio, desempenham um papel central na organização do pensamento do autor sobre a guerra e é bastante coerente com *O príncipe*, de 1513. A obra, considerada nefasta pela maioria dos teólogos católicos em razão do seu profundo realismo – a relação entre liberdade, poder e violência é claramente explicitada –, acaba por fornecer elementos fundamentais a Frederico II (rei da Prússia entre 1740-1786) e Napoleão (1804-1815) (Maquiavel, 2011). Maquiavel, em reflexão claramente realista e prática, embora não desdenhe da "justiça" e da "legitimidade" do príncipe e da sua causa, tal como Tucídides descreve o destino da Ilha de Melos, considera que uma forte força armada é mais eficiente que uma "justa política e uma justa causa". Da mesma forma, ao contrário de vários filósofos e comentaristas anteriores, Maquiavel, em seus diálogos com os amigos e um *condottiere*, propõe medidas práticas e imediatas para a formação de uma força armada moderna, profissional (sem o flagelo dos mercenários); as condições para a vitória – mais uma vez, a negação do combate desnecessário, como em Sun Tzu, e o "engano", a "manobra", desempenham um papel central na obra do florentino – e a manutenção do controle do país e da população "conquistada" por uma bem treinada infantaria desempenham um largo papel nas suas reflexões. Em especial as funções da infantaria como manutenção da ordem e do controle local – sabedoria, por exemplo, que faltou em 2001 aos Estados Unidos no Iraque (Soares; Silva, 2010, p.85 ss.).

Já com a modernidade avançada, durante a Guerra dos Trinta Anos (1618-1648), as lutas no coração da Europa tornar-se-iam tão violentas que a fome se abateria sobre imensas regiões, antes prósperas, da Alemanha, levando a Renânia, o Wurtenberg e o Palatinado a um brutal retrocesso econômico (Wilson, 2009, p.91). Os principais atores – França, Suécia, Prússia, Áustria Habsburgo – estavam exaustos e os objetivos iniciais da guerra estavam longe de serem alcançados e o pretexto inicial – de cunho religioso – fora desde logo abandonado. Em tais condições, numa Europa exausta e devastada, as negociações de paz darão origem a mecanismos jurídicos seminais para a formação das futuras ordens (e *pacis*) internacionais (Zhebit, 2008, p.71 e 79).

O conjunto de tratados que acabariam célebres sob a denominação de Paz de Westfália (ou Tratados de Münster e Osnabrück), de 1648, deve sua fama e posição como marco de uma nova ordem mundial exatamente em decorrência de terem alcançado o término de um longo período de extrema violência, fome e destruição, o que concorreu bastante para convencer as partes em luta a fazer a paz. Algumas decisões decorrentes da Paz de Westfália, como a noção de soberania, os quadros institucionais do Estado-nação, a relação entre vida privada, religião e cidadania impor-se-iam no Ocidente de forma duradoura – e através da expansão do Ocidente no século XIX, tornar-se-iam mundiais – desde então e acabariam pacificando o continente – e suas colônias – em guerra desde o começo das reformas religiosas em 1517 (Zeller, 1953, p.9 ss.).

O século XVIII, o século do avanço do capitalismo, da ocupação colonial do mundo e das descobertas de "outras humanidades", o chamado "Século das Luzes", coloca questões centrais para pensadores, cientistas e filósofos sobre a guerra. As revoluções do século XVIII, a Americana e a Francesa, especialmente, bradam a igualdade – e a solidariedade e a fraternidade – entre os homens (Cassirer, [1932] 2007, p.260). A guerra passa, então, a ter um caráter nacional, popular e de libertação. É feita em nome "das gentes", não mais em nome dos reis e das dinastias. Por isso mesmo, tornam-se "massivas", como o provam as estrofes de *A marselhesa*; começavam a ser alistados imensos exércitos, dos quais o "Grande Exército" de Napoleão será o modelo.

O impacto revolucionário do fenômeno "napoleônico" sobre a Europa – e também sobre suas colônias, estendendo-se sobre as Américas, Oriente Médio até as Índias – levará à formação uma nova ordem mundial, dessa feita sob a forma do Congresso de Viena, de 1815, e que duraria até o terremoto de 1914 (Godechot, 1974, p.10-1).

Coube, inicialmente, a Antoine-Henri Jomini, o barão de Jomini (1779-1869) a sistematização e organização do pensamento militar e estratégico do final do século XVIII e começo do XIX, mantendo-se ao longo do século como o mais influente pensador teórico sobre a guerra. Mesmo Clausewitz somente ao final do século XIX emergirá como um concorrente sério para o general francês. Com seu *Précis de l'art de la guerre*, publicado em 1838, com elegância geométrica e baseando-se em estratagemas simples e diretos, Jomini insiste na premissa de que, em situações complexas como a guerra, planos simples têm maior chance de resultar em sucesso. Da mesma forma, bem ao contrário da tradição de Sun Tzu, Jomini via na ofensiva e na manutenção de posições ofensivas perante o adversário, que deveria ser confundido e desequilibrado (se possível pela manobra), a principal oportunidade da vitória (Jomini, 2009).

É no âmbito desse Iluminismo "tardio" que surgem as duas figuras gigantes dos debates sobre guerra e paz: Immanuel Kant (1724-1804) e Georg Hegel (1770-1831). Significativamente, Kant, volta-se diretamente, no seu opúsculo *A paz perpétua* (1795), para a imposição e manutenção da paz e muito menos (na verdade não se preocupa) com as questões teóricas e práticas da guerra. O foco central do trabalho de Kant, de extremo rigor e simplicidade, são exatamente as consequências da Paz de Westfália. Os celebrados tratados de 1648, recebidos como marco de tranquilidade e de respeito às normas de um nascente direito internacional, são na verdade apontados como as origens dos conflitos do século XVIII (Kant, 1989). Para Kant, as guerras possuem suas origens na multiplicidade das soberanias nacionais e nos egoísmos e ambições daí decorrentes, ecoando claramente as observações de John Locke, no *Segundo tratado do governo civil*, de 1681, e daí ampliando o campo teórico de onde emergiriam as teorias ditas "idealistas" (Locke, 1978, p.5). O desejo de impor sua vontade a outro Estado, um choque de soberanias, resultaria inevitavelmente em guerra. A solução proposta por Kant, uma espécie de Tribunal das Nações em favor de quem seria transferida a soberania de todas as nações e onde residiria o monopólio da violência, prenuncia as formas de "segurança coletiva" buscadas em 1919 na Liga das Nações e, em 1945, nas Nações Unidas.

Para Georg Hegel, bem ao contrário, a natureza de todo Estado reside na vontade de poder que se expressa através da soberania absoluta do poder estatal. Nessa direção, afirma Hegel em *Fundamentos da filosofia do direito*, de 1820, emerge uma finalidade na história, um sentido que se realiza no encontro da vontade com o espírito – *Geist* – através do Estado dotado de um *Volksgeist* expresso na concretude de um Estado-nação vocacionado a ser potência. O Estado só se realiza como história quando é expressão plena da vontade coletiva, o *Geist*, o espírito, de uma nação inteira, o *Volk*, e não uma abstração constitucionalista. Hegel não admite, assim, qualquer forma de limitação à soberania do Estado; sua limitação ou controle seria tornar a potência em impotência. Dessa forma, as relações internacionais, ao contrário do considerado por Kant, não poderiam ser *normatizadas* e o choque entre as nações é um dado da realidade concreta das relações internacionais (Silva, 2000).

Idealismo e realismo na percepção da guerra e da paz emergem de tais visões do final do Iluminismo.

Foi nessa mesma Alemanha, não muito distante de Hegel, que Carl von Clausewitz (1780-1831) levou o estudo dos conflitos – em *Da guerra* – a sua maior sofisticação teórica, conseguindo, através de alguns simples e permanentes teoremas e abstrações, resumir os princípios centrais da guerra. Mas, sem dúvida, para além de todos os seus "princípios", ainda hoje de pé, malgrado seus detratores e as inúmeras, e vãs, tentativas de "ultrapassá-lo", a grande e ousada contribuição de Clausewitz foi retirar a guerra do reino do mundo mágico. Inclusive negando-lhe o papel místico ainda contido no *Willen* e no *Geist* hegeliano sobre o conflito entre as nações. Negando-se a considerar a guerra como castigo, condenação, vício ou uma doença da natureza humana e, exatamente como Aristóteles – posto que o homem é sempre *zôon politikon* –, trazendo-a para o centro das atividades humanas, Clausewitz dessacralizou e desencantou a guerra, tornando-a objeto da política dos homens. Com ele – na tradição de Tucídides e Maquiavel –, a guerra passa a ser vista como um fato político, outra forma de agir político e com a mesma racionalidade – muitas vezes falha, posto ser obra do homem – da política.

Nesse sentido, a ambiência política do século XIX, com um maduro conhecimento de autores como Tucídides, Tito Lívio, Maquiavel, Thomas Hobbes e, claro, um profundo debate entre as escolas alemães de seguidores de Kant e Hegel, terá um impacto fundamental sobre a recepção da obra de Clausewitz (Ferris; Handel, 1995). Com *Da guerra* – escrito entre 1816 e 1830, publicado em 1832 –, cuja recepção será lenta, desigual e cheia de percalços, os conflitos bélicos passam, claramente, para o domínio dos "estudos superiores", saindo do domínio da especulação filosófica, merecedores de uma atenção multidisciplinar, principalmente através da recepção anglo-saxã. Para os norte-americanos, grande parte da leitura de Clausewitz fez-se por uma chave "cientificista", pela qual a tecnologia, a inovação massiva e os investimentos financeiros passaram a desempenhar um papel central, em detrimento da análise política. Na interpretação do seu texto – como é o caso contemporâneo em Alvin Toffler, Zbigniew Brzezinski, Donald Rumsfeld e Colin Powell –, os aspectos centrais da "arte" da guerra foram equivocadamente tomados como uma ciência "computável", com resultados que deveriam ser exatos e preestabelecidos, bastando para isso prover condições exatas de *inputs*. Para esses autores, a guerra não é exatamente uma forma pela qual fazemos nossos adversários, ao desarmá-los, aceitar nossos objetivos através da força. Trata-se de mudar o próprio adversário, transformá-lo, moldá-lo à própria imagem da América, num imenso esforço de *regime change*. Em vez de apresentar metas ou objetivos realistas a serem alcançados através da ação militar, busca-se uma missão salvacionista exportadora de um modo de vida. Os resultados catastróficos são conhecidos no Afeganistão, Iraque ou Líbia.

A recepção por parte do mundo acadêmico britânico, por sua vez, esbarrou numa forte resistência antirrealista e antirracionalista da guerra, recusando-se a recepcionar nos estudos militares a dimensão política da guerra. Para vários autores, o conflito é visto não como a continuidade da política por outros meios – e todos os meios, incluindo o uso racional e razoável da violência –, mas como a perda do controle da política por parte dos próprios políticos, um resultado de uma forma de amoralismo ou de ausência de princípios morais na condução dos negócios do Estado, uma falha ética, típica de regimes antiliberais e tirânicos. Tal tradição, já presente em Locke, se fará claramente explícita no conjunto da portentosa obra de John Keegan, um dos mais importantes historiadores militares britânicos. Outros, em especial voltados para a Grande Guerra de 1914, explicarão a guerra como o momento em que os homens de Estado, em especial os diplomatas, acostumados a "jogar" no limite das possibilidades, "perdem a mão" e os "jogos de gabinete" se descontrolam. A noção da ausência de princípios morais e, ao mesmo tempo, da conveniência de "parlamentarizar" as relações exteriores, num kantismo quase confessional de crença profunda na natureza benevolente do homem, surge claramente no influente livro "teórico" de John Keegan e de seus seguidores nos Estados Unidos (Keegan, 1993), para quem a guerra sempre será uma questão moral (idem, Introdução, p.I-II).

Por sua vez, a tese de "perda momentânea da razão" surge, com força, durante as comemorações do centenário da Grande Guerra de 1914, como nas obras de Max Hastings (2013) e de Christopher Clark (nascido em Sidney e formado no universo acadêmico britânico) (2012). O "sentido" geral da obra clausewitziana – a guerra pode ser feita para se alcançar um objetivo desejado a um preço calculado – é decididamente estranha a esses autores, para quem a noção moralizante de que toda guerra é sempre uma "marcha da insensatez", conforme o estupendo e equivocado título da consagrada autora Barbara Tuchman (1912-1989) tudo resume e tudo explica.

A guerra moderna

A recusa obsedante à guerra pareceu chegar ao paroxismo no século XX com o próprio paroxismo da guerra. Com guerra convencional, agora associando objetivos bélicos a uma capacidade industrial maciça de destruição – desde as guerras da Crimeia, entre 1853 e 1856, da Secessão Americana, de 1861 a 1865, e Franco-Prussiana, de 1870-1871 –, podemos falar de uma guerra industrial moderna. A "guerra moderna", industrial e de massas, do século XX culminaria nas grandes batalhas "inúteis" da I Guerra Mundial (1914-1918), e somar-se-iam então objetivos "biológicos", "racistas" e de "limpeza étnica", como os diversos genocídios do século. A esse cenário somar-se-ia a realidade de Hiroshima e Nagasaki e o novo medo da destruição nuclear. Assim, o século foi marcado por um "crescendo" de matanças em série: dos nativos do Congo Belga, entre 1900 e 1908; dos hereros, na Namíbia alemã, entre 1904 e 1907; dos armênios, na nascente Turquia moderna, em 1915; dos haitianos, na República Dominicana, em 1937; culminando no horror em massa do Holocausto nazista (Thompson, 2002, p.310 ss.; Götz, 1998).

A II Guerra Mundial trouxe uma realidade nova; além da matança sistemática e industrial do Holocausto, a bomba atômica anunciava a possibilidade bastante concreta da destruição de toda a humanidade por obra do homem. Por vezes, depois de Hiroshima e Nagasaki, em 1945, "crises atômicas" ameaçaram o futuro do homem, como em 1962 em Cuba ou em 1972 em decorrência dos ataques aéreos americanos contra o Vietnã do Norte (Brodie, 1946; Wohlsttetter, 1959; Basrur, 2014). Os teoremas de Clausewitz, nas suas complexas e elegantes abstrações, foram colocados de ponta-cabeça com o desenvolvimento de arsenais de armas nucleares por parte dos Estados Unidos e da então União Soviética (e mais tarde, Grã-Bretanha, França, China Popular, Índia, Paquistão, Israel e Coreia do Norte) (Sokolovsky, 1983). A questão básica colocada era a chamada *inversão clausewitziana*, ou seja, o postulado básico do pensador alemão – a guerra é uma forma de política por outros meios que obriga o adversário a aceitar "nossas razões" – não se colocava mais, posto que o uso da força nuclear resultaria na mútua destruição das partes. Na guerra termonuclear, todos seriam destruídos. Assim, criava-se a chamada situação MAD, do acrônimo em inglês de mútua destruição assegurada. Mas, de qualquer forma, assegurava-se o traço fundamental da obra de Clausewitz: o caráter político da guerra, apenas invertendo-se o trinômio obrigando-se a Guerra Fria e uma predominância da política sobre a guerra. Por essa via, pensadores, alguns autointitulados "futurólogos", tais como Herman Khan (1922-1983), dedicaram-se a prever e organizar um "futuro impensável": a organização do mundo pós-apocalítico, ou seja, após uma guerra nuclear generalizada (Khan, 1960).

Contudo, a aderência à paz e a recusa à guerra (inclusive preventiva/preemptiva) mantiveram-se populares, muito prevalentes em razão da própria possibilidade da guerra nuclear. Durante o processo de independência da Índia, logo após a II Guerra Mundial, Mahatma Gandhi (1869-1948) apresentou uma proposta, baseada na desobediência civil em massa, que seria repetida na Luta pelos Direitos Civis das populações negras dos Estados Unidos, nos anos 1960 com Martin Luther King (1929-1968), e na África do Sul, com Nelson Mandela (1918-2013), nos anos 1990, onde formas pacíficas e massivas de luta evitaram possíveis banhos de sangue. A paz e suas possibilidades de transformação da sociedade foram temas constantes das preocupações humanas e acabaram por se converter na motivação de uma geração inteira nos anos 1960, marcando suas formas de expressão, sob a denominação de contracultura, na luta pelo desarmamento, contra as armas atômicas e pela paz nas décadas de 1970 e 1980 (Silva, 2015b).

Quando foram dadas oportunidades à paz, por vezes os resultados foram excelentes.

Foi, sem dúvida, o horrendo balanço das guerras do século XX – um século de tantos avanços e progressos – que fez de fato a guerra tornar-se um tema "científico". Por que a guerra? Já no curto período do entreguerras de 1919 e 1933, Albert Einstein, em 1932, foi encarregado pela Liga das Nações a buscar uma resposta, colocando-se a questão: "Existe alguma forma de livrar a humanidade da ameaça de guerra? É do conhecimento geral que, com o progresso da ciência de nossos dias, esse tema adquiriu significação de assunto de vida ou morte para a civilização, tal como a conhecemos; não obstante, apesar de todo o empenho demonstrado, todas as tentativas de solucioná-lo terminaram em lamentável fracasso" (Einstein, [s.d.]). O cientista dirigiu-se a Sigmund Freud em busca de uma resposta que fosse além das teorias sociais, buscando na natureza humana as razões da guerra. A questão colocada por Einstein mereceu uma atenção polida, contudo absolutamente pessimista, da parte de Freud. Dizendo-se incapaz de abordar a questão de forma prática, começa a fazê-lo e, numa brilhante síntese das condições políticas contemporâneas, avança alguns pontos fundamentais que serão, sem dúvida, bastante decepcionantes para um cientista politicamente kantiano como Einstein: numa análise política, conjuntural, bastante lúcida, atribui aos egoísmos e aos objetivos expansionistas dos Estados a probabilidade bastante concreta de novas guerras, incluindo uma guerra mundial tremendamente letal. Considera a Liga das Nações a única forma prática, imediata, de conter a ameaça, com a soberania das nações e o uso da violência transferido para ela. No entanto, embora elogiando a "coragem" imediata na criação da "Sociedade das Nações", reconhece que a decisão de não dotá-la, tal qual a ONU depois de 1945, de meios adequados para cumprir sua missão – ou seja, o monopólio da força –, era condená-la a paralisia.

Feita a sua análise "política", no mais bastante correta, Freud propõe-se a falar a partir de seu ponto de vista, revelando-se, então, por paradoxo, um "pacifista" pessimista. Admite, desde logo, a natureza violenta do homem, de todos os homens – e não, como assinalara Einstein em sua carta, a existência "de alguns homens". Explica, então, a violência humana a partir de sua teoria dos instintos, na qual contrapõe um Eros a um instinto da morte, que tanto pode, em parte, se interiorizar, quanto, sob formas múltiplas e sublimadas, se exteriorizar. Ambos, Eros e Tânatos, entrelaçados e indispensáveis um ao outro, são partes fundamentais da natureza humana, necessários para a sobrevivência do indivíduo e a realização plena de seu bem-estar. Assim, eliminar a agressividade humana seria um esforço impossível e quiçá perigoso para a própria condição humana (Freud, 1961).

A questão é, então, deslocada por Freud: por que o instinto de destruição prevalece tão fortemente em determinadas situações ou em determinados indivíduos (mesmo sob argumentos os mais humanitários possíveis)? Nesse ponto, dando as "pistas" que seriam seguidas por continuadores no âmbito da teoria crítica da sociedade – como Franz Neumann, Wilhelm Reich, Theodor Adorno e Herbert Marcuse –, Freud opõe à guerra não a paz, como sempre o fez a tradição, mas o seu par psíquico, o amor. Para o autor da teoria dos instintos, talvez – e só talvez – quanto mais Eros possa controlar e envolver o instinto de destruição/dominação/aniquilação colocando-o ao seu serviço, mais provável seria que a força de Tânatos se direcionasse para conquistas mais e mais prazerosas para todos, criativas e transformadoras, como na dança de Shiva.

De qualquer forma, fechado o "parêntese do socialismo real", quando se esperou – na esteira da tese de Karl Marx de que "proletários não têm pátria" – que o socialismo encerraria de vez com a todas as guerras, a ordem liberal global anunciou o "fim da história", que deveria ser acompanhado por um mundo mais pacífico e menos conflituoso. O anúncio de uma "Nova Ordem Mundial", pelo presidente George Bush, sênior, em 1991, mostrou-se um imenso fiasco. Depois de 1991, em especial depois dos trágicos fatos decorrentes de 11 de setembro de 2001, novas guerras – e novas formas de guerras – emergiriam, além de formas tremendamente cruéis de terrorismo, de limpeza étnica e de novos genocídios (Ferguson, 2006). O "excedente de poder" acumulado pelos

Estados Unidos, pelo menos até 2015-2017, quando a China Popular consolidou sua posição mundial, acarretou como resposta a busca de "equalizadores de poder" por parte de potências, organizações e partidos mais fracos, contudo decididos a não aceitar a imposição de uma ordem mundial ou de repartição do poder mundial considerado injusto ou mesmo perigoso. Nesse sentido, desencadearam-se novas corridas armamentistas e novas divisões de áreas de poder mundial, em especial de novas classes de armas que possam substituir as armas nucleares – ciberarmamentos, armas supersônicas, tecnologias balísticas avançadas etc. –, bem como novas formas de combate, em especial formas indiretas, muitas vezes travestidas de ações de "não guerra", como ações midiáticas de abrangência mundial, operações financeiras, sabotagens direcionadas a empresas ou setores produtivos, ataques a redes informacionais, o "hackeamento" de informações e manipulações cambiais e monetárias, tudo isso, conforme os termos de Thomas Hobbes, numa época em que o recurso à força é considerado, novamente, razoável e possível, agora sob a forma de uma guerra híbrida (Escobar, 2014). Num ambiente tão tenso, a busca do equilíbrio e a sensação de ameaça e risco podem levar a atos que, no limite, podem evoluir em direção à guerra real e, então, teremos a "armadilha de Tucídides".

Com o severo pessimismo de Sigmund Freud, podemos dizer que a guerra continuará tendo um longo futuro.

Referências bibliográficas

ALLISON, G. The Thucydides Trap: Are the US and China Headed for War? *The Atlantic*, 24 set. 2015. Disponível em: https://www.theatlantic.com/international/archive/2015/09/united-states-china-war-thucydides-trap/406756/. Acesso em: 10 out. 2017.

ANTONIUS, G. H. *The Arab Awakening*: The Story of the Arab National Movement. London: H. Hamilton, 1938.

BAHN, P. G.; VERTUT, J. *Journey Through the Ice Age*. Berkeley: University of California Press, 1997.

BASRUR, R. Nº 271 Nuclear Deterrence: The Wohlstetter-Blackett Debate Re-Visited. 2014. Disponível em: https://www.rsis.edu.sg/wp-content/uploads/rsis-pubs/WP271.pdf. Acesso em: 10 out. 2017.

BOUTHOUL, G. *La Guerre*. Paris: Presses Universitaires de France, 1969.

BRODIE, B. *The Absolute Weapon*: Atomic Power and World Order. New Haven: Yale Institute of International Studies, 1946.

BUSWELL JR., R.; LOPEZ, D. *The Princeton Dictionary of Buddhism*. Princeton: Princeton University Press, 2002.

CASSIRER, E. *Die Philosophie der Aufklärung*. Hamburg: G. Hartung Verlag, 2007. [Ed. orig.: 1932.]

CHARTIER, R. Do *códige* ao monitor: a trajetória do escrito. *Estudos Avançados*, v.8, n.21, p.185-99, 1994.

CLARK, C. *The Sleepwalkers*: How Europe Went to War in 1914. Londres: Allen Lane, 2012.

CLAUSEWITZ, C. von. *Vom Kriege*. 1832. Disponível em: https://www.clausewitz.com/readings/VomKriege1832/Book1.htm. Acesso em: 10 ago. 2017.

CORVISIER, A. *La Guerre*: essais historique. Paris: Presses Universitaires de France, 1995.

EINSTEIN, A. *Correspondência de Albert Einstein com Sigmund Freud*. [s.d.] Disponível em: http://areas.fba.ul.pt/jpeneda/FreudEinstein.htm.

ESCOBAR, P. *Empire of Chaos*. Ann Arbor: Nimble Books, 2014.

FERGUSON, N. *The War of the World*. London: Penguin Books, 2006.

FERRIS, J.; HANDEL, M. Clausewitz, Intelligence, Uncertainty and the Art of Command. *Intelligence and National Security*, v.10, n.1, p.15, 1995.

FRANKE, H.; TRAUZETTEL, R. *El Imperio Chino*. v.19. México: Siglo XXI, 1979.

FREUD, S. *Beyond the Pleasure Principle*. Ed. Stand. New York: Liveright, 1961.

GHAMID, J. A. The Islamic Law of Jihad. 1º jun. 2002. Disponível em: http://www.javedahmadghamidi.com/renaissance/view/the-islamic-law-of-jihad-part-1-2. Acesso em: 13 jul. 2016.

GODECHOT, J. *Un Jury pour la Révolution*. Paris: Robert Laffont, 1974.

GODIM, J. R. Tratado da guerra justa. 1994. Disponível em: https://www.ufrgs.br/bioetica/guerra.htm. Acesso em: 10 out. 2017.

GÖTZ, A. *"Endlösung"*: Völkerverschiebung und der Mord an den europäischen Juden. Frankfurt: Fischer-Taschenbuch-Verlag, 1998.

HASTINGS, M. *Catastrophe*: 1914 Europe Goes to the War. London: Willian Collins, 2013.

HOBBES, T. *O leviatã*. São Paulo: Abril Cultural, 1988. [Ed. orig.: 1651.]

JOMINI, A.-H. *Compêndio da arte da guerra*. Lisboa: Silabo, 2009.

KANT, I. *A paz perpétua*. Porto Alegre: L&PM, 1989.

KEEGAN, J. *Uma história da guerra*. São Paulo: Companhia das Letras, 1993.

______. *The Iraq War*. New York: Vintage Books, 2005.

KENNEDY, P. *A ascensão e queda das grandes potências*. Rio de Janeiro: Campus, 1989.

KHAN, H. *On Thermonuclear War*. Princeton: Princeton University Press, 1960.

LIANG, Q.; XIANGSUI, W. *La Guerre hors limites*. Paris: Payot et Rivages, 2006.

LOCKE, J. *Segundo tratado do governo civil*. São Paulo: Abril Cultural, 1978.

LUDWIG, P. W. *Eros and Polis*: Desire and Community in Greek Political Theory. Cambridge: Cambridge University Press, 2002.

MAQUIAVEL, N. *A arte da guerra* (*Dell'arte della guerra*). São Paulo: L&PM, 2011.

MCNEILLY, M. R. *Sun Tzu and the Art of Modern Warfare*. Oxford: Oxford University Press, 2001.

MIGON, E. *Guerra & paz*: síntese das contribuições de Grotius e Bobbio. 2012.

NEWTON, B. *Marcus Tullius Cicero*: On Duties. Cornell: Agora; Cornell University Press, 2016.

RALBY, A. Hatti and Mitanni, 18th-12th Centuries BCE: A Kingdom Found. In: *Atlas of Military History*. Chicago: Parragon, 2013.

RENOUVIN, P.; ZELLER, G. *Histoire des relations internationales*. v.II: *Les Temps modernes*. Paris: Hachette, 1953.

RIVIÈRE, J.-C. *Georges Dumézil à la découverte des indo-européens*. Paris: Copernic, 1979.

SAID, E. *Orientalism*. New York: Pantheon Books, 1978.

SAWYER, R. D. *The Seven Military Classics of Ancient Classics*: History and Warfare. New York: Basic Books, 2007.

SFEIR-KHAIAT, J. Historiographie palestinienne. In: *Annales*. Histoire, Sciences Sociales. n.1, 2005. Disponível em: https://www.cairn.info/revue-annales-2005-1.htm. Acesso em: 12 out. 2016.

SILVA, F. C. T. da. *Sociedade feudal*: guerreiros, sacerdotes e trabalhadores. São Paulo: Brasiliense, 1979.

______. Redefinindo a direita. In: ______; MEDEIROS, S. E.; VIANNA, A. M. (Orgs.). *Dicionário crítico do pensamento da direita*. Rio de Janeiro: Mauad, 2000.

______. *Enciclopédia de guerras e revoluções*. Rio de Janeiro: Record; Elsevier, 2015a.

______. *O cinema vai à guerra*. São Paulo: Elsevier, 2015b.

______; SCHURSTER, K. (Orgs.). *Por que a guerra?* Rio de Janeiro: Civilização Brasileira, 2018.

SIVARAMAN, K. *Saivism in Philosophical Perspective*. Delhi: Motilal Barnasidas, 2001.

SOARES, L. C.; SILVA, F. C. T. da. *Reflexões sobre a guerra*. Rio de Janeiro: Sete Letras, 2010.

SOKOLOVSKY, V. *Stratégie militaire soviétique*. Paris: Éditions de L'Herne, 1983.

THOMPSON, J. *Modern Warfare (1945-2000)*. Oxford: Pan Books MacMillan, 2002.

WILSON, P. H. *Europe's Tragedy*: A History of the Thirty Years War. London: Allen Lane, 2009.

WOHLSTTETER, A. The Delicate Balance of Terror. *Foreign Affairs*, v.97, n.1, 1959.

ZHEBIT, A. (Org.). *Ordens e pacis*. Rio de Janeiro: Mauad, 2008.

HISTÓRIA MILITAR

José Miguel Arias Neto

A HISTÓRIA MILITAR É USUALMENTE IDENTIFICADA às relações entre guerra e política: as questões da estratégia dos Estados, relações com a política interna e até mesmo com conteúdos civilizacionais e antropológicos (a construção do *outro*, o inimigo). Por outro lado, também está associada aos entornos da guerra: à estratégia, às táticas, aos armamentos, às configurações das forças militares e de suas instituições, à logística. Assim, as polêmicas em torno de uma suposta subordinação da história militar à história política, bem como as controvérsias em torno de uma suposta oposição entre a concepção da "batalha" como objeto nuclear de uma história militar e aqueles outros elementos, são parciais, datadas e, ao cabo, desprovidas de relevância epistemológica. De fato, quando se trata de história militar ainda se trata de história e o fator determinante é o problema de investigação a que vai se dedicar o pesquisador e qual o lugar social de onde enuncia o seu discurso. Dificilmente se poderá construir um conhecimento significativo acerca dos militares no tempo presente sem se recorrer a essa dupla tradição: à sua dimensão política e às questões associadas diretamente ao exercício de suas funções, isto é, ao fazer da guerra. A história militar pouca relevância terá caso se abstenha também de investigar os dilemas éticos que envolvem a existência dos militares: a questão da legitimidade da guerra, do emprego da violência e da criação de uma cultura de defesa. Em outras palavras, os processos de construção e de desconstrução das narrativas legitimadoras e deslegitimadoras do emprego da violência sempre são mediados por algum tipo de comunicação. Contemporaneamente, a mídia é também objeto da história militar. Em suma, o militar, suas instituições, suas funções e sua atuação deverão ser pensados inseridos na cadeia da vida, isto é, nas múltiplas relações que definem a nossa própria existência a partir de duas dimensões fundamentais: o tempo e o espaço socioculturalmente construídos. Trata-se de compreender a história como processo de conhecimento cuja abordagem dos fenômenos militares vai se transformando *pari passu* com sua própria transformação. Desse modo, procurar traçar uma *genealogia* cronologicamente organizada de uma história militar é ceder ao mito das origens. As questões que se apresentam são de outra natureza: o que era a história e quais seus objetos, métodos e problemas nos diferentes tempos e espaços? E a abordagem da guerra e das questões militares nesses tempos e espaços?

Desde a Antiguidade, parece ter se constituído uma dupla tradição no que diz respeito à história militar. Por um lado, ela é vinculada à *polis* e, portanto, um tema central na vida dos cidadãos. Tomando-se Heródoto em suas *Histórias*, compreende-se que a história tem o sentido de investigar, de conhecer, mas também de narrar. Assim, ele constrói uma representação do mundo "que é, ao mesmo tempo, saber e poder", provocando o deslocamento e hierarquizando povos e culturas (Hartog, 2014, p.389). Ainda de acordo com Hartog, falar sobre o *outro* é falar de *nós* (p.391), como *nós* projetamos *o outro*. Daí porque se instala a dualidade *eles/nós* na narrativa. Heródoto é um exilado, um estrangeiro, sua narrativa não é política *stricto sensu*, mas é o registro do que considera "digno de admiração", "digno de ser relatado". Tratava-se assim, como observou Arendt (2002), de preservar as ações de gregos e bárbaros (estrangeiros) do esquecimento, projetando para a eternidade o drama que se desenrolava no plano dos negócios humanos, *lócus* da vida finita. Por outro lado, Vegécio – *Epitoma Rei Militaris* (390 d.C.) – e Nicéforo Focas – *Liber Rei Militaris* (960 d.C.) – foram teóricos da estratégia em Roma e em Bizâncio (López, 1993). Em comum, esses autores debruçavam-se sobre o tempo presente; no caso de Heródoto, numa perspectiva múltipla – política e cultural. No caso dos estrategistas, de modo bastante instrumental. Para Vegécio se tratava da organização militar romana e, para Focas, da expansão de Bizâncio. Deve-se sublinhar que, nesse período, os historiadores escreviam sobre as guerras do tempo presente, atestando a superioridade civilizacional sobre o inimigo, assim como os estrategistas procuravam desenvolver métodos e técnicas para vencer as guerras. A metodologia dessa história e da estratégia era fundamentada na observação e no testemunho direto ou indireto (ver e ouvir dizer). História da guerra e estratégia eram, pois, atividades complementares na medida em que a primeira construía narrativas legitimadoras que alimentavam a segunda, ambas a serviço da cidade, ou seja, do poder. Desde então, a narrativa acerca da guerra faz parte da guerra.

No século XVI, as questões advindas da centralização dos Estados fizeram que os europeus se voltassem para a Antiguidade, especialmente de Roma, em busca de modelos: Estado centralizado (império), as formas jurídicas (direito romano), os modos de fazer a guerra. Nesse contexto, a história é recuperada na perspectiva ciceroniana: uma história pragmática, *magistra vitae*, cuja função seria a de conhecer o passado para não repetir seus erros e triunfar no presente. O estudo das histórias das guerras do passado, das memórias de militares, constituía, portanto, o fundamento para a organização das forças militares, bem como para fazer a guerra. Essa mentalidade estava vinculada à necessidade de consolidação do poder das casas nobres que reinavam em Estados feudais (Anderson, 2016) e cujo domínio se estendia para além-mar no contexto das navegações. Como evidenciou Anderson, os exércitos mercenários obedeciam a essa lógica, pois serviam a dois propósitos distintos: a repressão às populações locais e à guerra externa. Foi Maquiavel quem formulou a ideia de uma força militar composta por cidadãos livres para a defesa da cidade. Para o ex-secretário da chancelaria republicana, um exército constituído por cidadãos seria mais confiável que tropas mercenárias, pois as forças assim constituídas teriam um maior comprometimento com a defesa da sua terra de pertença (Maquiavel, 2009).

Mas somente no Oitocentos é que as transformações econômicas e sociais promoveram mudanças na organização das forças militares e nos modos de fazer a guerra. A emergência das filosofias do progresso – consubstanciadas no Iluminismo – fundamentou a formação dos novos Estados e estimulou o desenvolvimento científico e tecnológico. Ocorreu também o surgimento, *stricto sensu*, da história e da história militar como disciplinas. Há de se destacar que a história, tal como a conhecemos, a história ensinada nas escolas e nas academias, deriva de uma dupla tradição: a arte antiquária e a filosofia (Furet, 1986; Grafton, 1998; Momigliano, 2004). Os pesquisadores antiquários eram sábios renascentistas que desenvolviam pesquisas empíricas, colecionavam restos das civilizações antigas como moedas, armas, armaduras, redigiam catálogos e cronologias. Eram cartógrafos, bibliófilos, astrônomos, físicos, alquimistas. Também atuavam como filólogos, tendo desenvolvido, ao longo das controvérsias religiosas, um método de exegese e de interpretação de textos que ficou conhecido como método crítico. Interessavam-se profundamente pela história, mas não eram historiadores, ou seja, não escreviam sobre a história. No século XIX, essa tradição de pesquisa adentrou o campo dos estudos históricos, propiciando aos historiadores um rico acervo de fontes materiais, bibliográficas, documentais, bem como do método crítico erudito. Por outro lado, a tradição filosófica que veio dos iluministas e dos românticos constituiu, no século XIX, o que foi a problemática central da história: o surgimento do Estado nacional. Sob o impacto da formação dos Estados, da Revolução Industrial e da Revolução Francesa, os iluministas, fundadores das filosofias do progresso, como Kant, Hegel e mesmo Comte e Marx, fizeram projeções teleológicas de futuro que se caracterizaram como metanarrativas. Nestas, a história nada mais é que um destino filosófico moral, político ou científico da humanidade, movida por um conjunto de leis que encontrariam na natureza a sua origem. A reação romântica a essas formulações foi imediata. Herder, discípulo de Kant, em 1784, recusou a ideia de um destino dado *a priori* e afirmou a história como conhecimento do que *é*, e não do que *poderia ser*, de acordo com supostos propósitos do destino (1984, p.49). A história, nessa perspectiva, deixa de ser a narrativa de um roteiro progressista previamente definido para estar no domínio da indeterminação. O Romantismo foi, nessa medida, determinante estrutural da renovação dos estudos históricos. Dentre muitos outros, Leopold von Ranke procurou constituir a história como campo de conhecimento. Ele afirmava, em 1831, que a história é ao mesmo tempo ciência e arte: ciência na medida em que desenvolve uma investigação sistemática e arte por representar o conhecimento produzido (2010, p.202). Ranke buscava delimitar a pesquisa sistemática como fundamento do conhecimento histórico, proposição que contrariava as filosofias finalistas e suas metodologias dedutivas. A formação e unificação da Alemanha não era, contudo, apenas um campo de estudos, mas um objetivo estratégico a ser atingido. Ranke e sua escola militaram no sentido de construir uma história da Europa ocidental que incluísse não apenas a criação do Estado, mas a fundação da nação alemã. Assim, gradativamente, os historiadores alemães delinearam um objeto – o Estado –, um método – o crítico erudito – e uma pedagogia – a nação. Nesse momento, os historiadores enfocaram as guerras a partir dos interesses dinásticos e dos Estados em formação, produzindo justificativas e narrativas legitimadoras a partir de perspectivas nobiliárquicas e nacionalistas. Dentre os historiadores alemães, Hans Delbrück foi um dos únicos, senão o único, a se preocupar – sob a influência de Clausewitz – com os aspectos estratégicos e táticos da guerra. Utilizando-se do método crítico e das chamadas ciências auxiliares da história, procurou separar, na narrativa das guerras, a *verdade* da *fantasia*, retomando, assim, as presunções de Tucídides. A sua obra principal, publicada em 1920, em quatro volumes, intitula-se *História da arte da guerra no quadro da história política*, ou simplesmente *História da arte da guerra*. Mas foram, à semelhança de Sun Tzu, no século IV a.C., os generais e soldados, ou seja, os estrategistas, que produziram as mais sistemáticas reflexões sobre a guerra moderna. Os três principais foram Jomini, Clausewitz e Napoleão. Antoine-Henri Jomini publicou em 1836 o *Compêndio da arte da guerra ou novo quadro analítico das principais combinações da estratégia, da grande tática e da política militar.* Carl von Clausewitz escreveu o livro *Da guerra*. Ele iniciou a redação em 1819, mas veio a falecer em 1831, antes de concluir a obra, que foi publicada inacabada em 1832. Napoleão Bonaparte não publicou uma obra, mas recentemente seus escritos e notas sobre a guerra foram reunidas pelo historiador Bruno Colson (2015) e publicadas na forma de livro, intitulado *Sobre a guerra*. Esses homens foram responsáveis pela fundação de um pensamento moderno acerca da guerra e, curiosamente, promoveram a fusão da perspectiva política com a estratégica. Isto porque vivenciavam a edificação do Estado nacional e, portanto, da revolução provocada também na arte da guerra e na organização das Forças Armadas pelas novas formulações políticas e pela industrialização. De fato, a guerra, mais do que nunca, foi movida pela política, pela economia e pela modernização científica e tecnológica. A importância desse fato se mede pelo surgimento de uma imprensa militar global, voltada à discussão dessas temáticas quer no âmbito das Forças Armadas, quer no domínio público. Assim, a política, a estratégia, a industrialização, o desenvolvimento técnico-científico e as narrativas legitimadoras ou não sobre a guerra – histórica, jornalística e imagética – configuraram um novo enquadramento para a formulação e compreensão das guerras e dos fenômenos militares, especialmente das Forças Armadas em construção no mundo moderno.

Das reflexões de Jomini, Clausewitz e Napoleão – para além das suas divergências – nasceu a moderna estratégia. As formulações de Jomini e de Clausewitz já foram devidamente criticadas. No que toca à geopolítica de seu conhecimento, seu alcance limita-se à Europa ocidental – quer na filosofia política de Clausewitz, quer no receituário normativo de Jomini (Martelo, 2009). Ainda nesse sentido, Keegan pontua que a tentativa de Clausewitz de formular uma teoria universal e uma filosofia para a guerra conduziu-o a considerá-la *como deveria ser* e resultou na sua incompreensão do que a guerra *realmente era* (1995, p.22). Keegan repõe, portanto, no século XX, no campo das teorias da guerra, o debate entre as perspectivas iluministas e românticas e, a partir disso, provoca um dissenso importante: aponta que Clausewitz e Jomini tratam quando muito da Europa ocidental, considerando o modelo romano – especialmente a infantaria – como modo universal de se fazer a guerra, ignorando as outras formas de fazer a guerra e, mais do que isto, as diferentes naturezas de conflitos que resultam de diferentes organizações sociais, políticas e culturais dos povos.

Ainda que Clausewitz insistisse no primado da defesa, suas concepções de guerra absoluta e do choque direto dos exércitos tornaram-se o fundamento da ideologia nacionalista belicista que conduziu à barbárie e à carnificina da I e da II guerras mundiais. Henri Coutau-Bégarie procura desculpar o mestre afirmando que essa ideologia decorre tanto da exaltação do modelo napoleônico como de uma leitura equivocada (ele afirma parcial e facciosa) de Clausewitz (2010, p.186). Contudo o que Coutau-Bégarie ignora ou elide convenientemente é o fato de que toda leitura é historicamente dada e que, portanto, os elementos que foram postos em relevo no texto de Clausewitz alimentaram o belicismo e a carnificina. Querer restaurar a "verdade" do texto clausewitziano é ceder à mesma ilusão realista que condena os empreendimentos dos seguidores de Maquiavel ou de Marx nas vãs tentativas de restauração de uma suposta "verdadeira intenção do mestre". As leituras sempre são parciais, porque estão localizadas e datadas, não cabendo uma apreciação positivista sobre a "verdadeira" ou a "falsa" leitura.

Também a ideia da guerra como continuação da política não apenas não serve para descrever outras realidades distintas da assim chamada "civilização ocidental", como tampouco pode jogar luz sobre as guerras travadas fora do teatro ocidental, tais como as de conquista neocolonial que visavam estabelecer o domínio europeu na África e na Ásia. Esse tipo de domínio, que estabeleceu um processo brutal e selvagem de exploração colonial, como no Congo Belga ou na Índia e na China, nada tem a ver com a "continuação da política por outros meios". Ela se fundamenta, ao contrário, na arrogante pretensão ocidental de levar a civilização (o fardo do homem branco) a povos tidos como primitivos e bárbaros e tem como pressuposto a ideia de superioridade racial branca. Panikkar (1977), por exemplo, já demonstrou que o racismo era a espinha dorsal que sustentava o Império Britânico na Índia, assim como os estudos pós-coloniais já demonstraram que a presença ocidental na África subsaariana promoveu a miséria e o horror como herança (M'Bokolo, 2011). Os estrategistas, dirigentes estatais, intelectuais orgânicos a serviço dos Estados evitam sistematicamente tratar dessas questões.

Radical e provocativa é também a crítica de Umberto Eco (1998), segundo a qual, a guerra moderna teria um fim se Clausewitz tivesse razão, isto é, se permitisse, após seu momento final, um retorno ao político. Mas, de acordo com o semiólogo italiano, não é isto que ocorre, ao contrário, a instabilidade econômica, política e psicológica que se segue ao final do conflito engendra uma política guerreada por décadas. Está-se aqui no âmbito do que a historiografia denominou Guerra Fria, que Eco faz derivar, portanto, da aplicabilidade da ideologia belicista de Clausewitz. No contexto atual, promove a fabricação de novas guerras para alimentar o complexo industrial-militar surgido após a II Guerra. Essa política resultou no exterminismo, conceito elaborado por E. P. Thompson para descrever a tendência histórica de uma sociedade provocar o extermínio de multidões (1985, p.43).

Ainda no Oitocentos, as contribuições de Marx e Engels à abordagem da guerra e das questões militares iluminaram outros aspectos, além dos apontados pelos soldados estrategistas. Em primeiro lugar, no *Manifesto do Partido Comunista*, de 1848, Marx teorizou a luta de classes – conceito proveniente da economia política burguesa clássica – como uma guerra que terminaria ou em uma transformação revolucionária da sociedade ou na aniquilação das classes (Marx; Engels, 2007, p.40).

Com essa mesma ótica, Marx empreendeu extensa análise da guerra civil na França – a Comuna de Paris (Marx, 2011) –, na qual considera dois aspectos: a guerra externa fora fundamental à consolidação do poder interno de Luís Bonaparte após 1848; e como a guerra externa, defensiva em primeira instância, transformou-se em uma invasão do território francês pelo Exército prussiano e, nessa medida, foi elemento crucial para a realização da unificação alemã e para a formação do II Reich em 1870.

Em outras palavras, foi Marx quem apontou o fato de que a guerra externa não se desvincula da política e das dissensões internas, demonstrando o equívoco de Clausewitz ao considerar a guerra como fricção entre Estados nacionalmente unificados. Aliás, a análise da Comuna de Paris é exemplar também nesse sentido: a revolução proletária somente foi derrotada após a capitulação francesa e a constituição de uma aliança com Bismarck que não apenas liberou o Exército francês aprisionado desde a batalha de Sedan, como somou forças prussianas a este no sentido de conter os *communards*. Talvez faltasse a Marx a ideia de guerra absoluta, mas o que ele descreve em *A guerra civil na França* nada mais é que a associação das burguesias francesa e alemã para mover uma guerra de *extermínio* dos revolucionários: a cidade em chamas e a semana sangrenta com suas mais de 20 mil execuções de uma população faminta e já desarmada que, somadas às mortes em combate, perfazem o total de 80 mil mortos e 40 mil pessoas presas e torturadas pelo governo francês, evidenciaram a barbárie burguesa.

Engels, por sua vez, no texto "O papel da violência na história", chamou a atenção para o aspecto instrumental da violência e de seus implementos, os armamentos, e destacou o caráter capitalista da fundamentação desta. Em outras palavras, a violência depende da produção de armas e do poder econômico, isto é, dos meios materiais (Engels, 1981, p.152). A despeito de os estrategos considerarem os aspectos materiais da guerra, foi Engels quem evidenciou as relações desta com o poder econômico e com a produção capitalista e viu nelas os indícios, como Marx os viu nos nacionalismos, de guerras futuras, intermináveis, cada vez mais destrutivas e catastróficas. Nesse sentido, tiveram melhor entendimento que Clausewitz ou Jomini sobre a natureza da guerra na sociedade capitalista.

A Guerra Franco-Prussiana foi também um divisor de águas nos estudos históricos oitocentistas. Os militares franceses passaram a ler e tentar entender Clausewitz, travando, com os alemães, debates acerca de sua obra e de suas interpretações sobre Napoleão (Coutau-Bégarie, 2010, p.170). Por outro lado, os historiadores manifestaram em suas obras não apenas a perplexidade diante da derrota, mas também responsabilizaram os revolucionários. Gabriel Monod (2006) publicou em 1876 um texto intitulado "Do progresso dos estudos históricos na França desde o século XVI", na *Revue Historique*, no qual traçava um paralelo entre a cultura historiográfica francesa e a alemã. Se até então as perspectivas cosmopolitas de Ranke e dos metódicos alemães reverberavam e contribuíam para a consolidação da escola histórica francesa, o texto de Monod afastava as duas tradições e rompia com a ideia rankiana de um "destino comum europeu", particularizando a França como objeto e como pedagogia da história. Para ele, os acontecimentos que produziram lutas fratricidas (a Comuna de Paris) e aqueles que mutilaram a unidade nacional (a perda da Alsácia e da Lorena) advertem os historiadores do dever de, através do conhecimento da história, revelar a alma e a consciência da nação. É por essa via que se reuniria novamente o que estava partido, transformando todos os franceses em herdeiros do passado e cidadãos do tempo presente, criando uma unidade e uma identidade nacional, visando garantir a "grandeza da Pátria" e promover o "progresso do gênero humano" (p.61).

Fustel de Coulanges, por sua vez, produziu um texto intitulado "Considerações sobre a França: ensaio histórico sobre a guerra e a Comuna" que, segundo Hartog (2003, p.184), teria sido feito, aparentemente, a pedido de Thiers e permaneceu inacabado, não tendo sido publicado. O texto revela, contudo, a convicção do autor de que a guerra havia sido desejada e preparada pela Prússia desde a derrota de Napoleão, em 1815. O ódio prussiano, não apenas à monarquia ou à política da França, mas a toda a nação francesa teria sido, segundo Fustel, alimentado desde então. Ele também condenava a democracia e o socialismo, considerando-os elementos que enfraqueceram a França diante do inimigo prussiano e defendia um governo aristocrático, autoritário e paternalista em relação às classes trabalhadoras. Monod e Fustel lançam as bases para um ensino de história que tinha por objetivo a formatação de um novo cidadão francês. Essa perspectiva se aprofundou ao longo do século nas discussões sobre a reforma educacional promovida pela III República. Se o estudo da história se tornava fundamental para a superação da derrota de 1870 e para a criação da nacionalidade, a formação de professores e a produção de materiais didáticos não eram menos importantes. Nesse aspecto, Ernest Lavisse destacou-se como líder da campanha pela formação e profissionalização dos historiadores. Organizador de uma monumental *História de França*, iniciada em 1892 e publicada em dezessete volumes entre 1903 e 1911, redigiu também um manual de ensino primário que ficou conhecido como *Petit Lavisse*, publicado em 1895. Neste, recomendava que os estudantes deveriam manter viva a memória das glórias nacionais e dos campos de batalha e advertia que, se o estudante não se tornasse um "cidadão compenetrado de seus deveres e um soldado que ama seu fuzil, o professor terá perdido seu tempo" (Lavisse, 1895 apud Kirschner, 2010, p.355). A mesma recomendação foi dirigida também aos instrutores da Escola Normal Superior, responsáveis pela formação de professores (apud Dosse, 2003, p.277). Lavisse encarnava o culto da história e da nação. Retomando Shakespeare, afirmava que a França era o soldado de Deus e que nenhum país havia contribuído como ela para o desenvolvimento da civilização (Dosse, 2003, p.276-7). Esse ardor nacionalista – cujo ápice foi o nazismo (Gellner, 2000) – incendiou a Europa e reverberou mundialmente entre 1914 a 1945, período que os historiadores contemporâneos tratam como uma mesma e única guerra (Mayer, 1987; Hobsbawm, 1995).

Da catástrofe do século XX advieram algumas reflexões sobre a guerra, quer no campo da estratégia, quer no campo dos estudos históricos. Uma das mais consequentes no campo da história veio da pena de um dos fundadores da École des Annales, acusada de abandonar a chamada história política e militar (Soares; Vainfas, 2012). Os historiadores dos *Annales* diante dos horrores da guerra abandonaram o papel de produtores e de cultuadores do nacionalismo, resultando disto o abandono de um determinado tipo de história política e da história militar. Pelo menos no caso de Marc Bloch, a ruptura com o nacionalismo é lenta e processual e, por isso mesmo, digna de registro. Se de um lado ele rompe com aquela história política que constrói narrativas legitimadoras e da guerra, de outro, ainda flerta com o nacionalismo francês de modo inequívoco, quer como historiador, quer como testemunha e analista de guerra. É certo que *Os reis taumaturgos*, de 1924 (Bloch, 1993), livro no qual interpreta a cura das pessoas pelo toque real, isto é, o milagre régio, como processo de legitimação da monarquia na Inglaterra e na França, na interpretação de Jacques Le Goff inaugura uma "antropologia política histórica" (1993, p.36). Mas também é certo que, ao longo de todo o livro, respira-se a admiração que o mestre nascido em Lyon tem pela França monárquica a ponto de, ao considerar a crença no milagre régio um "erro coletivo", quase desculpar os monarcas por tentarem o papel de taumaturgos a fim de fortalecer seu poder. Bloch também desculpa os súditos por terem acreditado na força do milagre, a eles atribuindo um feliz otimismo de almas crentes (Bloch, 1993, p.278). Uma França idealmente unida e identificada a si emerge dessa obra bela e erudita. Já *A estranha derrota*, redigida em 1940, é o testemunho do capitão do Exército, escrito com os instrumentos do historiador, para explicar a derrota francesa diante das forças do III Reich. Aqui, o mesmo ardor nacionalista, a mesma paixão pela França, aparecem como depoimentos e como fundamentos da explicação daquela derrota, diante da qual o mundo ficou perplexo. Décadas mais tarde, Nicole Jordan classificou o acontecimento como sendo uma das maiores catástrofes militares da história mundial, em avaliação subscrita também por Tony Judt (Jordan, 1998 apud Judt, 2009, p.191). Como era judeu, Marc Bloch julgou necessário se defender de antemão da acusação de "meteco", que poderia ser feita por possíveis críticos que não concordassem com suas interpretações. Para atestar sua lealdade e seu nacionalismo, Bloch, no prefácio, adverte o leitor que somente diante de um antissemita se apresentava como judeu. Invocava a tradição patriótica francesa partilhada pelos israelitas do êxodo alsaciano e informava que seu bisavô havia sido soldado francês em 1793, seu pai havia servido em 1870, sua família abandonara a Alsácia depois de sua anexação ao II Reich e ele próprio havia sido soldado em 1914 e em 1939-1940. Prosseguia Bloch fazendo uma profissão de fé, assumindo como seus a cultura e o passado franceses e afirmava que sempre dera o melhor de si para defender a pátria. Talvez nenhum outro testemunho ilustre tão bem o sucesso do programa educacional da III República em formar o cidadão-soldado. Feita essa advertência, Bloch analisa a cultura militar francesa, denunciando-a como burocratizada, voltada para o passado, iludida com a suposta inexpugnabilidade da Linha Maginot, aquele que seria, em sua visão, monumento a uma concepção estratégica ultrapassada. Bloch argumenta ainda que toda essa cultura emperrada foi responsável pela incapacidade de improvisação diante do novo: surpreendidos pela nova concepção da *blitzkrieg*, pelo efeito desmoralizante dos bombardeios aéreos, a ficção do "poderoso Exército francês" desmantelou-se rapidamente diante do inimigo veloz e audaz. Em um segundo momento, examina a política interna e constata com amargura que a falta de unidade política, as dissensões entre governantes e governados provocaram um enfraquecimento coletivo e que faltara o chamamento articulador da união francesa desde a revolução de 1789 – o grito de "a pátria em perigo". Finalmente, enfatiza que a tradicional desconfiança das elites em relação aos trabalhadores urbanos e rurais teriam selado o destino francês diante do inimigo unido e aguerrido. Essa explicação, além de criar um método crítico erudito para investigação da história militar, diria um modelo, também muito deve às análises e explicações dadas tanto por Marx como por Monod e Fustel, cada qual a seu modo, para a derrota de 1870. Bloch preparou o caminho para que futuros historiadores, por exemplo Tony Judt (2009), interpretassem tanto a derrota de 1870 quanto a de 1940 como fruto do temor que os generais franceses teriam de uma revolução social. Esta deveria ser evitada mesmo que à custa da rendição e, nesse caso, tanto em 1870 como em 1940, o inimigo alemão teria parecido à elite militar menos perigoso que o proletariado francês. Em linhas gerais, esta é a mesma interpretação de Michael Howard em seu livro *The Franco-Prussian War: The German Invasion of France, 1870-1871*, de 1961. O que importa ressaltar é o fato de a análise de Marc Bloch demonstrar como as Forças Armadas são parte da sociedade e não um aspecto independente desta. Em suma, de modo consistente, inaugura uma nova perspectiva para a compreensão das guerras e dos fenômenos militares, bem como das relações entre Forças Armadas e sociedade.

Inicia-se assim a ruptura com uma visão marcadamente nacionalista, ruptura esta concluída no livro *Apologia da história ou Métier do historiador* (Bloch, 1997) que foi publicado postumamente em 1949. Obra inacabada, pois Bloch fora fuzilado pela Gestapo em 1944, ela denuncia a ilusão da historiografia oitocentista francesa acerca da discussão das origens da nação, transformando essa mitologia em objeto historiográfico. Os efeitos da derrota de 1840 reverberavam ainda na construção de um modelo historiográfico. A política e a guerra estão, portanto, no nascimento da Escola dos Annales e na emergência de uma "Nova História Militar". Nos anos 1970, essa emergência foi marcada, no âmbito da escola francesa, pela publicação, em 1973, do livro *O domingo de Bouvines*, de Georges Duby (1993). Nessa obra, o historiador analisa a construção da Batalha de Bouvines como um dos mitos fundadores da nação francesa. Tratou-se, portanto, de uma história que apreciava os fenômenos políticos e militares de modo a desconstruir mitologias que fundamentavam os nacionalismos da era moderna e contemporânea. No mesmo período, do outro lado do Canal da Mancha, na Ilha de Albion, foi publicado em 1976 *A face da batalha*, de John Keegan. Nesse livro, o autor analisa três batalhas: Azincourt (1415), Waterloo (1815) e Somme (1916), desconstruindo-as em seus aspectos políticos, sociais, econômicos e até culturais. Desse modo, Keegan aproxima-se das formulações da escola francesa sobre a abordagem da guerra. Keegan ainda publicou *Uma história da guerra* em 1993, livro no qual critica duramente Clausewitz e advoga uma compreensão mais ampla, complexa e rica da guerra e dos fenômenos militares na contemporaneidade. Na outra margem do Ocidente, nos EUA, também nos anos 1970, precisamente em 1975, Russel F. Weigley, professor da Universidade de Temple, na Filadélfia, publicou uma antologia em dois volumes intitulada *Novas dimensões da história militar*. Trata-se de um conjunto de textos, resultante de um curso de história militar ministrado na Escola de Guerra do Exército entre 1971 e 1974. Diferentemente dos europeus, os estudos de Weigley são mais de estratego do que de historiador. Para ele, a história militar é útil na medida em que propicia uma orientação para a estratégia, uma espécie de "disciplina auxiliar". Diferentemente do drama europeu, para os estadunidenses tratava-se de compreender a derrota dos EUA no Sudeste Asiático, especialmente no Vietnã (1981-1982, v.1, p.24-5).

É um equívoco, contudo, tratar a história militar tradicional e a matéria que os estrategos denominam "história militar" como opostas ou concorrentes. Ao contrário, são complementares entre si, partilhando de uma mesma perspectiva ideológica e de uma epistemologia pragmática, que buscam no passado ou na história lições que orientem o presente. Os praticantes dessas histórias são ideólogos a serviço do Estado – quer buscando legitimar suas ações militares, quer construindo uma memória mítica de eventos militares, quer produzindo narrativas justificadoras da guerra – ou de indústrias militares que necessitam vender armamentos e, nesse sentido, atuam de modo a produzir e justificar novas guerras. Enfim, os estrategos definem quais vidas são passíveis de luto e quais são dispensáveis, as eufemisticamente chamadas "baixas de guerra" (Buttler, 2015). As suas narrativas mantêm uma empatia com as classes dominantes e com os vencedores do passado e do presente e é preciso, como observou Walter Benjamin (1985, p.225), escovar a história a contrapelo.

Essa perspectiva benjaminiana abre caminho para outras abordagens dos fenômenos militares na história. Talvez o principal deles seja compreender e tentar responder às questões postas pelas guerras e pela existência das forças militares feitas a partir da perspectiva da humanidade e não das classes dominantes ou do Estado. Em outras palavras, refletir acerca da dimensão humana ou, como bem destacou Buttler na sua obra *Quadros de guerra* (2015), "formular uma crítica da guerra para repensar a fragilidade e complexidade dos vínculos sociais e verificar quais condições podem tornar menos possível a violência, as vidas mais vivíveis e mais igualmente passíveis de luto" (p.11). O programa da história militar não se limita, portanto, a desconstruir os mitos e as narrativas legitimadoras da guerra, mas de fazer emergir as vidas e histórias humanas soterradas por camadas de ideologias belicistas. É o caso das análises que Susan Sontag faz em seu livro *Olhando o sofrimento dos outros* (2015) sobre as narrativas fotográficas da guerra, sempre sujeitas à manipulação dos poderes e dos interesses dominantes.

Afirma ela que a fotografia de guerra nasceu como missão que os Estados e os governos atribuíram aos primeiros fotógrafos, para que promovessem imagens positivas da profissão de soldado e da satisfação de desencadear uma guerra ou de prossegui-la e, dessa maneira, conquistar o apoio público ao sacrifício dos guerreiros (Sontag, 2015, p.51). A fotografia de guerra, ressalta a autora, começa com essa vergonhosa tarefa e, frequentemente, foi produto de uma pose, de uma montagem, desde as primeiras guerras fotografadas, como a da Crimeia, a Guerra de Secessão, a guerra com o Paraguai, a rebelião dos cipaios, a segunda guerra do ópio, as guerras sudanesas. Sontag ainda demonstra que somente a partir da Guerra do Vietnã as fotografias deixaram de ser encenadas e passaram a exibir os horrores daquele conflito, como é o caso da famosa foto de Huynh Cong Ut, que retrata crianças de uma aldeia bombardeada com napalm pelos EUA fugindo pela estrada gritando de dor (p.59-60). Atualmente, a produção e reprodução de imagens digitais coloca novos desafios para os analistas das guerras. Sontag se pergunta se haveria algum antídoto para a permanente sedução da guerra. A resposta é que, diante da dor dos outros, o observador não compreende e não pode imaginar o horror da guerra e como esta se normaliza (p.120-1). Essa incompreensão explode as narrativas belicistas e legitimadoras e evidencia a ausência de sentido da guerra diante de uma vida. Por sua vez, Svetlana Aleksiévitch (2016) contribui para a compreensão da dimensão humana das guerras ao reconstruir, na sua instigante obra *A guerra não tem rosto de mulher*, a trajetória, o cotidiano, os dramas e as misérias de jovens mulheres combatentes que lutaram nas fileiras do Exército Vermelho na II Guerra e cuja existência era ignorada. Também o cinema tem histórias a contar, como se pode verificar nas análises feitas por Hélène Puiseux (2009) da produção fílmica que busca representar a era nuclear. A autora destaca, em uma contraleitura, como a produção cinematográfica estadunidense busca não apenas legitimar o uso das bombas atômicas contra o Japão na II Guerra Mundial, mas também produzir uma memória hegemônica sobre a questão, criando representações que sempre fazem dos EUA alvo de ataques nucleares, como é o caso dos filmes *O dia seguinte*, de Nicolas Meyer, e *Testament*, de Lynne Littman, ambos datados de 1983, dentre muitos outros. Essa filmografia serve também para dissimular e ocultar o fato de que os Estados Unidos haviam escolhido, por volta dos anos 1970, a Europa ocidental como sua substituta sacrificial num possível teatro de operações de uma guerra nuclear com a URSS (Thompson, 1985, p.28).

A consideração da guerra e dos fenômenos militares não pode, portanto, prescindir, desde o século XIX, dos estudos de mídia. Desde então, o suporte imagético analógico ou digital, bem como o noticiário da imprensa são fundamentais na construção de narrativas legitimadoras do poder. Por outro lado, a própria mídia é contraditória e pode, participando da guerra, produzir visões desestruturantes das ideologias oficiais. O filme *Rapsódia em agosto*, de Akira Kurosawa, de 1991, constrói uma versão contra-hegemônica, guindando ao primeiro plano narrativo a memória dos sobreviventes dos ataques nucleares sobre o Japão em 1945.

A análise e desconstrução dessas narrativas permitem, portanto, compreender a própria guerra, pois são, elas mesmas, elementos integrantes dos conflitos. É possível, pois, declarar guerra à guerra por meio da produção de análises e interpretações que coloquem em questão não apenas a legitimidade das guerras, mas do sentido a ela atribuído por narrativas que nelas se enrolam como volutas, justificando-as, produzindo-as, impelindo-as. Finalmente, essas novas formas de abordagem dos fenômenos militares possibilita a compreensão e a crítica dos golpes de Estado, das ditaduras, das torturas e dos horrores provocados pela atuação das Forças Armadas como elementos de repressão de conflitos sociais criminalizados pelo Estado.

Em todos esses sentidos, uma rica e profícua gama de pesquisadores brasileiros tem contribuído para rever e ressignificar o passado, como as releituras e reinterpretações sempre constantes acerca da Guerra da Tríplice Aliança, da formação das Forças Armadas, da imprensa militar, das intervenções militares na política, das ditaduras. Essa historiografia também se volta para o estudo daqueles que têm sido ignorados e silenciados – estratos inferiores das Forças Armadas, *gays*, mulheres, negros – pelas narrativas glorificantes da guerra, pelas memórias oficiais e pelos estrategos, sempre preocupados exclusivamente com supostas lições advindas de uma suposta "verdadeira história militar". É preciso ainda sublinhar que, no Brasil, os historiadores, cientistas políticos e sociólogos têm mantido um rico debate no âmbito da Associação Nacional de História (Anpuh-Brasil), da Associação Nacional de Pós-Graduação e Pesquisa em Ciências Sociais (Anpocs) e, mais recentemente, da Associação Brasileira de Estudos de Defesa (Abed). Há três anos foi fundado o Simpósio Nacional de História Militar, promovido por várias instituições superiores civis e militares. Atualmente, ele tem congregado pesquisadores de história militar de todo o Brasil, numa clara demonstração da vitalidade dos estudos históricos. A tendência, assim, tem sido o crescimento da pesquisa acadêmica de história militar no Brasil.

Um outro aspecto ainda a se destacar no caso brasileiro é que, durante grande parte do século XIX e XX, os militares do Exército e da Marinha – notadamente nesta segunda – constituíram-se como "historiadores militares", abordando temas como as guerras e as suas respectivas forças. Atualmente, jovens militares têm realizado cursos de pós-graduação em universidades civis e desenvolvido pesquisas instigantes utilizando-se de temas, objetos e metodologias das ciências históricas e sociais. Esse profícuo debate – ainda que carregado de tensões de corte mais geracional e ideológico do que institucional propriamente dito – tem fortalecido as novas abordagens historiográficas da guerra e dos fenômenos militares.

Um último aspecto a ser apontado é a aproximação, não sem tensões ou dificuldades, dos historiadores militares de outros grupos acadêmicos que estudam os militares em perspectiva histórica – é o caso dos pesquisadores do regime militar cujos trabalhos servem à compreensão dos dramas passados e presentes da sociedade brasileira. Finalmente, é fundamental destacar que, longe de compromissos com o poder, essas novas formas de compreender a guerra e os fenômenos militares podem contribuir para o desenvolvimento de uma cultura de paz e para o fortalecimento da democracia como formação social.

Referências bibliográficas

ALEKSIÉVITCH, S. *A guerra não tem rosto de mulher.* São Paulo: Companhia das Letras, 2016.

ANDERSON, P. *Linhagens do Estado absolutista.* São Paulo: Editora Unesp, 2016.

ARENDT, H. *Entre o passado e o futuro.* São Paulo: Perspectiva, 2002.

BENJAMIN, W. Sobre o conceito de história. In: *Obras escolhidas.* São Paulo: Brasiliense, 1985. p.222-32.

BLOCH, M. *Os reis taumaturgos.* São Paulo: Companhia das Letras, 1993.

______. *Introdução à história.* Lisboa: Europa-América, 1997.

BUTTLER, J. *Quadros de guerra*: quando a vida é passível de luto. Rio de Janeiro: Civilização Brasileira, 2015.

COULANGES, F. de. Considerações sobre a França: ensaio histórico sobre a guerra e a Comuna. In: HARTOG, F. *O século XIX e a história*: o caso Fustel de Coulanges. Rio de Janeiro: Editora UFRJ, 2003. p.183-223.

COUTAU-BÉGARIE, H. *Tratado de estratégia*. Rio de Janeiro: Escola de Guerra Naval, 2010.

DOSSE, F. *A história*. Bauru: Edusc, 2003.

DUBY, G. *O domingo de Bouvines*. Rio de Janeiro: Paz e Terra, 1993.

ECO, U. *Cinco escritos morais*. Rio de Janeiro: Record, 1998.

ENGELS, F. O papel da violência na história. In: ____ et al. *Escritos militares*. São Paulo: Global, 1981.

FURET, F. *A oficina da história*. Lisboa: Gradiva, 1986.

GELLNER, E. O advento do nacionalismo e sua interpretação: os mitos da classe e da nação. In: BALAKRISHNAN, G. (Org.). *Um mapa da questão nacional*. Rio de Janeiro: Contraponto, 2000. p.107-54.

GRAFTON, A. *As origens trágicas da erudição*. Campinas: Papirus, 1998.

HARTOG, F. *O século XIX e a história*: o caso Fustel de Coulanges. Rio de Janeiro: Editora UFRJ, 2003.

______. *O espelho de Heródoto*: ensaio sobre a representação do outro. 2.ed. Belo Horizonte: Editora UFMG, 2014.

HOBSBAWM, E. *Era dos extremos*. São Paulo: Companhia das Letras, 1995.

HOWARD, M. *The Franco-Prussian War*: The German Invasion of France, 1870-1871. London: Rupert Hart-Davies,1961.

JORDAN, N. Strategy and Scapegoatism: Reflections on the French National Catastrophe, 1940. In: BLATT, J. *The French Defeat of 1940*: Reassessments. Providence: Berghan Books, 1998.

JUDT, T. A catástrofe: a queda da França, 1940. In: *O século XX esquecido*: lugares e memórias. Lisboa: Edições 70, 2009. p.189-203.

KEEGAN, J. *Uma história da guerra*. São Paulo: Companhia das Letras, 1995.

KIRSCHNER, T. C. Ernest Lavisse. In: MALERBA, J. *Lições de história*. Rio de Janeiro: FGV, 2010. p.353-74.

LE GOFF, J. P. Prefácio. In: BLOCH, M. *Os reis taumaturgos*. São Paulo: Companhia das Letras, 1993. p.9-37.

LEFORT, C. *As formas da história*: ensaios de antropologia política. São Paulo: Brasiliense, 1979.

LÓPEZ, A. S. La história militar entre la renovacion y la tradicion. *Manuscrits*, n.11, p.215-42, jan.1993.

M'BOKOLO, E. *África negra*: história e civilizações. Salvador: EDUFBA; São Paulo: Casa das Américas, 2011.

MAQUIAVEL, N. *A arte da guerra*. Porto Alegre: L&PM, 2009.

MARTELO, D. Estudo introdutório. In: JOMINI, A. H. *Compêndio de arte da guerra.* Lisboa: Sílabo, 2009, p.13-32.

MARX, K. *A guerra civil na França.* São Paulo: Boitempo, 2011.

_____; ENGELS, F. *Manifesto do Partido Comunista.* São Paulo: Boitempo, 2007.

MAYER, A. *A força da tradição*: a persistência do Antigo Regime. São Paulo: Companhia das Letras, 1987.

MOMIGLIANO, A. *As raízes clássicas da historiografia moderna.* Bauru: Edusc, 2004.

MONOD, G. Do progresso dos estudos históricos na França desde o século XVI. In: SILVA, G. J. (Org.). *A escola metódica.* Campinas: IFCH/Unicamp, 2006. [Textos Didáticos, 61.]

PANIKKAR, K. M. *A dominação ocidental na Ásia.* Rio de Janeiro: Paz e Terra, 1977.

PUISEUX, H. Imagens da era nuclear. In: NOVOA, J. et al. (Orgs.). *Cinematógrafo*: um olhar sobre a história. São Paulo; Salvador: Editora Unesp; EDUFBA, 2009.

SOARES, L. C.; VAINFAS, R. Nova história militar. In: CARDOSO, C.; VAINFAS, R. (Orgs.). *Novos domínios da história.* Rio de Janeiro: Elsevier, 2012. p.113-32.

SONTAG, S. *Olhando o sofrimento dos outros.* Lisboa: Quetzal, 2015.

THOMPSON, E. P. Notas sobre o exterminismo, o estágio final da civilização. In: _____ et al. *Exterminismo e Guerra Fria.* São Paulo: Brasiliense, 1985.

VON HERDER, J. G. Ideias para a filosofia da história da humanidade. In: GARDNER, P. *Teorias da história.* Lisboa: Calouste Gulbenkian, 1984. p.41-59.

VON RANKE, L. Conceito de história universal. In: MARTINS, E. R. *A história pensada.* São Paulo: Contexto, 2010. p.202-16.

WEIGLEY, R. F. *Novas dimensões da história militar.* 2v. Rio de Janeiro: Biblioteca do Exército, 1981-1982.

INTELIGÊNCIA

Marco Aurélio Chaves Cepik

As atividades de inteligência permeiam as relações entre os Estados, na guerra e na paz. Uma definição ampla de inteligência é toda informação coletada, organizada ou analisada para atender a demanda de um tomador de decisões. A sofisticação tecnológica crescente dos sistemas de informação que apoiam a tomada de decisões tornou, de fato, corrente o uso do termo "inteligência" para designar essa função de suporte, seja na rotina dos governos, no meio empresarial ou mesmo em organizações sociais. Ainda nessa acepção ampla, inteligência seria o mesmo que conhecimento ou informação. Por outro lado, uma definição mais restrita, tal como a adotada aqui, diria que inteligência é a coleta de informações sem o consentimento, a cooperação ou mesmo o conhecimento por parte dos alvos da ação. Nessa acepção, embora inteligência não se restrinja à espionagem, o segredo e a instrumentalidade (poder) definem o âmago das atividades de inteligência (Cepik, 2002; Herman, 1996).

Portanto, embora o conceito e as práticas de inteligência tenham sido em parte desdobrados para as relações entre empresas e mesmo para qualquer fundamentação da ação estratégica baseada em conhecimento, no contexto da defesa e da segurança internacional as atividades de inteligência referem-se quase sempre aos conflitos atuais e potenciais entre os países. Nesse sentido, um fundamento clausewitziano para uma teoria das atividades de inteligência implica reconhecer que tais atividades constituem a dimensão informacional dos conflitos entre vontades antagônicas.

Nas esferas operacional e estratégica, a inteligência fornece subsídios aos processos decisórios, auxiliando na redução das incertezas inerentes ao conflito. Isso pode se refletir na adoção do curso de ação mais adequado por um governo e no desenvolvimento e aquisição de sistemas de armas, na formulação de doutrinas militares e na postura diante de negociações internacionais (Prados, 2011). No entanto, outros fluxos informacionais, bem como intuição e convicções preconcebidas de autoridades políticas e comandantes militares também são inerentes ao processo decisório. De modo geral, a tomada de decisões diante de qualquer situação específica é difícil. Muitas vezes, análises de inteligência cruciais de uma crise são ignoradas em favor de preferências pessoais, ou quando não correspondem às expectativas (Davies, 2007).

Incidindo sobre a formulação das políticas de segurança nacional e a interação internacional, as atividades de inteligência produzem efeitos que, ao mesmo tempo, buscam garantir a segurança de um lado, e, potencialmente, constituem-se em ameaça para o outro lado da interação (Herman, 2011). No contexto da Guerra Fria, por exemplo, os meios intrusivos de coleta de informações provocavam uma sensação de ameaça no adversário enquanto maximizavam o sentimento de segurança no lado que deles dispõe.

Deve-se assinalar que a disponibilidade de informações para os responsáveis pelas decisões no bojo de um conflito, embora não ofereça garantias quanto às intenções do inimigo, pode reduzir sensivelmente exageros na elaboração de possíveis cenários, precisar estimativas e simplificar o escopo de cursos de ação. Líderes se sentem menos expostos a surpresas desestabilizadoras e aos riscos da "névoa da guerra" a partir do entendimento mais correto da proporção de uma ameaça. Todavia, o esforço de obtenção das informações que sustentam as decisões de segurança nacional tensiona as percepções de ameaça do adversário ou competidor, trabalhando no sentido contrário à estabilização do conflito. Incursões aéreas visando à coleta de imagens, por exemplo, em diferentes contextos, foram tanto um elemento de estabilização quanto de crise entre as superpotências durante a Guerra Fria (Herman, 2011). Ampliando a consciência dos tomadores de decisões, a coleta e análise de informações assiste ao planejamento de capacidades defensivas e ao desenvolvimento e/ou aquisição de sistemas de armas, de acordo com o monitoramento das sucessivas inovações e dinâmicas tecnológicas dos adversários.

No que concerne às negociações diplomáticas, as atividades de inteligência as apoiam diretamente em várias áreas, propiciando ajustes táticos derivados da obtenção de informações relevantes. No caso de implementação de tratados e acordos internacionais sem mecanismos de inspeção *in loco* na área de segurança internacional, os sistemas de inteligência podem monitorar os alvos e ambientes prioritários para reduzir incertezas e prevenir surpresas e crises (Cepik, 2003; Keneddy, 1983). Já no plano de operações militares, espera-se que a inteligência seja capaz de subsidiar o planejamento militar e a elaboração de planos de guerra, bem como apoiar as operações militares de combate e outras (operações de paz, assistência, missões técnicas etc.) (Handel, 1990).

Considerando, portanto, um sistema internacional marcado pela constante divergência de interesses, destaca-se o papel das atividades de inteligência na organização e nas políticas de segurança nacional para informar e dar suporte a decisões. A opção pelo curso de ação que melhor responda a uma ameaça ou vulnerabilidade depende da identificação, classificação e análise de tal ameaça e vulnerabilidade. A seguir, serão descritas brevemente as dinâmicas operacionais e a evolução histórica dos órgãos responsáveis pelas atividades de inteligência.

A dinâmica de operação da atividade de inteligência contemporânea pode ser simplificada como um processo sequencial separado organizacionalmente entre um estágio de coleta, seguido de um estágio de análise das informações obtidas a partir das diversas fontes singulares e de outros fluxos não estruturados. Uma vez produzidas as análises, elas são disseminadas para os diversos usuários finais, responsáveis pela tomada de decisões e pelo planejamento e execução de políticas.

A ideia do ciclo de inteligência, contudo, deve ser vista como uma metáfora, um modelo simplificado que não corresponde exatamente a nenhum sistema de inteligência existente. A principal contribuição da ideia de ciclo de inteligência é ajudar a distinguir as mudanças qualitativas que a informação sofre ao longo de um ciclo ininterrupto e inter-relacionado de trabalho e explicitar a existência dos fluxos informacionais entre diferentes atores (usuários, gerentes, coletores, analistas etc.).

Idealmente, os responsáveis pela tomada de decisões, sejam eles políticos eleitos, altos burocratas civis, comandantes militares ou chefes de polícia, identificam lacunas e necessidades informacionais, estabelecem prioridades e as transmitem para os dirigentes da área de inteligência. Estes, por sua vez, transformam aquelas necessidades percebidas pelos usuários em requerimentos informacionais para os setores responsáveis pela coleta e análise.

Contudo, na maioria das situações, os tomadores de decisão não têm tempo nem clareza para especificar os tipos de informação que necessitam. As linhas de demanda, portanto, tendem a ser genéricas ou são formuladas sem que os oficiais de inteligência tenham uma ideia precisa da finalidade da informação no âmbito mais geral dos desafios enfrentados pelo governo. Os requerimentos dos usuários, na prática, mostram-se frequentemente muito menos estruturados do que a suposição inicial do modelo. Desse modo, é importante ter em mente que, por representar a simplificação de um processo complexo, a organização das etapas do ciclo de inteligência induz expectativas exageradas sobre o tipo de racionalidade que orienta os processos decisórios governamentais e sobre o próprio papel da inteligência.

Além de definir quais informações devem ser reunidas para responder às ameaças e oportunidades identificadas, domésticas e no exterior, o planejamento inicial do ciclo compreende a determinação dos métodos de coleta (Cepik, 2003a). Os diferentes meios de coleta e as fontes típicas de informação definem disciplinas bastante especializadas em inteligência, que a literatura internacional designa através de acrônimos derivados do uso norte-americano. A mais tradicional dessas fontes de informação é a humana, referida como "humint" (*human intelligence*), que inclui tanto o terreno da espionagem propriamente dita quanto uma variedade de fontes não clandestinas, tais como a interrogação de prisioneiros de guerra, entrevistas de viajantes ocasionais, relatórios diplomáticos ou de adidos militares, contatos comerciais etc. A coleta de informações a partir da decodificação de comunicações e sinais eletromagnéticos configura a inteligência de sinais ou "sigint" (*signals intelligence*). Mais recente e com importância crescente nas últimas décadas é a chamada inteligência de imagens ou "imint" (*imagery intelligence*), as quais são obtidas sobretudo a partir de plataformas aerotransportadas e espaciais. Além de imagens fotográficas analógicas e digitais com resolução cada vez maior, "imint" é coletada e produzida utilizando-se sensores especiais para outras porções do espectro eletromagnético invisíveis ao olho humano (próximas de infravermelho, termais e radar). "Masint" (*measurement and signature intelligence*) classifica as informações obtidas a partir da mensuração de outros tipos de emanações (sísmicas, térmicas etc.) e da identificação de "assinaturas", ou seja, sinais característicos e individualizados de veículos, plataformas e sistemas de armas. Já a atividade de coleta chamada "osint" (*open sources intelligence*) trata das informações obtidas através de documentos oficiais por vias legais, da observação direta e não clandestina dos aspectos políticos, militares e econômicos da vida interna de outros países ou alvos, do monitoramento da mídia (jornais, rádio e televisão), da aquisição legal de livros e revistas especializadas de caráter técnico-científico, enfim, de um leque mais ou menos amplo de fontes disponíveis cujo acesso é permitido. As atividades especializadas de coleta absorvem entre 80% e 90% dos investimentos governamentais na área de inteligência nos países centrais do sistema internacional. Destaca-se que o volume de dados brutos e informações primárias coletadas é muito maior do que os relatórios efetivamente recebidos pelos usuários finais, os responsáveis pela tomada de decisões e pela implementação de políticas (Herman, 1996).

A etapa da análise recebe informações de fontes diversas, não necessariamente secretas, processa-as, produz a inteligência propriamente dita, e se encarrega de disseminá-la para os usuários. Os produtos finais vão desde sumários diários/semanais sobre temas correntes até estudos mais aprofundados sobre tendências e problemas delimitados a partir de critérios espaciais ou funcionais. Além de avaliar tendências e tentar descrever a realidade, os produtos de inteligência visam também a antecipar eventos cruciais, tanto fornecendo alerta avançado quanto contribuindo para a formulação de políticas, planos operacionais e projetos de força. As bases de dados e a produção de inteligência para referência (dados biográficos, de "assinaturas" de sistemas de armas, vetores e plataformas, de dados cartográficos e de elevação de terreno etc.) constituem uma camada intermediária e fundamental, que alimenta tanto os produtos analíticos de consumo mais imediato quanto as estimativas e os estudos mais estruturados e voltados para o médio e longo prazos. Costuma-se dizer que a qualidade das bases de dados e o grau de preparação dos próprios analistas para realizar perguntas e respondê-las adequadamente são os principais indicadores da qualidade de uma organização de inteligência (May, 1996).

Uma vez produzidas as análises, elas são disseminadas para os diversos usuários finais, subsidiando a tomada de decisões e o planejamento e a execução de políticas. Um ponto importante para a compreensão do ciclo de inteligência é ter claro que as análises e os produtos de inteligência não são os únicos fluxos informacionais (*inputs*) que influenciam o processo de tomada de decisões, e que relatórios podem ser mais ou menos importantes para decisões governamentais específicas.

Do ponto de vista organizacional, os serviços de inteligência, também conhecidos como serviços de informação ou serviços secretos, são agências governamentais responsáveis pelo processo que o ciclo de inteligência busca ilustrar, subsidiando a tomada de decisões e de implementação de políticas públicas nas áreas de política externa, defesa nacional e provimento de ordem pública. Embora o uso de espiões e informantes especializados remonte à Antiguidade, a atividade de inteligência adquiriu uma nova escala operacional como função social organizada, profissional e permanente com o surgimento do Estado moderno na Europa. Os serviços de inteligência, tais como os de hoje, só começaram a institucionalizar-se no século XX.

No contexto de formação do sistema de Estados europeus, os reis e ministros, em seu processo de competição com outros governantes e no esforço de dominação de territórios e populações cada vez mais amplos, mobilizaram recursos e fundaram organizações especializadas na obtenção de informações. A criação de serviços secretos foi uma das respostas às necessidades mais gerais dos governantes em termos de redução dos custos de transação associados à obtenção de informações. Embora fosse essa sua função primária, as incipientes organizações seriam ainda uma ferramenta para a dominação e a maximização de poder em diferentes períodos e contextos nacionais. Nesse sentido, os serviços de inteligência modernos teriam surgido com uma dupla face: informacional e coercitiva. Essa dupla natureza caracteriza ainda hoje os sistemas nacionais de inteligência existentes.

A trajetória moderna dos serviços de inteligência é marcada por grandes descontinuidades entre os primeiros serviços secretos e as inúmeras organizações que configuram atualmente os sistemas nacionais de inteligência e segurança. Um longo processo de especialização e diferenciação das funções informacionais e coercitivas, além de ampliar e tornar mais complexa sua escala de operações, molda as três principais matrizes organizacionais que caracterizam a atuação dos serviços de inteligência contemporâneos. Nesse sentido, a dinâmica de operação da obtenção de informações no âmbito da diplomacia, da guerra e do policiamento interno está no cerne da especialização diferenciada da inteligência externa (*foreign intelligence*), inteligência militar (*military intelligence*) e inteligência interna.

Além desses componentes organizacionais principais, presentes na maioria dos Estados, a formação de sistemas nacionais de inteligência está associada a movimentos adicionais de expansão organizacional e de especialização funcional que vêm ocorrendo nas últimas décadas. Embora esse processo encontre particularidades de país para país, determinados impasses ocorridos na maioria das comunidades de inteligência nacionais derivam da acentuada disputa burocrática pelo controle de fluxos de informação do exterior para os governantes. É bem conhecida, por exemplo, a rivalidade existente entre a Central Intelligence Agency (CIA) e o State Department nos Estados Unidos, o que também ocorre entre o Secret Intelligence Service (SIS) e o Foreign and Commonwealth Office (FCO) na Grã-Bretanha (Cepik, 2003b).

No caso do Brasil, o atual sistema de inteligência foi criado em 1999. Desde então, aumentou o número de organizações participantes do sistema, mas se manteve estável a distribuição de poder interno, caracterizada pela proeminência da área de inteligência policial e militar, em detrimento da inteligência estratégica civil. Do ponto de vista das escolhas feitas pelo país em termos de capacidades ou funções que seriam priorizadas, a complexa arquitetura de coleta de inteligência de sinais e imagens associada aos sistemas de vigilância da Amazônia (Sivam) e de fronteiras (Sisfron), bem como a manutenção de capacidades de *humint* na área de segurança interna, indicam uma tendência a priorizar as atividades de coleta e análise sobre problemas internos e não sobre ameaças e vulnerabilidades inerentes ao sistema internacional. A função de contrainteligência, por exemplo, também parece enfatizar a segurança orgânica (dos prédios, dos acervos informacionais e das pessoas), e não a contraespionagem ou mesmo a contrainteligência estratégica no âmbito internacional. Vale destacar ainda que as agências brasileiras de inteligência são proibidas por lei de realizar operações encobertas no exterior ou no território nacional, embora a regulamentação das operações de coleta de inteligência no território nacional seja precária. O estabelecimento de procedimentos, penalidades e técnicas de busca de informação pelos serviços de inteligência é essencial para melhorar a efetividade dos serviços de inteligência brasileiros (Gill, 2016). Por outro lado, sem o fortalecimento e a qualificação das atividades de controle externo das atividades de inteligência no Congresso Nacional, pouco se avançará na legitimação da atividade de inteligência (Goldman; Rascoff, 2016). Estes são dois desafios importantes para a plena compatibilização da inteligência com a democracia no país.

Referências bibliográficas

CEPIK, M. Inteligência e políticas públicas: dinâmicas operacionais e condições de legitimação. *Security and Defense Studies Review*, v.2, p.246-67, 2002.

______. *Espionagem e democracia*. Rio de Janeiro: FGV, 2003a.

______. Sistemas nacionais de inteligência: origens, lógica de expansão e configuração atual. *Revista de Ciências Sociais*, Rio de Janeiro, v.46, n.1, p.75-127, 2003b.

DAVIES, H. Intelligence and the Art of Command (1799-1945). *Intelligence and National Security*, v.22, n.5, p.589-600, out. 2007.

GILL, P. *Intelligence Governance and Democratisation*: A Comparative Analysis of the Limits of Reform. New York: Routledge, 2016.

GOLDMAN, Z.; RASCOFF, S. (Eds.). *Global Intelligence Oversight*: Governing Security in the Twenty-First Century. Oxford: Oxford University Press, 2016.

HANDEL, M. Intelligence and Military Operations. In: *Intelligence and Military Operations*. Portland: Frank Cass, 1990. p.1-95.

HERMAN, M. *Intelligence Power in Peace and War*. Cambridge: Cambridge University Press, 1996.

______. Intelligence as Threats and Reassurance. *Intelligence and National Security*, v.26, n.6, p.791-817, dez. 2011.

KENNEDY, W. et al. *The Intelligence War*: Penetrating the Secret World of Today's Advanced Technology Conflict. London: Salamander, 1983.

MAY, E. R. (Ed.). *Knowing One's Enemies*: Intelligence Assessment Before the Two World Wars. [S.l.: s.n.], 1996. p.504.

PRADOS, J. Certainties, Doubts, and Imponderables: Levels of Analysis in the Military Balance. *Intelligence and National Security*, v.26, n.6, p.778-90, dez. 2011.

INTEROPERABILIDADE

Mariana Fonseca Lima

A INTEROPERABILIDADE MILITAR DIZ respeito à capacidade de indivíduos ou de organizações militares operarem conjuntamente para alcançar um objetivo comum. A necessidade da integração de tecnologias complexas e das operações conjuntas e/ou combinadas – como meios mais eficientes e eficazes de emprego militar em conflitos armados – originou a interoperabilidade. A interação operacional pode ocorrer entre dois ou mais domínios, entre eles o terrestre, o marítimo, o aéreo, o espacial e o cibernético.

O conceito desenvolve-se especialmente a partir da II Guerra Mundial, quando houve a necessidade de integrar as forças singulares (marinhas, exércitos, forças aéreas) para operarem conjuntamente. As operações conjuntas pressupunham, inicialmente, a atuação das forças singulares de maneira independente, isto é, sob o comando da sua força respectiva, porém com objetivos táticos, operacionais e estratégicos comuns estabelecidos pelo comandante supremo. Segundo o *Livro branco de defesa nacional do Brasil* (Brasil, 2012), o comando único favorece a coordenação de ações e o incremento da interoperabilidade entre as forças, evitando a duplicação de esforços e favorecendo a redução de perdas. Pouco a pouco, as operações conjuntas tornaram-se cada vez mais frequentes e comuns passando a exigir que sistemas de C4I (comando, controle, comunicações, computação e inteligência) das forças singulares operassem de maneira efetiva conjuntamente. Dessa forma, a interoperabilidade passa tanto pela cadeia de comando e controle quanto pelos meios operacionais e técnicos para executar uma missão militar.

Posteriormente, a partir do desenvolvimento de operações multinacionais, especialmente com a expansão da Otan, a partir da década de 1990, houve também a necessidade de estabelecer interoperabilidade entre organizações e mecanismos de dois ou mais países. Contemporaneamente, as operações multinacionais são também conhecidas como operações combinadas.

A interoperabilidade relaciona-se, portanto, com as noções de padronização e de racionalização. A atuação sinérgica entre indivíduos ou organizações depende da padronização de conceitos, doutrinas, procedimentos, projetos de manutenção de compatibilidade. Segundo a definição do *Glossário das Forças Armadas do Brasil* (Brasil, 2015b), o grau de interoperabilidade está diretamente relacionado com a padronização, que pode ocorrer nos seguintes níveis: compatibilidade, intercambialidade e comunialidade. A racionalização, por sua vez, incrementa a efetividade das forças aliadas/conjuntas/combinadas por meio da otimização no uso dos recursos de defesa empregados, sejam estes humanos ou materiais.

A maior parte da literatura disponível atualmente, especialmente de língua inglesa, trata da interoperabilidade sob o ponto de vista das operações combinadas. Já no Brasil, a maior parte da bibliografia trata da interoperabilidade entre as forças singulares. Tanto a literatura sobre o tema quanto os manuais ou glossários de defesa ou militares abordam a interoperabilidade em três níveis: estratégico, operacional, tático e técnico ou tecnológico.

O nível estratégico diz respeito, sobretudo, às operações combinadas ou multinacionais, uma vez que operações conjuntas pressupõem uma estratégia comum. No nível mais alto, as questões que envolvem interoperabilidade são sobre a harmonização de visões de mundo, de estratégias, de doutrinas e de estruturas militares. A interoperabilidade estratégica pode ser estabelecida por meio da diplomacia, das vias políticas, para a formação de alianças ou coalizões com o objetivo de atingir e manter interesses e/ou de combater ameaças comuns. Trata-se de um nível fundamental para que os outros níveis de interoperabilidade sejam desenvolvidos. A Otan, como aliança militar, quando estabelece as ameaças comuns, está também realizando interoperabilidade estratégica; acordos de cooperação militar entre dois países também caracterizam a interoperabilidade estratégica.

Num segundo nível, a interoperabilidade operacional trata das estratégias que serão empregadas, dos princípios militares que devem ser observados, do planejamento comum, da compatibilização de distintas doutrinas de emprego, da negociação e estabelecimento das relações de comando, do consenso sobre as regras de engajamento no teatro de operações, dos procedimentos comuns do Estado-Maior e da estruturação das forças no ambiente operacional.

Seguindo a escala da interoperabilidade, no nível tático refere-se à aplicação/execução final dos meios interoperáveis. Trata-se das medidas e meios que podem ser adotados para estabelecer e manter uma compatibilidade adequada entre as diferentes organizações que interoperam. Isso pode ocorrer entre os procedimentos de emprego tático e logístico, na realização de exercícios, nas medidas para diminuir as baixas, entre os equipamentos pesados, na padronização de comunicações e de redes de dados computadorizados, na inteligência, nos sistemas de vigilância e reconhecimento etc. Tanto a interoperabilidade operacional quanto a tática devem atender aos objetivos político-estratégicos.

Por fim, a interoperabilidade técnica ou tecnológica não é um campo de ação específico, ela designa-se a atender às necessidades de interoperabilidade operacionais e táticas. A interoperabilidade técnica acabou sendo um dos temas mais abordados e discutidos na literatura por ser um dos aspectos mais visíveis e práticos, ainda que não seja um nível propriamente autônomo. Essa perspectiva da interoperabilidade leva em conta os mecanismos de sistema técnico e as interfaces entre organizações e sistemas, com foco em comunicação e computadores, mas também considera as capacidades técnicas dos sistemas e a compatibilidade final da missão entre sistemas (*hardware* e *software*) e dados. A segunda acepção de interoperabilidade do *Manual de Defesa dos Estados Unidos* (EUA, 2016) traz exclusivamente o seu caráter técnico, afirmando que seria a condição alcançada entre sistemas eletrônicos de comunicação ou entre itens de equipamentos eletrônicos de comunicação eletrônicos quando as informações ou serviços podem intercambiar direta e satisfatoriamente entre esses equipamentos e/ou seus usuários.

Referências bibliográficas

BRASIL. *Livro branco de defesa nacional do Brasil*. Brasília: Ministério da Defesa, 2012.

______. Ministério da Defesa. *Doutrina para o sistema militar de comando e controle*. Brasília: Ministério da Defesa, 2015a.

______. *Glossário das Forças Armadas*. Brasília: Ministério da Defesa, 2015b.

ESTADOS UNIDOS DA AMÉRICA. *Dictionary of Military and Associated Terms*. United States Department of Defense, 2016.

HURA, M. et al. *Interoperability*: A Continuing Challenge in Coalition Air Operations. Santa Monica: Rand Corporation, 2000.

KANEWSKE, P. J. *Joint C4I Interoperability*: A Long History, a Tenuous Future. Newport: Naval War College, 2002.

ORGANIZAÇÃO DO TRATADO DO ATLÂNTICO NORTE (Otan). *Interoperability for Joint Operations*. Belgium: Otan; Nato, 2006.
PATRÓN, H. *La interoperabilidad*. Buenos Aires: Instituto de Estudios Estratégicos de Buenos Aires, 2003.

INTERVENÇÃO HUMANITÁRIA

Flávia de Ávila
Vinícius Andrade de Carvalho Rocha

Conceitos e definições

De modo geral, é possível considerar configurada uma intervenção humanitária quando um ou mais Estados resolvem, por iniciativa própria, intervir no território de outro Estado a fim de proteger indivíduos que são alvos de graves violações dos direitos humanos no território deste último. A intervenção humanitária tem escopo coercitivo e, via de regra, envolve o emprego de força. Por óbvio, o Estado que sofre a intervenção não oferece consentimento para tal. Há casos em que o Estado em que acontece a intervenção não chega a ser o autor dos comportamentos que violam os direitos individuais, mas é incapaz de evitar tais comportamentos, ou porque suas instituições estão em colapso, ou porque é cúmplice, em alguma medida, das violações (Pereira, 2009, p.24-5).

Há situações, portanto, em que não se deve falar em intervenção humanitária. Quando o Estado B solicita a ação interventiva do Estado A ou quando o Estado A intervém no Estado B com o objetivo de anexar território ou de apropriar-se de recursos econômicos deste, por exemplo, não está configurado aquilo que se define por intervenção humanitária. Na primeira situação, a atuação do Estado B é incontroversa; na segunda, a ilegalidade da conduta do Estado A é patente, o que pode configurar crime de agressão (Hehir, 2008, p.14). O emprego da força em situações de autodefesa por militares devidamente autorizados a praticar atos não violentos para o alcance de objetivos humanitários também é insuficiente para caracterizar um caso de intervenção humanitária (Lepard, 2002, p.3).

Holzgrefe (2003, p.18) conceitua a intervenção humanitária como "a ameaça ou o uso efetivo da força além das fronteiras de um Estado soberano (ou de um grupo de Estados) com o objetivo de impedir ou fazer cessar violações graves e disseminadas de direitos humanos fundamentais de indivíduos não nacionais dos países interventores e sem a permissão do Estado em cujo território a força é empregada". Nesse conceito não se incluem nem a ameaça ou o emprego de sanções diplomáticas e econômicas, nem as operações militares cujo objetivo seja a proteção ou o resgate de nacionais dos países interventores. Fernando R. Tesón (2003, p.94) oferece definição semelhante, mas prefere falar em intervenção humanitária lícita, configurada quando da ameaça ou do emprego proporcional de força militar, levada a efeito, em tese, por um Estado ou aliança de Estados, com vistas a dar cabo de um governo tirânico ou de uma situação de extrema instabilidade. Além disso, segundo Tesón, a ação interventiva deve ser bem recebida pelas vítimas do Estado que sofre a intervenção e deve ser consistente com a chamada doutrina do duplo efeito.

A doutrina do duplo efeito a que faz referência Tesón tem por escopo a conciliação dos postulados básicos de vertentes éticas de orientações distintas: uma voltada para o dever, de matriz kantiana, e outra voltada para as consequências, de matriz utilitarista. Assim, para que se leve a efeito uma intervenção humanitária, é preciso que se considerem as seguintes condições: a) em primeiro lugar, as consequências da ação interventiva devem ser positivas; b) em segundo lugar, as motivações do autor da intervenção também devem ser positivas, ou seja, a intenção deve ser a produção das consequências positivas a que se reporta a primeira condição e as eventuais consequências negativas da intervenção não devem ser desejadas pelo seu autor; c) por último, as consequências positivas da ação interventiva devem superar as consequências negativas, atendendo, dessa forma, ao chamado princípio da proporcionalidade (Tesón, 2003, p.115-6). Em que pese ao apelo das formulações teóricas acerca da legitimidade das intervenções humanitárias, os instrumentos normativos de que dispõe o direito internacional público pouco dizem de inequívoco a esse respeito. Tanto a Carta das Nações Unidas quanto as demais disposições relativas ao tema carecem de clareza no que tange à licitude ou ilicitude de eventuais ações interventivas com fins humanitários.

No caso da Carta das Nações Unidas, costuma-se dar ênfase ao Capítulo VII, que trata de ameaças à paz, ruptura da paz e atos de agressão e que coloca a decisão acerca das medidas a serem tomadas pela comunidade internacional nos casos de graves e repetidas violações de direitos humanos fundamentais sob a responsabilidade do Conselho de Segurança. Quando medidas de cunho econômico forem insuficientes para contornar a ameaça, a ruptura ou a agressão, ações militares com forças aéreas, navais ou terrestres poderão ser levadas a cabo, segundo a disciplina do art. 42 da Carta de São Francisco. Anote-se em relação às disposições constantes do Capítulo VII da Carta das Nações Unidas o fato de não haver menção explícita a motivações de cunho humanitário como justificadoras das medidas referidas, aspecto ressaltado, entre outros, por Aidan Hehir (2008, p.20). Além dela, a Declaração Universal dos Direitos Humanos (1948), a Convenção para a Prevenção e Repressão do Crime de Genocídio (1948), as Convenções de Genebra (1949), em especial a quarta convenção, e a Convenção contra a Tortura e Outros Tratamentos ou Penas Cruéis, Desumanos ou Degradantes (1984) são frequentemente mobilizadas por aqueles que defendem a possibilidade teórica de intervenção humanitária em conformidade com as regras de direito internacional (Lepard, 2002, p.3-4).

Contudo, para que se entendam as considerações éticas ligadas à intervenção humanitária, é preciso considerar as motivações que envolvem sua existência, que podem estar ligadas a questões políticas estratégicas de quem intervém, no entender de Morgenthau (1962, p.309), e que não difeririam muito daquelas empregadas na diplomacia ou na política de propaganda militar.

Em resumo, portanto, a intervenção humanitária surge como uma categoria específica de atuação estatal na esfera internacional. Nesse sentido, ela precisa ser distinguida, por exemplo, de conceitos como "assistência humanitária", que diria respeito ao fornecimento de bens e serviços de natureza humanitária sem os quais a sobrevivência de vítimas de catástrofes seria impossibilitada (Pereira, 2009, p.26-7). Segundo o neoliberalismo institucional, a assistência humanitária se encontra no âmbito da cooperação internacional (Audet, 2015, p.142). Essa escola de pensamento pondera as relações internacionais como anárquicas, porém considerando multiplicidade de atores, o que permite haver a cooperação internacional por intermédio de organizações especializadas, tanto transnacionais quanto não governamentais.

O conceito de "ajuda ou auxílio humanitário" também se inclui nesse gênero mais abrangente, do qual a intervenção humanitária seria uma das espécies. No caso da ajuda humanitária, há quem defenda que a expressão esteja associada à ação de Estados, os quais, através de dotação orçamentária própria, destinam verbas a países particularmente vulneráveis a catástrofes de determinado tipo, em um esforço preventivo, ou que tenham sofrido catástrofes recentes, em um esforço reconstrutivo (Pereira, 2009, p.44-5). Da mesma forma, a ideia de "ingerência humanitária", desenvolvida a partir dos anos 1980, dá conta de um tipo de assistência humanitária sem consentimento do

Estado em cujo território estão os indivíduos assistidos (Leandro, 2005, p.133-6; Pereira, 2009, p.46-9).

As discussões sobre a caracterização, legitimidade e aplicação da intervenção humanitária no âmbito internacional ocorrem em torno da abrangência e aplicabilidade de importantes princípios do direito internacional público: igualdade soberana dos Estados, respeito aos direitos humanos e não intervenção. Nesse sentido, em razão de a igualdade entre os Estados estar juridicamente determinada por importantes tratados internacionais, como a Carta da Organização das Nações Unidas (ONU), a não intervenção (ou não interferência) torna-se a regra a ser seguida, excetuadas determinadas situações. Em casos nos quais as violações de direitos e garantias fundamentais em determinado Estado são demasiado graves e disseminadas, a omissão da comunidade internacional pode ser vista como atentatória aos preceitos de direito internacional, de direitos humanos e de direito humanitário. Assim, é importante examinar se e em quais situações um Estado, um grupo de Estados ou organizações internacionais governamentais estariam legitimados a intervir, seja do ponto de vista das relações internacionais, da filosofia política ou do direito internacional propriamente dito.

Historicamente, é possível situar as primeiras formulações teóricas acerca do tema, considerado de maneira genérica, em momentos distintos, a depender da profundidade com que se aborda o problema. Contudo, recuar a períodos históricos em que a soberania ainda não era um aspecto central das comunidades politicamente organizadas acarretaria incorrer em alguns anacronismos. Por essa razão, elege-se a Paz de Westfália (1648) e seu entorno como marco inicial das discussões, pois, a partir dela, se passa a considerar a intervenção nos assuntos internos de outro Estado afronta ao princípio da soberania, cujos contornos foram sendo gradativamente mais bem definidos a partir daí. Os tratados de Westfália determinaram como os corpos políticos, que se declaravam soberanos no âmbito de seu território, realizariam seus interesses sem que extinguissem outros Estados ou o sistema internacional do qual eram integrantes (Lyons; Mastanduno, 1995, p.6).

No contexto atual, de globalização econômica acelerada e interdependência crescente, é preciso considerar que a tensão entre as noções de soberania e direitos humanos, no entanto, fica cada vez mais evidenciada. A própria terminologia utilizada para tratar do fenômeno objeto deste verbete, "intervenção humanitária", parece invocar os dois polos dessa antinomia. Se, de um lado, a palavra "intervenção" é a exceção à regra do que se convencionou chamar direito internacional público, de outro, o adjetivo "humanitária" confere à prática certa nobreza de propósito. Nesse sentido, a intervenção humanitária deve ser considerada medida extrema, radical, quando consideradas as demais alternativas de que dispõe a comunidade internacional para fazer cessar violações de direitos humanos.

Dentre as opções de que se pode valer a comunidade internacional diante de situações que colocam em risco os direitos e as garantias fundamentais de número considerável de pessoas, cabe menção ao emprego das chamadas sanções diplomáticas e econômicas e ao envio de tropas coletivas de paz. Em geral, essas opções antecedem o recurso à intervenção humanitária. Essa prática parece confirmar a crença segundo a qual a intervenção humanitária decorre de violações graves e disseminadas de direitos humanos, isto é, violações de grande magnitude. É nesse sentido que Fernando Tesón (2003, p.93-5) propõe uma analogia com o conceito de guerra de Carl von Clausewitz: a intervenção humanitária é um prolongamento da política, um desdobramento de ações estatais anteriores que não vieram acompanhadas dos resultados esperados.

O problema da intervenção humanitária

As argumentações em sentido contrário à possibilidade teórica de intervenção humanitária nos moldes estabelecidos pelas normas de direito internacional aludem, invariavelmente, ao problema da soberania. Em tese, toda forma de intervenção ensejaria violação àquele princípio, sustentáculo da ordem internacional que se forjou a partir da Paz de Westfália. Há número considerável de disposições normativas que parecem sustentar essa posição. Via de regra, aqueles que tendem a refutar a legitimidade das intervenções humanitárias invocam os parágrafos do art. 2º da Carta da ONU que dão suporte às suas teses: o primeiro, que se remete à soberania; o terceiro, à solução pacífica de controvérsias; o quarto, ao não uso da força; o sétimo, por fim, à não intervenção nos assuntos internos.

Feitas essas considerações, três posicionamentos emergem quanto ao estatuto da intervenção humanitária nas relações internacionais e no direito internacional. Do ponto de vista teórico, é possível: a) que se advogue contrariamente à possibilidade de toda e qualquer intervenção humanitária; b) que se considere legítima apenas a intervenção humanitária autorizada pelo Conselho de Segurança da ONU; ou c) que se defenda a tese de que uma eventual intervenção humanitária não autorizada pelo Conselho de Segurança, atendidos alguns requisitos básicos, pode configurar-se legítima. O delineamento dessas três vertentes ficou mais evidente após o fim da Guerra Fria, período durante o qual o paradigma de ação voltada à manutenção da paz tinha por escopo, sobretudo, a interposição de tropas da ONU em um conflito a fim de supervisionar tréguas previamente acordadas ou fazer o policiamento de linhas de cessar-fogo, o que, nos termos atuais, não configuraria uma intervenção humanitária (Lepard, 2002, p.4-6; Holzgrefe, 2003, p.37-8). É somente na década de 1990, portanto, que o padrão de ações começa a ganhar um novo formato, com ampliação progressiva das funções das tropas de paz, a adoção de sanções econômicas contra Estados acusados de cometimento de violações sistemáticas de direitos humanos e, por fim, o emprego de força militar, seja sob a coordenação da própria ONU, seja por meio de coalizões multinacionais, para ações cujo intuito vai além da defesa das tropas de paz envolvidas na operação.

O caso paradigmático de intervenção humanitária no modo em que passou a ser compreendida a partir dos anos 1990 diz respeito aos desdobramentos da derrota do Iraque na Guerra do Golfo (1990-1991) e às violações de direitos humanos sofridas por curdos e xiitas após o fim dos conflitos militares. Com o intuito de aliviar perseguições suportadas pelas minorias étnicas no Iraque após o fim da guerra, a coalizão multinacional liderada pelos Estados Unidos levou a efeito uma campanha militar com fins humanitários que ficou conhecida como Operation Provide Comfort (Lepard, 2002, p.6-7). À época, França e Reino Unido, por exemplo, sustentaram que, apesar da inexistência de autorização explícita do Conselho de Segurança para o uso da força com fins humanitários após o fim do conflito, o costume internacional, na sua condição de fonte de direito internacional, oferecia subsídios em prol da intervenção no Iraque. Os críticos a essa linha de argumentação dizem que não há ocorrência de uma prática geral, habitual e consistente cuja aceitação seja generalizada no direito, isto é, que não há costume internacional nesse caso.

Aqui, entra em cena, segundo os críticos, o caráter altamente seletivo da comunidade internacional em relação aos casos passíveis de hipótese de intervenção e aqueles em que se argumenta não haver justificativa para tal. A discussão teórica no que concerne à diferença entre *direito* de intervir e *obrigação* de intervir vem à tona diante de tais críticas (Holzgrefe, 2003, p.44-7). Autores que adotam postura favorável à intervenção humanitária, no entanto, costumam argumentar que, conquanto as normas de direito internacional não autorizem a prática interventiva, existe uma obrigação moral de intervir quando o objetivo é proteger indivíduos de violações graves de direitos humanos, a exemplo do que ocorre quando o cometimento de genocídio ou de outros crimes contra a humanidade se apresentam como risco real (Tesón, 2003, p.93). Os defensores dessa tese são chamados ora de contrarrestricionistas, ora de solidaristas, e alguns deles, como Michael Walzer, consideram que a falha de um Estado em assegurar a observância de alguns direitos humanos básicos torna possível relativizar as prerrogativas de não interferência e não intervenção em assuntos domésticos, ao passo que outros, como R. J. Vincent, reconhecem a *responsabilidade de proteger* (Wheeler, 2000, p.27-9). Gibbs (2015) considera que a ideia de intervenção humanitária, que teve seu auge no conceito responsabilidade de proteger influenciou uma geração de acadêmicos idealistas na primeira década dos anos 2000, que acreditavam na intervenção como forma de melhorar a situação da observância dos direitos humanos nos países-alvos. Todavia, Gibbs afirma que o exercício de violência imposto pela intervenção pode agravar as crises pelas quais passam os Estados, inclusive desencadeando ações que possam se tornar crimes de guerra ou genocídio. A desproporção na avaliação do impacto que as forças militares teriam em detrimento dos meios diplomáticos para resolução de controvérsias e o reducionismo habitualmente empregado acerca das forças combatentes, costumeiramente classificadas como "boas" ou "más", se constituem em retórica que pode sobrevalorizar os benefícios de uma possível intervenção.

Teorias sobre a intervenção humanitária

No entender de Finnemore (1996, p.153-6), que analisa as intervenções humanitárias sob o aspecto normativo, as teorias liberais e realistas não explicam ações militares que possuem como desígnio intervenções humanitárias. Como liberais e realistas consideram que os Estados se comportam de acordo com objetivos geoestratégicos e/ou econômicos e muitos daqueles que sofrem este tipo de intervenção não são considerados importantes sob esses aspectos, não haveria vantagens evidentes para os países interventores, o que inviabilizaria a própria intervenção. Do ponto de vista construtivista, contudo, a prática adotada no âmbito das intervenções pode ser considerada em razão de que a teoria permite, diferentemente da liberal ou da realista, reavaliar os problemas enfrentados no âmbito das relações internacionais.

Contudo, é possível considerar que liberais que possuem uma concepção kantiana de Estado, tal como Tesón (2003, p.93), argumentam que, levando em consideração que um dos propósitos mais importantes de categorias como Estado e governo é proteger e garantir os direitos humanos de indivíduos, a violação desses direitos pelo próprio Estado que deveria assegurá-los vai de encontro à lógica subjacente à ideia de soberania e de exercício do poder político. Em algumas circunstâncias, não intervir seria salvaguardar governos que extrapolam as atribuições tidas como legítimas na perspectiva liberal. Ou, como prefere Tesón (2003, p.93), tirania e anarquia levam ao colapso moral da soberania. Essa concepção justifica a intervenção humanitária como recurso de um desdobramento mais radical das variadas maneiras por meio das quais um Estado liberal pode lidar com Estados não liberais e não, como às vezes sugerem as críticas, um pretexto para pôr em marcha processos políticos que culminem em mudança de regime político (Tesón, 2003, p.96-8).

Autores realistas, por sua vez, tendem a assinalar o fato de que a pretensão de intervir em outro Estado em nome de causas humanitárias sempre oculta um mal disfarçado interesse nacional do Estado interventor. Para Morgenthau (1985), por exemplo, que não acreditava ser possível a conciliação de diferentes Estados do mundo sob a perspectiva moral proposta pelos direitos humanos, a intervenção sempre se daria sob comprometimentos controversos. A menos que interesses vitais do próprio Estado interventor estejam em jogo, uma análise de custos e benefícios, na visão realista, não recomendaria colocar em risco a vida de militares de um país em nome de causas humanitárias em favor de outro Estado (Morgenthau, 1967).

Em suma, considerações de cunho humanitarista são levadas em conta no momento em que a comunidade internacional decide intervir em um dado país, mas essas considerações não são, de maneira alguma, determinantes. De tal modo que o máximo que se pode esperar é que a convergência de interesses nacionais e preocupações humanitárias resulte, afinal, em uma intervenção. A crítica realista, portanto, aponta para uma espécie de indignação seletiva naquelas situações em que as intervenções humanitárias são de fato levadas a efeito, em contraste com situações de mesma gravidade nas quais o emprego da força militar jamais se efetuaria. Do ponto de vista prescritivo, argumenta-se não haver justificativa moral para sacrificar a vida de militares e cidadãos dos países interventores para salvar a vida de indivíduos sob a jurisdição de outro país (Wheeler, 2000, p.30-3).

Finnemore (1996, p.157) enfatiza que nem liberais, nem realistas conseguem responder quais interesses estão sendo perseguidos pelos Estados que atuam na intervenção. Parte do problema se encontra justamente em razão de que tais teorias não investigam interesses, apenas deduzem sua existência. O construtivismo não negaria a importância de poder e interesse para o comportamento dos Estados, mas perguntaria que interesses seriam estes. Seu estudo se baseia nas mudanças das normas internacionais sobre a temática, entendendo que normas moldam interesses e estes, por sua vez, moldam ações.

Uma tréplica solidarista aos entendimentos liberais e realistas, encabeçada por Nicholas J. Wheeler, tenta estabelecer alguns critérios básicos, oriundos da tradição da guerra justa, para que se possa definir se uma intervenção militar é de fato humanitária e, assim, revestida de legitimidade aos olhos do direito internacional. Segundo Wheeler (2000, p.33-4), os quatro critérios básicos seriam: a) a configuração de uma justa causa, ou melhor, uma emergência humanitária de grande magnitude; b) o emprego da força militar como último recurso; c) a deferência ao princípio da proporcionalidade; e d) uma elevada probabilidade de que a operação resultará em um estado de coisas menos ameaçador da paz do que o estado de coisas que ensejou a intervenção. Naturalmente, o problema da definição do que viria a ser uma emergência humanitária de grande magnitude persiste. Aqui, entra em cena um outro grupo de autores, chamados de pluralistas, que alertam para o problema da inexistência de consenso internacional acerca das regras que devem orientar eventual intervenção humanitária, aspecto que favorece o predomínio de princípios morais de um grupo em detrimento do outro e de concepções particulares de justiça.

Evolução histórica dos padrões de intervenção

Anteriormente à criação da ONU ou mesmo da Liga das Nações, alguns autores colocam em evidência ações internacionais cujas motivações permitem situá-las como precursoras do que atualmente se convencionou chamar intervenção humanitária. Nesse contexto, são apontadas as ações de Reino Unido, França e Rússia na Grécia, entre 1827-1830, da França na Síria, entre 1860-1861, da Rússia em território bósnio e búlgaro, entre 1877-1878, dos Estados Unidos em Cuba, em 1898, e de Grécia, Bulgária e Sérvia na Macedônia, entre 1903-1908 e 1912-1913. Não havia um padrão claro de atuação, por óbvio, e uma evidência desse aspecto é a ausência de intervenção em desastres humanitários anteriores a 1945, caso dos armênios vitimados pela Turquia entre 1914-1919, dos ucranianos pela União Soviética na década de 1930 ou dos chineses pelo Japão entre os anos 1930 e até o fim da II Guerra, por exemplo (Holzgrefe, 2003, p.44-5). Ainda assim, o padrão de intervenções humanitárias que emerge das experiências oriundas do período que antecede a I Guerra Mundial põe em evidência a tendência de grandes potências europeias, de população majoritariamente cristã, intervirem em regiões do antigo Império Turco-Otomano com vistas a proteger minorias cristãs contra violações de direitos básicos (Iyi, 2016, p.45).

Tendo em vista a composição do Conselho de Segurança, do poder de veto dos seus cinco membros permanentes e da configuração bipolar da comunidade internacional, o padrão de intervenções humanitárias comandadas pela ONU seguiu uma lógica marcadamente distinta no período entre o fim da II Guerra Mundial e o fim da Guerra Fria quando comparado com o *modus operandi* que começou a se desenhar a partir do início da década de 1990. Naquele período, prevaleceram ações unilaterais que, nos termos das justificativas a que se reporta a comunidade internacional nos dias atuais para intervir com emprego de força militar em um determinado país, retrospectivamente, poderiam ser enquadradas, não sem alguma controvérsia, sob a alcunha "intervenção humanitária". Nesse sentido, são apontados como exemplos a intervenção da Índia no processo que culminou na independência do Bangladesh (antigo Paquistão Oriental), e que à época foi largamente tida como uma violação de vários dispositivos da Carta de São Francisco. Segundo Wheeler (2000, p.71-7), o que sobressai de significativo na intervenção indiana é o fato de ter sido a primeira vez, desde 1945, que se reivindicou uma crise humanitária como justificativa para o emprego de força militar contra um Estado soberano.

Tanto no caso da independência de Bangladesh, em 1971, quanto no caso da deposição do regime de Pol Pot no Camboja por forças vietnamitas, no começo de 1979, alguns autores solidaristas tendem a argumentar que a comunidade internacional deveria ter referendado as duas operações como intervenções militares com propósitos humanitaristas. Diferentemente do que aconteceu no Bangladesh e no Camboja, houve reação mais complacente por parte da comunidade internacional no caso da intervenção levada a efeito pela Tanzânia em Uganda, coincidentemente no mesmo ano em que Pol Pot foi deposto. Discute-se se a resposta internacional nesse caso específico decorre da aplicação de princípios jurídicos diferentes ou de considerações distintas acerca dos jogos de poder na arena internacional em relação ao subcontinente indiano e ao Sudeste Asiático de um lado e ao conflagrado continente africano de outro. Em outra frente de análise, a intervenção tanzaniana suscita algumas discussões de acordo com as quais o episódio pode ser tomado como um precedente, inclusive enquanto costume internacional, que se tornaria paradigmático do padrão de ação internacional nos anos posteriores ao fim da Guerra Fria.

A propósito, a primeira situação a ser destacada no período histórico que se desenrola a partir dos anos 1990 é a já referida intervenção no Iraque depois do fim da Guerra do Golfo, quando zonas de exclusão aérea foram criadas para a proteção de curdos e xiitas, respectivamente nas porções setentrional e meridional do território iraquiano. Wheeler (2000, p.139-41) assinala, na linha do que foi considerado anteriormente neste verbete, que houve mudança de contexto a possibilitar uma intervenção humanitária nos moldes ocorridos no Iraque, levada a cabo por uma coalizão multilateral de Estados ocidentais e, segundo os Estados interventores, sob o aval do Conselho de Segurança das Nações Unidas, nos termos da Resolução n.688. Para os que acreditavam que a intervenção no Iraque em favor dos curdos seria um caso isolado e, talvez, mero desdobramento de operação militar de guerra antecedente, a intervenção norte-americana na Somália, em dezembro de 1992, sepultou as crenças segundo as quais o fim da Guerra Fria não resultaria em novo padrão de ações humanitárias com emprego de força militar. Dessa vez sob os auspícios de nova resolução do Conselho de Segurança da ONU (Resolução n.794), os Estados Unidos, à época comandados por George Bush, obtiveram autorização para o uso de força militar a fim de solucionar a crise alimentar na Somália.

A intervenção norte-americana na Somália teve desfecho trágico para os Estados Unidos, que na chamada Batalha de Mogadíscio, em outubro de 1993, perderam dezoito militares em uma operação militar considerada desastrosa. O desenlace infeliz da intervenção na Somália é apontado como uma das razões da ruidosa omissão da comunidade internacional na crise humanitária, de proporções inauditas, que assolou Ruanda em 1994. Os assassinatos em massa que foram levados a efeito pela maioria hutu contra a minoria tutsi são hoje considerados flagrante caso de genocídio, muito embora à época as potências ocidentais relutassem em caracterizá-lo como tal, já que a Convenção de 1948 exige que, em casos como o de Ruanda, a comunidade internacional aja de modo a impedir e punir o extermínio de um grupo étnico. Em grande medida, a omissão em Ruanda também reforça a crítica realista, segundo a qual razões estritamente humanitárias nunca são suficientes para ensejar uma intervenção, sendo necessário, portanto, que algum elemento relevante do interesse nacional dos Estados interventores esteja em jogo.

Intervenção humanitária durante e após a crise dos Bálcãs

Em que pese a repercussão das ações e omissões internacionais no Iraque, na Somália e em Ruanda, as situações mais notórias de intervenção humanitária na década de 1990 tiveram como palco o território ocupado pela antiga Iugoslávia. Os desdobramentos das intervenções da Organização do Tratado do Atlântico Norte são debatidos até hoje, com críticas e aprovações a variados aspectos das operações postas em prática na Bósnia e Herzegovina e em

Kosovo. Nas duas operações, há que destacar o uso extensivo de ataques aéreos a pontos controlados por forças sérvias. No caso da Bósnia, no entanto, a insuficiência de militares em solo e a posterior retirada das tropas de paz que se haviam estabelecido em território conflagrado, são apontadas como decisivas na irrupção, em 1995, do Massacre de Srebrenica, quando mais de oito mil bósnios muçulmanos foram assassinados.

No caso de Kosovo, cujos acontecimentos mais dramáticos ocorreram em 1999, a operação militar levada a efeito pela Otan não foi autorizada pelo Conselho de Segurança da ONU e, nesse aspecto, passou a figurar como caso redefinidor das noções em torno do problema da intervenção humanitária. No final do século XX, a Comissão Internacional Independente para Kosovo concluiu que a operação militar da Otan nos Bálcãs foi ilegal, mas legítima, um veredito revelador do ponto de inflexão a que chegaram os debates sobre intervenção humanitária às vésperas do século XXI. Em alguma medida, a indefinição em torno da ação interventiva em Kosovo reflete a zona de penumbra em que as normas do direito internacional sobre intervenção humanitária passaram a operar. Durante o período da Guerra Fria, a postura do Conselho de Segurança no que tange à possibilidade de intervenção era de evidente cautela, mas em 1994, quando foi autorizada a operação com o objetivo de garantir o retorno ao poder do presidente democraticamente eleito do Haiti, as noções acerca do que configuraria uma ameaça à paz e à segurança internacional haviam sido completamente redefinidas (Hehir, 2008, p.19-20).

Essas considerações parecem colocar em xeque o hábito de se referir ao período imediatamente posterior ao fim da Guerra Fria como a era de ouro do ativismo humanitário. Porém, em mais de uma ocasião durante a década de 1990, ações interventivas tiveram suas motivações expressas colocadas sob suspeita diante de indícios de que as verdadeiras causas para intervenção não estavam diretamente relacionadas à crise humanitária que aquelas campanhas pretendiam solucionar. Um caso emblemático, já referido, é o de Ruanda, onde as tensões étnicas podem ter sido exacerbadas em razão do envolvimento francês, muito mais voltado à contenção da progressiva perda de influência francófona no continente africano do que ao apaziguamento dos enfrentamentos entre os dois grupos étnicos demograficamente mais representativos no país. Em síntese, quando a França decidiu de fato intervir, mais de 800 mil pessoas já haviam sido mortas em um lapso de cem dias (Bellamy; Wheeler, 2011, p.515-6).

A crítica em sentido contrário foi lançada em relação à Otan no caso da intervenção em Kosovo, a qual, para alguns, foi desproporcional em magnitude e antecipada quanto à sua deflagração, embora, nesse caso específico, o precedente bósnio fosse algo que as potências ocidentais pareciam dispostas a evitar a quase qualquer custo. Por outro lado, muitos notaram que, em parte, a resposta ocidental foi convenientemente oportuna porque os países da Europa ocidental buscavam, antes de mais nada, impedir uma crise migratória em virtude do número de refugiados que o prolongamento do conflito nos Bálcãs ensejaria (Bellamy; Wheeler, 2011, p.516). Todavia, em que pesem às ressalvas feitas pelos críticos dessas e de outras campanhas com propósitos humanitários, autores adeptos de uma perspectiva liberal e contrarrestricionista, a exemplo de Fernando R. Tesón (2003), destacariam que, embora outras motivações possam estar em jogo na decisão de intervir ou não intervir, isso não impede que os fins humanitários a que a ação servirá sejam alcançados, inclusive em consonância com a já aludida doutrina do duplo efeito. De qualquer maneira, um desdobramento das críticas à seletividade da comunidade internacional no que tange às crises humanitárias merecedoras de intervenção parece ter sido a mudança palpável nos termos contidos nas resoluções do Conselho de Segurança que concernem aos mandatos de missão de paz, algo que se torna flagrante a partir dos anos 2000, com o aparecimento de doutrinas cada vez mais favoráveis às práticas interventivas.

Prolongamentos contemporâneos de um debate

Se as resoluções que outorgavam mandatos de missões de paz no Iraque e na Somália no começo da década de 1990 mencionavam apenas a ameaça à paz e à segurança internacionais como causa suficiente para o uso de força militar, em ocasiões mais recentes, resoluções com objetivos semelhantes ampliaram o rol de justificativas para o emprego da força.

Cerca de dez anos após a crise humanitária em Ruanda, outro país africano foi assolado por violações que persistiriam por muito tempo. A crise humanitária em Darfur, em 2003, chamou a atenção, mais uma vez, para os cálculos estratégicos das potências ocidentais na hora de decidir se devem ou não intervir e, por extensão, para as acusações de seletividade na resposta que a comunidade internacional costuma oferecer para situações semelhantes. Curiosamente, a catástrofe humanitária no Sudão é quase contemporânea da adoção da primeira resolução do Conselho de Segurança da ONU (Resolução n.1.674, de 2006) a acenar para um dos mais recentes desenvolvimentos no que tange aos problemas envolvendo o direito internacional humanitário, a doutrina da responsabilidade de proteger. A partir daí, ganharam corpo as discussões acerca da legitimidade da intervenção humanitária na perspectiva da filosofia moral e política.

Entre os chamados utilitaristas, há duas vertentes principais, as quais tomam como critério de análise ou a conduta ou a regra. No caso dos utilitaristas com ênfase na conduta, uma intervenção humanitária é justa se as suas consequências são boas – é possível considerar, nesse sentido, que uma intervenção é bem-sucedida quando consegue evitar mortes que teriam ocorrido sem ela (Holzgrefe, 2003, p.21). Diversamente, utilitaristas com ênfase nas regras defendem que a maximização do bem-estar depende da escolha de regras com vistas a aumentar a utilidade total dos indivíduos e da ulterior obediência a essas regras. Nessa perspectiva, uma intervenção humanitária é moralmente aceitável quando levada a efeito em razão de regra que, caso observada por todos, resultará em aumento do bem-estar geral.

Jusnaturalistas, por sua vez, abraçam a tese segundo a qual suposições sobre a natureza humana dariam causa a obrigações morais que, em determinadas circunstâncias, poderiam justificar uma intervenção humanitária. Tal postura é muitas vezes tida como legatária dos ensinamentos de Hugo Grócio, que, todavia, falava em direito de intervir, e não em um dever. Mesmo quando consideram haver dever de intervir, porém, os naturalistas reputam-no uma obrigação imperfeita, o que significa dizer que não existiria um direito à ajuda ou ao socorro humanitário. Por outro lado, há naturalistas que dizem o contrário: há uma obrigação perfeita de não intervenção, ou seja, o Estado que poderia ser alvo de eventual intervenção tem direito a não sofrê-la (Holzgrefe, 2003, p.25-8).

Dentre os jusnaturalistas, há quem destaque a posição contratualista, embora, também nesse caso, permaneça o problema relativo à formação da vontade em que se apoiaria um tal contrato social no plano internacional, se no consentimento dos cidadãos de um Estado, se no consentimento do Estado, tomado isoladamente, ou, idealmente, se no consentimento de todos os seres humanos. Em linhas gerais, as opiniões iniciais de Rawls em torno do tema parecem situá-lo no grupo de contratualistas que privilegiam o consentimento do próprio Estado, embora na década de 1990 ele tenha aperfeiçoado algumas de suas ideias e desenvolvido a noção de consentimento de "povos", em vez de Estados. Isso não impediu que as críticas, vindas de diversas direções, continuassem a questionar alguns de seus pressupostos (Holzgrefe, 2003, p.28-32). Outros adeptos de doutrinas contratualistas, como Fernando R. Tesón (2003, p.103), consideram que a soberania é corolário da legitimidade do contrato social, o que equivale a dizer que soberania e fronteiras nacionais devem ser tomadas como instrumentos para a promoção dos fins clássicos do Estado liberal.

Referências bibliográficas

AUDET, F. Humanitarian Space. In: MAC GINTY, R.; PETERSON, J. H. *The Routledge Companion to Humanitarian Action*. London: Routledge, 2015. p.141-52.

BELLAMY, A. J.; WHEELER, N. J. Humanitarian Intervention in World Politics. In: BAYLIS, J.; SMITH, S.; OWENS, P. *The Globalization of World Politics*: An Introduction to International Relations. New York: Oxford University Press, 2011.

FINNEMORE, M. Constructing Norms of Humanitarian Intervention. In: KATZENSTEIN, P. J. *The Culture of National Security*: Norms and Identity in World Politics. New York: Columbia University Press, 1996. p.153-85.

GIBBS, D. N. The Principle "First Do No Harm". In: MAC GINTY, R.; PETERSON, J. H. *The Routledge Companion to Humanitarian Action*. London: Routledge, 2015. p.109-30.

HEHIR, A. *Humanitarian Intervention after Kosovo*: Iraq, Darfur and the Record of Global Civil Society. Basingstoke: Palgrave Macmillan, 2008.

HOLZGREFE, J. L. The Humanitarian Intervention Debate. In: ______; KEOHANE, R. O. (Eds.). *Humanitarian Intervention*: Ethical, Legal, and Political Dilemmas. New York: Cambridge University Press, 2003. cap. 1, p.15-52.

IYI, J.-M. *Humanitarian Intervention and the AU-Ecowas Intervention Treaties Under International Law*: Towards a Theory of Regional Responsibility to Protect. Cham: Springer International, 2016.

LEANDRO, F. da S. *As armas das vítimas*: um novo prisma sobre o direito internacional humanitário e dos conflitos armados. Lisboa: Cosmos; Instituto da Defesa Nacional, 2005.

LEPARD, B. D. *Rethinking Humanitarian Intervention*: A Fresh Legal Approach Based on Fundamental Ethical Principles in International Law and World Religions. University Park: Pennsylvania State University Press, 2002.

LYONS, G.; MASTANDUNO, M. Introduction: International Intervention, State Sovereignty, and the Future of International Society. In: ______; _____ (Eds.). *Beyond Westphalia? State Sovereignty and International Intervention.* Baltimore: Johns Hopkins University Press, 1995.

MORGENTHAU, H. J. A Political Theory of Foreign Aid. *American Political Science Review*, v.56, n.2, p.301-9, 1962.

______. To Intervene or Not to Intervene. *Foreign Affairs*, v.45, n.3, p.92-103, 1967.

______. *Politics among Nations*: The Struggle for Power and Peace. New York: K. W. Thompson, 1985.

PEREIRA, M. de A. do V. *A intervenção humanitária no direito internacional contemporâneo*. Coimbra: Coimbra Editora, 2009.

TESÓN, F. R. The Liberal Case for Humanitarian Intervention. In: HOLZGREFE, J. L.; KEOHANE, R. O. (Eds.). *Humanitarian Intervention*: Ethical, Legal, and Political Dilemmas. New York: Cambridge University Press, 2003. p.93-129.

WHEELER, N. J. *Saving Strangers*: Humanitarian Intervention in International Society. New York: Oxford University Press, 2000.

JUNTA INTERAMERICANA DE DEFESA (JID)

Alejandro Frenkel

A Junta Interamericana de Defesa (JID) é uma instância militar continental criada em 1942 com o objetivo de assessorar a organização da defesa coletiva dos países americanos. Considerada a organização militar e a defesa regional mais antiga do mundo, é parte do conjunto de instituições que constituem o Sistema Interamericano de Defesa.

Sua origem remonta ao contexto da II Guerra Mundial e a entrada dos Estados Unidos e outros países no conflito armado. Com efeito, na III Reunião de Consulta dos Ministros das Relações Exteriores das Repúblicas Americanas – realizada no mesmo ano, na cidade do Rio de Janeiro depois do ataque japonês à base americana de Pearl Harbor –, os países concordaram em estabelecer "uma comissão composta por técnicos militares ou navais nomeados por cada um dos governos para estudar e sugerir-lhes as medidas necessárias para a defesa do continente" (III Reunião de Consulta dos Ministros das Relações Exteriores das Repúblicas Americanas, 1942). Dois meses depois, o Conselho Consultivo da União Pan-Americana (UPA) formalizaria a criação da JID, já como órgão permanente. Sua função principal seria preparar gradualmente as repúblicas americanas para a defesa do continente através de estudos e a recomendação de medidas para esse efeito.

Em 1948, a UPA foi substituída pela Organização dos Estados Americanos (OEA) e com ela surge a questão da relação entre a nova organização hemisférica e a JID. A esse respeito, houve duas tendências: uma, que proporia incorporar a JID dentro da OEA como um conselho de defesa para o mesmo nível que o resto dos conselhos; e outra, completamente contrária, que defendia a estruturação da JID como órgão da OEA (Cargnelutti, 1993). Finalmente, prevaleceu a opção de manter a autonomia da JID, embora se estabelecesse que ela poderia desempenhar funções consultivas a pedido do Comitê Consultivo de Defesa, instância composta pelas mais altas autoridades nacionais em matéria de defesa dos Estados americanos. Na prática, como o comitê nunca foi convocado, a JID manteve sua distância formal da OEA. No entanto, apesar dessa ausência de relação orgânica com a OEA, o orçamento da JID foi coberto durante toda sua existência pela própria OEA e pelos Estados Unidos.

Nesse contexto, embora a criação da JID tenha sido motivada pela II Guerra, ela evoluiu posteriormente como um órgão com funções enquadradas na lógica da Guerra Fria. Assim, entre as décadas de 1950 e 1990, suas ações estiveram intimamente ligadas à cooperação na luta contra o comunismo no interior dos países americanos (Diamint, 1999).

Posteriormente à queda do Muro de Berlim e ao fim da Guerra Fria, as transformações do cenário estratégico global e regional colocaram em evidência que as causas que originaram sua criação e as condições que levaram a sua permanência haviam desaparecido. Assim, no início da década de 1990, deu-se início a um debate orientado à revisão de seu papel e de seu *status* político e institucional (Bitencourt, 2001). Nesse contexto, o documento "Compromisso de Santiago com a Democracia e a Renovação do Sistema Interamericano" de 1991 convocaria a iniciar uma reflexão sobre a segurança hemisférica e seus instrumentos, incluindo a JID. Nos anos seguintes, a possibilidade de reforma da junta foi tratada em várias ocasiões pelos Estados americanos, que não puderam chegar a um acordo sobre quais eram as funções que ela deveria ter no pós-Guerra Fria, ou qual deveria ser sua vinculação com a OEA, prevalecendo assim uma espécie de inércia institucional.

No entanto, no início do século XXI, a *macrossecuritização* das agendas internacionais e nacionais após os atentados de 11 de setembro de 2001 teria, entre os muitos efeitos, um renascimento do debate sobre a segurança hemisférica (Hirst, 2006; Menjívar, 2006). Somada a isso, a ascensão das chamadas "novas ameaças" e a "segurança multidimensional" nas agendas dos países americanos também impulsionaria a revisão do desenvolvimento da JID. Nesse sentido, entre 2002 e 2004, várias resoluções da Assembleia Geral da OEA convocaram a iniciar um processo para reformar a JID e redefinir sua ligação institucional com a OEA.

Com efeito, em março de 2006, foi aprovado o novo Estatuto da JID, havendo um amplo consenso de que ela deveria transformar-se em uma entidade dessa organização. De acordo com esse novo estatuto, sua função é a de "prestar à OEA e a seus Estados-membros serviços de assessoramento técnico, consultivo e educativo em assuntos relacionados a temas militares e de defesa no hemisfério, a fim de contribuir para o cumprimento da Carta da OEA". A questão das funções da JID também foi um dos temas discutidos no debate sobre a reforma (Diamint, 2010): em sintonia com o paradigma das "novas ameaças", um grupo de países (Estados Unidos, El Salvador, Canadá, Antígua e Barbuda, Bahamas, Barbados, Saint Kitts e Nevis, São Vicente e Granadinas, Trinidad e Tobago e Guatemala) tentou incluir questões de segurança no novo estatuto, mas a proposta foi rejeitada pelos países da América do Sul e pelo México.

Quanto à sua estrutura orgânica, a JID funciona por meio de um Conselho de Delegados, que é o principal corpo encarregado de prestar assessoria aos órgãos da OEA e aos Estados-membros; os delegados são representantes designados pelos Estados. Formalmente, esse conselho está composto por 27 Estados-membros. Apesar disso, atualmente, nem todos os países têm representação e a maioria não tem delegados designados exclusivamente para cumprir funções na JID. Os Estados que compõem o grupo de países observadores da JID são China, Dinamarca, Espanha, França e Países Baixos.

O Conselho de Delegados é encabeçado por um presidente eleito pelos próprios delegados, pelo prazo de um ano, com a possibilidade de uma só reeleição imediata. Anteriormente à reforma do estatuto, no período 1942-2006, a JID foi presidida ininterruptamente por um general dos Estados Unidos. Do mesmo modo, com a reforma do estatuto, eliminou-se o Estado-Maior que antes existia, o que implica na prática que a JID já não é mais um organismo de planejamento, pois suas funções se limitam a prestar assessoramento técnico-militar. A JID também possui uma Secretaria que é chefiada por um diretor geral que exerce todas as funções administrativas, de logística, financeiras, de interpretação, protocolo, relações públicas e gerência de informação. Além do assessoramento à OEA e aos Estados-membros, a JID tem diversos programas, entre os quais: cursos acadêmicos avançados por meio do Colégio Interamericano de Defesa, assessoramento técnico em desminagem e destruição de arsenais de armas, assessoramento para a elaboração de estudos de doutrina e políticas de defesa nacional, manutenção de inventários atualizados de medidas de fomento da confiança de segurança e assessoramento técnico e consultivo em busca e resgate.

Nas últimas reuniões da Conferência de Ministros de Defesa das Américas (CMDA), surgiram iniciativas para estudar a atribuição de tarefas à JID, tais como: constituir sua memória institucional, o arquivo histórico e a criação de uma página na internet. Contudo, apesar da expectativa gerada pela reforma de seu estatuto em 2006, nos últimos anos alguns Estados-membros começaram a manifestar sua insatisfação pelo processo de integração da JID com a OEA e com a falta de resultados concretos das funções estabelecidas no seu novo estatuto. Nesse contexto, em 2013, Bolívia, Equador, Nicarágua e Venezuela anunciaram a retirada de seus países do organismo.

Referências bibliográficas

ACTA da III Reunião de Consulta dos Ministros das Relações Exteriores das Repúblicas Americanas. Rio de Janeiro, 1942.

BITENCOURT, L. Latin American Security: Emerging Challenges. In: FLANAGAN, S.; FROST, E.; KUGLER, R. (Eds.). *Challenges of the Global Century*: Report of the Project on Globalization and National Security. Washington, DC: National Defense University, 2001.

CARGNELUTTI, H. L. *Seguridad interamericana*: un subsistema del sistema interamericano. Buenos Aires: Círculo Militar, 1993.

DIAMINT, R. Reforma a las instituciones de seguridad en las Américas. EL FORO SOBRE SEGURIDAD EN EL HEMISFERIO, OEA. Relatório apresentado em... Washington, DC, 1999.

______. A More Secure Hemisphere? In: MACE, G.; COOPER, A.; SHAW, T. M. (Eds.). *Inter-American Cooperation at a Crossroads*. London: Palgrave Macmillan, 2010. p.131-52.

HIRST, M. La fragmentada agenda de (in)seguridad regional. In: *Seguridad y Democracia. Seguridad Regional*. n.1. La Paz: Fundación Friedrich Ebert; Instituto Latinoamericano de Investigaciones Sociales, 2006.

MENJÍVAR, O. Consensos hemisféricos y seguridad dura en los tiempos del 11-S. In: TULCHIN, J. S.; BENÍTEZ MANAUT, R.; DIAMINT, R. (Eds.). *El Rompecabezas*: conformando la Seguridad Hemisférica en el siglo XXI. Buenos Aires: Prometeo, 2006.

JUSTIÇA MILITAR

Maria Celina D'Araujo

A JUSTIÇA MILITAR É PRATICAMENTE UMA INSTITUIÇÃO UNIVERSAL no mundo moderno e remonta ao legado do Império Romano. Foi por ele introduzida na Europa e, dali, para várias outras partes do mundo. Embora nem todos os países do Ocidente sigam os procedimentos do direito romano no que toca ao direito civil, no caso da justiça militar, essa herança permanece fundamental. Gradativamente, as duas instâncias de Justiça (civil e militar) foram sendo separadas e leis e cortes militares expandiram-se na Europa e nas Américas. No caso dos Estados Unidos, Pepper (1952, p.298) chegou a afirmar que, dadas a abrangência e a mobilização de militares em ações internacionais a que os Estados Unidos estavam então sujeitos, a justiça militar nesse país era o mais abrangente sistema criminal não somente na guerra, mas também em tempos de paz.

Nas últimas décadas, a ação, os limites, as prerrogativas e a independência da justiça militar têm sido uma das preocupações nas Nações Unidas e no debate internacional sobre direitos humanos. Isso tornou-se especialmente relevante quando a questão do terrorismo ganhou novo patamar no cenário internacional e as questões de gênero e de direitos humanos continuaram crescendo em relevância nos quartéis, em todas as missões militares e na sociedade em geral.

Exemplo cabal da importância dessas discussões é o relatório do Conselho do Alto Comissariado das Nações Unidas para Direitos Humanos, de janeiro de 2015 (A/HRC/28/32),[1] que dispõe sobre

1 Disponível em: https://www.ohchr.org/EN/HRBodies/HRC/regularsessions/session28/pages/ListReports.aspx. Acesso em: out. 2016.

independência, imparcialidade, competência do Judiciário, incluindo as cortes militares. O relatório trata, basicamente, do direito de todos ao julgamento isento, com proteção processual, incluindo as referidas cortes. Há fortes recomendações para que civis não sejam julgados por cortes militares, a não ser em casos excepcionais, posição adotada pela Corte Europeia de Direitos Humanos. Essa orientação geral foi feita, mas as recomendações não foram conclusivas quanto à junção da justiça militar à mesma jurisdição da justiça comum. Os casos e modelos de justiça militar praticados em todo o mundo indicam a impossibilidade de um formato geral a ser seguido como regra. Sugere-se que, dadas essas dificuldades, no julgamento de crimes considerados militares, praticados por civis ou não, os países, em caso de dúvida, façam consulta ao referido Conselho de Direitos Humanos da ONU quanto às garantias do devido processo legal para a garantia dos direitos humanos.

Estudo importante sobre modelos institucionais de justiça militar praticados no mundo foi coordenado por Vashakmadze (2010). O trabalho parte do suposto de que a principal razão para se ter justiça militar seria o caráter singular das Forças Armadas, para as quais princípios como organização, disciplina, hierarquia e obediência têm extrema importância, em particular em tempos de guerra, quando decisões rápidas e pontuais precisam ser tomadas. Em tempos de paz, esses valores também seriam, segundo ele, substancialmente mais importantes para os militares do que para a população civil (p.10). Embora esta não seja hoje uma opinião dominante, cortes militares exclusivas foram criadas em quase todos os países. Sua abrangência e necessidade, contudo, vêm sendo revistas, especialmente no que toca ao julgamento de civis.

Tipos possíveis de justiça militar

A justiça militar tem passado por duas grandes tendências: primeira, limitar o escopo de sua jurisdição transferindo competências para os tribunais civis; e, segunda, evitar que civis sejam julgados por cortes militares. Examinando como se estrutura a justiça militar em vários países, Vashakmadze (2010) sugere a existência de uma tipologia no que toca à sua organização. Essa classificação tende a um contínuo que vai da predominância absoluta da justiça comum em temas militares até o extremo oposto, em que tribunais militares são independentes no julgamento de seus temas criminais e administrativos.

O autor ainda apresenta dois modelos intermediários: um estruturalmente híbrido, ou seja, com câmaras militares dentro da justiça comum, vigente em países como Itália, Portugal e Países Baixos. No segundo modelo intermediário, dois sistemas jurisdicionais coexistem (civil e militar) e os casos de crimes militares podem ser direcionados para um ou outro. Estes são o caso, por exemplo, de Bélgica, França, Reino Unido e Estados Unidos. Em ambos os casos intermediários cabe recurso às cortes superiores civis (p.12).

Dahl (2008), um estudioso da justiça militar e dos crimes de guerra, aponta que os sistemas militares de justiça podem ser distribuídos ao longo de um eixo que vai das cortes marciais plenas até o completo controle pela justiça comum. Sua tipologia, por sua vez, enquadra-se num *continuum* ideológico que segue, segundo ele, cinco definições de acordo com o avanço da democracia. No primeiro caso, temos cortes marciais convocadas para casos individuais; no segundo, cortes militares permanentes; no terceiro, cortes civis especializadas em temas militares; no quarto, cortes civis generalizadas em tempo de paz; e, finalmente, cortes civis em tempos de paz e de guerra (p.2). As mudanças recentes em direção à *civilianização* da justiça militar têm a ver com a forma como as guerras vêm sendo tratadas e com o fim do serviço militar obrigatório, mas, principalmente, com a subordinação das Forças Armadas ao controle dos governos civis e democráticos. Ainda para o autor, reduzir a competência da justiça militar ou aboli-la é uma exigência das demandas por direitos humanos. A *civilianização* seria a tendência seguida pelos países que seguem as orientações da Convenção Europeia de Direitos Humanos, entre eles, Austrália, Canadá e Nova Zelândia (Bergsmo; Dahl; Sousa, 2013).

Crimes militares, infrações disciplinares e assédio

Os autores que lidam com o tema da reforma da justiça militar também lançam a necessidade de definir a difícil questão do que vem a ser crime militar. Segundo (Vashakmadze, 2010, p.22-4), os delitos militares teriam dois aspectos: crimes militares e infrações disciplinares, embora, segundo juristas, não haja muita consistência nessa separação e não se faça essa distinção em alguns países, como nos Estados Unidos, por exemplo.

De maneira geral, os crimes militares são aqueles que afetam as Forças Armadas, em sua capacidade de defesa, de resistência e de combate. Além disso, são considerados crimes militares, em geral, recusar-se a servir as Forças Armadas, ausentar-se sem justificação, desertar, trair a instituição ou o colega em suas funções, assassinar colega, render-se ao inimigo e desrespeitar os direitos humanos dos que se renderam.

De outra parte, as infrações disciplinares estão referidas a falhas comportamentais nas relações formais com chefes e colegas, conduta inadequada em geral, discussões internas, excesso de bebida alcoólica, descuidos com aparência e insubordinação. Em todos os casos, o debate converge no sentido de sugerir reformas na justiça militar que impliquem mais transparência, mais direito de defesa e mais respeito aos direitos humanos de civis e de militares. Este é, aliás, o tema do livro de Ogilvie e Norton (2014), destinado a salvaguardar os direitos humanos dos militares, em especial em casos de homofobia, assédio sexual e moral e estupro. Para tanto, propõem a elaboração de relatórios mais detalhados e criação de *ombudsmen*, ouvidorias, sugerindo que os direitos devem ser os mesmos para todos os cidadãos ingleses.

Gilbert (2014) lembra que, antes de chegarmos ao debate sobre direitos, durante séculos, o que se chamava de justiça militar era praticamente o arbítrio dos comandantes. Na Inglaterra do século XVII, a lei marcial era ainda totalmente arbitrária. Servir a um exército era renunciar aos direitos que se poderia ter como cidadão inglês. A lei era, de fato, menos importante do que a ordem e a disciplina.

Nos tempos atuais, uma das principais preocupações tem a ver com violência e assédio relacionado a gênero. Estudo importante a respeito de ofensas sexuais foi elaborado pela The Law Library of Congress (2013) examinando o tratamento dado ao assunto nas Forças Armadas da Austrália, Canadá, Alemanha, Israel e Reino Unido. Em todos esses países, o julgamento de ofensas sexuais entre militares está sendo direcionado para a justiça civil. Outro exemplo vem dos Estados Unidos, com o Senate Bill 1752, mais conhecido como Military Justice Improvement Act (MJIA), de 2013. Trata-se de norma que visa a dar mais importância a crimes de assédio sexual cometidos contra homens e mulheres quando em serviço e a garantir que tenham julgamentos justos nos quais os perpetradores não participem como juízes. Relatórios do Ministério de Defesa dos Estados Unidos revelam que, só em 2012, 26 mil militares foram vítimas de assédio sexual, 14 mil homens e 12 mil mulheres. Em 2014, considerando apenas assédio acompanhado de violência, o número foi de 20 mil pessoas. Nesse caso, as mulheres foram maioria.[2]

2 Ver, por exemplo, matéria de *Military Times*, de 2014. Disponível em: http://www.militarytimes.com/story/military/pentagon/2014/12/04/pentagon-rand-sexual-assault-reports/19883155/. Acesso em: set. 2016.

A era das reformas

Como apontado, quando se trata de justiça militar, a palavra "reforma" é uma constante. Vários fatores contribuíram para isso. Os crimes de guerra na antiga Iugoslávia, em Ruanda, Serra Leoa, Camboja e Líbano e, depois, no Iraque, suscitaram a necessidade de se discutir com mais afinco os flagrantes delitos praticados contra leis criminais nacionais e internacionais. Além do mais, as intensas mudanças tecnológicas, o acesso das mulheres e dos homossexuais às Forças Armadas, em diversos países, trouxe novas reflexões sobre os limites da ação repressiva entre as pessoas de uniforme e destas para com a sociedade. Mais recentemente, as ações contra os atentados terroristas, especialmente a partir do ataque às Torres Gêmeas, em Nova York, em setembro de 2011, e contra o Estado Islâmico, bem como a polêmica da prisão de Guantánamo, adensaram o debate.

Ademais, fatores internos às Forças Armadas também forjaram a demanda por reformas. Entre eles, as mudanças tecnológicas, o aumento do número de civis empregados pelas instituições militares, a participação em operações de paz, o envolvimento em guerras não declaradas e na proteção contra ataques terroristas. Todas essas mudanças internas à corporação, ao lado das mudanças quanto aos temas de gênero, exigiram um sistema mais flexível para lidar com disciplina e administrar a justiça militar dentro do âmbito judicial de cada país (Kremmydiotis, 2016, p.313).

De outra parte, arranjos internacionais também endossaram demandas efetivas para que o tema da reforma da justiça militar entrasse na pauta, notadamente na Europa. Entre eles, a Convenção Europeia dos Direitos do Homem e das Liberdades Fundamentais (de 1950 e revista em 2010), o Pacto Internacional sobre os Direitos Civis e Políticos (1966) e também a jurisprudência do Tribunal de Direitos Humanos Europeu (criado em 1959 e com atuação permanente desde 1998).

Experiências locais de reforma na justiça militar

Uma das mais importantes colaborações sobre a reforma da justiça militar e seus desafios no século XXI é o livro organizado por Duxbury e Groves (2016). A obra reúne um conjunto de trabalhos sobre diversos países e diferentes temáticas referenciadas a esse campo da Justiça. Há, por exemplo, um capítulo que aborda a *civilianização* praticada na Austrália e outro que examina os países do Sul da Ásia (Bangladesh, Butão, Índia, Maldivas, Nepal,

Paquistão e Sri Lanka), região que reúne cerca de um quarto da população mundial e herdou de seus colonizadores um sistema de justiça militar retrógrado e que pouco foi modificado. A justiça militar britânica ali implantada tinha em mente um exército de mercenários, situação hoje alterada, embora os códigos militares tenham permanecido. A Índia, por exemplo, desde 2007, vem tentando redefinir sua justiça militar; o tema segue em debate, com ressalvas especialmente ao direito de militares poderem julgar civis.[3] De outra parte, Bangladesh e Paquistão seguem estruturas políticas militarizadas, dificultando a modernização dos códigos militares de justiça. O Sul da Ásia reúne países em que a pena de morte ainda é mais usual nas Forças Armadas e em que menos respeito aos direitos humanos estão acessíveis aos homens de farda (McLaughlin, 2016).

Assim como no Sul da Ásia, na América Latina, a justiça militar precede a existência de Estados independentes e as Forças Armadas têm sido vistas como as principais fundadoras desses novos países (Rial, 2010a). Nesse contexto, a justiça militar foi observada como um instrumento imprescindível para garantir a disciplina e a obediência e concebida como uma forma de evidenciar a autoridade e a legitimidade da cadeia de comando. Da mesma forma que se criou uma justiça específica para os militares, esses novos países também fundaram sistemas de saúde, previdência, ensino, lazer, que, no conjunto, demonstravam o histórico de autonomia em relação à sociedade.

Nesse continente, o papel da justiça militar, especialmente na segunda metade do século XX, foi além dos temas corporativos. No Peru, por exemplo, nos anos 1980 e 1990, foi usada para defender militares acusados de abusos humanos e financeiros no combate ao terrorismo e também para julgar, às vezes sumariamente, simpatizantes da guerrilha. Durante a ditadura brasileira, a Justiça Militar atuou em três dimensões: como justiça corporativa, seguindo seu papel tradicional; como justiça política do governo julgando os que os acusados de conspirar contra a segurança nacional; e como justiça política intracorporação para julgar aqueles militares suspeitos de atividade política contrária ao regime (Castañeda Garcia, 2016). Nesse período, a variedade de usos da justiça militar foi uma constante em quase todos os países da América Latina (Rial, 2010a).

Com o retorno da democracia e a Convenção Interamericana sobre Desaparecimento Forçado de Pessoas de 1994, a questão dos direitos humanos

3 Em 2007, a Índia criou o Armed Forces Tribunal, cuja implementação permanece em disputa.

no continente passou, como era de se esperar, a ter maior relevância, afetando as cortes militares. De toda forma, a gama de situações que podem ser consideradas crimes militares ainda é extensa (Bermeo Lara; Castañeda García; Castro, 2010, p.56-61).

Reforma militar na América Latina

Recorrendo a ampla bibliografia, Castañeda Garcia (2016) resume que o sistema de justiça militar na América Latina está definido por duas características: de um lado, códigos disciplinares, criminais, normas e leis aplicáveis aos militares; e, de outro, um amplo corpo de juízes, procuradores, advogados e técnicos responsáveis pelo cumprimento desse aparato jurídico. Ao mesmo tempo, há na região dois subsistemas: um penal para crime militares e um administrativo para infrações disciplinares.[4]

Levando em conta apenas o sistema penal, a diversidade existente na região é grande e não indica uma tendência linear de mudança (Bermeo Lara; Castañeda García; Castro, 2010). Os países da América Latina têm tido iniciativas para rever seu arcabouço de justiça militar, quer por meio de iniciativa legislativa (México e Chile), quer por iniciativa interna ao Ministério da Defesa (Chile e Uruguai), ou ainda mediante reformas constitucionais, como Nicarágua e Bolívia (Castañeda Garcia, 2016, p.217). Em todos os casos, os fatores políticos são impactantes e o debate é ainda incipiente se comparado com a Europa (Rial, 2010a, p.13).

Guatemala, na América Central, mantém intacta uma justiça militar autônoma que data de 1881; Peru, Bolívia e Nicarágua introduziram algumas mudanças, mas apenas Argentina e Equador fizeram reformas estruturais. A Argentina, em 2008, acabou com a justiça militar e passou a direcionar todos os problemas legais militares para a justiça comum (Bermeo Lara; Castañeda García; Castro, 2010, p.98; Chillier; Santos, 2010). Um ponto que domina o debate é o julgamento de civis pelos tribunais militares. O Brasil é um dos poucos países da América Latina que continua aplicando esse procedimento para civis, mesmo que não trabalhem para as Forças Armadas (Bermeo Lara; Castañeda García; Castro, 2010, p.64).

4 Sobre crimes e infrações disciplinares na América Latina, ver Castro; Bermeo Lara, 2008, e, Bermeo Lara; Castañeda García; Castro, 2010, p.35-7.

Apesar de tudo e com lentidão, a região desperta para o debate das reformas, embora com resultados tacanhos. Os temas considerados levam em conta, basicamente, dois aspectos: a) adequação dos códigos aos novos contextos internacionais e de democracia interna; b) eliminação da justiça militar submetendo crimes e infrações antes a ela referidos para a justiça comum.

A justiça militar no Brasil

Para começar, deve-se explicar que há dois sistemas de justiça militar no Brasil: a dos estados, para as polícias militares, e a Justiça Militar da União para as Forças Armadas. A Justiça Militar estadual é uma justiça corporativa para as polícias militares dos estados da federação prevista no art. 125 da Constituição brasileira de 1988. Em primeiro grau, a Justiça Militar estadual é constituída por juízes de direito (juízes auditores) e por conselhos de justiça integrados por oficiais da corporação. Em segunda instância, pelo Tribunal de Justiça (justiça comum), ou por um Tribunal de Justiça Militar estadual nas unidades da federação em que o efetivo for superior a 20 mil integrantes. Todavia, só existem tribunais de Justiça Militar estadual em São Paulo, Minas Gerais e Rio Grande do Sul, embora os estados do Rio de Janeiro e da Bahia tenham efetivos superiores a 20 mil pessoas. Desde 1996, crimes dolosos cometidos por policiais contra civis são julgados apenas pela justiça comum, independentemente de haver um tribunal militar no estado.

Desde o início da República, uma vasta legislação começou a assemelhar as forças estaduais de segurança às Forças Armadas, fundamentalmente no que toca aos princípios de disciplina e hierarquia. Desde então, os corpos estaduais, organizados militarmente, quando postos à disposição do governo federal pelos governadores dos respectivos estados, constituiriam forças auxiliares das Forças Armadas. Por essa origem, as polícias militares nos estados passaram a ser reguladas por princípios castrenses (D'Araujo, 2010).

Depois do escândalo do massacre de oito meninos de rua no pátio da Igreja da Candelária, no centro da cidade do Rio de Janeiro, pela Polícia Militar, em 1993, houve uma tentativa de transferir para a justiça comum o julgamento dos crimes contra a vida de civis praticados por militares, o que de fato ocorreu por lei aprovada em 1996. O presidente Fernando Henrique Cardoso, na ocasião, mediante pressão das Forças Armadas, retirou os militares da União dessa regra, mantendo-a apenas para as polícias militares estaduais (Zaverucha; Melo Filho, 2004). Assim, em caso de acusações de crime doloso contra civis, os militares da União continuaram sendo julgados pela Justiça Militar, posição ratificada pela Lei 13.491 de 2017. Por esta lei, crimes contra a vida de civis ou estelionato praticados por militares durante o exercício de funções de segurança interna são também encaminhados à Justiça Militar..

A Emenda Constitucional n.45, de 2004, introduziu medidas importantes na Justiça Militar dos estados, que, além de processar e julgar os militares dos estados por crimes militares definidos em lei, também passou a julgar ações judiciais contra atos disciplinares. Em nenhuma hipótese, pode julgar civis. A atribuição de rever ações em atos disciplinares nunca chegou a ser aprovada para a Justiça Militar da União nem a proibição de julgar civis.

Por outro lado, existe a Justiça Militar da União, que faz parte do Poder Judiciário desde 1934. A Constituição brasileira de 1988, bem como a reforma do Judiciário, aprovada em 2004, em nada alteraram essa corte em sua concepção e estrutura. Continua a vigorar o mesmo padrão introduzido durante os governos militares (1964-1985), embora a extinção de algumas leis de exceção decretadas pela ditadura tenha retirado do Superior Tribunal Militar (STM) suas atribuições políticas. No entanto, o Código Penal Militar (CPM) em vigor data de outubro de 1969, período mais duro da ditadura no combate à oposição política. As tentativas de redefinir a instituição para atuar em tempos de democracia não têm muita receptividade. Como em outras organizações solidificadas, as resistências à mudança são imensas, tratando-se, nesse caso, de uma instituição corporativa que detém não só o monopólio da força como também alto prestígio político e social.

Segundo o Código Penal Militar, a Justiça Militar da União julga crimes militares divididos em crimes próprios e crimes impróprios. Os crimes próprios são aqueles que só podem ser cometidos por militares em atividade, a exemplo de deserção e de abandono de posto. Os impróprios podem ser cometidos por militares e por civis, a exemplo do peculato-furto, lesão corporal e homicídio envolvendo interesses das Forças Armadas. Em geral, os crimes militares no Brasil incluem as seguintes situações: crimes contra o serviço militar, contra o dever militar, contra autoridade ou disciplina militar, contra a administração e o patrimônio militar e contra a segurança externa do país.

Os civis também podem ainda ser julgados pela Justiça Militar da União se cometerem crimes contra o patrimônio ou a administração militar, se desacatarem militares no exercício de suas funções, bem como se cometerem infrações em local sujeito à administração militar.

Todos os documentos institucionais da Justiça Militar do Brasil afirmam ser ela o mais antigo tribunal de justiça do país, pois teria chegado com a corte portuguesa em 1808. No entanto, na mesma ocasião, chegaram outras cortes, entre elas a Casa da Suplicação de Lisboa que o príncipe regente, d. João, por alvará de 10 de maio de 1808, converteu em Casa da Suplicação do Brasil, considerando-a, textualmente, como Superior Tribunal de Justiça, instância final para todos os pleitos em última instância. A precedência cronológica desse tribunal sobre os demais não tem significação especial. Importante é entender sua estrutura e funcionamento e seu papel no decorrer de nossa história, particularmente na República.

A Lei n.8.457, de 4 de setembro de 1992, prevê que a Justiça Militar da União seja organizada em quatro instâncias: tribunal, auditorias, conselhos e juízes. Ao lado de todas, permanece o que se chama a "justiça do comandante", ou seja, o poder do comandante para julgar e proferir decisões em questões disciplinares.

O Superior Tribunal Militar, com sede em Brasília, é uma corte recursal, composta, desde 1969, época mais persecutória da ditadura, por quinze ministros vitalícios, nomeados pelo presidente da República, depois de indicação pelo Senado Federal. Três são oficiais-generais da Marinha, quatro do Exército e três da Aeronáutica, todos da ativa e do posto mais elevado da carreira, e cinco são civis. Estes são também escolhidos pelo presidente da República, sendo três dentre advogados de notório saber jurídico e conduta ilibada, com mais de dez anos de atividade profissional, e dois por escolha paritária, dentre juízes auditores e membros do Ministério Público Militar. Sua organização e competência estão previstas nos arts. 122, 123 e 124 da Constituição Federal de 1988. Está dividida em doze circunscrições judiciárias militares (CJM) que, por sua vez, abrigam auditorias militares, os órgãos de primeira instância.

As auditorias militares, num total de doze, funcionam com 39 juízes auditores para julgamentos de primeira instância e estão distribuídas por todo o país.

No âmbito das auditorias existem os conselhos de justiça, compostos por quatro oficiais e um juiz de direito, também chamado juiz-auditor, que preside os trabalhos. Esses conselhos são de duas ordens: a) permanente, quando tiver por finalidade processar e julgar praças (soldado, cabo, sargento, subtenente ou suboficial) e também civis. É composto de oficiais até a patente de capitão-tenente ou capitão, com rotatividade a cada três meses; b) especial, quando se destina a processar e julgar oficiais (tenentes, capitães, majores e demais oficiais superiores). Compõe-se de oficiais da mesma arma do julgado, uma composição definida caso a caso. Quando a ação envolve praças e oficiais, o julgamento é feito pelo Conselho de Justiça Especial. Das decisões desses dois conselhos cabe recurso ao STM. Os oficiais generais, por sua vez, têm foro privilegiado e são processados diretamente pelo Superior Tribunal Militar.

Outro elemento importante do sistema são os juízes, ou juízes-auditores e os juízes-auditores substitutos, que são civis, formados em direito e concursados, a quem cabe coordenar e presidir os trabalhos, posto serem as únicas pessoas investidas de diploma legal para proferir sentenças dentro do Poder Judiciário.

A Justiça Militar no Brasil, como dissemos, julga crimes militares e não infrações ou delitos de caráter disciplinar e administrativo. Nesses casos, aplica-se a "justiça do comandante", ou seja, o superior na cadeia de comando decide a penalidade a ser aplicada ao militar infrator. O acusado não tem direito a *habeas corpus* e, caso se julgue injustiçado com a penalidade imposta, só poderá recorrer à justiça comum. Nesse caso, o militar terá que enfrentar o mesmo processo moroso a que são submetidos todos os demais brasileiros. Ou seja, aqui, não se aplica o princípio de que a justiça militar deve ser rápida e ágil. O tópico em pauta é, aliás, o nó górdio que vem impedindo a reforma da justiça militar no Brasil. É também o principal responsável pelo sentimento de injustiça dentro dos quartéis (Arruda, 2007).

Justiça militar na história do Brasil

Quando o Rio de Janeiro passa a abrigar a corte portuguesa, em 1808, recebe, por transferência, uma série de instituições seculares do reino de Portugal. Entre elas, regulamentos, agências e códigos militares ainda bastante dispersos e autocráticos, a exemplo do que ocorria na Europa nesse período. No decorrer do século XIX, os exércitos nacionais passam a se profissionalizar como carreira distinta e regulamentada, especialmente depois das guerras franco-prussianas. Passam também a ter formação acadêmica específica (as academias militares). Esse processo de modernização foi acompanhado pela revisão e atualização de códigos criminais e de disciplina.

Até fins do século XIX, predominou no país um sistema de poder e controle dentro da tropa baseado em autoridades e não em tribunais específicos permanentes e devidamente regulamentados. Os foros militares eram pouco definidos e mudavam de composição e funções com frequência. Nesse foro militar instável, eram usuais devassas, em vez de processos (Souza, 2015).

Algumas tentativas de racionalização do sistema foram tentadas depois que o país se tornou independente, em 1822. No entanto, o "domínio do arbitrário, simbolizado pela aplicação de punições instantâneas e brutais, fora de um enquadramento legal, persistia. E, sem a regulamentação do foro, esse aparato militar ainda poderia ser acionado para julgar réus civis" (Souza; Silva, 2016, p.369). Os corpos militares eram usados para combater movimentos e rebeliões populares, como no caso da Confederação do Equador, em 1824.

Proclamada a República, as mudanças na justiça militar não foram instantâneas. Foi essa estrutura pouco sistematizada que permitiu ao presidente da República, marechal Deodoro da Fonseca, editar, ainda em 1889, o Decreto n.85-A, com o qual iria fazer frente aos protestos antirrepublicanos que pudessem ocorrer. A veemência dos dispositivos do decreto tornou-o conhecido como "decreto-rolha", uma insinuação à falta de liberdade de expressão e de opinião. O texto do decreto previa a criação de uma "comissão militar para julgamento dos crimes de conspiração contra a República e seu governo, aplicando-lhes as penas militares de sedição" (Souza; Silva, 2016, p.371). A defesa da República era a prioridade maior para as Forças Armadas, mesmo porque elas estiveram no centro das conspirações que levaram à queda do Império.

O "decreto-rolha" vigorou por um ano, e as mudanças passaram a ser exigidas pelos militares no sentido de seu ordenamento disciplinar e legal. Entre as demandas, havia a que pedia o fim dos castigos corporais institucionalizados desde que o conde de Lippe, militar inglês, reestruturou as forças militares de Portugal em 1763.

Em dezembro de 1890, foi finalmente editado, por meio do Decreto n.949, um Código Penal para a Armada (Marinha). O decreto previa, entre outras coisas, o julgamento de civis que se opusessem ao governo e o fuzilamento dos que fossem condenados à morte. A primeira Constituição Republicana de 1891 previu, pela primeira vez, a criação de um Supremo Tribunal Militar, com sede na capital, composto por quinze ministros vitalícios, oito do Exército, quatro da Armada e três juízes togados, todos nomeados pelo presidente da República.

Nos anos 1920, a justiça militar ganhou os contornos que passou a ter no futuro, ou seja, uma estrutura organizacional composta pelo STM, auditorias, conselhos e juízes. O número de ministros foi reduzido de quinze para nove: quatro civis, três do Exército e dois da Armada. Além do mais, desde sua criação em 1891 até 1934, o STM julgou crimes militares e exerceu o controle das punições disciplinares. Esse último aspecto jamais foi retomado e é um dos principais pontos de divergência entre os chefes militares para a aprovação da reforma da justiça militar.

Como vemos, a justiça militar e a situação política do país sempre estiveram fortemente imbricadas e isso se acentua com a proclamação da República. As crises da República, por sua vez, terão forte impacto nas instituições militares e em seus aparatos jurídicos.

O governo provisório de 1931 delegou às Forças Armadas o julgamento de civis e militares que atentassem contra a ordem pública. A Carta de 1934 traz a justiça militar para o âmbito do Poder Judiciário e retira-lhe a função de controle e revisão de atos disciplinares e administrativos. A nova Constituição previa a manutenção de uma regra que vinha do Império, ou seja, a de julgar civis, prerrogativa que permanece até os dias atuais.

O Levante Comunista de 1935 deu margem à criação de um tribunal de exceção, o Tribunal de Segurança Nacional (TSN), que julgaria civis e militares acusados de conspirar contra o governo. O TSN atuaria na primeira instância e caberia recurso ao STM. Ou seja, era a continuidade do envolvimento direto dos militares em questões políticas.

Com a decretação do Estado Novo, em 1937, o TSN continua existindo como tribunal de exceção, porém desvinculado da justiça militar. O STM retoma seu papel recursal apenas para crimes militares. A especialização e as especificações vão se aprimorando, o que vai ficar expresso com a publicação do Código de Justiça Militar em 1938. A estrutura jurídica montada em todo o país permanece na Constituição de 1946, que muda seu nome de Supremo Tribunal Militar para Superior Tribunal Militar. A competência da justiça militar estava restrita ao julgamento de crimes militares, mantendo sua extensão aos civis.

O golpe de 1964 vai alterar esse cenário e patrocinar o retorno da justiça militar para o julgamento de crimes políticos, assim como ocorrera desde o Império e na República até 1937. Imediatamente após o golpe, o plenário do STM aprova moção de apoio à "Revolução" (Silva, 2011). O Ato Institucional n.2, de outubro de 1965, e outras iniciativas legais ampliam o âmbito de ação do STM em temas políticos.

Assim, ao longo do período autoritário, a justiça militar, ao lado do julgamento de crimes militares, vai acumulando funções na apreciação de crimes contra a segurança nacional, contra a probidade administrativa e contra a economia popular, cometidos por civis ou por militares. Esse acúmulo de funções permite classificá-la como uma justiça do regime (Silva, 2011). Para tanto, foi equipada legalmente pelas novas leis de segurança nacional editadas em 1967, 1969, 1978 e 1983 e pelos códigos Penal Militar, de Processo Penal Militar e de Organização Judiciária Militar, todos editados em 1969 por meio de decretos-lei. Esse aparato de amplas "garantias" judiciais levou Anthony Pereira (2005, 2010) a cunhar a expressão "legalidade autoritária". Com isso, o autor expressa o esforço de um Estado discricionário em revestir de legalidade ações de perseguição e terror. De fato, o cuidado com a aparência institucional, ao contrário dos vizinhos do Cone Sul, foi muito maior na ditadura brasileira.

A Constituição democrática de 1988 em nada alterou o ordenamento jurídico da justiça militar. Manteve-se a estrutura e as funções da ditadura com exceção dos julgamentos de crimes contra a segurança nacional, que saíram de sua alçada. As Forças Armadas deixaram, pela primeira vez, de ser responsáveis pelo cumprimento da Constituição, mas ganharam novas funções com o artigo que dispõe sobre a "garantia da lei e da ordem". A atuação nas funções que permitem intervenções em favelas e zonas de conflito levam a potenciais atritos com a população local, o que tem aumentado o número de civis julgados pela justiça militar (BBC Brasil, 2016).

A querela da Justiça Militar do Brasil na reforma do Judiciário

A reforma do Judiciário ocorrida com a Emenda Constitucional n.45 de dezembro de 2004 não afetou a Justiça Militar. Havia ali propostas para diminuir o número de ministros e para transferir ao STM o controle dos processos de caráter administrativo, assim como ocorrera desde o Império até a Constituição de 1934 (Souza; Silva, 2016).

No período pós-ditadura, a reforma da Justiça Militar veio à tona várias vezes. Após a promulgação da Constituição de 1988, a primeira Proposta de Emenda Constitucional (PEC) do Poder Judiciário, apresentada em 1992 pelo deputado Hélio Bicudo, do Partido dos Trabalhadores (PT) de São Paulo, não fazia menção à Justiça Militar. No entanto, acabaram surgindo, por parte de alguns poucos parlamentares, demandas de alterações não apenas na estrutura do STM, mas também na sistemática de escolha dos seus membros. O relatório, em seu conjunto, não foi aprovado, e a PEC foi arquivada na comissão especial criada para seu exame.

O assunto foi retomado com afinco em 1999, quando se constituiu na Câmara dos Deputados uma Comissão Especial de Reforma do Poder Judiciário, tendo como relator o deputado Aloysio Nunes Ferreira, do Partido da Social Democracia Brasileira (PSDB) de São Paulo, substituído depois pela deputada Zulaiê Cobra, do mesmo partido e estado. O novo relatório introduzia a transferência para o STM do controle das punições disciplinares aplicadas pelo comandante e a redução do número de ministros do Tribunal de quinze para nove. O texto aprovado na Câmara não foi aceito pelo Senado em sua integralidade no que toca aos temas militares. Para viabilizar a reforma do Judiciário em outros aspectos considerados urgentes, o Congresso decidiu excluir da votação o braço militar do Judiciário.

Desde 2010, e até o momento desta publicação está pronta para votação a PEC n.358/2005, que visa a introduzir uma série de mudanças no sistema judiciário do país. O que está em jogo é o art. 124 da Constituição de 1988, que diz: "À Justiça Militar compete processar e julgar os crimes militares definidos em lei", ou seja, pelo Código Penal Militar de 1969. Segundo a proposta em andamento, o artigo passaria a ter a seguinte redação: "À Justiça Militar compete processar e julgar os crimes militares definidos em lei, *bem como exercer o controle jurisdicional sobre as punições disciplinares aplicadas aos membros das Forças Armadas*" (grifos nossos). A PEC também sugere a diminuição do número de juízes de quinze para onze.

Em entrevistas realizadas por nós com vários ministros e ex-ministros do STM, ficou claro que o tema é controverso e divide opiniões dentro da própria instituição. Os argumentos contra e a favor evocam questões legais delicadas tanto para as Forças Armadas quanto para o STM. Uma delas é o quanto o papel do Superior Tribunal Militar na área disciplinar poderia colidir com a chamada "justiça do comandante" e revelar-se fator contrário à coesão militar, na medida em que ministros iriam apreciar decisões de seus pares militares na caserna. Outro aspecto diz respeito ao aumento de trabalho que isso representaria para o tribunal. Para uns, essa nova atribuição daria mais legitimidade à existência do STM, para outros, iria desviá-lo de suas funções. Há também os que defendem mais espaços e condições de acesso à Justiça para todos os integrantes da corporação (CPDOC/FGV, 2010). A divergência entre os ministros e altas patentes militares paralisam o assunto no Congresso, que, em seu conjunto, continua incapaz de votar qualquer assunto que contrarie os interesses castrenses.

Em 2016, o STM era integrado por quinze ministros para uma clientela de cerca de 660 mil pessoas (Boletim Estatístico de Pessoal, 2016), membros das Forças Armadas da ativa, da reserva, reformados e pensionistas. O Supremo Tribunal Federal, a mais alta corte do país, por sua vez, conta com onze ministros para uma clientela potencial de cerca de 210 milhões de brasileiros, além da guarda da Constituição. Por decisão do STF, a prerrogativa de julgar civis, de acordo com o que dispõe o Código Penal Militar, foi reafirmada em 2013.

De julho de 2015 a agosto de 2016, segundo o Boletim Estatístico de Pessoal do Ministério do Planejamento, a Justiça Militar teve um gasto de 375,4 milhões de reais com pessoal, assim divididos: 187,4 milhões com ativos, 113,6 milhões com inativos, e 74,4 milhões com pensionistas. Nesse mesmo período, segundo a mesma fonte oficial, o total de gastos do STF foi de 371,1 milhões de reais.

Pesquisa do Centro de Estudos Judiciários da Justiça Militar de 2013 mostra que, em 2012, a Justiça Militar havia julgado 1.777 crimes militares. Destes, 33,6% diziam respeito a deserção de conscritos, 11% a posse ou uso de drogas ilícitas, 7,48% a furto, e 6,1% a estelionato. A pesquisa ainda mostra que posse ou uso de drogas ilícitas é o crime que mais cresceu entre 2008 e 2012, passando de 5% para 11% dos casos (STM, 2013).

Ou seja, quase 60% dos trabalhos de nosso Tribunal Militar, um tribunal permanente em tempo de paz, dizem respeito a crimes tipicamente juvenis ou a crimes correntes na sociedade em geral. Por isso, merece reflexão a necessidade de um tribunal tão caro para o contribuinte em um país com tantas carências sociais e com sistema de justiça ainda tão precário para o cidadão comum. Além do mais, trata-se de uma corte que não garante o pleno direito de defesa a todo o seu público-alvo. A "justiça do comandante" permanece como um indício de prerrogativa medieval, o que hoje, à luz de todo o debate aqui enunciado sobre direitos de defesa e direitos humanos, soa anacrônico. Os militares, apesar de terem uma corte corporativa, junto com outros funcionários públicos, representam 20% das demandas no Superior Tribunal de Justiça e no STM. Ou seja, têm acesso a dois ramos da Justiça. Têm uma justiça corporativa para crimes militares e, nos recursos disciplinares, competem com o cidadão comum em cortes civis cuja taxa de retenção vai de 50% a 90% (CNJ, 2011). Em suma, o Brasil está na contramão da história.

Referências bibliográficas

ARRUDA, J. R. *O uso político das Forças Armadas*. Rio de Janeiro: Mauad, 2007.

BBC BRASIL. Por que o Brasil gasta mais de R$ 420 milhões por ano com o Superior Tribunal Militar em tempos de paz. Londres, 24 out. 2016. Disponível em: http://www.bbc.com/portuguese/brasil-37648474. Acesso em: nov. 2016.

BERGSMO, M.; DAHL, A. W.; SOUSA, R. Military Self-Interest in Accountability for Core International Crimes. *Policy Brief Series*, TOAEP, FICHL, n.14, 2013.

BERMEO LARA, D.; CASTAÑEDA GARCÍA, I.; CASTRO, G. F. Radiografía del sistema de justicia militar en América Latina. In: RIAL, J. (Org.). *La justicia militar*: entre la reforma y la permanencia. Buenos Aires: Resdal, 2010.

BOLETIM ESTATÍSTICO DE PESSOAL (BEP). Ministério de Planejamento, Desenvolvimento e Gestão. ago. 2016.

CASTAÑEDA GARCÍA, I. Military Justice in Latin America: a comparative analysis. In: DUXBURY, A.; GROVES, M. (Orgs.). *Military Justice in Modern Age*. University of Melbourne; Monash University, Victoria: Cambridge University Press, 2016.

CASTRO, G. F.; BERMEO LARA, D. *Proyecto de investigación "Justicia Militar, códigos disciplinarios y reglamentos generales internos". Informe final.* Buenos Aires: Resdal, 2008.

CHILLIER, G.; SANTOS, L. Derechos humanos y justicia militar en Argentina. In: RIAL, J. (Org.). *La justicia militar*: entre la reforma y la permanencia. Buenos Aires: Resdal, 2010.

CONSELHO NACIONAL DE JUSTIÇA (CNJ). *Relatório de 2011.*

CPDOC/FGV. *Dossiê Justiça Militar.* Rio de Janeiro, 2010. Disponível em: http://cpdoc.fgv.br/justicamilitar. Acesso em: set. 2016.

D'ARAUJO, M. C. S. de. *Militares, democracia e desenvolvimento*: Brasil e América do Sul. Rio de Janeiro: FGV, 2010.

DAHL, A. W. International Trends in Military Justice. SJA/LOS CONFERENCE IN GARMISCH. jan. 2008. Relatório apresentado no...

DUXBURY, A.; GROVES, M. (Orgs.). *Military Justice in Modern Age.* Cambridge: Cambridge University Press, 2016.

GILBERT, A. N. Military and Civilian Justice in Eighteenth Century England: An Assessment. *Journal of British Studies*, v.17, n.2, p.41-65, 1º jan. 2014.

KREMMYDIOTIS, P. The Influence of Human Rights Law on the Reform of Military Justice. In: DUXBURY, A.; GROVES, M. (Orgs.). *Military Justice in Modern Age.* Cambridge: Cambridge University Press, 2016.

LARA, D.; GARCÍA, I.; CASTRO, G. F. Radiografía del sistema de justicia militar en América Latina. In: RIAL, J. (Org.). *La justicia militar*: entre la reforma y la permanencia. Buenos Aires: Resdal, 2010.

MCLAUGHLIN, R. The Impact of the "Civilianisation" of Military Administrative Law on the "Command Power". In: DUXBURY, A.; GROVES, M. (Orgs.). *Military Justice in Modern Age.* Cambridge: Cambridge University Press, 2016.

OGILVIE, S.; NORTON, E. *Military Justice*: Proposals for a Fair Military Justice System. Reino Unido: The National Council for Civil Liberties, 2014.

PEPPER, D. K. L. H. The Scope of Military Justice. *Journal of Criminal Law and Criminology & Police Science*, v.43, n.3, 1952.

PEREIRA, A. *Ditadura e repressão*: o autoritarismo e o estado de direito no Brasil, no Chile e na Argentina. São Paulo: Paz e Terra, 2010.

______. The Dialectics of the Brazilian Military Regime's Political Trials. *Luzo-Brazilian Review*, n.2, p.162-83, 2005.

RIAL, J. (Org.). *La justicia militar*: entre la reforma y la permanencia. Buenos Aires: Resdal, 2010.

______. Un proceso histórico de larga data: la justicia militar como regulación de una institución total. In: _____ (Org.). *La justicia militar*: entre la reforma y la permanência. Buenos Aires: Resdal, 2010a.

SILVA, A. M. D. da. *Ditadura e justiça militar no Brasil*: a atuação do Superior Tribunal Militar (1964-1980). São Paulo, 2011. Doutorado (História) – Programa de Pós-Graduação em História, Política e Bens Culturais, Fundação Getúlio Vargas.

SOUZA, A. B. de. Um edifício gótico entre instituições modernas: o debate parlamentar sobre o Conselho Supremo Militar e de Justiça (1822-1860). *Acervo: Revista do Arquivo Nacional*, v.25, p.59-77, 2012.

______. A governança da justiça militar entre Lisboa e Rio de Janeiro (1750-1820). *Almanack*, v.5, p.368-408, 2015.

______; SILVA, A. M. D. da. Organização da Justiça Militar no Brasil: Império e República. *Estudos Históricos*, Rio de Janeiro, v.29, n.58, p.361-80, 2016.

SUPERIOR TRIBUNAL MILITAR (STM). Centro de Estudos Judiciários da Justiça Militar. *Projeto de pesquisa institucional sobre condutas criminosas de maior incidência para a Justiça Militar da União*. Relatório. Brasília, 2013.

The Law Library of Congress, Global Legal Research Center. *Military Justice*: Adjudication of Sexual Offenses: Australia, Canada, Germany, Israel, United Kingdom. 2013.

VASHAKMADZE, M. *Guidebook Understanding Military Justice*. Genova: Geneva Centre for the Democratic Control of Armed Forces (DCAF), 2010.

ZAVERUCHA, J.; MELO FILHO, H. C. Superior Tribunal Militar: entre o autoritarismo e a democracia. *Dados*, Rio de Janeiro, v.47, n.4, p.763-97, 2004.

LOGÍSTICA MILITAR

Erik Herejk Ribeiro

A LOGÍSTICA MILITAR ENGLOBA todas as atividades na guerra que são precondições ou preparatórias para o enfrentamento. Para uma análise crítica da guerra, é necessário considerar o desempenho dessas atividades para que as forças combatentes estejam prontas para serem utilizadas (Proença Júnior; Duarte, 2005). Desse modo, as esferas da estratégia, operações e tática são condicionadas pela viabilidade logística em termos de acesso, espaço e tempo (Kress, 2002).

Inicialmente, o sistema logístico da guerra era primitivo e as forças eram praticamente autossuficientes. Os combatentes carregavam seus próprios suprimentos (ou os coletavam no local) e seus principais meios de transporte eram cavalos e veículos de tração animal. A introdução de canhões portáteis e armas de fogo em maior escala, no final do século XV, suscitou o desenvolvimento de sistemas mais complexos, com a criação de linhas de suprimentos que deveriam acompanhar o movimento das tropas.

A Revolução Industrial foi o grande ponto de inflexão para a logística militar, pois teve impacto direto sobre a escala da guerra e sobre as capacidades produtivas civis e militares. A logística tornou-se um pré-requisito fundamental para qualquer cenário de combate, pois os exércitos de massa consumiam grandes quantidades de comida, munição e outros suprimentos. Assim, todo o esforço de guerra passou a depender das considerações logísticas sobre a transformação da capacidade industrial em recursos militares. Obviamente, a proteção das próprias linhas logísticas e interrupção das linhas inimigas também se tornou um tema importante da guerra a partir de então (US Marine Corps, 1997; Kress, 2002).

A partir de então, os meios de transporte desenvolveram-se rapidamente. Deve-se levar em consideração que a infraestrutura física (estradas, ferrovias) é o meio tradicional de transporte logístico terrestre. A logística militar naval, que se beneficiou do barco a vapor e posteriormente dos combustíveis fósseis, envolve a utilização dos rios e mares e necessita da liberdade de ação nas linhas marítimas de comunicação. A partir do século XX, surge também o apoio do transporte aéreo por meio da aviação de carga.

Atualmente, devido ao processo de digitalização da guerra, está em curso a redução progressiva do volume de suporte logístico. O aumento da precisão e da letalidade dos armamentos diminui a quantidade de carga de munição necessária (embora aumente a importância de cada unidade entregue). Além disso, os sistemas eletrônicos modernos reduziram tanto o volume dos equipamentos embarcados quanto seu custo de gerenciamento e manutenção. Por outro lado, há tendências desafiadoras, como o aumento da dispersão das unidades no espaço de batalha, a valorização unitária dos equipamentos, a integração da logística militar com atividades comerciais civis e a necessidade cada vez mais rápida de reação durante as operações (US Marine Corps, 1997). Outra tendência recente é a privatização de diversas atividades logísticas, como ocorreu nas ocupações do Afeganistão e Iraque pelas forças da Otan (Singer, 2008; Scahill, 2012).

Com respeito ao debate teórico, o conceito de logística no estudo da guerra havia sido pouco trabalhado até o final do século XX. Apesar disso, seu impacto sobre o pensamento estratégico é considerável desde os pensadores clássicos. Para Jomini (1862), a atividade logística se limitava ao movimento e divisão de exércitos, juntamente com seus suprimentos, nos âmbitos estratégico e tático.

Embora Clausewitz não tenha abordado diretamente o conceito, a interpretação de Proença Júnior e Duarte (2005) considera as "atividades preparatórias" para a condução da guerra como a definição de logística para Clausewitz. Nessa visão, a logística seria elemento essencial e precondição para a condução da guerra.

Proença Júnior e Duarte (2005) dividem as fases da logística militar em criação, movimento e manutenção de forças combatentes: a) criação – capacidade de produção industrial, de mobilização, de prontidão e de treinamento para responder às necessidades estratégicas de determinada força; b) movimento – concentração ou dispersão de forças em um determinado teatro, correspondendo àquilo que é logisticamente possível e taticamente mais adequado para o propósito de uma guerra (por exemplo, a escolha de um determinado terreno de combate); c) manutenção – provisão de suprimentos necessários para os esforços de guerra, quais sejam, alimentos, combustíveis, medicamentos, munições ou peças de reposição.

Uma definição alternativa de logística militar é provida por Kress (2002), que analisa o conceito como sendo os *inputs* (meios e recursos) de um processo produtivo chamado operação militar. A logística incluiria planejamento, gerenciamento e tratamento dos recursos necessários à operação. O autor contribui com a discussão ao apontar que a logística é feita de modo científico, mas deve também contar com a arte da improvisação e da criatividade diante do ambiente caótico da guerra.

Por fim, Kress (2002) divide a logística em três níveis: estratégico, operacional e tático. A diferença óbvia entre os níveis é a escala, variando entre grandes e pequenas proporções de gerenciamento. Para além dessa questão, cabe refletir sobre a variável temporal – as decisões em nível estratégico envolvem infraestrutura (tecnologia, indústria, capacidade instalada), investimentos, licitações, impactos econômicos, armazenamento, entre outros. Por outro lado, a logística em nível tático diz respeito à manutenção das tropas combatentes em um determinado espaço, provendo proteção, mobilidade e poder de fogo. Já o nível intermediário, das operações, é responsável pelo gerenciamento e distribuição dos recursos para os teatros de guerra, incluindo a criação e manutenção de redes logísticas (terminais logísticos e linhas de comunicação).

Referências bibliográficas

JOMINI, A. H. *The Art of War*. Westport: Book Club Edition; Greenwood Press, 1862.

KRESS, M. *Operational Logistics*: The Art and Science of Sustaining Military Operations. Boston: Kluwer Academic Publishers, 2002.

PROENÇA JÚNIOR, D.; DUARTE, É. E. The Concept of Logistics Derived from Clausewitz. *Journal of Strategic Studies*, v.28, n.4, p.645-77, 2005.

SCAHILL, J. *Blackwater*: The Rise of the World's Most Powerful Mercenary Army. New York: MJF Books, 2012.

SINGER, P. W. *Corporate Warriors*: The Rise of the Privatized Military Industry. Ithaca: Cornell University Press, 2008.

US MARINE CORPS. *Logistics*. MCDP 4. Department of the Navy, Headquarters United States Marine Corps. Washington, DC, 1997. Disponível em: http://www.marines.mil/Portals/59/Publications/MCDP%204%20Logistics.pdf?ver=2012-10-11-164104-043. Acesso em: 28 jul. 2016.

MARINHA[1]

William de Sousa Moreira

Definição e origens

Designação genérica para o conjunto de instituições, organizações, meios[2] e pessoal voltados à atuação de natureza pública ou privada no mar e águas interiores (rios, lagos), em tempos de paz, conflito ou guerra. Os tipos mais comuns são *marinha de guerra* e *marinha mercante*, que se diferenciam em natureza, propósitos e composição. Em certos ambientes profissionais, marinha de guerra é comumente referenciada apenas como Marinha.

Navios e embarcações são os principais meios que caracterizam as marinhas, em seus variados tipos, dimensões, formas e aplicações. Suas origens estão no continuado esforço humano pela sobrevivência, desenvolvimento e bem-estar, o que, nos primórdios da civilização, demandou a capacidade de transpor espaços aquáticos em busca de recursos ou de segurança. Numa espécie de competição continuada entre homem e natureza, as técnicas primitivas de construção dos primeiros meios flutuantes se desenvolveram ao longo dos tempos, até produzirem plataformas complexas, capazes de se deslocar por grandes distâncias. O sistema de propulsão teve diferentes fases de desenvolvimento, desde os remos, passando pela vela, o vapor, o motor diesel, as turbinas a gás, a propulsão elétrica, nuclear ou combinações destas.

1 Os comentários e informações contidos neste verbete são de responsabilidade exclusiva do autor.

2 Meios referem-se a navios, plataformas, sistemas, equipamentos, instalações, equipes etc. No caso da marinha de guerra, englobam meios navais, aeronavais e de fuzileiros navais.

Os avanços tecnológicos, notadamente ao longo da modernidade, produziram navios cada vez mais velozes e com maior capacidade, seja para serviços diversos, como o transporte aquaviário (marítimo e fluvial) e a pesca, seja para a aplicação da força bélica.

O avanço da ciência e da tecnologia associado às demandas de crescimento das economias estimulou o desenvolvimento das marinhas. O grande aumento da produção decorrente da industrialização correspondeu à expansão dos mercados e à necessidade de diferentes matérias-primas, em outras palavras, mais demanda por transporte marítimo a longa distância e por segurança na navegação e nas linhas de comunicação marítimas. Hoje, dezenas de milhares de navios e embarcações diariamente se fazem presentes nos mares, prestando os mais variados serviços, configurando um dos motores da globalização e um dos pilares do sistema econômico internacional.

Marinhas, poder marítimo e poder naval

As marinhas ampliaram o mundo conhecido, encurtaram distâncias e conectaram os povos, tendo alavancado o comércio internacional e, em diferentes épocas, o processo de globalização. Estima-se que 90% das trocas comerciais no presente se dão por via marítima. Navios lançaram, a partir da segunda metade do século XIX, a grande malha de cabos submarinos que ligam os continentes, sendo hoje a responsável por cerca de 99% dos fluxos de dados transoceânicos, incluindo os da internet. O *continuum* oceânico, que cobre aproximadamente 70% da superfície do planeta, tornou-se o meio por onde circulam bens, pessoas, conhecimento e, sobretudo, poder, em suas diversas expressões.

No processo histórico, o mar foi via de explorações científicas e descobrimentos, mas também de guerras, dominação e escravização. O British Maritime Museum, em Greenwich, no Reino Unido, país de grande tradição marítima, expõe em sua entrada uma citação atribuída a Sir Walter Raleigh (cerca de 1615), representativa de um modo de pensar a importância do mar e das marinhas: "quem comanda o mar, comanda o comércio; quem comanda o comércio mundial, comanda as riquezas do mundo e, consequentemente, o próprio mundo" (tradução livre). Assim, ideias de "domínio" ou "controle dos mares" têm estado nos debates sobre estratégia naval, e nomes como o norte-americano Alfred Thayer Mahan (1840-1914), autor de *The Influence of Sea Power Upon History, 1660-1783* (1890), e o britânico Sir Julian Stafford Corbett (1854-1922), autor de *Some Principles of Maritime Strategy* (1911), lançaram as bases teóricas e conceituais para o pensamento estratégico naval contemporâneo, que têm influenciado governantes, políticos, estrategistas, militares e acadêmicos.

Convém ressaltar que esforços explicativos e teorias sobre o "poder naval" foram construídos, em geral, nas potências centrais, de economia desenvolvida, patamares científico-tecnológico e industrial elevados e possuidoras de grandes marinhas. Sem deixar de reconhecer a contribuição de outros autores de diferentes países, não é de se estranhar a predominância da literatura anglófona, uma vez que o Reino Unido e os EUA lograram posições de destaque na competição pela liderança no ambiente marítimo. A vasta literatura forânea exerce influência sobre acadêmicos e estrategistas em diversos países, estando com frequência nas referências das produções intelectuais sobre o tema. É importante, pois, a apreciação crítica que permita a adaptação a outras realidades e latitudes. Nesse sentido, merecem destaque contribuições de autores nacionais, entre os quais podem-se citar: Armando Amorim Ferreira Vidigal, com *A evolução do pensamento estratégico naval brasileiro* (1985); João Carlos Gonçalves Caminha, com *Delineamentos da estratégia* (1982); Mário César Flores, com *Panorama do poder marítimo brasileiro* (1982), entre outros.

Com as transformações pós-Guerra Fria, houve novo estímulo a acadêmicos, estrategistas e outros autores para compreender as tendências sobre o uso do mar no século XXI, aí incluindo o que tange ao emprego da força. Cumpre notar que a crescente velocidade de produção do conhecimento científico e de suas aplicações ampliaram a interação humana com o mar. Desse modo, novos conhecimentos e riquezas são revelados, os quais, em conjunto, constituem patrimônio a explorar de forma sustentável ou a preservar para as gerações futuras e, em qualquer dos casos, a defender, se necessário. Observa-se o uso de sistemas e plataformas crescentemente autônomos, desde os remotamente pilotados até os dotados das primeiras aplicações de inteligência artificial. Seja para o transporte e o comércio internacional, seja para a exploração e explotação de riquezas, para a produção de conhecimento ou para o uso da força na preservação da boa ordem no mar, as marinhas (de guerra e mercante) são fundamentais.

Na literatura especializada e nas doutrinas, as marinhas estão intimamente ligadas aos conceitos de "poder marítimo" e "poder naval". Em geral, o adjetivo "marítimo" amplia a perspectiva, incorporando instituições, atores e regimes inerentes aos espaços oceânicos, ao passo que "naval" sugere a abordagem mais focada nos instrumentos de uso da força no mar, as forças navais (Coutau-Bérgarie, 2008, p.589). Geoffrey Till (2013) reconhece a importância da base conceitual e as dificuldades de se encontrar, na linguagem comum, palavras apropriadas ao trato de questões relacionadas ao mar. Assim, empenha-se em discutir o *seapower*, resumindo-o como um conjunto de capacitações civis e militares voltadas para instrumentar a política – e as políticas públicas – dedicadas aos interesses nacionais relativos ao mar. Em outras palavras, as capacitações de atuação no ambiente marítimo usadas para influenciar eventos em terra e no mar, um entendimento respaldado na visão corbettiana de que o "foco do poder marítimo não é propriamente o que ocorre no mar, mas a influência sobre os resultados de eventos em terra" (Till, 2013, p.24-5).

O setor de defesa no Brasil conceitua o poder marítimo como "resultante da integração de recursos que capacitam a nação à utilização do mar e águas interiores, quer como instrumento da ação política e militar, quer como fator de desenvolvimento econômico e social" (Brasil, 2016, p.211). Nesse sentido, a marinha mercante, as organizações e os serviços relacionados com os transportes aquaviários compõem esse poder, assim como a infraestrutura marítima e hidroviária, com portos, terminais; as indústrias naval (incluindo a bélica) e da pesca; as organizações e os meios de pesquisa e desenvolvimento tecnológico voltados ao uso, à exploração ou ao aproveitamento dos recursos do mar, de seu leito e subsolo; e o pessoal em atividades relacionadas com o mar ou águas interiores, incluindo estabelecimentos de formação e treinamento, entre outros. Pela natureza e abrangência do conceito, o poder marítimo compreende ainda o chamado poder naval, entendido como parcela da expressão militar do poder nacional "capacitada a atuar no mar, em águas interiores e em certas áreas terrestres limitadas, de interesse para as operações navais". Seus principais componentes são os "meios navais, aeronavais e de fuzileiros navais; as infraestruturas de comando e controle, de apoio, de logística e administrativa", e outros eventualmente adjudicados em função de necessidades específicas. As chamadas tarefas básicas atribuídas ao poder naval brasileiro são: "controlar área marítima", "negar o uso do mar", "projetar poder sobre terra" e "contribuir para a dissuasão" (Brasil, 2016, p.122, 212). Em geral, as marinhas de guerra são as que têm entre suas responsabilidades a de preparar e empregar o poder naval, em conformidade com os marcos constitucionais, legais e orientações recebidas das autoridades pertinentes.

Verifica-se que as marinhas (de guerra e mercante) são compostas por variados meios e infraestruturas, notadamente os diferentes tipos de navios e embarcações, constituindo parcela expressiva do poder marítimo. Elas fomentam uma ampla e complexa cadeia produtiva de bens e serviços, pois demandam infraestrutura portuária ao longo da costa e das hidrovias; malhas de transporte intermodal para o trânsito de produtos "de e para" portos e instalações marítimas;

capacidade industrial de construção naval e manutenção, além de pessoal devidamente qualificado. Marinhas estimulam a economia, geram empregos, fomentam a ciência, a tecnologia e a inovação, contribuem para a defesa nacional e para a segurança marítima internacional. Operando em ambiente marítimo e fluvial, elas servem de alavanca para o desenvolvimento e são, em boa medida, mostras do poder nacional.

Convém ressaltar que alguns países optaram pela criação de outra forma institucional de instrumentar a atuação do Estado no mar, a chamada guarda-costeira, direcionada a exercer as atribuições relacionadas à autoridade marítima nacional voltadas à segurança marítima e de águas interiores. As capacidades e responsabilidades variam entre os países que optaram por esse tipo de organização. Entre as tarefas normalmente atribuídas, direta ou indiretamente, às guardas-costeiras estão as relativas à segurança da navegação e do tráfego aquaviário, à manutenção da lei e da ordem no mar, ao socorro e salvamento marítimo, ao controle de fronteira e aduana, entre outras. As denominações variam: Prefectura Naval Argentina, Prefectura Nacional Naval (Uruguai), Canadian Coast Guard, United States Coast Guard. No Brasil, o comandante da Marinha foi designado por lei a autoridade marítima nacional (Brasil, 1999), e as tarefas que são legalmente atribuídas à Marinha nessa área são desempenhadas seus próprios meios e estrutura.

Marinha de guerra

Marinhas de guerra são instituições de Estado voltadas ao uso ou ameaça do uso da força no mar, primordialmente em prol da defesa nacional, da segurança marítima e dos interesses marítimos do país. Em geral se constituem como uma força armada, mas podem também compor um ramo da principal força de defesa de um Estado. Há denominações variadas dependendo do idioma, como: "armada" (espanhol), "navy" (inglês), "marine" (francês), "marina" (italiano); e também conforme o país: Marinha do Brasil, Armada Argentina, Armada de Chile, Marina de Guerra del Peru, Armada de la República de Colombia, Royal Navy, United States Navy, Marinha Portuguesa, Marine Nationale (França), Marina Militare (Itália), People's Liberation Army Navy (China). Facilmente pode-se confundir essa terminologia. No Brasil, por exemplo, "armada" significa o "conjunto de navios, meios aéreos e de fuzileiros destinados ao serviço naval, pertencentes ao Estado e incorporados à Marinha do Brasil" (Brasil, 1987).

As marinhas representam seus respectivos Estados de forma peculiar. Por um lado, suas características de mobilidade, permanência, versatilidade e flexibilidade conferem ao poder político ampla gama de opções de emprego em caso de manobra de crise ou conflitos, desde o apoio à diplomacia e o uso limitado da força, até a aplicação plena do poder naval em situações de guerra. Em tempo de paz, participações em exercícios operativos com outros países podem ser medidas de fomento de confiança mútua. Não obstante a natureza bélica dos navios de guerra, eles podem ser recebidos em águas jurisdicionais de outros países quando em visita oficial previamente acordada. Pela representatividade que possuem como navios de Estado, há uma simbologia paradoxal nas visitas a portos estrangeiros: ao mesmo tempo que podem contribuir para estreitar laços diplomáticos, levando mensagens de cooperação e troca de experiências, mostram a bandeira do Estado de origem e o poder simbólico que esse tipo de plataforma expressa. Essa capacidade de atuação das marinhas em apoio à política externa, com ações que exploram a vertente cooperativa, de modo a favorecer a aproximação e a confiança mútua entre os países, dá origem ao conceito de "diplomacia naval", que se insere num debate mais amplo, relativo à "diplomacia de defesa" (Silva, 2015).

Os elementos constituintes das marinhas de guerra variam conforme cada missão e tipo de emprego, que derivam de fatores políticos, socioeconômicos, geoestratégicos, científico-tecnológicos e históricos, entre outros. Abrangem sistemas e infraestruturas de comando, controle, comunicações, vigilância, monitoramento e inteligência e, dependendo do país, os meios podem incluir porta-aviões, submarinos, cruzadores, fragatas, contratorpedeiros e corvetas; navios de desembarque e navios multipropósito (anfíbios), navios de apoio logístico (navios-tanque, navios-oficina); navios-patrulha (oceânica, costeira ou fluvial); navios-varredores (de minas) e caça-minas; aeronaves de asa fixa e móvel; além de meios de fuzileiros navais. Podem-se acrescentar meios dedicados às atividades de hidrografia, oceanografia e navegação, como os navios de pesquisa, os faroleiros e os balizadores. Há ainda navios para empregos diversos, como de socorro e salvamento, de assistência hospitalar, navio-escola, navio-veleiro, entre outros.

Trata-se, pois, de plataformas e sistemas complexos, intensivos em tecnologia, destinados a um ambiente operacional agressivo, onde ficam continuamente expostos às intempéries e aos efeitos dos mares, ventos e correntes. São, portanto, meios demandantes de pessoal qualificado, bem como uma rede de apoio logístico proporcional à sofisticação e à quantidade de meios. Nesse sentido, necessitam de escolas de formação de pessoal e centros de treinamento, assim como de bases navais e de apoio. Tudo isso indica a necessidade de um planejamento estratégico e de um sistema de aquisições de produtos de defesa. O processo de planejamento de forças é complexo nos países em geral, e nos em desenvolvimento em particular, em função da maior limitação de recursos. O desafio está em transformar o pensamento estratégico em uma lista de meios materiais requeridos à defesa e demais atividades inerentes, lista essa que gera encomendas tecnológicas que, dependendo do grau de sofisticação, poderão ou não ser atendidas pela indústria nativa.

Assim, a composição de uma marinha de guerra pode revelar, em boa medida, o pensamento estratégico predominante da elite dirigente de determinado país, fundamentado em fatores diversos, entre eles a percepção de ameaças por parte da sociedade e a visão quanto ao tipo de inserção que o país deve ter no sistema internacional. Países centrais, que ocupam posição de destaque na governança global, buscam desenvolver marinhas de guerra de magnitude compatível com suas aspirações mundiais, com plataformas de alta capacidade, no estado da arte, capazes de atuar em regiões distantes por prolongados períodos. Potências médias e países em desenvolvimento buscam capacitar-se a defender direitos de soberania nas águas jurisdicionais ou em espaços oceânicos adjacentes. Países com menor poder procuram constituir, como possível, forças navais com capacidades para atuar próximo ao litoral, em ações de natureza policial relativas à manutenção da boa ordem no mar e em águas interiores.

Tarefas, tipologias e classificações das marinhas de guerra

Um debate que se desenvolve na comunidade de estudos de estratégia e estudos marítimos se refere a propósitos e tarefas das marinhas (*navies roles*), em geral a partir da pergunta fundamental: "por que ou para que marinha de guerra?". A literatura provê importantes reflexões. James Cable (1971) destacou o emprego ou ameaça de emprego limitado da força em benefício da política externa. Ken Booth (1977) postulou que o uso do mar tem basicamente três propósitos: o trânsito de bens e pessoas, a passagem da força militar para a diplomacia ou contra objetivos (no mar ou em terra), e a exploração de recursos. A partir daí, propôs uma concepção trinitária para as funções de uma marinha: a militar, a diplomática e a policial, representadas sob a forma de um triângulo. A função diplomática é associada ao uso da força em apoio à negociação, para apoiar aliados ou para demonstrar poder e angariar prestígio. A função militar, base do triângulo, refere-se ao uso ou ameaça do uso da força, por meio da dissuasão ou defesa, em tempo de paz e, em tempo de guerra, ao controle do mar voltado às missões de projeção de poder. A policial inclui responsabilidades costeiras com características mais parecidas com o policiamento do que propriamente com ação militar, voltadas à boa ordem no mar e às questões sociais e humanitárias. As forças navais podem também contribuir para o desenvolvimento das regiões costeiras e terrestres em países emergentes (Booth, 1977, p.132-55).

Uma década depois, ainda sob os influxos da Guerra Fria, Eric Grove (1990) avançou na discussão, propondo ajuste na prioridade do uso do mar atribuída por Booth, elevando a *passagem de forças militares* à primeira posição, deixando o trânsito de bens e pessoas em segundo. Alertou ainda para a importância dos contextos específicos que podem alterar a relevância de cada uma das três funções (militar, diplomática e policial), havendo situações intermediárias em que elas poderiam se sobrepor, como se, aos lados do triângulo de Booth, pudessem ser sobrepostos círculos, gerando áreas comuns a duas ou mesmo a três funções (Grove, 1990).

O debate é continuado e, mais recentemente, Geoffrey Till propôs uma abordagem para diferenciar marinhas, partindo do entendimento de que a globalização é o fator central do ambiente estratégico no século XXI. Assim sendo, o modo como o Estado e a sociedade percebem a globalização e a ela reagem é determinante para a estratégia, a defesa e a política naval e, ainda, para o tamanho, composição e funções das marinhas (Till, 2013, p.27). Nesse sentido, o autor imaginou três categorias de Estados: os pré-modernos, os modernos e os pós-modernos. Os pré-modernos seriam essencialmente baseados em agricultura e pouco desenvolvidos. Os modernos, por outro lado, seriam industrializados, competitivos e, desse modo, preocupados com os efeitos da globalização sobre sua soberania e mais resistentes à cooperação. Já os Estados pós-modernos seriam eficientes e desenvolvidos, moldados para a economia da informação, característica da globalização e, por isso, aspirariam a um sistema mundial mais cooperativo, aberto e interdependente. Na lógica do autor, cada um desses tipos imaginados de Estado daria origem a um tipo correspondente de marinha, cuja composição e missão refletiriam as respectivas características. Marinhas pós-modernas, por exemplo, estariam em transformação, a partir da visão sistêmica da economia mundial e do processo de globalização, que tem no poder marítimo um pilar central. Nesse contexto, entre as tarefas de uma marinha pós-moderna estariam: controle do mar, operações expedicionárias, operações de estabilização e assistência humanitária; boa ordem inclusiva no mar; e diplomacia naval cooperativa. Till explica que, na falta de melhor, "apesar de estranha", essa classificação pode ser útil na medida em que associa o desenvolvimento de uma marinha à natureza do Estado a que serve e à atitude em relação à globalização (Till, 2013, p.28 ss.).

A variedade observada na constituição e na capacitação de marinhas de guerra ao redor do mundo e a dificuldade de compará-las motivam o desenvolvimento de tipologias. Eric Grove (1990, p.232-41) focou as capacitações e funcionalidades e propôs uma escala de um a nove, em que a primeira posição refere-se à marinha com capacidade de projeção de poder global, em todos os oceanos, e a nove corresponde à força marítima composta apenas por embarcações de pequeno porte com capacidade de atuação próxima à costa e em águas interiores. Entre esses extremos, diferentes degraus foram criados de modo a classificar marinhas de guerra de diferentes países.

Outro critério utilizado na classificação tenta associar as cores típicas das águas nas áreas marítimas em que uma determinada marinha pode operar. A expressão "marinha de águas azuis" (*blue water navy*) indica a que pode operar em águas oceânicas e distantes das bases; a marinha de "águas marrons" (*brown water navy*) se volta às atuações mais próximas ao litoral e águas interiores. Para operar em águas azuis (ou a partir delas), são maiores os requisitos em termos de meios, apoio logístico, infraestrutura de comando e controle, e outros. As marinhas de menor porte em geral operam em águas marrons ou próximo delas, com meios mais modestos, como navios e embarcações de patrulha. Alguns autores usam, também, uma classificação intermediária, de águas verdes (*green water navy*), que significa um misto das anteriores, com meios focados na operação próxima ao litoral, mas com capacidade oceânica, ainda que limitada (Lindberg; Todd, 2002).

Marinha do Brasil

A Marinha do Brasil (MB) é uma força armada, uma instituição nacional permanente e regular, com a atribuição constitucional de "defender a pátria, de garantir os poderes constituídos e, por iniciativa de qualquer deles, garantir a lei e a ordem", estando juntamente com o Exército e a Aeronáutica sob a autoridade suprema do presidente da República (Brasil, 1988). A MB possui também, por força de lei complementar, outras atribuições chamadas subsidiárias, a seguir resumidas. As de caráter geral, para as três Forças Armadas, incluem: "contribuir para o desenvolvimento nacional e a defesa civil", mediante determinação presidencial; e "atuar, por meio de ações preventivas e repressivas, na faixa de fronteira terrestre, no mar e nas águas interiores, contra delitos transfronteiriços e ambientais, isoladamente ou em coordenação com outros órgãos, executando ações de: patrulhamento; revista de pessoas, de veículos terrestres, de embarcações e de aeronaves; e prisões em flagrante delito" (Brasil, 1999). A lei estabelece, ademais, atribuições subsidiárias específicas (particulares) para a MB, entre elas: "orientar e controlar a Marinha Mercante e atividades correlatas, no que interessa à defesa nacional; prover a segurança da navegação aquaviária; contribuir para a formulação e condução de políticas nacionais relacionadas ao mar; implementar e fiscalizar o cumprimento de leis e regulamentos, no mar e nas águas interiores, em coordenação com outros órgãos, quando necessária em razão de competências específicas". Cabe ainda à MB "cooperar com os órgãos federais, quando necessário, na repressão aos delitos de repercussão nacional ou internacional, quanto ao uso do mar, águas interiores e de áreas portuárias". Essa cooperação se dá na forma de apoio logístico, de inteligência, de comunicações e de instrução. Devido às especificidades dessas atribuições e para o seu devido trato, o comandante da Marinha foi designado como "Autoridade Marítima" brasileira (para informação detalhada sobre as atribuições da MB, ver a Lei Complementar n.97/1999, arts. 16, 16-A e 17) (Brasil, 1999).

Marinha Mercante – As marinhas mercantes se voltam primordialmente às atividades de transporte, no mar e águas interiores, de bens, pessoas e serviços diversos relacionados ao comércio marítimo. Em outros idiomas tem-se: *marina mercante* (espanhol), *merchant navy* ou *merchant marine* (inglês), *marine marchande* (francês), *marina mercantile* (italiano). Seus elementos constituintes mais característicos são os navios de diversos tipos, como graneleiros, petroleiros, gaseiros, porta-contêineres, *roll on roll off*, de carga geral, frigoríficos, auxiliares e de apoio, havendo, contudo, diversas tipologias e nomenclaturas associadas.

No sentido mais amplo, marinha mercante também conota um conjunto heterogêneo de "atividades do comércio marítimo internacional, da indústria 'shipping', integrada aos mercados concernentes ao transporte marítimo de mercadorias, à armação de navios, ao reparo e construção naval, às atividades de exploração, explotação e transporte de óleo e gás, à indústria do turismo" (Martins, 2013, p.48), entre outras. O pessoal e os meios da marinha mercante constituem importante reserva mobilizável para atuar na defesa nacional em situações de crise ou conflito.

Marinhas: desafios e futuro

Marinhas são empreendimentos de longo prazo. Projetos estratégicos de defesa voltados ao ambiente marinho requerem recursos de vulto, são intensivos em tecnologia e podem levar vários anos para se concretizarem. Cada geração tem, pois, o dever irrenunciável de decidir com que meios a vindoura contará quando sobrevierem contingências ou ameaças à soberania nacional. Isso requer planejamento continuado, com pessoal qualificado e metodologia apropriada. A participação da sociedade é fundamental, especialmente por meio de suas instâncias de representação. Muitos são os desafios para o planejamento estratégico de defesa e para a configuração das forças militares, em particular o poder naval – sobretudo para países em desenvolvimento, que almejam aumentar a participação nos processos decisórios relativos à governança global.

Nesse sentido, várias são as temáticas que requerem atenção, acompanhamento e pesquisa sistemática por parte de governantes, militares, acadêmicos e pesquisadores em geral, entre elas, os impactos das dinâmicas de conflito tradicionais. Exemplificando, a transformação da ordem internacional, com o surgimento ou o ressurgimento de tensões ou posturas de competição agressiva entre Estados, alianças ou blocos, lembram que os empregos clássicos do poder naval continuam sendo uma possibilidade real. Outra problemática das relações interestatais é a existência de tensões e disputas por delimitações de espaços marítimos jurisdicionais, em que o regime da Convenção das Nações Unidas sobre o Direito do Mar não logra dar resposta satisfatória.

Enquanto a possibilidade de conflitos tradicionais permanece, outras ameaças e riscos no ambiente marítimo impõem desafios de diferentes naturezas, como os ilícitos e crimes transnacionais em nova escala, derivados da desigualdade e da pobreza nos países. Cabe destacar a perspectiva de aumento da população mundial e, consequentemente, da demanda *per capita* de recursos do mar, de modo a atender necessidades de alimentação, energia e crescimento econômico em nível global. Do mesmo modo, o crescimento da conscientização sobre a importância da saúde dos oceanos, expressos nas metas de desenvolvimento sustentável da ONU, faz incorporar às preocupações tradicionais com a defesa e a boa ordem no mar outros fatores, como a exploração sustentável dos bens comuns globais, demandando novos regimes de governança dos oceanos.

Outro tema de grande relevância é o avanço acelerado da ciência e suas aplicações tecnológicas, com impactos crescentes sobre as marinhas. Entre eles, o surgimento de inovações de ruptura, que podem levar à rápida obsolescência de meios e doutrinas tradicionais e, no caso de países emergentes, afetar projetos estratégicos de longo tempo de maturação e desenvolvimento. Destaca-se também a crescente automação dos meios, em especial navios e embarcações, que irá impactar o transporte, a pesquisa e a defesa no ambiente marítimo, bem como demandar novos mecanismos regulatórios.

Torna-se, desse modo, um desafio continuado definir o papel das marinhas nesses novos tempos, em que ameaças tradicionais ainda não podem ser descartadas, mas as transformações em diversos campos da atividade marítima indicam necessidade de mudança e de alargamento do conceito de segurança marítima.

Esses e outros desafios estão a requerer atenção, pois podem influenciar a curto, médio ou longo prazos o ambiente operacional de atuação das marinhas, com implicações diversas para o seu preparo e emprego.

Referências bibliográficas

ALMEIDA, F. E. A. *Os gigantes da estratégia naval*: Alfred Thayer Mahan e Herbert William Richmond. Curitiba: Prismas, 2015.

BAYLIS, J.; WIRTZ, J. J.; GRAY, C. S. *Strategy in the Contemporary World*. 4.ed. London: Oxford University Press, 2012.

BOOTH, K. *Navies and Foreign Policy*. London: Routledge, 1977.

_____. *Strategy and Ethnocentrism*. London: Croom Helm, 1979.

BRASIL. Decreto n.95.480, de 13 de dezembro de 1987. Dá nova redação para a Ordenança Geral para o Serviço da Armada. *Diário Oficial da União*, Seção 1, Brasília, 14 dez. 1987.

_____. Constituição da República Federativa do Brasil de 1988. *Diário Oficial da União*, 191-A, p.1, Brasília, 5 out. 1988.

_____. Lei Complementar n.97, de 9 de junho de 1999. Dispõe sobre as normas gerais para a organização, o preparo e o emprego das Forças Armadas. *Diário Oficial da União*, Brasília, 10 jun. 1999.

_____. Decreto Legislativo n.373, de 25 de setembro de 2013. Aprova a Política Nacional de Defesa, a Estratégia Nacional de Defesa e o Livro branco de defesa nacional. *Diário Oficial da União*, Seção 1, p.1, Brasília, 26 set. 2013.

_____. Ministério da Defesa. Portaria Normativa n.9/GAP/MD, de 13 de janeiro de 2016. Aprova o Glossário das Forças Armadas – MD35-G-01. 5.ed. 2015. *Diário Oficial da União*, n.14, Brasília, 21 jan. 2016.

COUTAU-BÉRGARIE, H. *Traité de stratégie*. 6.ed. Paris: Economica, 2008.

GROVE, E. *The Future of Sea Power*. Annapolis, Maryland: US Naval Institute Press, 1990.

LAVERY, B. *Ship*: The Epic History of Maritime Adventure. New York: DK, 2010.

LE MIÈRE, C. *Maritime Diplomacy in the 21st Century*: Drivers and Challenges. London: Routledge, 2014. [Cass Series: Naval Policy and History.]

LINDBERG, M.; TODD, D. *Brown-, Green-and Blue-Water Fleets*: The Influence of Geography on Naval Warfare, 1861 to the Present. Westport, CT: Praeger, 2002.

MARTINS, E. M. O. Curso de direito marítimo. v.1. 4.ed. Barueri: Manole, 2013.

MEDEIROS, S. E.; MOREIRA, W. S. Maritime Co-Operation among South Atlantic Countries and Repercussions for the Regional Community of Security Practice. *Journal Contexto Internacional*, Rio de Janeiro, v.39, n.2, maio-ago. 2017.

MULQUEEN, M.; SANDERS, D.; SPELLER, I. *Small Navies*: Strategy and Policy for Small Navies in War and Peace. New York: Routledge, 2016. [Corbett Centre for Maritime Policy Studies Series.]

NAÇÕES UNIDAS. *United Nations Convention on the Law of the Sea*. 1982. Disponível em: http://www.un.org/depts/los/convention_agreements/texts/unclos/unclos_e.pdf. Acesso em: 15 jan. 2018.

SILVA, A. R. A. A diplomacia de defesa na política internacional. *Revista da Escola de Guerra Naval*, Rio de Janeiro, v.21, n.2, p.179-202, jul.-dez. 2015.

TILL, G. *Sea Power*: A Guide for the Twenty-First Century. 3.ed. London: Routledge, 2013.

WALTERS, C. (Ed.). *Navies in the 21st Century*. Yorkshire: Seaforth, 2016.

MEDIDAS DE CONFIANÇA MÚTUA

Tamires Aparecida Ferreira Souza

As medidas de confiança mútua (MCM) são instrumentos utilizados para proporcionar uma maior transparência e reciprocidade nas relações entre os Estados, por meio da comunicação entre as ações dos atores envolvidos, proporcionando a prevenção de conflitos ou crises, o fortalecimento da paz e um maior sentimento de segurança dos Estados (Aguilar, 2013, p.29; Aravena, 2012, p.45; Caro, 1994, p.1; Tubino, 2008, p.180).

Deve-se considerar a existência de uma gama de abordagens sobre o conceito de medidas de confiança mútua. Para tanto, destaca-se a definição de Johan Holst e Karen Melander, para os quais as MCM estão relacionadas com a comunicação de intenções entre os Estados envolvidos, por meio da troca de informações. Tal conceito relaciona-se ao contexto histórico em que está inserido, referindo-se à Ata Final de Helsinque, de 1975, na Conferência sobre Segurança e Cooperação na Europa (CSCE), em que se buscava a diminuição do risco de conflito militar por meio da promoção da confiança. Partindo de uma conceituação mais ampla, John Borawski (apud Caro, 1994, p.39-40) criou três categorias de classificação e inclusão das medidas de confiança, que se relacionam à regulação das atividades militares dos países-membros: a) medidas de intercâmbio de informação, buscando-se um maior conhecimento e confiança; b) medidas de observação e inspeção, com o intuito de eliminar possíveis suspeitas entre os participantes das medidas; c) medidas de restrição de atividades militares, com o objetivo de controlar o emprego de ações militares (Caro, 1994; Peña; León, 1994).

De acordo com Aravena (1996, p.32; 2002, p.35-6), as medidas de confiança mútua são ações bi e multilaterais com vínculo de reciprocidade, pautadas em declarações de paz entre os países envolvidos, estando suscetíveis a avaliação e verificação. Para ele, as MCM podem ser compreendidas de acordo com níveis de desenvolvimento, sendo a primeira etapa marcada pela busca da erradicação da desconfiança, utilizando-se de medidas para prevenção de conflitos e edificação de comunicação e conhecimento mútuo. Como segundo nível, tem-se a construção da confiança, por meio de ações capazes de desenvolver um novo padrão de relação, marcado por desenhos institucionais formais. A terceira etapa caracteriza-se pelo aprofundamento da confiança, destacando-se ações conjuntas. Por fim, tem-se a planificação da cooperação, através de uma aliança político-estratégica formada por políticas exteriores e de segurança comuns. Ademais, pode-se considerar que as MCM estão constituídas por algumas características centrais, sendo elas: transparência e abertura, previsibilidade, reciprocidade e equivalência, comunicação, estabelecimento de um padrão de relacionamento, viabilidade, coerência (política), capacidade de verificação, suporte social (legitimidade nacional) e variação de acordo com o número de membros envolvidos.

A partir da Guerra Fria nota-se a criação de medidas de confiança mútua que podem ser reconhecidas por meio das conceituações teóricas desenvolvidas. Destaca-se o convênio (comunicação direta) criado entre Estados Unidos e União Soviética no âmbito da crise dos mísseis, em 1962, voltado para troca de informações entre os dois países em casos de instabilidades internacionais (Caro, 1994, p.40). Ademais, é possível verificá-las no marco da ONU, no qual são consideradas fortalecedoras da paz e da segurança internacional, como também promotoras da confiança e cooperação internacional, especialmente quanto ao campo de desarmamento. Nesse mesmo nível, insere-se a Organização dos Estados Americanos (OEA), com destaque para a Junta Interamericana de Defesa (JID), a iniciativa de construção de uma segurança cooperativa hemisférica (Peña; León, 1994).

Destaca-se também a existência de um debate sobre a aplicação das medidas de confiança mútua, em que se questiona se as mesmas estão limitadas ao campo militar ou se podem abranger dimensões econômicas, políticas, sociais e culturais. Nesse sentido, em 1981, a ONU considerou como elementos básicos das MCM as vertentes política, econômica e jurídica, cerceando os campos da soberania estatal, integridade territorial, não intervenção em assuntos internos, finalização de políticas de agressão, respeito aos direitos humanos, desenvolvimento econômico e construção de uma nova ordem econômica internacional, porém, principalmente, ter como efeito direto a conquista de uma paz estável. Ademais, o cenário pós-Guerra Fria tornou-se um elemento concretizador de tal abordagem, diante das transformações nas concepções de segurança e das inflexões quanto a soberania nacional e a busca por processos cooperativos (Caro, 1994, p.56-7; Krepon; Varas, 1994).

Assim, nota-se uma conjuntura marcada pelo papel das MCM para a efetivação de elementos cooperativos no campo da defesa e segurança, concomitante ao evidenciamento das diferenças regionais e a necessidade de medidas de confiança particulares (Aravena, 2002, p.35-7). Nesse sentido, destaca-se a região latino-americana, em que se verifica a existência de elementos voltados à promoção da confiança entre os Estados, como a já mencionada OEA, o Tratado de Tlatelolco (1967), a Declaração de Ayacucho (1974) e o Compromisso de Mendoza (1991). Para Hugo Palma, diplomata peruano, deve-se considerar que, na Europa, as medidas de confiança estavam voltadas ao campo militar, quanto ao controle de armas convencionais e nucleares, diferentemente da América Latina, onde as MCM estão centradas em um campo mais amplo (paz, democracia e desenvolvimento), voltando-se para a promoção de uma relação entre os Estados para a elevação da segurança, com a finalidade de evitar conflitos armados e limitar avanços armamentistas (Morris, 1994). Na prática, observa-se que as medidas de confiança mútua latino-americanas, destinadas à regulação da atividade militar, abrangem, em geral, desde intercâmbio de informações, estreitamento da comunicação e transparência, como também atividades conjuntas e restrições militares (Caro, 1994, p.1-2).

Quando é analisada a região sul-americana observam-se, segundo Caro (1994), três campos centrais para as MCM: redução de conflitos militares, especialmente entre países limítrofes; controle de armas convencionais e nucleares e dos orçamentos militares nacionais; e incremento da cooperação política, econômica e militar, almejando-se uma segurança compartilhada e o desenvolvimento dos países. Algumas das medidas efetivadas entre os países sul-americanos são verificadas através de, por exemplo, os Encontros das Armadas do Chile e da Argentina, que compuseram um tratado de paz e amizade, com a solução do conflito do Canal de Beagle e a cooperação entre as Forças Armadas dos países. Também os Encontros das Forças Armadas do Chile e do Peru, voltados à limitação de gastos militares e desenvolvimento de segurança comum, posteriormente firmada no Acordo de Cooperação para a Consolidação da Paz e Amizade, entre as Forças Armadas de Bolívia, Chile e Peru. Outra medida relevante é a cooperação nuclear entre Argentina e Brasil, com o desenvolvimento de energia nuclear para fins pacíficos, inspeções às instalações e confiança mútua nuclear. Por outro lado, teve-se a criação de uma zona de paz e cooperação na região no Atlântico Sul, como também um processo de cooperação pacífica e intercâmbio de informação e pessoal através das reuniões de Estados-Maiores das Forças Armadas da Argentina, do Brasil, do Chile e do Uruguai. Ademais, vale destacar a publicação dos *Livros brancos de defesa nacional*, constituídos de políticas de defesa dos Estados e prospecções futuras; a medição de gastos de defesa entre os países sul-americanos; e as operações de paz conjuntas, como o caso do Haiti (Tubino, 2008, p.179).

Atualmente, um relevante órgão voltado a medidas de confiança mútua entre os países sul-americanos é o Conselho de Defesa Sul-Americano da Unasul, pautado por uma iniciativa que abarca a construção de confiança e transparência no campo da defesa (Saint-Pierre; Castro, 2008). Marcado por planos de ação, podem-se reconhecer iniciativas voltadas ao campo de formação e capacitação para a promoção de uma compreensão compartilhada entre os Estados-membros, por meio, por exemplo, do Curso Avançado de Defesa Sul-Americano, do Curso de Capacitação Técnica Polar e do Curso Sul-Americano de Defesa e Pensamento Estratégico (Unión de Naciones Suramericanas, 2014). Ademais, como parte integrante do conselho, tem-se o Centro de Estudos Estratégicos de Defesa (Ceed-CDS), que realizou o desenvolvimento do Registro Sul-Americano de Gastos em Defesa e do Formulário Sul-Americano de Inventários Militares, adotando medidas de transparência de informações sobre gastos e indicadores econômicos de defesa, desenvolvendo, ainda, uma metodologia comum para o aprimoramento da transparência e da responsabilidade fiscal (Saint-Pierre; Palacios Junior, 2014, p.24-5). Paralelamente, tem-se a Escola Sul-Americana de Defesa, criada em 2013, que busca construir uma visão compartilhada em defesa e segurança regional, pautando-se por objetivos como promover o fortalecimento da Unasul e do CDS, realizar intercâmbios entre especialistas e debater e analisar temas estratégicos para uma visão sul-americana (Unión de Naciones Suramericanas, 2013; Souza, 2016, p.136-42).

Referências bibliográficas

AGUILAR, S. L. C. Segurança na América Latina: cenários e perspectivas. *Monções*: *Revista de Relações Internacionais da UFGD*, Dourados, v.2, n.3, p.13-37, jan.-jun. 2013.

ARAVENA, F. R. Medidas de confianza mutua y balance estratégico: un vínculo hasta la distensión y estabilidad. In: *Balance estratégico y medidas de confianza mutua*. Chile: Flacso Chile, 1996.

ARAVENA, F. R. Las medidas de confianza mutua y de seguridad: perspectivas desde Chile. *Fasoc*, ano 17, n.1, jan.-jun. 2002.

______. Seguridad internacional, el espacio y posición de América Latina. In: MINISTERIO DE DEFENSA. *Los desafíos de la seguridad en Iberoamérica*. Madrid: Ministerio de Defensa, 2012. p.20-82. [Cuadernos de Estrategia, n.158.]

CARO, I. Medidas de confianza mutua en Sudamerica. *Fasoc*, Santiago de Chile, v.IX, n.2, p.1-8, 1994.

KREPON, M.; VARAS, A. Prefacio. In: VARAS, A.; CARO, I. (Orgs.). *Medidas de confianza mutua en América Latina*. Chile: Flacso, 1994.

MORRIS, M. Medidas de confianza mutua en Sudamérica. In: VARAS, A.; CARO, I. (Orgs.). *Medidas de confianza mutua en América Latina*. Chile: Flacso, 1994.

PEÑA, M. G.; LEÓN, J. L. R. Las medidas de fomento de la confianza: aportes para el estudio de un nuevo concepto de seguridad hemisférica. *Rev. Uniandes – Colombia Internacional*, p.21-7, abr.-jun. 1994.

SAINT-PIERRE, H. L.; CASTRO, G. El Consejo Sudamericano de Defensa. *Boletín Resdal*, Buenos Aires, n.29, 2008.

______; PALACIOS JUNIOR, A. M. C. As medidas de confiança no Conselho de Defesa Sul-Americano (CDS): análise dos gastos em defesa (2009-2012). *Revista Brasileira de Política Internacional*, v.57, n.1, p.22-39, 2014.

SOUZA, T. A. F. As razões de existência do Conselho de Defesa Sul-Americano da Unasul. *Rev. Carta Internacional*, v.11, n.3, p.124-48, 2016.

TUBINO, C. Las medidas de confianza mutua en el campo militar como herramientas para la paz. In: TAMAYO, A. M. *Conocer la guerra, construir la seguridad*: aproximaciones desde la sociedad civil. Lima: Democracia y Fuerza Armada, 2008. p.175-82.

UNIÓN DE NACIONES SURAMERICANAS. *Acta: IV reunión de trabajo para consolidar la propuesta de creación de la Escuela Suramericana de Defensa (Esude) en el marco del CDS/Unasur*. 2013. Disponível em: http://docs.unasursg.org/alfresco/d/d/workspace/SpacesStore/9ecad7fb-37f6-4400-add6-55c4a009a7b3/UNASUR-CS-DFS-ACT-13-0004.pdf. Acesso em: 30 ago. 2014.

______. *Conclusiones del taller para realizar un estudio sobre la disponibilidad y potencialidades de los recursos naturales estratégicos de la región*. 2014. Disponível em: http://docs.unasursg.org/alfresco/d/d/workspace/SpacesStore/b579318b-0172-42ae-8581-62eb7da20007/UNASUR-CS-DFS-INF-14-0002.pdf. Acesso em: 1º dez. 2014.

MILITARISMO[1]

David Pion-Berlin

O MILITARISMO FOI DEFINIDO COMO "a prevalência de sentimentos ou ideais militares entre as pessoas; a condição política caracterizada pela predominância da classe militar no governo ou na administração" (*Oxford English Dictionary*, p.438). Posteriormente, foi também definido como "a crença ou desejo de um governo ou indivíduo de que um país deveria manter uma forte capacidade militar e estar preparado para usá-la ofensivamente a fim de defender ou promover o interesse nacional" (*Oxford Living Dictionary of English*). Nessas definições estão contidos, em verdade, três conceitos. O primeiro refere-se a um ideal, que é social e que está frequentemente arraigado de modo profundo na cultura política. O segundo refere-se à presença militar no governo ou administração, o que está mais relacionado à influência política dos militares. O terceiro, diz respeito ao uso convencional da força militar como um instrumento de defesa.

O primeiro conceito é talvez o mais familiar. As palavras terminadas em "ismo" referem-se sempre a algum tipo de sistema de crenças, seja religioso, ideológico ou de outro tipo. Militarismo não é, em primeira instância, uma referência à condução de exércitos ou à predominância de oficiais militares no governo ou regime. É uma referência à crença difundida de que as Forças Armadas têm um valor real para a nação. Nesse sentido, o conceito alinha-se à concepção de Alfred Vagts de militarismo como um modo de pensar que prioriza os valores e ações militares em detrimento dos civis. Vagts opõe-se à

1 Tradução de David Succi Junior.

concepção de *military way* como a concentração de "homens e materiais para lograr objetivos específicos de poder". O militarismo é muito mais abrangente e profundo do que isso, representando, segundo o autor, "uma vasta gama de costumes, interesses, prestígio, ações e pensamentos associados aos militares e às guerras, transcendendo até mesmo os autênticos propósitos militares" (Vagts, 1937, p.11).

O militarismo pode assumir a forma de uma sociedade aficionada pelo militar, estando os soldados mobilizados ou não. De fato, Vagts sugere que o militarismo pode florescer de forma mais intensa em tempos de paz, uma vez que tanto os soldados quanto a sociedade aderem aos valores e modos de pensar militares por si mesmos, e não por propósitos de defesa (Vagts, 1937, p.13). Acadêmicos contemporâneos concordam com ele, sugerindo que, por ser tão vinculado ao aspecto cultural, o militarismo não está necessariamente associado a um governo em particular (Ben-Eliezer, 1997; Levy, 2016). Yagil Levy (2016) estabelece a distinção entre controle dos militares e controle da militarização. O primeiro é, em certo sentido, mais simples, referindo-se ao estabelecimento de limites à liberdade de ação dos militares em âmbitos que têm implicações políticas. Por outro lado, o controle da militarização é o controle sobre "os mecanismos de legitimação do uso da força" (idem, p.78). Estes podem escapar ao controle do governo, visto que se referem a uma ideia endossada pela sociedade de forma mais ampla. Se o militarismo está amplamente difundido, um governo pode não ser politicamente capaz de restringir o emprego dos militares tanto no âmbito doméstico quanto na política externa.

É também possível que a sociedade seja militarista mesmo quando os militares estão relutantes em atuar. Eleitores podem estar à frente dos militares em relação ao desejo de ver as Forças Armadas empregadas para realizar tanto objetivos internos quanto externos. Desse modo, é possível que uma política militarista seja guiada pelo sentimento público, mais do que pela preferência do governo ou dos militares. Os cidadãos podem sofrer de uma exuberância irracional em relação aos militares. Excessivamente confiantes sobre a utilidade da guerra como um instrumento político, pressionam os governantes a priorizar o uso da força em situações inadequadas. Essa reação pode ser frequentemente resultado da falta de conhecimento, quando o público compreende mal o modo de as Forças Armadas se enquadrarem na complexidade das práticas de política externa.

O militarismo não implica que os militares sejam os principais proponentes. Ser militarista não significa ser militar. Alfred Vagts, nesse sentido, refere-se ao fenômeno do "militarismo civil", em que civis mobilizam-se de forma mais vigorosa em direção a uma cultura ou política militarista do que os próprios militares. Os militares podem advogar uma solução pacífica em tempos em que o público e os políticos anseiam pela guerra. É comum que generais, que conhecem muito bem os horrores de um campo de batalha, tomem posições mais sóbrias em relação ao engajamento em conflitos armados. Se o militarismo refere-se à condição de ser favorável à guerra, o mesmo não significa que as Forças Armadas sejam inclinadas à guerra (Desch, 2006). Os militares certamente defenderão seu orçamento, padrões profissionais e a necessidade de manter vigilância, porém isto está longe de ser o mesmo que desencadear uma guerra. Certamente pode-se ser favorável à instituição militar sem ser um defensor de soluções militares para os problemas de política externa.

No contexto latino-americano, o militarismo raramente refere-se à prática da guerra. A região é uma das mais pacíficas do mundo, tendo sido muito reduzido o número de conflitos interestatais. Porém, as Forças Armadas permanecem ativas em missões não vinculadas à defesa; nesse sentido, o termo "militarismo" tem sido recorrentemente utilizado de modo confuso por estudiosos da América Latina. A confusão conceitual frequentemente centra-se no fato de o militarismo ser utilizado indiscriminadamente para se referir a todas as expressões tanto do poder militar nacional quanto do estadunidense. É apresentado como representação de uma onipotência e onipresença militar, da tomada ilegal de poder ou chamado para participar do governo, da ocupação de postos políticos, participação em programas sociais, salvaguarda da ordem pública e da condução de operações de combate ao crime ou de repressão a protestos. Refere-se também à presença militar, ajuda financeira e treinamento de soldados na região por parte das Forças Armadas estadunidenses (Williams; Disney, 2015). Com frequência, implícita ou explicitamente, tem-se nessa concepção a ideia de que a presença militar é danosa, até mesmo perigosa, para o governo e/ou sociedade. Essa definição amorfa de militarismo serve somente para obscurecer, não para esclarecer. Se o militarismo refere-se a todas essas questões, então claramente não se refere a nada.

Militarismo deve ser diferenciado de influência militar. Ao se referir a influência militar é importante discernir quais tipos são prejudiciais e quais não o são. Devemos nos perguntar: a influência militar é autônoma ou não? Se os militares estiverem presentes, onde quer que seja, estão lá por escolha própria ou estão presentes por designação das autoridades civis legítimas? A diferença nesses dois cenários é significante. No primeiro, as Forças Armadas são tomadoras de decisão, exercendo influência política excessiva, coerciva e ilegítima. São, nesse sentido, comumente indicados como pretorianas

(Nordlinger, 1977). Enquanto atores pretorianos, as Forças Armadas impõem suas visões aos líderes políticos, algumas vezes alijando-os totalmente, através da tomada à força do poder. Aconselhando ou governando diretamente, são os militares que estabelecem a agenda, definem e executam as missões sem a supervisão dos civis.

No segundo cenário, os militares recebem as decisões; eles seguem a vontade de seus supervisores políticos, independentemente de quão restrita ou ampla possa ser a missão atribuída. Podem ser vistos em várias funções, mas não definem, dominam ou manipulam essas tarefas para seus próprios fins corporativos. Esses papéis são atribuídos, a fim de que os militares cumpram os objetivos das políticas de um governo eleito. Estão, em outras palavras, subordinados ao controle civil, mesmo se forem repetidamente empregados em projetos cívicos, sociais, econômicos e de segurança de qualquer tipo. O escopo da ação militar pode ser amplo em ambas as situações (pretoriana ou não pretoriana), mas as diferenças são reais. No primeiro, o militar está definindo sua própria esfera de influência; no segundo, está recebendo ordens de um governo legítimo.

Rut Diamint (2015) refere-se a um novo militarismo na América Latina devido às Forças Armadas terem "retornado ao centro da esfera política como aliados dos – e frequentemente substituindo instituições para – governos latino-americanos eleitos" (Diamint, 2015, p.156). Diferentemente do antigo pretorianismo, esses militares não tomam o poder. Pelo contrário, "presidentes desesperados o estão dando a eles" (ibidem). Esse processo, em sua visão, representa uma ameaça à consolidação da democracia na região, uma vez que compromete o controle civil, e constitui um prelúdio de formas mais ameaçadoras de domínio militar. A autora está correta quando afirma que às Forças Armadas tem sido atribuído um grande número de tarefas para mantê-las ocupadas no contexto de uma nova ordem, especialmente no âmbito da segurança pública. Porém, ao não distinguir entre formas de poder autônomas e não autônomas, assume erroneamente que todas as características do que descreve são danosas. Muitos governos democráticos da região, que detêm o controle sobre seus militares, estão autorizando o emprego de suas Forças Armadas para auxiliar a polícia no combate ao crime, distribuir bens, fornecer serviços médicos, assistir vítimas de desastres e atuar em diversas ações cívicas. O emprego, iniciado e concluído pelas autoridades legítimas, é evidência de que os militares estão simplesmente atendendo à vontade dos governos democráticos, e não agindo de forma pretoriana. O fato de os soldados serem designados para essas missões não é evidência de fraqueza na condução civil.

Avaliar se a escolha civil de ordenar esse tipo de mobilização militar é adequada ou não constitui uma questão completamente diversa. Os civis podem, em algumas ocasiões, ter errado ao escolher os militares quando outro órgão, considerando que o mesmo estivesse disponível, teria desempenhado melhor a mesma função. Porém, os líderes civis, como tem sido indicado por especialistas em relações civis-militares, têm o direito de estar errados (Feaver, 2003). Os militares permanecem obrigados a seguir as ordens e a sociedade tem de viver com as consequências dos erros cometidos por políticas estabelecidas pelos governos civis, esperando para registrar seu descontentamento nas urnas.

Há duas razões pelas quais os governantes optam pelo uso dos militares em operações de combate ao crime, nenhuma delas, porém, está relacionada ao militarismo. A primeira consiste na inexistência de alternativas civis viáveis, especialmente em sociedades com forças policiais mal treinadas e corruptas. O segundo motivo é o de que tal escolha possui considerável apoio popular. Em cidades e países em que a insegurança está em seu ponto mais alto, os cidadãos querem – de fato, demandam – que os líderes políticos façam o que for necessário para reduzir o crime e a violência. Para esses governos, a prestação de contas para seu eleitorado significa complementar as forças policiais com unidades do Exército, seja esta uma escolha efetiva ou não. Em 2012, ao fim dos seis anos de mandato do presidente mexicano Calderón, mesmo com sua guerra às drogas ainda em andamento e sem perspectiva de fim dos assassinatos e da desordem, pesquisas indicavam que 69% das pessoas inquiridas continuavam defendendo que o emprego das Forças Armadas no combate ao crime organizado estava correto (Centro de Estudios Sociales y de Opinión Pública, 2013). Da mesma forma, uma maioria até mais ampla deseja o envolvimento militar em atividades de combate ao crime na América Central. Sob essas condições, na ausência de outros órgãos disponíveis para cumprir a tarefa, o governo democrático está respondendo ao problema e ao eleitorado através de um uso pragmático – não uma escolha forçada – das Forças Armadas.

Se a mobilização militar não é autônoma, é ordenada pelo governo civil e politicamente popular, ela não é, por definição, pretoriana. É, porém, um sintoma de militarismo? Não necessariamente. Na América Latina, o público não é particularmente aficionado pelas Forças Armadas. Não há um anseio profundo e culturalmente enraizado pelo fator militar. Os cidadãos certamente não veem a instituição como uma solução para os seus problemas. Pelo contrário, o público é seletivo, aceitando o auxílio militar em algumas questões e em outras não. A ampla maioria dos eleitores, na maior parte dos países, continua rejeitando a ideia de um governo militar autoritário tomar o poder, mesmo estando frustrados com a performance dos governos democráticos.

Nesse sentido, pode ser adequado referir-se a graus de militarismo. Algumas nações são mais militaristas do que outras e, portanto, há diferentes níveis de tolerância à intervenção militar na vida política e social. Além disso, qualquer sociedade pode mudar ao longo do tempo. Por um lado, as sociedades exibem grandes tendências militaristas durante tempos de crise econômica e agitação social, quando os problemas são muitos e as soluções viáveis são poucas. Em tempos melhores, preferem afastar-se das opções militares. Essa versão do militarismo, portanto, não é nem permanente nem culturalmente enraizada, mas pode ser um reflexo mais acurado de como as sociedades pensam o uso do instrumento militar.

Quando o militarismo encontra-se em altos níveis, pode haver uma convergência com o pretorianismo, sob a condição de que a legitimidade do governo democrático tenha sido completamente dissipada. O público, nesse contexto, perdeu a confiança em seus líderes, não mais acreditando que aqueles que estão no governo têm o direito de governar. A classe política como um todo é posta sob suspeita, de modo que o público duvida da eficácia de seus líderes e até mesmo das instituições democráticas. Ao mesmo tempo, os cidadãos passam a ter mais confiança nas Forças Armadas, de modo que não veriam com maus olhos um golpe liderado pelos militares. Se a sociedade é altamente militarista e o governo perdeu o apoio, então o militarismo conferiria legitimidade para um golpe. A intervenção militar seria utilizada para adequar a relação entre o governo e sua população. Desse modo, não é surpreendente que muitos golpes militares, dentro e fora da América Latina, tenham tido algum grau de apoio popular. Infelizmente, quando no poder, os militares são também propensos a trair a confiança dos cidadãos que ali os colocaram. A ditadura retira do público suas liberdades democráticas, enquanto soldados pretorianos tornam-se agentes da violência e da repressão.

Caso se procure um protótipo de militarismo, este pode ser encontrado em Israel. Lá, a "nação em armas", onde a perspectiva de guerra sempre está no horizonte, e o uso dos militares é normalmente visto como legítimo, há um entrelaçamento entre o mundo civil e o militar. Mesmo após a conclusão do serviço militar, a conexão permanece intensa, uma vez que todos os israelenses vão para a reserva e podem ser convocados até seus 45-49 anos. O apoio aos militares e ao emprego das Forças Armadas está, tanto no nível político quanto no social, profundamente enraizado e difuso na sociedade. Desse modo, além de saber se o poder militar é autônomo ou não, devemos também inquirir acerca da relação dele com o público. É uma relação de proximidade? Se a resposta for sim, faz menos sentido falar em repressão militar ou pretorianismo, uma vez que há uma correspondência muito estreita entre o fardado e a sociedade da qual ele vem. Por que as Forças Armadas submeteriam sua própria população à violência e ao terror ou derrubariam o governo? De fato, há provavelmente uma relação inversa entre militarismo e pretorianismo. Em um país intensamente militarizado, há uma proximidade tão grande entre Forças Armadas, sociedade e governo, que um golpe ou ameaça de golpe torna-se supérfluo (Ben-Eliezer, 1997).

Contudo, não se pode acreditar que o militarismo sem pretorianismo consiste em uma combinação favorável aos processos democráticos. As Forças de Defesa de Israel (IDF, em inglês) são não pretorianas precisamente por ter adquirido amplo acesso aos centros de poder estatal. As IDF exercem excessiva influência sobre o processo decisório e sobre os tomadores de decisão no âmbito da segurança, dispensando a necessidade de ações pretorianas (Freilich, 2012). Não ameaçam os tomadores de decisão porque estão presentes na mesa de decisões. Isto ocorre com o consentimento de uma sociedade militarizada que confia muito mais no julgamento dos militares do que dos políticos – o que é prejudicial às práticas democráticas de tomada de decisão. As IDF são subordinadas ao ministro da Defesa, dominam totalmente as reuniões de gabinete e se sobrepõem aos civis mal informados que estão presentes, estabelecendo a agenda, apresentando opiniões e moldando as resoluções. Isto ocorre porque, na opinião de alguns, as IDF são a única entidade profissional competente, bem informada e preparada no âmbito da segurança nacional (Freilich, 2012). Democracias necessitam de forte liderança civil no Ministério da Defesa, juntamente com especialistas civis competentes no campo da segurança nacional para formular políticas coerentes com os princípios e aspirações democráticas. O que se faz ausente em Israel.

Preocupações similares têm sido expressas nos últimos anos, por um grande número de acadêmicos, em relação à ampliação da influência militar sobre a política externa estadunidense, em particular na fase de implementação. Tarefas que deveriam ser responsabilidade do Departamento de Estado e de agências civis relacionadas são, pelo contrário, executadas pelo Pentágono (Bacevich, 2005; Downes, 2010; Adams; Murray, 2014; Brooks, 2016). Os militares assumiram um amplo espectro de obrigações não vinculadas à guerra e tarefas que tradicionalmente não fazem parte do arcabouço militar. Como Gordon Adams e Shoon Murray (2014, p.11) indicam, estas incluem "desenvolvimento de instituições governamentais representativas, garantir a segurança, desenvolver estruturas locais de governança, promover atividades econômicas de baixo para cima, reconstrução de infraestrutura e construção de capacidades autóctones para tais tarefas". Esse processo é mais o resultado do preenchimento de um vácuo deixado por agências que têm sido extremamente subfinanciadas e mal equipadas nas últimas décadas do que consequência de ingerência militar. O orçamento de defesa estadunidense é doze vezes maior do que o de todas as instituições civis de política externa juntas, o Departamento de Defesa conta com cem vezes mais funcionários do que o Departamento de Estado e a Usaid somados (Adams; Murray, 2014). O lado civil das instituições de política externa carece de pessoal, recursos e capacidades de planejamento estratégico para executar a ampla variedade de tarefas requeridas, em decorrência da imersão dos Estados Unidos em esforços de estabilização pós-conflito e de reconstrução nacional.

À medida que o governo torna-se cada vez mais dependente das Forças Armadas para executar sua política exterior, há o aumento da tendência a visualizar os problemas a partir de uma perspectiva militar também no estágio de formulação de políticas, enquadrando os problemas de forma a favorecer a solução militar. Desse modo, a influência militar tem aos poucos ganhado espaço no sistema de política externa, ainda que sem representar uma ameaça ao controle civil.

Isto é uma manifestação de militarismo? Talvez. Há, por um lado, quem afirma que os estadunidenses têm sido seduzidos pelos militares e pelo poder militar, por outro, existem aqueles que defendem fortemente seu emprego. "Os americanos", escreve Andrew Bacevich (2005, p.2), "foram vítimas do militarismo, que se manifesta em uma visão romantizada dos soldados, uma tendência a ver o poder militar como a verdadeira medida da grandeza nacional e em expectativas exageradas acerca da eficácia do uso da força". Essa visão, profundamente arraigada na cultura estadunidense, surgiu de ideólogos, intelectuais, políticos e oficiais que exaltaram os valores militares e o poder após a Guerra do Vietnã. Como resultado, Bacevich (2005) argumenta que os estadunidenses não são apenas aficionados pelos militares, mas ansiosos por colocar os objetivos da política externa do país em suas mãos.

O autor, porém, pode estar generalizando em um grau indevido. Nem todos os estadunidenses são, na mesma medida, entusiasmados com a instituição militar. Há uma forte pressão isolacionista na opinião pública que prefere que os militares não sejam empregados no exterior. Inúmeros outros permanecem céticos em relação à aplicação da força para alcançar os objetivos de política externa. O militarismo é talvez mais intenso entre aqueles que constituem o círculo de influência doméstico do Pentágono. São os milhões de reservistas e veteranos, assim como civis que trabalham nas instalações militares e em empresas de munição, juntamente com suas famílias e comunidades. Em contrapartida, as instituições civis de política externa têm um eleitorado minúsculo, em sua maior parte concentrado nas capitais. Com uma vantagem eleitoral comparativa, o Pentágono pode apoiar-se em uma rede de civis e veteranos mobilizados para pressionar o Congresso por mais recursos militares, enquanto o Departamento de Estado e o Usaid não possuem um financiamento adequado. Na medida em que as soluções militares são valorizadas e que o orçamento militar é expandido, como resultado da pressão do eleitorado, o militarismo – pelo menos do modo como é expresso por um segmento da população – indubitavelmente tem um papel na promoção do emprego das Forças Armadas na condução da política exterior estadunidense.

Por fim, devemos ser cuidadosos e não recorrer ao termo "militarismo" para nos referir a todas as formas de influência militar. Esta, claramente, não é a finalidade do conceito. Uma sociedade pode ter grande consideração pelas Forças Armadas e ainda assim rejeitar guerra e golpes como uma opção aceitável. De fato, as próprias Forças Armadas podem muito bem rejeitar guerras e golpes, mesmo em países que apresentam características militaristas. O militarismo não é pretorianismo militar, e devem-se manter as duas ideias separadas. Os países não são nem totalmente militaristas, nem completamente não militaristas. Pelo contrário, eles variam em grau, variam ao longo do tempo e até mesmo dentro de uma nação há setores que são mais militaristas do que outros. O militarismo pode ser uma crença, mas não é necessariamente compartilhada por todos, ou eternamente aceita.

Referências bibliográficas

ADAMS, G.; MURRAY, S. *Mission Creep*: The Militarization of US Foreign Policy. Washington, DC: Georgetown University Press, 2014.

BACEVICH, A. *The New American Militarism*: How Americans Are Seduced by War. Oxford: Oxford University Press, 2005.

BEN-ELIEZER, U. Rethinking the Civil-Military Relations Paradigm: The Inverse Relation between Militarism and Praetorianism through the Example of Israel. *Comparative Political Studies*, v.30, n.3, p.356-74, 1997.

BROOKS, R. *How Everything Became War and the Military Became Everything*: Tales from the Pentagon. New York: Simon & Schuster, 2016.

CENTRO DE ESTUDIOS SOCIALES Y DE OPINION PUBLICA. *Fuerzas armadas e institutiones de seguridad en la opinión pública*. Mexico: Centro de Estudios Sociales y de Opinión Pública, 2013.

DESCH, M. Civil-Militarism: The Civilian Origins of the New American Militarism. *Orbis*, p.573-83, verão 2006.

DIAMINT, R. A New Militarism in Latin America. *Journal of Democracy*, v.26, n.4, p.155-68, out. 2015.

DOWNES, C. Unintentional Militarism: Over-Reliance on Military Methods and Mindsets in US National Security and its Consequences. *Defense and Security Analysis*, v.26, n.4, p.371-85, dez. 2010.

FEAVER, P. *Armed Servants*: Agency, Oversight, and Civil-Military Relations. Cambridge, MA: Harvard University Press, 2003.

FREILICH, C. D. *Zion's Dilemmas*: How Israel Makes National Security Policy. Ithaca, New York: Cornell University Press, 2012.

HOROWITZ, I. L. Militarism and Civil-Military Relationships in Latin America: Implications for the Third World. *Research in Political Sociology*, v.1, p.79-99, 1985.

LEVY, Y. What Is Controlled by Civilian Control of the Military? Control of the Military *vs*. Control of Militarization. *Armed Forces & Society*, v.42, n.1, p.75-98, jan. 2016.

MANN, M. The Roots and Contradictions of Modern Militarism. *New Left Review*, v.I, n.162, p.35-50, mar.-abr. 1987.

NORDLINGER, E. *Soldiers in Politics*: Military Coups and Government. Englewood Cliffs, NJ: Prentice-Hall, 1977.

OXFORD ENGLISH DICTIONARY. v.6. p.438.

OXFORD LIVING DICTIONARY OF ENGLISH. Disponível em: https://en.oxforddictionaries.com/definition/us/militarism.

VAGTS, A. *A History of Militarism*: Romance and Realities of a Profession. New York: W. W. Norton & Co., 1937.

WILLIAMS, G.; DISNEY, J. Militarism and its Discontents: Neoliberalism, Repression and Resistance in Twenty-First Century US-Latin American Relations. *Social Justice*, v.41, n.3, p.1-28, 2015.

MINISTÉRIO DA DEFESA

Alexandre Fuccille
Érica C. A. Winand

Ministérios da Defesa são instituições, por excelência, designadas ao planejamento, organização, direção e controle, em âmbito superior, dos assuntos relacionados com as Forças Armadas e a defesa militar do Estado. Ademais, como defendido por Gaitán (2007), são esses ministérios os responsáveis por recomendar as diferentes modalidades de emprego dos meios de defesa: dissuasão, cooperação ou uso coercitivo, bem como os processos de transformação das Forças Armadas.

A inovação que o Ministério da Defesa representa não é desprezível, introduzindo profundas alterações, tanto de ordem política como diplomática, administrativa, estratégica e operacional, que necessitam ser avaliadas seriamente. Criadas, em sua maioria, no contexto pós-II Guerra Mundial, a essas novas estruturas institucionais de fundamental importância nas sociedades contemporâneas caberia abrigar e coordenar os ramos diversos das Forças Armadas no plano governamental. Hoje, em virtude do sucesso que alcançaram, os ministérios da Defesa existem em mais de 80% dos 193 países do mundo com assento na Organização das Nações Unidas (ONU), sendo que, das nações que não o possuem, apenas um representa ator de grande relevância no cenário internacional, o México.

A subordinação das Forças Armadas com base em autoridade e controle democráticos e em seus decorrentes marcos legais, bem como a defesa dos direitos humanos e o estabelecimento de medidas-padrão para revisão do passado ditatorial, têm sido reiteradamente reivindicados pela superpotência global desde a Conferência de Williamsburg (1995). Esta inaugurou as Conferências de Ministros da

Defesa das Américas e foi seguida pela Conferência Especial sobre Segurança (2003). Corroboradas pelos princípios da Carta Democrática Interamericana de 2001, ambas as cúpulas incentivaram a consolidação ou a criação de ministérios da Defesa, bem como a formação de recursos humanos civis para ocupá-los, além de recomendarem o diálogo das instituições com a academia e com a sociedade. Posteriormente, durante a VII Conferência Ministerial de Defesa das Américas em 2006, a democracia foi conclamada pela maioria absoluta dos países presentes em suas intervenções (Rojas, 2008).

Ministérios da Defesa e relações entre civis e militares

É importante ficar claro que um Ministério da Defesa não deve ser visto como uma panaceia. Ele não foi e não será garantia contra golpes de Estado ou interferência indevida dos militares na vida política nacional. Do mesmo modo, suas características gerais são condicionadas por múltiplos fatores, que incluem desde o histórico papel das Forças Armadas no Estado (Bruneau, 2001), passando pela qualidade da vontade política que mobiliza a governança da defesa (Oliveira, 2004; Velásquez, 2008), chegando à extensão e à qualidade das reformas das instituições, visando à sua adaptação e à de seus agentes ao regime democrático (Donadio, 2008). Por isso, como ponderado por Bruneau (2001), se alguns ministérios são apenas "casarões vazios", outros são plataformas de relações democráticas entre civis e militares, e cada caso merece análise particular. Todavia, um controle civil ministerial único associado à autoridade final efetiva pode ser um interessante ponto de partida para uma reconfiguração do setor de defesa. Nesse sentido, a existência de um Ministério da Defesa é um indicador básico importante do conjunto da situação das relações civis-militares em um dado país, constituindo-se, em grande parte, no elemento central dessas relações. De acordo com Fishel (2000) e Bruneau (2001), o Ministério da Defesa é a solução ao clássico problema paradoxal de "quem guarda os guardiães?". Ou seja, se os guardiães devem ser guardados pelos civis democraticamente eleitos, o Ministério da Defesa seria o canal fundamental; portanto, algumas das tarefas mais importantes com referência às relações civis-militares na era contemporânea, em consonância com um contexto de consolidação do regime democrático, devem ser endereçadas à forma e às funções assumidas por um Ministério da Defesa.

É sabido que o fim da Guerra Fria disseminou um grande otimismo quanto ao futuro das relações civis-militares em torno do planeta, sobretudo a partir da ideia de uma espécie de inflexão mundial, centrada na valorização da democracia representativa. Contudo, em tempos de paz, o setor civil se mostra menos interessado nos negócios militares, ocasionando, em virtude do vácuo deixado, uma elevação da participação militar nos assuntos de segurança e defesa. Em face do longo histórico de participação militar na política de muitos países, existem pontos de vista conflitantes acerca das relações civis-militares nas novas democracias, bem como das possibilidades abertas pelo fim da Guerra Fria.

Não é possível tratar igualmente o papel das variáveis individuais, militares, estatais e societárias em sociedades tão diversas porque, dependendo da forma como se combinem, alterarão significativamente o resultado final.

Como frisou Narcis Serra (2001), ex-ministro da Defesa da Espanha socialista dos anos 1980, os processos de reforma militar são sempre muito complexos. Sob esse signo, não só não devem como não podem ser compartimentados, ou seja, a tentativa de se tentar resolver completamente apenas um aspecto específico da reforma estaria fadada ao fracasso. Inversamente, seria positivo se avançar em várias frentes, gerando assim um novo estágio nas relações entre as Forças Armadas, a sociedade e o governo, tendo em vista que o processo é uma "escadaria longa" que demanda a construção de novos sistemas. Não só isso; é preciso que não se repita um fenômeno corrente nos países latino-americanos, onde muitas vezes há um ministro da Defesa, mas não um ministério no sentido de estrutura governamental adequada e definidora de pautas, processos e reformas.

Ao lado disso, processos poderosos como a globalização/mundialização em curso e o crescimento do progresso tecnológico que inaugurou o paradigma da chamada revolução nos assuntos militares (RAM), ao lado das mudanças nas prioridades das missões militares, do relacionamento das Forças Armadas com os meios de comunicação, do impacto crescente da incorporação e presença das mulheres, das sanções aos homossexuais, do perfil de funcionários civis etc. podem ter diferentes e ainda não suficientemente exploradas influências sobre o controle civil dos militares.

Ministérios da Defesa e direção política

Questão fundamental que envolve os debates sobre os ministérios da Defesa é a da direção política. Um programa que contemple numa sociedade democrática a direção política desse instrumento de força fundamental do Estado chamado Forças Armadas não pode negligenciar algumas premissas básicas.

A primeira delas é que o poder político deve definir quais são os interesses nacionais basilares de sua ação e, a partir deles, deliberar sua política externa e, em decorrência dela, sua política de defesa; uma em consonância com a outra. Para que não se reproduza o que Alsina Jr. (2006) denominou "síntese imperfeita" e o que Saint-Pierre chamou de "destino das paralelas", a direção política deve ser efetiva também sobre os mecanismos operacionais de articulação entre aquelas duas esferas burocráticas. A segunda é a asserção de que é o poder político que estabelece e continuamente revisa, a partir do ponto anterior, quais Forças Armadas deseja ter, o que, por sua vez, implica definição de variados "componentes da defesa", conforme denominação de Diniz e Proença Jr. (1998), dentre os quais destacamos, pela sua centralidade, o número e o perfil de efetivos e as diretrizes quantitativas e qualitativas de gastos e investimentos. Assim, a direção política ultrapassa, em muito, a mera questão administrativa rotineira, atuando mais profundamente na adequação das Forças Armadas ao perfil estratégico pretendido pelo país, o que contempla o redimensionamento de seus meios, aqui inclusos pessoal, material, educação etc. A terceira premissa assegura que o poder político condicione a sintonia das doutrinas militares com a Política de Defesa Nacional, guia norteador do que se deseja e se espera do preparo militar nacional. A quarta propõe que não apenas o poder político sancione a participação militar no campo interno, devendo esta ser autorizada e acompanhada pelo braço legislativo, num importante padrão de responsabilidade compartilhada. A quinta defende a capacidade do poder político de controlar tanto as atividades-fim quanto as atividades-meio (educação, orçamento, administração etc.). A última premissa se firma no antecedente do poder político de tornar a agenda sobre defesa nacional um assunto público, não mais restrito à comunidade militar e/ou a poucos especialistas civis afeitos ao tema. No que toca à última premissa, a definição pública do gasto com defesa e a transparência do mesmo é tema central para consolidação da direção política, conforme estudos de Almeida (2010).

Dito de outro modo, o mundo político – com a legitimidade recebida nas urnas e em nome da cidadania – define o que a sociedade espera dos responsáveis por sua "proteção", ou seja, as Forças Armadas. Nessa caminhada, é mister a participação do Executivo e do Legislativo, somado a outros atores, num diálogo aberto, transparente, plural e democrático, acerca de como devem ser superadas as dificuldades com relação ao estabelecimento da direção política sobre a instituição militar. Nessa linha, o Ministério da Defesa deve espelhar, de acordo com López (2016), o "entretecido normativo e institucional" que sustenta a democracia representativa.

Ministérios da Defesa na América Latina

No caso da América Latina, os ministérios da Defesa constituem um conjunto de instituições bastante heterogêneo, com a direção política e a consistência dos mesmos sendo frequentemente informada a partir dos tipos de transição que tivemos dos regimes autoritários no último quartel do século XX. Mathias (2004) e Soares (2006) concordam que uma transição negociada ou pactuada, no Brasil, foi responsável pela manutenção de prerrogativas militares na elaboração e operacionalização da política de defesa. A análise em torno de dois modelos de transição – negociada e colapsada – advém da salutar referência nos estudos da transição democrática de O'Donnell, Schmitter e Whitehead (1988).

Levando em consideração que a maioria das jovens democracias latino-americanas da década de 1980 sucediam a longevas ditaduras militares, a institucionalidade da condução da defesa nacional tornou-se tema de grande envergadura, por justificar a imprescindibilidade da supremacia do poder civil sobre os militares ao fortalecimento da democracia (Rial, 2008), de modo que o governo democraticamente eleito tivesse capacidade de definir a defesa nacional e supervisionar a aplicação desta sem intromissão dos militares (Diamint, 1999).

Naquele contexto, a criação dos ministérios da Defesa no caso dos países que ainda não os apresentavam e a consolidação, no caso dos países nos quais funcionavam como meras extensões administrativas das Forças Armadas, constituíram mecanismos fundamentais para a reafirmação do controle político civil pelos governantes eleitos (Velásquez, 2008). Como apontado, a extensão e a qualidade dos avanços obtidos dependeram das condicionantes impostas aos processos de reforma que foram implementados, sobretudo aquelas relativas ao contexto político, o que, por sua vez, determinava caminhos práticos mais ou menos assertivos (Donadio, 2008).

Os ministérios da Defesa mais antigos da América Latina são os da Bolívia, do Chile, do Equador, do Paraguai e do Uruguai, criados ainda antes da II Guerra Mundial. De idade intermediária encontram-se os da Argentina, Colômbia, Guatemala, Peru e Venezuela, criados durante a Guerra Fria, e, por fim, entre os mais jovens situam-se os ministérios da Defesa de El Salvador (1992), Honduras (1996), Nicarágua (1997), Brasil (1999) e República Dominicana (2013). De modo geral, os Estados Unidos, o Canadá e alguns países europeus foram tomados como modelo para os ministérios emergentes, sendo o caso espanhol considerado "ideal" por importantes intelectuais latino-americanos.

O México não conta com Ministério da Defesa, mas com a Secretaria de Defesa Nacional (Sedena), ocupada por chefe militar.

No ano de 2008, a Rede de Segurança da América Latina preparou o documento de análise intitulado *Metodología para el análisis de los ministerios de Defensa* que, em resumo, indicou como parâmetros ou esquemas de análise acerca da efetividade dos ministérios da Defesa enquanto gestores de políticas públicas os seguintes elementos: a análise do marco legal vigente constitucionalmente e demais leis e normas referentes à atuação do Ministério da Defesa; a situação do Ministério da Defesa no Sistema de Defesa e sua organização, incluindo a autoridade de mando do ministro sobre as Forças Armadas, dentre outras variáveis; os vínculos entre o ministério e as estruturas de governo; a estrutura institucional do Ministério da Defesa e os meios disponíveis, no bojo da qual encontram-se seu organograma e a distribuição hierárquica, a distribuição e os papéis de seus recursos humanos, além dos aspectos materiais, orçamentários e de transparência dos gastos; a dinâmica intraburocrática que caracteriza a tomada de decisões (Resdal, 2008). Após a publicação da referida metodologia, análises particulares foram elaboradas por especialistas nacionais com base nos parâmetros sintetizados. Dados para análise particular e comparativa dos ministérios da Defesa na América Latina contemplando os referidos parâmetros também podem ser encontrados nos *Atlas Comparativos de la Defensa en América Latina*, a partir dos quais é possível se vislumbrar um horizonte evolutivo dos ministérios da Defesa da região até a última edição publicada (2016). Outra destacada iniciativa para análise da defesa enquanto política pública, abarcando suas instituições, dentre elas o Ministério da Defesa, reside no Proyecto Iberoamericano Adefal do Instituto Gutiérrez Mellado, de Madri, Espanha. Em uma daquelas publicações, registrou-se que, até meados da primeira década deste século, havia na América Latina 60% de ministros da Defesa civis, 33% de ministros militares e 7% de ministros militares em situação de reserva. Entre todos os ministérios da Defesa latino-americanos, a Argentina é considerada um respeitável exemplo de subordinação dos militares ao poder político, o que se explica, por um lado, pela influência do modelo de transição por colapso seguida por profundas reformas do setor militar, respaldadas política e socialmente, e que teriam franqueado condições a uma mais robusta autoridade do ministro e do Ministério da Defesa, o qual, sob gestão de Nilda Garré (2005-2011), completou as reformas iniciadas em 1983 com outras mais "integrais, funcionais e orgânicas", envolvendo desde a reedição e regulamentação de marcos normativos até a reforma da própria Justiça Militar (Diamint, 2012).

Ministério da Defesa no Brasil

A ideia de criação de um Ministério da Defesa no Brasil não era nova. De certa forma estimulado pelo fator "coordenação" implícito na fórmula Ministério da Defesa, em 1946 o Brasil criava seu Estado-Maior Geral (designado posteriormente Estado-Maior das Forças Armadas – Emfa), ao qual caberia a responsabilidade pela integração operacional das Forças Armadas, observando as características e peculiaridades de cada força singular. Posteriormente, em outros dois momentos históricos, particularmente na conjuntura dos anos iniciais do regime autoritário inaugurado em 1964 e no contexto da redemocratização pós-1985, as investidas para a instituição do Ministério da Defesa surgiram com maior vigor (Fuccille, 2006).

O problema da direção das Forças Armadas por parte do poder político – aqui e alhures – no mais das vezes ocorre por uma carência de competência, aqui entendida como ausência de vontade política, prerrogativas, conhecimento e efetividade, combinada a outras prioridades por parte do sistema político.

Assim, o Ministério da Defesa é condição necessária – ainda que insuficiente – ao exercício de um controle civil democrático sobre os militares, impossível de ser pensado sem referência à direção política nesse processo. Ao poder político cabe deliberar sobre como se dará a distribuição de poder e responsabilidades entre as diversas esferas, regulando os mecanismos de definição, preparação e acionamento do aparelho militar.

O novo momento, tanto interno quanto externo, que marcou a cena brasileira da passagem do século XX para o XXI fez ressurgir com particular intensidade a questão do controle civil sobre os militares requerido para a consolidação democrática. Nesse quadro diverso do anterior, então marcado pela saída dos militares do centro do governo, era legítimo postular que as relações civis-militares estavam mais estáveis do que uma década antes e que os militares não mais ameaçavam golpear as instituições como fizeram no passado. No entanto, o novo quadro comporta uma situação que, a despeito de não desejarem a tomada do poder como no passado e ditarem os rumos da política nacional, os militares seguiam empenhados em manter algum grau significativo de influência dentro das condições de novo regime e preocupados em proteger seu bem-estar institucional (Pion-Berlin, 2001).

Em paralelo a tais acontecimentos, a criação do Ministério da Defesa no Brasil não pode ser pensada sem referência a um marco mais amplo que se convencionou chamar "reforma do Estado". Por esse ângulo, as poderosas transformações ocorridas no plano internacional, fruto, sobretudo, do fenômeno de globalização/mundialização em curso no planeta, concorriam para conformar um quadro substancialmente distinto do caracterizado pelo período da transição no Brasil. Nessa direção, recorrentemente ao longo de toda a década de 1990, o redimensionamento (*downsizing* para uns, *rightsizing* para outros) dos aparelhos militares foi promulgado como uma das saídas para a "crise fiscal" pela qual os Estados, especialmente dos países periféricos, passavam.

Ainda que a face "fiscalista" da criação do Ministério da Defesa tenha sido a que ganhou maior notoriedade aos olhos da sociedade, não pode deixar de ser apontado o desejo de se sepultar de vez os resquícios da Era Vargas, caracterizada pelo contato direto entre o poder civil e o poder militar, quando as Forças Armadas jogaram um papel central como atores políticos nacionais (Fuccille, 2006).

No início de seu segundo mandato (1999-2002), o presidente Fernando Henrique Cardoso decidiu criar a nova estrutura institucional, cujos estudos exploratórios ocorreram ao longo da administração anterior (1995-1998). Ocupado precariamente a partir de 1º de janeiro de 1999 pelo ex-senador Élcio Álvares – na figura de ministro extraordinário para os Assuntos da Defesa –, o Ministério da Defesa foi instituído oficialmente em 10 de julho do mesmo ano através dos seguintes diplomas legais: Lei Complementar n.97, de 9 de junho de 1999, Medida Provisória n.1.799-6, de 10 de junho de 1999, e Decreto n.3.080, de 10 de junho de 1999. Posteriormente, essa legislação foi complementada pela Emenda Constitucional n.23, de 2 de setembro de 1999, e pela Portaria n.2.144/MD, de 29 de outubro de 1999. Dentro de sua área de competência, temos os seguintes pontos: Política de Defesa Nacional; política e estratégia militares; doutrina e planejamento de emprego das Forças Armadas; inteligência estratégica e operacional no interesse da defesa; operações militares das Forças Armadas; relacionamento internacional das Forças Armadas; orçamento de defesa; legislação militar; atuação das Forças Armadas na preservação da ordem pública, no combate a delitos transfronteiriços ou ambientais, na defesa civil e no desenvolvimento nacional; constituição, organização, efetivos, adestramento e aprestamento das forças navais, terrestres e aéreas, para citar os temas mais sensíveis (Fuccille, 2006).

A subordinação militar ao governo civil implica a existência de um mínimo de vontade de obediência, isto é, um mínimo de consenso sobre a legitimidade do mandante, quer seja no sentido subjetivo ou objetivo. A partir dessa constatação, é fundamental a compreensão de que o processo de criação e implantação do Ministério da Defesa não é unidimensional, mas tortuoso, dependendo tanto da política por este adotada quanto das relações específicas entre os militares, o Estado e o restante da sociedade.

No caso brasileiro, em que pese a necessidade de provê-lo de recursos humanos civis qualificados e de alterações pontuais em partes de sua estrutura, a criação do Ministério da Defesa abre a possibilidade de construção de uma direção política mais aprofundada e menos personalista, para além das meras questões administrativas, ao oferecer um vasto campo de oportunidades para avançar-se sobre muitas das prerrogativas militares herdadas do período autoritário.

Em relação ao arcabouço institucional, os anos 2000 marcam a estruturação e vertebração do Ministério da Defesa, com a revisão da Política de Defesa Nacional (2005) originalmente lançada em 1996 e a criação da Estratégia Nacional de Defesa (2008). Na segunda década do século, além da revisão da Política de Defesa Nacional (PDN) – agora denominada Política Nacional de Defesa (PND) – e da Estratégia Nacional de Defesa (END) em 2012, veio a público nesse mesmo ano a primeira versão do *Livro branco de defesa nacional* (LBDN), agora com previsão de revisão quadrienal desses documentos de alto nível sobre defesa pelo Congresso Nacional. Tal sistemática está prevista na Lei Complementar n.136 de 2010, mesmo documento legal que criou o Estado-Maior Conjunto das Forças Armadas (EMCFA) em substituição ao anêmico Estado-Maior de Defesa (EMD).

Indicador básico importante do conjunto da situação das relações civis-militares em um dado país, constituindo-se em grande parte no elemento central dessas mesmas relações, um Ministério da Defesa pode trazer também melhorias para o sistema político como um todo. Na medida em que a reforma militar permita ganhos para a governança – entendida como capacidade de ação estatal na formulação e implementação de políticas –, isto pode ter reflexos diretos para a governabilidade, percebida como as condições sistêmicas mais gerais sob as quais se dá o exercício do poder em dada sociedade.

Contudo, não se pode fugir da realidade de que falta muito ainda para o Ministério da Defesa brasileiro robustecer-se a ponto de exercer a direção e gestão plenas em cada uma das forças. Elaboração e controle dos orçamentos, controle de pessoal civil e militar, definição de funções e missões, entre outras competências-chave, têm sido pouco partilhadas com outras burocracias, quer sejam do Executivo ou do Legislativo, com os militares ocupando postos-chave em todo o circuito.

No quadro mais amplo da dimensão estratégica pretendida e dos interesses nacionais e internacionais assumidos pelo Brasil (por exemplo, o desejo de se tornar membro permanente numa possível reconfiguração do Conselho de Segurança da ONU), pode ainda ganhar mais força a necessidade de civis à frente da condução dos negócios militares do Estado, algumas vezes até mesmo por exigências que se dão no plano dos organismos multilaterais. Isso feito, ao lado do estabelecimento de uma agenda pública, transparente e factível no tocante à defesa nacional, um importante passo terá sido dado rumo à superação da precária institucionalização do controle civil democrático hoje vigente em relação às Forças Armadas e ao fortalecimento e aprofundamento da jovem democracia brasileira, com o Ministério da Defesa exercendo as tarefas que lhe cabem em sua plenitude.

Referências bibliográficas

AGÜERO, F. *Militares, civiles y democracia*: la España postfranquista en perspectiva comparada. Madrid: Alianza, 1995.

ALMEIDA, C. W. L. Política de defesa no Brasil: considerações do ponto de vista das políticas públicas. *Opinião Pública*, Campinas, v.16, n.1, p.220-50, jun. 2010.

ALSINA JR., J. P. S. *Política externa e política de defesa no Brasil*: síntese imperfeita. Brasília: Câmara dos Deputados, 2006.

ARON, R. *Paz e guerra entre as nações*. Brasília; São Paulo: Editora UnB; Ipri; Imprensa Oficial do Estado, 2002.

BRUNEAU, T. C. *Ministries of Defense and Democratic Civil-Military Relations*. Monterey: Center for Civil-Military Relations, set. 2001. [mimeo.]

______; TOLLEFSON, S. Who Guards the Guardians and how Democratic Civil--Military Relations. [S.l.]: University of Texas Press, 2006.

CELI, P. Misiones militares y roles multifuncionales: experiências suramericanas. In: WINAND, É. C. A.; RODRIGUES, T.; AGUILAR, S. *Defesa e segurança do Atlântico Sul*. Buenos Aires: Ceed-CDS Unasul, 2015.

CLAUSEWITZ, C. von. *Da guerra*. São Paulo: Martins Fontes, 2003.

______; WINAND, É. C. A.; SAINT-PIERRE, H. L. A fragilidade da condução política da defesa no Brasil. *História*, Franca, v.29, n.2, dez. 2010.

D'ARAUJO, M. C.; CASTRO, C. (Orgs.). *Democracia e Forças Armadas no Cone Sul*. Rio de Janeiro: Editora da FGV, 2000.

DESCH, M. C. *Civilian Control of the Military*: The Changing Security Environment. Baltimore; London: Johns Hopkins University Press, 1999.

DIAMINT, R. *Control civil y Fuerzas Armadas en las nuevas democracias latinoamericanas*. Buenos Aires: Universidad Torcuato Di Tella; Nuevo Hacer, 1999.

______. La política de defensa en Argentina: leciones nacionales y regionales. In: CARMO, C. A. et al. *Relações internacionais*: olhares cruzados. Brasília: Funag, 2012.

DINIZ, E.; PROENÇA JR., D. Política de defesa no Brasil: uma análise crítica. Salvador: [s.n.], 1998.

DONADIO, M. La transformación de la administración de la defensa en Argentina. In: SEPÚLVEDA, I.; ALDA, S. La administración de la defensa en América Latina. Madrid: Uned, 2008.

FISHEL, J. T. The Organizational Component of Civil-Military Relations in Latin America: The Role of the Ministry of Defense. LASA INTERNATIONAL CONGRESS. Miami, mar. 2000. [mimeo.]

FITCH, J. S. *The Armed Forces and Democracy in Latin America*. Baltimore; London: Johns Hopkins University Press, 1998.

FUCCILLE, L. A. *Democracia e questão militar*: a criação do Ministério da Defesa no Brasil. Campinas, 2006. Tese (Doutorado) – Universidade Estadual de Campinas.

GAITÁN, G. P. Los ministerios de Defensa en las Americas: el tiempo de la transformación. In: RED DE SEGURIDAD Y DEFENSA DE AMÉRICA LATINA. *Metodología para el análisis de los ministerios de Defensa*. Buenos Aires: Resdal, 2007.

GARRETA, J. Rol de las instituciones en el fortalecimento democrático de las relaciones cívico-militares. In: DEFENSA PÚBLICA. *Aportes para la gestión de la política de defensa*. Lima: Instituto de Defensa Legal (IDL), 2006.

HUNTINGON, S. *O soldado e o Estado*: teoria e política das relações entre civis e militares. Rio de Janeiro: Biblioteca do Exército Editora, 1996.

LINZ, J. J.; STEPAN, A. *A transição e consolidação da democracia*: a experiência do Sul da Europa e da América do Sul. São Paulo: Paz e Terra, 1999.

LÓPEZ, E. Ministerios de Defensa: un vistazo a la América Latina. In: WINAND, É. C. A.; RODRIGUES, T.; AGUILAR, S. *Defesa e segurança do Atlântico Sul*. Aracaju: Editora UFS, 2016.

______; SAIN, M. (Orgs.). *"Nuevas Amenazas"*. Dimensiones y perspectivas: dilemas y desafíos para la Argentina y el Brasil. Quilmes: Universidad Nacional de Quilmes Editorial, 2004.

MANAULT, R. B. Los ministerios de Defensa: un análisis estructural. In: *Atlas Comparativo de la Defensa en América Latina*. Documentos de Análise. Buenos Aires: Resdal, 2005. Disponível em: http://www.resdal.org/atlas/atlas-libro.html. Acesso em: out. 2016.

MATHIAS, S. K. *A militarização da burocracia*: a participação militar na administração federal das comunicações e da educação, 1963-1990. São Paulo: Editora Unesp, 2004.

______; SAINT-PIERRE, H. L. *Entre votos e botas*: as Forças Armadas no labirinto latino-americano do novo milênio. Franca: Universidade Estadual Paulista, 2001.

MOSKOS, C. C.; WILIANS, J. A.; SEGAL, D. R. (Eds.). *The Postmodern Military*: Armed Forces After the Cold War. New York: Oxford University Press, 1999.

O'DONNEL, G.; SCHMITTER, P.; WHITEHEAD, L. *Transições do regime autoritário*: América Latina. São Paulo: Revista dos Tribunais; Vértice, 1988.

OLIVEIRA, E. R. de. *Democracia e defesa nacional*: a criação do Ministério da Defesa na Presidência de FHC. São Paulo: Manole, 2004.

PACHECO, G. (Ed.). *Políticas de defensa y elaboración de libros blancos*. Guatemala: CHDS, 2003.

PION-BERLIN, D. (Ed.). *Civil-Military Relations in Latin America*: New Analytical Perspectives. Chapel Hill: University of North Carolina Press, 2001.

RED DE SEGURIDAD Y DEFENSA DE AMÉRICA LATINA (Resdal). *Metodología para el análisis de los ministerios de Defensa*. Buenos Aires: Resdal, 2008.

RIAL, Juan. La conducción política de la Defensa en la America Latina de la "post democracia" de inicios del siglo XXI. Algunos pasos adelante, otros hacia atrás y otros al costado. In: SEPÚLVEDA, I.; ALDA, S. *La administración de la defensa en América Latina*. Madrid: Uned, 2008.

ROJAS, F. La administración de la defensa como política pública en América Latina. In: SEPÚLVEDA, I.; ALDA, S. *La administración de la defensa en América Latina*. Madrid: Uned, 2008.

SAIN, M. F. El control civil sobre las Fuerzas Armadas en los processos de democratización: redefinición teórico-conceptual para los casos sudamericanos. In: FLACSO-CHILE; CLADDE (Orgs.). *El Mercosur de la Defensa*. Programa Paz y Seguridad en las Américas. Santiago de Chile: Flacso, 1997.

SEPÚLVEDA, I.; ALDA, S. *La administración de la defensa en América Latina*. Madrid: Uned, 2008.

SERRA, N. Novas lições da reforma do setor de defesa. *National Defense University*, Washington, DC, mar. 2001. [mimeo.]

SOARES, S. A. *Controles e autonomia*: as Forças Armadas e o sistema político brasileiro (1974-1999). São Paulo: Editora Unesp, 2006.

VELÁZQUEZ, A. V. Los ministerios de la Defensa en Iberoaemerica en la formulación y condución de la política pública de seguridad y defensa. In: SEPÚLVEDA, I.; ALDA, S. *La administración de la defensa en América Latina*. Madrid: Uned, 2008.

NARCOTRÁFICO[1]

Nicolás Rodriguez Games

O NARCOTRÁFICO É UM SISTEMA DE comércio ilícito de drogas e/ou substâncias psicotrópicas e compreende um conjunto de ações para produzir, armazenar, distribuir e comercializar esses narcóticos com o propósito de obter um benefício econômico ou material. Como um empreendimento criminoso de alta rentabilidade, o narcotráfico é uma expressão do crime organizado e, como tal, deve ser entendido como "a continuação do comércio por meios ilegais" (Williams, 2001).

Pela natureza ilegal das atividades, não há registros oficiais a respeito de quanto se produz, quanto se comercializa ou volumes de venda das drogas ilegais, e, por isso, a tarefa de conhecer e quantificar as atividades comerciais desses mercados é complexa. Segundo May (2017), o mercado global de tráfico de drogas, em 2014, tinha um valor aproximado entre 426 bilhões e 652 bilhões de dólares, representando mais de um terço do valor total do conjunto de mercados ilegais no mundo. O cálculo deriva do nível de vendas de quatro categorias principais de drogas ilícitas: maconha, cocaína, os derivados do ópio e estimulantes do tipo anfetaminas. Segundo estimativas da OEA (2013), por volta de dois terços da renda total do mercado de drogas mundial são percebidos ao final do processo nos países de consumo, por meio das vendas no varejo. Quanto mais elementos forem necessários para produzir as drogas – território, trabalho e capital –, maiores serão os custos de produção e os preços. Os atacadistas e transportadores que levam as drogas obtêm entre 20% e 25% da

1 Tradução de Helena Salim de Castro.

renda total, ao passo que pouco menos de 1% do total das vendas chega aos cultivadores da região andina. De acordo com estimativas do Escritório das Nações Unidas sobre Drogas e Crime (UNODC, 2010) sobre a rentabilidade das diferentes atividades relacionadas com o crime organizado, os quatro primeiros problemas criminosos têm a ver com o tráfico de drogas: o tráfico de cocaína da região andina para a América do Norte gera 38 bilhões de dólares e, dessa região para a Europa, 34 bilhões (valor estimado no destino), enquanto o tráfico de heroína do Afeganistão para a Europa gera 20 bilhões e, para a Federação Russa, 13 bilhões. Por sua vez, as empresas dedicadas ao narcotráfico têm tido um enorme desenvolvimento na região latino-americana e também nos níveis internacional, sub-regional e local (Naim, 2006; Bagley, 2012; Drug Enforcement Administration, 2015a, 2015b).

Os ganhos e vantagens competitivas que uma *commodity* como uma droga ilegal gera são muito significativos; e esses ganhos e vantagens estão em poder das redes criminosas, que têm a habilidade empresarial para transformar o produto em um negócio muito rentável. Se tomarmos como exemplo o mercado da cocaína, o quilo do cloridrato de cocaína de máxima pureza nos lugares de produção custa entre 1 mil e 2 mil dólares. Na cidade de Buenos Aires, o preço vai entre 5 mil e 7 mil dólares. Esse mesmo quilo colocado na Europa para sua comercialização tem um valor de 60 mil dólares. Outra forma de considerar o nível de ganho do narcotráfico é tomando como exemplo o valor da folha de coca no Chapare, Bolívia, passando pela Colômbia e México e chegando a Nova York para o seu consumo como cocaína: a variação de preço é de 1.532% (Tokatlian, 2009a). Segundo May (2017), a cocaína produzida na Colômbia registra a seguinte variação de preços: vale 2.200 dólares no lugar de produção, 12 mil no sul do México (445% de aumento do preço em relação ao preço no lugar de produção), 16 mil dólares no norte do México (+ 627%), nos Estados Unidos seu valor oscila entre 24 mil e 27 mil dólares (+ 991% e 1.127%), na Europa entre 53 mil e 55 mil (+ 2.309% e 2.400%) e na Austrália chega a valer 200 mil (+ 8.991%).

A partir dos exemplos, pode-se observar como transportar e comercializar a droga de um lugar ao outro constitui um negócio muito lucrativo, com uma rentabilidade muito maior do que qualquer outro empreendimento legal. Da mesma maneira, a heroína pode ser comprada em unidades de setecentos gramas em Bancoc por aproximadamente 7.500-9.500 dólares e logo ser comercializada nos Estados Unidos por 60.000-70.000 dólares. Trata-se de um mercado em que os preços e os ganhos são governados pela lei da oferta e da demanda, totalmente desprovido de restrições legais (Abadinsky, 2010).

Como em qualquer outro empreendimento econômico, no narcotráfico existem diversos níveis funcionais: produtores, importadores, atacadistas, distribuidores, varejistas e consumidores. Duncan (2014) propõe um critério para classificar a divisão do trabalho no manuseio da droga como mercadoria ou como capital, em função do grau de especialização de cada fase. A fase inicial do negócio, que compreende a produção agrária, especializa-se no manuseio da mercadoria como insumo. A fase intermediária, que compreende a transformação desses insumos em drogas ilegais e a sua colocação no mercado consumidor, envolve tanto o manuseio da mercadoria como as transações do capital. Por último, a fase final especializa-se no manuseio do capital através da lavagem de dinheiro.

A partir da evidência sobre os casos da Colômbia e do México, Duncan (2014) sustenta que, devido à maior criminalização da variável mercadoria, as operações de produção de drogas ocorrem nos espaços periféricos da sociedade e nesses locais o risco de empreender a atividade de produzir drogas é baixo devido ao menor controle relativo das instituições estatais. Essas variáveis – menor capacidade estatal e baixa acumulação de capital – geram efeitos sociais muito maiores na periferia, que envolvem as hierarquias sociais, a organização da produção e a distribuição material e simbólica da riqueza. Lá, as organizações criminosas têm uma capacidade regulatória sobre muitos espaços e transações da sociedade, inclusive como alternativa às instituições estatais e utilizando a consideração da classe política no momento de tomar decisões institucionais. Pelo contrário, a menor criminalização da variável capital permite que as operações de tráfico vinculadas com transações de dinheiro ocorram em lugares com maior presença estatal e acumulação de capital na sociedade. Nesses espaços, devido ao enorme fluxo de transações monetárias, a visibilidade e o risco do negócio é menor e os efeitos na ordem social são menores, porque seu peso relativo na economia é bastante inferior. Consequentemente, essa criminalização diferenciada da mercadoria e do capital tem sua correspondente penalização diferenciada nos diversos setores sociais: aqueles que gerenciam o capital têm relacionamentos e atributos que gravitam sobre a possibilidade de serem punidos: um narcotraficante ou um pistoleiro representam "um desafio" para as instituições estatais, enquanto um banqueiro ou um político, mesmo que sejam corruptos, são parte do sistema. Assim, as conclusões de Duncan permitem compreender o processo de criminalização de determinadas atividades do negócio e a especialização das classes sociais em tais atividades: a) a manipulação direta da mercadoria ilegal nos países produtores ocorre principalmente por conta dos setores excluídos; b) o gerenciamento ou direção de uma empresa narcotraficante exige que seus integrantes se especializem em uma ampla carreira criminosa e no exercício da violência; c) os conhecimentos e contatos para fazer uma carreira criminal e formar parte de uma organização criminosa estão disponíveis em comunidades relativamente excluídas, e d) os requisitos operacionais da variável capital exigem que aqueles que participam do negócio desenvolvam uma série de habilidades, experiências e contatos que estão disponíveis, principalmente, para as classes mais altas e setores bem-sucedidos.

Mercado ilegal (e sua integração)

Ao mesmo tempo, a própria definição normativa de sua ilegalidade de parte dos Estados é indispensável para a estruturação de um mercado (também) ilegal. Os mercados são ilegais quando o produto, sua troca e a forma em que é produzido ou comercializado violam as normas legais (Beckert; Wehinger, 2011). Assim, boa parte do desenvolvimento do narcotráfico está determinado pela existência de grandes mercados ilegais nos quais se comercializam drogas ilegais. O que geralmente não é considerado é a enorme habilidade de parte das organizações de aproveitar a proibição de substâncias para gerar ganhos – cujo primeiro antecedente, que mostrou o fracasso da estratégia punitiva, foi a proibição do álcool nos Estados Unidos nos anos 1920 e o aumento das oportunidades e incentivos que se produziu a partir da década de 1990. A globalização do comércio, das tecnologias, das comunicações e do sistema financeiro permitiu às organizações dedicadas ao comércio desse tipo de *commodities* proibidas conseguirem ganhos diferenciais substantivos, a partir dos baixos custos e elevados preços de venda final.

Essas substâncias são consumidas por grande parte da população, que claramente aceita que sejam fornecidas mediante dispositivos e circuitos ilegais. Essa demanda social é a que tem alimentado o desenvolvimento de empreendimentos criminosos, que conformam, nutrem e procuram regular os mercados de drogas. Assim, a relação entre narcotraficantes e outros vários segmentos sociais é articulada, porque "um sistema ilícito como o tráfico de drogas não poderia sobreviver sem a cooperação de setores organizados da sociedade, em uma relação simbiótica entre a economia lícita e a ilícita" (Silva de Souza, 2004). Portanto, deve-se ter em mente que os fundos obtidos têm fins diversos: uma porção deles é destinado à aquisição de insumos para a elaboração das drogas (desde os precursores químicos até as máquinas), outra destina-se ao pagamento de proteção ou áreas liberadas para evitar a aplicação da lei e outra, ainda, deve ser atribuída para a manutenção dos empregados da empresa criminosa. Em qualquer dos destinos mencionados, se as transações têm contato com mercados legais, há o branqueamento ou lavagem dos fundos para ocultar sua origem ilícita, os quais, posteriormente, devem ser reciclados, legitimados e integrados na economia formal, para o que se utilizam as economias de grande escala e os sistemas financeiros produtivos, de serviços e comerciais altamente globalizados e desregulados. Por sua vez, a legislação de prevenção de lavagem de dinheiro é muitas vezes extremamente lábil, de difícil aplicação e pouco obedecida. Assim, a lavagem de dinheiro através do sistema financeiro ou por meio da criação de empresas legais são exemplos dessa simbiose entre "o legal" e "o ilegal".

Nesse quadro, os exemplos das deficiências dos sistemas de controle de lavagem de dinheiro vigentes não podem ser ignorados. Em dezembro de 2012, o Departamento de Justiça dos Estados Unidos anunciou que havia chegado a um acordo com o Banco HSBC, no qual este admitiu sua culpabilidade por não cumprir as normas de prevenção de lavagem de dinheiro. Como parte do arranjo financeiro com as ditas autoridades, o banco comprometeu-se a pagar 1,9 bilhão de dólares. Segundo McGee (2012), essa soma equivale a perder cinco semanas de investimento para o HSBC – sem nenhuma condenação criminal aos diretores da entidade. Entre 2006 e 2009, o HSBC no México não monitorou 670 bilhões de dólares em transferências eletrônicas e 9,4 bilhões de dólares em transações em dinheiro de suas operações bancárias. Assim, segundo a Justiça, pelo menos 881 bilhões de dólares em dinheiro do narcotráfico – incluindo o cartel de Sinaloa e o cartel do Norte do Vale – foram lavados através do HSBC (O'Toole; Riley, 2012). Os *Panama Papers* demonstraram que não há mecanismos de transparência a respeito do controle de pessoas ou empresas que se escondem atrás de empresas de fachada (Bewley-Taylor; Jelsma, 2016).

Sistema normativo internacional proibitivo

Como um problema público de alcance internacional, o narcotráfico tem motivado o desenvolvimento de um quadro normativo internacional de corte rígido e proibitivo, movido principalmente pelos desenvolvimentos científicos do século XIX, a guerra do ópio na China e os esforços missionários cristãos e os interesses econômicos e sociais dos Estados Unidos (Thoumi, 2015).

No passado, a regulação e o controle das drogas que alteram a mente eram uma questão local – sujeita à vontade soberana de cada comunidade –, mas, nos últimos cem anos, foi desenvolvendo-se paulatinamente uma normatividade internacional que estabelece um tratamento mínimo comum em todo o mundo. A Convenção Única sobre Entorpecentes (1961) limita os usos de drogas controladas para "médicos e pesquisas científicas", e, segundo essa norma, todos os demais usos devem ser reprimidos e eliminados pelos países que a ratificaram. Qualquer outro tipo de consumo, seja recreativo, religioso, social ou experimental é catalogado como "abuso de drogas" pelas Nações Unidas. Essa convenção estabelece um sistema de controle no quadro do sistema da ONU: a Comissão de Estupefacientes (CND), órgão encarregado da formulação de políticas (que já funcionava desde 1946) e a Junta Internacional de Fiscalização de Estupefacientes (Jife), um órgão independente de monitoramento e quase judicial da implementação das convenções vigentes. Por sua vez, o Escritório das Nações Unidas contra a Droga e o Crime (UNODC) realiza o apoio técnico aos dois primeiros e provê assistência técnica aos Estados-membros.

A Convenção das Nações Unidas contra o Tráfico Ilícito de Estupefacientes e Drogas Psicotrópicas (1988), por sua vez, obriga as partes signatárias a penalizar todos os aspectos relacionados com o tráfico ilícito de drogas (cultivo, fabricação, distribuição, venda e lavagem de dinheiro), e faz obrigatória a penalização da posse de drogas para o consumo pessoal, ainda que não obrigue a sua criminalização. Assim, o regime internacional de controle de drogas impõe sérias restrições aos países para lidar com suas políticas sobre essas substâncias (Thoumi, 2009).

Entre 19 e 21 de abril de 2016, ocorreu em Nova York a 30ª Sessão Especial da Assembleia Geral das Nações Unidas (Ungass), sendo a terceira sessão especial na história das Nações Unidas dedicada à questão das drogas (as anteriores foram em 1998 e 2009). A reunião foi impulsionada pelas propostas do México, Colômbia e Guatemala, os quais solicitaram que a Ungass analisasse todas as opções disponíveis, incluindo medidas regulatórias ou de mercado, para estabelecer um novo paradigma que impedisse o fluxo de recursos até as organizações do crime organizado. Além da proposta, a sessão reafirmou a determinação de promover uma sociedade livre do uso indevido de drogas, sem avanços substantivos na busca de soluções inovadoras para o problema do narcotráfico (Bewley-Taylor; Jelsma, 2016).

Tendências recentes na América Latina

Mais recentemente, as organizações criminosas têm mostrado uma notável capacidade de adaptação às mudanças normativas e às políticas de interdição dos Estados, em particular no que se refere à sua estrutura operacional. Na América Latina, as organizações, outrora conhecidas como "cartéis" na Colômbia, foram debilitando-se por ações e detenções por parte dos governos e, também, por disputas internas. Isso permitiu o fortalecimento das organizações mexicanas, que puderam se consolidar na distribuição nas principais cidades dos Estados Unidos, graças ao controle quase monopólico que tinham no tráfico de cocaína e drogas sintéticas através de suas fronteiras. Ao mesmo tempo, as organizações centro-americanas aumentaram o montante das suas comissões pelos serviços de transporte e armazenamento. Assim, as organizações colombianas reorientaram seus esforços para alcançar os mercados europeus – na Europa conseguiram alcançar as maiores margens de ganho e o acesso à distribuição varejista que perderam com os mexicanos – e apostaram no crescimento de mercados de consumo na América do Sul, o que lhes permitiu alcançar novas fontes de recursos com taxas de retorno mais rápidas de seus investimentos (Gárzon Vergara, 2013). Com relação ao tamanho e à conformação das organizações criminosas no geral, historicamente prevaleceram aquelas com grandes estruturas hierárquicas. No entanto, como isso facilitou o trabalho das autoridades judiciais e políticas para desmantelá-las, observa-se uma tendência à reconfiguração. Embora as estruturas de cartéis ou organizações hierárquicas fortes ainda prevaleçam no México, Japão e Rússia, os relatórios internacionais indicam um processo de dispersão e fragmentação e uma maior presença de novos modelos de organização em redes (Garay Salamanca; Salcedo-Albarán, 2012), com uma estrutura celular e hierarquias menos rígidas e permanentes, que dificultam a investigação criminal e judicial e permite a elas não colocar em risco seus ganhos em caso de interdição ou detenção de alguns de seus componentes ou integrantes (UNODC, 2017).

Políticas públicas predominantes e confusões conceituais

O enfoque predominante das políticas públicas para mitigar o problema é do tipo generalista, sem prestar atenção às características particulares dos diferentes tipos de substâncias psicotrópicas ilegais; por mais incomum que pareça, os governos adotam certas medidas em matéria de drogas como se conhecessem a questão, suas causas e seus efeitos (Tokatlian, 2009b). Em outras palavras, geralmente se faz referência ao problema "da droga" sem considerar as nuances e substantivas diferenças entre os distintos tipos de drogas e mercados: a cocaína, os derivados do ópio, as drogas sintéticas (ETA e os novos tipos de estimulantes) e a maconha. Cada uma dessas substâncias tem sua própria estrutura de produção, distribuição e comercialização e, portanto, o mercado de cada uma representa um problema substancialmente diferente para sua eventual diminuição ou seu controle. Para analisar a estrutura e a dinâmica de mercado, geralmente classificam-se os tipos de drogas ilegais em função do que se requer para produzi-las: por exemplo, a heroína e a cocaína provêm de plantas e para isso é necessária uma superfície considerável de terra que permita seu cultivo, ao passo que a maconha, os estimulantes do tipo anfetamina e as novas substâncias psicoativas podem ser produzidas praticamente em qualquer lugar. Isso tem um impacto diferencial nos mercados pelos custos de produção e distribuição, pelas rotas e preços.

Também no nível discursivo e de políticas, geralmente considera-se que existe uma linha divisória acentuada entre "países produtores", "países de trânsito" e "países consumidores", questão que também impede de ver a complexidade do fenômeno. Assim, as políticas seguem centrando na repressão dos países produtores da planta de coca e dos países de trânsito: para a coca na Colômbia, Bolívia e Peru como Estados produtores, e México, Afeganistão, Birmânia e Laos para o ópio (Buxton, 2016).

No entanto, como demonstram os sucessivos relatórios da UNODC, os opioides e a cocaína não são nem as drogas mais consumidas, nem as mais perigosas. Segundo Buxton (2015), a justificativa para continuar com o olhar nessas e, particularmente, no "Sul Global", tem dois argumentos principais: elas são as que geram a maior parte de investimentos no comércio ilícito – questão que a própria Buxton discute, dado que não há estimativas sobre a rentabilidade de outras drogas, como as metanfetaminas –, além disso, associa-se, geralmente, o tráfico de cocaína e heroína com a violência e afirma-se que a rentabilidade proveniente da produção e do tráfico termina financiando a insurgência e o terrorismo. Isso deve ser questionado, particularmente pelo exemplo contrafactual da "estabilidade e paz" nos mercados de drogas que não são objeto de intervenções coercitivas nem bélicas, como os mercados de drogas sintéticas no hemisfério Norte.

Com relação às políticas de controle do narcotráfico, a denominada "guerra às drogas" é o enfoque predominante até a atualidade, e o papel dos Estados Unidos tem sido decisivo para consolidar um enfoque militar, proibitivo e punitivo. Em

1969, o então presidente Richard Nixon advertiu em uma mensagem especial ao Congresso que o abuso de drogas era "uma séria ameaça nacional". Então, o parlamento aprovou uma Lei de Substâncias Controladas em 1970, classificando as drogas incluídas nela por "risco de abuso". Por sua vez, a norma estabelecia uma Comissão sobre Maconha e Abuso de Drogas, e Nixon designou Raymond Shafer, governador da Pensilvânia, ex-promotor e com uma reputação de aderir ao princípio "lei e ordem", para comandá-la. Durante os dois anos de trabalho da Comissão, Nixon tentou pressionar Shafer a respeito do conteúdo do relatório final, alegando que a comissão não poderia ir contra o que o Congresso e a nação sentiam, nem do "que estamos planejando fazer". Em junho de 1971, o presidente declarou que "o inimigo público número um dos Estados Unidos é o abuso de drogas. Para lutar e vencer esse inimigo é necessário empreender uma nova e total ofensiva".[2] Não obstante, as conclusões da denominada Comissão Shafer, entregues em março de 1972, recomendaram uma política que proibisse a comercialização das drogas, mas que não aplicasse sanções penais à posse para o consumo. Ademais, indicaram que não havia conexão entre a maconha e outras formas de criminalidade, assinalando que o álcool era mais perigoso como substância. Entretanto, a Casa Branca se opôs às recomendações da comissão, tomando ações que seriam o início da "guerra global contra as drogas" (Linton, 2015). Em outubro de 1983, o presidente Ronald Reagan tornaria ainda mais explícita a proposta: em uma mensagem de rádio declarou: "as drogas são ruins e estamos indo atrás delas... abaixamos a bandeira da rendição e levantamos a bandeira da batalha" (Peters; Woolley, 1982).

Dessa forma e até os anos 1980, a ação do governo dos Estados Unidos foi a de pressionar os países da região latino-americana para que aderissem às convenções destinadas a institucionalizar o regime internacional de proibição do tráfico ilícito de drogas e a desenvolver programas de erradicação e de substituição de cultivos de coca e papoula. Em 1986, a promulgação da lei denominada *Anti-Drug Abuse* significou o fim de um sistema federal de reabilitação para passar para um sistema punitivo. Por outro lado, também marcou uma mudança substancial na forma como os Estados Unidos começaram a considerar os países envolvidos na produção e distribuição de narcóticos: a norma condicionou os vínculos econômicos e políticos da nação a uma avaliação (denominada "certificação") que o Congresso deveria emitir com relação ao desempenho daqueles países na questão da "luta contra as drogas" (Cotler, 1999).

2 Ver https://youtu.be/jtZaWLOSiWA. Tradução própria.

Por sua vez, Rolles (2016) destaca a tendência estadunidense de confundir os danos causados pela proibição com os danos causados pelas drogas. Também assinala quatro razões que se juntam para explicar o proibicionismo norte-americano: uma burocracia conservadora e entrincheirada que depende da continuidade das políticas; o temor dos políticos de serem vistos como "brandos com as drogas"; a difundida opinião de que o uso de drogas ilegais é "intrinsecamente imoral"; e a utilização do argumento do "problema das drogas" como veículo para outros objetivos de política exterior, inclusive a intervenção militar direta e indireta.

Ao longo do tempo, os Estados Unidos têm sido consistentes em moldar uma forma de intervenção de caráter bélico a respeito do problema das drogas e isso tem tido particular impacto sobre a região latino-americana. Os componentes conceituais básicos da "guerra às drogas" são: a) o fenômeno das drogas nasce da existência de uma oferta, e as ações governamentais devem, portanto, estar dirigidas para desmantelar as cadeias de produção, processamento, abastecimento e tráfico de drogas ilegais; b) o tráfico deve ser "combatido" de forma sustentada com ações policiais e, também, com o envolvimento das Forças Armadas; c) nessa "luta" não há lugar para alternativas distintas à "mão de ferro". Como consequência dessa visão, as ações concretas têm sido: erradicação de cultivos, enfrentamento com grupos narcotraficantes, militarização das ações governamentais, criminalização de todas as condutas, aplicação da extradição (especialmente para os Estados Unidos) e a recusa de qualquer iniciativa de descriminalização ou legalização de drogas (Tokatlian, 2009b).

O Instituto Cato – *think tank* sem filiação partidária que se dedica ao *lobby* e que busca a propagação de políticas públicas libertárias –, em seu manual de recomendações de políticas para o Congresso dos Estados Unidos de 2013, já concluía que a campanha internacional de Washington de "guerra às drogas" – cuja previsão de gastos quadruplicou em quinze anos – era um fracasso notável com relação à sua missão no estrangeiro, porque as drogas seguem fluindo até os Estados Unidos apesar dos mais de 35 bilhões de dólares que foram gastos desde 1981 na sua campanha contra a oferta (Cato Institute, 2003).

Como assinalamos, a "guerra às drogas" tem os Estados Unidos e seus líderes políticos como principais mentores e apoiadores ao longo do tempo, mas é preciso ter em mente que se trata de um enfoque global. Embora alguns países europeus tenham desenvolvido e aplicado enfoques dando ênfase às consequências que sofrem os consumidores – as denominadas "políticas de redução de danos" –, a "guerra às drogas" como política pública segue no auge. Não há discurso político alternativo e os conceitos de "combate", "luta" e "guerra" seguem sendo os preferidos no momento de anunciar iniciativas de controle, em contramão com a evidência empírica que mostra a ineficácia, ineficiência e incoerência das políticas. Por exemplo, no México, entre 2007 e 2014, morreram aproximadamente 164 mil pessoas durante as operações antidrogas para "reduzir a oferta". Mas a ideia de militarizar o controle da oferta na Holanda – um dos maiores produtores mundiais de drogas sintéticas – é inconcebível. "Por que Colômbia, Bolívia e Afeganistão são cenários aceitáveis para a militarização das operações antidrogas e Polônia ou Canadá não são?... como pode ser que a União Europeia e os Estados Unidos financiem a erradicação de maconha no Sul global, enquanto a legalizam ou a descriminalizam no nível doméstico?" (Buxton, 2016).

Como sustentamos em outro trabalho (Sain; Rodriguez Games, 2015), na região latino-americana existe uma extensa propensão a ter-se uma visão homogeneizada do problema do narcotráfico, apesar de cada país ter diferentes desafios, manifestações, magnitude e fatores determinantes com relação aos níveis de consumo, pontos fortes e debilidades institucionais, além da posição geopolítica com relação aos mercados principais. Assim, geralmente considera-se o narcotráfico como um "inimigo" unívoco e similar, ignorando as realidades nacionais, geográficas, econômicas, políticas e sociais. Atribuímos essa situação a dois fenômenos: em primeiro lugar, os países não conhecem o fenômeno porque carecem de capacidades institucionais para elaborar um diagnóstico atualizado do problema do narcotráfico – em grande medida pela falta de estruturas de governo especializadas no tema e a consequente preferência dos funcionários por delegar a condução desses assuntos para as cúpulas policiais –, e termina adotando-se uma agenda de segurança de "traço exacerbado e, às vezes, exorbitante e fatalista" (Sain; Rodriguez Games, 2015). Em segundo lugar, os dirigentes políticos, autoridades militares e policiais e os meios de comunicação de massa aceitam a definição do problema imposta pelos países centrais, fundamentalmente os Estados Unidos. Esse país tem uma visão homogênea do narcotráfico e do terrorismo, porque os considera como faces do mesmo problema de segurança a partir do qual diluem-se as substantivas diferenças dos objetivos que perseguem. Por exemplo, no documento *Estratégia para combater o crime organizado transnacional* da Casa Branca, um dos elementos utilizados para definir o crime organizado transnacional como um "crescente risco à segurança nacional e internacional" é o "nexo crime-terrorismo-insurgência", alegando que "os terroristas e insurgentes" recorrem ao crime organizado transnacional para gerar fundos e adquirir apoio logístico, apontando ademais que 29 das 63 organizações identificadas, "que incluem as mais importantes organizações internacionais do tráfico de drogas que ameaçam os Estados Unidos, associaram-se com grupos terroristas" (US White House, 2011). Embora o último Relatório Mundial sobre Drogas (UNODC, 2017) também faça referência à questão e coloque um possível vinculo, o próprio escritório adverte e reconhece que a evidência quanto a esse nexo é débil e irregular.

Sobre isso, é importante enfatizar que são fenômenos substancialmente diferentes, em grande medida pela finalidade que perseguem: enquanto o terrorismo é uma ação política violenta, cujo objetivo é suscitar reações emocionais para condicionar atitudes e alcançar que um Estado faça ou deixe de fazer algo, o objetivo do narcotráfico é a maximização dos ganhos a partir de empreendimentos criminosos complexos.

Nesse mesmo sentido, geralmente confundem-se os problemas de controle do narcotráfico com os de toxicodependência. Trata-se de problemas de natureza diferente e, portanto, com alternativas de políticas possíveis substancialmente diferentes: a política de controle do narcotráfico claramente deve ser abordada com políticas de segurança com os recursos policiais e judiciais (em que, por sua vez, pode-se considerar que o problema do tráfico de substâncias não é o mesmo da estruturação de redes ilegais que formam parte do *ethos* social de uma área ou bairro, nem os problemas de violência e delito consequências das disputas territoriais e de mercado), as toxicodependências devem ser abordadas com políticas de saúde (que nada podem ter a ver com os sistemas policiais).

Por outro lado, estabelece-se, geralmente, uma relação linear entre o narcotráfico e a violência, e, em grande medida, graças aos estereótipos construídos a partir de imagens de cinema e televisão, considera-se que os narcotraficantes são violentos por natureza. Contudo, o que não se explica é a origem da violência e o tipo de relação entre esta e os mercados ilegais do narcotráfico. Brombacher (2012) sustenta que, ao contrário do que geralmente se crê, os elevados níveis de violência não têm a ver com o volume de transações ilegais: a violência serve "como indicador para poder entender a estrutura de competitividade de uma economia ilegal ou para medir o grau de interferência externa nela e a eficiência das intervenções". A violência *a priori* não é desejável para os narcotraficantes, uma vez que atrai a atenção dos meios de comunicação, pode ocasionar ações por parte da justiça criminal e, mais grave ainda, pode afetar a rentabilidade dos negócios. Nesse mesmo sentido, Silva de Souza (2004) sustenta que a violência nos mercados ilegais é racionalizada para que as transações comerciais fluam. Quanto mais exitosas são as transações, menor é a necessidade do uso da violência.

Brombacher (2012) propõe distinguir entre violência interna e externa para pensar seu vínculo com os mercados de drogas ilegais. A violência interna é a que se produz entre os atores intramercado, com níveis baixos de visibilidade, sem ostentação, enquanto a violência externa é aquela que "usa o corpo humano como meio de comunicação, expressa altos níveis de pressão e estresse sobre o mercado". Na região latino-americana, a violência interna explica-se a partir dos fenômenos coexistentes: a competição entre as redes pelos mercados de consumo e a instabilidade do mercado produzida pelas intervenções externas e bélicas que subtraem sistematicamente a mão de obra, rompendo seus frágeis equilíbrios. A violência externa explica-se também a partir da intromissão no mercado, a qual se busca evitar a partir de atos de violência de grande visibilidade.

Outra série de confusões conceituais derivada do paradigma proibitivo impede os formuladores de políticas de compreender a lógica de funcionamento e a dinâmica dos mercados ilegais. As políticas de controle e regulação partem da premissa de que uma erradicação exitosa da matéria-prima que se utiliza para elaborar as drogas elevará o custo da oferta, empurrando os consumidores para fora do mercado, e que os quadros normativos punitivos desencorajam a participação no comércio ilegal, levando os camponeses e produtores para o emprego formal. Um segundo pressuposto é que a presença, estrutura e funcionamento dos Estados-nação e suas instituições serão dissuasivos. No entanto, como está provado há muito tempo a partir de outros tipos de proibição (oferta de sexo, álcool, tabaco), a criminalização gera um comércio ilegal e muito lucrativo (Buxton, 2015). Brownstein (2013) define as políticas de regulação e controle como uma ideologia sem apoio científico que, ademais, requer acreditar que as drogas representam um problema que pode ser resolvido por meio da regulação ou do controle.

É interessante prestar atenção em dois exemplos apresentados por Brownstein com relação à aplicação de políticas desinformadas e a rápida reação do mercado para resolver as políticas de controle e regulação. Nos anos 1980, quando os fornecedores de cocaína nos Estados Unidos deram-se conta de que tinham mais droga do que podiam vender e que, ao mesmo tempo, a cocaína era um produto muito caro para os novos consumidores (viciados urbanos e pobres) surgiu o *crack*. A violência que veio junto com o surgimento do *crack* provocou uma mudança na tradicional maneira dos departamentos de polícia de investigar os casos, de deter os traficantes de mais alto nível nas organizações criminosas para a prisão em massa de vendedores ambulantes e consumidores. O programa TNT (Equipe Tática de Narcóticos) em Nova York, por exemplo, consistia em táticas de saturação policial em uma área determinada. A avaliação do programa mostrou resultados inesperados: não reduziu a atividade criminosa na cidade, além disso, os traficantes adaptaram-se rapidamente, mudando as formas de comercializar o *crack*; os pontos de venda passaram a ser no interior dos estabelecimentos e modificaram-se os turnos de venda. Em definitivo, não só obtiveram resultados parciais para reduzir os delitos e a violência relacionada com o *crack*, como também isso resultou em delitos mais violentos. Deslocando os distribuidores que tinham domínio sobre um território determinado, a estabilidade da venda ambulante desorganizou-se e renovou a competição violenta pelo território (Brownstein, 2013).

O segundo exemplo é sobre o mercado das metanfetaminas. Historicamente, as metanfetaminas eram produzidas por produtores locais usando precursores químicos (como a efedrina), que podiam ser encontrados em farmácias ou lojas de abastecimento agrícola. Com a difusão dos efeitos dessas drogas na saúde, promulgou-se, em 2005, uma Lei para Combater a Epidemia de Metanfetaminas, com o objetivo de regular e controlar a venda de precursores químicos, principalmente a efedrina, a pseudoefedrina e a fenilpropanolamina. Essa lei foi um inconveniente para os produtores que produziam em pequenas quantidades para os consumidores locais. Mas, em vez de fechar a indústria, a lei encorajou a criatividade dos produtores empreendedores para desenvolver novas maneiras de produzir e distribuir metanfetaminas; assim, a indústria nos Estados Unidos cresceu. Isso trouxe, paralelamente, outra consequência negativa: os fornecedores mexicanos que entraram na cocaína e na heroína viram a oportunidade de expandir sua linha de produtos, incluindo as metanfetaminas. Em muitas regiões, as organizações mexicanas passaram a dominar os mercados locais através de "superlaboratórios" que produziam uma substância de melhor qualidade. Embora, inicialmente, tenham encontrado um desafio para comercializá-la – a venda de metanfetaminas baseia-se em relações pessoais, que lhes faltavam –, rapidamente recrutaram habitantes locais com acesso ao mercado de compradores para sua entrega. O modelo de negócios resolveu o problema através de "franquias".

Por outro lado, com relação às condições de possibilidade e o contexto do narcotráfico, este é, em geral, fenomenologicamente compreendido como um dos "fracassos" de parte das instituições dos Estados-nação na regulação do empreendedorismo econômico-criminal. De fato, costumeiramente apela-se para metáforas como a do "Estado ausente", os "vazios do Estado" ou "lá onde o Estado não chega" para definir – ao menos politicamente – a necessidade de "atuar". No entanto, estudos recentes mostram que o narcotráfico não é o resultado de fracassos estatais, mas sim uma "consequência da emergência de distintas formas de ordem não estatal que inclui sistemas locais de controle informal e resoluções de disputas" (Arias, 2013). Mais que um vazio de parte dos governos, as organizações criminais apropriam-se de recursos e dos poderes estatais e sociais existentes, utilizam-nos para estabelecer espaços protegidos que vão permitir-lhes desenvolver seus empreendimentos criminais (Arias, 2006). Essas descobertas mostram que funcionários públicos investidos de autoridade estatal são muito ativos na apropriação de recursos que permitem que o crime-negócio se desenvolva.

Não é usual indagar o papel das organizações criminosas na política, nem o papel que a liderança política tem no apoio e consolidação de grupos criminosos. As organizações criminosas são híbridas de atores sociais, funcionários políticos e policiais, dado que, frequentemente, compartilham características com organizações sociais e empresariais violando a lei e empregando seletivamente a violência contra outros atores (Arias, 2013).

Por último, um dos axiomas básicos para entender o funcionamento das organizações criminosas, no quadro das sociedades atuais, é a necessidade de proteção política que elas têm para organizar-se, evitar a aplicação da lei e, assim, poder desenvolver seus negócios criminosos (Flores Pérez, 2009).

Dependendo do grau de desenvolvimento e autonomia de que dispõem, na maioria dos países – com exceção do México, Brasil e Colômbia – as redes criminosas não têm autonomia organizacional nem operacional do Estado e, em grande medida, contam com a proteção, aval e inclusive são encorajadas pelas instituições públicas para operar. Assim, assistimos a uma situação cada vez mais frequente de envolvimento, cooperação e associação entre as organizações criminosas e os funcionários públicos, em particular os membros das instituições policiais. Para explicar tal situação, recorre-se, geralmente, a argumentos como "o enorme poder corruptivo do narcotráfico" ou "os baixos salários dos policiais e agentes penitenciários", como se as corporações policiais sempre tivessem sido "ninho de pombos brancos e inocentes" e como se houvesse salários ideais capazes de competir com o dinheiro que as organizações criminosas podem oferecer (Astorga, 2012).

Nesse quadro, é necessário refletir sobre as armadilhas de certas crenças que se supõem verdadeiras: a) que "as redes ilícitas e os Estados sempre estão se confrontando e nunca registram colaboração alguma com determinadas instâncias da administração pública e a sociedade" (Garay Salamanca; Salcedo-Albarán, 2012), salvo quando se registram casos que são considerados como "maçãs podres" que devem ser "expulsos"; b) que esses casos de "prevaricação" ou corrupção são individuais, administrativos e com um interesse econômico, "e não obedecem às práticas institucionalizadas amplamente enraizadas e difundidas dentro das instituições governamentais" (Flores Pérez, 2009).

A capacidade extrativista e capilar que as unidades policiais ainda conservam são as que favorecem e incentivam o negócio, dado que, como estratégia de regulação do crime, obtêm grandes benefícios econômicos regulando esse tipo de negócios-crimes (Sain, 2015).

Em resumo, os mercados de drogas ilegais juntam um conjunto de fatores que, combinados, os tornam um negócio formidável: a persistente demanda de parte dos consumidores, a altíssima rentabilidade que geram os bens que estruturam as transações, e as escassas e frágeis ferramentas para fazer cumprir a lei por parte das instituições estatais de segurança em relação ao tamanho que as organizações criminosas narcotraficantes adquirem em termos de capacidade logística e comercial.

Referências bibliográficas

ABADINSKY, H. *Drug Use and Abuse*: A Comprehensive Introduction. Belmont, CA: Wadsworth; Cengage Learning, 2010.

ARIAS, E. D. The Dynamics of Criminal Governance: Networks and Social Order in Rio de Janeiro. *Journal of Latin American Studies*, n.38, p.293-325, 2006.

______. The Impacts of Differential Armed Dominance of Politics in Rio de Janeiro, Brazil. *Studies in Comparative International Development*, n.48, p.263-84, 2013.

ASTORGA, L. *El siglo de las drogas*: el narcotráfico, del Porfiriato al nuevo milenio. México: Random House Mondadori, 2012.

BAGLEY, B. Tráfico de drogas y crimen organizado en las Américas: tendencias principales en el siglo veintiuno. In: MATHIEU, H.; NIÑO GUARNIZO, C. (Eds.). *Anuario 2012 de la Seguridad Regional en América Latina y el Caribe*. Bogotá: Friedrich Ebert Stiftung en Colombia (Fescol), 2012.

BECKERT, J.; WEHINGER, F. In the Shadow: Illegal Markets and Economic Sociology. *MPIfG Discussion Paper*, v.11, n.9, 2011. [*on-line*.]

BEWLEY-TAYLOR, D.; JELSMA, M. *Ungass 2016*: ¿Un consenso roto o a-m-p-l-i-o? Amsterdam: Transnational Institute; Global Drug Policy Observatory, 2016.

BROMBACHER, D. This Is What You Get. Mercados ilegales y violencia en América Latina. *Policy Paper*, n.43, 2012. [*on-line*.] Disponível em: http://library.fes.de/pdf-files/bueros/kolumbien/09230.pdf.

BROWNSTEIN, H. H. *Contemporary Drug Policy*. New York: Routledge, 2013.

BUXTON, J. Drugs and Development: The Great Disconnect. *Policy Report 2*. Global Drug Policy Observatory; Swansea University, 2015.

BUXTON, J. Mitos, moralismo e hipocresía en el sistema internacional de control de drogas. *Democracia Abierta la sección latina de Open Democracy*. 2016. [*on-line*.] Disponível em: https://www.opendemocracy.net/democraciaabierta/julia-buxton/mitos-moralismo-e-hipocres-en-el-sistema-internacional-de-control-de-.

CATO INSTITUTE. *Cato Handbook for Congress*: Policy Recommendations for the 108th Congress. Washington, DC: Cato Institute, 2003.

COTLER, J. *Drogas y política en el Perú*: la conexión norteamericana. Lima: Instituto de Estudios Peruanos (IEP), 1999.

DRUG ENFORCEMENT ADMINISTRATION. US Department of Justice. *National Drug Threat Assessment Summary*. 2015a.

______. *United States*: Areas of Influence of Major Mexican Transnational Criminal Organizations. 2015b.

DUNCAN, G. *Más que plata o plomo*: el poder político del narcotráfico en Colombia y México. Bogotá: Debate, 2014.

FLORES PÉREZ, C. A. *El Estado en crisis*: crimen organizado y política. Desafíos para la consolidación democrática. México: Centro de Investigaciones y Estudios Superiores en Antropología Social, 2009.

GARAY SALAMANCA, L. J.; SALCEDO-ALBARÁN, E. *Narcotráfico, corrupción y Estados*: cómo las redes ilícitas han reconfigurado las instituciones en Colombia, Guatemala y México. México: Debate, 2012.

GARZÓN VERGARA, J. C. La diáspora criminal: la difusión transnacional del crimen organizado y cómo contener su expansión. In: ______; OLSON, E. L. (Eds.). *La diáspora criminal*: la difusión transnacional del crimen organizado y cómo contener su expansión. Washington, DC: Woodrow Wilson Center, 2013.

KRUIJT, D. *Drogas, democracia y seguridad*: el impacto del crimen organizado en el sistema político de América Latina. La Haya: Instituto Holandés de Democracia Multipartidaria (NIMD), 2011.

LABROUSSE, A. *Geopolítica de las drogas*. Buenos Aires: Marea, 2011.

LINTON, M. La guerra contra las drogas: de Richard Nixon a Barack Obama. *Nueva Sociedad*, p.69-80, 2015.

MAY, C. *Transnational Crime and the Developing World*. Washington, DC: Global Financial Integrity, 2017.

MCGEE, S. "Too Big to Jail": HSBC's Fine Didn't Fit the Crime. *The Fiscal Times*, 13 dez. 2012.

NAIM, M. *Ilícito*: cómo traficantes, contrabandistas y piratas están cambiando el mundo. Madrid: Debate, 2006.

ORGANIZACIÓN DE LOS ESTADOS AMERICANOS (OEA). El problema de las drogas en las Américas: estudios. La economía del narcotráfico. 2013. Disponível em: http://www.cicad.oas.org/drogas/elinforme/informeDrogas2013/laEconomicaNarcotrafico_ESP.pdf.

O'TOOLE, J.; RILEY, C. HSBC pays $1.9 billion to settle US probe. *CNN Money*. 2012. [*on-line*.] Disponível em: http://money.cnn.com/2012/12/10/news/companies/hsbc-money-laundering/.

PETERS, G.; WOOLLEY, J. T. *Radio Address to the Nation on Federal Drug Policy*. 2 out. 1982. [*on-line*.] Disponível em: http://www.presidency.ucsb.edu/ws/?pid=43085.

ROLLES, S. From Drug War to Policy Reform: Implications of US Drug Strategy for Latin America. In: CAIUBY LABATE, B.; CANVAR, C.; RODRIGUES, T. (Eds.). *Drug Policies and the Politics of Drugs in the Americas*. New York: Springer, 2016.

SAIN, M. La regulación del narcotráfico en la provincia de Buenos Aires. Buenos Aires: Umet, 2015.

______; RODRIGUEZ GAMES, N. *Tendencias y desafíos del crimen organizado en Latinoamérica*. Ciudad Autónoma de Buenos Aires: Universidad Metropolitana para la Educación y el Trabajo, 2015.

SILVA DE SOUZA, R. Narcotráfico y economía ilícita: las redes del crimen organizado en Río de Janeiro. *Revista Mexicana de Sociología*, p.141-91, 2004.

THOUMI, F. E. La normatividad internacional sobre drogas como camisa de fuerza. *Nueva Sociedad*, p.42-59, 2009.

______. *Debates y paradigmas de las políticas de drogas en el mundo y los desafíos para Colombia*. Bogotá: Academia Colombiana de Ciencias Económicas, 2015.

TOKATLIAN, J. G. Conclusión: la urgencia de una eventual opción realista ante la equívoca lógica de la "guerra contra las drogas". In: TOKATLIAN, J. G. (Ed.). *La guerra contra las drogas en el mundo andino*: hacia un cambio de paradigma. Buenos Aires: Libros del Zorzal, 2009a.

______. Introducción: Hacia una larga guerra irregular. In: TOKATLIAN, J. G. (Ed.). *La guerra contra las drogas en el mundo andino*. Buenos Aires: Libros del Zorzal, 2009b.

UNITED NATIONS OFFICE FOR DRUG CONTROL AND CRIME (UNODC). *The Globalization of Crime*: A Transnational Organized Crime Threat Assessment. Vienna: UNODC, 2010.

______. *World Drug Report 2017*. Vienna: UNODC, 2017.

US WHITE HOUSE. Strategy to Combat Transnational Organized Crime. jul. 2011.

WILLIAMS, P. Crime, Illicit Markets, and Money Laundering. In: SIMMONS, P. J.; JONGE OUDRAAT, C. D. (Eds.). *Managing Global Issues*: Lessons Learned. Washington, DC: Carnegie Endowment for International Peace, 2001.

OPERAÇÃO BASEADA EM EFEITOS

Carlos Eduardo Valle Rosa

A operação baseada em efeitos (OBE), denominação que também é utilizada no plural, consiste em uma "metodologia que encoraja a fusão de todas as ferramentas disponíveis para a segurança nacional em um amplo espectro de conflitos" (Deptula, 2006, p.1).

O conceito de OBE integra as expressões do poder nacional (mormente nos campos diplomático, econômico, psicológico e militar) em ações que visam obter mudanças de comportamento nos diversos atores presentes em uma situação que constitua óbice para a realização de objetivos nacionais. A OBE não se afasta completamente do que se conhece sobre o emprego do poder militar (principalmente quanto ao seu potencial destrutivo), mas constitui-se em modelo diferenciado de interpretação do *modus operandi* político-militar, em situações de crise ou conflitos armados, visando à obtenção de determinados efeitos em aliados, neutros ou oponentes.

A experiência obtida pelos países da coalizão, e com grande ênfase os Estados Unidos da América, nas operações militares da Guerra do Golfo de 1991 viabilizou o desenvolvimento do conceito de operação baseada em efeitos. Esse conceito passou a exercer influência significativa no início dos anos 2000 na formulação de doutrinas de vários países, mormente aqueles signatários da Organização do Tratado do Atlântico Norte (Otan). Apesar do crédito que se deu à OBE, o conceito não deixou de receber críticas, inclusive de altas autoridades militares americanas, como destacou Sæveraas (2012, p.185), a partir de 2008.

A concepção da OBE veio se contrapor ao paradigma da "guerra de atrito", caracterizada pelas acentuadas perdas materiais e humanas, cujo exemplo clássico pôde ser observado nas duas grandes guerras mundiais. Estimulados pelo desenvolvimento de novas tecnologias de aplicação militar, tais como as armas de precisão, o uso de satélites na comunicação e no posicionamento global, o emprego de sistemas computacionais nos aparatos de comando e controle das forças, a invisibilidade ao radar, os equipamentos de controle remoto de armas, dentre outros, teóricos visualizaram um novo tipo de guerra: a guerra baseada em efeitos.

De acordo com Smith (2002, p.xiv), as OBE são "um conjunto coordenado de ações direcionadas a moldar o comportamento de amigos, neutros e inimigos, na paz, em situações de crise ou na guerra". Portanto, uma ideia-chave na OBE é moldar comportamentos. O comportamento é uma atitude, reação, decisão, postura, enfim, qualquer efeito que se possa almejar por meio da conexão entre as ações próprias e os "cenários futuros desejados". No nível operacional da guerra, a intenção de um comandante, quanto ao comportamento desejado do inimigo, se concretizará quando da identificação das vulnerabilidades e fraquezas do adversário, passo decisivo para a obtenção dos efeitos desejados.

Outro componente essencial do conceito é a definição do que é efeito (ou efeito desejado). Na doutrina militar norte-americana, efeito é "um estado físico e/ou comportamental derivado de uma ação isolada, de um conjunto de ações ou de outro efeito" (EUA, 2011, p.xxi). No Brasil, o *Glossário das Forças Armadas* define efeito desejado como o "resultado da ação a ser executada" (Brasil, 2015, p.289). Apesar da presença do verbete na edição de 2015 desse documento, o conceito de OBE não está contemplado nesse manual, o que é um indicativo da não aderência dessa conceituação à doutrina militar nacional.

Duas premissas orientam a concepção de OBE. A primeira delas é a de que a destruição física de um alvo não é necessariamente o objetivo final da ação. Essa destruição deve permitir um espectro mais amplo de efeitos, sejam eles, além de físicos, funcionais, sistêmicos ou psicológicos. A segunda premissa é a de que os "efeitos" devem ser percebidos nos níveis tático, operacional e estratégico (ou político).

De acordo com Mann III, Endersby e Searle (2002, p.37-9), a destruição "física" é representada pelo impacto direto no alvo. A "funcional", impossibilita que o alvo execute sua função essencial. A "sistêmica", revela que a funcionalidade específica do alvo atingiu o sistema do qual ele faz parte, prejudicando em determinado grau sua atividade. O efeito "psicológico", por sua vez, influencia as "emoções, motivos, a razão objetiva e o comportamento de governos, organizações, grupos ou indivíduos". Um simples exemplo pode ilustrar melhor essas diferenças. Ao se bombardear uma ponte rodoviária, ela pode ser atingida diretamente (efeito físico), porém (em função do dano físico obtido) sem impedir a sua principal finalidade: permitir o trânsito de veículos e pessoas (efeito funcional). Entretanto, se, além de perder essa capacidade funcional, a referida ponte constituir-se em artéria de locomoção rodoviária fundamental na determinada região, o efeito sistêmico também será obtido: o sistema de transporte rodoviário local cessará sua atividade. Por último, caso a referida ponte inviabilize a continuidade de operações militares do inimigo devido à impossibilidade de chegada de suprimentos via terrestre para as forças no teatro de operações, a ponto de abalar o moral das forças em combate, um efeito psicológico também será alcançado. A possibilidade de novos ataques semelhantes poderia gerar outro efeito psicológico: o receio das forças inimigas de transitar em eixos rodoviários dessa região.

Uma determinada ação pode gerar efeitos diretos e efeitos indiretos, como afirma Beagle Jr. (2001, p.5-6). Os efeitos diretos são aqueles observados como resultados da ação, independente da natureza (físico, funcional, sistêmico ou psicológico). Os indiretos são aqueles que decorrem da ação efetuada e podem ser efeitos desejados ou indesejados. Esses últimos constituem uma categoria que geralmente é associada ao dano colateral ou a qualquer outra consequência que venha a ser desfavorável aos objetivos estipulados pelo comandante.

No que tange aos níveis de impacto dos efeitos, dizem os teóricos da OBE, entre eles Batschelet (2002, p.4) e Davis (2001, p.18), que os efeitos devem abranger os níveis tático, operacional e estratégico, de forma que o significado dos resultados seja mais abrangente. De pouco importaria para a guerra um efeito obtido apenas no nível tático (nível relacionado aos confrontos diretos nas batalhas), pois no cerne da OBE está claramente a tentativa de superar o paradigma da guerra de atrito. Ou seja, a neutralização de um alvo no nível tático com impacto apenas nesse nível não é coerente com a proposta da OBE. A ação precisa obter reflexos nos níveis operacional e estratégico. Pois estes, respectivamente, referem-se ao contexto global da guerra e ao contexto político. No primeiro, o efeito desejado é impactar estruturalmente a capacidade de combate do oponente, enquanto no segundo o choque se dá na sua vontade de lutar.

Um último postulado inserido no conceito de OBE é o da "guerra paralela". A ideia, segundo sugere Deptula (2001, p.3), vem dos esquemas elétricos de ligação em série e em paralelo. Ao passo que na guerra em série as ações se desenvolvem de forma sequencial, uma após a outra, na guerra paralela as ações são intensas e simultâneas. A concentração dos esforços se dá por meio de ataques concomitantes às vulnerabilidades identificadas no oponente, deixando-o sem margem de manobra.

Alguns teóricos, como Meilinger (2007, p.140), ressaltam que a ideia de OBE não é nova nas guerras. De uma forma ou de outra, os comandantes militares sempre buscaram alguma forma de efeito com suas ações. Contudo, conforme destaca Cheek (2002, p.74), a formulação do conceito de OBE teria surgido a partir das contribuições de John Warden III e de David Deptula, na guerra de 1991. Warden III lançou as bases para a OBE quando definiu o inimigo como um sistema e vislumbrou os ataques em paralelo às estruturas iraquianas. Deptula, por sua vez, foi o realizador prático das ações aéreas que neutralizaram a capacidade de combate da Força Aérea Iraquiana e viabilizaram a esmagadora vitória da coalizão.

Independente das origens do conceito, hoje ele sofre um sério desafio quando confrontado com as novas dimensões da guerra. Atualmente, questiona-se até que ponto a OBE será capaz de aferir se os efeitos obtidos, principalmente aqueles de natureza psicológica, estão de fato modificando comportamentos em organizações terroristas ou criminosas, que nem sempre funcionam de acordo com postulados "civilizados". Nos conflitos étnicos e religiosos, a complexidade dos atores e das questões culturais estão presentes e demandarão intensas análises antropológicas e sociais de forma a se estabelecer um conhecimento adequado sobre o adversário. Por fim, o espaço exterior e o ciberespaço se apresentam como novos territórios desafiantes para a aplicação da OBE, na medida em que não se observam fronteiras geográficas definidas e, possivelmente, os efeitos sistêmicos decorrentes de ações destrutivas serão universais, levando-nos ao risco de novas guerras de atrito.

Referências bibliográficas

BATSCHELET, A. W. *Effects-Based Operations*: A New Operational Model? Pennsylvania: Air War College, 2002.

BEAGLE JR., T. W. *Effects-Based Targeting*: Another Empty Promise? Montgomery: Air University Press, 2001.

BRASIL. Ministério da Defesa. *Glossário das Forças Armadas*: MD35-G-01. Brasília: Ministério da Defesa, 2015.

CHEEK, G. *Effects-Based Operations*: The End of Dominant Maneuver? Carslile Barracks: US Army War College, 2002.

DAVIS, P. K. *Effects-Based Operations*: A Grand Challenge for the Analytical Community. Arlington: Rand Corporation, 2001.

DEPTULA, D. A. *Effects-Based Operations*: Change in the Nature of Warfare. Arlington: Aerospace Education Foundation, 2001.

DEPTULA, D. A. Effects Based Operations. *Air & Space Power Journal*, Montgomery, v.XX, n.1, primavera 2006.

ESTADOS UNIDOS DA AMÉRICA (EUA). Joint Chiefs of Staff. *Joint Operational Planning*: Joint Publication 5-0. Washington, 2011.

MANN III, E. C.; ENDERSBY, G.; SEARLE, T. R. *Thinking Effects*: Effects-Based Methodology for Joint Operations. Montgomery: Air University Press, 2002. [CADRE Paper n.15.]

MEILINGER, P. S. A History of Effects-Based Air Operations. *The Journal of Military History*, v.71, n.1, p.139-67, jan. 2007. Disponível em: https://muse.jhu.edu/article/208782. Acesso em: 2 maio 2016.

SÆVERAAS, T. E. Effects-Based Operations: Origins, Implementation in US Military Doctrine, and Practical Usage. In: HAUG, K. E.; MAAØ, O. J. (Eds.). Conceptualising Modern War. London: Hurst & Company, 2012.

SMITH, E. W. *Effects Based Operations*: Applying Network Centric Warfare in Peace, Crisis, and War. [S.l.]: Cforty Onesr Cooperative Research, 2002. [CCRP Publication Series.]

WARDEN III, J. The Enemy as a System. *Airpower Journal*, primavera 1995.

OPERAÇÕES DE MANUTENÇÃO DA PAZ (*PEACEKEEPING*)

Camila de Macedo Braga
Juliana de Paula Bigatão

Operações de manutenção da paz são instrumentos internacionais que compõem um conjunto de estratégias para o gerenciamento de conflitos armados, envolvendo o uso de atividades militares e não militares com o objetivo de prevenir, limitar ou facilitar a resolução de conflitos em que se verifique o emprego da violência entre Estados ou no interior deles. Originalmente, as operações de manutenção da paz enfatizavam funções de monitoramento e verificação de acordos de paz e cessar-fogo, assim como o oferecimento de bons ofícios a fim de facilitar o diálogo entre as partes beligerantes. Eram, portanto, adequadamente definidas como operações de manutenção da paz, envolvendo o uso limitado da força. As operações de manutenção da paz contemporâneas, por sua vez, adotam um caráter multidimensional, ao abarcar, também, esforços de apoio humanitário para o desenvolvimento e consolidação da estabilidade estatal no período pós-conflito, a fim de assegurar a sustentabilidade dos processos de construção da paz.

A prática das operações de manutenção da paz emerge no âmbito de atuação das organizações multilaterais criadas ao longo do século XX, que lhes conferem legitimidade e aparato institucional. As primeiras operações foram desenvolvidas na Liga das Nações, que nas décadas de 1920 e 1930 empreendeu atividades, ainda que sem denominação específica, direcionadas à manutenção da paz e prevenção de conflitos, enviando observadores ou forças militares para zelar pela ordem, administrar territórios em conflito e monitorar cessar--fogo (Fontoura, 1999). No âmbito da Organização das Nações Unidas (ONU), as operações de manutenção da paz surgiram como uma medida contingencial para contornar as dificuldades de se colocar em prática o sistema de segurança coletiva previsto nos artigos da Carta de São Francisco (1945), principalmente devido à falta de consenso entre os cinco membros permanentes do Conselho de Segurança durante a Guerra Fria. Diante dos conflitos que emergiam no cenário internacional após a II Guerra Mundial, a ONU passou a autorizar uma série de missões com o objetivo de prevenir conflitos entre Estados ou estabilizar aqueles já em andamento através do emprego de forças multinacionais compostas, normalmente, por contingentes militares e, frequentemente, civis.

Inicialmente, os idealizadores dessa concepção, que ficou conhecida como manutenção da paz (*peacekeeping*), foram o ex-secretário-geral das Nações Unidas Dag Hammarskjold, que exerceu seu mandato entre 1953 e 1961, e Lester Pearson, embaixador canadense que presidiu a sétima sessão da Assembleia Geral de 1952. Ambos confiavam que a ONU poderia desempenhar um papel relevante na manutenção da paz e segurança internacionais, mesmo em um cenário marcado pela dinâmica da Guerra Fria (Bellamy; Williams; Griffin, 2004).

Na esfera do sistema ONU, reconhece-se o Conselho de Segurança como principal órgão responsável pela manutenção da paz e segurança internacionais e o único dotado de poderes coercitivos, sendo também aquele que possui a autoridade para aprovar o mandato das operações de manutenção da paz. Apesar de a Carta da ONU não fazer referência explícita a essas operações, o que as torna mecanismos *ad hoc*, o aparato que fundamenta juridicamente sua prática está previsto em seus capítulos VI e VII. O primeiro prescreve os meios pacíficos para a solução de controvérsias, através da negociação, mediação, conciliação e/ou arbitragem. O segundo abre a possibilidade do uso da força na aplicação de medidas para a resolução de conflitos que constituam, na avaliação dos membros do conselho, uma ameaça à paz e segurança internacionais.

A composição dos recursos humanos que integram as forças de paz, chamadas de "capacetes azuis" (ou *peacekeepers*, em inglês), está definida no art. 43 da Carta da ONU, de acordo com o qual os Estados-membros se comprometem a proporcionar ao Conselho de Segurança "forças armadas, assistência e facilidades, incluindo direito de passagem, necessárias para a manutenção da paz e da segurança". Ressalta-se que, tradicionalmente, o consentimento do Estado que receberia uma operação de manutenção da paz era condição *sine qua non* para o deslocamento das tropas a campo. Nas operações multidimensionais autorizadas principalmente a partir da década de 1990, o Conselho de Segurança passou a adotar uma abordagem mais flexível quanto ao consentimento das partes em conflito, principalmente em razão da natureza dos beligerantes, que muitas vezes não são reconhecidos como interlocutores válidos para negociar seu comprometimento com os processos de paz (Bellamy; Williams; Griffin, 2004).

Dado o caráter *sui generis* desse instrumento na estrutura organizacional da ONU, é importante destacar que o orçamento das operações de manutenção da paz não integra o orçamento regular da ONU desde 1963. Porém, seguindo os preceitos do art. 17 da Carta da ONU, os Estados-membros são obrigados a contribuir com as atividades da organização e, dessa forma, a Assembleia Geral estabeleceu uma escala de financiamento para as referidas operações, com faixas de contribuição correspondentes ao poder econômico de cada país. Logo, atribuiu-se maior responsabilidade sobre o montante orçamentário destinado às operações aos cinco membros permanentes do Conselho de Segurança, chamados P5 (*Permanent Five*). Adicionalmente, cada operação possui uma conta especial, na qual são depositados os recursos captados em outras fontes, como instituições financeiras internacionais e fundações de apoio humanitário (DPKO, 2016). Não obstante, enquanto uma parcela significativa dos recursos orçamentários das Nações Unidas se destina às atividades de manutenção da paz, vale destacar que esse montante correspondeu a menos de 0,5% dos gastos militares mundiais ao longo do primeiro quinquênio do século XXI, segundo os dados do próprio Departamento de Operações de Manutenção da Paz das Nações Unidas (DPKO, da sigla em inglês).

A terminologia das missões de paz da ONU

Ainda que as terminologias e os conceitos que abarcam as operações de manutenção da paz sejam densamente discutidos por acadêmicos e tomadores de decisão ao redor do mundo, observam-se as tendências de classificá-las de acordo com seus mandatos, com o caráter da intervenção proposta e seu objetivo enquanto ação coletiva para gerir e resolver questões associadas à paz e segurança internacionais. Segundo Whalan (2013), é possível identificar três formas gerais de classificação: a primeira, amplamente aceita nos círculos acadêmicos, classifica-as em categorias evolutivas, seguindo uma narrativa histórica que identifica distintas "gerações" de operações de manutenção da paz. Uma tipologia geracional, por exemplo, criou duas categorias: as operações de manutenção da paz durante a Guerra Fria (primeira geração) e operações de manutenção da paz no pós-Guerra Fria (segunda geração); outras tipologias identificaram de três a seis gerações. Uma segunda tendência, por sua vez, buscou classificar as operações de manutenção da paz de acordo com as tarefas contidas em seu mandato, que poderiam variar de missões diplomáticas de mediação, observação ou monitoramento de cessar-fogo até a promoção de direitos humanos, construção de instituições de governança e garantias a um Estado de direito (isto é, garantir a lei e a ordem). Taxonomias que adotam essa estratégia produzem resultados diversos, o que levou Durch (1996) a qualificar quatro tipos de operações de manutenção da paz (tradicionais, multidimensionais, de imposição da paz e intervenções humanitárias), enquanto Diehl, Druckman e Wall (1998) identificaram doze tipos diferentes de operações de manutenção da paz, em um espectro que as classificava segundo a robustez de seus mandatos. Por fim, uma terceira forma de classificação incide sobre o sujeito (do direito público) que confere autoridade ao mandato. Considera-se, por exemplo, a origem do mandato como sendo ou não as Nações Unidas, o que produz uma tipologia com três categorias: operações de manutenção da paz das Nações Unidas, operações de manutenção da paz regionais com um mandato das Nações Unidas (híbridas) e operações de manutenção da paz não autorizadas pelas Nações Unidas (Whalan, 2013).

Tendo em vista que a Carta da ONU não faz referência explícita a esse instrumento, nem a Assembleia Geral e o Conselho de Segurança possuem resoluções específicas que contemplem o assunto de maneira direta, descrevem-se a seguir as categorias mais usualmente empregadas para classificar as atividades realizadas pelas Nações Unidas na gestão da paz e segurança, tomando como base os documentos *Uma agenda para a paz*, apresentado pelo então secretário-geral da ONU, Boutros Boutros-Ghali, em 17 de junho de 1992 (A/47/277-S/24111, 1992); e *Suplemento de Uma agenda para a paz*, de 3 de janeiro de 1995 (A/50/60-S/1995/1, 1995): a) diplomacia preventiva (*preventive diplomacy*): prevenção do surgimento de disputas entre Estados, ou no interior de um Estado, visando evitar a deflagração de conflitos armados, ou o alastramento destes, uma vez iniciados. Contempla ações autorizadas de acordo com o Capítulo VI da Carta da ONU; b) promoção da paz (*peacemaking*): ações diplomáticas empreendidas após o início do conflito, que visam à negociação entre as partes em conflito para a suspensão das hostilidades. Baseia-se nos mecanismos de solução pacífica de controvérsias, previstos no Capítulo VI da Carta da ONU; c) manutenção da paz (*peacekeeping*): ações empreendidas por militares, policiais e civis, no terreno do conflito, com o consentimento das partes, objetivando a aplicação ou o monitoramento de medidas para o controle de conflitos (cessar-fogo, separação de forças etc.). Tais ações são complementadas por esforços políticos de mediação no intuito de estabelecer uma resolução pacífica para o litígio. A base jurídica desse tipo de operação não se enquadra perfeitamente no Capítulo VI nem no Capítulo VII da Carta da ONU, o que leva alguns analistas a situá-las em um imaginário "Capítulo VI e meio" (Hillen, 1994); d) construção da paz (*post-conflict peace-building*): executadas após a assinatura de um acordo de paz, tais ações visam fortalecer o processo de reconciliação nacional através da reconstrução das instituições de governança democrática em um Estado de direito, de uma economia de mercado e da infraestrutura básica para o desenvolvimento continuado do Estado anfitrião. Atividades de consolidação da paz envolvem, ordinariamente, os programas, fundos e agências das Nações Unidas, bem como organizações interestatais e não governamentais formadas pela sociedade civil, que atuam ativamente na promoção do desenvolvimento econômico e social. No entanto, essas atividades também podem envolver componentes militares especializados, como oficiais das equipes de engenharia e saúde que compõem as tropas fornecidas pelos Estados-membros; e e) imposição da paz (*peace-enforcement*): respaldadas pelo Capítulo VII da Carta da ONU, essas operações incluem o uso de força armada na manutenção ou restauração da paz e segurança internacionais. São estabelecidas quando o Conselho de Segurança julga haver ameaça à paz, ruptura da paz ou ato de agressão. Ressalta-se que, no último quarto de século, forças multinacionais foram autorizadas a intervir militarmente, por razões humanitárias, em conflitos armados no interior de fronteiras estatais.

Novas configurações em operações de manutenção da paz

Recentemente, a Doutrina Capstone (ONU, 2008) publicada pelo DPKO, ao reconhecer a dificuldade de estabelecer limites claros entre as categorias descritas na seção anterior, inseriu mais uma gradação nas operações de manutenção da paz, identificando as operações "robustas" (*robust peacekeeping*). Essa nova tipificação se refere às missões que são autorizadas mediante o consentimento das partes em conflito, mas que recebem o respaldo do Capítulo VII da Carta da ONU, possibilitando o uso da força para além da autodefesa no que tange à proteção de civis e dentro das circunstâncias delimitadas pelo Conselho de Segurança, delineadas nas regras de engajamento operacionais. A extensão do mandato visa, sobretudo, fortalecer a capacidade de resposta da ONU aos grupos que empregam a violência armada para obstruir o processo de paz. No âmbito dessas operações de manutenção da paz, desenvolveram-se as operações de estabilização, priorizando o restabelecimento da segurança e do Estado de direito como condição à continuidade do processo de paz. Entre as missões mais recentes em que podem se verificar aspectos da manutenção da paz robusta, destaca-se a Missão de Estabilização da Organização das Nações Unidas para a República Democrática do Congo (Monusco), autorizada sob o Capítulo VII.

Observa-se que, em um plano estratégico e operacional, algumas operações de manutenção da paz robustas se desenvolveram no decurso de operações de imposição da paz autorizadas pelas Nações Unidas, porém fora de seu comando operacional. Em 1999, quatro operações multidimensionais foram aprovadas, na esteira de autorizações formais para a intervenção de forças multinacionais: em Kosovo, Serra Leoa, República Democrática do Congo e Timor Leste (Howard, 2008). As dificuldades operacionais e a necessidade de definir com maior clareza o papel operacional das tropas, em sua passagem de forças de imposição à manutenção da paz, no interior desses Estados, levou a comunidade internacional, e em particular as Nações Unidas, a enfatizar os esforços de coordenação civil-militar no âmbito das chamadas "missões integradas". O conceito foi originalmente definido para a missão no Kosovo, a fim de garantir uma divisão efetiva dos trabalhos entre os diferentes atores operando sob distintos mandatos. No âmbito das missões integradas, multidimensionais e robustas, a coordenação entre os componentes civil e militar se tornou fundamental para o desdobramento da missão, que envolve não apenas os componentes tradicionais – militares, policiais e civis – como também os esforços das agências humanitárias, parte do Sistema ONU ou não. Mandatos de missões integradas incluem, portanto, desde os esforços imediatos para a estabilização das condições de segurança (interna/externa) e proteção de civis até o apoio à assistência humanitária, organização de eleições e assistência ao desenvolvimento político-institucional, engajamento em reformas do setor de segurança e programas de desarmamento, desmobilização e reintegração de antigos combatentes (Eide et al., 2005). Em todas essas atividades, a inclusão e cooperação com agências de desenvolvimento e instituições financeiras foram e são priorizadas desde o início, a fim de lançar as bases para o desenvolvimento de uma situação de paz estável e sustentável em longo prazo. No âmbito das Nações Unidas, a inclusão de atividades de construção e consolidação da paz nas operações de manutenção da paz motivou uma reforma institucional dessas operações em 2005, que passaram a ser denominadas missões integradas, destinadas a garantir que os esforços elencados fossem realizados de forma coerente e coordenados entre os diversos atores internacionais, nacionais e locais associados aos setores político, militar, humanitário e para o desenvolvimento.

Outra importante alteração na dinâmica das operações de manutenção da paz, principalmente a partir da década de 2000, ocorreu no âmbito da "nova política de proteção", refletindo a crescente flexibilização das normas de não intervenção que, tradicionalmente, regularam as relações interestatais. Segundo Bellamy e Williams (2011), o Conselho de Segurança tem autorizado seus mantenedores da paz a empregar "todos os meios necessários" para a proteção de civis em contextos tão diversos quanto Haiti, República Democrática do Congo, Sudão, Libéria, Serra Leoa e Burundi. A resposta internacional às crises na Costa do Marfim e Líbia, ambas em 2011, demonstrou aos observadores internacionais que o compromisso retórico ganhara força política e as nações representadas na ONU estavam mais dispostas a empregar a força para impor a paz na ausência de uma resposta efetiva do Estado em que ocorreu um rompimento da ordem. A nova política de proteção de civis altera os termos do debate internacional, não mais se configurando a questão de "se" ocorrerá ou não um engajamento para a proteção de civis em contexto de graves violações dos direitos humanos, mas "como" esse engajamento será realizado (Bellamy; Williams, 2011). A respeito dessa problemática, destacam-se quatro fatores relevantes: em primeiro lugar, em sua prática normativa, o Conselho de Segurança tem atuado para enquadrar as respostas internacionais às crises humanitárias em termos de proteção aos civis, algo que pode ser traçado tanto no consenso formal em torno do princípio de responsabilidade de proteger, quanto na prática engendrada pelo DPKO em operações recentes; segundo, o conselho tem demonstrado maior vontade política no emprego da força militar para a proteção humana; terceiro, a atuação integrada do conselho e partes interessadas na gestão da paz e segurança, particularmente aqueles organismos regionais envolvidos diretamente no contexto da crise, passou a ser crucial para a expectativa de sucesso das operações. A atuação de organizações regionais não apenas define de que forma o tema será abordado no Conselho de Segurança, como também acaba por condicionar ou limitar a atuação desse órgão, o que pode ser observado com relação à resposta internacional ao conflito armado e à crise humanitária na Síria a partir de 2011. Por fim, um quarto ponto a ser destacado se refere ao consenso, observado na prática interestatal, em atuar por meio do Conselho de Segurança para responder, coletivamente, à emergência de crises humanitárias que ameacem a paz e segurança internacionais.

Desde o início dos anos 1990, as experiências engendradas pela ONU em operações de manutenção da paz respondem por mais da metade das missões deslocadas a campo pelos mais diversos atores internacionais. No entanto, operações de manutenção da paz, seguindo os moldes institucionais das Nações

Unidas, foram colocadas em prática com ou sem a participação desta. Missões regionais ou multinacionais se tornaram cada vez mais frequentes nos últimos anos, considerando-se os recursos humanos e materiais que as potências mundiais se dispõem a inverter em missões individuais, nas quais detêm o controle operacional. Das 125 operações das últimas décadas, 68 foram conduzidas pela ONU, outras 33 por organizações regionais e 24 por grupos multinacionais (Diehl, 2008). Pode-se então falar em uma regionalização das operações de paz?

Dados do Stockholm International Peace Research Institute (Sipri), coletados entre 2006 e 2015, apontam um crescimento significativo no número de missões conduzidas a partir da integração da ONU com organizações regionais (Van Der Lijn; Avezov, 2015). Bellamy e Williams (2009) observam essa tendência no redirecionamento dos recursos materiais e financeiros dos países ocidentais, mormente aqueles com poder de veto no Conselho de Segurança (França, Reino Unido e Estados Unidos – o P3), para as operações definidas como híbridas, ao integrar tropas atuando sob o mandato da ONU com tropas cujo comando permanece fora do controle operacional dessa organização. Essas missões podem ser institucionalmente integradas, como a força multinacional liderada pela Organização do Tratado do Atlântico Norte (Otan), a Kosovo Force (KFOR), associada à United Nations Interim Administration Mission in Kosovo (Unmik); ou ocorrem de forma *ad hoc*, como a intervenção do Reino Unido em Serra Leoa, entre 2000 e 2005, que atuou em paralelo à United Nations Mission in Sierra Leone (Unamsil). Nota-se também que, apesar de as contribuições diretas desses países nas operações de manutenção da paz das Nações Unidas terem declinado gradativamente desde 2001, há um redirecionamento dos recursos invertidos por estes em áreas de interesse geoestratégico (Bellamy; Williams, 2009).

Em geral, a ONU mantém seu papel central no desenvolvimento e articulação de operações de manutenção da paz, particularmente no continente africano e naquelas regiões em que as esferas de influência das grandes potências se encontram e os conflitos resultantes precisam ser geridos, como a UN Truce Supervision Organization (Untso), autorizada para monitorar o cessar-fogo árabe-israelense em junho de 1948, e a UN Military Observer Group in India and Pakistan (Unmogip), autorizada no ano seguinte, 1949, para monitorar o cessar-fogo entre Índia e Paquistão na Caxemira. Ambas as operações permanecem ativas, o que denota uma particularidade dessas primeiras operações: o caráter permanente de suas funções. A geopolítica, portanto, continua a ser um fator determinante no destacamento de operações de manutenção da paz e na alocação dos recursos destinados a elas.

As operações de manutenção da paz sempre refletiram as condições ideológicas e materiais predominantes na política internacional, como observa Paris (2014), ao notar a recente difusão de poder do "centro" (ocidental, liderado pelos Estados Unidos) para a "periferia" (composta por Estados emergentes e atores não estatais). Com a ascensão de atores com distintos interesses estratégicos e ideias sobre o tipo de intervenção internacional e estruturas de governança democráticas consideradas legítimas ou desejáveis, verifica-se nos últimos anos uma alteração na composição dos recursos humanos e materiais das operações de manutenção da paz, assim como diferentes arranjos cooperativos entre atores regionais e sub-regionais (Paris, 2014). Nesse cenário, organizações regionais como a Organization for Security and Co-Operation in Europe (Osce), a União Europeia (EU) e a Organização do Tratado do Atlântico Norte (Otan) desempenham um papel cada vez mais relevante em regiões periféricas das esferas de influência dos países da Europa ocidental e Rússia, principalmente no Leste Europeu, Oriente Médio e Norte da África. Na África Subsaariana, Sul e Sudeste da Ásia, organizações regionais como a União Africana (UA), a Association of Southeast Asian Nations (Asean) e a Liga dos Estados Árabes começam a desenvolver propostas para desempenhar um papel mais ativo em OP. Nesse processo de regionalização, o continente africano tomou a dianteira ao criar a African Standby Force (ASF) no âmbito da UA, enquanto outras organizações sub-regionais iniciaram projetos semelhantes, como a Eastern African Standby Force, que opera no âmbito da Intergovernmental Authority on Development (Igad) na região oriental do continente e, desde 2015, atua no Sudão do Sul. A Economic Community of West African States (Ecowas), por seu turno, já conta com um significativo número de operações de manutenção da paz realizadas no âmbito dos Estados ocidentais africanos.

A busca por uma maior coesão dos esforços regionais em operações de manutenção da paz também passou a ser um tema central para os fóruns de segurança e defesa no continente americano. Alguns analistas regionais avaliam que o Conselho de Defesa Sul-Americano (CDS), no âmbito da União Sul-Americana de Nações (Unasul), poderá representar uma importante frente de ação para a coordenação de operações conjuntas na América do Sul, após a iniciativa desses países na Missão de Estabilização das Nações Unidas no Haiti (Minustah) (Van Der Lijn; Avezov, 2015). No entanto, apesar dos esforços de coordenação regional que ressaltamos, o papel de outras organizações, fora do sistema ONU, no desenvolvimento de operações de manutenção da paz continua a ser limitado tanto por sua capacidade insuficiente quanto por problemas de legitimidade (Van Der Lijn; Avezov, 2015). Por sua vez, a tendência de crescimento no número de operações híbridas parece indicar uma nova configuração de forças no sistema político internacional.

As tendências recentes das operações de manutenção da paz permanecem sob intenso debate nos círculos políticos e acadêmicos, nacionais e internacionais, no qual emerge a falta de consenso em torno de questões como a forma em que os mandatos para a proteção de civis devem ser cumpridos, o formato da cooperação estratégica entre a ONU e seus parceiros regionais e quais objetivos poderão ser perseguidos sem colocar de lado a legitimidade de suas ações na gestão da paz e segurança internacionais. O mais recente processo de reforma das operações de paz, iniciado no âmbito das Nações Unidas em outubro de 2014, tem produzido, anualmente, uma revisão da normativa internacional acerca do emprego e atuação das forças de paz. Contudo, a dificuldade em obter um consenso sobre o uso coletivo da força continua a colocar entraves para sua concretização efetiva.

O Brasil nas operações de manutenção da paz da ONU

O engajamento brasileiro nos esforços de instituições internacionais voltadas à manutenção da paz e segurança internacional iniciou-se no âmbito da Liga das Nações. Entre junho de 1933 e maio de 1934, um oficial da Marinha brasileira integrou a comissão que acompanhou a mediação do conflito entre Colômbia e Peru pela região de Letícia. Naquela ocasião, o Itamaraty instruiu os militares a atuar com imparcialidade, recomendando a observância do princípio que mais tarde se tornaria um dos pilares da conduta do contingente brasileiro em operações de manutenção da paz (Fontoura, 1999).

Sob a égide das Nações Unidas, a primeira experiência brasileira em operações de manutenção da paz ocorreu em 1957, na Primeira Força de Emergência das Nações Unidas (Unef I, sigla em inglês), quando o Batalhão Suez, composto por seiscentos homens das Forças Armadas, foi enviado ao Egito para auxiliar no gerenciamento do conflito entre egípcios e israelenses (DPKO, 2017). Anteriormente, entre 1947 e 1951, o Brasil havia enviado três oficiais para o Comitê Especial das Nações Unidas para os Bálcãs (Unscob, sigla em inglês), o qual tinha a missão de monitorar as fronteiras da Grécia com Albânia, Bulgária e Iugoslávia. Porém, em razão do perfil de observação, que implica o emprego de militares desarmados, a participação na Unscob não é contabilizada no histórico do Brasil em operações de manutenção da paz (Cardoso, 1998).

A partir da experiência do Batalhão Suez, o Brasil passou a integrar diversas operações de manutenção da paz da ONU, enviando militares, policiais, observadores e unidades médicas às mais diversas partes do mundo. De acordo com o Ministério da Defesa do Brasil (2017), o país já enviou cerca de 50 mil militares ao exterior, engajados em aproximadamente cinquenta operações da ONU. Entre as contribuições mais significativas, considerando o número de tropas e a nomeação para postos de comando, destacam-se a participação nas missões em Angola (Unavem I, II e III), Moçambique (Onumoz), Timor Leste (Untaet), Haiti (Minustah) e Líbano (Unifil), todas empreendidas no período pós-Guerra Fria.

Na avaliação de Cannabrava (1996), o engajamento brasileiro em operações de paz representa o cumprimento de obrigações internacionais e deve ser entendido pelo prisma dos interesses e objetivos nacionais e da projeção do país no mundo. Cardoso (1998) destaca que a atuação em operações de manutenção da paz contribui para a formação e treinamento dos militares, tanto em termos da qualificação dos quadros para fortalecer as capacidades da defesa nacional, quanto no compartilhamento de experiências com tropas estrangeiras. Lannes (1999) complementa que os efetivos do Exército brasileiro, principal força engajada nas operações de paz, evidenciam seu alto nível de capacitação técnico-profissional quando atuam nessas missões, ao mesmo tempo que incrementam a motivação e o profissionalismo.

As diretrizes da atuação do Brasil em operações de manutenção da paz baseiam-se nos preceitos do art. 4º da Constituição Federal e na Política de Defesa Nacional, segundo os quais o país deve reger suas relações internacionais de acordo com os princípios de defesa da paz, solução pacífica dos conflitos e não intervenção. Observados tais documentos, a lei não regulamenta a participação brasileira em operações de imposição da paz, principalmente no que se refere àquelas missões autorizadas com base no Capítulo VII da Carta da ONU.

O histórico da participação do Brasil em operações de manutenção da paz da ONU indica que o país prioriza missões com mandatos bem definidos e delineados de acordo com os princípios da imparcialidade, do consentimento das partes envolvidas no conflito e do uso da força somente em autodefesa ou na defesa do mandato. Assim, os princípios que norteiam a participação brasileira nessas operações privilegiam o envolvimento em missões autorizadas pelo Capítulo VI da Carta da ONU, destacando sua vocação de defesa da paz e da solução pacífica de conflitos. Nessa perspectiva, Cannabrava (1996) avaliou que o Brasil não favorecia o recurso às operações de imposição da paz, respaldadas pelo Capítulo VII da Carta da ONU; porém advertiu que o país se mostrou favorável ao uso da força em casos específicos, como emergências humanitárias, desde que o Conselho de Segurança da ONU concluísse por tal necessidade com a finalidade de evitar a proliferação de graves violações aos direitos humanos.

A decisão de enviar contingentes e assumir a liderança da Força Militar da Minustah, em 2004, pode ser considerada um ponto de inflexão na participação brasileira nas missões da ONU. Segundo Hamann (2015), o Brasil era membro não permanente do Conselho de Segurança no momento em que se discutiu a Resolução n.1.542, que daria origem à Minustah, e a diplomacia brasileira esforçou-se para afastar a preferência da delegação dos Estados Unidos em respaldar o mandato da missão sob a égide do Capítulo VII, fato que iria de encontro aos preceitos constitucionais e com a tradição brasileira nas missões da ONU. O resultado foi a referência a esse capítulo na seção que tratava do item "segurança", sendo que o mandato se estruturou em dois pilares: um prioritariamente militar, voltado à garantia de um "ambiente seguro e estável" no Haiti; e outro predominantemente civil, planejado para desenvolver ações de fortalecimento das instituições haitianas, especialmente na área de promoção do Estado de direito, estabilidade política e respeito aos direitos humanos (S/RES/1542, 2004).

As tropas brasileiras mobilizadas para a Minustah, que em treze anos atingiu um total de 37.500 militares, representaram o maior efetivo enviado ao exterior desde a II Guerra Mundial e um dos maiores esforços logísticos e operacionais das Forças Armadas brasileiras, principalmente ao se considerar o contexto político interno do Haiti no início da missão, e as dificuldades impostas pelo quadro econômico-social do país caribenho. Além disso, a delegação do comando militar da missão ao Brasil significou o reconhecimento da liderança do país nos esforços de manutenção da paz da ONU.

O então ministro da Defesa, José Viegas, destacou que a atuação brasileira no Haiti representava um instrumento importante de política internacional, sobretudo pela "possibilidade de desenvolver um perfil de atuação positivo na América Latina" (CREDN, 2004). O ministro referia-se ao esforço coordenado inédito de nove países sul-americanos que enviaram efetivos para a Minustah: Argentina, Brasil, Bolívia, Chile, Colômbia, Equador, Paraguai, Peru e Uruguai.

No contexto da Minustah surgiu o Mecanismo 2 × 9, visando à coordenação de ações pelas perspectivas da segurança e do desenvolvimento para tratar da crise haitiana. A partir de 2005, os vice-ministros das Relações Exteriores e da Defesa da Argentina, Brasil, Chile, Equador, Guatemala, Peru e Uruguai estabeleceram esse fórum de diálogo para discutir possíveis caminhos para a

Minustah, incorporando posteriormente Bolívia e Paraguai. Embora o terremoto de janeiro de 2010 tenha alterado o quadro de prioridades da missão no Haiti e dificultado a consecução das ações programadas no âmbito do Mecanismo 2 × 9, a experiência é apontada como um importante passo na concertação de um espaço de articulação de políticas de defesa e segurança na sub-região (Diamint, 2007).

O engajamento de países sul-americanos no Haiti também resultou em ações de treinamento de tropas e servidores civis para as operações da ONU, a exemplo da formação da Associação Latino-Americana de Centros de Treinamento para Operações de Paz (Alcopaz) em 2008, integrada por Argentina, Brasil, Chile, Colômbia, Equador, Guatemala, Paraguai, Peru e Uruguai (Hamann, 2015).

Os argumentos humanitários também foram invocados por Viegas para justificar perante o Congresso Nacional e a opinião pública brasileira o envolvimento do país em uma operação que tinha parte de seu mandato respaldado pelo Capítulo VII. O então ministro da Defesa fez questão de enfatizar que o contingente brasileiro participaria não só de ações militares, mas também de tarefas de caráter humanitário, visando ao desenvolvimento social da população haitiana (CREDN, 2004).

O general brasileiro Augusto Heleno Ribeiro Pereira, primeiro comandante da Força Militar da Minustah, entre julho de 2004 e agosto de 2005, relatou que os contingentes demoraram a perceber que estavam envolvidos em uma missão robusta, na qual o recurso à força era interpretado para além da autodefesa. Segundo Heleno, os militares tentaram inicialmente empreender atividades de manutenção da paz tradicionais em um cenário que exigia ações mais robustas (Pereira, 2007).

Por outro lado, o general brasileiro informou que, apesar da necessidade de adequação da postura dos militares aos parâmetros do mandato da Minustah, adotando uma atitude mais incisiva principalmente nas atividades de segurança nas áreas mais violentas do Haiti – Cité Soleil e Bel Air –, houve também o entendimento de que o uso da força por si só não solucionaria o problema, dado que a questão haitiana envolvia uma série de questões políticas, humanitárias, econômicas e sociais que tornavam inócuo o mero exercício da força (Pereira, 2007). Assim, pode-se afirmar que a Minustah representou uma mudança no perfil de atuação do Brasil em operações de manutenção da paz, em razão das responsabilidades decorrentes de uma missão sob o Capítulo VII da Carta da ONU.

Referências bibliográficas

A/47/277-S/24111. *An Agenda for Peace*. United Nations General Assembly. 17 jun. 1992. Disponível em: http://www.un.org/docs/SG/agpeace.html. Acesso em: 27 mar. 2015.

A/50/60-S/1995/1. *Supplement to an Agenda for Peace*. United Nations General Assembly. 3 jan. 1995. Disponível em: http://www.un.org/Docs/SG/agsupp.html. Acesso em: 27 mar. 2015.

BELLAMY, A. J.; WILLIAMS, P. D. The West and Contemporary Peace Operations. *Journal of Peace Research*, v.46, n.1, p.39-57, 1º jan. 2009. doi:10.1177/0022343308098403.

______; ______. The New Politics of Protection? Côte d'Ivoire, Libya and the Responsibility to Protect. *International Affairs*, v.87, n.4, p.825-50, 2011.

______; ______; GRIFFIN, S. *Understanding Peacekeeping*. Cambridge: Polity, 2004.

CANNABRAVA, I. O Brasil e as operações de manutenção da paz. *Revista Política Externa*, São Paulo, v.5, n.3, p.93-105, dez. 1996.

CARDOSO, A. J. S. *O Brasil nas operações de paz das Nações Unidas*. Brasília: Instituto Rio Branco; Fundação Alexandre de Gusmão; Centro de Estudos Estratégicos, 1998.

CARTA DA ONU. 1945. Disponível em: https://nacoesunidas.org/carta/. Acesso em: 29 set. 2016.

COMISSÃO DE RELAÇÕES EXTERIORES E DEFESA NACIONAL (CREDN). Reunião conjunta das CREDN's do Senado Federal e da Câmara dos Deputados. 12 maio 2004. Disponível em: http://www2.camara.leg.br/atividade-legislativa/comissoes/comissoes-permanentes/credn/documentos/notas-taquigraficas/notas-de-2004/NT12052004.pdf. Acesso em: 17 jun. 2017.

DEPARTMENT OF PEACEKEEPING OPERATIONS (DPKO). [Departamento de Operações de Paz.] Sítio oficial. Disponível em: http://www.un.org/en/peacekeeping. Acesso em: 27 set. 2016.

______. Troop and Police Contributors. Disponível em: http://www.un.org/en/peacekeeping/resources/statistics/contributors.shtml. Acesso em: 10 jun. 2017.

DIAMINT, R. El 2 × 9: ¿Una incipiente comunidad de seguridad en América Latina? Programa de Cooperación en Seguridad Regional. *Policy Paper 18*, 2007.

DIEHL, P. F. *Peace Operations*. Cambridge: Polity, 2008.

______; DRUCKMAN, D.; WALL, J. W. International Peacekeeping and Conflict Resolution. *Journal of Conflict Resolution*, v.42, n.1, p.33-55, 1º fev. 1998.

DURCH, W. (Ed.). *UN Peacekeeping, American Policy, and the Uncivil Wars of the 1990s*. New York: St. Martin's, 1996.

EIDE, E. B. et al. *Report on Integrated Missions*: Practical Perspectives and Recommendations. Independent Study for the Expanded UN ECHA Core Group. 19 maio

2005. Disponível em: https://docs.unocha.org/sites/dms/Documents/Report_on_Integrated_Missions_May_2005_Final.pdf.

FONTOURA, P. R. C. T. de. *O Brasil nas operações de manutenção da paz das Nações Unidas*. Brasília: Funag, 1999.

HAMANN, E. P. (Org.). *Brasil e Haiti*: reflexões sobre os 10 anos da missão de paz e o futuro da cooperação após 2016. Rio de Janeiro: Instituto Igarapé, jan. 2015. [Artigo Estratégico 13.] Disponível em: https://igarape.org.br/wp-content/uploads/2015/04/AE-13_Brasil-e-Haiti.pdf. Acesso em: 16 jun. 2017.

HILLEN, J. F. UN Collective Security: Chapter Six and a Half. *Parameters*, v.24, p.27-37, 1994.

HOWARD, L. M. *UN Peacekeeping in Civil Wars*. Cambridge: Cambridge University Press, 2008.

LANNES, U. L. P. O Brasil e as operações de manutenção da paz. In: DUPAS, G.; VIGEVANI, T. *O Brasil e as novas dimensões da segurança internacional*. São Paulo: Alfa-Omega, 1999.

MINISTÉRIO DA DEFESA DO BRASIL. Missões de paz. Disponível em: http://www.defesa.gov.br/index.php/relacoes-internacionais/missoes-de-paz. Acesso em: 10 jun. 2017.

ORGANIZAÇÃO DAS NAÇÕES UNIDAS (ONU). United Nations Peacekeeping Operations: Principles and Guidelines. 2008. Disponível em: http://www.un.org/en/peacekeeping/documents/capstone_eng.pdf. Acesso em: 30 out. 2016.

PARIS, R. The "Responsibility to Protect" and the Structural Problems of Preventive Humanitarian Intervention. *International Peacekeeping*, v.21, n.5, p.569-603, 2014.

PEREIRA, A. H. R. *Radiografia de uma Missão II*: a força da paz atuando. 2007. Disponível em: http://www.defesanet.com.br/panoramahaiti/gen_heleno_1.htm. Acesso em: 25 set. 2010.

S/RES/1542 (2004). Conselho de Segurança das Nações Unidas (CSNU). 30 abr. 2004. Disponível em: http://www.un.org/en/ga/search/view_doc.asp?symbol=S/RES/1542(2004). Acesso em: 19 jun. 2017.

VAN DER LIJN, J.; AVEZOV, X. The Future Peace Operations Landscape: Voices from Stakeholders around the Globe. *Sipri*, jan. 2015. Disponível em: https://www.sipri.org/sites/default/files/2016-03/NGP-Final-Report_0.pdf.

WHALAN, J. *How Peace Operations Work*: Power, Legitimacy, and Effectiveness. Oxford: Oxford University Press, 2013.

OTAN

Edson Tomaz de Aquino
Leonardo Ulian Dall Evedove

A Organização do Tratado do Atlântico Norte (Otan), também conhecida informalmente como Pacto Atlântico, é uma organização político-militar de caráter intergovernamental instituída depois da II Guerra Mundial, como um arranjo de segurança coletiva e de defesa comum. Pode-se dizer ainda que a organização é uma aliança militar multinacional, formada a partir da institucionalização das diversas alianças militares entre Estados Unidos e países europeus ocidentais que existiam antes de sua existência.

Vista como um dos marcos fundamentais da Guerra Fria, o conflito bipolar que influenciou fortemente as relações internacionais entre 1945 e o início da década de 1990, a Otan foi fundada em 4 de abril de 1949, por meio do Tratado de Washington. Doze países participaram de sua criação: Estados Unidos, Canadá, Reino Unido, França, Bélgica, Islândia, Países Baixos, Luxemburgo, Dinamarca, Noruega, Finlândia, Portugal e Itália. Mais tarde, aderiram Grécia (1952), Turquia (1952), Alemanha Ocidental (1954) e Espanha (1982), respectivamente, numa formação que duraria até o fim da década de 1990.

O bloco inicialmente representava os interesses dos Estados Unidos, seu principal líder, que se sentiam ameaçados com a política expansionista soviética. Há, em seu ato constitutivo, uma "cláusula ideológica", estabelecendo que a Otan defenderia a democracia e suas instituições, tanto no interior da aliança quanto exteriormente. A Espanha, por exemplo, só passou a compor a aliança com sua democratização. O expansionismo associado ao regime democrático liberal conferia um elemento adicional de enfrentamento à União Soviética. Em resposta à criação da Otan, a URSS comporia o Pacto de Varsóvia em 14 de maio de 1955, que a unia aos países comunistas da Europa oriental e central.

Com sede fixada em Bruxelas (Bélgica), possui corpo de funcionários composto por delegações nacionais dos países-membros e inclui escritórios civis e militares e missões diplomáticas de países parceiros, bem como um Secretariado Internacional e Estado-Maior. As operações militares são dirigidas pelo presidente do Comitê Militar da Otan, e cada país-membro possui uma delegação, que inclui um representante militar de nível ministerial e um oficial superior das Forças Armadas. Os representantes militares de todos os países-membros formam o Comitê Militar, órgão responsável pelas ações da organização.

A Otan tem como mandato a manutenção da segurança na região do Atlântico Norte, até o trópico de Câncer, formando a "área de responsabilidade", embora muitos dos seus membros possuam territórios em outras regiões (Nato, 2012). Como foi visto, a Otan funciona sob o princípio da ajuda mútua entre os países-membros, a segurança coletiva. Esse conceito, que remonta aos Catorze Pontos do presidente estadunidense Woodrow Wilson, significa que, em caso de agressão a qualquer um deles, os demais devem vir a seu socorro. Embora tenha sido pensado nas bases do conflito bipolar, o dispositivo foi acionado apenas depois de seu término, com a deflagração da Guerra do Afeganistão, em resposta ao atentado terrorista aos Estados Unidos, em 2001.

A Otan fez parte de uma família de arranjos de segurança coletiva e defesa comum entre os Estados Unidos e outras regiões do globo na Guerra Fria. Esses organismos, dentre os quais figura o Tiar, do qual o Brasil faz parte, foram incentivados pelo Congresso americano. Em vez do isolacionismo adotado no pós-I Guerra Mundial, a iniciativa demonstrou o interesse de Washington de estar presente militarmente em todas as frentes onde fosse necessário defender seus interesses. Tratou-se de uma significativa guinada na política externa dos Estados Unidos, com repercussões duradouras nas relações internacionais (Seitenfus, 1997).

Até a guerra das Coreias, em 1955, a Otan possuía pouca expressividade. Contudo, o conflito agravou-se na Guerra Fria, com a crescente rivalidade com o Pacto de Varsóvia, a ponto de tornar-se possível um enfrentamento nuclear entre as superpotências. Entretanto, prevaleceu na Europa um equilíbrio de poder baseado nas ameaças mútuas (Kaplan, 2013).

Há certa divergência quanto à eficácia da Otan no período da Guerra Fria. Para alguns especialistas, ela alcançou o seu objetivo principal, que foi a neutralização de qualquer tipo de avanço soviético. Para outros, a criação da instituição nunca de fato apresentou resultados.

Os países-membros destacam seu caráter defensivista. Na presidência de Charles de Gaulle, a França percebia a Otan como instrumento de dominação dos Estados Unidos sobre a Europa, enquanto Moscou a acusava de ser uma ação bélica dos países capitalistas. A "cláusula ideológica" presente no preâmbulo do seu ato constitutivo estabelece que a organização pretende defender a democracia e suas instituições, dando caráter subjetivo às verdadeiras intenções da Otan (Seitenfus, 1997).

Todavia, com o colapso da então União Soviética em 1991, que pouco antes de cair aceitou que a Alemanha Oriental se tornasse parte integrante da organização, com a contraparte americana de que países-pivô da Europa central, tais como a Polônia, ficariam fora de uma possível admissão na Otan (Nato, 2015).

A história da Otan está marcada por períodos diferentes em que praticou conceitos estratégicos e táticos ligados à preparação contra ameaças a seus membros. No período da Guerra Fria, a doutrina estratégica era a da dissuasão, por meio da qual se buscava uma superioridade em armamentos nucleares e convencionais para fazer frente à projeção do poder soviético. Houve momentos em que o foco tático foi nos armamentos nucleares, como na fase inicial e "mais quente" do conflito bipolar sobre o solo europeu. No período da *détente* global entre Estados Unidos e URSS, houve maior combinação de armamentos nucleares com convencionais, como forma de garantir materialmente a Cortina de Ferro sobre a região (Hobsbawm, 1997; Otan, 1960).

Em 1990, após o quadragésimo aniversário da Otan e a queda do Muro de Berlim, os países-membros da organização emitiram a Declaração de Londres, por meio da qual novos países seriam convidados a compô-la. Em 1991, um novo conceito estratégico foi oficialmente lançado pela aliança, adaptando seu conceito de segurança ao contexto de novas ameaças, de caráter multifacetado e não mais ligado apenas a uma ameaça em grande escala da Rússia. Desde então, a organização está aberta a futuras adesões, desde que os Estados candidatos atendam aos critérios de localização geográfica, identificação ideológica e capacidade de defesa coletiva (Otan, 1991, 2010).

O primeiro secretário-geral da Otan, Lord Ismay, declarou em 1949 que o objetivo da aliança militar era "manter os russos fora, os americanos dentro e os alemães para baixo". Esse objetivo foi atingido durante a Guerra Fria (Fiori, 2014). A aliança militar, entretanto, não se restringiria a assuntos bélicos. Além das mudanças presentes na Declaração de Londres e do novo conceito estratégico de 1991, novas mudanças ocorreriam em 1999. Por conta das intervenções da organização na Bósnia (1992) e no Kosovo (1999), o conceito estratégico da organização foi mudado novamente, passando a prever uma visão de cooperação em segurança em diversas áreas, englobando ações de *peacekeeping*, *peace support* e *peace-enforcement* fora de sua área de cobertura ou de responsabilidade (Otan, 1999).

A queda da União Soviética obrigou uma grande reestruturação da Otan com relação ao seu novo papel no contexto do pós-Guerra Fria, uma vez que a ameaça comunista havia se dissipado. A Otan se voltou para o Leste Europeu, área do dissolvido Pacto de Varsóvia. Além dos países que faziam parte da Cortina de Ferro, como se denominavam os países europeus do bloco socialista, a aliança iria incorporar ainda alguns países dos Bálcãs, neutros durante o conflito bipolar, antes reunidos na Iugoslávia. Uma operação no Mar Adriático para monitorar o embargo contra a Iugoslávia foi a primeira ação militar da Otan em sua história. O já mencionado conflito do Kosovo contou com a intervenção direta da organização sem o aval do Conselho de Segurança da ONU, por conta de este não ter chegado a um consenso sobre como cessá-lo (Herz; Hoffmann, 2004).

Depois de iniciada a Guerra do Afeganistão (2001), novas iniciativas expansionistas da Otan tomaram corpo. Na reunião de cúpula de 2004, em Istambul, os dirigentes da organização decidiram expandir seu projeto de segurança e criaram a Iniciativa de Cooperação de Istambul (ICI), voltada para os países do Oriente Médio. Em 2011, a Otan interveio em uma guerra civil na Líbia, em apoio a uma decisão do Conselho de Segurança da ONU. A operação, chamada de Unified Protector, ocorreu em conjunto com forças particulares dos Estados Unidos e da França. O grupo de contato da Líbia, além dos atores mencionados, contava ainda com o apoio da Liga dos Estados Árabes, da União Europeia e da Organização para a Cooperação Islâmica (Otan, 2011). O papel da Otan no século XXI, portanto, adquiriu contornos intervencionistas, especialmente no combate ao terrorismo, com atenção para a emergência do Estado Islâmico nas imediações da Turquia, país-membro da aliança, "o que clama por uma ação conjunta dos Estados-membros" (Wright, 2016).

Embora sua concepção estratégica tenha mudado, muito de seu conceito original se manteve. O aparato militar dissuasório ainda é um de seus princípios basilares. Vale ressaltar que Moscou continua a se opor às operações empreendidas pela organização, por entender que os esforços de expansão são uma tentativa de cercar a Rússia. O presidente russo Vladimir Putin, por exemplo, tem afirmado que a Otan continua a criar confusões desnecessárias com seu país (RT, 2017). Além disso, a nova postura da Rússia, evidenciada pela anexação da Crimeia em 2013 e pelo apoio militar ao governo sírio de Bashar al-Assad, além do aumento exponencial de seu orçamento militar, vem causando certo desconforto, principalmente nas pequenas repúblicas da Europa oriental. Esse quadro, somado à eleição de Donald Trump nos Estados Unidos, tem feito esses países se sentirem cada vez mais inseguros.

A vitória do republicano Donald Trump à presidência dos Estados Unidos em 2016 foi vista como favorável à Rússia, bem como desfavorável à Otan. Essa sinalização tem levantado crescentes inquietações quanto à estabilidade da instituição. Para Trump, a Otan tem representado um alto custo para os Estados Unidos pela segurança de países sem nenhum valor estratégico que compense. Os Estados Unidos contribuem com mais de 70% da receita da aliança. Dos 29 integrantes do bloco, apenas cinco cumprem com a regra de gastar 2% do PIB em defesa. Por isso, o presidente tem manifestado desejo de uma profunda reforma na instituição. No entanto, parece incerto se os Estados Unidos irão reformular sua estratégia para a Ásia, em que a Otan tem se configurado como instrumento do jogo geopolítico de Washington.

Ao buscar a cooperação bilateral com governos que compunham a ex-União Soviética, como a Ucrânia, a Rússia entende que os Estados Unidos não abandonaram a Guerra Fria. A realização de ações conjuntas da Otan no Báltico com países não membros, como a Finlândia e a Suécia, são vistas em Moscou como provocação. Mesmo autores conservadores dos Estados Unidos oferecem pontos de vista nesse sentido. Mearsheimer (2016), por exemplo, afirma que não foi a Rússia a começar o movimento para oeste, e sim o Ocidente que começou se movimentando para leste.

É pouco provável que os Estados Unidos procurem uma guerra com a Rússia, embora não se possam excluir confrontos e incidentes aqui e ali. Ao que tudo indica, a política dos Estados Unidos é cercar e intimidar a Rússia, de tal modo que esta aceite um estatuto de semissatélite que a neutralize em futuro e previsível conflito com a China (Johnstone, 2011).

Mesmo com o fim da Guerra Fria, a Otan ainda é importante para os Estados Unidos e a Europa. Para Goldgeier, a organização deve ampliar sua visão de defesa coletiva. Isso significa reconhecer todas as ameaças que enfrentam hoje seus membros, tanto na esfera de segurança territorial quanto nos planos políticos e econômicos. O alargamento do campo de atuação da Otan é necessário em função da nova política global. Nesse sentido, o autor defende que a Otan deve expandir sua aliança e incluir nações como a Austrália e o Japão (Goldgeier, 2010).

Os governos euro-atlânticos proclamam a sua "democracia" como prova do seu direito absoluto de intervir nos assuntos do resto do mundo. Com base na falácia de que os "direitos humanos" são necessários para a paz, proclamam o seu direito de fazer a guerra (Johnstone, 2011).

Atualmente, fazem parte da organização 29 países. Entre os fundadores, figuram Bélgica, Canadá, Dinamarca, França, Islândia, Itália, Luxemburgo, Países Baixos, Noruega, Portugal, Reino Unido e Estados Unidos. Os outros países-membros são: Grécia e Turquia (1952), Alemanha (1955), Espanha (1982), República Tcheca, Hungria e Polônia (1999), Bulgária, Estônia, Letônia, Lituânia, Romênia, Eslováquia e Eslovênia (2004), Albânia e Croácia (2009) e Montenegro (2017).

Referências bibliográficas

FIORI, J. L. *História, estratégia e desenvolvimento para uma geopolítica do capitalismo*. São Paulo: Boitempo, 2014.

GOLDGEIER, J. O futuro da Otan. *Relatório Anual*, Council on Foreign Relations, n.51, 2010.

HERZ, M.; HOFFMANN, A. R. *Organizações internacionais*: história e práticas. Rio de Janeiro: Elsevier, 2004.

HOBSBAWM, E. *Era dos extremos*. São Paulo: Companhia das Letras, 1997.

JOHNSTONE, D. Cercar a Rússia, visar a China: o verdadeiro papel da Otan na grande estratégia dos Estados Unidos. *Revista Fórum*, 27 mar. 2011.

KAPLAN, L. S. *Nato before the Korean War*: April 1949-June 1950. Kent, OH: Kent State University Press, 2013.

MEARSHEIMER, J. *Clube Valdai de Discussões Internacionais*. Out. 2016. Disponível em: http://valdaiclub.com/events/own/13th-annual-meeting-of-the-valdai-discussion-club/.

NORTH ATLANTIC TREATY ORGANIZATION (Nato). Disponível em: http://www.nato.int/. Acesso em: 8 maio 2017.

ORGANIZAÇÃO DO TRATADO DO ATLÂNTICO NORTE (Otan). Comunicado da reunião do Conselho do Atlântico Norte de 16-18 dez. 1960. Disponível em: http://www.nato.int/docu/comm/49-95/c601216a.htm. Acesso em: 12 dez. 2017.

______. The Alliance's New Strategic Concept: Agreed by the Heads of State and Government Participating in the Meeting of the North Atlantic Council. 8 nov. 1991. Disponível em: https://www.nato.int/cps/ua/natohq/official_texts_23847.htm. Acesso em: 13 dez. 2017.

______. The Alliance's Strategic Concept: Approved by the Heads of State and Government Participating in the Meeting of the North Atlantic Council in Washington, DC. 24 abr. 1999. Disponível em: https://www.nato.int/cps/en/natohq/official_texts_27433.htm. Acesso em: 13 dez. 2017.

ORGANIZAÇÃO DO TRATADO DO ATLÂNTICO NORTE (Otan). *20 Years Ago*: London Declaration Marks Birth of New Nato. 6 jul. 2010. Disponível em: https://www.nato.int/cps/ic/natohq/news_64790.htm?selectedLocale=en. Acesso em: 13 dez. 2017.

______. *London Conference on Libya, Chair's Statement*. 29 mar. 2011. Disponível em: https://www.nato.int/nato_static_fl2014/assets/pdf/pdf_2011_03/20110927_110329_-London-Conference-Libya.pdf. Acesso em: 13 dez. 2017.

RT. Putin: Nato Keeps Trying to Draw Russia into Confrontation, Meddle in Internal Affairs. *RT*, 16 fev. 2017. Disponível em: https://www.rt.com/news/377538-nato-russia-confrontation-meddling/.

SEITENFUS, R. *Manual das organizações internacionais*. Porto Alegre: Livraria do Advogado, 1997.

WRIGHT, R. What Does Nato Do, Anyway? *The New Yorker*, 22 jul. 2016. Disponível em: http://www.newyorker.com/news/news-desk/what-does-nato-do-anyway.

PARLAMENTO E DEFESA[1]

Pablo Martínez
Luis Tibiletti

Falar de parlamento e defesa remete imediatamente a uma questão central nas últimas décadas das democracias latino-americanas para o controle civil sobre o poder militar. O tema da subordinação militar à democracia já constituía um tema imprescindível na tradição democrática liberal ocidental, em particular na Grã-Bretanha. Assim apontava Edward Carr quando – fazendo uma comparação com assuntos que hoje preocupam a governança democrática tão seriamente quanto a questão militar anterior – alegou que "a democracia perde todo sentido se o controle efetivo é, de fato, exercido por alguma outra forma de poder 'organizado'. A experiência de vários séculos tem ensinado que isso é verdadeiro no que diz respeito ao poder militar organizado" (1943, p.XX).

O princípio da subordinação das Forças Armadas à condução política foi introduzido como variável principal na nossa região durante o processo de democratização desenvolvido a partir de meados dos anos 1980. A derrota nas Malvinas e o impacto da chamada guerra suja, com milhares de desaparecidos e assassinados, determinou que a Argentina tivesse um modelo de transição por colapso das Forças Armadas no poder. Essas dinâmicas fizeram que o caso argentino tivesse um desenvolvimento muito mais acelerado no que diz respeito ao controle civil primeiramente e à condução política posteriormente, convertendo-se assim em um exemplo de difusão de políticas em termos politológicos (Tibiletti, 2015).

1 Tradução de Beatriz Santos.

O fato de que a busca por consensos interpartidários para avançar nessa direção dera-se no âmbito parlamentar – como explicaremos mais adiante – levou, por sua vez, o tema das funções do Parlamento em matéria de defesa converter-se também em uma questão de grande interesse para os estudiosos da transição e foi outro elemento dessa difusão. Desse modo, por exemplo, logo no início dos anos 1990, no Chile, era organizada, a partir da assessoria parlamentar do governo da *Concertación* – ainda com Pinochet no exercício do comando militar –, um simpósio sobre a função parlamentar em questões de defesa do qual participaram, especialmente convidados, os assessores do Parlamento argentino.

Após a queda do Muro de Berlim e a dissolução da União Soviética, o controle civil sobre as Forças Armadas converteu-se também em um assunto primordial nos processos de transformação das ex-repúblicas socialistas e, inclusive, como uma exigência *sine qua non* para o ingresso das mesmas na Comunidade Europeia. Para esse fim, foi criado um centro especial em Genebra: o Development Control of Armed Forces (DCAF) e, dentro dele, um centro especializado no tema do controle parlamentar muito ativo. Em relação à temática, Flouri (2015), diretor do mencionado centro, afirmou que: "O princípio de que as Forças Armadas e de segurança devam estar subordinadas à responsabilidade da direção política democraticamente eleita tem sido observado como uma condição básica para o bom funcionamento e bem-estar das nossas sociedades na Europa".

Porém, curiosamente, os problemas herdados dos regimes autoritários – tanto no espaço da "soberania limitada" da Doutrina Brejnev, quanto na "doutrina de segurança nacional", impulsionada desde Washington através do Comando Sul do Exército dos Estados-membros da União Europeia – foram os mesmos, identificados por Flouri (2015) como três problemas básicos: "a posição dominante, o privilégio e a insularidade dos militares; a falta de experiência na defesa civil e a ausência do hábito e dos mecanismos de prestação de contas democráticas".

A partir do que foi dito, falar de comissões parlamentares de defesa implica necessariamente a utilização como marco referencial do conceito de condução política dos assuntos de defesa. De fato, em muitas ocasiões, sugeriu-se que esse conceito é mais adequado a nosso contexto latino-americano do que o mais asséptico de controle civil. O enfoque do controle civil é essencialmente huntingtoniano e, como tal, condição necessária (ainda que não suficiente) para compreender a problemática da relação entre as Forças Armadas e a sociedade em nossos países. Em sociedades em que os temas de defesa jamais foram motivo de preocupação para suas elites intelectuais e políticas – e, portanto, deixados totalmente em mãos de seus homens armados –, o assunto central não passa somente pelo modo de controlar os militares, mas em como conduzir uma das áreas mais sensíveis de um Estado, como é sua defesa nacional. Tal como observou Diamint (2006), "para superar as históricas tensões civis-militares [...] é preciso fazer política democrática de defesa", e adiciona que "na região somente fora dada atenção às relações civis-militares e não à planificação e condução da defesa como mais uma política estatal".

Um desses elementos de planificação e condução são precisamente os parlamentos. A história institucional latino-americana não foi caracterizada como a de outras regiões pela relevância outorgada ao Congresso. Herdeiros de um presidencialismo vinculado à tradição do caudilhismo do período pós-independência, os sistemas de governo estiveram sempre mais vinculados com os caprichos da personalidade dos presidentes ou pela presença política dos militares do que por ação ou omissão de seus parlamentares. No entanto, o processo de modernização que, no princípio do século XX, ocorreu na maioria das instituições militares da América do Sul, foi uma primeira oportunidade, quando alguns parlamentos cumpriram uma função importante no debate sobre essas transformações. Do mesmo modo, o processo de redemocratização, que caracterizou as últimas décadas do século XX, foi uma oportunidade para que a necessária realocação institucional das Forças Armadas após as ditaduras militares ou as guerras civis contasse com um papel ativo dos parlamentos.[2]

As funções gerais do Parlamento

Nas aulas de educação cívica, os jovens aprendem que o eleitor tem direito a esperar uma representação adequada por parte do parlamentar. Mas o que seria uma representação adequada? Como é possível medi-la? O que se deve esperar de um parlamentar? *Legislador*, *participante*, *opinante* são, nessa ordem, graduações *decrescentes* na admissão de faculdades legítimas que cada legislador pode exercer em sua atividade parlamentar. No entanto, existe uma função pouco apreciada quando são feitas análises sobre essa atividade e que, no entanto, tem uma alta significação: a referente à formação de consensos amplos. Essa função, que, quando as representações dos partidos não alcançam clara

2 Podemos observar qual era o estado das capacidades legais dos parlamentos para o exercício de sua função na região na excelente síntese realizada no *Anuário da Defesa* da Resdal, em 2005 (Follietti, 2006).

maioria parlamentar, é fundamental para o que costumamos chamar governabilidade, é, de todas as maneiras, essencial mesmo quando essa maioria existe ao tratar-se de temas de alta transcendência.

Para que os parlamentos cumpram essa função, em primeiro lugar, parece ser primordial poder assumir que determinados temas requerem, durante a luta interpartidária, um tratamento diferencial, em especial nos períodos pré-eleitorais, que, em virtude dos nossos sistemas de eleição e renovação, são quase a norma e não a exceção. Em outras palavras, esse tratamento deve ser diferencial no sentido de que não pode ser utilizado descuidadamente sem gerar riscos ao próprio funcionamento do sistema democrático; provavelmente seja muito difícil imaginar um tipo de disciplina parlamentar com um regime realmente democrático capaz de assegurar seu respeito pelo conjunto dos legisladores.

No entanto, esta quase utopia pode ser alcançada transformando uns poucos legisladores nas referências de cada partido no tema em questão e, assim, a concordância entre eles minimizará o dano, mesmo que outros colegas da bancada expressem suas opiniões de forma mais agressiva. Tal função também pode ser desenvolvida por uma rede de assessores com distintas experiências acadêmicas, políticas e profissionais do campo civil e também militar para o caso da defesa, que permitam acordos propositivos.

Por último, existe uma terceira forma de gerar consenso no âmbito parlamentar vinculada com a promoção dos debates, tanto nesse próprio âmbito (através de atividades promovidas pelo Congresso), quanto pelo apoio à ação de ONGs que os parlamentares possam desenvolver.

Características específicas da defesa como política pública

A função de defesa exige o estabelecimento de uma política pública, assim como a educação ou a saúde. Constitucionalmente, em nossos Estados, as políticas públicas são estabelecidas pelo Poder Executivo com maior ou menor grau de ingerência em sua elaboração e controle pelo Poder Legislativo. Isso significa que a política pública de defesa (de onde derivam as missões das Forças Armadas e que cria as necessidades orçamentárias) deve seguir o caminho de qualquer uma dessas políticas para sua elaboração. Somente esse processo vai permitir *a posteriori* o exercício de um tipo de controle de eficácia e eficiência. Ou seja, essa política é a ordem que depois será possível controlar.

A ausência desse caminho lógico e a vontade, às vezes quase forçada por visões simplistas, de que a liderança política controle os gastos militares produz muitas fricções e, no melhor dos casos, um excelente controle de legalidade. Este, em si, não se diferencia em nada do que deve ser exercido sobre qualquer outra instituição ou área da condução do Estado por parte dos organismos de auditoria; o que acontece é que, em nossos países, as áreas administrativas das instituições militares costumavam estar fora desse controle com a desculpa do segredo.

Em síntese, portanto, a política de defesa é uma política pública a mais e os responsáveis por sua formulação – e por darem respostas à sociedade – são os líderes eleitos por essa sociedade. Além disso, deve existir outro sistema de controle – que é elemento central em matéria de condução das Forças Armadas – que seja comum a todos os gastos estatais e controle de legalidade.

O outro aspecto, habitualmente apontado em relação à defesa como bem público, é que, além de ter apenas um fornecedor, isto é, o Estado, os consumidores são todos os cidadãos; porém, por sua vez, diferente dos casos indicados de bens públicos, como a educação, saúde e, inclusive, a segurança individual, o bem público defesa não é uma demanda permanente, a percepção da sua necessidade está relacionada à possibilidade de sofrer uma agressão que exija seu emprego. Por isso, é difícil para os líderes políticos assumirem a promoção pública do gasto em defesa quando a sociedade não tem uma cultura de defesa e, tampouco, a percepção de ameaça real. Dizemos cultura de defesa no sentido de que as experiências históricas da sociedade provoquem a valorização da defesa como uma capacidade necessária enquanto comunidade organizada e não como ameaça próxima.

A experiência institucional latino-americana aponta que o cumprimento das faculdades constitucionais dos três poderes em relação aos temas das Forças Armadas tem sido, em geral, muito limitado. Em nossas nações, diferentemente do que ocorre em outras, especialmente naquelas com regime parlamentar, em que a missão e as funções da Comissão de Defesa surgem da própria Constituição ou Lei Fundamental (tal como sucedeu na Lei Fundamental da Alemanha Ocidental), a missão e as funções das comissões parlamentares de defesa – quando estas existem e estão definidas – surgem exclusivamente dos regulamentos de cada Câmara. Também a competência pode complementar-se com algumas funções designadas pelas leis específicas da área de defesa.

Na prática, portanto, as competências exercidas por uma comissão podem ser muito mais amplas do que meramente regulamentárias e isso também pode ser dito sobre suas funções. Em primeiro lugar, deve notar-se que, muitas vezes, uma comissão parlamentar determina não apenas questões referentes às Forças Armadas, mas também sobre todo tipo de assunto pertinente à defesa nacional. Assim, costumam decidir (ou é requerido que decidam) sobre aspectos relativos a políticas de fronteiras (incluindo terras estatais em zonas fronteiriças), aeródromos e aeroportos, política internacional em situações de conflito e crises, mesmo quando essas situações não tenham derivado de emprego ou mobilização das Forças Armadas, registro de armas, organismos de inteligência, tanto civis quanto militares e aviação civil, entre outros pontos.

Umas das principais características do funcionamento dos mencionados princípios básicos da ação parlamentar descrita até aqui no âmbito da defesa é não ser uma matéria inclinada a muita legislação. Consequentemente, a maioria dos Estados apresenta escassa legislação vinculada a essa matéria e, desse modo, há uma ampla gama de faculdades normativas delegadas ao Poder Executivo. Em contrapartida, o âmbito da defesa caracteriza-se pela dificuldade para intervir na formulação de políticas por causa da cultura de manter secreto o tema das atribuições em geral e o destino em particular dos fundos para a área. Sem dúvida, somente em uma situação regional em que impere uma ideia de segurança compartilhada, e se aprofundem as medidas de confiança mútua em um marco de convivência pacífica e convergência estratégica, o tema dos recursos e sua otimização poderá alcançar um grau de transparência que permita ao Congresso atuar sobre o assunto de modo responsável.

Uma terceira característica, de certa forma vinculada a isso, é o problema da comunicação com os atores reais. Nesse sentido, todas as comissões estão acostumadas a ser alvos de *lobbies* mais ou menos públicos. Assim, se imaginarmos uma comissão de legislação trabalhista, é fundamental que a mesma tenha uma comunicação permanente com as organizações sindicais e empresariais. Isso não pode funcionar do mesmo modo no campo da defesa, já que esses atores reais são propriamente instituições estatais que, por sua característica de verticalidade, somente se expressam através de suas mais altas hierarquias e estas, conscientes do impacto político de suas declarações, procuram não enfrentar diretamente a comunicação, mas sim por meio dos responsáveis políticos da área. Se a isso somarmos a habitual resistência de quem tem tido todo o poder de reconhecer outros interlocutores válidos em vez dos que considera de menor valor, poderemos imaginar a dificuldade criada na área para obter informação atualizada a fim de tomar decisões sem criar inconvenientes na relação do Parlamento com as Forças Armadas. Habitualmente, estas almejam informar os parlamentares o que interessa a elas e ocultar o que é de interesse deles.

A experiência argentina

A Constituição Nacional vigente na Argentina desde 1853 foi concebida segundo o molde da Constituição dos Estados Unidos e, por isso, outorga ao Congresso Nacional amplas faculdades em relação à defesa. No entanto, foi recentemente, em 1948, que se sancionou a primeira lei específica ao tema. Esse ordenamento legal da defesa fora aprovado durante a primeira presidência do general Juan Domingo Perón e constitui um marco na sempre esquiva responsabilidade de conduzir politicamente as Forças Armadas, que tiveram uma longa tradição de envolvimento no exercício do poder, seja ele como atores que utilizavam sua capacidade corporativa e o conseguinte poder de veto, ou mediante a intervenção direta e o acesso ao poder absoluto, acumulando as faculdades do Executivo e do Congresso, assim como a possibilidade de subordinar o Poder Judicial.

Em 1930, o golpe militar que derrubou o governo constitucional do presidente Hipólito Irigoyen abriu espaço para uma longa etapa de intervenção direta dos militares no governo da nação, caracterizada por uma aguda politização do corpo de oficiais e a geração de profundas divisões em seu seio. A lei sancionada durante a primeira presidência de Perón gerou a possibilidade de avançar no governo das Forças Armadas, caracterizadas por sua condição de burocracia profissional politicamente neutra. Logo foram perdendo essa neutralidade e isso, progressivamente, provocou fortes enfrentamentos no seu interior que contribuíram ao desenlace golpista de 1955. A política de defesa não era um tema importante da disputa partidária; em contrapartida, a política militar era motivo de conflito, pois estava fortemente ligada à utilização do instrumento militar para influenciar ou tomar o poder.

Obviamente, com esse marco cultural, a questão de defesa não era prioridade para um Congresso atento aos temas políticos e econômicos, uma vez que o país tampouco enfrentava conflitos externos que reivindicassem a participação dos militares. As elites políticas, com longa experiência das relações com as instituições militares, por outro lado, sabiam muito pouco sobre a problemática da defesa. Aliás, durante as guerras mundiais do século XX, a situação geográfica do país – distante do teatro de operações militares – era observada, predominantemente, como justificativa da ausência nos conflitos. A mesma consciência coletiva da sociedade também favorecia essa visão, colocando a Argentina distante do impacto, das repercussões da guerra e da consequente necessidade de ter uma política de defesa e sua correspondente estrutura orgânica para facilitar o esforço nacional na proteção de seus interesses fundamentais, diante da possibilidade remota de sofrer agressões provenientes do exterior.

Os sucessivos golpes de Estado e a subsequente ruptura da ordem constitucional, tampouco foram o melhor ambiente para estimular a preocupação pela defesa. Somente com o desenvolvimento do conflito Leste-Oeste, em plena Guerra Fria, durante os anos 1960, a Argentina submeteu-se à doutrina da segurança nacional. Com a chegada ao poder do general Juan Carlos Onganía, mediante um novo golpe de Estado que derrubou o governo constitucional de Arturo Illia, fez-se necessário reformular a política de defesa. A lei até então vigente tinha como fundamento o conceito de nação em armas e a defesa era concebida como a organização do esforço nacional para enfrentar a eventualidade de uma guerra. A ditadura necessitava harmonizar aquele corpo legal com o novo rumo adotado, que, de fato, supunha incluir-se na contenda entre os dois gigantes: os Estados Unidos e a União Soviética, envolvendo-se sem benefício de inventário no campo ocidental, para somar-se a uma "guerra" absoluta que não reconhecia fronteiras entre o conflito militar e os de ordem econômica, tecnológica, cultural ou social. Para isso, uma nova legislação consagrou formalmente a lógica da segurança nacional.

Com a queda da ditadura militar em 1983, a transição para a democracia consolidou-se sem abrir espaço para as Forças Armadas imporem condições para sua retirada da cena. O poder dos militares colapsou. Uma guerra perdida, o fracasso econômico e as muitas violações aos direitos humanos no conflito com as organizações armadas subtraíram-lhes toda capacidade de manobra. Logo, seu isolamento da sociedade acabou obrigando-as a retirar-se desordenadamente.

Foi, então, o momento da política. Era óbvio que a principal tarefa devia ser o enquadramento dos militares dentro do ordenamento legal que governava o resto dos argentinos. A igualdade perante a lei implicava, primeiramente, que os membros das Forças Armadas devessem responder por sua participação nas múltiplas violações aos direitos humanos ocorridas durante a última ditadura. Em sequência, deveriam interromper as pretensões de continuar com as práticas corporativas e aceitar a condução civil da defesa, subordinando-se ao que o governo constitucional dispusesse. Por último, era necessário pôr fim à participação dos militares na atividade dos partidos políticos. As Forças Armadas teriam de voltar a ser politicamente neutras e seus integrantes – compondo uma burocracia hierarquizada e disciplinada – deveriam concentrar suas ações nos aspectos profissionais.

Surgiu, portanto, a necessidade de dar um sentido político à defesa coerente com o rumo político do governo do presidente Raúl Alfonsín. Isso forçou a promulgação de uma nova lei de defesa que deixasse o passado para trás e construísse um sistema de organização no qual o governo de defesa civil e as lições da Guerra das Malvinas fossem refletidos. O país era outro e a política externa também havia se transformado substancialmente. A integração regional foi o objetivo prioritário no que se referia à política externa e a defesa deveria acompanhar essa orientação. Os conflitos cruzados com seus vizinhos seriam arquivados e, do mesmo modo, as Forças Armadas não deveriam estar envolvidas com a segurança interna, tarefa reservada às forças de segurança e aos policiais. O número dos militares efetivados seria reduzido e o orçamento atribuído à área sofreria cortes substanciais, tanto pela redefinição de missões e funções quanto pela pressão da situação econômica, que impôs outras prioridades de gasto público. A ação conjunta das três forças fazia-se imperiosa a fim de conquistar o objetivo de integração das Forças Armadas, com capacidade para projetar todo seu potencial em cenários amplos, estruturadas para alcançar a mobilidade correspondente a um país de grande dimensão geográfica.

O Poder Executivo e também as comissões de defesa do Senado e da Câmara de Deputados iniciaram a redação de uma nova lei de defesa compatível com o rumo político e a apreciação de uma situação internacional e regional que já era dominante nos principais partidos políticos. O interesse pelo tema resultou em propostas múltiplas, tanto no Poder Executivo quanto no Congresso, e o debate nas comissões progrediu rapidamente. Do mesmo modo, o número de legisladores interessados nesse tema se multiplicou, algo que até então nunca havia ocorrido. As principais forças geraram um pacto não escrito concentrado na necessidade imperiosa de evitar futuros golpes militares e conquistar a subordinação dos militares ao poder democrático.

As comissões de defesa converteram-se rapidamente em fóruns de debate, com a crescente participação de acadêmicos provenientes das ciências sociais, economistas, especialistas em relações internacionais e militares aposentados. Houve uma constante troca de informação com os políticos e acadêmicos de outros países, especialmente da região. As experiências de transição para a democracia, que em sua esmagadora maioria enfrentavam o problema de encaixarem as Forças Armadas no âmbito constitucional, detinham elementos para a reflexão e a posterior construção de políticas de transformação. Também foram importantes as contribuições provenientes de países com democracias estáveis e, adicionalmente, no mundo acadêmico fomentou-se o interesse por essa temática, superando um longo e antigo desdém das universidades pelos temas da defesa, das Forças Armadas e dos militares como sujeitos históricos e sociais.

Os vínculos do mundo político e os militares multiplicaram-se, e isso permitiu emergir a confiança necessária para conquistar um diálogo franco e proveitoso. Tudo isso ajudou a eliminar paulatinamente a separação que havia se formado entre a sociedade civil e os militares. Tornou-se necessário contar com novos instrumentos da prática política em relação à defesa. Seminários, reuniões sociais, conferências, intercâmbio de literatura política e acadêmica, visitas de legisladores e seus assessores às unidades militares, encontros desses legisladores com seus pares da região e com os da Europa e dos EUA, foram úteis para oferecer mais recursos intelectuais tanto aos congressistas e militares quanto aos próprios acadêmicos. E, particularmente, a criação de uma verdadeira diplomacia legislativa, que contribuiu decisivamente para tirar de cena as suspeitas entre os países da região, foi decisiva para potencializar o efeito difuso dos avanços na transição para a democracia, a fim de facilitar sua réplica e adaptação em outras nações da América Latina.

Com a sanção de uma nova lei de defesa nacional, em 1988, cinco anos depois da ascensão de um governo constitucional ao poder, demora explicada pelas sucessivas crises militares que desafiaram o governo civil, afirmou-se a necessidade de conduzir politicamente a defesa, atribuição inevitável do Executivo, estabelecendo uma clara distinção entre duas atividades: a defesa nacional e a segurança interna, cujos objetivos, doutrinas, equipamentos e capacitação são distintos e inconfundíveis.

O Congresso também foi o âmbito em que foi analisada a transformação das Forças Armadas, estabelecendo as diretrizes para sua reestruturação – tanto do instrumento militar quanto de suas capacidades, como a formação de seus quadros e os critérios para o fortalecimento de ações conjuntas –, e do próprio Ministério da Defesa. Também foi sancionada uma lei de reestruturação, dando-lhe um novo desenho, com possibilidades de avançar para a defesa cooperativa, até então uma novidade no processo de construção da identidade estratégica regional, como ponto de partida para criar, primeiramente, uma sinergia positiva com os países da América do Sul e, logo depois, com o restante da América Latina.

A tarefa legislativa nunca parou e desde a democracia até os dois últimos governos constitucionais da presidente Cristina Fernández de Kirchner, nenhum dos presidentes finalizou seu mandato sem sancionar alguma lei referente à defesa. Isso prova a existência de um consenso interpartidário que tem facilitado o trabalho especificamente legislativo e que não perdeu importância com o passar do tempo e as difíceis circunstâncias pelas quais a democracia argentina atravessou.

No entanto, esse impulso inicial foi tão poderoso que perdeu vigor e debilitou a atividade específica das comissões de defesa em ambas as câmaras. As tarefas prioritárias vinculadas com o controle foram progressivamente abandonadas. A fiscalização do uso dos recursos por parte do Ministério da Defesa não teve continuidade e, da mesma maneira, os projetos de aquisição e as visitas periódicas às unidades militares foram abandonados. Nem o Executivo teve iniciativa para dinamizar essas tarefas, nem o Legislativo utilizou seus poderes plenamente.

Uma das razões que explicaria a paralisia foi a escassez de recursos orçamentários e a conseguinte perda de interesse no processo de reestruturação que, sem dúvida, implica um compromisso político e meios para levá-lo adiante. O que não foi compreendido é o fato de que a reestruturação é imperativa e demanda atenção e participação política, uma vez que toda reestruturação exige um envolvimento pleno dos legisladores e capacidade de diálogo com atores que, sem dúvida, têm interesses bem estabelecidos para que essas mudanças não se materializem, inclusive por implicarem mudanças na distribuição de poder.

A escassa presença de legisladores nos exercícios conjuntos realizados pelas Forças Armadas (oportunidade na qual é possível apreciar – ainda que em pequena magnitude – o grau de preparo das unidades e dos meios utilizados) também evidencia a perda de interesse por parte dos congressistas. As comissões de defesa perderam poder. Nunca foram instâncias importantes para a opinião pública e, consequentemente, não concedem visibilidade aos protagonistas e não contribuem com o poder de *lobby*, uma vez que as indústrias da defesa ainda são muito fracas.

Referências bibliográficas

BOBBIO, N.; MATTEUCCI, N.; PASQUINO, G. *Diccionario de política*. v.II. 10.ed. México: Siglo XXI, 1997.

COLE, E.; FLURI, P.; LUNN, S. (Eds.). *Oversight and Guidance*: Parliaments and Security Sector Governance. Geneva: Geneva Centre for the Democratic Control of Armed Forces (DCAF); Nato Parliamentary Assembly, 2015.

______; KINZELBACH, K. Democratising Security in Transition States. In: FINDINGS, RECOMMENDATIONS AND RESOURCES FROM THE UNDP/DCAF ROUNDTABLE FOR CIS PARLIAMENTARIANS. Prague, out. 2005. Bratislava: UNDP; DCAF, 2006.

DONADIO, M.; DRUETTA, G.; TIBILETTI, L. Diputados y defensa: radiografía de un poder tenue. In: DRUETTA, G. et al. (Coords.). *Defensa y democracia*: un debate entre civiles y militares. Buenos Aires: Punto Sur, 1990. p.196-239.

DRUETTA, G. Herencia militar y lucha parlamentaria. *Revista Nuevo Proyecto*, Buenos Aires, v.5-6, 1998.

ESCOBAR, S. La Asesoría Parlamentaria Externa en Chile. In: SEMINÁRIO "EL FORTALECIMIENTO DEL PODER LEGISLATIVO". Versão taquigráfica da conferência. Santiago de Chile: Organización de Estados Americanos; Unidad para la Promoción de la Democracia; Centro de Estudios y Cooperación Legislativa (Cecol), 1997.

FOLLIETTI, G. Competencias constitucionales de los parlamentos latinoamericanos en el área de la defensa. In: *Atlas comparativos de la defensa en América Latina*. Buenos Aires: Resdal, Ser en el 2000, 2005.

______; TIBILETTI, L. (Eds.). *Parlamento y defensa en América Latina*: el papel de las comisiones. v.I: Argentina, Brasil, Chile e Uruguai. Buenos Aires: Ser en el 2000, 2004.

GIRALDO, J. K. Legislatures and National Defense: Global Comparisons. In: BRUNEAU, T. C.; TOLLEFSON, S. D. (Eds.). *Who Guards the Guardian and How*: Democratic Civil Military Relations. Austin: University of Texas Press, 2006.

MARTINEZ, P. *La reestructuración de las Fuerzas Armadas y el rol del Congreso*: la experiencia argentina. La Paz: Unidad de Análisis de Políticas de Defensa (Udapde), 2002.

MIGUENS, J.; DRUETTA, G.; TIBILETTI, L. La reubicación de las Fuerzas Armadas en la sociedad democrática. In: *Por 100 anos de democracia*. Buenos Aires: Eudeba; Prondec, 1994.

SAIN, M. F. Quince años de legislación democrática sobre temas militares y de defensa (1983-1998). *Desarrollo Económico*, Buenos Aires, v.40, n.57, p.121-42, 2000.

SER EN EL 2000. Reestructuración del sistema nacional de defensa: audiencias públicas: Congreso de la Nación Argentina. Buenos Aires, n.9, p.7-17, 1996.

VARGAS, A. V. *Parlamento y defensa en America Latina*: el papel de las comisiones. v.II: Bolívia, Colômbia, Equador, Peru, Venezuela. Buenos Aires: Resdal, 2009.

PAZ

Paulo Roberto Loyolla Kuhlmann
Marcos Alan Shaikhzadeh Vahdat Ferreira

Por paz entende-se a ausência ou redução significativa da violência de todos os tipos, bem como a transformação não violenta e criativa do conflito (Galtung, 1996, p.9). É com base nessa definição que estudaremos a ideia de paz neste verbete. Cabe salientar que a paz é um conceito amplamente discutido em diversos círculos sociais, desde a academia até a religião e ambientes políticos em distintos níveis. Almeja-se aqui fornecer um panorama geral do conceito dentro do espectro acadêmico, sem perder de vista – embora não seja o foco – seu caráter holístico. Inicia-se esta tarefa consciente da impossibilidade de abarcar a totalidade do conceito, porém com o objetivo de dar um panorama suficientemente claro de uma conceituação central para qualquer estudo na área de segurança e estratégia.

Nos parágrafos seguintes, destrincharemos essa definição em quatro partes. Inicialmente, será apresentada a definição e história do conceito de paz. Subsequentemente, serão expostas as diferentes discussões contemporâneas do conceito, iniciando-se com uma análise do papel dos Estudos para a Paz, seguida da análise da paz nos estudos estratégicos e sua apropriação pelos estudos tradicionais de segurança. Finaliza-se este verbete com uma análise dos desdobramentos contemporâneos nos debates sobre paz, em especial a discussão sobre paz no nível local e o entendimento da dicotomia paz-conflitos.

Definição e história do conceito de paz

De uma perspectiva histórica, a paz é considerada em sociedades orientais – em especial aquelas influenciadas pelo hinduísmo, budismo, taoísmo e confucionismo – como uma busca interna e comunal de tranquilidade entre si e outrem que é alcançada através de meios espirituais (Jeong, 2000, p.7). No Ocidente, a filosofia grega sugeria que um mundo pacífico significaria a falta de distúrbios civis com base na substância moral da sociedade, como se depreende do pensamento de Platão (*Stanford Encyclopedia of Philosophy*, 2013).

Na tradição judaico-cristã há diversas controvérsias: primeiramente, se diferencia o mandamento "não matarás" como não assassinarás, considerando como diferentes a morte em guerras da morte por intenção (como um homicídio) fora de um conflito bélico. Entretanto, ainda assim, rabinos são dispensados do serviço militar em Israel, o que indica que a possibilidade de matar em combate distancia a pessoa de tratar com o Todo-Poderoso. Por outro lado, há diversas ordens cristãs que incentivavam a honra e a glória do combate, por um lado, e correntes importantes que negavam totalmente a possibilidade de um cristão combater, por considerar que iriam contra o amor e contra o mandamento divino. Dentre eles, por exemplo, encontra-se Leon Tolstói, bem como os quacres, de onde se originaram diversos pesquisadores da paz. Entretanto, a lógica do cristianismo que guerreia foi muito antes questionada por Erasmo de Roterdã, no século XVI, na obra *Protesto da paz* (*Querela Pacis*), mostrando essa contradição no cristianismo, que pregava paz, mas procedia exatamente ao contrário.

Para além do debate histórico que inevitavelmente recai nas discussões teológicas, no que tange ao estabelecimento de uma paz entre nações devemos remontar à proposta de paz entre os reinados europeus feita pelo rei da Boêmia Jorge de Poděbrady no final do século XV. Porém, seria após a Guerra dos Trinta Anos que veríamos o estabelecimento de um tratado em prol da paz, conhecido como Tratado de Westfália (1648). Ainda que a Paz de Westfália não tenha criado uma situação de paz completa entre os grupos políticos rivais europeus, ela teve sua importância ao possibilitar a autodeterminação dos povos em relação à Igreja Católica e permitir a existência de fronteiras para evitar guerras fratricidas, como foi usual por décadas. Ainda, o tratado convergiu com um movimento científico e cultural que deu um novo tom à importância da paz: o Iluminismo.

Violência e conflito passam a ser vistos como um grande mal por iluministas como John Locke e Jean-Jacques Rousseau. No entanto, o filósofo francês

Charles-Irénée Castel, ou Abbé de Saint-Pierre, é pioneiro naquele movimento pela paz ao escrever *Projeto para tornar a paz perpétua na Europa*, em que sugere um tratado entre todas as nações europeias em uma "Grande Aliança", um exército europeu e o estabelecimento de uma Assembleia Europeia (Saint-Pierre, 2008).

Mas foi outro filósofo, este central no Iluminismo como um todo, que revolucionaria a ideia de paz de Saint-Pierre. Em *A paz perpétua*, Immanuel Kant generalizou as proposições de Saint-Pierre ao incluir todos os povos numa paz cosmopolita universal guiada por acordos e instituições. Kant propõe que o desenvolvimento da humanidade demanda ações como: fim dos tratados secretos, fim do domínio de um Estado sobre outro, abolição das armas, fim das dívidas nacionais quando estas geram conflito entre Estados, fim da intervenção na constituição ou governo estrangeiro, regulação dos atos de hostilidade durante o conflito armado (Kant, 1795). Não obstante as críticas recebidas pelo seu idealismo, a proposta kantiana serve até hoje como base para se pensar a paz em diferentes esferas, desde o processo de construção de paz das Nações Unidas em zonas pós-conflito, até mesmo no estabelecimento de processos de cooperação regional.

Além disso, a forma de se conquistar a paz (ou de superar a guerra) à luz do pensamento kantiano influenciou posteriormente diversos pensadores e políticos, dentre outros, Augusto Comte, Norman Angell, Woodrow Wilson, e defensores da paz por meio do livre mercado e da democracia, por exemplo, os teóricos da teoria da paz democrática como Michael Doyle e Bruce Russett (Doyle, 1983; Russett, 1994).

Não obstante, o estudo acadêmico sobre a paz ganhou contornos mais claros e sistemáticos no período da primeira metade do século XX. Afligido por duas mortíferas guerras mundiais, inicialmente os estudos sobre a paz visavam imaginar possibilidades de extinguir as guerras, pesquisando suas causas, destacando-se autores como Quincy Wright e Levis Fry Richardson (Wiberg, 2005; Wright, 1942). Por outro lado, as ações de indivíduos que visavam a paz em seus diferentes contextos sociais, como Mohandas Mahatma Gandhi e Martin Luther King, tiveram um impacto marcante no conceito. Suas ações mostraram que, no fundo, a reflexão teórica sobre a paz deve vir acompanhada de pessoas que praticam a paz, e que muitas vezes – mas nem sempre – quem pratica a paz deve participar do debate acadêmico.

Foi justamente em um mundo em busca de sistematização das ações de Gandhi, somada à necessidade do fim da carnificina das guerras mundiais e da demanda por paz social, que aos poucos se consolida o estabelecimento do campo de Estudos para a Paz, desenvolvido no pós-Guerra Fria na Europa e Estados Unidos, e que tem como principais autores Johan Galtung, Peter Wallensteen, Elise e Kenneth Boulding e John Paul Lederach.

O novo entendimento de paz trazido pelos Estudos sobre a Paz

O engajamento de cientistas sociais norte-americanos e europeus em busca de definir paz foram tratados em diferentes ambientes acadêmicos e permitiram o florescimento do campo de Estudos para a Paz e Conflitos. Seria o Peace Research Institute of Oslo (Prio – Instituto de Oslo de Pesquisa sobre Paz), liderado por Johan Galtung, a primeira instituição a utilizar a denominação Estudos para a Paz. Por sua vez, foram Elise Boulding, Kenneth Boulding e outros acadêmicos como Anatol Rapoport e Herbert Kelman que criariam o primeiro periódico dedicado ao Estudo da Paz e Conflitos em 1957, o *Journal of Conflict Resolution*.

Dentre esses acadêmicos, foi Johan Galtung que inovou a maneira como as ciências sociais interpretam a paz com o seu ensaio seminal publicado em 1969, "Violence, Peace and Peace Research". Ele define a ideia de paz baseado em três princípios: "o termo 'paz' deve ser utilizado para fins sociais ao menos verbalmente aceitos por muitos, caso não necessariamente pela maioria; esses fins sociais podem ser complexos e difíceis, mas não são difíceis de serem alcançados; a afirmação de que paz é a ausência de violência deve ser tida como válida" (Galtung, 1969, p.167).

Tal concepção traz consigo implicações epistemológicas relevantes. Primeiro, a ideia de paz para Galtung tem um caráter fortemente normativo e orientado a valores (*value-oriented*). Quando se afirma que a paz deve ser usada para se alcançar fins sociais aceitos por muitos, Galtung segue o pressuposto de que a paz é necessária para a sociedade alcançar alguns de seus fins. E isso, por sua vez, implica que a paz deve ser vista tanto como fim social quanto como um meio para alcançar uma almejada justiça social, deixando assim de ser meramente uma ideia utópica. Consequentemente, por mais que haja dificuldade em alcançar tal ideal, ele é factível de ser alcançado se os entes sociais buscarem reduzir a violência, variável possível de ser mensurada e controlada.

Diferente do comumente aceito até então de que paz seria simplesmente a ausência de guerra, Galtung inova ao prover a conceituação de que a "paz significa a ausência/redução de violência de todos os tipos, bem como a transformação não violenta e criativa do conflito" (Galtung, 1996, p.9). Sendo a paz ausência de violência, os Estudos para a Paz buscam se diferenciar do instrumental conceitual das Relações Internacionais e da Ciência Política, já que seguem para um caminho transdisciplinar que busca investigar a paz em múltiplas dimensões, em oposição ao estudo somente do fenômeno da guerra.

Exatamente por isto, os Estudos para a Paz não se limitam ao confronto entre Estados, dentro da perspectiva tradicional das relações internacionais e da segurança internacional; eles consideram como fundamental partir primeiro da construção de paz no âmbito individual, já que um mediador de conflitos, por exemplo, deve ser uma pessoa pacífica em palavras e ações. Apesar de os Estudos para a Paz preocuparem-se em tratar conflitos entre Estados, utilizando-se de ferramentas como a mediação, a negociação, eles visualizam, por exemplo, conflitos intraestatais e a forma de pacificá-los internamente, considerando os diversos níveis de análise (local, regional e internacional), bem como os níveis na pirâmide social (elites, camadas médias e nível comunitário), de acordo com John Paul Lederach (1997).

O entendimento de paz como ausência de violência – tal como introduzido neste verbete – permite uma compreensão mais ampla e precisa desse conceito, superando uma ideia limitada de que a paz entre entidades nacionais seja suficiente dentro de uma dada sociedade. Há casos de países ou regiões considerados sem guerra, mas que não necessariamente se configuram como *em paz*, como visto na África do Sul pós-*apartheid* e nas regiões urbanas da América Latina assoladas pela criminalidade.

Dentro desse debate, a paz é dividida em duas terminologias: paz positiva e paz negativa. Estas se definem pela ausência ou redução de violência. A paz negativa se configura como ausência de violência direta. A violência direta pressupõe a existência clara de um sujeito executor de ato que não só impede um indivíduo ou sociedade de alcançar algo, mas também busca causar danos ou destruição aos mesmos. Os meios de violência direta são numerosos, e vão desde o ataque pessoal com armas brancas até a destruição coletiva com armas de guerra (Galtung, 1969).

Já a paz positiva pressupõe a ausência ou redução da violência estrutural e cultural. A violência estrutural é imposta por determinado ator político ou por atores não estatais através de formas diversas de opressão econômica e política. Por fim, a violência cultural decorre daqueles aspectos da cultura, da esfera simbólica de nossa existência – como são religião e ideologia, linguagem e arte, ciência empírica e ciência formal, que podem ser usados para justificar ou legitimar a violência direta ou estrutural (Galtung, 1990).

Como bem sintetiza Johan Galtung, enquanto o foco na violência direta levaria para a análise das capacidades e motivações dos atores internacionais e intranacionais, com esforços para criar instituições que possam prevenir então o exercício da violência (e punindo os que o fazem), "o foco na violência estrutural levaria a uma análise crítica das estruturas prenhes de violência" (Galtung, 1985, p.146).

Colocadas em conjunto, as três tipologias de violência de Galtung podem ser representadas como um triângulo em que os ângulos se conectam e se complementam dentro de um círculo vicioso. Na prática, eles se complementam e coexistem, já que, muitas vezes, a violência estrutural desemboca em violência direta, ou a violência cultural se constitui em violência estrutural e assim por diante. Logo, prevalece aqui a máxima de que, para que se alcance a paz, não basta terminar a guerra: caso se queira paz, deve-se trabalhar pelo estabelecimento da justiça, sendo para isso fundamental a superação de todas as formas de violência (Dahl, 2012, p.263).

Atualmente, novas discussões buscam criar taxonomias mais detalhadas sobre o que seria a paz. Inclui-se aí, por exemplo, o debate sobre paz violenta conforme proposto por David Mares. Para ele, ao analisar o caso da América do Sul, uma situação que se configura pacífica pela ausência de conflito entre Estados não seria uma paz ausente de violência, dado que permanece entre os atores a possibilidade de uso da violência como ferramenta política. Ou seja, permanece uma paz, mas com uma permanente possibilidade de se recorrer à violência, como visto nas tensões entre Equador, Colômbia e Venezuela em 2008 (Mares, 2001).

Outra discussão, muito mais profunda e de grande potencial de desenvolvimento, é a sobre a qualidade da paz (*quality peace*) proposto por Peter Wallensteen. Para ele, o conceito de paz positiva apresenta-se como algo de difícil mensuração e faria mais sentido mensurar a qualidade da paz do que se falar em atingir a paz positiva. Essa qualidade da paz seria mensurada por três elementos que deveriam estar presentes em um contexto pós-conflito: dignidade humana, previsibilidade e segurança (Wallensteen, 2015).

Ao utilizar essas três variáveis para examinar a qualidade da paz, Wallensteen (2015, cap.1) mostra que ela pode ser medida ao levar em conta aspectos da *segurança humana* (que ele chama de *dignidade humana*), como respeito aos direitos humanos, garantia de uma justiça social mínima para dada sociedade, dentre outros. Além disso, não basta dizer que se atingiu a paz. A variável *previsibilidade* preconiza que a sociedade recém-saída de um conflito precisa contar com instituições e relações sociais que permitam ao seu cidadão planejar sua vida cotidiana e política no longo prazo. Por fim, a variável *segurança* mensura em que medida a sociedade pós-conflito fornece aos indivíduos que a ela pertencem a garantia de viver sem ser ameaçados ou tendo sua vida colocada em risco. Quanto mais essas três variáveis forem garantidas em dado contexto social, maior a qualidade da paz social.

Paz nos Estudos Estratégicos e nas Relações Internacionais tradicionais

Como acabamos de ver, os Estudos para a Paz têm uma compreensão para além das unidades políticas, o que faz o campo levar em consideração aspectos sociológicos e antropológicos da paz. Isso não é surpresa, considerando-se que essa corrente tem como principais influências pensadores críticos e da sociologia como Theodor Adorno, Karl Marx e Robert Cox (Dahl, 2012, p.248). Não obstante, nos Estudos Estratégicos, o cenário muda de maneira marcante.

O entendimento da paz, nos Estudos Estratégicos, caracteriza-se, principalmente, como contraposto à ideia de guerra e não de violência. O vencer, com sabedoria pelo conhecimento do adversário e de si mesmo, é o fundamental. Na verdade, a necessidade da estratégia e da política é a mesma: fazer que o inimigo, ou o adversário, se dobre à nossa vontade. Nesse sentido, a paz como contraposta à guerra lida com a lógica da sujeição de pessoas a outras, ou a seus partidos, já que, segundo Clausewitz (2006), a guerra é tida como a política por outros meios.

De outra forma, nos estudos de Relações Internacionais, a paz é a ausência de guerra, que se consegue por um equilíbrio instável, ou algumas vezes estável, de acordo com uma lógica da relação de poder entre os Estados. Aron (2002) apresenta três possibilidades, que seriam a paz imperial (que será estável desde que o poder imperial consiga cooptar os conquistados a seu império, de corpo e alma), a paz hegemônica (que pode ser vista como a estabilidade hegemônica, de Robert Gilpin), ou o equilíbrio (do sistema internacional, que, segundo os estruturalistas, como Kenneth Waltz, é mais estável na bipolaridade). Portanto, dentro dessa visão, a paz é simplesmente um interregno, uma suspensão, um espaço vazio entre uma guerra e outra. Uma outra paz é apontada por Aron, que é a paz do terror, ou da impotência, quando determinado país detém um aparato tecnológico contra o qual não é possível se defender, como os artefatos nucleares, que provocam destruição total, independentemente da quantidade, até que algum país consiga criar algum meio de defesa para tal engenho tecnológico (Aron, 2002). Finalmente, a paz da satisfação, quando todos os países (e devem ser todos) se consideram satisfeitos com suas condições.

Além disso, pressupõe a confiança como elemento necessário entre os Estados para sustentar uma fonte de segurança além da força, o que para Aron é irreal no mundo existente (Aron, 2002).

Toda a discussão de Aron, sobre a impossibilidade de a lei e de o direito internacional gerarem a paz, recai sobre a fragilidade desse direito, em sua quase completa nulidade, só podendo ser cumprido dentro de uma paz imperial, mas, nesse caso, o que vigoraria não seria o direito, e sim a força, o poder.

A ideia de paz de Aron tem consonância muito grande com a necessidade de um poder superior que consiga sujeitar todos os outros, muito comum ao pensamento da Ciência Política, que pressupõe a necessidade de existir uma espada por trás dos pactos. Ou seja, a pacificação social e internacional só seria obtida pela força, o elemento fundamental do poder político, ou seja, a coerção. Portanto, Clausewitz e Aron, na verdade, se juntam a diversos pensadores, tais como Thomas Hobbes e Maquiavel. Portanto, dentro dessas visões realistas, é a força que produz a paz. A paz estratégica se alinha à paz política, pela necessidade da força, que controlaria a anarquia e submeteria todos a um ordenamento jurídico que estivesse ancorado pela coerção física.

Estudos para a Paz: desdobramentos analíticos atuais

Percebe-se um confronto de visões bastante claro quando se comparam as formas de obter a paz pelos estudos tradicionais de segurança e estratégia com as formas de aquisição da paz nas suas vertentes negativa e positiva.

Nesse confronto, existe também a possibilidade de que ocorra a apropriação dos Estudos para a Paz pela Segurança Tradicional. Nesse sentido, Tereza Cravo e João Manuel Pureza (2005), autores portugueses mais afinados com uma visão crítica de segurança, definem duas coisas extremamente importantes nesse campo de estudos: inicialmente, que quem estuda paz não pode simplesmente analisar e filosofar, mas deve pensar em estabelecer a paz (que já era prevista em Galtung). Essa diferença se reflete na forma de expressar os estudos: não somente Estudos de Paz, mas Estudos para a Paz. Há um engajamento da parte dos pesquisadores, que se misturam ao mundo real, buscando a prática, fato este que já se encontra em Galtung (1969).

A segunda parte importante é a necessidade de perceber quando os Estudos para a Paz estão sendo cooptados, adaptados à realidade da dominação de um país pelo outro, na lógica imperialista e realista, e reassumir os pressupostos éticos e finalísticos iniciais dos Estudos para a Paz.

As operações de paz, por exemplo, muitas vezes são vistas como parte dos Estudos para a Paz, mas não se pode perder de vista que elas, em grande parte das vezes, servem muito mais à dominação das grandes potências, à conquista e manutenção de hegemonia e de espaços de influência do que ao estabelecimento da paz propriamente dita.

Além dessa visão denunciadora, que serve de alerta e balizadora dos Estudos para a Paz, une-se a ela, como forma de fugir das dominações e injunções internacionais, a busca pela paz e o nível local como foco.

As operações de paz costumam seguir uma visão padronizada, ocidental, liberal, de construção de paz. A preocupação está nos acordos de paz, na realização de eleições e na capacitação para a estruturação do Estado, na construção de infraestrutura, de ministérios, conhecida mais propriamente como *statebuilding*.

Lidando com esse dilema, Mac Ginty e Richmond (2013) sugerem a ideia de *local turn*, ou virada local, que se baseia numa preocupação maior com o que acontece no âmbito local, comunitário, enfatizando a reconciliação, o restabelecimento das relações, apontando que a paz estatal não terá respaldo se as diversas localidades não forem pacificadas. Os acordos de paz são costumeiramente quebrados porque a população não é chamada a participar e por isso os acordos não lidam com os reais problemas que criaram os conflitos violentos nem se preocupam em restaurar as relações e criar ambientes pacíficos na localidade.

Isto já era tratado anteriormente como *peacebuilding from below*, para o que Paul Lederach (1995) encontrava apoio em Paulo Freire (1996), ao pensar em como dirimir diferenças entre opressores e oprimidos e buscar sua equalização, e não, simplesmente, ocorrer a troca de um grupo por outro e a dominação continuar a existir. O método utilizado por Lederach, ao falar de como construir a paz, tem a ver com o ensino elicitivo, e não o prescritivo (segundo Freire, "educação bancária"). A forma elicitiva refere-se à necessidade de que um grupo de apoio, possivelmente um terceiro, externo ao conflito, procure capacitar sem que exista a imposição de uma ordem liberal, de uma estrutura político-econômica ou de uma visão de mundo particular, ouvindo e trocando conhecimentos com quem aprende.

Nesse ponto, pode-se pensar em hibridismo, deixando a visão um tanto quanto bucólica e irreal de que o "local" é pacífico e tem todas as soluções, sabendo que, muitas vezes, é no local que se encontram as grandes fontes primárias das agressões, e incorporando a ideia de troca, sem imposições, de um agente externo. Deve-se estar ciente de que esse processo nem sempre é tranquilo, sendo envolto em resistência dos locais às imposições dos agentes externos.

Além da questão da virada local, outro ponto importante refere-se à ideia do tratamento dos conflitos. É interessante frisar, mais uma vez, que nos Estudos para a Paz há uma diferente abordagem sobre a questão do conflito, que é derivada da dicotomia entre paz e violência.

Inicialmente, podemos lembrar que Kant já ironizava com a ideia de paz perpétua, coisa que só se alcança após a morte, já que a vida é uma sucessão de conflitos. Na literatura tradicional sobre segurança internacional, como já visto anteriormente, a dicotomia é da paz *versus* a guerra, sendo esta inevitável, e aquela, utópica. Entretanto, no contexto dos Estudos para a Paz, a dicotomia paz *versus* violência demonstra outro modo de ver a realidade: a violência não é inevitável, ela é o conflito não corretamente tratado, é o conflito que não foi bem solucionado, que saiu do controle.

Portanto, o foco não permanece na violência, estendendo-se para analisar o conflito que, nesse sentido, não é visto simplesmente como negativo, mas como tendo uma capacidade dupla: no pior caso, tender para a violência, porém podendo tender também ou para a evitação (ou fuga), ou para uma relação de vitória × derrota entre as duas partes em conflito, ou para uma negociação (qualquer processo mediado) que, segundo Galtung (2006), é o caminho morno, o caminho mediano. Há, por fim, a transcendência, que se atinge quando se consegue uma solução que é positiva para todos os envolvidos no conflito. Para isto, são necessárias imaginação e criatividade.

Portanto, é a forma de tratar os conflitos, considerando suas complexidades e os níveis de análise envolvidos (micro, meso, macro, mega), que permitirá evitar a violência e alcançar a paz. De forma similar, o treino de pessoas para imaginar soluções transcendentes faz parte dessa lógica, saindo de uma visão dicotômica (ou × ou), ou da evitação (nem-nem), ou da mediação (meio-meio), visualizando soluções nas quais todos os lados ganhem (ambos-e).

Treinar as pessoas, desde crianças, para a não violência, para a transcendência, para o tratamento de conflitos, pode e deve gerar soluções duradouras e transformadoras. Este é um dos objetivos; concreto, não utópico, realista, dos Estudos para a Paz.

Referências bibliográficas

ARON, R. *Paz e guerra entre as nações*. Brasília: Editora UnB; Ipri, 2002.

CLAUSEWITZ, C. von. *Da guerra*. São Paulo: Martins Fontes, 2006.

DAHL, E. S. Oil and Water? The Philosophical Commitments of International Peace Studies and Conflict Resolution. *International Studies Review*, v.14, n.2, p.240-72, 2012.

DOYLE, M. W. Kant, Liberal Legacies, and Foreign Affairs. *Philosophy & Public Affairs*, v.12, n.3, p.205-35, 1983.

FREIRE, P. *Pedagogia do oprimido*. São Paulo: Paz e Terra, 1996.

GALTUNG, J. Violence, Peace, and Peace Research. *Journal of Peace Research*, v.6, n.3, p.167-91, 1969.

______. Twenty-Five Years of Peace Research: Ten Challenges and Some Responses. *Journal of Peace Research*, v.22, n.2, p.141-58, 1985.

______. Cultural Violence. *Journal of Peace Research*, v.27, n.3, p.291-305, ago. 1990.

______. *Peace by Peaceful Means*: Peace and Conflict, Development and Civilization. Oslo; London: Prio; Sage, 1996.

______. *Transcender e transformar*: uma introdução ao trabalho de conflitos. São Paulo: Palas Athena, 2006.

JEONG, H.-W. *Peace and Conflict Studies*: An Introduction. Burlington, VT: Ashgate, 2000.

KANT, I. *Perpetual Peace*. [S.l.: s.n.], 1795.

LEDERACH, J. P. *Preparing for Peace*: Conflict Transformation across Cultures. New York: Syracuse University Press, 1995.

______. *Building Peace*: Sustainable Reconciliation in Divided Societies. Washington, DC: United States Institute of Peace Press, 1997.

MAC GINTY, R.; RICHMOND, O. P. The Local Turn in Peace Building: A Critical Agenda for Peace. *Third World Quarterly*, v.34, n.5, p.763-83, 2013.

MARES, D. R. *Violent Peace*: Militarized Interstate Bargaining in Latin America. New York: Columbia University Press, 2001.

PUREZA, J. M.; CRAVO, T. Margem crítica e legitimação nos Estudos para a Paz. *Revista Crítica de Ciências Sociais*, v.71, p.5-19, 2005.

RUSSETT, B. *Grasping the Democratic Peace*: Principles for a Post-Cold War World. Princeton: Princeton University Press, 1994.

SAINT-PIERRE, M. L'Abbe. *An Abridged Version of the Project for Perpetual Peace*. Midsea: Valetta, 2008.

STANFORD ENCYCLOPEDIA OF PHILOSOPHY. Cosmopolitanism. 2013. Disponível em: http://plato.stanford.edu/entries/cosmopolitanism/. Acesso em: 23 jul. 2017.

WALLENSTEEN, P. The Growing Peace Research Agenda. *Kroc Institute Occasional Paper #21*, Op.4, South Bend: University of Notre Dame, 2001.

______. *Quality Peace*: Peacebuilding, Victory and World Order. New York: Oxford University Press, 2015.

WIBERG, H. Investigação para a Paz: passado, presente e futuro. *Revista Crítica de Ciências Sociais*, v.71, 2005. [*on-line.*]

WRIGHT, Q. *A Study of War*. Chicago: University of Chicago Press, 1942.

PODER MARÍTIMO E PODER NAVAL

João Roberto Martins Filho

"O TERMO PODER MARÍTIMO NÃO É sinônimo de guerra naval. É um conceito muito mais amplo que engloba pelo menos três elementos: o controle da troca e comércio internacionais; a operação das marinhas na guerra; e o uso das marinhas como instrumentos da diplomacia, dissuasão e influência política em tempos de paz" (Tangredi, 2002, p.114).[1]

"O fato básico do poder marítimo é que é muito mais fácil mover alguma coisa pelo mar que de qualquer outra forma. [...] É por isso que forças navais autocontidas podem facilmente fornecer poder aéreo sob encomenda, reconhecimento operacional e sustentado, ou salvas de mísseis pesados de curto alcance. Esta consideração também se aplica a salvas de antimísseis móveis" (Friedman, 2001, p.40).[2]

Essas definições contemporâneas servem para introduzir o estudo do tema. Em meados da década de 1930, o almirante britânico Sir Herbert Richmond, ao qual voltaremos ainda, encontrava nas colônias, comércio mercante e uma força de combate naval as partes

1 A tradução de *sea power* nem sempre é tarefa fácil. Como os textos clássicos raramente usam *naval power*, *sea power* às vezes se refere a poder naval. Assim, quando a referência é explicitamente à marinha de guerra, foi assim que o traduzimos.

2 Na doutrina brasileira, poder marítimo, como expressão do poder nacional, "resulta da integração dos recursos de que dispõe a nação para a utilização do mar e das águas interiores, quer como instrumento de ação política e militar, quer como fator de desenvolvimento econômico e social, visando a conquistar e a manter os objetivos nacionais". Já o poder naval, expressão do poder militar, é "a parte integrante do Poder Marítimo capacitada a atuar militarmente no mar, em águas interiores e em certas áreas terrestres limitadas de interesse para as operações navais, incluindo o espaço aéreo sobrejacente" (Ministério da Defesa, 2007, p.15-6).

interdependentes do todo que dava sentido à expressão: "O resultado é o poder marítimo em seu sentido mais amplo: capacidade para enviar navios da comunidade ou do estado, com sua carga de produtos ou exércitos, até onde são necessários, e impedir ou estorvar um oponente para que não tenha a mesma liberdade" (Richmond, 1934, p.33).

Mahan: poder marítimo e história

A riqueza da discussão sobre poder marítimo e poder naval pode ser mais bem alcançada se considerarmos os trabalhos clássicos sobre o tema. O ponto de partida necessário é a mais conhecida obra sobre o assunto, *The Influence of Sea Power upon History, 1660-1783*, do capitão e futuro almirante norte-americano Alfred Thayer Mahan, publicada em 1890. Nesse livro, cujo impacto imediato sobre o panorama naval da época e influência posterior sobre as marinhas do mundo não tem concorrente, o autor estuda os 120 anos de conflitos envolvendo a Grã-Bretanha, França, Holanda e Espanha, a fim de encontrar "os princípios gerais da guerra marítima". Estes são extraídos principalmente do estudo da estratégia naval, definida como "as operações mais amplas, que abrangem todo um teatro de guerra, e numa disputa marítima podem cobrir uma ampla porção do globo" (p.7). A estratégia não pode ser confundida com a simples tática na guerra naval, porque "a consideração e princípios que entram nela pertencem à imutável ou não mudada ordem das coisas, permanecendo a mesma, em causa e efeito, de uma época a outra". E complementa: "De tempos em tempos, a superestrutura da tática deve ser alterada ou completamente demolida; mas as velhas fundações da estratégia continuam até aqui, como se fincadas numa rocha" (p.87).

Mahan ganhou o panteão dos autores navais e geopolíticos por um golpe de sorte. Com o estabelecimento da Escola de Guerra Naval dos EUA em Newport, em 1884, foi convidado, já na meia-idade, pelo fundador daquela instituição de ensino, o almirante Stephen Luce, para lecionar história e táticas navais. Graças às excelentes condições permitidas pelo cargo, já conhecidas na história familiar, marcada pela vida no ambiente especial de Westpoint, onde seu pai foi professor, ele reuniu o material histórico que deu origem a seus escritos (Sprout; Sprout, 1942, p.202; Sprout, 1971; Almeida, 2015). Mas, mais do que isso, é importante entender o contexto em que foi publicada sua obra capital, que alcançou sucesso imediato em todos os países detentores de uma Marinha, inclusive o Brasil, onde seus capítulos mais importantes logo foram divulgados na *Revista Marítima Brasileira*.[3] O nome de Mahan é sempre associado às expressões "comando do mar", "batalha decisiva" e "concentração de forças".

Influence of Sea Power upon History foi um dos textos pioneiros, mais proféticos e influentes do conservadorismo norte-americano, precursor avançado da obra de teóricos como Samuel Huntington e um dos pilares da escola da geopolítica, no plano internacional. Além de sua visão sobre o poder marítimo, o livro apresentava um programa de imperialismo mercantilista que, modificado pelas condições das décadas seguintes, persiste na reiteração da ideia de destino manifesto presente até o século XXI nas políticas de projeção de poder norte-americanas. Conforme afirmou Azar Gat, "o imperialismo esteve na raiz da grande escalada naval do final do século XIX e começo do século XX, excitou o entusiasmo público por assuntos navais e estimulou um notável crescimento da literatura e das ideias navais" (Gat, 2001, p.441).

O objetivo central da obra é recuperar uma característica que Mahan via como esquecida no estudo dos grandes conflitos europeus do passado: "o poder do mar, cujos mecanismos, por serem mais silenciosos que o choque de exércitos, são menos amiúde notados, embora repousem de forma suficientemente clara na superfície" (Mahan, 2004, p.64). Na busca de fórmulas universais válidas para a guerra marítima, Mahan reconhece sua dívida para com o francês Jomini, o segundo mais importante teórico da guerra no século XIX.

O estudo de Mahan parte da especificidade do meio em que se desenvolve a guerra naval: "A primeira e mais óbvia luz em que o mar se apresenta do ponto de vista político e social é a de uma grande estrada; ou melhor, talvez, uma ampla terra comum" (p.26). Nesta, razões de controle os levaram a escolher certas linhas de viagem em vez de outras. São chamadas rotas de comércio. As razões que as determinaram devem ser buscadas na história do mundo.

A tese fundamental de *The Influence of Sea Power* é a de que o poder marítimo se expressa pelo *comando do mar*. Contrapondo-se à doutrina então vigente da chamada Jeune École[4] francesa, que defendia a possibilidade de um poder naval maior ser contornado pelo emprego de uma flotilha de pequenos navios que agiriam sobre a vontade nacional de um país, travando uma guerra

3 Para a precoce repercussão das ideias de Mahan no Brasil, no debate que no final do século XIX envolveu nomes como Rui Barbosa e o almirante Jaceguay, ver Martins Filho, 2010, p.34 ss.

4 O pai da Jeune École, o almirante Hyacinthe-Laurent-Théophile Aube, ministro da Marinha da França em 1886-1887, foi talvez o primeiro dos teóricos a dar preponderância à tecnologia na análise da guerra.

sem tréguas contra seus portos e seu comércio, Mahan dizia: "Não é a tomada de navios individuais ou comboios, sejam poucos ou muitos, que golpeia o poder monetário de uma nação", diz o autor, "mas sim a posse do poder no mar, capaz de afastar dele a bandeira inimiga" (Mahan, 2004, p.138-9).

Ele não punha em dúvida que a séria interferência no comércio de um país seria capaz de importuná-lo e perturbá-lo, mas encarar esse fator como modo de ação fundamental, suficiente em si para esmagar um inimigo, seria uma grande ilusão: "Só pelo comando militar do mar, graças ao controle dos centros estratégicos de comércio, pode tal ataque ser fatal" (Mahan, 2004, p.538).

Para Mahan, a necessidade da existência de marinhas deriva do transporte marítimo, e tal necessidade desapareceria com o fim dessa atividade. Tão logo um povo se lança no mar a partir de suas praias, surge a necessidade de bases, não só como sedes do comércio pacífico, mas como pontos de refúgio e suprimentos. Essas bases se transformam depois em colônias. A produção, o comércio e transporte mercante (*shipping*) e as colônias são os elementos-chave do poder marítimo. Já no primeiro capítulo do livro ele explica que "a história das nações litorâneas foi menos determinada pela astúcia e a visão dos governos que pelas condições de posição, extensão, configuração, número e caráter do povo" (Mahan, 2004, p.29).

São essas as condições mahanianas do poder marítimo. Considerado um dos pais fundadores da Geopolítica, Mahan começa com a *posição geográfica*: os países insulares têm maior facilidade de concentrar forças, deter uma posição central e uma base adequadas às operações hostis contra seus prováveis inimigos. O fácil acesso ao oceano e o controle das rotas marítimas utilizadas por outros países deriva dessa posição. Seu paradigma é a Grã-Bretanha. Para ele, os Estados Unidos possuíam essas vantagens, mas faltava-lhes, no final do século XIX, o preparo militar, que dependia de uma decisão política.

A segunda condição é a *conformação física*: o litoral de um país é uma de suas fronteiras, pois portos numerosos e profundos são uma fonte de força (Mahan, 2004, p.36). Já a terceira – a *extensão do território* – deve sua relevância não à massa territorial, mas na medida em que esta possibilita uma extensa costa e portos adequados. A quarta condição é o *número da população*: "Pode-se admitir que uma grande população seguidora dos apelos relativos ao mar é, agora como antes, um grande elemento do poder no mar" (p.50). Aqui, mais uma vez, Mahan tem um país em mente: "A Inglaterra é no presente a maior nação marítima no mundo; no vapor e no ferro ela manteve a superioridade que teve nos dias da vela e da madeira" (Mahan, 2004, p.48). Já os EUA seriam, em 1890, vulneráveis nesse quesito e assim permaneceriam a menos que fizessem do comércio sua prioridade. O tema retorna na penúltima condição: o *caráter do povo:* "A tendência ao comércio, envolvendo necessariamente a produção de algo com que comerciar, é a característica nacional mais importante para o desenvolvimento do poder no mar" (Mahan, 2004, p.53). A chave para isso é a colonização bem-sucedida, que depende essencialmente do caráter nacional. "O caráter do colonizador, não o cuidado do governo doméstico, é o princípio do crescimento das colônias", conclui (p.56).

Ao examinar, enfim, o *caráter do governo*, Mahan não esconde sua preferência pelo poder autoritário, usando Oliver Cromwell como modelo de governante. Para ele, as democracias seriam pouco propensas ao poder militar. De todo modo, os governos têm duas formas de influência sobre a carreira marítima de um povo: a) na paz, podem incentivar as indústrias da população e suas tendências para buscar a aventura e o ganho por meio do mar; b) na guerra, cabe-lhes manter uma Marinha com dimensões proporcionais ao crescimento de seu comércio marítimo. Além disso, suas instituições deveriam incentivar a existência de um espírito e de uma atividade saudáveis, propiciando o rápido desenvolvimento, em tempos bélicos, de uma reserva adequada de homens e de navios. Em suma, "a questão eminente é que a influência do governo deve ser sentida, a fim de construir para a nação uma Marinha que, se não tiver a capacidade de atingir países distantes, deve pelo menos ser capaz de limpar as aproximações-chave a seu próprio país" (p.86). Ao governo caberia entender que o inimigo deve ser mantido não apenas fora dos portos, mas bastante longe das costas do país. Essas reflexões habitariam a província da estratégia, conforme definida antes por ele.

Treze dos quinze capítulos da obra são tomados por análises minuciosas de guerras marítimas, a fim de comprovar as teses enunciadas, na introdução e no capítulo primeiro, pelo autor.

Corbett: poder marítimo e teoria da guerra

As duas décadas que se seguiram à publicação da obra de Mahan serviram não apenas para consolidar sua posição de bíblia do poder marítimo, como para mostrar a realização de sua profecia sobre os Estados Unidos como potência marítima em ascensão. Ao mesmo tempo, na última década do século XIX e na primeira do século XX, ficaram evidentes as consequências do processo de revolução tecnológica naval, que culminou na invenção do chamado *dreadnought*, o encouraçado de calibre unificado e grandes torres que abriu a corrida naval do pré-guerra. O livro de Mahan serviu de fermento no plano das ideias a esse processo. Assim, quando outro trabalho seminal sobre o poder marítimo e o poder naval veio à luz, foi já nesse novo contexto.

Em *Some Principles of Maritime Strategy*, publicado em 1911, o historiador britânico Julian Corbett apresentou um contraponto clássico às teses mahanianas: "O comando do mar não significa outra coisa que o controle das comunicações marítimas, seja por propósitos comerciais ou militares. O objeto da guerra naval é o controle das comunicações, e não, como na guerra terrestre, a conquista do território" (p.90).

Seu autor era civil. Educado em Cambridge, formou-se em Direito e vinha de uma família de boa posição social (seu pai era arquiteto) e com tendências liberais e reformistas. Após curto estágio na política, tornou-se historiador, publicando de início biografias de figuras navais elisabetanas, mais ou menos à mesma época em que veio à luz a obra clássica de Mahan. Nos anos seguintes escreveu sobre história naval, cobrindo o período entre o século XVI e a era de Nelson. Pela solidez de sua pesquisa, tornou-se uma espécie de assessor não oficial do Almirantado na chamada era dos *dreadnoughts*. Como civil, embora entusiasta da Marinha, foi capaz de manter distância crítica dos chefes navais da época e suas políticas. Ainda assim, chegou a ser acusado de ser uma espécie de mentor da timidez da Marinha britânica durante a Grande Guerra. Autor de talento, publicou livros apreciados pelo crescente público interessado por temas navais. Um de seus biógrafos comparou assim seu estilo ao de seus antecessores mais conhecidos: "Qualquer leitor que sofreu com *Naval Strategy* de Mahan, ou *On War* de Clausewitz encontrará em *Some Principles of Maritime Strategy* uma clareza de pensamento calcada em prosa viril, que convence e seduz ao mesmo tempo" (Schurman, 1965, p.150).

O livro se inicia com uma discussão dos conceitos clausewitzianos de guerra defensiva e guerra ofensiva, guerra limitada e guerra ilimitada. Para Corbett, coube aos generais estabelecer os princípios da guerra, a partir de sua experiência nos conflitos de guerra terrestres ou continentais. Para levar à consequência esses conceitos faltava aplicá-los à guerra marítima, ou guerra combinada, em que estariam envolvidas as condições de um império. Em sua perspectiva, isso permitiria acrescentar à teoria de Clausewitz um elemento fundamental: a possibilidade de fazer a guerra limitada graças ao apoio da força naval, mesmo uma guerra limitada no bojo de uma guerra ilimitada (Bassford, 1994, p.94-103). Isso se evidenciaria na forma de guerra de intervenção praticada no continente europeu pela Grã-Bretanha, onde estava presente o emprego de *lower means* por uma potência insular. No começo do século, a guerra russo-japonesa de 1905 trouxe à baila a importância das *linhas de comunicação* e a questão do isolamento do objeto graças à ação naval.

Corbett retirou a guerra naval do pedestal em que a colocara Mahan: "Em tempo de guerra ou de preparação para a guerra, em que se considera o Império, os arranjos precisam sempre se basear, num grau excepcional, na relação mútua de considerações navais, militares e políticas" (p.5), propunha ele. O estudo sofisticado da guerra ensinaria que um Estado marítimo só poderia realizar seu pleno potencial se Exército e Marinha fossem utilizados e pensados como instrumentos necessariamente conectados, tal como ocorria com as três armas terrestres. Por essa razão, só seria possível se aproximar da *estratégia naval* pela via da teoria da guerra: "Sem essa teoria não podemos jamais entender realmente o seu alcance e significado, nem podemos esperar entender as forças que mais profundamente afetam suas conclusões" (p.9).

Coerente com sua proposta de entender a guerra no mar como parte da guerra em geral, Corbett apresenta uma definição de estratégia marítima diferente da de Mahan. Por estratégia marítima, ele entende "os princípios que governam a guerra em que o mar é um fator substancial". A estratégia naval é nada mais que a parte que determina os movimentos da esquadra. Subordina-se à estratégia marítima, a qual determina que parte a esquadra deve desempenhar em relação com as forças terrestres. Para ele, "é quase impossível que uma guerra possa ser decidida somente pela ação naval" (p.13).

É importante compreender a diferença estabelecida pelo autor entre "estratégia marítima" e "estratégia naval". A primeira abrange a segunda. Os homens não vivem no mar, mas na terra. Exceto em casos muito raros, é na terra que se definem as grandes questões entre as nações. O ponto essencial é o que o seu Exército pode fazer ao território e à vida nacional do inimigo, ou o medo do que sua esquadra pode possibilitar que seu Exército faça: "Assim, a preocupação suprema da estratégia marítima é determinar as relações mútuas de seu Exército e sua Marinha num plano de guerra" (p.14).

É impossível entender a guerra a não ser como continuação da política. Tudo que é estritamente peculiar às operações militares e navais só interessa como meio utilizado para atingir nossa política. Tanto no mar como na terra, as guerras podem ser divididas em dois tipos: defensivas e ofensivas. Não há apenas guerra ofensiva no mar, contanto que se entenda que a defesa é uma condição não de inércia, mas de atividade contida. O estudo da história militar mostraria que a defensiva estratégica é tão comum nas guerras navais como nas terrestres. Para o autor britânico, a fundamental distinção entre guerra limitada e ilimitada, a que Clausewitz teria chegado apenas nos anos finais da redação de

Da guerra, poderia explicar as duas escolas históricas de estratégia: a germânica, ou continental, e a britânica, ou marítima. É porque a guerra é a continuação da política que ela pode assumir duas formas diversas. O ponto essencial na distinção é a intensidade com que o espírito da nação está comprometido com a consecução dos objetivos de uma determinada guerra.

Na visão de Corbett, Clausewitz não teve tempo de apreender o pleno alcance de sua teoria da guerra limitada. Seu enfoque puramente continental o impediu de considerar o caráter das guerras modernas em condições imperiais, em que o território visado podia estar distante de casa. Apenas a consideração das guerras entre impérios mundiais poderia levar à consequência a ideia clausewitziana de guerras limitadas e ilimitadas, na medida em que permitiria o isolamento das colônias nos extremos do império. "Para nossas ideias de objetos verdadeiramente limitados, portanto, devemos deixar os teatros continentais e nos voltar para as guerras mistas ou marítimas", conclui (p.54).

O segundo aspecto das guerras limitadas é a capacidade de assegurar a defesa do território doméstico diante de um contra-ataque ilimitado. Ambos esses aspectos levariam à compreensão de que a guerra limitada só estaria disponível de forma permanente a potências insulares ou entre potências separadas pelo mar. Seria esse o real significado do conceito de *comando do mar*. Referindo-se mais uma vez à teoria de Clausewitz, Corbett afirma: "Sua verdade cardeal é claramente indicada: as guerras limitadas não se voltam para o poder armado dos beligerantes, mas para a parcela desse poder que eles são capazes ou propensos a colocar no ponto decisivo" (p.56). Assim, a incorporação da guerra marítima à teoria de Clausewitz permitiria propor que a guerra limitada não se baseia apenas no fator moral, mas na limitação física colocada pelo isolamento estratégico do objeto da guerra.

A Parte II do livro, dedicada à teoria da guerra naval, avança a tese central de que "o objeto da guerra naval deve sempre ser, direta ou indiretamente, ou assegurar o comando do mar ou impedir o inimigo de assegurá-lo" (p.87). A segunda parte dessa proposição é para ele fundamental para se contrapor à ideia de que se um beligerante perde o comando do mar este passa de imediato ao outro beligerante.

Ao contrário, o mais breve exame da história naval bastaria para mostrar a falsidade desse pressuposto, ao mostrar que "a situação mais comum na guerra naval é aquela em que nenhum lado tem o comando; que a posição normal não é um mar sob comando, mas um mar sem comando" (p.87). E complementa: "É esse estado de disputa que concerne mais estreitamente à estratégia naval, pois, quando o comando é perdido ou conquistado, a pura estratégia naval chega ao fim" (p.87). A origem do erro estaria em ignorar o poder da defensiva estratégica. Esta não é um fator a ser desprezado, pois é inerente a toda guerra, uma vez que, tanto na guerra terrestre como na marítima, a questão suprema é a das possibilidades relativas da ofensiva e da defensiva e a das proporções relativas em que cada uma delas deve entrar em nosso plano de guerra.

Continuando seu exame do conceito de comando do mar, Corbett lembra que este não é equivalente, em suas condições estratégicas, ao de comando do território, por duas razões principais: a) não há propriedade do mar, a não ser em águas territoriais, e b) é impossível para uma força armada subsistir sobre o mar, como ocorre em terra. O caminho correto para a compreensão do conceito é inquirir o que podemos assegurar e o que podemos negar ao inimigo com o comando do mar. O único valor positivo que o alto-mar tem para a vida nacional é como meio de comunicação e, ao negar ao inimigo os meios de passagem, consegue-se impedir o movimento de sua vida nacional no mar, da mesma forma que a ocupação do território o impede na terra. O autor chega, assim, à ideia já mencionada de que comando do mar é igual a controle das comunicações marítimas. Mas é preciso examinar com mais cuidado as diferenças entre a guerra na terra e no mar, implícitas no que ele chama de teoria da comunicação da guerra naval: "As comunicações militares referem-se unicamente às linhas de suprimento e retirada do Exército. As comunicações marítimas têm um significado mais amplo". Em valores estratégicos, correspondem não às linhas militares de suprimento, "mas às linhas internas de comunicações pelas quais a circulação da vida nacional é mantida em terra" (p.97). A consequência estratégica disso é de crucial alcance, pois significa que, no mar, ofensiva e defensiva estratégicas tendem a se fundir de uma forma desconhecida em terra.

Corbett dedica um capítulo à teoria dos meios, vale dizer, à constituição das esquadras, no qual examina as consequências das mudanças tecnológicas, tanto nos navios capitais como nos cruzadores e na flotilha, sobre o poder naval. Ao enfrentar a questão da teoria do método, ou da concentração e dispersão da força, Corbett afasta-se das fórmulas caras a Jomini ou a Mahan, e lembram, na sua complexidade, certas teses centrais de Clausewitz. Por exemplo: "A concentração, de fato, implica um conflito contínuo entre coesão e alcance, e por razões práticas é o ajustamento correto entre duas tensões – sempre mutantes em força – que constitui a parte maior da estratégia prática" (p.132).

Em termos mais concretos, os três sentidos superpostos de concentração de forças na guerra terrestre (reunião das unidades depois da mobilização, movimento do Exército quando reunido e fechamento sobre uma linha definida de operações, pronto para o emprego tático) não se aplicam à guerra no mar, onde a diferenciação é maior, pois na água as comunicações são livres, sem restrição de obstáculos, e a mobilidade é alta. Ainda assim, a fricção da guerra encontra novas formas na guerra no mar, seja na necessidade de proteção do comércio, seja na peculiar liberdade e segredo dos movimentos no mar.

Chega-se assim à Parte III do livro, que trata da condução da guerra naval. Aí, Corbett lembra que a teoria da guerra foi até então obra de soldados. No entanto, é preciso entender que a província onde viaja o marinheiro é radicalmente diferente daquela onde o soldado adquire sua perícia. Para começar, a ideia de concentração de força, ou de superar a força principal do inimigo fazendo cair sobre ele a máxima acumulação de peso e energia possível, não se aplica ao mar como se aplica à terra: "Na guerra naval, temos um fato de grande alcance inteiramente desconhecido em terra. Trata-se simplesmente do seguinte: é possível a seu inimigo remover a esquadra do tabuleiro por completo". E conclui: "O resultado é que na guerra naval um dilema embaraçoso tende a se impor. Se você está numa superioridade que justifique uma vigorosa ofensiva e o mova a buscar seu inimigo com vistas a uma decisão, a possibilidade maior será que você o encontrará numa posição onde ele está intocável" (p.158).

No segundo princípio da sabedoria militar em geral, o da importância das linhas de comunicação, é preciso registrar que na guerra terrestre tais linhas tendem a determinar linhas de operações, constituindo-se numa questão de estradas e obstáculos, o que permite identificar com certa segurança as direções possíveis do inimigo. Na guerra naval, tudo muda: não há estradas ou obstáculos. O resultado é a facilidade em perder o inimigo, muito maior no mar que em terra. Por fim, o princípio da concentração de esforços, que se impõe por si só na guerra terrestre, é dificultado no mar pela necessidade de proteção do comércio.

Passando aos aspectos operacionais, Corbett defende que, "na condução da guerra naval, encontramos que todas as operações se relacionam com duas classes amplas de objeto. Um é obter ou disputar o comando do mar, o outro é exercer o controle possível das comunicações, tenha ou não sido assegurado o comando" (p.164). Os dois métodos navais para assegurar o comando são a batalha e o bloqueio. Na tradição estratégica britânica, a deificação da batalha decisiva escondeu, segundo ele, que dois obstáculos se colocam à busca do combate: o inimigo pode se recusar ao confronto e, quando houver uma fraqueza temporária, não é tão simples resolver o problema de manter uma esquadra ativamente na defensiva para negar-lhe a batalha que ele busca.

Nesse caso, é preciso recorrer à ideia da *fleet in being* (esquadra em potência): "Nessas condições, temos que nos contentar com o esforço para manter o comando em disputa, ou seja, com o esforço por meio de operações defensivas ativas a fim de impedir o inimigo, seja de assegurar, seja de exercer o controle para os objetos que tem em vista" (p.167). Volta-se então à questão do erro de assumir que a incapacidade de assumir o comando necessariamente implica perdê-lo. Com isso se nega a existência da defensiva estratégica e que a condição normal na guerra é o comando em disputa: "A doutrina da 'esquadra em potência' [...] não passa disso: onde o inimigo vê o comando geral de uma área do mar como necessário para seus propósitos ofensivos, é possível impedi-lo de alcançar tal comando usando sua esquadra defensivamente" (p.226).

Em sua ofensiva final contra a teoria do comando do mar, afirma que a guerra naval não começa ou termina com a destruição da esquadra do inimigo. Há também a obstrução do comércio dele e a proteção do próprio. Em todas essas operações, há a preocupação com o exercício do comando (p.235).

Richmond: poder marítimo, presente e futuro

A introdução ao estudo do poder marítimo não seria completa sem o exame das ideias de um terceiro autor: o almirante Sir Herbert Richmond (1871-1946), conforme expressas em *Seapower in the Modern World* (1934), um de seus livros mais importantes (Almeida, 2015, p.196-7). Ao contrário dos outros estudiosos examinados, ele era um homem do mar no sentido completo do termo: entrou na Marinha britânica em 1885 e passou por todas as fases da carreira naval até deixá-la como almirante de esquadra, já nos anos 1930. Em 1934, tornou-se professor de uma cátedra e depois diretor do Downing College em Cambridge (seu pai fora docente de História da Arte em Oxford).

Embora a trajetória de Sir Herbert na Marinha tenha sido marcada por altos e baixos e sucessivos retrocessos causados por seu pendor a expressar opiniões fortes sobre temas sensíveis da época – a necessidade de um estado-maior na Marinha, a política naval britânica do pré-guerra, a condução da batalha de Jutlândia (maio de 1916) e a educação naval –, a vivência direta dos novos instrumentos do poder naval deu-lhe um conhecimento prático sem paralelo. Richmond estudou na escola de torpedos, comandou cruzadores e o mais famoso dos encouraçados, o *Dreadnought*, serviu em várias partes do mundo, em vários departamentos da administração naval, além de dirigir a Escola de Guerra Naval britânica (Schurman, 1965, p.110-46; Almeida, 2015, p.163-201; Almeida, 2010).

Outra vantagem desfrutada por Richmond foi escrever seu livro com a perspectiva propiciada pela observação da corrida naval entre as grandes potências antes da Grande Guerra, com seu fetichismo da tecnologia e dos grandes navios, e custos altíssimos. Se a isso adicionarmos as dúvidas surgidas no pós-guerra diante de teses que hipervalorizavam o peso que as novas descobertas (principalmente o avião) teriam na guerra futura, a ponto, segundo alguns autores, de anular o poder naval, podemos entender melhor como o contexto influenciou o texto desse autor.

Ainda que admirador de Mahan, Richmond expressa um profundo ceticismo quanto à exaltação do poder marítimo por si só. Nos cinquenta anos iniciados por volta de 1880, defende ele, a disputa por colônias esteve na origem na Grande Guerra; os subsídios às marinhas mercantes exigiram muito dinheiro e os gastos com as esquadras de combate cresceram seis vezes (mesmo considerando que o número de potências navais caiu de sete para cinco). Para ele, tal situação, a continuarem aceitas as doutrinas dominantes de poder marítimo, não deveria mudar. E nem por isso tal poder era considerado no pós-guerra como eficaz para manter a segurança dos países que dele dependiam.

Sua inquietação principal era justamente avaliar se o objetivo final do poder marítimo – a segurança – tinha governado as opções das potências navais nas décadas precedentes e quais as chances de que isso ocorresse no futuro. "Parece válido", dizia ele, "fazer alguma tentativa de investigar os problemas do poder marítimo no mundo moderno, para descobrir a que propósitos ele serve, e então se esses propósitos não podem ser alcançados com uma despesa menor e não maior" (p.ii). Em tal quadro, não se trata de uma questão acadêmica perguntar: "O que dita a dimensão de uma Marinha?" e "O que dita o tamanho de um navio?". São questões capazes de evitar maiores desperdícios e novas guerras. De forma pioneira, Richmod discute longamente propostas concretas de governança coletiva (como diríamos hoje em dia) do poder naval, referindo-se às atribulações das várias conferências reunidas com esse objetivo depois do fim da guerra.

Historiador prolífico e importante, em seus últimos livros seu foco é claro: "Temos que considerar o presente e o futuro, não o passado" (p.15). Uma vez que os instrumentos do poder naval mudaram, o almirante se pergunta em que pé este se encontraria. Em outros termos, as transformações tecnológicas ocorridas nos armamentos sob o mar, acima do mar e na superfície do mar, e os navios cada vez maiores tinham alterado o caráter de um conceito fundamental da guerra naval, a massa: "A guerra, tanto no mar como na terra, é uma questão de distribuir a força disponível entre a 'massa', que tem a função de se contrapor à 'massa' do oponente, e os destacamentos que asseguram e ameaçam as comunicações, contêm e enfraquecem a 'massa' do inimigo ou se esforçam em produzir a diversão das forças em relação à 'massa' do inimigo. São esses destacamentos que fornecem os meios da manobra estratégica. O objeto da manobra é adquirir uma superioridade, no ponto e no tempo em que se almeja uma decisão, suficiente para assegurar a vitória" (p.4).

Para ele, na época em que escrevia, "uma esquadra não é mais uma força de combate de uma única arma. As torpedeiras na superfície, as torpedeiras sob a superfície e as torpedeiras e canhoneiras no ar podem ser postas em ação contra o navio capital". E conclui que, nessas condições, "é possível agora, ou continuará a ser possível para uma nação deter tal medida de poder marítimo a ponto de capacitá-la a exercer a influência de longo alcance que Mahan demonstrou que o poder marítimo possuía nos períodos em que fundou sua 'doutrina da influência'" (p.8).

Com essas questões em mente, nos capítulos restantes ele examinará as causas, elementos, limitações e mudanças do poder marítimo, a relação entre este e o poder aéreo, a visão puramente quantitativa, o papel futuro do submarino, as possibilidades de controlar pela razão as pulsões de crescimento puro e simples dos modernos meios flutuantes e, finalmente, a questão crucial da permanência do poder marítimo nas novas condições. A fim de sofisticar nossa compreensão das teorias clássicas, vale a pena examinar sinteticamente suas teses mais importantes.

Sobre as causas do poder marítimo, Richmond começa por explicar a distinção entre "Marinha" e "poder marítimo": "A Marinha é um componente – componente primário, com efeito – no poder naval. Mas um Estado que possua Marinha não possuirá necessariamente poder marítimo". Este consistiria "na capacidade de exercer controle sobre as rotas marítimas dos mercados do mundo e, portanto, de influenciar o curso dos eventos mundiais" (p.29-30).

Segundo *Sea Power in the Modern World*, são duas as origens do poder marítimo. Uma delas é causada pela necessidade intrínseca originada na incapacidade seja de encontrar meios de vida (*a livelihood*) para um povo, seja de assegurá-los contra a dominação de outros; a outra relaciona-se ao desejo de conquistar ou impor a vontade de um Estado sobre outro.

Ao examinar os elementos do poder marítimo (comércio ultramarino, possessões ultramarinas e força de combate, como já visto), o autor faz uma ressalva: "Ao usar a expressão 'poder marítimo' é preciso perceber que podemos fazê-lo em mais de um sentido". Como poder de uma nação no mar, diante de uma situação ou área particular (sentido restrito e relativo), ou como capacidade "para exercer uma influência nos problemas das grandes nações do mundo" (p.36-7).

Richmond propõe usar a denominação "forças de combate" (*fighting forces*) e não "esquadras" (*fleets*) ou "navios de guerra" (*men-of-war*). "As forças de combate seriam as executoras do poder marítimo. As frotas mercantes e as possessões ultramarinas são os meios que as habilitam a agir, fornecendo-lhes os elementos de permanência e mobilidade" (p.54). Elas têm "uma função específica e simples, qual seja, em última análise, obter e exercer o controle das comunicações no mar" (p.55). As forças de combate são de três tipos: as que compõem o corpo da massa, os serviços destacados e a flotilha.

Mais uma vez contrariando Mahan, mas não Corbett, com quem manteve uma duradoura relação de amizade e de quem sofreu clara influência, Richmond ressalta que o poder marítimo tem claros limites e sozinho pouco pode fazer contra qualquer grande potência. Já ao analisar as transformações que afetaram esse poder, defende que "o objeto que o poder marítimo tem que alcançar não muda, mas mudanças muito importantes e muito custosas ocorreram nos instrumentos com que o poder marítimo é exercido desde a introdução do *ironclad*" (p.80).[5]

No capítulo em que compara poder marítimo e poder aéreo ele enfrenta a tese, então em voga, segundo a qual o último teria retirado do primeiro um de seus recursos fundamentais, o de exercer o bloqueio das forças inimigas. Com ironia, lembra que nos tempos de paz todas as nações do mundo colocariam seu dinheiro para obter supostas vantagens ou para proteger a si mesmas das próprias invenções do homem, apenas para descobrir que, ao final do processo, ninguém estará menos inseguro que antes. Em sua visão, "na verdade, para o comércio mercante, há muito menos perigo vindo do ar que dos navios de superfície" (p.116).

Passando ao tópico do poder naval quantitativo, ele destaca que a propalada vantagem das dimensões pode ser apenas temporária e que é impossível contornar uma questão que precede todas as outras, a da *adequação*: "A potência das marinhas das nações marítimas tem sido determinada ao longo das épocas pelas necessidades de segurança contra as duas formas de dano às quais uma nação está exposta por via do mar. Uma Marinha capaz de guardar a nação contra invasão pelo mar e conservar aquelas comunicações marítimas, militares e econômicas que são essenciais para sua existência, é adequada" (p.135).

Um dos elementos mais importantes no problema do poder naval no futuro seria, para Richmond, o da potência da flotilha moderna, que nas águas e

5 O *ironclad* foi o navio de madeira protegido por uma couraça de ferro.

mares estreitos podia ser a esquadra do futuro. De todo modo, ele defende claramente a tese de que uma solução autêntica para o problema da adequação deveria ser o retorno a um tipo menor de navios.

Nosso autor é crítico feroz dos defensores da arma submarina. Sua crítica a eles, assim como aos partidários das teses da superioridade do bombardeio aéreo de cidades, é não apenas estratégica, mas moral. Para ele, era preciso avaliar se esses novos instrumentos contribuíam para a segurança num grau compatível com os gastos que traziam para as forças navais a fim de neutralizá-los. Seria melhor se um acordo possibilitasse sua abolição da guerra no mar. Na verdade, o tema da capacidade da razão de imperar sobre a pulsão de gastar sem maiores reflexões em novas tecnologias é um dos prediletos de Richmond. Assim, ele se estende em raciocínios sobre fórmulas que permitiriam ou não estabelecer o que seria razoável em termos de meios flutuantes, critica os grandes meios e propõe o retorno à velha política dos pequenos cruzadores, por acordo entre todas as nações marítimas.

Escrevendo a menos de uma década antes da eclosão da II Guerra Mundial, ele defende: "a menos que o problema geral da guerra no mar seja submetido a um processo de razão, as nações do mundo devem se preparar para ver um crescimento considerável nos gastos com o poder naval" (p.236), sem que este seja acompanhado por qualquer aumento da segurança.

Enfim, Richmond enfrenta a tendência então ascendente a considerar obsoleto o poder marítimo. Quatro teses são comentadas e refutadas: a) a da inevitável brevidade das guerras futuras; b) a do poder dos submarinos e aviões para anular a capacidade de controle do mar; c) a de que os novos meios de comunicação permitiriam a uma nação não depender do mar, e d) a de que potências neutras, com destaque para os Estados Unidos, colocariam todo seu peso para impedir que qualquer ação fosse realizada contra seu comércio por países beligerantes. Desnecessário dizer que ele estava mais próximo da verdade que seus adversários nessa questão, embora tenha errado ao diminuir o papel futuro dos porta-aviões e dos submarinos na guerra naval.

Sua conclusão pode fechar nosso exame de *Sea Power in the Modern World*: "Até que tenha se tornado impossível exercer qualquer controle sobre os movimentos de mercadorias no mar, o poder marítimo, que é o poder de exercer esse controle, continuará a existir; e sua influência será medida pela extensão em que os instrumentos sejam capazes de tornar esse controle efetivo" (p.253).

Os clássicos revisitados

Como lembrou Norberto Bobbio, um autor clássico deve ter três qualidades: a) ser considerado um intérprete imprescindível de sua época; b) ser sempre atual, no sentido de que as sucessivas gerações sintam a necessidade de relê-lo e reinterpretá-lo, e c) ter elaborado categorias gerais de compreensão histórica das quais não se pode prescindir para interpretar uma realidade, "mesmo distinta daquela a partir da qual derivou essas categorias e à qual se aplicou" (Bobbio, 2000, p.115). Embora ele pensasse nos clássicos da Filosofia Política, sua tese parece válida também para os pensadores navais. Evidentemente, há amplo terreno para concordância e divergência quanto ao grau em que cada autor se beneficia dessas características e sobre quais autores deveriam pertencer a esse panteão. Nesta parte final, procuraremos atualizar o debate clássico, mostrando brevemente os desafios colocados pelas novas condições históricas e pelo incessante avanço da tecnologia naval.

O período 1890-1934, coberto pelos escritos sobre poder marítimo que analisamos, foi marcado pelos estertores do equilíbrio de poder europeu e pela Grande Guerra, pelo início da crise do colonialismo, pela ascensão de potências não europeias e pela incipiente revolução tecnológica naval representada pelo surgimento dos porta-aviões e dos submarinos. A experiência da guerra naval na II Guerra Mundial, o bipolarismo da Guerra Fria e a incerteza que se seguiu ao fim desse conflito entre EUA e URSS, para não falar no surgimento das armas atômicas, especificamente, no caso do mar, dos submarinos nucleares, colocaram novos problemas à teoria do poder marítimo e naval. No entanto, Mahan, Corbett e Richmond continuam a ser estudados nos bancos das escolas de guerra naval de potências menores, potências maiores e da superpotência. Mais do que tudo, o culto a Mahan permanece, seja pela simplicidade asseguradora de suas fórmulas, seja porque sua supervalorização do poder marítimo é naturalmente atrativa para o mundo naval.

Há algum tempo, perguntamos a um dos principais estudiosos do poder marítimo no Brasil, o almirante Mario César Flores, se Mahan tem importância no mundo de hoje. Eis sua resposta: "Para os Estados Unidos tem porque, capacidade nuclear à parte, a presença global da Marinha é importante como influência no mundo. Creio que Mahan terá sentido também para a China, ao menos no Pacífico. Mas, nos demais países, a concepção de Mahan está perdendo força. Para a globalização econômica não interessa que haja ameaça ao tráfego marítimo globalizado. É natural que para as marinhas secundárias, com responsabilidade sobretudo em mares próximos e de defesa próxima, a *Jeune Ecole* começa a ter mais sentido".[6]

Para outro autor naval e ex-oficial de Marinha brasileiro, "Mahan afirma uma continuidade eterna dos assuntos do mar, dos assuntos navais, que se mescla bem com a visão da história (na forma de narrativas mitológicas) como fonte de tradição das marinhas e que, justamente, oferta justificativa para a especificidade e identidade das marinhas como distintas e separadas das outras forças" (Raza, 1999, p.131).

Para ele, a persistência das fórmulas e aforismos mahanianos eximem as marinhas de "dar conta da complexidade, por vezes tão frustrante, da discussão integrada da guerra moderna". E continua: "'Nunca divida a esquadra!' é uma exortação que exime as marinhas da necessidade de fazerem frente às dificuldades de operações combinadas, da complexidade e dilemas das guerras e crises de nosso tempo" (Raza, 1999, p.132).

Nesse sentido, a frase do ex-ministro da Guerra norte-americano à época da II Guerra Mundial, Henry Stimson, ainda é significativa: "O Navy Departament com frequência parecia retirar-se do reino da lógica para um sombrio mundo religioso em que Netuno era Deus, Mahan seu profeta e a Marinha dos Estados Unidos a única Igreja verdadeira" (Till, 1993, p.214). Mude-se o nome do país e o dito se aplica à comunidade naval de muitos outros lugares e épocas.

Mesmo para um admirador de Mahan como o almirante americano Geoffrey Till, as marinhas enfrentavam no final do século XX uma situação "não familiar para elas em muitos pontos". Escrevendo depois da Guerra do Golfo (1991), defendia que a versatilidade, que ele considera uma das características mais "alardeadas" das forças navais, estaria em grande demanda: "As marinhas mais importantes deverão desempenhar uma ampla gama de tarefas, mas com recursos significativamente menores, contra um pano de fundo estratégico-político-econômico de incerteza e imprevisibilidade" (Till, 1993, p.211).

Nesse quadro, o almirante construiu um espectro de exigências militares para as marinhas, onde a batalha decisiva entre potências tão cara a Mahan é apenas um extremo, cada vez mais improvável, do requisito de travar guerras

6 Entrevista concedida ao autor, 5 de setembro de 2011, versão corrigida pelo entrevistado. Ecos da Jeune École podem ser percebidos num texto publicado durante o governo Geisel pelos futuros almirantes Flores e Vidigal, no qual se propunha uma reorientação estratégica do país, em sentido contrário ao das doutrinas geopolíticas então preponderantes na Escola Superior de Guerra, defendendo a superação dos pressupostos da Guerra Fria e uma maior preocupação com o que os autores consideravam os interesses específicos do país (Vidigal; Flores, 1976, e Flores, 1992, p.132 ss.).

no mar. Para ele, o mais provável é que os conflitos futuros sejam assimétricos (embora não utilize o termo), num mundo instável e de múltiplos riscos: "Operações anfíbias contestadas, operações de controle do mar, ASW (guerra antissubmarino) de águas profundas e o emprego do dissuasor nuclear no mar se incluiriam nessa categoria" (Till, 1993, p.212).

O segundo requisito, embora tradicional, adquire, como vimos na frase inicial deste artigo, importância maior no desordenado mundo contemporâneo. Trata-se da diplomacia naval, possibilitada pela flexibilidade, mobilidade e responsabilidade limitada das forças navais: "Se as coisas derem errado, o que ocorre com frequência, elas podem ser extraídas muito mais facilmente que seus equivalentes terrestre e, possivelmente, aéreo" (Till, 1993, p.213).

Tal função deve ser pensada cada vez mais em termos de atuação multinacional. A Marinha independente mahaniana seria cada vez mais infrequente. O último requisito refere-se para Till à "boa ordem no mar", para dar conta dos problemas relativos aos recursos marinhos, ameaças colocadas pelo tráfico de drogas, imigração ilegal, problemas ambientais e outros.

Para ele, os ensinamentos de Corbett resistiram bem no novo quadro. As mudanças tecnológicas do século XX não invalidam sua teoria, pois ele tomou os princípios da guerra mais como um guia para o pensamento que como diretivas de ação. Já o contexto estratégico de sua teoria, o quadro internacional do *great game* imperialista do pré-1914 parece hoje pouco útil para pensar a guerra no mar.

Permaneceriam úteis a desconfiança diante da exaltação da independência e sacralidade do poder naval, a proposta de ver a Marinha como um instrumento permanente de Estado, necessariamente pensado a longo prazo e a ideia da utilidade particular das marinhas em conflitos limitados. Por fim, embora Corbett considerasse a diplomacia naval em termos mais coercitivos, típicos de sua época, seus escritos podem ser úteis para enfrentar o tema sempre atual do impacto que assuntos políticos e econômicos estritamente domésticos podem ter sobre a política naval.

Ainda fundamental seria a abordagem do autor britânico das limitações do poder naval e do uso combinado das forças militares. "Por essa razão, ele enfatizou a necessidade de atingir um equilíbrio efetivo entre estratégia naval e militar, baseada no franco reconhecimento de que os conceitos, procedimentos e requisitos das duas eram fundamentalmente diferentes em muitos pontos essenciais" (Till, 1993, p.220). A ênfase de Corbett no poder marítimo não o impediu de considerar a necessidade de flexibilidade e cooperação entre as forças.

Enfim, Till chega à conclusão de que "muito do trabalho calmo, intelectualmente elegante e bem pesquisado de Corbett conserva uma boa dose de utilidade para os planejadores navais modernos". Isso por duas razões: a) muito do que ele disse ainda parece "sensível e relevante", e b) o valor de seus escritos funda-se "não tanto no que ele disse, mas no espírito de moderação razoável que informa tudo o que escreveu. Ele levanta questões permanentes, em vez de tentar fornecer respostas. Suas ideias são instrumentos para pensar, não substitutos do pensamento" (Till, 1993, p.226).

A obra de nosso terceiro autor clássico também tem merecido atenção. Para Daniel A. Baugh, em texto publicado em 1993, "enquanto havia muitos intelectuais militares escrevendo sobre novas armas e plataformas, o foco de Richmond recaiu sobre algo diferente: sabedoria estratégica, a qual – acreditava – não podia ser derivada da tecnologia", mas da consideração "científica" da experiência histórica (Baugh, 1993, p.15). Para ele, a concentração de navios capitais continua a ser fundamental, pois, se o inimigo for capaz de fazê-lo, colocará em risco todas as operações navais a seu alcance. Contudo, "o que ele não diria é que atrair a força inimiga para o combate era um propósito último (*ultimate object*), muito menos *o* propósito último". A primazia da definição dos propósitos distinguiria o pensamento de Richmond do de Mahan, "cuja abordagem enfatizava a disputa pela supremacia no mar, mais que seu exercício" (Baugh, 1993, p.29).

O método de Richmond se constituiria em progredir logicamente de instrumento, função e intenção (*purpose*) a propósito. Nesse quadro, na análise de Baugh, aquele autor clássico mostrou que não se deveria progredir de "técnica" para tática e para estratégia, mas no sentido inverso. E conclui: "Seu conceito de uma Marinha como principalmente um instrumento que assiste e resiste a assaltos militares através da água, enquanto opera simultaneamente no sentido de liberar e aplicar pressão sobre os recursos naturais, é um conceito que define os propósitos do poder marítimo. É tão relevante hoje como quando ele escreveu". Como Corbett, Richmond não cansou de insistir "no tratamento da guerra (*war-making*) como um todo e na eficiente cooperação de todas as armas" (Baugh, 1993, p.38).

O debate contemporâneo

Vários autores contemporâneos consideram que, para a maioria das marinhas de hoje, o controle regional é um conceito mais adequado que o comando do mar. Geoffrey Till lembra que Corbett introduziu fatores moderadores na ideia mahaniana de comando do mar e cita Bernard Brodie para reiterar a ideia de que o comando é sempre relativo (Till, 2004, p.154 ss.). Desde a Guerra Fria, com os desenvolvimentos tecnológicos que aumentaram os recursos propensos a dificultar às marinhas de águas profundas a operação em áreas litorâneas e as restrições do direito internacional em tempo de paz, o comando do mar cedeu espaço ao controle do mar. Conforme o almirante americano Stansfield Turner, o controle do mar compreende duas dimensões complementares: "*sea assertion*" e "uso do mar e negação do mar", sendo a primeira relacionada à capacidade de usar o mar para propósitos tradicionais (assegurar suprimentos industriais e recursos para forças em ação no exterior, fornecer suprimentos a aliados durante a guerra e garantir segurança para forças navais na tarefa de projeção de poder em terra). Isso levaria à ideia de que o próprio controle do mar não deveria mais ser visto como um fim em si.

Ainda para Geoffrey Till, a ênfase no controle do mar seria útil também porque lançou o corolário da *negação do mar*, "embora este também possa com frequência se mostrar um conceito bastante confuso" (Till, 2004, p.157-8). Na definição britânica, esta seria "a condição mais próxima do controle do mar que existe quando um oponente é impedido de usar uma área do mar para seus propósitos" (Till, 2004, p.158). O almirante Turner a define como "guerra de guerrilhas no mar". A negação do mar pode operar de dois modos, seja como alternativa ou como complemento ao controle do mar. Segundo outro autor contemporâneo, a *negação do mar* é o reverso da moeda do controle do mar: "O objetivo que os poderes continentais ou marinhas estrategicamente em desvantagem buscaram para enfrentar um Estado detentor de poder marítimo". Em outras palavras, é a "capacidade de impedir um oponente de usar o mar, sem tentar estabelecer controle local" (Tangredi, 2002, p.123). O instrumento mais adequado para esse fim seria o submarino.

Uma herança contemporânea dos conceitos clássicos é a da *esquadra em potência*: "a esquadra inferior que recusa batalha, mas, por sua existência, embaraça a esquadra mais forte" (Friedman, 2001, p.88). As abordagens mais recentes do uso de forças navais listam a esquadra em potência ao lado do monitoramento do mar (*sea surveillance*), do controle do mar e da projeção de poder pelo mar, da manutenção do controle marítimo, do bloqueio e do embargo e da defesa estratégica. Ao lado disso, definem o uso do poder marítimo em termos de mobilidade, agilidade, permanência e interoperabilidade, ao lado da diplomacia naval e da manutenção da boa ordem no mar, como vimos.

Finalmente, os teóricos contemporâneos do poder marítimo alertam para a tendência atual a um foco maior no litoral. Parte da razão para isso seria o fato de que "muitos dos problemas mundiais se manifestam nas regiões litorâneas onde acesso e apoio vindo do mar está disponível" (Till, 2004, p.375).

A doutrina naval brasileira hoje

O conhecimento dos conceitos clássicos e das reflexões contemporâneas permite ao interessado no tema do poder marítimo e do poder naval brasileiro identificar influências remotas e mais recentes nas concepções que guiam o pensamento de nossa Marinha. Assim, no prefácio a uma obra recente sobre estratégia naval brasileira, o vice-almirante Fernando Manuel Fontes Diégues, ex-diretor da Escola de Guerra Naval, destaca justamente "a predominância da doutrina da guerra de litoral como paradigma para a formulação das estratégias navais nos dias de hoje".[7] Para o autor daquela obra, esse conceito "engloba as estratégias navais aplicáveis à situação atual, em que um poder naval dominante – o dos EUA – não tem oposição naval à altura". Onde esta estivesse presente, "a guerra tende a se tornar oceânica". A guerra de litoral valorizaria o emprego de submarinos.

Na doutrina brasileira, as tarefas básicas que o poder naval deve ser capaz de cumprir são: a) o controle de áreas marítimas; b) a negação do uso do mar; c) a projeção de poder sobre terra e d) a contribuição para a dissuasão. Ecoando as reflexões de vários autores clássicos, as características reconhecidas do poder naval seriam a mobilidade, a permanência, a flexibilidade e a versatilidade (Ministério da Defesa, 2007, p.16).

A *Estratégia Nacional de Defesa*, no tópico "A Marinha do Brasil: a hierarquia dos objetivos estratégicos e táticos", diz: "Na maneira de conceber a relação entre as tarefas estratégicas de negação do uso do mar, de controle de áreas marítimas e de projeção de poder, a Marinha do Brasil se pautará por um desenvolvimento desigual e conjunto. Se aceitasse dar peso igual a todos os três objetivos, seria grande o risco de ser medíocre em todos eles. Embora todos mereçam ser cultivados, o serão em determinadas ordem e sequência" (Ministério da Defesa, 2008, p.20).

7 Ver Prefácio a Moura, 2014.

A prioridade seria garantir os meios para a negação do uso do mar. E complementa: "A negação do uso do mar ao inimigo é a que organiza, antes de atendidos quaisquer outros objetivos estratégicos, a estratégia de defesa marítima do Brasil. Essa prioridade tem implicações para a reconfiguração das forças navais". No que tange à reconfiguração das forças navais, o texto explica que a Marinha brasileira se reconstruirá por etapas, como uma arma balanceada, contemplando-se o componente submarino, o componente de superfície e o componente aeroespacial. Mas, para assegurar o objetivo de negação do uso do mar, "o Brasil contará com força naval submarina de envergadura, composta de submarinos convencionais e de submarinos de propulsão nuclear", armados com mísseis (idem, p.21).

Referências bibliográficas

ALMEIDA, F. E. A. de A. Herbert William Richmond: um almirante intelectual. *Revista Marítima Brasileira*, v.130, n.7-9, p.98-124, jul.-set. 2010.

______. *Os gigantes da estratégia naval*: Alfred Thayer Mahan e Herbert William Richmond. Curitiba: Prismas, 2015.

BASSFORD, C. *Clausewitz in English*: The Reception of Clausewitz in Britain and America, 1815-1945. Oxford: Oxford University Press, 1994.

BAUGH, D. A. Admiral Sir Herbert Richmond and the Objects of Sea Power. In: GOLDRICK, J.; HATTENFORD, J. B. *Mahan Is Not Enough*. Newport: Naval War College Press, 1993. p.13-49.

BOBBIO, N. *Teoria geral da Política*: a Filosofia Política e as lições dos clássicos. Org. Michelangelo Bovero. Rio de Janeiro: Campus, 2000.

CORBETT, J. S. *Principles of Maritime Strategy*. Mineola: Dover, 2004.

FLORES, M. C. *Bases para uma política militar*. Campinas: Editora da Unicamp, 1992.

FRIEDMAN, N. *Seapower as Strategy*: Navies and National Interests. Annapolis: Naval Institute Press, 2001.

GAT, A. *A History of Military Thought*: From the Enlightenment to the Cold War. Oxford: Oxford University Press, 2001.

LUTTWAK, E. *Strategy*: The Logic of War and Peace. Ed. rev. e aum. Cambridge: Belknap Press, 2001.

MAHAN, A. T. *The Influence of Sea Power Upon History, 1660-1783*. New York: Barnes & Noble, 2004.

MARTINS FILHO, J. R. *A Marinha brasileira na era dos encouraçados, 1895-1910*: tecnologia, Forças Armadas e política. Rio de Janeiro: FGV Editora, 2010.

MINISTÉRIO DA DEFESA. Secretaria de Política, Estratégia e Assuntos Internacionais. *Doutrina Militar de Defesa*. 2.ed. Brasília: Ministério da Defesa, 2007.

______. *Estratégia Nacional de Defesa*. 2.ed. Brasília: Ministério da Defesa, 2008.

MOURA, J. A. A. de. *A estratégia naval brasileira no pós-Guerra Fria*: uma análise comparativa com foco em submarinos. Rio de Janeiro: Femar, 2014.

RAZA, S. G. Pensadores da guerra no mar. In: PROENÇA JR., D. et al. *Guia de estudos de estratégia*. Rio de Janeiro: Jorge Zahar, 1999. p.91-134.

RICHMOND, H. *Sea Power in the Modern World*. London: G. Bell & Sons, 1934.

SCHURMAN, D. M. *The Education of a Navy*: The Development of British Naval Strategic Thought, 1867-1914. Londres: Cassell, 1965.

SPROUT, H.; SPROUT, M. T. *The Rise of American Naval Power, 1776-1918*. Princeton: Princeton University Press, 1942.

SPROUT, M. T. Mahan: Evangelist of Sea Power. In: EARLE, E. M. (Org.). *Makers of Modern Strategy*. Princeton: Princeton University Press, 1971.

TANGREDI, S. J. Sea Power: Theory and Practice. In: BAYLIS, J. et al. *Strategy in the Contemporary World*. Oxford: Oxford University Press, 2002.

TILL, G. Corbett and the 1990s. In: GOLDRICK, J.; HATTENFORD, J. B. *Mahan Is Not Enough*. Newport: Naval War College Press, 1993. p.210-26.

______. *Seapower*: A Guide for the Twenty-First Century. London, Portland: Frank Cass, 2004.

VIDIGAL, A. A. F.; FLORES, M. C. O desenvolvimento do poder naval brasileiro: tópicos para debate. *Confidencial*, s.ed., 101p., mar. 1976.

POLÍTICA DE DEFESA

Matheus de Oliveira Pereira

A POLÍTICA DE DEFESA CORRESPONDE AO conjunto de ações tomadas pelo Estado para garantir sua segurança e sobrevivência contra riscos e ameaças de origem externa, cujo enfrentamento inclui o emprego de força letal. Posta nesses termos, a questão já apresenta alguns contornos que, porém, demandam maior especificação. Um primeiro aspecto a se ter em vista é o fato de que a política de defesa orienta-se tendo como horizonte de significado a guerra, o que implica dizer que seu planejamento considera o emprego da força com um objetivo singular, que não é o do disciplinamento, da arbitragem ou da regulação, mas sim da letalidade. Por meio desta, pretende-se lograr a imposição da vontade sobre o inimigo e, por óbvio, impedir a ocorrência do contrário.

O fato de culminar no emprego da força letal, na aniquilação, remete-nos a duas especificidades próprias à forma estatal de organização política: a capacidade de organização da força, derivada do monopólio do uso legítimo da violência, e de eleger amigos e inimigos (Weber, 2000; Schmitt, 2007). O compartilhamento de tais características por parte dos Estados posiciona a guerra como mecanismo último para a superação dos conflitos que transcorrem entre essas unidades políticas. Em *O Leviatã*, Thomas Hobbes já indicava que a existência de diferentes comunidades que não reconhecem autoridade legítima superior à sua própria leva a que exista um estado permanente de guerra latente, do qual deriva o imperativo de estar constantemente preparado para o confronto (Hobbes, 2000). A defesa, portanto, é organizada segundo o imperativo de preservação da soberania, de resguardo dos mecanismos de sociabilidade que ordenam a convivência dos grupos e indivíduos em uma dada comunidade política, contra aquele que hostiliza sua sobrevivência de modo mais definitivo.

A apresentação do tema em uma moldura tão essencialista é antes uma demanda de categorização conceitual do que expressão precisa de uma situação fática. As situações concretas são muito mais nuançadas, mesmo porque o entendimento por parte dos atores com poder de decisão do que é ou não relevante o bastante para ser defendido pela via da guerra é sempre interpelada pelos interesses particulares desses atores e seu pertencimento social. Isto é, o "interesse nacional" – cuja salvaguarda justifica a mobilização bélica – não existe de maneira metafisica, a-histórica, ou determinada de modo anterior ou externo aos atores que precisarão decidir sobre o uso ou não da força letal em diferentes circunstâncias.

Igualmente, a política de defesa tem sua substância diretamente ligada à capacidade de eleger e enunciar tão livre de constrangimentos quanto possível o inimigo, o que, invariavelmente, se vincula às capacidades para tanto. Daí, ela será orientada segundo a intenção de resposta às situações nas quais a preservação da segurança nacional, da ausência de ameaças à autonomia decisória e da soberania sobre uma formação sociopolítica requeira o emprego das Forças Armadas de forma efetiva ou dissuasiva.

A evolução das formas de organização política, as mudanças nos processos produtivos e os avanços tecnológicos representam mudanças significativas para a política de defesa. O que outrora consistia, basicamente, em arregimentar forças para o combate, hoje compreende um amplo número de questões. Das transformações que envolvem a política de defesa, a consolidação da democracia como regime de governo representa um ponto de especial relevância. Em primeiro lugar, a democracia implica uma publicidade e transparência que se contrapõe ao "sistema de segredos" que, amiúde, envolve os assuntos de defesa. Embora seja plausível que itens mais pontuais, referentes ao núcleo da estratégia de defesa do país, sejam mantidos sob sigilo, a existência de regimes de controle e publicidade que diferenciem os assuntos de defesa das demais agendas de Estado não se justifica na democracia. O custo cada vez mais elevado das guerras, dos armamentos e sua manutenção exige que a política de defesa esteja frequentemente sendo adequada às realidades locais, tanto do ponto de vista estratégico quanto pecuniário. Isto implica, entre outras coisas, a necessidade de a defesa estar inserida no debate político e submetida ao sistema de controles próprios do sistema político de cada Estado.

Num regime democrático, a política de defesa contém duas dimensões centrais. A primeira delas se refere ao estabelecimento do controle sobre as Forças

Armadas, que se manifesta tanto na submissão destas aos poderes constitucionais, expressa no ordenamento jurídico, quanto na capacidade de tais poderes – principalmente o Executivo e o Legislativo – serem capazes de impor limites ao comportamento autônomo dos militares. A segunda dimensão corresponde à definição do conteúdo estratégico da organização do sistema de defesa. Trata-se da fixação de diretrizes e definição de objetivos e dos meios para alcançá-los, do conteúdo das doutrinas militares e do tipo de orientação que se dá ao sistema defensivo. Desse modo, podemos decompor a pauta da política de defesa em dois ramos principais: o que se refere à política de controle sobre as Forças Armadas e aquele que se volta à preservação da segurança propriamente dita (Battaglino, 2011).

Na maior parte dos países, é atribuição do Poder Executivo nacional elaborar e implementar a política de defesa, cabendo ao chefe de Estado o comando supremo das Forças Armadas. A política de defesa contém, amiúde, duas dimensões principais, uma normativa e outra material, estando ambas voltadas a definir as situações e as formas pelas quais a estrutura de defesa – seus recursos materiais e humanos – será empregada. A dimensão normativa corresponde aos elementos jurídicos e doutrinários que orientam os objetivos, estrutura, organização e formas de uso do instrumento militar. Nessa dimensão, incluem-se, além das regras previstas constitucionalmente, os documentos de política de defesa (estratégia de defesa, livros brancos, diretrizes e despachos ministeriais) e as doutrinas que orientam a formação e preparação das Forças Armadas. Nesse item se expressam os elementos consensuais acerca da orientação estratégia do Estado, bem como as linhas de atuação impressas pelos governos de ocasião, contidas dentro do espaço delimitado pelas definições mais abrangentes e consensuadas. Já o componente material, por seu turno, reflete as definições estratégicas da política de defesa, consistindo na gestão dos meios necessários à operacionalização das diretrizes expressas pela dimensão normativa. A partir daí é que se determina o aparato de infraestrutura necessário, os tipos de armamento a ser adquiridos, munição, uniformes, tipo de alimentação, a forma dos treinamentos dos militares, a logística de sua mobilização, tipo de recrutamento, disposição geográfica das unidades (comandos militares, batalhões, quartéis, academias etc.).

Por repercutir atributos pilares do Estado, a política de defesa é uma das esferas mais frequentemente citadas como pertencentes ao âmbito das "políticas de Estado", isto é, políticas cujas diretrizes deveriam ser imunes às variações de conjuntura política. Por expressar o consenso básico em torno do qual orbitam as forças políticas, a política de defesa deveria variar pouco, independentemente das inclinações dos governos de turno. Todavia, é fundamental ter em vista que, sob marcos democráticos, a política de defesa, como as demais políticas públicas, está submetida a estímulos de dupla origem. A primeira é a do ordenamento constitucional, expressão positivada do consenso básico a que se fez referência. Por sua vez, uma segunda fonte de estímulo será o programa de governo, cuja legitimidade emana da chancela do sufrágio. Dito desse modo, a questão pode induzir a uma falsa simplicidade. Na verdade, a relação entre esses dois elementos é frequentemente ruidosa, sobretudo porque a interpretação acerca do que é lícito ou não diante da Constituição é sempre fortemente subjetiva e enviesada pelos interesses políticos de quem analisa; mesmo o mais pétreo dos itens constitucionais pode ser reinterpretado à luz das diferentes conjunturas.

A referência a uma determinada política como "de Estado" não pode ser tomada como licença para eximi-la do debate político e do escrutínio da sociedade. Embora a gestão e operacionalização da política de defesa estejam concentradas no Executivo – através do Ministério da Defesa –, ela não é isenta de controle legislativo, por exemplo. Frequentemente, as constituições nacionais reservam aos parlamentos as funções de declarar guerra – ou chancelar a decisão do Executivo de fazê-lo, bem como são os legislativos os espaços institucionais nos quais se ajustam os orçamentos e se exerce o controle político sobre o Poder Executivo.

A política de defesa não se encerra na gestão inercial da burocracia ministerial e dos corpos militares, mas, antes, diz respeito ao conteúdo das decisões que servem como guia da ação. Uma advertência relevante, portanto, deve ressaltar que, embora a defesa tenha no militar seu instrumento específico, a política de defesa contempla outros aspectos, que vão além das previsões de uso do aparato militar, podendo incluir, por exemplo, práticas de cooperação internacional que, por sua natureza, são antitéticas à dissuasão ou ao uso efetivo da força. A publicação de documentos como os *Livros brancos de defesa nacional* inscreve-se nesse eixo, de buscar transparência em relação aos meios disponíveis e à organização estratégica, visando à construção de confiança internacional e, por conseguinte, trabalhando pela criação de um ambiente internacional que ofereça menos ameaças. Igualmente, deve-se ressaltar que, por sua natureza voltada para o exterior, a política de defesa guarda – em termos ideais – uma estreita vinculação com a política externa. Tal relação se expressa tanto do ponto de vista institucional, através da interlocução das pastas do Exterior e da Defesa, quanto em termos de visões e diretrizes que orientam a ação da diplomacia e da defesa.

Apesar de a defesa se constituir como uma ação voltada para o exterior, operando, portanto, no espaço polêmico, o emprego do instrumento militar em contextos domésticos é cada vez mais frequente em diferentes países. Em geral, esse uso é autorizado em momentos nos quais a prontidão, a capacidade de rápida mobilização em diferentes pontos do território e o conhecimento técnico dos militares resulte útil. O emprego das Forças Armadas em contextos alheios àqueles que constituem sua razão de ser é, também, muitas vezes justificado pela insuficiência dos demais meios de emprego da força – como as polícias, guardas nacionais, gendarmarias ou forças especiais – no trato das questões que se inscrevem no escopo de ação de cada uma delas. Trata-se, porém, de uma questão mais complexa, que não comporta explicações apriorísticas e que deve ser avaliada a partir das peculiaridades do sistema político e ordenamento jurídico de cada país. É preciso considerar, por exemplo, países nos quais as Forças Armadas são encaradas pela política como agentes relevantes do desenvolvimento nacional, desempenhando, portanto, funções que não se encerram no combate bélico.

O uso das Forças Armadas também é costumeiramente previsto em quadros de ameaça à ordem constitucional e à estabilidade dos poderes estabelecidos constitucionalmente. Na América do Sul, isso se dá em diferentes graus, desde a Argentina, que possui uma legislação extremamente rígida e cristalina sobre as ocasiões de uso interno das Forças Armadas, à Colômbia e Venezuela, que empregam amplamente o aparelho militar em contextos domésticos. Entre esses dois polos, é de destacar o caso do Brasil, que, nos últimos anos, consolidou uma interpretação laxa do dispositivo constitucional, ampliando as missões militares internas. Já em outros casos, como em alguns países europeus, o emprego das Forças Armadas internamente se dá no contexto do combate ao terrorismo, que, encarado como ameaça à segurança nacional, é enfrentado com força letal. Evidentemente, o fato de se tratar de países cujas histórias não registram um passado de autoritarismo militar e de ingerência castrense na política não é um fator coadjuvante para que não se considere que este tipo de ação possa representar algum risco à ordem democrática.

Referências bibliográficas

ARON, R. *Paz e guerra entre as Nações*. Brasília: Editora UnB, 2002.

AGÜERO, F. *Soldiers, Civilians and Democracy*: Post Franco Spain in Comparative Perspective. Baltimore: John Hopkins University Press, 1995.

BATTAGLINO, J. Política de defensa y política militar durante el kirchnerismo. In: MALAMUD, A.; DE LUCA, M. *La política en tiempos de los Kirchner*. Buenos Aires: Eudeba, 2011. p.241-50.

CLAUSEWITZ, C. von. *Da guerra*. São Paulo: Martins Fontes, 2014.

HOBBES, T. *O leviatã*. São Paulo: Martins Fontes, 2000.

KERVÉGAN, J.-F. *Hegel, Carl Schmitt*: o político entre a especulação e a positividade. Barueri: Manole, 2006.

SAÍN, M. *Los votos y las botas*: estudios sobre la defensa nacional y las relaciones civil--militares en la democracia argentina. Buenos Aires: Prometeo, 2010.

SAINT-PIERRE, H. L. "Defesa" ou "segurança"?: reflexões em torno de conceitos e ideologias. *Contexto Int.*, Rio de Janeiro, v.33, n.2, p.407-33, dez. 2011.

SCHMITT, C. *The Concept of Political*. Chicago: Chicago University Press, 2007.

WEBER, M. *Economia e sociedade*. Brasília: Editora UnB, 2000.

POTÊNCIA

Thiago Gehre Galvão
Marcos Rosas Degaut Pontes

O TERMO "POTÊNCIA" PODE ASSUMIR DIVERSOS significados de acordo com a dimensão e o contexto analisados, tendo como elemento comum a ideia de força, poder. Na terminologia matemática, uma potência de expoente natural é resultante da multiplicação de um número qualquer por si mesmo repetidas vezes. Em Mecânica, potência diz respeito à força aplicada à realização de qualquer esforço, ou seja, trata-se da eficiência com que uma máquina realiza uma tarefa em determinado tempo. Na Física, potência representa a velocidade com que a energia é gerada e transferida da fonte para o receptor. O elemento comum entre todas essas definições é a ideia de força, poder, capacidade de transformação e de realização, conceitos que se tornaram centrais para o desenvolvimento da Filosofia, da Sociologia e da Ciência Política.

A ideia de potência no campo de estudo das Relações Internacionais vai além da gramática do poder militar, sendo uma derivação de diversos elementos constitutivos da política internacional. Convenciona-se chamar de política de poder as relações internacionais centradas na política e estratégia de Estados e associada às capacidades materiais das unidades de um sistema. A potência torna-se, portanto, objetivo da política de poder e define o interesse nacional vital de um país na arena internacional (Duroselle, 2000; Carr, 2001; Wight, 2002). A perspectiva dos Estudos Estratégicos calcada na soberania westfaliana não poderia, dessa forma, prescindir de evidenciar a dimensão militar como determinante para se alcançar a potência (Baylis, 2013). A abordagem histórica complementa a visão teórica apontando que a situação de potência é alcançada não apenas pelo desenvolvimento do poder militar, mas pela associação com o desenvolvimento tecnológico e econômico, o que teria sido responsável em estabelecer condições para o exercício do imperialismo e para a construção de estruturas imperiais como nos casos do Império Romano e dos impérios coloniais. Além disso, permitiu, mediante práticas colonialistas, exercer o domínio e a hegemonia sobre povos e civilizações, visando preservar no longo prazo os elementos essenciais ao Estado, como segurança, prosperidade e a sobrevivência de sua população. A ideia de potência dominante como aquela possuidora de força suficiente para rivalizar com todos os Estados em um sistema, precisa ser ponderada por uma abordagem multidimensional que discuta os diversos e complexos entrelaçamentos entre as diversas dimensões de poder tanto quanto suas novas manifestações relacionadas aos campos ambiental e cibernético.

A construção de capacidades foi abordada de maneira peculiar por autores clássicos como Tucídides, Maquiavel, Sun Tzu e Clausewitz que já descreviam uma espécie de cultura estratégica desenvolvida por líderes de nações para interpretar o mundo a sua volta e guiar suas políticas externas, práticas e preferências (Degaut, 2017). Tornar-se potência nas relações internacionais dependeria, então, da construção de capacidades que seriam fruto da identificação de constrangimentos e incentivos pelos atores internacionais com perfis culturais estratégicos diferentes. As decisões necessárias para construir o poder de potência moldariam as políticas externas dos países e a inserção na ordem internacional, mediante obtenção de atributos materiais e imateriais. Hobbes (2008) identifica três elementos fundamentais de poder do Estado: econômico, que disponibiliza os recursos necessários à sustentação das políticas de Estado; militar, ligado à defesa e segurança e por isso também chamado de poder temporal ou *imperium*; e ideológico, o qual fundamenta a coesão social. Dessa forma, qualquer tentativa de limitação do poder do Estado colocaria em risco não só sua segurança, mas sua viabilidade econômica e, em última instância, sua sobrevivência.

Morgenthau (2003) sistematizou os elementos de poder identificados por Hobbes para fundamentar uma ciência das Relações Internacionais. Os Estados, principais atores internacionais, direcionam suas políticas buscando três objetivos básicos: demonstração de poder (ou prestígio), manutenção de poder (ou *status quo*), e incremento de poder (ou imperialismo). Para materializar esses objetivos, os Estados precisam deter uma série de atributos concretos e intangíveis.

Dentre os concretos, ganham especial destaque os de ordem geopolítica que influenciam as decisões nos planos político, estratégico e operacional, tendo-se em vista localização, extensão territorial, dimensão da população, recursos naturais e características físicas do terreno, dentre outros aspectos. Outro atributo de importância é a capacidade industrial, entendida como a capacidade de transformação de recursos naturais e materiais brutos em bens econômicos; e a capacidade militar, que considera aspectos quantitativos e qualitativos das Forças Armadas, incluindo capacidade de atualização e modernização bélica e tecnológica, e de prontidão, deslocamento e liderança.

Os atributos denominados intangíveis dizem respeito àqueles de natureza valorativa, ideológica, cultural e psicossocial, como a qualidade do governo e das instituições públicas, o caráter e a moral nacional e a qualidade da diplomacia, os quais acabam por ser determinantes na mobilização dos atributos concretos de poder.

Raymond Aron (2002) completa as ideias de atributos concretos e intangíveis. Uma vez que o sistema internacional tende ao modelo anárquico hobbesiano, ele tende a ser definido não pelos seus fins, mas pelos meios, ou seja, os instrumentos e recursos disponibilizados aos homens de negociação e de armas, diplomatas e soldados. Nesse sentido, os atributos de poder relevantes a uma unidade política seriam o espaço natural e territorial (geografia), produção nacional, recursos materiais disponíveis, quantidade de trabalhadores, capacidade bélica (quantitativa e qualitativa), potencial industrial, capacidade de ação coletiva, coesão nacional e solidariedade cívica, além da qualidade do governo e da diplomacia.

As definições adquiridas pela ideia de potência na história do pensamento internacionalista podem ser agrupadas em taxonomias que exprimem escala geográfica de atuação, poder agregado, especialização tecnológica ou em uma área-assunto, interesses comuns ou diferenciados e um lugar na hierarquia da sociedade internacional.

Segundo Martin Wight (2002), uma grande potência é aquela com capacidade e vontade de controlar os rumos do sistema internacional e de outras potências, tornando este o propósito principal de sua política externa: a busca pelo poder em suas diferentes manifestações. Para se qualificar no seleto grupo de grandes poderes, um Estado precisava ter elementos militares suficientes para rivalizar ou superar os Estados mais poderosos do sistema (Mearsheimer, 2001). As potências do Concerto Europeu do século XIX que lideraram o processo de neocolonialismo e se envolveram na Grande Guerra, assim como os poderes que se enfrentaram na II Guerra Mundial e reorganizaram a ordem internacional a partir de 1945 são exemplos de grandes potências. Estas são personagens históricas que adquirem protagonismo pela posse e exercício do poder militar mediante a instrumentalização da intervenção ou da guerra no sistema internacional. Além disso, reconhecem-se como tal mediante a concertação para equilibrar o poder no sistema, cooperar e coordenar políticas, bem como para coexistir mesmo diante de modelos ideológicos distintos (Bull, 2002).

Quando duas grandes potências adquiriram poder suficiente para selar o destino da humanidade, em um jogo nuclear de destruição mutuamente assegurada, estava criado o seleto grupo de superpotências que marcou os anos da Guerra Fria. O dinamismo no sentido de projeção de poder e influência globais marcou a política externa de norte-americanos e soviéticos, munidos de vontade ideológica e engajamento estratégico nas principais questões internacionais em diferentes regiões do planeta. A categoria superpotência representou o desenho da ordem bipolar resultante do fim da II Guerra Mundial, caracterizando o enfrentamento direto e indireto na forma de uma Guerra Fria entre os EUA e a URSS. Naquele contexto, a dissuasão nuclear afetava o comportamento estratégico não apenas de soviéticos e norte-americanos, como do restante dos atores internacionais. Com o dispersar da névoa da guerra, ficaria nítido que apenas esses dois Estados tinham as condições necessárias e suficientes para se estabelecerem como verdadeiras superpotências, especialmente por terem conseguido desenvolver em escala grandiosa as dimensões militar, econômica e ideológica da potência, mas também por terem avançado sobre o domínio da tecnologia nuclear para fins bélicos com capacidade de exterminar a vida na face da terra (Aldred; Smith, 1999). Diante da marcante assimetria de poder entre uma superpotência e outras potências de um sistema, não se espera que a superpotência se comporte da mesma maneira que os outros. Contrariando o realismo estrutural de Waltz (2002), que imagina os Estados como funcionalmente idênticos, pode-se afirmar que o *status* de superpotência imputa assumir responsabilidades que outras potências médias ou pequenas não estão dispostas a custear. A superpotência mostra-se funcionalmente diferente de outros Estados ao buscar um propósito maior de prevenir crises e conflitos, preservando a ordem, suas normas e instituições (Fox, 1980).

O fim da Guerra Fria e a dissolução da União Soviética em 1991 produziram sentimentos conflitantes sobre o verdadeiro triunfo do liberalismo e o grau de satisfação das potências com a ordem internacional estabelecida. Potências satisfeitas são também conhecidas como potências de *status quo* e tendem a se movimentar na política internacional buscando preservar seus interesses vitais e a distribuição do poder naquele momento, o que qualificaria alguns países ocidentais da Europa, especialmente Alemanha, França e Grã-Bretanha, e os Estados Unidos, perante o cenário político e econômico favorável que se desenhou nos anos 1990 e 2000. Pelo contrário, as potências insatisfeitas, também conhecidas como potências revisionistas, tendem a se mobilizar na política internacional tentando modificar o *status quo* e desequilibrar a balança de poder a seu favor, o que seria o caso da Rússia sob o comando de Vladimir Putin, que procurou restabelecer controle sobre antigos espaços territoriais, no caso da anexação da Crimeia, e exercitar uma biopolítica de desterritorialização de sua vizinhança em favor de um espaço ampliado de influência. Normalmente, potências satisfeitas e insatisfeitas são identificadas com processos de conformação de uma nova ordem internacional que gera modificações territoriais que agradam algumas potências em detrimento de outras (Saraiva, 2007).

A expansão das dinâmicas regionais a partir dos anos 1990 e a modificação dos horizontes de expectativas para além dos constrangimentos sistêmicos da Guerra Fria fizeram renascer a ideia de região como crucial para todas as dimensões dos estudos em Relações Internacionais (Fawn, 2009). A categorização de potências regionais se relaciona à estrutura da segurança internacional, que depende das dinâmicas das diferentes regiões do globo (Buzan; Wæver, 2003). A região é o lugar natural e imediato onde um país tem a possibilidade de agregar poder a fim de projetar valores, normas e institucionalidades que podem ter um propósito para a sociedade internacional global. Na região, a potência encontra respaldo em coalizões para negociações em bloco, como no caso do Mercosul com a União Europeia. Além disso, uma potência regional busca reconhecimento como representante dos interesses locais definidos geográfica e culturalmente, como no debate sobre o pleito brasileiro ao Conselho de Segurança na ONU.

Potências regionais seguem estratégias diferenciadas. Algumas procuram influenciar sua região econômica ou politicamente, podendo ou não exercer formas de dominação ou hegemonia. Outras buscam ser o gendarme da paz e estabilidade regionais, conformando um concerto de poderes locais. Outras ainda podem escolher entre espelhar os interesses do poder hegemônico externo ou agir para mitigar as tentativas de exercício da hegemonia extrarregional. Potências regionais podem liderar processos de integração regional ao mesmo tempo que buscam acomodar interesses divergentes nascentes com outros polos de poder. Da mesma forma, atuam na construção de um espaço social regional, preservando ou criando normas que vão balizar o relacionamento do conjunto de nações daquela região (Hurrell, 2006).

Outra categorização utilizada recentemente é a de potências emergentes, também apresentadas como novas potências que acumularam nas últimas décadas capacidades territoriais, demográficas, econômicas, políticas e militares que foram revertidas para questionar alguns aspectos normativos e procedimentais da ordem constituída após a Guerra Fria. São poderes com graus de identidade entre elas; são potências insatisfeitas, especialmente com as estruturas e processos de organização da ordem internacional; possuem efetiva capacidade de atuação em diferentes arenas internacionais; desenvolveram percepções sobre suas responsabilidades compartilhadas em organizar a sociedade internacional global (Hurrell, 2006). Potências emergentes são, portanto, identificadas com processos recentes de transformação geopolítica e mundialização da economia, como o estabelecimento do Sul Global ou do Brics com o Novo Banco de Desenvolvimento, a descentralização dos polos de poder mundial e a (des)ocidentalização das relações internacionais. A emergência de uma nova potência responde a certas temporalidades, como no caso de Brasil e Índia, que desde os anos 1970 já haviam sido consideradas grandes potências do futuro (Duroselle, 2000; Stuenkel, 2016).

Dentre as classificações mais tradicionais encontram-se a de potência militar e econômica. Potência militar é aquela que congrega e aplica forças terrestres (blindados e carros de combate conformando sua infantaria), navais (marinha de guerra com encouraçados, porta-aviões e submarinos) e aéreas (caças e aviões de transporte e reconhecimento) a partir de uma determinada cultura estratégica que define pensamento e comportamento na arena militar. Vale lembrar que a formação de sistemas internacionais em diferentes épocas, como resultado dos grandes conflitos internacionais, teve relação com a expansão das capacidades tecnológicas de aplicação do poder em suas múltiplas dimensões, o que incluía a visão de mundo de líderes civis e militares derivada de aspectos históricos, geográficos, de recursos, tradições e instituições políticas existentes (Farrel, 2005). Por exemplo, as ligas do Peloponeso e de Delos marcavam a diferença entre os poderes marítimo ateniense e terrestre espartano na Hélade. Também o uso do poder marítimo e da artilharia de guerra forneceu à Grã-Bretanha o domínio dos mares ao longo do século XIX, ampliando sua capacidade de projetar poder para diferentes regiões do planeta. Igualmente, o desenvolvimento aeronáutico no entreguerras e o uso do avião como meio de combate afetou os rumos da Grande Guerra e da II Guerra Mundial. Da mesma forma, o advento da capacidade nuclear para fins bélicos desequilibrou a balança de poder no fim da II Guerra Mundial a favor dos EUA (Tucídides, 2001; Wight, 2002; Watson, 2004; Gaddis, 2006; Till, 2009).

Outra caracterização relevante é a de potência econômica como aquela que agrega grande influência na arena comercial e financeira, desenvolvendo cidades que se tornaram polos comerciais e financeiros, possuindo importantes portos e edificando empresas globais envolvidas nas áreas de ponta do desenvolvimento científico e vanguarda tecnológica do seu tempo. Os países da Península Ibérica lideraram a primeira fase das grandes navegações, enquanto os italianos com cidades comerciais como Gênova e Veneza e os holandeses com as companhias de comércio estabeleceram novos parâmetros de hegemonia econômica nas relações internacionais. Se o desenvolvimento de atividades econômicas no Vale do Ruhr e a segunda revolução industrial colocariam a Alemanha no centro do poder mundial, o desenvolvimento da City londrina e de Wall Street como polos financeiros do mundo, qualificariam britânicos e norte-americanos como as principais potências econômicas de suas épocas. Mais recentemente, a ascensão do Vale do Silício na Califórnia como polo tecnológico da quarta revolução industrial reforçou o poder econômico dos EUA. Em síntese, a potência econômica é aquela com capacidade de fazer uma guerra comercial, impor embargos comerciais, usar o seu poderio econômico para constituir meios de poder militar e estratégico (*hard power*), exercitar o imperialismo informal, ou seja, controlar e comandar as relações internacionais (Nye, 2011).

A potência energética considera-se figura recente na geopolítica internacional, datando do início do século XX no contexto da Grande Guerra e da II Guerra Mundial. O papel das potências energéticas cresceu exponencialmente nos últimos anos, particularmente pela extrema relevância de países (e suas empresas globais) na conformação de uma ordem energética internacional. A nova sociedade da informação e a tradicional política de poder das grandes potências, com seu aparato industrial-militarista, tornaram-se dependentes dos recursos energéticos. De fato, a insegurança energética mundial cria ansiedade e riscos de que o crescimento da demanda energética por nações de grande porte, como China, Índia e Brasil, levaria a uma competição acirrada por regiões como Ásia Central, Ártico e Amazônia, se não a uma guerra por recursos, haja vista a provável escassez de insumos vitais como água, petróleo, gás e minérios em geral (Klare, 2008).

Conceito de grande relevância para a segurança internacional atual é o de potência nuclear. Refere-se àqueles países que alcançaram diferentes domínios sobre o uso da tecnologia nuclear, também chamada de atômica, e que ganharam com isso um poder exacerbado de afetar tanto a balança do poder regional ou mundial como garantir um efetivo exercício de dissuasão contra ameaças (Morgan, 2003). A tecnologia nuclear diz respeito ao processo de transformação, por meio de fusão ou fissão, do núcleo atômico de certos elementos químicos, como o urânio e o plutônio, gerando enorme quantidade de energia. Aproximadamente 55 países no mundo desenvolvem programas nucleares para fins pacíficos. Todavia, a denominação "potência nuclear" se refere especificamente àqueles países detentores de armas de destruição em massa de natureza nuclear, as quais têm o potencial de alterar o equilíbrio de poder regional e mundial, fazendo que alguns desses países alcancem o *status* de superpotência. Atualmente, nove países possuem cerca de 15.375 armas nucleares, sendo que 93% destas pertencem aos Estados Unidos (6.970) e à Rússia (7.300). As outras potências nucleares são França (300), China (260), Reino Unido (215), Paquistão (130), Índia (120) e Coreia do Norte. Destes, apenas os Estados Unidos, China, França, Reino Unido e Rússia são oficialmente reconhecidos como Estados detentores de armas atômicas pelo Tratado de Não Proliferação Nuclear, de 1968.

Algumas características tornaram-se tão relevantes para a construção de uma potência quanto o poder econômico, militar e nuclear. Poder-se-ia pensar na emergência de potências informacionais (EUA, China e Rússia) e potências ambientais (Alemanha e países nórdicos). O advento da quarta revolução industrial e da sociedade da informação chamou a atenção para a necessidade de se aglutinar poder na obtenção, processamento e armazenamento de informação, ideias e ideologias. O poder sobre a opinião pública, o uso da propaganda, o controle sobre os meios de comunicação e produção de conhecimento – por exemplo, no uso do cinema como meio de difusão de valores – ressignificou a noção de poder brando (*soft power*). Conectado a tudo isso, encontra-se a dimensão cibernética e o desenvolvimento de ferramentas de proteção dos sistemas bancários e financeiros contra crimes cibernéticos ou da criação de grupos especializados de *hackers* para empreender ataques contra alvos infraestruturais das áreas de energia e segurança. Em outro espectro, pode-se dizer que algumas nações têm se capacitado ao desenhar políticas e buscar atributos técnicos, tecnológicos e recursos humanos na área energético-ambiental, tornando-se verdadeiras potências ambientais. Primeiramente, desenvolvendo base industrial dedicada à construção de meios de potência (placas fotovoltaicas e turbinas para usinas eólicas, novas gerações de motores elétricos para veículos de transporte e passeio), bem como transformando suas principais cidades em inteligentes e sustentáveis (Luxton, 2016). Segundo, criando mecanismos de política externa para envolver outros países em uma teia de ajuda e cooperação para o desenvolvimento e conquistando vantagens e poder de pressionar governos estrangeiros (como no caso do fundo norueguês para proteção da Amazônia).

A ordem global do século XXI reflete alguns processos históricos de continuidade e mudança: o declínio do poder de potência dos EUA; a consolidação da China como potência econômica; a volta da Rússia como potência de primeira ordem; e a ascensão de atores internacionais com capacidades muito similares às de uma potência, seja pelo exercício do poder econômico (empresas globais), seja pelo uso do terror (Estado Islâmico). De um ponto de vista estatocêntrico, a principal potência que rivaliza no século XXI com os EUA é a China, por conta da dimensão de seus atributos de poder, especialmente territorial (recursos naturais) e demográfico (capacidade de consumo). Ainda que a China dependa das necessidades de consumo e investimentos de outros países, e tenha grandes dificuldades de exercer a liderança política na vizinhança (por oposição estratégica de Índia e Japão), é inegável o crescimento do peso chinês no mercado de *commodities*, como energia, e na exportação de manufaturados, como automóveis e peças de informática. A singularidade da China a coloca como candidata a estabelecer, no longo prazo, um novo ciclo hegemônico, comandando o futuro das relações internacionais, o que foi reafirmado com o lançamento da iniciativa *One belt, one road* de projeção econômico-comercial na região Ásia-Pacífico (Economy, 2017; Kissinger, 2012; Gehre; Arraes, 2013). Compreende-se, portanto, que a potência do século XXI que busque seu lugar na ordem vigente deveria aglutinar de maneira inteligente (*smart power*) as capacidades militares, econômicas, energéticas, informacionais e ambientais de potência, tornando-as parte de sua cultura estratégica e desenvolvendo políticas para alcançar tais capacidades no médio e no longo prazos.

Referências bibliográficas

ALDRED, K.; SMITH, M. A. *Superpowers in the Post Cold War Era*. London: Palgrave Macmillan, 1999.

ARON, R. *Paz e guerra entre as nações*. Brasília: Editora UnB, 2002.

BAYLIS, J.; WIRTZ, J. J.; GRAY, C. S. (Eds.). *Strategy in the Contemporary World*: An Introduction to Strategic Studies. 5.ed. Oxford: Oxford University Press, 2016.

BULL, H. *Sociedade anárquica*. Brasília: Funag; Editora UnB, 2002.

BUZAN, B.; WÆVER, O. *Regions and Powers*: The Structure of International Security. Cambridge: Cambridge University Press, 2003.

CARR, E. H. *Vinte anos de crise*. Brasília; São Paulo: Editora UnB; Ipri; Imprensa Oficial do Estado, 2001. p.135.

DEGAUT, M. Brazil's Military Modernization: Is a New Strategic Culture Emerging? *Rising Powers Quarterly*, v.2, n.1, 2017.

DUROSELLE, J.-B. *Todo império perecerá*. Brasília; São Paulo: Editora UnB; Imprensa Oficial do Estado, 2000.

ECONOMY, E. Beijing Is No Champion of Globalization: The Myth of Chinese Leadership. *Foreign Affairs*, 22 jan. 2017.

FARREL, T. Strategic Culture and American Empire. *Review of International Affairs*, v.XXV, n.2, p.3-18, 2005.

FAWN, R. *Globalising the Regional, Regionalising the Global*. Cambridge: Cambridge University Press, 2009.

FOX, W. T. R. The Super-Powers Then and Now. *International Journal*, v.35, n.3, p.417-36, verão 1980.

GADDIS, J. L. *História da Guerra Fria*. Rio de Janeiro: Nova Fronteira, 2006.

GEHRE, T.; ARRAES, V. *Introdução ao estudo das relações internacionais*. São Paulo: Saraiva, 2013.

HOBBES, T. *Leviatã, ou matéria, forma e poder de um Estado eclesiástico e civil*. São Paulo: Martin Claret, 2008.

HURRELL, A. Hegemony, Liberalism and Global Order: What Space for Would-Be Powers? *International Affairs*, v.82, n.1, p.1-19, 2006.

KISSINGER, H. *Sobre a China*. Rio de Janeiro: Objetiva, 2012.

KLARE, M. T. *Rising Powers, Shrinking Planet*: The New Geopolitics of Energy. New York: Metropolitan Books; Henry Holt and Company; LLC, 2008.

LUXTON, E. Chinas Has Become a Green Energy Superpower. These 5 Charts Show How. *World Economic Forum*, 2016.

MEARSHEIMER, J. J. *The Tragedy of Great Power Politics*. New York: Norton, 2001.

MORGAN, P. M. *Deterrence Now*. Cambridge: Cambridge University Press, 2003.

MORGENTHAU, H. *A política entre as nações*. Brasília: Editora UnB, 2003.

NYE, J. *The Future of Power*. New York: Public Affairs, 2011. [Ed. bras.: *O futuro do poder*. São Paulo: Benvirá, 2011.]

SARAIVA, J. F. S. (Org.). *História das relações internacionais contemporâneas*: da sociedade internacional do século XIX à era da globalização. São Paulo: Saraiva, 2007.

STUENKEL, O. Emerging Powers and Brics. *Oxford Bibliographies in International Relations*. Disponível em: http://www.oxfordbibliographies.com.sci-hub.cc/view/document/obo-9780199743292/obo-9780199743292-0187.xml. Acesso em: 17 nov. 2016.

TILL, G. *Seapower*: A Guide for the Twenty-First Century. 2.ed. Londres: Frank Cass, 2009.

TUCÍDIDES. *História da Guerra do Peloponeso*. Brasília; São Paulo: Funag; Imprensa Oficial do Estado, 2001.

WALTZ, K. *Teoria das* Relações Internacionais. Lisboa: Gradiva, 2002.

WATSON, A. *A evolução da sociedade internacional*. Brasília: Editora UnB, 2004.

WIGHT, M. *A política de poder*. Brasília; São Paulo: Editora UnB; Ipri; Imprensa Oficial do Estado, 2002.

PRODUTOS ESTRATÉGICOS DE DEFESA

Marcos José Barbieri Ferreira

Os Produtos Estratégicos de Defesa (PED) reúnem todas as armas, plataformas e sistemas considerados estratégicos para a estrutura de defesa de um determinado país. As empresas estratégicas de defesa (EED) são os agentes econômicos responsáveis finais pelo desenvolvimento, produção, comercialização e manutenção desses produtos estratégicos. No caso brasileiro, assim como nos principais países desenvolvidos e emergentes, há uma institucionalidade diferenciada visando ao fortalecimento dessa categoria de empresa, particularmente no que se refere ao suporte do desenvolvimento tecnológico, à promoção comercial e à preservação do controle nacional.

A importância dos produtos e equipamentos utilizados como instrumentos de defesa vem acompanhando a própria evolução técnica da humanidade, constituindo-se em elemento central e decisivo da maioria dos conflitos, desde a Antiguidade. O avanço produtivo e tecnológico decorrente das revoluções industriais impactou diretamente a criação de novas armas, plataformas e nos sistemas de defesa utilizados pelos militares, havendo uma extraordinária ampliação na oferta dos produtos de defesa, particularmente no que se refere à diversidade e heterogeneidade desses novos produtos. Em paralelo, também se observou uma crescente e notável expansão da complexidade e sofisticação da maioria dos produtos de defesa e um desproporcional aumento da letalidade desses instrumentos (Kaldor, 2006; MacGregor; Williamson, 2001; Townshend, 1997). Como resultado, atualmente observa-se um amplo e diversificado conjunto de produtos tecnologicamente avançados que são utilizados pelos militares para garantir a defesa dos seus respectivos países.

Nesse contexto, o conceito de produtos de defesa (Prode) abrange todos os bens e serviços que podem ser empregados em atividades de defesa de um determinado país. Dessa maneira, o que define um produto de defesa não são suas características materiais e técnicas intrínsecas, nem seu projeto final, mas sim sua destinação. Um mesmo produto ou serviço pode ou não ser considerado um produto de defesa, dependendo de como for empregado. Por exemplo, uma plataforma terrestre de projeto civil – como um automóvel ou um caminhão – pode ser considerada um produto de defesa caso seja utilizada em atividades de ligação entre diferentes unidades do Exército de um determinado país. No caso brasileiro, a legislação segue essa lógica conceitual e define os produtos de defesa como "todo bem, serviço, obra ou informação, inclusive armamentos, munições, meios de transporte e de comunicações, fardamentos e materiais de uso individual e coletivo utilizados nas atividades finalísticas de defesa, com exceção daqueles de uso administrativo" (Brasil, 2012).

Dentro desse abrangente e heterogêneo conjunto de armas e equipamentos militares formado pelos produtos de defesa, alguns destacam-se pela sua importância estratégica para as atividades de defesa, sendo denominados produtos estratégicos de defesa (Brasil, 2012; Lange, 2007). O caráter estratégico dos mesmos decorre fundamentalmente de três fatores que, na maioria das vezes, se inter-relacionam, como segue: a) imprescindibilidade, isto é, armamentos, plataformas ou sistemas que são essenciais para consecução dos objetivos relacionados à defesa nacional; b) elevada sofisticação tecnológica; c) dificuldade de obtenção, seja através da aquisição ou de desenvolvimento próprio.

Além dos produtos estratégicos de defesa, a legislação brasileira também apresenta o conceito de sistema de defesa (SD) como sendo o "conjunto inter-relacionado ou interativo de produtos de defesa que atenda a uma finalidade específica" (Brasil, 2012). Essa especificação mais detalhada dos denominados "sistemas de sistemas" ou "sistemas de comando e controle" advém da crescente importância que esses sistemas vêm ocupando dentro da estrutura de defesa, tanto no nível dos grandes sistemas estratégicos como dos específicos e flexíveis sistemas táticos (Gholz, 2006). Não obstante, os sistemas de defesa podem ser considerados uma categoria específica de produto estratégico de defesa, como apresentado a seguir.

Os produtos estratégicos de defesa reúnem um amplo, diversificado e diferenciado conjunto de equipamentos militares (Ipea; ABDI, 2016), englobando, de maneira geral: a) armas e munições leves; b) armas e munições pesadas; c) plataformas terrestres; d) plataformas navais; e) plataformas aeronáuticas; f) sistemas espaciais; g) sistemas de comando e controle; h) energia nuclear. Em resumo, os produtos estratégicos de defesa são definidos em razão de sua demanda como instrumentos essenciais para a defesa nacional e não pelas suas propriedades técnicas intrínsecas.

Apesar dessa elevada diversidade, uma característica comum dos produtos estratégicos de defesa é que precisam ser equivalentes ou superiores aos equipamentos utilizados pelos seus reais ou potenciais oponentes, para que possam realizar, de forma condizente, as missões para as quais foram concebidos. Dessa maneira, a demanda por equipamentos militares cada vez mais avançados tem levado à crescente incorporação de inovações tecnológicas. Dessa maneira, a disputa pela superioridade tecnológico-militar entre as principais potências – econômicas e militares – vem fazendo que a maioria dos produtos estratégicos de defesa se posicione na fronteira tecnológica dos seus respectivos setores industriais (Ferreira; Sarti, 2011). Logo, constata-se que, quanto mais crítica for a tecnologia incorporada, mais restrita é sua difusão, de maneira que tecnologias críticas como a espacial e a nuclear somente podem ser obtidas através do desenvolvimento próprio.

Outra importante característica comum dos produtos estratégicos de defesa é que o Estado é o principal comprador, se não o único comprador. Portanto, é um mercado oligopsônico, ou mesmo monopsônico (Ipea; ABDI, 2016). Dessa maneira, as compras governamentais, tanto no que se refere ao volume quanto à regularidade, passam a ser a variável-chave não apenas para o sucesso comercial, mas também para o desenvolvimento tecnológico desses produtos. Observa-se que são essas encomendas governamentais que têm possibilitado a redução das incertezas financeiras relacionadas ao desenvolvimento de novos produtos, particularmente dos produtos estratégicos de defesa que envolvem uma maior sofisticação tecnológica.

As exportações dos produtos estratégicos de defesa também estão diretamente relacionadas com o poder do Estado produtor, pois as vendas internacionais são, em sua quase totalidade, antecedidas por robustas encomendas domésticas. Como a venda desses produtos para outros países através das exportações também é determinada por fatores geopolíticos, o apoio governamental – diplomático, financeiro e técnico – passa a ser um elemento fundamental (Ferreira; Sarti, 2011). Constata-se ainda que, quanto mais estratégicos forem os produtos de defesa e quanto mais tecnologias sensíveis eles envolverem, maior a importância da demanda interna, pois sua exportação para outros países é total ou parcialmente restringida.

Em resumo, a demanda por produtos estratégicos de defesa obedece fundamentalmente à lógica da disputa geopolítica e não à determinação do mercado, relegando a uma segunda etapa as questões relacionadas à eficiência econômica, como custos, condições de financiamento e prazos de entrega. Isto explica o fato de o comércio internacional de equipamentos militares não ser regulado pelas normas da Organização Mundial do Comércio (OMC). O Acordo Geral de Tarifas e Comércio, que deu origem à OMC, determina que nenhuma disposição do acordo será utilizada no comércio de armas, munições e material de guerra e a todo o comércio de outros artigos e materiais destinados direta ou indiretamente a assegurar o aprovisionamento das Forças Armadas (Gatt, 1947).

Pelo lado da oferta, constata-se que os setores industriais responsáveis pelo desenvolvimento, fabricação e manutenção dos produtos estratégicos de defesa são bastante heterogêneos entre si, dado que não há uma base técnica comum entre eles. Setores industriais tão díspares como o aeronáutico, o naval, o de tecnologia da informação e comunicação ou o químico estão reunidos apenas pelo fato de atenderem ao mesmo demandante, isto é, as Forças Armadas de seus respectivos países e eventuais exportações. No pós-guerra, mais precisamente no final da década de 1950 e início da década de 1960, o conjunto de indústrias responsáveis pela produção de produtos estratégicos de defesa passou a ser denominado complexo industrial militar, em grande parte, por conta do discurso crítico do presidente estadunidense Dwight D. Eisenhower em 1961 (Durham, 2015; Roland, 2007; Brinkley, 2001). Contudo, a agregação dos diferentes setores industriais responsáveis pela produção dos equipamentos militares não deve ser organizada de acordo com o conceito econômico de "complexo industrial", dado que este pressupõe a existência de uma base técnica comum ou mesmo uma similaridade tecnológica (Prochnik, 1998; Erber, 1986).

Nos anos 1990, a solução conceitual apresentada foi a denominação "base industrial de defesa" (BID), também conhecida como "base industrial e tecnológica de defesa". Essa denominação vem sendo utilizada para se referir ao conjunto dos ativos industriais e tecnológicos que são responsáveis diretos ou indiretos pelo desenvolvimento e fabricação dos produtos estratégicos de defesa em um determinado país (Watts, 2010; Markusen, 1999; Boezer; Gutmaris; Muckerman II, 1997; Mike, 1994).

De acordo com a legislação brasileira atual, a base industrial de defesa compreende "um conjunto integrado por empresas públicas e privadas, bem como organizações civis e militares que realizem ou conduzam pesquisa, projeto, desenvolvimento, industrialização, produção, reparo, conservação, revisão, conversão, modernização ou manutenção de produto de defesa (Prode) no país" (Brasil, 2012). O governo dos EUA apresenta uma definição semelhante, indicando que a base industrial de defesa é a estrutura industrial que permite a pesquisa e desenvolvimento, bem como a concepção, produção, entrega e manutenção de sistemas de armas militares, subsistemas e componentes ou peças, para atender exigências das Forças Armadas dos Estados Unidos da América (USA, 2017).

Como visto, a base industrial de defesa abrange a oferta de todos os produtos de defesa, incluindo as cadeias produtivas de cada um dos setores industriais e as instituições de pesquisa e desenvolvimento que direta ou indiretamente participam do desenvolvimento das tecnologias incorporadas nesses produtos.

Dentro da base industrial de defesa destacam-se as empresas responsáveis pelo desenvolvimento e produção final dos produtos estratégicos de defesa, sendo denominadas empresas estratégicas de defesa. Essas empresas são os mais importantes agentes econômicos da base industrial de defesa, sendo consideradas estratégicas pelo fato de coordenarem o desenvolvimento, a produção e a manutenção dos equipamentos militares considerados estratégicos para a estrutura de defesa de uma determinada nação. As empresas estratégicas de defesa também podem ser denominadas *prime contractors*, pois são as empresas contratadas diretamente pelas Forças Armadas ou pelo governo nacional para desenvolverem e fabricarem os produtos estratégicos de defesa. Dessa forma, também são as empresas responsáveis pela coordenação de amplas cadeias produtivas, além de trabalharem em conjunto com as universidades e centros de pesquisa no desenvolvimento de inovações tecnológicas aplicadas aos novos equipamentos militares. Por fim, cabe destacar que são as empresas responsáveis pela efetivação das relações econômicas internacionais na área de defesa de um determinado país, através das exportações de equipamentos militares, execução dos contratos de contrapartidas (*offset*) – como ofertante ou como receptora – ou como investidora direta estrangeira, com a instalação de subsidiárias em outros países.

As empresas estratégicas de defesa possuem uma elevada proximidade com os respectivos Estados Nacionais. De um lado, essas empresas ocupam um papel-chave dentro da base industrial de defesa e, consequentemente, da estrutura de defesa de seus respectivos países. De outro lado, os Estados Nacionais, na quase totalidade dos casos, buscam estabelecer políticas específicas visando à criação, à preservação e ao fortalecimento das empresas estratégicas de defesa. Com relação à constituição dessas empresas, constata-se que a grande maioria delas foram criadas pelos respectivos Estados Nacionais como empresas estatais ou através da concentração da estrutura patrimonial proporcionada pelas políticas industriais de campeões nacionais, isto é, políticas de promoção da competitividade de grandes empresas nacionais de expressão global. Além disso, constata-se que os Estados Nacionais também vêm oferecendo decisivo suporte em relação ao desenvolvimento tecnológico e à promoção das exportações dessas empresas (Hensel, 2015; Ipea; ABDI, 2016; Ferreira; Sarti, 2011).

Apesar da importância, o conceito de empresas estratégicas de defesa não está explicitado na literatura internacional, sendo muito mais uma definição estabelecida pelos respectivos países para a execução das políticas de suporte às empresas-chave da base industrial de defesa. Dada a importância dos produtos estratégicos de defesa na estrutura de defesa das nações, as grandes e médias potências – econômicas, políticas e militares – têm a demanda das suas Forças Armadas atendida prioritariamente pela produção local. Na maioria desses países existem restrições não apenas às importações de produtos estratégicos de defesa, como também à sua produção local por subsidiárias estrangeiras, havendo um incentivo, explícito ou difuso, ao desenvolvimento tecnológico e fortalecimento das empresas nacionais (Hensel, 2015; Ferreira; Sarti, 2011).

No caso brasileiro, dentro da diretriz estabelecida pela Estratégia Nacional de Defesa, de capacitar a indústria nacional de material de defesa (Brasil, 2008), foi sancionada a Lei n.12.598 de março de 2012. Essa nova legislação – que estabeleceu as normas especiais para as compras, as contratações e o desenvolvimento de produtos e de sistemas de defesa – definiu as empresas estratégicas de defesa (EED) como toda pessoa jurídica credenciada pelo Ministério da Defesa mediante o atendimento cumulativo das cinco condições, apresentadas a seguir: a) ter como finalidade a realização ou condução de atividades de pesquisa, projeto, desenvolvimento, industrialização, prestação dos serviços de produção, reparo, conservação, revisão, conversão, modernização ou manutenção de PED no país, incluídas a venda e a revenda somente quando integradas às atividades industriais supracitadas; b) ter no país a sede, a sua administração e o estabelecimento industrial, equiparado a industrial ou prestador de serviço; c) dispor, no país, de comprovado conhecimento científico ou tecnológico próprio ou complementado por acordos de parceria com instituição científica e tecnológica (ICT) para realização de atividades conjuntas; d) assegurar, em seus atos constitutivos ou nos atos de seu controlador direto ou indireto, que o conjunto de sócios ou acionistas e grupos de sócios ou acionistas estrangeiros não possam exercer em cada assembleia geral número de votos superior a dois terços do total de votos que puderem ser exercidos pelos acionistas brasileiros presentes; e e) assegurar a continuidade produtiva no país.

A partir disso, o poder público poderá realizar licitações destinadas exclusivamente à participação das empresas estratégicas de defesa quando envolver fornecimento ou desenvolvimento de produtos estratégicos de defesa. Além disso, a legislação assegura às empresas estratégicas de defesa, no percentual e nos termos fixados no edital e no contrato de *offset* com empresas estrangeiras, a transferência do conhecimento tecnológico empregado juntamente com a participação na cadeia produtiva. Por fim, as empresas estratégicas de defesa também terão acesso ao Regime Especial Tributário para a Indústria de Defesa (Retid), criado especificamente para desonerar os programas e projetos relativos à defesa nacional (Brasil, 2012).

Constata-se que as condições estabelecidas pela legislação brasileira restringem a atuação do capital estrangeiro na base industrial de defesa, dado que somente as empresas brasileiras de controle majoritariamente nacional poderão se constituir como empresas estratégicas de defesa e participar das licitações referentes à aquisição dos produtos estratégicos de defesa. Além disso, a legislação também incentiva e exige o desenvolvimento da capacitação tecnológica dessas empresas através de uma combinação de esforço próprio e de parcerias com instituição científica e tecnológica. Por fim, há a necessidade de que uma parcela significativa da produção dessas empresas seja realizada em território nacional, assegurando ainda que exista a continuidade da produção local ao longo de todo o ciclo de vida do produto.

Conclui-se que a legislação estabelecida recentemente no Brasil é um importante instrumento para o fortalecimento da base industrial de defesa nacional através da constituição de um regime jurídico – regulatório e tributário – específico para proteger, capacitar e robustecer as grandes empresas nacionais de material de defesa, possibilitando que o Ministério da Defesa as credencie como empresas estratégicas de defesa. Não obstante, essas significativas e abrangentes modificações na estrutura de oferta não foram acompanhadas por mudanças no lado da demanda, dado que não foi estabelecida uma legislação que garanta e assegure a continuidade e regularidade das compras públicas de produtos estratégicos de defesa.

Referências bibliográficas

BOEZER, G.; GUTMARIS, I.; MUCKERMAN II, J. E. The Defense Technology and Industrial Base: Key Component of National Power. *Parameters*, p.26-51, verão 1997.

BRASIL. Estratégia Nacional de Defesa, de 17 de dezembro de 2008. Disponível em: http://www.planalto.gov.br/ccivil_03/_Ato2011-2014/2012/Lei/L12598.htm. Acesso em: abr. 2017.

______. Lei n.12.598, de 22 de março de 2012. Disponível em: http://www.planalto.gov.br/ccivil_03/_Ato2011-2014/2012/Lei/L12598.htm. Acesso em: abr. 2017.

BRINKLEY, D. Eisenhower's Farewell: In his Last Speech as President, He Inaugurated the Spirit of the 1960s. *American Heritage*, v.52, n.6, set. 2001.

DURHAM, R. *Supplying the Enemy*: The Modern Arms Industry & the Military-Industrial Complex. Jaipur: RBD Publications, 2015.

ERBER, F. S. Paradigma tecnológico, complexo industrial e política econômica na microeletrônica. Rio de Janeiro: UFRJ; Instituto de Economia Industrial, 1986. [Textos para Discussão.]

FERREIRA, M. J. B.; SARTI, F. *Diagnóstico*: base industrial de defesa brasileira. Campinas: Agência Brasileira de Desenvolvimento Industrial; Unicamp, 2011.

GENERAL AGREEMENT ON TARIFFS AND TRADE (Gatt). World Trade Organization. *Informações institucionais*. 1947. Disponível em: http://www.wto.org/english/docs_e/legal_e/gatt47. Acesso em: maio 2017.

GHOLZ, E. Systems Integration in the US Defense Industry: Who Does and Why Is it Important? In: PRENCIPE, A.; DAVIES, A.; HOBDAY, M. *The Business of Systems Integration*. Oxford: Oxford University Press, 2006.

HENSEL, N. *The Defense Industrial Base*: Strategies for a Changing World. Burlington: Ashgate, 2015.

INSTITUTO DE PESQUISA ECONÔMICA APLICADA (Ipea); AGÊNCIA BRASILEIRA DE DESENVOLVIMENTO INDUSTRIAL (ABDI). *Mapeamento da base industrial de defesa*. Brasília: ABDI; Ipea, 2016. Disponível em: http://www.ipea.gov.br/portal/images/stories/PDFs/livros/livros/160706_livro_mapeamento_defesa_capitulo_06.pdf. Acesso em: mar. 2017.

KALDOR, M. *New and Old Wars*: Organized Violence in a Global Era. 2.ed. Cambridge, MA: Stanford University Press, 2006.

LANGE, V. L. *O relacionamento entre o Exército brasileiro e a base industrial de defesa*: um modelo para auxiliar a sua integração. Rio de Janeiro, 2007. Tese (Doutorado em Ciências Militares) – Escola de Comando e Estado-Maior do Exército.

MacGregor, K.; Williamson, M. (Eds.). *The Dynamics of Military Revolution, 1300-2050*. Cambridge, UK: Cambridge University Press, 2001.

MARKUSEN, A. The Rise of World Weapons. *Foreign Policy*, n.114, p.40, primavera 1999.

MIKE, A. Managing the US Defense Industrial Base: A Strategic Imperative. *Parameters*, p.27-37, verão 1994.

PROCHNIK, V. Industrial Complexes Revisited. In: INTERNATIONAL JOSEPH A. SCHUMPETER CONFERENCE. Viena, jun. 1998. Disponível em: https://papers.ssrn.com/sol3/papers.cfm?abstract_id=1094323. Acesso em: maio 2017.

ROLAND, A. The Military-Industrial Complex: Lobby and Trope. In: BACEVICH, A. J. *The Long War*: A New History of US National Security Policy Since World War II. New York: Columbia University Press, 2007. p.335-70.

TOWNSHEND, C. (Ed.). *The Oxford Illustrated History of Modern War*. Oxford: Oxford University Press, 1997.

UNITED STATES OF AMERICA (USA). *Defense Industrial Base Sector*: Homeland Security. Disponível em: https://www.dhs.gov/defense-industrial-base-sector. Acesso em: maio 2017.

WATTS, B. D. *The US Defense Industrial Base*: Past, Present and Future, Strategy for the Long Haul. Washington, DC: Center for Strategic and Budgetary Assessments (CSBA), 2010.

RAZÃO DE ESTADO

Evaldo Becker

A *razão de Estado* é comumente requisitada para justificar as ações dos governantes quando estes tomam medidas que visam salvaguardar o bem comum dos povos ou a manutenção e salvação do Estado em caso de perigo iminente. A *razão de Estado* seria essa razão independente, colocada acima das razões privadas que têm como objetivo apenas o bem individual; ela visaria à manutenção dos corpos morais coletivos, seu fortalecimento e conservação. Contudo, o conceito serve também para justificar medidas extremas, injustas ou ilegais da parte de um governante em relação a outros governantes ou povos, para salvaguardar o interesse público e o bem-estar de seu próprio Estado. Apesar de autores como Joseph Ferrari, em sua obra *Histoire de la raison d'État* (1860), terem buscado as bases do conceito na Idade Clássica da Grécia e de Roma, existe certo consenso de que é com Maquiavel que se desenvolve, se não o conceito de *razão de Estado*, ao menos sua ideia e seus princípios de ação. Conforme Raymond Polin, o conceito de *razão de Estado* que está implícito em toda a obra de Maquiavel não encontra nele uma definição clara e precisa. Teria sido o humanista Giovanni della Casa o primeiro a fazer uso do referido conceito em 1547, mas o mesmo aparece tematizado e dá nome à obra *Ragione de Stato*, de Giovanni Botero, publicada em 1589, na qual o autor parece defini-la como sendo o "conhecimento dos meios próprios para fundar, conservar e engrandecer um Estado" (Botero apud Senellart, 1989, p.57).

Apesar de não ter formulado o conceito de *razão de Estado*, o nome de Maquiavel permanece bastante atrelado a ele. Geralmente, a passagem citada para exprimir os contornos desse conceito que autoriza injustiças e violências em nome da salvação da pátria é esta que se encontra no final dos *Discursos sobre a primeira década de Tito Lívio*, na qual o filósofo florentino escreve que, quando se delibera sobre a salvação da pátria, "não se deve fazer consideração alguma sobre o que é justo ou injusto, piedoso ou cruel, louvável ou ignominioso; ao contrário, desprezando-se qualquer outra consideração, deve-se adotar plenamente a medida que lhe salve a vida e mantenha a liberdade" (Maquiavel, 2007, p.443). Essa frase, retirada de seu contexto e acrescida de todas as violências posteriores cometidas em nome da *razão de Estado*, acabaram por vincular inextrincavelmente o nome de Maquiavel às violências e desvarios que os governantes dos povos perpetraram contra a ideia de justiça e de direito.

Outro nome que tem seu lugar garantido ao conceito de *razão de Estado* é Armand Jean du Plessis, o cardeal de Richelieu, primeiro-ministro da França entre 1624 e 1642. O grande estadista francês, que em vários momentos colocou o interesse de seu reino acima mesmo dos interesses religiosos, dos quais era o principal guardião, foi considerado pelo politólogo Henry Kissinger como sendo o "criador" do conceito. Segundo ele, com Richelieu, "a razão de Estado substituiu o conceito medieval de valores morais universais como princípio funcional da política francesa" (Kissinger, 2012, p.41). Apesar da paternidade apressada e equivocada atribuída a ele, é preciso reconhecer que o cardeal francês foi um mestre na aplicação do conceito, justificando com ele inúmeras medidas excepcionais que marcaram com violência e engodos o seu governo.

Contudo, a história do conceito não foi marcada apenas por defensores. Não foram poucos os pensadores que criticaram os excessos e violências cometidos por governantes, seja contra seus próprios povos, seja contra povos estrangeiros, em nome dessa razão especial, justificativa última de condutas detestáveis que dificilmente seriam explicadas pela razão natural dos indivíduos. Talvez o primeiro deles tenha sido o próprio Botero. Um contemporâneo de Richelieu, o jurista e diplomata holandês Hugo Grócio (1583-1645), também se esforçou para levar à arena internacional as ideias de direito das gentes, direito natural e reta razão, que deveriam temperar as atitudes desmedidas dos governantes e conduzir as relações entre os Estados pela via do direito e da justiça, sem se deixarem levar pelos arroubos passionais ou pelos interesses espúrios.

No século XVIII, o filósofo genebrino Jean-Jacques Rousseau (1712-1778), criticou veementemente as violências ilegítimas cometidas pelos governantes dos povos, mesmo quando estas eram tomadas sob os disfarces da razão de Estado e da necessidade. Ao longo de *O contrato social* e também nos *Princípios do direito da guerra*, Rousseau afirma que, para a perfeição da ordem social, é preciso que a lei dirija a força, e que, "nas ideias de independência absoluta dos príncipes", é somente a força que decide. Disfarçada sob o nome de lei, ela fala aos cidadãos, e sob o nome de *razão de Estado*, ela fala aos estrangeiros. "De sorte que o vão nome de justiça serve em toda a parte apenas de salvaguarda à violência" (Rousseau, 2011, p.155). Além disso, as hostilidades desencadeadas entre os Estados, que sempre se disfarçam com justificativas públicas "aceitáveis", não passariam, em última instância, de baixa avidez e de pilhagem.

O verbete "Razão de Estado" publicado no volume XXVIII da *Encyclopédie* de Diderot e D'Alembert também critica os autores que acreditaram existirem ocasiões nas quais os soberanos estavam autorizados, em nome do bem-estar de seu Estado, a desprezar as leis da probidade e a agirem de forma injusta com relação aos demais povos, invadindo territórios vizinhos sem mesmo declarar-lhes guerra. O verbete conclui que tais motivos especiosos com os quais disfarçamos essas ações não poderiam ser aceitos e que os representantes dos povos, assim como os indivíduos da sociedade, não podem se isentar das leis da honra e da probidade, pois isso abriria as portas a uma desordem universal que destruiria os laços existentes entre as nações, expondo os mais fracos à opressão dos mais fortes.

A independência absoluta dos governantes, a sua possibilidade efetiva de recorrer a justificativas superiores, tomadas em nome dessa razão de Estado que se encontra além da razão natural dos indivíduos, justificou ao longo da história e continua a justificar medidas extremas, injustas e ilegais. Disfarçadas sob esse nome, autorizamos a rapina de ouro, minérios e petróleo, autorizamos a mentira que justifica guerras injustas e cruéis que prejudicam o planeta como um todo para o benefício de pequenas parcelas da população que têm o poder de governar os governantes. O filósofo contemporâneo Peter Singer, em seu livro *Um só mundo: a ética da globalização*, procura defender a ideia de que, à medida em que os países se aproximam entre si a fim de resolver problemas como o do comércio global, das mudanças climáticas, da injustiça e da pobreza, os líderes das nações devem incorporar um ponto de vista mais amplo do que o puro e simples interesse nacional. Parece estar na hora de substituirmos, ou ao menos atenuarmos, os excessos cometidos em nome da razão de Estado, por condutas mais razoáveis, balizadas por uma espécie de *razão pública*, mais argumentativa e plural, que não leve em conta apenas interesses particulares, mas que compreenda que os interesses coletivos dos povos importam mais do que os interesses específicos de determinados povos e governos.

Finalmente, acreditamos que o estudo desses clássicos do pensamento político e das reflexões elaboradas por eles podem e devem nos auxiliar na tentativa de compreensão e intervenção em nosso mundo contemporâneo. Vivendo num mundo no qual o potencial de ação dos homens e dos Estados ampliou-se de forma inimaginável através das novas tecnologias, mundo no qual as ações promovidas no interior de um Estado afetam diretamente a vida de povos vizinhos e distantes, precisamos pensar nossas ações não apenas com vistas a nossos interesses, mas com vistas a uma ideia de justiça mais ampla do que os benefícios particulares.

Referências bibliográficas

BECKER, E. Souveraineté, droit de la guerre et raison d'État: Rousseau critique de Hobbes. *Science et Esprit: Revue de Philosophie et de Théologie*, Ottawa, Canadá, v.68, n.1, p.111-24, 2016.

DIDEROT, D.; D'ALEMBERT, J. R. (Orgs.). Raison d'État. In: *Encyclopédie ou dictionnaire raisonné des sciences, des arts et des métiers, par une société de gens de lettres*. t.28. Lausane; Berne: Chez les Sociétés Typographiques, 1780-1782. p.261.

FERRARI, J. *Histoire de la raison d'État*. Pref. Robert Bonnaud. Paris: Kimé, 1992. [Ed. orig.: 1860.]

FOUCAULT, M. *Segurança, território, população*. Trad. Eduardo Brandão. São Paulo: Martins Fontes, 2008.

HOMEM, A. P. B. *História das relações internacionais*. Coimbra: Almedina, 2003.

KISSINGER, H. *Diplomacia*. Trad. Saul S. Gefter e Ann Mary Fighiera Perpétuo. São Paulo: Saraiva, 2012.

MAQUIAVEL, N. *Discursos sobre a primeira década de Tito-Lívio*. São Paulo: Martins Fontes, 2007.

MEINECKE, F. *La idea de la razón de Estado en la Edad Moderna*. Trad. Felipe G. Vincen. Madrid: Instituto de Estúdios Políticos, 1959.

POLIN, R. L'Invention par Machiavel du sens moderne du mot État. Préface. In: *L'État Moderne*: regards sur la pensée politique de l'Europe occidentale entre 1715 et 1848. Etudes réunies par Simone Goyard-Fabre. Paris: Vrin, 2000.

ROUSSEAU, J.-J. Do contrato social. In: *Obras J.-J. Rousseau*. Trad. Lourdes Santos Machado. v.II. Rio de Janeiro; Porto Alegre; São Paulo: Editora Globo, 1962.

______. Princípios do direito da guerra. Trad., apres. e notas Evaldo Becker. Rev. trad. Ricardo Monteagudo. *Trans/Form/Ação: Revista de Filosofia da Unesp*, v.34, n.1, jul.-ago. 2011. ISSN 1980-539X. Disponível em: http://www.scielo.br/pdf/trans/v34n1/a09v34n1.pdf.

SENELLART, M. *Machiavélisme et raison d'État*. Paris: PUF, 1989.
SINGER, P. *Um só mundo*: a ética da globalização. Trad. Adail Ubirajara Sobral. São Paulo: Martins Fontes, 2004.

REFUGIADOS

Laís Azeredo Alves

Origem do conceito

A CATEGORIA DE REFUGIADO, EM SEU SENTIDO LITERAL, alguém que foi forçado a deixar sua terra natal, pode ser remetida para séculos atrás, com inúmeros exemplos, como a expulsão de tribos da antiga região de Canaã, em 740 a.C. O refúgio, todavia, como instituto jurídico do direito internacional surgiu apenas no século XX, especificamente em 1921, quando, devido à emergência de atender aos refugiados russos, a Cruz Vermelha solicitou à Liga das Nações a prestação de auxílio (Jaeger, 2001). Fridtjof Nansen foi, então, nomeado alto comissário da Liga das Nações para tratar do caso e posteriormente teve suas responsabilidades ampliadas, devido à demanda de refugiados gregos, búlgaros, armênios, dentre outros (ONU, 2016). Nansen empreendeu iniciativas que serviram de base para a consolidação do que viria a ser o Alto Comissariado da ONU para Refugiados (Acnur) e a Convenção de 1951, tais como a definição do estatuto jurídico de refugiado, o repatriamento, a busca por inserção social e a criação dos chamados passaportes "Nansen", que permitiam aos refugiados realizar viagens na ausência de sua documentação nacional (ONU, 2016).

A insuficiência dos mecanismos *ad hoc* existentes até então para tratar da questão dos refugiados fez que, em 1950, fosse criado o Alto Comissariado das Nações Unidas para Refugiados e um ano depois a Convenção Relativa ao Estatuto do Refugiado (1951). Tratava-se de uma resposta da comunidade internacional às dezenas de milhões de pessoas que foram forçadas a sair de seus países de origem e/ou residências em decorrência de eventos como o fim dos impérios otomano e russo e as duas guerras mundiais (Barreto, 2010).

É interessante notar que, apesar de sofrerem perseguição desde a criação do Estado de Israel, os palestinos não são abrangidos pela proteção da Convenção de 1951 e pelo Acnur. De acordo com Jubilut (2007, p.26), há duas possíveis explicações para esse fato: a primeira seria a limitação geográfica presente na convenção; a segunda seria que a ONU, ao aceitar os palestinos como refugiados, estaria condenando sua própria atuação na criação do Estado de Israel, ator responsável pelos deslocamentos. Desse modo, há uma agência específica para a assistência aos deslocados palestinos, a Agência das Nações Unidas para Assistência a Refugiados Palestinos, criada em 1949.

A definição de refugiado

De acordo com a Convenção de 1951 junto com o Protocolo de 1967, pode ser reconhecido como refugiado o indivíduo que: possui um fundado temor de perseguição em razão de sua nacionalidade, religião, opinião política, pertencimento a alguma raça, etnia ou grupo social específico no território onde é nacional ou residente, e que, devido a esse temor, não possa ou não queira a ele regressar. Essa definição, todavia, sofreu ampliações em âmbitos regionais, em razão das demandas específicas de proteção na África e na América Latina.

Os dois dispositivos regionais merecem destaque por causa das inovações que apresentam, já que possuem elementos que expandem o alcance da proteção, ao incluir outros fatores como motivadores da necessidade de proteção. No caso da Convenção da Organização da Unidade Africana (1969), devido aos episódios de intervenção internacional e conflitos civis, que geravam demanda de proteção, passou-se a considerar refugiadas as "pessoas que tenham sofrido agressão, ocupação externa, dominação estrangeira ou acontecimentos que disturbem a ordem pública e que, portanto, tenham que sair de seu país em busca de proteção". No âmbito latino-americano, por sua vez, a Declaração de Cartagena (1984) responde ao contexto de violência e do deslocamento em massa de refugiados na América Central. Desse modo, para os países-parte da declaração, deve prevalecer o conceito de refugiado que engloba a previsão da Convenção da União Africana e a doutrina utilizada nos relatórios da Comissão Interamericana dos Direitos Humanos, sendo consideradas refugiadas "pessoas que tenham fugido de seus países porque sua vida, segurança ou liberdade estavam sob ameaça devido à violência generalizada, conflitos internos, grave e generalizada violação dos direitos humanos" (Declaração de Cartagena, 1984, art. III, §3º).

Nesse sentido, o elemento da grave e generalizada violação de direitos humanos passou a fazer parte do Estatuto dos Refugiados no âmbito latino-americano. Apesar de não existir uma definição clara sobre o que pode ser categorizado como "grave e generalizada violação de direitos humanos"; na prática, utiliza-se essa categoria para casos de guerras civis, regimes ditatoriais ou em casos em que a liberdade, segurança ou a vida do indivíduo estejam em risco devido à incapacidade do Estado (Jubilut; Madureira, 2014).

Outro ponto importante no sistema latino-americano é a distinção entre asilo e refúgio. O asilo é um instituto jurídico restrito à América Latina, discricionário do Estado, o que demonstra seu caráter político, e é empregado, normalmente, em casos de perseguição política individual. É necessário que exista uma perseguição de fato, diferente do refúgio, em que um fundado temor de perseguição pode ser suficiente. A proteção pode ocorrer por meio do asilo territorial (no país estrangeiro) ou a partir do asilo diplomático (na embaixada do país de destino). O instituto do asilo não possui cláusulas de cessação, perda ou exclusão, como o refúgio. Por fim, o refúgio tem alcance universal, é supervisionado pelo Acnur, e permite a proteção por outros motivos além da perseguição política, como a fundamentação por questões de religião, nacionalidade, pertencimento a grupo social, étnico e racial. Além disso, para solicitar refúgio, é necessário cruzar a fronteira de seu Estado e a proteção é concedida fora do país. Trata-se de uma medida de caráter humanitário e que deve ser aplicada de modo apolítico (Brasil, 2016).

Por fim, a categoria de refugiado encontra-se inserida no âmbito das migrações forçadas, que se distingue das chamadas migrações voluntárias, entendidas como tendo motivações econômicas. A construção desse instituto e as políticas aplicadas para tratar das causas e consequências dos deslocamentos forçados sofreram mudanças ao longo dos anos. Se, no período da Guerra Fria, o instituto do refúgio foi valorizado, em razão, especialmente, de sua instrumentalização na disputa ideológica entre as duas superpotências (Jubilut, 2007), o término do conflito resultou em seu enfraquecimento e em uma mudança de paradigma com relação às respostas adequadas para tratar da questão. Em vez de uma política de acolhimento, a proposta passou a ser de prover assistência no local de origem. Nesse ínterim, era aplicada uma política de fechamento de fronteiras acompanhada da justificativa de que se tratava de uma forma de impedir migrantes econômicos de se utilizar do instituto do refúgio para buscar melhores condições de vida (Chimni, 1998).

Esse tipo de abordagem ainda é prevalecente. Nas últimas décadas, a ocorrência de conflitos internos, a queda e ascensão de regimes ditatoriais, as disputas de poder e intervenções externas têm gerado mais violações sistemáticas nos direitos humanos, que abarcam violência física, moral e psicológica. A luta pela sobrevivência motiva milhões de pessoas a fugir de suas casas em busca de proteção em outros lugares, muitas vezes com culturas bastante destoantes e cientes de que não serão bem-vindas.

A tentativa de impedir esses deslocamentos humanos a todo custo tem sido representada por políticas migratórias extremamente restritivas, que entendem o refugiado não apenas como um incômodo, por ser visto como "outro", mas como uma ameaça a seu modo de vida (Huysmans, 2006).

Refúgio atualmente: um tema de segurança

Até o fim de 2016, 65,6 milhões de pessoas (300 mil a mais que em 2015) foram forçadas a se deslocar para outros países. Dessas, 22,5 milhões são considerados refugiados, 40,3 milhões são deslocados internos (não saíram de seus países) e 17,2 milhões encontram-se sob o mandato do Acnur. Os refugiados palestinos registrados somam 5,3 milhões e, por fim, os solicitantes de refúgio, 2,8 milhões (UN, 2017).

O número de refugiados ultrapassou o de catástrofes como a II Guerra Mundial (UN, 2017). A crise humanitária atual é reflexo da ausência de políticas adequadas não apenas no gerenciamento dos fluxos migratórios, mas também na busca por mitigar os fatores que levam ao deslocamento. Nesse ínterim, o fechamento de fronteiras tem sido a abordagem prevalecente no cenário internacional das últimas décadas, sob a justificativa de proteger a segurança nacional.

Muitos países na Europa, na América do Norte e na Oceania têm adotado políticas migratórias draconianas, como a criminalização da imigração irregular, na tentativa de inibir a chegada de imigrantes, incluindo pessoas em situação de refúgio. Essa prática de transformar um problema social em um tema da esfera criminal permite a utilização de medidas securitárias para o tratamento da questão, cujo cerne é basicamente político-social. Em diversos países (Estados Unidos, Holanda, Austrália), há centros de detenção específicos para imigrantes em situação irregular, onde normativas internacionais são constantemente violadas (Human Rights Watch, 2016; European Court of Human Rights, 2017).

Entre os argumentos utilizados para legitimar essas ações, além da necessidade de punição devido à violação da soberania do Estado, permeiam questões como o temor de quebra de homogeneidade cultural, a desestabilização do estado de bem-estar social, e o aumento da criminalidade. A percepção de ameaça associada à figura do imigrante é normalmente baseada nesses pontos, que, apesar de serem passíveis de problematização e desconstrução (Bell, 2014; Ewing; Martínez; Rumbaut, 2015), são facilmente assimilados por grupos sociais, especialmente em momentos de crise econômica e política. No período pós-Onze de Setembro, a associação entre determinados grupos imigrantes e atividades terroristas tornou-se também bastante recorrente e a perpetuação dessa retórica tem auxiliado na inserção da temática no âmbito da segurança (Huysmans, 2006).

O imigrante e o refugiado são, então, bodes expiatórios inseridos em um espectro de segurança em que se legitima a violação de normativas de direitos humanos em nome da segurança estatal, em uma tentativa fracassada de inibir os deslocamentos. Ocorre que a escolha por políticas migratórias restritivas não impede as migrações, mas profissionaliza a atuação de traficantes de pessoas (Iverson, 2017). O comércio em torno dessa atividade tem se tornado uma atividade bastante lucrativa para grupos criminosos transnacionais.

Quando a discussão sobre refúgio e a perspectiva universalista de direitos humanos passou a ganhar notoriedade, em meados da década de 1990, veio acompanhada do fortalecimento da soberania estatal – a partir do controle mais rígido das fronteiras –, que se via ameaçada diante da globalização e da relativização dos limites territoriais (Reis, 2004). O desafio que se impunha no momento e que permeia ainda o debate contemporâneo é a contraposição entre o dever de garantir a proteção aos direitos humanos *versus* o direito à soberania estatal, pautado em um discurso de defesa da segurança estatal. Nesse sentido, é necessário argumentar sobre a plausibilidade de uma política conjunta de segurança estatal e de proteção aos direitos humanos.

A conjunção desses dois projetos: segurança estatal e proteção aos refugiados pode e deve ocorrer. Não apenas por uma questão normativa, de respeitar os instrumentos internacionais de proteção da pessoa humana, mas também por uma questão lógica de que os próprios refugiados são, muitas vezes, grandes vítimas da ausência de mecanismos de segurança e deslocam-se justamente devido à insegurança (Murillo, 2009). Na própria norma, há elementos que comprovam a importância de se garantir a segurança dos Estados, com a presença, por exemplo, das cláusulas de exclusão. No art. 1º (seções D, E e F) da Convenção de 1951, são estipulados os critérios que vão determinar o não merecimento do *status* de refugiado. Não terão acesso à proteção indivíduos que: a) tenham cometido crimes contra a paz, b) crimes de guerra, c) crimes contra a humanidade, ou d) que tenham sido considerados culpados por práticas que violam os princípios da ONU, e/ou, por fim, e) que cometeram um crime de direito comum considerado grave fora do país de refúgio antes de adquirir o *status* de refugiado.

A partir do exposto, é possível observar que a justificativa dos Estados de que a não aceitação de refugiados é parte de uma política de priorização da segurança estatal é um argumento frágil, já que o cumprimento das normativas de proteção aos refugiados não impede ou fragiliza essa segurança. Além do mais, uma mudança paradigmática no entendimento da segurança pode auxiliar na busca por uma política de segurança que coadune os dois projetos, a partir da segurança humana.

Criado em meados dos anos 1990, o paradigma de segurança humana, apesar das críticas e da ausência de consenso sobre sua aplicabilidade (Paris, 2001), objetiva fornecer aos indivíduos importância e urgência na solução dos empecilhos que impedem sua emancipação. A partir disso, compreende-se que, ao garantir a concretização da segurança humana, permite-se o desenvolvimento humano e a melhora nas condições de vida, o que, em maior ou menor grau, influencia a mitigação de fatores propulsores de deslocamento e de insegurança. Compreender a questão do refúgio por meio dessa perspectiva pode auxiliar na busca por soluções que coadunem segurança e direitos humanos.

Desse modo, garantir a consolidação e o cumprimento do instituto do refúgio pode estar perfeitamente alinhado a uma política de segurança estatal (Murillo, 2009). Além do mais, o acolhimento de refugiados quando realizado de forma coordenada pode apresentar benefícios econômicos, culturais e sociais ao país acolhedor (Jacobsen, 2002; Zetter, 2012; Betts et al., 2014).

Referências bibliográficas

BARRETO, L. P. T. F. A Lei Brasileira de Refúgio: sua história. In: _____ (Org.). *Refúgio no Brasil*: a proteção brasileira aos refugiados e seu impacto nas Américas. Brasília: Acnur; Ministério da Justiça, 2010.

BRASIL. Ministério da Justiça e Cidadania. General. *Entenda as diferenças entre refúgio e asilo*. 2016. Disponível em: http://www.justica.gov.br/noticias/entenda-as-diferencas-entre-refugio-e-asilo. Acesso em: 26 jul. 2017.

BELL, B. Crime and Immigration: Do Poor Labor Market Opportunities Lead to Migrant Crime? *IZA World of Labor*, n.33, 2014. Disponível em: https://wol.iza.

org/uploads/articles/33/pdfs/crime-and-immigration.pdf?v=1. Acesso em: 29 jun. 2017.

BETTS, A.; BLOOM, L.; KAPLAN. J.; OMATA, N. Refugee Economies Rethinking Popular Assumptions. *Humanitarian Innovation Project*. Refugee Studies Centre. 2014. Disponível em: https://www.rsc.ox.ac.uk/files/files-1/refugee-economies-2014.pdf. Acesso em: 06 jun. 2018.

CHIMNI, B. S. The Geopolitics of Refugee Studies: A View from the South. *Journal of Refugees Studies*, v.11. n.4, 1998.

CONVENCAO DA UNIÃO AFRICANA SOBRE A PROTECÇÃO E ASSISTÊNCIA ÀS PESSOAS DESLOCADAS INTERNAMENTE EM ÁFRICA. Disponível em: http://www.acnur.org/fileadmin/Documentos/portugues/BD_Legal/Instrumentos_Internacionais/convencao_de_kampala.pdf?view=1. Acesso em: 02 jun. 2018.

EUROPEAN COURT OF HUMAN RIGHTS. *Fact-Sheet*: Migrants in Detentions. abr. 2017. Disponível em: http://www.echr.coe.int/Documents/FS_Migrants_detention_ENG.pdf. Acesso em: 29 jun. 2017.

EWING, W.; MARTÍNEZ, D. E.; RUMBAUT, R. The Criminalization of Immigration in the United States. *American Immigration Council*, 13 jul. 2015. Disponível em: https://www.americanimmigrationcouncil.org/research/criminalization-immigration-united-states. Acesso em: 29 jun. 2017.

HUMAN RIGHTS WATCH. US: Deaths in Immigration Detention. Newly Released Records Suggest Dangerous Lapses in Medical Care. 7 jul. 2016. Disponível em: https://www.hrw.org/news/2016/07/07/us-deaths-immigration-detention. Acesso em: 29 jun. 2017.

HUYSMANS, J. *The Politics of Insecurity*: Fear Migration and Asylum in the EU. London: Routledge, 2006.

IVERSON, J. The Inherent Hypocrisy of Claiming to Combat Human Trafficking While Closing Borders. *Human Trafficking Center*, 3 maio 2017. Disponível em: http://humantraffickingcenter.org/inherent-hypocrisy-claiming-combat-human-trafficking-closing-borders/. Acesso em: 28 jun. 2017.

JACOBSEN, K. Can Refugees Benefit the State? Refugee Resources and African Statebuilding. *The Journal of Modern African Studies*, v.40, n.4, p.577-96, dez. 2002.

JAEGER, G. On the History of the International Protection of Refugees. *Revue Internationale de la Croix-Rouge (RICR), International Review of the Red Cross (IRRC)*, v.83, n.843, set. 2001. Disponível em: https://www.icrc.org/ara/assets/files/other/727_738_jaeger.pdf. Acesso em: 28 jun. 2017.

JUBILUT, L. O direito internacional dos refugiados e sua aplicação no ordenamento jurídico brasileiro. São Paulo: Acnur; Editora Macedo, 2007. Disponível em: http://www.acnur.org/t3/fileadmin/Documentos/portugues/Publicacoes/2013/O_Direito_Internacional_dos_Refugiados.pdf?view=1. Acesso em: 22 jul. 2016.

______; MADUREIRA, A. de L. Os desafios de proteção aos refugiados e migrantes forçados no marco de Cartagena+30. *REMHU – Rev. Interdiscip. Mobil. Hum.*, Brasília, ano XXII, n.43, p.11-33, jul.-dez. 2014. Disponível em: http://www.scielo.br/pdf/remhu/v22n43/v22n43a02.pdf. Acesso em: 21 jul. 2016.

MURILLO, J. C. Os legítimos interesses de segurança dos Estados e a proteção internacional de refugiados. *Sur, Rev. Int. Direitos Human.*, São Paulo, v.6, n.10, p.120-37, jun. 2009.. Disponível em: http://www.scielo.br/scielo.php?script=sci_arttext&pid=S1806-64452009000100007&lng=en&nrm=iso. Acesso em: 28 jun. 2017.

ORGANIZAÇÃO DAS NAÇÕES UNIDAS (ONU). Convenção da Organização de Unidade Africana (OUA), que rege os aspectos específicos dos problemas dos refugiados em África. 1969.

______. Declaração de Cartagena. 1984. Disponível em: http://www.acnur.org/t3/fileadmin/Documentos/portugues/BD_Legal/Instrumentos_Internacionais/Declaracao_de_Cartagena.pdf?view=1. Acesso em: 21 jul. 2016.

______. *Manual de procedimentos e critérios para a determinação da condição de refugiado.* 2013. Disponível em: http://www.acnur.org/t3/fileadmin/Documentos/portugues/Publicacoes/2013/Manual_de_procedimentos_e_criterios_para_a_determinacao_da_condicao_de_refugiado.pdf. Acesso em: 28 jun. 2017.

______. Alto Comissariado das Nações Unidas para Refugiados (Acnur). Fridtjof Nansen. 2016. Disponível em: http://www.acnur.org/portugues/informacao-geral/premio-nansen/fridtjof-nansen/. Acesso em: 10 out. 2016.

PARIS, R. Human Security: Paradigm Shift or Hot Air? *International Security*, v.26, n.2, p.87-102, outono 2001. Disponível em: http://aix1.uottawa.ca/~rparis/Paris.2001.IS.Human%20Security.pdf. Acesso em: 28 jun. 2017.

REIS, R. R. Soberania, direitos humanos e migrações internacionais. *RBCS – Rev. Bras. Ci. Soc.*, v.19, n.55, jun. 2004. Disponível em: http://www.egov.ufsc.br/portal/sites/default/files/anexos/32000-37555-1-PB.pdf. Acesso em: 28 jun. 2017.

UNITED NATIONS (UN). *Convention and Protocol Relating to the Status of Refugees.* 2010. Disponível em: http://www.unhcr.org/protection/basic/3b66c2aa10/convention-protocol-relating-status-refugees.html. Acesso em: 28 jun. 2017.

______. United Nations High Commissioner for Refugees (UNHCR). *Trends at a Glance.* 2017. Disponível em: http://www.unhcr.org/dach/wp-content/uploads/sites/27/2017/06/2016_Global_Trends_WEB-embargoed.pdf. Acesso em: 27 jun. 2017.

ZETTER, R. Are Refugees an Economic Burden or Benefit? *Forced Migration Review*, v.41, dez. 2012. Disponível em: http://www.fmreview.org/preventing/zetter.html. Acesso em: 30 jul. 2016.

REGIMES AUTORITÁRIOS

Paulo Fagundes Visentini
Marcelo de Mello Kanter

Regimes autoritários são aqueles nos quais a principal dinâmica política se baseia na autoridade, entendida como a tomada de decisão exercida "de cima para baixo". Mais especificamente, são os sistemas nos quais as instituições representativas são enfraquecidas, têm suas atribuições esvaziadas, ou simplesmente inexistem. Em seu detrimento, a capacidade de tomada de decisão é concentrada em um indivíduo ou, mais frequentemente, em um grupo relativamente restrito. Tal grupo pode se enquadrar no conceito de Duroselle (2000) de "grupos reais", ou seja, um agrupamento de indivíduos definido por suas interações pessoais, não determinado por vínculos institucionais, ou grupos que correspondam às instituições vigentes, como um gabinete de governo, uma junta militar ou uma cúpula partidária.

O conceito pode ser pensado como residual, ou seja, de definição negativa, como aqueles regimes que não são democracias. Consequentemente, acaba por abarcar uma imensa diversidade de casos, como regimes militares, Estados de partido único, teocracias, monarquias absolutistas, governos segregacionistas e diversos outros. Desse modo, é útil estabelecer algumas distinções que permitam dar mais especificidade aos casos abordados. Uma dessas distinções refere-se à presença ou não de ideologias autoritárias que preconizam abertamente a restrição da representatividade em um governo. A título de exemplo podem-se indicar as concepções da Alemanha imperial do final do século XIX, que reduziam o Parlamento a um órgão consultivo.

Um regime autoritário baseado nesse tipo de ideologia pode se considerar desimpedido para reprimir grupos de oposição e impor maior controle social. Por outro lado, regimes autoritários que não estão fundamentados em ideologias desse tipo frequentemente precisam manter alguma forma de simulacro de democracia e pluralidade, ainda que apenas tolerado – caso especialmente comum em regimes que buscam algum grau de legitimação, seja interna ou externa.

Juan Linz, em uma análise em 1964, rejeitava a visão do autoritarismo como uma categoria residual, e buscou agrupar as características que definiam o conceito. Deve-se fazer a ressalva de que Linz também buscava distinguir autoritarismo e totalitarismo, uma distinção importante para se compreender alguns dos atributos elencados por ele. Esses atributos são: a existência de um pluralismo político limitado, a ausência de ideologias que deem orientação e estruturação ao regime (ainda que o regime possa afirmar o pertencimento a uma ideologia), a ausência de grande mobilização política, e o exercício do poder por um líder ou líderes dentro de limites mal definidos mas relativamente previsíveis. Linz admite ainda a existência de autoritarismos populistas, com grande grau de mobilização.

Por outro lado, Almond e Powell (1966) distinguem regimes autoritários entre conservadores e modernizantes, com base também na questão da mobilização política. Os regimes autoritários conservadores seriam os que ganham força em sociedades que estão em vias de uma modesta modernização e suas elites apoiam autoritarismos que teriam a força para interromper as transformações sociais decorrentes dessa modernização. Esse tipo de regime tem por objetivo, então, a desmobilização e a despolitização da sociedade, preferindo uma aceitação passiva. Por outro lado, os regimes modernizantes seriam os que emergem em sociedades cujas modernizações são incipientes e obstadas por gargalos sociais. Esses regimes buscariam superar essas dificuldades, sofrendo resistência de elites conservadoras. Para contorná-las, buscariam estimular a mobilização, e mesmo a participação, mas esbarrariam no atraso da estrutura social e na incapacidade de constituir partidos de massas.

Finalmente, uma ressalva deve ser feita sobre o conceito de totalitarismo. Como foi apontado, é por vezes um conceito compreendido como distinto dos regimes autoritários, mas que também pode ser pensado como uma de suas variantes. O totalitarismo se referiria aos casos de controle social total por parte do regime, em geral através da combinação de um imenso aparato coercitivo e de uma máquina de propaganda oficial. Contudo, o conceito apresenta uma série de problemas que devem ser elucidados.

Os regimes fascistas propagaram a ideia de totalitarismo, aplicando-a a si próprios, ao se oporem à democracia liberal e ao socialismo, visando à total mobilização de suas sociedades e a unidade Estado-sociedade. Após a II Guerra Mundial, com o advento da Guerra Fria, alguns acadêmicos, como Hannah Arendt (1951), Friedrich e Brzezinski (1956), expandiram o conceito de totalitarismo para abarcar também a experiência socialista soviética, igualando fascismo e socialismo. Essa formulação foi prontamente adotada por lideranças políticas estadunidenses, dado que permitia se apresentar a Guerra Fria como uma continuação ideológica do enfrentamento ao nazismo (Losurdo, 2003).

A instrumentalização política do conceito fez que fosse empregado para se atacar um número crescente de regimes criticados pelos Estados Unidos, de modo que foi perdendo o rigor terminológico. Ademais, esforços para preservar o rigor conceitual evidenciavam que totalitarismo servia para descrever, em teoria, apenas dois casos, e estes eram profundamente distintos entre si, de modo que não possuía grande utilidade. Finalmente, estudos foram revelando de forma crescentemente inequívoca que o grau de doutrinação e adesão obtido pelos regimes supostamente totalitários através de propaganda e coerção era inferior ao que se supunha antes (Brooker, 2009). Em vez de ser um sistema que lograva a quase dissolução do indivíduo sob o controle do Estado, esses regimes se revelavam casos de governos autoritários com alta capacidade de mobilização. Consequentemente, o conceito de totalitarismo perdeu muito espaço, sendo preferível uma descrição mais precisa dos mecanismos dos regimes autoritários em questão, como instituições políticas e correlações de forças entre grupos de interesse.

Referências bibliográficas

ALMOND, G.; POWELL, G. B. *Comparative Politics*: A Developmental Approach. Boston: Little, Brown and Company, 1966.

ARENDT, H. *The Origins of Totalitarianism*. New York: Schocken, 1951. [Ed. bras.: As origens do totalitarismo. São Paulo: Companhia das Letras, 1989.]

BOBBIO, N. *Dicionário de política*. Brasília: Editora UnB, 1986.

BROOKER, P. *Non-Democratic Regimes*. New York: Palgrave Macmillan, 2009.

DICIONÁRIO DE CIÊNCIAS SOCIAIS. Rio de Janeiro: Fundação Getúlio Vargas, 1986.

DUROSELLE, J. B. *Todo império perecerá*: teoria das relações internacionais. Brasília: Editora UnB, 2000.

FRIEDRICH, C. J.; BRZEZINSKI, Z. *Totalitarian Dictatorship and Autocracy*. Boston: Harvard University Press, 1956.

LINZ, J. An Authoritarian Regime: The Case of Spain. In: ALLARDT, E.; LITTUNEN, Y. (Orgs.). *Cleavages, Ideologies and Party Systems*: Contributions to Comparative Political Sociology. Helsinki: Academic Bookstore, 1964. p.291-341.

LOSURDO, D. Para uma crítica da categoria de totalitarismo. *Crítica Marxista*, Campinas, n.17, p.51-79, 2003.

REGIMES DE NÃO PROLIFERAÇÃO NUCLEAR

Raquel Gontijo
Luiza Elena Januário

Os regimes de não proliferação nuclear foram erigidos gradualmente, desde a década de 1940, com o objetivo de frear a difusão de armamentos nucleares. Esses regimes decorreram da percepção de que a produção dos primeiros explosivos nucleares, durante a II Guerra Mundial, e o posterior desenvolvimento das bombas termonucleares representaram uma mudança qualitativa nos meios da guerra. Essa mudança refere-se, principalmente, à velocidade da ação, já que uma mesma escala de destruição realizada com explosivos convencionais poderia, a partir de então, ser concretizada em um intervalo de tempo muito inferior. A relação entre quantidade de armamentos e o poder de combate é também fundamentalmente alterada (Aron, 1965; Jervis, 1989; Schelling, 1966).

Diante disso, o potencial militar da tecnologia nuclear, uma vez demonstrado pelo bombardeio das cidades de Hiroshima e Nagasaki e posteriores testes nucleares, indicou a necessidade de que fossem firmadas formas de controle internacional dessa nova categoria de armamentos. Contudo, as propostas formuladas deveriam ser capazes de responder não apenas à necessidade de não proliferação dos usos militares, mas também às demandas pela difusão dos usos pacíficos da tecnologia nuclear. Ou seja, qualquer iniciativa nesse setor deveria ser pautada pelo reconhecimento do seu uso dual, incluindo atividades tão diversas como a geração de energia, o emprego em exames e tratamentos médicos e o combate a pragas no setor agrícola.

Essa dualidade da tecnologia nuclear foi declarada de forma emblemática no discurso *Átomos para a paz*, realizado pelo então presidente dos Estados Unidos, Dwight Eisenhower, à Assembleia Geral das Nações Unidas, em 1953, o qual se consolidou como o alicerce para as negociações que levariam à criação da Agência Internacional de Energia Atômica (AIEA), em 1957 (Röhrlich, 2013). Essa instituição tinha por objetivo, desde sua fundação, difundir a tecnologia nuclear para fins pacíficos de forma segura, estabelecendo um regime de salvaguardas. Esse regime previa a operacionalização de um sistema de verificações capazes de garantir que a tecnologia nuclear adquirida e desenvolvida tivesse finalidades exclusivamente pacíficas. Dessa forma, imaginava-se que seria possível promover a difusão da tecnologia nuclear pacífica sem que isso resultasse no aumento da proliferação de armamentos nucleares.

Contudo, na primeira década de sua existência, as salvaguardas da AIEA foram raramente invocadas, já que seu acionamento ocorreria apenas quando transferências tecnológicas fossem intermediadas pela própria agência, ou quando acordos de transações bilaterais estabelecessem a necessidade de verificações no país receptor (Fischer, 1997). De fato, com os testes nucleares da França, em 1960, e da China, em 1964, ficou clara a necessidade de um mecanismo de não proliferação mais robusto do que aquele oferecido pela AIEA.

Como resposta a essa necessidade de fortalecer a não proliferação e o estabelecimento de salvaguardas, foi formulado o Tratado de Não Proliferação Nuclear (TNP), cujo texto foi aprovado na Assembleia Geral da ONU em julho de 1968 e entrou em vigor em maio de 1970. O objetivo do tratado é justamente prevenir a disseminação de armas e dispositivos explosivos nucleares. Por meio do TNP, as potências nucleares comprometem-se a não transferir e não auxiliar, induzir ou estimular o desenvolvimento ou a aquisição de armas ou explosivos nucleares pelos Estados não possuidores desses armamentos. Por outro lado, os Estados desse segundo grupo comprometem-se a não receber transferências de tais armas ou dispositivos explosivos, bem como a não fabricá-los, adquiri-los ou receber ajuda para desenvolvê-los. A verificação do cumprimento dos termos do tratado pelos Estados-partes não possuidores de armamentos nucleares ficou a cargo da AIEA, responsável pela elaboração e pelo funcionamento de acordos de salvaguardas. Assim, o sistema de inspeções da agência passou a operar de forma mais frequente, com a realização de vistorias que poderiam oferecer garantias de que não ocorreria o desvio de materiais nucleares para a fabricação de dispositivos com fins militares (OTA, 1995).

Além desse compromisso com a não proliferação de armamentos nucleares, o TNP estabelecia um direito inalienável de todos os Estados à tecnologia nuclear para fins pacíficos, e previa um sistema de auxílio internacional à difusão dessa tecnologia. Esse sistema, na prática, representou um equilíbrio instável, em que as iniciativas de não proliferação poderiam ter efeitos adversos indesejados, já que, devido ao caráter dual da tecnologia nuclear, sua difusão para fins civis aumenta a facilidade de acesso a recursos que podem ser usados em programas militares. Finalmente, um terceiro componente central dos termos do regime foi a formalização do compromisso das potências nucleares com o desarmamento (Blix, 2008). Dessa forma, os países detentores de armamentos nucleares afirmavam sua intenção de promover reduções em seus arsenais. O TNP foi erigido, portanto, sobre um tripé, composto pela não proliferação (artigos I, II e III), pela difusão da tecnologia para fins pacíficos (artigos IV e V) e pelo desarmamento (artigo VI).

Por outro lado, o TNP representou a oficialização de uma divisão entre duas categorias de Estados: aqueles que desenvolveram a bomba antes de 1967 – Estados Unidos, China, França, Reino Unido e a antiga União Soviética – e aqueles que não estavam nessa condição. O tratado gerou controvérsias por esse caráter desigual, sendo interpretado por diversos Estados como um mecanismo discriminatório das potências, que consolidava o *status quo* e serviria como um obstáculo ao avanço científico-tecnológico dos países em desenvolvimento, apesar de seu texto expressar o direito universal de acesso à tecnologia nuclear para fins pacíficos. O Brasil compartilhava dessa visão e recusou-se a assinar o TNP até os anos 1990. A expressão "congelamento do poder mundial" ficou conhecida por representar o posicionamento brasileiro em relação à questão (Castro, 1971), colocando em evidência o entendimento de que se tratava de uma tentativa de manutenção do *status quo*, impondo uma determinada ordem mundial.

Além dos cinco países que haviam realizado testes nucleares até 1967, atualmente outros quatro Estados possuem armamentos nucleares: Índia, Israel, Paquistão e Coreia do Norte. Dentre esses quatro, apenas a Coreia do Norte chegou a assinar o TNP, mas denunciou o tratado em 2003. Além deles, a África do Sul chegou a produzir um pequeno número de ogivas, entre as décadas de 1970 e 1980, mas destruiu seu arsenal no início dos anos 1990 e aderiu ao TNP.

O TNP tornou-se o eixo central do regime de não proliferação nuclear. Porém, ainda persistiram dificuldades para assegurar que o uso militar da tecnologia nuclear não fosse difundido. Uma das principais dificuldades decorria da restrição das informações disponíveis à AIEA, cujas inspeções ficavam circunscritas àquelas instalações declaradas pelos próprios Estados. Ainda que a agência pudesse solicitar inspeções adicionais, na prática esse processo era raramente acionado. No começo da década de 1990, as deficiências desse sistema para detectar infrações ficaram evidentes com a descoberta do programa nuclear iraquiano para fins militares (ElBaradei, 2011), seguida pela descoberta de desvio de plutônio do programa nuclear civil da Coreia do Norte (CNS, 2012).

Com o intuito de fortalecer os mecanismos de salvaguardas, a AIEA lançou um programa conhecido como 93+2. As principais medidas diziam respeito a garantir um volume maior de informações, aplicar novas tecnologias e conseguir acesso físico mais amplo na realização das inspeções. O programa foi dividido em duas partes: a primeira composta por iniciativas que poderiam ser adotadas de acordo com a autoridade já existente da agência; a segunda referia-se a medidas que exigiam autoridade complementar (AIEA, [s.d.]).

Devido a essa segunda parte, a AIEA aprovou e abriu para assinaturas em 1997 o Protocolo Adicional. Os compromissos assumidos por Estados que aceitam esse documento permitem à AIEA um acesso mais amplo às suas instalações nucleares. O objetivo do protocolo é assegurar que as declarações apresentadas pelos países sobre seus programas nucleares são completas e verdadeiras. Busca-se, dessa forma, garantir a ausência de atividades ou instalações não declaradas. Para isso, o Protocolo Adicional estabelece que, naqueles Estados que adotarem esse novo compromisso, a AIEA pode realizar inspeções em lugares não declarados. Assim, a agência pode atuar a partir de denúncias bem fundamentadas sobre atividades clandestinas. Podem ser utilizadas diversas fontes de informação para fundamentar uma denúncia, incluindo imagens de satélite e relatórios de serviços de inteligência.

O Protocolo Adicional é, portanto, uma forma de se buscar maior transparência em matéria de não proliferação, incrementando a confiança de que os Estados estejam seguindo os compromissos assumidos com o TNP. Contudo, não se trata de uma fórmula infalível, uma vez que persiste a possibilidade de que atividades com fins militares à margem dos programas oficiais não sejam detectadas. De qualquer modo, em 2008, consultores da AIEA recomendaram que os Estados que são provedores nucleares no mercado internacional exigissem a assinatura do Protocolo Adicional para fornecerem licenças de exportação de materiais, serviços e tecnologias nucleares (AIEA, 2008). Dessa forma, propunha-se aumentar as pressões para que os Estados que ainda não haviam aceitado o tratado o fizessem.

No entanto, o documento não esteve isento de críticas. Dentre os países com programas nucleares de relativo destaque, o Brasil é um dos principais opositores ao protocolo e a argumentação utilizada para contestar e recusar a iniciativa apresenta vários elementos (Hibbs, 2010). Um primeiro aspecto é o entendimento de que são necessários avanços no campo do desarmamento nuclear. De fato, vários Estados apontam o aparente descaso das potências nucleares em relação aos termos do TNP referentes ao desarmamento. As principais políticas de redução dos arsenais existentes só ganharam impulso com o fim da Guerra Fria, e não parecem ter representado a materialização dos compromissos assumidos em 1970, senão uma reestruturação militar decorrente das mudanças no contexto geoestratégico mundial. Assim, o Brasil só assinaria o Protocolo Adicional quando considerasse que avanços significativos fossem realizados no sentido do desarmamento.

Além disso, há considerações de que o protocolo poderia ser uma ferramenta de espionagem industrial, já que a AIEA poderia solicitar acesso a instalações onde são desenvolvidas atividades de elevado valor estratégico nacional. Por fim, o Brasil entende que o documento não é necessário, uma vez que o país participa de outras iniciativas de não proliferação e sua própria Constituição demanda a utilização apenas pacífica da tecnologia nuclear.

Mecanismos de controle da exportação

O TNP serviu também como base para o surgimento de outras iniciativas de não proliferação. No início da década de 1970, em conformidade com os termos do art. III do TNP, tiveram início negociações para o estabelecimento das diretrizes de exportação de tecnologia nuclear e a formulação de uma lista de itens que, quando fossem objeto de transferências internacionais, acionariam o sistema de salvaguardas e imporiam a necessidade de verificações por parte da AIEA no país receptor. A primeira iniciativa nesse sentido, que resultou na formação do Comitê Zangger, foi formalizada em 1971.

Uma iniciativa posterior, que ganhou mais força, foi iniciada em 1975, em Londres, e resultou na formação do Grupo de Fornecedores Nucleares (NSG, do inglês, Nuclear Suppliers Group). A criação desse segundo cartel de fornecedores foi motivada, sobretudo, pela explosão nuclear pacífica da Índia, em 1974, a qual demonstrou a possibilidade de que um país adaptasse para o setor militar tecnologias recebidas através de transferências internacionais nos setores de pesquisa e geração de energia. Outros dois eventos da década de 1970 contribuíram para dar força às negociações do NSG. O choque do petróleo, ao evidenciar a dependência energética de grande parte do mundo e a possibilidade de que o abastecimento de tal combustível fóssil fosse comprometido, poderia levar a um aumento da demanda pela tecnologia nuclear como fonte alternativa de geração de energia. Paralelamente, tanto a França quanto a Alemanha realizavam, naquele momento, negociações para a exportação do ciclo do combustível nuclear para países que ainda não detinham essa tecnologia (essas negociações resultariam no acordo nuclear entre Brasil e Alemanha de 1975). Esse contexto evidenciava a necessidade de diretrizes rigorosas para a exportação responsável de itens sensíveis para a proliferação nuclear.

Por esse motivo, o NSG impôs normas de exportação mais restritivas do que aquelas estabelecidas pelo Comitê Zangger, incluindo a exigência de que o país receptor estabeleça um acordo compreensivo de salvaguardas com a AIEA, submetendo às verificações não apenas aquelas instalações e atividades onde são empregados itens importados, mas todas as atividades relacionadas ao seu programa nuclear. Além disso, o NSG também impôs normas para a exportação de itens de uso dual, ou seja, aqueles que podem ser empregados para atividades não relacionadas ao setor nuclear (NTI, 2016).

O Comitê Zangger e o NSG possuem, atualmente, 39 e 48 membros respectivamente, incluindo a maior parte dos países detentores de programas nucleares significativos. Ambos os grupos constituem associações inteiramente voluntárias, e não têm força de tratado ou mecanismos de *enforcement*. Assim, seus membros se comprometem a adotar as diretrizes de exportação negociadas conjuntamente, e a oferecer aos demais membros informações sobre as suas transações internacionais no setor nuclear, como uma forma de promover maior confiança internacional através da transparência.

No entanto, os dois grupos enfrentam problemas e são alvos de críticas. Uma vez que o Comitê Zangger e o NSG representam cartéis de fornecedores, seus membros são acusados de impor barreiras ao desenvolvimento tecnológico de países emergentes, ao restringirem o acesso destes à tecnologia nuclear que pode ser empregada em atividades civis. Na prática, contudo, as diretrizes do Comitê Zangger e do NSG não impõem restrições significativas à liberdade dos Estados de realizarem transações e transferências de tecnologia no setor nuclear. Há, normalmente, apenas a presunção de que essas transferências sejam realizadas dentro do sistema de salvaguardas previsto pelo TNP e operacionalizado pela AIEA, além de deverem se conformar a normas de segurança, que visam evitar o acesso não autorizado a materiais e equipamentos.

Uma fragilidade mais substancial desses sistemas de controle de tecnologia é a ausência de alguns Estados que detêm programas nucleares avançados. Notadamente, os quatro países que possuem explosivos nucleares, mas que não são reconhecidos como potências nucleares legítimas pelos termos do TNP (Índia, Paquistão, Israel e Coreia do Norte), não são membros dos grupos. Seu ingresso poderia contribuir para fortalecer os mecanismos de controle da tecnologia, mas também colocaria um problema para a legitimidade do regime de não proliferação como um todo, já que esses países não aderiram ao regime de não proliferação e não são signatários do TNP.

Além disso, é evidente que essas iniciativas não impõem restrições ao desenvolvimento endógeno da tecnologia nuclear, de modo que a proliferação ainda pode ocorrer por vias domésticas. Não há consenso teórico sobre a importância de auxílio externo para que novos países alcancem a capacidade para produção de armamentos nucleares. Por um lado, alguns analistas apontam esse auxílio como um elemento fundamental para que a proliferação ocorra, já que o desenvolvimento endógeno imporia barreiras técnicas substanciais, com elevados custos financeiros e políticos (Fuhrmann, 2009; Holdren, 1983; Kroenig, 2009). Por outro lado, há também evidências de que o auxílio externo não é fundamental, uma vez que o conhecimento sensível referente ao setor nuclear já está amplamente difundido, e as transferências internacionais podem não ser a alternativa mais viável para o país receptor, que poderia obter resultados mais satisfatórios com investimentos no desenvolvimento doméstico da tecnologia sensível (Kemp, 2014; Montgomery, 2013; Zimmerman, 1993).

Zonas livres de armas nucleares

O regime de não proliferação nuclear também apresenta uma face regional com a existência de zonas livres de armas nucleares (Zlan ou NWFZ, sigla derivada da denominação em inglês). A criação de uma Zlan ocorre por meio de um tratado de duração ilimitada pelo qual os Estados de uma determinada região se comprometem a não produzir, adquirir, possuir ou testar armas nucleares. Para fins de verificação e controle, é estabelecida a aceitação por cada Estado-parte de salvaguardas internacionais. Os tratados que estabelecem as Zlans também contam com um protocolo adicional, destinado às cinco potências nucleares reconhecidas pelo TNP. Por meio desse documento, os Estados possuidores de armamentos nucleares se comprometem a respeitar o *status* de Zlan e não utilizar ou ameaçar usar seus dispositivos contra os partícipes da iniciativa (Arms Control Association, 2015).

Existem atualmente cinco regiões com *status* de Zlan: América Latina e Caribe (Tratado de Tlatelolco, de 1962), Pacífico Sul (Tratado de Rarotonga, de 1985), Sudeste Asiático (Tratado de Bancoc, de 1995), África (Tratado de Pelindaba, de 1996) e Ásia Central (Tratado de Semipalatinsk, de 2006). O ritmo para a consolidação dessas iniciativas apresenta variações e os contextos em que foram colocadas em andamento são claramente diversos. Os tratados apresentam o mesmo compromisso central, mas também trazendo particularidades. Nesse sentido, o Tratado de Rarotonga pode ser considerado um avanço em relação ao Tratado de Tlatelolco no que se refere à prevenção de despejo de dejetos nucleares (NTI, 2016). Outros exemplos de diferenças podem ser apontados no requisito de aceitação do Protocolo Adicional do TNP pelos signatários do Tratado de Semipalatinsk e o estabelecimento da Comissão Africana de Energia Nuclear como central para o sistema de verificação da Zlan africana pelo Tratado de Pelindaba.

A respeito dos protocolos adicionais direcionados às potências nucleares, ressalta-se que estas podem assiná-los e ratificá-los declarando reservas, preservando dessa forma o direito de utilização de seus armamentos nucleares contra Estados-partes da Zlan em determinadas circunstâncias, como no caso de resposta a um ataque. A aceitação desses protocolos pode ser um processo complicado, sendo que, historicamente, os Estados Unidos são o país mais relutante em assumir os compromissos estipulados. Até o momento, nenhuma das potências nucleares assinou o protocolo do Tratado de Bancoc porque os termos do documento são considerados conflitantes com o direito de livre circulação no espaço aéreo e em águas internacionais (Arms Control Association, 2015).

No caso da Zlan da América Latina e Caribe, o Tratado de Tlatelolco é de 1967, mas somente entrou em vigor em 2002 com a ratificação de Cuba. O tratado estabelecia que a ratificação de todos os Estados pertencentes à área da Zlan era necessária para sua entrada em vigor. Porém, os Estados poderiam abdicar dessa condição e declarar-se obrigados ao tratado no momento da ratificação, o que ocorreu a partir de 1968. Tais disposições evidenciam as diferenças de posição existentes entre os Estados da região durante as negociações. O México foi um importante ator na condução do processo, sendo que Argentina e Brasil se colocaram de forma contrária à maioria dos países latino-americanos em uma série de questões e somente ratificaram o compromisso na década de 1990. O posicionamento brasileiro era baseado no reconhecimento de que a Zlan era uma alternativa válida de busca de soluções regionais, sendo as discordâncias dirigidas a questões específicas e não à proposta em si (Wrobel, 1993). Assim, os fundamentos da posição eram distintos da recusa em assinar o TNP.

De qualquer forma, os esquemas de verificação e controle desenhados pelas Zlans são baseados nas salvaguardas da AIEA e as zonas livres de armas nucleares configuram o aspecto regional do regime de não proliferação nuclear, contribuindo para os propósitos deste.

Outras iniciativas

O regime de não proliferação abrange também uma série de iniciativas internacionais. A ONU tem um papel importante na promoção de negociações para a redução da militarização internacional, sobretudo através da atuação do Conselho de Segurança. Esse órgão é responsável, entre outras atividades, por determinar medidas multilaterais de resposta a Estados proliferadores; por exemplo, com a imposição de sanções cujo objetivo é criar um sistema de pressão que aumente os incentivos para que o país infrator abandone seu projeto de desenvolvimento de explosivos nucleares. Esse tipo de medidas já foi adotado em relação ao Irã e à Coreia do Norte. No caso do Iraque, na década de 1990, a ONU também determinou a criação de uma comissão especial (Unscom) para acompanhar as atividades da AIEA no país.

Além do Conselho de Segurança, o sistema ONU também atua através da Conferência do Desarmamento, estabelecida em 1979. Esse organismo constitui um fórum multilateral de negociação para a promoção do desarmamento, não apenas no que se refere aos armamentos nucleares, mas também com relação a outras armas de destruição em massa e às capacidades militares de forma mais ampla.

Duas outras iniciativas que comporiam elementos importantes do regime de não proliferação ainda não entraram em vigor: O Tratado Compreensivo de Proibição de Testes (CTBT – do inglês, Comprehensive Test Ban Treaty) e o Tratado de Material Físsil (FMT – do inglês, Fissile Material Treaty).

O CTBT, cujas negociações foram concluídas em 1996, impõe a proibição total de realização de testes nucleares e estabelece a criação de uma organização responsável por fiscalizar o respeito internacional ao tratado, através de um sistema de monitoramento sismológico, radiológico, hidroacústico e infrassonoro (CTBTO, 2016). Além de reduzir a emissão de detritos radioativos na atmosfera, essa proibição contribuiria para a não proliferação, ao inibir o desenvolvimento de novos tipos de armamentos nucleares, bem como a produção de explosivos nucleares por países que ainda não detenham essa tecnologia, já que a produção de explosivos confiáveis e eficientes o suficiente para serem transportados por mísseis requer, usualmente, a realização de testes. Apesar de ampla adesão internacional, no entanto, o CTBT ainda não entrou em vigor. Para que isso aconteça, é necessária sua ratificação por todos aqueles países que possuem reatores nucleares para pesquisa ou geração de energia, o que ainda não ocorreu.

O FMT, por sua vez, é uma proposta que remete às primeiras negociações para a formulação de um regime de não proliferação. Nos primeiros anos da era nuclear, reconheceu-se que a produção e aquisição de material físsil (seja pelo enriquecimento de urânio, seja pelo reprocessamento de plutônio) representava o principal gargalo tecnológico para a fabricação de armamentos nucleares. Assim, a ideia de um acordo internacional que impusesse um controle sobre esse material foi mobilizada diversas vezes ao longo das últimas décadas, sem sucesso (NTI, 2016).

O FMT vem sendo negociado desde a década de 1990, no âmbito da Conferência do Desarmamento. No entanto, sua concretização é barrada por desavenças fundamentais quanto aos termos que tal tratado assumiria. Alguns países, notadamente aqueles que já possuem programas nucleares avançados, defendem a imposição de uma proibição à produção de material físsil, de tal forma que o tratado não abrangeria estoques já existentes. Outros Estados, no entanto, veem nessa proposta a mesma estrutura de segregação estabelecida no TNP, com a manutenção de privilégios para aqueles que já possuem a tecnologia nuclear e a imposição de restrições apenas àqueles que ainda não a detêm.

Eficácia do regime de não proliferação

Além dessas iniciativas multilaterais, o regime de não proliferação nuclear apresenta também acordos bilaterais, não abordados aqui, incluindo diversos arranjos estabelecidos entre os Estados Unidos e a União Soviética durante a Guerra Fria. Existem também tratados que estabelecem o banimento do desenvolvimento de armas nucleares na Antártica, no solo oceânico e no espaço sideral. Na América do Sul, os governos de Argentina e Brasil firmaram, em 1991, um acordo bilateral que criou a Agência Brasileiro-Argentina de Controle e Contabilidade de Materiais Nucleares (Abacc) com o objetivo de garantir que os materiais e as instalações nucleares dos dois países sejam usados apenas para fins pacíficos. A iniciativa é considerada *sui generis* na área das salvaguardas nucleares.

Com essa ampla rede de acordos, tratados e organizações, o regime de não proliferação nuclear representa um dos mais extensos regimes em vigor. No entanto, em termos de sua eficácia, ou seja, de sua capacidade de cumprir os objetivos para os quais foi desenvolvido (isto é, frear a difusão de armamentos nucleares), ele apresenta resultados ambíguos. Sem dúvida, o pessimismo que, na década de 1960, sugeria uma tendência à proliferação que traria a inclusão de trinta ou quarenta novas potências nucleares até o fim do século, não se concretizou (Yusuf, 2009). Além disso, no início da década de 1990, quando da dissolução da União Soviética, o esforço diplomático internacional permitiu que os arsenais nucleares que se encontravam nos territórios da Ucrânia, do Cazaquistão e da Bielorrússia fossem transferidos para a Rússia, e o temor de que as ogivas russas pudessem ser apropriadas por grupos terroristas não se verificou.

Por outro lado, a criação da AIEA não foi capaz de evitar que a França e a China ingressassem no clube nuclear. Posteriormente, a entrada em vigor do TNP não coibiu os avanços militares de Israel, Índia, Paquistão e Coreia do Norte, países que hoje possuem armamentos nucleares. Além disso, a história do regime de não proliferação também teve algumas infrações que foram identificadas e revertidas, como o programa iraquiano, desvelado no início dos anos 1990, e o programa líbio, descoberto no início dos anos 2000 (Dunn, 2009).

Futuros avanços nos mecanismos multilaterais parecem depender de um maior compromisso por parte das potências nucleares para com o desarmamento. Além disso, a despeito da amplitude do regime internacional de não proliferação, a história sugere que cada proliferador deve ser abordado de forma específica, com atenção não apenas para normas universais, mas também para as demandas particulares impostas por cada contexto.

Referências bibliográficas

AFRICAN NUCLEAR WEAPON-FREE ZONE TREATY (Pelindaba Treaty). Cairo, 11 abr. 1996. Disponível em: http://www.au.int/en/sites/default/files/treaties/7777-file-treaty_en_african_nuclear_weapon_free_zone_addisababa_july1995.pdf. Acesso em: 2 ago. 2016.

AGÊNCIA INTERNACIONAL DE ENERGIA ATÔMICA (Aiea). Model Protocol Additional to the Agreement(s) between State(s) and the International Atomic Agency for the Application of Safeguards. Áustria, 1977. Disponível em: https://www.iaea.org/sites/default/files/infcirc540.pdf. Acesso em: 3 ago. 2016.

______. *Report of the Commission of Eminent Persons on the Future of the Agency*. 23 maio 2008. Disponível em: https://www.iaea.org/About/Policy/GC/GC52/GC52InfDocuments/English/gc52inf-4_en.pdf. Acesso em: 3 ago. 2016.

______. *Additional Protocol*. [s.d.] Disponível em: https://www.iaea.org/safeguards/safeguards-legal-framework/additional-protocol. Acesso em: 24 jul. 2016.

ARMS CONTROL ASSOCIATION. Nuclear-Weapons-Free-Zones (NWFZ) at a Glance. 2015. Disponível em: https://www.armscontrol.org/factsheets/nwfz. Acesso em: 7 set. 2016.

ARON, R. *The Great Debate*: Theories of Nuclear Strategy. Garden City: Anchor Books; Doubleday & Company, Inc., 1965.

BLIX, H. *Why Nuclear Disarmament Matters*. Cambridge: Boston Review Books, 2008.

CASTRO, J. A. de A. O congelamento do poder mundial. *Revista de Informação Legislativa*, v.8, n.31, jul.-set. 1971. Disponível em: http://www2.senado.leg.br/bdsf/item/id/180480. Acesso em: 20 jun. 2016.

CENTER FOR NONPROLIFERATION STUDIES (CNS). *Additional Protocol.* 2012. Disponível em: http://www.nti.org/media/pdfs/iaea_Additional_protocol_3.pdf?_=1340826977. Acesso em: 28 jul. 2016.

______. South Pacific Nuclear-Free Zone (SPNFZ). 2016. Disponível em: http://www.nti.org/learn/treaties-and-regimes/south-pacific-nuclear-free-zone-spnfz-treaty-rarotonga/. Acesso em: 6 ago. 2016.

COMPREHENSIVE TEST BAN TREATY ORGANIZATION (CTBTO). *CTBTO Preparatory Commission for the Comprehensive Nuclear Test Ban Treaty Organization*. 2016. Disponível em: https://www.ctbto.org/. Acesso em: 5 ago. 2016.

DUNN, L. A. The NTP: Assessing the Past, Building the Future. *Nonproliferation Review*, v.16, n.2, p.143-72, jul. 2009.

EISENHOWER, D. D. *Atoms for Peace Speech*. 1953. Disponível em: https://www.iaea.org/about/history/atoms-for-peace-speech. Acesso em: 5 out. 2015.

ELBARADEI, M. *The Age of Deception*: Nuclear Diplomacy in Treacherous Times. New York: Picador, 2011. [Ed. bras.: A era da ilusão. São Paulo: Leya, 2011.]

FISCHER, D. *History of the International Atomic Energy Agency*: The First Forty Years. Vienna: International Atomic Energy Agency, 1997.

FUHRMANN, M. Spreading Temptation: Proliferation and Peaceful Nuclear Cooperation Agreements. *International Security*, v.34, n.1, p.7-41, verão 2009.

HIBBS, M. *Nuclear Suppliers Group and the Iaea Additional Protocol.* Carnegie Endowment for International Peace, ago. 2010. Disponível em: http://carnegieendowment.org/publications/index.cfm?fa=view&id=41393. Acesso em: 13 mar. 2016.

HOLDREN, J. P. Nuclear Power and Nuclear Weapons: The Connection is Dangerous. *The Bulletin of the Atomic Scientists*, p.4045, jan. 1983.

JERVIS, R. *The Meaning of the Nuclear Revolution*: Statecraft and the Prospect of Armageddon. Ithaca: Cornell University Press, 1989.

KEMP, R. S. The Nonproliferation Emperor Has no Clothes: The Gas Centrifuge, Supply-Side Controls, and the Future of Nuclear Proliferation. *International Security*, v.38, n.4, p.39-78, primavera 2014.

KROENIG, M. Importing the Bomb: Sensitive Nuclear Assistance and Nuclear Proliferation. *Journal of Conflict Resolution*, v.53, n.2, p.161-80, abr. 2009.

MONTGOMERY, A. H. *Stop Helping Me*: When Nuclear Assistance Impedes Nuclear Programs. 2013. Disponível em: http://people.reed.edu/~ahm/Projects/ProlifTK/Montgomery2013Stop.pdf. Acesso em: 3 jan. 2016.

NUCLEAR THREAT INITIATIVE (NTI). *Treaties and Regimes*. 2016. Disponível em: http://www.nti.org/learn/treaties-and-regimes/treaties/. Acesso em: 4 ago. 2016.

OFFICE OF TECHNOLOGY ASSESSMENT (OTA). US Congress. *Nuclear Safeguards and the International Atomic Energy Agency*. Washington: US Government Printing Office, 1995.

RÖHRLICH, E. Eisenhower's Atoms for Peace: The Speech that Inspired the Creation of the Iaea. *Iaea Bulletin*, v.54, dez. 2013.

SCHELLING, T. C. *Arms and Influence*. New Haven: Yale University Press, 1966.

SOUTH PACIFIC NUCLEAR WEAPONS FREE ZONE TREATY (Treaty of Rarotonga). Rarotonga, 6 ago. 1985. Disponível em: https://www.armscontrol.org/documents/rarotonga. Acesso em: 2 ago. 2016.

SOUTHEAST ASIA NUCLEAR-WEAPON-FREE ZONE TREATY (Treaty of Bangkok). Bangkok, 15 dez. 1995. Disponível em: http://www.mfa.go.th/asean/contents/files/other-20130527-163151-308507.pdf. Acesso em: 2 ago. 2016.

TRATADO SOBRE A NÃO-PROLIFERAÇÃO DE ARMAS NUCLEARES. Londres, Moscou e Washington, 1º jul. 1968. Disponível em: http://www.planalto.gov.br/ccivil_03/decreto/d2864.htm. Acesso em: 13 fev. 2016.

TRATADO PARA LA PROSCRIPCIÓN DE LAS ARMAS NUCLEARES EN LA AMÉRICA LATINA Y EL CARIBE. Cidade do México, 14 fev. 1967. Com emendas. Disponível em: http://www.opanal.org/texto-del-tratado-de-tlatelolco/. Acesso em: 13 mar. 2015.

TREATY ON A NUCLEAR-WEAPON-FREE ZONE IN CENTRAL ASIA. Semipalatinsk, 8 set. 2006. Disponível em: http://www.vertic.org/media/assets/nim_docs/Treaty/nuclear/Semipalatinsk%20treaty_EN.pdf. Acesso em: 2 ago. 2016.

WROBEL, P. S. A diplomacia nuclear brasileira: a não-proliferação nuclear e o Tratado de Tlatelolco. *Contexto Internacional*, v.15, n.1, jan.-jun. 1993.

YUSUF, M. *Predicting Proliferation*: The History of the Future of Nuclear Weapons. *Foreign Policy at Brookings, Policy Paper*, n.11, 2009.

ZIMMERMAN, P. D. Technical Barriers to Nuclear Proliferation. *Security Studies*, v.2, n.3-4, p.343-56, 1993.

RELAÇÕES CIVIS-MILITARES[1]

Rut Diamint

Controle civil das Forças Armadas

No estudo dos temas de defesa e segurança sempre há um capítulo vinculado ao controle civil das Forças Armadas. Esta é uma questão central em todas as democracias, tanto as mais avançadas quanto as que estão em desenvolvimento. Todo Estado moderno possui um conjunto de instituições e normas com o objetivo – ao menos teoricamente – de tornar a gestão da coisa pública mais eficiente. Os Estados modernos englobam um conjunto de instituições e regulações especializadas em diferentes aspectos da vida comunitária. Nesse marco, o monopólio estatal da violência, constitutivo da organização dos Estados nacionais, dispõe de ferramentas de coerção com o objetivo de aplicar a lei e defender o território por meio das instituições responsáveis por administrar a segurança e a defesa. Justamente por deter o monopólio legítimo do uso da força, as instituições militares desafiaram repetidamente os governos eleitos. Por isso, a relação entre democracia e Forças Armadas requer uma atenção especial que transcende a definição das missões militares.

A missão das Forças Armadas é a defesa do território e de seus habitantes por meio de uma preparação específica e da utilização de equipamentos exclusivos. Suas funções são dissuadir agressores virtuais externos, mantendo a liberdade de ação das autoridades e dos cidadãos. Por tratar-se de uma atividade essencial à sobrevivência de

1 Tradução de Bruce Roberto Scheidl Campos.

uma nação, e pelo poder que lhe conferem as armas, o tema das Forças Armadas não pode, portanto, desligar-se dos mecanismos de controle político sobre as instituições castrenses.

A literatura sobre questões militares considera Samuel Huntington a referência dos debates, e seu livro *O soldado e o Estado*, um dos textos fundamentais. Huntington escreveu essa obra em 1957 pensando no assunto das Forças Armadas de seu país, os Estados Unidos, tema que Harold Lasswell já havia desenvolvido antes e que nos anos 1950 guiava as preocupações do presidente Dwight Eisenhower (Huntington, 1957; Janowitz, 1977; Perlmutter, 1977; Nordlinger, 1977; Moskos, 1985). Sua inquietação era que as Forças Armadas, duplamente vitoriosas nas duas guerras mundiais, houvessem acumulado poder e prestígio suficientes para rivalizar com o governo civil. A solução proposta por esse autor é profissionalizar os militares de tal forma que seus interesses corporativos e identitários não confrontassem os políticos. Seguindo essa lógica, Huntington aborda os diferentes modos de controle civil, começando por uma noção conceitual: o controle civil subjetivo, com as Forças Armadas respondendo ao mandato de um indivíduo, e o controle civil objetivo, pelo qual os militares se subordinam às instituições. Da mesma forma, avalia o controle que o Parlamento deve exercer.

De acordo com esse modelo, o controle civil das Forças Armadas se apresenta como um contínuo de procedimentos que se inicia com a determinação das autoridades democráticas de fixar as linhas políticas de condução da defesa. Em seguida, continua com o mandato que a autoridade máxima do Poder Executivo delega à figura do ministro da Defesa. Segue com os acordos parlamentares, que se traduzem em legislação, e finaliza com o estabelecimento de uma comunidade de defesa, o que significa que indivíduos e organismos possuem responsabilidades legitimadas para a formulação e o monitoramento das políticas de defesa. Em suas conclusões, Huntington reforça o cerne de sua preocupação: "Hoje, a América pode aprender mais de West Point do que West Point da América. Sobre os soldados, os defensores da ordem, repousa uma pesada responsabilidade. O maior serviço que podem prestar é permanecer fiéis a si mesmos, servindo em silêncio e com valor no modo militar. Se renegarem o espírito militar, primeiramente destruirão a si mesmos e, finalmente, sua nação" (Huntington, 1957, p.466).

Levando em conta os argumentos de Huntington, cria-se um extenso debate sobre aspectos particulares do modelo do autor. Uma corrente de estudos adota uma perspectiva sociológica que destaca as diferenças de formação e de valores entre civis e militares. Pouco tempo depois, foram surgindo outros acadêmicos que incorporaram às análises anteriores um olhar específico sobre a América Latina. Entre eles, merece destaque Alfred Stepan, que adicionou complexidade aos trabalhos existentes.

Stepan (1988) inicia detalhando a relação entre política e sociedade. Ali distingue três arenas na democracia: a sociedade civil, a sociedade política e o Estado. Seu instrumental teórico avalia o grau de autonomia militar e as falhas institucionais da defesa. Stepan utiliza duas variáveis: a impugnação militar a certos temas que afetam a situação das Forças Armadas e as prerrogativas militares, referentes a mandatos legais e institucionais que protegem as Forças Armadas. A primeira variável possui quatro dimensões: os legados na *abordagem* do tema de direitos humanos; a gestão de orçamento; as aquisições de armamentos, a definição das organizações, missões, estrutura; e o controle das forças. Por sua vez, a segunda variável é composta por onze dimensões: as normativas constitucionais *autoestabelecidas* pelos militares; a relação entre os chefes militares e o Poder Executivo; a coordenação do setor de defesa; a participação ativa de militares no gabinete; o papel do Congresso nos assuntos de defesa; o papel dos altos funcionários civis; o manejo da inteligência; o papel dos militares em questões policiais; a definição das promoções dos oficiais; o papel dos militares nas empresas; e a justiça militar.

Com base nessas duas variáveis, Stepan desenha quatro cenários possíveis: a) baixo grau de conflito e baixas prerrogativas, que dá lugar a uma democracia completa; b) baixo grau de conflito e altas prerrogativas, que geralmente responde a governos autoritários; c) alto grau de conflito e altas prerrogativas, situação que conduz quase sempre a um golpe militar; e d) alto grau de conflito e baixas prerrogativas, que pode se encontrar nos primeiros momentos de uma transição, quando a democracia não está consolidada e existe muita instabilidade.

Essas duas linhas de trabalho deram lugar a um número importante de debates e produções (Mares, 2001; Pion-Berlin, 1997, 2001, 2005, 2006; Pion-Berlin; Trinkunas, 2007) que se aprofundaram sobre as questões militares e a democracia na América Latina. E coincidentemente com o início da transição à democracia surgiu também uma profusa contribuição de autores latino-americanos. Entre eles destacamos, por exemplo, Richard H. Kohn, que argumenta que o problema real do controle civil é o peso relativo ou a influência que os militares exercem sobre as decisões do governo, não somente relativas à política militar e à guerra, mas também no que se refere à política exterior, de defesa, econômica e social (1994, p.16).

Uma contribuição interessante é a de Peter Feaver (1992, 1996), que utiliza a teoria dos jogos ao lado da teoria da agência para avaliar como os fatores exógenos, como a evolução das ameaças ou dos valores da sociedade, influenciam as relações civis-militares. Feaver pretende abordar o que denomina microfundamentos da relação, ou seja, um exame da lógica da relação civil-militar em si mesma. A partir desse ponto, o autor aplica a teoria dos jogos para estudar a gama de possibilidades com base na existência ou inexistência de controle civil e conforme ocorra obediência ou desobediência.

David Pion-Berlin é outro autor que possui uma rica produção de estudos sobre o tema militar na América Latina. Em seus numerosos trabalhos ocupa-se em observar as falhas que as novas democracias apresentaram na normalização do controle sobre as Forças Armadas. O autor defende que, em um ambiente democrático (ainda que não consolidado), existe uma diversidade de interações e comportamentos entre civis e militares. Ao mesmo tempo, um cenário global em mutação faz que as Forças Armadas assumam papéis cada vez mais amplos, o que conduz, de um lado, a novos desafios sobre a autonomia militar. Por outro lado, obriga a novas reflexões que não fiquem vinculadas às visões anteriores de controle civil. Nesse sentido, o autor afirma que os processos de reconversão democrática na América Latina obtiveram notáveis progressos na melhora das relações entre governos e Forças Armadas: estas reduziram sua autonomia e suas prerrogativas, e as missões são desempenhadas a pedido e a serviço das autoridades civis, que iniciaram processos de reforma na maioria dos ministérios da Defesa. No entanto, Pion-Berlin argumenta que ainda há muito a ser feito.

Outro aspecto referente ao tema é desenvolvido por Michael Desch (1999), a partir de uma perspectiva diferente. Desch assegura que é mais provável se chegar ao controle civil quando as Forças Armadas estão orientadas para missões externas em vez de atuar em missões internas, temática em extremo relevante para esse assunto.

Essas e outras contribuições importantes reconhecem que o sistema militar se estrutura verticalmente. A subordinação a um oficial superior é parte da natureza do treinamento militar. No entanto, esse hábito de obedecer não se transfere automaticamente à condução civil. Em geral, há uma tensão entre a subordinação militar e a tomada de decisão política nos governos democráticos. Os militares demandam ordens claras e os políticos variam suas decisões de acordo com as mudanças na conjuntura. Os militares preferem relações pessoais e contatos diretos e os agentes públicos tendem a favorecer as relações institucionais. Os militares concebem suas ações sob o segredo e os civis esperam maior transparência da organização militar.

Em tempos de crescente interdependência e progressiva complexidade no interior dos Estados, o mandato para atingir um controle civil dos aparatos de segurança é um requisito básico da governabilidade. Em muitas ocasiões, os governos democráticos têm dificuldade para conduzir as políticas militares. Uma esfera na qual essas resistências se evidenciam é na definição das missões militares.

As missões militares das Forças Armadas

Com o advento da democracia surge uma recuperada legitimidade dos valores associados a ela. As missões militares veem-se então afetadas pela política de direitos humanos. Associadas ao respeito aos direitos individuais, emergem as missões de assistência humanitária, o que leva os oficiais a compartilhar tarefas com as associações de defesa dos cidadãos.

Em segunda instância, é necessário entender que a política de defesa é um componente da política exterior. Por isso, na democracia não se podem dissociar as missões militares do enfoque geral que cada país determina para suas ações em sua região e com o resto do mundo. O contexto do pós-Guerra Fria foi uma janela de oportunidades para os governos reformularem as históricas hipóteses de conflito entre nações vizinhas. Aumentaram-se as operações combinadas e a cooperação em missões sob o mandato das Nações Unidas. Os numerosos e frequentes processos regionais de cooperação produzem segurança, quando o vizinho já não é um inimigo, mas sim um parceiro potencial diante de uma determinada ameaça, como nos casos de problemas ambientais ou em missões de resgate. As Medidas de Fomento da Confiança, as Reuniões de Ministros da Defesa do Hemisfério e as operações entre forças de diferentes nações são parte de um marco de operações em que cada Estado organiza suas atividades militares respaldadas por critérios democráticos e em concordância com as definições de outros ministérios de governo. Na verdade, a coordenação entre ministérios das Relações Exteriores e ministérios da Defesa tem sido desordenada, reproduzindo o controle civil incompleto das Forças Armadas em todo o hemisfério.

Especificamente, as operações de manutenção da paz sob a tutela das Nações Unidas possuem um efeito democratizante, já que os militares adquirem melhor compreensão acerca dos dilemas e crenças de outras culturas. A diversidade e a abertura contribuem para uma maior tolerância, o que constitui um elemento vital para o jogo democrático. As missões de paz aprofundaram a condução civil da defesa. Os responsáveis por administrar a contribuição às missões de paz são os funcionários nacionais das sedes diplomáticas junto à ONU, que recebem os pedidos formulados pelo Conselho de Segurança e os transmitem a seus respectivos governos. As chancelarias se comunicam com os ministérios da Defesa para conhecer a factibilidade de participar na operação, recebem assessoramento técnico dos chefes das Forças Armadas e definem o tipo de compromisso com o qual enviarão os *peacekeepers*. Este é um processo claramente civil, que garante o comando político sobre os militares e, nesse sentido, reforça a lógica institucional das democracias e fortalece os processos internos de negociação entre agências. Em suma, a participação em missões de paz altera os critérios de autoridade ao alterar as linhas de comando.

Em terceira instância, as missões militares estão atualmente em redefinição pelo que se conhece como novas ameaças. Problemas como o narcotráfico e o combate ao terrorismo estão criando um duplo efeito negativo: militariza-se um tema de segurança e evita-se fortalecer o mandato das autoridades civis. O controle de migrações, um sistema jurídico eficiente, as tarefas de inteligência civil em conjunto com agências de outros Estados e o monitoramento de transferências financeiras de materiais sensíveis, vinculados especialmente à indústria química e farmacêutica, aparecem hoje como os melhores recursos para combater essas novas ameaças. Do mesmo modo, tem-se dado um caráter de ameaça à segurança para a questão das migrações em massa e para a problemática dos refugiados. Os argumentos para sustentar que este é um risco para o Estado se baseiam na ideia de que elas geram fragmentação das identidades, além de ocultar o problema da competição por fontes de trabalho e o suposto aumento da criminalidade. Embora as migrações não sejam um fenômeno novo, esse caráter "disruptivo" é percebido como mais nocivo, devido à marginalização causada pela globalização e pela escassez de trabalho. No entanto, é inconcebível que o afluxo massivo de pessoas possa ser enfrentado por meio da força militar. Do mesmo modo, foi considerada uma missão militar a ajuda no combate a epidemias e desastres. Isto leva a uma discussão sobre se essas missões são ou não funções dos militares. Quando há uma catástrofe, uma inundação, não há ninguém que tenha melhor capacidade de resposta do que as Forças Armadas porque são organizadas, disciplinadas e subordinadas. Os militares possuem perícia para dar uma resposta rápida. Porém, isso não implica que os militares possam aplicar vacinas, alfabetizar ou construir escolas. Na medida em que militares se convertem em agentes multipropósito, eles perdem sua especificidade e reduzem sua eficácia.

Um quarto debate a respeito das missões militares está vinculado às questões do desenvolvimento. Este é um tema suscitado já nos tempos da II Guerra Mundial e que resultou em duas visões diferentes. Por um lado, a ideia de que os desenvolvimentos tecnológicos militares geravam um transbordamento sobre as atividades civis. Isso se daria pela função dual do investimento (ou gasto) em defesa. Por outro lado, o conflito se assemelhava à falta de desenvolvimento. Portanto, fomentar o progresso econômico era também uma forma de diminuir a eventualidade de um conflito armado. Mais recentemente surgiu outra visão da relação entre defesa e desenvolvimento com o tema dos recursos naturais. A pesca, a proteção das florestas, a contaminação das águas e a exploração indiscriminada de minerais foram expostas como uma motivação para os países mais desenvolvidos se apropriarem dos recursos de nações mais vulneráveis. Essas ideias foram desenvolvidas pelas próprias Forças Armadas para justificar sua existência ou seu orçamento e, por isso, estamos diante de uma ação que debilita a institucionalidade democrática. Ao mesmo tempo, militariza-se o território interno – já não somente as fronteiras –, que passa a ser um objetivo militar.

Em quinto lugar, surge a problemática da corporativização das Forças Armadas. Nos tempos dos governos autoritários, os militares desempenharam tarefas político-administrativas, assim como o controle de empresas estatais e mistas. Isso permitiu-lhes vincular-se aos setores poderosos, mantendo contatos e informação sobre as atividades econômicas privadas e, em várias ocasiões, tendo acesso à gestão de recursos discricionários sem o controle ou a visibilidade da sociedade. O advento da democracia encontrou-os bem posicionados para manter ou desenvolver funções empresariais. A criação de riqueza nasce, em geral, dos benefícios excepcionais com que os militares contam graças à administração dos Institutos de Previdência Social. Essas instituições foram criadas na década de 1960 para assegurar uma aposentadoria digna aos oficiais. Nos anos seguintes, eles realizaram uma política agressiva de investimentos que foi favorecida pela ascensão de seus membros ao poder. Desde o retorno aos quartéis, os militares centraram a busca por recursos na diversificação financeira e, desse modo, muitas Forças Armadas converteram-se em *holdings* de assombrosa capacidade e opacidade econômica. A incursão dos militares na produção e na comercialização privada significa a gestão de substanciais recursos sem a supervisão do Congresso ou de determinações do Ministério da Defesa. Essa autonomia permite-lhes competir com o Estado ou influenciar no processo de tomada de decisão, enquanto descaracteriza seu papel profissional. Em várias ocasiões, os militares competem deslealmente com o setor privado, pois suas instalações não estão sujeitas aos mesmos impostos que uma empresa, além de utilizar, em determinadas conjunturas, os soldados como mão de obra sem se adequar aos padrões salariais da atividade privada.

Vinculada a esse tema está a questão da transparência de informação e dos processos em matéria de orçamento militar, que não é primordial apenas para o funcionamento democrático, mas também afeta diretamente os processos de integração regional. A clareza nos gastos militares melhora a prestação de contas e alimenta a confiança nas instituições e, consequentemente, a transparência orçamentária incide nas relações entre nações vizinhas, diminuindo os dilemas de segurança que levam a espirais e corridas armamentistas.

Em sexto lugar, são sugeridas as missões militares para manter a ordem pública. Em várias nações, as forças policiais são questionadas por seu apego relativo à lei e, em muitos casos, são consideradas fontes de delito e não de garantia de proteção dos direitos dos cidadãos. As polícias são instituições pouco confiáveis, denunciadas por corrupção e vinculadas a práticas ilegais como tráfico de drogas, contrabando e extorsão. A maioria dos países latino-americanos postula que a missão das Forças Armadas é a defesa da soberania estatal, a independência e a preservação do território. Vários países da região adicionam outros objetivos como garantir a paz, defender a Constituição e contribuir para o desenvolvimento. Apenas alguns declaram literalmente que é função das Forças Armadas colaborar com a ordem pública. Entretanto, na verdade, são muitos os países que envolvem os militares na segurança pública. O que se observa é que, na democracia, houve uma sobreposição entre as funções militares e policiais, o que tende a confundir mais os controles institucionais e não fornece melhores soluções para a insegurança pública. As experiências conhecidas de uso das Forças Armadas na repressão ao crime organizado apresentaram recordes negativos. Corrupção, excessos, repressão, assassinatos, limitação das liberdades civis foram consequências comuns em vários Estados latino-americanos. É necessário ter em mente que as Forças Armadas se preparam e estão equipadas para anular a ação de uma força externa inimiga. A polícia, pelo contrário, se equipa e treina – ou ao menos idealmente é o que se espera – para a imposição da lei.

Finalmente, para os governos democráticos, a aquisição de equipamento militar é um tema de inquietação. Em algumas regiões, a corrida armamentista não está totalmente banida e, em outras, inclusive, é a lógica prevalecente. A tensão entre os desejos militares e os modelos de desenvolvimento também impacta na definição dos papéis das Forças Armadas. Todos os bens sociais na comunidade de valores vão ser trocados por outros bens e isso determinará o tipo de missões militares, o tipo de armamento que será comprado ou as necessidades e o treinamento dos soldados. Os militares pressionam continuamente pela modernização de seus equipamentos, semeando com essa atitude uma dúvida nas iniciativas de cooperação regional. Por outro lado, a compra de armamentos sempre teve conotações de corrupção. Sob o argumento da exigência de assessoria técnica especializada para selecionar armamentos, os militares trataram de conservar a aquisição de armas como uma competência exclusiva, justificada, por vezes, pelo fato de os ministérios da Defesa não contarem com pessoal civil capacitado nesses temas.

A política de defesa na democracia – a propósito, a questão dos ministérios – é outro aspecto crucial da relação entre democracia e Forças Armadas. Isso é fundamental para estabelecer os procedimentos democráticos em questões militares. As pastas da Defesa requerem capacidade real de comando, com perícia técnica e com legitimidade, que traduza os mandatos presidenciais e os consensos parlamentares, em práticas concretas que definam o emprego do sistema de defesa. Deve-se notar que os ministérios da Defesa latino-americanos não foram agentes de formulação de estratégias de defesa, não criaram doutrinas de emprego dos militares pelas quais hoje conte com Forças Armadas e de segurança que se reproduzam automaticamente sobre a base das características que foram desenvolvendo desde suas origens.

Os ministérios da Defesa são encarregados de executar as políticas de defesa, sobre as quais existem várias definições. Por exemplo, John Baylis a define da seguinte forma: "Política de defesa é mais do que a capacidade operacional militar. Inclui a orientação política dos recursos defensivos de uma nação como um todo, com a perspectiva de assegurar a segurança nacional, protegendo os interesses vitais e promovendo os objetivos internacionais do Estado". Por sua vez, Dillon fornece um elemento fundamental para compreender a defesa: "[ela] está associada a uma valorização subjetiva de uma comunidade acerca de quanto esforço deseja empreender para defender os valores da sociedade", pelo que afirma que "essa é a razão pela qual as questões de defesa são basicamente políticas e relativas à atribuição responsável das coisas que valorizamos".

Quando se detalha o que é a política de defesa, apontam-se as missões de cada uma das forças armadas, o posicionamento, a doutrina, a relação do militar com outros objetivos políticos do Estado, o orçamento, o equipamento, o desenvolvimento tecnológico, o investimento e a pesquisa, os recursos humanos, a educação militar, o treinamento, o serviço militar e, além disso, a supervisão civil. Todos esses elementos se conjugam para prover segurança à nação, que, na definição das Nações Unidas, é "uma condição pela qual os Estados consideram que não há perigo de um ataque militar, pressão política ou coerção econômica, de modo a estarem aptos para perseguir livremente seu próprio desenvolvimento e progresso".

Essa debilidade institucional é o que levou especialistas como Pion-Berlin a considerar que o controle civil e democrático das Forças Armadas na América Latina é, essencialmente, político. A política militar e de defesa é gerida e administrada pelo chefe de Estado, delegada a seus colaboradores mais próximos, mas com muito pouca ou nula prestação de contas. As Forças Armadas são administradas politicamente, mas não são controladas de acordo com o ideal e a norma. Os legisladores e os políticos dificilmente exercem seu papel e, em geral, desconhecem o assunto, com o qual reduzem a prestação de contas a um mero ato de delegação de autoridade e funções ao Executivo ou, no pior dos casos, aos próprios militares.

As políticas de defesa são políticas públicas. No entanto, na América Latina, nem o governo nem a sociedade têm clareza sobre o que constitui política de Estado. Os governos sofrem de deficiências perceptíveis na hora de conduzir o instrumento militar. Uma das deficiências está associada às características peculiares das políticas de defesa. A defesa como política apresenta peculiaridades que não dizem respeito a outras políticas de Estado. Em primeiro lugar, há uma diferenciação a respeito da *constituency* (público eleitoral ou clientelista). A *constituency* das políticas de defesa é formada, fundamentalmente, pelas Forças Armadas e não pelos cidadãos em geral, como é o caso de outras políticas públicas. Por outro lado, é uma *constituency* muito especial, uma vez que possui um alto grau de coesão e homogeneidade, somando a isso o poder do uso da força. Isso não significa que a sociedade não possa gerar demandas acerca da defesa, mas o impacto da condução das Forças Armadas não tem um efeito direto na vida cotidiana dos cidadãos, como é o caso das políticas de saúde ou de educação. Em segundo lugar, a defesa possui relação direta com a produção, já que os complexos militar-industriais e as iniciativas de pesquisa e desenvolvimento conformam um setor poderoso. Em terceiro lugar, ainda que a defesa seja uma ação externa, a questão militar permanece como um problema interno. Existe em dois mundos: um é a política internacional e o outro é a política doméstica.

No que se refere ao controle ministerial, a região latino-americana demonstra uma variação importante. Portanto, o grau de controle que os civis exercem sobre as Forças Armadas varia igualmente em função de quem exerce a pasta da Defesa. Teoricamente, a principal função do ministro dessa pasta deve ser centralizar as políticas de defesa, unificar diretrizes e estabelecer os critérios para organizar a instituição militar. Do mesmo modo, o ministério deve ser capaz de administrar e planejar os recursos financeiros alocados para o setor. Idealmente, o encarregado dessa pasta deve ser capaz de conceber as diretrizes fundamentais das políticas de defesa. Da mesma maneira, espera-se que essa visão se encontre alimentada pelo debate público e por uma comunidade de especialistas sobre o tema. Isso não impede que essas jurisdições mantenham a função de mediadoras burocráticas em relação às Forças Armadas. Historicamente, esta era praticamente a única função desempenhada por elas: encarregadas das questões administrativas e salariais. Com o advir da democracia, esperava-se que o ministro e seus funcionários exercessem um papel central na definição tanto da política de defesa quanto da política militar. Não obstante, a maioria dos ministérios na América Latina exibe quadros civis medíocres e uma alta dependência dos militares para a gestão.

Todos esses processos de administração da defesa devem se ajustar à revalorização da democracia que criou expectativas acerca de quais são os elementos que dão segurança a um Estado. Enquanto nos tempos da Guerra Fria o consenso majoritário era de que o poderio militar e o desenvolvimento tecnológico garantiam mais influência e asseguravam melhores capacidades de negociação internacional, hoje aparecem outros princípios para determinar o lugar de um Estado no conjunto de nações. O controle das comunicações, a antecipação tecnológica, o transporte e a flexibilidade produtiva são tão decisivos quanto contar com um Exército bem treinado, pois é necessário entender que, em um quadro democrático, o instrumento militar é o último recurso de poder nas relações entre Estados. Em tempos de paz são uma garantia para a proteção dos cidadãos e dos recursos materiais de um Estado. Os militares se preparam para atuar em diferentes situações e possuem uma vasta capacidade de se adaptar a circunstâncias cambiantes, mas não estão em condições de responder a qualquer assunto de Estado e, necessariamente, devem ser definidos marcos para a sua ação.

A autonomia militar sempre foi um problema nesta região, mas seu caráter se alterou. Ao passo que, no passado, os militares, de forma regular, intervieram diretamente na condução da política, na atualidade buscam formas indiretas de conservar o poder ou aderem a determinadas ideologias que lhes garantem cargos políticos ou, em outros casos, aceitam missões subsidiárias para manterem algum domínio.

De modo geral, as regulações apresentadas no texto parecem simples e de fácil aplicação. Porém, na realidade, ao se tratar de uma instituição que detém o monopólio das armas, com a legitimidade outorgada por ser um órgão do Estado e com a memória de outros tempos de dominação absoluta, a supremacia civil sobre os militares apresenta-se como um desafio descomunal. Além disso, é um desafio permanente, tendo em vista que o controle civil não é alcançado em um momento e permanece continuamente. Por sua própria natureza, as Forças Armadas tendem a desafiar o poder civil. O controle é um processo perpétuo. Quanto mais instável é a democracia, quanto mais débil é a institucionalidade, quanto mais frequentes são as crises políticas, econômicas e sociais, mais ganham espaço as Forças Armadas para atingirem seus interesses. É por isso, como dizíamos no início, que o controle democrático das instituições militares é uma questão central em todas as democracias e é uma obrigação impostergável de todo governo republicano.

Referências bibliográficas

ABRAHAMSSON, B. *Military Professionalization and Political Power*. Beverly Hills: Sage, 1971.

AGÜERO, F. Democratic Consolidation and the Military in Southern Europe and South America. In: GUNTHER, R. et al. *The Politics of Democratic Consolidation*: Southern Europe in Comparative Perspective. Baltimore: Johns Hopkins University Press, 1995a.

______. *Soldiers, Civilians, and Democracy*: Post Franco Spain in Comparative Perspective. Baltimore: Johns Hopkins University Press, 1995b.

______. *Militares, civiles y democracia*. Madrid: Alianza, 1995c.

ARRIAGADA, G. *El pensamiento político de los militares*. Santiago: Aconcagua, 1986.

BAÑÓN, R.; OLMEDA, J. A. *La institución militar en el Estado contemporáneo*. Madrid: Alianza Universidad, 1985.

BARANY, Z. Civil-Military Relations and Institutional Decay: Explaining Russian Military Politics. *Europe-Asia Studies*, v.60, n.4, 2008.

BAYLIS, J. *British Defence Policy in a Changing World*. London: Croom Helm, 1977.

BENÍTEZ, R. Las relaciones civiles-militares en una democracia: releyendo a los clásicos. *Revista Fuerzas Armadas y Sociedad*, ano 19, n.1, 2005.

BENNETT, B. W. Responding to Asymmetric Threats. In: JOHNSON, S.; LIBICKI, M.; TREVERTON, G. F. *New Challenges, New Tools for Defense Decisionmaking*. Santa Monica: Rand, 2004.

BLANCO, C. Relaciones cívico militares y el papel de las Fuerzas Armadas en los países andinos y en Chile. In: CAMERON, M.; LUNA, J. P. (Eds.). *Democracia en la Región Andina*: diversidad y desafíos. México, DF: [s.n.], 2010.

BLAND, D. A Unified Theory of Civil-Military Relations. *Armed Forces & Society*, v.26, n.1, outono 1999.

BRUNEAU, T. Civilians and the Military in Latin America: The Absence of Incentives. *Latin American Politics and Society*, v.55, n.4, 2013.

BURK, J. The Logic of Crisis and Civil-Military Relations Theory: A Comment on Desch, Feaver, and Dauber. *Armed Forces & Society*, v.24, n.3, primavera 1998.

BUZAN, B. People, State, and Fear: The National Security Problem in the Third World. In: AZAR, E. E.; MOON, C. (Eds.). *National Security in the Third World*: The Management of Internal and External Threats. Aldeshot: Edward Elgar, 1988.

______. Security, the State, the "New World Order", and Beyond. In: LIPSCHUTZ, R. D. (Ed.). *On Security*. New York: Columbia University Press, 1995.

CAWTHRA, G.; LUCKHAM, R. Democratic Control and the Security Sector. The Scope of Transformation and its Limits. In: ____ (Eds.). *Governing Insecurity*: Democratic Control of Military and Security Establishments in Transitional Democracies. London: Zed Books, 2003.

CLARKE, M. Defence and Security in Britain's External Relations. In: FREEDMAN, L.; CLARKE, M. (Eds.). *Britain in the World*. Cambridge: Cambridge University Press, 1991.

CRUZ, C.; DIAMINT, R. The New Military Autonomy in Latin America. *Journal of Democracy*, v.9, n.4, out. 1998.

DESCH, M. *Civilian Control of the Military*. Baltimore: Johns Hopkins University Press, 1999.

DIAMINT, R. Las relaciones cívico-militares en las nuevas democracias de América Latina. In: ____ (Ed.). *Control civil y Fuerzas Armadas en las nuevas democracias latinoamericanas*. Buenos Aires: GEL-Nuevohacer, 1999.

______. The Military. In: DOMÍNGUEZ, J. I.; SHIFTER, M. (Eds.). *Constructing Democratic Governance in Latin America*. Baltimore: Johns Hopkins University Press, 2003.

DIAMOND, L.; PLATTNER, M. Introduction. In: ____ (Eds.). *Civil-Military Relations and Democracy*. Baltimore: Johns Hopkins University Press, 1996.

DILLON, G. M. Introduction. In: ____ (Ed.). *Defense Policy Making*: A Comparative Analysis. Leicester: Leicester University Press, 1988.

EDMONDS, M. Planning Britain's Defence, 1945-85: Capability, Credibility and the Problem of Time. In: ____ (Ed.). *The Defence Equation*. London, Oxford: Brassey's Defence, 1986.

FEAVER, P. *Guarding the Guardian*: Civilian Control of Nuclear Weapons in the United States. Ithaca: Cornell University Press, 1992.

______. The Civil-Military Problematique: Huntington, Janowitz, and the Question of Civilian Control. *Armed Forces &Society*, inverno 1996.

FINER, S. E. *The Man on Horseback*. Londres: Penguin, 1976.

FITCH, S. J. *The Armed Forces and Democracy in Latin America*. Baltimore: Johns Hopkins University Press, 1998.

FUENTES, C. La pausada des-pinochetización de las Fuerzas Armadas en Chile. In: AGÜERO, F.; FUENTES, C. (Eds.). *Influencias y resistencias*: militares y poder en América Latina. Santiago de Chile: Flacso-Catalonia, 2009.

GOODMAN, L. Los militares y la democracia: a modo de introducción. In: ______; MENDELSON, J. S.; RIAL, J. *Los militares y la democracia*: el futuro de las relaciones cívico-militares en América Latina. Montevideo: Peitho, 1990.

HUNTER, W. *Eroding Military Influence in Brazil*: Politicians Against Soldiers. Chapel Hill: University of North Carolina Press, 1997.

HUNTINGTON, S. P. The Soldier and the State: The Theory and Politics of Civil-Military Relations. Cambridge: Belknap Press of Harvard University Press, 1957.

______. *The Common Defense*: Strategic Programs in National Politics. New York: Columbia University Press, 1961.

______. Reforming Civil-Military Relations. *Journal of Democracy*, v.6, n.4, 1995.

ISACSON, A.; OLSON, J.; HAUGAARD, L. Diluyendo las divisiones. *Informe Wola*, Washington, DC: Centro para la Política Internacional (CIP); Oficina en Washington para Asuntos Latinoamericanos (Wola), set. 2004.

JANOWITZ, M. *El soldado profesional*. Buenos Aires: Editorial Bibliográfica Argentina, 1967.

______. *Military Institutions and Coercion in Developing Nations.* Chicago: Chicago University Press, 1977.

JOHNSON, J. J. *The Military and Society in Latin America*. Stanford: Stanford University Press, 1979.

KOHN, R. H. Out of Control: The Crisis in Civil-Military Relations. *National Interest*, primavera 1994.

______. How Democracies Control the Military. *Journal of Democracy*, v.8, n.4, 1997a.

______. The Forgotten Fundamentals of Civilian Control of the Military in Democratic Government. *Project on US Post-Cold-War Civil-Military Relations, Working Paper*, Harvard University, John M. Olin Institute for Strategic Studies, n.11, jun. 1997b.

LIEUWEN, E. *Armas y política en América Latina*. Buenos Aires: Sur, 1960.

LINZ, J.; STEPAN, A. *Problems of Democratic Transition and Consolidation*: Southern Europe, South America and Post-Communist Europe. Baltimore: Johns Hopkins University Press, 1996.

LÓPEZ, E.; PION-BERLIN, D. *Democracia y cuestión militar*. Buenos Aires: Universidad Nacional de Quilmes, 1996.

LOVEMAN, B. *For la Patria*: Politics and the Armed Forces in Latin America. Wilmington: SR Books, 1999.

LOWENTHAL, A. Armies and Politics in Latin America. In: ______; FITCH, J. S. (Eds.). *Armies and Politics in Latin America.* New York: Holmes & Meier, 1976.

______; FITCH, J. S. *Armies and Politics in Latin America*. 2.ed. New York: Holmes & Meier, 1986.

MARES, D. *Violent Peace*: Militarized Interstate Bargaining in Latin America. New York: Columbia University Press, 2001.

MARTINS FILHO, J. R.; ZIRKER, D. The Brazilian Military and the New World Order. *Journal of Political & Military Sociology*, v.24, n.1, 1996.

MOSKOS, C. La nueva organización militar: ¿institucional, ocupacional o plural? In: BAÑÓN, R.; OLMEDA, J. A. *La institución militar en el Estado contemporáneo*. Madrid: Alianza Universidad, 1985.

MURRAY, D. J.; VIOTTI, P. R. *The Defense Policy of Nations*: A Comparative Study. Baltimore: Johns Hopkins University Press, 1982.

NORDEN, D. L. From the Uniformed to the Unemployed: Shifting Sources of Political Instability in Argentina. In: MEETINGS OF THE LATIN AMERICAN STUDIES ASSOCIATION, 27. Montreal, Canada, 5-8 set. 2007. Relatório preparado para...

NORDLINGER, E. *Soldiers in Politics*: Military Coups and Governments. Englewood Cliffs, NJ: Prentice-Hall, 1977.

NUNN, M. F. The South America Military and Re Democratization: Professional Thought and Self-Perception. *Journal of Interamerican Studies and World Affairs*, n.2, verão 1995.

PERLMUTTER, A. *The Military and Politics in Modern Times*: On Professionals, Praetorians, and Revolutionary Soldiers. New Haven: Yale University Press, 1977.

PION-BERLIN, D. *Through Corridors of Power*: Institutions and Civil-Military Relations in Latin America. Pennsylvania: Pennsylvania State University Press, 1997.

______. Civil-Military Circumvention: How Argentine State Institutions Compensate for a Weakened Chain of Command. In: BERLIN, D. P. (Ed.). *Civil Military Relations in Latin America*. Chapel Hill, London: University of North Carolina Press, 2001.

______. El manejo político de las Fuerzas Armadas en Latinoamérica. *Military Review*, ed. hispanoamericana, mar.-abr. 2005.

______. The Defense Wisdom Deficit in Latin America: A Reply to Thomas C. Bruneau. *Revista Fuerzas Armadas y Sociedad*, Santiago, Chile: Flacso, n.1, 2006.

______; TRINKUNAS, H. Attention Deficits: Why Politicians Ignore Defense Policy in Latin America. *Latin American Research Review*, Pittsburgh, v.42, n.3, 2007.

REMMER, K. *Military Rule in Latin America*. Boston: Unwin Hyman, 1989.

RIAL, J. Las Fuerzas Armadas y la cuestión de la democracia en América Latina. In: GOODMAN, L. W.; MENDELSON, J. S.; RIAL, J. *Los militares y la democracia*: el futuro de las relaciones cívico-militares en América Latina. Montevideo: Peitho, 1990.

ROUQUIÉ, A. *El Estado militar en América Latina*. México: Siglo XXI, 1984a.

______. *Poder militar y sociedad política en la Argentina*. Buenos Aires: Emecé, 1984b.

SAIN, M. F. Nuevos horizontes, nuevos dilemas. Las "nuevas amenazas" y las Fuerzas Armadas en la Argentina democrática. *Desarrollo Económico*, Buenos Aires, v.142, n.166, jul.-set. 2002.

SAINT-PIERRE, H. *A política armada*. São Paulo: Editora Unesp, 2000.

______. "Defesa" ou "segurança"? Reflexões em torno de conceitos e ideologias. *Contexto Internacional*, v.32, n.2, 2011.

SCHEETZ, T. El presupuesto de defensa en Argentina: su contexto y una metodología de análisis. *Security and Defense Studies Review*, v.2, verão 2002.

SERRA I SERRA, N. El Estado: papel de la Fuerza Armada y de la seguridad. Notas sobre su control democrático. In: SERRA, N.; ALEGRÍA, C.; TAMAYO, A. M. (Orgs.). *Bases para un control civil democrático de la Fuerza Armada en el Perú*. Lima: Instituto de Defensa Legal (IDL), 2003.

______. *La transición militar*: reflexiones en torno a la reforma democrática de las Fuerzas Armadas. Barcelona: Debate, 2008.

SOTOMAYOR, A. Los civiles y militares en América Latina: avances y retrocesos en materia de control civil. *Revista Mexicana de Política Exterior*, 2008.

STEPAN, A. The New Professionalism of Internal Warfare and Military Role Expansion. In: LOWENTHAL, A.; FITCH, J. S. *Armies and Politics in Latin America*. New York: Holmes & Meier, 1986.

______. *Rethinking Military in Politics, Brazil and the Southern Cone*. Princeton: Princeton University Press, 1988.

______. *Arguing Comparative Politics*. New York: Oxford University Press, 2001.

SUÁREZ PERTIERRA, G. Lecciones aprendidas para una mayor transparencia y eficiencia en el proceso de adquisiciones en el sector defensa: el caso español. *Serie Democracia y Fuerza Armada*, Lima: Instituto de Defensa Legal, v.2, dez. 2003.

TRINKUNAS, H. *Crafting Civilian Control of the Military in Venezuela*. Chapel Hill: University of North Carolina Press, 2005.

VARAS, A. *Los militares en el poder*. Santiago: Pehuén; Flacso, 1987.

______. Las relaciones cívico-militares en un marco democrático. In: GOODMAN, L.; MENDELSON, J.; RIAL, J. *Los militares y la democracia*. Peitho: Montevideo, 1990.

______; AGÜERO, F. *El proyecto político militar*. Santiago: Flacso, 1984.

VARGAS, A. *Ensayos sobre seguridad y defensa*. Bogotá: Universidad Nacional, 2006.

RESDAL

Juliano da Silva Cortinhas

A Rede de Segurança e Defesa da América Latina (Resdal) é um *think tank* latino-americano com sede em Buenos Aires. A Resdal foi criada em 2001 por tomadores de decisão, acadêmicos e membros da sociedade civil e seu principal objetivo é reunir pensadores e analistas para formular estudos, políticas e iniciativas que propiciem a melhora do desempenho dos países latino-americanos e caribenhos nas temáticas da segurança e da defesa. Para tanto, a rede incentiva a maior transparência das políticas públicas de defesa e segurança na região, gerando um espaço de colaboração e diálogo que objetive promover a democracia e medidas de construção de confiança na América Latina e no Caribe.

A Resdal é estruturada a partir de três órgãos: a Secretaria Executiva, os membros da rede e a Junta Diretiva.

A Secretaria Executiva é o órgão mais importante, pois viabiliza todas as atividades da rede, a partir de uma estrutura de pesquisadores e trabalhadores administrativos de diversos países, que atuam a partir do escritório de Buenos Aires. É na sede da Resdal que a equipe trabalha para arrecadar e administrar recursos, planejar e realizar projetos e expandir sua rede de apoiadores e associados. Na atualidade, o órgão é composto pelos seguintes cargos: secretário executivo, presidente, dois pesquisadores, quatro assistentes de pesquisa, um assistente técnico e um diretor de sistemas.

A rede também conta atualmente com um conjunto de 298 membros que participam dos eventos e colaboram para a formulação de estudos e análises. Trata-se de um grupo de tomadores de decisão e renomados especialistas em diversas áreas do conhecimento, com ênfase em temas relacionados com segurança e defesa. Os membros são provenientes de países latino-americanos e caribenhos, além dos Estados Unidos, da Espanha, do Canadá, de Portugal, da Noruega e da Alemanha, o que garante à Resdal um grande alcance também nos países centrais do sistema internacional.

A Junta Diretiva, por fim, atua como órgão consultivo da rede e é composta por dezenove especialistas seniores nas áreas de defesa e segurança. Como os membros da Junta Diretiva atuam a partir de seus países de origem, as consultas, quando necessárias, são realizadas virtualmente.

A produção dos pesquisadores da Resdal objetiva informar as decisões de governantes dos países latino-americanos a partir de análises que indiquem os principais desafios regionais e sistêmicos a serem enfrentados e como devem se posicionar em relação aos demais países do globo. Os principais produtos são: pesquisas de campo; sistematização, análise e disseminação de informações; construção de ferramentas concretas e inovadoras para pesquisas e tomadas de decisão; realização de diálogos entre atores que se interessam ou operam nas áreas de defesa e segurança; capacitação e formação de jovens pesquisadores; assessoria para atividades específicas a pedido de instituições estatais, regionais e internacionais.

Um dos produtos de maior destaque da Resdal é o *Atlas comparativo da defesa na América Latina e Caribe*, publicado a cada dois anos e de distribuição gratuita na versão *on-line*, que pode ser acessada no *site* da rede.

A publicação mais recente, de 2016, inicia com uma análise do contexto da segurança e da defesa na região, enfatizando que há poucas ameaças tradicionais e baixa probabilidade de um conflito interestatal entre os países latino-americanos. Essa lógica eleva a possibilidade de que as Forças Armadas latino-americanas e caribenhas sejam utilizadas na "confrontação de conflitos internos" (Donadio; Kussrow, 2016, p.14). Ainda de acordo com o texto, as ameaças prioritárias às populações da região, de fato, têm relação com a violência interna, sendo que muitos países latino-americanos têm mais mortes por arma de fogo por ano que algumas zonas de conflito ao redor do mundo (Donadio; Kussrow, 2016, p.14).

Um segundo tema que é enfatizado pelo *Atlas* de 2016 é a participação das mulheres nas Forças Armadas, pois, apesar de alguma evolução na absorção de uma perspectiva de gênero entre os militares latino-americanos e caribenhos, a permanência de uma cultura machista nas Forças Armadas da região é visível.

A partir dessa contextualização, o *Atlas* faz uma análise comparativa de diversas características dos sistemas de defesa dos países da América Latina e do Caribe. De início, são analisadas as legislações que tratam do tema e as instituições que se encarregam das políticas de defesa, com ênfase no papel das presidências, dos conselhos de Segurança e Defesa Nacional e dos legislativos. A publicação então apresenta uma análise dos orçamentos de defesa na América Latina e no Caribe, examinando os percentuais utilizados para investimentos e pessoal, por exemplo. Fica claro, nesse capítulo, que o excesso de gastos com pessoal (inclusive pensionistas e aposentados) compromete a capacidade de modernização e de investimento nas estruturas de defesa da maioria desses países.

O capítulo sobre as Forças Armadas trata do tamanho dos efetivos de cada país e da participação das mulheres entre os militares. Cabe ressaltar também o capítulo sobre os principais esforços de cooperação regional, dos quais participam militares e ministérios da Defesa, com destaque para as organizações e iniciativas de segurança e defesa no hemisfério. Há, ainda, um capítulo sobre a participação latino-americana em operações de paz das Nações Unidas e em missões e exercícios conjuntos.

A parte final do *Atlas* traz uma análise por país, em que são discriminados dados sobre a composição dos efetivos, as contas orçamentárias, as principais operações realizadas pelos militares e as respectivas bases industriais de defesa.

A Resdal é, notadamente, um dos principais *think tanks* da área de defesa e segurança da região latino-americana, sendo reconhecido como tal pelo Relatório de 2016 do *Global Go To Think Tank Index*, publicado pela Universidade da Pensilvânia. A publicação considera que a Resdal é o 102º mais importante *think tank* da área de defesa e segurança nacional do mundo.

Apesar de contar com poucos recursos humanos e com orçamento limitado, trata-se de um instituto de pesquisa que produz muitos estudos de qualidade sobre seu tema de concentração. Em especial, o *Atlas comparativo da defesa na América Latina e Caribe* é um instrumento fundamental para os agentes que lidam com defesa nacional e segurança internacional na América Latina, pois possibilita que tanto pesquisadores quanto tomadores de decisão da região conheçam de modo mais adequado o ambiente em que estão inseridos e as variáveis que devem considerar ao agirem. Essa capacidade deve-se, principalmente, à qualidade de seus pesquisadores e à extensa rede de apoio que a Resdal desenvolveu ao longo dos anos.

Referências bibliográficas

DONADIO, M.; KUSSROW, S. *Atlas comparativo de la defensa en America Latina y Caribe*. ed. 2016. Ciudad Autónoma de Buenos Aires: Resdal, 2016. Disponível em: http://www.resdal.org/wordpress_a/wp-content/plugins/pdfjs-viewer-shortcode/pdfjs/web/viewer.php?file=http%3A%2F%2Fwww.resdal.org%2Fwordpress_a%2Fwp-content%2Fuploads%2F2016%2F11%2Fatlas-2016-esp-completo.pdf&download=true&print=true&openfile=false. Acesso em: 24 nov. 2016.

MCGANN, J. *Global Go To Think Tank Index Report*. 2016. Disponível em: http://repository.upenn.edu/cgi/viewcontent.cgi?article=1011&context=think_tanks. Acesso em: 1º set. 2017.

REDE DE SEGURANÇA E DEFESA DA AMÉRICA LATINA (Resdal). *Red de Seguridad y Defensa de América Latina*. Disponível em: http://www.resdal.org. Acesso em: 24 nov. 2016.

RESOLUÇÃO DE CONFLITOS

Bruce Roberto Scheidl Campos

A RESOLUÇÃO DE CONFLITOS TRATA DE UMA SITUAÇÃO na qual as partes litigantes chegam a um acordo através do qual solucionam suas incompatibilidades e cessam qualquer ação violenta entre si. Portanto, as fontes originárias de conflitos são transformadas, ou seja, há a mudança do comportamento violento, as atitudes deixam de ser hostis e ocorre a mudança da estrutura do conflito. Isso requer métodos, conceitos e ferramentas para a análise de conflitos e para chegar ao cerne das incompatibilidades. Porém, a denominação é sujeita a permanente ambiguidade, uma vez que se refere tanto ao processo de mudança quanto ao término desse processo. Além disso, resolução de conflitos refere-se também a um campo de estudos específico que abrange métodos e teorias, fornecendo ferramentas para compreender os conflitos a fim de proporcionar meios para sua solução. Portanto, essa expressão é compreendida tanto como prática profissional quanto como campo de estudos, estando os dois sentidos intimamente relacionados.

No entanto, a definição do conceito de resolução de conflitos dentro de seu campo de estudos carece de consenso. Segundo Kriesberg (2009), alguns estudiosos da área consideram que ele se refere a um tipo específico de ação, como o engajamento na mediação de uma maneira específica, ao passo que, para outros, refere-se a maneiras de resolver ou pôr fim a conflitos por meio de esforços conjuntos a fim de alcançar acordos aceitáveis para as partes. Outros teóricos consideram ainda que a resolução de conflitos consiste em um *Weltanschauung*, ou uma cosmovisão, aplicável a todos os estágios de um conflito (Kriesberg, 2009, p.15).

Segundo Wallensteen (2002), a definição de resolução de conflitos deve ser especificada de modo a distingui-la de conceitos como gerenciamento de conflitos e transformação de conflitos. Nesse sentido, o autor define resolução de conflito como uma situação social na qual as partes de um conflito armado resolvem, mediante um acordo voluntário, viver pacificamente com suas incompatibilidades básicas e, a partir daquele momento, cessam mutuamente o uso das armas uns contra os outros. Isso suscita a ideia de que a resolução de conflitos é um processo que se desencadeia a partir do momento em que o conflito deixa de ter um comportamento violento e assume um comportamento não violento por iniciativa das próprias partes e não por uma terceira parte ou um *outsider*. A primeira fase desse processo é o cessar-fogo e a desmilitarização do conflito em questão, de acordo com os planos acordados entre as partes. Com isso, sucede-se a implementação dos termos basilares do acordo, cuja fase impõe o segundo teste ao processo, pelo qual as partes não devem recorrer à violência ou à ameaça de uso da violência. Nessa perspectiva, as próprias partes do conflito têm papel central em sua resolução, possuindo a maior autoridade e legitimidade para conduzir esse processo, e um acordo entre elas tem maior probabilidade de se tornar duradouro. Por esse motivo, a resolução do conflito foca o acordo, isto é, uma forma mínima de entendimento entre as partes. O acordo marca, dessa maneira, o fim de uma fase belicosa e inaugura uma nova situação, embora esse acordo não constitua o fim último de um processo de paz. O fato é que outros conceitos, como transformação de conflitos e construção da paz (*peacebuilding*), suscitam uma gama mais ampla de variáveis que são igualmente importantes para o processo supracitado. No entanto, a ênfase nos acordos é um fator que distingue a resolução de conflitos do gerenciamento de conflitos, cujo ponto central recai sobre a face belicosa do conflito, buscando o fim dos combates e a sua contenção. Por outro lado, a resolução de conflitos centra-se na ideia de que as partes busquem uma solução conjunta para harmonizar ou eliminar sua incompatibilidade. Isso coloca em destaque o papel do acordo no campo da resolução de conflitos, diferenciando este dos outros conceitos (Wallensteen, 2002, p.51-3).

No sentido de atenuar a imprecisão terminológica, Miall (2004) considera a importância de distinguir os conceitos de resolução, transformação e gerenciamento de conflitos que estão contidos em um campo de estudos geral, sem deixar de reconhecer a existência de aspectos que os sobrepõem. Na perspectiva do gerenciamento de conflitos, estes não podem ser solucionados, e sim gerenciados e contidos e, eventualmente, alcançar um compromisso histórico em que a violência é suprimida (Miall, 2004, p.3). Essa abordagem está associada à primeira geração da prática e da teoria de resolução de conflitos, centrado no Estado e na política de poder, e baseia-se nos conceitos de "sucesso", traduzido na obtenção de uma solução de soma positiva (ganha-ganha) através de um acordo de paz ou cessar-fogo, e de "paz negativa" (Elias, 2009, p.24-6).

Os teóricos de resolução de conflitos, por sua vez, defendem que, em conflitos comunais e de identidade, os indivíduos não podem comprometer suas necessidades basilares. Nessa perspectiva, a superação de conflitos é possibilitada quando as partes são auxiliadas a explorar, analisar, questionar e redimensionar suas posições e interesses em questão. Desse modo, resolução de conflitos busca a maneira como as partes podem sair de uma lógica de soma zero (ganha-perde), ou seja, de padrões destrutivos de enfrentamento, para uma situação de soma positiva mediante o desenvolvimento de processos de resolução de conflitos que as partes litigantes considerem aceitáveis e, ao mesmo tempo, efetivos para resolver a disputa (Miall, 2004, p.3-4).

Em contraste, os estudiosos da vertente de transformação de conflitos compartilham a percepção de que os litígios contemporâneos demandam a observância de outros elementos além do redimensionamento de posições e a busca de resultados de soma positiva. Lederach (1995) pontua que essa perspectiva fornece uma compreensão mais holística da dinâmica do conflito. Assim, diferentemente da resolução e do gerenciamento de conflitos, a ideia de transformação aponta descritivamente para a natureza dialética inerente ao conflito e não simplesmente uma busca por sua eliminação ou controle. Em suma, o conflito é percebido como um agente transformador da dinâmica dessas relações, sugerindo que ele pode seguir para direções destrutivas ou construtivas, e propõe-se um esforço para transformar seu caráter mutuamente destrutivo em um de bases mutuamente benéficas e cooperativas (Lederach, 1995, p.17-9). A estrutura da relação entre as partes deve ser alterada através de processos de engajamento e transformação de longo prazo de relações, interesses, discursos, bem como a condição societal que alicerça a continuidade de conflitos violentos (Miall, 2004, p.4).

Tendo isso posto, é possível afirmar que os conceitos supracitados são complementares, visto que diferentes dimensões da natureza do conflito e de sua solução são consideradas em cada uma dessas abordagens. Nesse sentido, Elias (2009) enfatiza que o caráter complementar entre gerenciamento, resolução e transformação de conflitos deve ser fomentado a partir dessas diferenças teóricas, a fim de estabelecer um diálogo entre teoria dos jogos, teoria das necessidades humanas e a ação não violenta (Elias, 2009, p.31).

Desse modo, com a grande diversidade de abordagens e debates, o campo de estudos de resolução de conflitos evolui de forma contínua, uma vez que a amplitude de interesses abarcados se expande tanto no âmbito do estágio dos conflitos quanto em sua variedade. Desse modo, estudiosos da área se especializam em tipos e estágios específicos, bem como em métodos e aspectos de resolução (Kriesberg, 2009, p.30). Assim, essa área de estudos desenvolveu suas próprias subdivisões, como crises internacionais, guerras internas, conflitos e abordagens compreendendo desde mediação e negociação até jogos experimentais (Miall et al., 2000, p.2).

A Resolução de Conflitos se consolidou enquanto campo de estudos no período pós-Guerra Fria. No entanto, suas origens compreendem as décadas de 1950 e 1960, quando, por um grupo de pioneiros oriundos de diversas disciplinas do conhecimento interessados em estudar os conflitos como um fenômeno presente em todos os domínios e dimensões da sociedade, como nas relações internacionais, na política doméstica, nas relações industriais, nas comunidades, nas famílias e nos indivíduos (Kriesberg, 2009, p.15). Com o fim da Guerra Fria, esse campo deparou com diversas mudanças substanciais na dinâmica dos conflitos ao redor do mundo. Esse novo ambiente dava lugar a conflitos intraestatais, de cunho étnico ou de secessão, refletindo o colapso e a fragmentação de estruturas de Estado, economias e de toda a sociedade (Miall et al., 2000, p.3). Em suma, as chamadas novas guerras alteraram substancialmente o panorama pelo qual os teóricos dessa área se pautavam no intuito de compreender a natureza das contendas e promover os meios de resolvê-las. Diante dessa mudança, as abordagens tradicionais diferiam em diversos aspectos dos métodos de resolução de conflitos contemporâneos, uma vez que os primeiros trabalhos do campo, pautados nessa visão tradicional, se concentravam em analisar a eclosão e o crescimento desses eventos em si. Entre essas diferenças, Kriesberg (2009) destaca a ênfase dada pela abordagem contemporânea aos processos dos conflitos que procuram gerar soluções, proporcionando ganhos mútuos para as partes litigantes e tendendo a colocar ênfase no papel de intermediários externos na sua solução (Kriesberg, 2009, p.16). Desse modo, o campo de estudos como um todo sofreu diversas críticas quanto à sua aplicabilidade e credibilidade na análise e prescrição de modelos de solução dos conflitos ao redor do mundo. Miall et al. (2000) pontuam que os realistas consideram a resolução de conflitos fora da realidade, pois a política internacional seria o resultado de uma disputa entre grupos antagônicos e irreconciliáveis e o poder e a coerção seriam apenas *ultimate currency*. Além disso, o viés ideológico em que estavam inseridos nas pesquisas de paz e de resolução de conflitos era considerado um fator que as comprometia, e a tentativa de combinar a teoria, através da análise acadêmica, com uma agenda política gerava, intelectualmente, suspeição.

Em perspectiva distinta, neomarxistas e pensadores radicais defendiam que o campo de resolução de conflitos não compreendia corretamente os fenômenos que se propunha a analisar. Outros críticos, por sua vez, mostravam-se céticos quanto à capacidade de os métodos desenvolvidos no Ocidente superarem barreiras culturais e oferecerem ferramentas úteis em contextos culturais e sistemas políticos muito distintos (Miall et al., 2000, p.3-4).

A despeito dessas críticas, o campo de Resolução de Conflitos, por seu caráter interdisciplinar, possui uma diversa e heterogênea gama de teorias e abordagens que se aplicam em variados contextos e dimensões diferentes dos conflitos. De acordo com Kriesberg (2009, p.15-6), a construção teórica do campo varia em alcance e no grau em que se compreende como teorias indutivas ou dedutivas. Portanto, enquanto algumas teorias buscam focar estágios específicos, bem como arenas limitadas de conflitos, outras procuram uma compreensão mais holística, abarcando-os em sua total dimensão. Entretanto, não há consenso a respeito de uma teoria social de conflitos e de solução de conflitos.

A construção teórica do campo de estudos encontra seus alicerces nas ideias clássicas advindas das Relações Internacionais no que se refere ao pensamento e à prática. Conforme essas concepções clássicas, o conflito constitui um aspecto intrínseco e inevitável das mudanças sociais. Em outras palavras, ilustra a heterogeneidade de interesses, valores e crenças que emergem da tensão gerada pelas transformações advindas dessas mudanças sociais. Nesse sentido, o hábito e a escolha pautam a maneira com que lidamos com o conflito (Miall et al., 2000, p.5).

Tradicionalmente, o papel da Resolução de Conflitos seria o de auxiliar as partes litigantes – cuja interpretação de suas condições se pauta pelo jogo de soma zero, ou seja, a vitória de uma das partes implica necessariamente a derrota da outra – a reinterpretarem o conflito em questão utilizando uma lógica de soma positiva, isto é, uma situação em que ambos podem ganhar ou perder. No entanto, a lógica do dilema do prisioneiro, uma representação na teoria dos jogos, ilustra uma tendência de conduzir as partes a uma situação de perda mútua, pautada na delação como única escolha verdadeiramente racional e, consequentemente, gerando uma armadilha social na qual as partes ficam presas em resultados de perda mútua. Para resolver o problema, seria necessário introduzir um elemento comportamental, pelo qual uma parte copia o comportamento anterior da outra, requerendo uma postura cooperativa no primeiro movimento. Em uma comunidade, o relacionamento futuro seria chave para induzir um comportamento que direcione as ações para uma situação de ganho mútuo. Ademais, levando em conta o contexto social, o tomador de decisões está sujeito às consequências futuras de suas decisões que se encontram além do espectro estrito do dilema em questão (Miall et al., 2000, p.7-8).

Além disso, entre as ideias clássicas de resolução de conflitos está a distinção entre as posições que as partes assumem de acordo com seus interesses e necessidades subjacentes. Nessa lógica, os interesses são mais facilmente reconciliáveis, uma vez que várias posições diferentes podem estar baseadas no mesmo interesse ou necessidade (Miall et al., 2000, p.9). Com isso, uma solução que possa satisfazer as necessidades e interesses de ambas as partes se torna possível, pois o foco passa das posições defendidas para as necessidades subjacentes.

Outra questão importante diante das mudanças no quadro de conflitos internacionais pós-Guerra Fria são os conflitos assimétricos. A dissolução do enfrentamento ideológico expôs, sobretudo, a complexidade dos conflitos intraestatais que envolvem a fragmentação, falência e contestação de estruturas de governança e soberania do Estado. A abordagem clássica desse campo de estudos, em algumas vertentes, é aplicável somente a conflitos simétricos devido ao contexto em que foram formuladas. Em relação aos enfrentamentos de natureza assimétrica, Miall et al. (2000) consideram que a estrutura faz que o lado mais fraco sempre perca. Desse modo, sua solução se concretizaria somente com a mudança dessa estrutura. Porém, como isso normalmente não está na pauta de interesses da parte mais forte, a terceira parte teria sempre de se juntar à mais fraca para que o conflito chegasse a uma resolução. Entretanto, existem diversas maneiras de tratar desse tipo de conflito sem o uso da coerção, como a tática gandhiana de *falar a verdade ao poder* – através da qual se busca influenciar e persuadir os detentores do poder –, as táticas de mobilização de movimentos populares para enfraquecer o lado mais forte ao longo do tempo ou de fortalecer e empoderar as partes mais fracas para que sejam capazes de se afastar da relação desequilibrada e criar uma nova dinâmica de interação (Miall et al., 2000, p.12-3).

Uma abordagem relevante que abarca tanto conflitos simétricos quanto assimétricos é o modelo proposto por Galtung na década de 1960. Nessa perspectiva, o conflito se move entre os três vértices de um triângulo. O primeiro vértice refere-se à *atitude* no conflito; o segundo, ao *comportamento*; e o terceiro, à *contradição*, ou seja, à incompatibilidade de objetivos entre as partes. Os três elementos devem necessariamente estar presentes em um conflito completo. Segundo Wallensteen (2002), um conflito pode ser iniciado a partir de qualquer um desses vértices, mas Galtung destacou a contradição como o vértice pelo qual os conflitos têm início com mais frequência. Nesse caso, a transformação do conflito acontece através da *transcendência*, em que os objetivos são totalmente atingidos pelas partes litigantes; do *compromisso*, em que as metas são alcançadas parcialmente pelas partes; e da *retirada*, tendo como fim último a desistência. Ademais, na perspectiva de Galtung, atribui-se menor importância à busca por acordos através de meios diplomáticos, embora isso não seja descartado. De fato, considera-se que a negociação é o caminho para se transformar os conflitos, sendo um processo aceitável a ambas as partes e um precursor necessário para a sua solução (Wallensteen, 2002, p.35). Em suma, para a resolução do conflito, é necessário um conjunto de mudanças que provoquem a descalcificação do comportamento conflitivo, induzam a alteração de atitudes e a transformação das relações ou interesses incompatíveis que estão no núcleo da estrutura do conflito. Além disso, o modelo de Galtung se relaciona com a violência direta, a violência estrutural e a violência cultural. De acordo com Elias (2009), a violência direta seria cessada com a mudança no comportamento, enquanto a violência estrutural teria fim com a eliminação das contradições, e a violência cultural, por sua vez, cessaria com a mudança na atitude (Elias, 2009, p.23).

Referências bibliográficas

ELIAS, I. V. *O mito de Sísifo*: a mediação do processo de paz na Irlanda do Norte e a assinatura do Acordo de Sexta-Feira Santa. Rio de Janeiro, 2009. 237p. Dissertação (Mestrado) – Instituto de Relações Internacionais, Pontifícia Universidade Católica do Rio de Janeiro.

KRIESBERG, L. The Evolution of Conflict Resolution. In: BERCOVITCH, J.; KREMENYUK, V.; ZARTMAN, I. W. (Eds.). *The SAGE Handbook of Conflict Resolution*. [S.l.]: SAGE, 2009.

LEDERACH, J. P. *Preparing for Peace*: Conflict Transformation Across Cultures. Syracuse: Syracuse University Press, 1995.

MIALL, H. *Conflict Transformation*: A Multi-Dimensional Task. [S.l.: s.n.], 2004.

______; RAMSBOTHAM, O.; WOODHOUSE, T. *Contemporary Conflict Resolution*. Oxford: Polity, 2000. [Ed. orig.: 1999.]

WALLENSTEEN, P. *Understanding Conflict Resolution*. [S.l.]: Sage, 2002.

RESPONSABILIDADE DE PROTEGER

Vanessa Braga Matijascic

A RESPONSABILIDADE DE PROTEGER CIDADÃOS é um dos imperativos que um governante eleito pelo povo deve ter em mente. Todavia, o não exercício dessa função levou, em diferentes contextos, a intervenções humanitárias de um Estado em território alheio em prol da proteção de indivíduos que, por diferentes circunstâncias, não foram resguardados pelo soberano.

No transcorrer do século XX, houve a proliferação de produções acadêmicas e listas de critérios que descreveram quando uma intervenção humanitária estava justificada (Nardin, 2003, p.11-27; Wheeler, 2002, p.34). A maioria dessas especificações dependia da tradição da guerra justa e do critério da causa justa em particular para enviar tropas em nome, por exemplo, da proteção de direitos humanos contra autoridades estatais negligentes ou violadoras desses direitos. No entanto, muitas vezes, esses conceitos amplamente discutidos foram vagos até a normatização da denominação em âmbito multilateral no século XXI.

Buscando reorganizar os debates sobre a responsabilidade de proteger cidadãos diante da negligência de governantes e antecipar a possibilidade de envio de intervenções humanitárias, a Cúpula Mundial da Organização das Nações Unidas, anunciada em 2000, criou a Comissão Internacional sobre Intervenção e Soberania Estatal (Iciss). Essa comissão foi presidida por Gareth Evans e Mohamed Sahnoun, reunindo mais dez especialistas, e gerou o relatório *Responsabilidade de proteger* (2001), que determina que os Estados têm a responsabilidade primordial de proteger seus compatriotas do genocídio, crimes de guerra, crimes contra a humanidade e limpeza étnica. Contudo, quando o Estado não é capaz de proteger os próprios cidadãos, a responsabilidade recai sobre a comunidade internacional. A composição dessa comissão foi motivada pela falta de ação do que foi observado nos anos 1990, quando os massacres em Ruanda e na província de Srebenica, na Bósnia, não foram detidos e/ou evitados pela ONU.

No documento *We the People: The Role of the United Nations in the 21th Century*, também conhecido como *Millennium Report* (2000), o secretário-geral Kofi Annan anunciou que os novos tipos de conflito que despontavam não exprimiam apenas a necessidade de defesa de um território de ataques externos, logo, esse novo entendimento de segurança poderia compreender a proteção de comunidades e indivíduos da violência interna dos Estados-nações (Annan, 2000, p.43). Sendo assim, as palavras do secretário-geral apenas anunciaram a condução dos debates que prepararam o que ficou definido no *Responsabilidade de proteger* (R2P).

O R2P foi adotado no relatório do Painel de Alto Nível da Secretaria-Geral da ONU sobre Ameaças, Desafios e Mudanças, intitulado *A More Secure World: Our Shared Responsibility* (2004), e também em outro relatório da Secretaria, *In Larger Freedom: Towards Development, Security and Human Rights for All*, divulgado em março de 2005. No mesmo ano, em setembro, a responsabilidade de proteger foi incluída no documento final da reunião da Assembleia Geral e resultou na Resolução n.60/1 na Cúpula Mundial de 2005. O Conselho de Segurança da ONU também "reafirmou" as disposições para com os compromissos previstos no R2P.

Tido como o consenso multilateral sobre o uso de intervenções humanitárias, o R2P foi norteado pela perspectiva da segurança humana, em que não apenas as intervenções humanitárias deveriam ter o caráter reativo de proteção de civis, mas também preventivo, quando os Estados não cumprem com a sua responsabilidade. Logo, a partir do consenso atingido na Cúpula Mundial em 2005, o Conselho de Segurança deveria estar atento para a responsabilidade de proteger civis quando os Estados nacionais falharem ou não evitarem genocídios, crimes de guerra, limpezas étnicas e crimes contra a humanidade em "grande escala" (A/60/L.1, parágrafos 138 e 139). Nesses termos, o Conselho de Segurança tornou-se guardião das liberdades individuais contra a tirania de governos e autoridades opressoras.

Muitas vezes entendida como uma doutrina, os pilares do R2P são três e designam que: a) a responsabilidade primária de proteção da população contra o genocídio, crimes de guerra e contra a humanidade e limpeza étnica é do Estado; b) é responsabilidade da comunidade internacional ajudar os Estados a construir a capacidade de exercer essa responsabilidade de proteção; c) é responsabilidade da comunidade internacional desempenhar uma ação eficaz quando a autoridade estatal não cumprir tal responsabilidade de proteção. Logo, tais pilares enfatizam a responsabilidade do Estado e/ou líder estatal, sendo a ação militar aprovada pelo Conselho de Segurança declaradamente contra o Estado e/ou líder estatal, eximindo a necessidade de qualquer consentimento do Estado anfitrião para defender direitos humanitários e direitos humanos. Entre os pilares estratégicos do R2P estão: a responsabilidade de proteção do Estado, a assistência internacional e a capacidade de reconstrução, e a resposta decisiva e em tempo adequado para proteger.

Embora o art. 2º(7) da Carta de São Francisco disponha que nada nela deve autorizar a ONU a intervir em assuntos que são essencialmente de jurisdição interna de qualquer Estado, o R2P foi amplamente discutido e suscitou o imperativo da proteção *sine qua non* dos direitos humanos quando governos e autoridades estatais forem negligentes nessa função. Nessa discussão, Kofi Annan (1999) anunciou que a soberania do Estado estava sujeita a redefinição, posto que os Estados devem estar a serviço de seus povos. O então secretário-geral usou a expressão "soberania individual", que é a liberdade individual consagrada pela Carta das Nações Unidas. Assim, a ONU não toleraria mais os governantes que abusassem de seu poder em benefício da manutenção da ordem política e soberania estatal.

Algumas expressões utilizadas são qualificativos subjetivos, especificamente ao dar o referencial de violações em "grande escala" sem estabelecer um patamar numérico. Nem ao menos seria prudente fazer isso, visto que qualquer singular violação à integridade da vida humana já é imperativo de proteção dentro do regime internacional dos direitos humanos. Por outro lado, Bellamy (2006, p.148-9) argumentou que a falta de especificidade da designação "larga escala" pode ser conveniente do ponto de vista político, dado que os membros permanentes do Conselho de Segurança são os que têm o poder de decidir para onde serão enviadas as intervenções humanitárias amparadas no R2P.

Na evolução histórica da ONU, as denominações para genocídio e os demais crimes foram superadas nos debates da Convenção contra o Genocídio (1948), na elaboração do Estatuto de Roma (1998) e debates subsequentes, bem como o que advém do direito internacional humanitário. Todavia, a interpretação por parte dos membros do Conselho de Segurança sobre para onde enviar intervenções humanitárias, isto é, quem deve ser protegido, realmente é polêmica, posto que é uma decisão genuinamente política. Nesses termos, há amplo debate que gravita em torno da perspectiva idealista de proteção e outra de perspectiva realista em relação ao pragmatismo seletivo sobre quem os membros permanentes vão proteger ao redor do mundo.

O novo marco normativo levou a aprovações de mandatos pelo Conselho de Segurança sobre questões relacionadas às violações anteriormente descritas. Assim, amparando-se no R2P, o conselho aprovou resoluções para a Costa do Marfim, Líbia, Mali, Iêmen, República Centro-Africana e Sudão do Sul. Registra-se a incapacidade de gerir a crise humanitária na Síria em decorrência da polarização da crise interna mediante diversas alianças com potências externas que apenas acirraram a disputa. Logo, o envio de intervenção humanitária por R2P esteve sempre em debate no conselho, mas nada foi deliberado em virtude do poder de veto de quem apoia a manutenção do atual partido sírio no poder. Em específico, há grande embate retórico sobre a solução da crise. A delegação russa, por exemplo, manifesta que é necessário continuar usando meios pacíficos para resolver a guerra civil no país, pois o uso da força apenas exacerbaria o conflito e o sofrimento humano (Morris; Wheeler, 2016).

Segundo (Hehir, 2017, p.419), somente Rússia e China vetaram as sanções contra o presidente Assad em quatro ocasiões desde 2011. O mesmo autor argumentou que a resposta do Conselho de Segurança à Primavera Árabe sugeriu o problema perene da seletividade politizada do órgão, pois, ao passo que o conselho agiu rapidamente contra a opressão de Muammar Abu Minyar al-Gaddafi sobre os manifestantes pró-democracia na Líbia, a situação no Bahrein foi praticamente ignorada pelos membros permanentes.

Muitos acadêmicos foram defensores do R2P pelo marco normativo instituído, pela necessidade de manter a prevenção de crises humanitárias e também pela proposição de reconstruir países que passaram por conflito. Sobretudo Evans (2008a) acredita que o relatório foi publicado em momento de grande preocupação com o terrorismo, o que fez que não ganhasse instantânea notoriedade. Ademais, em conformidade com aquele contexto, o mesmo autor afirmou que o R2P posteriormente rendeu desconfiança quanto às reais intenções dos formuladores em relação ao benefício da comunidade internacional. Do outro lado, estão aqueles que, apesar de defenderem a validade do mecanismo, opinaram sobre a inconsistência da resposta internacional às crises intraestatais, precisamente porque a defesa dessa ação foi prescritiva, mas incompatível com a notória falta de ação das potências no que tange à reconstrução de Estados, um dos pilares estratégicos do R2P (Reinhold, 2010; Stahn, 2007).

Dessa maneira, e em outra publicação, Evans (2008b, p.289) argumentou que existem três problemas que dificultam a plena aceitação e viabilização do R2P: a) os antagonismos quanto aos termos delimitados nos relatórios sobre quando agir e o uso do mecanismo, tanto do ponto de vista acadêmico quanto do posicionamento político das diferentes delegações; b) há desafios quanto às capacidades institucionais relacionadas à implementação do R2P do ponto de vista orçamentário e o treinamento e a logística adequados para agir em cada país; e c) para operacionalizar o mecanismo é necessário existir vontade política para a mobilização e adoção de medidas.

Bellamy (2010, p.145-8) apresenta um ponto de vista que complementa o de Evans embora antagonize o mecanismo. O autor afirma que nunca houve plena aceitação do R2P, com muitos debates e oposição de analistas de política internacional e do direito internacional que viram a possibilidade de intervenções em países pobres e periféricos poderem ser justificadas com base em princípios universais e humanitários, camuflando interesses políticos e econômicos.

Em outra publicação, Bellamy (2008, p.428) argumentou que, em Darfur, foram protegidos mais interesses financeiros do que humanitários. O autor afirma que a natureza ampla do imperativo de proteção de civis possibilita a manipulação do uso desse mecanismo em benefício mais de interesses estatais do que de interesses humanitários (Bellamy, 2011). Outro argumento destacado pelo autor é de que as potências emergentes, como os Brics, bem como outros países em desenvolvimento, manifestaram discordância acerca do que foi definido pela Comissão Internacional sobre Intervenção e Soberania Estatal no relatório *Responsabilidade de proteger* (2001) (Bellamy, 2014, p.48). Esse é um oportuno contraponto que manifesta a polarização de opiniões e intenções das potências ocidentais e a percepção sobre o uso do mecanismo pelos países que não defendem o uso indiscriminado das intervenções humanitárias. Destaca-se a agenda do Brasil em política externa sobre o assunto, afirmando que os países que enviam tropas também devem estar atentos para as responsabilidades enquanto protegem civis, ou seja, a "responsabilidade ao proteger".

Em novembro de 2011, o governo brasileiro explicou que a "responsabilidade ao proteger" (RwP) era um complemento ao R2P (A/66/551), pois compreendia que essa atuação internacional do Conselho de Segurança poderia ser usada de forma inapropriada e para outros propósitos que não fossem a proteção de civis, tais como a mudança de regimes políticos (Representante Permanente..., 2011). A posição brasileira era a de que o Conselho de Segurança deveria prestar contas das operações autorizadas sob o Capítulo VII e que os três pilares da R2P deveriam obedecer a uma linha de subordinação política e sequenciamento cronológico de ações. Ademais, na posição registrada no documento brasileiro, o primeiro e o segundo pilar deveriam ser mais utilizados pela comunidade internacional, sendo o terceiro pilar o último a ser passível de mobilização. Percebe-se, portanto, que a defesa brasileira queria atribuir mais responsabilidade e fiscalização ao se intervir em um país em nome dos princípios do R2P.

Outros países na América Latina também acompanharam a prudência defendida pela delegação brasileira, pois muitos acreditaram que fazer uso da força para reagir a violações de direitos humanos era uma decisão extrema. Isso se justifica porque as delegações latino-americanas têm um histórico de votações nas organizações internacionais das quais participam que demonstram preocupação com precedentes ao autorizar intervenções militares que lidem com assuntos domésticos (Cries, 2011, p.5). Logo, não há empenho político de muitos países latino-americanos em apoiar tacitamente tais medidas. Arredondo (2011) sintetiza os posicionamentos dos países colocando-os como favoráveis, ecléticos e contestadores, tendo como parâmetro a conjuntura política nos anos em que transcorreram os debates sobre o R2P e associando-os ao histórico de relações bilaterais desses países com os Estados Unidos.

Acima de tudo, a defesa do RwP foi inspirada após a polêmica decisão do Conselho de Segurança de intervir na Líbia em 2011. Dessa maneira, a "responsabilidade ao proteger" ou "responsabilidade enquanto protege" demandou um código de ética para as intervenções aprovadas pelo conselho, especificamente por terem caráter coercitivo. Nesses termos, o Brasil não contestava as normativas do R2P, mas enaltecia os limites da operacionalização deste. Ademais, a posição do Brasil no Conselho de Segurança sobre os debates a respeito da intervenção na Líbia não era de oposição ao R2P para a Líbia enquanto mecanismo de proteção aos civis, mas sim quanto à autorização do Capítulo VII e à expressa permissão do uso da força para "todos os meios necessários" (S/RES/1973). O receio do Brasil era que o uso da força fosse direcionado para derrubar o governo de Gaddafi, abrindo precedentes para o mesmo uso político em outras intervenções. Além do Brasil, outros críticos também alegaram isso, acusando Estados-membros da Otan de vender armas para os rebeldes e contrários à manutenção do governo de Gaddafi. Assim, o Brasil posicionou-se ao lado da retórica da delegação russa, que afirmou que a Líbia seria mais um caso de imperialismo ocidental. Por sua vez, os críticos do RwP alegaram que tal medida gerou mais discórdia e paralisia do mecanismo entre os Estados-membros da ONU, afetando a busca por soluções no caso da Síria. Ao final, mesmo com todo o ativismo brasileiro, a gestão do primeiro mandato da presidente Dilma Rousseff (2011-2014) decidiu por não empenhar esforços políticos na defesa do RwP para evitar conflitos com as grandes potências do Conselho de Segurança (Stuenkel, 2016).

Defensor de um sistema onusiano mais eficiente, Thomas Weiss (2011, p.5) argumentou que a ação internacional na Líbia não se tratou de realizar bombardeios pela democracia, rivalizar com o Irã ou trocar o regime político, nem mesmo teve alguma razão que envolveu negociar ou obter vantagens com o petróleo por preço mais baixo para a compra. O autor defendeu que a real motivação foi a proteção de civis.

Por outro lado, muitos atores internacionais afirmaram que a Resolução n.1.973, que autorizou tropas da Otan a intervirem na Líbia, estava vinculada a interesses geopolíticos e de deposição e mudança de regime do presidente Gaddafi. Pode-se notar que a resolução não foi aprovada por unanimidade no Conselho de Segurança, sendo que Brasil, Rússia, Índia, China e Alemanha se abstiveram. A justificativa brasileira foi a de que o Brasil não envia tropas em missões que preveem o uso da força, bem como não estava tão certo de que essa era a melhor ação para proteger civis (Brasil, 2011).

De fato, há questões mais profundas do que simplesmente garantir mais justiça e defender liberdades individuais com novos marcos normativos. A questão política é primordial quando se debatem temas na órbita da segurança internacional. Assim, Chandler (2011) argumenta que há um imperativo liberal que respalda a normatização das intervenções humanitárias como mecanismo de atuação do Ocidente na proteção de direitos individuais. Todavia, contextualiza que a vigência dessa normativa está alicerçada no contexto global da Guerra ao Terror, mesmo com o R2P. Assim, afirma que houve ampla divulgação da mídia sobre o sucesso da proteção aos civis na Líbia com a derrubada do ex-presidente, morto por rebeldes, sendo o destaque maior atribuído ao papel das potências ocidentais na intervenção na Líbia em detrimento da aprovação de mandato realizada pela ONU, o qual foi implementado pela Otan. A partir desse debate, o "dilema da intervenção" estava posto: não agir para evitar as violações do direito internacional fecundariam as violações de direitos humanos (Chandler, 2010). Logo, a síntese desse debate não se destaca pelo consenso de opiniões acerca do que era "mais certo" decidir e fazer. Há muita polarização e pouco entendimento sobre o assunto.

Infere-se que o contexto da Guerra ao Terror acentua o vigor do R2P aplicado às diversas modalidades de intervenções militares, revelando o antagonismo Ocidente *versus* Oriente que evidencia o choque de valores entre culturas e formas de organização social e política. Contudo, tal afirmação exige métodos científicos rigorosos para analisar os resultados de cada uma das aprovações de R2P do Conselho de Segurança, bem como os interesses envolvidos em cada caso. Acima de tudo, os marcos normativos multilaterais que acionam as intervenções humanitárias, tal como o R2P, estão amparados financeira e ideologicamente pelas potências ocidentais que têm, além da influência, a real capacidade de decidir sobre o uso desse mecanismo e poder militar superior a quem contesta ou complementa a chamada "doutrina R2P". Por isso, a defesa do RwP é necessária para sugerir responsabilidades ao mobilizar essas normativas e para destinar o ônus a quem não agir tendo em vista apenas interesses humanitários.

Nesses termos, cabe o discernimento dos Estados para resolver as questões pragmáticas que envolvem as violações de direitos humanos e o novo parâmetro de maior negociação, em detrimento do uso da força, para constranger os Estados violadores a cumprirem suas funções com relação a seus cidadãos. Nessa linha de raciocínio, o R2P seguiu avançando e parte das suas diretrizes foram incorporadas na nova normativa sobre as operações de paz das Nações Unidas que foi divulgada em 2015. No relatório produzido pelo Painel de Alto Nível de Operações de Paz (2015) registrou-se a diplomacia preventiva e o acionamento dos mecanismos regionais como novas apostas para alcançar resultados que inibam a inevitabilidade do uso da força para proteger civis.

Em tom otimista, Valença (2009, p.340-1) argumentou que as intervenções humanitárias devem se aproximar do humanitarismo e do diálogo proposto pelos Estudos da Paz. Nessa linha, as intervenções humanitárias preveem ser pautadas por humanidade, que caracteriza o alívio do sofrimento humano; a imparcialidade, afirmando que não há critérios que impossibilitem a prestação de assistência; a neutralidade, não tomando posição de uma das partes envolvidas; e a universalidade do alcance desses direitos (Ramsbotham; Woodhouse apud Pugh, 1998, p.339-40).

Embora o tom otimista da concepção teórica destacada e as novas normativas da ONU tentem apontar direções para o uso responsável do mecanismo, não há consenso sobre a operacionalização do R2P. Não seriam essas novas diretivas assinaladas também falhas ao não conseguir explicar que o tom prescritivo e normativo não resolve questões pragmáticas e interesses estatais, tal como se percebe na Síria? Ademais, o choque das abordagens teóricas e as soluções normativas propostas ainda não retiram o caráter civilizatório das intervenções humanitárias contemporâneas mediante o R2P, que são carentes de alcançar a fórmula perfeita de exercer o humanitarismo sem cometer atrocidades em campo no que diz respeito aos direitos humanos e ao direito internacional. Ademais, salienta-se que o mecanismo ainda está a serviço das grandes potências, com interesses camuflados como humanitários. Logo, não se acredita que o debate teórico inicial tenha sido totalmente superado quanto às intervenções humanitárias e à aplicação do R2P, e apenas se afirma que o contexto imperativo da Guerra ao Terror fortalece a circunstância valorativa da aprovação de resoluções que refletem o caráter vertical e paternalista, já que os membros permanentes elegem onde há mais direitos individuais a serem preservados entre tantos países do globo nos quais as misérias humanas são silenciosamente monitoradas.

Referências bibliográficas

ARREDONDO, R. La responsabilidad de proteger en América Latina: su aplicabilidad y desafíos. In: ______; RODRIGUES, G. M. A.; SERBIN, A. (Orgs.). Responsabilidad de proteger y prevención en América Latina y el Caribe: el rol de la sociedad civil. *Documentos Cries*, Buenos Aires, p.7-22, fev. 2011.

BELLAMY, A. J. Whither the Responsibility to Protect? Humanitarian Intervention and the 2005 World Summit. *Ethics and International Affairs*, v.20, n.2, p.143-69, 2006.

______. The Responsibility to Protect. In: WILLIAMS, P. (Ed.). *Security Studies*: An Introduction. New York: Routledge, 2008.

______. R2P and the Problem of Regime Change. *e-International Relations*, nov. 2011.

______. Respostas internacionais às crises de proteção de pessoas: a responsabilidade de proteger e o surgimento de um novo regime de proteção. *Revista Crítica de Ciências Sociais*, Coimbra, n.104, p.45-66, set. 2014.

CAVELTY, M. D.; BALZACQ, T. (Eds.). *Routledge Handbook of Security Studies*. London: Routledge, 2016. [ed. Kindle, 2017.]

CHANDLER, D. R2P or Not R2P? More Statebuilding, Less Responsibility. *Global Responsibility to Protect*, Boston: Martinus Nijhoff Publishers, n.2, p.161-6, 2010.

______. Libya: The End of Intervention. The Responsibility to Protect: Challenges & Opportunities in Light of the Libyan Intervention. *e-International Relations*, Londres, nov. 2011.

EVANS, G. *The Responsibility to Protect*: Ending Mass Atrocity Crimes Once and for All. Washington: Brookings Institution Press, 2008a. [ed. Kindle.]

______. The Responsibility to Protect: An Idea Whose Time Has Come... and Gone? *International Relations*, Londres, v.22, n.3, p.283-98, 2008b.

HEHIR, A. Humanitarian Intervention. In: CAVELTY, M. D.; BALZACQ, T. (Eds.). *Routledge Handbook of Security Studies*. London: Routledge, 2016. [ed. Kindle, 2017.]

MORRIS, J.; WHEELER, N. J. The Responsibility Not to Veto: A Responsibility Too Far? In: BELLAMY, A. J.; DUNNE, T. *The Oxford Handbook of the Responsibility to Protect*. Oxford: Oxford University Press, 2016. [ed. Kindle.]

NARDIN, T. The Moral Basis of Humanitarian Intervention. In: LANG, A. F. (Ed.). *Just Intervention*. Washington, DC: Georgetown University Press, 2003.

PUGH, M. Military Intervention and Humanitarian Actions: Trends and Issues. *Disasters*, v.22, n.4, p.339-51, 1998.

REINHOLD, T. The Responsibility to Protect: Much Ado about Nothing? *Review of International Studies*, v.36, p.55-78, 2010.

STAHN, C. Responsibility to Protect: Political Rhetoric or Emerging Legal Norm? *American Journal of International Law*, v.101, n.1, p.99-120, 2007.

STUENKEL, O. Responsibility While Protecting. In: BELLAMY, A. J.; DUNNE, T. *The Oxford Handbook of the Responsibility to Protect*. Oxford: Oxford University Press, 2016. [ed. Kindle.]

VALENÇA, M. M. Política, emancipação e humanitarismo: uma leitura crítica da escola inglesa sobre a questão da intervenção humanitária. *Contexto Internacional*, v.31, n.2, p.319-51, 2009.

WALZER, M. *Just and Unjust Wars*. New York: Basic Books, 1977.

WEISS, T. Whither R2P? The Responsibility to Protect: Challenges & Opportunities in Light of the Libyan Intervention. *e-International Relations*, Londres, nov. 2011.

WHEELER, N. *Saving Strangers*: Humanitarian Intervention and International Society. Oxford: Oxford University Press, 2002.

Documentos

ANNAN, K. Two Concepts of Sovereignty. *Economist*, 18 set. 1999. Disponível em: http://www.economist.com/node/324795. Acesso em: 22 jul. 2017.

______. *We the People*: The Role of the United Nations in the 21th Century. 2000. Disponível em: http://www.un.org/en/events/pastevents/pdfs/We_The_Peoples.pdf.

ASSEMBLEIA GERAL DAS NAÇÕES UNIDAS. A/66/551. 2011. Disponível em: http://responsibilitytoprotect.org/concept-paper-_rwp(1).pdf.

______. A/59/2005. In Larger Freedom: Towards Development, Security and Human Rights for All. 2005. Disponível em: http://www.un.org/en/ga/search/view_doc.asp?symbol=A/59/2005.

______. A/RES/60/1. 60/1. 2005 World Summit Outcome. 2005. Disponível em: https://documents-dds-ny.un.org/doc/UNDOC/GEN/N05/487/60/PDF/N0548760.pdf?OpenElement.

______. A/60/L.1. 2005 World Summit Outcome. 2005. Disponível em: https://documents-dds-ny.un.org/doc/UNDOC/LTD/N05/511/30/PDF/N0551130.pdf?OpenElement.

BRASIL. Explicação de voto pronunciada pela embaixadora Maria Luiza Ribeiro Viotti. Representante Permanente do Brasil junto às Nações Unidas em Nova Iorque.

17 mar. 2011. Disponível em: http://www.un.int/brazil/speech/11d-mlrv-Situacao-na-libia.html.

CARTA DAS NAÇÕES UNIDAS. Disponível em: http://unicrio.org.br/img/CartadaONU_VersoInternet.pdf.

COMISSÃO INTERNACIONAL SOBRE INTERVENÇÃO E SOBERANIA ESTATAL (Iciss). *Responsabilidade de proteger*. 2001. Disponível em: http://responsibilitytoprotect.org/ICISS%20Report.pdf.

CONSELHO DE SEGURANÇA. S/RES/1973. Disponível em: http://www.un.org/en/ga/search/view_doc.asp?symbol=S/RES/1973(2011).

CONVENÇÃO DE PREVENÇÃO E PUNIÇÃO CONTRA O CRIME DE GENOCÍDIO. 1948. Disponível em: https://treaties.un.org/doc/publication/unts/volume%2078/volume-78-i-1021-english.pdf.

CORDINADORA REGIONAL DE INVESTIGACIONES ECONÓMICAS Y SOCIALES (Cries). Responsabilidad de proteger y prevención en América Latina y el Caribe: el rol de la sociedad civil. *Documentos Cries*, Buenos Aires, p.7-22, fev. 2011. Disponível em: http://www.cries.org/wp-content/uploads/2011/02/D16.pdf.

ESTATUTO DE ROMA. 1998. Disponível em: http://pfdc.pgr.mpf.mp.br/atuacao-e-conteudos-de-apoio/legislacao/segurancapublica/estatuto_roma_tribunal_penal_internacional.pdf.

PAINEL DE ALTO NÍVEL DE OPERAÇÕES DE PAZ. *Uniting our Strengths for Peace*: Politics, Partnerships and People. 2015. Disponível em: http://peaceoperationsreview.org/wp-content/uploads/2015/08/HIPPO_Report_1_June_2015.pdf.

PAINEL DE ALTO NÍVEL SOBRE AMEAÇAS, DESAFIOS E MUDANÇAS. *A More Secure World*: Our Shared Responsibility. 2004. Disponível em: http://www.un.org/en/peacebuilding/pdf/historical/hlp_more_secure_world.pdf.

REPRESENTANTE PERMANENTE DO BRASIL NAS NAÇÕES UNIDAS. Carta de 9 de novembro de 2011 do representante-permanente do Brasil nas Nações Unidas para o secretário-geral. Disponível em: www.un.int/brazil/speech/Concept-Paper-%20RwP.pdf.

REVOLUÇÃO MILITAR

Leandro José Clemente Gonçalves

As primeiras pesquisas a empregar o conceito de Revolução Militar partiram de historiadores britânicos interessados nas origens e desenvolvimento do Estado moderno e do absolutismo na Europa entre os séculos XVI e XVII. O pioneiro foi Michael Roberts, que, em 1955, apresentou esse conceito no artigo "The Military Revolution, 1560-1660". Roberts, buscando compreender o fenômeno da formação do Estado nacional moderno, argumentou que quatro elementos teriam desencadeado uma Revolução Militar que levaria ao fortalecimento do Estado moderno: a) uma revolução tática, com a substituição dos enormes quadrados de soldados, conhecidos por sua designação espanhola de *tercios*, por formações em linha de mosqueteiros, dotados de armamento individual padronizado e custeado pelo Estado; b) a "popularização" da cavalaria graças ao fim do uso de armaduras e ao fato de o Estado passar a pagar pelas montarias, a preservação destas e equipamentos necessários aos soldados; c) a manutenção de exércitos permanentes e profissionalizados que permitiram a busca por objetivos mais ambiciosos, como a condução de campanhas simultâneas em vários teatros de operações e a procura da decisão pela batalha; e d) o dramático aumento do impacto da guerra sobre a sociedade, tanto pelos custos tributários como pela convocação de homens produtivos para a guerra e a destruição material e humana pela violência da luta em si.

A discussão ganhou um novo e revigorante impulso em 1976, com a publicação do trabalho "The Military Revolution, 1560-1660 – A Mith?", de Geoffrey Parker, especialista das guerras espanholas dos séculos XVI e XVII. Parker fez retroceder o período estudado por Roberts para o início do século XVI e atribuiu o constante crescimento dos exércitos europeus entre os séculos XVI e XVII ao desenvolvimento de um novo tipo de fortificação capaz de resistir ao fogo da artilharia de cerco. Parker foi além de Roberts, baseando-se no trabalho de Daniel R. Headrick (*The Tools of Empire: Technology and European Imperialism in the Nineteenth Century*, de 1981), propôs, em 1988, que o domínio europeu sobre as populações e regiões não ocidentais foi uma consequência da Revolução Militar europeia, que ele identificou entre 1500 e 1800. A tese de Headrick é que a superioridade tecnológica europeia (nos campos militar, farmacêutico e das comunicações) na era industrial foi a chave da conquista da África e da Ásia. A presença dos fuzis de retrocarga aniquilou a resistência dos povos africanos, enquanto o quinino rompeu a barreira da malária, sendo que a qualidade das armas ocidentais foi o fator preponderante e decisivo na imposição do controle europeu sobre a África (Headrick, 1981, p.115). Os pesquisadores da Revolução Militar compreenderam que a tecnologia superior das primeiras armas de fogo e do traçado italiano das fortificações teriam garantido uma superioridade que possibilitou a dominação europeia do mundo.

A Revolução Militar refere-se a um período de rápida mudança na forma como a guerra é conduzida, com resultados tão significativos que mudam o curso do desenvolvimento histórico muito além da esfera militar. Tratando da inovação arquitetônica do traçado italiano, Parker argumenta que tais fortalezas levaram a um grande impacto da guerra sobre a sociedade, pois sua grandiosidade exigia efetivos maiores, tanto para guarnecê-las quanto para sitiá-las, fato que levou os Estados europeus que empreendiam sua construção e a manutenção dos grandes contingentes de soldados a dilatarem sua burocracia civil e a melhorarem os meios de arrecadação tributária para o custeio das obras de construção e preservação (Parker, 2002, p.41).

Jeremy Black critica a posição de Parker, assentando a Revolução Militar não em aspectos puramente tecnológicos e dando maior ênfase à disciplina dos exércitos europeus. Esse historiador defende que somente após a superação de cisões religiosas europeias os governos puderam organizar e disciplinar seus exércitos. Assim, desde essa perspectiva, foi a mudança social de longa duração, transformadora, mas não revolucionária, que possibilitou o melhor uso da tecnologia, e não esta o que tornou viável a mudança social. Black atentou, especialmente, para a questão do crescimento dos exércitos europeus. Ele mostrou que, durante a Guerra dos Trinta Anos (1618-1648), as táticas holandesas de pequenas unidades (batalhões) foram largamente superadas pelas táticas tradicionais dos *tercios* espanhóis e austríacos, destacando que a vitória geralmente terminava, no século XVII, nas mãos dos exércitos maiores, mais disciplinados e mais experientes, não dos mais inovadores. Black conclui que é mais adequado considerar a Revolução Militar um complemento intrínseco à competição internacional, não a causa de qualquer grande transformação político-administrativa que teria levado à formação dos Estados nacionais centralizados e autocráticos, capazes de impor seu controle sobre a sociedade, dirigindo-a para a produção de meios de destruição (Black, 1991, p.95).

Mais recentemente, Mahinder S. Kingra também questionou a perspectiva de Parker. Segundo seu argumento, a tese de que os exércitos modernos cresceram como resposta às necessidades criadas na tese de Parker não se sustenta. Diz ele que Raimundo Montecuccoli preconizava guarnições de apenas quinhentos soldados para a maioria das fortalezas com bastiões e que Sir Roger Williams, um soldado britânico na Guerra dos Oitenta Anos, calculou que guarnições de apenas 2 mil soldados seriam suficientes para segurar forças atacantes de 10 mil oponentes. Cita, também, o exemplo da obra *Della architettura militare*, de 1599, de Francesco de Marchi, segundo a qual, "uma pequena força podia desafiar uma hoste muito maior". Dessa forma, o *trace italienne* não se destinava a abrigar grandes guarnições, mas sim a compensar a falta destas. Kingra ainda nos mostra que, fora do exemplo do conflito hispano-neerlandês, o próprio Sebastien La Preste de Vauban, o grande arquiteto e projetista militar do rei francês Luís XIV, não via a necessidade de guarnecer fortalezas como um imperativo do crescimento dos exércitos de seu monarca; para ele, as forças francesas se dilataram para atender "às demandas estratégicas criadas pela oposição militar unida contra a França" (Kingra, 1993, p.442).

Embora se possa discutir quando e onde ocorreram as revoluções militares ou mesmo se existiram, Stephen Morillo e Michael F. Pavkovic consideram que a disseminação dos trabalhos dos seus defensores e críticos revisores foi salutar e teve, pelo menos, o grande mérito de recolocar a História Militar dentro do *mainstream* da ciência História, restaurando gradualmente seu *status* no ambiente acadêmico (Morillo; Pavkovic, 2006, p.73-6).

Resumindo: esses exércitos, constituídos mais por infantaria do que por cavalaria, com seus gastos com armamentos, equipamentos, provisões, transportes, uniformes, alojamentos e treinamento custeados pelo Estado, tornaram-se cada vez mais onerosos e difíceis de administrar. Colocavam, assim, uma enorme pressão sobre a burocracia civil, que, por sua vez, precisou ampliar seu quadro de funcionários para melhor arcar com a administração militar e a arrecadação de tributos necessários à manutenção daquelas forças na paz ou na guerra. Por fim, o contingente desses grandes exércitos era constituído, principalmente, por mercenários, fato que acrescentava pressão sobre o

Estado e aumentava a opressão deste sobre a sociedade para efetivar uma eficiente coleta de impostos. Assim, a primeira Revolução Militar teria conduzido ao nascimento do Estado moderno por ter fortalecido tanto seu aparato burocrático quanto o militar, reforçando ainda mais a centralização que desembocaria no absolutismo.

A partir da Revolução Francesa (1789-1799) e da precedente Revolução Americana (1775-1781), tornou-se possível aos governos dotarem-se de exércitos de massas de conscritos. Contra esses exércitos, as monarquias absolutistas eram capazes de colocar em campo apenas seus exércitos permanentes e profissionais de mercenários (geralmente estrangeiros) que, embora fossem considerados grandes pelos padrões que vigoravam nos séculos XVII e XVIII, eram demasiadamente pequenos e limitados quando comparados aos enxames de franco-atiradores da Revolução Francesa. Essas revoluções sociais geraram exércitos de massa que produziram uma transformação que Clausewitz rotulou como uma "guerra moderna" por engendrar o "armamento do povo". Assim, a grande Revolução Militar desencadeada pela Revolução Francesa seria marcada pela mobilização em massa (*levée em masse*) de enormes contingentes da população, com um substancial sentimento de fervor patriótico animando essas massas populares, fazendo que o fenômeno da guerra não fosse mais considerado um assunto de interesse exclusivo dos monarcas europeus, mas algo de interesse direto do povo.

A Revolução Industrial, por seu turno, possibilitou transportar, armar, vestir e alimentar eficientemente tais massas de soldados. Ao longo do século XIX, a industrialização cobriu a Europa e a América do Norte com ferrovias que aceleraram o deslocamento de exércitos cada vez maiores a grandes distâncias, passando a condicionar a estratégia. Martin van Creveld mostra que, na década de 1850, os franceses se empenhavam na construção de ferrovias para atender primeiro a suas necessidades militares, só depois aos interesses econômicos. A vitória da União (governo federal) sobre os rebeldes sulistas (confederados) na Guerra Civil Americana, também só teria sido alcançada graças aos fios telegráficos e aos trilhos ferroviários. Ela também seria marcada como a primeira guerra ferroviária, já que os dois lados eram usuários de ferrovias e se valiam delas para mover tropas, equipamentos e suprimentos por vastas distâncias, enquanto igualmente buscavam destruir a malha ferroviária do inimigo, para negar-lhe mobilidade. Para Creveld, sem as ferrovias, o governo federal nunca teria sido capaz de mobilizar 2 milhões de homens entre 1861 e 1865 (Creveld, 2004, p.359-60).

Dotar um tal efetivo humano com moderno armamento pessoal, fardamento diversificado para as diferentes estações do ano e alimentos em conserva e desidratados em abundância para satisfazer as demandas logísticas exigidas por longas e prolongadas campanhas só foi possível graças às modernas e ágeis indústrias bélicas, têxteis e alimentícias e ao seu fabuloso desenvolvimento. Por fim, mas não menos importante, a Revolução Industrial viabilizou comunicações de longo alcance, sustentadas pelo telégrafo elétrico e a total transformação das marinhas da era da vela nas modernas esquadras de encouraçados movidos pela força do vapor, da eletricidade e do diesel (Reid, 1999, p.16-31).

As guerras do final do século XIX e da primeira metade do século XX incorporaram os elementos constitutivos das revoluções militares precedentes, porém lançaram os fundamentos de uma nova transformação. Se nas guerras do século XIX a ferrovia era um elemento condicionador do planejamento estratégico terrestre, a mobilidade conferida aos exércitos pelo motor a combustão interna e a constituição de forças mecanizadas e blindadas libertariam os planejadores das amarras ferroviárias, dando maior liberdade de movimento tanto por rodovias quanto por zonas rurais. Simultaneamente, a guerra alcançaria as dimensões aérea e submarina, tornando-se tridimensional.

Ao introduzir o bombardeio aéreo-estratégico contra os centros urbanos industrializados e o ataque submarino aos comboios de suprimentos, as guerras mundiais teriam intensificado a pressão da guerra sobre a sociedade e vice-versa, dado que a intenção final era causar o esgotamento social por meio da fome e das demais formas de privação, fato que podia levar ao aparecimento de uma oposição popular à guerra entre a população inimiga e, dessa forma, ao enfraquecimento do esforço de guerra do governo inimigo.

A guerra nesse contexto foi, porém, marcada pela luta convencional entre forças simétricas – quase sempre com o mesmo equipamento, treinamento e comportamento do comando. Embora tenham ocorrido algumas experiências de guerra assimétrica durante e entre as duas guerras mundiais, como no caso da Guerra da Etiópia, entre 1935 e 1942, essa modalidade só alcançaria a plena maturidade teórica e operacional durante os conflitos de baixa intensidade da era nuclear. Como na luta dos comunistas vietnamitas contra os colonialistas franceses, entre 1945 e 1954, e pela unificação do Vietnã, entre os comunistas do Vietnã do Norte e o governo capitalista do Vietnã do Sul, amplamente apoiado pelos Estados Unidos, entre 1965 e 1975.

Críticas ao conceito

Destarte a abundância de críticas aos trabalhos de Roberts e Parker, a maioria destas utiliza o conceito Revolução Militar, apenas a conectando com outras épocas ou outras tecnologias militares e/ou civis, com possibilidade de empregos bélicos, que não apenas aquelas identificadas nos textos daqueles dois historiadores.

Há uma nova vertente de historiadores que analisa a guerra em contexto da longa duração da história, numa perspectiva mais braudeliana e menos revolucionária, enfatizando permanências, regressos e uma evolução lenta e gradual do fenômeno da guerra, sem apelar a determinismos tecnológicos que, supostamente, desencadeariam a transformação da e na guerra. Esses historiadores negam a transformação revolucionária da guerra e refutam o uso do conceito Revolução Militar para explicar mudanças. Tal vertente pode ser rastreada desde a publicação de *Warfare in the Seventeenth Century*, de John Childs, em 2001. O autor argumenta que os "novos exércitos" europeus dos séculos XVI e XVII não configuravam uma modernidade, dado que não havia obrigatoriedade de serviço militar como requisito para o exercício da cidadania, o que os tornava tão mercenários quanto os exércitos medievais, só que permanentes. Childs também frisa que o fato de as comunicações serem ruins e "excepcionalmente lentas", as operações ficarem limitadas a uns poucos teatros europeus e os exércitos dependerem de vias fluviais para seu deslocamento faziam que "nada nos campos da estratégia e das operações fosse revolucionário ou moderno". No campo da tecnologia de armamentos ocorreram mudanças. As lanças longas foram substituídas pelas baionetas na infantaria no final do século XVII, a cavalaria voltou a ser usada como arma de choque na perseguição e eliminação das forças inimigas, uniformes foram adotados na maioria dos exércitos europeus e, por fim, tanto os exércitos quanto as burocracias civis cresceram. Contudo, "nenhuma dessas mudanças significou uma Revolução Militar ou deu origem ao moderno" (Childs, 2001, p.208-11).

Em 2016, Frank Jacob e Gilmar Visoni-Alonzo desferiram uma crítica ainda mais pesada contra os advogados da Revolução Militar. Para eles, Parker construiu uma artificialidade para explicar as causas da dominação ocidental na era do colonialismo (entre 1500 e 1800), por meio de vantagens tecnológicas como as armas de fogo e as fortalezas de traçado italiano, mas sem apresentar evidências comprovatórias. No seu trabalho, eles repelem o conceito de Revolução Militar com base no fato de que seriam mitos criados pelos historiadores e não fatos concretos (Jacob; Visoni-Alonzo, 2016, p.1-2).

Usando as conquistas do México e do Peru no século XVI como exemplos, esses historiadores mostram que o sucesso espanhol se deveu mais às dissenções entre as populações indígenas, a uma política diplomática junto aos povos indígenas eficientemente conduzida, aos pactos com as elites locais e, por fim, às doenças europeias desconhecidas na América. O pequeno exército de Hernán Cortez no México, por exemplo, quase não contava com armas de fogo e dispunha de somente dez peças de artilharia, tendo sua infantaria quase toda armada com escudos, espadas, lanças e bestas, ou seja, uma força dotada tanto de armas brancas quanto seus oponentes astecas. Logo, sem o apoio logístico e humano (com efetivos para o combate) de seus aliados índios, Cortez teria muita dificuldade em alcançar a conquista, que não configuraria um caso de superioridade tecnológica da Revolução Militar europeia.

Paralelamente, afirmam que na Ásia, onde governos e populações locais tinham fácil acesso a armas de fogo até de qualidade superior às fabricadas na Europa, o domínio colonial não poderia se explicar pela "superioridade tecnológica", que ali não existia. Naquele continente, a penetração europeia se deu de maneira mais lenta e só alcançou êxito porque a diplomacia dos governos europeus foi eficiente em explorar, aí também, as lutas e dissensões internas. Citando o relatório do vice-rei português na Índia, Alfonso de Albuquerque (1453-1515), os historiadores mostram que "os governantes indianos já possuíam poderosas fortalezas e canhões e armas de fogo bem produzidas". E, ainda, que os indianos não estavam despreparados para enfrentar os europeus, dado que suas indústrias de armas de fogo em Goa estavam entre as melhores do mundo na época. Assim, o caso indiano deixa claro que não foi a superioridade tecnológica que assegurou o controle colonial; antes, foram as tensões, rivalidades e disputas internas que possibilitaram a vitória das potências coloniais europeias, que se serviram de tropas auxiliares nativas em sua luta. Dessa forma, a Revolução Militar não teria sido a razão da supremacia europeia na Índia, mas a exploração maquiavélica de uma vantagem política e as alianças com seus líderes políticos (Jacob; Visoni-Alonzo, 2016, p.38-9).

Além de não considerarem que a transformação se dá de maneira revolucionária a partir da introdução de uma ou várias novas tecnologias, a mudança, lenta e gradual, é motivada pela presença de uma séria ameaça externa. Citando vários casos históricos, esses autores mostram que as ameaças externas levaram a modernizar o recrutamento e o treinamento, expandir os efetivos e equipar melhor as tropas, invalidando o argumento eurocêntrico de Parker. Por fim, a

Revolução Militar de Roberts, pautada em exércitos de infantaria de piqueiros, não era inovadora, mas uma releitura renascentista do modelo macedônico de falange, uma força de infantaria que contava com a sarissa, uma lança tão longa quanto o pique, como sua arma principal.

Revolução em Assuntos Militares

Por volta de meados dos anos 1970, o Departamento de Defesa (DoD) dos Estados Unidos e seus congêneres da Otan preocupavam-se em compensar a vantagem numérica das forças convencionais da União Soviética e do Pacto de Varsóvia não somente com artefatos nucleares, mas especialmente com armamento convencional de tecnologia de ponta. Em 1976, o secretário norte-americano de Defesa, Harold Brown, propõe uma "estratégia de compensação" que apostaria na tecnologia para superar a vantagem comunista. Entre os dispositivos de alta tecnologia vislumbrados pelo DoD, estavam os aviões invisíveis aos radares (*stealth*), novos sistemas eletrônicos de comando, controle, comunicações e inteligência (sintetizados na sigla C3I) e munições guiadas de alta precisão (popularmente chamadas "armas inteligentes").

Os soviéticos, que baseavam sua estratégia para uma guerra europeia na ofensiva blindada em larga escala, passaram – principalmente pelos estudos dos chefes do Estado-Maior Geral, Nikolai Ogarkov e Sergei Akhromeyev – a apreciar essa transformação tecnológica como uma Revolução Técnico-Militar. A educação marxista-leninista dos oficiais do Exército Vermelho facilitava a receptividade ao conceito de revolução nos meios militares. O conceito de Revolução Técnico-Militar vingou em grande parte pelo choque causado pela *Blitzkrieg* de 1941 e pela introdução de munições guiadas de alta precisão nas Forças Armadas norte-americanas em 1970, sugerindo aos estrategistas soviéticos que uma enorme transformação tecnológica estava em curso.

Em 1993, após o estrondoso sucesso das novas tecnologias sobre as forças convencionais iraquianas de Saddam Hussein na Guerra do Golfo (1991), o analista norte-americano Andrew Marshall cunhou a expressão Revolução em Assuntos Militares (RAM), derivando-a do conceito de Revolução Técnico-Militar soviético, para descrever as transformações desencadeadas pelas novas tecnologias de informação sobre a tática, as doutrinas e a estrutura das Forças Armadas. Enquanto os soviéticos compreendiam a transformação como um produto da inovação tecnológica, Marshall percebia que somente a tecnologia não seria suficiente para desencadear a mudança, havendo "a necessidade de desenvolver novas doutrinas e procedimentos de emprego, táticas e formas de organização para que as novas armas pudessem demonstrar seu alcance real" (Knox; Murray, 2008, p.3).

Colom Piella define a RAM como uma radical transformação na forma de operar das Forças Armadas, com consequências estratégicas, que é desencadeada pela exploração de novas tecnologias, táticas, doutrinas, procedimentos ou formas de organização. Entretanto, ele faz a ressalva de que a experiência histórica mostra que os avanços tecnológicos por si só não são capazes de estimular mudanças de tal magnitude. Uma RAM precisaria transformar as estruturas, procedimentos e táticas militares, além da ideologia e das práticas cotidianas no ambiente militar, substituindo os velhos costumes por novas formas de comando e controle nas operações (Piella, 2008, p.42). Logo, enquanto a Revolução Militar seria uma transformação de amplo escopo nas relações entre Estado, sociedade, economia e Forças Armadas, a RAM ocorreria apenas no ambiente propriamente militar. Para os teóricos da RAM, esta pode tanto ser apresentada como uma consequência de uma Revolução Militar de amplo alcance quanto ser apreciada como um elemento desencadeador de uma Revolução Militar.

Em 1994, um artigo da *Joint Force Quarterly* (*JFQ*) afirmou categoricamente que a RAM revolucionaria a guerra no século XXI e que as nações pioneiras na exploração de determinados tipos de tecnologia, juntamente com doutrinas operacionais flexíveis e uma organização modernizada e adaptada às novas tecnologias, seriam detentoras de vantagens na eficiência militar. A publicação alertava o governo dos Estados Unidos para que esse país se mantivesse na vanguarda do desenvolvimento tecnológico, dado que as novas ferramentas da guerra demandavam muito tempo para serem desenvolvidas e colocadas em uso e que a rápida adaptação dos militares em tempo de guerra não seria mais possível nem desejável (Fitzsimonds; Tol, 1994, p.24). Esses autores e a linha editorial do periódico, diretamente ligado ao DoD, viam a RAM como subproduto do progresso tecnológico.

Compreendendo a RAM como uma "mudança de paradigma na natureza e conduta das operações militares", Richard O. Hundley aponta outras de suas características: 1) geralmente é produzida por atores não dominantes no cenário mundial, sendo um caso exemplar o desenvolvimento da *Blitzkrieg* pelos alemães, derrotados e desacreditados em 1918; 2) atribuem uma enorme vantagem militar aos atores que as exploram primeiro, caso do arco longo usado pelo ingleses na Guerra dos Cem Anos; 3) rendem dividendos às nações que não inventaram uma tecnologia inovadora, exemplo da metralhadora Gatling, desenvolvida nos Estados Unidos na década de 1860, mas usada com grande impacto por ingleses e franceses na África a partir da década seguinte; 4) não são condicionadas somente pela tecnologia, caso das guerrilhas norte-americanas contra os ingleses na Guerra de Independência dos EUA, que não faziam uso de tecnologia diferente da dos britânicos; 5) aquelas RAM que implicam novas tecnologias o fizeram a partir da combinação de várias tecnologias e não somente a partir de uma, e novamente vem à mente o exemplo da *Blitzkrieg*, que combinava velocidade e poder de fogo do avanço terrestre com ampla superioridade aérea; 6) as condicionadas pela tecnologia não o foram somente a partir de novas armas, como nos exemplos do emprego do telégrafo e da ferrovia nas guerras de meados do século XIX; 7) as RAM impulsionadas pela tecnologia são compostas por três elementos, que são a tecnologia, a doutrina e a organização; 8) demandam muito tempo para render frutos concretos; 9) sua utilidade militar é frequentemente controversa e duvidosa até o momento em que é provada em combate (Hundley, 1999, p.11-7). Obviamente, os apologistas da RAM acreditam que cada uma dessas características pode ser historicamente constatada.

A primeira característica pode ser exemplificada analisando-se o caso do tanque de guerra entre as duas guerras mundiais. Embora tenha sido empregado pioneiramente pelos ingleses durante a Grande Guerra de 1914-1918, foi em mãos alemãs, entre as décadas de 1920 e 1930, e utilizando-se de simulacros feitos em lona e "motorizados" com bicicletas, devido às restrições impostas pelo Tratado de Versalhes de 1919, que se desenvolveu uma doutrina operacional funcional que, ao longo da Segunda Guerra Mundial, seria copiada pelos aliados.

A segunda e terceira características levantadas por Hundley podem ser exemplificadas pelo poder nuclear, dado que o domínio norte-americano nessa área garantiu uma imensa vantagem aos Estados Unidos até, pelo menos, 1949, quando os soviéticos anunciaram também possuir essa tecnologia e, no segundo caso, pela metralhadora, que, embora sendo uma invenção norte-americana, foi utilizada primeiramente pelos europeus em sua conquista neocolonial da África.

A guerra de quarta geração, também conhecida como guerra assimétrica, corrobora a quarta característica, pois os recursos tecnológicos empregados pelas forças de resistência (geralmente guerrilhas) contra seus poderosos adversários, são extremamente rudimentares, sendo que, para a resistência, o mais importante não é a vitória tática imediata, mas o desgaste prolongado do inimigo. Como exemplos disso poderíamos citar os atuais casos das guerras no Iraque e no Afeganistão.

Retornamos à *Blitzkrieg* para nos referirmos à quinta característica. O tanque não foi, sozinho, a chave do sucesso nazista no início da II Guerra Mundial. Seu emprego só encontrou êxito no fato de ser combinado ao fogo rápido e à superioridade aérea fornecida pela Luftwaffe (Força Aérea), compondo, assim, uma RAM tecnológica desencadeada por um sistema combinado de armas e tecnologias de comunicação de ponta e não somente por uma tecnologia isolada.

O emprego do telégrafo visual Chappé pelos franceses durante as eras revolucionária e napoleônica, entre 1792 e 1815, e do telégrafo elétrico, da ferrovia e do balonismo nas guerras da era industrial (casos das guerras da Crimeia 1853-1856, da Secessão Americana de 1861 a 1865, do Paraguai entre 1864 e 1870 e da Unificação Alemã de 1864 a 1871), atestariam a veracidade da sexta característica, pois seriam todas elas tecnologias de uso e origem civil.

As aeronaves combinadas com navios porta-aviões exemplificariam a sétima característica, isto é, a combinação de três elementos: tecnologia, doutrina e organização. A mencionada invenção levou a uma inovadora combinação tecnológica que, por sua vez, produziu uma nova doutrina de guerra naval que ressaltava o combate além do alcance da visão dos artilheiros que levou à adoção do princípio organizacional das frotas combinadas, dotadas de diferentes tipos de belonaves e capitaneadas, geralmente, por um porta-aviões.

Por fim, as oitava e nona características podem ser constatadas, também, no exemplo dos porta-aviões. Seu desenvolvimento até o amadurecimento e eficiente emprego (pelos ingleses contra a base naval italiana de Taranto, em 1940, e pelos japoneses contra a base americana em Pearl Harbor, em 1941), demandou cerca de três décadas e só teve sua utilidade comprovada depois de muita controvérsia entre políticos, estados-maiores militares, imprensa e opinião pública, particularmente nos Estados Unidos e na Inglaterra.

Aqueles teóricos estadunidenses da RAM aferrados à ideia de transformação pela tecnologia não foram capazes de, ou não quiseram, perceber que a mera presença de um novo artefato militar não moderniza a guerra. Na verdade, também são necessárias uma nova doutrina operacional e uma adequada organização para tornar seu emprego eficiente. As forças iraquianas, em 1980, eram das mais sofisticadas do Oriente Médio em matéria de equipamentos, todavia, sua doutrina operacional e sua organização lembravam a I Guerra Mundial. No final do século XIX, as forças ashantis e zulus capturaram armamento moderno inglês em suas guerras contra a dominação neocolonial, contudo, foram subjugadas por não possuírem uma doutrina operacional e uma organização coerentes com aquelas armas. O caso dos zulus é particularmente ilustrativo. Após destroçarem uma força britânica/sul-africana de cerca de 1.200 homens na Batalha de Isandlawana (22/1/1879) e capturarem armas e munições, atacaram um pequeno destacamento inglês com cerca de 120 homens a dez quilômetros de Isandlawana com um resultado completamente diferente (os britânicos, com baixas de 15 mortos e 12 feridos, conseguiram resistir e derrotar a força zulu de aproximadamente 4 mil guerreiros, dos quais 351 foram mortos). Posto de outra forma, os britânicos, equipados com armas superiores foram derrotados em Isandlawana por conta de um dispositivo tático que havia espalhado 1.200 soldados bem treinados por 1,6 quilômetro de linha defensiva, o que impediu a concentração de fogo contra os seus oponentes pela dispersão da tropa zulu. Já a pequena guarnição britânica, embora completamente sitiada, em uma fortificação de campo improvisada, defendia um perímetro bastante reduzido e utilizou suas armas da maneira prescrita nos regulamentos e doutrina do Exército britânico, ao passo que os zulus, equipados com fuzis capturados aos mortos de Isandlawana, disparavam suas armas isoladamente, sem disciplina nem doutrina coerentes com seu uso (Hanson, 2002, p.397-424).

Assim, a tecnologia não é suficiente para provocar transformações como querem os defensores das RAM, porque as condições de combate muitas vezes impedem a sua mais eficiente aplicação, assim como a presença de tropas insuficientes ou inadequadamente treinadas. Ademais, toda vantagem tecnológica pode ser anulada por meio da inteligente aplicação de simples contramedidas baratas e eficientes, como durante a Guerra do Vietnã (1964-1975), quando, buscando anular a vantagem do poder aéreo dos Estados Unidos, o general norte-vietnamita Vo Nguyen Giap ordenou que suas tropas lutassem o mais próximo possível das forças terrestres norte-americanas, para que estas não pudessem chamar apoio aéreo pesado, cuja carga cairia também sobre eles. Giap sintetizou essa tática na máxima "combatam agarrados ao cinturão do inimigo". O general Nguyen Chi Thanh, subordinado a Giap, explicou essa tática de maneira mais detalhada: o lado mais fraco deve assumir o controle da ação, tomar a iniciativa e conduzir a batalha em seus próprios termos, nunca nos do adversário. Além disso, em sua opinião, uma batalha com um inimigo mais forte nunca devia ser demasiadamente prolongada, se estendendo por algo entre quinze e vinte minutos no máximo; por fim, recomenda que o comandante do lado mais fraco conheça perfeitamente a topografia do terreno onde pretende enfrentar o inimigo (Wilkins, 2011, p.21-2).

O argumento da Revolução Militar é frágil, pois, dependendo do autor, as transformações se dão num espaço temporal tão longo que não poderiam ser tratadas como revoluções, mas, antes, como processos evolutivos. Por fim, os "modernistas" britânicos, propositores da Revolução do Armamento Raiado, vista como apenas mais uma RAM por importantes teóricos estadunidenses dessa vertente, estão também equivocados, dado que as novas tecnologias de armas raiadas não foram capazes de modificar a tática e, menos ainda, a estratégia. Assim, antes de ter provocado uma revolução ou de ser fruto de uma ampla revolução, a Guerra Civil Norte-americana está inserida num contexto de lenta e gradual evolução que teve início com a introdução da pólvora nos exércitos do século XV. Não há rupturas revolucionárias na história da guerra, há sim uma longa história evolutiva dinamizada pelos enfrentamentos nos quais prevalece o lado beligerante que melhor consegue adaptar sua estratégia, sua tática e seu emprego dos meios na arte da guerra.

Referências bibliográficas

Bibliografia utilizada

BLACK, J. *A Military Revolution?* Military Change and European Society, 1550-1800. Hampshire: Macmillan Press, 1991.

______. A Military Revolution? A 1660-1792 Perspective. In: ROGERS, C. *The Military Revolution Debate*: Readings on the Military Transformations of Early Modern Europe. Boulder: Westview, 1995.

CHILDS, J. *Warfare in the Seventeenth Century*. Washington: Smithsonian Books, 2001.

CLAUSEWITZ, C. von. *Da guerra*. São Paulo: Martins Fontes, 1996.

CREVELD, M. van. *Ascensão e declínio do Estado*. São Paulo: Martins Fontes, 2004.

FITZSIMONDS, J. R.; TOL, J. M. van. Revolutions in Military Affairs. *Joint Force Quarterly (JFQ)*, Washington: National Defense University, maio 1994.

HALL, B. S. *Weapons and Warfare in Renaissance Europe*. Baltimore; London: Johns Hopkins University Press, 1997.

HAMMES, T. X. *The Sling and the Stone*: On War in the 21th Century. St. Paul: Motorbooks, 2006.

HANSON, V. D. *Por que o Ocidente venceu*: massacre e cultura – da Grécia antiga ao Vietnã. Rio de Janeiro: Ediouro, 2002.

HART, B. H. L. Armed Forces and the Art of War: Armies. In: BURY, J. T. *The New Cambridge Modern History*. v.X. London: Cambridge University Press, 1964.

HEADRICK, D. R. *The Tools of Empire*: Technology and European Imperialism in the Nineteenth Century. New York: Oxford University Press, 1981.

HUNDLEY, R. O. *Past Revolutions, Future Transformations*: What Can History of the Revolutions in Military Affairs Tell Us about Transforming the US Military? Washington: National Defense Research Institute, 1999.

JACOB, F.; VISONI-ALONZO, G. *The Military Revolution in Early Modern Europe*: A Revision. New York: Palgrave Macmillan, 2016.

KINGRA, M. S. The Trace Italienne and the Military Revolution During the Eighty Years War, 1567-1648. *The Journal of Military History*, v.57, jul. 1993.

KNOX, M.; MURRAY, W. Thinking about Revolutions in Warfare. In: *The Dinamics of Military Revolution, 1300-2050*. Cambridge: Cambridge University Press, 2008.

MCNEILL, W. H. *The Pursuit of Power*: Technology, Armed Force, and Society Since A.D. 1000. Chicago: University of Chicago Press, 1982.

MORI, V. H. *Arquitetura militar*: um panorama histórico a partir do porto de Santos. São Paulo: Imprensa Oficial do Estado, 2003.

MORILLO, S.; PAVKOVIC, M. F. *What Is Military History?* Cambridge: Polity, 2006.

PARKER, G. *La Revolución Militar*: innovación militar y apogeo de Occidente, 1500-1800. Madrid: Alianza, 2002.

PIELLA, G. C. *Entre Ares y Atena*: el debate sobre la Revolución em los Assuntos Militares. Madrid: Instituto Universitário General Gutiérrez Mellado, 2008.

REID, B. H. *The American Civil War and the Wars of the Industrial Revolution*. London: Cassell, 1999.

ROBERTS, M. The Military Revolution, 1560-1660. In: ROGERS, C. *The Military Revolution Debate*: Readings on the Military Transformation of Early Modern Europe. Boulder: Westview, 1995.

ROGERS, C. The Military Revolutions of the Hundred Years War. In: *The Military Revolution Debate*: Readings on the Military Transformation of Early Modern Europe. Boulder: Westview Press, 1995.

______. "As if a New Sun Arisen": England's Fourteenth-Century RMA. In: KNOX, M.; MURRAY, W. *The Dynamics of Military Revolution, 1300-2050*. Cambridge: Cambridge University Press, 2001.

ROSS, S. T. *From Flintlock to Rifle*: Infantry Tactics, 1740-1866. London: Frank Cass, 2006.

SAUNDERS, A. *Trench Warfare, 1850-1950*. Barnsley: Pen & Sword Military, 2010.

WEIGLEY, R. F. Estratégia americana: dos primórdios à Primeira Guerra Mundial. In: PARET, P. *Construtores da estratégia moderna*. t.1. Rio de Janeiro: Biblioteca do Exército, 2001.

WILKINS, W. *Grab their Belts to Fight them*: The Viet Cong's Big-Unit War against the US, 1965-1966. Annapolis: Naval Institute Press, 2011.

Bibliografia sugerida para aprofundamento no tema

BLACK, J. *A Military Revolution?* Military Change and European Society, 1550-1800. Hampshire: Macmillan Press, 1991.

______. *European Warfare, 1494-1660*. London; New York: Routledge, 2002.

______. *Rethinking Military History*. London; New York: Routledge, 2004.

CHILDS, J. *Warfare in the Seventeenth Century*. Washington: Smithsonian Books, 2001.

DELBRÜCK, H. *The Dawn of Modern Warfare*. Lincoln; London: University of Nebraska Press, 1985.

ELTIS, D. *The Military Revolution in Sixteenth Century Europe*. New York: Barnes and Noble, 1995.

FITZSIMONDS, J. R.; TOL, J. M. van. Revolutions in Military Affairs. *Joint Force Quarterly (JFQ)*, Washington: National Defense University, maio 1994.

GRAY, C. *Strategy for Chaos*: Revolutions in Military Affairs and the Evidence of History. London; Portland: Frank Cass, 2002.

HALL, B. S. *Weapons and Warfare in Renaissance Europe*. Baltimore; London: Johns Hopkins University Press, 1997.

HAMMES, T. X. *The Sling and the Stone*: On War in the 21th Century. St. Paul: Motorbooks, 2006.

HESS, E. J. *The Rifle Musket in Civil War Combat*: Reality and Myth. Lawrence: University Press of Kansas, 2008.

HUNDLEY, R. O. *Past Revolutions, Future Transformations*: What Can History of the Revolutions in Military Affairs Tell Us about Transforming the US Military? Washington: National Defense Research Institute, 1999.

JACOB, F.; VISONI-ALONZO, G. *The Military Revolution in Early Modern Europe*: A Revision. New York: Palgrave Macmillan, 2016.

KINGRA, M. S. The Trace Italienne and the Military Revolution During the Eighty Years War, 1567-1648. *The Journal of Military History*, v.57, jul. 1993.

KNOX, M.; MURRAY, W. *The Dinamics of Military Revolution, 1300-2050*. Cambridge: Cambridge University Press, 2008.

MCNEILL, W. H. *The Pursuit of Power*: Technology, Armed Force, and Society since A.D. 1000. Chicago: University of Chicago Press, 1982.

PARKER, G. *La Revolución Militar*: innovación militar y apogeo de Occidente, 1500-1800. Madrid: Alianza, 2002.

______. *El Ejército de Flandes y el camino español, 1567-1659*. Madrid: Alianza, 2006.

PARROT, D. *The Business of War*: Military Enterprise and Military Revolution in Early Modern Europe. Cambridge: Cambridge University Press, 2012.

PIELLA, G. C. *Entre Ares y Atena*: el debate sobre la Revolución em los assuntos militares. Madrid: Instituto Universitário General Gutiérrez Mellado, 2008.

ROGERS, C. *The Military Revolution Debate*: Readings on the Military Transformations of Early Modern Europe. Boulder: Westview Press, 1995.

URBAN, W. *Matchlocks to Flintlocks*: Warfare in Europe and Beyond, 1500-1700. London: Frontline Books, 2011.

YERXA, D. A. *Recent Themes in Military History*: Historians in Conversation. Columbia: University of South Carolina Press, 2008.

RIVALIDADE

Erik Herejk Ribeiro

O CONCEITO DE RIVALIDADE INTERESTATAL remete a uma relação bilateral em que há recorrência de disputas políticas militarizadas. Segundo os proponentes das "rivalidades internacionais duradouras" (*enduring international rivalries*), essa rivalidade ocorre quando dois países possuem contenciosos duradouros na esfera política, estando dispostos a recorrer ao uso da força (dentre outros instrumentos) para resolvê-los. A abordagem deste verbete analisa especificamente rivalidades entre Estados. Enquanto categoria analítica, o conceito de rivalidade pode fornecer ferramentas para os estudos tradicionais de Segurança Internacional.

É importante diferenciar a rivalidade do conceito de inimizade (*enmity*), trabalhado por Barry Buzan (1983). Ambas podem derivar de fatores históricos, ideológicos, territoriais e étnicos, mas o significado de inimizade remete a um polo no gradiente de amizade-inimizade, no qual Estados podem observar outros países como parceiros muito próximos ou completamente hostis. Nesse gradiente, a rivalidade se localiza mais próxima à inimizade, por ser uma relação divergente.

A rivalidade possui três fases distintas: início, consolidação e terminação. Segundo os estudos de Diehl e Goertz (2001), tanto o início quanto o término de rivalidades seguem um modelo de equilíbrio pontuado. Isto significa que rivalidades emergem rapidamente e, após terem início, evoluem rapidamente para uma condição estável em longo prazo, com manifestações recorrentes de disputa. Da mesma forma, seu encerramento também tende a ocorrer rapidamente, seja como resultado de guerras decisivas ou de choques no ambiente doméstico ou internacional. Cabe ressaltar que mudanças bruscas não são necessariamente suficientes, mas quase sempre são pré-condição para que a rivalidade inicie ou tenha fim.

Frequentemente, a ocorrência desse fenômeno relaciona-se com o fator geográfico, ou seja, com Estados vizinhos ou pertencentes à mesma região. Por vezes, o elemento central da rivalidade é a disputa territorial ou por recursos naturais na região de fronteira. Uma característica central da rivalidade é a sua estabilidade, no sentido de que as crises bilaterais se tornam periódicas, podendo gerar situações de escalada ou distensão (Diehl; Goertz, 2001).

A rivalidade interestatal possui três dimensões essenciais para a sua existência: material, histórica e psicológica. A primeira se refere à recorrência de disputas militarizadas e crises bilaterais. Por vezes, na ausência de militarização de conflitos políticos, podem ocorrer situações de hostilidade aberta: sanções diplomáticas, medidas econômicas, propaganda pública negativa, entre outros. A segunda dimensão é temporal: embora não haja necessidade de crises contínuas, é preciso que elas se estendam ao longo dos anos (ou décadas) e provoquem um processo de aprendizado histórico pelos formuladores de políticas da díade envolvida. Esse aprendizado determina uma socialização contínua baseada na rivalidade. Ou seja, a experiência compartilhada entre os países acumula-se e torna-se parte da abordagem dos tomadores de decisão, sendo elemento importante na evolução do déficit de confiança. Por fim, há a dimensão psicológica, que envolve a percepção de ameaça pelas elites políticas nacionais. Geralmente ocorre, por exemplo, a criação de narrativas antagônicas e a promoção de imagens negativas sobre o país rival (Egreteau, 2012).

O debate contemporâneo sobre o conceito de rivalidade envolve as formas de abordagem do tema. Desde os estudos originários, os proponentes do programa de pesquisa sobre rivalidades internacionais duradouras se basearam em dados estatísticos para analisar as causas das guerras e das disputas militarizadas ao longo dos séculos (Diehl; Goertz, 2001; Maoz; Mor, 2002). Eles verificaram que boa parte desses conflitos era causada pelo mesmo grupo de países e por díades recorrentes. A partir de então, verificou-se empiricamente que havia padrões nessas relações, gerando a noção de rivalidade exposta neste verbete.

Por outro lado, recentemente, diversos autores passaram a criticar a evolução dos estudos sobre o conceito de rivalidade por serem particularmente refinamentos dos dados empíricos e não explicações teóricas sobre o fenômeno. Gartzke e Simon (1999) argumentam, inclusive, que a pesquisa das rivalidades duradouras não ofereceria modelos causais diferenciados ou superiores em relação a outros arcabouços teóricos. Pelo contrário, essas pesquisas estariam subordinadas a explicações de teorias já consolidadas. Isto configuraria, do ponto de vista metodológico, um programa de pesquisa científico regressivo.

Procurando avançar o conceito, Thies (2001) propõe que o foco da teorização esteja na dimensão psicológica da díade. O autor aponta que a rivalidade deve ser analisada num contexto de socialização e competição dentro do sistema internacional. Nesse sentido, o conceito é dependente de processos temporais e, ao mesmo tempo, da estrutura. Seu potencial heurístico, portanto, é construir teorias que enquadrem perspectivas estruturais e históricas em um mesmo arcabouço.

Outro avanço recente é a criação de uma tipologia para o conceito de rivalidade. Thompson (1995) elenca duas categorias: rivalidade espacial e posicional. A primeira se refere a países vizinhos e geralmente envolve disputas territoriais, sem que haja capacidade de ambos os lados para superar o oponente, portanto havendo um prolongamento do conflito ao longo dos anos. A segunda diz respeito a potências maiores, em que dois Estados buscam superar o poder e a influência do rival no sistema internacional.

É relevante também analisar que tais casos não estão inseridos no conceito de rivalidade. Thies (2001) propõe que Estados de posições semelhantes no sistema competem entre si e somente esses casos podem gerar rivalidades. Ou seja, ele sugere descartar o uso do conceito de rivalidade para classificar disputas recorrentes entre Estados de diferentes tamanhos. Os Estados socializam (ou são socializados por) países de dimensões diferentes. Enquanto as potências maiores ditam as regras e os termos de conduta a potências menores, estas respondem em diferentes graus de assimilação ou resistência ao processo. Essas relações assimétricas, no entanto, dizem respeito ao poder relacional entre Estados, à autoridade e ao ordenamento do sistema internacional.

O estudo das rivalidades pode auxiliar na compreensão do fenômeno da guerra. Boa parte dos conflitos militares no sistema internacional dá origem a rivalidades duradouras, origina-se desse tipo de relação ou encerra a rivalidade por meio de vitória militar decisiva (Diehl; Goertz, 2001). Da mesma forma, o estudo da rivalidade implica a análise de condicionantes tanto para a guerra como para a paz. Ou seja, também podem ser abordados os meios de construção de confiança e de cooperação para reverter o quadro de conflito prolongado.

Referências bibliográficas

BUZAN, B. *People, States and Fear*: The National Security Problem in International Relations. Brighton: Wheatsheaf, 1983.

DIEHL, P. F.; GOERTZ, G. *War and Peace in International Rivalry*. Ann Arbor: University of Michigan Press, 2001.

EGRETEAU, R. The China-India Rivalry Reconceptualized. *Asian Journal of Political Science*, v.20, n.1, p.1-22, 2012.

GARTZKE, E.; SIMON, M. W. "Hot Hand": A Critical Analysis of Enduring Rivalries. *The Journal of Politics*, v.61, n.3, p.777-98, 1999.

MAOZ, Z.; MOR, B. D. *Bound by Struggle*: The Strategic Evolution of Enduring International Rivalries. Ann Arbor: University of Michigan Press, 2002.

THIES, C. G. A Social Psychological Approach to Enduring Rivalries. *Political Psychology*, v.22, n.4, p.693-725, 2001.

THOMPSON, W. R. Principal Rivalries. *Journal of Conflict Resolution*, v.39, n.2, p.195-223, 1995.

SECURITIZAÇÃO

Bárbara Vasconcellos de Carvalho Motta

O CONCEITO DE SECURITIZAÇÃO PODE SER explicitado enquanto um movimento discursivo que pretende apresentar uma ameaça referente a uma situação ou objeto, com o intuito de elevá-la para além do campo da política, valendo-se, portanto, do uso de medidas excepcionais (Buzan et al., 1998). Criada pela Escola de Copenhague (EC) nos anos 1990, a teoria de securitização reflete, nas Relações Internacionais, o debate teórico de seu tempo, uma vez que se insere, ainda que de maneira mais cautelosa, nas propostas à época de expansão dos níveis de análise para além do paradigma estatal e de consideração de novos fatores, tais como o papel da agência, identidade e percepções.

Segundo o *framework* da teoria de securitização, para transcender a esfera normal da política no uso de medidas excepcionais, é necessário um processo que conte com, ao menos, quatro variáveis: objeto referente, agente securitizador, ato de fala e audiência. De maneira sintética, o objeto referente é aquilo que é percebido por um ou mais atores como uma ameaça e, dessa forma, deve ser abordado pela ótica da excepcionalidade, ou, nos termos na teoria, deve ser securitizado. O agente securitizador, por sua vez, é aquele que, por meio do discurso, tentará apresentar o objeto referente enquanto ameaça, em busca de uma autorização da audiência para adotar medidas emergenciais. O ato de fala, ou *speech act*, é a elocução que, dotada de força discursiva, pode ou não produzir convencimento acerca da emergência apresentada. E, por fim, a audiência é o *locus* capaz de legitimar ações excepcionais e possibilitar uma conclusão com sucesso desse movimento. Em termos conceituais, é importante ressaltarmos que, para a EC, o sucesso da securitização não está necessariamente atrelado ao estabelecimento de medidas emergenciais *per se*, mas apenas à capacidade que o discurso tem de ganhar suficiente ressonância em torno da ameaça evidenciada de modo a viabilizar a legitimação pela audiência do uso de tais medidas (Buzan et al., 1998).

O entendimento discursivo proposto pela Escola de Copenhague, sob a lógica de que a simples emissão da palavra "segurança" já aciona o gatilho desencadeador do movimento de securitização, pode ser identificado com a herança do pensamento de J. L. Austin, filósofo da linguagem considerado o pai da teoria do ato de fala. Para Austin, toda enunciação "é, ou ao menos é parte, do ato de realizar uma ação, em que ela não poderia ser descrita apenas como o ato de falar algo" (Austin, 1962, p.5).

Como exemplos do discurso enquanto executante de uma performance, Austin refere-se, entre outros, ao casamento e à realização de uma aposta. Em ambos os casos, a simples enunciação de frases como "eu aceito" ou "eu aposto" já inauguram a concretização dessas ações. Ele identifica então três diferentes tipos de *speech act*: o locucionário, o elocucionário e o perlocucionário. O primeiro consiste na expressão verbal ou escrita de um discurso que contenha um dado sentido e referência, como na frase "ele me disse para atirar nela" (na versão em inglês, "*he said to me to shoot her*") (Austin, 1962, p.101), ao passo que o segundo ato de fala vai além do primeiro e se refere a um enunciado também com um sentido e uma referência, mas dotado de uma força performativa, como exposto na sentença "ele insistiu (ou aconselhou, ordenou etc.) para que eu atirasse nela" (na versão em inglês, "*he urged (or advised, ordered etc.) me to shoot her*") (Austin, 1962, p.101). O ato de fala perlocucionário consiste em um enunciado que não só possui sentido e força performativa, mas que principalmente traz à tona a concretização dos efeitos intrínsecos ao enunciado, de acordo com o exemplo "ele me convenceu a atirar nela" (na versão em inglês, "*he persuaded me to shoot her*") (Austin, 1962, p.101).

Dessa forma, para a Escola de Copenhague, o discurso por si só teria condições e força performativa para elevar uma questão de um tratamento não politizado, ou politizado, para a esfera da securitização. Sendo assim, nesse nivelamento em escala acerca da identificação de questões como ameaças, a) a não politização ocorre quando uma questão se encontra fora das discussões e decisões políticas; b) a politização é identificada pela consideração de um Estado, por exemplo, de assuntos que virão a ser tratados por meio de políticas públicas; c) a securitização, para a Escola de Copenhague, é quando há a necessidade de ultrapassar a esfera normal de decisões políticas e avançar para a adoção de medidas excepcionais.

Ao se apresentar como uma proposta de via média no debate entre tradicionalistas e reflexivistas nos Estudos de Segurança, a teoria de securitização objetiva conciliar em um mesmo arcabouço teórico proposições de ambos os entendimentos – se, por um lado, compreende que uma expansão do escopo da segurança para além do setor militar e da centralidade da figura do Estado poderia gerar uma inconsistência intelectual para o campo, por outro discorda que a melhor forma de se lidar com essa contingência seja pelo confinamento do escopo de análise nos Estudos de Segurança. Essa postura intermediária, no entanto, suscitou à teoria de securitização tanto bons quanto maus frutos: apesar de garantir-lhe considerável reverberação e notoriedade, colocou-a também como alvo de diversas críticas.

Dentre as críticas realizadas pela vertente reflexivista, destacam-se as inseridas nos debates sobre a real intersubjetividade do ato de fala tal como apresentado pela teoria de securitização, sobre a sua consideração do movimento securitizante enquanto um processo etapista, e sobre como a teoria encara o papel da política na securitização. Em relação à primeira crítica, ao apresentar a linguagem como a própria executante da performance, a teoria de securitização estaria reduzindo a segurança a um procedimento convencional e autorreferencial, na medida em que o simples ato de elocucionar a palavra "segurança" já ensejaria uma nova percepção. Em oposição a essa perspectiva, uma visão sociológica do processo discursivo encara a segurança como um processo pragmático que é parte de uma configuração de circunstâncias. Nesse sentido, a linguagem gera uma sucessão de consequências não somente devido à sua simples elocução, mas também em razão de uma conformação de práticas, contextos e poder. Em síntese, o caráter performativo não reside apenas no discurso, mas sim em toda a sua construção (Balzacq, 2011a).

A segunda crítica à teoria de securitização assenta não apenas no âmbito teórico, mas sobretudo na aplicação empírica dessa teoria. De maneira sucinta, o movimento securitizante se resume a um agente securitizador que enxerga uma ameaça em um dado objeto referente e, por isso, produz uma elocução securitizadora, a qual pode ou não convencer a audiência quanto à evidência dessa ameaça. Nesse caso, a imagem percebida dentro desse movimento é a de uma via de mão única, em que a estrutura retórica se dirige a uma audiência que possui apenas o papel receptivo de aceitar (ou não) o movimento securitizador. Quando nos afastamos da consideração pura e simplesmente assentada na microdinâmica discursiva do agente, torna-se possível a incorporação do contexto social em que o discurso foi proferido e das posições de poder estabelecidas entre os atores, permitindo ao estudioso das Relações Internacionais que pretenda avaliar uma questão à luz da teoria de securitização uma percepção menos engessada desse processo e uma aplicação empírica mais flexível, sem que isso se traduza, necessariamente, em perda de consistência teórica. Se antes o discurso era um mero gatilho – e o agente securitizador e a audiência, instâncias únicas –, a partir dessa visão ampliada o discurso, o agente e a audiência imiscuem-se em um processo complexo de barganha. A imagem então verificável é a de um movimento em rede no qual o ator securitizador, o objeto referente, a audiência e a narrativa construtora da ameaça são mutuamente constituídos e se desenvolvem simultaneamente (Huysmans, 1999; Wilkinson, 2011). Dessa forma, ao aplicarmos a teoria de securitização a processos decisórios internos ao Estado, em que a diferenciação estrita do papel dos agentes é matéria de difícil identificação, podemos verificar não só a existência de múltiplos agentes securitizadores e audiências, como principalmente a presença de agentes que atuam, ao mesmo tempo, tanto como agentes securitizadores quanto como audiências, em diferentes contextos (Motta, 2014).

Sobre a questão da política, a terceira crítica talvez seja aquela que mais requer do intelectual de Relações Internacionais uma reflexão profunda não só sobre o funcionamento da teoria, mas sobretudo sobre o funcionamento da sociedade internacional como um todo. No nosso entendimento, contrário à proposta da EC, a identificação e definição da urgência de uma questão não está acima da capacidade política dos atores, sendo, em oposição, a própria faculdade que os corporifica enquanto atores políticos. Nas relações internacionais, por exemplo, o político é aquele que detém capacidade de decidir acerca das suas relações de amizade e inimizade (Schmitt, 1992). Dessa forma, a decisão quanto a tratar uma questão pelo viés da segurança está intimamente ligada à, e é parte da, caracterização política dos agentes.

A teoria schmittiana e a teoria de securitização possuem similaridades tanto na narrativa utilizada quanto, em certa medida, na temática abordada. Segundo Williams (2003), a primeira relação que poderíamos estabelecer entre Schmitt e a Escola de Copenhague está na identificação pela teoria de securitização da necessidade de uma ameaça existencial. Da mesma forma que para Schmitt pouco importa a natureza intrínseca de uma questão, mas sim a intensidade da relação de um ou mais atores com ela de maneira a determinar a existência de um antagonismo amigo-inimigo, para a Escola de Copenhague a natureza de uma questão enquanto real ameaça ou não também é desconsiderada, valendo apenas o processo que a constrói e apresenta como ameaça existencial. Ainda, uma segunda ponte entre ambas as proposições pode ser estabelecida com relação ao papel da excepcionalidade. Enquanto para o jurista alemão o soberano é aquele que se estabelece acima do sistema legal normal e tem o poder de decidir sobre a exceção, para a Escola de Copenhague o processo de securitização só se completa quando o agente securitizador consegue obter legitimidade para atuar acima do sistema normal da política (Williams, 2003; Taureck, 2006). Dessa forma, ainda que seja possível estabelecer uma relação entre Carl Schmitt e a Escola de Copenhague, o entendimento da EC sobre a política dentro da teoria de securitização por vezes nos parece confuso e, portanto, um pouco afastado da perspectiva schmittiana. De acordo com Hansen (2012), a Escola de Copenhague não explicita claramente qual é a sua perspectiva sobre a questão da política, pois deriva de um meio-termo entre diversos e complexos teóricos, tais quais Derrida, Foucault, Arendt, Schmitt e Habermas.

No entanto, por entender a securitização como um processo que culmina na adoção de medidas emergenciais e excepcionais, a teoria de securitização, a nosso ver, acaba se voltando para uma perspectiva conservadora da relação entre política e segurança. Ao contrário do que se propõe originalmente a fazer, pensar além do setor militar e do ator estatal como não o fazem as teorias *mainstream*, a Escola de Copenhague, em razão do seu *framework* e da sua avaliação da política, analisa melhor questões que permeiam o debate tradicional da segurança; ou seja, a sua aplicabilidade teórica é mais precisa e tem maior valor explicativo quando a temática considerada se situa no âmbito das relações interestatais e da mobilização militar. Para uma perspectiva empírica sobre a consideração da teoria em âmbitos intraestatais e interestatais, o trabalho *Securitização e política de exceção: o excepcionalismo internacionalista norte-americano na Segunda Guerra do Iraque* (Motta, 2014) avalia a construção securitizante da Guerra do Iraque no ambiente interno dos Estados Unidos e nas suas relações com o Conselho de Segurança das Nações Unidas.

Em escritos posteriores em que Wæver (1995, 2004, 2011) pretende discutir tanto o conceito de segurança como algumas críticas direcionadas à teoria de securitização, o autor afirma que, inicialmente, o conceito de securitização não teria sido derivado de uma leitura schmittiana da política, mas sim da influência dos escritos de Hannah Arendt. Essa informação contribui para melhor compreendermos o processo de dessecuritização, uma vez que este não pode ser avaliado sob a mesma lógica pretendida pela EC para processos securizantes. Ao contrário da securitização, a dessecuritização não é um processo realizado em duas etapas em que um ato de fala apresenta uma questão como não ameaçadora e, de repente, os atores têm a capacidade de não mais percebê-la como uma questão de segurança. Em outras palavras, a dessecuritização não é um processo rígido capaz de "desfazer" o movimento de securitização. Ao contrário, é um processo social complexo envolvido em uma luta contínua sobre o significado dos eventos e em que indivíduos e coletividades estão constantemente a julgar os fatos da vida política. Se seguirmos o conceito de "político" de Schmitt, não resta espaço para que haja a dessecuritização, uma vez que desconstruir as distinções entre amigo e inimigo seria, nesse sentido, equivalente a suprimir o papel do político. Nesse ponto, a contribuição schmittiana atinge seu limite explicativo no contexto da teoria de securitização. Para Arendt (1959), no entanto, a condição de toda vida política se encontra na esfera da pluralidade, em que a ação pública entre indivíduos, por meio do discurso, constrói relações de identidade. Em outras palavras, em um conceito schimittiano de política, a securitização seria o momento em que o soberano decide; ao passo que, em uma descrição arendtiana da política, a dessecurização seria o momento em que as audiências reagem através do julgamento.

Sendo a dessecuritização um processo que consiste na retirada de uma questão do modo emergencial e sua consequente transferência para o âmbito normal de barganha da esfera política, ela seria, segundo a EC, preferível no longo prazo para evitar a mobilização extremada de medidas de exceção. A dessecuritização, segundo os intérpretes da teoria, seria um termo semanticamente derivado da securitização, mas que atua também como seu complemento ou, metaforicamente, como a outra face de uma mesma moeda. Ainda que o termo dessecuritização seja visto em posição de subordinação e como derivativo da securitização, sem a sua existência a própria noção de securitização ficaria incompleta, pois ela também é definida e delimitada pelo seu antagônico. Assim, se a securitização é um ato político, a dessecuritização não deveria ser vista senão como um ato político (Hansen, 2012).

A incorporação do pensamento de Arendt ao arcabouço da securitização, apesar de ainda pouco explorado, traz novas reflexões à dualidade entre securitização e dessecuritização. Os conceitos de *speech* e *action* (ação) da autora permitem desafiar o entendimento dicotômico e conservador da (des)securitização resultante da avaliação schmittiana, pois, diferente da securitização, a dessecuritização resulta de processo social complexo em que o estatuto do discurso, dos agentes securitizadores, das audiências e do objeto referencial assume novos contornos. A percepção mais fluida dos meandros da política em Arendt permite repensar a teoria de securitização em sua totalidade e, principalmente, contribui para uma maior valorização da dessecuritização em detrimento da securitização (Pimentel; Motta, 2016).

Referências bibliográficas

AGAMBEN, G. *Estado de exceção*. São Paulo: Boitempo, 2004.

ARENDT, H. *The Human Condition*. Chicago: University of Chicago Press, 1959. [Ed. bras.: *A condição humana*. Rio de Janeiro: Forense-Universitária, 1983.]

AUSTIN, J. L. *How to Do Things with Words*. Oxford: Oxford University Press, 1962.

BALZACQ, T. A The Three Faces of Securitization: Political Agency, Audience and Context. *European Journal of International Relations*, v.11, p.171-203, 2005.

______. A Theory of Securitization: Origins, Core Assumptions and Variants. In: _____ (Org.). *Securitization Theory*: How Security Problems Emerge and Dissolve. New York: Routledge, 2011a. p.1-30.

______. Enquiries into Methods: a New Framework for Securitization Analysis. In: _____ (Org.). *Securitization Theory*: How Security Problems Emerge and Dissolve. New York: Routledge, 2011b. p.31-53.

BUZAN, B.; WAEVER, O.; WILDE, J. de. *Security*: a New Framework for Analysis. Boulder; London: Lynne Rienner, 1998.

HANSEN, L. The Little Mermaid's Silent Security Dilemma and the Absence of Gender in the Copenhagen School. *Millennium*, v.29, p.285-307, 2000.

______. Reconstructing Desecuritisation: The Normative-Political in the Copenhagen School and Directions for How to Apply It. *Review of International Studies*, v.38, n.3, p.525-46, 2012.

HUYSMANS, J. Language and the Mobilization of Security Expectations: The Normative Dilemma of Speaking and Writing Security. *Redefining Security*, 1999.

MOTTA, B. V. de C. *Securitização e política de exceção*: o excepcionalismo internacionalista norte-americano na Segunda Guerra do Iraque. São Paulo, 2014. 123f. Dissertação (Mestrado em Relações Internacionais) – Programa San Tiago Dantas de Pós-Graduação em Relações Internacionais, Unesp/Unicamp/PUC-SP.

PIMENTEL, C.; MOTTA, B. Securitization and the Political: Contributions from Hannah Arendt. *Revista Brasileira de Estudos de Defesa*, Rio Grande do Sul, v.3, n.1, p.1-29, 2016. Disponível em: http://seer.ufrgs.br/index.php/rbed/article/view/64637/37919. Acesso em: 9 jan. 2017.

SCHMITT, C. *O conceito do político*. Petrópolis: Vozes, 1992.

TAURECK, R. Securitisation Theory – The Story so Far: Theoretical Inheritance and What it Means to Be a Post-Structural Realist.In: ANNUAL CEEISA CONVENTION UNIVERSITY OF TARTU, 4. 25-27 jun. 2006. Relatório apresentado no...

WAEVER, O. Securitization and Desecuritization. In: LIPSCHUTZ, R. D. *On Security*. New York: Columbia University Press, 1995.

______. The Ten Works. *Tidsskriftet Politik*, v.7, n.4, 2004.

______. Politics, Security, Theory. *Security Dialogue*, v.42, p.465-82, 2011.

WILLIAMS, M. Words, Images, Enemies: Securitization and International Politics. *International Studies Quarterly*, v.47, p.511-31, 2003.

WILKINSON, C. The Limits of Spoken Words. In: BALZACQ, T. (Org.). *Securitization Theory*: How Security Problems Emerge and Dissolve. New York: Routledge, 2011. p.94-115.

SEGURANÇA COOPERATIVA

Marina Gisela Vitelli

Segurança cooperativa é a perspectiva sobre a segurança internacional que pressupõe que a garantia da segurança entre os Estados reside na prevenção ao surgimento de conflitos dos quais possam derivar o uso da violência armada entre eles. Assim, essa perspectiva se contrapõe tanto ao equilíbrio de poder quanto à dissuasão como estratégias de garantia da segurança internacional entendida como estabilidade e ausência de confrontos bélicos de grandes proporções. O equilíbrio de poder pressupõe que os conflitos armados de grande escala são evitados quando os Estados adquirem capacidades e constroem alianças para impedir o surgimento de Estados com poder suficiente para dominar o resto. A dissuasão, por sua vez, é a estratégia mediante a qual um Estado – ou um grupo de Estados – desenvolve meios suficientes para transmitir a mensagem a potenciais agressores de que qualquer ação hostil será respondida com uma reação demasiado custosa para o atacante. Em contraposição, a segurança cooperativa busca eliminar as percepções de tal risco. Assim, quando os Estados se comprometem a fornecer informações transparentes sobre seus meios militares – medidas de confiança mútua – e estes se limitam às capacidades necessárias para se defenderem de uma agressão – suficiência defensiva com uma política de defesa não ofensiva ou não provocativa –, os Estados construirão um vínculo de confiança em torno da ideia de que as controvérsias que surjam entre eles serão resolvidas por meios pacíficos, dando menos incentivos à adoção de políticas de defesa agressivas que possam despertar dilemas de segurança.

Essa perspectiva acerca da segurança internacional reflete, em grande medida, os desenvolvimentos teóricos realizados pelos Estudos de Paz em torno das noções supramencionadas entre traços, assim como do conceito de segurança comum. Da mesma forma, exerceu uma grande influência sobre os esquemas de cooperação em defesa tanto na Europa quanto na América Latina, tal como desenvolveremos nas seções seguintes.

Evolução do conceito

Embora o conceito tenha se popularizado nos estudos e nos discursos políticos do início da década de 1990 (Carter; Perry; Steinbrunner, 1993), o enfoque da segurança cooperativa é um desdobramento do conceito anterior de segurança comum originado no início dos anos 1980. De acordo com Adler (2008), é possível relacionar, inclusive, a segurança cooperativa com um marco da época da distensão, ainda durante a década de 1970: a realização da Conferência sobre Segurança e Cooperação na Europa, conhecida também como a Conferência de Helsinque. Entre julho de 1973 e julho de 1975, todos os países europeus – incluindo os do bloco soviético –, junto com os Estados Unidos e o Canadá, se reuniram na capital finlandesa para discutir medidas para aproximar os blocos. A conferência culminou em 1975 com a assinatura da Ata Final de Helsinque, documento que enuncia o consenso em torno do respeito aos direitos humanos a ambos os lados do Muro de Berlim.

Já na década de 1980, um grupo de especialistas – em particular membros da comunidade de Estudos de Paz – e líderes políticos europeus retomaram essas ideias em um contexto de grande preocupação com a deterioração das relações entre as superpotências que marcou o início da Nova Guerra Fria. Acontecimentos como a invasão soviética do Afeganistão, a tomada da embaixada estadunidense em Teerã e a intervenção dos Estados Unidos nas guerras civis centro-americanas poriam fim ao período de *détente* que a Ata de Helsinque havia simbolizado. Os membros alertavam também sobre um aumento da corrida armamentista, gerado pela ratificação do acordo Salt II e a proposta de reformular a estratégia da Otan, em 1979, que fortalecia, de modo geral, sua capacidade ofensiva, e a da dependência do primeiro uso de armas nucleares.

Nesse contexto, constituiu-se a Independent Commission on Disarmament and Security Issues, conhecida também como Comissão Palme, em alusão a seu coordenador, o ex-primeiro ministro sueco Olaf Palme. Em 1982, o grupo publicou o informe *Common Security: A Program for Disarmament*, no qual surgia, pela primeira vez, o conceito de segurança comum, assim como um esboço inicial do que mais adiante se transformaria na perspectiva da segurança humana.

Conforme aponta Wiseman, apesar de ter sido adotado o nome do ex-primeiro-ministro e líder do Partido Socialdemocrata sueco, a comissão se originou da ideia de um veterano defensor do desarmamento: Philip Noel-Baker. No total, participaram dezesseis membros provenientes tanto dos países da Otan quanto do Pacto de Varsóvia, além dos países europeus neutros, do Japão e do Terceiro Mundo. Segundo Wiseman, a perspectiva geral do grupo pode ser resumida na ideia de que "as armas nucleares eram militarmente inúteis e que uma guerra nuclear nunca poderia ser ganha e nunca deveria ser travada" e, consequentemente, que "a segurança real só pode ser alcançada por meio do entendimento mútuo entre os adversários" (2002, p.52). Em outras palavras, na era nuclear não há como existir segurança para nenhum Estado de maneira individual se não houver segurança para todos: não se trata de um jogo de soma zero, pois a segurança é compartilhada. Com base nesse princípio, advogavam a transformação das estratégias militares ofensivas em políticas não ameaçadoras a partir do desarmamento, do controle de armas e da construção de confiança, junto do fortalecimento da ONU.

Os Estudos de Paz refinaram a conceitualização ao conectar a segurança comum ao conceito de defesa não ofensiva ou não provocativa, cuja ideia central era superar o dilema de segurança. Tal como alguns autores, como John Herz, desenvolveram, o dilema de segurança ocorre quando as medidas tomadas pelos Estados para garantir sua segurança são identificadas como potencialmente ameaçadoras por outros, provocando um aumento da desconfiança, que incentiva a aquisição de meios adicionais de defesa, criando um círculo vicioso que resulta em um aumento paradoxal da insegurança. Diante desse dilema, aqueles que propõem o enfoque da segurança comum demonstram que nenhum Estado pode alcançar a segurança com medidas unilaterais, ou seja, que não existe segurança individual, pois ela é indivisível, portanto comum (Wyn Jones, 1999). Assim como vários autores defenderam, essas ideias tiveram um grande impacto positivo sobre os grupos de dissidentes dentro dos países do bloco soviético, e em particular entre os formuladores do *New Thinking*, no movimento reformista da URSS liderado por Gorbachov (Risse-Kappen, 1994; Herman, 1996; Wiseman, 2002).

Pouco tempo depois, aqueles conceitos foram adotados pelas Nações Unidas. De modo concreto, em 1985, o secretário-geral da organização designou um grupo de especialistas para discutir os conceitos de segurança, e cinco anos mais tarde um novo grupo, criado pela Assembleia Geral, continuou trabalhando sobre o tema até a publicação, em 1993, do documento *Estudos sobre conceitos e políticas de segurança defensiva* (ONU, 1993). Tal como expressa o título, a nova perspectiva compreendia que eram as atitudes e as capacidades ofensivas dos Estados que provocavam insegurança, de maneira que o dilema de segurança baseado no conflito ideológico estimulava políticas de preparação para a guerra que eram ainda mais responsáveis pelas desconfianças do que as próprias diferenças políticas. Era necessário, portanto, transformar as posturas militares ofensivas – e as capacidades militares que as respaldavam – em defensivas para diminuir as probabilidades de um enfrentamento.

Em outras palavras, a coexistência pacífica não era suficiente para evitar uma confrontação fatal na era nuclear, sendo necessário mudar a lógica para uma segurança defensiva, com um modelo construído a partir da ideia de segurança comum. Isso seria possível se os Estados emitissem um conjunto de sinais políticos e militares de transparência e confiança, pois a paz e a cooperação entre os Estados eram as melhores garantias de segurança mútua. A lista de medidas a serem tomadas incluía a resolução diplomática de conflitos pendentes, a transparência na informação estratégia e o controle político das Forças Armadas (ONU, 1993).

Alguns anos mais tarde, já na década de 1990, o conceito fazia parte da perspectiva formulada pelos funcionários que chegaram ao Departamento de Defesa com o presidente estadunidense Bill Clinton. Em 1993, Ashton Carter, William Perry e John D. Steinbrunner publicaram o influente documento intitulado *A New Concept of Cooperative Security*, no qual argumentavam que o propósito central da segurança cooperativa era "evitar que a guerra começasse, impedindo que os meios para uma agressão exitosa sejam obtidos, eliminando também a necessidade de os Estados ameaçados se prepararem para neutralizar essa ação" (1993, p.7).

Uma série de autores estudou a influência da perspectiva da segurança cooperativa sobre as transformações sofridas pela Otan logo após o fim da Guerra Fria, particularmente em relação à incorporação de países da Europa Oriental. Por exemplo, de acordo com Johansson, a organização adotou a ênfase no diálogo político para a construção de confiança, na cooperação prática e nos vínculos mais estreitos com a OSCE (Johansson, 2002 apud Adler, 2008).

Por sua vez, Adler argumenta que o processo de Helsinque, incluindo a conceitualização da segurança comum, constituiu a origem de uma comunidade de prática de segurança cooperativa, dentro da qual se desenvolveram expectativas e disposições de autorrestrição. Desse modo, compreende-se a aceitação da norma de abstenção do uso da força e a consequente resolução pacífica de controvérsias. Assim, o autor defende que, em vez de se pensar como alianças eminentemente pacíficas ou comunidades de valores liberais, "as comunidades de segurança são fundamentalmente comunidades de segurança cooperativa que ajudam a difundir a mudança pacífica através das subjetividades de autorrestrição" (2008, p.220). Adler ilustrou seu argumento demonstrando a forma com que programas implementados pela Otan na década de 1990 – como o Partnership for Peace – transmitiram disposições de autorrestrição a partir da realização de atividades com não membros nas quais se transmitiam conteúdos sobre, entre outras questões, relações civis-militares, a separação de poderes e o controle sobre as Forças Armadas.

Porém, embora a Otan tenha adquirido características típicas de segurança cooperativa, entendemos que a OSCE expressa melhor esse conceito, já que está desprovida de outras funções próprias da Otan, de caráter mais ofensivo, que transcendem a perspectiva de prevenção própria da segurança cooperativa. Diferentemente da aliança atlântica, a OSCE – consequência direta do processo de Helsinque – adota explicitamente essa visão compreensiva e cooperativa sobre a segurança, como expressa um documento emitido pelo Secretariado da organização. Por um lado, o documento enfatiza a premissa da indivisibilidade da segurança ao defender que a insegurança sofrida por um Estado pode afetar o bem-estar de todos e que nenhum Estado deveria melhorar sua segurança em detrimento da segurança de outro (OSCE, p.2009). Entretanto, o caráter compreensivo remete à noção de que a segurança está associada à garantia das três "cestas" de direito identificados na Ata de Helsinque: os direitos humanos e as liberdades fundamentais, a governança econômica e ambiental para uma paz sustentável e a cooperação político-militar. De acordo com o que analisou Wiseman, o modelo de segurança cooperativa impulsionado pelos Estados Unidos durante a administração Clinton se centrava quase exclusivamente nessa última dimensão, incluindo aquelas relativas aos direitos, que remetem ao conceito de segurança humana. Em virtude dessa priorização nas medidas de confiança e transparência sobre a agenda mais progressista, própria da natureza compreensiva, o autor defende que a proposta norte-americana da década de 1990 constitui uma versão muito mais limitada do que a formulação europeia inicial.

A segurança cooperativa na América Latina

A América Latina adotou esse enfoque nos anos 1990, em partes, devido ao fato de a segurança cooperativa ser funcional para a agenda hemisférica que os Estados Unidos tentavam estabelecer, baseada na orientação geral que sua política exterior adotava nos primeiros anos do pós-Guerra Fria. Pontualmente, no contexto da proclamada Nova Ordem Mundial que parecia surgir, aquele país promovia a resolução de conflitos domésticos e interestatais que havia incentivado até então, enquanto fomentava a desmobilização e a reforma das Forças Armadas que poucos anos antes havia treinado e equipado. A segurança cooperativa, ao propor a resolução pacífica dos conflitos pendentes e a institucionalização de medidas de transparência e confiança com Forças Armadas menos ofensivas, surgia como a nova orientação recomendada para as políticas de segurança dos países da região.

Certamente, àquelas influências externas – os acontecimentos na Europa e nos Estados Unidos descritos na seção anterior – somaram-se condicionantes de origem doméstica que se tornavam atraentes ao modelo de segurança cooperativa. Na América Latina, a doutrina de segurança nacional se instalou sob um histórico de rivalidades, como as que existiam entre Argentina, Brasil e Chile, assim como conflitos limítrofes não resolvidos que ofuscavam as relações entre alguns países andinos. Embora esses conflitos não impedissem que os militares de alguns países colaborassem nas operações de repressão política, como a Operação Condor, eles não desapareceram com o término do enfrentamento ideológico entre o Ocidente e o mundo comunista. Por vezes, a sobrevivência dessas rivalidades com conotações militares colocava em perigo os regimes democráticos em diferentes etapas de surgimento ou consolidação, uma vez que serviam para continuar legitimando os papéis de caráter tutelar das Forças Armadas. Junto de outros motivos – como a adoção de orientações de política externa focadas na inserção internacional em uma ordem liberal –, a necessidade imperiosa de consolidar o poder civil levou alguns países a buscar soluções diplomáticas para as controvérsias pendentes e impulsionar a adoção de posturas estratégicas defensivas e cooperativas com relação aos vizinhos.

Entre esses últimos, a Argentina, sem dúvida, foi um dos casos paradigmáticos, pois o país levou adiante processos conhecidos de pacificação das relações com seus dois rivais fronteiriços. Iniciando com o referendo sobre o Canal de Beagle e a assinatura imediata do Tratado de Paz e Amizade com o Chile, em novembro de 1984, e, em seguida, a resolução diplomática dos conflitos fronteiriços pendentes com aquele país, a Argentina buscou um diálogo político direto para pôr fim a uma das principais fontes de hipótese de conflito. No caso do Brasil, os acordos para o uso pacífico de energia nuclear – um claro exemplo de intercâmbio de informação estratégica – visavam à construção de transparência e de confiança que logo levaram a uma cooperação bilateral para o desenvolvimento pacífico de tecnologias próprias.

De maneira similar, a adesão ou ratificação de acordos internacionais de restrição de armamentos de destruição em massa, assim como a criação de novos instrumentos, constituiu outro pilar da adoção do modelo de segurança cooperativa na América Latina. Desse modo, à ratificação do Tratado de Tlatelolco e à assinatura do Tratado de Não Proliferação Nuclear por parte dos Estados que não haviam aderido a ele somaram-se o Compromisso de Mendoza, de setembro de 1991, e a Declaração de Cartagena, de dezembro de 1991, por meio dos quais o Mercosul e a Comunidade Andina, respectivamente, proibiram toda atividade relacionada com armas químicas. Por sua vez, a Declaração de Zona de Paz do Mercosul e Estados associados (1999), da Comunidade Andina (2002) e da Sul-Americana (2002), manifestaram a renúncia dos respectivos países a toda ação vinculada às armas nucleares.

Ao analisar as publicações sobre defesa da época, destacam-se artigos e livros que comentam os conceitos de segurança comum (Druetta; Tibiletti; Donadío, 1992), de segurança não ofensiva (Moller, 1995; Scheetz, 1994) e de suficiência defensiva (Beltrán, 1992), enquanto discutem sua adequação à realidade dos países, em particular do Cone Sul. Algumas dessas obras eram fruto do Programa Paz e Segurança nas Américas, uma iniciativa de colaboração acadêmica hemisférica, organizado de maneira conjunta pelo Programa Latino-Americano do Woodrow Wilson International Center for Scholars, com sede em Washington e pela área de Relações Internacionais e Militares da Flacso – Chile, com financiamento da Fundação John D. e Catherine T. MacArthur (López, 2003). O programa teve início em 1995 e se estendeu até o fim da década, sendo seus codiretores Francisco Rojas Aravena e Joseph S. Tulchin.

Assim como se argumentou em várias de suas publicações, um dos conceitos que surgiram das instâncias de pesquisa e debate foi a segurança cooperativa, também chamada de segurança associativa. Além disso, o programa se propôs como objetivo explícito advogar para o modelo de segurança cooperativa ser adotado pelos países da região (Lama, 1998). No marco do programa publicaram-se obras de referência sobre a construção de confiança mútua e transparência na América Latina (Rojas Aravena, 1996b). Tal como se expressava em uma dessas obras, a segurança cooperativa era entendida como "um sistema de interações interestatais que, coordenando políticas governamentais, previne e contém as ameaças e os interesses nacionais e evita que as percepções que os Estados tenham destas se transformem em tensões, crises ou confrontações abertas" (Rojas Aravena 1996a, p.65).

Finalmente, outro elemento fundamental da segurança cooperativa foi construído em torno da criação de medidas de confiança mútua. Ao longo da década de 1990, e dos anos que se seguiram, os países da região foram estabelecendo – em especial de maneira bilateral – um conjunto de ações destinadas ao intercâmbio de informação militar, tais como orçamentos, inventários, localização de unidades e comando e notificação de provas e manobras; medidas de observação e inspeção, assim como medidas de restrição de determinadas atividades militares, com o objetivo de construir confiança e transparência (Caro, 1995).

O tema foi também objeto de análise durante as Conferências de Ministros da Defesa das Américas realizadas em Williamsburg (1995) e Bariloche (1996), ainda que o tratamento da segurança cooperativa houvesse começado alguns anos antes da celebração dessas reuniões ministeriais. No marco das tentativas de revitalizar a OEA, no início dos anos 1990, os países-membros levaram o conceito ao organismo quando, em 1992, foi disposta a criação da Comissão Especial sobre Segurança Hemisférica. Em um documento intitulado *Aportes a um novo conceito de segurança hemisférica: segurança cooperativa*, foram revisados os conceitos de segurança, defesa e segurança coletiva. De modo geral, o órgão se manifestava favoravelmente à substituição do modelo clássico de aliança militar ofensivo-defensiva pelo modelo de segurança cooperativa e se destacava o componente preventivo das desconfianças e disputas que pudessem surgir em torno das percepções errôneas sobre a capacidade militar dos vizinhos (Patiño Mayer, 1993).

Três anos depois, ao término da primeira reunião ministerial supramencionada, os Estados resumiam o modelo de segurança cooperativa nos Princípios de Williamsburg: a preservação da democracia como base para garantir a segurança mútua; o reconhecimento do papel das Forças Armadas e de segurança na defesa dos interesses legítimos dos Estados democráticos; o compromisso com a subordinação dos militares ao poder político democraticamente eleito e o enquadramento de suas ações dentro das normas constitucionais e dos direito humanos; a valorização da transparência nos assuntos militares a partir dos intercâmbios de informação, a publicação dos gastos de defesa e um maior diálogo civil-militar; a meta da resolução pacífica das disputas e a adoção de medidas de construção de confiança, no ritmo da integração econômica hemisférica com base na interdependência existente entre segurança econômica e segurança militar; e a promoção da cooperação em defesa através da participação voluntária em operações de paz das Nações Unidas. O último princípio da lista – a cooperação com o papel de apoio à luta contra o narcoterrorismo – prenunciava a quebra de consenso regional a respeito das características e alcance do novo esquema de segurança regional.

Em suma, no final do século, tanto as ações realizadas pela OEA quanto as iniciativas diplomáticas bilaterais na área de segurança e defesa na América do Sul foram marcadas pelas premissas da segurança cooperativa: ou seja, que a maneira mais adequada de garantir a paz e a estabilidade política na região no pós-Guerra Fria consistia em estabelecer medidas de prevenção de conflitos interestatais e fortalecer os sistemas democráticos, através da resolução de conflitos pendentes, da renúncia ao desenvolvimento de armas de destruição em massa e de medidas de controle civil das Forças Armadas. Esse modelo, ao qual os diferentes Estados se engajaram com distintas ênfases, não constitui uma invenção autóctone, pois encontra seus fundamentos no processo europeu, nos trabalhos das Nações Unidas e em parte dos interesses estadunidenses. Apesar disso, a segurança cooperativa se transformou em um importante elemento constitutivo da dimensão da segurança regional, o qual leva uma parte dos analistas a identificar a região como um espaço pacífico (Hurrell, 1998). Como alternativa ao tradicional modelo de dissuasão – no qual cada Estado busca sua própria segurança mediante a tradicional balança de poder –, a segurança cooperativa desenha instrumentos destinados a prevenir conflitos antes de estes ocorrerem, mediante premissas como a regulação da projeção de poder para além das fronteiras, a configuração defensiva das forças militares, a transparência mútua e os intercâmbios de informação e de pessoal militar entre os Estados (Rial, 2003).

Referências bibliográficas

ADLER, E. The Spread of Security Communities: Communities of Practice, Self-Restraint, and Nato's Post Cold War Transformation. *European Journal of International Relations*, v.14, n.2, p.195-230, 2008.

BELTRÁN, V. El concepto de suficiencia defensiva. *Revista SER en el 2000*, n.1, 1992.

BUZAN, B. H. L. *The Evolution of International Security Studies*. Cambridge: Cambridge University Press, 2009.

CARO, I. Medidas de confianza mutua en Sudamérica. *Estudios Internacionales*, v.28, n.109, p.37-57, 1995.

CARTER, A.; PERRY, W.; STEINBRUNNER, J. D. *A New Concept of Cooperative Security*. Washington: Brookings Institution Press, 1993.

DRUETTA, G.; TIBILETTI, L.; DONADÍO, M. Los nuevos conceptos en materia de seguridad estratégica regional. *Revista SER en el 2000*, n.1, 1992.

HERMAN, R. Identity, Norms, and National Security: The Soviet Foreign Policy Revolution and the End of the Cold War. In: *The Culture of National Security*: Norms and Identity in World Politics. New York: Columbia University Press, 1996.

HURRELL, A. An Emerging Security Community in South America? In: ADLER, E.; BARNETT, M. (Eds.). *Security Communities*. Cambridge: Cambridge University Press, 1998.

LAMA, J. de la. *La seguridad hemisférica a fin de siglo*: el nuevo concepto de seguridad hemisférica cooperativa. Santiago de Chile: Flacso-Chile, 1998. [Paz y Seguridad en las Américas.]

LÓPEZ, E. Nova problemática de segurança e "novas ameaças". In: SOARES, S. A.; MATHIAS, S. K. (Eds.). *Novas ameaças*: dimensões e perspectivas: desafios para a cooperação em defesa entre Brasil e Argentina. São Paulo: Sicurezza, 2003.

MOLLER, B. Defensa no-ofensiva y fomento de confianza en Sudamérica. *Revista Fuerzas Armadas y Sociedad*, v.10, n.3, 1995.

ORGANIZACIÓN DE LAS NACIONES UNIDAS (ONU). *Estudio sobre conceptos y políticas de seguridad con fines defensivos*. ONU, 1993.

ORGANIZATION for Security and Co-operation in Europe (OSCE). *The OSCE Concept of Comprehensive and Co-operative Security*. Vienna: OSCE Secretariat, June 2009. Disponível em: https://www.osce.org/secretariat/37592. Acesso em: 27 ago. 2018.

PATIÑO MAYER, H. *Aportes a un nuevo concepto de seguridad hemisférica*. Consejo Permanente de la OEA, 17 maio 1993.

RIAL, J. A. Hacia un sistema de seguridad cooperativa en el Cono Sur. *Relaciones Internacionales (IRI-UNLP)*, n.25, p.1-16, 2003.

RISSE-KAPPEN, T. Ideas Do Not Float Freely: Transnational Coalitions, Domestic Structures, and the End of the Cold War. *International Organization*, v.48, n.2, p.185-214, 1994.

ROJAS ARAVENA, F. *Balance estratégico y medidas de confianza mutua*. Santiago de Chile: Flacso-Chile, 1996a. [Paz y Seguridad en las Américas.]

______. *Medidas de confianza mutua*: verificación. Santiago de Chile: Flacso-Chile, 1996b. [Paz y Seguridad en las Américas.]

SCHEETZ, T. Defensa no-provocativa en Argentina. *Revista Fuerzas Armadas y Sociedad*, v.9, n.4, 1994.

WISEMAN, G. *Concepts of Non-Provocative Defence*: Ideas and Practices in International Security. New York: Palgrave Macmillan, 2002. Disponível em: http://www.palgrave.com/us/book/9780333790250.

WYN JONES, R. *Security, Strategy, and Critical Theory*. Boulder: Lynne Rienner, 1999.

SEGURANÇA ENERGÉTICA

Solange Reis Ferreira
Bruna Bosi Moreira

A INTERPRETAÇÃO MAIS DIFUNDIDA SOBRE o conceito de segurança energética é: "a disponibilidade ininterrupta de fontes de energia a preço acessível" (IEA, 2016). Significa assegurar a disponibilidade física ininterrupta de energia no mercado (European Commission, 2001, p.10), ou seja, a segurança de oferta. Interpretada dessa forma, segurança energética é a condição na qual uma nação identifica alta probabilidade de possuir suprimento adequado de energia a preços competitivos, a fim de não causar interrupção severa nas atividades sociais e econômicas (Deese, 1979-1980, p.140).

Como os recursos de energia são geologicamente mal distribuídos entre os países, tal visão enfoca a escassez e prediz que a segurança energética geral e individual depende, principalmente, de que as nações com fontes abundantes produzam eficientemente para o mercado global (Halicki; Goldwyn, 2005, p.10). A despeito das diferentes especializações na cadeia produtiva e da posição de cada agente no mercado, o comércio de energia promoveria o bem comum, nesse caso, a estabilidade de preço e o fluxo de fornecimento.

Essa abordagem liberal advoga por: a) ausência de barreiras naturais e políticas, cabendo ao mercado autorregulado o papel estabilizador dos interesses; b) corporações e regimes internacionais como os atores e as instituições mais capacitados para transformar os recursos naturais em bens coletivos, estabilizar as crises e romper barreiras que prejudiquem o abastecimento; e c) menos intervenção estatal nas decisões sobre regulamentação, exploração, distribuição e comércio.

Coincidindo com o processo de construção da ordem liberal no século XX, liderada pelos Estados Unidos e seus aliados, a visão mercadológica sobre as relações de energia enfatiza o papel das grandes corporações ocidentais e os interesses de seus países de origem. Assim, segurança energética seria "a provisão barata, confiável, diversificada, e abundante de petróleo e gás (e seus equivalentes futuros) para os Estados Unidos, seus aliados e parceiros – e a infraestrutura adequada para levar esses suprimentos ao mercado" (Halicki; Goldwyn, 2005, p.9).

Entre os anos 1920 e fins de 1960, um oligopólio de petrolíferas norte-americanas e europeias controlou a exploração de recursos de energia no mundo (Gill; Law, 1993, p.103). Como a grande parte das reservas de petróleo – principal fonte de energia – localiza-se no Sul Global, as multinacionais dependeram de arranjos econômicos e políticos para preservar os lucros. A fórmula implicava controle dos investimentos e da tecnologia pelas empresas ocidentais, primazia político-militar dos países do Norte e submissão econômica e política das nações produtoras no Sul.

O desequilíbrio de forças resultou na capacidade corporativa para ditar o ritmo da produção e formar preços, em detrimento da remuneração dos países produtores. A tal contexto aplica-se a explicação de Harvey (2003, p.32), para quem a desigualdade de riqueza e de poder entre os países surge menos da natureza e mais de relações assimétricas de troca. No mesmo sentido, Strange, que considera a energia um fator das estruturas secundárias de poder na economia política internacional (Strange, 1994, p.165), afirma que a associação entre corporações privadas e seus Estados de origem produziu uma narrativa que se pretendia universal (Strange, 1994, p.209).

Não obstante, a definição de cunho marcadamente ocidental negligencia que a busca por segurança energética também é perseguida pelos fornecedores, fato que acrescenta uma dimensão fundamental ao conceito: a segurança energética de demanda. Nesse contexto, assim como a internacionalização das empresas ocidentais de energia foi concomitante à construção da ordem liberal, a inserção produtiva dos países periféricos como fornecedores de recursos minerais ocorreu em meio à busca por independência, autonomia e soberania no então Terceiro Mundo (Mommer, 2000, p.13). Com as economias muito dependentes das atividades mineradoras, surgiu o nacionalismo de recursos. A expressão significa que os recursos pertencem à nação, e não a empresas ou indivíduos que possuam a propriedade privada sobre a superfície do território – ou seja, são considerados patrimônio nacional e, portanto, devem ser utilizados para o benefício da nação e não para fins privados (Mares, 2010).

Tal movimento traduz-se como a reivindicação de administrar soberanamente o ritmo da produção, de forma a preservar as riquezas por mais tempo;

incrementar os ganhos econômicos, buscando a maximização da renda; e proteger a economia nacional de riscos macroeconômicos associados à exploração desregulada. Dentre tais riscos, Bresser-Pereira (2010) esclarece que uma ameaça comum aos países produtores é a doença holandesa, entendida como a sobreapreciação da taxa de câmbio devido à abundância de recursos naturais e humanos baratos, que inviabiliza os setores industriais.

Da consciência do nacionalismo de recursos delineou-se o conceito de soberania energética como a utilização dos recursos de energia pelas sociedades que os detêm, objetivando seu desenvolvimento socioeconômico, conforme orientado pelo Estado (Fuser, 2013). Soberania energética seria, portanto, a capacidade de determinada comunidade política exercer controle e autoridade e regular racional, limitada e sustentavelmente a exploração dos recursos energéticos, porém com uma margem que possa minimizar custos provenientes de pressões externas de atores que disputam a posse desses recursos (Lahoud, 2005).

A ótica dos países produtores – que engloba conceitos-chave como segurança energética de demanda, soberania energética e nacionalismo de recursos – é fundamental para compreender a realidade latino-americana. Empresas estatais de petróleo ou gás são vistas pelos países latino-americanos como símbolos nacionais, geralmente muito valorizados na região (Linkohr, 2006).

Ademais, as riquezas energéticas regionais são vistas como potencial propulsor da integração (Sennes; Narciso, 2009, p.12). Isso porque a integração energética envolve uma série de projetos transnacionais de infraestrutura, como gasodutos, usinas hidrelétricas e redes elétricas. Fuser (2015) ressalta que a integração energética é desejável pelos ganhos em complementaridade econômica, redução de custos e diversificação da matriz energética. Não obstante, apesar dos ganhos pela cooperação, esse processo carrega muitos desafios, pois gera tensões. A própria inserção do Brasil no subcontinente, eventualmente vista com desconfiança por alguns de seus vizinhos, pode dificultar a integração nesse âmbito. A interdependência energética entre Brasil e Bolívia no que se refere ao gás natural é exemplo desse paradoxo entre o potencial de integração da segurança energética e as dificuldades que o acompanham.

Também na América Latina, a busca por soberania energética levou a consequências variadas ao longo do século passado, como a nacionalização de ativos estrangeiros – caso do México e da Argentina na primeira metade do século passado – e a criação da Petrobrás. Também a estratégia venezuelana para obter melhores condições comerciais das petrolíferas ocidentais se insere nesse contexto e acabou inspirando outros países produtores na periferia global, o que levou à criação da Organização dos Países Exportadores de Petróleo (Opep)

(Mommer, 2000, p.13). Essa abordagem reforçou o elo entre energia, desenvolvimento e autonomia, fundamentando os princípios do que viria a ser defendido posteriormente como segurança energética de demanda, cujo cerne é a dependência, em graus variáveis, da renda obtida com a exportação ou o transporte de recursos energéticos.

Assim, a preponderância dos países industrializados sobre a ordem energética global perdurou incontestável até aproximadamente os anos 1960, quando surgiram os primeiros indícios de mudanças estruturais. O declínio das reservas de hidrocarbonetos nos Estados Unidos, até então o maior produtor mundial, evidenciou a dependência do Ocidente em relação às reservas no Oriente Médio. Tal aspecto impeliu alguns países europeus a desenvolver o comércio de energia com a União Soviética, rica em reservas pouco exploradas de hidrocarbonetos, introduzindo a importância da diversificação para a segurança energética (Högselius, 2013).

Embora o nacionalismo de recursos não houvesse invertido completamente o posicionamento dos atores, o movimento aumentara significativamente a capacidade de influência dos países produtores. Nolan e Thurber (2010, p.4) apontam que as nacionalizações retiraram das corporações ocidentais privadas o controle sobre a maior parte das reservas. Essas transformações aumentaram o poder dos produtores para controlar a produção e, consequentemente, determinar os preços (Fuser, 2013, p.41).

Nesse sentido, a principal demonstração de força foram os embargos da Opep contra alguns países ocidentais. Motivados por razões políticas e econômicas, os boicotes de 1973 e 1979 desestabilizaram os preços, tornando o sistema energético global vulnerável (Cherp; Jewell, 2011, p.2). Assim, a narrativa economicista de segurança energética foi substituída por discursos alarmistas sobre *oil weapon*, ou seja, a utilização do petróleo pelos países detentores para barganhar a favor de seus interesses em outras áreas – ganhando poder em relação aos países centrais.

Por isso, ainda que a importância do petróleo como recurso estratégico-militar tenha sua origem com a decisão britânica de trocar a Marinha de guerra movida a carvão por navios a diesel, na segunda década do século XX, Fuser (2013, p.147) observa que a securitização da energia nem sempre esteve presente. Para o autor, "o conceito de segurança energética tem a sua origem no Choque do Petróleo, de 1973, quando o embargo petroleiro decretado pelos países árabes da Opep provocou, em poucos meses, uma alta de 800% nos preços". A partir desse marco, poucas declarações oficiais deram mais provas da securitização da energia quanto a Doutrina Carter (Carter, 1980), que tornou o fluxo de petróleo no Oriente Médio um interesse vital dos Estados Unidos a ser defendido a todo custo.

Após as crises do petróleo, as nações consumidoras lançaram-se na busca por diversificação de fontes e produtores como uma medida de contrachoque, o que Yergin considera o primeiro passo na direção da segurança energética (Yergin, 2006). Como parte desse esforço, por meio de incentivos públicos e investimentos privados, procurou-se desenvolver reservas não convencionais em países fora do Oriente Médio. Uma consequência dessa estratégia foi o aproveitamento das reservas de xisto, a partir dos anos 1980, fato com grande impacto nas relações globais de energia no governo de Barack Obama. Paralelamente, procurou-se estimular a energia nuclear, a energia renovável e a eficiência energética, uma preocupação ampliada pelo já existente debate ambientalista. Tal diversificação não se restringiu, contudo, aos países ricos. No Brasil, por exemplo, os governos militares trataram de variar a matriz energética, aumentando a capacidade hidrelétrica e nuclear do país e desenvolvendo a produção de biocombustíveis (Kohlhepp, 2010).

Outra consequência do Primeiro Choque do Petróleo foi o surgimento, em 1974, da Agência Internacional de Energia. Esse regime internacional, voltado para os países consumidores e acoplado à OCDE, propõe proteção dupla contra a instabilidade do mercado e as vontades políticas dos Estados produtores. A esse respeito, Keohane (2005, p.64) argumenta que regimes internacionais de energia são fatores intermediários ou variáveis intervenientes entre características fundamentais da política mundial, tais como a distribuição de poder e o comportamento de atores estatais e não estatais, como as multinacionais. A reorientação dos países consumidores para diversificação e enquadramento institucional resultou em queda e estabilidade dos preços, abalando as economias dos países produtores e suscitando nestes a preocupação com a segurança de demanda. Nesse contexto, Cherp e Jewell (2011, p.3) chegam a salientar o impacto da queda no preço do petróleo na segunda metade dos anos 1980 como uma das causas do declínio soviético.

Nos anos 2000, a ascensão de países emergentes na economia global e a aspiração de consumo de bilhões de pessoas nos países em desenvolvimento, trouxeram novos desafios aos conceitos em disputa sobre segurança energética. A primeira dificuldade seria adequar o nível de energia demandada no globo com a finitude dos recursos minerais. Difundiam-se estudos sobre o chamado pico do petróleo, ou seja, o ponto máximo de produção após o qual a taxa de extração se reduziria gradativamente a nível zero (Campbell, 2000, p.1). Foi nesse contexto que Klare (2008) alertou para o dilema do cenário global, com potências que emergiam em um planeta que encolhia, referindo-se ao declínio das reservas globais de recursos não renováveis.

Na segunda década do século XXI, especialmente a partir de 2014, a oferta decorrente da produção de petróleo e gás de xisto nos Estados Unidos desacreditou, ao menos temporariamente, os teóricos do pico do petróleo. Para a indústria petrolífera, no entanto, o desafio é manter a produção de recursos de xisto nos Estados Unidos e reproduzi-la em outros países. A exploração nas formações rochosas de xisto apresenta ritmo de depleção mais acelerado do que o de reservas convencionais, sendo alta a probabilidade de que o esgotamento aconteça prematuramente.

Outros países possuem recursos de xisto, mas nenhum ainda mostrou ter todas as condições necessárias para explorá-los, como abundância de água, proximidade dos centros urbanos e aceitação pela sociedade, bem como o conhecimento tecnológico. Dados os efeitos nocivos dessa atividade no meio ambiente e na saúde das populações – terremotos, imenso consumo de água e alta contaminação do subsolo –, há grande resistência por parte de ambientalistas e partidos políticos.

A segunda dificuldade no novo século foi a conscientização crescente sobre a mudança climática e o aquecimento global, em grande medida decorrentes do uso de combustíveis fósseis. Beck (1998) argumenta que a globalização levou a humanidade de uma sociedade industrial, na qual os riscos são localizados, para uma sociedade de risco, com efeitos disseminados globalmente. Tal complexidade é reforçada pelo entendimento de Honty (2016), que explica que as convenções para mudança climática têm três objetivos inconciliáveis: estabilizar as emissões de gases de efeito estufa, crescimento econômico e desenvolvimento equitativo.

Pressões ambientais e demográficas chamam atenção para aspectos pouco destacados nos conceitos de segurança de oferta ou demanda, pois a disputa entre mercado e Estado pelo controle dos recursos minerais não abrange totalmente as ameaças às sociedades, aos indivíduos e ao meio ambiente. Abramovay (2014, p.3) argumenta no mesmo sentido, ao afirmar que o uso de combustíveis fósseis colocou a espécie humana numa situação de alto risco.

A evolução para um paradigma de energia renovável, com base em fontes inesgotáveis da natureza, relaciona segurança energética, social e ambiental. Porém, embora este tenha sido o caminho sinalizado, ainda há dúvidas sobre seu impacto ambiental e político. Isso porque, apesar de sol e ar serem recursos limpos, a tecnologia que envolve a produção das energias solar e eólica exige o uso dos chamados minerais raros – utilizados, por exemplo, nas placas solares e nas hélices. A extração de tais metais é extremamente poluente, sendo inclusive necessária a utilização de material radioativo, o que representa risco também para as populações locais (Kaiman, 2014). Além disso, a concentração geográfica desses recursos – 50% se encontram na China (Wübbeke, 2013) – contrapõe a ideia de que um paradigma das renováveis seria acompanhado pela extinção dos conflitos por energia, pois continuaríamos dependendo dos países detentores dos minerais raros, altamente concentrados geograficamente.

Escrevendo ainda em 1979, passado pouquíssimo tempo desde o primeiro Choque do Petróleo, Deese (1979-1980, p.140) chamava a atenção para o fato de que a segurança energética permanecia um assunto muito discutido, porém pouco compreendido. Quase quarenta anos depois, pode-se dizer o mesmo. No âmbito da energia, é arriscado fazer previsões. A tecnologia avança constantemente e com ela os padrões de consumo, produção e transporte também se alteram. Sempre presente está a questão da energia, que move todos esses processos e os acompanha nas mudanças. Por isso, também o conceito de segurança energética é controverso e de difícil definição. Ele se altera conforme se considerem as perspectivas de diferentes atores e distintos interesses e também de acordo com o contexto econômico, político e social de cada tempo.

Referências bibliográficas

ABRAMOVAY, R. Inovações para que se democratize o acesso à energia, sem ampliar as emissões. *Ambiente & Sociedade*, São Paulo, v.XVII, n.3, p.1-18, jul.-set. 2014.

BECK, U. *La sociedad del riesgo*: hacia una nueva modernidad. Barcelona: Paidós Ibérica, 1998.

BRESSER-PEREIRA, L. C. Taxa de câmbio, doença holandesa, e industrialização. *Cadernos FGV Projetos*, v.5, n.14, p.68-73, 2010.

CAMPBELL, C. The Imminent Peak of Global Oil Production. In: FEASTA CONFERENCE "MONEY, ENERGY AND GROWTH". Dublin, 2000. *Feasta Review*. n.1. 13p. Dublin: Feasta, 2000. Disponível em: http://www.feasta.org/documents/feastareview/campbell.htm. Acesso em: 18 set. 2016.

CARTER, J. *The State of the Union Address Delivered Before a Joint Session of the Congress*. Washington: American Presidency Project, 1980. Disponível em: http://www.presidency.ucsb.edu/ws/index.php?pid=33079. Acesso em: 19 set. 2016.

CHERP, A.; JEWELL, J. The Three Perspectives on Energy Security: Intellectual History, Disciplinary Roots and the Potential for Integration. *Current Opinion in Environmental Sustainability*, Lund, p.1-12, 1º jan. 2011.

______; ______. The Concept of Energy Security: Beyond the Four As. *Energy Policy*, Amsterdã, n.75, p.415-21, 31 out. 2014.

DEESE, D. A. Energy: Economics, Politics and Security. *International Security*, v.4, n.3, p.140-53, inverno 1979-1980.

EUROPEAN COMMISSION. Green Paper. Towards a European Strategy for the Security of Energy Supply. Bruxelas, 2001.

FUSER, I. *Energia e Relações Internacionais*. São Paulo: Saraiva, 2013.

______. O caminho pedregoso da integração energética. *Carta Capital*, São Paulo, p.1-10, 3 fev. 2015.

GILL, S.; LAW, D. Global Hegemony and the Structural Power of Capital. In: GILL, S. *Gramsci, Historical Materialism and International Relations*. New York: Cambridge University Press, 1993. p.93-124.

HALICKI, J. H.; GOLDWYN, D. L. *Energy and Security*: Toward a New Foreign Policy Strategy. Baltimore: Johns Hopkins University Press, 2005.

HARVEY, D. *The New Imperialism*. New York: Oxford University Press, 2003.

HÖGSELIUS, P. *Red Gas*: Russia and the Origins of European Energy Dependence. New York: Palgrave Macmillan, 2013.

HONTY, G. Energía y cambio climático: ¿qué pasa en América Latina? *Nueva Sociedad: Democracia e Política en América Latina*, Buenos Aires, p.1-1, jul. 2016. Disponível em: http://nuso.org/articulo/energia-y-cambio-climatico-que-pasa--en-america-latina/imprimir/. Acesso em: 18 set. 2016.

INTERNATIONAL ENERGY AGENCY (IEA). What Is Energy Security? 2016. Disponível em: https://www.iea.org/topics/energysecurity/subtopics/whatisenergysecurity/. Acesso em: 20 ago. 2016.

KAIMAN, J. Rare Earth Mining in China: The Bleak Social and Environmental Costs. 2014. Disponível em: https://www.theguardian.com/sustainable-business/rare-earth-mining-china-social-environmental-costs. Acesso em: 19 set. 2016.

KEOHANE, R. O. *After Hegemony*: Cooperation and Discord in the World Political Economy. Princeton: Princeton University Press, 2005.

KLARE, M. T. *Rising Powers, Shrinking Planet*. New York: Metropolitan, 2008.

KOHLHEPP, G. Análise da situação da produção de etanol e biodiesel no Brasil. *Estudos Avançados*, São Paulo, v.24, n.68, p.223-53, 2010.

LAHOUD, G. *Una aproximación teórica a la soberanía energética e integración regional sudamericana*. Buenos Aires: Instituto de Investigación em Ciencias Sociales (Idicso), Universidad del Salvador, 2005.

LINKOHR, R. La política energética latinoamericana: entre el Estado y el mercado. *Nueva Sociedad*, Buenos Aires, v.204, p.90-103, 2006.

MARES, D. R. *Resource Nationalism and Energy Security in Latin America*: Implications for Global Oil Supplies. Houston: James A. Baker III Institute For Public Policy of Rice University, 2010.

MOMMER, B. The Governance of International Oil: The Changing Rules of the Game. *Oxford Institute for Energy Studies*, Oxford, v.26, p.1-48, 2000. Disponível em: https://www.oxfordenergy.org/wpcms/wp-content/uploads/2010/11/WPM-26-TheGovernanceofInternationalOilTheChangingRulesofTheGame-BMommer-2000.pdf. Acesso em: 18 set. 2016.

NOLAN, P. A.; THURBER, M. C. On the State's Choice of Oil Company: Risk Management and the Frontier of the Petroleum Industry. *Working Paper #99*, Freeman Spogli Institute For International Studies, dez. 2010.

PUTIN, V. Speech at the Plenary Session of the Third Summit of the Gas Exporting Countries Forum. 2015. Disponível em: http://en.kremlin.ru/events/president/news/50755. Acesso em: 20 set. 2016.

RÚSSIA. Ministry of Energy of the Russian Federation. *Energy Strategy of Russia*. Moscou: Institute of Energy Strategy, 2010. Disponível em: http://www.energystrategy.ru/projects/docs/ES-2030_(Eng).pdf. Acesso em: 18 set. 2016.

SENNES, R. U.; NARCISO, T. Brazil as an International Energy Player. In: BRAINARD, L.; MARTINEZ-DIAS, L. (Eds.). *Brazil as an Economic Superpower?* Understanding Brazil's Changing Role in the Global Economy. Washington, DC: Brookings Institution Press, 2009.

STRANGE, S. *States and Markets*. New York: Continuum, 1994.

WÜBBEKE, J. The Science-Politics of Climate Change in China: Development, Equity, and Responsibility. *Nature and Culture*, [S.l.], v.8, n.1, p.8-29, 1º jan. 2013.

YERGIN, D. Energy Security Will Be One of the Main Challenges of Foreign Policy. *Der Spiegel*, 18 jul. 2006.

SEGURANÇA HUMANA

Giovanna Ayres Arantes de Paiva

A SEGURANÇA HUMANA É UMA DIMENSÃO da segurança que tem como objeto referente o indivíduo. Sob um enfoque mais restrito, refere-se à proteção do indivíduo contra fatores que ameacem sua segurança física, como violência e conflitos armados. Sob um enfoque mais amplo, refere-se também à proteção contra fatores que ameacem o bem-estar, o desenvolvimento e a dignidade do ser humano, como fome, doenças, desastres ambientais e subdesenvolvimento econômico.

O conceito de segurança humana emergiu no contexto pós-Guerra Fria, em que o próprio escopo da segurança foi alargado, deixando de focar apenas questões militares e estatais e passando a abarcar outros setores como o ambiental e o societal. Assim, as fontes de ameaça que geram insegurança passaram a ser consideradas multidimensionais (Buzan, 1991; Kolodziej, 1995; McSweeney, 1999; Paris, 2001). Mesmo antes da Guerra Fria, já estava sendo criado um conjunto de normas sobre os direitos dos seres humanos e sobre o respeito e a preservação das liberdades individuais. A Carta das Nações Unidas (1945) – que ressalta os direitos fundamentais dos homens e das mulheres e o intuito de poupar as gerações da violência das guerras –, a Declaração Universal dos Direitos Humanos (1948) e a Declaração dos Direitos da Criança (1959) são exemplos da crescente importância dos direitos, liberdades e necessidades de todos os indivíduos, destacando-os como atores importantes em questões de segurança, guerra e paz.

Sobretudo no final do século XX, os debates sobre direitos humanos, direito humanitário, desenvolvimento humano e intervenção em conflitos armados intensificaram-se e aprofundaram-se. A década de 1990 foi de especial importância para a emergência e o aprofundamento da segurança humana. Em 1994, o Programa das Nações Unidas para o Desenvolvimento (PNUD), órgão que tem como missão erradicar a pobreza e reduzir as desigualdades econômicas e sociais no mundo, publicou um relatório no qual utilizava a noção de segurança humana e esboçava as bases do conceito. De acordo com o relatório, a segurança humana é garantida quando o indivíduo se torna livre do medo (*freedom from fear*) e das necessidades (*freedom from want*), ou seja, quando a segurança física é garantida e quando o indivíduo pode desfrutar de uma condição que contemple os requisitos básicos para o desenvolvimento humano. Ainda segundo o PNUD, tais requisitos, que, quando contemplados conjuntamente, podem garantir uma melhor qualidade de vida aos seres humanos, abrangem sete categorias interdependentes: segurança econômica, segurança alimentar, segurança em matéria de saúde, segurança ambiental, segurança pessoal, segurança da comunidade e segurança política. O órgão considera que há várias ameaças que impedem a ampla segurança humana, tais como crescimento descontrolado da população, disparidades de oportunidades econômicas, migração internacional excessiva, deterioração do meio ambiente, produção e tráfico de entorpecentes e terrorismo internacional (PNUD, 1994).

Acompanhando o desenvolvimento da segurança humana, formou-se a Rede de Segurança Humana, em 1999, a partir de uma colaboração entre Áustria, Canadá e Noruega. A princípio, o objetivo era banir internacionalmente o uso de minas antipessoais e garantir o controle de armas leves. Posteriormente, a rede passou a incluir mais países – como Chile, Costa Rica, Eslovênia, Grécia, Irlanda, Jordânia, Mali, Panamá, Suíça, Tailândia – e a ampliar seus objetivos, abarcando questões como igualdade de gênero, paz e segurança, proteção de crianças em conflitos armados, direitos humanos e direito internacional humanitário. Ademais, a rede estabeleceu a missão de promover a segurança humana como uma ferramenta de políticas nacionais e internacionais, em diálogo com as Nações Unidas, com a comunidade acadêmica e com a sociedade civil (Áustria, [2017]).

Em 2005, no documento *World Summit Outcome* (UN, 2005, §143) referente aos resultados do projeto de resolução da Cúpula do Milênio, as Nações Unidas, reconhecendo que todos os seres humanos têm direito à liberdade do medo e à liberdade das necessidades, comprometeram-se a discutir e definir um ideal de segurança humana no âmbito da Assembleia Geral.

Finalmente, em 2012, a Assembleia Geral da ONU adotou a Resolução n.66/290, na qual os Estados-membros, pela primeira vez, chegaram a um entendimento comum da segurança humana, que incluía oito pontos: 1) direito de viver em liberdade e dignidade, livres do medo e das necessidades; 2) abordagem centrada nos indivíduos, orientada para o fortalecimento e empoderamento de todas as pessoas e de todas as comunidades; 3) reconhecimento da relação entre paz, desenvolvimento e direitos humanos, civis, políticos, econômicos sociais e culturais; 4) segurança humana e responsabilidade de proteger (R2P) são noções diferentes e exigem implementações distintas; 5) segurança humana não implica necessariamente uso da força ou medidas coercitivas, tampouco substitui a segurança estatal; 6) segurança humana deve fortalecer as soluções nacionais compatíveis com as realidades locais; 7) os governos possuem a responsabilidade de garantir a sobrevivência, o sustento e a dignidade dos seus cidadãos e a comunidade internacional somente complementa e apoia os governos, sendo necessária maior colaboração e parceria entre governos, organizações internacionais e regionais e sociedade civil; 8) a segurança humana deve ser implementada com total respeito aos propósitos e princípios consagrados na Carta das Nações Unidas, contribuindo para a realização do desenvolvimento sustentável, bem como para os Objetivos de Desenvolvimento do Milênio (UN, 2012).

Ainda no âmbito da ONU, foram criados organismos específicos para lidar com questões referentes à segurança humana, como o Fundo Fiduciário das Nações Unidas para a Segurança Humana (United Nations Trust Fund for Human Security – UNTFHS), responsável por financiar atividades relacionadas à segurança humana lideradas pela ONU, por exemplo o combate à extrema pobreza, desastres naturais, violência urbana e tráfico de pessoas; a Comissão sobre Segurança Humana (Commission on Human Security – CHS), criada em 2001, em resposta à demanda do secretário-geral da ONU na Cúpula do Milênio de 2000; o Conselho Consultivo sobre Segurança Humana (Advisory Board on Human Security – ABHS), cuja missão é levar adiante as recomendações da Comissão sobre Segurança Humana e assessorar o secretário-geral das Nações Unidas sobre questões relativas à segurança humana; e a Unidade de Segurança Humana (Human Security Unit – HSU), que gerencia o UNTFHS e acompanha as discussões da Assembleia Geral sobre segurança humana (UNTFHS, [2017]).

Assim, foi se consolidando uma definição de segurança humana abrangente. Tal definição contempla aspectos relevantes até então não tratados com tanta atenção no âmbito da segurança. Sob esse enfoque mais amplo, a segurança humana ressalta a interligação entre segurança, desenvolvimento e direitos humanos ao sublinhar a interdependência de um conjunto de liberdades fundamentais para a vida humana como a liberdade do medo e a liberdade de viver com dignidade.

Desse modo, a segurança do indivíduo não é apenas a ausência do medo ou a ausência do conflito armado, mas sim um estado em que os direitos básicos do ser humano são garantidos para que ele possa desenvolver seus potenciais e atingir o pleno desenvolvimento humano. O próprio conceito de desenvolvimento humano aponta para a relevância da garantia das liberdades e do bem-estar humanos. A visão do desenvolvimento como liberdade inova ao considerar que ele vai além dos fatores já tradicionais – como renda, industrialização, tecnologia – e envolve também aspectos como direitos civis, liberdade política, educação e saúde. Ou seja, a partir do momento em que determinada sociedade atinge um certo nível de desenvolvimento em que as pessoas podem usufruir de direitos, liberdades, oportunidades econômicas, poderes sociais, saúde, educação e incentivo, os indivíduos conseguirão realizar seus potenciais (Sen, 2000). A segurança humana seria, então, uma maneira de garantir que as pessoas consigam desfrutar de todos esses aspectos e atinjam o desenvolvimento humano. Logo, ao enfocar o indivíduo, o conceito de segurança humana possibilita uma reflexão acerca de quais fatores ameaçam a vida dos seres humanos nos mais diversos países e quais seriam as soluções para enfrentar essas ameaças. Mais do que apenas uma concepção teórica, a segurança humana também pode fornecer diretrizes para ações que prezem pela prevalência do respeito aos direitos humanos, pelo multilateralismo nas instituições internacionais, pela primazia das liberdades do indivíduo e pelo diálogo constante com comunidades locais e grupos marginalizados (Kaldor, 2007; Paris, 2001).

Se, por um lado, a segurança humana é importante para repensar os modos de garantir a dignidade das pessoas, por outro, o mesmo conceito pode se tornar impreciso e passível de diversas reflexões críticas. Sob seu enfoque mais amplo, a segurança humana está relacionada a uma variedade de fatores que podem afetar os indivíduos – como fome, pobreza, doenças, exclusão social, violência, conflitos –, entretanto não há um esforço para explicitar as relações existentes entre esses diversos fatores, por exemplo, de que forma aspectos sociais podem afetar os níveis de violência e a segurança física das pessoas; quais desses fatores afetam mais ou menos a vida dos indivíduos; quis as relações entre segurança econômica, segurança alimentar, segurança em matéria de saúde, segurança ambiental, segurança pessoal, segurança da comunidade e segurança política e se, de fato, existem relações entre desenvolvimento e segurança (Armiñon, 2006-2007; Krause, 2005). Uma vez que o conceito incorpora uma variedade tão grande de aspectos – abrangendo quase tudo que impacta a vida dos seres humanos –, ele acaba se esvaziando de sentido e se tornando impreciso (Krause, 2013).

Frequentemente, a abordagem da segurança humana trata variáveis sociais como sendo capazes de constituir ameaças internacionais (Duffield, 2006). Porém, cabe questionar de que forma esse tratamento é pertinente, lembrando que, a partir do momento em que elas são tratadas como ameaças internacionais, se abre precedente para que medidas extraordinárias sejam tomadas a fim de enfrentá-las. Entre as medidas extraordinárias que podem ser tomadas em nome da segurança está a resposta militar. Isto é, ao securitizar tantos aspectos da sociedade, a militarização pode ser justificada como uma forma de controlar e enfrentar uma questão de segurança humana. Dessa forma, fatores como saúde e pobreza, que poderiam ser abordados por meio de formulação de políticas públicas específicas, podem acabar sendo vistos como problemas de segurança, legitimando medidas intervencionistas, sobretudo em regiões subdesenvolvidas economicamente. Mesmo no seu sentido mais restrito, ou seja, quando a segurança humana relaciona-se às ameaças e consequências da violência organizada e dos conflitos (*freedom from fear*), o discurso acerca da segurança humana pode legitimar intervenções humanitárias, encobrindo interesses estratégicos de potências. A segurança humana aparece intimamente relacionada ao conceito de responsabilidade de proteger (R2P), que legitima interferências em Estados considerados incapazes de prover segurança a seus cidadãos. Destarte, a segurança humana carrega em si a possibilidade de interferência e utilização da força para combater as fontes de ameaça e garantir a segurança do indivíduo. Ao viabilizar a militarização, intervenções e securitização do subdesenvolvimento, a segurança humana pode ser vista como um instrumento neoliberal do Norte, cuja principal função é prover uma justificativa moral e um guia prático para o intervencionismo liberal no pós-Guerra Fria (Duffield, 2017).

Na América do Sul, a concepção e a aplicação da segurança humana suscitam debates e questionamentos. De certa forma, a segurança humana pode ser considerada uma condição para superar problemas estruturais que afetam a região e prejudicam a dignidade humana, visto que, apesar de existir uma relativa baixa intensidade de conflitos interestatais entre os países sul-americanos, elementos como desigualdade social, concentração de renda, pobreza, crime organizado, altos índices de desemprego, analfabetismo e violência urbana são alguns exemplos de focos da violência estrutural que dificultam o estabelecimento de uma paz duradoura no subcontinente (Saint-Pierre, [s.d.]). Nesse sentido, sobretudo após os ataques de 11 de setembro de 2001, os Estados Unidos esforçaram-se para traçar uma agenda de segurança hemisférica que definisse ameaças multidimensionais comuns aos países americanos, garantindo uma área de influência onde os EUA poderiam projetar seus interesses no âmbito da segurança, definindo quais seriam as principais ameaças a serem combatidas a nível continental.

A Declaração sobre Segurança nas Américas da Organização dos Estados Americanos (OEA), de 2003, classifica como ameaças uma diversidade de fatores, incluindo terrorismo, crime organizado transnacional, pobreza extrema e exclusão social, desastres naturais, doenças e tráfico de seres humanos (Chillier; Freeman, 2005). Ou seja, o documento apresenta uma série de questões que não são novas no subcontinente, mas que passam a ser vistas sob o enfoque da segurança, sendo denominadas de "novas ameaças". Entre essas "novas ameaças" encontram-se muitos aspectos da segurança humana, isto é, fatores relacionados ao desenvolvimento humano, violência física e condições de dignidade humana (como tráfico de armas, pobreza, doenças). Como já foi citado, tratar algo como uma ameaça à vida humana abre a possibilidade de utilização das Forças Armadas para enfrentar tal situação. No entanto, muitas dessas "novas ameaças" são problemas que exigem respostas de diversos setores da sociedade, não necessariamente respostas por meio militar. A pobreza, por exemplo, "longe de ser uma ameaça, é um claro indicativo da incapacidade do governo de criar e distribuir a riqueza e um sintoma inequívoco de que essa 'democracia' não funciona" (Saint-Pierre, 2012, p.20, tradução nossa).

No contexto sul-americano, é necessário observar com cautela a aplicação do conceito de segurança humana. Primeiramente, porque o próprio conceito foi formulado externamente à América do Sul, em um fórum internacional – o PNUD –, e sua discussão e aprofundamento teve grande participação de países desenvolvidos (como Canadá e Noruega, que fazem parte da Rede de Segurança Humana) que possuem realidades distintas em comparação com a América do Sul. Em segundo lugar, o discurso que se criou em torno da segurança humana pode servir a interesses e legitimar intervenções na própria América do Sul por parte de potências extrarregionais, principalmente dos Estados Unidos, que já possuem uma histórica influência na região, e explicitaram tal influência ao traçar uma agenda de segurança hemisférica. Ainda cabe ressaltar que a utilização do conceito de segurança humana para tratar de problemas econômicos e sociais acaba deixando em segundo plano outros instrumentos que os Estados poderiam utilizar para buscar soluções, como a formulação de políticas públicas com ênfase em saúde pública, segurança pública e desenvolvimento socioeconômico, além de iniciativas relevantes como o fortalecimento de instituições democráticas, o combate à corrupção e medidas a fim de democratizar serviços básicos de educação e saúde.

Referências bibliográficas

ARMIÑON, K. P. El concepto y el uso de la seguridade humana: análisis crítico de sus potencialidades y riesgos. *Revista Cidob d'Afers Internacionals*, n.76, p.59-77, dez. 2006-jan. 2007.

ÁUSTRIA. The Human Security Network. [2017.] Disponível em: http://www.austria.org/the-human-security-network/. Acesso em: 4 jul. 2017.

BUZAN, B. New Patterns of Global Security in the Twenty-First Century. *International* Affairs, 1991.

CHILLIER, G.; FREEMAN, L. O conceito novo de segurança hemisférica da OEA: uma ameaça potencial. *Washington Office on Latin America (Wola)*, p.1-15, jul. 2005. Disponível em: http://www.fes-seguridadregional.org/images/stories/docs/0108-001_g.pdf. Acesso em: 4 jan. 2017.

DUFFIELD, M. Human Security: Linking Development and Security in an Age of Terror. In: KLINGEBIEL, S. (Ed.). *New Interfaces between Security and Development*: Changing Concepts and Approaches. Bonn: German Development Institute, 2006.

______. Human Security and the Development-Security Nexus: An Historical Overview. *Ragion Pratica*, v.1, p.61-76, 2017.

KALDOR, M. *Human Security*: Reflections on Globalization and Intervention. Cambridge: Polity, 2007.

KOLODZIEJ, E. A Segurança internacional depois da Guerra Fria: da globalização à regionalização. *Contexto Internacional*, Rio de Janeiro, v.17, n.2, p.313-49, jul.--dez. 1995.

KRAUSE, K. Seguridad humana: ¿Ha alcanzado su momento? *Papeles de Cuestiones Internacionales*, n.90, p.19-30, 2005.

______. Critical Perspectives on Human Security. In: MARTIN, M.; OWEN, T. (Eds.). *Routledge Handbook of Human Security*. London; New York: Routledge, 2013.

MCSWEENEY, B. *Security, Identity and Interests*: A Sociology of International Relations. Cambridge: Cambridge University Press, 1999.

PARIS, R. Paradigm Shift or Hot Air? *International Security*, v.26, n.2, p.87-102, 2001.

PROGRAMA DAS NAÇÕES UNIDAS PARA O DESENVOLVIMENTO (PNUD). *Informe sobre Desarrollo Humano 1994*: un programa para la Cumbre Mundial sobre Desarrollo Social. Disponível em: http://hdr.undp.org/es/informes/mundial/idh1994/. Acesso em: 20 jul. 2017.

SAINT-PIERRE, H. L. El concepto de la seguridad muldimensional: una aproximación crítica. In: ALDA, S.; GÓMEZ, V. (Eds.). *El concepto y las relaciones multilaterales de seguridad y defensa en el contexto de la Unasur*. Madrid: Instituto Universitario General Gutiérrez Mellado; Uned; Ministerio de Defensa Nacional de Ecuador, 2012.

______. *Introdução à análise e formulação de política de defesa*. [mimeo, [s.d.].]

SEN, A. *Desenvolvimento como liberdade*. São Paulo: Companhia das Letras, 2000.

UNITED NATIONS (UN). General Assembly. World Summit Outcome. 15 set. 2005. Disponível em: https://daccess-ods.un.org/TMP/8046482.20539093.html. Acesso em: 18 jul. 2017.

______. General Assembly. Resolução n.66/290. 25 out. 2012. Disponível em: http://www.un.org/en/ga/search/view_doc.asp?symbol=%20A/RES/66/29. Acesso em: 18 jul. 2017.

UNITED NATIONS TRUST FUND FOR HUMAN SECURITY (UNTFHS). *About Human Security Unit*. 2017. Disponível em: http://www.un.org/humansecurity/human-security-unit/about-human-security-unit-0. Acesso em: 5 jul. 2017.

SEGURANÇA INTERNACIONAL

Rafael Duarte Villa
Camila de Macedo Braga

A SEGURANÇA INTERNACIONAL É UM CONCEITO e uma prática que buscam assegurar a Estados e indivíduos ausência de ameaças existenciais. Por essa razão, a noção de "ameaça existencial" é central ao conceito de segurança internacional, conduzindo à pergunta-chave feita por Buzan et al. (1998): o que torna uma temática de relações internacionais um problema de segurança? O parâmetro para definir uma resposta envolve sua caracterização como uma questão de sobrevivência. A ameaça existencial afeta ou pode afetar a sobrevivência das unidades políticas e sociais com ação internacional. Quando isso acontece, o objeto referente (unidade política e/ou social) é representado como potencial ou real alvo de uma ameaça. Ao falarmos de segurança internacional, o ator ou objeto referente, que tem sua sobrevivência ameaçada, é, normalmente, representado por um Estado e seus atributos (território, população e instituições), porém as unidades ameaçadas podem ser mais abrangentes (indivíduos, grupos sociais e nações).

Tradicionalmente, a natureza de uma ameaça define se a força deve ser usada ou não. Por essa razão, contemporaneamente, levando em conta a natureza de possíveis ameaças à sobrevivência de indivíduos e coletividades, costuma-se fazer-se uma diferença entre ameaças e riscos: as ameaças devem ser enfrentadas com medidas emergenciais que apelam para o uso da força; os riscos, por sua vez, como um desastre natural ou mesmo um vazamento nuclear, devem ser gerenciados sem usar violência para tratar e dar solução a eles (Haftendorn; Keohane; Wallander, 1999).

Também por sua natureza social e inter-relacional, as ameaças existenciais para a segurança internacional podem ser objetivas ou subjetivas (ou mesmo, intersubjetivas). O Exército de um país estacionado com fins ofensivos na fronteira do país vizinho é um fato tangível. Porém, uma ameaça ou risco existencial são socialmente construídos como uma percepção subjetiva da realidade, independentemente de sua existência objetiva ou não. Essa segunda maneira de conceber a natureza de uma ameaça responde bem ao enunciado construtivista de que "segurança internacional é o que agentes fazem dela". Nessa perspectiva, o conceito é entendido como uma construção social que indica um estado existencial em que a ausência de ameaça define a segurança dos atores internacionais. Mas nem sempre, do ponto de vista histórico, essa natureza binária na construção da segurança esteve em igual patamar nem para tomadores de decisão nem para os pesquisadores do campo. Prevaleceu até recentemente uma ontologia objetivista, em que as ameaças de natureza político-militar eram hierarquizadas sobre qualquer outra, prevalecendo a compreensão de que a segurança político-militar era suficiente para explicar o que acontecia naquele campo de estudo.

Na segunda metade do século XX, a concepção do que vem a ser segurança e como pode ser alcançada transitou entre o conceito de segurança nacional e uma compreensão mais abrangente de segurança internacional, ambas circunscritas ao paradigma realista. Segurança nacional, preocupando-se com a independência política do Estado e com a liberdade em seu processo decisório era, então, observada como uma questão de prioridade máxima entre os assuntos que compunham as agendas de segurança internacionais. Os instrumentos tradicionais de segurança nacional incluíam a capacidade de emprego da força armada, o serviço diplomático e de inteligência, poder econômico e a força simbólica da influência cultural que um Estado exerce em dado contexto regional. No entanto, o advento da Guerra Fria, a corrida armamentista e a contenção nuclear submeteram as populações mundiais à disputa geopolítica e ideológica entre as superpotências e seus aliados. As maiores ameaças desse período não colocavam em risco apenas os Estado territoriais, mas também suas populações. A própria humanidade se tornara alvo de políticas de segurança. Dessa forma, o conceito de segurança internacional levava a três consequências: primeiro, a caraterização político-militar definia o aspecto propriamente político da segurança internacional; segundo, o Estado não só era o principal objeto referente a ser protegido como era também o principal provedor da segurança nacional; terceiro, a guerra interestatal era representada como a principal ameaça existencial à sobrevivência dos Estados ou, em outras palavras, como a principal problemática a ser resolvida para a segurança nacional dos Estados.

No campo da produção científica, de acordo com Walt (1991), o principal foco dos estudos sobre segurança era fácil de identificar: a guerra. Com efeito, os estudos em segurança passaram a ser definidos como o estudo da ameaça, uso e controle da força militar (Nye; Lynn-Jones, 1988). Em consequência, quase todos os conceitos fundadores dos estudos sobre segurança internacional se preocupavam com a guerra, considerando a forma e a intensidade com que esta afetava as unidades políticas estatais. Os conceitos fundadores do campo de estudo em segurança internacional, elaborados na primeira década da Guerra Fria, tais como o dilema de segurança (Herz, 1950), segurança coletiva, *deterrence*, controle de armamentos, armas de destruição em massa e destruição mútua assegurada, refletiam a preocupação do impacto da guerra na sobrevivência estatal. Contudo, enquanto os cinco últimos conceitos se inclinavam numa direção normativa ao identificar e prescrever formas de evitar a guerra, o conceito de dilema de segurança atentava para as causalidades de uma espiral de conflito interestatal a partir de intenções discursivamente defensivas.

De outro lado, houve uma notável inclinação, durante as primeiras duas décadas da Guerra Fria, ao reconhecimento por parte dos tomadores de decisão e comunidades científicas de que antigos e velhos mecanismos de segurança internacional, tais como o mecanismo de balança de poder e o concerto, ambos de filiação realista, e que haviam feito sucesso no passado, por exemplo nos séculos XIX, haviam se tornado inadequados para gerar respostas ao problema da guerra. Nesse contexto, abriam-se oportunidades para que fossem substituídos ou complementados por mecanismos inspirados em epistemologias e práticas políticas liberais, como a paz democrática e, acima de tudo, o mecanismo de segurança coletiva que acabou sendo institucionalizado na carta fundacional da ONU, em seu Capítulo VII. Ainda mais, o sincretismo de conceitos de orientação realista e práticas liberais que emergem da Carta de São Francisco, além de institucionalizar o conceito de segurança coletiva, nomeava o Conselho de Segurança da ONU como o responsável pela "paz e a segurança internacional". Na prática, essa inter-relação significava que o fórum de segurança da ONU deveria ser, ao mesmo tempo, um mecanismo de segurança e o principal provedor da segurança internacional.

No entanto, dada a preocupação que prevalecia durante a Guerra Fria com as armas nucleares, o perfil que a segurança internacional desenvolveu se assemelhava a uma forma de governança securitária que era prescritivamente liberal, organizada a partir do Conselho de Segurança e seu conceito de segurança coletiva. Na prática, porém, a segurança internacional girava em torno de atores estatais com poder global, praticantes do *ancient* e realista mecanismo de balança de poder na forma de equilíbrio nuclear. Parte essencial desse mecanismo foram as alianças militares que a bipolaridade ajudou a construir, de um lado a Otan, sob a liderança dos Estados Unidos, e, de outro, o Pacto de Varsóvia, sob a liderança soviética.

A bipolaridade da Guerra Fria acabaria por enfatizar ainda mais o aspecto ontológico realista, qual seja, o de que a segurança internacional é uma temática para ser tratada e dominada pelos "grandes atores do sistema internacional", não só por suas mais amplas capacidades militares de poder, mas também pelo que Buzan e Hansen (2009) chamaram de domínio do imperativo tecnológico – a revolução nos assuntos nucleares. A lógica competitiva não era só uma questão de acúmulo de poder, mas da qualidade no acúmulo desse poder, cujo parâmetro era o domínio da revolução tecnológica nos assuntos nucleares. Esse foi o material empírico do qual se alimentou o tipo de estudo prevalecente em boa medida durante a Guerra Fria, os Estudos Estratégicos, especializados em balanços quantitativos, estratégias e processos decisórios envolvendo o poderio nuclear e as perspectivas de uma guerra nuclear.

Contudo, os anos da Guerra Fria foram dominados pelas premissas de poder do realismo e, mais tarde, com o neorrealismo, produzindo um efeito paradoxal. Os principais atores do sistema global de segurança internacional conseguiram resolver dilemas de poder competitivo, ajustando e orientando suas condutas e estratégias, a fim de evitar que estas os conduzissem à lógica destrutiva prescrita na doutrina de destruição mútua assegurada. Em outras palavras, a *deterrence* funcionou. Porém, e daí o paradoxo, os Estudos Estratégicos sobre segurança internacional, que tinham na competição nuclear seu principal *feedback* empírico, sofreram uma forte decadência (Walt, 1991). Adicionalmente, a percepção da guerra como principal fonte de preocupação para a sobrevivência estatal diminuía em importância tanto para estadistas e tomadores de decisão como para pesquisadores da área de segurança internacional. Contribui também para essa perda de interesse nos assuntos de segurança internacional o fato de que alguns pesquisadores liberais emergentes, como Keohane e Nye (1971, 1977), começaram a questionar a utilidade do uso da força militar num mundo cada vez mais transnacionalizado e interdependente, em que as questões econômicas apareciam também como assuntos de *high politics* ao lado de questões de natureza militar.

No entanto, esse declínio precoce com realidades de segurança internacional foi importante para que tomadores de decisão e pesquisadores questionassem e elucidassem com maior rigor premissas racionais sobre as quais se presumia que operava a lógica da *deterrence* nuclear: escrutínios da ideia de que autoridades civis e militares tinham perfeito controle sobre os operadores militares das armas nucleares mostraram a completa ignorância em que, em alguns casos, se encontravam as autoridades civis em relação ao mundo militar. Outro mito que caiu por terra foi a ideia de que o chamado equilíbrio do terror (ou, mais tecnicamente, balança nuclear estratégica), dado seu alcance global, por ser praticado por atores globais, União Soviética e os Estados Unidos, teria forte impacto na política internacional e na política local em particular. Em nenhum dos dois níveis aquele fenômeno tão importante para a segurança internacional contemporânea parece ter tido um alto grau de significância (Walt, 1991).

Contudo, os chamados Estudos Estratégicos ainda perceberam já quase no final do século passado que era possível fazer modificações teóricas, em conceitos de segurança internacional, baseadas em interações estatais históricas. A ideia de que balança de poder é quase uma lei histórica no comportamento dos Estados estava, ainda no final do século passado, bem arraigada no pensamento neorrealista. Como Kenneth Waltz (2000) afirmava, a teoria neorrealista permitiria dizer que um novo equilíbrio de poder se formaria, embora não fosse possível dizer quanto tempo transcorreria para isso acontecer.

Stephen Walt (1987) modifica o conceito de balança de poder enfatizando o papel desempenhado por percepções de ameaça. Walt argumentou que os Estados tendem a equilibrar-se (*balancing*) contra ameaças e não necessariamente contra o poder, ao contrário do que sustenta a versão clássica de segurança. Consequentemente, os atores mais fracos podem perceber o poder ou aumento deste como benignos, eliminando assim a possibilidade de que Estados mais fracos assumam comportamento de *balancing* (equilíbrio) para compensar o excessivo diferencial de poder de um ator estatal emergente. Outra revisão do conceito de balança de poder é a introdução do conceito de *bandwagoning*. A lógica desse conceito sustenta que equilibrar não é um comportamento natural dos Estados mais fracos ou com menos poder relativo no sistema internacional. Que, em vez de formar coalizões ao lado dos mais fracos para compensar o poder de um Estado emergente, eventualmente, eles podem juntar as mãos com o poderoso por questões de segurança ou de utilidade econômica (Paul, 2004).

Ainda mais, os Estudos Estratégicos, em sua versão neorrealista, desenvolveram um ar de renovação ao pensar a segurança internacional desde uma perspectiva que veio a ser conhecida como neorrealismo defensivo, quando postulam que os Estados não eram somente maximizadores de poder, como afirmava o neorrealismo ofensivo (Mearsheimer, 2001). Por essa última visão, considerando-se o caráter anárquico do sistema internacional, não existiria um momento, na constante busca por acréscimo de poder, em que os Estados (sobretudo os grandes poderes) se sentissem seguros. O neorrealismo defensivo, por sua vez, constata que os grandes poderes poderiam ser maximizadores de segurança em vez de maximizadores de poder. Isso aconteceria quando as grandes potências atingissem um ponto de satisfação com a distribuição de poder entre elas, sentindo-se seguras e, portanto, preferindo manter sua posição de poder ou o *status quo* em vez de adotar o tradicional comportamento racionalista de um Estado revisionista ou expansionista.

Não obstante, um aspecto a ser sublinhado é que, apesar da hegemonia do realismo clássico e, na sequência, do realismo estrutural ou neorrealismo, que colocava o Estado no centro das agendas de segurança internacional, estes jamais estiveram livres de críticas ou ocuparam um espaço inconteste. De fato, a formulação dos Estudos para a Paz em meados das décadas de 1950 e 1960, em direta oposição aos Estudos Estratégicos, permitiu que abordagens alternativas fossem incorporadas à subárea dos Estudos de Segurança Internacional (Buzan; Hansen, 2009). Um desses primeiros desafios à predominância realista emerge com a teoria e prática voltada ao controle de armas, ao enfatizar o risco à sobrevivência coletiva por causa da rivalidade nuclear das superpotências. O controle de armamentos, no âmbito dos Estudos para a Paz, não rompia com o conceito tradicional de segurança, porém oferecia meios alternativos para a preservação da segurança internacional.

No entanto, abordagens mais radicais também emergiram nesse período, como a Pesquisa de Paz, proposta pelo sociólogo Johan Galtung, afastando-se da noção tradicional de segurança ao deslocar seu objeto referente do Estado para o indivíduo ou para a humanidade em si (Buzan; Hansen, 2009). Os Estudos para a Paz, no entanto, variavam em seu grau de rompimento com os pressupostos tradicionais da disciplina de Relações Internacionais e a subárea de Estudos de Segurança Internacional, considerando a centralidade do Estado e do poder militar. Na concepção ortodoxa, a paz era representada em oposição à guerra, como forma de violência organizada (paz negativa). Por sua vez, abordagens mais radicais opunham o conceito de paz à existência da violência, em todas as suas formas, direta, estrutural ou cultural (paz positiva). Concepções diversas de poder e violência se encontram no cerne desse debate, ora preservando as características centrais do realismo político, em que ambas as concepções podem ser objetivamente atribuídas como um dado da realidade, ora se afastando ao desafiar a lógica predominante, considerando que a realidade social não preexiste à sua identificação, sendo socialmente construída.

A inclusão dos Estudos para a Paz no campo dos Estudos de Segurança Internacional foi uma consequência natural da evolução normativa desses campos, ao longo das últimas décadas do século XX. No espectro de abordagens que se propõe a fim de identificar a segurança internacional para além de sua perspectiva realista, podemos citar o trabalho inovador de Karl Deutsch e seus colegas, em finais dos anos 1950, ao explorar o conceito de comunidades de segurança. O conceito, desenvolvido por Deutsch, rompia com a concepção vigente de segurança internacional, ao sugerir que ideias e realidades de segurança e insegurança eram construções sociais, resultantes de um consenso intersubjetivo e, portanto, poderiam ser alteradas por ações governamentais com o tempo. A obra *Political Community and the North Atlantic Area*, publicada em 1957, representava os resultados de um amplo estudo interdisciplinar que, como afirmara Deutsch, tinha o objetivo de jogar uma nova luz sobre um velho problema: a eliminação da guerra. Nessa obra, comunidade de segurança é definida como "um grupo de pessoas que se integraram, atingindo um senso de comunidade, em que as instituições e práticas sociais são fortes e suficientemente abrangentes para convencer as pessoas de que mudanças políticas, econômicas e sociais podem ser realizadas de forma pacífica" (Deutsch, 1957, p.5), ou seja, há uma garantia real de que os membros de uma comunidade não farão uso da força física uns contra os outros, buscando outras formas de resolver os problemas entre si. Em sua tese, segurança e comunidade são concepções interdependentes e segurança é algo que somente pode ser alcançado no contexto político e social de uma comunidade. A abordagem realista, por seu turno, não aceitaria facilmente a ideia de comunidade em nível internacional, o que para Deutsch e seus colegas acabava limitando a possibilidade de construir regimes de segurança ou uma paz estável duradoura.

De forma similar ao avanço teórico proposto pelo conceito de comunidade de segurança e divergindo da abordagem securitária dominante, que confere pouca importância ao nível unitário, uma resposta alternativa ao problema da guerra emerge com a teoria da paz democrática. Fruto do pensamento teórico ocidental, cujos primeiros desenvolvimentos podem ser traçados em Kant (*Paz perpétua*, 1975), elabora-se a ideia de uma união pacífica entre repúblicas liberais. Um desenvolvimento subsequente desse trabalho, bem como sua cooptação no discurso político ocidental, produziu o pressuposto teórico de que democracias não entrariam em guerra com outras democracias. O argumento que apoiava esse pressuposto era de que Estados democráticos, limitados por seu eleitorado, seriam mais relutantes em recorrer à guerra. No entanto, embora seja raro que regimes democráticos entrem em confronto entre si, o registro histórico não apoia o argumento inicial de Kant, uma vez que regimes democráticos vêm mostrando a mesma propensão à guerra que regimes não democráticos.

Nas últimas décadas da Guerra Fria, as construções teóricas supramencionadas apresentavam abordagens alternativas à via neorrealista abraçada pelos Estudos Estratégicos. Ambas foram recuperadas no início dos anos 1990, quando um novo esforço para eliminar a guerra das relações humanas adquire escala global. As abordagens epistêmicas suscitadas através do conceito de comunidade de segurança e a teoria da paz democrática divergem da abordagem dominante ao salientar a importância do nível unitário (estatal) na estrutura do sistema internacional, indicando o poder de agência das comunidades políticas para promover mudanças sistêmicas de forma pacífica, preservando sua estabilidade. Esses dois aportes teóricos, segundo Buzan e Hansen (2009), integravam a corrente de Pesquisa da Paz Liberal, baseando-se na premissa de que indivíduos e nações seriam capazes de alterar suas percepções acerca dos outros e que a imagem de um inimigo não é sempre realista. Logo, no cerne desses debates, encontram-se as primeiras construções teóricas pós-positivistas que indicavam ser a segurança (e, em particular, a segurança internacional) uma construção social.

Com efeito, observa-se que o conceito de segurança acompanhou a evolução da disciplina de Relações Internacionais, incorporando suas raízes ontológicas e epistêmicas. A noção de segurança internacional emergiu no contexto do pós-Segunda Guerra Mundial, com o início das tensões político-ideológicas entre as duas superpotências mundiais e seus aliados. No entanto, seu desenvolvimento se encontrou restrito e estruturado pelo contexto da Guerra Fria e, até o final desse período nos anos 1980, o consenso que existia em torno da concepção realista de segurança internacional, analisada em parágrafos anteriores, não foi seriamente desafiado. Ainda assim, no âmbito dos Estudos para a Paz e dos Estudos Críticos, contestações já começavam a ser articuladas.

Paradoxalmente, a renascença dos Estudos Estratégicos entre as décadas de 1970 e 1980, com a segunda fase da Guerra Fria, propiciou um engajamento interdisciplinar dos Estudos de Segurança Internacional dentro das ciências sociais aplicadas. O pluralismo interdisciplinar que acompanha a evolução dos Estudos de Segurança Internacional possibilitou a contestação da concepção realista, e ao mesmo tempo idealizada, de segurança internacional. Os críticos do realismo político rejeitavam o conceito por sua natureza a-histórica, baseada em escassas evidências empíricas. Por seu turno, os novos contestadores propunham a revisão do conceito de segurança internacional a partir de outras perspectivas ontológicas e bases epistêmicas para o conhecimento da realidade social (Sheehan, 2005). Assim, as duas últimas décadas do século XX assistiram a um processo sistemático de revisão do conceito de segurança internacional, cujas abordagens alternativas, num variado grau de sucesso, buscavam se afastar da concepção tradicionalmente realista que apresentava o Estado como um ator racional unitário, atuando sob as restrições de um sistema internacional anárquico.

Da hegemonia realista às análises abrangentes e críticas

Embora encontrassem forte resistência, nenhum realista ou analista dos Estudos Estratégicos pôde antecipar que seriam objeto de forte tensão conceitual e empírica quando tivessem que encarar formas diferenciadas de práticas, discursos e produção de segurança internacional exógenas ao *mainstream* neorrealista. Em oposição à hegemonia realista, as correntes ampliadoras e críticas advogavam por mais pluralismo epistemológico e ontológico, assim como por uma compreensão mais sociológica da segurança internacional.

A literatura acadêmica que analisa a evolução dos Estudos de Segurança Internacional nesse período converge na identificação de dois processos que propunham a revisão do conceito de segurança: um processo de ampliação (ou abrangência do conceito), expandindo as dimensões ou setores de análise para questões de segurança (isto é, setores político, militar, econômico, societal, ambiental etc.), e um processo de aprofundamento, que buscava revisar a concepção político-militar de segurança e seus meios, considerando outros níveis de análise além do Estado, como indivíduos, grupos sociais, a humanidade etc. No âmbito das perspectivas abrangentes, destacam-se os trabalhos inicialmente desenvolvidos por Barry Buzan e a Escola de Copenhague, ao identificar novos domínios sobre os quais os termos de segurança são ou poderiam ser apropriados, como as dimensões econômica e ambiental. Por sua vez, os esforços de aprofundamento, ao revisitar as bases epistêmicas e ontológicas sobre as quais o conceito de segurança emerge, foram liderados por personalidades como Ken Booth e Richard Wyn Jones, associados às correntes pós-positivistas, pós-estruturalistas e à teoria crítica, entre outras.

Os esforços para promover a ampliação e o aprofundamento do escopo conceitual de segurança têm enfrentado, em seu desenvolvimento, uma questão essencial: identificar o que constitui um tema pertinente de segurança ou se trata, simplesmente, de um problema que merece atenção particular do governo. O pressuposto teórico que orienta essas novas abordagens é fundamentalmente construtivista, visto que o processo de identificação de um assunto de segurança resulta da obtenção de um consenso intersubjetivo, quer dizer, de interações subjetivas interdependentes entre agente e estrutura, em que dada questão adquire significado através do discurso político e social, bem como de sua recepção e aceitação em determinados grupos sociais (Buzan; Wæver, 2003). Em síntese, entende-se segurança como uma construção social, produzida por um consenso intersubjetivo. Durante a Guerra Fria, a noção de segurança internacional teve suas bases moldadas pela predominante perspectiva realista; no entanto, o fim desse período e a inclusão de temas não tradicionais nas agendas de segurança internacional, a partir da década de 1980, colocou em xeque o consenso que até então preservara, sem contestações sistemáticas, a concepção realista de segurança.

A reestruturação das agendas de segurança internacional no fim dos anos 1980 e início dos anos 1990, em que temas tradicionais nas agendas de segurança internacional perderam sua centralidade política, traz à tona um novo conjunto de temas que disputam espaço com os tradicionais assuntos políticos e militares, incluindo questões sociais, econômicas, culturais e ambientais. Definidos como ameaças ou riscos, os novos temas que passam a compor as agendas de segurança internacional de Estados e organizações internacionais, com sua natureza social e transnacional em um mundo cada vez mais interdependente, não podem ser facilmente equalizados ou resolvidos através dos meios teóricos e práticos da concepção realista dominante. O consenso anterior fora quebrado e, ao final do século XX, a segurança é compreendida como um conceito essencialmente contestado. Um campo de disputa para as diversas correntes epistêmicas e perspectivas ontológicas das quais bebem os Estudos de Segurança Internacional.

Até os últimos anos da Guerra Fria, o realismo político fora predominante na teoria e na prática que envolvem temas de segurança internacional. A partir desse período, no entanto, nota-se uma transição da concepção realista para noções mais abrangentes e contestatórias de segurança. Na prática, ao longo da década de 1980, mudanças sensíveis nas agendas de segurança internacional enunciavam esse movimento ao incluir novos temas, não tradicionais, em suas pautas. Em 1982, quando a Comissão de Desarmamento e Assuntos de Segurança apresentou, em seu relatório final, o conceito de segurança comum, Olof Palme, que liderava a comissão, observou que as principais ameaças à segurança internacional não advinham de Estados individuais, mas de problemas globais compartilhados por toda a comunidade internacional (Buzan; Hansen, 2009). Apesar de preservar a centralidade do Estado como o ator por excelência nas dinâmicas de segurança internacional, o conceito deixava claro que as ameaças atuais não estavam restritas à esfera militar e afetavam tanto os Estados quanto suas populações.

Simultaneamente, outros esforços foram feitos no sentido de ampliar o escopo da segurança internacional, entre os quais se destacam o Relatório das Nações Unidas produzido pela Comissão Brandt, intitulado *North-South: A Programme for Survival*, publicado em 1980; o artigo seminal de Richard Ullman, "Redefining Security" (1983), publicado no período realista *International Security*; e a publicação da obra de Barry Buzan, *People, States and Fear*, cuja primeira edição veio a público em 1983, alcançando ampla disseminação em fóruns políticos e acadêmicos. Essas contribuições iniciais sugeriam que o conceito de segurança, a fim de responder aos novos desafios à segurança internacional, deveria ser aberto em duas direções: em primeiro lugar, não deveria estar restrito ao domínio militar, permitindo a incorporação de outras dimensões, como a econômica, a societal e a ambiental. Segundo, o objeto referente da segurança, ou seja, aquilo que deve ser assegurado, não deveria estar restrito ao nível estatal, abarcando também o indivíduo abaixo e o sistema internacional acima (Sheehan, 2005).

No entanto, a expansão do conceito de segurança significava intuir que outras esferas da existência social também seriam afetadas ou afetariam questões de segurança. Assim, um conceito mais abrangente de segurança internacional possuía implicações sociais e políticas, que dependiam, fundamentalmente, do objetivo que levara a mobilização do discurso de segurança em outras dimensões, seja em linhas mais radicais, para avançar uma agenda política emancipatória, seja numa linha mais conservadora, militarizando novas áreas de ação governamental, o que teria o mesmo efeito de reduzir o espaço de debate público em prol do interesse nacional. Nenhum outro assunto, no âmbito das relações internacionais, é capaz de mobilizar mais atenção e recursos governamentais do que aqueles descritos como questões de segurança. Portanto, os esforços de ampliação das agendas de segurança internacional foram, desde o início, confrontados com o ceticismo crítico de analistas e acadêmicos, ao considerar a concepção realista predominante e os meios suscitados para abordar assuntos previamente definidos como questões de segurança. Os esforços iniciais em romper com a concepção político-militar propunham ampliar sua dimensão, sem revisar o conceito em si, ou seja, o que segurança significava e como pode ser alcançada.

Não obstante, na prática, a inclusão de novos temas nas agendas de segurança de Estados e organizações internacionais tornara necessário reavaliar a concepção predominante de segurança e suas bases fundadas na dimensão militar. No mundo real, indivíduos e grupos sociais têm sua segurança afetada por uma variedade de ameaças e riscos que atravessam as diversas esferas da existência humana. Nesse sentido, o livro de Buzan, *People, States and Fear*, ao propor a ampliação do conceito de segurança através de uma abordagem multissetorial e multinível, encontrou ampla aceitação nos fóruns políticos e acadêmicos, particularmente em sua reedição no início dos anos 1990. Nessa obra, o conceito de segurança era debatido em duas dimensões: por um lado, questionava-se qual o nível apropriado de análise para acessar questões de segurança: individual, nacional ou internacional; por outro, propunha ampliar o número de setores em que as ameaças de segurança às coletividades humanas poderiam ser percebidas. O autor apresentou cinco grandes setores em que essas ameaças poderiam ser alocadas: militar, político, econômico, societal e ambiental. Contudo, apesar de amplos, esses setores não esgotam as múltiplas dimensões que podem ser acessadas em termos de segurança. Feministas, por exemplo, tendem a focar nas relações de gênero e estruturas de poder que permeiam o discurso securitário, clamando pela inclusão das categorias mulher e gênero como objetos referentes de segurança. Buscam, dessa forma, explorar como homens e mulheres são diversamente afetados por questões e práticas de segurança.

A ampliação do conceito de segurança e sua instrumentalização na abordagem de outros temas, como a degradação ambiental ou crises econômicas, compreendia um importante exercício intelectual e político. As implicações políticas dessa redefinição conceitual foram evidenciadas pelo trabalho da Escola de Copenhague sobre "securitização". Invocar a questão da segurança em relação a determinado tema na agenda política, nacional ou internacional, é agir sobre a escala de valores que define o que deve ser priorizado e quando meios excepcionais precisam ser empregados. Destacam-se, em particular, as contribuições de Barry Buzan e Ole Wæver. Embora suas teses estivessem firmemente inscritas na chave realista, a noção de que o significado de segurança estava sujeito a um processo de análise e negociação permitiu que esses autores jogassem nova luz sobre as dinâmicas de segurança internacional e, em especial, as dinâmicas regionais, ao explorar o conceito de complexos de segurança, o qual evoluiu em obras posteriores desses autores para o conceito de complexos regionais de segurança (Buzan; Wæver, 2003). Apesar de preservar uma abordagem estatocêntrica, os autores associados à Escola de Copenhague, gradualmente, passaram a atentar para o papel de outros agentes não estatais como atores securitizadores (Buzan; Wæver, 1998; Wilde; Buzan; Wæver, 2003). A ausência dessa consideração nas formulações iniciais suscitara uma das principais críticas aos propositores de uma definição mais abrangente para segurança.

Duas considerações críticas emergem com o desenvolvimento das perspectivas ampliadoras para o conceito de segurança internacional: em primeiro lugar, seriam os novos temas incluídos nas agendas de segurança de fato "questões" de segurança ou simplesmente "problemas" que necessitam de uma atenção especial em políticas governamentais? Em segundo, o que significa descrever problemas sociais, econômicos ou ambientais como questões de segurança? Ou seja, quais as implicações práticas desse movimento? Para muitos de seus críticos, a ampliação no escopo da agenda não indicava, necessariamente, a produção de uma nova concepção de segurança e sim a aplicação do conceito tradicional, político-militar e estatocêntrico, para um conjunto mais amplo de temas, abarcando outras dimensões da vida social (Shaw, 1994).

A ampliação no escopo das agendas de segurança internacional, ao promover a inclusão de temas que afetavam tanto Estados quanto grupos sociais, individual ou coletivamente, ampliava, também, o espectro de objetos referentes. No entanto, esse movimento, além de diminuir a coerência conceitual do termo, tinha implicações práticas, uma vez que segurança, pensada ao nível dos indivíduos, por exemplo, envolve uma série de questões que afetam diretamente as possibilidades de sobrevivência dos seres humanos em seu dia a dia, como as condições de saúde pública, pobreza, degradação ambiental, violações dos direitos humanos etc. Com essa reflexão, retoma-se a pergunta: o que, portanto, constitui segurança para determinados indivíduos e grupos sociais?

Definir as questões de segurança em relação à identificação de ameaças existenciais ou como questões que afetam diretamente as possibilidades de sobrevivência do objeto referente não poderia, por si só, conferir coerência intelectual ao termo. Diferentes objetos (Estados, indivíduos, grupos sociais, gênero, ambiente etc.) apresentam diferentes prioridades em escala de valor para aquelas ameaças ou riscos que impactam sua segurança existencial. Destarte, o movimento de ampliação requeria, segundo Ken Booth e outros proponentes dos Estudos Críticos de Segurança, um processo de aprofundamento do significado de segurança, desafiando as bases ontológicas e epistêmicas que conferem ao conceito tradicional de segurança um escopo limitado de ação (Sheehan, 2005).

As abordagens que buscam a ampliação e o aprofundamento emergem dessas questões, ao refletir sobre o que constitui segurança e como pode ser alcançada em relação a objetos referentes que vão além do Estado (ocidental). Assim, as últimas décadas do século XX assistiram ao advento de diversas abordagens que pensavam a segurança internacional para além do Estado. Fundadas nos Estudos para a Paz e de desenvolvimento, realizados nas décadas anteriores, com um particular destaque para o conceito de violência estrutural, destacam-se os estudos construtivistas, pós-coloniais e pós-estruturalistas, a noção de segurança humana, os estudos críticos de segurança, os estudos de gênero e o feminismo.

Os estudos pós-coloniais, por exemplo, opõem-se à concepção ocidental de Estado evidenciada pelos Estudos de Segurança Internacional, bebendo da teoria social e da Sociologia histórica para advogar uma visão que atente para as especificidades do "Terceiro Mundo" (Buzan; Hansen, 2009). Partindo do trabalho de Charles Tilly, Krause (1996) advoga que a concepção de Estado predominante na perspectiva realista tradicional de segurança se baseava, particularmente, na história europeia de formação do Estado. Nesse processo, a segurança do Estado veio a ser associada à segurança de seus cidadãos. No entanto, para os estudos pós-coloniais, os Estados não ocidentais teriam seguido caminhos diferentes, o que tem implicações diretas para a concepção de segurança nesses espaços (ibid., p.201).

Os estudos pós-coloniais colocaram em evidência as diferentes trajetórias de desenvolvimento das nações mundiais, mapeando as estruturas econômicas que fomentam a desigualdade social. No entanto, entre as abordagens que buscavam enfatizar questões de desenvolvimento e desigualdade social, conduzindo o indivíduo para o centro das agendas internacionais de segurança, destaca-se o conceito de segurança humana. O conceito, formulado pelo Programa das Nações Unidas para o Desenvolvimento (PNUD), "preocupava-se em como as pessoas vivem e respiram em sociedade, quão livres são para fazer suas escolhas, quão capazes elas são em acessar as oportunidades de desenvolvimento social e econômico – se estas pessoas vivem em conflito ou em paz" (PNUD, 1994, p.23). Ao recuperar o conceito de violência estrutural formulado por Galtung no âmbito da Pesquisa de Paz, integrando-o às análises de segurança internacional, nota-se que esse conceito realizava uma das expansões mais radicais até então. No entanto, como observaram seus críticos em inúmeras ocasiões, descritos como fora, segurança humana poderia englobar quase tudo que afetava a vida dos seres humanos, impedindo-os de realizar todo o potencial de suas capacidades psicossomáticas (Paris, 2001; Buzan, 2004; Booth, 2007). A abrangência e a subsequente perda de coerência conceitual facilitou sua instrumentalização na retórica política internacional. Comparado ao conceito de violência estrutural, associado aos estudos críticos, o conceito de segurança humana assumia uma posição mais moderada, sem reproduzir as tensões estruturais entre o centro e a periferia do sistema internacional. Logo, no conceito de segurança humana, a perspectiva mais radical de emancipação humana, estava ausente.

Com efeito, a cooptação dos Estudos para a Paz para as novas agendas de segurança internacional não passou despercebida no debate acadêmico conduzido pelas correntes pós-estruturalistas e críticas (Richmond, 2005; Chandler, 2010). As duas correntes de pensamento colocam em questão as noções preconcebidas e consolidadas de poder e conhecimento sobre as quais foram fundadas as Relações Internacionais e suas subáreas de estudo. Baseando-se nos trabalhos de Foucault, os pós-estruturalistas fizeram importantes contribuições ao analisar as relações entre o controle de conhecimento e informação e o poder. Observam como práticas discursivas se constituem como verdades ao predominar sobre as demais, preocupando-se, pois, em entender como determinadas "verdades" dominam outras. A verdade é uma ilusão construída por consenso (Sheehan, 2005). Dessa forma, as análises pós-estruturalistas observam criticamente o movimento de ampliação no escopo das práticas de segurança, nacionais e internacionais, questionando o real objetivo dessa ação eminentemente política.

Nessa mesma linha de desenvolvimento, emergem os Estudos Críticos de Segurança, que propõem analisar as seguintes questões: a segurança de quem está sendo considerada? Com qual objetivo? E o que, de fato, significa segurança para aquele a quem se destina? Essas questões indicam um rompimento com a ontologia realista que limitara, até aquele momento, o escopo do conceito de segurança à concepção político-militar de segurança nacional, fundada no Estado ocidental. Teóricos dos Estudos Críticos de Segurança, como Ken Booth, Wyn Jones e Keith Krause, apresentam segurança como um conceito discursivo e contestado. Esses autores, entre outros, entendem que o pensamento acerca do conceito de segurança nunca é neutro, suas teorias refletem valores e interesses específicos e lhes conferem prioridade em lugar de valores alternativos. Enquanto, na concepção realista, a segurança preserva um significado restrito e sua prática está orientada à sobrevivência do Estado, a abordagem crítica de segurança está associada à ideia de emancipação humana. Emancipação é um conceito central para essa subárea de estudos, uma vez que representa uma possibilidade de avaliar a eficácia dos discursos securitários em garantir que determinado indivíduo ou grupo social possa se expressar livremente e tenha liberdade para realizar seu potencial sem sofrer qualquer tipo de opressão. No entanto, emancipação significa que o indivíduo oprimido não pode ser liberado por forças externas, devendo liberar a si mesmo. Portanto, esse conceito impõe a necessidade de uma autorreflexão permanente acerca daquelas questões iniciais: Segurança para quem? Os interesses de quem estão sendo perseguidos nesse processo? E que interesses são esses?

Do ponto de vista normativo, as abordagens discutidas nesta seção, com o propósito de ampliar e aprofundar o debate conceitual de segurança, advogam formas diversas de intervenção na realidade social. Partindo de diferentes formas de apreensão ("conhecimento") do mundo dos fatos, essas abordagens rompem com a ontologia realista de forma mais ou menos radical. Partindo das abordagens construtivistas, que concebem a segurança como uma construção social, observa-se que estas não se afastam totalmente do paradigma realista, buscando operar em seu interior e estendê-lo. As abordagens seguintes procuraram aprofundar o conceito de segurança, considerando as percepções dos atores envolvidos no ato discursivo que promove a securitização de um tema. A aceitação de novos objetos referentes para as práticas de segurança possibilitaram não apenas a ampliação de seu escopo, como o aprofundamento de sua base conceitual ao incorporar novos níveis de análise. Por fim, o rompimento completo ocorre na medida em que os novos níveis de análise propõem uma revisão das bases ontológicas sobre as quais o conceito de segurança adquiriu significado. Como afirmou Ken Booth, no final da década de 1990, segurança é o que fazemos dela, um epifenômeno criado intersubjetivamente. Portanto, depende do contexto em que seu significado é produzido, visto que diferentes visões de mundo e discursos políticos produzem diferentes visões e discursos sobre segurança (Booth, 1997).

O balanço sobre as mudanças em segurança internacional

Levando em conta os últimos cinquenta anos de evolução histórica da prática e das categorias conceituais do subcampo da segurança internacional, duas mudanças significativas foram analisadas: em primeiro lugar, observa-se que houve no campo epistemológico a perda da centralidade da dimensão militar enquanto principal ameaça existencial a atores políticos e sociais. Simultaneamente, na dimensão ontológica, o objeto referente de segurança passou por mudanças significativas: junto ao Estado, que perde sua centralidade, outros entes sociais, indivíduos e sociedades, ganham relevância, como referentes de segurança internacional. Uma segunda importante mudança diz respeito ao quadro conceitual, que passou a operacionalizar e analisar realidades históricas e empíricas a partir de uma pluralidade de epistemologias que questionaram aquelas do *mainstream* ou tradicionais. Como resultante, o pensamento sobre segurança nacional foi obrigado a explorar novas e concretas ameaças diferentes daquelas associadas à guerra, embora esta continuasse presente nas percepções e práticas de Estados e comunidades epistêmicas do subcampo.

Um importante desenvolvimento empírico e conceitual diferencia a segurança internacional antes e após a Guerra Fria, dado que nesse período existiam dois atores com interesses globais e isso fazia que estivéssemos perto de uma segurança internacional planetária e, em termos analíticos, existia uma predominância do nível sistêmico. Com a ausência de um mundo bipolar ou multipolar de grandes poderes de presença global, os atores e processo de segurança passam a ter lugar num nível de análise que privilegia a região ou, para usar a famosa expressão da Escola de Copenhague, o *locus* geográfico ou cognitivo de análise privilegiado passariam a ser os complexos regionais de segurança (Buzan; Wæver, 2003). Esse fato não foi fortuito: primeiro, porque as principais dinâmicas de segurança começaram a concentrar-se na região, formando complexos regionais de segurança; segundo, porque as chamadas novas ameaças ou ameaças multidimensionais também se desenvolvem com maior intensidade na região. E terceiro, porque a guerra global é bem menos provável e a guerra interestatal convencional em geral diminuiu, sendo substituída pelo aumento quantitativo e em intensidade das guerras intraestatais, que ocorrem no interior dos Estados e regiões.

Dois desafios pressionam a segurança internacional contemporânea, ambos de natureza não estatal. O primeiro é sugerido pela questão seguinte: qual é o impacto da unipolaridade militar americana sobre a segurança internacional? O fato de que a unipolaridade americana ainda não tenha sido desafiada com a formação de novas balanças de poder ou de ameaças não é apenas uma derrota para o pensamento realista e seu conceito de balança de poder, mas também é um fator despolitizante da segurança internacional porque grandes poderes além dos Estados Unidos parecem ter aceito a ideia e firmado a percepção do superpoder benigno, negando-se a fazer um movimento de *balancing* contra o poder dominante, um comportamento essencialmente político. A unipolaridade é negadora da segurança internacional, anulando um tipo de segurança baseada no poder, na concorrência e nas alianças militares.

Mas há outros desafios. A emergência do terrorismo como um ator global nos remete à pergunta feita por Buzan e Hansen (2009) de se a doutrina da Guerra Global ao Terror não abre uma nova era para os Estudos de Segurança Internacional. Um aspecto que o Onze de Setembro mostrou para analistas e estudiosos da segurança internacional é que atores não estatais, desintegradores do sistema internacional, tais como grupos terroristas, crime organizado, bandas criminais ou grupos insurgentes, contam e podem usar suas guerras assimétricas para desafiar Estados e sociedades e inclusive para pressionar a ideia fortemente embasada na realidade histórica de que a guerra é um fenômeno de natureza basicamente interestatal. O que o Onze de Setembro e posteriores desenvolvimentos envolvidos na promoção da doutrina da Guerra Global ao Terror mostraram é que a guerra tem a possibilidade de ir além de sua original natureza interestatal.

E, finalmente, o quadro ontológico contemporâneo se tornou ainda mais complexo com a emergência de temas não tradicionais nas agendas de segurança internacional, como podemos observar pela noção de segurança cibernética. É possível, de fato, compreender essa nova dimensão de segurança como um fenômeno de segurança? Na verdade, o fato de seus agentes (os *hackers*) se transformarem em uma ameaça transnacional, que coloca em risco diferentes objetos referentes, não os torna necessariamente "novas ameaças". Por sua natureza virtual, os estudos em segurança internacional ainda não desenvolveram acuradamente as estruturas analíticas para melhor entender os impactos da segurança cibernética para a segurança internacional e suas consequências.

A segurança internacional, como conceito e como prática, tem tido, assim, um denominador comum: a perda do consenso sobre o seu significado, sobre sua natureza e sobre a definição de suas ameaças. Observa-se que essa transformação no campo, em vez de ser negativa, produziu um sólido renascimento da disciplina e desse subcampo das Relações Internacionais. O desafio epistêmico e ontológico, que definirá o seu futuro, é como incorporar os novos dilemas que a mudança política nas ameaças internacionais tem suscitado neste início do século XXI.

Referências bibliográficas

BOOTH, K. Security and Self: Reflections of a Fallen Realist. In: KRAUSE, K.; WILLIAMS, M. C. (Eds.). *Critical Security Studies*: Concepts and Cases. Minneapolis: University of Minnesota Press, 1997. p.83-120.

_____. *Theory of World Security*. Cambridge; New York: Cambridge University Press, 2007. [Cambridge Studies in International Relations, 105.]

BUZAN, B. *From International to World Society?* English School Theory and the Social Structure of Globalisation. Cambridge; New York: Cambridge University Press, 2004. [Cambridge Studies in International Relations, 95.]

_____; WÆVER, O. *Regions and Powers*: The Structure of International Security. Cambridge Studies in International Relations, v.91. Cambridge; New York: Cambridge University Press, 2003.

BUZAN, B.; WÆVER, O.; WILDE, J. *Security*: A New Framework for Analysis. United Kingdom: Lynne Rienner Roland, 1998.

BUZAN, B.; HANSEN, L. *The Evolution of the International Security Studies*. New York: Cambridge University Press, 2009.

CHANDLER, D. *International Statebuilding*: The Rise of Post-Liberal Governance. London; New York: Routledge, 2010. [Critical Issues in Global Politics, 2.]

DEUTSCH, K. W. [Karl Wolfgang, 1912-1992.] *Political Community and the North Atlantic Area*: International Organization in the Light of Historical Experience. Princeton: Princeton University Press, 1957.

HAFTENDORN, H.; KEOHANE, R.; WALLANDER, C. Risk, Threat and Security Institutions. In: ______. (Eds.). *Imperfects Unions*: Security Institutions over Time and Space. Oxford: Oxford University Press, 1999.

HERZ, J. H. Idealist Internationalism and the Security Dilemma. *World Politics*, v.2, p.157-80, 1950.

KEOHANE, R. O.; NYE, J. Transnational Relations and World Politics: an Introduction. *International Organization*, v.25, n.3, p.329-49, 1971.

______; ______. *Power and Interdependence*. World Politics in Transition. Boston: Little Brown, 1977.

KRAUSE, K.; WILLIAMS, M. C. Broadening the Agenda of Security Studies: Politics and Methods. *Mershon International Studies Review*, v.40, n.2, p.229, out. 1996.

MEARSHEIMER, J. J. *The Tragedy of Great Powers Politics*. New York: Norton & Company, 2001.

NYE, J. S.; LYNN-JONES, S. International Security Studies: A Report of a Conference in the State of the Field. *International Security*, v.12, n.4, p.5-27, 1988.

PARIS, R. Human Security: Paradigm Shift or Hot Air? *International Security*, v.26, n.2, p.87-102, out. 2001. [doi:10.1162/016228801753191141.]

PAUL, T. V. Introduction: The Enduring Axioms of Balance of Power Theory and their Contemporary Relevance. In: ______; WIRTZ, J. J.; FORTMANN, M. (Eds.). *Balance of Power*: Theory and Practice in the 21st Century. Stanford: Stanford University Press, 2004. p.1-28.

PROGRAMA das Nações Unidas para o Desenvolvimento (PNUD) (Org.). *Human Development Report 1994*. New York: Oxford University Press, 1994.

RICHMOND, O. P. *The Transformation of Peace*. Basingstoke; New York: Palgrave Macmillan, 2005.

SHAW, M. *Global Society and International Relations*: Sociological Concepts and Political Perspectives. Cambridge: Polity Press, 1994.

SHEEHAN, M. *International Security*: An Analytical Survey. Boulder: Lynne Rienner, 2005.

WALT, S. M. *The Origins of Alliances*. Ithaca: Cornell University Press, 1987.

______. Renaissance of the Security Studies. *International Studies Quarterly*, v.35, n.2, p.211-39, 1991.

WALTZ, K. M. Structural Realism after the Cold War. *International Security*, n.25, p.30, verão 2000.

SEGURANÇA MULTIDIMENSIONAL

Laura Meneghim Donadelli

A CONCEPÇÃO DE SEGURANÇA MULTIDIMENSIONAL parte do pressuposto de que as questões relacionadas à segurança são de natureza diversa e possuem um alcance que vai além da dimensão militar, englobando as tradicionais e as "novas" ameaças, cujos aspectos podem ser políticos, econômicos, sociais, de saúde e ambientais. Esse conceito foi inserido na pauta das discussões do continente americano, devendo ser compreendido no bojo da segurança hemisférica. Seu diferencial em relação a outras categorizações do termo "segurança" reside no enfrentamento das ameaças "novas" e transnacionais, características das últimas décadas, por meio da cooperação internacional. O debate a respeito da segurança multidimensional intensificou-se na região visto que o emprego do conceito possibilita a militarização de problemáticas sociais e políticas, como veremos adiante.

Para melhor compreender a definição de segurança multidimensional é importante inseri-la no debate acerca da trajetória do conceito de segurança: as noções de segurança nacional e segurança coletiva, fortemente ligadas à ideia de soberania e poder militar, conseguiram, por décadas, analisar e compreender ameaças tradicionais aos Estados, como as disputas interestatais por questões territoriais ou econômicas, por exemplo. Entretanto, a partir da década de 1980 e com a proximidade do fim da Guerra Fria, novas questões de segurança foram incluídas nas agendas de governantes, organizações internacionais e estudiosos, que notaram o fortalecimento de temas que até então não tinham sido satisfatoriamente explorados, como o tráfico de drogas, de armas e de pessoas; a pobreza e a miséria; o desemprego; e o terrorismo.

Diante desse cenário, políticos e acadêmicos, através de organismos internacionais e comissões de segurança, perceberam a necessidade de discutir e redefinir um novo conceito de segurança que, além de considerar uma maior variedade de problemas e ameaças, desafiasse a tradicional concepção estadocêntrica e colocasse o indivíduo no centro da proteção (Oliveira, 2011). Diante desse cenário, em 1994, o Programa das Nações Unidas para o Desenvolvimento (PNUD/ONU) apresentou o conceito de segurança humana em seu *Relatório do desenvolvimento humano*. Essa nova definição de segurança estaria mais apta a abarcar as exigências da nova década, de ameaças de tipo novo que transcendem as fronteiras e afetam não apenas os Estados, mas também os indivíduos, incluindo a fome, a criminalidade e a repressão (Donadelli, 2016).

O conceito de segurança humana foi amplamente difundido em diversos documentos sobre segurança em todo o mundo. Por diversas vezes foi redefinido e inspirou outros conceitos, tais como segurança integral e segurança cidadã, utilizados, por exemplo, por Equador e Colômbia, respectivamente. Nesse sentido, uma variedade de desafios e problemas de natureza distinta e tradicionalmente vinculados a questões de desenvolvimento e fraqueza institucional foram reunidos sob uma designação comum: poderiam ser considerados potenciais ameaças à segurança, tornando frágil a delimitação entre ameaças internas e externas aos Estados e, além disso, o tipo de resposta e solução requeridas para combatê-las.

No concernente ao continente americano, durante a Assembleia Geral da Organização dos Estados Americanos (OEA) de 1991, os países participantes reconheceram as mudanças políticas e econômicas decorrentes do fim da Guerra Fria. Com a assinatura da Resolução n.1.123 sobre Cooperação para a Segurança Hemisférica, ficou definido que a nova situação internacional trouxe novas oportunidades e responsabilidades aos países do continente. No ano seguinte, por meio da Resolução n.1.180, os países-partes decidiram pela criação da Comissão Especial de Segurança Hemisférica, que teria como propósito "continuar o tratamento da agenda de cooperação para a segurança hemisférica".

Em 1995, a Comissão de Segurança Hemisférica tornou-se uma agência permanente de consulta e formulação das políticas de segurança no continente. Saint-Pierre (2011) recordou que, no documento que estabeleceu a Comissão, Hernán Patiño Mayer, representante permanente da Argentina na OEA, afirmou a necessidade de se iniciar "um processo de consulta sobre segurança hemisférica, à luz de novas circunstâncias regionais e mundiais, desde uma perspectiva atualizada e integral da segurança e o desarme" (OEA, 1993), referindo-se à revisão da noção militarizada e estática da segurança.

Paralelamente às ações da OEA, para compreender o debate em torno da segurança multidimensional é preciso também verificar o que foi discutido durante as Cúpulas das Américas e Conferências de Ministros de Defesa das Américas (CMDAs). No Plano de Ação da II Cúpula das Américas, de 1998, os governos se comprometeram a encarregar a OEA, por meio da Comissão de Segurança Hemisférica, de analisar o significado, a abrangência e as implicações dos conceitos de segurança internacional no continente (OEA, 1998). Como consequência, no Plano de Ação da Cúpula de 2001 foi recomendada a realização da Conferência Especial sobre Segurança, para a qual a Comissão de Segurança Hemisférica da OEA ficou encarregada de revisar os temas que se referem aos enfoques sobre a segurança internacional no continente (Donadelli, 2016), como veremos mais adiante.

De antemão, é prudente relembrar que, em 2001, durante a III Cúpula, no Canadá, a palavra "multidimensional" apareceu pela primeira vez em uma declaração, ainda que naquele momento o adjetivo se referisse apenas às ameaças e não ao conceito de segurança: "Reiteramos nosso compromisso de combater as novas e multidimensionais ameaças à segurança de nossas sociedades" (Declaração de Quebec, 2001). No texto da declaração, as novas e multidimensionais ameaças ao continente foram enumeradas como sendo "o problema mundial das drogas e crimes correlatos, o tráfico ilegal e o uso criminoso de armas de fogo, o crescente perigo representado pelo crime organizado e o problema geral da violência em nossas sociedades" (Declaração de Quebec, 2001). Foi apenas na Cúpula de 2005 que o "conceito multidimensional da segurança" seria consolidado (Declaração de Mar del Plata, 2005).

Com relação à tarefa destinada à Comissão de Segurança Hemisférica, durante a reunião ordinária da Assembleia Geral da OEA em 2002 foi assinada a Declaração de Bridgetown: enfoque multidimensional da segurança hemisférica. Os signatários decidiram incluir o enfoque multidimensional da segurança hemisférica como um ponto na agenda da Conferência Especial sobre Segurança, e indicaram que o evento deveria considerar "recomendações apropriadas sobre estratégias coordenadas e planos de ação integrados, relacionados com as novas ameaças, preocupações e outros desafios à segurança hemisférica" (OEA, 2002). O esboço a respeito da multidimensionalidade da segurança na Declaração de Bridgetown seria confirmado em 2003, no México, durante a Conferência Especial sobre Segurança, durante a qual foi assinada a Declaração sobre Segurança nas Américas.

O documento estabeleceu que a nova concepção do termo "segurança" definida para o continente americano é de alcance multidimensional e engloba as ameaças tradicionais e as "novas ameaças", preocupações e desafios à segurança dos Estados do continente: o terrorismo, o crime organizado transnacional, o problema mundial das drogas, a corrupção, o tráfico de armas e seres humanos, a pobreza extrema e a exclusão social, o HIV/Aids e outras doenças, a deterioração do meio ambiente, os ataques à segurança cibernética etc. (OEA, 2003). Além de promover um novo conceito de segurança, o documento propôs que a cooperação no âmbito hemisférico seria necessária para enfrentar tais ameaças, pois muitas delas têm alcance transnacional. Um dos frutos da reunião foi a criação da Secretaria de Segurança Multidimensional em 2004, pelo então secretário-geral da OEA José Miguel Insulza, com o objetivo de trabalhar com temas da segurança pública, do controle do abuso de drogas e do terrorismo.

Apesar do marco inaugurado pela Declaração de 2003, o caráter multidimensional da segurança no continente pode ser observado anteriormente em 1998, durante a Conferência Regional de São Salvador sobre medidas de fomento da confiança e da segurança, em seguimento da Conferência de Santiago. Em sua Declaração de São Salvador, os signatários estabeleceram que o conceito de segurança para os pequenos países insulares do continente tem "caráter multidimensional e envolve atores do Estado e não estatais e inclui componentes políticos, econômicos, sociais e naturais" (OEA, 1998). Também no ano de 1998, a adjetivação da multidimensionalidade pôde ser observada no Plano de Ação da II Cúpula das Américas, referindo-se novamente aos pequenos Estados insulares e suas "preocupações especiais de segurança, que incluem, de uma perspectiva multidimensional, aspectos econômicos, financeiros e ambientais" (OEA, 1998).

O que podemos observar com essas declarações é que, em 1998, a segurança multidimensional era característica apenas dos países insulares do continente, todavia, em 2003, a Declaração sobre Segurança nas Américas atribuiu esse conceito a todos os países americanos. Nesse mesmo sentido, na Cúpula de 2001 e na CMDA de 2002, a multidimensionalidade se referiria apenas às ameaças e desafios (Declaração de Santiago de Chile, 2002). Entretanto, na Cúpula de 2005 e na CMDA de 2004, posteriormente à declaração, a multidimensionalidade passou a caracterizar também o conceito mais amplo de segurança, adjetivando a fórmula "segurança multidimensional" (Donadelli, 2016).

A partir dessa introdução, é importante notar que diversas críticas permeiam a inserção e a manutenção da segurança multidimensional na agenda do continente. Com relação à lista de ameaças propostas, Chillier e Freeman (2005) chamam a atenção para o tratamento de problemas da região, tais como a pobreza e o HIV/Aids, a partir da ótica da segurança nacional, concebendo-os como uma ameaça, o que pode ocasionar a securitização de problemas de caráter político, econômico, social ou ambiental. Nesse sentido, os autores afirmam que a securitização dos problemas da América do Sul pode culminar na militarização como uma resposta para combatê-los, visto que existem três fatores que propiciam essa escolha na região: a) as políticas de combate às drogas dos Estados Unidos, que patrocinaram a participação militar nas ações de combate ao narcotráfico desde a administração do presidente Ronald Reagan (1981-1989); b) a fragilidade das políticas de segurança pública, refletidas nos altos índices de insegurança e do incremento do crime; e c) a "Guerra ao Terror" como parte da política externa dos EUA a partir do governo George W. Bush (2001-2009) como resposta aos atentados de 11 de setembro de 2001.

Em relação à proposta dos Estados Unidos de emprego das Forças Armadas dos países do continente em assuntos de segurança pública no contexto do pós-Guerra Fria, Vitelli (2016) afirmou que existia uma oposição por parte de Argentina, Brasil e Chile principalmente no que se referia ao combate ao narcotráfico, terrorismo e crime organizado. Apesar da posição diplomática manifestada em foros regionais e em negociações bilaterais com a potência, a Declaração de Bridgetown e a Conferência Especial sobre Segurança consolidaram a característica multidimensional das ameaças no continente, como vimos anteriormente. Sobre a Declaração de Bridgetown, Vitelli recordou o trecho em que fica estabelecido o reconhecimento do direito soberano dos Estados de identificar suas prioridades e definir as estratégias de acordo com seu ordenamento jurídico. Para a autora, esse fragmento do documento demonstra que não havia consenso absoluto entre os países que aceitavam a participação das Forças Armadas em assuntos de segurança interior e aqueles que resistiam à reformulação.

De acordo com Vitelli (2016), a proposta para a segurança regional dos Estados Unidos naquele momento estava baseada em três elementos: a cooperação interestatal, a participação dos países em operações de paz da ONU, e a proposta de que os Estados latino-americanos diminuíssem suas Forças Armadas e as redirecionassem para assuntos internos, deixando a atividade da defesa sob a responsabilidade das Forças Armadas estadunidenses. Apesar do consenso regional em torno dos dois primeiros pontos, o último deles encontrou resistência de países como a Argentina e o Brasil, que se opunham ao envolvimento das Forças Armadas no combate às novas ameaças como um critério da cooperação regional em defesa. De acordo com a autora, essa oposição baseava-se nos riscos à democracia que o emprego dos militares em assuntos internos poderia causar, dentre eles: a desprofissionalização dos militares (como consequência de seu emprego em tarefas policiais), a possibilidade de corrupção das Forças Armadas, por conta de sua exposição ao crime organizado, e a perda de autonomia estratégica.

Do ponto de vista da segurança pública, acreditamos que o uso das Forças Armadas pode ocasionar repercussões negativas ao promover o amalgamento de distintas ameaças no interior dos Estados, o que poderia acarretar a marginalização de amplos segmentos da sociedade, ignorando as origens sociais e econômicas de problemas como a miséria e o tráfico de armas; ou seja, atribuindo ao Estado a possibilidade de empregar soluções de combate imediatistas em vez de estruturais, como maiores investimentos em educação e melhores políticas de inclusão social. Ao militarizar a solução para esses problemas estruturais internos, corre-se o risco de diluir a linha que diferencia normativa e operacionalmente as atividades da defesa e da segurança pública. Nesse sentido, acreditamos que o uso dos militares em assuntos internos não apenas não resolve os problemas de segurança pública como os potencializa e, por outro lado, "desmotiva e desprofissionaliza o poder militar ao mesmo tempo que militariza a polícia" (Saint-Pierre; Donadelli, 2014, p.73).

Em relação à América do Sul, uma região marcada por regimes militares durante as décadas de 1960 a 1980, o desafio dos governos parece ser, em nossa análise, lidar com a multidimensionalidade das ameaças e o alargamento do conceito de segurança sem que as respostas a esses problemas sejam militarizadas. Como afirmamos em outro trabalho, acreditamos que o uso dos militares em assuntos internos se demonstra uma solução ilusória e ineficaz que repercute negativamente em questões ligadas aos direitos humanos e no fortalecimento da democracia, tendo em vista que os países da região sofrem com carências institucionais, de orçamento e de descasos políticos, refletindo, em última instância, nos instrumentos de segurança, frequentemente mal pagos, desmotivados e não adequadamente treinados (Donadelli, 2016).

É necessário, então, refletir a respeito do conceito de segurança multidimensional, que transforma as ameaças à segurança em questões objetivas e incontestáveis quando, na verdade, são problemas que variam de acordo com a percepção de cada governo. Assim, uma demanda crucial no debate é identificar a quais interesses e atores específicos correspondem a vontade de manter uma agenda única de segurança nas Américas e quais são as implicações políticas e sociais da militarização do combate a essas ameaças chamadas "novas".

Referências bibliográficas

CHILLIER, G.; FREEMAN, F. O conceito novo de segurança hemisférica da OEA: uma ameaça potencial. *Informe Especial de Wola*, 2005.

DECLARAÇÃO DE MAR DEL PLATA. In: CÚPULA DAS AMÉRICAS, 4. Mar Del Plata, 2005.

DECLARAÇÃO DE QUEBEC. In: CÚPULA DAS AMÉRICAS, 3. Quebec, 2001.

DECLARAÇÃO DE SANTIAGO DE CHILE. In: CONFERÊNCIA DE MINISTROS DE DEFESA DAS AMÉRICAS, 5. Santiago, 2002.

DONADELLI, L. M. *Segurança na América do Sul*: uma abordagem histórico-conceitual. São Paulo, 2016. Dissertação (Mestrado em Relações Internacionais) – Programa de Pós-Graduação em Relações Internacionais, Unesp/Unicamp/PUC-SP.

OLIVEIRA, A. B. de. *Segurança humana*: avanços e desafios na política internacional. Campinas, 2011. Dissertação (Mestrado) – Instituto de Filosofia e Ciências Humanas, Universidade Estadual de Campinas.

ORGANIZAÇÃO DAS NAÇÕES UNIDAS (ONU). Informe da Comissão Independente sobre Questões de Desarme e Segurança. A/CN10/38. 1983.

ORGANIZAÇÃO DOS ESTADOS AMERICANOS (OEA). Assembleia Geral. Resolução n.1.123. Cooperação para a Segurança Hemisférica. 1991.

______. Aportes a un nuevo concepto de seguridad hemisférica: seguridad cooperativa. 1993. Documento preparado pelo presidente da Comissão Especial sobre Segurança Hemisférica da Organização dos Estados Americanos, o embaixador Hernán M. Patiño Mayer.

______. Assembleia Geral. Resolução n.1.180. Cooperação para a Segurança Hemisférica. 1992.

______. Plano de Ação da II Cúpula das Américas. Cartagena, 1998.

______. Declaração de Bridgetown: abordagem multidimensional à Segurança Hemisférica. 2002.

______. Declaração sobre Segurança nas Américas. Cidade do México, 2003.

PROGRAMA DAS NAÇÕES UNIDAS PARA O DESENVOLVIMENTO (PNUD). Relatório do Desenvolvimento Humano. 1994.

SAINT-PIERRE, H. L. "Defesa" ou "segurança"?: reflexões em torno de conceitos e ideologias. *Contexto Internacional*, v.33, n.2, p.407-33, 2011.

______; DONADELLI, L. M. El involucramiento de policía y militares a nivel internacional: el empleo de las Fuerzas Armadas en asuntos internos. In: MAIHOLD, G.; JOST, S. (Orgs.). *El narcotráfico y su combate*: sus efectos sobre las relaciones internacionales. México: Konrad Adenauer Stifung, 2014. p.59-75.

VITELLI, M. América del Sur: de la seguridad cooperativa a la cooperación disuasoria. *Foro Internacional*, v.LVI, n.3, p.724-55, jul.-set. 2016.

SEGURANÇA PÚBLICA/INTERNA

David Paulo Succi Junior

Segurança pública, assim como a defesa externa, é caracterizada por um tipo específico de violência organizada sob o monopólio legítimo do Estado. O funcionamento de uma sociedade pressupõe a compreensão do papel atribuído ao emprego da força na vida coletiva. Os instrumentos do Estado para tal atividade são criados, treinados e mantidos com base em uma determinada concepção acerca do tipo de violência que pode ser empregado em determinada situação (Finnemore, 2004). O emprego da força estatal tendo como objetivo a segurança pública vincula-se à prevenção, investigação e repressão das diferentes formas de criminalidade, em consonância com os marcos jurídicos estabelecidos. Deve-se garantir assim o livre exercício da cidadania, dos direitos e deveres de seus cidadãos, além da integridade física e moral tanto dos perpetradores quanto das vítimas da criminalidade. O criminoso não é considerado um inimigo, de cuja eliminação depende a sobrevivência do Estado, mas um indivíduo que, ao se desviar do padrão de comportamento estabelecido pelo pacto social, deve ser ajustado ao mesmo (Giddens, 2008). Os instrumentos destinados a manter a segurança pública são as polícias em suas mais diversas formas: civil, militar, federal, municipal (López, 2016). Esse aparato tem a incumbência de lidar com as mais diversas camadas sociais que compõem a população, sendo esta seu objeto de salvaguarda. Dessa forma, a segurança pública tem a responsabilidade de lidar com diferentes tipos de demandas e posições sociais que exigem capacidade de diálogo e de mediação que se sobrepõem ao uso da violência. A limitação do uso da força, pautada pelo arcabouço jurídico do Estado, é característica central para a garantia da segurança pública (López, 2016; Sain, 2003).

A especificidade do âmbito de atuação dos instrumentos de segurança pública pode ser mais bem compreendida a partir da diferenciação de Julien Freund (1995) entre estado polêmico e agonístico. O que distingue, para o autor, as duas situações é o modo de resolução do conflito, vinculado à natureza do protagonista que se enfrenta. Enquanto, na primeira, o emprego da força visando à letalidade é compreendido como legítimo, sendo o ator combatido caracterizado como inimigo, no estado agonístico, os protagonistas do conflito são adversários, de modo que, apesar de o uso da força não estar totalmente descartado, a utilização da violência é controlada e a supressão física daquele que se combate não é valorada positivamente. Nesse sentido, Carl Schmitt (1984), ao definir a política como a distinção entre amigos e inimigos, localiza essa atividade no âmbito externo ao Estado, uma vez que a ideia de inimigo interno, legitimando o emprego da força letal contra os próprios cidadãos, não seria compatível com a função estatal. Como indicado por Saint-Pierre (2012), o monopólio de emprego da violência concedido ao Estado possui uma dupla funcionalidade: a de neutralização do conflito, no âmbito doméstico, e, no plano externo, a garantia da existência da unidade política em relação aos outros Estados, espaço caracterizado pela letalidade. Há, desse modo, dois instrumentos diversos para cumprir cada uma das funções: a polícia e as Forças Armadas.

A clara distinção conceitual não é observada com tanta nitidez na realidade sul-americana. O emprego das forças militares em questões de segurança pública é característica histórica dos Estados da região desde sua fundação, tendo sido intensificada durante os regimes militares. As especificidades das transições dos regimes autoritários para a democracia nos países da América do Sul determinaram a clara separação entre segurança pública e defesa externa em alguns casos, como na Argentina, mas, em outros, como o Brasil, a continuidade da indefinição das missões a serem atribuídas às Forças Armadas mantém a confusão entre as duas esferas.

Ainda que não constitua um fenômeno recente, notam-se atualmente a expansão das missões militares (Battaglino, 2015) e uma intensa utilização dos meios castrenses em tarefas de segurança pública nos países sul-americanos. Entre 2012 e 2013, na América Latina e Caribe, foram realizadas, por militares, 488 mil operações de segurança interna. Em 2014, 94% das Forças Armadas da região realizaram de forma regular algum tipo de atividade vinculada à segurança pública. As ações desempenhadas pelas Forças Armadas são: repressão e prevenção de atividades criminosas; patrulhamento; contenção de revoltas e manifestações populares; proteção das fronteiras contra delitos transnacionais, em especial o narcotráfico; e, em alguns casos, o controle de áreas penitenciárias (Donadio, 2014, 2016).

Além da continuidade da autonomia castrense (Hunter, 1994; Zaverucha, 2008), o emprego dos militares em segurança interna é geralmente explicado por um conjunto de fatores como: a redução da conflitividade entre os Estados da região, vinculada a projetos de cooperação, resultando na ausência de missões profissionalmente relevantes para os militares (Celi, 2016; Guyer, 2016); o incremento da violência no âmbito doméstico, levando à sensação de insegurança, e a debilidade qualitativa e quantitativa das estruturas policiais, consideradas corruptas e pouco confiáveis (Dammert; Bailey, 2005); a busca das Forças Armadas por justificar seu orçamento (Diamint, 2015); a influência externa, em particular da agenda de segurança estadunidense, cristalizada na ideia de segurança hemisférica e ameaças multidimensionais, conformadas no âmbito da Organização dos Estados Americanos (OEA) (Rodrigues, 2012; Saint-Pierre, 2011, 2012); e a mudança na natureza das ameaças no pós-Guerra Fria (Pion-Berlin; Trinkunas, 2011; Rasmussen, 2006).

Apesar da ausência de conflitos interestatais, a América do Sul se destaca por uma grande desigualdade socioeconômica e por altos índices de violência, pobreza e exclusão social. De acordo com o Estudo Global sobre Homicídios, publicado pelo Escritório das Nações Unidas para Drogas e Crimes, em 2013, a América do Sul ocupou a terceira colocação como a sub-região com as maiores taxas de homicídio no mundo, com uma média de 23 vítimas a cada 100 mil habitantes (perdendo apenas para o Sudeste da África e a América Central). Em relação aos países, Colômbia e Venezuela estão entre os detentores das maiores taxas do mundo, com médias superiores a 30 vítimas para cada 100 mil pessoas (United Nations, 2013). Segundo o Relatório Regional Segurança Cidadã com Rosto Humano, do Programa de Desenvolvimento das Nações Unidas, a segurança pública tem se tornado uma das principais preocupações da população em muitos países na América Latina, devido a problemas como o crime organizado transnacional (United Nations, 2013). Ademais, há uma desconfiança dos cidadãos em relação ao sistema policial, por considerá-lo pouco eficiente, corrupto e com baixo grau de profissionalização. Como indicado por Dammert e Bailey (2005), o presente quadro leva a um sentimento de que a criminalidade não é punida e a uma pressão popular pela intensificação das punições e dos mecanismos de controle, tendo como resultado, por um lado, o processo de privatização da segurança pública e, por outro, a utilização das

Forças Armadas – consideradas instrumento eficiente e confiável – em atividades policiais.

À histórica multifuncionalidade dos instrumentos militares e à debilidade das estruturas policiais na região soma-se, com o fim da Guerra Fria, a ideia de "novas ameaças" transnacionais. A expressão, como aponta López (2003), é empregada para assuntos não necessariamente novos, mas que, inseridos na mudança sistêmica global, ocorrida entre o final da década de 1980 e início de 1990, passaram a ser considerados ameaças aos Estados e suas sociedades. Tais ameaças são caracterizadas por não se enquadrarem nas concepções convencionais, sendo as mais recorrentemente citadas: narcotráfico, crime organizado internacional, tráfico de armas, terrorismo, degradação do meio ambiente, fundamentalismos religiosos, migrações e pobreza extrema. Diante dessas questões de caráter não estatal e transnacional, tem-se uma crescente dificuldade na delimitação entre as ações internas e externas, ou seja, em definir quais questões, quando estas exigem emprego da força, são de caráter policial e quais são características da atuação militar. Ampliam-se, desse modo, as ações constabulares, isto é, aquelas que se encontram na intersecção entre a esfera policial e a militar (Medeiros Filho, 2010). Para lidar com tais atividades, é muitas vezes indicada a necessidade de forças intermediárias, como a Gendarmería Nacional, na Argentina, e os Carabineros, no Chile (López, 2003; Pion-Berlin, 2016; Saint-Pierre; Mathias, 2001). Segundo López, tais atividades permanecem vinculadas à segurança interior, e não à defesa. Derghougassian (2008) denomina tal processo como "intermesticação", cujo resultado consiste na militarização das forças policiais e na "policialização" dos militares.

Nesse contexto, em consonância com o conceito de segurança humana, consolidado em 1994 em um relatório emitido pelo Programa de Desenvolvimento das Nações Unidas (PNUD), surge na região a ideia de segurança democrática, em oposição à doutrina de segurança nacional. Ambos os conceitos indicavam a necessidade de que o objeto referencial da segurança passasse a ser a dignidade e o desenvolvimento humano, priorizando assim as necessidades individuais em termos econômicos, políticos, sociais e ambientais. De acordo com Tickner (2016), porém, o deslocamento dessas temáticas para a esfera de segurança, ou seja, sua securitização, ocorreu sem abandonar o estadocentrismo convencional da área de segurança internacional, resultando, assim, na militarização desses assuntos. Desse modo, estabelece-se um paradoxo em relação ao objetivo democrático. As principais críticas ao envolvimento dos meios castrenses em atividades de segurança interior relacionam-se aos prejuízos tanto à própria instituição quanto à população civil. Entre as preocupações estão: desprofissionalização das Forças Armadas, comprometendo o preparo do instrumento militar para o combate a ameaças convencionais; envolvimento em corrupção; emprego excessivo da força e violação dos direitos humanos; e a possível ingerência política dos meios militares como risco às instituições democráticas (Diamint, 2015). Assim, apesar do alto grau de organização e grande capacidade de mobilização das instituições castrenses, considera-se que a resposta militar ao crescente problema de segurança pública na América do Sul pode comprometer os dois instrumentos de força do Estado – Forças Armadas e polícias – ao fundir suas esferas de atuação, sem garantir a efetiva solução da questão, além de direcionar a força de letalidade do Estado à população civil.

Outro conceito característico da região é o de segurança cidadã, o qual, assim como a segurança democrática, se apresenta como uma abordagem mais abrangente em relação à concepção de segurança pública, enquanto repressão e prevenção dos delitos. Defende-se que uma compreensão multidimensional do fenômeno da delinquência, assim como respostas multissetoriais, potencializaria o enfrentamento da violência associada à criminalidade. O conceito, nesse sentido, incorpora a preocupação com a qualidade de vida e a dignidade humana, de modo que problemáticas como desemprego, fome, degradação ambiental, repressão política, criminalidade e dependência química são ameaças à segurança cidadã. Deve-se destacar ainda que a abordagem enfatiza os aspectos subjetivos; nesse sentido, a segurança não consiste na ausência de ameaças, mas sim em um estado de coisas em que o cidadão não teme sofrer uma agressão violenta (Arriagada, 2002). Quanto à adoção dessa perspectiva pelas políticas públicas da região, Betancourt (2012) afirma que, apesar de o discurso da segurança cidadã ter sido institucionalizado nas últimas décadas, ele não se materializou em novos padrões de relação entre a segurança e os cidadãos.

Referências bibliográficas

ARRIAGADA, I. Seguridad ciudadana y violencia em América Latina. In: CARRIÓN, F. (Ed.). *Seguridad ciudadana*: ¿espejismo o realidad? Quito: Flacso Ecuador, 2002. p.109-38.

BATTAGLINO, J. Políticos y militares en los gobiernos de la nueva izquierda sudamericana. *Política y Gobierno*, v.22, n.1, p.3-43, 2015.

BETANCOURT, J. A. Z. (Ed.). *La seguridad y la inseguridad ciudadana en América Latina*. Buenos Aires: Clacso, 2012.

CELI, P. Missiones militares y roles multifuncionales: experiencias suramericanas. In: WINAND, É.; RODRIGUES, T.; AGUILAR, S. (Eds.). *Defesa e segurança do Atlântico Sul*. v.1. São Cristovão, SE: Editora UFS, 2016.

DAMMERT, L.; BAILEY, J. Reforma policial y participación militar en el combate a la delincuencia: análisis y desafíos para América Latina. *Fuerzas Armadas y Sociedad*, v.19, n.1, p.133-52, 2005.

DERGHOUGASSIAN, K. Las "nuevas amenazas" en la perspectiva estratégica del riesgo: una visión crítica. In: *Construyendo roles*: democracia y Fuerzas Armadas. Buenos Aires: Centro de Estudios Legales y Sociales, 2008.

DIAMINT, R. A New Militarism in Latin America. *Journal of Democracy*, v.26, n.4, p.155-68, 2015.

DONADIO, M. (Ed.). *Atlas comparativo de la defensa en América Latina y Caribe*. Ed. 2014. Buenos Aires: Resdal, 2014.

______. *Atlas comparativo de la defensa en América Latina y Caribe*. Ed. 2016. Buenos Aires: Resdal, 2016.

FINNEMORE, M. *The Purpose of Intervention*: Changing Beliefs about the Use of Force. New York: Cornell University Press, 2004.

FREUND, J. *Sociología del conflicto*. [S.l.]: Ministerio de Defensa de España; Secretaría General Técnica, 1995.

GIDDENS, A. *O Estado-nação e a violência*. São Paulo: Edusp, 2008.

GUYER, G. J. Nubes de tormenta en horizontes y nuevas misiones para las Fuerzas Armadas en América del Sur: reflexiones desde Uruguay. In: RODRIGUES, T.; AGUILAR, S.; WINAND, É. (Eds.). *Defesa e segurança do Atlântico Sul*. v.1. São Cristovão, SE: Editora UFS, 2016.

HUNTER, W. The Brazilian Military after the Cold War: In Search of a Mission. *Studies in Comparative International Development*, v.28, n.4, p.31-49, 1994.

LÓPEZ, E. Nova problemática de segurança e "novas ameaças". In: MATHIAS, S. K.; SOARES, S. A. (Eds.). *Novas ameaças*: dimensões e perspectivas. São Paulo: Sicurezza, 2003.

______. Atajar la sudestada. In: WINAND, É.; AGUILAR, S.; RODRIGUES, T. (Eds.). *Defesa e segurança do Atlântico Sul*. v.1. São Cristovão, SE: Editora UFS, 2016.

MEDEIROS FILHO, O. *Entre a cooperação e a dissuasão*: políticas de defesa e as percepções militares na América do Sul. São Paulo, 2010. Tese (Doutorado) – Faculdade de Filosofia, Letras e Ciências Humanas, Universidade de São Paulo.

PION-BERLIN, D. *Military Missions in Democratic Latin America*. New York: Palgrave Macmillian, 2016.

______; TRINKUNAS, H. Latin America's Growing Security Gap. *Journal of Democracy*, v.22, n.1, p.39-53, 2011.

RASMUSSEN, V. M. *The Risk Society at War*: Terror, Technology and Strategy in the Twenty-First Century. Cambridge: Cambridge University Press, 2006.

RODRIGUES, T. Narcotráfico e militarização nas Américas: vício de guerra. *Contexto Internacional*, v.34, n.1, p.9-41, 2012.

SAIN, M. F. Seguridad, democracia y reforma de la organización policial en la Argentina: condiciones institucionales, problemática delictiva y dilemas políticos. In: SEMINARIO INTERNACIONAL "POLÍTICAS DE PREVENCIÓN DEL CRIMEN Y LA VIOLENCIA EM ÁMBITOS URBANOS". Bogotá, 2003.

SAINT-PIERRE, H. L. "Defesa" ou "segurança"? Reflexões em torno de conceitos e ideologias. *Contexto Internacional*, v.33, n.2, p.407-33, 2011.

______. El concepto de la seguridad multidimensional: una aproximación crítica. In: MEJÍAS, S.; RICAURTE, V. (Eds.). *El concepto y las relaciones multilaterales de seguridad y defensa en el contexto de la Unasur*. Madrid: Instituto Universitario General Gutiérrez Mellado, 2012.

______; MATHIAS, S. K. (Eds.). *Entre votos e botas*: as Forças Armadas no labirinto latino-americano do novo milênio. Franca: Faculdade de História, Direito e Serviço Social, Unesp, 2001.

SCHIMITT, C. *El concepto de lo "político"*. Buenos Aires: Folios, 1984.

TICKNER, A. Securitization and the Limits of Democratic Security. In: MARES, D.; KACOWICZ, A. (Eds.). *Routledge Handbook of Latin American Security*. New York: Routledge, 2016.

UNITED NATIONS. *Global Study on Homicide*. Vienna: United Nations Office on Drugs and Crime, 2013.

ZAVERUCCHA, J. La militarización de la seguridad pública en Brasil. *Nueva Sociedad*, v.213, p.128-46, 2008.

SEGURANÇA REGIONAL

Camila de Macedo Braga
Thiago Ribeiro Babo
Rafael Duarte Villa

O CONCEITO DE SEGURANÇA, APLICADO AO CONTEXTO REGIONAL, pode ser definido como um conceito e uma prática que buscam garantir aos Estados e aos seus indivíduos, a ausência de ameaças existenciais em um espaço limitado por fronteiras adjacentes. Na literatura acadêmica, o espaço em que atores recorrem a medidas de segurança, a fim de mitigar a presença de ameaças existenciais potenciais ou reais, pode ser descrito a partir de sua natureza geográfica ou cognitiva. Assim, um arranjo, como uma aliança entre Estados contíguos, pode ser pensado para enfrentar ameaças, mas também dentro de um espaço gerado social ou culturalmente como uma região, como a região transnacional agrupada na Aliança Transatlântica (Otan), e cujas motivações de aliança ou cooperação incorporam um forte componente cultural além da territorialidade.

A consolidação de abordagens em segurança regional nos estudos de defesa e segurança internacional foi alavancada por mudanças significativas do sistema internacional no final dos anos 1980. Com o término da Guerra Fria, problemas de segurança em nível local e regional ganharam maior protagonismo, uma vez que as "grandes" questões até então dominantes, como o uso da força nuclear, haviam sido apaziguadas pelo término da disputa entre as duas grandes potências – Estados Unidos da América e União Soviética. Durante o período da Guerra Fria, era visão dominante entre os pesquisadores que as dinâmicas regionais de segurança apenas refletiam – ou estariam subordinadas – às práticas e fluxos globais de ameaças e segurança (Buzan; Hansen, 2009, p.177-80). A principal mudança no campo disciplinar, a partir dos anos 1990, foi, então, o entendimento de que as regiões possuem uma dinâmica própria de segurança, porém não independente do sistema global, o que demandaria compreender a região como um nível de análise importante nos estudos de segurança internacional.

Não obstante, a percepção do que seja a segurança regional não é fixa, ela é desenvolvida levando em conta mudanças de contexto histórico e dos balanços de ameaças estabelecidos entre atores regionais. Nos anos da Guerra Fria, a segurança regional era definida partindo-se do lugar que ocupava nos cálculos estratégicos das superpotências capitalista e socialista, bem como de seus aliados. Dessa maneira, a estrutura de ameaças regionais e dos objetos referentes (isto é, o que era necessário proteger) era definida em termos de quanto uma região ou um conjunto de países dessa região, filiados ao bloco capitalista ou socialista, se sentia ameaçado pelas estruturas militares, ideológicas ou institucionais de uma das superpotências. No pós-Guerra Fria, por seu turno, as ameaças às regiões são observadas em diferentes dimensões: a) as ameaças tradicionais, de natureza geopolítica, que ainda conservam um bom espaço, mas não têm a intensidade do período anterior; b) as ameaças percebidas exógenas a uma região, sejam de natureza estatal ou não estatal; e c) as ameaças de natureza interestatal que afetam a estabilidade regional.

Para alguns pesquisadores (Sperting, 2017), a segurança regional responde a duas perguntas primordiais: quais fenômenos e atores contribuem para a instabilidade e ordem numa região, e qual a natureza da interação entre um dado sistema regional e o sistema internacional. A primeira questão está relacionada com a estrutura de atores e ameaças em uma região. Os Estados continuam sendo percebidos como os principais agentes na produção de insegurança em âmbito internacional, como possíveis geradores de ameaças a outros Estados e as suas respectivas sociedades. No entanto, tem havido uma evolução no aspecto empírico, considerando-se que, também para a região, tanto os atores quanto as ameaças podem possuir um caráter multidimensional, ainda que a percepção de urgência e prioridade dos temas nas agendas de segurança possa variar por região. Assim, as ameaças a uma região ou a um grupo de países dessa região podem incluir atores estatais, porém também atores e processos transnacionais, como o terrorismo, narcotráfico, *hackers*, instabilidade política, problemas de pobreza, pandemias, desequilíbrios ecológicos, crises humanitárias, entre outros. Dessa maneira, em algumas regiões, como no Sudeste Asiático e no Oriente Médio, as percepções de ameaças priorizadas são de natureza estatal, enquanto em regiões como a Europa Ocidental e a América do Norte, o terrorismo se tornou prioridade.

A segunda questão, por outro lado, tenta responder se as regiões têm dinâmicas autônomas de segurança e como essas dinâmicas são condicionadas e influenciadas pelas dinâmicas sistêmicas ou globais. Nesse aspecto, a intensidade da interdependência entre a região e a segurança sistêmica (ou a agenda de segurança internacional) também é relativa à região. Em algumas regiões como na América do Norte, Europa Ocidental, Oriente Médio, Sul da Ásia, Rússia e entorno, a interdependência entre ambos os níveis é mais intensa, enquanto para outras, como América Latina, África e o Leste Europeu, a interdependência entre os níveis decai, priorizando-se aspectos internos à região.

Da mesma maneira, algumas regiões tendem a operar por um modelo de governança em segurança focado na formação de conflito, ou seja, regiões em que os Estados-membros adotam um comportamento baseado em balança de poder e dilemas de segurança, uma tendência observada no Sul da Ásia. Por outro lado, outras regiões têm sido descritas como espaços de paz permanente (ou estável), em que praticamente não se recorre ao uso da força militar como mecanismo de resolução de conflitos, embora essa paz possa ser qualificada como negativa, a exemplo da América Latina (Holsti, 1996; Kacowicz, 1998), ou paz permanente positiva, como no caso da Europa Ocidental (Kupchan, 2010).

A região como nível de análise

Desde o final dos anos 1950 e impulsionado pelas contribuições de Kenneth Waltz para o campo, as teorias das Relações Internacionais, de forma geral, tiveram como ponto central de seu debate a definição e a escolha dos níveis de análise para o entendimento dos fenômenos internacionais (Onuf, 1995). Diferentes perspectivas apontavam para a importância dos distintos níveis de análise a serem considerados em seus estudos, o que acabava por caracterizar e, consequentemente, diferenciar as teorias das Relações Internacionais. Seguindo Buzan, Wæver e Wilde (1998, p.5), os níveis de análise podem ser compreendidos como "objetos para análise que são definidos por uma gama de escalas espaciais [...]. Os níveis são pontos onde os resultados e as fontes de explicação podem ser localizados". Dessa forma, esses níveis permitem a criação de uma estrutura de análise a partir da qual se torna possível teorizar sobre os fenômenos sociais.

Tradicionalmente, as teorias das Relações Internacionais identificaram cinco possíveis níveis de análise: a) o sistema internacional, englobando o maior conglomerado de relações de interdependência entre as unidades; b) o subsistema internacional, que se caracteriza por um grupo de unidades pertencentes ao sistema internacional que possuem uma interação particular que o diferencia das demais unidades, seja por questões políticas, econômicas, sociais e/ou culturais; c) as unidades, que serão entendidas nas Relações Internacionais como um ator social "composto por diversos subgrupos, organizações, comunidades e diversos indivíduos, suficientemente coeso e independente, a ponto de poder se diferenciar de outros" (Buzan; Wæver; Wilde, 1998, p.6), e.g., os Estados, as nações e as organizações transnacionais; d) as subunidades, compreendidas como um grupo de indivíduos organizados que busca influenciar as unidades; e, por fim, e) os indivíduos.

Dentro das perspectivas teóricas dominantes das Relações Internacionais, o sistema internacional e a unidade – em geral entendida como o Estado – apresentaram-se como os principais níveis de análise do campo (Singer, 1961), afastando, durante décadas, abordagens alternativas. Seguindo o entendimento de Buzan, Wæver e Wilde (1998), as regiões se apresentam como um tipo específico de subsistemas internacionais, que se caracterizam pela existência de um agrupamento territorial coerente, com as suas especificidades próprias, distinguindo-se suficientemente das interações existentes com as unidades e subunidades para além desse subsistema. É a partir dessa compreensão que os estudos de segurança regional passaram a ganhar importância no campo dos estudos em segurança internacional.

São várias as perspectivas adotadas para abordar a segurança regional. Hurrel (1995) e Kelly (2007) colocam a segurança regional no quadro geral produzido pelo "novo regionalismo" da década de 1980, ou seja, pelos arranjos institucionalizados de integração ou cooperação regional, mesmo aqueles que tratam dos temas associados à segurança e à defesa regional. Kelly adota a noção de ordens regionais porosas para entender as oportunidades geradas por instituições regionais na mitigação dos dilemas de segurança regional, incrementando a autonomia regional. Hurrell (1995), por sua vez, ao comentar o novo regionalismo, examina outras possibilidades, como a maneira que determinados grupos de Estados reagem às condutas hegemônicas, internas e externas a dada região.

Seguindo essa linha, Katzenstein (2005) introduz o conceito de ordens regionais porosas para explorar o papel da agência americana na formação da Ásia e da Europa enquanto regiões. Esse conceito fornece a base para capturar a interação entre o núcleo e a periferia na construção de uma região ao longo de várias dimensões de interesses materiais, culturais e de identidades regionais. Solingen (1998) trata as ordens de segurança regional como o produto conjunto da formação de coalizão nacional e interestadual; sua pesquisa se baseia na teoria da coalizão para integrar a internalização dos debates sobre políticas de segurança com a regionalização da segurança, sem a sombra da concorrência das superpotências. Lemke (2002) define o que ele denominou de subsistemas de segurança regionais viáveis e aproveita a teoria da transição do poder para explicar as interações dinâmicas de pequenos e médios poderes numa região. Também o trabalho de Fawn (2009) apresenta uma preocupação com as hierarquias regionais, o problema da sobreposição (*overlapping*) de ordens de segurança e a propensão das ordens regionais de segurança à paz e à guerra. Finalmente, trabalhos como o de Weiffen (2017) se preocupam com a superposição do multilateralismo que administra a segurança regional na América do Sul, enquanto Villa (2017) tem chamado a atenção para a existência de sistemas sobrepostos de governança em segurança, especialmente em relação às lógicas de balança de poder e comunidade de segurança na América Latina.

Dentro dos estudos de segurança internacional, e inclusive se distanciando da visão predominante que frisava a globalidade das ameaças, no âmbito dos Estudos Estratégicos, um dos primeiros conceitos a tomar a região como nível de análise privilegiado foi o conceito de comunidade de segurança cunhado por Karl Deutsch. Desenvolvido nos anos 1950 pelo Center for Research on World Political Institutions da Universidade de Princeton, o conceito de comunidade de segurança foi definido (Deutsch, 1954, p.33; Deutsch et al., 1957, p.5) como um grupo de indivíduos que se tornou suficientemente integrado, sendo a integração o processo pelo qual esse grupo foi capaz de construir um sentimento de comunidade, de pertencimento, e que tal percepção foi acompanhada da constituição de instituições e práticas, formais e/ou informais, altamente consolidadas e difundidas entre as unidades da comunidade, originando assim o estabelecimento de uma expectativa de mudança pacífica nas relações entre as partes. Elaborando essa definição, Deutsch et al. (1957) definem comunidade de segurança como uma região transnacional de Estados em que suas sociedades têm expectativas de que os conflitos entre eles serão resolvidos de maneira pacífica.

Deutsch apontará para a existência, principalmente, de duas espécies de comunidades de segurança: a) comunidade de segurança amalgamada, quando duas ou mais unidades políticas, previamente independentes, se unem em uma unidade política única, com um governo comum; b) comunidade de segurança pluralística, quando há a permanência da independência formal das unidades políticas (Deutsch et al., 1957). O conceito de comunidade de segurança vem exercendo um papel de destaque entre os estudiosos dos fenômenos regionais de segurança, sendo corriqueiramente utilizado para elucidar as relações existentes em regiões como a Europa Ocidental, o Sudeste Asiático e a América do Sul.

Com diferentes enfoques teóricos e realidades empíricas, esses estudos trouxeram contribuições para entender a importância do aspecto regional dentro dos estudos em segurança internacional. Nesse sentido, destaca-se o trabalho produzido por Buzan e Wæver (2003), *Regions and Powers*, que tem tido um significativo impacto teórico para os estudos de segurança regional devido à elaboração conceitual refinada e a abrangência empírica do conceito de complexo regional de segurança (CRS), uma das contribuições centrais da assim chamada Escola de Copenhague. Desenvolvido no início dos anos 1990, o conceito é referência constante em estudos sobre segurança regional. Lake e Morgan (1997), por exemplo, basearam-se no conceito em um estudo comparativo dos principais sistemas regionais.

Quando mapeada a evolução do conceito de complexo regional de segurança, observam-se dois momentos: um primeiro, em que se preserva a influência teórica realista, priorizando-se os fatores sistêmicos de poder; e um segundo momento, quando se incorporam ao conceito as análises sociológicas compreensivas, em que é delineada a problemática de agência e estrutura. Em *People, States and Fear*, publicado em 1983, Buzan define o complexo regional de segurança como "um grupo de Estados cujas principais preocupações com a segurança estão tão interligadas que a segurança nacional não pode ser considerada separada das outras" (Buzan, 1983, p.106). A primeira edição de sua obra não se dissociava da visão realista predominante nos estudos de segurança, em que se privilegiava a estrutura. Já na definição que aparece na edição de 1991 de *People, State and Fear*, uma revisão realizada pelo autor após o término da Guerra Fria, Buzan elabora uma visão que afere maior importância aos elementos cognitivos das dinâmicas de segurança e retira a ênfase na segurança nacional. Os complexos de segurança foram definidos, então, como "um conjunto de Estados cujas principais preocupações e percepções referentes à segurança estão tão interligadas que seus problemas de segurança não podem ser analisados de maneira adequada quando separadas" (Buzan, 1991 [2007], p.160). Nessa versão, podemos identificar a inclusão da ideia de subjetividade da segurança, uma vez que a noção de percepção é destacada.

A teoria dos complexos de segurança proporcionou o entendimento de que as unidades de um sistema, ou de um subsistema de segurança, estão entrelaçadas em fluxos de interdependência, uma vez que as ameaças "viajam" com maior facilidade em pequenas distâncias do que em grandes. A proximidade das unidades consiste em um fator considerável para a análise de questões de segurança. Para os autores, a interdependência de segurança (*security interdependence*) será mais intensa entre as unidades que compõem um complexo de segurança do que entre unidades de complexos distintos. Com isso, os estudos acerca dos complexos de segurança buscam identificar padrões de segurança interdependentes fortes o suficiente para influenciar a ação das unidades que o compõem.

Os elementos da teoria dos complexos regionais de segurança são definidos como padrões duráveis de amizade e inimizade, assumindo a forma de padrões subglobais e geograficamente coerentes de segurança interdependente. Os complexos regionais de segurança são concebidos como estruturas sociais e não como dados *a priori* da realidade. Podem perdurar no tempo mesmo que as condições sistêmicas se modifiquem, a exemplo da sobrevivência de rivalidades no complexo Oriente Médio ou Sul da Ásia, que não desapareceram com o fim da Guerra Fria (Villa; Breda, 2010). Por essa razão, para Buzan e Wæver (2003, p.48), as regiões não são definidas arbitrariamente; o que as define é o padrão de segurança interdependente, pressupondo a proximidade geográfica de suas partes. Por fim, podem ainda existir, no interior de complexos regionais de segurança, os subcomplexos – que possuem as mesmas características dos complexos regionais –, com padrões diferenciados de segurança interdependente (idem, p.51).

Nos complexos regionais de segurança, a estrutura de ameaças decorre da pluralidade de ameaças, tradicionais e não tradicionais, mas que não possuem hierarquia para o conjunto das regiões; o terrorismo pode ser a principal ameaça numa região como Europa Ocidental, mas dificilmente o será em outras regiões como a África ou América Latina, por exemplo, em que ameaças de outra natureza, como efeitos das epidemias e pandemias, no primeiro caso, ou da ação de processos e atores associados ao crime transnacional (narcotráfico), no segundo caso, possuem um maior impacto. Em outras palavras, a segurança regional só pode ser compreendida de forma mais precisa se for levado em conta que ela, a região, é própria ou está fortemente vinculada ao que as sociedades e lugares priorizam como suas ameaças.

Apesar da força e contribuição trazida pelo conceito de complexo regional de segurança nos anos 1990, outro desenvolvimento importante desse período foi a retomada do conceito de comunidade de segurança através das perspectivas construtivistas. Com o término da Guerra Fria e o crescente impacto de teorias construtivistas nas Relações Internacionais, Emannuel Adler e Michael Barnett (1998a, 1998b) irão revitalizar o conceito de comunidade de segurança (re)afirmando a existência dessas comunidades em nível internacional, além de demonstrar como as políticas de segurança são altamente moldadas por essas configurações, observando que os Estados pertencentes a uma comunidade de segurança podem desenvolver uma disposição pacífica em suas interações com outros. Os autores desenvolvem uma estrutura teórica a partir da concepção de comunidades pluralísticas de segurança, que podem ser observadas quando os indivíduos de uma região transnacional, composta por Estados soberanos, mantêm expectativas de mudança pacífica em suas relações. Por sua vez, essas comunidades podem ser classificadas de acordo com a profundidade da confiança existente entre as partes, a natureza e o grau de institucionalização de seu sistema de governança e se compreendem uma anarquia formal ou estão perto de transformá-la (Adler; Barnett, 1998b).

A partir de tal formulação, Adler e Barnett desenvolvem dois tipos ideais de comunidades pluralísticas de segurança: a) a comunidade de segurança fracamente acoplada, cuja definição reside nos elementos teóricos que caracterizam uma comunidade de segurança pluralística, conforme foi descrito; e b) a comunidade de segurança fortemente acoplada, que se caracteriza pela construção de arranjos de sistema de segurança coletiva e pela existência de um sistema de regras localizado entre um Estado soberano e um Estado regional, o que implica a criação de um sistema pós-soberano dotado de instituições comuns supranacionais, transnacionais e nacionais.

Segurança regional na América Latina

A América Latina, dentro dos estudos regionais de segurança, não havia despertado, até recentemente, a atenção como uma "região problemática", quando passou a figurar em índices regionais e internacionais como uma das regiões mais violentas do mundo (Villa; Weiffen, 2017; Kenkel, 2013). Pelo contrário, muitos apontavam a existência de uma zona de paz (Kacowiks, 1998) na região, em face da relativa ausência de guerras interestatais. Desde meados do século XX, apenas dois eventos marcantes romperam a estabilidade das relações interestatais: o conflito armado entre Honduras e El Salvador, em 1969, e o confronto entre Peru e Equador, em 1995. Assim, por um longo período, observaram-se a ausência de estudos autônomos sobre segurança na região e uma ênfase considerável no empirismo geopolítico dos Estudos Estratégicos.

No entanto, as preocupações tradicionais de segurança, de natureza interestatal, não perderam sua importância estratégica, considerando-se as persistentes e inúmeras disputas militarizadas que continuam a produzir tensões entre os Estados regionais em função de questões ideológicas ou associadas às disputas territoriais, por recursos ou fluxos migratórios (Mares, 2012); ainda assim, também é possível verificar disputas por hegemonia regional, quando se observam formações de conflito associadas à práticas de balança de poder e dilemas de segurança (Villa, 2017).

Como observaram Arlene Tickner e Mônica Herz (2012), na América Latina, os estudos sobre segurança se caracterizam por sua natureza prática, aplicada e voltada ao fazer político, acompanhando e refletindo as mudanças sistêmicas na estrutura de poder ao nível global. Dessa forma, até meados dos anos 1980, os estudos em segurança regional estiveram dominados pela agenda dos Estudos Estratégicos, associados às análises geopolíticas em que predominava o realismo estrutural na abordagem e enfrentamento de ameaças globais. Com o fim do confronto bipolar, o declínio dos regimes militares na América do Sul e o avanço dos processos de paz na América Central, os estudos de segurança regional deixam de ser domínio exclusivo dos estrategistas militares e entram em uma nova fase, envolvendo novos campos de estudo e epistemologias fortemente influenciadas pela nova onda de democratização que envolviam a região naquele momento.

As autoras, ao analisar os estudos de segurança no contexto plural da América Latina, observam quatro períodos históricos em que identificam a predominância de distintas concepções e práticas de segurança nas abordagens regionais. Inicialmente apontam a predominância da doutrina geopolítica, com um particular destaque para os pensadores brasileiros, como o general Everardo Backheuser (1926, apud Tickner; Herz, 2012, p.94). Um segundo período emerge com a doutrina de segurança nacional (DSN), no contexto da Guerra Fria, em que a região é colocada sob a influência da superpotência norte-americana. Com o início desse período, instituições de cooperação e segurança coletiva, como a OEA (1948) e o Tiar (1947), tornaram-se os principais difusores da influência dos Estados Unidos na região. Nota-se que a influência ideológica desses mecanismos e acordos bilaterais de assistência militar tem sua expressão máxima na Escola das Américas, renomeada Instituto Hemisférico Ocidental para Cooperação em Segurança (isto é, Western Hemispheric Institute for Security Cooperation). Entre 1946 e 2001, a Escola das Américas treinou cerca de 60.000 militares latino-americanos em teoria e táticas de contrainsurgência (Gill, 2004, p.6 e 96).

Na América Latina, a doutrina de segurança nacional corroborou a visão de Estado e o papel central das forças militares, em sua instituição, como "protetores" da ordem social. As estratégias de contrainsurgência, adaptadas ao contexto regional, destinaram-se ao combate do "inimigo interno", impedindo a expansão interna da ideologia comunista através do apoio ostensivo aos regimes regionais autoritários. No entanto, o fim do prolongado período de violência política e autoritarismo na região, assim como a ascensão de regimes democráticos, entre os anos 1980 e 1990, provocou uma revisão do conceito reducionista e militarizado de segurança. Tickner e Herz (2012) definem esse estágio como o período da "segurança democrática", conceito elaborado pela Comissão Sul-Americana de Paz, Segurança e Democracia em 1988.

Esse período histórico acompanha as primeiras décadas após o término da Guerra Fria, em que importantes mudanças sistêmicas na estrutura de poder global e regional influenciaram o desenvolvimento teórico e prático das questões associadas à segurança na América Latina. Nesse contexto, os Estados Unidos preservam sua posição hegemônica no cenário regional; no entanto, a influência estadunidense é sopesada por um novo regionalismo, baseado na cooperação multilateral e integração institucional entre Estados e suas sociedades, particularmente na América do Sul, acompanhando o processo de redemocratização de seus regimes políticos. É nesse período que emergem estudos acerca das dinâmicas regionais associadas aos mecanismos de construção de confiança e solução de conflitos, que indicavam a existência de um cenário de paz estável, permanente, ou ainda, como afirma Hurrel (1995), a emergência de uma comunidade de segurança fracamente acoplada (ou maleável) para a América do Sul. Segundo Hurrell, o período de democratização que as sociedades sul-americanas atravessavam, desde a década de 1980, especialmente no Brasil e na Argentina, ajudaria a adensar os laços de cooperação política e integração econômica entre o novo regimes, passando por intensos processos de liberalização política e econômica (Hurrel, 1995; Babo; Braga, 2015, p.9).

O estudo de Hurrell abre caminho para análises mais aprofundadas e, seguindo o quadro teórico exposto por Adler e Barnett, outros intelectuais do Brasil e da América do Sul começam a usar a noção de comunidade de segurança para entender as dinâmicas políticas e securitárias na região. Em geral, esses estudos dependem de observações relativamente recentes sobre o aumento da cooperação diplomática e institucional entre os Estados sul-americanos e as regras historicamente compartilhadas que regem a condução da política externa entre esses países e destes com o resto do mundo. A partilha de certos "princípios normativos" permite, de acordo com Mônica Herz (2009), o desenvolvimento de uma "subcultura de segurança regional", definida pelos seguintes elementos: ênfase na soberania do Estado, entendida como inviolabilidade das fronteiras territoriais; uma preferência instrumental para o multilateralismo, como um escudo contra interferências externas; e uma forte orientação para a resolução pacífica de conflitos, com base em instrumentos legais. De acordo com Herz, a combinação desses elementos produziu uma compreensão regional muito diferente do que a palavra "segurança" deveria implicar quando comparada ao entendimento racionalista sob o paradigma dominante do Norte (Kenkel, 2013, p.11; Babo; Braga, 2015, p.10).

Apesar da pouca receptividade desfrutada pelo conceito de segurança humana, as agendas regionais de segurança, desde meados dos anos 1980, passaram a enfatizar o desenvolvimento institucional democrático, o controle civil sobre o poder militar, o respeito aos direitos humanos e as economias voltadas à proteção social. Novos temas foram integrados à agenda de segurança regional, acompanhando o revisionismo global das agendas de segurança, o que possibilitou a identificação de um último estágio no desenvolvimento dos estudos de segurança regional, pautado pela crescente preocupação com a insegurança doméstica e as ameaças transnacionais. Conforme destacam Villa e Weiffen (2017), a segurança pública é, continuamente, apontada como o principal problema para os Estados latino-americanos, que precisam lidar com um legado de guerras civis e violência política, assim como elevadas taxas de violência e criminalidade associadas à expansão do tráfico de ilícitos e do crime organizado. Um crescente número de publicações tem acompanhado esses desenvolvimentos, abordando os desafios não tradicionais de segurança representados por atores não estatais, fluxos e redes criminais, violência juvenil e insegurança social.

Recentemente, análises regionais descrevem a América Latina como uma área de tensão e instabilidade política, disputas territoriais e altos níveis de violência armada, também envolvida em densas redes transnacionais de corrupção, tráfico de drogas e crime organizado. No entanto, não é possível ignorar os avanços realizados nas últimas décadas em processos de integração regional, particularmente na América do Sul, considerando a superação gradual das percepções de ameaça mútua, por exemplo, com a maior cooperação entre o Brasil e a Argentina em seus programas nucleares; a desmilitarização da fronteira, particularmente significativa na disputa territorial entre o Chile e a Argentina; o fortalecimento dos regimes de redução e controle de armas; a proibição de certos tipos de guerra e o uso militar de certas regiões e áreas geográficas; bem como a crescente cooperação institucional em questões de segurança e defesa no âmbito da Unasul e do Conselho de Defesa Sul-Americano, ou dos esforços coordenados entre os Estados sul-americanos em operações de paz sob a

ONU, a OEA e, recentemente, a Unasul. Nesse tópico, destaca-se o atual processo de integração institucional dos centros de treinamento para oficiais e civis que participam dessas operações (Babo; Braga, 2015, p.13).

Os estudos de segurança com o foco na região atingiram sua maturidade analítica no período pós-Guerra Fria: enquanto, em nível global, a preponderância dos Estados Unidos para as análises em segurança internacional era evidente, a forma como cada região procurava se ajustar às mudanças sistêmicas conferiu crescente importância estratégica aos estudos de segurança regional. A consolidação desse nível de análise seguiu uma trajetória similar ao desenvolvimento epistêmico dos Estudos de Segurança Internacional, caracterizando-se por sua diversidade de enfoques em perspectivas teóricas e por sua pluralidade empírica nos processos e atores envolvidos. Nesse sentido, a América Latina emerge como uma região de segurança refletindo a mesma complexidade empírica e epistêmica própria dos Estudos de Segurança Internacional em nível global.

Referências bibliográficas

ADLER, E. Security Communities in Theoretical Perspective. In: *Security Communities*. Cambridge: Cambridge University Press, 1998a.

______. A Framework for the Study of Security Communities. In: *Security Communities*. Cambridge: Cambridge University Press, 1998b.

______; BARNETT, M. (Eds.). *Security Communities*. Cambridge: Cambridge University Press, 1998.

______; GREVE, P. When Security Community Meets Balance of Power: Overlapping Regional Mechanisms of Security Governance. *Review of International Studies*, v.35(S1), p.59-84, 2009.

BABO, T.; BRAGA, C. Security Community or No-War Community? An Analysis of Regional Security Patterns in South America. In: WORKSHOP THINKING ISSUES OF GOVERNANCE, SECURITY AND DEFENSE IN LATIN AMERICA: A MEETING WITH PROF. DR. DETLEF NOLTE. 13 nov. 2015, IRI-USP, São Paulo. Working paper.

BUZAN, B. *People, States and Fear*: an Agenda for International Security Studies in the Post-Cold War Era. Essex: ECPR Press, [1991] (2007).

______. *People, States and Fear*: the National Security Problem in International Relations. Harvest Wheatsheaf: Hemel Hempstead, 1983.

______; HANSEN, L. *The Evolution of International Security Studies*. London: Routledge, 2009.

BUZAN, B.; WÆVER, O. *Regions and Power*: The Structure of International Security. Cambridge: Cambridge University Press, 2003.

BUZAN, B.; WÆVER, O.; WILDE, J. de. *Security*: A New Framework for Analysis. London: Lynne Rienner, 1998.

DEUTSCH, K. *Political Community at the International Level*: Problems of Definition and Measurement. New York: Doubleday & Company, Inc, 1954.

____ et al. *Political Community and the North Atlantic Area*: International Organization in the Light of Historical Experience. New Jersey: Princeton University Press, 1957.

DIAMINT, R. Security Communities, Defence Policy Integration and Peace Operations in the Southern Cone: An Argentine Perspective. *International Peacekeeping*, v.17, n.5, p.662-77, 2010.

FAWN, R. "Regions" and Their Study: Wherefrom, What and Whereto?. *Review of International Studies*, v.35, 2009.

GILL, L. *The School of the Americas*: Military Training and Political Violence in the Americas. American Encounters/Global Interactions. Durham: Duke University Press, 2004.

HERZ, M. Building Trust in Latin America. In: KANET, R. E. (Ed.). *The United States and Europe in a Changing World*. Danver: Dordrecht, 2009.

HOLSTI, K. J. *The State, War, and the State of War*. Cambridge; New York: Cambridge University Press, 1996. Disponível em: http://site.ebrary.com/id/10441692.

HURREL, A. Explaining the Resurgence of Regionalism in World Politics. *Review of International Studies*, v.21, n.4, 1995.

______. An Emerging Security Community in South America? In: ADLER, E.; BARNETT, M. (Eds.) *Security Communities*. Cambridge: Cambridge University Press, 1998.

KACOWICZ, A. M. *Zones of Peace in the Third World*: South America and West Africa in Comparative Perspective. SUNY Series in Global Politics. Albany, NY: State University of New York Press, 1998.

KATZENSTEIN, P. *A World of Regions*: Asia and Europe in the American Imperium. Ithaca: Cornell University Press, 2005.

KELLY, R. Security Theory in the "New Regionalism". *International Studies Review*, v.9, n.2, 2007.

KENKEL, K. M. (Org.) *South America and Peace Operations*: Coming of Age. Milton Park, Abingdon, Oxon: Routledge, 2013. [Cass Series on Peacekeeping.]

KERNIC, F.; KARLBORG, L. Dynamics of Globalization and Regional Integration: South America and Peace Operations. *International Peacekeeping*, v.17, n.5, p.723-36, 2010.

KUPCHAN, C. How Enemies Become Friends: The Sources of Stable Peace. Princeton: Princeton University Press, 2010. Disponível em: http://public.eblib.com/choice/publicfullrecord.aspx?p=485796.

LAKE, D.; MORGAN, P. *Regional Orders*: Building Security in a New World. Pennsylvania: Penn State University Press, 1997.

LEMKE, D. *Regions of War and Peace*. New York: Cambridge University Press, 2002.

MARES, D. *Latin America and the Illusion of Peace*. London: Routledge, 2012.

______. *Violent Peace*: Militarized Interstate Bargaining in Latin America. New York: Columbia University Press, 2013.

ONUF, N. Levels. *European Journal of International Relations*, v.35, n.1, p.35-58, 1995.

PION-BERLIN, D.; TRINKUNAS, H. Attention Deficits: Why Politicians Ignore Defense Policy in Latin America. *Latin American Research Review*, v.42, n.3, p.76-100, 2007.

SINGER, J. D. The Level-of-Analysis Problem in International Relations. *World Politics*, v.14, n.1, p.77-92, 1961.

SOLINGEN, E. *Regional Orders at Century's Dawn*: Global and Domestic Influences on Grand Strategy. Princeton: Princeton University Press, 1998.

SPERTING, J. Regional Security. *Oxford Bibliographies* [Online], 2017. Disponível em: http://www.oxfordbibliographies.com/view/document/obo-9780199756223/obo-9780199756223-0048.xml. Acesso em: 13 set. 2017.

TICKNER, A. B.; HERZ, M. No Place for Theory? Security Studies in Latin America. In: TICKNER, A. B.; BLANEY, D. L. (Orgs.). *Thinking International Relations Differently*. New York: Routledge, 2012. [Worlding Beyond the West, 2.]

TÖNNIES, F. *Community and Civil Society*. Cambridge: Cambridge University Press, 2001. [Ed. orig.: 1887.]

VILLA, R. D. Brazilian Hybrid Security in South America. *Revista Brasileira de Política Internacional*, v.60, p.1-22, 2017.

______. Hybrid Governance Mechanisms on Security in Latin America: Balance of Power and Security Communities. In: CONVENÇÃO ANUAL DA INTERNATIONAL STUDIES ASSOCIATION (ISA). Toronto, 2014. Paper...

______. Sistemas híbridos de governança de segurança na América Latina: explicando a ambivalência. In: CONGRESSO LATINO-AMERICANO DE CIÊNCIA POLÍTICA (Alacip), 8. Lima, 2015. Paper...

______; WEIFFEN, B. South American Re-Armament: From Balancing to Symbolizing Power. *Contemporary Security Policy*, v.35, n.1, p.138-362, 2014.

______; ______. Re-Thinking Latin America Regional Security: the Impact of Power and Politics. In: SUAREZ, M. A. G.; VILLA, R. D.; WEIFFEN, B. (Orgs.). *Power Dynamics and Regional Security in Latin America*. New York: Springer Berlin Heidelberg, 2017.

WEIFFEN, B. Institutional Overlap and Responses to Political Crises in South America. In: SUAREZ, M. A. G.; VILLA, R. A. D.; WEIFFEN, B. (Eds.). *Power Dynamics and Regional Security in Latin America*. Houndmills, Basingstoke: Palgrave Macmillan, 2017. p.173-197.

SISTEMA DE VIGILÂNCIA DA AMAZÔNIA (SIVAM)

Humberto Lourenção

O Sistema de Vigilância da Amazônia (Sivam) é a infraestrutura técnica e operacional de um programa governamental multiministerial, o Sistema de Proteção da Amazônia (Sipam), cujos objetivos são a sistematização e otimização das ações governamentais na região com vistas à defesa e à garantia da soberania brasileira na Amazônia Legal. Concebidos pela Secretaria de Assuntos Estratégicos da Presidência da República (SAE/PR) em conjunto com os ministérios da Justiça e da Aeronáutica, os sistemas foram apresentados ao então presidente da República, Fernando Collor de Mello, em setembro de 1990, e iniciaram suas operações em agosto de 2002, já na gestão Fernando Henrique Cardoso. A exposição de motivos original, identificando os problemas de ilícitos (contrabando, tráfico de drogas, destruição ambiental, entre outros) existentes na Amazônia Legal, fazia referência à necessidade de estabelecer uma vigilância sistematizada na região, com o acréscimo de incrementar a segurança do tráfego aéreo. Para isso, propunha construir um sistema eficiente de produção e processamento de informações qualificadas sobre e para a região amazônica, com a função de subsidiar ações governamentais coordenadas. Esses sistemas de informações e de vigilância propiciariam uma melhor integração do conjunto de políticas regionais e de defesa para a Amazônia, e, ao mesmo tempo que combatessem os ilícitos, favoreceriam a preservação racional e o desenvolvimento sustentado da região e da população local (Brasil, 1992, 1994).

O Sivam é formado por um sistema de aquisição e processamento de dados, constituindo uma rede integrada de telecomunicações e controle que abrange o espaço aéreo e terrestre da Amazônia Legal. Tal sistema serve para disponibilizar conhecimentos aplicáveis à análise de situações, à tomada de decisões e ao planejamento de ações estratégicas e/ou emergenciais, objetivando melhorar a utilização de recursos pela ação coordenada e integrada de órgãos públicos atuantes na Amazônia (Brasil, 1995).

Quanto à sua estrutura administrativa, a formulação de diretrizes, sua supervisão e norteamento cabem ao Conselho Deliberativo do Sistema de Proteção da Amazônia (Consipam). Por sua vez, o órgão executivo do Sipam denomina-se Centro Gestor e Operacional do Sistema de Proteção da Amazônia (Censipam), subordinado à Casa Civil da Presidência da República, com a finalidade de operacionalizar o sistema (Brasil, 1998).

No tocante ao sistema propriamente dito, o Sivam é composto por três subsistemas: Subsistema de Aquisição de Dados, constituído por uma rede de sensores, incluindo sensoriamento remoto por satélite e equipamentos para coleta de dados meteorológicos, hidrológicos e ambientais; Subsistema de Tratamento e Visualização de Dados, constituído por bancos de dados analisados por *software* de inteligência artificial; e Subsistema de Telecomunicações, constituído por uma rede física de telecomunicações composta por fibra ótica e canais exclusivos de satélite de comunicação (Brasil, 1998).

Quanto à distribuição espacial, o sistema dividiu a Amazônia em três grandes áreas e para cada área criou um Centro Regional de Vigilância (CRV), localizado em cada uma dessas capitais: Manaus (AM), Belém (PA) e Porto Velho (RO). Os três CRV são interligados entre si, ligados aos órgãos governamentais estaduais e ao Centro de Coordenação Geral (CCG), localizado fisicamente em Brasília, que, por sua vez, é ligado aos órgãos governamentais federais que atuam na Amazônia (Brasil, 1998).

A respeito do processo de tomada de decisão governamental na instituição do Sivam, por ser tratado administrativamente como um "projeto estratégico", com dispensa de licitação amparada na legislação que regulamenta os projetos sigilosos, ele foi motivo de grandes debates e de significativo conflito político com o Legislativo. Também com o meio científico brasileiro, a concepção do Sivam foi cercada de intensa polêmica: na época, nos anos 1990, encontrava-se sob a mira dos críticos o fato de o governo não haver recorrido à capacidade científica brasileira, tendo, ao contrário, optado pela aquisição de pacotes tecnológicos completos dos Estados Unidos, a partir da escolha da empresa estadunidense Raytheon para implantar o sistema (Lourenção, 2006).

Em termos estratégicos, com o Sivam e as políticas resultantes do aproveitamento de seus produtos, o Estado brasileiro buscou aumentar sua credibilidade com a opinião pública mundial de que quer e é capaz de estimular a exploração econômica da região amazônica enquanto contém a devastação ecológica e promove seu desenvolvimento (Lourenção, 2014).

Referências bibliográficas

BRASIL. Documento E. M. 026/GAB/SAE-PR. Brasília, 1992.

______. Comando da Aeronáutica. Comissão de Implantação do Sistema de Proteção da Amazônia (Cisipam). *O sistema de proteção da Amazônia*. Brasília, 1995.

______. Ministério da Aeronáutica. Comissão Coordenadora do Sivam (CCSivam). *Sivam*: aplicações e contribuições. Rio de Janeiro: Setor de Comunicação Social, 1999.

______. *Sivam*: estrutura e organização. Boletim informativo. Rio de Janeiro: Setor de Comunicação Social, 1998.

______. Secretaria de Assuntos Estratégicos da Presidência da República (SAE/PR). *Estudo de viabilidade do Projeto Sivam*. Brasília, 1994.

LOURENÇÃO, H. J. O Sistema de Vigilância da Amazônia (Sivam): velhas controvérsias, novos desafios. In: CASTRO, C. (Org.). *Amazônia e defesa nacional*. Rio de Janeiro: FGV, 2006.

______. Concepções de políticas de defesa e desenvolvimento da Amazônia de 1985 a 2006. *Revista da Escola Superior de Guerra*, v.29, n.59, p.11-29, 2014. ISSN 0102-1788.

SISTEMA INTEGRADO DE MONITORAMENTO DE FRONTEIRAS (SISFRON)

Maurício Kenyatta Barros da Costa
Bruno Gonçalves de Souza Barbalho

O Sistema Integrado de Monitoramento de Fronteiras (Sisfron) é um sistema brasileiro de sensoriamento, de apoio à decisão e de emprego operacional. Seu propósito é fortalecer a presença e a capacidade de ação do Estado na faixa de fronteira. O Sisfron foi planejado para permitir a coleta, o armazenamento, a organização, o processamento e a distribuição dos dados necessários à gestão da faixa de fronteira terrestre do Brasil, de modo a viabilizar um monitoramento contínuo e permanente nessa área. Desse modo, ele é "um sistema de comando e controle, comunicações, computação, inteligência, vigilância e reconhecimento que visa dotar a Força Terrestre de meios e habilitadores a uma presença efetiva na faixa de fronteira brasileira" (Exército Brasileiro, 2015). O principal objetivo desse sistema é o fortalecimento da defesa territorial do país e a manutenção da soberania nacional na faixa de fronteira.

O Sisfron surge devido à demanda por uma estratégia capaz de estabelecer comunicação com diversos órgãos e que pudesse abranger toda a fronteira brasileira. Sua idealização, em 2009, parte da Estratégia Nacional de Defesa, na qual há a orientação para o seguimento do tripé mobilidade, monitoramento/controle e presença territorial (Vasconcelos Filho, 2014, p.42). Em 2011, o Plano Estratégico de Fronteiras também passou a servir como orientação ao Sisfron no que tange à implementação de projetos estruturantes para fortalecer a presença estatal na fronteira e à atuação integrada dos órgãos de segurança pública e das Forças Armadas, bem como de outras agências governamentais.

Os meios de sensoriamento do Sisfron devem se desdobrar ao longo dos 16.886 km de fronteira, monitorando uma faixa de 150 km ao longo de toda a linha de fronteira, o que deve potencializar o emprego das organizações subordinadas aos comandos militares do Norte, da Amazônia, do Oeste e do Sul. Além disso, serviriam de instrumento para a integração da atuação dos vários escalões de emprego da Força Terrestre, desde patrulhas e postos de controle na faixa de fronteira, passando pelos batalhões, brigadas, divisões, comandos militares de área e chegando ao Comando de Operações Terrestres (Coter), em Brasília.

A priori, esse sistema gerou desconfianças por dois motivos principais (Cossul; Jaeger, 2016). Em primeiro lugar, por causa da preocupação de países vizinhos com relação ao uso do Sisfron sobre seus territórios. Em segundo, a desconfiança em repassar ao Brasil informações e dados estratégicos. Entretanto, o potencial desse projeto de garantir a segurança das fronteiras em suas diversas dimensões, como segurança pública, ambiental, defesa nacional etc., e a busca em dirimir as desconfianças com os países fronteiriços têm aproximado o Brasil de seus vizinhos. A transparência e a cooperação são vetores determinantes para a integração desse sistema com os países vizinhos (Cossul; Jaeger, 2016).

No que concerne aos seus objetivos, o projeto prevê a atuação em conjunto com sistemas similares, como o Centro Gestor e Operacional do Sistema de Proteção da Amazônia (Censipam), o Sistema de Gerenciamento da Amazônia Azul (SisGAAZ) e o Sistema de Defesa Aeroespacial Brasileiro (Sisdabra), contemplando o âmbitos das três forças nacionais. Destarte, opera através de um complexo sistema que está previsto para ser completamente implantado em dez anos, a partir da sua data de criação, em 2012. Entretanto, a complexidade do projeto e os recursos incertos podem fazer que o prazo de total concretização do sistema seja adiado por alguns anos.

O Sisfron é um sistema securitário de amplo alcance por favorecer a defesa do território nacional e também por auxiliar na atuação das forças de segurança e fiscalização brasileiras contra os ilícitos transnacionais. Nesse sentido, verificamos que o Sisfron tem em si o potencial de aproximar os países vizinhos por meio de uma cooperação em matéria de controle dos territórios fronteiriços e propiciar uma melhor atuação dos militares e dos órgãos de segurança pública contra o descaminho, os crimes ambientais, o tráfico de drogas, de armas e de pessoas que tanto prejudicam a economia legal e transbordam efeitos negativos pelas sociedades de modo geral (Cossul; Jaeger, 2016; Costa, 2017). Essa dimensão não tradicional da segurança, normalmente, está associada às estruturas domésticas (Vaz, 2002) e aos circuitos informais das sociedades, que, nos casos fronteiriços, assumem características transnacionais.

Por se tratar de um projeto relativamente novo, há mais prospecções de cenários possíveis do que resultados sólidos. Todavia, os benefícios que esse sistema pode trazer ajudará a desenvolver toda a região-alvo, principalmente no que tange à integração regional, cooperação com países vizinhos, geração de empregos, fortalecimento da soberania, auxílio aos outros órgãos e fomento do desenvolvimento tecnológico. Ademais, esse sistema impacta sobre todo o desenvolvimento do aparato militar do Exército devido às necessidades de manutenção e proteção dessa infraestrutura tecnológica, além de estimular a indústria nacional.

Apesar de seu caráter preponderantemente militar, há aspectos ambientais e sociais que devem ser levados em conta, como a assistência às comunidades que vivem em regiões pouco habitadas e/ou afastadas, a utilização de recursos tecnológicos a fim de levar educação à distância e melhorias na comunicação. Dessa forma, pretende-se que o Estado esteja mais presente não somente para defender o território por meio das Forças Armadas, mas também para a melhoria da qualidade de vida da população.

Apesar das adversidades, o Sisfron tem conseguido estabelecer boas relações com outras áreas de segurança, entre elas a energética. Desde 2015, há um estudo sobre uma provável parceria entre o sistema e a Usina de Itaipu, para que esta coopere com um programa de baterias de sódio a fim de garantir que haja recursos energéticos para os equipamentos de monitoramento em localidades de difícil acesso (Ministério da Defesa, 2016).

Em fevereiro de 2016, embaixadores de dezessete países árabes visitaram as instalações do Sisfron em Dourados (MS) com o objetivo de conhecer a tecnologia empregada e tentar acordos de cooperação. Isso demonstra que, apesar dos cortes recentes no projeto, o sistema desponta como peça-chave na estratégia de defesa do Brasil, atraindo a atenção de atores internacionais cujas fronteiras tendem a ser mais hostis do que as brasileiras.

Referências bibliográficas

COSSUL, N. I.; JAEGER, B. C. O papel da infraestrutura no combate aos ilícitos transfronteiriços na América do Sul. *Rev. Bra. Est. Def.*, v.3, n.1, p.139-52, jan.-jun. 2016.

COSTA, M. K. B. da. *Políticas de segurança e defesa da fronteira brasileira no contexto de integração regional*: os casos das fronteiras Brasil-Paraguai e Brasil-Uruguai. Brasília, 2017. Dissertação (Mestrado em Política Internacional) – Instituto de Relações Internacionais (Irel), Universidade de Brasília.

EXÉRCITO BRASILEIRO. Apresentação do Sisfron. Arquivo disponibilizado pelo gen. João Oliveira a Márcio Augusto Scherma. In: SCHERMA, M. A. *As políticas brasileiras para a faixa de fronteira*: um olhar a partir das Relações Internacionais. Campinas, 2015. Tese (Doutorado em Relações Internacionais) – Instituto de Filosofia e Ciências Humanas, Unicamp.

MINISTÉRIO DA DEFESA. Sisfron poderá contar com parceria da Usina de Itaipu. Disponível em: http://defesa.gov.br/noticias/16430-sisfron-podera-firmar-parceria-com-usina-de-itaipu. Acesso em: 5 abr. 2016.

VASCONCELOS FILHO, S. L. *Sistema Integrado de Monitoramento de Fronteiras (Sisfron)*: uma contribuição para a segurança nacional. Rio de Janeiro, 2014. 64f. Monografia (Graduação em Altos Estudos de Política e Estratégia) – Departamento de Estudos da Escola Superior de Guerra, Escola Superior de Guerra.

VAZ, A. C. Desafios e questões de segurança nas relações do Brasil com os países andinos. Center for Hemispheric Defense and Security Studies (Redes). Panel on Las Seguridades Emergentes de la Comunidad Andina y Mercosur. Research and Education in Defense and Security Studies. Brasília, 2002.

SOBERANIA

Evaldo Becker

Termo de origem latina derivado da palavra *superānus*, super, sobre. O conceito de soberania enquanto *suprema potestas superiorem non recognoscens* (poder supremo que não reconhece nenhum outro acima de si) começa a ser forjado já na Idade Média, como fruto das disputas pela supremacia do poder político e jurídico entre os reis feudais, o imperador e o papa, mas se desenvolve e cristaliza na Modernidade, em autores como Jean Bodin, Thomas Hobbes e Jean-Jacques Rousseau. Após seu apogeu moderno, o conceito de soberania passa a ser questionado, sobretudo nos século XX e XXI, quando é desestabilizado em função da emergência de vários atores econômicos, jurídicos e militares que procuram se estabelecer acima dos tradicionais Estados soberanos constituídos na Modernidade e constituem uma arena de poder internacional superior e, em certa medida, independente dos poderes estatais, que era onde residia o núcleo constitutivo do conceito de soberania.

Soberania interna

Conforme Barros (2013, p.11), o conceito de soberania foi empregado pelos filósofos modernos "para designar o supremo poder de comando numa sociedade política. Ele sintetizava a ideia de que era necessária a existência de uma instância última de decisão à qual todos os membros da sociedade política estivessem submetidos". O conceito de soberania inclui tanto a dimensão interna, na qual o soberano se configura como o detentor máximo da autoridade política e jurídica no interior dos Estados, quanto à dimensão externa, que lhe garante a independência em relação aos demais soberanos, que se comportarão em condição de igualdade e que, em última instância, resolverão suas diferenças por meio da violência e da guerra, dado que não reconhecem nenhum poder terreno superior ao seu próprio.

Dentre os teóricos da soberania, ainda conforme Barros (2013), é o filósofo francês Jean Bodin (1529-1596) quem se destaca como o precursor, não por ter concebido essa noção, mas por tê-la definido com precisão e esclarecido a sua natureza e função. O comando supremo (*summum império*) numa comunidade pode ser sintetizado através da posse de quatro prerrogativas exclusivas, que são: a autoridade para nomear os mais altos magistrados, definindo suas funções; a capacidade legislativa de promulgação e revogação de leis; a exclusividade na declaração de guerra e na conclusão da paz; e, finalmente, o direito de vida e de morte nos casos em que a lei não concede clemência. A teoria de Bodin sobre a soberania é expressa no *Método para a fácil compreensão da história* (1566) e também em *Os seis livros da república* (1576). Neste último, a soberania é definida como sendo "o poder perpétuo e absoluto de uma república".

Outro autor fundamental na consolidação do conceito de soberania é o inglês Thomas Hobbes (1588-1679). Segundo ele mesmo, é com seu livro *Do cidadão* (1642) que nasce a Ciência Política. Hobbes parte da descrição do artifício teórico chamado estado de natureza para propor que usemos de nossa reta razão aliada ao medo de sofrermos uma morte violenta para adentrarmos, através de um contrato social, ao âmbito das sociedades policiadas, nas quais poderemos viver uma vida mais tranquila, segura e longeva. Após ter descrito nos primeiros cinco livros da obra *Do cidadão* as impossibilidades e os medos decorrentes de uma vida insegura decorrente de uma igualdade natural, na qual todos possuem igual direito a todas as coisas, gerando um tendência à guerra generalizada, Hobbes descreve nos livros VI e seguintes as maneiras de sairmos da condição de vida miserável vivenciada no estado de natureza e adentrarmos em uma vida mais condizente com nossa condição humana. Para tanto, segundo ele, é fundamental que os homens abram mão de seu direito ilimitado a todas as coisas e aceitem, através de contratos mútuos, transferir sua liberdade e autoridade a uma terceira pessoa que se tornará o Soberano. O Soberano, sendo o beneficiário desses contratos, é o único a permanecer com sua liberdade ilimitada, inclusive e sobretudo a liberdade de propor e interpretar as leis que serão aplicadas aos súditos, mas que não poderão limitar o seu próprio poder. É somente através da pessoa do Soberano, que equivale em Hobbes ao governante, que a multidão de homens isolados passa a ser considerada uma unidade política que é por ele representada. O objetivo fundamental do Governante Soberano é garantir a paz e o cumprimento dos contratos civis, compete a ele, e somente a ele, declarar a guerra e concluir a paz, tal como já havia sido proposto por Bodin.

A teoria da soberania e do governo é apresentada por Hobbes tanto em *Do cidadão*, quanto em *Leviatã*. A diferença principal parece residir no fato de que o livro *Do cidadão* é marcado por uma linguagem matemática e científica. Já em *Leviatã*, Hobbes, após ter percebido que os homens não agem necessariamente em função da razão, e sim motivados pelas paixões, resolve apelar para os artifícios da linguagem retórica, o que torna o livro mais agradável ao leitor em geral e mais cáustico e irônico.

Na *Encyclopédie*, de Diderot e D'Alembert, que se configura como sendo, talvez, a mais importante produção coletiva de conhecimentos sistematizada durante a Modernidade, o verbete "Soberanos" retraça em linhas gerais a matriz de pensamento hobbesiana, que descreve inicialmente um estado de natureza violento e contrário à sobrevivência prolongada dos homens. Tal condição, anterior à formação das sociedades, só pode ser superada, com a concretização das sociedades pacíficas, a partir do estabelecimento de um poder soberano inquestionável e garantidor da paz e da tranquilidade da vida civil e de uma submissão incondicional dos súditos aos detentores do poder.

A teoria da soberania sofrerá uma transformação substancial na obra do filósofo genebrino Jean-Jacques Rousseau (1712-1778). Apesar de também se utilizar do artifício teórico estado de natureza e de sustentar a necessidade de um contrato social para adentrarmos na vida em sociedade, Rousseau introduz modificações substanciais na concepção de soberania e de governo, que passam a ter definições distintas daquelas de Hobbes. Em seu livro *O contrato social* (1762), o filósofo genebrino escreve que, tendo chegado o momento no qual os homens já não podem subsistir sozinhos, trata-se então de escolher uma forma de conviver em sociedade que possa garantir a tranquilidade, mas que respeite igualmente a liberdade da qual os homens usufruíam antes de submeterem-se ao jugo das leis. Isso só pode se dar através de um contrato. No Capítulo VI do primeiro livro de *O contrato social*, Rousseau escreve que esse contrato configura-se como um ato de associação que, em lugar da pessoa particular de cada contratante, produz um "corpo moral, composto de tantos membros quantas são as vozes da assembleia, e que por esse mesmo ato ganha sua unidade, seu eu comum, sua vida e sua vontade". Essa pessoa pública, que era chamada na Antiguidade de cidade, chama-se em seu tempo de república ou corpo político, o qual deve "ser chamado por seus membros de Estado quando passivo, soberano quando ativo, e potência quando comparado com seus semelhantes". A ideia fundamental é que o soberano é composto por todas as vozes da assembleia, é o povo em seu conjunto que mantém a soberania, através da capacidade legislativa que não pode lhe ser negada. Nesse sentido, seguir as leis, que se expressam através da vontade geral do povo, não se configura enquanto submissão, mas enquanto liberdade. Seguir uma lei da qual somos os autores é garantir a liberdade humana. No que concerne ao governo, Rousseau, no terceiro livro de *O contrato social*, define-o como sendo um corpo intermediário estabelecido entre os súditos e o soberano, para sua mútua correspondência, deve ser encarregado da execução das leis e da manutenção da liberdade. Os governantes, nesse sentido, não passam de comissários, funcionários do povo, que podem ser substituídos, destituídos e limitados, se assim for a vontade do povo soberano. O governante não só pode, mas deve estar submetido às leis. Nesse sentido, um governante, apesar de ter a prerrogativa de declarar guerras e concluir a paz, deve justificar tal conduta perante o soberano que é o povo reunido. Tal estrutura tende a reduzir significativamente as guerras, sobretudo aquelas que eram deflagradas pela vontade independente dos governantes e motivadas por arrogância e mesquinharias. Essas definições de soberania e de governo tendem a tornar mais pacíficas as relações internacionais.

Soberania externa

No que concerne à soberania externa e às relações internacionais, podemos perceber, ao longo da Modernidade, uma mudança substancial de pensamento. Se, durante a Idade Média, o papa e o imperador buscavam estabelecer as bases de uma *res publica christiana* ou mesmo de uma monarquia universal, durante a Modernidade as relações internacionais são pensadas a partir da independência das soberanias estatais. Nesse caso, é bastante ilustrativo observarmos, por exemplo, as decorrências internacionais do modelo de independência do soberano tal como postulada por Hobbes. Segundo o autor inglês, o governante soberano é aquele que se encontra acima das leis e por isso não pode ser questionado por ninguém. Caso o mesmo pudesse ser limitado em seus poderes, já não poderia mais ser considerado Soberano. Tal configuração de independência coloca os Estados soberanos em uma insuperável condição de guerra de todos contra todos na qual a força e a fraude se tornam as virtudes cardeais, com a ideia de leis internacionais não passando de quimera. Contudo, um autor contemporâneo de Hobbes, o holandês Hugo Grócio (1583-1645), talvez o jurista mais reputado de seu tempo e considerado por muitos o "pai" do direito internacional, pensava diferentemente. Segundo Grócio, é possível e desejável que o ambiente das relações internacionais seja juridicizado, mesmo naquelas situações tradicionalmente excluídas do âmbito do direito, tais como as guerras e a partilha de elementos de uso comum, nos quais a noção de soberania precisa ser entendida de forma limitada, tal como no direito marítimo.

Hugo Grócio buscou estender os domínios do direito, sobretudo do direito das gentes para âmbitos tradicionalmente ignorados, e se não foi o primeiro a fazê-lo, conforme ele mesmo admite, talvez tenha sido um dos maiores representantes desse pensamento. Em seu livro *Mare Liberum*, publicado em 1609, Grócio se contrapõe às tendências privatizacionistas da Espanha e de Portugal que defendiam o monopólio de comércio e de navegação sobre os mares, postura que será repetida também pela Inglaterra no Mar do Norte. Grócio considerava completamente abusivas as tentativas de estender a soberania sobre o mar como um todo, privando as demais nações desse elemento de uso comum responsável por aproximar as nações. Ele será criticado e combatido pelo frade português Serafim de Freitas em sua obra *De justo imperio lusitanorum asiatico* (1625) e pelo jurista inglês John Selden em seu *Mare Clausum* de 1635. Dessas discussões e de seus desdobramentos surgirão as noções de mar territorial e mar internacional, que estendem as noções de soberania em configurações menos absolutas. Além disso, também em seu livro *Direito da guerra e da paz* (1625), Grócio avança no que concerne ao direito da e na guerra, argumentando que mesmo nesse domínio é preciso seguir as noções de justiça e de direito, que devem limitar as ações dos governantes soberanos. No início do século XVIII, o abade de Saint-Pierre publicará o seu *Projeto para tornar perpétua a paz na Europa* (1713-1717), obra na qual expressa de forma bastante otimista seus planos para estabelecer uma União Europeia enquanto instituição supranacional com corte internacional de justiça e deputados europeus responsáveis por estabelecer e julgar litígios resolvendo de forma pacífica as relações existentes entre os soberanos europeus. Tais propostas serão lidas e debatidas pelo filósofo Jean-Jacques Rousseau, que ficará preocupado com o excesso de poder que seria conferido aos governantes dos povos em grandes associações ou blocos políticos como aquele proposto por Saint-Pierre. Rousseau, assim como Grócio e Saint-Pierre, considera que é preciso avançar muito no que concerne à juridicização das guerras e violências estabelecidas em nível internacional. Contudo, isso deveria se dar não aumentando ainda mais as prerrogativas dos governantes soberanos, e sim respeitando a soberania dos povos e regulando as ações dos governantes, que teriam de respeitar as leis dentro dos Estados e justificar sua política externa perante seus povos, o que tenderia a reduzir as guerras e violências. Em seu texto *Princípios do direito da guerra*, Rousseau critica as guerras de conquista, que, segundo ele, não passam de pilhagem e violência. Ele mostra-se cético em relação à formação de grandes blocos políticos, preferindo os modelos de pequenas ligas defensivas, como a Liga Helvética, que garantiriam a defesa de países menores sem interferir em sua soberania interna. Tais discussões repercutirão na obra *À paz perpétua* (1795), do filósofo alemão Immanuel Kant, que proporá pela primeira vez a possibilidade de uma federação mundial das nações e servirá de esboço teórico para o processo que resultará na Liga das Nações (1919) e na Organização das Nações Unidas (1945).

Além da ONU, verificamos durante o século XX e em nosso século a criação e o fortalecimento de inúmeras organizações internacionais e supranacionais, tais como a Organização Internacional do Trabalho (OIT) em 1919, o Banco Internacional para Reconstrução e Desenvolvimento em 1944 e a Organização do Tratado do Atlântico Norte (Otan) em 1949. Todos esses organismos supranacionais ou internacionais acabam limitando e direcionando as decisões dos Estados-nação e colocando-se como limitadores do conceito de soberania, tal como havia sido estabelecido desde a Paz de Westfália em1648. Em função sobretudo dos abusos verificados contra grupos vulneráveis e o desrespeito aos direitos humanos, o século XX e o XXI têm visto uma certa relativização do conceito de soberania e a emergência dos conceitos de intervenção e de proteção de populações civis. Conforme Mazzuoli (2004, p.347), a doutrina da soberania estatal absoluta vem sofrendo abalos dramáticos "com a crescente preocupação em se efetivar os direitos humanos no plano internacional". Tais modificações são tão substantivas que houve quem dissesse que o conceito de soberania ligado aos Estados nacionais estaria com seus dias contados. Contudo, vemos ainda hoje, sobretudo nos Estados mais ricos e bem armados, a manutenção, o poder e a importância do conceito de soberania, que se mostra impassível e alheio às principais convenções internacionais.

Referências bibliográficas

BARROS, A. R. G. de. *O conceito de soberania na filosofia moderna*. São Paulo: Barcarolla; Discurso Editorial, 2013.

CREVELD, M. van. *Ascensão e declínio do Estado*. Trad. Jussara Simões. São Paulo: [s.n.], 2004.

FERRAJOLI, L. *A soberania no mundo moderno*: nascimento e crise do Estado nacional. Trad. Carlo Coccioli e Márcio Lauria Filho. São Paulo: Martins Fontes, 2002.

HOBBES, T. *Do cidadão*. Trad., apres. e notas Renato Janine Ribeiro. São Paulo: Martins Fontes, 2002.

______. *Leviatã*: ou matéria, forma e poder de uma república eclesiástica e civil. Org. Richard Tuck. Trad. João Paulo Monteiro e Maria Beatriz Nizza da Silva. São Paulo: Martins Fontes, 2008.

HOMEM, A. P. B. *História das relações internacionais*. Coimbra: Almedina, 2003.

MAZZUOLI, V. de O. Soberania e a proteção internacional dos direitos humanos. In: GUERRA, S.; SILVA, R. L. *Soberania*: antigos e novos problemas. Rio de Janeiro: Freitas Bastos, 2004.

ROUSSEAU, J.-J. Do contrato social. In: *Obras J.-J Rousseau II*. Trad. Lourdes Santos Machado. Rio de Janeiro: Globo, 1962.

SAINT-PIERRE, A. de. *Projeto de paz perpétua na Europa*. Trad. Sérgio Duarte. Brasília; São Paulo: Ipri; Funag; Editora da UnB; Imprensa Oficial do Estado, 2003.

SOBERANOS. In: DIDEROT; D'ALEMBERT. *Enciclopédia*. v.4: Política. Org. Pedro Paulo Pimenta e Maria das Graças de Souza. São Paulo: Editora Unesp, 2015.

SOCIEDADE INTERNACIONAL

Thiago Gehre Galvão
Hussein Kalout

A VISÃO GERAL SOBRE SOCIEDADE INTERNACIONAL encapsula grande parte, se não a totalidade, das dinâmicas políticas, sociais, econômicas e culturais da vida internacional, em especial aquelas que dizem respeito à segurança e defesa. Ainda que fortemente associada à escola inglesa das Relações Internacionais, tornou-se conceito amplamente utilizado e abordado por diferentes pesquisadores e estudiosos (Rengger, 2016).

A ideia de sociedade internacional aglutina três conceitos – sistema internacional, sociedade internacional e sociedade mundial – que, acessados conjuntamente, criam uma imagem metodologicamente plural e compreensiva do universo das Relações Internacionais.

Segundo Bull (2002), o sistema internacional denota um padrão de comportamento das unidades (Estados) interagindo entre si em diferentes áreas e assuntos como diplomacia, comércio, conflito e segurança, sem desenvolver um senso de propósito comum ou identidade. Sistemas definem-se por estruturas e processos proveniente da anarquia internacional. Já sociedade internacional ou sociedade de Estados existe quando um conjunto de países identifica conscientemente certos valores e interesses comuns, além de uma gama de regras compartilhadas e instituições, como parte de sua vida internacional.

Por sua vez, sociedade global ou sociedade mundial refere-se à identificação de relacionamentos e identidades que estabelecem arranjos societais em âmbito global ou mundial. Deriva de um entendimento sobre a conformação de um universalismo cosmopolita ou solidarista que retira o foco do Estado e passa a conceber a atuação de indivíduos, pessoas, grupos, associações, organizações não governamentais comprometidos com questões para além das fronteiras nacionais, tais como Médecins sans Frontières, Anistia Internacional, Human Rights Watch etc. (Buzan, 2004).

Os conceitos de sociedade internacional e global pressupõem entendimento intersubjetivo sobre os agentes e como eles moldam e são moldados pelas próprias estruturas que criam. A sociabilização é o processo histórico definidor e diferenciador entre os tipos de arranjos supracitados. Quanto maior a sociabilização internacional, pelo avanço dos níveis de institucionalidade e normas compartilhadas, maiores serão as chances de se estar sob o guarda-chuva de uma sociedade internacional ou global.

Assim, ao conviverem em um mesmo espaço, os Estados tornam-se entidades conscientes em termos de valores, princípios, normas e procedimentos de tomada de decisão. Por exemplo, ao perceberem a si mesmos e aos outros em suas múltiplas interações, reconhecem os efeitos mútuos do compartilhamento de identidades na construção de regionalidades na área de defesa, no alinhamento de linguagens de resistência contra a macrossecuritização presente nos discursos da Guerra ao Terror, assim como na composição de um conjunto de regras e normas comuns, como responsabilidade de proteger e intervenção humanitária (Buzan, 2004).

A diferenciação entre sistema, sociedade internacional e sociedade global se dá pela identificação de três formas de manifestação nas relações internacionais: a) ideia presente nos cálculos estratégicos do homem de Estado, b) reflexões dos teóricos políticos, e c) conjunto de conceitos externamente impostos que definem as estruturas sociais e materiais do sistema internacional. As concepções de sistema e sociedade são incorporadas ao pensamento oficial dos tomadores de decisão como instrumento retórico e pragmático de seus discursos e planejamentos. Além disso, essas concepções respaldam a conformação linguística dos indivíduos, na forma como eles pensam e participam na política mundial, na mesma medida em que fazem parte de um pacote analítico desenhado para capturar as estruturas sociais e materiais do sistema internacional (Linklater; Suganami, 2006).

Caberia, então, a pessoas reais, personalidades históricas (Macmillan, 2016), diplomatas como José de Araújo Castro no Brasil ou líderes políticos como Nelson Mandela na África do Sul, reconstruir o mundo a sua volta: por exemplo, dar dinamismo às atividades políticas de luta pelo desarmamento e pelo fim do *apartheid*; dar significado aos princípios de não intervenção e não segregação racial; em suma, dar propósito às ações que conformam a sociedade internacional. Ao mesmo tempo, vale ressaltar que o termo "sociedade" não necessariamente denota algo positivo, que signifique melhoria material ou moral na condição das relações entre as nações. Por um lado, abre espaço para que o analista de relações internacionais possa reconstruir a ideia de sociedade internacional já existente na prática e enfrentar os inúmeros desafios relacionados à insegurança humana, tais como fome, pobreza, conflitos e violências. Por outro, aglutina o sentido ideal para se compreender as dinâmicas de segurança e defesa presentes no século XXI.

Enquanto a ideia de sistema internacional marcou a trajetória intelectual das Relações Internacionais ao se ligar a uma epistemologia positivista que se pautou pelo materialismo e racionalismo metodológicos, a ideia de sociedade internacional geralmente é capturada por uma epistemologia construtivista e por métodos históricos que permitem visualizar os processos de construção de laços entre Estados, organizações e indivíduos ao longo do tempo. O principal debate no bojo da escola inglesa sobre sociedade internacional se estabelece entre pluralistas e solidaristas acerca do escopo, funcionalidade e princípios formadores.

A interpretação pluralista refere-se a um arranjo no qual os entes são estruturalmente semelhantes tendo por objetivo comum a manutenção da sociedade e onde é possível acomodar as diferenças culturais em favor de normas e regras aceitas e desejáveis, como os direitos humanos, favorecendo o florescimento da cooperação e vantagem mútua. A interpretação solidarista parte de uma base moral robusta ao concentrar o entendimento de que as dinâmicas da sociedade recaem sobre os indivíduos e seus direitos básicos de subsistência e segurança contra a violência, cabendo aos Estados agir – por exemplo, a partir de intervenção humanitária – em ocasiões extraordinárias de opressão ou ameaça a populações e indivíduos (Dunne, 1998).

O debate na literatura aponta que a ideia de sociedade internacional pode ser apropriada como objeto de estudo e nível de análise. Como nível de análise, facilita ao estudioso auscultar a existência de estruturas e processos que se conformam no tempo longo. Permite perceber as continuidades e descontinuidades do relacionamento das instituições com agentes estatais e não estatais. Isso implica enxergar causas sistêmicas em detrimento de intenções dos atores individuais, bem como a capacidade das estruturas de influenciar o comportamento dos atores, em constante construção e reconstrução. Como objeto de estudo nas Relações Internacionais é o lugar no qual o estudioso encontra o substrato empírico para suas pesquisas em termos de interações, iterações, normas, valores, ideias, processos e estruturas de influência. Em síntese, as dinâmicas de segurança e defesa encontram-se entremeadas à própria evolução e expansão da sociedade internacional, em arranjos marcadamente anárquicos ou hierárquicos.

Ademais, subsiste um conjunto de fatores que modulam o funcionamento da sociedade internacional e sua caracterização como tal, e não como um sistema de relações estatais. Pode-se afirmar que as sociedades internacionais nascem nas relações internacionais a partir de alguns princípios ordenadores, sendo os mais relevantes aqueles associados à anarquia, guerra, hierarquia, legitimidade e globalização.

Consoante o pensamento clássico, é possível pressupor que o ordenamento garantido por um mundo anárquico é quebrado pelos próprios atores, que, por irracionalidade e manipulação da linguagem, intencionalmente se desviam da ordem estabelecida. Para os neorrealistas, a estrutura da política internacional organiza, logo ordena, a forma como as unidades interagem e como se diferenciam funcionalmente. Nesse caso, a anarquia – entendida como ausência de um poder superior que governa os Estados – é princípio independente organizador da ordem internacional e influencia a própria distribuição das capacidades entre os atores. A anarquia estimula ainda um ambiente de competição e concorrência ou mesmo a ganância pela exploração de recursos entre os atores de um sistema ou sociedade de Estados. Uma vez que a ordem internacional afeta também a própria estrutura doméstica dos Estados, ou seja, a ordem interna (política, econômica e social), é possível dizer que um ambiente externo anárquico e considerado perigoso do ponto de vista da segurança e da defesa nacional pode funcionar muito bem como amálgama política e social doméstica (Waltz, 1979; Measheimer, 1999).

A guerra tende a ser determinante nesse processo de estabelecer/manter/transformar a sociedade internacional. Por um lado, impõe condições geopolíticas, estratégicas e militares que inviabilizam ou estrangulam o arranjo existente entre as grandes potências, podendo levar à desintegração de uma ordem como na Grande Guerra (1914-1918). Por outro, permite aos vencedores do conflito ditar as regras, estabelecer princípios e valores, criar instituições organizadoras da nova ordem internacional nascente, como ocorreu após a II Guerra Mundial, com a criação, sob a liderança dos Estados Unidos, de estruturas multilaterais como ONU, Gatt, FMI e Banco Mundial. Ao mesmo tempo, a guerra pode ser instrumentalizada como forma de reequilibrar a balança de poder, reestabilizar um sistema em novas bases materiais e imateriais ou mesmo garantir a continuidade dos compromissos assumidos num acordo de paz, como parece ter sido o caso da Guerra da Crimeia, da Guerra do Vietnã e das Guerras do Golfo (Angell, 2001; Wight, 2002; Ikenberry, 2011).

Os ditames impostos pela anarquia e pela guerra à sociedade internacional estão conectados tanto às práticas de legitimidade como à hierarquia existentes nos arranjos sociais internacionais. De um lado, a sociedade internacional pode ser vista a partir das especializações e estratificações que separam os países, politicamente (potências grandes, médias e pequenas), economicamente (desenvolvidas ou em desenvolvimento ou subdesenvolvidas) ou socialmente (suseranos e vassalos, centrais e periféricos, dominantes e dominados, patrões e clientes), objetivando a organização da vida internacional (Clark, 1989). De outro, pode-se afirmar que a busca por legitimidade tem motivado grande parte das estratégias e ações dos Estados que vivem em sociedade e buscam justificativas morais e factuais para preservar seu *status* hierárquico e garantir seu pertencimento à família de nações. A própria estabilidade internacional está diretamente relacionada a condutas (i)legítimas e à constituição de normas adequadas para o convívio em sociedade (Clark, 2005).

Uma das forças mais poderosas e transformadoras da ideia e das práticas da sociedade internacional, em sua natureza e escopo, tem sido a globalização. Os principais reflexos foram o adensamento das redes transnacionais de trocas, fluxos e *advocacy*; a complexificação das relações de interdependência política, econômica e cultural; a crescente institucionalização de normas, regras e procedimentos em torno de regimes internacionais como o de proteção ao meio ambiente e direitos humanos, financeiro e comercial. Em particular, o regime de não proliferação nuclear tem funcionado para garantir a própria sobrevivência da sociedade internacional em um contexto de disseminação de tecnologia nuclear e incremento das ações terroristas pelo mundo. Da mesma maneira, as organizações internacionais ganharam responsabilidades para guiar grande parte dos arranjos de governanças em áreas diversas, como internet, energia, água, migrações. A globalização é força motriz responsável por conectar os dilemas de ação coletiva existentes nos níveis subnacional, nacional e regional, moldando o formato da sociedade internacional e tornando-a verdadeiramente global. Ao mesmo tempo, a escolha de analisar as relações internacionais a partir de uma perspectiva da teoria normativa e com base numa ontologia do transnacionalismo, possibilita enxergar imagens alternativas sobre a sociedade global (Buzan, 2004).

Pode-se afirmar que as sociedades internacionais são entidades históricas. A evolução da sociedade internacional esteve associada primeiramente à expansão da Europa e, em seguida, à emergência de novos polos de poder, como Estados Unidos e União Soviética. Os principais marcadores históricos dão conta dessa transição de uma sociedade internacional europeia para a bipolarização entre EUA e URSS e então para a constituição de uma sociedade internacional global com centro nos EUA e que tenderia, mais recentemente, a se deslocar para a região da Ásia-Pacífico. Tradicionalmente, esteve associada aos interesses das grandes potências ocidentais e, portanto, intimamente relacionada a uma perspectiva ocidentalista de relações internacionais. Apenas recentemente, com a emergência de um polo de poder sinocêntrico e de outros arranjos, como os Brics, tornou-se possível conceber outra sociedade internacional global, diferente daquela imaginada por Adam Watson e Hedley Bull em seus estudos clássicos.

Podemos destacar a existência de sistemas históricos de Estados que foram marcantes para o delineamento das grandes questões de segurança e defesa e para a constituição de uma sociedade internacional. A característica definidora foi a ampliação do escopo geopolítico e econômico, de um mundo restrito a sistemas de Estados praticamente isolados, tais como o greco-persa, o chinês e o europeu, para uma verdadeira globalização das fronteiras e contatos entre diferentes civilizações. Um mundo sem fronteiras encontrou significação em momentos especiais para as relações internacionais (Bull, 2002; Watson, 2009).

A Paz de Westfália de 1648 conformou uma ordem de múltiplas independências ancorada em importantes normas e princípios, como a secularização, a tolerância religiosa, a autodeterminação, a preservação da soberania e a ideia de interesse vinculado ao Estado. Em 1712, o Tratado de Utrecht ajusta a ordem de Westfália passando a abarcar a ideia de equilíbrio de poder e de razão de sistema como princípios reguladores da ordem. A razão de Estado seria temperada por uma noção mais acurada de que a emergência de forças hegemônicas como a França de Luís XV deveria ser detida por alianças circunstanciais. Ao mesmo tempo, ficaria nítido que uma potência hegemônica poderia ser o gendarme da ordem, mantendo o seu funcionamento nas esferas política e econômica. A Grã-Bretanha do duque de Wellington, almirante Nelson e Lorde Castlereagh assumiria essa condição ao liderar a contraofensiva aos exércitos napoleônicos que avançaram para conquistar quase toda a Europa entre 1804 e 1814 (Tischer, 2016; Saraiva, 2007).

A Conferência de Viena de 1815 aprofundou o sentido de ordem nas relações internacionais a ponto de preservar a paz pelo período mais longo na história das relações internacionais. As principais instituições, como diplomacia de cúpula (ou diplomacia presidencial), direito internacional e as guerras de ajuste, foram utilizadas juntamente com o equilíbrio de poder para garantir o sucesso da expansão da sociedade internacional europeia em sua empreitada imperialista, incluindo espaços e atores que antes viviam desconectados do mundo ocidental (Watson, 2004). O concerto europeu conformado por Grã-Bretanha, França, Rússia, Prússia e Áustria-Hungria seria abalado apenas pelo processo de unificação italiano e alemão, especialmente pela emergência de uma nova potência que viria, por meio de um sistema de alianças costurado por seu chanceler Otto von Bismarck, atar o destino das grandes potências. Superada a razão de sistema vigente entre 1870 e 1890, compreende-se que a virada imperialista alemã, caracterizada por sua *weltpolitik*, se juntou a um conjunto de forças profundas de ordem política (o neocolonialismo), econômica (a cobiça por mercados e a ganância por lucros), ideológica (os nacionalismos) e demográfica (o crescimento populacional) que levaram à Grande Guerra e a uma involução da sociedade internacional vigente desde 1815 para um sistema de Estados fragilizado (Renouvin; Duroselle, 1997).

A precariedade do tecido social internacional do entreguerras permitiu a ascensão dos fascismos e o desencadeamento de práticas nefastas à organização da sociedade internacional, tais como engrandecimento de poder, apaziguamento, alianças agressivas, políticas de anexação e táticas de uso da força pelo recurso da guerra. No desenrolar da II Guerra Mundial enterrou-se a velha ordem do século XIX, flertou-se com uma ordem conservadora liderada pela Alemanha nazista até se confirmar, a partir do ciclo de grandes conferências entre 1943 e 1945, a conformação de uma ordem bipolar marcada pela oposição entre a liderança liberal dos EUA e a liderança socialista da URSS (Hobsbawm, 1995; Paxton, 2004).

No período da Guerra Fria (1945-1991), as práticas de contenção do comunismo, do equilíbrio do terror e da lógica de destruição mutuamente assegurada contaminaram a imagem da sociedade internacional, retratando uma perspectiva realista sobre a distribuição do poder entre as superpotências, da anarquia como causa permissiva dos conflitos e da natureza humana egoísta como condição *sine qua non* para a disseminação da violência. Concomitantemente, criou-se uma sociedade internacional imersa em instituições, normas e valores liberais, marcada por processos transnacionais, de interdependências complexas, construída com base nas noções ocidentalistas de capitalismo, democracia e empreendedorismo, contrapostas ao modelo socialista (Gaddis, 2006).

O advento de uma nova ordem internacional a partir de 1991 fortaleceu a estratégia de promoção da democracia no mundo, tanto pela replicação de procedimentos (eleições e opinião pública) como por meio de intervenções militares para salvaguardar a ordem. Não obstante as falhas das intervenções humanitárias dos anos 1990 no Kosovo, na Somália e em Ruanda, o fato de fazer parte da sociedade internacional (*membership*) imporia aos líderes, diplomatas e militares uma consciência dos constrangimentos às ações e inações, bem como possíveis responsabilizações diante de tragédias como os massacres e genocídios de grupos populacionais inteiros (Wheeler, 2000).

O século XXI testemunhou a cristalização de uma sociedade internacional marcada pela ideia de Sul Global como atualização do pensamento crítico às dinâmicas hegemonizantes e desiguais que separam as áreas mais ricas e mais pobres do planeta. Ao mesmo tempo, percebeu-se que as forças econômicas globalizantes alteraram a bússola no sentido da Ásia-Pacífico, particularmente da China, *vis-à-vis* o recrudescimento das biopolíticas identitárias de nações poderosas, como a Rússia, que impactam os rumos da sociedade de Estados.

Ao se imaginar o futuro da sociedade internacional é preciso refletir criticamente acerca da complexificação e mutabilidade da ordem internacional, que é ao mesmo tempo condicionada pela política dos grandes poderes e atrelada aos direitos conquistados e a conquistar pelas populações em condição de vulnerabilidade. Percebe-se a emergência de alguns cenários relevantes.

Em primeiro lugar, nota-se que as sociedades internacionais se manifestam em regiões a partir de estruturações históricas e geográficas advindas de interações políticas, econômicas, sociais e culturais que geram porosidades e permeabilidades. Ao explorar os avanços teóricos e conceituais no campo, por exemplo, com a teoria dos complexos regionais de segurança, evidenciava-se a relevância a ser atribuída às questões de defesa e segurança a partir do olhar da ordem regional (Lake; Morgan, 1997). A obsolescência das teorias tradicionais de Relações Internacionais e a atualização do debate pelo cruzamento entre os estudos em regionalização e a nova agenda de segurança abre uma via de estudos sobre sistemas regionais de segurança que estão fundamentados sobre ordens regionais e dependem das dinâmicas e interações entre potências pequenas, médias e grandes de dentro e de fora de determinada região (Solingen, 1998; Lemke, 2002). Sociedades internacionais em regiões conectam as dimensões global, regional, nacional e subnacional. Ao mesmo tempo, as emanações diversas advindas de fora de uma região, como os interesses de grandes potências, organizações internacionais, organizações internacionais não governamentais, mídia internacional e empresas transnacionais, afetam os níveis de porosidade e permeabilidade de uma sociedade internacional em determinada região. Dentro de um quadro de renovação do regionalismo e da existência de uma ordem regional porosa, vislumbram-se oportunidades para o desenvolvimento de mecanismos e instituições para mitigar ou evitar conflitos e dilemas de segurança que emergem em regiões mais críticas como Oriente Médio, ou menos problemáticas, como América do Sul, ampliando as possibilidades de cooperação e da autonomia regional (Katzenstein, 2005; Kelly, 2007).

Um segundo cenário seria o estabelecimento de uma sociedade internacional de conluio. Depreende-se de dinâmicas de competição entre grandes potências que apontam para mudanças na distribuição do poder entre EUA e China, que podem levar à eclosão de uma nova unipolaridade ou unimultipolaridade de base sinocêntrica, mas que tenderá a preservar, por meio de um conluio entre as elites políticas e econômicas dos dois países, o patamar diferenciado para ambos na sociedade internacional. Assim, a sociedade internacional global seria forjada de maneira mais incremental e segmentada, na qual as fontes de conflito e cooperação estariam associadas diretamente ao processo de criação, manutenção e transformação nascentes do relacionamento do G2 conformado entre norte-americanos e chineses (Nye, 2015; Ikenberry; Feng; Jisi, 2015).

Outro cenário interessante explora a concretização de uma sociedade internacional multidimensional calcada na diversificação e descentralização dos polos de poder mundial. Os vestígios de agudização da multipolaridade e de fragmentação do mundo em regionalidades e subnacionalidades afetam a construção de imagens, identidades e interesses de blocos, potências emergentes e tradicionais, empresas globais e agentes não estatais, projetando uma tela de governança global multinível. Barões das drogas, contrabandistas de armas, líderes religiosos, grupos extremistas e fundamentalistas e corporações gananciosas tornaram-se personagens tão relevantes como estadistas e generais.

Em diversos sentidos, o que se percebe é a constituição de *sociedades internacionais*. Por um lado, a emergência de novos poderes e temas críticos como questões de saúde global, energia e alimentos, bem como a atuação de grupos como o Estado Islâmico, demandam entendimentos mais completos sobre as lógicas de segurança e defesa que afetam a estabilidade e a paz. Por outro, a variedade muito maior de narrativas de base não ocidentais que valorizam o local sobre o sistêmico evitam que visões hegemônicas eclipsem a variabilidade de opções, escolhas e abordagens que as localidades e regionalidades proporcionam. Assim como as múltiplas escalas geográficas e identitárias das diferentes regiões do globo, bem como a dimensão temporal que coloca a história como variável definidora sobre as origens de discrepâncias e uma visão acurada sobre o futuro (Buzan; Acharya, 2010).

Um exemplo marcante é o da composição entre os preceitos culturais emanados do Islã e a ideia de sociedade internacional. Das cruzadas à Guerra ao Terror, o Islã não foi só parte da evolução da concepção eurocêntrica e ocidental de sociedade internacional, mas também fez parte da diversidade cultural e política do globo, encapsulando múltiplas nações e milhões de pessoas nos últimos catorze séculos. Entretanto, como outras civilizações que se desenvolveram com base em doutrinas religiosas, a natureza do Islã criou estruturas e gerou processos que tiveram de se adequar ou adaptar à ideia de sociedade internacional prevalecente. Ao reificar ideias e conceitos autocentrados, os intelectuais ocidentais não enxergam os elementos constitutivos de uma sociedade internacional diferente, que levem em consideração os impactos do Islã na vida internacional. Pode-se dizer que uma concepção de sociedade internacional derivada do racionalismo ocidentalista, que aufere às democracias de mercado protagonismo e exclusivismo como unidade prevalecente na sociedade internacional, não encontra eco em diferentes regiões do planeta, como África e Ásia. Em particular no Oriente Médio, por exemplo, após a eclosão da Primavera Árabe e em face do surgimento de forças paraestatais reconhecidas regional e internacionalmente, bem como de movimentos armados e de grupos étnico-religiosos que não gozam da proteção de Estados e dos ditames das normas internacionais, atuam de forma independente do poder estatal em busca da proteção de sua identidade e de sua autodeterminação. Este é o caso de curdos, yazidis, drusos, entre outros, na Síria e no Iraque, que chamam a atenção para a necessidade de se repensar a concepção tradicional de sociedade internacional.

Referências bibliográficas

ANGELL, N. *A grande ilusão*. Brasília: Funag; Editora da UnB, 2001.

BULL, H. *The Anarchical Society*: A Study of Order in World Politics. New York: Columbia University Press, 1977.

______. *Sociedade anárquica*. Brasília: Funag; Editora UnB, 2002.

BUZAN, B. *From International to World Society?* English School Theory and the Social Structure of Globalization. Cambridge: Cambridge University Press, 2004.

______; ACHARYA, A. *Non-Western International Relations Theory*: Perspectives on and Beyond Asia. New York: Routledge, 2010.

CLARK, I. *The Hierarchy of States*: Reform and Resistance in the International Order. Cambridge: Cambridge University Press, 1989.

______. *Legitimacy in International Society*. Oxford: Oxford University Press, 2005.

DUNNE, T. *Inventing International Society*. A History of the English School. London: Palgrave Macmillan, 1998.

GADDIS, J. L. *História da Guerra Fria*. Rio de Janeiro: Nova Fronteira, 2006.

HOBSBAWM, E. *A era dos extremos*: o breve século XX (1914-1991). São Paulo: Companhia das Letras, 1995.

HUNTINGTON, S. P. *The Clash of Civilizations and the Remaking of World Order*. New York: Simon & Shuster, 1996.

IKENBERRY, G. J. *Liberal Leviathan*: The Origins, Crisis, and Transformation of the American World Order. Princeton: Princeton University Press, 2011.

______; FENG, Z.; JISI, W. *America, China, and the Struggle for World Order*: Ideas, Traditions, Historical Legacies, and Global Visions. Palgrave: Macmillan, 2015.

JACKSON, R. *The Global Covenant*: Human Conduct in a World of States. New York: Oxford University Press, 2000.

KATZENSTEIN, P. J. *A World of Regions:* Asia and Europe in the American Imperium. Ithaca: Cornell University Press, 2005.

KELLY, R. E. Security Theory in the "New Regionalism". *International Studies Review*, v.9, n.2, p.197-229, 2007.

LAKE, D.; MORGAN, P. M. (Eds.). *Regional Orders*: Security in the New World. Pennsylvania: Pennsylvania State University Press, 1997.

LEMKE, D. *Regions of War and Peace.* Cambridge: Cambridge University Press, 2002.

LINKLATER, A.; SUGANAMI, H. *The English School of International Relations*: A Contemporary Reassessment. Cambridge: Cambridge University Press, 2006.

MACMILLAN, M. *History's People*: Personalities and the Past. London: Profile Books, 2016.

MANNING, C. A. W. *The Nature of International Society*. London: Macmillan Press, 1975.

MEASHEIMER, J. *The Tragedy of Great Power Politics*. New York; London: WW. Norton Company, 1999.

NYE, J. *Is the American Century over?*. Cambridge: Polity, 2015.

PAXTON, R. O. *The Anatomy of Fascism*. New York: Alfred A. Knopf, 2004.

RENGGER, N. International Society. In: Oxford Bibliographies in International Relations. 2016. Disponível em: http://www.oxfordbibliographies.com/view/document/obo-9780199743292/obo-9780199743292-0063.xml.

RENOUVIN, P.; DUROSELLE, J.-B. *Introduction à l'histoire des relations internationales*. Paris: Pocket Agora, 1997.

SARAIVA, J. F. S. (Org.). *História das relações internacionais contemporâneas*: da sociedade internacional do século XIX à era da globalização. São Paulo: Saraiva, 2007.

SOLINGEN, E. *Regional Orders at Century's Dawn*: Global and Domestic Influences on Grand Strategy. Princeton: Princeton University Press, 1998.

TISCHER, A. Peace of Westphalia (1648). In: Oxford Bibliographies in International Relations. 2016. Disponível em: http://www.oxfordbibliographies.com/view/document/obo-9780199743292/obo-9780199743292-0073.xml.

WALTZ, K. *Theory of International Politics*. McGraw-Hill, 1979.

WATSON, A. *The Evolution of International Society*: A Comparative Historical Analysis. London: Routledge, 1992.

______. *The Evolution of International Society*: A Comparative Historical Analysis Reissue with a new introduction by Barry Buzan and Richard Little. London/New York: Routledge & Taylor and Francis, 2009.

______. *A evolução da sociedade internacional*. Brasília: Editora UnB, 2004.

WHEELER. N. *Saving Strangers*: Humanitarian Intervention in International Society. New York: Oxford University Press, 2000.

WIGHT, M. *Política do poder*. Brasília: Editora UnB, 2002.

SOCIOLOGIA MILITAR[1]

Omar Gutiérrez Valdebenito

Considerações gerais

A HISTÓRIA DO CAMPO DE ESTUDO da Sociologia Militar remonta à II Guerra Mundial. Entretanto, não há uma definição consensual da disciplina. Nas palavras dos eminentes especialistas estadunidenses David Segal e Mady Segal Wechsler (1993, p.2449), "a Sociologia Militar é o estudo científico das instituições militares e da relação entre as Forças Armadas e outras instituições sociais". Na mesma linha, James Burk (1993) define a Sociologia Militar como área específica de estudo das Forças Armadas e sociedade, focada nas relações entre a organização militar e a sociedade que a contém. Os autores citados incluem nessa disciplina a análise dos processos de ajuste do indivíduo à vida militar, o comportamento de grupo e o impacto em suas vidas quando passam para a reserva.

Os sociólogos militares abordam em suas análises toda a gama de atividades dos membros das Forças Armadas, desde a organização, a liderança e as operações de paz, até as atividades militares e civis em matéria de segurança e defesa, assim como o recrutamento, a composição e origem social dos integrantes, a incorporação de mulheres e minorias, suas motivações para o ingresso e o grau de lealdade ao comando, a profissão militar, sua organização e estrutura.

Consideramos que os temas comuns nas definições apresentadas são: a ênfase na organização interna e no funcionamento das Forças

1 Tradução: David Succi Junior.

Armadas como instrumento do Estado e as relações e interações dessas forças e seus membros com a sociedade.

Esses dois aspectos centrais são, por sua vez, parte de um conjunto mais amplo de relações entre as Forças Armadas e o restante do Estado e da sociedade, com frequência nomeado no âmbito acadêmico de estudos das "relações civis-militares" ou, nas palavras de Burk, o estudo das "Forças Armadas e sociedade". Entretanto, a Sociologia Militar, em nossa visão, é conceituada a partir de seus aspectos básicos, deixando aberta a questão de como a organização interna das Forças Armadas e/ou a relação dessas forças com o restante da sociedade podem afetar as perguntas mais amplas sobre as relações civis-militares, em particular o poder político dos militares na democracia e os usos e abusos da força militar na guerra e em tempos de paz.

Origens e antecedentes

Para um número significativo de acadêmicos, a Sociologia Militar refere-se aos estudos realizados por pesquisadores estadunidenses durante e após a II Guerra Mundial. No contexto desse conflito, os Estados Unidos mobilizaram um número significativo de acadêmicos das ciências sociais, entre eles sociólogos, para apoiar o esforço de guerra em estudos, análises e investigações sociais.

Os estudos intitulados "Coesão e desintegração do Exército alemão durante a II Guerra Mundial" e *O soldado americano* são os mais conhecidos por sua repercussão para o desencadeamento da Sociologia Militar. O primeiro foi elaborado entre os anos de 1946 e 1948 pelos acadêmicos Edwards Shils e Morris Janowitz (1948), tendo como tema o moral e a eficiência combativa do Exército alemão, e demonstrou que a eficiência combativa, coesão e espírito de corpo do contingente era produto de um sistema de interação que emergia dos efeitos de uma dinâmica de "grupo primário" promovida pelos comandos. Ademais, demonstrou que as convicções políticas não eram relevantes no moral e efetividade combativa do Exército alemão. Finalmente, o estudo de Shils e Janowitz mostrou a importância do sistema de substituição empregado pela Wehrmacht, que proibia o estabelecimento de laços primários entre os combatentes antes de enviá-los ao combate.

O estudo realizado por Samuel A. Stouffer é denominado *Soldado americano* (1949). Essa investigação é uma análise completa e extraordinária dos comportamentos humanos diante da guerra, desenvolvido em quatro volumes: *The American Soldier: Adjustmen During Army Life*; *The American Soldier: Combat and its Aftermath*; *Experiments of Mass Communications*; e *Measurement and Prediction*. Os três primeiros tomos foram publicados no ano de 1949 e o último no ano seguinte; coletivamente, foram denominados *Studies in Social Psychology in War World II*.

Esse grande empreendimento constituiu o informe das atividades desenvolvidas durante quatro anos pelo departamento de pesquisa da Divisão de Informações e Educação do Exército dos Estados Unidos. Trava-se de um documento sobre as atividades do soldado americano durante a II Guerra Mundial, junto a uma análise das técnicas empregadas para estudar as mesmas. Foi essencialmente o resultado de um trabalho de equipe, que ilustra uma etapa da pesquisa sociológica na qual o trabalho individual evoluiu para um esforço coletivo.

Ambos os estudos são tidos como pontos de partida da Sociologia Militar, sendo o sociólogo estadunidense Morris Janowitz considerado o precursor dessa disciplina. Durante a década de 1960, a Sociologia Militar desenvolveu-se mais intensamente nas universidades de Michigan e Chicago. Durante a década de 1980, as universidades de Maryland, Northwestern e A&M do Texas começaram a oferecer regularmente mestrado e doutorado em Sociologia Militar.

Apesar de a Sociologia, enquanto disciplina, ter sido fortemente influenciada por concepções ideológicas e humanistas para a compreensão da condição humana, próprias do século XIX, essa área de conhecimento manteve-se, até recentemente, quase exclusivamente no âmbito acadêmico. De acordo com Segal, os sociólogos não seguiram os passos de outros cientistas sociais (psicólogos, economistas e cientistas políticos), que utilizaram seus conhecimentos para auxiliar na solução de problemas significativos. Isto é particularmente verdadeiro em relação aos problemas das instituições militares. Em contraste, durante a I Guerra Mundial, a American Psychological Association contribuiu com o Departamento de Guerra dos Estados Unidos e desde então as ciências do comportamento nas Forças Armadas estadunidenses foram dominadas pelos psicólogos (Segal; Segal, 1993). Burk defende que, até a II Guerra Mundial, a Sociologia estadunidense não tinha se interessado pelo estudo sistemático das instituições militares, da guerra e seus efeitos na sociedade (Burk, 1993).

Os primeiros antecedentes históricos da disciplina encontram-se em esforços isolados. Por exemplo, durante a década de 1930, Karl Demeter foi o pioneiro no estudo da profissão militar na Alemanha, cujos resultados reuniu no texto *Das Deutsche Heer und Seine Offiziere* (1935). No fim dos anos 1950, Alfred Vagts escreveu seu extraordinário trabalho intitulado *The History of Militarism* (1959), assinalando os temas que emergiriam na Sociologia

Militar. Não obstante, nesse momento, essas publicações encontravam-se mais no campo da História Social do que da Sociologia, tendo passado mais de duas décadas até que elas influenciassem o desenvolvimento da Sociologia Militar como campo especializado da Sociologia.

Apesar do auspicioso desenvolvimento da Sociologia durante o século XIX, foi apenas em meados do século XX que a Sociologia Militar começou a se delinear, momento em que a reflexão acerca da guerra e da organização militar se enquadrou na metodologia característica da ciência moderna. Ainda que exista divergência em relação à sua consolidação como disciplina, chegou-se a um consenso que atribui sua origem efetiva a certos estudos empíricos realizados por cientistas sociais durante a II Guerra Mundial, acerca de temas como o moral da tropa, sua motivação e a adaptação ao estilo de vida militar (Kourvetaris; Dobratz, 1976).

Durante os anos 1960, houve uma expansão do campo da Sociologia Militar diante dos processos de independência das novas nações na África, Oriente Médio e Ásia, o quais foram muitas vezes sucedidos por golpes de Estado protagonizados por militares. Essa situação foi propícia para conferir à disciplina uma dimensão internacional comparativa. A Guerra do Vietnã, por sua vez, desencadeou a gestação de uma abordagem crítica em relação aos militares estadunidenses. Outra pesquisa significativa desenvolvida na mesma década foi a *Military Organization and Society*, de Stanislaw Andreski (1954), que consiste em uma tentativa audaciosa de aplicar a Sociologia Comparada às relações entre as Forças Armadas e a sociedade.

Nessa década, o estudo dos militares estadunidenses também se desenvolveu amplamente. Entre as análises mais representativas pode-se mencionar o trabalho de Janowitz, intitulado *The Professional Soldier: A Social and Political Portrait* (1960), no qual elaborou os primeiros esboços acerca do comportamento institucional dos militares. O trabalho distingue os militares em dois tipos: o "líder heroico", orientado pelos valores tradicionais, e o "militar pragmático", orientado pelos fins políticos do Estado. Com base no segundo tipo, Janowitz, indica as tipologias militares como elemento crucial para compreender a estrutura hierárquica do corpo de oficiais e sua relação com a elite civil. Em 1964, o autor publicou o *The New Military: Changing Patterns of Organization*, no qual analisou, principalmente, as mudanças na natureza das organizações militares que se produziram no começo dos anos 1960. Nesse sentido, Jacques van Doorn, em *The Soldier and Social Change* (1975), defendeu que o paradigma tecnológico permitiu a solidificação das hierarquias no interior das Forças Armadas, graças ao nível de profissionalização e especialização de seus membros.

Outra obra de referência que serviu de estímulo para análises posteriores foi *Military Sociology: A Study of American Military Institutions and Military Life* (1965), de Charles H. Coates e Ronald J. Pellegrin. Nessa perspectiva, a obra de Charles C. Moskos Jr., intitulada *The American Enlisted Man* (1970), sobressai-se por ser um dos poucos trabalhos que centram a investigação no pessoal militar. O autor destaca a importância da "cultura do isolamento" e sugere que a fonte primária da polaridade entre os soldados era a distinção entre os que se alistavam por apenas um período e os que se reengajavam.

O período compreendido entre os anos 1970 e os 1980 caracterizou-se pela consolidação e diferenciação da Sociologia Militar. Nesse período foram publicados trabalhos como *Handbook of Military Institutions* (1971), organizado por Roger W. Little, que consiste em uma compilação de quinze ensaios de distintos autores, nos quais são tratados temas vinculados à organização militar, tais como estruturas organizativas, socialização ocupacional, dinâmica organizativa e funções políticas dos militares. Outros textos que podem ser mencionados são: *Military Institutions and the Sociology of War: A Review of the Literature with Annotated Bibliography* (1972), de Kurt Lang, que constitui uma análise significativa da sociologia do Exército, e *Civil-Military Relations in the Mass Public* (1973), de David R. Segal, obra cujo foco é a integração social do Exército, levando em considerando os vínculos entre as instituições civis e militares e, ao mesmo tempo, a atitude pública com relação ao militar.

Ademais, durante a década de 1970 foram publicados vários artigos e livros do britânico Gwyn Harries-Jenkins. Entre estes destacam-se: "Professionals in Organization" (1970), no qual faz uma revisão da teoria da profissão e baseia sua análise no estudo casuístico aplicado à Força Aérea Real da Grã-Bretanha; "From Conscription to Volunteer Armies" (1973), no qual analisa as mudanças estruturais que provocaram o estabelecimento do serviço militar voluntário nas Forças Armadas do Reino Unido; *The Military and the Problem of Legitimacy* (1976), constituído por dez ensaios sobre a temática das relações civis-militares britânicas; e, finalmente, *The Army in Victorian Society* (1977), que analisa as relações civis-militares a partir de uma abordagem histórico-sociológica.

Perspectiva

É comumente aceito que, na Sociologia Militar, não há um núcleo principal de preocupações, considerando que o interesse básico da Sociologia pelo militar foi o estudo dos aspectos políticos da instituição e de seu papel social, sendo possível destacar a existência de distintas linhas de pesquisa, o que dificulta qualquer tentativa de síntese e de delimitação de seu objeto de estudo.

O sociólogo Guy Siebold parte da premissa de que não existe uma abordagem exclusiva, exaustiva e efetiva que identifique os campos de preocupação da Sociologia Militar. Após o exame das diferentes dimensões contidas nos trabalhos clássicos da Sociologia Militar estadunidense, Siebold propôs um sistema de classificação que reflete os principais polos de interesse contemporâneos e as tarefas que foram surgindo, baseado em categorias-chave que, em sua concepção, constituiriam os temas centrais da área. O autor identifica quatro áreas da disciplina: a) o militar como profissão das armas; b) o militar como instituição ou organização; c) as relações civis-militares; e d) as relações das Forças Armadas com outros organismos governamentais e militares (Siebold, 2001).

A Sociologia Militar caracteriza-se por seu enfoque multidisciplinar, tendo em vista a permeabilidade de suas fronteiras (Harries-Jenkins; Moskos, 1984). Por outro lado, foram desenvolvidas novas especialidades que ameaçam fragmentar excessivamente a pesquisa da área. Tal como ocorre com outros campos de estudos sociais, a Sociologia Militar não foi separada em áreas de maneira clara, motivo pelo qual temos optado por uma classificação genérica que considera três vertentes: profissão militar, organização militar e relações civis-militares. Certamente, as perspectivas não constituem áreas de estudo estanques, pelo contrário, elas são interconectadas, incluindo temas como recrutamento, composição social dos membros das Forças Armadas, a família militar, a opinião pública, o apoio às Forças Armadas e a confiança que se tem nelas etc. Nessas perspectivas deixamos de fora o estudo da guerra, ou a polemologia, definido por Gastón Bouthoul como "o estudo objetivo e científico das guerras como fenômeno social passível de observação" (Ceseden, 2009), por ter se consolidado como uma disciplina independente da Sociologia Militar.

A profissão militar

A discussão acadêmica buscou permanentemente responder a perguntas como: O que se entende por profissão militar? Quais são suas características? O que se entende por "controle civil" dos militares?

Até o fim da década de 1950, os estudos sobre as Forças Armadas e a sociedade, relações civis-militares e a profissão militar tinham no sociólogo Morris Janowitz e no cientista político Samuel Huntington duas referências indispensáveis para abordar o "profissionalismo militar" e o "controle civil" das Forças Armadas. Para Huntington, em *The Soldier and the State* (1957), as características definidoras da profissão militar eram experiência (qualificação técnica), responsabilidade e sentimento corporativo, enquanto Janowitz, em *The Professional Soldier* (1960), estabeleceu como atributos-chave, além da qualificação técnica, a educação, a identidade de grupo, a ética, os padrões de desempenho e a evolução da organização militar ao longo do tempo.

Ambos os autores aceitam a necessidade funcional dos militares, ou seja, consideram legítima a existência de Forças Armadas. Entretanto, diferem em suas concepções acerca de sua função política. Enquanto Huntington postula uma força militar politicamente neutra, isolada dos valores da sociedade e preocupada especificamente com a obtenção eficiente da vitória (visão divergente), Janowitz apresenta uma visão mais pragmática do profissionalismo militar, segundo a qual este responde ao controle civil através da lei, da tradição e da aceitação dos valores e instituições civis, mesmo sem se ver dominadas por elas (visão convergente).

Sam Sarkesian (1984) afirma que se devem considerar as diferenças entre as perspectivas científicas de Janowitz e Huntington, isto é, a ciência política leva Huntington a ter como foco direto o funcionamento político e o papel dos militares nesse sistema; por outro lado, Janowitz está essencialmente interessado no caráter político-social da profissão e na forma com que o mesmo afeta a instituição.

A organização militar

Um tema que foi estudado paralelamente à profissão militar é o da organização militar. A análise das organizações complexas e, mais especificamente, da organização militar, apresenta uma continuidade em relação aos trabalhos das escolas de Administração Científica e de Relações Humanas e com a literatura sobre organização militar centrada na conduta e moral do grupo primário. Essas tendências deram lugar a novas publicações de enfoque estrutural.

O estudo das organizações sociais mostra como as funções acabam por determinar as suas estruturas; porém também como as funções são configuradas, por sua vez, pelo conjunto de circunstâncias em que se inserem. Hoje, entender as organizações militares implica entender as mudanças em seu entorno, e o que mais caracteriza o novo cenário das organizações militares é a incerteza e a complexidade. Atualmente, os contextos significativos para o emprego das

Forças Armadas são distintos e complexos: a opinião pública, a tecnologia, o meio ambiente, a economia, e, em particular, a sociedade na qual estão inseridas. Essa nova realidade está modificando a natureza de suas missões e a estrutura da organização militar.

Nesse contexto, os modelos explicativos de Charles Moskos (1977, 1986) tornam-se especialmente esclarecedores. O autor faz a distinção de três modelos: o divergente ou institucional, o convergente ou ocupacional, e o plural ou segmentado. Essas formas de classificação, como todos os modelos teóricos, não se apresentam completamente na realidade, ainda que indiquem tendências que podem efetivamente predominar.

Moskos assinala que os modelos de Forças Armadas evoluíram em um *continuum* que vai desde uma organização militar apartada da sociedade até um sistema militar convergente com as estruturas civis (Bañón; Olmeda, 1985). A partir do argumento de Moskos, Marina Malamud defende que os países com Forças Armadas profissionais enfrentam grandes desafios no nível organizacional, na definição de papéis, estruturas de valores e relação com a sociedade (Malamud, 2014).

No modelo institucional ou divergente, mantém-se a distância entre as Forças Armadas e a sociedade civil; os valores e normas mantêm não só o militar mas também sua família permanentemente vinculados à instituição; os servidores militares carecem de direitos básicos, como o de greve e associação, recebem salários abaixo do mercado, porém são compensados com outros tipos de benefícios sociais que fomentam o espírito de corpo e o corporativismo. Nesse sentido, seu serviço como militar é considerado 24 horas por dia, de forma separada de seu horário de trabalho cotidiano.

No modelo ocupacional ou convergente, minimiza-se a distância entre os integrantes das Forças Armadas e a sociedade; a organização militar adapta-se às mudanças sociais e tecnológicas; os militares são considerados funcionários públicos e a remuneração é estabelecida de acordo com os critérios do mercado, ou seja, o que determina o salário é a qualificação e não o posto que ocupa na hierarquia militar (Moskos, 1985).

No modelo plural ou segmentado, Moskos considera que a organização militar apresenta características dos modelos institucional e ocupacional, e que se configura de acordo com as tradições militares e relações civis-militares de cada país. São mantidos os ideais de honra, mística e virilidade, e o autorrecrutamento fomenta os valores militares tradicionais. Em relação às características ocupacionais, promovem-se questões relacionadas à administração, educação, assistência médica e atividades de alto nível técnico; os membros das Forças

Armadas com maior preparo técnica estabelecem o valor de seu trabalho de acordo com as normas do mercado; as condições de trabalho assemelham-se também às das empresas civis; e flexibilizam-se os procedimentos para deixar a organização militar.

Cabe indicar que não se trata de uma mescla de ambos os modelos, mas da coexistência em alguns segmentos organizacionais. Em geral, há uma concordância entre os sociólogos militares de que a Força Aérea e armas técnicas do Exército tendem a um modelo ocupacional, enquanto a Marinha e as forças especiais mantêm-se em um esquema institucional (Gutiérrez, 2015).

Nessa organização "civilinizada", a composição social assemelha-se às organizações que realizam tarefas equivalentes na vida econômica. A incorporação da mulher é efetivada e seu número aumenta. Esse modelo exige novas formas de organização, incorporando uma política de pessoal diversificada, segundo os processos, diversos sistemas de disciplina e *ethos* de trabalho variado.

Para Moskos, essa classificação é a que melhor descreve a tendência do futuro, no contexto das Forças Armadas das sociedades ocidentais, com a convicção de ser a que apresenta eficácia organizativa e capacidade para se adaptar à mudança tecnológica em concordância com a concepção atual de democracia.

As relações civis-militares

O campo de estudo das relações civis-militares contribuiu para a compreensão das características e modalidades das relações existentes entre uma sociedade e suas Forças Armadas. O cientista político estadunidense Samuel Fitch, estudioso dessa temática na América Latina, com base em sua experiência, indica que a expressão em inglês "*civil-military relations*" é muito ampla para representar todas as possíveis interações das Forças Armadas, sejam internas ou externas às instituições militares, com as autoridades de governo e os organismos civis. Consequentemente, Fitch e Lowenthal (1986) conceituam as relações civis-militares como o conjunto de relações entre Forças Armadas, sociedade e Estado, ou seja, as relações das Forças Armadas com o resto da sociedade, porque são parte do Estado e também porque são parte da sociedade.

Segundo esses autores, do ponto de vista teórico, nas relações civis-militares tomamos como pressuposto que as relações das Forças Armadas com o Estado – suas interações políticas – são condicionadas por suas relações com a sociedade e vice-versa, e que ambos os componentes das relações civis-militares estão fortemente condicionados pela relação recíproca do Estado com a sociedade.

No âmbito acadêmico europeu e estadunidense, o estudo das relações civis-militares é de longa data, partindo do debate clássico entre os estudiosos das relações civis-militares, Samuel Huntington e Morris Janowitz.

Em seu livro *The Soldier and the State*, Huntington expõe sua tese de que o profissionalismo militar constitui o núcleo para os estudos sobre o intervencionismo militar na esfera política, sendo o fator decisivo para manter os militares afastados da mesma. Dito de outra forma, a subordinação das Forças Armadas à autoridade civil é lograda através do próprio profissionalismo militar e que este se nutre de uma característica autônoma da sociedade. No caso oposto, perdem-se os valores e o espírito militar, o que compromete sua eficiência (Huntington, 1957).

Janowitz, por sua vez, em *The Professional Soldier*, utilizando os instrumentos da Sociologia, responde a Huntington que a profissão militar não é imutável e apresenta uma série de mudanças muito notáveis ao longo do tempo. A partir de seu estudo sobre a evolução das Forças Armadas estadunidenses durante a primeira metade do século XX, Janowitz conclui que as pautas de conduta dos militares tendem cada vez mais à "convergência" com a sociedade, especialmente devido aos avanços tecnológicos, que obrigam à coincidência de habilidades civis e militares, convertendo-se em uma tendência incontrolável no seio das Forças Armadas. Como consequência, produziu-se uma transformação da característica tradicional da profissão militar – que parte da ideia do herói guerreiro – para uma função que inclui características que podem ser definidas como gestão, direção e administração; nesse sentido, as Forças Armadas têm de se abrir à sociedade e desenvolver maior conhecimento sobre o mundo civil para serem eficazes e eficientes (Janowitz, 1960).

O conceito de "profissionalismo", ligado ao "controle civil", trata de solucionar o problema da intervenção militar na política, buscando resolver o modo como os militares devem operar em uma democracia. A convergência – conceito de Janowitz – e a divergência dos profissionais militares com a sociedade civil – noção adotada por Huntington – são as duas propostas mais conhecidas para estudar a possibilidade de coexistência entre as Forças Armadas e o sistema democrático.

Huntington (1957) propõe os modelos ideais de controle civil sobre os militares – objetivo e subjetivo –, classificando o profissionalismo militar como a melhor garantia de controle civil, e este está vinculado ao poder relativo dos grupos civis e militares na sociedade. Esse controle é logrado na medida em que se maximiza o poder dos primeiros ou, o que é o mesmo, se minimiza o dos segundos.

Essa ideia sobre o profissionalismo militar e o controle civil parece ser, no essencial, uma constante nas obras desse autor. As contingências podem variar para o setor militar, porém, segundo Huntington (1993, 1996), a autêntica condição profissional militar assegura a subordinação destes às autoridades políticas civis legítimas do Estado.

Durante a década de 1960, no pleno auge dos regimes militares em vários países do mundo, particularmente na América Latina, foram produzidos importantes estudos sobre as relações civis-militares a partir de diversas óticas, especialmente a partir da Sociologia e da Ciência Política. Os estudos sobre as relações civis-militares centraram suas análises no papel dos militares no poder político (O'Donnell, 1973) e na autonomia que as Forças Armadas desenvolveram (Stepan, 1971, 1978). Posteriormente, focou-se a atenção no papel que as elas tiveram nos processos de transição (Agüero, 1995, 1999).

O cientista político estadunidense Alfred Stepan, partindo de seus estudos no Brasil (1971) e no Peru (1978), aceita que existe um elemento central nas relações civis-militares: o profissionalismo das Forças Armadas. Stepan contesta a ideia de que, quanto maior é a profissionalização (entendida como preparação técnica), menor é sua tendência a intervir na política e propõe uma nova ideia de profissionalismo.

Por sua vez, o acadêmico britânico Samuel E. Finer (1962) analisa as causas da intervenção dos militares na vida política. Um argumento central desse autor é o de que, dado seu caráter e sua peculiaridade em relação a qualquer instituição civil, as Forças Armadas possuem duas qualidades essenciais, pelas quais naturalmente podem se ver impulsionadas a uma intervenção na vida política: têm a estrutura organizativa e têm as armas. Destaca os níveis de cultura política e sua relação com a legitimidade do poder para descrever as relações entre os militares e a autoridade política da sociedade. Propõe um modelo de quatro níveis de cultura política, partindo do que qualifica como "mínimo", no qual a legitimidade carece de importância social e política, até o que denomina "maduro", no qual a legitimidade é por definição inacessível ao setor militar.

O professor Felipe Agüero, em seu livro *Militares, civiles y democracia*, defende que o controle civil é a capacidade de um governo civil eleito de levar a cabo uma política geral sem intromissões militares, definir os objetivos e a organização da defesa nacional, formular uma política de defesa e supervisionar a aplicação da política militar (Agüero, 1995). A essa capacidade, Agüero denomina "supremacia civil", a qual se alcança mediante um processo de eliminação dos militares de postos de poder fora da área de defesa e na definição e reconhecimento de superiores políticos civis nas áreas de defesa e militar (Agüero, 1999).

Na década de 1990, Peter Feaver apresentou as bases para elaborar uma teoria compreensiva do controle civil que se encaixe nos pressupostos democráticos. Feaver defende que uma teoria sobre o controle dos militares não pode se limitar a analisar as possibilidades de intervenção militar, devendo propor o desenho de algum tipo de mecanismo que assegure o controle das pequenas relações diárias que são as que constituem a política (Feaver, 1996). A partir dessa preocupação, o autor eleva o aspecto da condução (relacionamento com a delegação e o monitoramento) ao primeiro plano nas questões do controle civil.

Para esse acadêmico, três temas representam a essência das relações civis-militares: a decisão civil de delegar algum grau de poder de elaboração de política (*policymaking*) aos militares (por exemplo, o uso da força), a decisão civil acerca de quais são as melhores formas de monitorar essa delegação, e a decisão militar de atuar estrategicamente para abraçar a delegação e minimizar o monitoramento.

No estudo foi analisado o caso norte-americano e, mesmo que apresente uma série de hipóteses para a análise da interação civis-militares, estas não podem necessariamente ser aplicadas à América Latina. Nesta região, a influência das Forças Armadas nasce do papel político histórico e atual; estruturas militares frágeis no que se refere à sua função, podem ser politicamente poderosas por seu papel na vida política. Feaver conclui que, mais do que neutralizar uma estrutura militar poderosa em sua função específica, o âmbito do controle deve referir-se ao aumento da influência civil (Donadio, 2003).

Robert Kohn (1997) parte da mesma premissa, segundo a qual o controle civil na democracia é fundamental por permitir que uma nação baseie seus valores, instituições e práticas na eleição popular e não na escolha dos líderes militares. De acordo com esse autor, a subordinação das Forças Armadas à autoridade política é um dos problemas mais antigos da governabilidade humana. Pergunta-se como uma sociedade controla aqueles que possuem o monopólio da força física. Em princípio, o controle civil é absoluto e abarca tudo: nenhuma decisão ou responsabilidade recai sobre as Forças Armadas, a menos que seja explícita ou implicitamente delegada pelos líderes civis. Os civis fazem as regras e podem mudá-las a qualquer momento. Entretanto, a realidade é bastante diferente. Por várias razões, as instituições militares ganharam um poder significativo e lograram uma considerável autonomia, mesmo naquelas democracias que exercem o controle civil.

Para Kohn, na América Latina o problema encontra-se na debilidade da classe política – capacidades civis – para o controle da instituição militar e fundamentalmente das políticas de segurança e de defesa. O autor considera necessário elaborar políticas e procedimento e fazê-los operar eficientemente, em uma relação de cooperação e respeito entre as autoridades políticas e militares (Kohn, 1997). Compartilhando da visão de Feaver de que o controle civil é um processo em desenvolvimento e não uma figura estática, Kohn dirige-se ao coração do que se percebe atualmente como a problemática premente na América Latina diante da debilidade da classe política: as capacidades civis para o controle da instituição militar e, fundamentalmente, das políticas de segurança e defesa.

Thomas Bruneau, professor da Naval Postgraduate School de Monterrey, pergunta-se: qual é o significado das relações civis-militares hoje? Através da revisão da literatura, encontrou uma quantidade extraordinária de pesquisas focadas no controle civil das Forças Armadas, no âmbito das relações civis-militares. Afirma que a conceituação do controle civil é considerada um aspecto fundamental para a consolidação democrática, o que constitui somente uma parte da análise. Para a análise relativa à efetividade das forças de segurança e a que custo, é necessário entender a importância contemporânea para a democracia da relação entre os líderes eleitos e as forças de segurança.

Com a finalidade de capturar as prioridades e necessidades tanto da consolidação da democracia como das perspectivas atuais de segurança, Bruneau e os pesquisadores da Naval Postgraduate School analisam as relações civis-militares de acordo com três dimensões: controle democrático, eficácia e eficiência (Bruneau; Matei, 2008). Esse novo paradigma das relações civis-militares propõe esclarecer aspectos como: os arranjos institucionais para o controle civil democrático; os papéis e missões atribuídas ao setor de defesa, para a efetividade militar; e a eficiência nos gastos de defesa

Eixos atuais da Sociologia Militar

A Sociologia Militar contemporânea é principalmente resultado da mobilização de acadêmicos das ciências sociais durante a II Guerra Mundial e o posterior período da Guerra Fria. Esses conflitos propiciaram o estudo sistemático da profissão militar, a organização castrense e a relação entre as Forças Armadas e a sociedade.

Contida nas três perspectivas indicadas, há uma ampla gama de temas de estudo no interior da Sociologia Militar. É importante indicar que muitos deles são levados a cabo por acadêmicos e pesquisadores de universidades ou centros de estudos que pertencem sobretudo a países industrializados interessados em conhecer de maneira científica as instituições armadas e suas relações com outros entes estatais. Nos países latino-americanos, os estudiosos centraram-se no enfoque político das relações civis-militares e, especialmente, no controle civil das Forças Armadas.

Para a determinação dos eixos atuais da Sociologia Militar, ou seja, as temáticas que geram o maior número de pesquisas relativas a Forças Armadas e sociedade, o trabalho de Soprano (2013) nos auxilia ao classificar em seus grupos de temas centrais os artigos e resenhas publicadas entre 1999 e 2013 na *Armed Forces and Society*, revista interdisciplinar e internacional que publica pesquisas empíricas de alto nível e rigor metodológico sobre Forças Armadas e sociedade.

Os temas principais relativos à profissão militar considerando fatores sociais, econômicos, políticos e culturais que determinam os integrantes das Forças Armadas como grupo social, são: a) cidadania e Forças Armadas; b) veteranos de guerra; c) identidade, relações e violência de gênero; d) trajetórias e sociabilidade militares; e) opinião pública e militares; e f) saúde mental e psicológica entre os militares.

Ao descrever o conteúdo de cada um dos temas, Soprano reconhece vínculos estreitos entre eles, sendo um exemplo a relação íntima entre os temas "trajetória e sociabilidades militares" e "identidade e relações de gênero", especialmente a partir do ingresso de mulheres nas Forças Armadas de diferentes países.

Uma ideia concreta sobre os eixos contemporâneos da Sociologia Militar é encontrada no European Research Group on Military and Society (Ergomas), fundado em 1986. Ergomas é uma associação científica internacional, baseada originalmente na Europa, que posteriormente, porém, abriu-se para todos os estudiosos do mundo dedicados à pesquisa das relações entre Forças Armadas e sociedade. As disciplinas básicas do Ergomas são a Sociologia e a Ciência Política, porém, com o tempo, tornou-se mais interdisciplinar, o que é demonstrado pelos integrantes provenientes de muitas outras áreas. Essa instituição tem dez grupos de trabalho, que definem os seguintes eixos e linhas de pesquisa permanentes: moral, coesão e liderança; mulher e problemas de gênero; família militar; profissão militar; guerreiros em operações de paz; recrutamento/retenção; papéis difusos dos militares e polícias; veteranos; controle civil das Forças Armadas; opinião pública, meios de comunicação social e Forças Armadas.

Nessa lista de temas ou eixos de pesquisa é possível que tenham ficado de fora algumas temáticas de interesse particular de alguma sociedade, por exemplo, o tema dos indígenas e dos deficientes nas Forças Armadas, mas, de qualquer forma, ela nos permite ter uma visão macro do foco da Sociologia Militar na atualidade.

Referências bibliográficas

AGÜERO, F. *Militares, civiles y democracia*. Madrid: Alianza, 1995.

______. Las Fuerzas Armadas en una época de transición: perspectivas para el afianzamiento de la democracia en América Latina. In: DIAMINT, R. (Ed.). *Control civil y Fuerzas Armadas en las nuevas democracias latinoamericanas*. Buenos Aires: Universidad Torcuato di Tella; Grupo Editor Latinoamericano, 1999.

ANDRESKI, S. *Military Organization and Society*. London: Routledge and Kegan Paul, 1954.

BAÑÓN, R.; OLMEDA, J. A. *La institución militar en el Estado contemporáneo*. Madrid: Alianza, 1985.

BRUNEAU, T.; MATEI, F. Toward a New Conceptualization of Democratization and Civil-Military Relations. *Journal Democratization*, v.15, n.5, p.909-29, 2008.

BURK, J. Morris Janowitz and the Origins of Sociological Investigation on Armed Forces and Society. *Armed Forces and Society*, v.19, n.2, p.167-85, 1993.

CENTRO SUPERIOR DE ESTUDIOS DE LA DEFENSA NACIONAL (Ceseden). Las nuevas guerra y la polemología. *Monografías del Centro Superior de la Defensa Nacional*, España, Ministerio de Defensa de España, n.111, out. 2009.

COATES, C.; PELLEGRIN, R. J. *Military Sociology*. University Park: Social Science Press, 1965.

DEMETER, K. *Das Deutsche Heer und Seine Offiziere*. Berhn: Verlag von Reimar Hobbing, 1935.

DONADIO, M. Las relaciones cívico militares y la construcción de instituciones en América Latina: enfrentando la crisis de las jóvenes democracias. In: REUNIÓN LASA. 2003. Paper...

FEAVER, P. Delegation, Monitoring, and Civilian Control of the Military: Agency Theory and American Civil-Military Relations. *Working Paper*, 4. Cambridge, MA: Harvard University, John M. Olin Institute for Strategic Studies, 1996. [Project on US Post Cold-War Civil-Military Relations.]

FINER, S. *The Man on Horseback*: The Role of the Military in Politics. London: Pall Mall, 1962.

FITCH, S. *The Armed Forces and Democracy in Latin America*. Baltimore: Johns Hopkins University Press, 1998.

______; LOWENTHAL, A. (Eds.). *Armies and Politics in Latin America, 1975-1985*. New York: Holmes & Meier, 1986. p.26-55.

GUTIÉRREZ, O. La profesión militar chilena: ¿De la divergencia a la convergencia? *Memorial del Ejército de Chile*, n.494, p.47-62, 2015.

HARRIES-JENKINS, G. Professionals in Organizations. In: JACKSON, J. A. (Ed.). *Professions and Professionalization*. Cambridge: Cambridge University Press, 1970. p.53-109.

______. From Conscription to Volunteer Armies. *Journal The Adelphi Papers*, v.13, n.103, 1973.

______. *The Military and the Problem of the Legitimacy*. California: Sage Publications, 1976.

______. *The Army in Victorian Society*. London: Routledge and Kegan Paul, 1977.

______; MOSKOS, C. *Las Fuerzas Armadas y la sociedad*. Madrid: Alianza, 1984. [Ed. orig.: *Armed Forces and Society*. Londres, Beverly Hills: Sage Publications, 1981.]

HUNTINGTON, S. New Contingencies, Old Roles. *Joint Force Quarterly*, n.3, outono, 1993, p.40-43.

______. Fuerzas Armadas y sociedad: reformando las relaciones civiles-militares. In: *Revista La Política*, n.2, Buenos Aires, Paidós Ibérica, 1996. [Trad. de "Reforming Civil-Military Relations", publicado originalmente em *Journal of Democracy*, v.6, n.4, 1995, p.9-17.]

______. *The Soldier and the State*: The Theory and Politics of Civil-Military Relations. Cambridge, MA: Harvard University Press, 1957.

JANOWITZ, M. *The Professional Soldier*: A Social and Political Portrait. New York: Free Press, 1960.

______. *The Role of the Military in Political Development of New Nations*. Chicago: University of Chicago Press, 1964.

KOHN, R. The Forgotten Fundamentals of Civilian Control of the Military in Democratic Government. *Working Paper*, 11. Cambridge, MA: Harvard University, John M. Olin Institute for Strategic Studies, 1997. [Project on US Post Cold-War Civil-Military Relations.]

KOURVETARIS, G.; DOBRATZ, B. The Present State and Development of Sociology of the Military. *Journal of Political Military Sociology*, v.4, p.67-105, 1976.

LANG, K. *Military Institutions and the Sociology of War*: A Review of the Literature with Annotated Bibliography. Beverly Hills: Sage, 1972.

LITTLE, R. (Org.). *Handbook of Military Institutions*. Beverly Hills, CA: Sage Publications, 1971.

MALAMUD, M. El nuevo militar flexible. *Revista Mexicana de Sociología*, v.76, n.4, p.639-63, 2014.

MOSKOS, C. *The American Enlisted Man*. New York: Russell Sage Foundation, 1970.

______. From Institution to Occupation: Trends in Military Organization. *Armed Forces & Society*, v.4, n.1, p.41-50, 1977.

______. La nueva organización militar: ¿Institucional, ocupacional o plural?. In: BAÑÓN, R.; OLMEDA, J. A. (Orgs.). *La institución militar en el Estado contemporáneo*. Madrid: Alianza, 1985. p.143-9.

______. Institutional/Occupational Trends in Armed Forces. An Upgrade. *Armed Forces & Society*, v.12, n.3, p.377-82, 1986.

O'DONNELL, G. *Modernization and Bureaucratic-Authoritarian*. Berkeley: Institute for International Studies, 1973.

SARKESIAN, S. Two Conceptions of Military Professionalism. In: MARTIN, M. L. et al. (Eds.). *The Military, Militarism, and the Polity*: Essays in Honour of Morris Janowitz. London: Collier Macmillan, 1984.

SEGAL, D. Civil-Military Relations in the Mass Public. *Armed Forces and Society*, v.1, n.2, p.215-29, 1973.

______; SEGAL, M. Military Sociology. In: DUPUY, T. (Ed.). *International Military and Defense Encyclopedia*. New York: Charles Scribner's Sons, 1993.

SHILS, E.; JANOWITZ, M. Cohesion and Disintegration in the Wehrmacht in World War II. *Public Opinion Quarterly*, v.12, n.2, p.280-315, 1948.

SIEBOLD, G. Core Issues and Theory in Military Sociology. *Journal of Political & Military Sociology*, v.29, n.1, p.140-59, 2001.

SOPRANO, G. La profesión militar en los estudios sobre Fuerzas Armadas y sociedad. *Cuadernos de Marte*, ano 4, n.5, p.82-97, jul.-dez. 2013.

STEPAN, A. *The Military in Politics*: Changing Patterns in Brazil. Princeton, NJ: Princeton University Press, 1971.

______. *The State and Society*: Peru in Comparative Perspective. Princeton, NJ: Princeton University Press, 1978.

______. *Repensando a los militares en política*. Cono Sur: un análisis comparado. Buenos Aires: Planeta, 1988.

STOUFFER, S. et al. *The American Soldier*: Adjustment During Army Life. Princeton: Princeton University Press, 1949a.

______. *The American Soldier*: Combat and its Aftermath. Princeton: Princeton University Press, 1949b.

VAGTS, A. *The History of Militarism*. London: Holis and Carter, 1959.

VAN DOORN, J. *The Soldier and Social Change*. Beverly Hills: Russell Sage Foundation, 1975.

TÁTICA

Gustavo Henrique Feddersen

Emprego e arranjo ordenado de forças militares em relação a outras no campo de batalha. Constitui-se no nível mais básico e prático do planejamento militar.

O objetivo da tática é determinar a melhor forma de emprego das forças em pequena escala para alcançar metas de valor imediato: controle de locais específicos e destruição de forças inimigas são dois dos principais exemplos. Em termos clausewitzianos, é a esfera da guerra mais próxima dos meios (pessoal e sistemas) e mais afastada dos objetivos políticos; ou seja, é a teoria do emprego das Forças Armadas no engajamento em si (Clausewitz; Howard; Paret, 1984).

Assim, a tática não pode ser tomada como um sinônimo da guerra, especificamente por sua distância conceitual dos objetivos políticos por trás de sua execução. O esforço de guerra perpassa toda uma sociedade, para além do campo de batalha. O fenômeno do confronto de forças em si, por ser o mais distante da percepção civil, por vezes pode, assim, ser "reificado" simplesmente como a guerra. Isso constitui um equívoco, pois, para o confronto poder existir e ser efetivo, deve haver planejamentos operacionais, estratégicos e políticos que reflitam a realidade da sociedade que se encontra em estado de beligerância.

Por outro lado, sua relação próxima com os meios da guerra faz dessa esfera a mais sensível aos avanços tecnológicos da sociedade. Ou seja, é na tática que se apresentam os efeitos das inovações em termos de materiais bélicos, determinando a dinâmica da competição interestatal. Tais impactos nos cálculos de poder completam um ciclo que parte da formulação de política nacional mais ampla (grande estratégia), passa pelas capacidades produtivas da sociedade (complexo militar-industrial), impacta a formulação estratégica e de campanhas (estratégia, operações) e altera as capacidades relativas dos países, que incorporam tais mudanças em sua formulação política e reiniciam o ciclo.

Sob a tática encontram-se dois conceitos que dizem respeito à preparação para o combate: técnicas, que são métodos não prescritivos usados para realizar missões ou funções; e procedimentos, compostos de passos padronizados e detalhados que prescrevem como realizar tarefas específicas.

Referência bibliográfica

CLAUSEWITZ, C. von; HOWARD, M.; PARET, P. (Eds.). *On War*. Princeton: Princeton University Press, 1984.

TERRORISMO

Hector Luis Saint-Pierre

O EMPREGO DE ATOS TERRORISTAS NÃO É NOVIDADE. Talvez o emprego político do termo "terrorismo" possa ser associado aos primeiros anos da Revolução Francesa, mas, como tática da violência, ele é tão antigo quanto a própria guerra, que acompanha o homem desde seus primórdios. Os Estados, os exércitos, as etnias, os grupos e os homens isoladamente têm empregado o expediente de ações terroristas como forma de desencorajar seus inimigos, diminuir sua resistência e facilitar a vitória. A característica internacional do terrorismo pode ser nova, mas não surpreende. Quando nenhuma ação diplomática é eficiente para defender interesses postergados, quando nenhum organismo internacional é forte e independente o suficiente para distribuir justiça entre interesses afetados, fica aberta a porta para que o ódio se manifeste de maneira incontrolável. Pela simplicidade operativa, baixo custo, efeito devastador, potencial comunicativo e facilidade de internacionalização, os atos terroristas tornam-se uma alternativa tentadora para manifestar o ódio por parte de grupos fanáticos ou de expressão bélica *legítima* para grupos oprimidos ou regiões militarmente invadidas.

Não obstante ser um conceito muito empregado nas análises de Segurança Internacional e pelo jornalismo contemporâneo, o conceito de terrorismo é um fenômeno difuso e global que, na sua ambiguidade conceitual, se tornou politicamente versátil para identificar o inimigo em três planos diferentes, substituindo a função que desempenhou o comunismo durante a Guerra Fria. Esse conceito, deliberadamente vago e ambíguo, permite, por um lado, delimitar a *frente internacional*, ao definir uma inimizade global com o consequente arco de alianças intencionais que divide o mundo em duas esferas antagônicas e inconciliáveis, o lado do "bem", representado pelos que concordam com a arbitrária conceptualização extensional de "terrorismo", e que se comprometem na guerra sem quartel contra esse inimigo, e o lado do "mal", representado pelos "terroristas" e todos aqueles que os apoiam, como também os que pretendem se manter à margem de uma guerra que não admite neutralidade. Por outro lado, essa ambiguidade definicional e o caráter difuso do inimigo, somado à imprevisibilidade das suas ações e à localização global na qual poderão emergir para despejar sua carga letal, obriga os governos a permanecerem alertas à *manifestação nacional* do "terrorismo", delimitando, desse modo, a *fronteira interna* da guerra. Detrás de cada pacato cidadão pode se esconder um impiedoso terrorista, detrás de cada homem e mulher se potencializa uma eventual ameaça que obriga à desconfiança de todo patrício, nacionalizando a inimizade internacional ao terror. Essa frente de combate permite aos governos, no limite e conforme suas necessidades, caracterizar quaisquer manifestações de descontentamento social como "atos terroristas" e os movimentos sociais que os promovem como "grupos terroristas". Finalmente, embora vago e difuso, esse conceito parece possuir a característica de se *condensar materialmente* em algum país representativo do decretado "eixo do mal" ou de seus aliados. Isto cria um cenário bélico convencional para exibir armamento bélico convencional (e não convencional, como bombas de fragmentação), de maneira a mostrar a última tecnologia bélica para potenciais, e muitas vezes forçados, compradores.

O uso jornalístico e abusivo do conceito de terrorismo internacional não leva em conta uma distinção academicamente evidente entre os critérios especificamente definicionais e os pragmático-políticos. Há duas formas clássicas possíveis de definir, aquela que o faz *intensionalmente*,[1] por um atributo específico do definido, como o aristotélico "gênero próximo e diferença específica", ou *extensionalmente*, isto é, pela numeração extensiva dos elementos que fazem parte do conjunto definido. A precaução sobre os critérios para definir terrorismo fica dramaticamente justificada quando, por um critério puramente extensional de terrorismo, são publicadas as listas dos grupos considerados terroristas. A importância dessas definições reside no fato de serem politicamente empregadas para delimitar a frente de combate internacional ao terrorismo e

1 Note-se que aqui se trata de intensionalidade e não de intencionalidade; são conceitos estudados nos tratados de Lógica quando esta trata de definições classificadas como extensionais e intensionais.

essas listas, definidas arbitrariamente, provocam pânico nos povos, confusão nas políticas de defesa e erros fatais nas decisões estratégicas. Nessas listas, as quais, por obedecer a critérios extensionais, estão sujeitas a caprichos políticos, são citados grupos políticos armados, alguns empregando métodos e táticas meramente guerrilheiras, que disputam o monopólio da violência em seus países. Pode-se argumentar que praticam *atos* terroristas, ainda assim, é discutível se o emprego de táticas terroristas transforme em terrorista quem as pratica. Táticas terroristas são frequentemente usadas, em muitos casos, por exércitos regulares, sem que isso os torne terroristas. Não obstante a óbvia importância de uma definição unívoca, nenhuma das oficialmente vigentes satisfaz os critérios de clareza e objetividade exigida por uma análise acadêmica séria e desinteressada.

Muitos autores tentaram explicar o manto de névoa que encobre a definição do terrorismo. Uma das dificuldades decorre da característica eminentemente subjetiva do terror. Tendo como propósito "destruir o moral de uma nação ou de uma classe, socavar sua solidariedade" (Walzer, 2001, p.269), o terrorismo é uma forma de violência que se realiza no âmbito psicológico do indivíduo. Seu efeito é uma disposição psicológica e, portanto, íntima: o terror. Essa natureza subjetiva, para Wilkinson (1977, p.43), constitui precisamente um dos problemas fundamentais que se apresentam na hora de tentar defini-lo. O medo é um fenômeno subjetivo e não há como determinar objetivamente o umbral único para o terror, que dependerá de fatores tão variáveis como os pessoais, os funcionais e os culturais. Mas o problema no caminho de uma definição convincente de terrorismo é que essa incerteza é precisamente o objetivo estratégico dessa peculiar forma de violência, como adverte Reinares (1998, p.16); provocar reações emocionais como a ansiedade, a incerteza ou amedrontamento na sociedade, para condicionar suas atitudes e dirigir seus comportamentos numa direção determinada, é central nos atos terroristas, muito mais do que causar danos tangíveis a pessoas ou coisas. Essa característica psicológica do ambiente e objetivos do ato terrorista tornam subjetivos os limites da definição.

Outra das dificuldades para definir terrorismo, apontada por vários autores, é o sentido pejorativo com que pragmaticamente empregou-se essa palavra ao longo da história. O emprego da palavra "terrorismo" é sempre acompanhada de um juízo de valor e, portanto, também subjetivo: aqueles que para alguns são terroristas, para outros são "guerreiros da liberdade". Em geral, o terrorista é sempre o "outro", o que dificulta a adoção de um conceito objetivo, unívoco, aceito por todos e que permita desenvolver uma teoria do terrorismo. Frequentemente se emprega o termo "terrorista" para desumanizar ou desacreditar adversários políticos ou qualquer oposição ao regime estabelecido. O apelativo de "terrorista", por um lado, parece justificar o emprego de todos e quaisquer meios na sua eliminação – inclusive a tortura – e, por outro, procura abrir uma brecha entre o grupo assim considerado e a população em geral, evitando a simpatia desta com a causa daquele. Por outro lado, há certa dificuldade para considerar como "terroristas" atos de violência e comportamentos praticados por governos em nome da *ultima ratio* do Estado. Todavia, essa dificuldade desaparece para caracterizar o comportamento de indivíduos que manifestem sua inconformidade contra o regime ou o governo, ou de algum grupo que se insurja contra o monopólio da violência do Estado, mesmo que seja contra Estados que empregam táticas terroristas contra a sociedade. Como diz Michael Walzer (2001, p.269), "a imposição sistemática do terror sobre populações inteiras é uma estratégia utilizada tanto na guerra convencional como na guerra de guerrilhas e é um recurso empregado tanto por governos estabelecidos quanto por movimentos radicais".

A distinção entre a pretensa racionalidade da força governamental, por um lado, e a irracionalidade da violência social que se opõe àquela, por outro, é uma das dificuldades para uma definição objetiva de terrorismo ou para reconhecer, em algumas formas de violência estatal, manifestações de terrorismo. Esse fato não passou inadvertido para Wardlaw, que, tentando explicar a tendência generalizada a classificar como força a ação dos governos e de terrorismo a dos indivíduos, aponta que os primeiros empregam recursos substanciais e títulos bem reconhecidos pela sua legitimidade, ao passo que os indivíduos não podem reivindicar igual legitimidade e caracterizam-se pelos seus escassos recursos e pobres modos de violência. Mas esse autor afirma que um forte motivo para não considerar as operações dos governos como terrorismo e sim a ação contra eles é porque a própria sociedade percebe a diferença desse modo. Em primeiro lugar, pela representação dos atores estatais como racionais e vocacionados a um fim maior. Esses atores são vistos de maneira positiva, como controlados, lógicos e responsáveis; respondem a valores conservadores de vida que para a sociedade são tranquilizadores. Diferentemente, o terrorista é visto como um sujeito individual, irracional, impulsionado por uma mente insana em busca de propósitos egoístas. Também o tipo de armamento contribui para essa percepção: o soldado é visto como um sujeito controlado, está uniformizado, porta armamento legal e à vista; o terrorista se move sub-repticiamente, coloca seu artefato explosivo ilegal com efeitos imprevisíveis, "assim, a violência do terrorismo oficial está coisificada e legitimada, mas não a do indivíduo" (Wardlaw, 1994, p.44-6).

Ante a divulgação das imagens dos atentados de Nova York, passou quase despercebida a atitude terrorista do presidente da maior potência que o mundo já conheceu ameaçando "a todos aqueles países que não estivessem do lado dos Estados Unidos". Para o olhar eletrônico do mundo, a redução a escombros da milenar cultura iraquiana e do miserável Afeganistão pareceu uma resposta "racional", adequada e "justa" pelo que os norte-americanos sofreram. Houve argumentos a favor da "racionalidade" dos tribunais excepcionais e da suspensão dos direitos individuais para preservar a "ordem democrática". Sobraram sofismas para justificar a "racionalidade" do emprego de quaisquer meios, até os mais repulsivos, para defender a civilização ocidental e a democracia, dificultando ainda mais o acesso acadêmico sem preconceitos nem juízos valorativos ao fenômeno do terrorismo. Como diz Wardlaw (1994, p.44), "a coisificação e legitimação do terrorismo oficial permite condenar o terrorismo individual como moralmente repugnante e não reconhecer em absoluto o terrorismo oficial ou aceitá-lo como duro, mas necessário".

Finalmente, parece haver uma clara intencionalidade política para não definir nem se importar em discutir critérios objetivamente aplicáveis para se referir ao fenômeno do terrorismo. Perpetuar a ambiguidade desse termo permite aplicá-lo conforme as necessidades e usar todos os meios de combate, como suspender a privacidade do indivíduo controlando sua comunicação e atividades, a infiltração e espionagem, a prisão ilegal, os julgamentos extralegais, o sequestro, a tortura e o assassinato. Com a aplicação do termo a grupos ou movimentos sociais, religiosos ou étnicos, se pretende amedrontar aos mesmos e inibir suas atividades.

Análise do terrorismo

O terrorismo é uma forma de violência cujo efeito se realiza no âmbito psicológico (Reinares, 1998; Wardlaw, 1984). Seu objetivo é produzir uma reação íntima no indivíduo: o terror, um pavor incontrolável. Como exercício da força pode ser analisado nos três níveis nos quais normalmente se manifesta tratando de identificar em cada um deles os objetivos aos quais a ação se devota.

Nível tático: É o mais visível de toda relação de força, a sua expressão concreta, a aplicação direta da força, o combate, a "gramática da guerra", como diria Clausewitz. Nesse nível, o objetivo visado pelo terrorismo é provocar o maior dano possível. Matar, mutilar, com a maior visibilidade e crueldade possíveis, utilizando qualquer meio. Desde facas até bombas, passando por todos os tipos de armas, convencionais ou não, são empregadas para mostrar que não há limite para a sua ação. O emprego epistolar da bactéria antrax nos Estados Unidos ou o gás sarin, utilizado no metrô de Tóquio, são exemplos de que qualquer armamento químico, biológico ou nuclear, se caísse nas suas mãos, poderia fazer parte do arsenal do terror para provocar o maior dano possível e obter a maior visibilidade, para o que o negócio dos grandes meios de comunicação contribuem.

Nível estratégico: O objetivo estratégico de todo exercício de força é a vitória na guerra, com ela ou com a ameaça da sua decretação. O que se espera neste nível é abrir o caminho para a execução dos fins pelos quais a política estabeleceu essa relação de força; dito de outra maneira, retirar a capacidade de combate e a vontade de resistir do inimigo. Não obstante, no caso do terrorismo, o objetivo estratégico é sempre provocar terror, aquele pavor incontrolável que produz nas pessoas a sensação de vulnerabilidade e de exposição à violência homicida. O terrorismo manifesta no nível estratégico sua singularidade: diferentemente de outras ações de violência política, essa forma de violência não emprega os seus meios táticos para lograr a vitória na guerra nem a tomada do poder, mas para provocar um pânico incontrolável na população. Portanto, o objetivo estratégico do terrorismo, que *o distingue de qualquer outra relação de força e o define, é provocar terror*.

Nível político: Neste nível realizam-se os objetivos pelos quais se leva a cabo uma guerra. A política escolhe o inimigo; define a lógica e temporalidade da guerra e as formas de retorno à paz; realiza os acordos e calcula os custos que serão impostos ao vencido; sobretudo, ela se realiza na imposição da vontade para a qual os meios diplomáticos resultaram impotentes e tornaram a guerra viável. Todavia, no caso do terrorismo, não há imposição da vontade, mas apenas a procura da fratura da vontade do inimigo. Como não objetiva a tomada do poder (o terrorista típico não deseja o poder político, mas apenas destruí-lo), não pode pretender impor a sua vontade, pelo menos não a sua vontade positiva, mas a sua vontade negativa, a desestabilização do inimigo, o desmembramento do tecido social, a falência do Estado. Nem todos os grupos terroristas têm ou perseguem objetivos políticos; o grupo japonês que utilizou o gás sarin, com seu objetivo especificamente milenarista, é um exemplo. Portanto, é difícil definir o terrorismo pela sua finalidade política, como o seria qualquer outro tipo de relação de força, inclusive a guerra. Raymond Aron dizia que uma guerra se define pela caracterização política dos beligerantes e pelas formas de retorno à paz. No caso do terrorismo, essa definição é inaplicável: é difícil caracterizar politicamente os terroristas (que nem beligerantes são, em sentido estrito) e não existe a possibilidade de se pensar no retorno à paz.

Em função dessa tripartição do fenômeno do terrorismo proposta, podemos pensar na diferente natureza que a vítima desse tipo de ação assume para cada um dos três níveis de análise. Assim, para os níveis tático, estratégico e político poderemos encontrar: a) a *vítima tática* é a vítima direta, o morto, o esfaqueado, o assassinado, o mutilado, o explodido, o sequestrado, enfim, aquele que sofre na sua própria pessoa a violência do atentado e deixa sua vida no mesmo ou por ele é diretamente afetado; b) A *vítima estratégica* são todos aqueles que sobrevivem ao atentado, mas que se sentem de alguma maneira incluídos no grupo de risco dos vitimados. Eles não são atingidos diretamente pelo atentado, mas, sabendo-se vulneráveis e sujeitos à possibilidade de serem a próxima vítima tática, são presas do pânico. *Esta é a vítima visada pelo terrorista: a que não morre e permanece viva e aterrorizada e na qual culmina o objetivo estratégico dessa forma particular de violência.* 3) Embora possa não ter objetivos políticos, o terrorismo pode e normalmente tem uma *vítima política*: é o Estado, aquela instituição que deveria garantir a vida dos seus cidadãos, dos quais recolhe pesados tributos com o argumento e a justificativa de montar uma estrutura capaz de assegurar a vida, a propriedade e a tranquilidade de todos os cidadãos.

Note-se que a vítima preferencial do terrorismo, a vítima estratégica, não é o morto, que denominamos "vítima tática". Inegavelmente, o terrorista procurará provocar o maior dano possível e portanto tentará executar a maior quantidade possível de vítimas no nível operacional tático. Porém, se o objetivo estratégico é provocar um pânico incontrolável, é óbvio que a vítima estratégica não pode ser a vítima tática, aquela que perde a sua vida no atentado, por uma questão eminentemente ontológica: os mortos não temem. Com efeito, a vítima estrategicamente visada pelo terrorismo não é o morto que tomba no atentado, mas aqueles que ficam vivos e conscientes de que podem ser a próxima vítima tática. *O fundamento do terror não é a morte, mas a insegurança que provoca a certeza da vulnerabilidade ante a impiedosa ação do terrorista. O fundamento do terror é o sentimento inequívoco de desamparo ante a vontade do terrorista.*

Classificação do terrorismo

Vários autores propõem tipologias do terrorismo de acordo com diferentes critérios. Quanto ao sujeito do terrorismo, por exemplo, pode-se tipificá-lo a partir da pergunta "quem é o terrorista?". Nesse caso, é possível agrupar as ações como *individuais*, quando o atentado é realizado por um indivíduo isolado e sem ligação com nenhuma organização; *grupais*, quando a autoria do atentado é atribuída a organizações que podem ser políticas, religiosas, étnicas etc.; finalmente, *estatais*, quando na origem do terrorismo, ou como seu autor material, se encontra o próprio Estado. Conforme o âmbito no qual o terrorismo espalhe o terror, pode-se classificar como terrorismo *nacional* (seja este terrorismo de Estado ou antiestatal), quando realizado no âmbito do próprio Estado. Será considerado terrorismo *internacional* quando seu objetivo visar a um contexto político internacional, como no caso das guerras de libertação contra as formas de ocupação do inimigo. Finalmente, pode-se falar de terrorismo *transnacional*, quando, pela possibilidade de mobilizar recursos humanos e materiais, os grupos terroristas atuam em países alheios ao de sua população de origem (Reinares, 1998, especialmente Cap.5).

Tendo em conta a modalidade do atentado, podem se distinguir o terrorismo sexual, o psicológico, o econômico, o militar etc. Pela consideração dos meios, o terrorismo pode ser perpetrado com qualquer tipo de arma, desde as brancas, como nos simbólicos degolamentos na Argélia, até bombas de diferente poder de explosão. Além disso, com o atentado no metrô de Tóquio, ficou claro que as armas químicas não estão excluídas nas ações do terrorismo, e, seguindo essa lógica, podemos concluir que armas biológicas e também atômicas possam fazer parte do arsenal do terror; isto é, armas de destruição em massa (ADM) em mãos do terrorismo, inclusive na sua forma transnacional (Hoffman, 1999, especialmente Cap. VII).

No que tange aos alvos visados, ordenados pela pergunta "para quê?", poderíamos falar de terrorismo patológico, quando não há um objetivo claro, mas o motivo da ação é de ordem psicopatológica, como na maioria dos atentados individuais; religioso, quando o objetivo é aniquilar um grupo religioso ou provocar a adesão religiosa por meio do medo; econômico, quando o efeito procurado é nessa área, como no caso do terrorismo contra os turistas, em países onde o turismo é a principal fonte de renda, ou contra fontes de energia etc.; e político, quando o objetivo visado são as relações de força, como quando se mata uma personagem política importante, como no assassinato de J. F. Kennedy em 1963, quando este era presidente dos EUA.

Dada a impossibilidade de analisar o terrorismo desde seus objetivos políticos (que pode não ter), ou desde sua metodologia (por apresentar uma variação extenuante) e mesmo dos seus instrumentos (porque pode ser qualquer um, até um avião de passageiros, por exemplo), sugiro uma abordagem de análise que considera a particularidade da vítima, isto é, uma abordagem vitimológica. Assim, proponho um critério classificatório baseado na particular seleção da vítima por parte do terrorista, conforme ele intencionalmente procure ou não precisão identificatória da mesma, e em função do que se podem distinguir dois tipos específicos de terrorismo: o discriminado ou sistemático e o indiscriminado ou aleatório.

Terrorismo sistemático ou discriminatório: Chamo "terrorismo sistemático ou discriminatório" aquele que escolhe suas vítimas por alguma característica específica que as identifica, seja esta a religião, a profissão, a cor, a etnia, a classe social etc. Atentados terroristas com essa característica eram, por exemplo, os cometidos pelo Movimento Separatista Basco (ETA); pelo Exército Republicano Irlandês (IRA); pelos argelinos pertencentes ao braço armado da Frente Islâmica de Salvação (FIS), especialmente contra jornalistas e formadores de opinião; pelos comandos palestinos da Hamas, contra postos militares israelitas (Hoffman, 1999, caps.3 e 4); pelos ataques da aviação israelita sobre acampamentos palestinos; pela guerrilha colombiana contra companhias petroleiras estrangeiras. Esse tipo de ação terrorista baseia sua eficácia na correta identificação da vítima, pois é a partir dessa identificação que os campos da amizade e da inimizade assumem seus contornos políticos com maior nitidez, obrigando a sociedade a tomar partido por um ou outro dos campos.

O que todas essas ações têm em comum é que, ainda que esses grupos possam procurar em última instância a tomada do poder, em nenhum caso essas operações terroristas são decisivas. Porém, todas elas se revestem de uma significação muito clara: identificar o inimigo, tornar nítida a frente de combate, manifestar abertamente a opção desse grupo pela luta armada, levar seu inimigo a tomar consciência de sua vulnerabilidade, disseminar a intranquilidade e o terror entre seus membros para forçar a deserção pelo medo e a perda de prestígio da instituição.

O terrorismo sistemático, diferentemente do aleatório, pode ser uma ferramenta para a luta política, pois divide o âmbito social em campos de combate, mas, em contrapartida, corre o risco de desvincular o grupo armado da mobilização popular. Com efeito, frequentemente as ações terroristas tornam-se contraproducentes para as forças políticas que fazem uso tático delas no confronto armado assimétrico, na medida em que podem desatar uma violência maior e indiscriminada por parte do adversário. O castigo descarregado sobre os movimentos populares como forma de retaliar os atentados terroristas, acompanhados de uma profusa campanha de propaganda, pode colocar a sociedade contra a ação terrorista. Também as forças repressivas podem tomar os atentados terroristas como pretexto para reprimir e desarticular a organização dos movimentos sociais. As ações terroristas podem fortalecer as atividades das organizações populares, auxiliar na sua defesa, apoiá-las nas negociações, mas também pode ser desastrosa quando utilizada como motivo ou justificativa da repressão.

Terrorismo indiscriminado ou aleatório: O terrorismo é aleatório ou indiscriminado quando sua vítima não é claramente definida nem obedece a uma seleção sistemática. Esse tipo de terrorismo procura deliberada e indiscriminadamente vitimar inocentes, em grande número e com a maior diferenciação social possível. O atentado terrorista ideal dessa tipologia é conseguir vitimar, num único ato, homens e mulheres, velhos, jovens e crianças, brancos e negros, militares, sacerdotes, pessoas comuns: não definindo "grupo de risco", qualquer um pode ser a próxima vítima. Não há atividade, idade, profissão, identidade sexual, credo, cor, ideologia, posição política que esteja isento da possibilidade de ser o alvo do atentado.

A universalidade da vítima é a característica principal do terrorismo aleatório, outra é a espetacularidade e a visibilidade global do atentado (Hoffman, 1999, p.194-235; Wardlaw, 1984, Cap.9). O momento escolhido para a execução do atentado é normalmente a plena luz do dia e de maior movimento de pessoas. O lugar às vezes é representativo da ordem social imperante, como tribunais, supermercados, lojas, prédios onde funcionam repartições públicas (as Torres Gêmeas e o Pentágono), meios de transporte coletivos (como o metrô de Tóquio), enfim, lugares de grande concentração ou circulação de pessoas. A morte de crianças, indubitavelmente inocentes, permite mostrar que não há lugar para a piedade, que o terrorista é inclemente e precisa manifestar isso. Seu objetivo é criar um terror incontrolável e generalizado. O cidadão vê em qualquer outro o possível terrorista inimigo. Quando o terrorismo aleatório é eficaz, todo mundo é suspeito e, como não há identificação política nem ideológica, sua repressão é muito difícil sem cair num também indiscriminado terrorismo de Estado.

O efeito principal desse tipo de terrorismo é fazer que o cidadão se sinta abandonado por parte do Estado, que perceba que nada pode fazer para se defender, que não controla a situação, que o Estado não pode garantir sua segurança e tranquilidade: é o que chamamos "desamparo aprendido" (Saint-Pierre, 2000, p.221, nota). O cidadão sente-se desprotegido e vulnerável ao ataque imprevisível e indiscriminado do terrorismo. Ele sente que o Estado, com suas estruturas preventivas e repressivas, é impotente para protegê-lo. Se o soberano, depositário de todas as vontades e forças, não pode cumprir a mínima contrapartida que o contrato social exige dele, a saber, a proteção da vida do cidadão, então perde a legitimidade, o elemento de coesão afrouxa-se e o tecido social se abre até deixar o cidadão sozinho e aterrorizado.

O terrorismo não tem como objetivo direto a tomada do poder, nem poderia tê-lo. Seu objetivo direto é a desestabilização do regime vigente por meio do terror induzido na população. Por isso, quanto mais irracional e aleatória resulte sua ação, mais eficiente será. Esse tipo de terrorismo, diferentemente do sistemático, não identifica um inimigo, não define âmbitos de inimizade, não projeta frentes de combate, apenas procura provocar uma comoção social desintegradora: o espanto.

Obviamente, o combate a esses dois tipos específicos de terrorismo se articula em estratégias diferentes. A seletividade e o compromisso político do primeiro constitui sua debilidade e o ponto de abertura para a ação da inteligência contraterrorista. Como esse tipo de terrorismo é empregado tanto pelo Estado como pelas Forças Armadas em certas operações de combate, pelas forças políticas insurgentes, ou grupos políticos que pretendem se estabelecer como força, há uma lógica que busca claramente debilitar as forças opositoras (sejam estatais, políticas, Forças Armadas ou combatentes insurretos) e, ao mesmo tempo, evitar ações que provoquem seu desprestígio e consequente debilitação pela perda de apoio da opinião pública. Uma vez que com esse tipo de atos terroristas se procura deliberadamente criar uma frente de combate, uma divisão entre amigos e inimigos, é possível, em determinadas circunstâncias, estabelecer combate. No outro tipo de terrorismo, no fato de ser indiscriminado e aleatório é que justamente reside sua força. Como não funda uma divisão clara em que se possa optar entre amigos e inimigos (todos são seus inimigos), *não constitui um fenômeno político* e seu combate é dificultado. Esse tipo de terrorismo que foge da identificação da vítima e portanto sua própria identificação política (se a tiver) torna o combate impossível e as Forças Armadas impotentes. Nesse caso, a inteligência e o seguimento financeiro são os meios mais indicados para o enfrentamento, mas evitar situações de injustiça e desespero que tornem a vida um preço aceitável a pagar como vetor letal da vingança, diminuindo as tensões e injustiças sociais, continua sendo o melhor antídoto ao terrorismo, que, salvo o caso do terrorismo patológico, sempre é reativo.

Note-se que boa parte das definições correntes de terrorismo associam a ele um componente político. No caso do terrorismo indiscriminado, não há possibilidade de considerar esse componente, pelo que rejeitamos essas definições que simplesmente criminalizam grupos políticos armados e ocultam a verdadeira natureza que facilitaria o acesso a uma teoria do terrorismo e permitiria melhorar as condições para o combate. Na verdade, *esse erro consiste em pespegar em indivíduos ou grupos sociais o adjetivo "terrorista", que só se aplica com rigor* a tipos específicos de ações de força (táticas) *que procuram estrategicamente o espanto em algum subgrupo social ou na sociedade como um todo.* O emprego substantivado do termo "terrorista" só tem funcionalidade para uma política de repressão sem limites morais; do ponto de vista epistêmico, nada aporta.

Hoje, tanto o substantivo "terrorismo" quanto o adjetivo "terrorista" são empregados sem qualquer cuidado e com objetivos políticos e/ou repressivos. Qualquer emprego tático assimétrico de força é considerado "terrorismo", e a quem o emprega se denomina "terrorista". Confundem-se conceitos que descrevem fenômenos tão diversos como guerra de guerrilha, operações especiais, insurreição, guerra de libertação, guerra revolucionária, sob o manto nebuloso do mal definido termo "terrorismo". Esse emprego indiscriminado e arbitrário dificulta a compreensão do fenômeno, o acesso explanatório ao mesmo e, ainda mais grave, seu eventual enfrentamento. Os meios de comunicação de massa reproduzem essa arbitrariedade e muitos "acadêmicos" consolidam acriticamente esse erro nas suas análises. O próprio fato de um movimento armado ocupar espaço, seja numa estratégia de posição, seja de movimento, é desqualificado como movimento terrorista, não obstante possa apelar a atos terroristas como tática de amedrontar a resistência do seu inimigo. Os terroristas não ocupam espaço, não abrem frente de combate, não fixam posição: o objetivo estratégico do terrorismo é causar um medo incontrolável, o terror. O emprego correto e não politizado do termo "terrorista" *é apenas como adjetivo*, para qualificar certas ações violentas que visam aterrorizar e diminuir a resistência do adversário para abrir caminho à decisão estratégica que conduza à realização do objetivo político. Assim, *as ações terroristas seriam apenas táticas, e nunca estratégicas*.

Referências bibliográficas

ARENDT, H. *Da violência*. Brasília: Editora UnB, 1985.

CRENSHAW, M. *Terrorism in Context*. Pennsylvania: Pennsylvania State University Press, 1995.

HOFFMAN, B. *A mano armada*: historia del terrorismo. Madrid: Espasa Calpe, 1999.

LA MAISONNEUVE, E. de. *La metamorfosis de la violencia*: ensayo sobre la guerra moderna. Buenos Aires: Grupo Editor Latinoamericano, 1998.

REINARES, F. *Terrorismo y antiterrorismo*. Barcelona: Paidós Ibérica, 1998.

SAINT-PIERRE, H. L. *A política armada*: fundamentos da guerra revolucionária. São Paulo: Editora Unesp, 2000.

WARDLAW, G. *Political Terrorism*. Cambridge: Cambridge University Press, 1984.

WILKINSON, P. *Terrorism and the Liberal State*. London: Macmillan, 1977. p.43.

TRATADO INTERAMERICANO DE ASSISTÊNCIA RECÍPROCA (TIAR)

Alexandre Fuccille

O Tratado Interamericano de Assistência Recíproca (Tiar) – também conhecido como Pacto do Rio – é um pioneiro, especial e singular instrumento de segurança coletiva criado no mesmo ano do anúncio da Doutrina Truman, que formalmente dá início à chamada Guerra Fria. Em 1947, no Rio de Janeiro, dezenove países das Américas reuniram-se para "assegurar a paz por todos os meios possíveis, prover auxílio recíproco efetivo para enfrentar os ataques armados contra qualquer Estado americano, e conjurar as ameaças de agressão contra qualquer deles" (Preâmbulo do Tiar, em Ministério das Relações Exteriores, 2014). Eram eles: Argentina, Bolívia, Brasil, Chile, Colômbia, Costa Rica, Cuba, El Salvador, Estados Unidos, Guatemala, Haiti, Honduras, México, Panamá, Paraguai, Peru, República Dominicana, Uruguai e Venezuela. Importante destacar que o Canadá nunca fez parte do Tiar e, quando de seu ingresso na Organização dos Estados Americanos (OEA), em 1990, pediu dispensa de filiar-se ao mesmo.

Tendo por inspiração uma "doutrina de defesa hemisférica", a ideia norteadora era uma resposta concertada a qualquer ameaça exógena à região, reforçando os entendimentos anteriores mantidos em 1945 na Conferência Interamericana sobre Problemas da Guerra e da Paz (Ata de Chapultepec), ocorrida no México. Nessa direção, e em estreita conexão com o definido pela recém-criada Organização das Nações Unidas (ONU), de acordo com o art. 2º do tratado, as partes comprometiam-se a "submeter toda controvérsia, que entre elas surja, aos métodos de soluções pacífica e a procurar resolvê-la entre si, mediante os processos vigentes no Sistema Interamericano, antes de a referir à Assembleia Geral ou ao Conselho de Segurança das Nações Unidas". Trata-se de um engenhoso mecanismo multilateral que concatena consultas entre as partes, resolução de litígios interpares, sistemas parciais e universais, em detrimento de posturas unilaterais e/ou ao arrepio do direito internacional público. Em caso de insucesso, o *continuum* de medidas sugeridas (isoladamente ou combinadas) pelo art. 8º do tratado internacional são: "a retirada dos chefes de missão [diplomática]; a ruptura de relações diplomáticas; a ruptura de relações consulares; a interrupção parcial ou total das relações econômicas ou das comunicações ferroviárias, marítimas, aéreas, postais, telegráficas, telefônicas, radiotelefônicas ou radiotelegráficas, e o emprego das Forças Armadas".

Celebrado em 2 de setembro de 1947, o Tiar entraria em vigor em 3 de dezembro de 1948, mesmo ano de criação da OEA e precedendo inclusive a instituição da Otan em 1949. Como nação que sediou os delegados nas tratativas de discussão que resultou no Tiar, o Brasil é o Estado depositário do mesmo, enquanto a OEA é depositária para fins de administração do acordo e a ONU também o tem registrado. Esse instrumento jurídico-político se soma aos demais pilares do Sistema Militar Interamericano, a saber: a Junta Interamericana de Defesa, criada em 1942, a Carta da Organização dos Estados Americanos firmada em 1948) e o Pacto de Bogotá, do mesmo ano.

A fim de evitar eventuais dificuldades e/ou travas quando da necessidade de operacionalização do tratado, foi abandonada a metodologia que impunha a necessidade de concordância unânime de seus membros – ou, ao menos, não objeção explícita por qualquer um dos integrantes – e em seu lugar instituído o princípio da maioria qualificada (2/3 dos votos) para a aprovação das resoluções e assumido o compromisso de procurar-se resolver regionalmente qualquer contencioso antes de levá-lo à Assembleia Geral ou ao Conselho de Segurança das Nações Unidas. Estavam lançadas as bases para o aprofundamento do Sistema Interamericano.

Respondendo à lógica de montagem do sistema norte-americano anticomunista, num momento de transição da "política de boa vizinhança" para a doutrina de contenção ao comunismo, a pedra de toque do Tiar era dada pelo entendimento de que "um ataque armado, por parte de qualquer Estado, contra um Estado Americano, será considerado como um ataque contra todos os Estados Americanos", como estabelecido pelo art. 3º. Esse entendimento persistiu mesmo com o Protocolo de Reforma do Tratado Interamericano de Assistência Recíproca de 1975, firmado na Costa Rica, passando a vigorar com a redação de que "um ataque armado de qualquer Estado contra um Estado Parte será considerado como um ataque contra todos os Estados Partes e, em consequência, cada uma delas [Altas Partes Contratantes] se compromete a ajudar a fazer frente ao ataque, no exercício do direito imanente de legítima defesa individual ou coletiva que é reconhecido pelo artigo 51 da Carta das Nações Unidas". Contudo, nunca é demais lembrar que o Tiar não é uma aliança militar, mas cuja base filosófica repousa no compromisso de solidariedade entre as partes, o que não deixa de representar elevado grau de subjetividade e indeterminação quanto ao real engajamento dos Estados quando necessário.

Assim, a efetividade do Tiar foi posta à prova pela Guerra das Malvinas/Falklands em 1982, quando, a despeito de um conflito envolvendo uma potência extrarregional (Reino Unido) e um país americano (Argentina), seu resultado prático foi nulo, na medida em que não atendia os interesses norte-americanos naquela oportunidade. Os Estados Unidos não só não ficaram ao lado do parceiro hemisférico como não tiveram uma postura neutra, em verdade apoiando seu histórico aliado da Otan e antigo colonizador. A questão central, garantir "a segurança do hemisfério ocidental e nosso [EUA] acesso aos recursos do hemisfério, que sejam essenciais a qualquer projeção transoceânica de um maior poder ofensivo dos Estados Unidos", conforme relatório do secretário de Defesa ao Conselho de Segurança Nacional em 31 de agosto de 1949, estava assegurada (FGV CPDOC, 2009).

O período da Guerra Fria foi o momento alto do Tiar, provocando sua invocação em 23 oportunidades – sendo somente uma delas não solucionada por meio da OEA, em 1984, entre Argentina e Chile a respeito da navegação no Canal de Beagle (Atkins, 1997). Conforme os arts. 3º, 6º e 7º do tratado, há três possiblidades para seu acionamento e aplicação, sendo duas delas abarcando Estados não americanos e uma contemplando litígio entre Estados americanos. Concretamente, sempre foi nebulosa a zona de competência do Tiar *vis-à-vis* à ONU, ocorrendo que, "quando o conflito surgiu entre Estados americanos, ou por ameaças feitas por esses Estados, a OEA agiu sem a intervenção do Conselho de Segurança das Nações Unidas. Por outro lado, quando a ameaça se originava fora da região, tanto o Conselho de Segurança como o Órgão de Consulta previsto pelo Tiar se pronunciavam" (Arrighi, 2004, p.73).

Finda a Guerra Fria, o Tiar crescentemente tem experimentado obsolescência e esvaziamento. Após os ataques terroristas de 11 de setembro de 2001, o Brasil – controversamente – invocou o tratado e, por ocasião da XXIII Reunião de Consulta dos Ministros das Relações Exteriores da OEA, realizada em 21 de setembro do mesmo ano em Washington, 22 dos 34 países-membros aprovaram a iniciativa brasileira, de cunho essencialmente político e diplomático mais do que prático. Poucos dias antes dos trágicos acontecimentos na principal potência global, o presidente mexicano Vicente Fox já alertava que o sistema hemisférico de segurança estava obsoleto ante as "novas ameaças", e em 2002 efetivaria sua saída do Tiar. Mais recentemente, tal iniciativa foi seguida pelos "bolivarianos" Venezuela, Bolívia, Equador e Nicarágua, todos em 2012. Como previsto pelo art. 25, transcorridos dois anos da formalização da denúncia, o tratado cessará de produzir efeitos com relação ao antigo Estado signatário.

No presente século, em que pesem pontuais atualizações no Sistema Militar Interamericano, muito tem se discutido acerca da necessidade de uma reforma profunda no Tiar ou negociação de um novo instrumento legal capaz de dar conta da atual complexidade do quadro geopolítico regional e global, transcorridos mais de sete décadas de criação do tratado em tela e mais de um quarto de século do fim do conflito bipolar. Enfim, o desafio de atualização ou instauração de um novo quadro legal de concertação dos macrointeresses hemisféricos comuns nas amplas áreas de segurança e defesa nas Américas segue colocado, sem nenhuma resposta satisfatória no crepúsculo da segunda década do século XXI.

Referências bibliográficas

ARRIGHI, J. M. *OEA – Organização dos Estados Americanos*. Barueri: Manole, 2004.

ATKINS, G. P. *Encyclopedia of the Inter-American System*. Westport; London: Greenwood, 1997.

FGV CPDOC. Verbete Tratado Interamericano de Assistência Recíproca (Tiar). 2009. Disponível em http://www.fgv.br/cpdoc/acervo/dicionarios/verbete-tematico/tratado-interamericano-de-assistencia-reciproca-tiar.

MINISTÉRIO DAS RELAÇOES EXTERIORES. Sistema Consular Integrado (Atos Internacionais). Brasília: Funag, 2014. Disponível em http://dai-mre.serpro.gov.br/atos-internacionais.

TRIBUNAL PENAL INTERNACIONAL

Flávia de Ávila
Elísio Augusto de Souza Machado Jr.
José Lucas Santos Carvalho

O TRIBUNAL PENAL INTERNACIONAL (TPI) é a primeira corte internacional com competência permanente em matéria penal, complementar às jurisdições penais nacionais, referente aos crimes de genocídio, de guerra e de agressão e aos crimes contra a humanidade. Foi criado em 17 de julho de 1998, em Roma, na Conferência Diplomática de Plenipotenciários das Nações Unidas, pelo Estatuto de Roma do Tribunal Penal Internacional. O Estatuto de Roma foi aprovado pela maioria, com 120 votos favoráveis contra apenas 7 votos contrários (China, Estados Unidos da América, Iêmen, Iraque, Israel, Líbia e Catar) e 21 abstenções. Entrou em funcionamento a partir de 1º de julho de 2002, com sede em Haia, na Holanda. No entanto, o regime específico e distinto de responsabilidade do direito internacional penal é antecedente ao TPI, instituído com os Tribunais *ad hoc* após a II Guerra Mundial, que pela primeira vez consideraram os indivíduos que agem em nome do Estado como sujeitos ativos de crimes praticados no plano internacional.

Com o fim da II Guerra Mundial, os países vencedores deram início ao processo de identificar, julgar e punir aqueles que teriam sido responsáveis pela eclosão do conflito. Foi assim que, em 8 de agosto de 1945, os Aliados (Estados Unidos da América, União Soviética, Reino Unido e França) firmaram o Acordo de Londres, acompanhado do Estatuto do Tribunal Militar Internacional, e instituíram o Tribunal Militar Internacional de Nuremberg (IMT), cujo objetivo era julgar os criminosos de guerra das potências europeias do Eixo. Em 19 de janeiro de 1946, o Tribunal Militar Internacional para o Extremo Oriente, também conhecido como Tribunal de Tóquio, foi criado para julgar os crimes de guerra e contra a humanidade praticados pelas autoridades políticas e militares japonesas durante a guerra.

A tradição de Nuremberg e Tóquio é o marco definitivo do direito internacional penal, pois "a concepção de um direito internacional penal que Nuremberg ensejou parte do pressuposto de que existem certas exigências fundamentais da vida na sociedade internacional e que as violações das regras relativas a tais exigências constituem crimes internacionais" (Lafer, 1988, p.169). Perrone-Moisés (2003, p.573) explica que, genericamente, o direito internacional penal pode ser qualificado como um direito que protege bens supremos como a paz e a dignidade do ser humano, regulando atos que violam a ordem pública internacional por meio de infrações contra o direito internacional. Para Ambos (2008, p.42), "entende-se, tradicionalmente, o conjunto de todas as normas de direito internacional que estabelecem consequências jurídico-penais. Trata-se de uma combinação de princípios de direito penal e de direito internacional".

Na década de 1990 surgiram outros importantes tribunais *ad hoc*: o Tribunal Internacional Penal para a antiga Iugoslávia de 1993, criado pela Resolução n.827 do Conselho de Segurança da ONU, com sede em Haia, e o Tribunal Penal Internacional para Ruanda (TPIR), com sede em Arusha, capital da Tanzânia, criado pela Resolução n.955 do Conselho de Segurança da ONU. A legitimidade do Conselho de Segurança para criar tribunais penais internacionais *ad hoc* estava amparada pelos arts. 29 e 41 da Carta das Nações Unidas. Esses tribunais *ad hoc* se diferenciam do TPI porque são competentes para apreciar apenas atos ocorridos em determinada área geográfica, dentro de certo lapso temporal e vinculados a um fato histórico específico (Portela, 2016, p.533). O TPI, por sua vez, é "uma instituição permanente, com jurisdição sobre as pessoas responsáveis pelos crimes de maior gravidade com alcance internacional", nos termos do art. 1º do Estatuto de Roma.

O Tribunal Penal Internacional é uma organização internacional com personalidade jurídica de direito internacional própria e possui, no território dos Estados-partes, os privilégios e imunidades necessárias ao cumprimento de suas funções. Em suas atividades, pauta-se pelo Estatuto de Roma, pelos princípios pertinentes e por outros tratados que definem os crimes internacionais, como as convenções aplicáveis aos conflitos armados e os tratados de direitos humanos. Deve observar também o Regulamento Processual e o Regimento do Tribunal, além de poder usar o direito interno dos diferentes sistemas jurídicos existentes, desde que não haja incompatibilidade com o próprio estatuto, com o direito internacional, nem com as normas e padrões internacionalmente reconhecidos.

O TPI pode examinar atos cometidos nos territórios dos Estados-partes do Estatuto de Roma ou a bordo de navios ou aeronaves nestes registrados, ou, ainda, atos praticados por seus nacionais. Pode atuar também com relação a atos cometidos no território de Estados não membros, desde que estes aceitem sua competência por meio de acordo especial.

A sua competência temporal também está definida no estatuto (art. 11, §1º): os crimes cometidos após a instituição da corte em 1º de julho de 2002, data da entrada em vigor do estatuto. Ademais, quando um Estado se torna parte depois da entrada em vigor, a competência do tribunal é somente para as condutas criminosas após a entrada em vigor do estatuto referente a esse Estado, a menos que este tenha declarado especificamente em sentido contrário (art. 12, §3º).

A atuação da corte se dá de acordo com o princípio da responsabilidade individual, sendo que Estados não podem ser processados no TPI. A competência *ratione personae* diz respeito à jurisdição exercida pelo tribunal somente para pessoas físicas maiores de 18 anos, inclusive os chefes de Estado. São puníveis tanto aqueles que cometeram o crime como os que ordenaram, instigaram, solicitaram, facilitaram, encobriram ou de qualquer forma contribuíram para a prática do ato ilícito, ou deste participaram (art. 25), inclusive os chefes militares e superiores hierárquicos (art. 28). Para o TPI exercer as suas atividades, o Estatuto de Roma criou, no art. 89, o instituto da "entrega" (*surrender* ou *remise*), pelo qual o Estado coloca à disposição do TPI as pessoas que deverão ser julgadas e/ou que foram condenadas por esse órgão. O instituto diferencia-se da extradição por ser este último um ato bilateral praticado entre Estados, enquanto o TPI é um organismo internacional.

Sobre a admissibilidade de um caso perante o TPI, o art. 17 do estatuto determina que o tribunal poderá decidir sobre a não admissibilidade de um caso se: a) for objeto de inquérito ou de procedimento criminal por parte de um Estado que tenha jurisdição sobre o mesmo, salvo se este não demonstrar intenção de levar a cabo o inquérito, ou o procedimento, ou não tenha capacidade para fazê-lo; b) tiver sido objeto de inquérito por um Estado com jurisdição sobre ele e tal Estado tenha decidido não dar seguimento ao procedimento criminal contra a pessoa em causa, a menos que essa decisão resulte do fato de esse Estado não ter vontade de proceder criminalmente ou da sua incapacidade real para fazê-lo; c) a pessoa em causa já tiver sido julgada pela conduta a que se refere a denúncia e não puder ser julgada pelo tribunal em virtude do disposto no §3º do art. 20 (situação de *bis in idem*); ou d) a situação não for suficientemente grave para justificar a ulterior intervenção do tribunal. As línguas de trabalho do TPI são o árabe, o espanhol, o francês, o inglês e o russo (art. 50).

O TPI é composto por dezoito juízes que devem reunir os requisitos necessários para o exercício das mais altas funções nos judiciários dos respectivos Estados, dominar uma das línguas de trabalho da corte e ter reconhecida competência e experiência em matérias da alçada do tribunal. A seleção dos magistrados deve garantir a presença de mulheres, a equitativa representação geográfica entre os juízes, bem como garantir que seus conhecimentos jurídicos sejam oriundos dos principais sistemas jurídicos do mundo. Os juízes são eleitos pela assembleia dos Estados-partes do Estatuto de Roma para mandato de nove anos e não podem ser reeleitos. Outra restrição é que não pode haver dois juízes da mesma nacionalidade. O procurador também é eleito pelos Estados-partes e tem competência para receber e recolher informações sobre atos da alçada do tribunal, abrir inquéritos e conduzi-los, além de promover a ação penal.

Os órgãos do TPI são a Presidência, o Juízo de Instrução, o Juízo de Julgamento em Primeira Instância, a Seção de Recursos, o Gabinete do Procurador e a Secretaria. O Juízo de Instrução é o órgão encarregado de autorizar a abertura de inquéritos e a prática de seus atos necessários, a realização da instrução processual prévia e a impugnação da admissibilidade de um caso ou da jurisdição do tribunal, em decisão a ser confirmada pelo Juízo de Julgamento em Primeira Instância. É competente também para receber representação das vítimas de crimes internacionais. O processo e o julgamento do caso submetido ao TPI ocorrem pelo Juízo de Julgamento em Primeira Instância. As apelações contra os seus julgados são decididas pelo Juízo de Recursos, bem como os recursos da admissibilidade de um caso e os pedidos de revisão. Já a Presidência tem a competência de administrar o TPI em seus aspectos judiciais. A Secretaria, por sua vez, subordinada à Presidência, administra o TPI em seus aspectos não judiciais. A Assembleia dos Estados-partes possui a representação de todos os Estados-membros do Estatuto de Roma, sendo o foro de tratamento de questões administrativas gerais do tribunal.

Segundo o preâmbulo do Estatuto de Roma, o TPI atua para garantir o respeito duradouro pela efetivação da justiça internacional. Todavia, a estrita observância à soberania dos Estados traz críticas à sua potencial efetividade (Cassese, 1999). Na dinâmica internacional, é difícil se chegar a um ponto de equilíbrio entre os Estados e as múltiplas fontes que cada realidade jurídica representa. Desde o início das negociações para construção do texto e adoção do Estatuto de Roma, os Estados depararam com um grande impasse: malgrado quisessem avançar na construção de uma jurisdição penal internacional permanente, não se poderia chegar a um consenso sem que se relativizasse perigosamente a prerrogativa da potestade.

Essa busca por unidade implicou a relativização de garantias, com o escopo de responder a exigências contingenciais das instâncias políticas dos diversos Estados ao se instituir uma nova racionalidade que diferencia o direito penal internacional do direito penal clássico (Moccia, 2010, p.1089). Ao longo dos debates, concluiu-se que deveria haver sólida presunção em favor das jurisdições internas, não somente em razão das vantagens que os tribunais nacionais possuem para dar andamento à persecução penal, a exemplo da facilidade quanto à produção da prova e racionalização dos custos processuais, mas porque a primazia de uma jurisdição internacional usurparia, ao menos em parte, a soberania dos Estados (Cardoso, 2012).

Conquanto a internacionalização dos direitos humanos tenha emergido como importante paradigma global após a II Guerra, ainda se mantém a clássica concepção de soberania no âmbito jurisdicional, pela qual "uma das componentes essenciais da soberania dos Estados é a jurisdição penal, ou seja, a capacidade de julgar os crimes ocorridos no seu território, segundo a regra tradicional da territorialidade" (Moreira, 2004, p.20).

Por considerar o exercício dessa soberania um aspecto de fundamentalidade intangível, os Estados decidiram abandonar a regra de competência concorrente que havia orientado os estatutos dos tribunais *ad hoc* para a Antiga Iugoslávia e para Ruanda, e adotaram para o TPI o princípio da complementaridade, que prevê a atuação do tribunal internacional subsidiária e complementar às cortes nacionais. Com efeito, a complementaridade evita que haja uma sobreposição de jurisdições, proporcionando, segundo Gutiérrez (2011, p.39), "uma fundamental limitação das competências, na medida em que a Promotoria da Corte Penal Internacional não pode atuar se existir um verdadeiro procedimento em nível nacional" (traduzido do original).

A partir disso se extrai um tom de excepcionalidade do TPI, que detém o mérito de funcionar como espécie de catalisador, impulsionando decisivamente o desenvolvimento do direito penal internacional em escala nacional. Os Estados, para resguardar o caminho preferencial da sua respectiva jurisdição, tacitamente adequaram seus ordenamentos jurídicos para obstar que o TPI, utilizando como argumento a incapacidade de um país para realizar a persecução penal, avocasse para si um processo relativo a fato amoldado como ilícito internacional em detrimento da jurisdição penal interna. Eser (2013, p.161) considera a "necessidade de transcendência do direito nacional", no sentido de que todos os países deveriam estar obrigados, pelo direito internacional público, a sancionar penalmente dentro dos seus respectivos ordenamentos tudo aquilo que estiver proibido pelo direito internacional. Posição semelhante é sustentada por Balmaceda, com base na hierarquia das normas de direito penal internacional, para ele superiores à regulação do direito interno. Para Balmaceda (2010, p.1053), a partir do princípio da complementaridade, em leitura conjunta com o princípio de cooperação, deve haver a adequação dos ordenamentos internos em todos os níveis ao exigido na norma internacional como pressuposto para a efetiva concretização das normas constantes no Estatuto de Roma.

O princípio da complementaridade, uma das principais características do Estatuto de Roma, é considerado elemento crucial para o elevado grau de aceitação da jurisdição permanente do TPI, que, por sua subsidiariedade, impõe tolerável restrição à soberania dos Estados-membros. Entretanto, isso não impediu que críticas lhe fossem endereçadas, com o argumento de que os critérios adotados para afastar a competência nacional – qual seja, a omissão ou ineficácia da jurisdição interna, de que tratam a segunda e terceira partes do art. 17 do Estatuto de Roma, em que se delimitam as circunstâncias em que há ou não vontade ou [in]capacidade de agir por parte de um Estado em determinado caso –, pela evidente imprecisão conceitual, desprivilegiam países mais pobres e que não contam com um aparato judiciário desenvolvido.

Ademais, pela disposição do art. 26 da Convenção de Viena sobre Direito dos Tratados de 1969, os tratados possuem caráter vinculante, conforme o fundamental princípio *pacta sunt servanda*, pelo qual as obrigações assumidas pelas partes devem ser cumpridas. Desse modo, no âmbito do direito internacional, tanto sua base consuetudinária estabelece critérios determinantes para obrigações de cooperação jurídica internacional, que são recepcionados por tratados internacionais, como constitui padrão de comportamento que se espera dos Estados. Esse entendimento também encontra apoio no §3º do art. 1º da Carta da ONU, bem como em diversos instrumentos do direito internacional humanitário, dos quais se depreende uma obrigação tácita de reprimir os crimes internacionais que hoje se sujeitam à competência do TPI (Balmaceda, 2010, p.1052).

Contudo, a resistência à jurisdição do TPI está se intensificando. Burundi recentemente aprovou uma lei interna autorizando o país a denunciar o Estatuto de Roma, e a África do Sul enviou notificação ao secretário-geral da ONU para sua retirada do TPI. O art. 127 do Estatuto de Roma prevê a denúncia do tratado, que significa a desvinculação das obrigações do mesmo. Porém, conforme descrito no art. 127, a "retirada produzirá efeitos um ano após a data de recepção da notificação, salvo se esta indicar uma data ulterior". Além disso, tal procedimento não isenta o Estado de seus deveres enquanto era parte do

Estatuto, pois, segundo o §2º do mencionado artigo, "a retirada em nada afetará a prossecução da apreciação das causas que o tribunal já tivesse começado a apreciar antes da data em que a retirada começou a produzir efeitos".

O Estatuto de Roma, apesar de não ser um código penal internacional fechado, ou seja, a definitiva consolidação de normas de direito penal material internacionalmente aplicável, avançou ao delimitar a jurisdição do TPI quanto aos crimes sujeitos à sua competência, selecionados pelo nível de gravidade e repercussão internacional. O preâmbulo do estatuto os descreve como "atrocidades inimagináveis que chocam profundamente a consciência da humanidade" e que já vitimaram milhões de pessoas, constituindo, pois, uma ameaça à paz, à segurança e ao bem-estar da humanidade.

Nos termos do art. 5º do Estatuto de Roma, que dispõe sobre os crimes de competência do TPI, estão compreendidos dentro da jurisdição *ratione materiae* da corte: a) o crime de genocídio; b) os crimes contra a humanidade; c) os crimes de guerra; d) o crime de agressão. De acordo com Cardoso, "havia propostas para incluir outros crimes na lista de atribuições do tribunal, mas a tendência predominante foi no sentido de limitar a jurisdição material às quatro referidas categorias, denominadas *core crimes*" (2012, p.47).

Nos termos do art. 22 do Estatuto de Roma, "nenhuma pessoa será considerada criminalmente responsável, nos termos do presente estatuto, a menos que a sua conduta constitua, no momento em que tiver lugar, um crime da competência do Tribunal. Essa observância à carga normativa do princípio *nullum crimen* significou considerável avanço dogmático, superando a insegurança decorrente da possibilidade de uma conduta ser sancionada quando punível segundo princípios gerais reconhecidos pela comunidade internacional sobre a base do direito de Nuremberg, afastando as consequentes amplitude e insegurança jurídica que isto implicava" (Ambos, 2008, p.45). Além de afirmar o princípio da legalidade em matéria penal – ao menos quanto à descrição dos tipos penais –, o TPI adotou o princípio *ne bis in idem*, pelo qual se proíbe que alguém possa ser alvo de dupla persecução penal desde que haja tripla identidade quanto aos sujeitos, aos fatos e aos fundamentos da imputação.

Nesse contexto, a vedação *ne bis in idem*, corolário do princípio da legalidade, assume dupla função: tanto resguarda o direito daqueles que já tenham sido processados e julgados pela prática de algum dos crimes de competência do TPI quanto protege o interesse dos Estados e a integridade do sistema judicial. Entretanto, como adverte Mazzutti (2015, p.1799), "o emprego da vedação *ne bis in idem* pode suscitar dúvidas quanto à determinação de seu conteúdo e alcance, a exemplo do que podem se considerar 'mesmos fatos'".

A definição do crime de genocídio do Estatuto de Roma é idêntica àquela contida na Convenção de 1948 para a Prevenção e Repressão do Crime de Genocídio, bem como às dos estatutos dos tribunais *ad hoc* para a Antiga Iugoslávia e para Ruanda. Nos termos do art. 6º, entende-se como genocídio a prática instrumental das seguintes condutas: a) homicídio de membros do grupo; b) ofensas graves à integridade física ou mental de membros do grupo; c) sujeição intencional do grupo a condições de vida com vista a provocar a sua destruição física, total ou parcial; d) imposição de medidas destinadas a impedir nascimentos no seio do grupo; e) transferência, à força, de crianças do grupo para outro grupo. O agente, por sua vez, deve ter como propósito destruir, no todo ou em parte, um grupo nacional, étnico, racial ou religioso, razão pela qual se compreende como bem jurídico tutelado a própria integridade e existência do grupo humano. Nota-se que o crime exige um especial fim de agir – *dolus specialis* – reitor da prática dos atos descritos, sendo esse elemento subjetivo o traço que distingue o genocídio dos demais.

Segundo o art. 7º do Estatuto do TPI, entende-se por "crime contra a humanidade" qualquer um dos atos nele listados, quando cometidos como parte de um ataque generalizado ou sistemático dirigido contra qualquer população civil. Exige-se para configuração do tipo penal o "com conhecimento do ataque", de modo que o acusado deve ter a compreensão do contexto em que foram praticados tais atos. Ao delimitar os alvos desses ataques, o dispositivo estabeleceu clara distinção em relação aos crimes de guerra, tratados no art. 8º do Estatuto de Roma, cuja estrutura foi baseada nas fontes do *jus in bello*. São quatro categorias de crimes de guerra, sendo dois endereçados aos conflitos armados internacionais (violações graves às Convenções de Genebra e às leis e costumes aplicáveis em conflitos armados internacionais) e outros dois aos conflitos internos, que daqueles se distinguem pelo caráter não internacional. Essa compreensão, de que os crimes de guerra podem ocorrer também em relação aos conflitos internos, teve como paradigma o *Tadic Case*, primeiro grande julgamento do Tribunal Penal Internacional para a Antiga Iugoslávia (Jankov, 2005, p.68).

Quanto ao crime de agressão, as discussões não foram conclusivas. Segundo Cardoso (2012, p.50), a solução encontrada foi incluir a agressão no âmbito de competência do TPI, embora sem descrevê-lo em tipo penal específico, o que significa que o tribunal não poderia exercer jurisdição sobre esse crime. Quando tal descrição fosse implementada por meio de emenda ao Tratado de Roma, o tribunal teria então jurisdição sobre o mesmo. Em 26 de junho de 2016, a Palestina se tornou o trigésimo Estado a depositar seu instrumento de ratificação às alterações do Estatuto de Roma para definição do crime de agressão. Com efeito, em cumprimento ao que dispõe o §2º do art. 5º, a partir de 1º de janeiro de 2017, o Tribunal poderá exercer jurisdição sobre ele, uma vez que trinta Estados-partes – maioria requerida para aprovação de uma emenda ao Estatuto de Roma – ratificaram as alterações.

Em razão disso, o art. 8º do Estatuto de Roma será ampliado e, além de tipificar os "crimes de guerra", também tipificará o "crime de agressão", que consiste no planejamento, preparo ou início, por parte de alguém responsável pelo efetivo controle ou direção da ação política ou militar de um Estado, de atos de agressão que, por suas características, gravidade e escala constituam uma violação à Carta das Nações Unidas. A emenda, ademais, complementa a tipificação ao conceituar como "atos de agressão" o uso da força armada por um Estado contra a soberania, a integridade territorial ou a independência política de outro. Com efeito, nota-se que a definição atribuída aos atos de agressão tem como alvo os sujeitos responsáveis pelo início de uma guerra injusta, havendo uma evidente correlação entre o tipo penal e a regulação do *ius ad bellum*.

No âmbito do TPI, a jurisprudência possui papel fundamental, a ponto de prejudicar os esforços de codificação em razão da primazia das decisões anteriores, cuja importância vem expressamente consagrada na segunda parte do art. 21 do Estatuto de Roma (Ambos, 2008). Com efeito, as decisões, além de dar solução aos casos submetidos à jurisdição internacional permanente, constituem para o TPI verdadeira fonte normativa, estabelecendo conhecimentos concretos que passam a servir de paradigma, funcionando como critério hermenêutico na orientação dos julgados posteriores.

A análise dos casos submetidos a julgamento concretiza parte das críticas doutrinariamente construídas em torno do princípio da complementaridade, qual seja: a de que a jurisdição do TPI, tal como formatada, obstaria que países mais desenvolvidos e com um Judiciário mais robusto tivessem seus nacionais entregues e submetidos a julgamento pela corte. Atualmente, os quatro casos que se encontram em *pre-trial stage* são oriundos do continente africano (encontram-se nessa fase: o caso Barasa, do Kenya; os casos Al Bashir, Hussein e Harunand Kushayb, todos eles de Darfur, no oeste do Sudão), assim como o são os casos em *trial stage*, estando atualmente em fase de julgamento o caso Gbagboand Blé Goudé, da Costa do Marfim, o caso Bemba et al. da República da África Central, e o caso Ntaganda, da República Democrática do Congo.

Esse mesmo padrão se mantém quanto aos casos em *reparation or compensation stage*, nos quais já houve um juízo definitivo de culpabilidade, ou seja, com o trânsito em julgado da condenação, quando se inicia processo voltado à reparação das vítimas, a exemplo dos casos Katanga e Lubanga, ambos provenientes da República Democrática do Congo. Mesmo em relação aos que já foram fechados, seja por evidências insuficientes, pela não confirmação das acusações, ou em razão de uma decisão absolutória – como no caso Ngudjolo Chui, da República Democrática do Congo, no qual expressamente se reconheceu a inocência quanto às acusações da prática de crimes de guerra e crimes contra a humanidade –, os exemplos são todos provenientes da África, que desde o início tem sido o foco da jurisdição do TPI.

Embora países diversos estejam atualmente com casos submetidos a exames preliminares, a exemplo de Colômbia, Iraque, Afeganistão, Palestina e Ucrânia, ou já com uma investigação formalizada nos termos do art. 18 do Estatuto de Roma, como no caso da Geórgia, estabeleceu-se um evidente padrão quanto aos alvos – oriundos, em quase sua totalidade, de países africanos –, criando em certa medida um estereótipo que relativiza, perante a comunidade internacional, a imparcialidade e, *ipso facto*, a própria legitimidade da jurisdição do TPI. Podemos pensar, assim, que há uma violação não declarada da Corte Penal Internacional à igualdade jurídica, repetindo a seletividade estrutural do sistema penal que, enquanto instrumento de controle, simbolicamente reafirma desigualdades.

Referências bibliográficas

AMBOS, K. *A parte geral do direito penal internacional*: bases para uma elaboração dogmática. Trad. Carlos E. Adriano Japiassú e Daniel A. Raizman. São Paulo: Revista dos Tribunais, 2008.

BALMACEDA, P. H. Aplicação direta dos tipos penais do Estatuto do Tribunal Penal Internacional no direito interno. In: FRANCO, A. S.; NUCCI, G. de S. *Doutrinas essenciais*: direito penal. v.1. São Paulo: Revista dos Tribunais, 2010. p.1049-72.

BRASIL. Decreto n.4.388, de 25 de setembro de 2002. Promulga o Estatuto de Roma do Tribunal Penal Internacional. Disponível em: http://www.planalto.gov.br/cci-vil_03/decreto/2002/D4388.htm. Acesso em: 1º jul. 2016.

CARDOSO, E. *Tribunal Penal Internacional*: conceitos, realidades e implicações para o Brasil. Brasília: Funag, 2012.

CASSESE, A. *The Statute of the Internacional Criminal Court*: Some Preliminary Reflections. Disponível em: http://ejil.org/pdfs/10/1/570.pdf. Acesso em: 20 jul. 2016.

ESER, A. Medidas nacionais e transnacionais contra a impunidade da criminalidade amparada pelo Estado e de crimes internacionais: conclusões de política jurídica a partir de um projeto comparado sobre a justiça de transição. In: AMBOS, K.;

BÖHM, M. L. *Desenvolvimentos atuais das ciências criminais na Alemanha*. Brasília: Gazeta Jurídica, 2013.

GORAIEB, E. *Tribunal Penal Internacional*. São Paulo: Letras Jurídicas, 2012.

GUTIÉRREZ, C. W. *El principio de complementariedad y la ley de justicia y paz*: principales desafios. Bogotá: Universidad Sergio Arboleda, 2011.

JANKOV, F. F. F. *O princípio da universalidade da jurisdição no direito internacional penal*: mecanismo de implementação do Tribunal Penal Internacional. Curitiba, 2005. 295f. Tese (Doutorado) – Setor de Ciências Jurídicas, Universidade Federal do Paraná.

LAFER, C. *A reconstrução dos direitos humanos*: um diálogo com o pensamento de Hannah Arendt. São Paulo: Companhia das Letras, 1988.

MAZZUOLI, V. de O. *Tribunal Penal Internacional e o direito brasileiro*. 2.ed. rev. e atual. São Paulo: Revista dos Tribunais, 2009.

______. *Curso de Direito Internacional Público*. 9.ed. rev., ampl. e atual. São Paulo: Revista dos Tribunais, 2015.

MAZZUTTI, V. de B. O Tribunal Penal Internacional e os princípios da complementaridade e *ne bis in idem*. *Revista Jurídica Luso Brasileira – RJLB*, Lisboa: Faculdade de Direito da Universidade de Lisboa, ano 1, n.4, p.1745-819, 2015. ISSN 2183-539X.

MOCCIA, S. O Tribunal Penal Internacional: os perfis da legalidade. In: FRANCO, A. S.; NUCCI, G. S. *Doutrinas essenciais*: direito penal. São Paulo: Revista dos Tribunais, 2010. v.1, p.1283-1300.

MOREIRA, V. *O Tribunal Penal Internacional e a ordem jurídica portuguesa*. Coimbra: Coimbra, 2004.

PERRONE-MOISÉS, C. Antecedentes históricos do estabelecimento do Tribunal Penal Internacional. *Revista da Faculdade de Direito da Universidade de São Paulo*, v.98, p.573-9, 2003. Disponível em: http://www.revistas.usp.br/rfdusp/article/viewFile/67603/70213. Acesso em: 20 jul. 2016.

PORTELA, P. H. G. *Direito Internacional Público e Privado*. 8.ed. rev., ampl. e atual. Salvador: JusPODVIM, 2016.

ZONA DE PAZ

Bruno Valim Magalhães

Uma relevante parte das abordagens teóricas universalistas das Relações Internacionais ainda se foca em explicar segurança em nível global pelo término ou pela gênese da paz causados por eclosão ou cessação de conflitos. Em contraste, tratamentos que evidenciam conjunturas em nível regional ponderam que a paz mundial continua sendo uma quimera, ao mesmo tempo que conflitos interestatais são cada vez mais raros. Consequentemente, novas facetas emergem desse nível regional para explicar a manutenção de extensivos períodos de relativa paz em determinadas regiões. Dentre esses conceitos, encontram-se as comunidades de segurança e suas várias fases (Deutsch et al., 1969; Adler; Barnett, 1998); a segurança coletiva (Booth, 2007); os regimes de segurança (Jervis, 1982); os concertos de segurança (Kupchan, 1991); os complexos de segurança (Buzan; Wæver, 2003); as zonas de não guerra (Adler; Barnett, 1998); e as zonas de paz (Kacowicz, 1998).

Estas últimas encontram em Kacowicz (1998), um precussor recorrente para defini-las. Ele as conceitua, de forma geral, como regiões em que não se esperam guerras interestatais e tampouco se aguarda a persistência de conflitos não clausewitzianos domésticos e internacionais. Nesse sentido, é importante destacar que há três interpretações para o que seja paz e como elas afetam a definição de zonas de paz. Estas se apoiam em Galtung (1964), Kacowicz (1998), Miller (2007), Battaglino (2012) e Hurrell (1998), trazendo definições heurísticas para zonas de paz correlacionadas especificamente com paz negativa, paz híbrida e paz positiva.

Parâmetros para zona de paz em "paz negativa" é um conceito que tem efeitos importantes em construções regionais de concertos de segurança, de complexos de segurança e de zonas de não guerra. Já os de zona de "paz em paz positiva" afetam a construção e o avanço das fases de comunidades de segurança. Desses dois polos, emerge ainda o nível médio do conceito de "paz híbrida". Isso é particularmente importante para a concepção de uma zona ou de zonas de paz no espaço sul-americano (Battaglino, 2012) e para análises de uma possível construção (D'Ávila Magalhães, 2010) ou de uma ascensão (Magalhães, 2017) de uma comunidade de segurança na América do Sul.

Metodologicamente, podem-se dividir as fundações de zonas em paz em algumas variáveis explicativas (Kacowicz, 1998; Miller, 2007). Miller (2007) explica que as abordagens tradicionais poderiam ser trabalhadas em conjunto para diferentes gradações de zonas de paz regionais – assim como Adler e Barnett (1998) fazem para comunidades de segurança. Por exemplo, Miller salienta que a presença de variáveis realistas, como a satisfação com o *status quo* e com as dinâmicas de segurança, ligadas ao equilíbrio de estratégias de poder e a persistência de conflitos territoriais ou ideológicos, são essenciais para a paz positiva. Adicionalmente, ele traz elementos do liberalismo, como o tipo de regime político, se são regimes democráticos; como se dão as relações econômicas, se há bom nível de comércio; ou se há instituições regionais para processar conflitos.

Assim, zonas de paz em "paz negativa" podem ser caracterizadas por fundações de paz fracas, o que torna mais provável o uso da força militar em todo o seu espectro, desde uma guerra até uma crise militarizada. Para as zonas de paz, o conceito de paz negativa envolve apenas resolução de guerra e de conflito ou a adoção de medidas pelas quais violência ou hostilidades entre duas ou mais entidades podem ser interrompidas ou evitadas. Essas entidades podem ser, por um lado, Estados e envolver diplomacia westfaliana, ou uma operação de manutenção da paz, ou mesmo uma operação de imposição da paz. Por outro lado, uma ou mais das entidades podem ser grupos civis ou paramilitares, tornando a diplomacia ainda mais difícil do que complexa.

Nesse sentido, mesmo que a relação entre dois Estados possa ser pacífica no sentido clausewitiziano/westfaliano, pode haver conflitos entre entidades em nível internacional pela eclosão e transbordamento da violência de um Estado a outro. Assim, a paz negativa para uma zona de paz pode ser alcançada se as demandas imediatas forem atendidas e os antagonistas, estatais ou não, forem pacificados. Por exemplo, os atritos nas fronteiras da Colômbia com o Equador devido às Farc, o deslocamento de nacionais da Venezuela e da Colômbia a países vizinhos por razões sociopolíticas, ou o transbordamento da violência atrelada ao crime organizado brasileiro em sua fachada amazônica ou nas fronteiras com o Paraguai e a Bolívia são exemplos de tentativas de longo prazo para atingir esse objetivo de zonas de paz negativas, os quais apontam tanto problemas westfalianos quanto civis e paramilitares (Magalhães, 2017). Por isso, adicionalmente ao conceito clássico de Kacowicz (1998) de zonas de paz podem-se sugerir, especialmente para a América do Sul, conjunturas demandando também interlocuções com abordagens de segurança humana e de segurança cidadã (Paris, 2001), indo além do Estado em sua perspectiva clausewitiziana/westfaliana.

Retomando-se apenas o espectro westfaliano, para as zonas de paz em paz negativa, Kacowicz (1998) argumenta que a satisfação com o *status quo* territorial é passivo. Ou seja, pode não ser satisfatório, mas a insatisfação não é forte o suficiente para causar atritos e gerar uma guerra. Esse é o caso, por exemplo, de Venezuela e Guiana; e de Peru, Bolívia e Chile até meados dos anos 2000 (Magalhães, 2017). Para as dinâmicas de segurança, Kacowicz (1998) trabalha sob a luz da balança de poder ainda em busca de equilíbrio. Contudo, sem que isso gere atritos suficientes para causar uma guerra. Com relação aos tipos de regimes dos Estados de uma região, Kacowicz observa que eles alternam entre o espectro da democracia liberal e do autoritarismo.

Sobre os tipos de institucionalização regional para zonas de paz em paz negativa, Kacowicz afirma que há algumas normas para resolver conflitos, mas não necessariamente uma instituição regional. Isso é relevante para análises sobre a América do Sul, pois o subcontinente já avançou de normas simples para fundamentar-se em organizações regionais, como a Unasul. Relembrando que essa entidade é dotada de um conselho de defesa regional para discutir assuntos relacionados aos fundamentos da paz negativa. Como exemplo, percebe-se que na América do Sul não há elementos que demonstrem que seus Estados estejam configurados como uma zona de paz em paz negativa (Battaglino, 2012; Magalhães, 2017). Portanto, distantes de hipóteses de conflitos interestatais clássicos.

A segunda interpretação de Kacowicz (1998) para zonas de paz advém da paz positiva e aproxima-se da visão de Adler e Barnett (1998) da emergência de comunidades de segurança. Isso também se liga à incipiência de uma comunidade de segurança na América do Sul, como descrita primeiramente por Hurrell (1998). Essa segunda definição envolve a criação de sistemas que tornam improvável a violência. As visões pacifistas liberais estão geralmente associadas a essa interpretação. A paz positiva só pode ser alcançada por meio da eliminação da violência, ou pela criação de mecanismos que busquem evitar a todo custo o conflito entre os Estados ou outras entidades. Por exemplo, a Liga das Nações foi criada em 1920 com esse objetivo, mas, em meados da década de 1930, considerou-se a entidade excessivamente otimista a esse respeito e ela não foi o suficiente para levar à paz. Os defensores da paz positiva reconhecem que isso provavelmente exige a reestruturação do sistema regional de Estados westfalianos, para que o potencial de violência possa ser eliminado na medida do possível.

Os fundamentos de uma zona de paz em paz positiva envolvem importantes elementos liberais e institucionais e aproximam-se do que a União Europeia é hoje (Adler; Barnett, 1998). Primeiramente, há uma satisfação ativa dos Estados com o seu *status quo* regional. Ou seja, os Estados manifestam seu bem-estar com seu *status*. Tal fato incentiva que haja cooperação militar e emergente integração das Forças Armadas dos Estados de uma região. Para isso, regimes democráticos são teorizados como o único tipo ideal aceitável. Nesse tipo de zona de paz, as relações econômicas envolvem altos graus de comércio e investimentos intrarregionais. Soma-se a isso o fato de que uma forte tradição de solução pacífica de atritos e disputas foi desenvolvida e que a segurança das normas é institucionalizada em organizações internacionais (Hurrell, 1998).

Nesse cenário de zona de paz em paz positiva há uma grande aproximação com comunidades de segurança em maturação – sua fase teoricamente ótima, dada a forte expectativa de uma mudança pacífica do comportamento dos Estados. Ou seja, os grupos humanos que formam os Estados estão integrados ao ponto em que o uso da violência em larga escala para solução de problemas e conflitos é impensável. Ressalta-se que o espaço da União Europeia e entre os Estados Unidos e o Canadá são exemplos típicos dessa zona de paz em paz positiva (Adler; Barnett, 1998). Contudo, vale ressaltar que a América do Sul também encontra essa relação em sua região do Cone Sul, especificamente entre Argentina, Brasil, Chile e Uruguai desde o final dos anos 1990 (Hurrell, 1998; D'Ávila Magalhães, 2010; Magalhães, 2017).

Finalmente, embora não teorizado por Kacowicz (1998), mas por autores que buscam explicações para o nível médio das teorias das Relações Internacionais (Adler, 2005), há a construção sobre zonas de paz em paz híbrida, denominação que foi sintetizada por Battaglino (2012). A paz híbrida refere-se a algumas convergências-chave entre determinados fundamentos de paz negativa e positiva. Por exemplo, se a guerra não é improvável em zonas de paz negativa, ela é muito improvável em zonas de paz positiva e híbrida. As guerras são improváveis em zonas de paz híbridas porque elas já têm elementos em ascensão para torná-las zonas de paz positiva, como institucionalização das resoluções de conflito, aumento de comércio e investimento intrarregional e a satisfação ativa dos Estados com seu *status quo*. Isso promove o senso de comunidade e integra os agrupamentos humanos de uma determinada região (Adler; Barnett, 1998).

Nesse sentido, o fator que distingue zonas de paz híbridas de zonas de paz positiva é ainda haver possibilidade de ocorrência de crises militarizadas e crises civis e paramilitares que atravessem as fronteiras nacionais, já que as disputas ainda não desapareceram. Assim, existem zonas de paz em paz híbrida devido à persistência de disputas não resolvidas no contexto do renascimento democrático, e pelo crescimento de relações econômicas e um conjunto renovado de instituições regionais para a solução pacífica das disputas. Essas bases de paz representam dinâmicas de segurança distintas que podem impedir a ocorrência de crises militarizadas, civis e paramilitares, por seu efeito restritivo sobre as condições antes mencionadas, os atritos nas fronteiras da Colômbia com o Equador devido às Farc e o transbordamento através das fronteiras brasileiras da violência atrelada ao crime organizado, sobretudo com seus vizinhos andinos, Bolívia e Paraguai (Magalhães, 2017).

Em zonas de paz em paz híbrida, os países não descartam a possibilidade de um conflito militar. Os Estados dessa região, embora tenham baixa cooperação de Forças Armadas, colaboram entre si em algum grau como medida de construção de confiança e desenvolvimento de senso de comunidade (Adler; Barnett, 1998). Assim, o discurso político pode ser beligerante, a força pode ser exibida por meio da mobilização das tropas para as fronteiras e as compras de armas são feitas com base em um possível confronto com os países vizinhos, entretanto, ressalta-se que, apesar de a preparação para conflitos ainda existir, nem a crise diplomática nem as referências permanentes à possibilidade de guerra são capazes de levar a uma guerra de fato ou a um conflito armado intermediário para resolver uma disputa, uma vez que a democracia, as relações econômicas e as instituições regionais limitam essa possibilidade. Esse pode ser considerado o caso geral da América do Sul, especialmente de sua região andina, além da Bolívia e do Paraguai (Magalhães, 2017).

Referências bibliográficas

ADLER, E. *Communitarian International Relations*: The Epistemic Foundations of International Relations. Londres: Routledge, 2005.

ADLER, E.; BARNETT, M. *Security Communities*. Cambridge: Cambridge University Press, 1998.

BATTAGLINO, J. M. The Coexistence of Peace and Conflict in South America: Toward a New Conceptualization of Types of Peace. *Rev. Bras. Polít. Int.*, v.55, n.2, p.131-51, 2012.

BOOTH, K. *Theory of World Security*. Cambridge: Cambridge University Press, 2007.

BUZAN, B. *People, States, and Fear*: The National Security Problem in International Relations. Surrey: Biddles, 1991.

____; WÆVER, O. *Regions and Power*: The Structure of International Security. Cambridge: Cambridge University Press, 2003.

D'ÁVILA MAGALHÃES, D. T. *A formação de uma comunidade de segurança na América do Sul*. Brasília, 2010. Dissertação (Mestrado) – Universidade de Brasília.

DEUTSCH, K. et al. *Political Community and the North Atlantic Area*. New Jersey: Princeton University Press, 1969.

GALTUNG, J. Violence, Peace and Peace Research. *Journal of Peace Research*, v.27, n.3, 1964.

HURRELL, A. *Is There a Security Community in South America?* In: ADLER, E.; BARNETT, M. *Security Communities*. Cambridge: Cambridge University Press, 1998.

JERVIS, R. Security Regimes. *International Organization*, Cambridge (MA), v.36, n.2, p.357-78, primavera, 1982.

KACOWICZ, A. *Zones of Peace in the Third World*. New York: Suny, 1998.

KUPCHAN, C. Concerts, Collective Security, and the Future of Europe. *International Security*, v.16, n.1, verão 1991.

MAGALHÃES, B. V. *Desenvolvimento, dinâmicas e limites da construção de uma comunidade de segurança na América do Sul*. Brasília, 2017. Dissertação (Mestrado) – Universidade de Brasília.

MILLER, B. *States, Nations, and the Great Powers*: The Sources of Regional War and Peace. Cambridge: Cambridge University Press, 2007.

PARIS, R. Human Security: Paradigm Shift or Hot Air? *International Security*, v.26, n.2, p.87-102, outono 2001.

LISTA DE AUTORES

Adriana Aparecida Marques
Doutora em ciência política pela USP. Professora-adjunta da UFRJ. Pesquisadora associada da FGV.

Alberto Montoya Correa Palacios Junior
Doutor em relações internacionais pelo Programa San Tiago Dantas (Unesp-Unicamp-PUCSP). Professor da ESPM-SP. Membro do Gedes.

Alcides Costa Vaz
Doutor em sociologia pela USP. Professor-adjunto da UnB. Presidente da Abed (2016-2018).

Alejandro Frenkel
Doutor em ciências sociais pela UBA. Professor da Universidad Nacional de San Martín. Bolsista de pós-doutorado do Conicet.

Allan Wesley Moura dos Santos
Mestrando em direito pela UFS. Procurador I da Infraero. Advogado público da Superintendência Regional do Nordeste.

Anselmo Otavio
Doutor em estudos estratégicos internacionais pela UFRGS. Professor da Unisinos. Membro do Cebrafrica/UFRGS.

Antonio Jorge Ramalho da Rocha
Doutor em ciências sociais pela USP. Professor da UnB. Pesquisador do CNPq e membro do GEPSI-UnB. Secretário-executivo da Esude.

Ariela Diniz Cordeiro Leske
Doutora em economia pela UFRJ. Professora da ESG. Membro da Rede de Estudos de Economia de Defesa.

Artur Andrade da Silva Machado
Mestre em relações internacionais pela UnB. Diplomata. Membro do GEPSI-UnB.

Bárbara Vasconcellos de Carvalho Motta
Doutoranda em relações internacionais pelo Programa San Tiago Dantas (Unesp-Unicamp-PUCSP). Membro do Gedes.

Bruce Roberto Scheidl Campos
Mestre em relações internacionais pelo Programa San Tiago Dantas (Unesp-Unicamp-PUCSP). Membro do Gedes e do GEBRICS/USP.

Bruna Bosi Moreira
Mestre em relações internacionais pelo Programa San Tiago Dantas (Unesp-Unicamp-PUCSP). Membro do Gedes e do Neai.

Bruno Gonçalves de Souza Barbalho
Bacharel em relações internacionais pela UnB. Supervisor financeiro na AmBev.

Bruno Valim Magalhães
Mestre em relações internacionais pela UnB. Assistente de programa e de pesquisa do PMA/ONU. Membro do Grupo de Cooperação Sul-Sul e Triangular das agências das Nações Unidas baseadas em Roma (PMA, FAO e Fida).

Camila de Macedo Braga
Doutora em ciência política pela USP. Membro do Nupri/USP e do Gespam/UEPB.

Carlos Eduardo Valle Rosa
Mestre em ciências aeroespaciais pela Unifa. Coronel aviador da Reserva da FAB. Responsável pela área de Doutrina da Força Aérea na Ala 10 em Natal-RN.

Cauê Rodrigues Pimentel
Doutor em ciência política pela USP.

David Pion-Berlin
Doutor em ciência política pela University of Denver. Professor da University of California.

David Paulo Succi Junior
Mestre em relações internacionais pelo Programa San Tiago Dantas (Unesp-Unicamp-PUCSP). Doutorando pela mesma instituição. Membro do Gedes.

Diego Lopes da Silva
Doutor em relações internacionais pelo Programa San Tiago Dantas (Unesp-Unicamp-PUCSP). Faz pós-doutorado no IPPRI/Unesp. Membro do Gedes.

Edson Tomaz de Aquino
Doutor em ciências sociais pela PUC-SP. Professor-adjunto da UFS. Membro do grupo de pesquisa de Estudos sobre o Atlântico Sul.

Eduardo Mei
Doutor em história pela Unesp. Professor titular da Unesp. Membro do Gedes.

Elísio Augusto de Souza Machado Júnior.
Mestre em direito pela UFS. Advogado. Membro do Grupo de Pesquisa "Estudos sobre violência e criminalidade na contemporaneidade".

Êmille Laís de Oliveira Matos
Mestranda em direito pela UFS, bolsista Capes.

Érica Cristina Alexandre Winand
Doutora em história pela Unesp. Professora-adjunta da UFS. Membro do Gedes e líder do COOP&PAZ.

Erik Herejk Ribeiro
Mestre em estudos estratégicos internacionais pela UFRGS. Doutorando em estudos estratégicos internacionais pela mesma instituição, bolsista Capes. Pesquisador assistente do Nerint.

Érika Rigotti Furtado
Mestre em ciências aeroespaciais pela Unifa. Professora da AFA.

Ernesto Justo López
Licenciado em sociologia pela UBA. Professor da Universidade Nacional de Quilmes. Diretor do Instituto de Problemas Nacionales da Universidad Nacional de Lanús.

Evaldo Becker
Doutor em filosofia pela USP. Fez pós-doutorado na USP e na Université du Québec à Trois-Rivières (UQTR- Ca). Professor da UFS. Membro dos grupos de "Ética e Filosofia Política" e "Filosofia & Natureza".

Flávia de Ávila
Doutora em direito público pela PUC Minas e professora da UFS.

Flavio Neri Hadmann Jasper
Doutor em ciências aeroespaciais pela Unifa. Adjunto do vice-secretário da Sefa.

Francisco Carlos Teixeira Da Silva
Doutor em história pelo Freie Universität Berlin/FU Berlin. Professor titular de história moderna e contemporânea da UFRJ, professor emérito da Eceme e professor titular da UFRRJ.

Giovanna Ayres Arantes de Paiva
Mestre em relações internacionais pelo Programa San Tiago Dantas (Unesp-Unicamp-PUCSP). Doutoranda em relações internacionais pela mesma instituição, bolsista Capes. Membro do Gedes.

Guilherme Paiva Stamm Thudium
Mestre em ciência política pela UFRGS. Membro do Nerint.

Gustavo Henrique Feddersen
Mestre em estudos estratégicos internacionais pela UFRGS. Doutorando pela mesma instituição, bolsista Capes. Membro do Cegov e do Isape.

Hector Luis Saint-Pierre
Doutor em filosofia pela Unicamp. Pós-doutor pela Universidad Autónoma de México. Professor titular da Unesp. Coordenador executivo do IPPRI/Unesp. Fundador e líder do Gedes/Unesp. Diretor Institucional da Abed (2012-2014). Membro do diretório da Abri e coordenador da área de Segurança Internacional, Defesa e Estratégia da Abri (2015-2017).

Hermano de Oliveira Santos
Mestre em direito pela UFS. Professor da Faculdade Pio Décimo e servidor do TRE-SE.

Humberto José Lourenção
Doutor em ciências sociais pela Unicamp. Pós-doutor em psicologia na USP e em ciências militares na Eceme. Professor associado da AFA e professor da Unifa. Membro do Gedai/Unir.

Hussein Kalout
Bacharel em ciência política pela UnB e em relações internacionais pela mesma instituição. Secretário de relações internacionais no STJ.

João Roberto Martins Filho
Doutor em ciências sociais pela Unicamp. Professor titular da UFSCar. Professor aposentado sênior da UFSCar. Presidente da Abed (2006-2008).

Jonathan de Araujo de Assis
Bacharel em relações internacionais pela Unesp. Doutorando em relações internacionais pelo Programa San Tiago Dantas (Unesp-Unicamp-PUCSP), bolsista Fapesp. Membro do Gedes.

Jorge Matheus Oliveira Rodrigues
Mestrando em relações internacionais pelo Programa San Tiago Dantas (Unesp-Unicamp-PUCSP), bolsista Capes. Membro do Gedes e do COOP&PAZ.

José Augusto Zague
Doutor em relações internacionais pelo Programa San Tiago Dantas (Unesp-Unicamp-PUCSP). Membro do Gedes.

José Lucas Santos Carvalho
Mestre em direito pela UFS. Analista do Ministério Público de Sergipe. Membro dos grupos de pesquisa "Natureza humana, pluralismo e multiculturalismo no âmbito dos direitos humanos" (CNPq/UFS) e "Direito constitucional: sociedade, política e economia" (CNPq/Unit).

José Manuel Ugarte
Doutor em direito pela UBA. Professor na IUPFA e no Instituto Universitário de Segurança Marítima. Atuou nas comissões de defesa do Congresso argentino nas décadas de 1980 e 1990.

José Miguel Arias Neto
Doutor em história social pela USP. Pós-doutor em relações internacionais no Programa San Tiago Dantas (Unesp-Unicamp-PUCSP). Professor associado da UEL e professor da Unicentro. Coordenador do grupo de pesquisas "Estudos culturais, política e mídia".

Juliana de Paula Bigatão
Doutora em relações internacionais pelo Programa San Tiago Dantas (Unesp-Unicamp-PUCSP). Professora-adjunta da Unifesp. Membro do Gedes.

Juliano da Silva Cortinhas
Doutor em relações internacionais pela UnB. Professor-adjunto da UnB. Membro do GEPSI-UnB.

Laís Azeredo Alves
Mestre em relações internacionais pelo Programa San Tiago Dantas (Unesp-Unicamp-PUCSP). Doutoranda em relações internacionais pela mesma instituição, bolsista Capes. Professora da Faap. Membro do Neai e do Nepda/UEPB.

Laura Meneghim Donadelli
Mestre em relações internacionais pelo Programa San Tiago Dantas (Unesp-Unicamp-PUCSP). Doutoranda pela mesma instituição, bolsista Capes. Membro do Gedes.

Leandro José Clemente Gonçalves
Doutor em história pela Unesp. Professor do IFSP. Membro do Gedes.

Leonardo Ulian Dall Evedove
Doutor em ciência política pela UFPE. Professor-assistente da UFRR.

Lívia Peres Milani
Mestre em relações internacionais no Programa San Tiago Dantas (Unesp-Unicamp-PUCSP). Doutoranda em relações internacionais pela mesma instituição, bolsista Fapesp. Membro do Gedes e do INCT-Ineu.

Luís Alexandre Fuccille
Doutor em ciência política pela Unicamp. Professor da Unesp. Presidente da Abed (2014-2016). Diretor do Departamento de Política e Estratégia da Secretaria de Política, Estratégia e Assuntos Internacionais do Ministério da Defesa (2003-2005).

Luis Eduardo Tibiletti
Licenciado em relações do trabalho pela UBA. Professor da UNDEF e da Usal.

Luiza Elena Januário
Mestre em relações internacionais pelo Programa San Tiago Dantas (Unesp-Unicamp-PUCSP). Doutoranda em relações internacionais pela mesma instituição, bolsista Capes. Professora da Unip. Membro do Gedes.

Marcelo de Mello Kanter
Mestre em estudos estratégicos internacionais pela UFRGS. Diretor-geral do Instituto Sul-Americano de Política e Estratégia.

Marcelo Fabián Saín
Doutor em ciências sociais pela Unicamp. Professor e pesquisador da Universidade Nacional de Quilmes. Foi diretor da Policia de Segurança Aeroportuária da Argentina e da Escola Nacional de Inteligência.

Marco Aurélio Chaves Cepik
Doutor em ciência política pelo Iuperj-Ucam. Professor titular da UFRGS. Membro do Ineu (INCT), do Nerint-UFRGS e do Cegov-UFRGS.

Marcos Alan Shaikhzadeh Vahdat Ferreira
Doutor em ciência política pela Unicamp. Professor-adjunto da UFPB. Membro do Grupo de Estudos de Paz e Segurança Mundial.

Marcos José Barbieri Ferreira
Doutor em economia pela Unicamp. Professor da Unicamp. Membro do LabA&D e do Neit.

Marcos Rosas Degaut Pontes
Doutor em segurança internacional pela University of Central Florida. Pesquisador da Universidade da Florida Central.

Margaret Daly Hayes
Doutora em ciência política pela Universidade de Indiana. Professora-adjunta da Georgetown University. Atuou como a primeira diretora do CHDS na National Defense University.

Maria Celina Soares D'Araujo
Doutora em ciência política pela Iuperj. Professora Associada da PUC-Rio. Pesquisadora dos grupos "Desigualdades socioeconômicas e políticas no Brasil contemporâneo" (PUC-Rio) e "Inteligência governamental" (UFMG).

Mariana Fonseca Lima
Mestre em relações internacionais pela UnB. Membro do GEPSI/UnB.

Marina Gisela Vitelli
Doutora em relações internacionais pela Universidade Nacional de Rosario. Professora Visitante na Unifesp e professora colaboradora no Programa San Tiago Dantas. Membro do Gedes.

Matheus Augusto Soares
Mestre em relações internacionais pela UnB.

Matheus de Oliveira Pereira
Mestre em relações internacionais pelo Programa San Tiago Dantas (Unesp-Unicamp-PUCSP). Doutorando pela mesma instituição. Membro do IEEI/Unesp e do Gedes/Unesp.

Matías Daniel Avelino Ferreyra Wachholtz
Mestre em estudos estratégicos da defesa e da segurança pela UFF. Doutorando em relações internacionais pelo Programa San Tiago Dantas (Unesp-Unicamp-PUCSP).

Maurício Kenyatta Barros da Costa
Mestre em relações internacionais pela UnB. Doutorando nas mesmas área e instituição, bolsista CNPq. Membro do GEPSI-UnB.

Nicolás Eduardo Rodriguez Games
Licenciado em ciência política pela Universidad de Belgrano. Subdiretor do NEGyS/UMET.

Nilton César Fernandes Cardoso
Mestre em estudos estratégicos internacionais pela UFRGS. Doutorando em estudos estratégicos internacionais pela mesma instituição, bolsista Capes. Membro do Cebrafrica/UFRGS.

Omar Gutierrez Valdebenito
Mestre em sociologia militar pela University of Maryland. Mestre em ciência política pela Universidad Marítima & Academia De Guerra Naval, Chile. Membro do Centro De Estudios Estratégicos da Marinha do Chile. Capitão de Navio (R) da Marinha do Chile.

Pablo Martínez
Advogado. Professor da Escola de Defesa Nacional (Argentina).

Patricia Capelini Borelli
Mestre em estudos estratégicos da segurança e da defesa pela UFF. Doutoranda em relações internacionais pelo Programa San Tiago Dantas (Unesp-Unicamp-PUCSP), bolsista Capes. Membro do Gedes.

Paulo Fagundes Visentini
Doutor em história econômica pela USP. Pós-doutor em relações internacionais na London School of Economics. Professor titular da UFRGS. Coordenador do Núcleo Brasileiro de Estratégia e Relações Internacionais/Nerint.

Paulo Roberto Loyolla Kuhlmann
Doutor em ciência política pela USP. Professor da UEPB e coordenador do Gepasm/UEPB.

Raquel Gontijo
Doutora em relações internacionais pelo Programa San Tiago Dantas (Unesp--Unicamp-PUCSP). Professora-adjunta da PUC Minas. Membro do Gedes.

Rafael Duarte Villa
Doutor em ciência política pela USP. Fez pós-doutorado na Universidade de Columbia. Professor associado da USP. Coordenador adjunto do Comitê de Ciência Política e Relações Internacionais da Capes.

Raphael Camargo Lima
Mestre em relações internacionais pelo Programa San Tiago Dantas (Unesp-Unicamp-PUCSP). Pesquisador do Ipea e coordenador de Pesquisa no CEEEx.

Renata Avelar Giannini
Doutora em Estudos Internacionais pela Old Dominion University. Coordenadora da Área de Segurança Pública e Justiça Criminal do Instituto Igarapé.

Rut Diamint
Doutora em estudos internacionais pela Universidade Autônoma de Barcelona. Professora da Universidad Torcuato Di Tella. Pesquisadora Independente do Conicet.

Sabrina Evangelista Medeiros
Doutora em ciência política pelo Iuperj. Professora Associada da EGN.

Samuel Alves Soares
Doutor em ciência política pela USP. Pós-doutor em relações internacionais na Georgetown University e no Instituto Gutierrez Mellado. Professor livre--docente da Unesp. Presidente da Abed (2010-2012).

Solange Reis Ferreira
Doutora em ciência política pela Unicamp. Pesquisadora do INCT-Ineu.

Sonia Alda Mejías
Doutora em história pela Universidade Autônoma de Madri. Professora da Universidad Pontificia Comillas e da Uned. Pesquisadora associada do Real Instituto Elcano.

Suzeley Kalil Mathias
Doutora em ciências sociais pela Unicamp. Livre-docente em ciência política pela Unesp. Professora-adjunta da Unesp. Membro do Gedes.

Tamires Aparecida Ferreira Souza
Mestre em estudos estratégicos internacionais pela UFRGS. Doutoranda em relações internacionais pelo Programa San Tiago Dantas (Unesp-Unicamp--PUCSP), bolsista Capes. Membro do Gedes.

Thiago Diniz Magno Pinto
Mestre pela UnB. Analista da Apex-Brasil. Membro do GEPSI/UnB.

Thiago Gehre Galvão
Doutor em relações internacionais pela UnB. Professor da UnB.

Thiago Ribeiro Babo
Mestre em ciência política pela USP. Doutorando em ciência política pela mesma instituição, bolsista CNPq. Membro do Nupri/USP e do CPCS/USP.

Tomaz Oliveira Paoliello
Doutor em relações internacionais pelo Programa San Tiago Dantas (Unesp--Unicamp-PUCSP). Professor da PUC-SP. Membro do GECI.

Valquíria Nathali Cavalcante Falcão
Mestre em Constitucionalização de direitos pela UFS. Professora da Faser. Assessora Jurídica da Subprocuradoria-Geral do Município de Aracaju-SE.

Vanessa Braga Matijascic
Doutora em história pela Unesp. Bolsista de pós-doutorado do CNPq na USP. Professora da FAAP. Membro do Gedes e do Nupri/USP.

Vinícius Andrade de Carvalho Rocha
Bacharel em direito e em comunicação social pela UFS. Técnico da Fundação IBGE.

Wanderley Messias da Costa
Doutor em geografia humana pela USP. Professor titular da USP. Membro do Grupo de Pesquisas sobre Geografia Política, Geopolítica e Relações Internacionais.

William de Sousa Moreira
Doutor em ciência política pela UFF. Professor da EGN.

EQUIPE DE REALIZAÇÃO

EDITORA UNESP

Capa
Marcelo Girard

Edição de Texto
Victor Kawata (Copidesque)
Carmen T. S. Costa, Richard Sanches e Tulio Kawata (Revisão)

Editoração Eletrônica
Sergio Gzeschnik

Assistência Editorial
Alberto Bononi

IMPRENSA OFICIAL DO ESTADO DE SÃO PAULO

Acompanhamento editorial
Cecília Scharlach

Assistência editorial
Francisco Alves da Silva

Impressão e acabamento
Imprensa Oficial do Estado S/A – IMESP

SOBRE O LIVRO

Formato: 16 x 23 cm
Mancha: 26 x 44 paicas
Tipologia: Adobe Caslon Pro 10,5/14
Papel: Offset 63 g/m^2 (miolo)
Cartão Triplex 250 g/m^2 (capa)

1ª edição: 2018